Grundthemen der Literaturwissenschaft: Drama

Grundthemen der Literaturwissenschaft

Herausgegeben von
Klaus Stierstorfer

Wissenschaftlicher Beirat
Martin Huber, Barbara Korte, Schamma Schahadat,
Christoph Strosetzki und Martina Wagner-Egelhaaf

Andreas Englhart, Franziska Schößler (Hrsg.)

Grundthemen der Literaturwissenschaft: Drama

—

Unter Mitarbeit von
Andreas Grewenig und Hannah Speicher

DE GRUYTER

ISBN 978-3-11-076467-3
e-ISBN (PDF) 978-3-11-037959-4
e-ISBN (EPUB) 978-3-11-037963-1
ISSN 2567-241X

Library of Congress Cataloging-in-Publication Data

Names: Englhart, Andreas, editor. | Schoessler, Franziska, editor.
Title: Grundthemen der Literaturwissenschaft: Drama / herausgegeben von
  Andreas Englhart, Franziska Schoessler.
Description: Boston : De Gruyter, 2018. | Series: Grundthemen der
  Literaturwissenschaft | Includes bibliographical references and index. |
Identifiers: LCCN 2018031553 (print) | LCCN 2018033411 (ebook) | ISBN
  9783110379594 (electronic Portable Document Format (pdf) | ISBN
  9783110379563 (hardback) | ISBN 9783110379594 (e-book pdf) | ISBN
  9783110379631 (e-book epub)
Subjects: LCSH: Drama--History and criticism. | BISAC: LITERARY CRITICISM /
  General. | LITERARY CRITICISM / Drama.
Classification: LCC PN1724 (ebook) | LCC PN1724 .G78 2018 (print) | DDC
  809.2--dc23
LC record available at https://lccn.loc.gov/2018031553

Bibliografische Information der Deutschen Nationalbibliothek
Die Deutsche Nationalbibliothek verzeichnet diese Publikation in der Deutschen
Nationalbibliografie; detaillierte bibliografische Angaben sind im Internet über
http://dnb.dnb.de abrufbar.

© 2021 Walter de Gruyter GmbH, Berlin/Boston
Dieser Band ist text- und seitenidentisch mit der 2019 erschienenen
gebundenen Ausgabe.
Satz: Dörlemann Satz, Lemförde
Druck und Bindung: CPI books GmbH, Leck

www.degruyter.com

Die Reihe bietet substanzielle Einzeldarstellungen zu Grundthemen und zentralen Fragestellungen der Literaturwissenschaft. Sie erhebt den Anspruch, für fortgeschrittene Studierende wissenschaftliche Zugänge zum jeweiligen Thema zu erschließen. Gleichzeitig soll sie Forscherinnen und Forschern mit speziellen Interessen als wichtige Anlaufstelle dienen, die den aktuellen Stand der Forschung auf hohem Niveau kartiert und somit eine solide Basis für weitere Arbeiten im betreffenden Forschungsfeld bereitstellt.

Die Bände richten sich nicht nur an Studierende und WissenschaftlerInnen im Bereich der Literaturwissenschaften. Von Interesse sind sie auch für all jene Disziplinen, die im weitesten Sinn mit Texten arbeiten. Neben den verschiedenen Literaturwissenschaften soll sie LeserInnen im weiten Feld der Kulturwissenschaften finden, in der Theologie, der Philosophie, der Geschichtswissenschaft und der Kunstgeschichte, in der Ethnologie und Anthropologie, der Soziologie, der Politologie und in den Rechtswissenschaften sowie in der Kommunikations- und Medienwissenschaft. In bestimmten Fällen sind die hier behandelten Themen selbst für die Natur- und Lebenswissenschaften relevant.

Münster, im November 2017 　　　　　　　　　　　　　　Klaus Stierstorfer

Inhaltsverzeichnis

I	Einleitende Übersicht – *Andreas Englhart und Franziska Schößler* —— 3
II	**Historischer Abriss** – *Andreas Englhart* —— 39
II.1	Antike —— 40
II.2	Mittelalter —— 56
II.3	Renaissance und Barock —— 62
II.4	Aufklärung —— 85
II.5	Moderne und Gegenwart —— 113
III	**Zentrale Fragestellungen**
III.1	**Form**
III.1.1	Handlung – *Nikolas Immer* —— 163
III.1.2	Figur – *Hannah Speicher* —— 172
III.1.3	Dialog und andere sprachliche Formen – *Martin Schneider* —— 185
III.1.4	Das europäische Drama im Gattungssystem und seine Genres – *Julia Bodenburg* —— 195
III.1.5	Außereuropäische Formen des Dramas
III.1.5.1	Afrika – *Joachim Fiebach* —— 207
III.1.5.2	Lateinamerika – *Kati Röttger* —— 217
III.1.5.3	Japan – *Andreas Regelsberger* —— 228
III.1.5.4	China – *Michael Gissenwehrer* —— 239
III.1.5.5	Indien – *Heike Oberlin* —— 252
III.2	**Themen und Konzepte**
III.2.1	Drama, Theater und Mimesis – *Iulia-Karin Patrut* —— 269
III.2.2	Dramen- und Theaterräume – *Franziska Schößler* —— 279
III.2.3	Drama und Geschichte – *Sonja Fielitz* —— 293
III.2.4	Drama und Zeit – *Franziska Schößler und Hannah Speicher* —— 306
III.2.5	Affekte im Drama – *Bernice Kaminskij* —— 321
III.2.6	Drama, Theater und das Politische – *Artur Pełka* —— 340
III.2.7	Drama und Gender – *Franziska Bergmann* —— 356
III.2.8	Drama und Interkulturalität – *Natalie Bloch und Dieter Heimböckel* —— 372

III.3 Institution und Vermittlung

- III.3.1 Drama, Theater und Ritus – *Małgorzata Sugiera* —— 391
- III.3.2 Das Drama auf der Bühne – *Andreas Englhart* —— 404
- III.3.3 Drama, Theater und Institution – *Nicole Colin* —— 420
- III.3.4 Drama und Zensur – *Henning Marmulla* —— 435
- III.3.5 Drama, Theater und Recht – *Hans Tränkle* —— 448
- III.3.6 Drama und Schauspieler – *Hajo Kurzenberger* —— 464
- III.3.7 Drama und Dramaturgie – *Bernd Stegemann* —— 480
- III.3.8 Rezeption und Publikum – *Thomas Wortmann* —— 497
- III.3.9 Drama, Theater und Fachdidaktik – *Gabriela Paule* —— 512
- III.3.10 Szenisches Schreiben – *John von Düffel* —— 527

IV Interdisziplinäre Zugriffe

- IV.1 Libretto, Drama und Musik – *David Roesner* —— 535
- IV.2 Tanztheater, Tanzdrama und Tanzdramaturgie – *Katja Schneider* —— 549
- IV.3 Dramaturgie des Films – *Michaela Krützen* —— 557
- IV.4 Die Dramaturgie der TV-Serie – *Knut Hickethier* —— 576
- IV.5 Computerspiel und interaktives Drama – *Jörg von Brincken* —— 591
- IV.6 Drama und Psychologie/Psychoanalyse – *Brigitte Marschall* —— 602
- IV.7 Drama, Theater und Wirtschaft – *Axel Haunschild und Franziska Schößler* —— 616
- IV.8 Theatralität und Politik – *Jürgen Raab und Dirk Tänzler* —— 632

Gesamtbibliographie —— 647

Namensregister —— 721

Sachregister —— 745

Dank

Ein umfangreiches Buch wie dieses kann nicht entstehen ohne die Unterstützung anderer. Zunächst ist allen Autorinnen und Autoren zu danken, die mit außerordentlichem Engagement und viel Geduld zu diesem Band beigetragen haben. Namentlich zu Dank verpflichtet sind wir insbesondere Andreas Grewenig und Hannah Speicher (Trier) für ihre umsichtige Korrektur sowie Redaktion, Bettina Braun (Bern) für Rat in Fragen des Lektorats und Ilse Lauer (München) für ihre fachkundige Lektüre; des Weiteren Christine Kneifel (München), Claudia Kurz (Trier), Stefanie Schips (Trier) und Maria Stadler-Fiawoo (München) für ihre tatkräftige Unterstützung des Projekts. Nicht zuletzt schulden wir den Lektorinnen und Lektoren Anja-Simone Michalski, Annika Goldenbaum, Stella Diedrich und Rainer Rutz vom Verlag De Gruyter Dank, ohne deren Planung, Arbeit am Text und stete Motivation dieser Band nicht möglich gewesen wäre.

Andreas Englhart und Franziska Schößler

I Einleitende Übersicht

Andreas Englhart und Franziska Schößler
Einleitende Übersicht

1 Einführung in die Thematik

Das Drama gilt auch im 21. Jahrhundert als eine der relevantesten Ausdrucksformen globalisierter und transmedial erweiterter Kulturen. In seiner historischen Konstanz und Wandelbarkeit – vom Dionysostheater bis zur Qualitätsserie – ist es aktuell geblieben, auch wenn sich die Medienkonkurrenz seit den 1960er Jahren spürbar intensiviert hat und performative Ästhetiken die Bedeutung des Dramas auf der Bühne zu schmälern schienen. Theaterreformer und Avantgardisten wie Edward Gordon Craig, Adolphe Appia, Antonin Artaud, Jerzy Grotowski bis hin zu Richard Schechner rückten theaterspezifische Ausdrucksformen wie Körperlichkeit, Präsenz und *liveness* in den Vordergrund, während das Drama als bürgerliches Genre und damit zu überwindende Kunstform galt. Darüber hinaus stellten postmoderne Ansätze seit den 1960er Jahren das Drama insbesondere in seiner geschlossenen Form auf den Prüfstand und bewerteten Bauelemente wie Figur, kausal-lineare Handlung und Dialog als Ausdrucksformen einer obsoleten Geschichts- wie Zeichenkonzeption; ein mehr oder weniger geschlossenes Drama verliere seine Legitimation als Medium des Weltzugangs in dem Maße, in dem ein ‚transzendentales Signifikat' (Derrida) nicht mehr auszumachen sei, es kein Jenseits der Geschichte gebe und die großen Erzählungen in Frage stünden. In einer Welt ohne Essenz oder Substanz sei die im Drama herrschende Rolle bzw. das Rollenspiel anachronistisch geworden. Ein postmodern-performativer Akt ist nach Jacques Derrida, anders als ursprünglich bei John L. Austin (1962), kein substantielles Tun, so dass sich Rollenspiel und authentisches Handeln nicht unterscheiden lassen. Das dramatische Spiel bleibt damit ebenso unglaubwürdig wie jede andere gesellschaftliche Praxis, wenn man diese postmodern primär als Rollenspiel begreift. Die Dekonstruktion löst mithin die Differenz zwischen Wirklichkeit und machtanalytischem, gesellschaftskritischem Drama auf, weil ein transzendentales Signifikat spätestens seit dem 19. Jahrhundert kaum mehr haltbar scheint (Derrida 1974 [1967], 28, 125). Jedes mehr oder weniger ausgeformte wie ausformulierte Drama gebe, so die Konsequenz, die Umwelt – sei sie politischer, sozialer oder naturwissenschaftlicher Couleur – als lügende Konstruktion wieder. Das Drama sei so als politisches immer schon eine Verfehlung.

Spätestens seit der Jahrtausendwende entstehen jedoch vermehrt Publikationen, die das Drama auch in seiner traditionellen Form verteidigen. So spricht Nikolaus Frei von einer Rückkehr der Helden und der Tragödie (Frei 2006), Birgit Haas plädiert für ein dramatisches Drama (B. Haas 2004) und Danijela Kapusta richtet ihre Aufmerksamkeit auf die Dialektik von nicht mehr dramatischem Theatertext und dem strukturellen Beitrag des traditionellen Dramas (Kapusta 2011). Thomas Ostermeier plädiert für ein realistisches Theater (Ostermeier 1999), Frank M. Raddatz legt die Widersprüche performativer Theoriebildung frei (Raddatz 2016) und Bernd Stegemann formuliert eine an der Theaterpraxis orientierte Kritik der Postdramatik (Stegemann 2015). Mit ähnlichem Tenor stellt in der Philosophie der sogenannte Neue Realismus, wie ihn etwa Umberto Eco, Maurizio Ferraris und Markus Gabriel vertreten (vgl. Gabriel 2014), postmoderne Relativierungen in Frage.

Die gegenwärtigen Spielpläne zeichnen sich, diesem Nebeneinander von (post-)dramatischen Positionen entsprechend, durch eine Vielfalt an Formen und Inhalten aus. Zu sehen sind Well-Made-Play, dramatisches Drama, offene Formen des Dramas, inszeniert werden postmoderne Theatertexte und Texte anderer Gattungen und Medien. Auch in der Auswahl von Inszenierungsästhetiken zeigen sich die Bühnen außerordentlich liberal: Zu finden sind Regisseurinnen- bzw. Regisseurstheater, kreatives Regietheater, dezidiertes Schauspielerinnen- bzw. Schauspielertheater, Autorinnen bzw. Autoren-, Dokumentar- sowie Erzähltheater, zudem Postdramatik sowie Live und Performance Art auf ‚stehenden' Bühnen und als Site-specific oder Environmental Theatre in alltäglichen Räumen (Englhart 2013). Dabei bildet das Drama bzw. ein mehr oder weniger dramatischer Theatertext trotz folgenreicher Einflüsse der Theateravantgarde, der bildenden Kunst, des Tanzes, des Musiktheaters und der Performance Art auf die heutige Bühnenästhetik häufig weiterhin die Grundlage oder den Ausgangspunkt von Inszenierungen. Es besteht zwar kein Zwang zur Literatur auf der Bühne, genauso wenig aber gibt es die normative Vorgabe, sich von der Literatur zu distanzieren oder sie gänzlich zu verabschieden. Die Nachfrage nach Dramen ist in Theaterverlagen nicht zurückgegangen. Spielpläne bieten dem geläufigen Kanon an sogenannten Meistertexten weiterhin Raum, d. h. antiken Tragödien, Stücken von Shakespeare und der Weimarer Klassik ebenso wie (post-)modernen Theatertexten. Die Kategorie des Postdramatischen, die Richard Schechner (1966) in den 1960er Jahren vorgestellt hat und die für die Theaterpraxis durch einen einflussreichen Großessay von Hans-Thies Lehmann (1999) in den letzten Jahren überaus wichtig wurde, scheint zwar die textuellen Bezüge des Theaters weniger relevant oder ganz irrelevant werden zu lassen, doch im Grunde eröffnet selbst ein traditionelles Drama auf der Bühne, ähnlich wie jeder undramatische Theatertext, das Spannungsfeld zwischen Text, Ereignis, *liveness*, spezifischer Medialität und Korporalität. Dies evoziert die gegenwärtig viel diskutierte Frage nach dem Verhältnis zwischen einem traditionellen bzw. überzeitlichen Konfliktmodell und/oder einem avantgardistischen Überschreitungsmodell des Dramas (Pełka und Tigges 2011; H.-T. Lehmann 2013; Englhart 2018).

Die jüngere theaterwissenschaftliche Forschung nimmt daher nach Jahrzehnten der Abgrenzung von den Literaturwissenschaften wieder verstärkt die Wechselwirkungen zwischen Theater und Text in den Blick, wie der Ansatz von William B. Worthen deutlich macht. Der amerikanische Theaterwissenschaftler betont, dass jedem Theatertext eine *agency* inhärent sei, die durch die Inszenierung realisiert werde (Worthen 2010). Diese Position ist nicht im Sinne einer Forderung nach Werktreue zu verstehen, die man heute für obsolet hält – insbesondere vor dem Hintergrund der anhaltend engagierten Diskussionen um das Regie- und Regisseurstheater, das zu Überlegungen über die Zukunft des Theaters zwischen Ensemble- und Plattformtheater oder Diagnosen einer Krise des Theaters geführt hat (Englhart 2013). Von den Debatten über Textualität und Performativität profitiert darüber hinaus die einschlägige Arbeit von Gerda Poschmann, *Der nicht mehr dramatische Theatertext* (1997), die die Gattungsspezifik des (Gegenwarts-) Dramas untersucht. Poschmann plädiert für eine Ausweitung des Begriffs ‚Drama' und spricht stattdessen vom ‚Theatertext', weil dieser den Doppelcharakter des Dramas als Text für die Bühne und als Lektüretext abbilde und dramatische wie nicht-dramatische Formen subsumiere; klassische dramatische Strukturelemente wie Figur und Handlung seien nicht gänzlich obsolet geworden, sondern würden von zeitgenössischer Dramatik unterschiedlich intensiv bzw. kritisch genutzt. Die klassische Dramenanalyse müsse deshalb um das Modell einer dramaturgischen Analyse erweitert werden (vgl. auch Bayerdörfer 2007). Leitend sei die Frage, auf welche Weise Texte szenische Theatralität und Texttheatralität entstehen ließen.

Jenseits der lebhaften Diskussion über Textualität und Performativität ergibt sich mit Blick auf die literaturwissenschaftliche Dramenforschung ein etwas anderer Befund: Folgt man Christine Bähr, ist die Theoriebildung zu Formelementen des Dramas in den letzten Jahrzehnten stagniert (Bähr 2012, 23). Nicht von ungefähr gilt Manfred Pfisters Studie zum Drama von 1977 weiterhin als Standardwerk ([11]2001); ebenso wenig wurden – trotz Kritik – Volker Klotz' Kategorien des offenen und geschlossenen Dramas verabschiedet (1960). Seit der Jahrtausendwende allerdings widmet sich die Forschung verstärkt einzelnen exponierten Formfragen und neuralgischen ‚Schwellen' des Dramas, beispielsweise den Auftritten, dem Beginnen (C. Haas und Polaschegg 2012; Vogel und Wild 2014a), dem Lösen des dramatischen Knotens und dem Finale (Bergmann und Tonger-Erk 2016b). Diese Formaspekte werden in der Regel kulturwissenschaftlich gerahmt, etwa durch virulente Sujets wie die Wiedervereinigung (Kemser 2006), Krise und Prekarität (Bähr 2012), Macht oder Affekt – ein weiterer Forschungsschwerpunkt, der im Anschluss an Aby Warburg (Port 2005) oder an die Geschlechterforschung bearbeitet wurde (Vogel 2002). Auch stellen kulturwissenschaftliche Ansätze wie die Gender Studies (Pailer und Schößler 2011b; Bergmann 2015), die Interkulturalitätsstudien bzw. postkolonialen Studien (Mecklenburg 2008b; Uerlings

2011) und die literarische Ökonomik (Schößler und Bähr 2009b) Methoden bereit, um Dramen neu zu lesen und den Kanon zu modifizieren. Ökonomisches Wissen verändert beispielsweise den Blick auf Genres wie die Komödie (Fulda 2005) und das Trauerspiel (Fiederer 2002). Die gegenwärtige Dramenanalyse scheint sich mithin von einer immanenten Formanalyse abzuwenden und an kultur- wie medienwissenschaftliche Ansätze anzuschließen – der vorliegende Band trägt diesem Paradigmenwechsel Rechnung.

Darüber hinaus werden die vertrauten Analysekategorien durch die Forschung zur Gegenwartsdramatik auf den Prüfstand gestellt bzw. verändert: Ist beispielsweise die Kategorie der Figur für die Beschreibung der Dramen Elfriede Jelineks noch tauglich? Oder anders gefragt: Welche Figurenkonzepte lassen sich im Kontext einer Dramatik entwickeln, die den gemischten, psychologisch zu lesenden Charakter verabschiedet, sich jedoch ebenso wenig über den Typus mit geringer Eigenschaftsdichte beschreiben lässt? Und welche Handlungsorganisation ergibt sich, wenn ein Drama aus Textflächen besteht? Neuere Arbeiten (Kormann 2009; Kapusta 2011) untersuchen, welche Transformationen klassische Bauelemente im Gegenwartsdrama durchlaufen. Im vorliegenden Band spielt die Forschung zur Gegenwartsdramatik deshalb eine gewichtige Rolle.

Das Handbuch berücksichtigt durch die unterschiedlichen Disziplinen der Herausgeberin (Neuere deutsche Literaturwissenschaft) und des Herausgebers (Theaterwissenschaft), durch den Zuschnitt der Einzelbeiträge und das letzte Kapitel des Bandes, das mit „Interdisziplinäre Zugriffe" überschrieben ist, die allein interdisziplinär zu erfassende Anlage seines Gegenstandes, der Schrift, Bild, Musik, Korporalmotorik, Kunstereignis und ästhetische Atmosphäre kombiniert. Ziel ist es, das Wissen der jeweiligen Disziplinen nicht unverbunden zu addieren, sondern durch fachübergreifende Perspektiven auf Gender, Performativität, Theatralität, Medialität, Dekonstruktion und Inter- bzw. Transkulturalität Parallelen, Verbindungen, Gemeinsamkeiten und Differenzen erkennbar werden zu lassen. Die Berücksichtigung von Autorinnen und Autoren, die sowohl über wissenschaftliche Expertise als auch über reiche Praxiserfahrung verfügen, darunter Michaela Krützen, John von Düffel, Hajo Kurzenberger, Hans Tränkle und Bernd Stegemann, ermöglicht neue erhellende Sichtweisen auch jenseits traditioneller wissenschaftlicher Methoden.

2 Problemstellungen

Grenzen des Gegenstandes und das Paradigma Geschichte

Grundsätzlich stellt sich die Frage, wo die Grenzen des Gegenstandes, des Dramas, liegen. Erstrebenswert ist neben der Repräsentation von ‚Höhenkammkultur' sicherlich die Berücksichtigung von populärkulturellen Artefakten, also z. B. breitenwirksamen Mediendramaturgien. Im akademischen Betrieb werden die genuin dramatischen Strukturen von Medienangeboten wie denen des Films kaum reflektiert, der sich in seiner Hollywood-Dramaturgie dem Well-Made-Play des 19. Jahrhunderts, dem Rührstück des 18. Jahrhunderts und – wenn man die angenommenen Ursprüngen in den Blick nehmen mag – der von Aristoteles beschriebenen Tragödienstruktur annähern lässt. Die typische Drei-Aktigkeit des Films nach Syd Field (2007 [1979]), welche die übliche Heldenreise rahmt (J. Campbell 1998 [1949], 61–263), und selbst noch die postklassischen Dramaturgien des gegenwärtigen Films (Krützen 2015) rekurrieren auf die aristotelische Forderung, die Tragödie solle über einen Anfang, eine Mitte und einen Schluss verfügen. Auch das Musiktheater samt Libretto, der Tanz, die TV-Serie sowie das Computerspiel lassen mehr oder weniger dramatische Strukturen erkennen und werfen die Frage auf, was ein Drama überhaupt oder eigentlich sei. Der vorliegende Band beantwortet diese Frage nicht essentialistisch, sondern historisch und geht den medialen Filiationen von dramatischen Strukturen nach.

Kanonisierung als Bedingung von sogenannter Hochkultur spielt für das Handbuch gleichwohl eine gewichtige Rolle, denn es beginnt mit einem Überblick über die Dramen- und Theatergeschichte als Produkt von Selektionen, Akten des Vergessens und Epochenkonstruktionen. Begriffe wie ‚antikes Drama', ‚mittelalterliches Drama' und ‚Drama der Renaissance' implizieren einen ebenso homogenisierenden wie exkludierenden und eurozentrischen Blick. Darüber hinaus ist gerade für das Drama auf der Bühne, für das Theater als transitorische Kunst quellenkritisch vorzugehen – man spricht von unmittelbaren und mittelbaren theaterhistorischen Quellen als überlieferte Eindrücke der Aufführung (Steinbeck 1970). Vergangene Aufführungen sind allein über Interpretationen der Quellen und nachfolgendes Ordnen bzw. ‚Storytelling' zu rekonstruieren. Alexander Košenina hat in diesem Zusammenhang das Konzept einer „Literatur-Theater-Hermeneutik" entwickelt und die stärkere Berücksichtigung von Quellen wie Kupferstichen von Aufführungen, Gemälden und Theaterkritiken angemahnt, um Dramentexte samt ihren Inszenierungen in den historischen Kontext einbetten und beispielsweise das Zusammenspiel von Dramatik und Schauspielpraxis annäherungsweise ‚rekonstruieren' zu können (2011, 65).

Eine Dramen- und Theatergeschichte muss sich zudem, ähnlich wie die Geschichtswissenschaft, Fragen nach ihrer Narrativik bzw. ihren Genres stellen – Hayden White hat für die wissenschaftliche Darstellung von Geschichte diverse Plotmuster wie die der Komödie, Tragödie und Romanze herangezogen (White 1987). Ist eine Dramen- und Theatergeschichte also reines oder zumindest partielles Storytelling? Von White lassen sich weniger postmoderne Historikerinnen und Historiker wie Reinhart Koselleck abgrenzen, der für ein Vetorecht der Quellen plädiert (1977, 45). Bereits jede Periodisierung jedoch beruht auf (ideologisch motivierten) Gliederungen, die Stile und Räume bzw. Raumzeiten favorisieren und homogenisieren. Dietrich Steinbeck (1970) beispielsweise trennt eine Geschichte, die sich an bestimmten dramatischen Werken und Inszenierungen, wie etwa Shakespeares *Richard III.* im Globe, Schillers *Die Räuber* in Mannheim etc., orientiert, von einer Lokalgeschichte der dramatischen und theatralen Formen in bestimmten Räumen, Ländern, Städten und Epochen, also etwa in der französischen Klassik. Perioden können, darauf aufbauend, ‚klassisch' gegliedert sein, meist nach Vorgaben eines Kanons: auf nationalstaatlicher Basis, medial auf das Theater beschränkt, nach geistesgeschichtlichen Ordnungskategorien (Antike, Renaissance, Barock, Aufklärung etc.) und nach abendländischen Wertungen, so dass man mit der Antike beginnt und asiatisches oder afrikanisches Theater marginalisiert. Thomas Postlewait hat, um einen weiteren Ansatz zu nennen, 22 Perspektiven für eine Ordnung der Theatergeschichte ermittelt (1988), u. a. mit den Schwerpunkten politische Reiche oder Dynastien (griechisch, römisch), Monarchien (elisabethanisch, Restauration), geistesgeschichtliche Epochen (Antike, Renaissance), normativ (neoklassizistisch), nationalstaatlich (englisch, deutsch, französisch), pan-nationalistisch (slawisch, skandinavisch, afrikanisch), philosophische Schulen (Humanismus) und Chronologie (1830–1871, 19. Jahrhundert). Statt einer linearen Dramen- und Theatergeschichte wären vor diesem Hintergrund verschiedene Narrative zu präsentieren, etwa eine afrikanische Dramengeschichte oder eine aus Gender-Perspektive.

In der Theaterwissenschaft lehnt man sich häufig an ältere und damit scheinbar seriösere Fächer an, übernimmt also Epochenbezeichnungen sowie Kanonisierungsvorgaben aus anderen Wissenschaftskulturen wie der Literatur- und Geschichtswissenschaft oder der Kunstgeschichte. Dieser Adaptionsprozess hat dazu geführt, dass beispielsweise die Theatergeschichte für das frühe 19. Jahrhundert Georg Büchner statt den in seiner Zeit viel gespielten und weitaus bekannteren Autor August von Kotzebue in den Vordergrund rückt. Die Literaturwissenschaft hat sich in den letzten Jahren im Zuge der kulturwissenschaftlichen Kanon-Debatten verstärkt eben jenen vergessenen und dekanonisierten Autorinnen und Autoren zugewandt, darunter Kotzebue, August Wilhelm Iffland (Dehrmann und Košenina 2009), Adolf Müllner und Charlotte Birch-Pfeiffer, mithin der Unterhaltungsdramatik des frühen 19. Jahrhunderts (Pargner 1999; Birgfeld und Conter 2007). Die Rekanonisierung vergessener Autorinnen aus Gender-Perspektive reicht bis in die 1970er Jahre zurück.

Die Phasierungen einer deutschsprachigen Dramengeschichte werden in germanistischen Literaturgeschichten zum Thema, wobei man die Gattungsdifferenzen in der Regel übergreifenden Periodisierungskriterien wie den etablierten Epochengrenzen unterordnet; häufig beginnen die Darstellungen mit der Literatur des Mittelalters (Beutin et al. [8]2013). Anders verhält es sich mit tendenziell eurozentrisch angelegten Dramengeschichten wie der zweibändigen *Geschichte des Dramas* von Erika Fischer-Lichte (1990a; 1990b). Periodisiert wird gemäß dem Wandel von Identitätskonzepten: Dramen gelten als Ausdruck von sich verändernden Subjektkulturen. Die gleiche Zeitspanne von der griechischen Antike bis zum nicht mehr dramatischen Theatertext Heiner Müllers deckt Dieter Heimböckels Überblick über die Geschichte europäischer Dramentheorien ab, der die Dramengeschichte entlang zentraler Stationen der Theoriebildung strukturiert (Heimböckel 2010). Ähnlich aufgebaut sind neuere Theatergeschichten mit einem dezidierten Bezug zum Drama wie etwa diejenigen von Günther Erken (2014) oder Manfred Brauneck (1993–2007). Aufgebrochen werden die traditionellen Muster bei Joachim Fiebach (2015) und in der kompakten *Kleinen Weltgeschichte des Theaters* von Brauneck (2014).

Dramen- und Theatergeschichte ist unübersehbar von Erinnerung und Gedächtnis abhängig. Das individuelle Gedächtnis, das im Akt der Erinnerung eine kollektiv gerahmte Konstruktionsleistung erbringt, stützt das weitgehend verbindliche kulturelle Gedächtnis, das sich rekonstruktiv, medial geformt sowie formend und organisierend durch Quellen konstituiert. Auch Drama und Theater können – so legt nicht nur Tadeusz Kantors *Die tote Klasse* (1975) nahe, in der die Erinnerung eines Protagonisten (Kantors?) dramatisiert wird – als mediales Gedächtnis verstanden werden. Das in Szene gesetzte Drama auf der Bühne wäre dann eine Art Reenactment (vgl. Roselt und Otto 2012; Warstat 2012; Heeg et al. 2014), in dessen Iteration sich entweder eine Differenz zum Vorbild, eine Differenz zum Status quo oder Brüche in der Montage, also im Herstellungsakt des Reenactments, bemerkbar machen. Verstörende Inkongruenzen wären als ‚Fehler' das, was indirekt auf die ‚Wahrheit' der Dramengeschichtsschreibung verweist, die man mit Begriffen, Kausalitäten, Erzählungen und Theorien nicht erfasst.

Der vorliegende Band präsentiert zunächst eine ‚klassische' Dramen- und Theatergeschichte gemäß etablierten Epocheneinteilungen und geographischen Schwerpunkten. Die kürzeren Beiträge zu Einzelaspekten wie Affekt, Geschichte und Gender können als ‚Supplemente' des linearen Geschichtsnarrativs aufgefasst werden.

Gleichzeitigkeiten und transkulturelle Koinzidenzen

Eine lineare Konstruktion liegt auch dann vor, wenn eine (teleologische) Entwicklung vom Drama zum nicht mehr dramatischen Theatertext unterstellt wird. Eine solche Sukzession ließe sich für manche Schwellen in europäischen und außereuropäischen Kulturräumen durchaus behaupten (Fiebach 1979). Weitaus häufiger jedoch sind Gleichzeitigkeiten, Kontingenzen, Kulturmobilitäten und transkulturelle Koinzidenzen von Dramen- und Theaterformen zu beobachten, die produktiv in einen Zusammenhang gebracht werden können. Ein kleiner Ausschnitt aus den globalisierten transkulturellen Beziehungen mag verdeutlichen, dass nicht-dramatische Formen vielfach neben dramatischen aufzufinden sind: Gegenwärtig vergleichen etwa gewichtige Stimmen das klassische Nō-Theater mit der postdramatischen Ästhetik (Kitagawa 2016). Für diese traditionelle außereuropäische Theaterform ist eine eigentümliche Nähe zwischen einem dem Ritual verwandten Theater – immerhin ist die klassische Nō-Bühne meist Teil eines Shinto-Schreins – und einer dezidiert postmodernen Theaterästhetik festzustellen. Neben dem komischen Zwischenspiel Kyōgen und den bürgerlichen dramatischen Formen Kabuki und Bunraku ist das Nō-Spiel als komplexes Gesamtkunstwerk aus dramatischer Dichtung, Gesang, Tanz und Musik in seiner hohen Stilisierung und weihevollen Stimmung eine seit 500 Jahren weitgehend unveränderte Gattung, die oft innerhalb einer Familie, vom Vater auf den Sohn, über Generationen hinweg, tradiert wird. Zentral ist ein Kanon aus 200 Stücken; etwa die Hälfte stammt von Zeami (1363–1443), dessen kunsttheoretische Schriften keine realistische Abbildung der Wirklichkeit, sondern eine stilisierte Darstellung des inneren Wesens fordern. Das Ideal des *yūgen*, einer ‚vornehmen Anmut', lässt dann etwa Vergleiche mit Friedrich Schillers Idealisierungen (Schiller 2005c [1793]), Heinrich von Kleists Überlegungen zum Marionettentheater (Kleist 1990 [1810]) und Edward Gordon Craigs Übermarionette (Craig 2012 [1907]) zu. *Hana*, verstanden als künstlerische Vollkommenheit des Nicht(mehr)spielens, erlaubt es zudem, Parallelen zu John Cage herzustellen.

Genuin ist dem japanischen Genre die Vorstellung von Geistern, die sich nicht von der materiellen Welt trennen wollen und an den Ort ihrer vormaligen Leidenschaften zurückkehren müssen, was zu Adaptionen im Horrorfilm (vgl. *Ringu*, J 1998) geführt hat. Charakterisierend wirkt im klassischen Nō-Theater die Maske, die die Subjektivität des individuellen Gesichtsausdrucks durch den objektiven ‚Gestus' der Rolle ersetzt. Die damit verbundenen außerordentlich sparsamen Bewegungen, die originär durch eine feste Anzahl von Ausdrucks- und Bewegungsfiguren (*kata*) vorgeschrieben sind, vermeint man im Theater von Robert Wilson wiederzufinden. Der Nō-Schauspieler erleidet sein Spiel wie der Mensch das Leben; Nō ist der Ausdruck zen-buddhistischer

Lebensphilosophie, die man ähnlich wie bei John Cage oder Heiner Goebbels auf *untitled events* übertragen könnte, in denen das Zufällige, potentiell Antihierarchische des Kunstereignisses mit handlungsauflösenden Tendenzen korreliert wird.

Deutliche performative Züge finden sich auch im satyrischen Zwischenspiel Kyōgen, einer dialog- und handlungsorientierten, realistischen Darstellung in einem selbständigen, anmutigen Possenspiel, das wiederum an das Satyrspiel und dessen Funktion im antiken griechischen Theater erinnert. Die bürgerliche Schaukunst des Kabukis, das aus der Edo-Zeit (1600–1868) stammt, eignet sich – um ein letztes Beispiel zu nennen – nahezu alle theatralen Formen an, besetzt die Nō-Bühne, übernimmt dessen prächtige Kostüme und entsteht aus dem Tanz. Zudem plündert es den Story-Fundus des Puppentheaters Bunraku. Das Kabuki legt, ähnlich wie das epische Theater Bertolt Brechts, seine Theatralität durch die Trennung von Textrezitation, Shamisen-Musikbegleitung und Puppenspiel offen, in dem die Figur von bis zu drei Spielern geführt wird. Besonders auffällig ist der *onnagata*, der männliche Frauendarsteller, der bis heute als Autorität in Fragen der Mode und des guten Geschmacks gilt und Vorbild aktueller Gender-Performances, Camp-Inszenierungen und gar Boygroups wie Tokio Hotel ist. Man könnte daraus folgern, dass das klassische japanische Drama und Theater gegenwärtige performative Ästhetiken maßgeblich beeinflusst hat. Paradoxerweise ist das japanische Gegenwartstheater zum großen Teil dramatisch angelegt und hat sich der Komödie bzw. spezifisch US-amerikanischen Formen des Well-Made-Play verschrieben.

Interkulturalität und Gender

Der Begriff des Dramas ist ein historischer, der zwischen deskriptiven und normativen Beschreibungen variiert. Schon Aristoteles scheint in seiner *Poetik* die Tragödie auch in deskriptiver Hinsicht als zeitgeschichtliches ästhetisches Phänomen zu reflektieren. Er war kein unmittelbarer Zeitzeuge der Uraufführungen der Tragödiendichter Aischylos, Sophokles und Euripides, sondern veröffentlichte seinen Text ungefähr 150 Jahre nach den Ereignissen, die zum ‚Ursprung' des Dramas und Dramatischen erklärt werden sollten. Unstrittig ist, dass Aristoteles' kleine, nicht leicht zu deutende Schrift weitreichende Konsequenzen für die Geschichte des Dramas und Theaters hatte und Formen wie Inhalte der abendländischen Kulturentwicklung vorzeichnete. Aus seinen vergleichsweise unsystematischen Überlegungen wird ein primär normativ gelesenes Vorbild europäischer, später hegemonial-globaler Dramaturgiekultur. Annähernd jede Einführung in die Dramenanalyse, jedes Studium der Dramaturgie, der Theaterwissenschaft und historischer Medienstrukturen beginnt mit einem intensiven Studium von Aristoteles' *Poetik*.

Nicht zuletzt diese diskursbegründende Schrift samt späteren Übersetzungen macht das Drama zu einem abendländischen Artefakt, dessen globale Ausprägung als Ausdruck eines kulturellen Imperialismus im Sinne von Antonio Gramsci und Edward Said verstanden werden kann (vgl. Balme 1995; 2012). Das vorliegende Handbuch versucht den sich daraus ergebenden asymmetrischen Transfers, beispielsweise durch die Machthaber kolonialisierter Länder oder eine europäisch geprägte Elite (Mecklenburg 2008a; 2008b), Rechnung zu tragen, indem es außereuropäische Kulturen, Nationen sowie geographische Räume zumindest kursorisch in den Blick nimmt und den Zusammenhang von Dramen-, Theatergeschichte und Kolonialismus berücksichtigt. Welche dramatischen und theatralen Formen wurden in europäischen Ländern und außerhalb Europas, auf anderen Kontinenten, bevorzugt? Begegnet ‚das Andere' auch im Drama? Wie verhalten sich Dramatikerinnen und Dramatiker außereuropäischer Länder zum kolonialen Erbe? Und welche ästhetischen Formen ergeben sich aus hybrider Identitätsbildung, Mimikry und der Destabilisierung von Grenzen, die das postmigrantische Drama und Theater prägen (Balme 2012, 85–91)?

Inter- oder transkulturelle Beziehungen, wie sie sich auch in Artefakte einschreiben, stehen häufig mit asymmetrischen Geschlechterrepräsentationen in unmittelbarem Zusammenhang. Untersuchungen zu Macht und Partizipation fokussieren entsprechend auch die Darstellung von Geschlecht im Drama sowie Geschlechterverhältnisse in der arbeitsteiligen Institution Theater. Das Verfassen von Dramen galt in verschiedensten Kulturen über Jahrtausende hinweg als Vorrecht von Männern, nicht zuletzt weil das Theater ein öffentlicher Ort war und der Autor mit Ereignissen aus Politik und Geschichte vertraut sein musste. Gleichwohl machten insbesondere im 18. und frühen 19. Jahrhundert Dramenautorinnen wie Luise Adelgunde Victorie Gottsched, Friederike Sophie Hensel und Charlotte Birch-Pfeiffer von sich reden (Kord 1992; Fleig 1999; Pargner 1999; Loster-Schneider und Pailer 2006). Der (national orientierte) Kanonisierungsprozess im 19. Jahrhundert ließ sie in Vergessenheit geraten, wobei diese Leerstellen durch verhinderte Dramatikerinnen noch vergrößert wurden – Virginia Woolf imaginiert in ihrem Essay *A Room of One's Own* das tödliche Schicksal einer Schwester Shakespeares (1981 [1929], 54). Zwar entwerfen insbesondere hochkulturelle Dramen komplexe relationale Konstellationen von (performativen) Männlichkeiten und Weiblichkeiten (Pailer und Schößler 2011), auffällig ist in der Mehrzahl der klassischen Stücke jedoch eine deutliche Unterrepräsentanz weiblicher Rollen, was bis heute Konsequenzen für die Zusammensetzung von Ensembles und damit für die Arbeitsverhältnisse von Schauspielerinnen und Schauspielern hat (Schößler und Haunschild 2011). Zu berücksichtigen ist darüber hinaus die – historisch betrachtet – katastrophale Reputation, die oft prekäre Beschäftigungslage und die marginalisierte soziale Position von Schauspielerinnen, Regisseurinnen, Theaterleiterinnen und sonstigen am Theater beschäftigten Frauen. Die Situation hat sich in Deutschland seit 1989, also der ‚Wende', die zwei Theaterlandschaften fusionierte, deutlich verbessert; unter der jüngeren Generation finden sich nahezu so viele Autorinnen wie Autoren, während sich die wirtschaftliche Situation von Stadt-, Staats- und Landestheatern sowie des weiten Felds der Freien Szene allerdings konstant verschlechtert. Die Gender-Thematik ist also weiterhin virulent – für die Analyse von Dramen wie auch für die Beschreibung von Produktionsbedingungen.

Theater als Medium und Intermedialität

Der greifbarste Unterschied zwischen Drama und Theater ist der zwischen einem durch den Buchdruck ermöglichten Schriftmedium und dem plurimedial produzierten Live-Ereignis der Aufführung (Hauthal 2009, 68–69). Dabei stehen beide im einem intermedialen Verhältnis, denn vom Drama kann oder soll eine Aufführung ausgehen und das Theater konstituiert sich meist durch die Aufführung von Dramentexten (Hauthal 2009, 76). Zuweilen wird die Auffassung vertreten, Drama und Theater seien als Medien obsolet geworden. Während das Drama in der TV-Serie als stark rezipierte populäre Form gelten kann – auch wenn zunehmend neue Distributionsformen wie Webserien in den Vordergrund drängen –, hat der Medienwissenschaftler Werner Faulstich das Theater und das Drama auf der Bühne medienhistorisch wie -systematisch für tot erklärt. Das Theater sei als Primärmedium, das kein anderes Medium zur Übertragung benötige, funktionslos geworden (Faulstich 2004, 41–50). Manche Forscherinnen und Forscher gehen noch weiter und sprechen dem Theater vor dem Hintergrund eines technischen Medienbegriffs gänzlich ab, ein Medium zu sein. Versteht man ein Medium als einen Apparat, der die Kommunikation zwischen räumlich oder zeitlich getrennten Individuen ermöglicht, dann wäre das Theater durch die Kopräsenz von Publikum und Schauspielenden/Performenden kein Medium (Schoenmakers et al. 2008, 13). Was die Anwendung von Intermedialitätskonzepten gleichwohl attraktiv macht, ist zum einen, dass im zeitgenössischen Theater neue Medien und Technologien intensiv eingesetzt werden (Boenisch 2006, 104). Zum anderen käme dem aufgeführten Drama aus einer Perspektive, die Medien als Mittler und Zwischeninstanzen (Waldenfels 2004b, 113) begreift, durch *liveness*, Ereignishaftigkeit sowie die spezifische Atmosphäre des Anderen eine besondere Rolle im Kontext ubiquitärer Medialisierung zu.

Unstrittig ist, dass Drama und Theater nicht mehr wie bis in die 1960er Jahre hinein die Bedeutung eines intellektuellen Leitmediums beanspruchen können. Schon gar nicht legitimieren sie sich als populäres Massenmedium wie etwa im Wiener Vorstadttheater des 19. Jahrhunderts oder an der Schwelle zur Neuzeit in Shakespeares Globe Theatre. Spätestens mit der Einführung der Massenmedien Film und Fernsehen und später des Internet erfahren Drama und Theater als Medien einen ähnlichen Funktionswechsel wie die bildende Kunst nach Einführung der Fotografie. Sie tendieren zur Selbstreferentialität, zur Reflexion und Präsentation ihrer medialen Spezifität, und transformieren sich vom Bildungsmedium, das beispielsweise Friedrich Schiller und Johann Wolfgang von Goethe proklamiert hatten, in ein dezidiertes Kunstmedium. Auch das avancierte Drama, also das epische oder absurde Drama und der nicht mehr dramatische Theatertext, rückt seine ästhetische Konstruktion selbstreferentiell in den Vordergrund. Im Theater werden die Eigenheiten des Primärmediums wie *liveness*, Ereignishaftigkeit und Atmosphäre als Zeichen von Zeichen kenntlich. Chiel Kattenbelt hält fest, dass das Theater ein Hypermedium, d. h. multimedial nicht auf der Ebene der Zeichen, sondern als Kombination verschiedener Medien (Kattenbelt 2008) zu verstehen sei. Theater sei deshalb in einem strikten Sinne multimedial, weil es als einziges Medium alle anderen in sich aufzunehmen vermöge, ohne die Spezifik der integrierten Medien zu beeinträchtigen, und sie als theatrale Zeichen zum Bestandteil der Inszenierung machen könne. Bilder und Töne eines Videos etwa würden nicht allein vor-, sondern auch aufgeführt. Das performative Theater zeige auf die medialen Eigenschaften des Primärmediums Theater und reagiere zugleich auf die zunehmende Nachfrage nach physischer Präsenz in einer virtuellen und realitätsverweigernden Medienwelt. Bis heute wird entsprechend die Debatte ausgetragen, ob das Theater ein Ort des Authentischen sei oder ob der Körper auf der Bühne als Medium zu gelten habe (Balme, Kittler et al. 2001; Kittler 2001; Röttger 2008). Christopher Balme bestimmt Intermedialität als die Realisierung der ästhetischen Konventionen und/oder Seh- und Hörgewohnheiten eines Medium in einem anderen (Balme 1999, 40). So finden sich beispielsweise in einer Fernsehserie fotografische Techniken und dramatische Dramaturgien, während neue Rezeptionsgewohnheiten zu immer kürzeren Dramentexten jüngerer Autorinnen und Autoren führen (Englhart und Pełka 2014). Von dieser fundamentalen Form der Intermedialität, bei der sich Medien formal ineinander entgrenzen, ist eine schwache Form der Intermedialität zu unterscheiden, bei der ein Medium in einem anderen Medium nur zum Thema gemacht wird, was auf viele Anspielungen auf neuere Medien in aktuelleren Theatertexten zutrifft (zur Debatte um die Abgrenzung zwischen starken und schwachen Intermedialitätskonzepten vgl. Merten 2014, 16–23).

Das komplexe Verhältnis der Medien, das das Bühnengeschehen im 20. Jahrhundert zunehmend bestimmt, wird auch durch den Begriff der ‚Interart' fokussiert, der in praktischer wie theoretischer Hinsicht eine längere Tradition besitzt; zu erinnern wäre an Gotthold Ephraim Lessings *Laokoon*-Aufsatz sowie an Richard Wagners Opern und theoretische Entwürfe (Fischer-Lichte et al. 2010). Richard Wagner konzipiert sein Musikdrama als ‚organologisches', anthropologisch begründetes Gesamtkunstwerk, das die Einzelkünste zur mythisch aufgeladenen, effektvoll arrangierten Einheit synthetisiert – so sehen es zumindest fasziniert Kommentatoren wie Friedrich Nietzsche. Diese Totalitätsfiktion lässt Wagners Ansatz heute überholt erscheinen und wird durch Konzepte wie Hybridität, Intermedialität und Performativität ersetzt. Seit Mitte der 1990er Jahre entstehen zudem diverse Begriffe, die die Nähe des Theaters zu unterschiedlichen (Populär-)Kulturen beschreiben: ‚Pop-Theater', ‚Live Art' (als Fusion von bildender Kunst und experimentellem Theater) sowie zu Beginn der 1990er Jahre ‚Ambient Theatre', das das Theater als Lebensraum konzipiert (M. Matzke 2012, 24). Mediale Wahrnehmungen werden in diesen Formen nicht mehr als Sekundärerfahrungen begriffen (M. Matzke 2012, 30), sondern zu generationenspezifischen Medienbiographien arrangiert. Dirk Baecker diagnostiziert für die gegenwärtige Medien- und Netzwerkgesellschaft eine dekonstruktivistische Überprüfung aller Genregrenzen und Formate (Baecker 2009, 91). Damit hybridisiert sich auch die Rezeption des Einzelnen, in der sich unterschiedliches Wissen und diverse Genre-Erfahrungen mischen können, so dass die Opposition von Hoch- und Populärkultur in Frage steht. Theatertexte von René Pollesch und Elfriede Jelinek tragen dieser Hybridisierung von ‚U'- und ‚E'-Kultur unübersehbar Rechnung.

Institution

Der Arbeitsteiligkeit von Theater- und Literaturwissenschaft mag es geschuldet sein, dass beide Disziplinen, zumindest in Deutschland, lange Zeit eine gewisse ‚Institutionenblindheit' aufwiesen. Die institutionellen und organisatorischen Grundlagen der Kunstproduktion, die das Drama auf den verschiedenen Stufen des Produktionsprozesses vom Verfassen des Textes bis zur Aufführung auf der Bühne prägen, sind (auch aufgrund ihrer Komplexität) bislang kaum valide wissenschaftlich erfasst. Allerdings entstehen in der Theaterwissenschaft gegenwärtig empirisch angelegte Institutional Studies, und auch die Germanistik versucht, den Zusammenhang von ästhetischen Ausdrucksformen und institutionellen Rahmungen verstärkt in den Blick zu nehmen (u. a. Colin 2011a). Staats-, Stadt-, Landes- oder Privattheater, Freie Gruppen oder Live Art, Tourneetheater oder die zunehmend attraktiv werdenden Festivals (Elfert 2009) – diese Zuschnitte beeinflussen Theatertexte und Spielpläne. Friederike von Cossel hat entsprechend aus neoinstitutionalistischer Perspektive die nicht-künstlerischen Bedingungen eines

Spielplans am Stadttheater rekonstruiert (Cossel 2011). Institutionelle Rahmungen bestimmen das Handeln von Akteurinnen und Akteuren, also Produktion wie Rezeption (Hardt und Stern 2011), und ließen sich beispielsweise mit Hilfe des Neoinstitutionalismus, der ein dynamisches, kreatives Institutionenkonzept favorisiert und Affekte ebenso wie narrative Strukturen berücksichtigt, theoretisch präzisieren. Im Anschluss an Modelle einer ‚lebendigen' Institution, wie sie Cornelius Castoriadis, Henri Bergson, Michel de Certeau, Gilles Deleuze und Bruno Latour entwerfen (Seyfert 2011), könnte das Theater als temporale, fluide und kreative Form aufgefasst werden. Über Pierre Bourdieus Feld- und Lebensstilanalyse lassen sich darüber hinaus die verfestigten Selbstverständnisse von Theatermacherinnen und Theatermachern beschreiben, die in ihren ästhetischen Entscheidungen zum Ausdruck kommen und die die Forschung beispielsweise für die Unterscheidung von west- und ostdeutschen Theaterästhetiken herangezogen hat (Bogusz 2007; Jennicke 2011). Für das Drama interessiert also, wie Institutionen und Organisationen das jeweilige ästhetische Ergebnis erstens ermöglichen, zweitens fördern und drittens inhaltlich wie formal beeinflussen.

Anthropologisch betrachtet bewegt sich die Institution Theater mehr oder weniger nahe an Riten, die ihrerseits mit verschiedenen Institutionen verknüpft sind. Zumindest zweimal – in der griechischen Antike und im Spätmittelalter – lässt sich im Verlauf der Theatergeschichte in Europa eine Entwicklung des Dramas und Theaters aus dem Ritus nachweisen, wenn sich aus dem Rituell-Chorischen der Dialog ausprägt. Friedrich Nietzsches altphilologische, von seinem wissenschaftlichen Umfeld kaum ernst genommene Spekulation über die Tragödie in der griechischen Antike leitet eine Definition des Theaters als Ritual in Opposition zu einem Theater als Unterhaltung ein. Diese Traditionslinie reicht über die Cambridge Ritualists, Antonin Artaud und Richard Schechner bis zu Hans-Thies Lehmann. Nach Schechner fordert und formt ein Theater als Ritual eine Gemeinschaft und transformiert Identitäten in einem *rite de passage*, wie ihn Victor Turner im Anschluss an Arnold van Genneps Grundstruktur der Liminalität als Bestandteil sozialer Dramen beschreibt. Liminale Räume entstünden seit den 1960er Jahren, so Turner, in denjenigen Dramen, die keine politischen seien, sondern politisch gemacht seien; in der Aufführung des Dramas gehe es, wie etwa auch in Heiner Müllers Theatertexten, weniger bzw. nicht in der Hauptsache um die Repräsentation und Vermittlung von Inhalten, sondern um Kritik der Repräsentation und einer eindeutigen Vermittlung als politischen Akt (Turner 1982; H.-T. Lehmann 1999; Schechner 2013).

3 Synopsis

Eröffnet wird das vorliegende Handbuch mit einer kompakten Theater- und Dramengeschichte (Andreas Englhart), die in der griechischen Antike beginnt, obwohl die eigentlichen Anfänge aufgrund fehlender Quellen im Dunkeln liegen. Als entscheidender Moment gilt die Herausbildung des Dialogischen aus dem Chorischen im Aufbruch des Wechselgesangs, des Dithyrambos. Aristoteles zeichnet nach, wie die Tragödie mit ihren wichtigsten Autoren Aischylos, Sophokles und Euripides entsteht. Über den Hellenismus und die römische Kultur, die die dramatischen Formen der Tragödie und vor allem der Komödie übernimmt, werden Plautus und Terenz zu zentralen, weiterhin bekannten Dramatikern. Der Stoiker Seneca, der auf prominente Weise für die römische Tragödie steht, war wohl zu seiner Zeit nicht auf der Bühne zu sehen. Das Drama im Theater galt in der langen Phase des römischen Imperiums eher als Unterhaltung, als Teil der *Ludi*, und musste sich neben Wagenrennen im Zirkus, Gladiatorenkämpfen im Kolosseum und anderem behaupten. Dass in der römischen Republik- und Kaiserzeit die Komödie bevorzugt wurde, verwundert also kaum.

Das Mittelalter führte das Drama in gewissem Sinne wieder auf das Ritual zurück, aus dem es entstanden war. Die Osterspiele schmückten kleine Szenen der Heilsgeschichte und der Osterbotschaft aus und erweiterten diese dialogisch, so dass die Grenzen zum Drama nach und nach überschritten wurden. In der Renaissance bezog man sich mit Nachdruck auf das ‚goldene' Zeitalter der Antike, entdeckte Plautus, Terenz und Seneca neu und erblickte im Drama das Fortschrittliche vor dem Hintergrund des Humanismus und der zunehmenden Aufmerksamkeit für das Diesseitige. Die Renaissance verbindet man mit dem klassischen Drama, wobei in den unterschiedlichen Sprach- und Kulturräumen verschiedenste Klassiken entstanden: die französische Klassik im Absolutismus, die spanische Klassik des Siglo de Oro, die englische Klassik um Shakespeare und seine Zeitgenossen und – ähnlich wie die Kulturnation verspätet – die deutsche Weimarer Klassik.

Die Epochengrenze zwischen Renaissance und Barock ist schwer zu ziehen. Das französische Theater des Absolutismus beispielsweise erweiterte sich in die theatrale Hofkultur. Die klassischen Dramen von Jean Racine, Pierre Corneille und Molière waren über die Bühnengrenze hinaus in die Inszenierungen des Staates eingebettet, den der Auftritt des Sonnenkönigs Ludwig XIV. verkörperte. Dieser förderte nicht nur das Ballett und die musikalischen Künste auf entscheidende Weise, sondern führte auch die Theatralität der Politik als Kunst zu neuen Höhen. Zugleich propagierte man vor dem Hintergrund einer autorisierenden Übersetzung des Aristoteles, dessen *Poetik* als rigide Norm verstanden wurde, ein kultur- und staatstragendes Drama. Dieses wurde zur Grundlage zukünftiger

Regelpoetiken (auch noch für heutige Drehbuchratgeber), an denen sich deutsche Autorinnen und Autoren des 18. Jahrhunderts wie Johann Christoph Gottsched und Gotthold Ephraim Lessing abarbeiteten.

Der strengen Regelmäßigkeit des Dramas, das probate höfische Haltungen wie Wohlanständigkeit propagieren sollte und unbändige Leidenschaften stigmatisierte, entsprach in der Renaissance die Zentralperspektive in der Bildinszenierung, die die mittelalterliche Simultanbühne durch eine mehr oder weniger illusionistische Perspektivbühne als Sukzessivbühne ablöste. In der Abfolge der Bilder konnte sich die Handlung des Dramas als kausale aufbauen, was schließlich auf längere Sicht im klassischen Film zum Bewegungsbild im Sinne einer an linearer Handlung orientierten dramatischen Handlung in der Montage der Bilder führte.

Mit dem Drama der Aufklärung und dem Aufstieg des Bürgertums fiel die Ständeklausel, entstanden bürgerliche Trauerspiele, Rührstücke sowie sentimentale Lustspiele und ein natürlicher Schauspielstil – der sich über Konstantin Stanislawski bis zum heutigen Filmrealismus perfektionierte –, während Goethe und Schiller (sowie nachfolgend die Avantgarde) gegen diese ‚Profanierung' des Kunstraums Sturm liefen. Von Weimar aus strahlte der Idealismus bis weit in das 19. Jahrhundert hinein, auch wenn ihn der Pränaturalismus Georg Büchners, die Improvisationen des Wiener Vorstadttheaters, der Historismus des Meininger Hoftheaters und der Naturalismus herausforderten.

Das ideale Drama, wie es Goethes *Iphigenie* vorzustellen schien, wurde in der Studie *Theorie des modernen Dramas*, die Peter Szondi 1956 vorlegte, mit neueren Strukturen konfrontiert. Den Dialog als das, was das Dramatische als Gattung ausmache, griffen im 19. Jahrhundert das schon in Heinrich von Kleists Dramen aufbrechende Unbewusste, später etwa die traumähnliche Dramaturgie August Strindbergs und assoziative Montagen der Surrealisten an. Darüber hinaus wurde der Dialog, wie in Büchners *Woyzeck* oder in Gerhart Hauptmanns naturalistischen Dramaturgien in *Vor Sonnenaufgang* oder *Die Weber*, durch unterschiedliche Milieus, biologistisch oder darwinistisch verstandene Vererbung, durch Schichtzugehörigkeit und Soziolekte gestört. Diese Irritationen mögen in der vereinfachten Gegenüberstellung von geschlossenem und offenem Drama, die Volker Klotz in den 1960er Jahren etabliert, nicht aufgehen; eine Orientierungsleistung kann man dieser prägnanten Polarisierung gleichwohl nicht absprechen. Während der Naturalismus Anton Tschechows und Maxim Gorkis auf der Bühne von Stanislawski im 20. Jahrhundert die realistisch-populären Erzählweisen der Filmkunst oder der TV-Serie ermöglichte, wurde das Drama trotz unabweislicher Probleme mit dem Dialog durch die Episierung Samuel Becketts und Bertolt Brechts fortgeführt.

Die Dichotomie von idealem und modernem Drama, die Szondi postuliert, bestimmt in gewissem Sinne auch die gegenwärtig viel diskutierte Opposition von nicht mehr dramatischem und dramatischem Theatertext und wirft Fragen nach der Funktion, Aussage und Ausgestaltung traditioneller Bauelemente, also der Form des Dramas, auf. Wenn vor dem Hintergrund postmoderner Überlegungen Identitäten in Zweifel gezogen werden, Geschlechterdifferenzen als performativ reproduzierte Zuschreibungen gelten und es gemäß dem Leitsatz ‚Ich ist ein anderer' (Rimbaud) eher um Performance und weniger um Substanz (des Eigenen und Anderen) geht, welche Konsequenzen haben diese Haltungen für die Form des Theatertextes oder des theatralen Aktes? Von Auflösungserscheinungen ist auch die Handlung betroffen, die der abendländischen Tradition nach kausal und sukzessiv organisiert ist (als Analogon einer teleologischen oder doch zumindest konsekutiv verlaufenden Geschichte). Bereits in der bürgerlichen Moderne um 1800 war Kausalität als aristotelische Handlungskategorie, nicht nur das Drama betreffend, erkenntnistheoretisch kaum mehr haltbar, wie die zahlreichen Zufallsdramaturgien in bürgerlichen Trauer- und Schauspielen signalisieren. Wie aber verändern sich Dramenformen, wenn Kausalitäten und Identitäten als konstruierte angenommen werden? Ähnliches gilt für den Dialog, der, zumindest im idealen Drama, die Gattung definiert. Der Dialog situiert das Drama im Dazwischen und treibt die Handlung in der Sukzession der im Verständnis störungsfreien antagonistischen Rede voran. Ein idealer Dialog wäre auf eine Figur angewiesen, die im selben Kommunikationsraum alles, was das Gegenüber zur Sprache bringt, versteht, ohne falsche Interpretation aufnimmt und sinnvoll beantwortet. Nachdem der Dialog um 1900 in die Krise geraten ist, alle Rettungsversuche beispielsweise des Konversationsstücks (von Arthur Schnitzler oder Hugo von Hofmannsthal) vergeblich geblieben sind und auch Brechts sozialer Gestus aufgrund seiner ideologischen Ausrichtung zuweilen verdächtig geworden ist, bliebe nur die performative Erweiterung des sozialen Gestus zum ‚Gestus nach Brecht', zum selbstreferentiellen Gestus. Hätte dann nicht der Theatertext vor dem Hintergrund des Intertextualitätsparadigmas, das einen Text aus Texten beschreibt, das Drama und die Dialogizität den Dialog abgelöst?

Der sich an die historischen Ausführungen anschließende Teil zu elementaren **Bauformen des Dramas** wie **Handlung (Nikolas Immer)**, **Figur (Hannah Speicher)**, **Dialog (Martin Schneider)** und **Genre (Julia Bodenburg)** geht auf diese Fragen genauer ein und stellt zugleich etabliertes Wissen der Dramenanalyse kursorisch zusammen; Raum und Zeit werden ausführlicher in eigenen Beiträgen im Abschnitt „Themen und Konzepte" diskutiert. Rekonstruiert wird im Passus zu Bauformen beispielsweise die vielfältig ausgetragene Rivalität zwischen Handlung und Figur, wobei Letztere im Zuge der neuzeitlichen Aufwertung des Individuums mit Shakespeare und Molière in den Vordergrund tritt. Diejenigen Konzepte, die dem Individuum Autonomie, Reflexion und Intentionalität zugestehen, werden von diversen Dramenformen seit dem 19. Jahrhundert durch eine biologisch verstandene Determination (Naturalismus) oder durch die Relevanz des Unbewussten (Henrik Ibsen, August Strindberg) bzw. von abstrakt-gesellschaftlichen Strukturen (Erwin Piscator, Bertolt Brecht) in Frage gestellt – anders sieht es im Boulevardtheater und Well-Made-Play mit ihren psychologisierten Figuren aus. Im postdramatischen Theater seit den 1960er Jahren radikalisiert sich die Entindividualisierung, wie sie insbesondere die Historischen Avantgarden vorangetrieben hatten. Vor dem Hintergrund dekonstruktivistischer Theoreme wird die individuelle Handlungsfähigkeit dementiert und Subjektivität als Diskurs- bzw. Ideologieeffekt ausgestellt. In damit nicht mehr dramatischen Theatertexten transformieren sich neben Figur und Handlung der Dialog, der Monolog und der Polylog zu einer Dialogizität als Interferenz von Textfragmenten oder zu chorischem Sprechen; die Schauspielerinnen und Schauspieler werden zu Textträgern. Der Dialog löst sich in beziehungslose Repliken auf und verlagert sich von der Stimme in die Schrift. Mit der Kategorie der Polylogizität verabschiedet sich die theaterwissenschaftliche Forschung vom Drama als einer (aus ihrer Sicht) logozentrischen Ordnung, die Positionen tendenziell homogenisiert.

Zwar werden in nicht mehr dramatischen Stücken die Figuren zu Text- und Funktionsträgern, nicht jedoch ohne dass dialektische Antithesen und figurale Widerstände ausgebildet würden. Selbst Elfriede Jelineks oder René Polleschs Theatertexte beziehen sich weiterhin auf Subjektivierungsprozesse und entwerfen (dekonstruierte) Gestalten. Darüber hinaus bringt im Theater, selbst in einem radikal performativen, der anwesende menschliche Körper figurale Anteile ins Spiel und geht nicht in purer Präsenz auf. Die seit den 2000er Jahren entstehende Neue Dramatik bzw. Neodramatik restituiert zudem die traditionellen dramatischen Kategorien Figur und Handlung. Auszumachen ist neben der Rückkehr profilierter Figurationen von Heldinnen und Helden die Wiederbelebung des Genres Tragödie als dezidiert theatrale Erfahrung und potentiell widerständige Form gegen strukturelle Determinationen und die Ausweglosigkeiten der Geschichte(n).

Orientiert sich die hier vorgelegte Präsentation der Bauformen an europäischen Poetologien und Debatten, so geht der zweite Abschnitt in diesem Teil Übersetzungen und Hybridisierungen von Formen nach, wie sie den asymmetrischen, (post-)kolonialen Austausch zwischen (außer-)europäischen Ländern kennzeichnen. Im Zentrum stehen also ‚Bauformen in Bewegung', historisch wie geographisch, Überlagerungen und Grenzverwischungen also, aber auch Homogenisierungen von Formen und Auslöschungen indigener Traditionen in kolonisierten Kulturen. Eine zentrale Prämisse der interkulturellen Beiträge ist, dass Übernahmen im Sinne der neueren kulturwissenschaftlichen Übersetzungstheorie (Bachmann-Medick 2014) als Originale aufzufassen sind bzw. dass tendenziell von Transkulturalität auszugehen ist (Welsch 2010).

Für das **Drama in Afrika (Joachim Fiebach)** kann eine vorkoloniale Zeit mit eher mündlichen Traditionen von der kolonialen abgetrennt werden, in der sich die Schrift für dramatische Texte durchsetzt. Für die Phase der Kolonialisierung lassen sich vielfältige Transfers und Transformationen beschreiben: Bekannt wurde beispielsweise die Komödie *The Blinkards* von Kobina Sekyi aus Ghana, die 1915 entstand, dramaturgisch George Bernard Shaws Stücken nachempfunden ist und die Anpassung an Kolonialsitten karikiert. Nachdem Anfang der 1960er Jahre nahezu alle Länder Afrikas ihre politische Unabhängigkeit erlangt hatten, dominierte thematisch die Kritik an der imperialistischen Unterwerfung eines ganzen Kontinents, wobei sich in den einzelnen Staaten verschiedene theaterkünstlerische Landschaften ausbildeten. Das aus Europa importierte geschlossene Stück wurde in dieser Phase zu einer unter vielen Dramenformen; man entdeckte tradierte afrikanische Darstellungsweisen neu, die beispielsweise auf die Einheit von Raum und Zeit verzichteten, und legte Wert auf das Dialogische zwischen Darstellenden und Zuschauenden, auf das Tänzerisch-Gestische sowie das Musikalische als Grundelemente der theatralen Kunst. Besonders relevant wurde die Rezeption Bertolt Brechts, dessen episches Theater für tradierte Darstellungsweisen, etwa Geschichtenerzähler-Performances, besonders anschlussfähig war.

Die Geschichte des **Dramas in Lateinamerika (Kati Röttger)** ist ebenfalls eng mit kolonialer Gewalt bzw. deren postkolonialen Folgen verbunden und kann aufgrund der komplexen Austauschprozesse über das Konzept der Mimikry, einer verzerrenden und (zur Kenntlichkeit) entstellenden *imitatio*, beschrieben werden. Das am Drama orientierte Theater wurde mit der Eroberung des Kontinents durch die Spanier eingeführt und war seit dem 16. Jahrhundert zentraler Bestandteil der Kolonialisierung. Die Invasoren nutzten es für die Christianisierung der indigenen Bevölkerung, wobei es zu Hybridisierungen, d. h. zu Mischungen von indigenen, europäischen und afrikanischen Einflüssen kam: Die Kolonisatoren erzwangen Mysterienspiele, Pastoralen und Autos sacramentales, in die die Indigenas ihre Legenden, Mythen, Tänze und Gesänge einschmuggelten. Die einheimischen präkolumbischen Theaterformen wurden vernichtet. Nach dem Ende der Kolonien im 18. Jahrhundert blieb der kulturelle Einfluss weiterhin bestehen, da eine bedeutende Anzahl von Theaterautorinnen und -autoren bis in das 20. Jahrhundert hinein europäisch ausgebildet wurde.

Für das **japanische Theater (Andreas Regelsberger)** ist das von Zeami Motokiyo im 14. Jahrhundert begründete Nō-Theater hervorzuheben, eine literarisch ausgeformte Gattung mit musikalischen und choreographischen Elementen, die das Lyrische auf Kosten des Mimetischen betont, den Rollentyp verinnerlicht und eine stark reduzierte Gestik aufweist („Bewege den Geist zu zehn Teilen, den Körper zu sieben Teilen') – Bertolt Brecht wird sich von dieser epischen Struktur inspirieren lassen. Mit dem Traumspiel, in dem ein wandernder Mönch an einem bedeutungsvollen Ort auf einen Geist trifft, entwickelte Zeami eine neue Dramenform, in der poetisch-musikalische Strukturen an die Stelle der linearen Handlung rücken. Kabuki- und Puppentheater sind stärker kommerziell geprägte, bürgerliche Kunstformen, in denen Konflikte aus dem Antagonismus von gesellschaftlicher Verpflichtung und persönlichen Gefühlen entstehen. Insbesondere das neu aufkommende *Shingeki* („neues Theater') orientiert sich im 20. Jahrhundert an den Theaterkonventionen des Westens. Die Werke Shakespeares finden große Beachtung und werden ins Japanische übersetzt. Darüber hinaus spielt man griechische Klassiker und die zeitgenössischen europäischen, russischen und US-amerikanischen Dramatiker Henrik Ibsen, Anton Tschechow, Maxim Gorki und Eugene O'Neill. Das japanische Theater liefert jedoch seinerseits wichtige Impulse für die europäische Theaterentwicklung. Produktionen wie die von Toshiki Okada, die seit Beginn des neuen Jahrtausends in Deutschland stark rezipiert werden, verbinden aktuelle gesellschaftliche Entwicklungen mit den traditionellen japanischen Formen, etwa mit betont repetitiven, an das Nō-Theater erinnernden Bewegungsmustern.

Das **Drama und Theater in China (Michael Gissenwehrer)** ist in Europa eher unbekannt. Bis in das 13. Jahrhundert hinein dominierten Spektakel mit Musik, Tänzen, Akrobatik, Farcen und Kämpfen; die Standardisierung des theatralen Personals und der Einschub von erzählenden Passagen unterstützten den unterhaltenden Charakter der Darbietungen. Vielfach herrschten epische Grundzüge vor, obgleich einzelne Szenen zu dramatisch-agonalen Strukturen tendieren konnten. Ende des 19. Jahrhunderts breitete sich dann das psychologisch-realistische Schauspiel westlicher Prägung mit Vorbildern wie Henrik Ibsen, George Bernard Shaw und Gerhart Hauptmann aus, das beispielsweise Cao Yu, einen prominenten sozialkritischen Dramatiker der 1930er Jahre, nachhaltig beeinflusste. Nach einer kurzen postmodernen Phase, in der Kommerz und Gebrauchsdramatik zu dominieren begannen, behauptet sich gegenwärtig eine kleine, einflussreiche und vergleichsweise unabhängige Avantgarde-Szene in China und global auf Festivals.

In **Indien (Heike Oberlin)** findet man neben Theaterstücken in Sanskrit eine große Vielfalt an oft oral überlieferten Theaterformen in den über 20 Regionalsprachen des indischen Subkontinents. Die Theateraufführungen zeichnen sich häufig durch Musik und stilisierte Gestik, Mimik und Körperbewegungen bzw. Tanz aus, zudem durch narrative, unter Einsatz des ganzen Körpers erzählte Passagen. *Śākuntalā* von Kālidāsa (etwa Ende des 4., Anfang des 5. Jahrhunderts) wurde als erstes indisches Theaterstück 1789 in der Übersetzung von William Jones in Europa bekannt – seither bewundert man bis in den Bollywood-Film hinein die idealisierten Gefühle und stilisierten Stoffe der theatralen Formen. Als

Brücke zwischen europäischem und indischem Theater sowie zwischen traditionellen Bühnenformen und Film kann das Parsi-Theater gelten, das zwischen 1850 und 1930 unter dem Einfluss britischer Theaterkultur populär war und sich als Hybrid aus Realismus und Phantasie, aus Humor und Melodrama mit Musik, Tanz, Erzählung und Schauspiel beschreiben lässt. Es wurde auf Hindustani, einer Mischsprache aus Hindi und Urdu, vorgetragen und bildete den Ursprung des modernen Theaters auf Gujarati, Marathi und Hindi. Westliche Theatermacherinnen und Theatermacher wie Peter Brook setzten sich intensiv mit indischen Inszenierungen auseinander und übertrugen Texte wie das *Mahābhārata*. Zudem kennt man im Westen die modernen indischen Dramatiker Girish Karnad (Kannada), Badal Sarkar (Bengali), Vijay Tendulkar (Marathi) und Mohan Rakesh (Hindi).

Der sich anschließende Schwerpunkt, der mit „Themen und Konzepte" überschrieben ist, vertieft einzelne Aspekte des Dramas (als Text), berücksichtigt jedoch auch seine Aufführung. Ausgewählt wurden wirk- und produktionsästhetische Begriffe, die die Forschung in den letzten Jahrzehnten verstärkt diskutiert hat. Dazu gehören Mimesis-Konzepte, die im Umfeld konkurrierender Medien eine neue Kontur gewinnen, der Raum, wie ihn der *spatial turn* rekonzeptualisiert hat, zudem die Repräsentation von Zeit und Geschichte (im Drama), die der New Historicism auf innovative Weise mit Textualität und Poetizität verknüpft, und die Darstellung von Affekten, wie sie die rezente (geschichtswissenschaftliche) Gefühlsforschung untersucht. Die Frage nach dem Politischen des Dramas wurde durch die Debatte um das Postdramatische neu belebt, um es zum Argument für oder wider offene, performative Ausdrucksformen zu machen. Darüber hinaus entwickelt die kulturwissenschaftliche Gender- und Interkulturalitätsforschung, die den europäischen Kanon als männliche, weiße, national ausgerichtete (Macht-)Instanz markiert, innovative Methoden der Dramen- und Theateranalyse.

Mimesis-Konzepte (Iulia-Karin Patrut) bestimmen dramatische Darstellungen je nach Heuristik hinsichtlich ihres Realitäts- bzw. Wahrheitsgehalts, der Authentizität oder des Abbildcharakters. Das Theater kann – so die Extrempositionen – als belanglose, ja gefährliche Täuschung oder aber als Medium der Wahrheit definiert werden. In den letzten Jahrzehnten dominierten der rezeptionsästhetisch gewendete Mimesisbegriff Theodor W. Adornos, die Abkehr von der empirischen Anschauung und das ‚Glauben-Machen' im Kontext von Simulation und Simulakrum. Anknüpfungspunkte boten die Repräsentationskritik von Roland Barthes, seine Begriffe *effet de réel* und *simulacrum* sowie Konzepte Jean Baudrillards. Verweisen Zeichen nicht auf ein stabiles Signifikat (als Wahrheit), so verlagert sich die Aufmerksamkeit auf das, was gesprochen, performt und dargestellt wird. In jüngster Zeit haben sich hingegen Vertreterinnen und Vertreter eines ‚Neuen Realismus' zu Wort gemeldet, wie ihn Maurizio Ferraris und Markus

Gabriel erörtert haben. Vermittelnd wäre eine Haltung, die Mimesis und Ironie korreliert: Das Publikum weiß, dass Inszenierungen keine ‚wirklichen Handlungen' präsentieren, dennoch deuten referentialisierende Indizien darauf hin, dass Wirklichkeitspartikel auf die Bühne gelangt sind. Ein neues mimetisch-experimentelles Theater setzt unabschließbare Prozesse des Hinterfragens in Gang, denn die Art und Weise, wie Wirklichkeiten adressiert werden, stellt gesellschaftliche Realitäten in Frage bzw. bewirkt die Unterbrechung routinisierter Abläufe und Zusammenhänge. Damit nähert sich das aktuelle Mimesisverständnis dem brechtschen Konzept der Verfremdung an.

Ein Stück Wirklichkeit ragt auch über den **Raum (Franziska Schößler)** in das Drama und seine Aufführung hinein; mit diesem hat sich der *spatial turn* in den letzten Jahrzehnten intensiv auseinandergesetzt, um u. a. für die Unterscheidung von statischem Container-Modell und dynamisch-performativen Ansätzen zu sensibilisieren. Die Dramenforschung bezieht sich, an die Ergebnisse der Raum-Untersuchungen anschließend und im Sinne einer kulturwissenschaftlichen Ausrichtung, verstärkt auf Raumkonzepte aus der Philosophie, Psychologie und Phänomenologie. Berücksichtigt werden z. B. Michel Foucaults Heterotopie, die unverträgliche Raumdispositive überlagert, Michel de Certeaus ‚Kunst des Handelns', die Finten, Taktiken und Strategien eines urbanen Alltags zu erfassen versucht, sowie Gaston Bachelards Topophilie, um die dispersiven, pluralen Raumkonstellationen offener Dramaturgien zu beschreiben. Spielt für die normativen Poetologien bis in das 18. Jahrhundert hinein die Einheit des Raumes eine gewichtige Rolle, so lösen Dramen des 19. Jahrhunderts diese mit Nachdruck durch seine phantastisch-imaginäre Überhöhung im Anschluss an psychodynamische Vorgänge und Subjektivierungsprozesse auf. Die avantgardistischen Experimente im 20. Jahrhundert führen auf den Spuren von Richard Wagners ‚Sinnentheater' im Bayreuther Opernhaus zu kaleidoskopischen Zersplitterungen und innovativen Raumentwürfen.

Anknüpfend an den New Historicism lässt sich ein zentrales Thema, das das Verhältnis von Kunst und Wirklichkeiten bzw. Kontexten ebenfalls berührt, nämlich die Relation von **Drama und Geschichte (Sonja Fielitz)**, neu definieren. Der New Historicism, der auf Michel Foucaults archäologisches Geschichts- und Epochenverständnis (als verknappende Diskurspraktiken) zurückgeht, setzt gegen lineare Strukturen die Textualität bzw. Poetik von Geschichte und plädiert für eine konsequente Kontextualisierung von (dramatischen) Texten, um sie mit ‚sozialen Energien' aufzuladen und in die Machtdiskurse ihrer Zeit einzubetten. Stephen Greenblatts Interesse am marginalisierten, zum Schweigen gebrachten Anderen schickt auf die Suche nach Brüchen und Ausgrenzungen in ‚logozentrischen' Textstrukturen, um mit Blick auf *class*, *race* und *gender* naturalisierte Macht- und Unterdrückungsmechanismen aufzudecken. Der New Historicism hat zahlreiche innovative Lektüren insbesondere zu Shakespeares Dramen vorgelegt, die die Stücke durch nicht-literarisches Material kontextualisieren und die Zusammenhänge von Macht und Theater freilegen.

Das Erzählen von Geschichte im Drama berührt das grundlegende Verhältnis von **Drama und Zeit (Franziska Schößler und Hannah Speicher)**, das – wie sich an der Komödie, dem Historien- und dem Schicksalsdrama in besonderem Maße zeigt – genrekonstitutiv ist. Poetologien und akademische Debatten beschäftigen sich vornehmlich mit dem Antagonismus von Kontinuitätskonstruktionen in geschlossenen Dramen, wie sie im Anschluss an Aristoteles der französische Klassizismus profiliert, und Dramaturgien der Unterbrechung bzw. der Diskontinuität, wie sie beispielsweise im Sturm und Drang, in den Familienschauspielen (mit ihren Schlusstableaus) und im Naturalismus beliebt sind. Für die Historischen Avantgarden, beispielsweise Bertolt Brecht, den Futurismus und Dadaismus bis hin zu Richard Schechners *post-dramatic theater*, ist die Unterbrechung von besonderer Relevanz, weil sie als Ästhetik des Schocks politische Potentiale freizusetzen und konventionalisierte Wahrnehmungsroutinen zu unterlaufen verspricht. Vor diesem Hintergrund sind die nicht mehr dramatischen Theatertexte Gertrude Steins, Heiner Müllers, Rainald Goetz' und Elfriede Jelineks zu verorten, die sich – wie auch in den Aufführungen René Polleschs und Christoph Marthalers zu verfolgen ist – einer Ästhetik der Installation annähern, um gesellschaftliche Machtkonstellationen samt ihrer Zeitroutinen erfahrbar zu machen.

Ein zentrales wirkästhetisches Konzept, das gleichfalls über das Drama hinausweist – in diesem Fall auf historische Affektlehren –, zielt auf die emotionale Affizierung des Publikums. Mögliche Grundlage für eine historisierende Rekonstruktion intendierter **Affekte (Bernice Kaminskij)** bilden zeitgenössische Poetiken, denen die Funktion und die Wirkung dramatisierter Leidenschaften zu entnehmen sind. Im 19. Jahrhundert beispielsweise ist eine Wende auszumachen, wenn das Gebot der Mäßigung von dramatischem Pathos, das im 18. Jahrhundert noch vorherrschte, zunehmend überschritten wird: Die radikalen Entwürfe von Heinrich von Kleist und Georg Büchner provozieren durch exzessive, anti-idealistische Affektausbrüche. Um 1900 interessiert man sich im Zuge psychoanalytischer Erkenntnisse schließlich für eine kathartische Affekttherapie, die Blockaden durch die emotionale Entladung der Figuren auflöst. Antonin Artaud und die Performancetheorie des 20. Jahrhunderts situieren dann das ‚Durchleben' von Affekten im Performativen, Körperlichen, in der Bewegung, der Ekstase und im Tanz. Im Anschluss an die nietzscheanische Philosophie scheint Pathos zudem eine subjekttranszendierende Übersteigerung ins Übermenschliche zu ermöglichen. In den 1960er Jahren noch als Voraussetzung für Gesellschaftskritik und Freiheit verstanden, wird die Emergenz eines forcierten ‚emotionalen Stils' gegenwärtig als Vermarktung von Gefühlen und emotionale Überforderung kritisiert.

Das Affektive, das zivilisatorische Reglements durchschlagen und Freiheiten eröffnen kann, verweist auf eine viel diskutierte Funktion des Dramas: seine **Politizität (Artur Pełka)**. Diese Funktion wird beispielsweise im aufklärerischen Zeitalter fassbar – Drama und Theater avancieren zum Sprachrohr bürgerlicher Forderungen etwa nach Gleichheit –, ebenso in Erwin Piscators und Bertolt Brechts neuen Inszenierungstechniken der 1920er Jahre, die Film und Theater hybridisieren, um die Konsequenzen gesellschaftspolitischer Ereignisse für den Einzelnen sinnfällig werden zu lassen. Brecht erarbeitet in seinen Dramen wie Poetologien komplexe, bis heute einflussreiche Strategien, um das Publikum durch die Unterbrechung von scheinbar schicksalhaft verlaufenden Ereignisketten zum eingreifenden Denken zu bewegen. Weitere Stationen eines politischen Dramas und Theaters sind die Mitbestimmungsdebatte in den 1960er Jahren, die die hierarchische Institution Theater in Frage stellt, sowie das Dokumentartheater und interventionistische Theaterformen, die den öffentlichen Raum zu erobern versuchen. Die Debatte um das Postdramatische und Performative schließlich bestimmt das Politische (erneut) als Unterbrechung von Handlungsroutinen und verfestigten Wahrnehmungskonventionen.

Als politisch lässt sich ein Drama häufig dann lesen, wenn es naturalisierte Gesellschaftsordnungen als machtasymmetrische Konstruktionen sichtbar macht – zu diesen gehört insbesondere der binäre Geschlechterdiskurs. Die (diversen) Methoden der **Gender-Forschung (Franziska Bergmann)** perspektivieren Dramentexte, -geschichte und Institutionen neu, indem sie Geschlechtlichkeit als Effekte performativer Praktiken, als Kostümierung, Inszenierung, Aufführung oder Maskerade auffassen. Dramen können die zeitgenössischen Geschlechternormen affirmieren, bieten jedoch in der Regel Spielräume, um die Gender-Ordnung zu irritieren, vor allem wenn sie mit *cross dressing*, Travestie, Transsexualität oder Begehrens- und Beziehungsformen jenseits der heterosexuellen Norm arbeiten. Die Gender Studies haben zudem das geschlechtlich diskursivierte Beziehungsgeflecht zwischen Produktionsbedingungen und Ästhetiken sowie den phantasmatisch hoch besetzten Typus der Schauspielerin untersucht, die bis in das 20. Jahrhundert hinein als Inkarnation hysterischer Weiblichkeit galt. Der intersektionale Ansatz, der ebenfalls für die Dramenanalyse herangezogen werden kann, rekonstruiert die mehrdimensionale Struktur von Identität, also das Zusammenspiel von *race*, *class* und *gender*, aber auch beispielsweise von Alter und Religion.

Neben dem Geschlechteragon können Dramen überdies interkulturelle Konflikte in Szene setzen – **Interkulturalität (Natalie Bloch** und **Dieter Heimböckel)** bezeichnet einen Zwischenraum, in dem etablierte Grenzen zur Disposition gestellt sowie neue Grenzen gezogen und ihrerseits überschritten werden. Der neueren Forschung gilt jede Kultur als multikulturell, da es einen ‚reinen'

Ursprung nicht geben kann und der Gestus der Kultur per se einer der Mischung ist. Im interkulturellen Drama und Theater besteht gleichwohl die Gefahr stigmatisierender Fremdzuschreibung, denn das Fremde wird in der Regel benannt, typisiert und dem Eigenen entgegengestellt bzw. untergeordnet. Diese asymmetrische Schematisierung zeigt sich insbesondere in denjenigen Texten, die das Fremde/Andere im Sinne des Orientalismus und Exotismus in Szene setzen, also ethnozentrisch affirmieren. Gleichwohl können dramatische Texte die Konstruktion des Anderen kritisch reflektieren, das in der relationalen Beziehung von Eigenem und Fremdem kondensierte Wissen in Frage stellen und die Konstruktivität ethnischer Zuschreibungen verdeutlichen. Angestrebt werden postkoloniale Lesarten von Dramen, die Offenlegung der verschütteten Kolonialgeschichte im Drama sowie eine Transformation des europäischen Kanons.

Der auf die „Themen und Konzepte" folgende, mit „Institution und Vermittlung" überschriebene Teil legt den Fokus auf institutionelle Rahmungen, also auf das Theater als arbeitsteilige Produktionsstätte im Umfeld von Ritus, Recht, Universität und Schule. Das Drama kann – und damit ist eine brisante Schnittstelle von Literatur- und Theaterwissenschaft markiert – zwischen **Ritus und Schrift (Małgorzata Sugiera)** verortet werden. Mit Beginn der Ritualforschung, wie sie auf einflussreiche Weise die Cambridge Ritualists vorangetrieben haben, etabliert sich ein nicht unproblematisches Verhältnis beider Bereiche; der Theatertext wird zunehmend seiner Materialität und *liveness* beraubt, als schriftlich fixierte Quelle stillgestellt, so dass eine deutliche Dichotomie zwischen dem Archiv als Ansammlung von Raum und Zeit unabhängiger Artefakte und einem ephemeren, in verkörperten Praxen präsenten Repertoire entsteht. Diese Opposition gilt heute als obsolet, denn ein Drama lässt sich als allegorische Aufzeichnung der von der Autorin bzw. dem Autor vorgesehenen sprachlichen und physischen Handlungen auffassen, die es ins Leben ruft und kodifiziert. Der Dialog als fixiertes Artefakt unterliegt zwar keinerlei Veränderungen, wohl aber sein Sinn. Sich modifizierende Gattungs- und Genrekonventionen sowie der jeweilige kulturell-gesellschaftliche Hintergrund, also Kontexte und Diskurse, verwandeln die Dramentexte unablässig und unhintergehbar.

Ein Drama kann darüber hinaus in dem medienspezifischen Feld zwischen Theatertext, Aufführungsereignis, *liveness*, Medialität und Korporalität der Beteiligten situiert werden. Welcher Stellenwert dem dramatischen **Text auf der Bühne (Andreas Englhart)** zukommt, entscheidet jede Produktion neu und anders. Dabei führt die theatrale Medialität (als Plurimedialität in der Aufführung) zu einer Spannung zwischen dem mit dem Drama verbundenen Werkganzen und dessen Entzug, Auflösung oder auch Dekonstruktion. In den ästhetischen Strategien der Avantgarde, des Happenings, des Environmental Theatre, der Performance Art sowie des postdramatischen Theaters ist eine konsensfähige

Synthese der Zeichen zu einem Gesamtsinn der Ambivalenz von Semiotizität und Materialität häufig nachgeordnet, so dass nicht die Genese von Bedeutung das primäre Ziel ist, sondern ihr Entzug – die Aufmerksamkeit liegt dann auf Präsenz, Atmosphäre und dem Ereignis bzw. der Unmöglichkeit, von einem Ereignis zu sprechen. Die Betonung des Nicht-Verstehens im performativen Theater wird jedoch auch kritisiert: Ohne dramatischen Text sei eine machtanalytische Repräsentation heutiger Gesellschaft und Politik kaum möglich; eine Ästhetik des Entzugs (z. B. von dramatischem Rollenspiel) komme einer unreflektierten Affirmation des Bestehenden gleich.

Die Aufführung eines Dramas auf der Bühne ist das Ergebnis eines arbeitsteiligen, institutionell gerahmten Produktionsprozesses. Die kreative Logik und die Arbeitsstrukturen der **Institution Theater (Nicole Colin)** können im Anschluss an Pierre Bourdieus Feldtheorie beschrieben werden, die beispielsweise das Rivalitätsverhältnis von diversen Bühnentypen (privatwirtschaftlichen und subventionierten, populär- und hochkulturellen Theaterformen) in den Blick rückt. Während private Bühnen eher erfolgreiche Autorinnen und Autoren spielen, setzen die Spielpläne staatlich subventionierter Staats-, Stadt- und Landesbühnen im deutschsprachigen Raum auf eine Mischung aus zeitgenössischen und klassischen Stücken, aus Bildung und Unterhaltung, und konterkarieren damit die duale Feldlogik, die Bourdieu entfaltet. Im französischen und anglophonen Bereich, in dem subventionierte Theater nicht die Regel sind, sehen die Produktionslogiken anders aus: Risikoreiche Uraufführungen sind seltener; zudem kann sich der En-suite-Betrieb der privaten Bühnen erlauben, das Ensemble zu reduzieren – dieser Effekt ökonomischen Effizienzdenkens ist seit den 1990er Jahren auch an deutschen subventionierten Theatern auszumachen. Kenntlich wird also im Ländervergleich, in welchem Maße die Möglichkeiten von Autorinnen und Autoren von der Organisationsstruktur der Theater und ihrer Finanzierung abhängig sind.

Drama und Theater stehen dabei immer auch in Bezug zu den Institutionen Staat und Recht, wie das heute noch verbreitete Phänomen der **Zensur (Henning Marmulla)** kenntlich werden lässt. Zu berücksichtigen sind nicht allein offensichtliche Formen der Zensur, sondern auch die informelle Zensur, also etwa öffentlich ausgeübter Druck und Protest, Beleidigungen, Drohungen oder Boykott, sowie die Selbstzensur, d. h. die Internalisierung geltender Normen und Verbote, was gravierende Folgen für die Textproduktion haben kann. Der Skandal – in der Moderne nahezu ein Wesensmerkmal von Drama und Theater, in der Vormoderne als Verstoß gegen geltende Regeln weitaus negativer konnotiert – fungiert in diesem Zusammenhang als vielfältig deutbares, folgenreiches, öffentliches Ereignis. Nach Michel Foucault und Pierre Bourdieu, für den bereits das Feld samt seinem Nomos eine Form der Zensur darstellt, geht es um das Unsagbare, Unnennbare, wenn nicht Undenkbare als U-Topos eines freien Ausdrucks, den es nicht geben kann. Die New Censorship behauptet analog, dass kein Diskurs ohne Regulativ möglich sei.

Das **Rechtssystem eines Staates (Hans Tränkle)** reglementiert den dramatischen Ausdruck sowie das Bühnenereignis noch in anderen Hinsichten, insbesondere durch das Urheberrecht, die Ausgestaltung grundrechtlicher Prinzipien des Persönlichkeitsrechts und der Kunstfreiheit sowie durch das Arbeitsrecht. Der heutige Urheberschutz in Deutschland verlangt eine eigenschöpferische Leistung, den Künstler für die Komposition, die Choreographie, Musik, Schauspiel, Gesang, Tanz sowie für Regie und Bühnenbild in Anspruch nehmen können; sie besitzen ein Urheberpersönlichkeitsrecht und ein Verwertungsrecht. Der Dramentext ist als im Schriftstück vorliegendes Sprachwerk geschützt. Im Rahmen einer Inszenierung kann der Urheber gegen eine „Entstellung" seines Werkes wie auch gegen alle „Beeinträchtigungen" vorgehen, die seinen „berechtigten geistigen oder persönlichen Interessen am Werk" zuwiderlaufen (§ 14 UrhG). Diese Möglichkeit konkurriert mit dem notwendigen Gestaltungsspielraum der interpretierenden Inszenierung, wobei Strichfassungen nicht als Problem gewertet werden. Die Inszenierung gilt nicht als Werk, der Regisseur wird nicht als Urheber, sondern als ausübende Künstler im Sinne des Leistungsschutzrechts verstanden. Dennoch wird der Dramentext erst durch die Inszenierung bzw. Aufführung als Drama realisiert; zudem gibt es das Recht der Regie auf Kunstfreiheit.

Zentrale Beteiligte am Theater sind neben den Autoren, der Regie und dem Publikum die **Schauspielender (Hajo Kurzenberger)**. In den zahlreichen Schauspieltheorien herrscht in gewissem Sinne bis heute die Dichotomie zwischen ‚kalten' (Antonio Francesco Riccoboni) und ‚heißen' Schauspielern (Pierre Rémond de Sainte-Albine). Allerdings gerät das Natürlichkeitspostulat mit den Theaterreformen und den Avantgarden des 20. Jahrhunderts unter Druck; bereits Georg Simmel postuliert eine ontologische Differenz zwischen Darstellern und ihrer Figur. Mit dem *performative turn* verändert sich das Verhältnis von Schauspielern und Drama, das sich seit dem 18. Jahrhundert über einen psychologischen Diskurs definiert hatte, weiter und scheint sich gänzlich aufzulösen. Gegenwärtig werden illusionistische Rollendarstellungen des sogenannten Als-ob-Theaters mit Vorliebe durch Verfahren wie Rollendurchbrechung, nicht-identische Besetzung oder chorische Vervielfältigung der Figuren konterkariert. Die Schauspieler agieren in den neuen Formaten als Performer, Selbstdarsteller, Entertainer, Körperartisten, als Kameraobjekte, Musiker, als Redemaschinen oder Choreuten, oft im schnellen Wechsel innerhalb einer einzigen Aufführung. Zudem lösen ‚Experten des Alltags' die professionellen Schauspieler ab.

Schauspielstile und -methoden sind auf fundamentale Weise von der **Dramaturgie (Bernd Stegemann)** abhängig. Historisch betrachtet beginnt die Entwicklung dramatischer Situationen mit der Erfindung der tragischen Kollision, also des Konflikts zwischen zwei oder mehreren legitimen Rechtsansprüchen (wie subjektiv-transzendenten und politisch-sozialen). Im Theater der bürgerlichen Aufklärung bzw. eines erstarkenden Subjekts wandert das Spiegelkabinett der agonalen Rollenspiele ins Innere der Seele ein – zwei Subjekte geraten in einem Redeagon aneinander, während sie sich selbst intransparent bleiben. Die epische Situation wiederum rückt von diesen inneren Prozessen ab bzw. führt sie distanzierend vor. Diese drei Konfliktformen lassen sich (idealtypisch) drei Probenmethoden zuordnen: der realistischen, zu welcher der psychologische und der epische Realismus gezählt werden können, der formalen und der performativen Methode. Die geschlossene Form des psychologischen Realismus führt zu konkreten Fragestellungen, zu denen sich jeder Einzelne positioniert. Die epische Methode als zweiter Versuch eines Realismus im Theater des 20. Jahrhunderts analysiert einzelne Sequenzen szenisch, um Widersprüche der Handelnden von einer naturalistischen Darstellungsform abzutrennen. Die formale Arbeitsweise geht von einem Außerhalb des Textes aus und setzt inszenatorische Mittel ein, die dezidiert nicht aus der narrativen oder situativen Logik der Dramaturgie folgen müssen. Wenn jedoch der Vorgang der Hervorbringung eines theatralischen Moments vor seine inhaltliche Anbindung tritt, verlagert sich der Schwerpunkt im Performativen des postdramatischen Theaters von einer dialektischen Bewegung zwischen den Formen der Erscheinung und ihrem Inhalt zu einem Verhältnis, in dem sich die Formen auf sich selbst beziehen.

Während der Aufführung sind Schauspielerinnen und Schauspieler in der Regel mit einem **Publikum (Thomas Wortmann)** konfrontiert, das durch seine körperliche Präsenz an der Realisation des dramatischen Textes beteiligt ist. Die Zuschauenden beeinflussen durch ihren verbalen und nonverbalen Ausdruck von Aufmerksamkeit, Spannung, Langeweile oder Enttäuschung, von Zustimmung oder Widerspruch die Wahrnehmungen und Reaktionen anderer Zuschauerinnen und Zuschauer sowie das Spiel der Darstellenden. Diese Interaktionen potenziert ein postdramatisches und sich an der Performance orientierendes Theater, wobei die Provokation und der Skandal, das Spiel mit Konventionen und das Durchkreuzen von Erwartungen ein wesentliches Ziel von Inszenierungspraktiken sein kann. Gegenwärtig wird insbesondere die Aktivität und Passivität der Zuschauenden diskutiert: Jacques Rancière etwa lehnt die traditionsreiche Kritik an einem passiven Publikum sowie den Zwang zu seiner Mobilisierung ab und macht sich für das ‚Privileg des Beobachters', für seine Möglichkeit der Wahl, der Interpretation und des Vergleichs stark.

Eine weitere institutionelle Rahmung von Drama und Theater bilden Vermittlungsinstanzen wie die Schule und die Universität. In der **Schule (Gabriela Paule)** sollte, so unterstreicht eine aktuelle dramendidaktische Position, eine

Reduktion des Dramas auf den reinen Lesetext vermieden werden, um der Plurimedialität der Aufführung Rechnung zu tragen. Dramen sollten im Sinne des didaktischen Prinzips simulierter Dramaturgie und Inszenierung gespielt und inszeniert werden. Ein besonderer Stellenwert kommt deshalb der dezidert aufführungsbezogenen Lektüre zu, die auf die konkretisierende Vorstellungstätigkeit der Schülerinnen und Schüler setzt. Hilfreich sind Zuschau-Erfahrungen im Theater, d. h. die Konfrontation des jungen Publikums mit der Deutung des Dramas durch die Regie und mit der theatralen Form. Die Dramenlektüre sollte also durch Inszenierungs- und Aufführungsanalysen sowie durch die Auseinandersetzung mit Theaterkritiken ergänzt werden, wobei sowohl Klassiker als auch Stücke heutiger Bühnenrelevanz, sowohl traditionelle Bauformen (wie Handlung und Figur) als auch performative Ästhetiken zu berücksichtigen seien.

Dramenanalytisches und theatergeschichtliches Wissen kann gelehrt, eine Sensibilisierung der ästhetischen Wahrnehmung angestrebt werden. Kann aber das **Schreiben von Dramen (John von Düffel)** vermittelt werden? Diese Frage würden Vertreterinnen und Vertreter des deutschen Genie-Kults tendenziell negieren, diejenigen eines angelsächsischen Pragmatismus, der Storytelling lehrt, hingegen bejahen. Da hierzulande kaum auf verbindliche Poetiken und Paradigmen zurückgegriffen werden kann, erfolgt die (konstruktive) Kritik in Werkstattseminaren, wie sie einige deutschsprachige Hochschulen anbieten, nach dem Prinzip der Immanenz. Darüber hinaus werden diverse Kompetenzen vermittelt wie das ‚Lesenlernen' im Sinne einer analytischen Dramaturgie, die die szenisch-gestische Anlage von Texten (samt ihrer Wirksamkeit in performativen Zusammenhängen) zu beschreiben versucht, und das ‚Zuschauenlernen', u. a. mit Hilfe der Aufführungsanalyse. Neben einem umfassenden Wissen über verschiedene Theaterformen und Begrifflichkeiten ist die szenische Arbeit mit Schauspiel- und Regiestudierenden zentral, um die eigene Position innerhalb des kollektiven Produktionsprozesses im Theater bestimmen zu können. Durch die kontinuierliche Auseinandersetzung mit angehenden sowie erfahrenen Autorinnen und Autoren kann darüber hinaus ein produktiver Umgang mit Kritik erlernt werden.

Der letzte Teil des Handbuchs eröffnet dezidiert interdisziplinäre Perspektiven, die zunächst die dramatischen Strukturen bzw. Dramaturgien in anderen Theaterformaten sowie Medien betreffen. Zum Gegenstand werden das Libretto in der Oper, der Tanz sowie Dramaturgien im Film, in der TV-Serie und in Games. Mit dem Drama teilt beispielsweise der Film bestimmte Erzählverfahren, die sich aus dem Umstand ergeben, dass (im Vergleich zur Prosa) Introspektion schwer zu vermitteln und die Erzählfunktion oft nicht unmittelbar greifbar ist. Die Filmforschung geht – ähnlich wie eine Dramenanalyse, die die Relation von Diskurs und Geschichte untersucht – dem Verhältnis von Fabel und Sujet bzw. Story und Plot nach und beschreibt die Verkettungen von Handlungseinheiten. Eine zentrale

Schnittstelle von Drama und Film, aber auch TV-Serie und Games bildet mithin die Dramaturgie als die Kunst, Geschichten zu erzählen; für diese hat Aristoteles' *Poetik* ein maßgebliches Modell entwickelt, das bis in heutige Drehbücher hinein einflussreich geblieben ist. Im Anschluss an den medienwissenschaftlichen und narratologischen Schwerpunkt dieses Teils folgen Ausführungen zu drei exponierten interdisziplinären Schnittstellen, genauer: zu demjenigen psychologischen, ökonomischen und politologischen Wissen, das die Auseinandersetzung mit Drama und Theater generiert hat.

Begonnen wird mit dem **Libretto (David Roesner)**, ein dem Drama ähnlicher, jedoch primär zur Vertonung gedachter und damit zu vervollständigender Text, für den man grundsätzlich von einer Tendenz zur Episierung, von einer ‚Dramaturgie des Zeigens', ausgehen kann. Die Bedeutung des Librettos ist nicht im Text, sondern innerhalb des intermedialen Beziehungsnetzes zu situieren – insbesondere seit dem 20. Jahrhundert, das den Begriff des Musiktheaters maßgeblich erweitert hat: Fluxus-Happenings, John Cages musikalisch-szenische Zufallsoperationen und Collagen wie die *Europeras 1&2* (UA 1987), aber auch Mauricio Kagels Instrumentales Theater, seine ästhetisch-institutionelle Dekonstruktion *Staatstheater* (UA 1971), die man als ‚Composed Theatre' beschreiben könnte, sowie die Hybridisierung von Gattungen haben den Status des Librettos maßgeblich verändert. Es gilt heute als Funktion, die durch Kontextualisierungen entsteht; in Anlehnung an Cages Musikdefinition kann ein Libretto alles das sein, was im Zusammenhang einer musiktheatralen Aufführung Verwendung findet.

Erzählweisen des Dramas lassen sich auch in bestimmten Formen des **Tanzes (Katja Schneider)** auffinden, insbesondere im Handlungsballett, das sich durch mimetische, linear erzählte, emotionalisierte dramatische Aktionen auszeichnet. Trotz einiger Ausdifferenzierungen im 19. Jahrhundert bleibt das triadische Modell aus atmosphärischer Musik, gestischer Zeichensprache, semiotisiertem Körper auf der Bühne und verbalen Erläuterungen im Paratext weitgehend stabil und gilt auch in der aktuellen Narratologie als konstitutiv für ein Erzählen im Ballett. In den Handlungsballetten des 19. Jahrhunderts (wie denen von Marius Petipa) alternieren tänzerische Passagen mit pantomimischen Szenen, in denen die Handlung eingerichtet wird. Die Moderne im Tanz, wie sie Isadora Duncan und Mary Wigman repräsentieren, verabschiedet diese Struktur und verschiebt das Drama vom Drama *auf* der Bühne hin zum Drama *in* der Figur, dessen Bühne der Körper der Tänzerin bzw. des Tänzers ist. Das Tanzdrama emanzipiert sich von der Repräsentation einer literarischen Vorlage, ähnlich wie das Tanztheater ein lineares Erzählen hinter sich lässt und beispielsweise mit der dramaturgischen Form der Nummernrevue arbeitet. Es entsteht eine große Varianz an Bewegungsstilen, die gesellschaftliche Zustände zusammen mit ihren individualpsychologischen Niederschlägen mit und an dem Körper zum Ausdruck bringen.

Im **Film (Michaela Krützen)** lassen sich vornehmlich drei Erzählweisen voneinander abgrenzen: die Klassik, wie sie seit den 1910er Jahren ausformuliert wird, die Moderne, die Mitte des 20. Jahrhunderts anzusetzen ist, und die gegenwärtige Nachmoderne. Im klassischen Film ist die Handlung in der Regel gut nachvollziehbar und verständlich. Jede Szene beinhaltet einen die Handlung vorantreibenden Auslöser (einem geschlossenen Drama analog); zentral ist also das Aktionsbild, in dem auf einen Reiz die Reaktion folgt, eine Situation zu einer anderen führt, so dass eine Verkettung als sensomotorisches Schema entsteht. In der Moderne lockern sich die sensomotorischen Zusammenhänge, was zum optisch-akustischen Bild, zum Zeitbild, führt, d. h. nicht jede Szene treibt die Handlung voran, sondern die Protagonistinnen und Protagonisten agieren zuweilen ziellos. Der heutige nachmoderne Film favorisiert ein nicht-chronologisches Erzählen, in dem kausale Zusammenhänge noch auszumachen sind, die Verkettungen jedoch häufig erst retrospektiv sichtbar werden. Die Nachmoderne folgt zwar weiterhin dem klassischen Paradigma eines dreigliedrigen Aktaufbaus sowie dem populären Muster der Heldenreise, nutzt jedoch filmgeschichtlich gewonnene ästhetische Freiheiten, um mit dem Aktionsbild zu spielen.

Die **TV-Serie (Knut Hickethier)** als mehrteilige, auf Fortsetzung bedachte Darstellungsform weist in der Regel eine doppelte dramaturgische Struktur auf, die unterhaltende, spannungsgeleitete Narrationen mit einem auf die Gesamtserie bezogenen Erzählkosmos und einer vielteiligen Dramaturgie kombiniert. Strukturierend wirkt das (auch aus dem Film bekannte) dramatische Aktschema Exposition, Durchführung mit Steigerung und Repetition des Konflikts sowie Lösung, die häufig über einen *cliffhanger* in eine der nächsten Folgen verschoben wird. Meist verlaufen mehrere Handlungsstränge nebeneinander; typische ‚Zopfdramaturgien' verhandeln beispielsweise im ersten Strang einen Konflikt ausführlicher, schließen in einem zweiten eine Auseinandersetzung ab und bereiten in einem dritten eine neue vor, wobei Konflikte auch mehrere (oder alle) Folgen übergreifen können.

Auch **digitale Spiele (Jörg von Brincken)** verfügen je nach Spiel und Genre neben episch-narrativen Elementen über dramatische, wobei sich die eigentümliche Spielspannung aus der Interaktivität als wesentlichem phänomenologischen Modus ergibt, der unter Umständen mit der Vorherbestimmtheit und dem engen Korsett einer ausgefeilten Narration kollidieren kann – Ludologinnen und Ludologen betonen das interaktive und ephemere Spiel, Narratologinnen und Narratologen hingegen wollen in Games in erster Linie narrative Texte sehen. Spiele können allerdings auch als interaktive Dramen auf Aristoteles' Vorgaben bezogen werden. Die Analogie von Drama und digitalen Spielen ergibt sich aus der gemeinsamen Struktur des Konflikts, den Mechanismen der Empathielenkung, den Strategien der Identifikationserzeugung sowie der Mimesis von Handlung durch Handelnde.

Digitale Spiele können als ‚performative Dramen' beschrieben werden, in denen die Spielenden als vorgezeichnete Figuren und zugleich als frei Agierende, als Regelnbefolgende und als regelnsetzenden Regisseurinnen und Regisseure der eigenen Handlungen fungieren, also zwischen Produktion und Rezeption situiert sind.

Drama und Theater haben in drei disziplinären Feldern besondere Resonanz gefunden, zunächst im **psychoanalytischen/psychologischen Kontext (Brigitte Marschall)**. Für diese Schnittstelle ist die Phase um 1900, also die Zeit der freudschen Traumdeutung, zentral, in der man einen neuen Blick für die innere Verfasstheit des Subjekts entwickelt. Die psychotherapeutischen Sitzungen mit ihren *talking cures* und freien Assoziationen beeinflussen die Dramatik; das Unausgesprochene und das Verdrängte lassen Atmosphären bzw. Schwingungen entstehen, die die Konflikte zwischen dramatischen Figuren neu konzeptualisieren. Mit Friedrich Nietzsche und Sigmund Freud werden das Triebhafte sowie Zustände der Trance bzw. der Ekstase und der ‚Katharsis'-Begriff interessant. Darüber hinaus entsteht das Psychodrama als soziokulturelles und gruppendynamisches Projekt, das fließend in theatrale Formen wie Mitspieltheater, Happening und Living Theatre übergeht. Psychodrama und Soziometrie nach Jacob Levy Moreno aktivieren die Mehrschichtigkeit psychischer Bewusstseinslagen und unterstützen reflexive Prozesse durch mehrfachen Perspektivwechsel und die (Selbst-)Beobachtung in der Gruppe. Auch Unternehmen nutzen diese Form des Theaterspielens, um ihre organisatorischen Strukturen sowie Verhaltensrituale zu reflektieren und zu modifizieren.

Zwischen **ökonomisch-soziologischem Wissen** und Drama und Theater (**Axel Haunschild** und **Franziska Schößler**) besteht noch in anderer Hinsicht ein reger Tauschverkehr: Dramentexte setzen sich auf vielfältige Weise mit Wirtschaftswissen auseinander, wobei einzelne Genres wie Komödie, bürgerliches Trauerspiel und soziales Drama aufgrund ihrer spezifischen (semantisierbaren) Form besondere Affinitäten dafür aufweisen. Theatertexte können darüber hinaus, wie Bertolt Brecht betont hat, die Institution Theater samt ihrer ökonomischen Rahmung zum Gegenstand machen. Mit dieser beschäftigt sich die Soziologie, wenn sie die Arbeitsbedingungen am Theater mit weitreichenden Ergebnissen für die Forschung zu kreativer Arbeit und dem Typus des Arbeitskraftunternehmers als neue Subjektivierungsform untersucht. Künstlerinnen und Künstler am Theater erscheinen geradezu als Prototypen der postfordistischen Nutzung einer Arbeitskraft, die durch Selbstkontrolle, -optimierung und -werbung, durch Flexibilität und Mobilität gekennzeichnet ist und zunehmend durch projektbasierte Finanzierung (wie sie die Freie Szene grundsätzlich kennt) prekarisiert wird. Diese neue Subjektivierungsform machen Gegenwartsdramen und Performances reflexiv zu ihrem Gegenstand.

Theater kann zweifelsohne politisch sein, politisches Handeln ist per se theatral. Nichts veranschaulicht die **Theatralität des Politischen (Jürgen Raab** und **Dirk Tänzler)** eindrücklicher als politische Rituale wie die sich wiederholende Wahl. In Wechselwirkung mit dem Ritual ist die zeitlich und räumlich verdichtete Kommunikation in Symbolen ein zentrales Element der Theatralität des Politischen. Rituale sind auf symbolische Ordnungen bezogene Handlungskomplexe; Institutionen agieren im Rahmen solcher durch rituelle Akte kommunizierter symbolischer Ordnungen. Vor diesem Hintergrund sind die Symbolisierungen und Ritualisierungen politischen Handelns keineswegs äußerlich bleibende Manipulationen oder beklagenswerte Degenerationserscheinungen. Es geht gegenwärtig vielmehr um eine Neubestimmung des Verhältnisses von Politik und Theatralität, die diese als Signum einer innovativen, sinnlichen und durchaus dramatischen Erfahrung von Politik im Sinne dramaturgischer Teilhabe versteht.

Mit der interdisziplinären Öffnung unseres Gegenstandes im letzten Abschnitt des Handbuches wollen wir verdeutlichen, in welchem Maße das Drama auch als Grundstruktur sozial-gesellschaftlicher Prozesse, das Theater als Grundmodell von Interaktionen und Repräsentationen in Feldern wie Politik, Medien, Religion etc. begriffen werden können. Die eng vernetzten kulturellen Ausdrucksformen Drama und Theater gehen weit über die Gegenstandsbereiche der Literatur- und Theaterwissenschaft hinaus, die gleichwohl valide Analyseinstrumentarien auch für andere Felder an die Hand geben.

II **Historischer Abriss**

Andreas Englhart
Historischer Abriss

Die Frage nach der Herkunft des Dramas ist zum einen mit der griechischen Kultur im Athen des 5. Jahrhunderts v. Chr., zum anderen mit der Entstehung der Tragödie aus dem Ritual bzw. ritualähnlichen, chorischen Formen verbunden. Insbesondere der Übergang vom Ritual zum Drama ist dramen- und theaterhistorisch schwer zu eruieren – sowohl in methodischer Hinsicht als auch in Bezug auf die Quellenlage. Die Darstellung der Dramengeschichte hängt mit dem jeweiligen Verständnis des Dramas wie des Dramatischen und der Definition der Dramaturgie im weiten Feld zwischen Konflikt- und Überschreitungsformen zusammen. Vom Theatralen im Ritual bis zum idealen Drama, das annäherungsweise in Johann Wolfgang Goethes *Iphigenie* (Versfassung 1786) verwirklicht und kaum bei Aischylos sowie nur andeutungsweise bei Sophokles und Euripides ausgebildet war, wurde ein nicht zu unterschätzender Weg zurückgelegt (Turner 1989 [1982]; Lesky 1972). Dieser reflektiert die vielfältigen Ausdrucksmöglichkeiten des Dramatischen, von postdramatischen, nicht mehr dramatischen oder performativen Ästhetiken bis zum Well-Made-Play oder zur traditionellen TV-Dramedy, von der Performance Art über das Physical Theatre in der Tradition von Artaud oder Grotowski bis zum Tanztheater, vom *untitled event* John Cages als früher Multimediaperformance mit jeweils eigenständigen medialen Ausdrucksebenen ohne Bindung an vorgängige Strukturen eines Dramas bis zum Musiktheater. Eine historische Abhandlung des Dramas ergibt sich im Detail wie im Gesamtzusammenhang aus dem jeweils unterschiedlichen Verständnis von Drama. Explizit oder implizit wirken unterschiedliche Poetiken, methodische Zugänge, Kanonisierungen oder das jeweilige kulturelle Selbstverständnis, das sich in Bildungsansprüchen, Lehrplänen und nicht zuletzt Spielplänen des Theaters niederschlägt. Mit Friedrich Schiller traditionell verstanden als ‚moralische Anstalt', die öffentlich relevante, gesellschaftspolitische wie private Themen und Konflikte aufgreift und kritische Inszenierungen gegen die gesellschaftlichen Zustände setzt (vgl. Hinderer 2006), wäre die Bühne eine mehr oder weniger ähnliche dramatische Repräsentation eines dramatisch bzw. mit den Formen und Strukturen des Dramas interpretierten Lebens. Dies bleibt heute nicht unhinterfragt, zumal das Theater, seit jeher institutionell Ort des aufgeführten Dramas, ein Spannungsverhältnis zwischen Wort bzw. Buchstaben und Korporalität bzw. Präsenz oder Anwesenheit des Anderen eröffnet. Dem dramatischen Verständnis der Existenz des Anderen wird dadurch ein grundsätzlicher, ontologisch wie epistemologisch zu verstehender Widerstand des Realen entgegengesetzt. Aufgeführtes Drama ist somit immer partiell undramatisch, unabhängig davon, ob wir uns im Athener Dionysostheater, auf Goethes Weimarer Bühne oder in einer Aktion Christoph Schlingensiefs befinden. Nicht erst mit Schillers Stofftrieb als sinnliche Eigenart des Menschen neben dem Formtrieb (Englhart 2010), Nietzsches *Geburt der Tragödie* oder den Surrealisten wird die ‚dunkle Wurzel' des dramatisch Strukturierenden bewusst, die den prädramatischen Übergang vom Ritual zur Tragödie prägte (Rozik 2002). So ist der Blick auf ein zweieinhalbtausend Jahre umfassendes Panorama der verschiedensten Formen des Dramas nicht unschuldig, unterliegt ohne Zweifel unbewussten Wertungen. Es bleibt der Dramenhistorikerin bzw. dem Dramenhistoriker das schlechte Gewissen aufgrund der Selektion des Nicht-Beachteten. Jede Periodisierung, Gliederung, Organisation und Einordnung nach Epochen, Stilen, Räumen und Raumzeiten, nach Vorgaben des Kanons, auf nationalstaatlicher Basis, nach geistesgeschichtlichen Ordnungskategorien (Antike, Renaissance, Barock, Aufklärung etc.), abendländischen Wertungen (Beginn mit der Antike, wenig asiatisches oder afrikanisches Theater) (Girshausen 1999; Ilg und Bitterlich 2006; Brauneck 2014; Fiebach 2015) oder in Anlehnung an andere Fächer räumt keineswegs Zweifel aus: Wird etwa das frühe 19. Jahrhundert eher von Georg Büchners oder von August von Kotzebues Dramen repräsentiert (Riesche 2010)? Da eine lineare, ‚organologische' Geschichte des Dramas nicht existiert, soll im Folgenden eine potentiell transkulturell offene (Welsch 2017), eine grundsätzliche Kulturmobilität (Greenblatt et al. 2009) nicht unterschlagende Dramengeschichte entwickelt werden, die ungewohnte Perspektiven nicht ausschließt. Dennoch lassen sich Schwerpunktsetzungen in Westeuropa, insbesondere auf den deutschsprachigen Bereich, kaum vermeiden.

II.1 Antike

Die Tragödie, die Komödie und das Satyrspiel sind direkt und indirekt mit der Entwicklung des Theaterspiels eng verbunden (Girshausen 1999; Latacz ²2003 [1993]); insofern kann ein historischer Abriss des Dramas nicht ohne die Ästhetiken, Institutionen und Architekturen des Theaters auskommen. Das Theater lässt sich etymologisch vom Zuschauerbereich des griechischen Theaters, dem *theatron*, herleiten. Ursprung sind, ausgehend vom Dionysostheater Athens, die klassischen Kulturen Griechenlands, die hellenistische, griechisch sprechende Welt und der Machtbereich Roms vom 5. Jahrhundert v. Chr. bis zum Ende des (west-)römischen Reichs im 6. Jahrhundert n. Chr. Über diese lange Zeit wechselte die gesellschaftliche wie politische Funktion dramatischer Formen im Theater; in ihren für die Dramengeschichte relevanten Anfangszeiten waren sie jedoch überwiegend Teil der nach dem Sturz der Söhne des Peisistratos und damit dem Ende der Tyrannis eingeführten neuen Demokratie innerhalb der Polis, des Stadtstaates Athen. Dieser war, über die Jahrhunderte nach den ‚Dark Ages' (ca. 1100–900 v. Chr.), der ‚geometrischen' Epoche und der Archaik (ca. 700–480 v. Chr.) in einer eher kulturellen Randlage entstanden, indem sich mehrere Dörfer zu einer städtischen Gemeinschaft zusammenfanden, um dann mit den Reformen des Kleisthenes seit 507/506 v. Chr. demokratischen Strukturen zum Durchbruch zu verhelfen. Entscheidend war der Sieg über die Perser 480/479 v. Chr., der die Epochen der Klassik (bis 336 v. Chr.) und des Hellenismus (bis 31 v. Chr.) einleitete. Athen war eine militaristisch geprägte, andere Städte beherrschende, Handel treibende Gesellschaft, deren Ökonomie auf der harten Arbeit von Sklavinnen und Sklaven beruhte, die Frauen und Fremde, sogenannte Barbaren, sogar Ansässige ohne Bürgerrecht (Metöken) diskriminierte (Meier 2004). Konflikte, seien sie dem Mythos oder der neueren Geschichte wie den Perserkriegen entnommen, prägten von vornherein die dramatische Grundstruktur des im Dionysostheater Gezeigten. Sie projizierten gesellschaftliche Konfliktherde, Beunruhigungen in der Begegnung mit dem Fremden und politische Machtkämpfe in das dramatische Spiel und begründeten die vielfältigen politischen Funktionen der innovativen Institution Theater, u. a. die antiaristokratische Integration aller politikberechtigter Schichten, die Bändigung des Dionysos-Kultes, die Reflexion familiärer Konflikte und die Vermittlung gesellschaftsbezogener Bürgeridentität. Institutionell eingebunden war die Entstehung des Dramas in ausgeweitete Kult- und Ritualstrukturen, in den orgiastischen Kult staatlich organisierende Dionysos-Feste. Innerhalb dieser Festlichkeiten entstand das Theater in Athen zunächst auf der Agora als Mittelpunkt der Polis, dann mutmaßlich nach einem Einsturz der Tribüne im Dionysostheater am südlichen Hang der Akropolis. Die Entstehung des Dramas fand insbesondere im Rahmen eines in den Großen oder Städtischen Dionysien im März/April veranstalteten Agons, daneben auch in den im Januar/Februar eingerichteten Lenäen statt. Dieser Wettbewerb der Dichter und ihrer Tragödien soll vom Tyrannen Peisistratos um das Jahr 534 v. Chr. eingeführt worden sein. Die heute zentral erscheinenden ersten Aufführungen der uns bekannten Tragödien begleiteten die sich konstituierende Demokratie nach der Tyrannis. Der legendäre Thespis soll der erste Preisträger gewesen sein; er wäre damit der erste Dramatiker der globalen Kulturgeschichte. Wahrscheinlich ist er jedoch, ähnlich wie Homer, keine historisch nachweisbare Figur (B. Zimmermann 2000, 24–46; Latacz ²2003 [1993], 80–83; Erken 2014, 11; Flashar 2013, 162).

Das Agonale war Teil der griechischen Kultur; wie die Olympischen Spiele basierten die Dionysos-Festspiele auf dem agonalen Prinzip, was als institutionelle Vorgabe durchaus zu Parallelen in den Dramaturgien der Tragödie, Komödie und des Satyrspiels führte. Der Agon hatte wenig mit orgiastischer Überschreitung zu tun, sondern besaß strikte Regeln. Am Beginn der Dionysien stand eine Prozession mit dem Kultbild des Dionysos aus dem Dorf Eleutherai in das Dionysostheater, die die Anwesenheit des Gottes bestätigte. Die Eröffnungsrituale wurden meist politisch funktionalisiert. Drei Dramatiker und drei Produktionsteams wetteiferten mit jeweils drei Tragödien und je einem Satyrspiel. Seit dem Jahr 486 v. Chr. versuchten zudem fünf Autoren mit je einer Komödie den ersten Preis zu erlangen. Dies geschah durchgehend am zweiten Tag der Großen Dionysien, während am ersten Tag 20 Dithyramben im Wettbewerb von je zwei Chören aus den zehn Verwaltungsbezirken Athens miteinander wetteiferten. Dem Komödienagon folgte in den nächsten drei Tagen der Tragödienagon mit je einer Tetralogie eines Dichters, dem jeweils ein Chor zugeteilt worden war. Dieser Dramatiker wurde vom die Dionysien leitenden Staatsbeamten *árchon epónymos* ausgewählt. Über den Sieg entschied eine Jury von zehn Mitgliedern, deren Urteil wir in der heutigen Zeit nicht grundsätzlich folgen würden. Sophokles etwa konnte mit *König Ödipus* hinter dem gegenwärtig kaum bekannten Philokles nur den zweiten Platz erringen. Dennoch war man sich schon in der Antike einig, dass die besten Tragödiendichter Aischylos, Sophokles und Euripides seien. Sie gewannen nicht nur verhältnismäßig oft einen Preis, sondern wurden ab 386. v. Chr. wiederaufgeführt, kopiert, insbesondere für den Schulunterricht, und auf mehr oder weniger verschlungenen, das Abendland zeitweise verlassenden Wegen tradiert, teils in Fragmenten und sicher auch verfälscht. Von den geschätzt etwa 1.200 Theaterstücken, die man im 5. Jahrhundert v. Chr. während der Dionysien zur Aufführung brachte, ist bis heute nur ein Bruchteil überliefert (Latacz ²2003 [1993], 31; Greiner ²2006 [1992], 22; B. Zimmermann 2017).

Das sich dramatisch ausformende Theater war als arbeitsteiliger Prozess organisiert. Früh lassen sich der *oeietes*, der Dichter oder Dramatiker, sowie aus heutiger Sicht die Positionen des Schauspielers, ‚Regisseurs' und ‚Choreographen' erkennen. Zentral war der Chorege als Organisator, Produzent und Mäzen, er bildete und finanzierte den Chor. Dem Dramatischen zuarbeitend finden wir den Hypokrites, den ‚Antworter', den Schauspieler der Tragödie, Komödie und des Satyrspiels. Zudem Choreuten, zunächst begabte Bürger Athens, dazu den Flötisten. Die Schauspieler sollen bereits bei Sophokles Berufsdarsteller gewesen sein. Auch der Didaskalos, der Spielleiter – heute würden wir ihn als Regisseur verstehen –, nahm eine Position ein, die wohl erst durch die Dichter selbst, dann durch Spezialisten, oft Assistenten besetzt wurde. Das Drama entwickelte sich hierbei strukturell und im dramaturgischen Aufbau vom Chorischen zum Dialogischen, auch wenn man sich seine Ästhetik, da die Musik verloren gegangen ist, gegenwärtig kaum mehr vorstellen kann. Chor und Choreuten waren demnach für die griechische Tragödie weit wichtiger als heute. Sophokles soll die Zahl der Choreuten von zwölf auf 15 erhöht haben (Latacz ²2003 [1993], 29; Seidensticker 2010, 42). Für den Satyrspielchor waren es zwölf, der Komödienchor verlangte gar 24 Mitglieder. In den frühen Formen der Tragödie finden wir die Chorlieder – *kommos* als Klagegesang, *threnos* als Trauerlied, *enkomion* als Preislied und *hymnos* als Götteranrufung – noch ‚neben' der Handlung, später stehen Choraktion und Gesamthandlung in direkterem Zusammenhang. Für Aristoteles agiert, so schreibt er in seiner *Poetik* (ca. 335 v. Chr.), der Chor bei Sophokles noch wie ein Schauspieler, diese Funktion verliert er bei Euripides. Die Chorpartien kommentierten und reflektierten die Handlung, erinnerten und sagten voraus, spiegelten, kontrastierten und brachen sie. Der Chor nahm etwa in Aischylos' *Perser* oder seiner *Orestie* eine für uns Heutige seltsame Stellung zwischen seinen Funktionen als Protagonist und als Instanz der Reflexion, Vermittlung sowie Kritik ein. Er konnte als allwissende Instanz auftreten, die das zukünftige Schicksal kennt und eine verallgemeinernde Perspektive einbringt, hatte zudem Informationen zu vermitteln, etwa zu Beginn, wenn er den Mythos erinnert. Er kontrastierte, machte aufmerksam, verdeutlichte, erörterte Konflikte. Parteiisch durfte der Chor sein, zudem als Protagonist agieren, obwohl er als Gruppe auftrat, oder im Dialog zur Verfügung stehen. Aus der zentralen Stellung, mindestens der Integration des Chors ergibt sich eine Antinomie zwischen Handlungsstringenz und dramaturgischer Unentschlossenheit sowie Sprunghaftigkeit in der dramatischen Struktur auf inhaltlicher wie formaler Ebene der Tragödie und alten Komödie (Haß 2005; B. Zimmermann 2017; Seidensticker 2010, 44).

Auch die Architektur sowie die Landschaft hatten Auswirkungen auf das frühe Drama; man denke nur an die Parodos in Aischylos' Stücken (also den Beginn der Tragödie durch das erste Chorlied), der dem seitlichen Einzugsweg des Chors entspricht. Zudem ist der freie Blick in eine weite Landschaft den Stücken erkennbar eingeschrieben, zumindest verhinderte er wie die aus Leinen gefertigten Masken zu naturalistische Darstellungen. Das *theatron*, der Zuschauerraum, wurde im Dionysostheater als *cavea*, als Höhlung oder Keil, in die natürliche Hanglage an der Akropolis eingefügt. Er umschloss die Orchestra, die den Raum des am Anfang noch zentralen Chors bildete. Sie war keineswegs immer rund, konnte u. a. auch rechteckig ausfallen. Die Sitzbänke um die Orchestra herum wurden erst auf simplen Erdaufschüttungen angebracht, das Theater befand sich in unmittelbarer Nähe des Tempelbezirks. Dies erhielt die Nähe zu Kult und welterklärendem Mythos, die weiterhin, sogar in der Skepsis von Euripides spürbar blieb. Steinerne Sitzbänke, die Reihe vor der Orchestra mit marmornen Ehrensesseln und dem Platz des Dionysos-Priesters, wie wir sie heute antreffen, existierten erst seit dem 4. Jahrhundert v. Chr. Durch die Keilform ergab sich eine besonders gute, dem entstehenden Drama dienliche Akustik. Die Halbkreisform kann als Abbild und mediale Sitzordnung der Polis verstanden werden – beides war, wie man es noch in den verwirklichten Reformideen Richard Wagners vom Bayreuther Festspielhaus bis zum Münchner Prinzregententheater nachvollziehen kann, nicht ohne Auswirkungen auf die je spezifische dramatische Struktur, die – eher das Rhythmisch-Musikalische betonend – die Gemeinschaft stärken sollte.

Als Vorform der Tragödie bzw. des Theaters wird das chorische Ritual des 6. Jahrhunderts, der Dithyrambos, als etwas schwer Rekonstruier- oder Nachvollziehbares zwischen Tanz, Bewegung, Chor und Gesang angenommen. Die Tragödie selbst leitet sich etymologisch von *tragodia* her, was auf den ‚Bocksgesang' zurückzuführen wäre, also auf in einem Ritus als Böcke verkleidete Choreuten, die tanzten und sangen, oder schlicht einen Gesang (*odé*) während der Opferung eines Bocks (*trágos*). Mutmaßlich war dies erst ein Gesang mit Themen aus dem Mythos des Gottes Dionysos, in den im 6. Jahrhundert wohl immer mehr bekannte Mythen allgemeineren Inhalts integriert wurden. Aus heutiger Sicht, insbesondere aus der Perspektive einer postdramatischen Ästhetik, lässt sich Euripides' Stück *Die Bakchen* (406 v. Chr.) mit den performativen Aktionen der Performance Group unter der Leitung Richard Schechners, *Dionysus in 69*, vergleichen und verbinden, obwohl oder gerade weil erstaunlicherweise Dionysos selbst in den Tragödien des 5. Jahrhunderts kaum mehr eine Rolle spielte. Das damalige ‚Prädramatische' (H.-T. Lehmann 1991, 2) soll dabei das heutige ‚Postdramatische' spiegeln, indem die Strukturen des Dramas und das ausgeprägte Rollenspiel undeutlich werden oder sich gar auflösen. Hierzu eignen sich Euripides' *Bakchen* besonders. Zum einen steht dieser schon bei Nietzsche für den Übergang vom Chorischen zum Dramatischen; Euripides übernehme dabei indes zu sehr das – von Nietzsche missbilligte – sokratische Denken (Nietzsche 1980 [1872], 76). Zum anderen präsentieren *Die Bakchen* den zentralen Konflikt zwischen Ekstase und Ordnung, verkörpert in den Figuren des Gottes Dionysos und des Herrschers Pentheus. Dieses Theater als Ritual, wie es Schechner entwirft, verdankt sich im 20. Jahrhundert jedoch einer Ästhetik der Moderne; ihr fehlt weitgehend der religiöse Hintergrund, so dass heute das Verständnis der Motivation von dramatischen Figuren, die unter dem Einfluss von Göttinnen und Göttern stehen, Schwierigkeiten bereitet.

Der Ursprung der Tragödie soll in Ritualen im Dienste des Dionysos-Kultes auf der Peleponnes, in Sikyon und Korinth, liegen. Erste Reformen sind für Korinth zu verzeichnen: Der Dichter Arion aus Lesbos soll Dithyramben mit linearen Handlungsstrukturen versehen, der Bewegung während des Gesangs einer Prozession Handlungen aus mythischen Erzählungen eingezogen haben. Dithyramben seien innerhalb des Rituals oder Gottesdienstes des Dionysos-Kultes in mimetischen Aktionen von Satyrn, also maskierten Tänzern, dargestellt worden (Latacz ²2003 [1993], 62–63). In diesem Satyr-Dithyrambos könnte der Exarchon, der Vorsänger, aus dem Chor herausgetreten sein und mit diesem einen Wechselgesang ausgeführt haben, so dass sich eine Frühform des Dialogs und damit des Dramatischen ergab. Als Nukleus stand der Chor, nun in das Athener Dionysostheater übertragen, auch räumlich im Zentrum auf der Orchestra, dem Tanzplatz, und war von Anfang bis Ende, vom Einzugs- bis zum Auszugslied stets gegenwärtig, auch wenn er verschiedenste dramatische und theatrale Funktionen innehatte. Insgesamt wäre es durchaus nachvollziehbar, die Tragödie als dramatische Form zu begreifen, die sich aus den Improvisationen derer, die den Dithyrambos anführten, entwickelt hat. Folgendes Szenarium ist plausibel: Aus dem Dithyrambos gingen satyrische oder satyrspielartige, noch tanznahe, komische Handlungsszenen hervor. Diese sollten nicht mit dem dramaturgisch wie dramatisch ausgereiften Satyrspiel der klassischen Zeit verwechselt werden, zumal man das Satyrische als dramatisches Element bald hinter sich ließ (Greiner ²2006 [1992], 10). Mit dem Rekurs auf das homerische Epos könnte so die Tragödie mit ihrer eigenen ästhetischen wie inhaltlichen ‚Höhe' und Einforderung von Respekt und Ernsthaftigkeit ausgebildet worden sein. Unterstützend wirkte der jambische Trimeter als zum Sprechen geeignetes Versmaß, das der Entwicklung des Dialogs als das, was das ideale Drama von der Epik und Lyrik differenziert, zuarbeitete. Die Komödie könnte aus den Improvisationen derer, die die Phallos-Umzüge anführten, entstanden sein. Der Phallos ist das mit dem Dionysos-Kult verbundene Symbol der Fruchtbarkeit; man führte ihn in von Gesang begleiteten Umzügen mit. Das Komische entsprang also dem Phallischen, ließ, wenn man es psychoanalytisch betrachtete, im Kontrast zwischen Norm und Andersartigkeit das Unbewusste, Triebhafte und Niedere plötzlich aufscheinen. Von den antiken Anfängen ausgehend blieb das Komische eine subversive Energie in der dramatischen Struktur, die diese zugleich mehr oder weniger in der Entladung des Komischen aufzubrechen imstande war; dies galt sogar für das angeblich so dramatische 19. Jahrhundert, als in der Theater- wie Zensurkritik nestroyscher Dramen- und Improvisationspraxis vor dem Hintergrund schillerscher Idealität das Phallische als Untergrund des Komischen oft zum Thema wurde (Englhart 2005, 216–235). Die für die Frühform des Dramas eigenartige Zusammenführung zweier Stile – des lyrisch-musikalischen Chors und der Sprache des Dialogs – resultierte jedoch keineswegs in dem, was Bertolt Brecht unter einem ‚aristotelischen' dramatischen Theater verstand (Erken 2014). Denn dazu waren die ersten dramatischen Strukturen in sich formal zu wenig geschlossen. Brecht rekurrierte eher auf einen ihm bekannten Bühnenrealismus oder -naturalismus bzw. blickte auf die antike Dramenstruktur durch die Brille der klassizistischen Dogmatisierung der aristotelischen *Poetik*.

Thespis – als historische Figur, wie erwähnt, nicht belegt, vermutlich funktionaler Teil einer Legendenbildung, die den Ursprungsanspruch Athens auf das Theater unterstützen sollte – überführte angeblich den Dithyrambos in Frühformen des Dialogs, indem er aus dem Chor einen ‚Antworter', einen Protagonisten oder ‚Ausleger' (Hypokrites), herausstellte. Mit diesem nicht mehr oratorischen Vorsänger, sondern vielmehr dramatisch agierenden Sprecher begründete sich im inneren Kommunikationssystem des Dramas eine dialogische Struktur im Verhältnis zum Anderen. Uns überlieferte frühe dramaturgische Strukturen beginnen mit der *Parodos*, dem Einzugslied des Chors; dem schließt sich eine Rede des Schauspielers an, auf die dann der Chor mit dem *Stasimon*, dem Standlied, antwortet (Jens 1971). Dem folgen Wechselgesänge zwischen den Parteien. Das Ende der Tragödie bestimmt die *Exodus*, das Auszugslied des Chors. Das Dialogische bildete sich also etwas umständlich, keineswegs in einem Quantensprung aus. Zudem verlassen wir uns gelegentlich mangels Quellen zu sehr auf Aristoteles, der die Entwicklung der Tragödie als Entelechie imaginiert, als Entwicklung im Sinne von verbessernden Veränderungen dahin, wo ihre ‚eigentliche Natur' verwirklicht schien. Zutreffend ist wohl, dass mit Aischylos, der von 525 bis 456 v. Chr. lebte und damit der älteste kanonisierte griechische Dramatiker ist, eine dramaturgische Weiterentwicklung stattgefunden hat, wenn man die *Orestie* (458 v. Chr.) als einzige uns überlieferte Tragödientrilogie – bekannt sind die Teile *Agamemnon*, die *Choephoren* und die *Eumeniden* – mit eher oberflächlicheren früheren Werken wie *Die Perser* (472 v. Chr.) vergleicht (vgl. Nesselrath 2003). Schon aufgrund der Tatsache, dass dies die älteste erhaltene Tragödie ist, wird sie bis heute oft gespielt. Man bewundert das Vermögen, sich in den Fremden warnend und die eigene politische Situation reflektierend hineinzuversetzen. Hier ist bereits ein zweiter ‚Antworter', ein Deuteragonist als zweiter Schauspieler oder Antagonist, als ‚Gegenkämpfer' in Bezug auf den Protagonisten eingeführt worden; oft tritt er als berichtender Bote auf. Leider sind von Aischylos nur sieben Tragödien überliefert, neben der *Orestie* und den *Persern* noch *Sieben gegen Theben* (467 v. Chr.), *Die Schutzflehenden* (um 463 v. Chr.), ein Stück, das im Zuge der aktuellen globalen Migrationsbewegungen seit einigen Jahren vermehrt auf europäischen Bühnen zu sehen ist, und *Der gefesselte Prometheus* (ca. 470 v. Chr.), dessen Urheberschaft nicht eindeutig geklärt ist, sowie das Satyrspiel *Die Netzzieher* in Fragmenten. Aischylos, der 13-mal bei den Dionysien als Sieger hervorging, soll bis zu 90 Werke verfasst haben, von 79 ist der Titel bekannt. Im Gegensatz zu seinen jüngeren Kollegen Sophokles und vor allem Euripides lassen seine Werke noch einen weitgehend intakten Bezug zu den Göttern, eine gewisse Idealisierung und Überhöhung der tragenden Figuren und einen starken patriotischen Zug erkennen; immerhin hatte Aischylos selbst gegen die Perser gekämpft. Der jüngere Sophokles – er lebte ca. von 497 bis 406 v. Chr. – war dann etwa in *Antigone* (442 v. Chr.) oder *König Ödipus* (425 v. Chr.) für den dritten ‚Antworter', den Tritagonisten, verantwortlich, eine Neuerung, die Aischylos in seinen späteren Stücken übernahm. Dabei blieb es erst einmal, mutmaßlich war so eine im Ablauf effiziente, in der Dramaturgie funktionale und in der Wirkung sichere und glaubwürdige Konstellation erreicht.

Diese Aufführungspraxis lässt sich auch aus der Dramaturgie der überlieferten Tragödientexte erschließen. Grob gliedernd funktionierten insbesondere die vom

Chor im Tanz rezitierten oder gesungenen Partien, Aristoteles definiert das Einzugslied (*párodos*) und die weiteren Lieder nach dem Einzug (*stásima*). Daraus ergäben sich der Prolog als der Teil vor dem Einzug, die *epeisódia* als Partien zwischen den Chorliedern und am Ende der Auszug, die *éxodus*. Konstitutiv ist zudem der Botenbericht in längerer Rede (*rhésis*), der das auf der Bühne nicht direkt Darstellbare, insbesondere Gewalt, Tod, Krieg und Grausamkeiten, in überzeugender Rhetorik darbot. Zwar finden wir schon in Aischylos' *Orestie* drei zugleich auftretende Figuren; voll ausgebildete Dialoge zwischen drei in einer dramatischen Situation anwesenden Personen liest man aber erst bei Sophokles, dessen Werke auf den Bühnen der Gegenwart weiterhin hohe Beachtung genießen, neben den schon genannten vor allem *Aias* (um 454 v. Chr.), *Elektra* (413 v. Chr.) und *Philoktetes* (409 v. Chr.), darüber hinaus *Die Trachinierinnen* (442 v. Chr.) und *Ödipus auf Kolonos* (401 v. Chr.). Ähnlich wie bei Aischylos sind die meisten Texte von Sophokles – es sollen über 100 sein – verloren gegangen.

Die weitere Entwicklung hebt die individuelle Figur jedenfalls prägnanter hervor: Euripides (ca. 480–406 v. Chr.), von dessen etwa 90 Tragödien 18 überliefert sind, intellektualisiert und psychologisiert in *Elektra* (ca. 413 v. Chr.) oder *Medea* (431 v. Chr.) die Tragödie. Einige sehen in seinen Dramen, wiewohl auch heute noch die populärsten, bereits eine Niedergangsform der Tragödie, andere halten den Autor für den ‚ersten Modernen' (vgl. Bernsdorff 2003, 55). Ob dabei psychoanalytische oder performative Zugänge beispielsweise zu den bereits erwähnten *Bakchen*, wie die von Klaus Michael Grüber und Richard Schechner, nicht einen Übergriff gegenwärtiger Vorstellungswelten darstellen, müsste diskutiert werden.

Der einst zentrale Chor wird letztlich zunehmend auf eine teilnehmende Rolle reduziert. Die Figuren verlieren ihre Überhöhung, werden menschlicher, laden wie in Euripides' *Troerinnen* (415 v. Chr.) und in seiner *Iphigenie in Aulis* (um 407 v. Chr.) mehr zur Identifikation ein, auch wenn sie wie in *Medea* nicht immer ganz verständlich werden. Die ‚Fortschritte' von Aischylos über Sophokles zu Euripides für die Gesamtdramaturgie bestanden also darin, dass die handelnden Personen im Vergleich zum eher reflektierenden, kommentierenden und vermittelnden Chor wichtiger wurden. Primärer Stoff der Tragödien waren die in Athen und so auch im überwiegend, vielleicht meist ausschließlich männlichen Publikum weitgehend bekannten Mythen, wenn man von zeitgeschichtlichen Stoffen wie etwa in Aischylos' *Perser* absieht. Die Mythen wurden jedoch nicht, wie im Ritual, überzeitlich oder als Realpräsenz ins Werk gesetzt, sondern über die Dramatisierung, insbesondere den dramatischen Dialog, in ihrer Bedeutung für die Gegenwart reflektiert, neu interpretiert, kritisiert und verweltlicht, dies immer vor dem Hintergrund eines Wettkampfs um die beste Deutung, wie die verschiedensten dramatischen Bearbeitungen etwa der *Orestie*, von *Elektra* oder *Medea* zeigen.

Auch die Komödie bildete ihre ersten dramatischen Formen aus, zusammen und gegen die Tragödie. Schon für Aristoteles war – und damit begründete er eine folgenreiche dramatische abendländische Tradition – die Nachahmung von schlechteren Menschen etwas ‚Zurückgesetztes': Das Lächerliche war mit dem Hässlichen, also mit dem sinnlich wahrnehmbaren Schlechten verbunden (Aristoteles 2001, 17). Der dialogisch zur Sprache kommende Fehler, der jedoch keinen Schmerz und kein Verderben verursachen sollte, steht dem tragischen Pathos der Tragödie diametral entgegen. Die Entwicklung der Komödie hing der der Tragödie etwas nach; sie vollzog sich erst ein halbes Jahrhundert später. 486 v. Chr. wurde die Komödie Teil des offiziellen Festprogramms von Athen. Von Kommentaren zu real existierenden Personen, gar persönlichen Angriffen in der ‚jambischen Art' der alten Komödie, etwa in Aristophanes' Stück *Die Frösche* (406 v. Chr.), in dem Aischylos im Vergleich mit Euripides zum traditionellen Vorbild gekürt wird, entwickelte sie sich zu abstrakteren Formen mit Darstellungen typischer menschlicher Fehler. Aristophanes (ca. 450–380 v. Chr.) schuf mit *Lysistrata* (411 v. Chr.) eine in der Frage nach Krieg, Gender und Macht heute noch höchst aktuelle Komödie, die ihm auch im 20. Jahrhundert einen Stammplatz in den Spielplänen einbrachte. Von den 11 erhaltenen Komödien (von mutmaßlich 40 geschriebenen) werden vor allem *Die Wolken* (423 v. Chr.) und *Die Vögel* (414 v. Chr.) weiterhin gespielt.

Die mittlere Komödie wird primär von Menander (ca. 341–291 v. Chr.) vertreten, der eher aufgrund der Komödientradition und der Adaptionen bekannt ist als über seine (in Anbetracht von angeblich 100 verfassten Stücken) eher spärlich überlieferten bzw. erst spät wiederentdeckten Werke wie *Dyskolos* (316 v. Chr.). Seine Stücke bleiben tendenziell unpolitisch, bieten Konflikte im Privaten, marginalisieren ähnlich wie schon Euripides den Chor, eröffnen diesem aber zwischen den fünf Akten Raum für den Tanz, schaffen zudem wirkungsmächtige Typen, die man später in der Commedia dell'arte, bei Molière oder Nestroy wiederfindet, etwa den griesgrämigen Alten oder den bauernschlauen Sklaven. Der Tragödie war neben der Komödie institutionell – ähnlich wie dem klassischen japanischen Theater des Nō ein Kyōgen – ein Satyrspiel nachgeordnet. Oft parodierten diese die mythischen Handlungen und Figuren der Tragödien. Von den vielen als Titel bekannten Satyrspielen ist uns heute leider nur eines vollständig erhalten: Euripides' *Kyklops* (ca. 410 v. Chr.), in dem Odysseus den Satyr Polyphem überwindet.

Wichtigste Reflexionsschrift der Tragödie und damit der Entwicklung des Dramas im Theater war zweifelsohne Aristoteles' *Poetik*. Aristoteles lebte von 384 bis 322 v. Chr., also deutlich nach der Zeit der Erstaufführungen der bedeutendsten Tragödiendichter. Sein um 335 v. Chr. verfasster Text war eher für den internen Gebrauch bestimmt und wirkt heute in seiner Argumentation sprunghaft (Fuhrmann 1982, 145). Das die Komödie thematisierende zweite Buch ist verloren gegangen. Die Tragödie ist für Aristoteles „Nachahmung einer guten und in sich geschlossenen Handlung von bestimmter Größe" in „anziehend geformter Sprache" (Aristoteles 1982, 19). Die Sprache besitze „Rhythmus und Melodie" (Aristoteles 1982, 19); sie überforme das Unglück des Helden und distanziere es zugleich. Die Tragödie greife auf den Mythos zurück, aber mit leichten Akzentverschiebungen. Die dem Publikum mutmaßlich bekannten Handlungen sollen dabei als geschlossene und ganze Vorgänge präsentiert werden, die „Anfang, Mitte und Ende" besitzen (Aristoteles 1982, 25), was die Tradition des geschlossenen und – dialektisch betrachtet – des offenen Dramas begründete. Innerhalb eines stringenten Handlungsverlaufs stehe die Peripetie, der Umschlag eines bisher glücklichen Verlaufs in einen unglücklichen, im Mittelpunkt. Tragische Dichtung wäre dabei wie Epik, Komödie, Dithyrambendichtung, Flöten- und Zitherspiel Nachahmung – bei Aristoteles fehlt denn auch die Lyrik, weil sie nicht nachahme. Differenzen bestünden in den verschiedenen Mitteln der Nachahmung, den verschiedenen Gegenständen der Nachahmung und den verschiedenen Weisen, auf welche sie nachahmen. Mimesis beziehe sich auf menschliche Handlungen, bei denen der Charakter eine Rolle spiele. Mittel der Nachahmung, teils einzeln, teils zugleich, wären dabei der Rhythmus, die Sprache, also Vers oder Prosa, und die Melodie. Die Nachahmenden, so Aristoteles, ahmten handelnde Menschen nach. Diese unterschieden sich dadurch, dass sie gut oder schlecht seien: Die nachgeahmten Handelnden seien entweder besser oder schlechter als die Rezipierenden oder genauso. Die Tragödie ahme bessere Menschen, die Komödie schlechtere Menschen als in der Wirklichkeit nach (Aristoteles 1982, 7–8) – ein Diktum, dass sich im Theater der Aufklärung mit der revolutionären Neuerung entscheidend änderte, dass Bürger tragödienfähig wurden (Hettner 1924, 75; Szondi 1973a). Nach Aristoteles ist die anthropologische, angeborene Konstante, die den Menschen von anderen Lebewesen unterscheidet, zum einen die ihm eigene Nachahmung, zum anderen die Freude, die jeder Mensch an der Nachahmung hat. Edlere Autoren ahmten Handlungen von Guten nach, erst in Hymnen und Preisliedern, dann in Epos und Tragödie. Gewöhnlichere Autoren ahmten Handlungen von Schlechten nach, erst in Rügeliedern und Spottgedichten, dann in der Komödie. Die Epik bestehe aus dem Bericht, eine Gattungsdifferenzierung, die vor allem für die Episierung des Dramas im 20. Jahrhundert als Antwort auf die Krise des Dialogs im 19. Jahrhundert höchst relevant wurde (Szondi [4]1963, 17). Aristoteles' oft in der Übertreibung falsch interpretiertes Diktum, die Tragödie versuche, „sich nach Möglichkeit innerhalb eines einzigen Sonnenumlaufs zu halten oder nur wenig darüber hinauszugehen" (Aristoteles 1982, 17), wurde für die Geschichte und Entwicklung des Dramas insbesondere in der Klassik bedeutsam. Die französische Klassik beispielsweise forderte vor dem Hintergrund eines rationalen Staatsaufbaus eine dementsprechende Dramaturgie, in Weimar akzentuierte sich dies mehr auf idealistischer Ebene.

Die notwendigen Teile der Tragödie sind nach Aristoteles an erster Stelle der Mythos als Zusammensetzung der Geschehnisse – er bildet das Fundament und die ‚Seele' der Tragödie –, dann die Charaktere, die als Handelnde so oder so beschaffen sind. Nicht zuletzt komme die Sprache als Verständigung durch Worte, in Vers oder Prosa. Dann folge die Melodik, also das, was seine Wirkung ganz und gar im Sinnlichen entfalte. Die Inszenierung vermöge die Zuschauenden zwar zu ergreifen, sei jedoch „das Kunstloseste" und habe „am wenigsten etwas mit der Dichtkunst zu tun" (Aristoteles 1982, 25). Der *Poetik* nach kommt die Wirkung der Tragödie auch ohne Aufführung und Schauspieler zustande, eine normsetzende Aussage, an der sich ein Großteil der Theateravantgarde des 20. Jahrhunderts abarbeitete. Die Struktur bzw. der Bau einer Tragödie wiesen die Peripetie, also die Wendung, den ‚plötzlichen Umschwung', auf. Perfekt sei es, wenn die Peripetie mit der Anagnorisis, dem Erkennen, dem Moment, in dem sich dem Helden die tragischen Zusammenhänge plötzlich eröffnen, zusammenfalle, wie etwa in Sophokles' *König Ödipus*. Mit Hamartia wird dabei der Irrtum oder Fehler im Verhalten des Helden bezeichnet, der weniger moralisch zu verstehen als vielmehr ein tragisches Versagen, eine Fehleinschätzung der Situation sei. Die Grundlage für Ödipus' Hamartia wird im Anschluss an Wolfgang Schadewaldt häufig darin gesehen, dass er „unschuldig schuldig wird" (Schadewaldt ²1970 [1956], 467). Nicht nur Kritikerinnen und Kritikern des 18. und 19. Jahrhunderts, sondern auch heutigen Interpretinnen und Interpreten erscheint in diesem Stück das Verhältnis zwischen Ursache und Wirkung, gedeutet als Schuld, problematisch bzw. bietet Anlass zu Erklärungsversuchen. So heißt es bei Gottsched 1735: „Hat nicht Ödipus auch an seinem Unglücke Schuld, da er ja in der That zu hitzig gewesen, als er seinen Vater erschlagen, wiewohl er ihn nicht gekannt?" (Gottsched 1970 [1735], 139) Insbesondere die Hybris, also die Überschätzung der eigenen Fähigkeiten, führt nach Aristoteles zum tragischen Konflikt; nur ist im heutigen Verständnis die Hybris meist nicht so verwerflich, dass sie das anschließende Leiden der Heldin oder des Helden rechtfertigt. Die Tragödie schildere schweres Leid, Pathos. Ihre Wirkung gründe auf dem Leiden des Helden. Sie bestehe in Katharsis, bei Aristoteles noch eine medizinisch-psychohygienisch zu verstehende Reinigung von durch die Tragödie erzeugten extremen Affekten, sowie *eleos*, also Jammer, und *phobos*, Schauder – Lessing transformierte diese Affekte im Dienste einer bürgerlichen Ästhetik für das bürgerliche Trauerspiel in seiner *Hamburgischen Dramaturgie* in Mitleid und Furcht (Lessing 1966 [1767–1769], 308 [75. St.]).

Europäische Kultur lässt sich indes nicht allein auf die antike griechische Kultur mit den Schwerpunkten Philosophie, Kunst, Ästhetik und Wissenschaft, sondern gleichfalls auf die römische Kultur zurückführen, insbesondere was Recht und Architektur betrifft. Für das Theater muss man nach der Herrschaft der sagenhaften sieben Könige die republikanischen Eroberungsjahre zwischen

509 und 27 v. Chr. von der Kaiserzeit als Phase der Stabilisierung bis 476 n. Chr. unterscheiden. An Rom denkt dabei kaum einer, der sich für die Anfänge des Dramas interessiert; dramatische Konflikte scheinen Teil von Wagenrennen im Circus Maximus gewesen zu sein oder zu tödlich endenden Auseinandersetzungen der Gladiatoren im Amphitheater des Kolosseums geführt zu haben. Rom wird als Basis der europäischen Kulturentwicklung tendenziell eher unterschätzt, auch wenn die frühen Formen der Tragödie und Komödie Fremdimporte aus dem von Rom eroberten und beherrschten Griechenland und vor allem den die hellenistische Kultur tragenden Gebieten waren. Aus Sicht der Renaissance war das Verhältnis anders gewichtet: Der Blick zurück auf das Drama war der auf dramatische Texte von Plautus, Terenz und Seneca. Der Grund dafür waren mutmaßlich die Nähe der Renaissance, die ihren Ursprung in Ober- und Mittelitalien hatte, zu den antiken Überresten und die Überlieferungslage geeigneter Quellen. Der noch die Weimarer Klassik bestimmende Grundzug, über Rom nach Griechenland zu blicken, spiegelt den imperialistischen Zug des römischen Imperiums, das Athen nicht allein militärisch bezwang und integrierte, sondern hellenistische – kaum oder gar nicht klassisch griechische – Kultur kopierte bzw. teilweise in der Aneignung umdeutete. Die Römer übernahmen nicht zufälligerweise nach dem Ersten Punischen Krieg 264–241 v. Chr., der sie zur beherrschenden Macht aufsteigen ließ, nützlich erscheinende Teile der bereits ausdifferenzierten Theaterkulturen, -ästhetiken und -institutionen der Griechen. Diese hatten sich auf dem Boden der gemeinsamen griechischen Verkehrssprache mittlerweile professionalisiert, mit den heute typisch erscheinenden Theaterbauten – idealisiert in Ephesos zu besichtigen – über den Mittelmeerraum verbreitet und inhaltlich entpolitisiert.

Aus dem Wettbewerb der Dramen und Dramatiker war einer der Schauspieler geworden, die sich nun als Angehörige eines durchaus exklusiven Berufstandes, als Techniten des Dionysos verstanden. Erstaunlich spät und vor dem hellenistischen Hintergrund eher zögernd ließ der Senat in die *Ludi Romani*, Feste zu Ehren Jupiters, bei denen man Wagenrennen, Ringkämpfe und Reiterspiele sehen konnte, Theateraufführungen integrieren. Bekannt wurde in diesem Zusammenhang Livius Andronicus (gestorben frühestens 207 v. Chr.), nicht zufälligerweise ein freigelassener Grieche, der heute als sogenannter Vater der römischen Literatur bezeichnet wird (W. Suerbaum 2002, 93). Er soll um das Jahr 240 v. Chr. innerhalb der *Ludi Romani* das erste von ihm geschriebene lateinische Drama zur Aufführung gebracht haben. In seinen Werken griff er auf griechische Vorlagen samt deren mythologische Themen zurück; es handelte sich insgesamt um 14 Übernahmen griechischer Dramen, die jedoch nur in Fragmenten überliefert sind. Die institutionelle Einbindung in die Feste des Jupiters und damit nicht in die eines grenzüberschreitenden Gottes wie Dionysos signalisiert eine veränderte Funktion. Zwar war das römische wie das griechische Theater eine Einrichtung des Staates, es fungierte jedoch nicht wie in Athen als Ort sowie Medium politischer Identitätsbestimmung, Auseinandersetzung und Reflexion. Römische Dramen waren im Theater weit eher Teil der herrschaftlichen Machtrepräsentation bzw. -durchsetzung und sollten die potentiell revolutionsfähigen unteren Schichten im Kontext von ‚Brot und Spielen' ruhigstellen (Manuwald 2016). Aufgeführte Dramen bildeten lediglich eine Attraktion neben anderen Attraktionen wie Gladiatorenkämpfen, Wagenrennen, Tierschauen wie -kämpfen und Hinrichtungen. Aufgrund der oft vergleichsweise kurzen Darstellung der eigentlich langen römischen Theatergeschichte könnte der Eindruck entstehen, dass die Stücke der bekanntesten römischen Dramatiker Plautus, Terenz und Seneca in den heute vielerorts mehr oder weniger gut erhaltenen römischen Theatern aufgeführt wurden. Tatsächlich liegen zwischen deren Lebzeiten bzw. der Produktion oder Aufführungen ihrer Werke und der Errichtung fester Theaterbauten teilweise hunderte von Jahren. In der römischen Republik waren die Theater noch hölzerne, schmucklose Bauten, meist in Hufeisenform, die während der Theaterfestspiele, der *Ludi Scaenici*, temporär aufgestellt wurden. Erst Pompeius konnte das Verbot fester Theater, das der Senat erlassen hatte, umgehen und 55 v. Chr. in Rom einen bleibenden Theaterbau errichten. Juvenals Motto „panem et circenses" tradiert die Schwerpunktsetzung des Gesamtunternehmens, bei dem der Circus Maximus mit seinen dramatischen Wagenrennen die meisten Zuschauenden anzog. Auch das Amphitheater mit den Gladiatorenkämpfen, die nicht so blutig waren, wie heute in der Regel dargestellt, waren wohl für die meisten interessanter. Die Schauspielerinnen und Schauspieler waren im Gegensatz zum griechischen Theater größtenteils Sklavinnen bzw. Sklaven und Freigelassene, was die Möglichkeiten ihrer Ausbeutung deutlich erhöhte.

Ausgehend vom Zentrum entstand auch in den eroberten Gebieten und Provinzen die typische römische Stadt mit einem Amphitheater für Gladiatorenkämpfe, Tierschauen und -kämpfe, mit Circusanlagen, Sportstätten und Thermen sowie einem Theater. Man zählte hunderte von Theaterbauten in den römischen Provinzen, die deren Romanisierung dienten, sich architektonisch am griechischen Vorbild orientierten, jedoch eigenständige Formen aufwiesen. Fortschrittlich war man in der Kaiserzeit keineswegs in der Dramaturgie, allerdings in der Architektur. Beton und besseres Wissen über Statik erübrigten die Hanglage; möglich wurde ein mehrstöckiges Auditorium von tragenden Gewölben, eine *cavea* für bis zu 10.000 Zuschauende, streng nach Stand, Schicht und Rang gestaffelt (Burmeister 2006). Da die Orchestra dramaturgisch entbehrlich wurde, verlor sie ihre Funktion als Zentrum und wurde zum Halbkreis sowie zum Ort der Ehrenplätze. Die *parodoi* als frühere Einzugswege des Chors wurden überwölbt, so dass sich die Akustik verbesserte. Die deutliche Abgrenzung der Orchestra durch eine etwa einen Meter hohe, mit Reliefs und Skulpturen verzierte Mauer markierte architektonisch eine Rampe, die theaterhistorisch eine ästhetische Grenze zwischen Kunstraum, also Bühne (*pulpitum*), und Realraum anzeigen konnte. Man geht davon aus, dass die Römer auch die Erfinder des Theatervorhangs waren (Erken 2014, 29–30), der dramenhistorisch nicht ohne Wirkung bleiben sollte; sie kannten das *aulaeum*, einen riesigen Vordervorhang, der vom Dach der Bühnenwand herabgelassen werden konnte. Weil die hintere Bühnenwand (*scaenae frons*), die durch Säulen und Nischen strukturiert, mit Statuen versehen und mit Marmor verkleidet war, so hoch gebaut wurde wie die gegenüberliegenden Ränge, konnte man zum Schutz gegen Regen und Sonne eine Konstruktion von Seilen und Stoffbahnen, ein *velum*, integrieren. Dies zusammengenommen macht den ersten, nahezu geschlossenen Theaterbau aus. Ganz geschlossen wurde er jedoch erst im am römischen Vorbild orientierten Teatro Olimpico in Vicenza, dem ersten frei stehenden Theaterbau der Renaissance, der nach einem Entwurf von Andrea Palladio entstand und 1585 eröffnet wurde.

Mit der Konsolidierung und Vergrößerung des römischen Imperiums wurde der Kalender der Feste, Spiele und Vergnügungsanlässe ausgeweitet. Zu den *Ludi Romani* gesellten sich die *Ludi Plebeii*, die *Ludi Apollinares*, die *Ludi Megalenses*, die *Ludi Florales* und so fort. Von 50 v. Chr. bis in die spätere Kaiserzeit erhöhte sich die Zahl der Feier- und Spieltage von 40 auf über 100 pro Jahr. Im Vordergrund stand der Auftrag, zu unterhalten, was zu einer Gattungsverschiebung führte: Man bevorzugte die Komödie gegenüber der Tragödie und ersetzte später das literarisch gebundene Drama sukzessive durch performative Attraktionen. Zu sehen war neben Mimus und Atellane in Rom insbesondere die *fabula palliata*, eine Komödie nach griechischem Vorbild. Gerne transponierte man hellenistische Lustspiele der attischen Komödie ins Lateinische, wobei dramaturgische und inhaltliche Veränderungen zur Anpassung an den Zeitgeschmack vorgenommen wurden. Erstaunlicherweise wurden griechische Handlungsorte und Konflikte beibehalten, möglicherweise eine Form der Exotisierung, vergleichbar dem europäischen Massenkonsum von nordamerikanischen Kulturangeboten im 20. Jahrhundert. Eine adaptierte Variante der *fabula palliata* war die *fabula togata*, die, wie der lateinische Bezug zur Toga andeutet (im Gegensatz zum griechischen Gewand des *pallium*), Konflikte und Spielorte in Rom oder Italien ansiedelte.

Die uns heute überlieferten wichtigsten römischen Dramatiker sind also nicht zufälligerweise vor allem Komödienautoren, namentlich Plautus und Terenz. Beide übernahmen aus der hellenistischen Komödie, insbesondere der von Menander, Handlungsstrukturen, Schauplätze und Charaktere. Von Titus Maccius Plautus, der vermutlich zwischen ungefähr 250 und 185 v. Chr. gelebt hat, sind 20 Verwechslungs- sowie Sklavenkomödien und Mythentravestien erhalten. Unschwer lassen sich in einem Streifzug quer durch die europäische Dramen- und Mediengeschichte Plautus' Typen erkennen, etwa die listig-intrigierenden, doch treuen und engagierten Sklaven, die strengen und geizigen Väter, die unernsten Söhne, der Schmarotzer und der angeberische Soldat aus *Miles Gloriosus*. Durchaus im Spielplan der heutigen Theater zu finden sind das Stück *Amphitruo*, das zur dramatischen Vorlage ähnlicher Stücke von Molière, Heinrich von Kleist, Jean Giraudoux und Peter Hacks wurde, sowie *Das Dreigroschenstück*, *Maulhelden*, *Die Gefangenen*, *Das Eselsspiel*, *Der Perser* und vor allem das in seiner dramatischen Grundstruktur immer wieder kopierte Stück *Die Zwillinge*, an dem sich Shakespeare für seine *Komödie der Irrungen* (1592) orientierte. Tempo, unmittelbare Verständlichkeit, auf sprachlicher Ebene Zotiges, taktisch verteilte Schimpfwörter und manch Obszönes lassen vermuten, dass Plautus den Erfolg beim breiteren Publikum suchte. Komik entsprang weniger der dramatischen Handlung als der gesuchten komischen Situation, eine dramaturgische Tendenz, die wir heute etwa aus Sitcoms kennen.

Der etwas später wirkende Publius Terentius Afer, der als Terenz in der Dramengeschichte prominent wurde und der vermutlich von ungefähr 185 bis 159 oder 158 v. Chr. lebte, schrieb im Vergleich zu Plautus ästhetisch ansprechendere Dramen. Auf inhaltlicher Ebene sind Generationenkonflikte, Eheprobleme und die Auseinandersetzungen des sozialen Zusammenlebens seriöser dramatisiert, eingebunden in eine geschlossenere, kausallogisch nachvollziehbare Dramaturgie, die sich stärker an der griechischen Vorlage orientiert. Charaktere treten weniger typisiert auf, agieren psychologisch glaubwürdiger; sie sind nicht so derb, die Väter nicht so geizig, die Sklaven nicht so frech, die Dirnen nicht so sexualisiert wie in den Stücken von Plautus. *Der Eunuch*, *Die Schwiegermutter*, *Der Selbstquäler*, *Phormio*, *Die Brüder* und *Das Mädchen von Andros* muten auf der dialogischen Ebene poetischer und stilvoller an, so dass Terenz' Dramensprache zur Vorlage der lateinischen Literatursprache werden konnte. Auf diese Weise wurde das Drama zur Grundlage der Renaissance; Terenz' Werke bildeten einen gewichtigen Teil des anfangs schmalen, aber strengen Kanons weiterführender Schulen, Akademien und Universitäten. Darüber hinaus entwickelte man in der Renaissance aus Terenz' Stücken die zeitgenössische Komödie.

Auffällig ist also die Marginalisierung der Tragödie im römischen Theater. Zwar schrieb man am griechischen Vorbild orientierte Tragödien, etwa die *fabula praetexta*, in der die Spieler in der purpurbesetzten *toga praetexta* römische Helden verkörperten. Doch Lucius Annaeus Seneca, der ungefähr vom 1. bis zum 65. Jahr n. Chr., also in der Kaiserzeit, lebte und bedeutende Dramen schrieb, ist eine Ausnahmeerscheinung im Feld der kaum oder schwach vertretenen Tragödiendramatik. Die Überlieferung Senecas verdanken wir mutmaßlich der Qualität der Dramen sowie ihrem weltanschaulichen Hintergrund der Stoa, der mit christlichen Vorstellungen harmonierte. Zweifelhaft ist jedoch, ob die Tragödien Senecas wirklich für die Aufführung oder zur Rezitation oder gar nur als Lesedramen gedacht waren. Die dramatischen Handlungen lassen Themen, Handlungsmuster und Grundstrukturen der Werke Euripides' erkennen, etwa in *Medea*, *Phaedra*, *Der rasende Hercules*, *Die Troerinnen* oder *Die Phönizierinnen*. Dennoch vertreten sie ein deutlich anderes Menschenbild, mit besonderer Betonung eines von Affekten dominierten Innenlebens der Figuren (Erken 2014, 27). Senecas *Agamemnon* geht auf Aischylos' *Orestie* zurück, sein *Oedipus* auf Sophokles. Im Vergleich zum griechischen dramatischen Vorbild werden die Extreme, eingeschlossen bis dahin im Drama nicht bekannte Grausamkeiten, prägnant ausgestellt, etwa in Senecas *Medea*, die anders als bei Euripides den Kindsmord auf offener Bühne zeigt. Mehr Pathos, mehr Gefühl, mehr Betonung des Ichs mögen in der Dramengeschichte dazu geführt haben, dass Senecas Tragödien, gemessen an ihrem ursprünglichen Einfluss, außerordentlich wichtig für die Neuentwicklung des Dramas in der Renaissance wurden, weit mehr als die zum großen Teil noch unbekannten oder mangelhaft überlieferten griechischen ‚Originale' (Erken 2014, 50–54).

Paradox erscheint heute, dass sich ausgerechnet in der Zeit der qualitativ überzeugenden Tragödien Senecas, also in der ersten Hälfte des 1. Jahrhunderts n. Chr., die letzte Aufführung einer Tragödie nachweisen lässt. Insbesondere nach dem Übergang in die Kaiserzeit ist ein Trend zu Gesangspartien (*cantica*) auf Kosten von Sprechpartien (*di-* oder *deverbia*) festzustellen. Der Rückgang des literarischen Textes als Bezugspunkt im Theater während der fortschreitenden Kaiserzeit verschob die dramatische Produktion in das Performative. *Fabula palliata* und *fabula togata* gerieten vollständig aus der Mode. Derbe, volkstümliche, unterhaltende, pantomimische Formen eroberten die *Ludi Romani*: Auf der Tagesordnung standen Atellane-Spiele, geprägt durch Stegreifspiel, Groteskmasken und dramatisch wirksame Typen wie den Idioten Maccus, den Vielfraß Dossenus, den Angeber Bucco oder den trotteligen Greis Pappus, sowie Mythentravestien, die Götter vermenschlichend dramatisierten, und Phylakenpossen, eine derbsinnliche Typendramatik. In körperbetonenden, wenn nicht voyeuristischen Improvisationen parodierte man trivial-auffällige Alltagssituationen, vor allem im Mimus, in dem ohne Masken in einem alles Mögliche verdeutlichenden Verismus auch Frauen zur Bühnenattraktion wurden. Beliebte dramatische Themen waren das Fremdgehen und der Ehebruch. Bettszenen sollen dabei höchst realistisch verkörpert, die Aufführungen durch einen Striptease abgeschlossen worden sein. Man muss also mit aller quellenkritischer Vorsicht von einem antiken erotischen Theater mit einem irrelevanten dramatischen Gerüst ausgehen. Prägnant erscheint heute die dramatisch eigenartige Form des Pantomimus (wörtlich: einer, der alles nachahmt), die Deklamation einer dramatischen Handlung durch einen Chor oder einen Vorträger bzw. Sänger, wobei die verschiedenen Rollen von einem Solisten ohne Sprache, jewails anders maskiert und kostümiert, mit Tanz,

Masken und Gebärden kommuniziert wurden. Die meist tragischen Stoffe und Konflikte waren der Geschichte oder dem Mythos entnommen.

Der Übergang zum Drama im Mittelalter wurde entscheidend durch die scharfe Ablehnung des Theaters durch Vertreter des politisch erstarkten Christentums geprägt, die in Schriften der Kirchenväter überliefert ist. Erotische Anspielungen oder Darbietungen, vor allem aber das Verspotten des Christentums in der Dramaturgie des Mimus boten wirksame Angriffsflächen. Übersehen wird heute jedoch oft, dass in der Vorstellungswelt des Christentums die Gleichheit aller Menschen vor Gott zumindest theologisch das historische Feld für spätere Menschenrechte auf politischer wie gesellschaftlicher Ebene eröffnete; konkret richtete sich das Verdikt der Kirchenväter zugleich gegen Zwangsprostitution, Menschenhandel, sexuelle Übergriffe oder das Ausnützen von Angehörigen niederer Schichten und Sklavinnen bzw. Sklaven, die für erotische Bühnendarstellungen benutzt wurden. 529 n. Chr. wurden die Theater als Aufführungsort des Dramatischen von Kaiser Justinian geschlossen. Anzunehmen ist jedoch, wenn auch kaum oder gar nicht durch Quellen belegt, dass es weiterhin Aufführungen vielfältiger dramatischer, tendenziell vielleicht eher performativer Formen auf Straßen, Festen, Jahrmärkten gegeben hat.

II.2 Mittelalter

Drama und Theater des Mittelalters werden gerne als Besonderheit betrachtet (Erken 2014, 31–49), zumal sich für das Ende der quellenarmen Zeit die Frage stellt, ob das Drama in der Renaissance wieder oder gänzlich neu entdeckt wurde. Vom attischen und römischen Drama wusste man im Mittelalter fast nichts, zumindest nicht in Mitteleuropa. Das mittelalterliche Drama weist in seinen frühen Formen keine entwicklungsgeschichtliche Kontinuität auf; es führte weder antike Traditionen weiter, noch begründete es das humanistische oder frühbarocke Drama. Dabei ist *cum grano salis* zwischen geistlicher und weltlicher Theatralität zu differenzieren. Vorstellungswelten des Mittelalters unterschieden sich deutlich von den heutigen, insbesondere die Orientierung auf das Jenseits, die Erwartung der baldigen Wiederkehr Christi, verbunden mit einer statischen Vorstellung vom Diesseits. Das Mittelalter nahm kaum Bezug auf das Empirische (im heutigen Sinne), kannte keine Zentralperspektive und auch der moderne, diesseitige Fortschritt als Säkularisat der Heilserwartung war ihm fremd. Figuren und wichtige Handlungen stellten daher keine Nachahmung der empirischen Wirklichkeiten dar, sondern Bilder des Göttlichen. Die mittelalterliche Vorstellungswelt gliederte die Welt gemäß einer deutlich hierarchisierten Stufenordnung, u. a.

in eine Sozialpyramide, eine von Gott gewollte Ordnung, in der der Mensch seinen festen Platz einzunehmen und auszufüllen hatte. Heilsgeschichte, Glaube und Theologie integrierten Wissen von der Natur, der (Natur-)Geschichte, der sozialen Umwelt und dem Menschen. Diese historisch-epochale Eigenheit führte zu einer theatralen Vielfalt und einer spezifischen Dramaturgie, die wir heute eher als nicht-aristotelische, epische verstehen würden. Die mittelalterliche Ästhetik des theatralen Gestus, des Zeigens, verweist darauf, dass es um die Demonstration im Kult, nicht um Kunst ging (Belting ⁶2004). Dramaturgisch, aber auch raumästhetisch herrschte ein Antagonismus von Gut und Böse, Gott und Teufel, Himmel und Hölle vor. Das unterhaltsam-gesellige Dionysische im weltlichen Spiel behauptete sich neben dem auf das Heil des Menschen gerichteten geistlichen Spiel.

Drama und Theater im Mittelalter waren unmittelbar wie mittelbar die Folge der Verurteilung des Theaters in der Spätantike. So kritisierte bereits Kirchenvater Johannes Chrysostomus (etwa 344–407) das Theaterspiel energisch: Dümmlich wirkende ältere Mimen machten sich lächerlich, jüngere träten eitel und feminisiert auf. Noch schlimmer erschienen ihm die Schauspielerinnen; sie zeigten mehr, als moralisch tragbar sei, erzeugten bei Männern sinnliche Begierden und bei Frauen Neid auf Kleidung und attraktive Erscheinung. Beides sei einem christlichen Leben über alle Maßen abträglich und führe so weit, dass Familien zerstört oder erst gar nicht gebildet würden (Erken 2014, 31). Auch Augustinus (354–430) war ein Gegner der Schauspiellust, wie man in seinen *Confessiones* lesen kann. Die Neugierde, die Neigung zum Spiel, der Reiz der Fiktion hätten selbst ihn, der zur höchsten Autorität mittelalterlicher Theologie werden sollte, von Besserem und Höherem abgehalten, wie Augustinus in seinen Erinnerungen rekapituliert (Augustinus 1989, 72). Im Mittelalter fand das Dramatische deshalb, wenn überhaupt, lediglich in einem ‚subkulturellen Theater' (Erken 2014, 31–42) mit fließendem Übergang in die Alltagstheatralität statt. Es reüssierten vermutlich eher performative Formen von fahrenden Schaustellern, oft Darsteller, Tänzer, Sänger, Vortragende im Sinne von lebenden ‚Zeitungen'; es traten Spaßmacher, Erzähler, Akrobaten, Musikanten, Taschenspieler, Tierbändiger, zuweilen Ärzte oder Heiler bzw. Quacksalber außerhalb der akzeptierten Ordnung und Gemeinschaften auf. Man nannte sie *histriones*, heute verstanden als ‚vulgäre' Komödianten, *joculatores* als theatral-performative ‚Konkurrenten' der Prediger, und *menestrels*, als die man Fahrende, Spielleute, Musikanten oder Mimen bezeichnete.

In theologischer Hinsicht besserte sich die Meinung über Komödianten im Spätmittelalter etwa mit Thomas von Aquin (U. Schulze 2012). Er äußerte sich zur Angemessenheit des Performativ-Korporalen und Dramatisch-Repräsentativen der Histrionen in seiner *Summa Theologica* (1265–1273) und rückte die Bescheidenheit im präsentierten Verhalten als wünschenswertes Ziel in den Vordergrund (STh II-II, q. 168, a. 3, ad 3). Man dürfe durchaus Vergnügen an den Repräsentationen des Alltags finden; diese Haltung sei gar für die Gemeinschaft nützlich. Beachtet werden solle nur stets, dass das Schauspiel zur richtigen Zeit, am richtigen Ort und vor allem ohne unanständige Handlungen und Ausdrücke stattfinde (STh II-II, q. 168, a. 3, ad 3). Thomas von Aquin spricht dabei schauspielerische Formen an, die in seiner Zeit gang und gäbe waren. Schon um 900 agierten *spilari*, Handpaukenschläger, Tänzer oder Schauspieler, bzw. der *spîlman* als fahrender Sänger, Musikant oder Gaukler. Vermutlich ist auch von der Theatralität volkstümlicher Bräuche, etwa zu Beginn des Frühlings, auszugehen. Darüber hinaus ist ein fließender Übergang zwischen Alltags- und Unterhaltungstheatralität anzunehmen. Die Entwicklung von undramatischen zu dramatischen Formen eröffnete dann vor allem die Theatralität der Liturgie. Postmodern-performativ gespiegelt findet man diese etwa in Christoph Schlingensiefs *Die Kirche der Angst vor dem Fremden in mir* (2008), die zwar die heutige Liturgie der katholischen Kirche travestiert und parodiert, aber dennoch Grundzüge des Dramatischen wie Theatralen im Ritual und Ritus deutlich macht.

Das Ritual der katholischen Kirche ist per se theatral, insbesondere als es mehr und mehr der Öffentlichkeit zugänglich gemacht wurde (Turner 1989 [1982]). Man musste dabei im Mittelalter von besonderen medialen Grundbedingungen ausgehen: erstens von einem Analphabetismus der Gläubigen; zweitens von einer Präsenz magischer Praktiken im Alltag und in der allgemeinen Kultur vor dem Hintergrund der Übernahme von volkstümlichen Bräuchen in den Festkalender wie Weihnachten; drittens von einer ‚Kunst', die heteronom im Dienste des Kults bzw. der Vermittlung des Glaubens stand. Das Dramatische entfaltete sich sukzessive innerhalb des bestimmenden Rahmens der Liturgie – dramatisch relevant wurden ab dem 10. Jahrhundert in die Liturgie eingefügte theatrale Szenen (U. Schulze 2012). Zentral war dabei die Osterliturgie, so dass die Osterspiele als Beginn des mittelalterlichen Theaters bezeichnet werden können. Theatraler Kern war in diesen der Ostertropus *Quem quaeritis in sepulchro*. Dieser Gesang als Teil der Osterliturgie repräsentierte das Gespräch zwischen dem Engel, der das Grab Christi bewacht, und den drei Marien, die zum Grab kommen, um Christus zu salben, und durch den Engel von seiner Auferstehung erfahren (*Visitatio sepulchri*). Als Tropus kennt er dialogische Vorstufen, etwa das Zwiegespräch am Grab Jesu, ein im Original lateinischer Wechselgesang aus der Mitte des 10. Jahrhunderts. An die Antwort auf die Frage, wen die Marien im Grab suchten, schließt der Engel die frohe Botschaft an, Jesus sei auferstanden. Dem folgt die Aufforderung zur Verkündigung. Davon ausgehend weitete sich der dramatische Dialog aus, etwa durch eine Dialogzeile in einer dramatischen Situation, in der der Priester als Engel das Linnen aufhebt und die Marien auffordert, die Stelle genauer zu betrachten, an der Jesus gelegen hat (Erken 2014, 39; Keller und Landmann 2005, 1357).

Später machten sich im Ostertropus betont performativ-dramatische Elemente wie der Wettlauf von Petrus und Johannes zum Grab oder der Salbenkauf der Marien bemerkbar. Die Salbenkaufszene beispielsweise wurde zur Krämerszene erweitert, in die zeitgenössische Spieler- und Zuschauererfahrungen mit dem Handel einflossen; so wurde die eingebundene Szene zum mehr oder weniger selbständigen dramatischen Element im Theaterspiel. Die szenisch-theatralen Ausarbeitungen dieses Kerns durch Integration von Ereignissen zeitlich und kausal vor und nach dem Grabbesuch führten zunächst zur liturgisch eingerahmten lateinischen Osterfeier, dann zum deutschsprachigen Osterspiel. Die Bezeichnung ‚spil', die dem lateinischen ‚ludus' folgt, ist dabei nicht nur der im Mittelalter dominierende Ausdruck mit einem Bedeutungsumfang, der Text und Aufführung einschließt, sondern signalisiert auch die Andersheit des mittelalterlichen Dramatischen wie Theatralen. Die Handlungen der geistlichen Spiele entstammten biblischen, hagiographischen oder apokryphen Quellen; man integrierte, ähnlich wie im antiken Athen, kulturrelevante Mythen, Stoffe und Welterklärungserzählungen. Die Dramatik geistlicher Spiele ist also keineswegs, wie in der Moderne, als dramaturgisch freie Entfaltung eines Konflikts zu verstehen. Immerhin bemühte man sich um komplexere theatrale Dramaturgien mit biblischem Inhalt.

Geistliche Spiele oder Mysterienspiele differenzierten sich aus in Osterspiele, von denen fast 700 bekannt sind, Weihnachtsspiele, Mirakelspiele, die Episoden aus dem Leben eines Heiligen, eines Märtyrers oder bekehrten Sünders präsentierten, Fronleichnamsspiele und Passionsspiele. Insbesondere die Passionsspiele, die ab dem 13. Jahrhundert in Deutschland und Frankreich belegt sind, kann man als Theatralisierung im Sinne einer Dramatisierung der Passionsgeschichte und als Transformation einer eher rituell-religiösen in eine eher der Unterhaltung oder Belehrung dienende Funktion begreifen, was heute noch am Oberammergauer Passionsspiel zu verfolgen ist. Dramenhistorisch ist insbesondere das Osterspiel von Luzern bedeutend, das in fragmentarischen Spieltexten von 1545, 1571, 1583, 1597 und 1616 überliefert ist (Keller und Landmann 2005). Als Massenschauspiel mit bis zu 300 Rollen wurde es von 200 Darstellern auf engstem Raum aufgeführt. Hinzu kamen etwa 150 Musiker, mehrere Chöre und Musikantenensembles. Zu sehen waren dramatisierte Szenen um die Auferstehung, zudem ein heilsgeschichtliches Panorama von der Erschaffung der Welt bis Pfingsten. Der erste Spieltag bot eine Darstellung von sieben alttestamentlichen und 21 neutestamentlichen Akten. Der zweite Spieltag war dem Leben, Wirken und Sterben Christi in 28 weiteren Akten gewidmet. Die Handlung wurde durch Figuren der Kirchenväter, welche die Handlung kommentierten, unterbrochen. Die männlichen Darsteller konnten hierbei potentiell aus allen Schichten stammen, mussten jedoch in Abhängigkeit von Stand und Ansehen der erwünschten Figur bezahlt werden.

Kostüm und Requisiten waren vorgegeben; die Darsteller fertigten sie selbst an und brachten sie mit.

In den Weihnachtsspielen entwickelte sich die dramatische Handlung ausgehend von der Krippe, von der Geburt des Kindes und der Anbetung der Hirten bis zu den Verbrechen des Herodes bzw. dem Kindermord und der Ankunft der Heiligen Drei Könige. Weihnachtspiele waren jedoch nicht so verbreitet wie Osterspiele, denn Ostern war im Jahr eines Katholiken weitaus wichtiger als das Weihnachtsfest. Etwas weltlicher, dennoch nicht ohne Glaubensbezug, präsentierten sich Mirakel- oder Heiligenspiele wie solche über das Leben der Heiligen Apollonia (um 1461). Diese kannten in den Märtyrerszenen durchaus Gewalttätigkeiten. Dramenhistorisch ging man zunächst von der Vorstellung aus, dass sich die geistlichen Spiele vom Kirchenraum auf den Kirchenvorplatz ausgeweitet und verlagert hätten; heute nimmt man unabhängige parallele Entwicklungen für die Ausbildung des Dramatischen an (Erken 2014, 34).

Schon für das 13. Jahrhundert ist dabei eine Weiterentwicklung des geistlichen Spiels festzustellen: Christus wurde zur theatralen Figur, woraus sich neue Möglichkeiten für dramatische Szenen ergaben. Der Spielraum wurde vergrößert, etwa durch Prozessionen und die Integration des Außenraums der Kirche in das Spiel. Elemente der jeweiligen Volkssprache verdrängten das für die beteiligten Laien und Zuschauerinnen bzw. Zuschauer meist unverständliche Latein. Für das Spätmittelalter kann man dann einen Übergang vom szenisch-dramatischen Ritual zum religiös-dramatischen Theater feststellen. In den Städten ist der Aufstieg des Bürgertums zu beobachten, was eine gewisse Freiheit von der Anbindung an den Herrschaftsbereich des Lehnsherrn mit sich brachte; der Preis dieser Freiheit waren jedoch eine neue Skepsis und ‚vormoderne' Weltverlorenheit. Während das szenisch-dramatische Ritual die Eingebundenheit und Geborgenheit des Menschen in der Welt bestätigte, reflektierte das religiös-dramatische Theater den Weltzustand (U. Schulze 2012). Es versuchte, den Zweifel zu überwinden und warb für den richtigen christlichen Weg, machte dabei aber auf den Verlust von Sicherheit aufmerksam. Dies spiegelte sich im Übergang vom Symbolismus der Romanik, also von überzeitlichen Sinnbildern, zum ‚Naturalismus' der Gotik im Sinne von erkennbaren Abbildern der zeitgenössischen Umwelt.

Das sich dramatisierende Theater fand nun in der historischen Langzeitschau weniger im Kirchenraum, mehr auf dem Marktplatz statt; aus der ritualisierten, symbolischen Gebärdensprache wurde eine eher an den Alltag erinnernde Körpersprache. Statt liturgischen Gesang hörte man nun häufiger eine dramatische Sprache in gehobenem Ton; die Spielleitung ging von den Geistlichen auf weltliche Initiatoren, Lehrer, bildende Künstler oder Stadtschreiber über. Neben den Mysterienspielen wie dem bekannten *Mystère de Valenciennes* (1547), zu deren Rollenbesetzung die Zünfte beitrugen, ist im Spätmittelalter die Neuentstehung weltlicher Theaterformen auszumachen, etwa der Farce, des Fastnachtsspiels oder der *morality plays*. Das Fastnachtsspiel entstand mutmaßlich aus Umzügen und Fastnachtssprüchen, etwa der Zirkelbrüder in Lübeck 1432. Aus dem Spottvers entwickelte sich das rollenhafte Darstellen der zur Zielscheibe gewordenen Persönlichkeiten und Stände. Formen aus Volksbräuchen wurden zum Spiel der Patrizier und Bürger, man denke an Hans Sachs in Nürnberg (1494–1576) (Przybilski und Greil [in Vorb.]). In Hans Rosenplüts (1400–1460) *Die karge Bauernhochzeit* wird etwa ein Bauer von seinen Hochzeitsgästen angeklagt, nicht für eine angemessene Bewirtung gesorgt zu haben (Ridder 2009, 65–67). Fastnachtsstücke konnten sich auch antijüdischer Polemik bedienen, etwa in Hans Folz' (ca. 1437–1513) *Kaiser Constantinus* (um 1475) und im *Spil von dem herzogen von Burgund* (1486/1493), in denen die öffentliche Demütigung und Misshandlung von Juden dargestellt wurde (Cramer ³2000). Das *morality play* bzw. die Moralität stammte aus England und den Niederlanden, etwa *The Castle of Perseverance* (1425), präsentiert auf einer Rundbühne in Cornwall, oder *Everyman* (nach ca. 1485), dessen heutige Version von Hugo von Hofmannsthal, *Jedermann* (1911), aufgeführt auf dem Domvorplatz, die zentrale Inszenierung der von Max Reinhardt eingerichteten Salzburger Festspiele ist.

Die Dramaturgie der sich im Spätmittelalter herausbildenden Dialogik und Dramatik hängt im Übergang zur Renaissance mit der Entwicklung von mittelalterlichen Bühnenformen zur Perspektivbühne zusammen. Für das Mittelalter gilt zunächst, dass sich insbesondere an den Bühnenstrukturen ein Bruch mit der antiken Theaterkultur, vom Dionysostheater bis zum römischen Theaterbau, erkennen lässt. Eine zeit- wie kulturgebundene Besonderheit war die Simultanbühne, die heute selten zur Anwendung kommt; eine Ausnahme wäre das Pariser Kollektivprojekt *1789* (1970) von Ariane Mnouchkine oder das *Antikenprojekt* der Berliner Schaubühne in den 1970er Jahren. Daneben waren die Wagenbühne und die Budenbühne als einfache, temporäre Bretterpodeste in Gebrauch. Die mittelalterliche Simultanbühne muss man als Raumbühne verstehen, auf der dem Publikum alle für eine Aufführung benötigten Schauplätze unabhängig vom dramatischen Handlungsgang simultan vor Augen standen. Wichtigste Merkmale waren das unveränderte Nebeneinander der nacheinander bespielten Bühnen und die vielfältigen Möglichkeiten der Überlagerung von Darstellungs- und Zuschauerraum. Freilich blieb es noch bei schlichten, aus Holz erstellten, temporären Aufbauten. Die Darstellenden befanden sich während des gesamten Spiels auf ihren Spielständen. Während ihrer Spielpausen saßen sie; wenn sie spielten, standen sie. Die Zuschauenden bewegten sich auf dem freien Platz (*platea*) zwischen den Aufbauten hin und her, zum Teil wurden sie in das Spiel einbezogen, insbesondere durch den Dialog oder die Wortkulisse des Spiels. Zu sehen waren Orte aus biblischen dramatischen Handlungen, die durch einfache Symbole charakterisiert wurden: Ein hohes Gerüst trug Bilder und Zeichen des Himmels; einen von der Spielebene nach unten weisenden Dämonenrachen verstanden alle als Symbol der Hölle; ein Baum konnte als Baum der Erkenntnis das Paradies andeuten; ein Wüstenstrauch bedeutete die Welt nach der Vertreibung von Adam und Eva. Die so präsentierte Vorstellungswelt steht einer uns heute als natürlich erscheinenden linear-fortschreitenden wie auch in den Szenen auf einen Fluchtpunkt und den Menschen als Beobachter konzentrierten, weltadäquaten dramatischen Darstellung entgegen. Ein an der Antike orientiertes Drama und Theater, das sich mehr dem dramatisch handelnden Menschen in der Welt zuwendete, war der Renaissance vorbehalten.

II.3 Renaissance und Barock

Drama und Theater der Renaissance

Das Ende des Mittelalters wurde ungleichzeitig und in Wellen erreicht. Ausgehend von Italien, dann in anderen Ländern Europas transformierte sich die Vorstellungswelt sukzessive und folgenreich. Diesen Wandel benannte man später mit dem französischen Begriff ‚Renaissance', übersetzt aus dem italienischen ‚Rinascimento'; bei Giorgio Vasari (1511–1574) liest man „rinascità" (Vasari 1967, 13, 31). Mutmaßlich angeregt wurde diese Phase durch den Niedergang von Byzanz sowie architektonisch erhaltene Reste antiker Kulturen in Italien – politisches Ziel war eine ‚Renaissance' des Römischen Reichs bzw. eine Aufwertung der italienischen Kleinstaaten. In dieser Epoche veränderten sich kulturelle, mediale, gesellschaftliche und politische Strukturen vor dem Hintergrund neuer Vorstellungen von Menschen, Welt, Ästhetik und Kosmos. Neben die dominierende christliche trat die antike Kultur, die als vorstellungsweltliche Legitimation gegen spätmittelalterliche Hegemonien in Anschlag gebracht wurde. Die Antike wurde zum Vorbild und Maßstab idealer Kunst, Politik und Schönheit. Aufmerksamkeiten und Lebensperspektiven verschoben sich vom mittelalterlichen Jenseits zum Diesseits. Zugleich verlagerte sich das Reich Gottes in das Innere des Menschen. Vorbild war die Harmonie der Proportionen, sowohl des menschlichen Körpers als auch eines Bauwerkes – Maler und Architekten nahmen neu, vor allem neuplatonisch Maß. Die Humanisten förderten naturwissenschaftliche Weltzugänge, die Philosophie emanzipierte sich von der Theologie (Panofsky 1992). Neben der geistlichen Kultur erstarkte die weltliche. Jacob Burckhardt sprach von der „Wiederentdeckung der Welt und des Menschen" (J. Burckhardt 1926, 241; Greenblatt 2013; Roeck 2017). Cosimo I. de' Medici (1519–1574) gründete, auch aus machtpolitischen Gründen, die Akademie von Florenz; von den dort lehrenden Humanisten wurde auf der Basis des Neoplatonismus die Schönheit des Universums als Erscheinung der göttlichen Idee verstanden. Künstlerinnen und Künstler bekamen nun nicht nur einen Namen, ihnen wurde ein nahezu göttlicher Rang zugewiesen. Immerhin waren sie Schöpfer einer eigenen, die göttliche Schöpfung spiegelnden Welt. Der Mensch richtete seine Aufmerksamkeit nach der Auflösung der mittelalterlichen Vorstellungswelt auf sich selbst. Das Kunstwerk sollte dessen Identität stiften, abbilden und repräsentieren. Dem Drama als Kunstwerk kam dabei sukzessive die Aufgabe zu, die Identität des Einzelnen im Dialog zu entwickeln. Drama und Theater offerierten die Inszenierung des zwischenmenschlichen Bezugs der sich ausbildenden Identitäten, der sich im Dialog repräsentierte. Mit dem Blick über das Mittelalter zurück wurden antike Dramatiker und deren dramatische Texte wiederentdeckt. Erstdrucke von Terenz (1470), Plautus (1472) und Seneca (1474) wiesen den Weg; zahlreiche Neuauflagen, u. a. von Terenz (einschließlich Illustrationen) in Lyon 1493 oder in Straßburg 1496, schlossen sich an. Leonardo da Vinci (1452–1519) unternahm mit seinen anatomischen Studien gar eine Reise ‚unter die Haut', organisierte höfische Feste und dachte sich ständig realisierbare oder phantastische Maschinen und nützliche Ingenieurskonstruktionen aus.

Man wendete sich insgesamt gegen die mittelalterliche Askese, proklamierte diesseitige Lebensfreude, die Autonomie des menschlichen Geistes und unternahm die Entdeckung des menschlichen Körpers sowie die geographische Erkundung bzw. Eroberung der Welt. Statt mittelalterlicher Statik ging es um Dynamik und Performanz, was auch das Drama und das Theater gravierend veränderte – eine Notwendigkeit in einer abendländischen Gesellschaft im Umbruch, in der der Kapitalismus erste Gestalten annahm (Burke 2011; Roeck 2017). Bankengründungen in Florenz, Siena oder Augsburg, die in Venedig entwickelte doppelte Buchführung, effizient produzierende Manufakturen, wirtschaftlich geführte Minen und ein die Kolonisation vorbereitender Handelsverkehr grundierten ein aufkeimendes Unternehmertum, das den mittelalterlichen Kollektivismus aufhob. Die Aufweichung des christlichen Zinsverbots erlaubte die Entwicklung einer zirkulären Geldwirtschaft und einen funktionierenden Geld- und Bankenverkehr. Hierzu benötigte man ein höheres Maß an Rationalität, Berechenbarkeit und Planung, die neben den Leistungen der wissenschaftlichen Astronomie wie in Nikolaus Kopernikus' (1473–1543) *De revolutionibus orbium coelestium libri VI* oder den innovativen Entwürfen der Architektur in den beeindruckenden Idealstädten zu einem rationaleren, also im Sinne von Aristoteles kausallogischeren Handlungsschema des Dramas im Dialog zwischen selbstbewussten Menschen führten. Der Buchdruck mit beweglichen Lettern errichtete ab der Mitte des 15. Jahrhunderts die von Marshall McLuhan so genannte Gutenberg-Galaxis. Medienhistorisch veränderten sich über das neue Medium des gedruckten Buches die Vorstellungswelten nicht allein auf quantitativer, sondern vor allem auf qualitativer Ebene; neues Wissen, erweiterte Diskurse und alternative Perspektiven eröffneten bisher ungeahnte Möglichkeiten. Ohne diese Medienrevolution wären die Reformationen Luthers, Zwinglis und Calvins, die wiederum zum protestantischen Schultheater und – dialektisch gesehen – zum Jesuitendrama führten, nicht möglich gewesen (McLuhan 1962).

Das ehrgeizige, oft städtische Bürgertum verbündete sich mit dem aufsteigenden Königtum in England, Frankreich, Spanien, Österreich und Preußen, um deren Herrscherfamilien über kurz oder lang Nationen entstanden, die nach der Aufklärung als Struktur sukzessive demokratisch(er) werden konnten. Die alte Feudalgesellschaft und der Adel, der seine Macht noch auf Landbesitz, auf den gebrochen tradierten Landgütern der römischen Spätantike begründete, gerieten unter Druck (Burke 2011). Mit dem individuellen Menschen im Mittelpunkt des Dramas, der gesellschaftlich als Unternehmer, absolutistischer Herrscher oder Künstler firmierte, ging es in der Ästhetik um Harmonie, um die Abstimmung der Teile mit dem Ganzen, so dass die Hochschätzung von Dramenregeln plausibel erscheint, insbesondere in der Vermittlung der zentralen Poetiken von Horaz' *Ars Poetica* (ca. 19–10 v. Chr.) und Aristoteles' *Poetik*.

Zumindest indirekt verbunden mit dem Drama und seiner Aufführung war die (Wieder-)Entdeckung der Perspektive in der bildenden Kunst; Masaccio schuf um 1425 das Fresko der Dreifaltigkeit in der Kirche Santa Maria Novella in Florenz. Dieser Blick wie durch ein Fenster in einen Raum zeitigte, wie Erwin Panofsky anmerkte, für das Drama und Theater neue Blickwinkel, Kohärenzen und Konstellationen (Panofsky 1980, 99; Blum 2015). Er war Basis der sich ausbildenden Perspektivbühne und leitete eine weitere theaterästhetische Entwicklung ein, die ihre Höhepunkte im Naturalismus und in der klassischen Filmdramaturgie erreichte. Denn sowohl die Bühne der Aufführung des naturalistischen Dramas in Berlin um 1890 als auch der konstruierte Filmraum der ausgebildeten Hollywood-Ästhetik der 1940er Jahre präsentierten die Illusion eines Einblicks in einen anderen Raum, in den die Zuschauenden versetzt wurden. Obwohl der geistliche wie weltliche Bühnen- und Spielbetrieb des Mittelalters an einigen Orten bis ins 16. Jahrhundert erhalten blieb, spricht man von einer Neuerfindung des Dramas wie Theaters durch die Humanisten: Diese orientierten sich an den Komödien von Plautus und Terenz, den Tragödien Senecas sowie an der systematischen Lektüre der antiken Poetik, hinzu kamen das Studium und entsprechende Rekonstruktionsversuche des antiken römischen Theaters und von dessen Aufführungspraxis. Die Humanisten erarbeiteten aus der 1536 ins Lateinische übersetzten *Poetik* des Aristoteles normative Strukturen für die Dichtung und das Theater. Vorbildlich war der Aristoteles-Kommentar von Lodovico Castelvetro, *Poetica d'Aristotele vulgarizzata et sposta* (1570). Eine oft vereinfachte, für die eigene Ästhetik in den

Dienst genommene, zuweilen falsch verstandene Poetik war vor allem in Frankreich, ferner in Italien und Deutschland von großem Einfluss. Folgenreich wurden die strenger eingeforderten, so prägnant von Aristoteles gar nicht verlangten drei Einheiten von Ort, Zeit und Handlung und die sogenannte Ständeklausel. Leitend blieb hierbei die Dreistillehre der lateinischen Rhetorik mit ihrer Differenzierung von *genus humile*, dem niederen Stil mit dem Ziel der Belehrung, *genus mediocre*, dem mittleren Stil für die Unterhaltung, sowie *genus grande*, dem hohen Stil der Rührung. In diesem Sinne wäre die Tragödie die dramatische Form des hohen Stils adeliger Figuren, während die Komödie mit ihrem mittleren Stil Personen von niedrigerem Stand repräsentierte (Profitlich 1998 und 1999). Am Ende der Entwicklung im 17. Jahrhundert hatte sich ein elaboriertes klassizistisches Regelwerk für das Drama herausgebildet, das das Verhältnis von Gegenwart, Vergangenheit und Zukunft in eine harmonische, kausale Dramaturgie überführt und die drei Einheiten Ort, Zeit und Handlung überbetont.

Der einem mittelalterlich-statischen Weltbild entsprechenden Simultanbühne folgte die Terenzbühne als neuzeitliche Sukzessionsbühne, auf der eine Aktion nach der anderen innerhalb eines einheitlich-medialen Rahmens präsentiert wurde. Der direkte Bezug zu einem religiös verstandenen Jenseits in einem Theater als Ritual wurde vom dramatisch repräsentierenden Theaterbild abgelöst: Der Zuschauende wurde immer mehr in einen anderen Raum versetzt, der sich dabei zunehmend dramatisch, also mit erkennbarer Handlung, Figur und Zeit- wie Ortskonkretisierung ausbildete. Dies verstärkte den Rahmen bzw. die ästhetische Grenze zwischen Kunst- und Realraum, die den Zuschauerraum vom auf den Bühnen repräsentierten gespielten Handlungsraum trennte. Während bei der Simultanbühne des Mittelalters ständig alle Stationen vom Publikum zu überschauen waren, Bibel und mittelalterliche Weltordnung für dramaturgische Ordnung sorgten, wurde das Theater der Renaissance und nachfolgend des Barock durch zwei innerweltliche Strukturvorgaben geprägt: erstens durch die der Kausalität in der Dramaturgie des auf der Bühne Gezeigten und zweitens durch die zunehmende Ausrichtung auf den Fluchtpunkt der Perspektive, die Einrichtung einer Sehachse vom Zuschauerraum auf die Bühne, idealerweise vom Platz des absolutistischen Herrschers in die dargestellte Welt.

In der ersten Zeit der Renaissance dominierten das Gelehrtentheater der Humanisten und das Repräsentationstheater der Höfe. Das Gelehrtentheater entstand im Studium antiker Dramentexte und in den Erkundungen der Architekturen des antiken Theaterbaus. Es gab noch im Spätmittelalter Versuche, antike Theaterformen zu rekonstruieren – mit aus heutiger Sicht seltsam anmutenden Ergebnissen: Im antiken Theater sollte ähnlich wie im römischen Pantomimus ein Erzähler das Stück vorgetragen haben, während Schauspieler zeitgleich die Bewegungen darstellend ausgeführt hätten (Erken 2014, 52). Von seiner Herkunft her tendierte die Dramaturgie des Gelehrtentheaters dazu, eher spröde zu wirken; man führte gelegentlich Seneca auf, die griechischen Tragiker waren Lektüre- und Untersuchungsobjekt. Höfe und Herrschende eigneten sich die Erkenntnisse der Gelehrten an und nahmen sie in ihre Dienste. Dass in der Renaissance die Komödie den ersten Platz einnahm, mochte wohl auch daran liegen, dass sich die Tragödie nicht so gut als Beiwerk für höfische Feste und Repräsentationsereignisse eignete. Prachtvolle Ausstattungen, Kostüme und Bühneneffekte waren im Zweifel wichtiger als dramatische Inhalte, was man am zunehmend Spektakulären der Intermedien ablesen konnte. Die italienischen Höfe förderten dabei mindestens indirekt das Drama, auch wenn die Stellung der Künstlerinnen und Künstler, wie in Johann Wolfgang Goethes späterem Künstlerdrama *Torquato Tasso* kritisiert, eine eher zuarbeitende war. Immerhin ließ der Herrscher von Ferrara die erste Wiederaufführung einer Komödie von Plautus einrichten. Für die erste Aufführung einer Tragödie von Seneca, *Phaedra*, war der Humanist Julius Pomponius Laetus (1428–1498) verantwortlich. Aufführungssprache war zunächst das Lateinische, das sukzessive durch zeitgenössisches Italienisch ersetzt wurde. Im Zuge der mehr und mehr institutionalisierten Aneignung entstand 1515 die erste italienische Renaissancetragödie, Gian Giorgio Trissinos (1478–1550) *Sofonisba*. Auffällig sind auch hier die Orientierung an den ‚aristotelischen' drei Einheiten von Ort, Zeit und Handlung sowie die starke Präsenz des Chors; die Handlung entstammte jedoch der römischen Geschichte. Senecas Tragödien waren das Vorbild des rhetorisch-theatralen Stils, des Pathos, der Affektdarstellung und der expliziten Darstellungen von Grausamkeiten.

Auch der Theaterbau folgte dem Vorbild der Antike. Besonders einflussreich war das um 30 v. Chr. von Vitruv (zwischen 80 und 70 v. Chr. – nach 15 v. Chr.) verfasste architekturhistorische und -theoretische Werk *De architectura libri decem* über den römischen Theaterbau. Für die Architekten der Renaissance stellte Vitruvs Entwurfsphilosophie die Vermittlung der Idee eines, so Panofsky, rationalen Raums dar (Panofsky 1980, 101–106). An den Erstdruck 1486 und eine illustrierte Publikation 1511 schlossen sich durch Vitruv angeregte zeitgenössische Schriften an, so etwa 1585 *De re aedificatoria* von Leon Battista Alberti. Das heute noch gut erhaltene Teatro Olimpico in Vicenza eröffnete ebenfalls 1585; nach einem Entwurf von Andrea Palladio (1508–1580) und vollendet durch Vincenzo Scamozzi (1552–1616) sollte es eine Rekonstruktion des antiken römischen Theaters sein. Auf der Folie von Vitruv wurde es zum ersten frei stehenden und geschlossenen Theaterbau. Im Hintergrund der Bühne ist, architektonisch unveränderbarer Teil des Baues, das idealisierte antike Theben als Handlungsort von Sophokles' Tragödie *König Ödipus* zu sehen, die zur Eröffnung 1585 aufgeführt wurde. In der Renaissance verband sich das Drama mit einem Theater in geschlossenen Räumen als europäisch-abendländische Tradition, anders als etwa das japanische Nō-Theater, eine Freilichtbühne im Gesamtensemble eines Shinto-Schreins. Schon die Terenzbühne als sogenannte Badezellen-Bühne war ein Versuch der Humanisten, die Form der antiken Bühne aus den Komödien von Terenz zu ‚rekonstruieren'. Der Aufbau zeigte eine schmale Bühne vorne, nach hinten abgeschlossen durch einzelne („Bade-')Zellen, die durch einen Vorhang je nach szenischer Notwendigkeit geöffnet oder geschlossen werden konnten. Über die Funktionalisierung dieser Zellen wurde der Spielort des Dramas bezeichnet. Je nach Handlungsbedarf trat der Rollenspieler aus der Zelle hervor. Die mittelalterliche Simultanbühne drängte sich also bei der Terenzbühne auf einen begrenzten Raum zusammen.

Auf dieser Konstruktion basierte auch die das Drama stark beeinflussende Kulissenbühne des Barocktheaters, die der neuen Weltsicht der Perspektive in der Malerei entsprach. In der ersten Hälfte des 16. Jahrhunderts sehen wir die Differenzierung der Bühne in eine geräumige Spielbühne und eine nach hinten abschließende perspektivische Bildbühne. In der frühen architektonischen Konkretisierung war diese Bildbühne unbespielbar bzw. starr und zeigte eine Einheitsdekoration wie im Teatro Olimpico in Vicenza. Danach wurde die perspektivische Spielraumbühne mit veränderbarer Dekoration entwickelt. Prototyp hierfür war ab 1618 das Teatro Farnese in Parma. Den Bühnenraum gestalteten anfangs Winkelrahmen, also vor einem Hintergrundprospekt im rechten Winkel paarweise aufgestellte, mit perspektivisch bemalten Leinwänden bespannte Holzrahmen. Aus ihnen wurden Periakten oder Telari, dreiseitige Drehkörper. Da diese in der Drehung nicht mit einem die Perspektive vortäuschenden ansteigenden Bühnenboden kompatibel waren, erfand man Schiebekulissen mit Wagen in Schlitzen unter der Bühne, sogenannte Freifahrten, die mit Seilen und Flaschenzug verbunden und in die Kulissen eingestellt waren.

Für die weitere Entwicklung des Dramas in der Renaissance bestimmend wurde die Commedia erudita, die gelehrte, volkssprachliche Komödie am Theater der Fürstenhöfe. Grundlage waren Aufführungen antiker Komödien am Hof von Ferrara. Von Plautus und Terenz übernahm man die Handlungsstruktur, fünf Akte, die vorgeblich aristotelischen drei Einheiten, die Liebeshandlung samt entsprechender Intrige und die Orientierung an Alltagsmilieus, die jedoch keineswegs mit dem naturalistischen Milieu des 19. Jahrhunderts vergleichbar sind, zudem handlungszentrale Objekte oder Requisiten wie Goldkästchen oder eine Alraunwurzel. Stereotype Figuren erlebten komische Konflikte, oft initiiert durch Identitätswechsel, Verkleidungen oder Verwechslungen. Familiennah ging es um das Verhältnis Herrschaft zu Diener, Jung zu Alt. Ludovico Ariosto (1474–1533), der in Ferrara das Hoftheater leitete und Plautus sowie Terenz übersetzte, schuf in diesem Sinne die Werke *La Cassaria* (1508; dt. *Die Kästchenkomödie*), die am antiken Vorbild angelehnt war, fünf Akte hatte und im antiken Rom spielte, und *I suppositi* (1509; dt. *Die Untergeschobenen*), eine Übertragung antiker Motive in die Zeit des Autors. Auch ein Kardinal wurde zum Dramatiker: Bernardo Dovizi da Bibbiena (1470–1520) schrieb *La Calandria* (1513). In den Spielplänen des 20. Jahrhunderts findet sich hauptsächlich noch Niccolò Machiavellis (1469–1527) um 1518 verfasstes Stück *Mandragola*. In diesem verhelfen List und Mut nicht zu politischem Erfolg, sondern zum Beischlaf mit einer verheirateten Frau.

Neben der Tragödie nach Seneca und der Commedia erudita nach Plautus und Terenz entwickelte sich als dritte Gattung das Schäferspiel, das zum Eskapismus in eine stilisierte Naturidylle neigte. Antikes Vorbild war das einzige vollständig erhaltene Satyrspiel *Kyklops* von Euripides. Als berühmtestes Schäferspiel gilt Torquato Tassos (1544–1595) *Aminta* (1573), eine Liebeshandlung zwischen einem Hirten und einer Nymphe – wie durch Goethe bekannt, am Hof der Este in Ferrara geschrieben. Aus der Aneignung antiker Komödien, Tragödien und Satyrspiele gingen unterschiedliche Entwicklungen des Dramas wie des Dramatischen hervor: zunächst die eher performative Commedia dell'arte, die der Commedia erudita nicht wenig verdankte. Angelo Beolco (1502–1542), genannt Ruzzante, führte mit seiner Commedia-dell'arte-Truppe selbst geschriebene Komödien u. a. am Hof von Ferrara auf und arbeitete heute weiterhin bekannte komische Typen aus. Seine professionellen Inszenierungen waren jedoch mehr an unmittelbarer Bühnenwirksamkeit orientiert.

Darüber hinaus entstand das Schultheater der Humanisten im 16. Jahrhundert (W. F. Michael 1984, 208–214; Tarot 1980): Der Lehrplan verlangte die Inszenierung von lateinischen Dramen, später setzte sich insbesondere im Bibeldrama nicht ohne institutionelle Widerstände teilweise die Volkssprache Deutsch durch; pädagogische Ziele waren überzeugende lateinische Konversationskenntnisse, rhetorisches Geschick und Gewandtheit im öffentlichen Auftreten. Nach der Reformation fielen zwei Formen des Schultheaters auf: das protestantische als eher abstrakt-rhetorisches Schultheater, zu dem etwa Andreas Gryphius' (1616–1664) Trauerspiel *Cardenio und Celinde* (1657) zu rechnen ist, und das Jesuitentheater, das, theologisch begründet, prächtiger und aufwendiger mit Bildern, Musik, Tanz und allegorischen Zwischenspielen überzeugen sollte. Im noch lateinisch verfassten Jesuitendrama *Cenodoxus* (1602) von Jakob Bidermann (1578–1639) geht es im ersten Teil um das durchaus komisch gezeichnete Leben eines eitlen Gelehrten, den als eine frühe Faustfigur im zweiten, tragischen Teil der Kampf um seine Seele und letztlich das christliche Urteil erwartet. Beide konfessionell getönten Dramaturgien bestimmen auch heute noch das Drama und Theater, freilich produktiv interagierend: Wort und Bild, Ratio und Spektakel, Sinn und Sinnlichkeit stehen in einem medial spezifischen, das Publikum anziehenden inhaltlichen wie formalen Spannungsverhältnis.

Im 16. Jahrhundert entstand mit der Commedia dell'arte zudem eine professionelle, volksnahe Form des dramatischen Spiels, die sich von Italien über ganz

Europa ausbreitete. Vergleichsweise performativ, wies sie in der Auftrittsdramaturgie und weiterführenden dramatischen Traditionen etwa in den frühen Stücken Molières oder in Carlo Goldonis Werken eine eigene dramatische Struktur auf. Spezifisch waren insbesondere die *scenari*, grobe Handlungsstrukturen, die den Akteurinnen und Akteuren in der Aufführung viel Freiraum zu Improvisationen ließen. Ökonomisch orientierte Wandertruppen, die erst nachfolgend von Goldoni (1707–1793) unter dem Begriff ‚Commedia dell'arte' versammelt wurden – selbst nannten sie sich ‚la Commedia degli Zanni', ‚la Commedia a soggetto', ‚la Commedia all'Italiana', ‚la Commedia mercenaria' etc. –, bildeten seit der ersten Hälfte des 16. Jahrhunderts ihre vielgestaltige Tradition aus. Chèrea alias Francesco de' Nobili ging 1526 auf Wanderschaft bis nach Ungarn, nachdem er zuvor als klassischer Komödiant Stücke von Plautus und Terenz adaptiert hatte. Grundsätzlich ist über die Frühzeit der Commedia dell'arte wenig bekannt, da es an historischen Quellen mangelt, was vor allem ihrem performativen Charakter und ihrer institutionellen Ferne zur Macht geschuldet ist. Im ersten überlieferten Kontrakt einer professionellen Truppe in Padua 1545 sicherten sich acht Personen Gleichberechtigung und Teilung des Gewinns zu. Attraktion war sicher, dass Schauspielerinnen auf der Bühne zu sehen waren; alle Beteiligten waren eher niederer sozialer Herkunft, auch ihr Publikum bestand primär aus einfachem Volk. Grundsätzlich reisten die Truppen mit nicht mehr als einem halben Dutzend, später etwa zehn Mitgliedern; sie waren weitgehend demokratisch organisiert und von einem aristokratischen Patron unabhängig (Mehnert 2003, 24). Ab 1560 entstanden nach und nach Gemeinschaften mit klangvollen Namen wie Gelosi, Confidenti, Fedeli; zu Beginn des 17. Jahrhunderts fand man sie vermehrt auch über die Grenzen Italiens hinaus.

Nach 1700 beobachtet man den Rückgang und das Verschwinden der professionellen Gruppen, zumal die dramaturgischen Strukturen ihrer Stücke zum einen in eine dramatisch-literarisierte Form überführt worden waren, zum anderen, weil die komischen Figuren etwa des Wiener Vorstadttheaters die Tradition auf anderer Ebene weiterführten. Goldoni selbst verstand unter dem Begriff ‚Commedia dell'arte' die Performance der Masken und die Improvisationen der Akteurinnen und Akteure, diese differenzierte er von der schriftlich fixierten Charakterkomödie, wie er sie selbst verfasste. Es gibt bis heute anhaltende Diskussionen darüber, ob Goldonis Theatertexte, wie *Das Kaffeehaus* (1750), *Mirandolina* (1753) oder *Krach in Chiozza* (1761), noch oder eben nicht mehr der Commedia dell'arte zugerechnet werden könnten, zumal Carlo Gozzi (1720–1806) seinem Kollegen Verrat an der Ästhetik der Commedia dell'arte vorwarf. Dass Giorgio Strehler mit Hilfe von Goldonis *Der Diener zweier Herren* (1745) die Commedia dell'arte als italienisches Theater des Volkes rekonstruieren wollte, ist für die ästhetische Entwicklung des Theaters im 20. Jahrhundert wichtig, aber theaterhistorisch fragwürdig.

Während das Drama, verstanden als in sich geschlossene, kausallogische, feststehende Handlung, in der Commedia dell'arte eher schwach ausgeprägt war, bildeten die Performances von Masken, also stark typisierter Figuren, das Grundgerüst. Im Zentrum stand Arlecchino, ursprünglich die Figur eines in Venedig arbeitenden Lastenträgers aus der Unterstadt von Bergamo, ungebildet, aber bauernschlau, mit einem Kostüm aus abstrakten Flicken und einer ebenso dämonisch wie animalisch anmutenden Maske (Esrig 1985, 56). Daneben gab es andere *zanni*, etwa Brighella aus der Oberstadt von Bergamo, geschliffener sprechend, aber aggressiver agierend, mit Jacke, Hose, Umhang und Mütze in Weiß, mit grünen Borten und Säumen eingefasst; seine Maske war olivgrün, mit schrägen Augenschlitzen und krummer Nase. Dramaturgischer Mittelpunkt der *vecchi*, der Alten, war Pantalone, venezianischer Kaufmann, charakterisiert durch Geiz, Misstrauen und serviles Ungeschick. Neben seinem roten Überrock und den langen roten Strumpfhosen fielen an seinem Gürtel eine Geldtasche, ein Taschentuch oder ein Dolch auf; eine Halbmaske betonte seine ebenfalls krumme Nase in einem knorrigen Gesicht mit einem dünnen weißen oder grauen Spitzbart. Spielpartner war oft der Dottore, ein gelehrter Jurist aus der Universitätsstadt Bologna. Vorgeblich gebildet entlarvte er sich schnell als lächerlicher Schwätzer. Zuweilen trat der großsprecherische Capitano hinzu, dessen Tradition bis zu Plautus' *Miles Gloriosus* zurückreicht. Die weibliche Seite der *zanni* bzw. Diener vertrat Columbina oder Arlecchinetta; mit flinker Zunge und lockeren Manieren intrigierte sie gerne, insbesondere für die Interessen der *innamorati*, der jungen Liebenden, war oft das Ziel des Begehrens der Dienerschaft wie auch der Alten. Dreh- und Angelpunkt des dramatischen Konflikts waren die *innamorati*; als idealisierte Identifikationsfiguren des Publikums trugen sie keine Maske, sprachen Toskanisch und wiesen auf Florenz als kulturelles Zentrum Italiens. Ihre Dialoge enthielten poetische Passagen, sie waren jung, gut aussehend, gebildet und keinesfalls Karikaturen. Das Problem bzw. die besondere Herausforderung für die Frage nach dem Drama der Commedia dell'arte ist, dass weniger die Handlung im Vordergrund stand, sondern die typisierte Figur; dieser folgten die typischen Plots, die mehr Handlungsgerüste als kausale Handlungen waren. Man differenzierte sie in *canovacci* oder *scenari*, Spielanleitungen, und *zibaldoni*, also Zusammenfassungen der *scenari*, die ein Repertoire bilden konnten. Für alle *scenari* galt das Prinzip „all'improvviso"; wichtig waren der motorische Witz und der Sprachwitz, beides charakterisierte jeweils die Maske als typisierte Figur. Hinzu kamen *lazzi*, die jede literarisch-dramatisch fixierte Struktur theatral bereicherten, diese aber mit ihrer akrobatischen Komik nicht unbedingt vollständig aufbrachen; verbunden mit Sprach- und Objektwitz waren sie ein zentrales Attraktivitäts- und Aufmerksamkeitsmoment. Sie wurden insbesondere von den Darstellerinnen und Darstellern der *zanni* geboten. Dazu gesellten sich *burle*, mehr oder weniger üble Streiche. Die meisten der ‚Masken' genannten typisierten Figuren, vor allem die komischen Figuren, trugen tatsächlich Halb- oder Teilmasken, welche Stirn, Augen, Nase und Wangen bedeckten und Mund sowie Kinnbacken zum Sprechen frei ließen. Ihre Typisierungen in Habitus, Rollentradition, kodifizierten Aktionen und sicher nicht immer völlig neu improvisierten Dialogzeilen sowie sprachlichen Artikulationen gingen mehr oder weniger in die Grobstruktur der *scenari* ein, die unserem heutigen Begriff des Dramas wohl am nächsten kommen. *Scenari* waren kurze Anmerkungen und Hinweise zum improvisierten Spiel; man konnte sie hinter der Bühne als Memento anheften. Bis heute sind ungefähr 800 von ihnen überliefert. Sie integrierten zahlreiche dramatische Gattungen, als man intuitiv annehmen möchte: natürlich die Komödie, aber auch die Tragikomödie und sogar die Tragödie sowie historische und mythologische Handlungen. Die Plots, z. B. in *L'Ateista fulminato*, typischerweise mit einem anonymen Verfasser, aus dem 17. Jahrhundert stammend, gefunden in der Biblioteca Casanatense in Rom, entnahm man dem Alltag, der alten Komödie, dem spanischen Drama, einigen Novellensammlungen etc. Der Ort der Handlung war nur angedeutet; es genügten eine Straße, ein Platz, zwei oder drei Häuser. Zum einen existierte so etwas wie eine allgemeine Grundstruktur der Plots: Die *zanni* leiten auf Kosten ihrer Herren eine Intrige ein und helfen dabei den *innamorati*, welche gegen den Willen der Eltern eigene (Liebes-)Ziele verfolgen. Zum anderen gab es Abweichungen; die Intrigen richteten sich zuweilen gegen alle möglichen Handelnden, die Liebesprobleme waren anders grundiert, die Konflikte vielfältig, die Typen nicht so eindeutig festgelegt. Die Darstellung der Wechselfälle des Lebens schienen in den *scenari* im Großen und Ganzen denen des Publikumsalltags – natürlich zugespitzt, karikierend und prägnanter – zu entsprechen, ähnlich wie heute Konflikte in populären Sitcoms.

Spanisches Siglo de Oro

Das Drama des ‚Siglo de Oro' (1550–1680) war, wenn man den Namen beachtet, Produkt eines goldenen Zeitalters. Als klassisches war es zugleich Resultat der zeitgenössischen Aufführungspraxis. Spätere Kanonisierungen übersehen also ähnlich wie bei Shakespeare im elisabethanischen Theater die spezifischen sozialen, kulturellen, institutionellen und medialen Gegebenheiten, die überhaupt erst die Ästhetik des Siglo de Oro ermöglichten (Ehrlicher 2012, 125–150; Erken 2014, 93–100; Roloff und Wentzlaff-Eggebert 1988; Tietz 2006). Themen und Stoffe entstammten teilweise noch dem Mittelalter, insbesondere die religiösen, waren jedoch oft subtil subversiv, kritisierend oder einfach nur frech unterhaltend. Das Drama war Produkt der Institutionalisierung des spanischen Theaters, das sich im 16. und 17. Jahrhundert professionalisierte; dies wurde möglich vor dem Hintergrund der Transformation der mittelalterlichen, ständig umherreisenden Herrschaften in absolutistische, zentrale Verwaltungen oder Bürokratien und in die sich verfestigende, kulturelle Normen garantierende Königsherrschaft. Spanien war in der Blütezeit des Siglo de Oro noch führende europäische Macht, jedoch mit spürbar absteigender Tendenz. Die Dynamik der Reconquista vom 10. Jahrhundert bis zur Rückeroberung Granadas 1492 fand ihre Ausläufer zwar in der gewaltsamen Kolonisation einer sich globalisierenden Welt, sie konnte aber den neuen Reichtum aus der ‚entdeckten' Welt nicht wirtschaftlich zu ihrem Vorteil gegenüber anderen aufsteigenden europäischen Mächten, insbesondere England, nutzen. Die spanische Inquisition, das strenge Hofzeremoniell sowie die Rolle und das Selbstverständnis des auf seine Ehre achtenden Edelmanns gingen direkt wie indirekt in das spanische Drama ein.

Mittelalterliche fahrende Schauspieltruppen fanden in diesem gesellschaftlichen Kontext zum repräsentativen Hoftheater sowie kultur- und ortsspezifisch zur festen, von Theaterunternehmen betriebenen *corral*-Bühne des ausgehenden 16. Jahrhunderts zusammen; die erste war 1579 der Madrider Corral de la Cruz. Darüber hinaus entwickelten sich die in ihrer Form solitäre Wagenbühne bzw. *carro*-Bühne für den Auto sacramental der Fronleichnamsprozession, eine spezielle Form des religiösen Dramas. Von lateinisch ‚actus', war dieser im Gegensatz zur Comedia ein Schauspiel in einem Akt. ‚Sacramental' bedeutete nicht nur religiöse Themen – diese fand man auch in den Comedias –, sondern den direkten Bezug zum Sakrament der Eucharistie. Der Auto sacramental war Teil des theatralen Festrituals der *fiesta sacramental*, inklusive der Prozession, die der Dramendarbietung vorausging (Ehrlicher 2012, 145–148). Es kombinierte *asunto*, einen bekannten heilsgeschichtlichen Inhalt, mit *argumento* im Sinne von wechselnden Stoffen. Die Figuren waren allegorische; dramatisierte Handlungen hatten eine wörtliche Bedeutung und gleichzeitig einen figurativen, uneigentlichen Sinn. Eine weltliche Handlung meinte zugleich das durch Gottes Willen festgelegte christliche Heilsgeschehen. Typisch hierfür wäre Pedro Calderón de la Barcas (1600–1681) *Das große Welttheater* von 1655 (Braun 2005): Gott als Meister beginnt das Leben als Spiel, in dem die Rollen des Lebens, u. a. die eines Reichen, eines Weisen, einer Schönheit, eines Bettlers und eines Armen, verteilt und allen der Auftrag mitgegeben wird, gut zu handeln. Am Ende des Lebens werden die Figuren bewertet und in den Himmel (der Arme, der Weise), ins Fegefeuer (der König) oder in die Hölle (der Reiche) geschickt (Engelbert 1985). Selbstverständlich gab es wie an anderen Höfen auch die barocke Bühne des Hoftheaters, ausgerüstet mit perfekter Bühnenmaschinerie, bespielt von auswärtigen professionellen Theatermacherinnen und -machern oder vom Hof selbstorganisiert (Poppenberg et al. 2011). Die *carro*-Bühne kam ausschließlich im Rahmen der Feierlichkeiten zum

Fronleichnamsfest zum Einsatz, das im Zuge der Auseinandersetzung zwischen Katholizismus und Reformation eine besondere Bedeutung hatte. Die *corrales*-Bühnen, einfache, hinten durch einen Vorhang abgeschlossene Holzaufbauten, waren im Stadtraum zwischen den Häuserblöcken, in Höfen ohne Dach, angesiedelt. Die Form der Höfe bestimmte den Zuschauerraum; in der Mitte befand sich das Volk. Es gab zudem abgetrennte, etwas erhöhte Logen für die besseren Schichten, die Frauen saßen in einem eigenen Bereich. Dass die *corrales*-Bühnen durch karitative Bruderschaften zur Verfügung gestellt wurden, die hierfür von Theaterunternehmen bezahlt wurden, schützte gewagtere Inhalte in den Dramen zumindest etwas vor dem Vorwurf der Unmoralität, obgleich der katholische Glauben einen engen dramaturgischen Rahmen bildete.

Drei bzw. vier Dramatiker dominierten das Siglo de Oro. Mit Einschränkungen gehörte hierzu Miguel de Cervantes Saavedra (1547–1616); er verfasste neben seinem Roman *Don Quijchote* zwei Dutzend Comedias. Das ist kein Vergleich mit dem Gesamtwerk Lope de Vegas (1562–1635); er soll fast 1.500 Stücke geschrieben haben. Überliefert sind 450 Comedias und 40 Auto sacramentales, wobei die Urheberschaft de Vegas nicht in jedem Fall gesichert ist. Gespielt wird aktuell schon noch häufiger Tirso de Molina (1584–1648, eigentlich Gabriel Téllez), vor allem seine Comedia *El Burlador de Sevilla y Convidado de Piedra* (1624; dt. *Der Verführer von Sevilla und Der steinerne Gast*) mit dem berühmten Don Juan. Auch Pedro Calderón de la Barca ist zuweilen in den Spielplänen zu finden, er soll 400 Comedias verfasst haben. Bekannt ist von ihm gegenwärtig noch *La vida es sueño* (1635; dt. *Das Leben ein Traum*): In dem frühen Besserungsstück geht es in zwei Handlungssträngen um Macht und Liebe bzw. die jeweiligen persönlichen Mäßigungen und Rücksichtnahmen, die auf tragischer wie komischer Ebene alle Beteiligten nach vielen Konflikten und Prüfungen auf den rechten, Staat und Familie stabilisierenden Weg bringen (Gerstinger 1968).

Die wichtigste Form der Comedia bildete das Mantel- und Degenstück: Kavaliere der bereits im Abstieg befindlichen, müßigen adeligen Oberschicht fürchteten in einer Intrige um ihre Ehre, die mit dem Degen verteidigt wurde, während der schichtanzeigende Mantel gegebenenfalls die eigene Identität verschleiern sollte. Begleitet wurde die Hauptfigur typischerweise von einem komischen Diener, dem *gracioso*, eine Heldenkonstellation mit meist figurentypisch physiognomischer Anmutung, die auch heute noch die Mehrzahl der populären Filmdramaturgien bestimmt. Darüber hinaus gab es andere Formen der Comedia, etwa Heiligenstücke, Comedia de santos, die man nicht mit Auto sacramentales verwechseln sollte, oder historische Schauspiele. Zentraler Konfliktstoff in den Comedias war die männliche Ehre. Nicht selbst verdient, sondern von Gott verliehen, hatten die Protagonisten diese zu verteidigen. Aus dieser Grundkonstellation ließen sich vielfältige komische Situationen entwickeln – sich lächerlich zu machen, ging schnell und der Ehrverlust lauerte hinter jeder Ecke. Gefährlich waren Affekte und Leidenschaften, die etwa durch Don Juan bei den verführten Frauen und gehörnten Ehemännern provoziert wurden. Als Teil eines barocken Theaters hatte das Drama zwei existenzielle Bezugspunkte: Erstens wurden die Welt als Bühne und der Mensch als Schauspieler in Gottes Hand verstanden; zweitens wurde die Bühne selbst als Welt angesehen (Ehrlicher 2012, 76). Daher verwundert es nicht, dass in diesem ‚theatralischen' Zeitalter etwa 10.000 Comedias geschrieben wurden. Das Leben war nur Schein; die Konflikte und Probleme der Figuren in einem Allegorie- und Gleichnisdrama waren zum einen gesellschaftliche, zum anderen besaßen sie die religiöse Funktion eines Symbols in Bezug auf das Heilsgeschehen.

Elisabethanische Bühne

Die Dramen von William Shakespeare (1564–1616) wären nicht ohne seinen Aufstieg in der (halb-)bürgerlichen Institution des Theaters als Unternehmen möglich gewesen. Der Dramatiker war vergleichsweise gebildet, hoch intelligent, wirtschaftlich und gesellschaftlich sehr erfolgreich, institutionell geschickt eingebunden und für seinen Stand optimal vernetzt. Er wäre gegen die bis heute in den Spielplänen nachwirkende Idealisierung in Schutz zu nehmen; denn Shakespeares andauernde Popularität im deutschsprachigen Theater ist auch Resultat einer nicht unideologischen radikalen Ablehnung der französischen Adelskultur durch bürgerliche deutschsprachige Intellektuelle im 18. Jahrhundert; prototypisch sind hierfür Johann Gottfried Herders *Shakespeare* (1773) und Goethes *Zum Schäkespears Tag* (1771). Immerhin sind Shakespeares Dramen vom Theatermacher selbst weniger wichtig genommene Produkte einer höchst professionellen, je nach Erfolg ökonomisch einträglichen Medienproduktion in einer Zeit, in der England unter Elisabeth I. zur führenden Weltmacht wurde, das galt auch für seine Zeitgenossen wie Christopher Marlowe (1564–1593) mit *The Tragical History of Doctor Faustus* (ca. 1588) und Ben Jonson (1572–1637) mit *Volpone* (1606). Dennoch lag das elisabethanische Theater noch außerhalb der durch starre Zunftordnungen geregelten bürgerlichen Arbeitswelt. Erst seit Ende der 1570er Jahre hatten die einstmals reisenden, am unteren Rand der gesellschaftlichen Ordnung mehr recht als schlecht existierenden Schauspieltruppen eigene feste Theaterhäuser, was dem Berufstheater eine völlig neue institutionelle Basis gab. Insofern war das Theatergewerbe ein, wie wir heute sagen würden, ‚neuer Markt' mit hohem Risiko, aber für Wagemutige und Talentierte mit wenig Zugangsbarrieren und hohen Gewinnchancen verbunden. Die Theater waren ähnlich wie Handwerksbetriebe organisiert; an der Spitze der *master*, oft auch der Besitzer oder Pächter des Theatergebäudes, des Weiteren 15 bis 20 festangestellte Schauspieler, die keinen festen Lohn bekamen, jedoch am Einspielergebnis beteiligt waren; hinzu kamen Aushilfskräfte, *hired hands*, und Jungschauspieler, die u. a. die Frauenrollen zu übernehmen hatten (U. Suerbaum ³2015; Thomson 1992).

In London hatten sich die Theater bis Ende des 16. Jahrhunderts als (halb-)bürgerliche Unternehmen auch geographisch am Rande der Stadtgesellschaft, nämlich südlich der Themse, als Teil eines Unterhaltungsangebots zwischen Tierhatzen und Prostitution etabliert. Diese vergleichsweise liberale und produktionsfördernde Zeit dauerte nicht lang an, was vielleicht erklärt, warum nach Shakespeare kaum mehr ein solcher Gigant der Dramen- und Theatergeschichte zu verzeichnen war. Ab 1594 war Shakespeare bekanntes Mitglied einer damals bedeutenden Theatergruppe, der Lord Chamberlain's Men, welche Jakob I. nach seiner Thronbesteigung zu seiner eigenen Gruppe erhob. Sie hatten auf zwei gesellschaftlichen Feldern zugleich Erfolg, was sich in der faszinierenden, wirkungsvollen inhaltlichen wie formalen Ambivalenz shakespearescher Stücke niederschlug, beim Publikum der öffentlich zugänglichen Theater und bei Hofe. Nachgewiesen ist weniger Shakespeares Produktionspraxis als der Umstand, dass der Theaterunternehmer von 1596 an regelmäßig Geld anlegte, also in seinem Theatergewerbe erfolgreich war. 1599 ließ die Schauspielergruppe Shakespeares das Globe errichten. Ähnlich wie heute ein populärer Hollywood-Film, war der Bau eines öffentlich zugänglichen Theaters, zumal von dieser außerordentlichen Größe, eine immense Investition bzw. eine der kapitalintensivsten spekulativen Unternehmungen innerhalb der bürgerlichen Sphäre. Shakespeare wurde mit einem Zehntel des Unternehmens *sharer*. 1608 pachtete das Konsortium als zweites Theater das vor allem im Winter bespielte, kleinere, aber exklusivere Blackfriars Theatre; Shakespeare war auch dort mit einem Siebtel der Anteile beteiligt. Generell konnte man als professioneller Autor nicht wirklich bürgerlich leben; freie Schriftsteller wie Christopher Marlowe rutschten schnell in die Armut ab. Ein Dramatiker lebte nicht mehr davon, dem Hof eines aristokratischen Gönners anzugehören, wie der etwa eine Generation ältere Torquato Tasso im Theater der Renaissance. Die Theater waren bereits (halb-)bürgerliche Institutionen, gar Unternehmen; dennoch blieben sie in die ständische Ordnung eingebunden: Aufgrund des Vagantengesetzes Elisabeths I. von 1572 waren Schauspielergruppen verpflichtet, einen Aristokraten als Schirmherrn zu gewinnen, zu dessen Haushalt sie gehörten; deshalb hießen sie z. B. King's Men, The Lord Admiral's Men und Leicester's Men (Gurr 1996).

Der Theaterbau des Globe symbolisiert heute Shakespeares Dramen, er ist zudem typisch für das elisabethanische London, in dem man mehr Theater als an irgendeinem anderen Ort in der Welt sehen konnte (Schormann 2002). Zutritt hatte jedermann, Männer und Frauen waren im Zuschauerraum ungetrennt, weibliche

Schauspielerinnen gab es jedoch nicht; Julia wurde von einem *boy actor* gespielt (Greenblatt 1993 [1988], 115). Der Eintritt für den Hof betrug einen Penny, etwa ein Zehntel des durchschnittlichen Tagesverdienstes für gelernte Arbeit. Die besseren Plätze waren durch Zusatzgebühren beim Betreten der Galerien erreichbar. Insofern könnte man das Globe aus heutiger Sicht als demokratisch-populäres Massenmedium bezeichnen. Es bildete jedoch institutionell eine soziale Anomalie in der elisabethanischen Gesellschaft, einen historisch kurzlebigen Ausnahmezustand, der sich in die Dramen Shakespeares eingeschrieben hat. Es war primär Unterhaltungstheater, privatwirtschaftlich organisiert und wurde von den Behörden und insbesondere von der puritanischen Mittelschicht misstrauisch beobachtet, von der adeligen Oberschicht mit gemischten Gefühlen geduldet. So war das Theater Shakespeares zum einen eines für die unteren Schichten, zum anderen musste es auch den Angehörigen des Hofes und des Adels gefallen, was in den Werken Shakespeares zu einer geschickten Abfolge von kausalem Konfliktdrama und Attraktionsnummern führte (J. Howard 1994; Gurr und Ichikawa 2000; U. Suerbaum ³2015; Greenblatt 1990 [1988]; 2015 [2004]; Schabert 2009). Nicht nur die Komödien waren unterhaltend, auch die Tragödien sind durchgehend voller Attraktionsmomente: Es gibt Schauszenen mit Gelegenheit zur Kostümpräsentation, instrumentale und gesungene Musik, Tänze, Feste und höfisches Ballett. Es fehlt nicht an Kampf- und Action-Szenen, handgreiflichen Auseinandersetzungen, Fechtpartien, Schwertkämpfen, Belagerungen, Schlachten, Mord und Totschlag. Effekt erzielte Shakespeare durch Geisterszenen oder Hexenerscheinungen und, nicht zu vergessen, durch die komische Figur bzw. den Spaßmacher. Die Unterhaltungselemente tragen dabei einen beeindruckenden Überbau an inhaltlicher Aussage wie auch formaler Attraktivität. Shakespeares Handlungen sind, etwas pauschal betrachtet, bedeutungsvoller, seine Charaktere tiefer gezeichnet, die Themen reflektierter als in den meisten anderen Stücken der Weltliteratur bis heute. Die jeweilige dramatische Situation ist bei Shakespeare erstaunlich oft als genereller Modellfall vorstellbar (Schabert 2009, 339–340).

In jede Szene sind die Zuschauenden vor allem des Globe mit in die Dramengeschehnisse hineinkomponiert, in dem man wahrscheinlich in einem offenen Innenhof mit schmalen umlaufenden Galerien eine große Bühne vorfand, die vorn bis etwa zur Mitte des Hofes vorragte und eine ungeteilte Spielfläche darstellte. Die Zuschauenden haben die Möglichkeit, im Hof zu bleiben oder über eine der Treppen zu einer der drei Galerien zu gelangen. Auf den Galerien findet man ansteigende Reihen von Sitzbänken. Anstatt opulenter Kulissen sah man prächtige Kostüme, die jedoch keinesfalls historisch oder geographisch charakteristisch bzw. getreu waren; sie folgten der Mode der Zeit. Auf der Bühne fanden sich vereinzelt Requisiten. Die Architektur des Gebäudes lässt eine zentrale Perspektive nicht zu, so dass eine klassizistisch strenge Orientierung an den drei Einheiten der

Handlung, der Zeit und des Ortes, die die französische Klassik prägen sollte, im elisabethanischen Theater schon institutionell nicht möglich war. Andersherum gesehen war der Theaterbau auch Ausdruck einer spezifischen Dramenstruktur. Die so gesehen sprunghafte shakespearesche Dramaturgie kann nicht mit dem perspektivischen Raum einer Kulissenbühne harmonieren. Wichtig wurde daher die Wortkulisse, also die Vermittlung von Zeit, Ort und Atmosphäre durch den Dialog. Wenn zu Beginn von *Hamlet* (1602) der Geist des Vaters erscheint, am hellen Nachmittag auf der leeren Bühne des Globe, dann werden Nacht, Nebel und unheimliche Stimmung allein über den Dialog, letztlich durch die Vorstellungskraft des Publikums kreiert (Höfele 1976). Shakespeares Stücken merkt man durchgehend an, dass sie für ein nahe an der Bühne stehendes, dicht gedrängtes Massenpublikum geschrieben wurden: Dort sind wie etwa in *Romeo und Julia* (1597) die Emotionen beweglicher, oft findet man einen jähen Anstieg von einem unauffälligen Dialog zum Gipfel des Pathos, worauf ein schnelles Abkühlen bzw. plötzliches Umschlagen ins Nüchterne oder Komische erfolgt – in jeder Situation scheint der Theatermacher Shakespeare in der kollektiven Arbeit seiner Truppe versucht zu haben, keine Langeweile aufkommen zu lassen. Hierzu trug auch die Psychologisierung von Typen bei, etwa in den Königsdramen wie *The Tragedy of King Richard the Third* (um 1593) mit dem abgrundtief bösen Regenten Richard III.

Zweifellos waren Shakespeares Stücke für die Aufführung geschaffen, aber man konnte sie auch lesen. Zu seinen Lebzeiten wurde nur etwa die Hälfte der ihm zugeschriebenen Stücke in Einzelausgaben im üblichen Quartformat gedruckt; einige dieser Quartos hatten mehrere Auflagen. Zentrum des elisabethanischen Theaters war also die Textualität auf der Folie einer seltenen Integration in eine vorstellungsweltliche, gesellschaftspolitische und vor allem institutionell verlangte Theatralität; als Text wurde das Stück im Theater benutzt, dort gelesen, eingeprägt und in der Aufführung vorgetragen, begleitet von Gesten und Gängen, aber immer unter starker Beteiligung der Vorstellungskraft der Zuschauenden. Das Überspielen der Rampe, das die Architektur des Globe begünstigte, findet eine literarische Entsprechung in den vielfältigen metatheatralen Aspekten der shakespeareschen Stücke. Besonders prominent ist hier die ‚Mausefalle‘, jene Szene, in der Hamlet versucht, den Brudermörder Claudius durch ein Spiel-im-Spiel des Mordes zu überführen. Hamlet arrangiert ein (immanentes) Theaterstück, das Claudius' Tat reinszeniert.

1623, sieben Jahre nach dem Tod des Autors, wurde die erste Gesamtausgabe der Werke Shakespeares veröffentlicht, die sogenannte *First Folio*. Die Herausgeber John Heminges und Henry Condell waren ehemalige Schauspielerkollegen von Shakespeare. Sie behaupten in der Vorrede, dass die Texte authentisch seien, „as he conceiued them" (Heminges und Condell 1623), aber tatsächlich haben sie Texte unterschiedlichster Herkunft und Qualität zusammengefügt. Shakespeare ist, und das reflektiert seine Größe und Einzigartigkeit, der einzige nachantike Dramatiker, dessen Werke, übersetzt in die Literatur anderer Nationen, eine zentrale Position einnehmen.

Insbesondere im deutschsprachigen Theater gilt Shakespeare nach Goethe und Schiller als der dritte ‚deutsche' Klassiker. Zwei Übersetzungsakte und drei Übersetzer waren traditionsbildend und sind bis heute für ‚werktreue' Traditionalisten sowie ein Theaterpublikum mit oft seit der Schulzeit prägenden wie perspektivierenden Lektüreerfahrungen maßgeblich: Zum einen Christoph Martin Wieland, zum anderen August Wilhelm Schlegel in Zusammenarbeit mit Ludwig Tieck. Wieland veröffentlichte von 1762 bis 1766 Übersetzungen von 22 Shakespeare-Dramen. Für ihn war der Elisabethaner ein Naturgenie, der in der Lage war, sowohl die Schönheiten wie auch die Mängel der Natur zu präsentieren. Shakespeare halte sich nicht an Regelpolitiken, sein Ausdruck sei direkt, fast roh und keineswegs den Regelpoetiken entsprechend (Wieland 1967 [1773], 31). Wielands Übersetzung scherte sich dabei wenig um die englische Vorlage. Schlegel bemühte sich um eine Übersetzung in den Versmaßen des Originals, wobei es ihm um eine größere Nähe zum Original ging. Leitend für die Übersetzung sollte die ‚Höhe der Poesie' sein. Nach Schlegel, der von 1797 bis 1810 etwa die Hälfte der Dramen übersetzte, kümmerten sich unter der Leitung von Ludwig Tieck Wolf Graf Baudissin und Dorothea Tieck um die restlichen Dramen, die zwischen 1825 und 1833 veröffentlicht wurden.

Der Kanon besteht heute aus den 36 Stücken der *First Folio* und den dort nicht abgedruckten Dramen *Pericles* (1607) und *The Two Noble Kinsmen* (ca. 1614). Gattungen des Kanons lassen sich aus dem Titel der Folio-Ausgabe *Mr. William Shakespeares Comedies, Histories & Tragedies* herleiten. Hingegen zählt die pedantische Figur des Polonius in *Hamlet* vier Grundgattungen auf: „tragedy, comedy, history und pastoral" und weitere Mischgattungen wie „pastoral-comical, historical-pastoral, tragical-historical, tragical-comical-historical-pastoral" (Shakespeare 2016 [1623], 2033). Die meisten der Stücke Shakespeares, 18 an der Zahl, sind *Comedies*, ansonsten finden wir zehn *Tragedies* und die gleiche Anzahl an *Histories*. *Comedies* werden alle diejenigen Dramen genannt, die keine *Tragedies* und keine *Histories* sind, so dass etwa der tragische Shylock aus *The Merchant of Venice* (UA 1605) Protagonist einer *Comedy* ist. *Tragedies* sind Dramen, in denen es um einen Mächtigen geht, der – wie Othello – unschuldig oder schuldig zu Fall kommt und stirbt. Unter dem Namen ‚Königsdramen' bekannt sind *Histories*, Stücke über Stoffe aus der nationalen englischen Geschichte. Sie verdanken ihre Entstehung einem (theater-)historisch einzigartigen Phänomen der Zeit zwischen 1580 und 1605, dem elisabethanischen Nationalismus mit seinem einseitig perspektivierten, machtbestimmten Interesse an der eigenen Geschichte rivalisierender Herrscherfamilien. Dass Richard III. als historische Figur, die Friedrich Schillers intrigierenden Franz in *Die Räuber* prägte, bis heute einer der bedeutendsten Bösewichte der Kulturgeschichte ist, hat er keineswegs seinen historisch nachweisbaren Taten, sondern allein der Gestaltung Shakespeares zu verdanken.

Französische Klassik

Als französische Klassik wird die sogenannte Hoch- und Blütezeit des Theaters im 17. und 18. Jahrhundert, etwa zwischen 1630 und 1760, verstanden, personifiziert durch wahlweise drei oder fünf Dramatiker: Pierre Corneille (1606–1684), Jean Racine (1639–1699), Molière (Jean-Baptiste Poquelin, 1622–1673), ferner Pierre de Marivaux (1688–1763) und Voltaire (François-Marie Arouet, 1694–1778). Neben der die Kultur der Zeit prägenden Sprachnormierung wurden dramaturgische Normen maßgeblich: die möglichst treue Anlehnung an Aristoteles' *Poetik* bzw. an deren spätere Adaption, die dem antiken Autor die strikte Forderung nach Einheit von Ort, Zeit und Handlung zuschrieb, ferner an Horaz' *Ars poetica*, obwohl etwa Corneille und Racine die Autoritäten unterschiedlich auslegten (vgl. Grewe 1998). Entscheidend waren insbesondere die Theatralität der absolutistischen Hofinszenierung, das gespannte Verhältnis zu den Hugenotten in der Zeit der Gegenreformation, die Aufstiegsmöglichkeiten bürgerlicher Eliten am Hof und das Konzept der Rationalität nach René Descartes. Theorie wurde sogar im Theater hegemonial, theatrale Praxis leitete sich aus „mechanistische[m] Rationalismus und militante[m] Logozentrismus" ab (Fiebach 2007, 131). Dies wirkte sich auf das Drama und dessen Inszenierung aus: Wie die ‚Natur' sollten beide an Vernunft und Maß orientiert sein. Normen, die den gesellschaftlichen Umgang sowie das Drama prägten, waren Schicklichkeit, Wahrscheinlichkeit und die Forderung nach Angemessenheit. Eine entsprechende Dramaturgie der klassischen Tragödie hatte sich streng an den Vorgaben der *doctrine classique* zu orientieren (J. Grimm 2005). Ausgehend von Aristoteles' *Poetik* wird diese weniger deskriptiv erkundet, sondern weit mehr als normativer Begriff verstanden. Auf den Bühnen sehen wollte man nicht mehr die reine Belustigung, den Aufmerksamkeit erregenden Horror, das seltsame oder außerordentliche Spektakel. Die neuen klassischen Regeln unterstützten auf der Folie einer auf die Wirklichkeit bezogenen Mimesis die Forderung nach *vraisemblance* im Sinne von kausaler Wahrscheinlichkeit, die schon Aristoteles höher als einen unwahrscheinlichen Plot bewertete. Dem korrelierten innerhalb der *trois unités* eine streng anmutende Einheit der Zeit – die Handlung solle sich möglichst innerhalb eines Tages, allerhöchstens in 48 Stunden zutragen –, des Handlungsortes und der Handlung selbst als eine in sich logisch abgeschlossene Struktur mit Exposition, Peripetie und Dénouement. Ohne diese sich streng an einem Kausalnexus orientierende Dramaturgie wäre es kaum möglich gewesen, die Handlung wirkungsvoll an einem zentralen Konflikt, gleichsam vom Ende her entwickelt, zu orientieren. Damit kann die Dramaturgie der französischen Klassik in ihrer umdeutenden Aneignung der aristotelischen *Poetik* durchaus als historisch relevante Folie der populären Dramaturgie des klassischen Hollywood-Films verstanden werden (Bordwell 1985, 156–204; Krützen 2004). Dieser dramaturgischen Struktur hat das dargestellte Verhalten der Personen zu entsprechen: *Bienséance* bezeichnet hierbei den angemessenen Geschmack und die Sittlichkeit in Habitus, Auftritt, Inszenierung und Rhetorik, was auch die Gattungszuweisung und die Ständeklausel betrifft. Weder durfte sich das Ernste mit dem Komischen mischen, noch waren Personen niederen Standes tragödienfähig; erst recht nicht wollte man hochgestellte Persönlichkeiten in komischen, sie also zurücksetzenden oder lächerlichen Situationen dargestellt sehen. Diese Vorschriften lenkten die Aufmerksamkeit auf das meist die soziale Ordnung störende Innenleben, die psychische Verfassung und die Affekte, von denen die Konflikte ausgingen. In der Tragödie war zudem das prägnante Korporale, insbesondere in seiner individuellen oder gar natürlichen Besonderheit, Anormalität und Hässlichkeit außerhalb der direkten Sichtbarkeit zu halten; ähnlich wie in der antiken Tragödie wurde Schockierendes dramatisch indirekt durch den traditionellen Botenbericht oder die Mauerschau kommuniziert. Dem entsprach ein Schauspielstil, der eher an den Tanz erinnerte, um Formvollendung im Rhetorischen bemüht war, uns heute jedoch formal und geziert erscheint. Aber auch in Molières Komödien, die, wenn er mit Jean-Baptiste Lully Ballettkomödien wie *Le Bourgeois gentilhomme* (1670; dt. *Der Bürger als Edelmann*) erarbeitete, als weiteres rhythmisch-formales Element die Musik aufwiesen, sah man das, was eine Hofgesellschaft oder ein aufstiegswilliges Bürgertum für Natürlichkeit hielt. Natur auf der Bühne und damit auch in den dramatischen Situationen war keineswegs das, was man als wahren Charakter des Anderen verstehen sollte; dies wird zum Ideal eines bürgerlichen Geschmacks in der Aufklärung.

Abdankung des Feudalismus und Aufstieg des politischen Absolutismus sowie eines wirtschaftlichen Merkantilismus gingen Hand in Hand; spätestens nach der Niederschlagung des Aufstands der *noblesse d'épée*, des alten Adels (1648–1652), waren Anfang der 1660er Jahre die Frondeure besiegt. Machtpolitisch geschickt zog der absolutistische König den Adel an seinen Hof, um ihn zu beschäftigen. Hierzu dienten sowohl die allgemeine Theatralität der Hofzeremonien als auch das Theater selbst. Der Rang der Höflinge war nun ständig prekär, hing nicht mehr von Leistungen in der regionalen Güterverwaltung, vom Kampf und der Kriegsführung, auch nicht ausschließlich von Geburtsvorrechten ab, sondern von der aktuellen, stets schwankenden Gunst des Königs. Zwischen 1660 und 1674 veranstaltete Ludwig XIV. rauschende Feste zur Inszenierung seiner selbst, des Staates und des Hofes, weniger in Paris, hauptsächlich in Versailles.

Zur Theatralität des Hofes gehörte u. a. das *ballet de cour*, an dem sich neben den Hofdamen und Hofmännern der König selbst beteiligte, der in jungen Jahren ein sehr guter Tänzer war. Bekannt wurde das *Ballet Royal de la Nuit* (1653), in dem der junge Ludwig XIV. u. a. als Sonne auftrat, woraufhin er fortan ‚Sonnenkönig' genannt wurde. Die Inszenierungen, die der Rhetorik und dem Tanz verpflichtet waren, begründeten diejenige Theatralität, die das Leben am Hof prägte (Burke 2009). Die Höflinge waren ständig dazu angehalten, ihre Rolle im ‚Hof-Drama' gut zu spielen und ihre Maske überzeugend zu tragen, wobei die Wirkung auf das jeweilige Gegenüber bis ins letzte Detail kalkuliert werden musste. Man musste in der Lage sein, die Gefühlslage, die Affekte, Motive, Intentionen, das Können und die Grenzen der Konkurrentin bzw. des Konkurrenten richtig einschätzen zu können. Insofern entstand am Hof so etwas wie eine Börse des eigenen Performance-Marktwertes; das Ansehen, die Identität hingen von der variablen, ständig schwankenden Bewertung und Einschätzung der Anderen, allen voran des Königs, ab. Um die Inszenierung des Königs gruppierten sich damit die Inszenierungen der anderen Angehörigen des Hofes. Allein derjenige, der seine nuancenreiche Rolle als Hofakteur auf der Basis von Selbstbeherrschung der Affekte, taktischer wie strategischer Berechnungen, zutreffender Lektüre der Physiognomie des Gegenübers, rhetorisch-tänzerischer Begabung und hoher Eigenmotivation beherrschte, war in der Hofgesellschaft erfolgreich (J. Grimm 2005).

Mit der Regentschaft Ludwigs XIII. (1610–1643) war die seines mächtigen Ministers Kardinal Richelieu (1624–1642), mit der Ludwigs XIV. (1643–1715) die der Minister Kardinal Mazarin (1642–1661) und Jean-Baptiste Colbert (1661–1683) verbunden. Die Künste und speziell das Drama und Theater waren Teil der absolutistischen Ansehenspolitik; daher wurden Corneille, Molière und Racine besonders gefördert, auch wenn oder gerade weil diese nicht immer alle Teile der absolutistischen Ordnung unkritisiert ließen. Nach Richelieu ging es um die geometrische Proportion des absolutistischen Staates zwischen dem, was stützt, und dem, was gestützt werden muss. Dies hatte Auswirkungen auf die Förderung bestimmter Dramen und Dramaturgien, Ästhetiken, Künstler und Inszenierungsstile und führte zu kulturellen Verordnungen und Musterinstitutionen. Nicolas Boileau formulierte in seiner *Art poétique* (1674) Grundzüge der *doctrine classique*, die er schon aufgrund seiner langen Lebenszeit durchzusetzen imstande war (J. Grimm 2005, 4). Geschaffen wurde eine Institution, die deren Einhaltung überwachte: die Académie française, 1635 durch Kardinal Richelieu gegründet. Man stritt über die richtige Auslegung der Autorität Aristoteles' bzw. seiner *Poetik*. Das Befolgen der kodifizierten Regeln wurde als handwerkliche Disziplin verstanden, Ziel war die vernunftgeleitete Nachahmung der Antike und der Natur, wobei unter Natur eine idealisierte, zeitenthobene Wirklichkeit verstanden wurde. 1680 verfügte der König den Zusammenschluss der beiden bedeutenden Gruppen des Théâtre de l'Hôtel de Bourgogne und des Théâtre de Guénégaud zur Comédie-Française, die das Monopol für französischsprachige Stücke erhielt. Hier wurde (und wird weiterhin) der klassische Stil gepflegt.

Neben der Suche nach der Idealität der Figur hatte sich auch das Schauspielen an den Maßstäben der Wahrscheinlichkeit, Vernunft sowie Schicklichkeit zu orientierten. Schauspielen bedeutete rhetorisches Deklamieren; ausgerichtet hat man sich am höfischen Tanz, der Unterschied zwischen Bühne und Hof war nivelliert. Der Theaterraum blieb beleuchtet, die Kostüme der Schauspielerinnen und Schauspieler waren prachtvoll, die Figuren hätten von der Bühne abgehen können und wären am Hof nicht aufgefallen. Die Kostüme auf der Bühne waren analog zur Architektur von Versailles und den dortigen Gärten ‚natürlich' im Sinne der idealen Gestalt der göttlichen Weltordnung arrangiert: Reifröcke, hoch aufgetürmte Frisuren der Frauen, Allongeperücke, Federhüte und Absätze für die Männer. Auch wenn sich Corneille, etwa mit seinem umstrittenen *Le Cid* (dt. *Der Cid*) 1636/1637, nicht durchgehend den Regeln beugen wollte, so dass es 1637 zur *Querelle du Cid* kam, in der vordergründig Plagiat und die nicht befolgte *doctrine classique* zu Streitpunkten wurden, zeigte die Bühne in der Abkehr von der mittelalterlichen Vielortbühne tendenziell einen einzigen Ort, meist einen uncharakteristischen Palast; die Ständeklausel erschien selbstverständlich. Tragödienheldinnen und -helden ähnelten in ihrer Darstellung auffallend stark den Höflingen von Ludwig XIV. Damit konnte in der anderen Gattung, der Komödie, gespielt werden, wenn die Formvollendung am Hof durch den (qua Ämterkauf) aufgestiegenen Bürger so übertrieben wurde, dass aus der Prägnanz der rhetorischen und tänzerischen Form eine für das Publikum erkennbare Karikatur wurde. Die weitgehend funktionslos gewordene Adelsgesellschaft konnte sich etwa in Molières und Lullys *Le Bourgeois gentilhomme* noch einmal über diejenige Schicht lustig machen und erheben, von der sie zurecht befürchten musste, dass diese über kurz oder lang die Macht im Staatsapparat übernehmen würde.

In seinen ersten publikumswirksamen Tragödien ging es Jean Racine, etwa in seiner *Andromache* (1667), um sich widersprechende Leidenschaften, um die Aussichtslosigkeit des Begehrens, unerfüllte Liebe und rasende Eifersucht, also um eine dramatische Psychologie der Liebe und Erotik. Das Publikum erwartete von Racine außerordentliche Seelenkenntnisse, darüber hinaus ein politisch relevantes Thema und einen dramatischen Konflikt in Fragen der Ehre. Für *Andromache* griff er auf Euripides' gleichnamige Tragödie zurück: Troja ist gefallen, die Frauen werden unter den Siegern aufgeteilt. Achills Sohn Pyrrhus bekommt Andromache, die Gattin Hektors. Da man die spätere Rache der Besiegten fürchtet, soll Andromaches Sohn Astyanax getötet werden. Die regelmäßige, fünfaktige Tragödie in paarweise gereimten Alexandrinern evozierte Affekte, die Zuschauenden sollten weniger auf der rationalen als auf der Gefühlsebene angesprochen werden. Racine interessierte die Gesellschaft und Individuen zerstörende Leidenschaft; seine Figuren sind hin- und hergerissen zwischen gesellschaftlicher Verantwortung und individuellem Liebesverlangen.

Gelernt hatte er vor allem von dem älteren Pierre Corneille, der nicht nur deutlich mehr Werke verfasst hatte, sondern mit seinen bürgerlichen Komödien die moderne französische Komödie begründet hatte, deren zentrales Thema die Liebe war. Dramaturgisch neu waren früh die komplexe Intrige und der mehr oder weniger gewagte Wirklichkeitsbezug, z. B. in seinem 1631 für das Pariser Théâtre du Marais verfassten Stück *Clitandre ou l'Innocence persecutée* (dt. *Clitandre oder Die verfolgte Unschuld*). Zuvor reüssierte die Gruppe um den Schauspieler Montdory (bürgerl. Name Guillaume Des Gilberts, 1594–1653) mit dem Erstlingsstück eines jungen Juristen, *Mélite* (1629). Kardinal Richelieu forderte diesen jungen Autor, nämlich Corneille, auf, seine aufregenden Liebeskonflikte in Zukunft auf die Höhe der Tragödie und somit in den Dienst des Staates zu stellen, integrierte ihn dabei für kurze Zeit auch institutionell in eine eigene Autorengruppe samt Pensionszusage. Daraufhin verband Corneille die Liebesthematik mit politischen Fragestellungen, etwa mit dem Konflikt zwischen Spanien und den spanischen Niederlanden in seinem *Cid*, der ihn 1637 endgültig berühmt machte; der Konflikt ergab sich aus der Konfrontation des staatlich-absolutistischen Absolutheitsanspruchs mit den Bedingungen des individuellen Glücks.

Molières erste Stücke übernahmen Formen der Commedia dell'arte und der französischen Farce, die u. a. mit der komischen Figur des Gros-Guillaume bis zur klassischen Zeit die tragende Säule des französischen Theaters bildete, der neuen Zeit des absolutistischen Staates jedoch nicht mehr angemessen schien. Molières Dienerfiguren trugen anfangs noch Masken; die beiden vor 1659 erschienenen Dramen *La Jalousie du Barbouillé* und *Le Médecin volant* sind als Typenszenarien überliefert. Oft ging es um das Glück von jungen Liebenden, das sich gegen die selbstsüchtigen Interessen der Alten behaupten muss. Dennoch waren die Konflikte existenzieller, trotz Primat des Unterhaltungsanspruchs und höfischer Vorsicht zeitkritischer (der König blieb ausgespart). Die Figuren des Theaterpraktikers und aufstiegswilligen Bürgers Molière waren trotz Typisierung seiner Charakterkomödien treffender und komplexer – sie verloren ihre regionale Zuordnung und gewannen an gesellschaftlicher sowie psychologischer bzw. charakterlicher Zuordnungsmöglichkeit. In *Le misanthrope ou l'Atrabilaire amoureux* (dt. *Der Menschenfeind*) differenziert Molière den eindimensionalen Typus des Menschenhassers aus, indem er ihn dadurch zu einer tragischen Gestalt werden lässt, dass die Hauptfigur sich in eine Frau verliebt, die allem entspricht, was er ablehnt (vgl. Schößler ²2017, 85). Molière gelingt somit, die Prägnanz der komischen Typen, die man noch von Plautus oder der Commedia dell'arte her kennt, mit der Lebendigkeit halbwegs glaubwürdiger Charaktere so zu verbinden, dass sich das Publikum mit der jeweils sich lächerlich machenden Figur zumindest teilweise identifizieren kann. Gelegentlich gerieten dem Autor seine komischen Figuren so lebensecht, dass er wie im Skandal um seinen *Tartuffe* nach immensen Drohungen und Druck von Seiten der sich angegriffen und entlarvt fühlenden Heuchler am Hof Ludwigs XIV. um sein Leben fürchten musste. Seine Schaffenszeit war vergleichsweise kurz, von 1658, dem Jahr, in dem er nach 13 Jahren Reise durch die Provinz nach Paris zurückgekehrt war, bis 1673, dem Jahr seines Todes auf der Bühne mitten im Spiel. Molière war neben oder in seiner aufreibenden Theaterarbeit und den ständigen Positionierungskämpfen am Hof außerordentlich produktiv, hat 30 Theaterstücke verfasst und aufgeführt, also durchschnittlich zwei pro Jahr. Von diesen gelten heute zwölf als Meisterwerke: *Les Précieuses ridicules* (1659; dt. *Die lächerlichen Preziösen*), *L'École des femmes* (1662; dt. *Die Schule der Frauen*), der besonders skandalträchtige *Tartuffe ou L'Imposteur* (1664; dt. *Tartuffe oder Der Betrüger*), der am *Tartuffe* orientierte *Dom Juan* (1665), *Le Misanthrope ou l'Atrabilaire amoureux* (1666) und die tiefgründigste aller Charakterkomödien Molières, *Le Médecin malgré lui* (1666; dt. *Der Arzt wider Willen*). 1668 war das fruchtbarste Jahr Molières: Es entstanden *Amphitryon*, *George Dandin ou le Mari confondu* (dt. *George Dandin oder Der beschämte Edelmann*) und *L'Avare ou l'École du mensonge* (dt. *Der Geizige*), daraufhin 1670 *Le Bourgeois gentilhomme*, 1672 *Les Femmes savantes* (dt. *Die gelehrten Frauen*) und 1673 *Le Malade imaginaire* (dt. *Der eingebildete Kranke*) (J. Grimm 1989).

Wie entsteht die Komik seiner Stücke? Durch das andersartige, oft prägnant übertriebene Verhalten der Typen in sozialen Situationen (Bergson 2011; Greiner ²2006 [1992]). Die dem Absolutismus und seinen Idealen entsprechende Vernunft sowie das angepasste mittlere Verhalten bestimmten das Maß, an dem sich die Abweichung individuellen Agierens als lächerlich erwies. Negative Bürgerfiguren sind wie Gorgibus, Sganarelle, Harpagon, Orgon oder Argan entweder übertrieben standesbewusst und deshalb starrsinnig, eitel, unflexibel, dünkelhaft oder fixen Ideen verfallen. Präsentiert werden zudem Figuren, die von ihrem bürgerlichen Stand nichts mehr wissen wollen und lächerlich wirken, weil sie adelige Umgangsformen oder solche, die sie dafür halten, imitieren. Adelige Figuren sind bei Molière oft deshalb lächerlich, weil sie auf ihren Vorrechten bestehen, obwohl sie überzogen agieren und unmoralische Ziele verfolgen. Positiv gezeichnete Dienerfiguren verweisen auf die Komödientradition der antiken hellenistischen und römischen Komödie, der Commedia erudita und Commedia dell'arte. Molière war mit seiner Philosophie der ordnungsstützenden dramatischen Mitte, mit der er dramaturgisch über das abweichende Verhalten seiner Typen in sozialen Situationen Komik erzeugte, sicher kein Revolutionär oder Freigeist, doch seine Dramen besaßen zuweilen eine revolutionäre Sprengkraft, die ihn, wenn ihn nicht der König geschützt hätte, den Kopf hätte kosten könne.

II.4 Aufklärung

Bürgerliche Kultur und Diskurs der Natürlichkeit

Seit dem 18. Jahrhundert trugen Drama und Theater entscheidend zur Emanzipation des Bürgertums bei (Grimminger 1980). In Handel, Wissenschaft und staatlicher Verwaltung erfolgreich, schufen selbstbewusst gewordene, aufstiegswillige Bürgerinnen und Bürger – von der bürgerlichen Intellektuellen bis zur Pastorengattin – Medien zur Inszenierung, Repräsentation und Reflexion eigener Identität. Aus Frankreich und England eroberten neue Ideen die europäische Öffentlichkeit. Entsprechende Begleitdiskurse eines ‚Strukturwandels der Öffentlichkeit' (Habermas 1962) bestimmten bürgerliche Salons, den neuen Buchmarkt, Lesezirkel, moralische Wochenschriften und, soweit in den jeweiligen deutschsprachigen Ländern institutionell schon verwirklicht, das bürgerliche Theater. Die neue Selbstverantwortlichkeit eines weltkonstituierenden Subjekts leitete die Moderne ein. Das Tragische dramatisierte sich neu, es bot nicht mehr einen der Hybris anheimfallenden, ein grausames Schicksal erleidenden Helden. Schicksal war nun, erst aufgeklärt, dann modern dramatisiert, die Folge des eigenen Charakters, Erlebens und Verhaltens. Die Bürgerlichen wurden selbst für ihr Schicksal verantwortlich. Der im europäischen Vergleich in den deutschsprachigen Ländern außerordentlich lange Weg vom Absolutismus über die kulturelle zur staatlichen Nation erzwang oft mehr verdeckte als offene Kritik an Adelsherrschaft, Ständewillkür und Rechtsunsicherheit. Revolutionen und Freiheitsbewegungen erschütterten im Übergang zur bürgerlichen Moderne um 1800 nicht nur Gewissheiten in Gesellschaft, Politik und Wirtschaft, sondern auch in der Wissenschaft, den Vorstellungswelten und mentalen Geographien.

Den Aufstieg des Bürgertums begleitete der englische Sensualismus, der sich mit dem traditionellen rationalistischen Naturbegriff verband, dann tendenziell gegen diesen opponierte. Die Annahme einer Natur als apriorische Ordnung wurde sukzessive durch einen empirischen Naturbegriff verdrängt. Dies hatte zur Konsequenz, dass in der Beobachtung der Welt etwa Ähnlichkeiten, die Assoziationen, Phantasie, auch kindliches Vorstellen anregten, im Dienste der Klassifikation zurückgedrängt oder ignoriert wurden; es galt als empirisch erwiesen, was das System unterstützte und der Erkenntnis nützlich schien. Der modernen Klassifikation *Systema Naturae* (1735) von Carl von Linné nach waren ‚Naturalia' von ‚Coelestia' und ‚Elementa' zu trennen, weil sich Naturalia direkt den Sinnen darböten (Foucault 1974 [1966], 175). Natur wurde mithin als sinnlich wahrnehmbares Phänomen vorausgesetzt, was Folgen für das Drama und den Schauspielstil hatte. Zentral wurden die Sinne, aus dem von ihnen Wahrgenommenen sollte sich das Kunstwerk nun zusammensetzen; Denis Diderot (1713–1784) kam in seinem 1751 erschienenen *Lettre sur les sourds et les muets* nach einem Experiment mit Taubstummen zu dem für das Drama auf der Bühne wichtigen Ergebnis, dass sich gestische und sprachliche Zeichen unterscheiden würden: Sprachliche Zeichen seien besser für die Bezeichnung abstrakter Sachverhalte, gestische Zeichen eher für den Ausdruck extremer Empfindungen und besonderer seelischer Zustände geeignet. Die gestische Sprache beruhe dabei keineswegs auf künstlich eingeführten Zeichen, wie es der barocke Schauspielstil suggeriert habe; ihre Syntax sei jedem Menschen vielmehr natürlich eingeboren (Diderot 1968 [1751], 38). Eine so verstandene gestische Kommunikation als Sprache der Natur konnte als neue Aufgabe für die Darstellerinnen und Darsteller zeitgenössischer Dramen verstanden werden, denn sie verlangte die Annäherung an eine größtmögliche Natürlichkeit auf der Bühne. Aristoteles' Konzept der ‚Mimesis' als anthropologische Vorschrift konkretisierte sich in Lessings kunsttheoretischer Schrift *Laokoon* (1766) zur Ähnlichkeit der natürlichen Zeichen mit den bezeichneten Dingen, Bildern und Vorgängen. Damit war der Mimesis ein bis heute viel genutzter dramatisch-realistischer, wenn nicht naturalistischer Weg vorgezeichnet, den verschiedenste moderne und avantgardistische Forderungen bzw. Ästhetiken im 19. und 20. Jahrhundert vehement kritisierten sowie in Frage stellten.

Der Tendenz zur Natürlichkeit entsprach eine die Illusion forcierende, die vierte Wand zwischen Publikum und Schauspiel verstärkende Schauspielästhetik (J. Lehmann 2000). Hilfreich war die theoretische wie praktische Erarbeitung eines natürlichen Schauspielstils für die Aufführung des bürgerlichen Dramas, dem die Ausstattung im 18. Jahrhundert noch nicht gleichermaßen folgte (Maurer-Schmoock 1982; Heeg 2000; R. Meyer 2012). In der avancierten Theaterpraxis der sogenannten Leipziger Schule war Friederike Caroline Neuber (1697–1760) als Theaterprinzipalin so mutig, das Bühnenspiel der Schauspielerinnen und Schauspieler natürlicher anzulegen (Emde 1997). Während auf den zeitgenössischen Pariser Bühnen bereits neue, dem Postulat der Natürlichkeit folgende Töne und Gesten wahrzunehmen waren, verharrten die deutschen Wandertruppen im gekünstelten Stil französischer Hofmanier: Das Hauptgewicht lag auf der Deklamation, Gesten und Aktionen waren sekundär. Man bewunderte immer noch ein Bild von Frankreich, das vor längerer Zeit aktuell gewesen war. Auch das Kostüm entsprach möglichst genau der Erscheinung von Versailles' Höflingen; so war es undenkbar, dass ein Akteur ohne den obligatorischen Galanteriedegen auftrat. Lessing bemerkte später in der *Hamburgischen Dramaturgie* (59. Stück), dass man gerade am Hof die Natur nicht studieren könne; durch „Pomp und Etikette" würden „aus Menschen Maschinen", dieser Stilisierung hätte die bürgerliche Dramatik entgegenzuarbeiten (Lessing 2003 [1767–1769], 306). Tatsächlich hatte das Publikum vor den temporären Bretterbuden zur Zeit der Neuberin noch einen erstaunlich paradoxen Eindruck: Mit der Schäbigkeit der Bühnenarchitektur kontrastierten gezierte und steif abgezirkelte Bewegungen, Allongeperücken und Federbüsche, eng geschnürte Korsetts, ausladende Reifröcke und Schleppen. Präsentiert wurde ein unnatürlicher, steifer, tanzmeisterlich gravitätischer Gang, die Attraktion war ein den Bürgerinnen und Bürgern fremder, meist vorgeblicher Adelshabitus. In Figuren, die sich so künstlich bewegten, verhielten, so aussahen und so sprachen, konnte sich wohl kaum ein Handwerker, Händler, Gelehrter oder Jurist einfühlen. So war man sich im Zeitalter der Aufklärung weitgehend einig, dass für Dramatik und Bühne grundlegende Reformen anstanden. Aus deutschsprachiger Sicht sah man nach Frankreich und England, deren politische Systeme, wirtschaftliche Strukturen, religiöse Vorstellungswelten und ästhetische Kulturen sich jeweils unterschiedlich entwickelten. Da auch der deutsche Adel von französischer Hochkultur geprägt war, lag es nahe, sich für das deutsche Bühnenspiel an Versailles zu orientieren.

Bekannt für entsprechende Reformen bzw. Reformversuche wurde der Autor und Hochschullehrer Johann Christoph Gottsched (1700–1766). Als Herausgeber der moralischen Wochenschriften *Die vernünftigen Tadlerinnen* und *Der Biedermann* sowie als Professor für Poetik, Logik und Metaphysik in Leipzig suchte er den Kontakt zum Theater und fand ihn in der programmatischen Zusammenarbeit mit der Truppe der Neuberin. Die deutsche Dramatik und das Theater, so der theaterferne wie -unerfahrene, mehr an Poetiken als an Bühnenluft geschulte Gelehrte Gottsched, hätten wie die französische Bühnenkultur vernünftig und regelkonform zu sein. Den traditionellen Haupt- und Staatsaktionen und italienischen Opern, die primär durch Ausstattung und kaum durch sprachliche Virtuosität, inhaltliche Relevanz und poetische Ästhetik überzeugten, wurde der Kampf angesagt. Aristoteles und die Antike seien über die Dramen von Pierre Corneille, Molière, Jean Racine und Voltaire vorbildlich tradiert, man orientiere sich deshalb an der *tragédie classique*. Das Trauerspiel hat nach Gottsched als „allegorische Fabel" von Nutzen zu sein, soll eine „Hauptlehre zur Absicht" haben und die „stärksten Leidenschaften ihrer Zuhörer, als Verwunderung, Mitleiden und Schrecken zu dem Ende" erregen, „damit sie dieselben in ihre gehörigen Schranken bringen möge" (Gottsched 1972a [1729], 5–6). Der Professor entwarf mit der Alexandrinertragödie *Der sterbende Cato* (1731) den Prototyp eines zukünftigen deutschen Dramas. Das Trauerspiel war jedoch kein Geniewerk, sondern weitgehend ein dramaturgisch wie sprachlich kaum überzeugender Intertext aus älteren Dramen über Cato von Joseph Addison (1672–1719) und François-Michel-Chrétien Deschamps (1683–1747).

In Gottscheds Regeldramaturgie hatten die Improvisationen der professionellen, internationalen und eher korporal glänzenden Gruppen wie der Commedia dell'arte keine Existenzberechtigung mehr. Unanständiges, Unangemessenes,

Hässliches, gar Sexuell-Obszönes sei strikt zu untersagen. Dieses Verdikt im Sinne einer ‚Reinigung' traf insbesondere die komische Figur, den Harlekin, Hanswurst, Kasperl, den man augenzwinkernd über die Dienerfiguren der Renaissance-Vorbilder Plautus und Terenz hätte legitimieren können (Heßelmann 2002; Schörle 2007; Kreuder 2010). In Gottscheds Kampf um eine dramaturgische Verbesserung, eine Idealisierung und Bereinigung des Dramas erregte die offizielle, dramatische Verbannung des Harlekins bzw. der komischen Figur 1737 in einer von der neuberschen Truppe verantworteten Inszenierung besonderes Aufsehen. Schauspielerisch-dramatisches Ideal war nun, nach den wilden Rasereien der Haupt- und Staatsaktionen, die man als eher kruden Realismus bezeichnen könnte, die tragische Deklamation. Die neubersche Truppe übernahm den französisierenden Spielstil, auch wenn die beliebte komische Figur bald wieder auf die Bühne gelassen wurde. Johann Friedrich Schönemann (1704–1782), ein ehemaliges Mitglied der neuberschen Gruppe, führte als Prinzipal einer eigenen Truppe die klassizistische Darstellungsmanier fort. Während der französisierende Einfluss, die deklamatorische Manier der erhabenen Spielweise bei der Neuberin historisch notwendig war, um das inszenierte Drama auf das notwendige Niveau zu bringen, schien er bei Schönemann oder Heinrich Gottfried Koch (1703–1775) zum Manierismus der hohl-pathetischen Tirade geworden zu sein. Preziöse Affektation und normierter Gebärdenkanon waren denn auch Kritikpunkte der Zeitgenossen. Dominierend schienen immer noch sich in elegant-nichtssagenden hogarthschen Schlangenlinien gefallende gekünstelt-gezierte Tanzmeistergrazien, performativ anmutige Linien der Schönheit, die William Hogarth (1697–1764) in seiner *The Analysis of Beauty* (1753) als zentrale Ordnung der Form verstand (Hogarth 1995 [1753]). Dieser manierierte Schauspielstil war zumindest für das Repertoire der ersten Hälfte des 18. Jahrhunderts noch förderlich, soweit es sich hauptsächlich um französische Alexandrinertragödien höfischer Konvention und Rokoko-Schäferspiele gehandelt hatte. Die künstlichen Zeichen und Gesten und der künstliche Habitus waren jedoch keineswegs für das bürgerliche Trauerspiel und die nachfolgenden bürgerlichen Gebrauchsstücke des 19. Jahrhunderts tauglich. Hierfür mussten Theatermacherinnen und -macher neue Wege gehen.

Auf der Folie der Transformation des künstlichen in das natürlichen Zeichen in der Theaterdarstellung war der für Fragen der Schauspielkunst wie für die Probleme des Standes gleichermaßen wichtige Konrad Ekhof (1720–1778) Repräsentant einer Übergangsepoche hin zum modernen Schauspielen. Als Mitglied in Schönemanns Truppe noch in zeremonieller Konvention und mechanischer Affektation befangen, trat unter Konrad Ernst Ackermanns (1712–1771) Ägide der realistisch-natürliche Zug hervor, den die Aufführung bürgerlicher Dramen verlangte. Ekhof bildete das Bindeglied zwischen der neuberin-schönemannschen Konvention und einer Naturwahrheit auf der Bühne, für die Ackermanns Stiefsohn Friedrich Ludwig Schröder (1744–1816) stand. Ekhofs dramatisch-inszenatorische Natürlichkeit wirkte immer noch ausgesprochen stilisiert, wenn man sie mit der auf Lebensnachahmung abzielenden Darstellungsweise Schröders oder gar mit heutigen realistischen Schauspielen vergleicht. Die Spielweise, mit der Schröder, der neben seiner Arbeit als Schauspieler und Theaterdirektor auch als Autor reüssierte, etwa mit *Der Arglistige* (1771), von Hamburg aus die Welt Shakespeares und die sich an ihm orientierende Sturm-und-Drang-Dramatik durchsetzte, verhält sich zu der Ekhofs wie ein drastischer Naturalismus zu einem stilisierten Realismus. Ekhof suchte den Eindruck von Natürlichkeit, Schröder forderte Natur an sich, was im Kontext der Zeit überindividuell gedacht werden musste. Das Vorbild war der englische Schauspieler David Garrick (1717–1779), der in seinen Shakespeare-Interpretationen nicht nur im Schauspielen kontinentale Maßstäbe gesetzt hatte, sondern maßgeblich an der Wiederentdeckung der shakespeareschen Dramen beteiligt war, was immensen Einfluss auf die Debatte um die der Zeit adäquate Dramaturgie im deutschsprachigen Raum zeitigte (Blinn 1982; Häublein 2005).

Johann Elias Schlegel (1719–1749), ausgerechnet ein ehemaliger Schüler Gottscheds, propagierte für den deutschsprachigen Kulturraum Shakespeare; Lessing übernahm dies und führte es mit Rückgriff auf Aristoteles prägnant weiter. Schlegels einaktiges Lustspiel *Die stumme Schönheit* (1748) reduziert bei aller Unterhaltungsabsicht bereits das Typische der Komödienfiguren und erlaubt ihnen auf der Basis des Alexandriners psychologische Tiefe. Ebenfalls vor aristotelischem Hintergrund zielte Ekhof auf Wahrscheinlichkeit im Drama und im Spiel. Schröder suchte bereits so etwas wie Wahrheit, im Zweifel auf Kosten des ästhetischen Gesamteindrucks. Dies kritisiert Goethe, dem es um dramatische wie dramaturgische Harmonie ging, später. Ekhof und Schröder strebten beide in der dramatischen Mimesis Lebensnähe an, aber unter völlig verschiedenen Vorzeichen und mit völlig verschiedenen Gestaltungen und Mitteln. Schröder beobachtete und legte Wert auf Details, Ekhof hingegen verfolgte ein Auswahlprinzip. Er ließ das bloß Zufällige beiseite und hob aus der Fülle des Notwendigen nur im dramatischen Spiel als bezeichnend heraus, was als Stellvertretung auch des Übrigen anerkannt werden durfte und demgemäß in der Phantasie der Zuschauerinnen und Zuschauer weiterwirkte. Schröders Sturm-und-Drang-Form des Schauspielens als das Fundament bürgerlicher Dramatik schien nur von denen erreicht worden zu sein, die vorher durch Ekhofs Natürlichkeitsspielweise hindurchgegangen waren.

Mit der Forderung nach Natürlichkeit wurde im inneren wie äußeren Kommunikationssystem des Dramas der mehr oder weniger authentisch anmutende Charakter wichtig (Rockstuhl 2008). Die dramatische Erscheinung und Gestalt des Anderen als Rolle und Eigenart der Schauspielerin und des Schauspielers sollten möglichst natürlich wirken (Englhart 2018). Dies hatte Folgen für den Dialog zwischen den Figuren, der als idealer Dialog während des 19. Jahrhunderts durch die Erkenntnisse über das Innenleben der Figuren sowie die empirische Umwelt zunehmend Legitimationsprobleme bekam (Szondi ⁴1963). Insbesondere wurde am Übergang zur Moderne vom 18. in das 19. Jahrhundert die der klassischen Zeit noch als Folie unterlegte, von René Descartes philosophisch vorgestellte Subjekt-Objekt-Verbindung als Figur-zu-Figur-Relation prekär. So differenzierte sich eine isolierte Subjektivität von der materiellen Verfügung über Gegenstandsbereiche, und zwar diskursiv-kategorial, dramaturgisch-figural wie im alltäglichen Umgang mit dem Anderen. Dies bedeutete etwa, dass man sich zum einen als Autor wie auch als vereinzelte Figur in einem dramatischen Text als autonomes Subjekt verstand, welches das jeweils Gegebene wahrnahm, eigenverantwortlich in einer Situation handelte und dem Anderen wie auch der bekannten wie fremden Umwelt gegenübertrat. Zum anderen wurde das Selbst nicht mehr als Seele, sondern zunehmend anatomisch als Gehirn und Körper verstanden, wurde die Welt physikalisch, biologisch, geologisch, psychologisch und soziologisch bzw. positivistisch erfasst. Der sich herausbildende Individualismus des autonomen Subjekts benötigte auf der Grundlage des Dramatischen mentale wie diskursive Gestalten, Strukturen und Stereotypen zum Umgang mit dem jeweils Anderen. Der Andere wurde einerseits beschrieben, andererseits essentialisiert (Englhart 2018).

Dabei war als Errungenschaft der Aufklärung das Mitleiden mit der Figur gefragt, nach Lessing eine Verbürgerlichung des aristotelischen *eleos*. Gefordert wurde vor dem Hintergrund einer dramatisch geschulten *Theory of Mind* – also der spekulativen Annahme eines Bewusstseins und einer Sicht aus den Augen und der Wahrnehmung des Anderen – eine individuelle und selbstbewusste ethisch-moralische Sittlichkeit, die man sich in der eigenen Bildung und mit Hilfe der bürgerlichen Dramatik anzueignen hatte. Daraus resultierte der Bildungsanspruch und -auftrag der Institution des ‚anständigen' Theaters als moralische Anstalt bis heute. Die dramatische Figur wurde seit dem bürgerlichen Drama der Aufklärung genauer, misstrauischer, ängstlicher und zugleich wissenschaftlich-ideologisch stereotypisiert beobachtet sowie entsprechend gestaltet. Sie war im Gegensatz zur klassischen Zeit nicht mehr anhand kodifizierter Kleidervorschriften sowie anhand Schicht und Profession zugeordnetem, genormtem Verhalten zu interpretieren, einzuschätzen und zu beurteilen, sondern über die begegnenden natürlichen Zeichen zu deuten. Über seine natürlichen Zeichen sollte der Andere in Verhalten, Bewegung, Physis und Physiognomik als wahrer Charakter lesbar werden. Richard Sennett sprach für den Übergang zur bürgerlichen Moderne von der Tyrannei der Intimität, die auch das Verhältnis der Figuren untereinander in der bürgerlichen Dramatik bestimmte (Sennett 1983). Idiosynkratisch registrierte das vereinzelte Subjekt bzw. die bürgerliche Figur den Anderen, insbesondere dessen Charakter, Position, Habitus, seine mutmaßlichen Motive und unterstellten Interessen. Den Anderen versuchte man zunehmend regelgestützt zu deuten; man denke an die von Johann Caspar Lavater (1741–1801) propagierte und von Goethe teilweise unterstützte Physiognomik, den von Peter Camper (1722–1789) konstruierten Gesichtswinkel als frühe Anthropometrie und die Phrenologie nach Franz Joseph Gall (1758–1828); dem Verhalten war man mit Georg Christoph Lichtenberg (1742–1799) in der Pathognomik auf der wissenschaftlichen Spur. Der Mensch wurde zum Anderen in der Anthropologie über die Naturgeschichte bzw. Biologie bis zur Medizin (Košenina 1995). Dies hatte unmittelbar wie mittelbar Auswirkungen auf das Drama, von Friedrich Schillers physiognomischer Zeichnung der an Richard III. angelehnten Figur des Franz in seinen *Räubern* über August von Kotzebues pränaturalistisches Drama *Die Negersklaven* (1794) bis zu Georg Büchners materialistischer Ausdeutung seiner Figuren.

Beispielhaft und überregional prägend wirkte der Schauspieler, Autor und Intendant August Wilhelm Iffland (1759–1814) als zentrale Theaterpersönlichkeit im deutschsprachigen Raum der Spätaufklärung und einsetzenden Moderne. Die Schauspieltheorie entwickelte sich parallel vom 18. Jahrhundert an in Richtung zunehmender Natürlichkeit. Strittig bleibt bis heute, ob diese Natürlichkeit besser durch ein sogenanntes heißes oder ein kaltes Spiel erreicht werden könne, ob die Schauspielenden also das, was sie spielen, innerlich selbst erleben bzw. fühlen oder ob sie vielmehr kühl nur jemanden überzeugend spielen sollen, der dies oder jenes vorgeblich fühle. Während Rémond de Sainte-Albine (1699–1778) für das echte Erleben plädierte, ging Antonio Francesco Riccoboni (1707–1772) für ein solches in der Theaterpraxis von vielfältigen Problemen aus. Denis Diderot formulierte hierzu sein Paradox, dass die Darstellenden insbesondere dann überzeugend seien, wenn sie gerade nicht das erleben, was sie nach außen hin zu erleben scheinen (Diderot 2005 [1773]). Goethes Weimarer Dramen- und Theaterpraxis setzte in seiner Zeit nahezu allein der allgemeinen Tendenz zur zunehmenden Natürlichkeit eine idealisiert-ästhetisierte Künstlichkeit entgegen – Spiel, Drama und sonstige Bühnenmittel wurden zu Teilen einer harmonischen Gesamtinszenierung erklärt; heute sprechen wir vom Idealismus der Weimarer Klassik. Die Figuren des idealen Dramas wie in Goethes *Iphigenie auf Tauris* (1779/1786) begegneten sich, auch wenn sie sich eigentlich fremd sein sollten, ohne grundsätzliches Missverstehen auf Augenhöhe. Der Dialog zeichnete die Gattung Drama als Struktur aus, in der Handlung im Dazwischen, in der Dialektik des Agonalen entstand. Der dramatische Dialog des klassischen Dramas wurde mit der Romantik, mit dem dramatisierten Unbewussten, prekär, indem es den Anderen verundeutlichte. Heinrich von Kleists 1809/1810 verfasster *Prinz von Homburg* demonstrierte die Wirkung des modernen Unbewussten: Weder die handelnde Hauptfigur noch die Zuschauenden werden sich letztlich völlig klar darüber, was die jeweiligen Motive der Handlungen und Aussagen sind. Der oberflächlich rationale Dialog wird zum nicht begreifbaren Spielobjekt des unheimlichen Anderen, eigentlich herrschenden Realen. Diesem Angriff zu Beginn der bürgerlichen Moderne von ‚innen' korrespondierte der störende Übergriff auf den Dialog von ‚außen', aus der materialistisch-brutalen Umwelt. Das Dramatische wurde pränaturalistisch, eigentlich schon im Sturm und Drang, erst recht im drastischen Realismus Büchners, vor allem im *Woyzeck*.

Bürgerliche Dramen

Der Weg vom künstlichen zum natürlichen Zeichen, von der Natürlichkeit zum Realismus bereitete die dramatische Innovation des bürgerlichen Trauerspiels grundlegend vor (Rochow 1999; Guthke [6]2006 [1972]; Schößler [4]2015). Mitsamt ihren trivialen Formen wie dem Rührstück fungierte es bis in die Mitte des 19. Jahrhundert als Projektionsfläche der in der politischen Wirklichkeit nicht erfolgreichen bürgerlichen Revolution. Im Gegensatz zu Englands Reflexion eines selbstbewussten Bürgertums auf den Bühnen gelingt in den deutschsprachigen Ländern nur die imaginäre Sublimierung revolutionärer Energie in der Konflikt- und Dialogdramaturgie, wie man sie Lessings *Miß Sara Sampson* (1755) entnehmen kann, dem ersten deutschen Trauerspiel, das nicht zufälligerweise der Titelheldin einen englischen Namen verleiht. Dabei orientierte sich Lessing (1729–1781) an Diderot, dem für ihn philosophischsten Denker seit Aristoteles, bzw. später dann auch dramaturgisch an dessen Drama *Le Père de famille* (1758; dt. *Der Hausvater*). In *Miß Sara Sampson* geht es nicht so sehr um den Ständekonflikt, sondern vielmehr um die Empfindsamkeit für den Anderen in einer nicht allzu komplexen Figurenkonstellation. Auf der Ebene der Handlung kontrastiert Lessing zwei entgegengesetzte Narrative, nämlich eine Vergebungsgeschichte und eine Rachetragödie (Saße 1988, 146–147; Eibl 1977; Ter-Nedden 1986, 62–63). Das Zentrum, um das sich beide Handlungen entspinnen, bilden Sara und ihr Geliebter, Mellefont. Beide sind, sich in einem Gasthof in England aufhaltend, zusammen vor Saras Vater, der die Ehe mit Mellefont verhindern wollte, auf der Flucht nach Frankreich. Sir William Sampson reist seiner Tochter nach, während er sich – ganz im Sinne der Empfindsamkeitsdoktrin – vom Strafenden zum Zärtlichen und Vergebenden entwickelt. Der Konflikt der Rachetragödie ergibt sich durch das Zusammentreffen von Sara und Marwood, einer ehemaligen Geliebten Mellefonts, der es nicht gelungen war, den heiratsunwilligen Mellefont zu ehelichen – ein Schicksal, das sich durch sein Zögern für Sara wiederholen könnte. Marwood droht ihrem ehemaligen Geliebten zunächst damit, das gemeinsame uneheliche Kind, Arabella, umzubringen. In einem von Mellefont arrangierten Gespräch mit Sara vergiftet die Femme fatale Marwood ihre Rivalin. Das Stück endet damit, dass Sara, bevor sie stirbt, Marwood vergibt, Mellefont sich erdolcht und der Vater Sir William das uneheliche Kind als sein eigenes annimmt. Lessings Trauerspiel greift somit Genres wie die attische Tragödie, die Rachetragödie und das stoische Märtyrerdrama auf, um die traditionellen Konflikte zu psychologisieren und ins Innere der Figuren zu verlegen (vgl. Pikulik 1966, 167; Ter-Nedden 1986, 27).

Zum paradigmatischen Zentrum wurde die Rührung, sowohl als wirkungsästhetische Komponente wie als Thema und im Schauspielen der Figuren auf der Bühne. Über die Rührung als dem einfühlenden Zugang zum Anderen im Sinne einer *Theory of Mind* und des Mitleidens sollte der Charakter der Zuschauerinnen und Zuschauer gebessert werden. Den starken Affekten der klassischen französischen Tragödie setzte Lessing also zurückgenommene seelische Regungen entgegen. Während *eleos* und *phobos* für Aristoteles noch zur Katharsis, zur (medizinisch verstandenen) Reinigung der Zuschauenden von den Affekten führen sollten, transponierte Lessing diese in die Erlebniszustände Mitleid und Furcht. Affekte sind damit nicht mehr gesellschafts- und individuengefährdend, sondern sozial zuträglich; der mitleidigste Mensch sollte nun der beste Mensch sein, so Lessing, bis hin zum sich dialektisch zuspitzenden Drama *Nathan der Weise* (1779, UA 1783), in dem der distanzierende Humor kongenial mit dem Verständnis für die Fehler und Charakterschwäche des Menschen verbunden ist. Wirkungsästhetisch unterstütze zudem die Furcht, die sich über das Mitleiden, über die Identifikation mit dem Schicksal der Figur einstellen sollte. Das Drama sollte eine imaginäre Welt eröffnen, die über die Mimesis, verstanden als Ähnlichkeit zwischen der bürgerlichen Existenz des Publikums und der Rollenfiguren, das einfühlende Empfinden mit dem Schicksal der bürgerlichen Helden ermöglichte. Dies galt auch für die Komödie, die Lessing mit seiner *Minna von Barnhelm* (1767) aus der Tradition der Typenkomödie befreite und näher an die Tragödie rückte. Die Figuren waren nun nicht mehr Objekt des Verlachens, das der Anästhesie des Herzens (Bergson 2011 [1899]) der Zuschauerinnen und Zuschauer geschuldet war, sondern sollten Anlass dazu bieten, dass das Lachen über ihre Handlungen alle Beteiligten verbessere.

Gemischte, mittlere Charaktere, wie sie Lessing einforderte, als „innere Mischung des Guten und Bösen" (Lessing 1997 [1759–1765], 645), erlaubten eine Darstellung menschlich-komplexer Psychologie, die gleichzeitig komische Distanz wie identifikatorische Einfühlung und Mit-Leiden evozierte. Bedingung des illusionierenden Einblicks in eine bürgerlich-ähnliche Welt war eine verstärkte vierte Wand als ästhetische Grenze, wie sie Diderot entwickelte. Der Dialog zwischen Kunst- und Realraum, der in Shakespeares Globe noch stattfinden konnte, verlor seine Vorrangstellung gegenüber dem Dialog zwischen den Bühnenfiguren im inneren Kommunikationssystem des Dramas. Schon Diderot wollte Wahrheit auf der Bühne, freilich nicht in der naiven Präsentation der Dinge, wie sie in der Natur anzutreffen seien. Vielmehr sollten Handlungen, Dialog, Gestalt und Gebärde einem von der Dramatikerin bzw. dem Dramatiker imaginierten ideellen Modell entsprechen. Mit Blick auf Diderot und Aristoteles konturierte Lessing seine Figuren als gemischte, als überzeugende Komposition aus Realitätsnähe und gemäßigter Idealität im Sinne einer Vermeidung des Allzubesonderen, vor allem wenn es das Allzuniedrige war. Das bürgerliche Menschenbild wurde durch die innovative Verbindung zwischen Drama und natürlicherer Schauspielkunst intensiviert.

Während der Beginn der bürgerlichen deutschsprachigen Dramatik Mitte des 18. Jahrhunderts politisch zumindest nicht direkt strukturgefährdend erschien, verdeutlichten sich die Konflikte in den 1770er Jahren, etwa in Lessings *Emilia Galotti* (1772), eine bis heute überzeugende Arbeit, die der Autor leistete, nachdem er als erster historischer Dramaturg zuvor schon an der Hamburger Entreprise (1767–1769) gewirkt hatte, einem frühen, rasch gescheiterten Nationaltheater-Versuch. Dramaturgisch und politisch geschickt platziert, aber doch nicht zu übersehen ist die harte Kritik an der Amoral, der Willkürherrschaft und dem Zynismus des Adels. Auch der bürgerlich gesinnte Vater wird nicht einseitig positiv gezeichnet; immerhin opfert er seine Tochter, um nicht nur deren Ehre, sondern auch die der Familie, des Bürgertums und vor allem seine eigene zu retten (Saße 1988 und 1996; Alt 1994; Fick [4]2016).

Um Moral und deren Gefährdung ging es auch in den erfolgreichen, heute oft und nicht immer zutreffend als Trivialdramen bezeichneten Stücken August Wilhelm Ifflands, wie *Verbrechen aus Ehrsucht* (1784), August von Kotzebues, wie *Menschenhaß und Reue* (1790), und später dann Charlotte Birch-Pfeiffers, wie *Die Grille* (1836) (Glaser 1969; Pargner 1999; Birgfeld und Conter 2007). Die unüberbrückbaren psychologischen wie politischen Differenzen zwischen adeliger Herrschaft und bürgerlichem Selbstbewusstsein wurden konturierter sowie härter in Friedrich Schillers *Kabale und Liebe* (1784) formuliert. Energisch und fast ausfallend geriet der Konflikt in den Dramen des Sturm und Drang, der als Epochenbezeichnung dem gleichnamigen Titel des 1776 verfassten Dramas von Friedrich Maximilian Klinger (1752–1831) entstammte. Formal zeigte sich dies in der selbstbewussten Verabschiedung von der klassischen Lehre der drei Einheiten von Handlung, Ort und Zeit. Schon *Ugolino* (UA 1769) von Heinrich Wilhelm von Gerstenberg (1737–1823) markierte mit Anleihen bei Shakespeare einen Übergang von Rhetorik und klassizistischer Regel zur Empfindsamkeit und zu pointierter Darstellung der Leidenschaften. *Der Hofmeister* (1774, UA 1778) und *Die Soldaten* (1776, UA 1863) von Jakob Michael Reinhold Lenz (1751–1792) trugen ebenso wie

Die Kindermörderin (1776, UA 1777) von Heinrich Leopold Wagner (1747–1779) und Goethes *Götz von Berlichingen* (1773, UA 1774) eine jugendlich-revolutionäre Gesellschaftskritik auf der Folie der shakespeareschen Überwältigungsdramaturgien vor, die einen markanten dramen- wie theaterhistorischen Höhepunkt im Skandal um die Mannheimer Uraufführung von Schillers *Die Räuber* (1782) fand (Englhart 2010). Lenz' *Anmerkungen zum Theater* (1774) schaffen hierfür eine zeitgemäße theoretische Basis, indem das elisabethanische Theater als Gegenteil des französischen erscheint und anhand von Shakespeares Charakteren und dessen Genieästhetik Regeln wie die der klassischen drei Einheiten als veraltet bewertet werden. Mit dem Sturm und Drang verlagerte sich der Fokus vom bürgerlichen Haushalt und der Familie, in der das Mitmenschliche, Rührung und Empfindsamkeit vorherrschten, zu Konflikten, die aus der politischen wie gesellschaftlichen Position der Figuren als Offiziere, Händler, Kaufleute oder Handwerker herrührten. Inhaltlich wie formal herausfordernd wird die gesellschaftliche Spannung dann einige Jahrzehnte später in den Dramen Georg Büchners, so dass sie im zeitgenössischen Theater nicht aufzuführen waren.

Doch noch einmal zurück zu Lessing, der für den deutschen Sprachraum zum zentralen Dramatiker und Dramentheoretiker, zum ersten Dramaturgen und typischen bürgerlichen Intellektuellen wurde. Lessing hatte bürgerliche Dramenästhetiken aus dem französischen und englischen Kulturraum übernommen, für die George Lillos *The London Merchant* (1731) und, etwas später, Denis Diderots bereits erwähntes Stück *Le Père de famille* standen. Dramatisch und dramaturgisch neu, wirkungsvoll und folgenreich reüssierte die Erfindung des bürgerlichen Trauerspiels im engeren Sinne von Lessings *Miß Sara Sampson* (1755) bis zur Mitte des 19. Jahrhunderts, bis zu Friedrich Hebbels *Maria Magdalena* (1844, UA 1846). In der Folge perspektivierte sich das Drama mehr auf die unteren Schichten und wurde zum sozialen Drama, von Büchners *Woyzeck* über den Naturalismus und darüber hinaus (Borgards und Neumeyer 2009). Diese auf einen Kanon verengte literaturwissenschaftliche Sicht übersieht allerdings die theaterhistorisch weitaus wirkungsvollere bürgerliche Dramatik Ifflands, Kotzebues und Birch-Pfeiffers (Mönch 1993; Guthke ⁶2006 [1972]). Und sie übergeht die medienhistorisch überwältigende Tradition der bürgerlichen Dramatik vom 18. Jahrhundert bis in die heutige Film- und TV-Seriendramaturgie. Im weiteren Sinne verlängerte das bürgerliche Trauerspiel die von Aristoteles in seiner *Poetik* begonnene Tradition eines geschlossenen, wahrscheinlichen Dramas mit Anfang, Mitte und Schluss über das realistische und naturalistische Drama bis zur heutigen populären Mediendramaturgie. Freilich leitete es für das 20. Jahrhundert auch das Spannungsverhältnis von (Neo-)Avantgarde und weiterhin dramatischdialogischen Formen ein, die ein deutlicheres Ähnlichkeitsverhältnis in der Repräsentation behaupteten. Das bürgerliche Trauerspiel bzw. das empfindsame oder ‚weinerliche' Lustspiel wurde schon im 18. Jahrhundert zur dramaturgischen Grundlage, insbesondere weiterer Entwicklung in Richtung ‚trivialerer' dramatischer Formen wie dem Rührstück Kotzebues, der Dramaturgie des klassischen Hollywood-Films und bis heute populärer dramatischer Formen wie der TV-Serie.

Das um die Mitte des 18. Jahrhunderts entstandene bürgerliche Trauerspiel verlangte nach einem in der Mimesis ähnlicheren Verhältnis zwischen Urbild und Abbild, was die Umwelt der bürgerlichen Lebenswelt, also die Zuschauenden eines bürgerlichen Theaters betraf. Nach der Verabschiedung der Ständeklausel fokussierte die neue dramatische Perspektive auf die bürgerliche Kleinfamilie, obwohl die Figuren oft selbst dem (niederen) Adel angehörten; entscheidend waren bürgerliche Mentalität, Vorstellungswelt und Habitus. Ihr dramatisches Wirken war nun vordergründig dem Hof bzw. dem Bereich der Herrschaft des Adels entzogen. Dies bedeutete nicht unbedingt einen höheren Grad an Freiheit, wurde doch die adelige Herrschaft durch die des Familien- oder Hausvaters ersetzt (Ter-Nedden 1986).

Das bürgerliche Trauerspiel, vom Wortsinn her in der klassischen Zeit noch ein Widerspruch in sich, hatte insbesondere englische und französische Wurzeln. In den dreißiger Jahren des 18. Jahrhunderts sprach man in Frankreich von der *tragédie domestique et bourgeoise*, meinte dramaturgisch aber eher eine *comédie larmoyante*, ein weinerliches Lustspiel. Gottsched sah in der *tragédie domestique et bourgeoise* 1751 in seiner *Critischen Dichtkunst* die adäquate Form des bürgerlichen Trauerspiels. Christian Fürchtegott Gellert (1715–1769) übernahm zentrale dramaturgische Elemente in seinem Rührstück bzw. seiner ‚tugendhaften Komödie' *Die zärtlichen Schwestern* (1747). Die Orientierung am französischen Drama und Theater ereignete sich auf der Folie des rationalistischen Denkens. Französische Regelhaftigkeit in der Ausdeutung der (pseudo-)aristotelischen Poetik war Teil des Machtdispositivs des absolutistischen Frankreichs. Vor diesem immens politischen Hintergrund war es keineswegs verwunderlich, dass Gottsched den bekanntesten seiner vielen Gegner in Lessing fand, der den vergleichsweise regelarmen Dramaturgien der shakespeareschen Stücke zuneigte. Insofern war auf lange Sicht das weniger dem Rationalismus, mehr dem Empirismus folgende England für das deutschsprachige bürgerliche Trauerspiel einflussreich.

Zum Prototyp des bürgerlichen Trauerspiels wurde *The London Merchant* von George Lillo (1691–1739), uraufgeführt 1731 im Theatre Royal an der Drury Lane in London. Dabei verwendete Lillo selbst diese Gattungszuweisung nicht, man las sie erst in französischen Übersetzungen, die dem Titel des Dramas die Genrebezeichnung ‚tragédie bourgeoise' gaben, was ins Deutsche mit ‚bürgerliches Trauerspiel' übersetzt wurde. Wenige wissen, dass Lillos Stück zwischen 1754 und etwa 1780 eines der am häufigsten inszenierten Dramen im deutschsprachigen Bereich war. Viele der Zeitgenossen kannten es, wiewohl es nicht jeder in seiner

Qualität schätzte. Der Erfolg des Stückes ergab sich aus seiner außerordentlichen Zeitbezogenheit, insbesondere aus der rührenden Wirkung und der präsentierten bürgerlichen Welt. Lillo war sich mit seinen „[p]lays founded on moral tales in private life" (Lillo 1993, 152) der Neuartigkeit der Dramaturgie, die gegen alle Regelpoetiken verstieß, bewusst; seinem Prolog zufolge ging es ihm nicht um gesellschaftspolitische, sondern vielmehr um wirkungsästhetische Fragen. Lillo beobachtete, dass ein bürgerliches Publikum kaum tief berührt wurde durch das Schicksal von Personen, die nicht seinem Stand entsprachen. Peter Szondi spitzt dieses Phänomen zu, wenn er argumentiert, dass nicht der Bürger die Tragödie benötige, sondern die Tragödie den Bürger (Szondi 1973a, 32).

Aktuelle Dramen des 18. Jahrhunderts favorisierten daher Heldinnen und Helden aus dem bürgerlichen Stand der Händler und Kaufleute, als Motivation der Figuren die protestantische Tugend- und Leistungsethik, als Charaktereigenschaft die triebunterdrückende Askese und als Denkvorgabe den die Leidenschaften nicht schätzenden Rationalismus des aufkommenden Kapitalismus. Lessing erkannte die zukunftsweisende Dramaturgie Lillos und bemerkte provozierend 1756 in seiner Vorrede zu einer Übersetzung der Trauerspiele James Thomsons, er wolle weit mehr der Autor von Lillos *Merchant of London* (dt. *Kaufmann von London*) als von Gottscheds *Sterbendem Cato* sein (Lessing 1756, 7). Wie Lillo betonte Lessing die wirkungsästhetische Perspektive, beobachtete, dass bei einigen Aufführungen des *Kaufmann von London* mehr Tränen flossen als alle Aufführungen des *Sterbenden Cato* zusammen es jemals erreichen könnten. Unmittelbar sollten Tränen des Mitleids die Wirkung des bürgerlichen Trauerspiels sein, mittelbar ging es um die fühlende Menschlichkeit. Sogar Goethe gestand 1765 in einem Brief an seine Schwester über eine Leipziger Aufführung des *Kaufmann von London*, er hätte sich zwar meist gelangweilt, aber am Ende geweint.

Auch andere englische Dramatiker wie Edward Moore (1712–1757) oder Richard Steele (1672–1729) waren mit dem neuen weinerlichen Lustspiel erfolgreich. England war ein ideales künstlerisches ‚Biotop' für die Entwicklung des bürgerlichen Trauerspiels, hatte sich doch dort das Bürgertum bereits im 17. Jahrhundert mit der Declaration of Rights und der konstitutionellen Monarchie zumindest teilweise gegenüber dem Adel emanzipiert. Immerhin waren die Helden, der traditionellen Ständeklausel nicht entsprechend, Kaufleute, deren Standesbewusstsein nicht über die Geburt, vielmehr über Leistung, Askese, Familienbezogenheit, gesellschaftsdienliche Intelligenz und vor allem einen anständigen, moralischen Charakter (auch in den Augen der Anderen) bestimmt war. Mit traditionellen Haupt- und Staatsaktionen und deren durch die Ständeklausel beschränktem Personal konnten sich die Bürgerinnen und Bürger nicht identifizieren. Für Lessing sollte die Heldin bzw. der Held genauso denken, motiviert sein und handeln wie bürgerliche Zuschauerinnen und Zuschauer in einer möglichst ähnlichen

Situation, vor allem in einer wirtschaftlichen oder innerfamiliären. Beispielhaft dramatisiert erscheinen diese Forderungen in seinem Trauerspiel *Emilia Galotti*, das er nach den Überlegungen zu einem künftigen Drama aus der *Hamburgischen Dramaturgie* gestaltete. Die tragische Wirkung ergab sich programmatisch aus der nachvollziehbaren Handlung der natürlich erscheinenden gemischten Charaktere.

Einflussreich wurde neben England Frankreich, jedoch nicht so sehr auf der von Gottsched beschriebenen Ebene einer vorbildhaften Regeldramaturgie, die sich an der traditionellen klassischen Norm orientierte. Vielmehr nahm man dramaturgisch Maß an Diderot, der zusammen mit Jean-Baptiste le Rond d'Alembert (1717–1783) Herausgeber der *Encyclopédie* und schon hiermit einer der revolutionärsten Intellektuellen war. Diderot kreierte dabei das so tragisch wie komisch anmutende *drame sérieux*: *Le Fils naturel* von 1757 und *Le Père de famille* von 1758 sind, heute kaum oder gar nicht mehr gespielt, *tragédies domestiques* bzw. häusliche bürgerliche Komödien im engen, intime Natürlichkeit fordernden Familienkreis. Auch in diesen Stücken ging es nicht so sehr um die Standeszugehörigkeit der handelnden Figur, als vielmehr um deren (un-)moralisches Verhalten, ihre Bildung und ihre Einfühlung in die Situation und den Charakter des Anderen. Bürgerlichkeit wurde zur prärevolutionär-emanzipatorischen Haltung, bürgerliche Mentalität samt entsprechendem Habitus hatten sich in dramatischen Situationen zu zeigen und zu bewähren. Da der Aktionsbereich über die Figurenkonstellation, den Zeitraum und die spezifische kausale Handlung in der Beziehung zum Anderen als Liebes- oder Ehepartner, Kind oder Elternteil eingerichtet wurde, transponierte sich notwendigerweise sogar im absolutistischen Frankreich die Handlung des bürgerlichen Trauerspiels und Rührstücks vom Machtbereich des Hofes in die Familienwelt.

Das Drama in bürgerlichen Institutionen

Zugleich behauptete das gedruckt vorliegende Drama eine neue zentrale Stellung, es setzte eine zunehmende Literarisierung des Theaters ein. Insbesondere dem Drama kam die Aufgabe zu, Mentalitäten, Vorstellungen, Perspektiven und Diskurse der Zeit zu vermitteln. Somit erweiterte das deutschsprachige Drama und Theater seine Öffentlichkeit, wenn es nicht gar zusammen mit anderen bürgerlichen Medien eine bürgerliche Öffentlichkeit schuf. Es wirkte weit über den Kreis hinaus, den etwa das protestantische Schultheater ermöglichte, das nicht mehr wie Dramatisierungen des Jesuitentheaters in Latein verfasst war und bereits auf einen literarisch gebundenen Spielplan baute. Grundlegendes Problem für ein deutschsprachiges bürgerliches Drama war, dass, institutionell gesehen, hierfür kein entsprechendes Theater existierte, was schon Johann Elias Schlegel beklagte. Lessing monierte 1760 im 81. der *Briefe, die neueste Litteratur betreffend*, man hätte kein eigenes deutsches Theater, keine Schauspieler und keine Zuhörer. Während die französische Bühne in der Hauptstadt, ja gar in Versailles vor dem König reüssiere, wären die Bretter des deutschen Theaters Ziel des Spotts, von übelstem Ruf, so dass ehrliche Bürger sich inkognito zur Spielbude schleichen müssten (Lessing 1760, 85, 87). Die Beobachtung Lessings war kaum polemisch, die soziale Situation, der zu bewältigende Alltag und das gesellschaftliche Ansehen der Schauspielerinnen und Schauspieler waren katastrophal (Daniel 1995; Korte und Jakob 2012).

Immerhin beförderte das 18. Jahrhundert, was die interne Struktur und Organisation der Kompanien betraf, den Übergang vom Wanderdasein zur ersten Konsolidierung fester Ensembles in stehenden Schauspielhäusern. Die wichtigsten Gesellschaften waren in dieser Zeit miteinander verflochten, voneinander abhängig oder gingen auseinander hervor. Das Mittelalter kannte so etwas wie einen Berufsschauspieler, gar eine Berufsschauspielerin im eigentlichen Sinn noch nicht. Diese erschienen erstmals Ende des 16., Anfang des 17. Jahrhunderts neben den Commedia-dell'arte-Truppen mit dem Auftritt englischer Komödianten auf dem Kontinent. In diese anfangs fremdsprachigen Truppen wurden nach und nach immer mehr deutsche Akteure integriert. Dennoch verhinderte die soziale wie institutionelle Ausgangslage die Entstehung eines halbwegs in sich geschlossenen Dramas, schon weil man sich meist nur mit dem Körper, pantomimisch, sprachlich nur bruchstückhaft verständigen konnte. Die so entstehenden, kommerziell-populär orientierten Wandertruppen wurden mit Marktschreiern, Spielleuten, Bärenführern und Schlimmerem gleichgesetzt – und auch wie diese behandelt. Auch das extrem schlechte Image der mit dramatischen Mitteln sich anpreisenden Quacksalber färbte auf die Schauspieltruppen ab. Die Herkunft der meisten Schauspielenden tat ein Übriges, den Stand in der allgemeinen Achtung herabzusetzen. Soldat oder Schauspieler – vor diese Alternative sahen sich sogenannte gescheiterte Existenzen gestellt. Oft bestand der Nachwuchs aus Studienabbrechern oder verarmten Studenten.

Besondere Schwierigkeiten hatte die Kirche mit dem Theater (Schnusenberg 1981). Es wurde als Blendwerk der Hölle verstanden, die (neo-)platonische Verbannung des Dichters aus dem Idealstaat wirkte nach, man verweigerte den Schauspielenden die Sakramente. Wahrscheinlich sah man im aufgeführten Drama und im Theater auch eine Konkurrenz zur Kanzel; man vergleiche hier Schillers Schaubühnenrede von 1784, in der dem Theater als zu legitimierendem Medium zugetraut wird, dass es ihm deutlicher als Religion und Staat gelänge, Missstände darzustellen und so zu beseitigen (Schiller 2004a [1784]). Angeführt wurden die Gesellschaften von einer Prinzipalin oder einem Prinzipal, dem sogenannten Komödiantenmeister, der sich auch gerne, der privatkapitalistischen Unternehmensart entsprechend, ‚Directeur' oder ‚Entrepreneur' zu nennen pflegte. Er bzw. sie war der oder die auf eigenes Risiko arbeitende Eigentümer bzw. Eigentümerin des theatralen Apparats und besaß die notwendigen Privilegien. Diese waren meist nicht existenzsichernd, funktionierten aber teilweise als Monopolzuweisungen gegen die Konkurrenz. Ein Privileg war unmittelbar mit der jeweiligen Herrscherin bzw. dem Herrscher einer Region verbunden, so dass die Schauspielenden von deren oder dessen Gunst abhängig waren. Für ein solches Wandertruppentheater ging es ständig um die Beantwortung der Frage: Kommerz oder Kunst? Kultur oder Kasse? – eine ökonomische Konstellation, die sich noch in der Beobachtung des bereits institutionell abgesicherten Direktors des Vorspiels von Goethes *Faust. Eine Tragödie* zeigt: „Man eilt zerstreut zu uns, wie zu den Maskenfesten, / Und Neugier nur beflügelt jeden Schritt" (Goethe 1998 [1808], 12). Dass vor diesem Hintergrund keine oder keiner in den Wandertruppen zur Zeit des Spätabsolutismus und der Aufklärung über die Notwendigkeit eines guten Dramas nachdachte, leuchtet ein. In der Folge wurde in der Mitte des 18. Jahrhunderts vermehrt von einzelnen Stimmen gefordert, die Privatunternehmen in staatlich subventionierte, öffentliche Institutionen umzuwandeln; so meinte etwa 1751 Gellert, dass das Theater auf öffentliche Kosten erhalten werden müsse (F. Michael und Daiber 1990, 56). Lessing sah in seiner *Hamburgischen Dramaturgie* die Schuld bei der üblichen Prinzipalschaft, die im Zweifel die freie Kunst des Dramatikers zu einem Handwerk herabsetzen würde, wenn nur ein gewisser ökonomischer Gewinn in Aussicht stand (Lessing 2003 [1767–1769], 10).

Reformpläne verfolgten das konkrete Ziel eines öffentlich-bürgerlichen Nationaltheaters mit entsprechender neuer Dramatik als Alternative zum Hoftheater. Insgesamt gesehen blieb jedoch trotz aller Reformziele und Versuche wie die erwähnte Hamburger Entreprise das Prinzipalwesen während des gesamten 18. Jahrhunderts hindurch die zentrale Organisationsform der Truppen. Erst mit der Entstehung der Nationaltheater in Mannheim und Berlin in den 1770er und 1780er Jahren wurden andere ökonomische und verwaltungstechnische Praktiken versucht. Nach dem Theaterdirektor, meist Inhaber des ersten Rollenfachs sowie der künstlerischen und verwaltungsökonomischen Leitung, teilte sich die Belegschaft in das eigentliche darstellerische Ensemble und das technische Personal. Die Anzahl der agierenden Mitglieder richtete sich nach der für die Repertoirestücke erforderlichen Personenzahl, die Strukturen der Dramen nach den üblichen Truppenstärken. Diese wiederum entsprachen in der Regel den bekannten Rollenfächern. Durchschnittlich waren acht bis zehn Rollen des tragischen Faches und um die zwölf Rollen des komischen Faches zu besetzen. Im Allgemeinen hatten Schauspielerinnen und Schauspieler je ein Fach der Tragödie und der Komödie zu übernehmen, was wiederum Rückschlüsse auf den spielplanbezogenen Rhythmus des Dramatischen zulässt. Schon aus ökonomischen Gründen waren Wandertruppen möglichst klein, auch dies nicht ohne Folgen für die Strukturen der aufgeführten Dramen (Maurer-Schmoock 1982; Bender 1992; Erken 2014, 147–163). Das änderte sich im Laufe des 18. Jahrhunderts: Feste Schauspielhäuser führten zur Sesshaftigkeit, das Personal wurde an stehenden Häusern seltener vertragsbrüchig und blieb wesentlich länger am Haus. Neue und mehr Stücke erhöhten die Zahl der notwendigen Darstellerinnen und Darsteller gegen Ende des Jahrhunderts. Während eine Schauspielergesellschaft im 18. Jahrhundert circa 20 Mitglieder hatte, machten die Werke Shakespeares, Schillers und Goethes eine Erweiterung auf 25 bis 30 Schauspielerinnen und Schauspieler erforderlich.

Zudem hatten Gruppen wie die der Neuberin bereits technisches Personal: den Theatermeister als technischen Leiter der Bühne, Beleuchter, einen Dekorateur, helfende Hände zur Anfertigung und Ausbesserung der Dekorationen, Dekorationsmaler, Garderobenverwalter, Kassierer, Billeteure, Logenschließer, Zettelträger und Zettelankleber. Lichtputzer waren zeittypische unkünstlerische Mitarbeiter, die in der Aufführung sichtbar waren – ein früher, unbeabsichtigter Verfremdungseffekt. Einsager hatten einen weiter gesteckten Aufgabenbereich als heute der Souffleur, denn sie waren für die Aufzeichnungen, eine Art Regiebuch, zuständig. Zäh, nicht ohne Rückschläge und lange Zeit ohne große Erfolge arbeiteten Dramatikerinnen und Dramatiker sowie Schauspielerinnen und Schauspieler im 18. Jahrhundert daran, die von ihnen zu verantwortende Darstellung einer gewissen Ähnlichkeit mit bürgerlicher Wirklichkeit zu verpflichten. Dem hinkten Bühnenbild und Kostüme über annähernd 100 Jahre hinterher. Weiterhin bestimmten Einheitsdekorationen das aufgeführte Drama, die Kostüme waren größtenteils abhängig vom Fundus, von Rollentypisierungen wie auch von der Erwartung des Publikums, dass die Darstellerinnen und Darsteller die aktuellste Mode präsentierten. Bis Bühnenbilder und Kostüme sich dem Drama als charakteristische sowie charakterisierende unterordneten, dauerte es noch. Eine unserem heutigen Verständnis von Kostüm eher entsprechende Reform verantwortete ab 1814 der Berliner Nachfolger Ifflands, Karl Graf von Brühl (1772–1837): Kostüme sollten nun nicht mehr dem Zeitgeschmack folgen bzw. rein attraktiv erscheinen, sondern in dem Maße realistisch sein, dass sie ethnologischen, philosophischen und anthropologischen Diskursen der Zeit nicht allzu sehr widersprachen.

Da es im 18. Jahrhundert kein Urheberrecht für die Dramen gab bzw. keines durchgesetzt werden konnte (Kurz et al. ²2015), gab die Theaterleitung den Darstellerinnen und Darstellern nur die für sie ausgeschriebenen Rollen, nie jedoch das ganze Stück in die Hände. Die Schauspielerin Karoline Schulze (1745–1815) erinnerte sich später an ihren Eintritt in die ackermannsche Gesellschaft und klagte, dass sie ihre Rolle nur auswendig lernen könne; an ein stummes Spiel sei nicht zu denken, da sie die Rollentexte der Anderen nicht kannte (Schulze-Kummerfeld 1915, 106–107). Umgekehrt schien eine Hebung der Qualität vor diesem Hintergrund eher von nachgeordneter Wichtigkeit. Zumindest eine künstlerische wie soziale Anerkennung und gesellschaftliche Achtung konnte, soweit in den vorhandenen Institutionen möglich, erst mal nur von den Akteurinnen und Akteuren des Theaters selbst eingefordert werden. Großes Verdienst kam in diesem Zusammenhang Konrad Ekhof durch die Gründung der ersten Schauspielakademie zu. Er führte für die aufzuführenden Dramen Leseproben ein; Schauspielerinnen und Schauspieler hatten das gesamte Stück zu lernen, auch die Figuren bzw. die Rollen der Anderen, ja die gesamte Handlung zu kennen und zu verstehen. Eine solche Professionalisierung der Theaterberufe wie der Theaterpraxis musste letztlich zu einer avancierteren Dramatik führen. Noch aber war die ökonomische Situation der Schauspielerinnen und Schauspieler prekär, insbesondere im Vergleich zu den Bezügen des Hofopernpersonals. Schon für die damalige Zeit galt, dass sich Kunst in der Dramatik, in der Inszenierung wie auch in der Gesamtanlage des Spielplans, für die Theaterleitung ökonomisch nicht auszahlte. Mit regelgerechtem Schauspiel, ohne Musik, Tanz und ohne komische Figur konnte man keine Reichtümer ansammeln. Kunst und Kasse waren in den Händen eines Privatunternehmens beim besten Willen unvereinbar. Auch das zunehmend bürgerliche Publikum entschied sich meist für populäres Hanswursttheater, die Effektdramaturgie französischer Komödianten, italienische Sänger sowie Tänzer, während eine Truppe, die deutschsprachige Stücke anbot, wenig Resonanz fand.

Das Drama des Nationaltheaters

Darüber hinaus gelang es dem bürgerlichen Theater nicht, ein Instrument oder Medium der Abgrenzung gegenüber der feudalabsolutistischen Herrschaft und Kultur zu werden; es sollte der Mentalität, letztlich der nationalen Identität, die mediale und imaginäre Basis schaffen. Auch die Projektionen des Fremden im dramatischen Konflikt zwischen europäischen und/oder exotischen Stereotypen arbeiteten der Imagination eines ‚eigenen' Nationalen im Drama zu. Den aufgeführten Dramen und Theateraufführungen vorgängig war im 18. Jahrhundert eine Vielzahl an Programmschriften, die für die Schaffung eines Nationaltheaters eintraten. Bereits die Normen klassischer Regeln, orientiert am antiken Vorbild, die eigentlich über die Einrichtung der Comédie-Française 1680 auf Befehl des Königs noch nicht bürgerlicher, vielmehr adeliger Kultur entsprangen, begründeten diskursiv wie institutionell ein Nationaltheater, freilich noch mit (zumindest behauptetem) Bezug zu einem transhistorischen Ideal des Klassischen.

Dies änderte sich in der Mitte des 18. Jahrhunderts entscheidend, zu einer Zeit, als sich das aufsteigende Bürgertum mit der Vision eines Nationalcharakters der verschiedenen Länder verband, welcher sich wiederum im jeweils zugehörigen Drama zum Ausdruck bringen sollte. In England formulierte dies bereits 1668 John Dryden (1631–1700) in seinem Essay *Of Dramatick Poesie* und 1725 Alexander Pope (1688–1744) in *Preface to Shakespeare*. In Frankreich las man ähnliches 1719 in Abbé Dubos' (1670–1742) *Réflexions critiques sur la poésie et sur la peinture*. Die Reflexion und Debatte im deutschsprachigen, seit dem Dreißigjährigen Krieg in kleine, absolutistisch regierte Fürstentümer zersplitterten Raum begann mit Johann Elias Schlegels 1764 posthum publiziertem *Schreiben von Errichtung eines Theaters in Kopenhagen* sowie den *Gedanken zur Aufnahme des dänischen Theaters*. Schlegel kritisierte mit Blick auf das 1748 gegründete Königliche Theater in Kopenhagen ein immer noch rückständiges deutsches, profitorientiertes Wandertruppentheater. Die Obrigkeit hätte dagegen eine erfolgsunabhängige Subvention für öffentliche Theater und noch einzurichtende Schauspielschulen zu gewähren. Schiller schloss sich als Dramatiker 1784 an und empfahl in seinem Vortrag *Was kann eine gute stehende Schaubühne eigentlich wirken?* das Theater dem Staat als Medium, das über die Reichweite der weltlichen Gesetze hinaus der Vervollkommnung der sittlichen Bildung von Bürgerinnen und Bürgern dienlich sein könne. Der sogenannte Nationalgeist eines Volkes, die Übereinstimmung von Ansichten über Gegenstände, über die andere Nationen anders dächten oder empfänden, sei hierbei für die Dramatik förderlich (Schiller 2004a [1784], 828).

Dennoch war der erste Versuch eines autonomen bürgerlichen Nationaltheaters ein fulminanter Fehlschlag, der bis in die heutige Subventionstradition des deutschsprachigen Theaters nachwirkt. Lessing kritisierte in seiner *Hamburgischen Dramaturgie* (101.–104. Stück) die Hamburger Entreprise, die lediglich von 1767 bis 1769 Bestand hatte und das erste von Bürgerinnen und Bürgern finanzierte Nationaltheater der Deutschen war, als gutherzigen, aber erst einmal erfolglosen Einfall. Denn die Deutschen seien in ihrer dem Dreißigjährigen Krieg folgenden Kleinstaaterei in machtpolitischer Hinsicht noch keine Nation gewesen (Lessing 2003 [1767–1769], 509). Immerhin stuften die Herrschenden die Idee des Nationaltheaters als so gefährlich ein, dass sie diese strategisch auf ihre eigenen Hoftheater übertrugen, die nun sukzessive zu Nationaltheatern wurden.

Nachdem der erste Versuch eines bürgerlichen Nationaltheaters als Medium entsprechender Dramatik aus ökonomischen Gründen abgebrochen werden musste und neben Lessings *Hamburgischer Dramaturgie* kein produktives, in die Zukunft gerichtetes Ergebnis vorzuweisen war, wiederholte sich das unternehmerische Scheitern 1769 in Wien mit der vom Bankier Bender gegründeten National-Schaubühne am Kärntnertor als bürgerliches Privatunternehmen, was auf ein strukturelles Problem schließen ließ. Auch weitere bürgerliche Gründungen, die über private Aktiengesellschaften finanziert wurden, waren nicht gewinnbringend. Daher entstanden unter der Leitung adeliger Feudalherrscher einige Nationaltheater, die zumindest dem Namen nach als solche bezeichnet werden konnten. Dieses Projekt wurde in theoretischer Hinsicht vorbereitet, etwa ab 1767 durch die in Joseph von Sonnenfels' (1732–1817) *Briefen über die wienerische Schaubühne* erhobene Forderung nach einem Nationaltheater zur geschmacklichen wie sittlichen Erziehung wie Bildung. Dieser Schrift folgte 1776 die Umwidmung des seit 1742 im Theater nächst der Burg bestehenden Hoftheaters in ein „k. k. Nationaltheater".

Die institutionelle Neuordnung war jedoch keiner bürgerlich dramaturgischen, sondern einer ordnungspolitischen Motivation geschuldet. Man wollte gegen das Extemporieren, das Stegreifspiel, das im Vorstadttheater etwa bei Nestroy ständig zur Kritik der aufsehenden Behörden führte, die Kontrolle des Dramatischen durch die leitenden Hofverwaltungen setzen. Dass die Zensur des Dramas im 19. und beginnenden 20. Jahrhunderts gut an diese Interessen anschloss, war eine negative Begleiterscheinung des ästhetischen, gesellschaftlichen wie politischen Aufstiegs des Dramas. Zudem wollte sich die traditionelle Adelselite keineswegs einer bürgerlich-nationalen Zentralstruktur unterordnen. Kluger- und vorsichtigerweise eignete sie sich die Idee des Nationaltheaters an. 1777 wurden Mannheim, 1778 München Nationaltheater (W. Herrmann 1999; Meinel 2009; Wortmann 2017), Stuttgart schloss sich 1779 an. Wichtig wurde 1786 die Eröffnung des Königlichen Nationaltheaters in Berlin, dem mit Iffland als Intendant um die Jahrhundertwende nicht nur der führende Charakterdarsteller, sondern auch einer der am meisten gespielten Dramatiker vorstand. Tatsächlich waren oft weniger dramaturgische Gründe als fiskalische Probleme der Höfe für die Umwidmung ausschlaggebend. Man konnte oder wollte sich das Engagement italienischer Opernensembles und Ballettkompagnien an den Hoftheatern schlichtweg nicht mehr leisten. Das zunehmend über Geld verfügende Bürgertum drängte in die ehemals exklusiven Hoftheater, so dass Institutionen und Produktionsprozesse kostendeckender finanziert werden konnten. Der politisch subversiven Idee eines dezidiert bürgerlichen Nationaltheaters und -dramas versuchte man erfolgreich zu begegnen, indem man deutschen Schauspieltruppen ein mehr oder weniger verlässliches Auskommen bot, das bürgerliche, aufstiegsmotivierte Publikum in die Hoftheater einließ und so durch Integration revolutionäre Potentiale einhegte (Daniel 1995). Man verleibte sich das institutionelle, mediale und politische Zentrum einer potentiellen Veränderung, das Theater als möglichen Ausgangspunkt einer bürgerlichen Revolution, einfach ein. Sublimiert wurden die bürgerlichen Energien im kulturellen bzw. dramatischen Imaginären (Jahn und Maurer Zenck 2016). Dabei staffelte sich die institutionelle Ausprägung des Theaters lokal durchaus unterschiedlich: Zwischen Wandertruppen, Berlin und

Weimar, improvisiertem Spiel und idealem Drama öffnete sich ein weites heterogenes Feld.

Weimarer Klassik

Zwar war in seiner Zeit das Königliche Nationaltheater in Berlin unter dem Intendanten Iffland ohne Zweifel führend, doch zum geistigen Zentrum Deutschlands wurde ein Hof in der Provinz, im gesellschaftlich weniger aufregenden Weimar (Himmelseher 2010). Lessings Leben bzw. marginalisierter beruflicher Weg kann dabei als Spiegel der Situation eines deutschsprachigen Intellektuellen in der damaligen Zeit dienen. Den bürgerlichen Dramatikern gelang es nicht, aus sich selbst heraus eine nationale bürgerliche Elite zu formieren, die tatsächlich Macht besaß. So erstaunt es keineswegs, dass sich vor dem Hintergrund der deutschen Kleinstaaterei der imaginär-kulturelle Mittelpunkt als Weimarer Klassik ausgerechnet an einem aufgeklärten, aber politisch unbedeutenden Fürstenhof entwickeln konnte. Die Kleinstaaterei schien strukturell Ähnlichkeiten mit der griechischen Welt des 5. Jahrhunderts v. Chr. aufzuweisen; das provinzielle Weimar sollte als neues Athen fungieren, als, wie Madame de Staël (1766–1817) es europaweit bekannt machte, Polis eines „deutschen" oder „Ilm-Athens" (Staël 1989 [1810], 111).

Die erst zufällige, dann interessierte, bald den eigenen Interessen konform gehende Integration Goethes (1749–1832) und Schillers (1759–1805) in den Machtapparat des Hofes durch deren Übernahme von Hofämtern hatte ihren Grund sicher im Alter der Dramatiker, die vergleichsweise früh nach Versorgungspositionen strebten, welche wiederum aufgrund von zunehmenden Familienpflichten existenziell relevanter wurden. Die Nachrichten über die gesellschaftspolitischen Auswüchse, insbesondere den Terror der Französischen Revolution, ließen sogar Schiller, der in seinen mittleren Jahren zum Ehrenbürger der Französischen Revolution ernannt worden war, konservativ werden und revolutionäre Impulse im Idealismus sublimieren (Englhart 2010). Goethe wie Schiller entwickelten in Weimar eine Ästhetik der Idealität, die den sich bildenden wie gebildeten individuellen Menschen zum utopischen Ausgangspunkt einer besseren Gesellschaft erhob. Wirklichkeit sollte nicht mehr natürlich gestaltet, sondern im Raum des ästhetischen Scheins idealisiert werden, so das poetologische Programm. Dieses Ziel fand, aus Peter Szondis Perspektive, im reinen, ‚absoluten' Drama seinen dialogischen Ausdruck (Szondi ⁴1963). Ähnlich formulierte Schiller seine Idealität des Spiels, das er anthropologisch mit dem Menschsein an sich verband. Ästhetische Erziehung müsse sinnlich und vernünftig zugleich sein und im ästhetischen Spiel verknüpft werden. Der Spieltrieb als lebendige Gestalt, als Symbiose von sinnlichem Trieb und Formtrieb, ermögliche eine Verbesserung und Veredelung des individuellen Charakters, die Harmonie im Individuum (als Utopie) schließlich eine Harmonie im ästhetischen Staat (Schiller 2005d [1795]). So blieb trotz außerordentlich bewegter und gewaltsamer Umstände das Prinzip Hoffnung auf bessere gesellschaftlich-bürgerliche Zeiten.

Der sogenannte Weimarer Stil war, wie es heute scheinen mag, kein programmatisches Unternehmen, sondern bildete sich in einem persönlichen, kulturellästhetischen und institutionellen Umfeld zwischen praktischer Dramen- und Theaterarbeit sowie theoretischer Reflexion heraus, ausgehend von einer Sturm-und-Drang-Phase mit einem Zug zum Konservativen hin zum idealistischen Drama. Orientierungswerke sind 1787 Goethes überarbeitete Fassung von *Iphigenie auf Tauris* und Schillers *Don Carlos*, 1795 und 1796 Goethes *Wilhelm Meisters Lehrjahre* sowie Schillers *Briefe über die ästhetische Erziehung des Menschen*. Gesellschaftspolitische Widersprüche wie der Terror der Französischen Revolution, die Unvereinbarkeit von Gefühl und Vernunft in der Aufklärung wie im Sturm und Drang ließen Goethe und Schiller in Weimar nach einer Harmonie im Sinne eines Gleichgewichts der Gegensätze streben. Im Drama, in der Inszenierung wie in der Kunst allgemein projizierte man über die Korrelation von Inhalt und Form, angeregt durch Johann Joachim Winckelmann (1717–1768) und Christoph Martin Wieland (1733–1813), die Harmonie als Humanitätsvorstellung auf eine stark idealisierte Antike. Friedrich Nietzsche hat dies später vehement als völlig falsche Vorstellung von den Griechen und von der ‚Geburt der Tragödie aus dem Chor des Rituals' kritisiert; er leitete damit den Aufbruch des idealen Dramas und den späteren Aufstieg des heutigen nicht mehr dramatischen Theatertextes und des postdramatischen Theaters ein (Nietzsche 1980 [1872]).

Zu Beginn der bürgerlichen Moderne sollte jedoch mit Hilfe des Dramas und Theaters eine evolutionäre Entwicklung durch ästhetische Erziehung und Spiel an die Stelle der gewaltsamen Revolution treten. Kunst sollte die ‚schöne Seele' bzw. Humanität im Umgang mit dem Anderen sowie ein gesellschaftliches Gleichgewicht hervorbringen; im Drama ging es um eine klassische, an Aristoteles orientierte Form. Um ein seinen und Schillers Dramen entsprechendes harmonisches Ensemblespiel zu erzielen, arbeitete Goethe mit seinen Schauspielerinnen und Schauspielern mit einigen Leseproben und mehreren Bühnenproben vergleichsweise viel und intensiv. Die Bühne fungierte dabei als Rahmen eines plastischen Bildes mit ästhetischem Eigenwert. Das malerische Bild, die gekonnte Rhetorik, die Eleganz des Tanzes hatten sich in die Harmonie des Gesamtausdrucks einzufügen und zugleich ästhetisch zu überzeugen. Entsprechend konturierte Goethe seine *Iphigenie auf Tauris* in der überarbeiteten Version von 1787. Die Gewalt in der Familie, in der Gesellschaft und Politik stand im Konflikt mit dem Recht des Individuums auf Autonomie. Dies hätte in einer historischen Handlung, wie etwa im *Götz von Berlichingen*, oder in einer zeitgenössischen Handlung, wie in Lenz' *Hofmeister*, dramatisiert werden können. Goethe funktionalisierte in der *Iphigenie* hingegen den griechischen Mythos, orientierte sich in einer Abkehr von der Prosafassung an der Versrhythmik der *Elektra* des Sophokles, um Harmonie im Stil zu erreichen. Auf Tauris, der heutigen Krim, agiert Iphigenie gegen ihren Willen im Staat von König Thoas als Priesterin der Göttin Diana. Ihr ist es gelungen, den barbarischen Herrscher davon zu überzeugen, dass die traditionellen Menschenopfer ausgesetzt werden. Diese sollen wieder eingeführt werden, wenn Iphigenie den Heiratsantrag des Königs ablehnt. Währenddessen stranden Orest, der Bruder der Iphigenie, und dessen Gefährte Pylades auf der Insel, um, durch eine missverständliche Prophezeiung aufgefordert, das Bild der Göttin Diana zu stehlen. Obwohl es sich anbieten würde, flieht Iphigenie nicht mit ihrem Bruder, sondern riskiert die Offenlegung des Plans gegenüber dem König. Dieser entscheidet auf der Basis des klassischen Humanitätsgedankens und lässt die Griechen frei, Orests Familie wird so vom Fluch des Apollon erlöst. In Inhalt und Form des Dramas verbinden sich Vorstellungen einer idealisierten klassischen Antike.

In der zweiten Hälfte des 18. Jahrhunderts wurden vor dem Hintergrund der Publikationen Winckelmanns, seiner Forderung nach „edler Einfalt und stiller Größe", die bei Intellektuellen, Künstlerinnen und Künstlern immens populär wurde, die altgriechische Kultur und Kunst vorbildlich. Frankreich legte mit der *Querelle des Anciens et des Modernes* (1687–1694) vor: War die Antike in einer Zeit lange nach der Renaissance noch eine gültiges, alles überragendes Vorbild? Sollte die Mimesis antiken Schönheitsidealen oder eher der überragenden Einbildungskraft des Genies folgen? Nicht unbedeutende Überarbeitungen der *Iphigenie* nahm Goethe während seines Aufenthaltes in Rom vor, Johann Gottfried Herder und Wieland waren in Weimar an der Schlussredaktion beteiligt. Vor diesem Hintergrund bildete sich die dramatische ideale Form der Weimarer Klassik heraus, etwa im formalen Aufbauschema, der Gliederung in fünf Akte, der symmetrischen Komposition, dem Spiel und Gegenspiel von Heldin bzw. Held und Antagonistin bzw. Antagonist. Das Dramatische ergab sich aus der Performanz des Dialogs; der Dialog konnte im absoluten als idealem Drama das sein, was das Drama von der Lyrik und dem Roman unterschied, auch wenn Goethe um die Künstlichkeit der Gattungszuweisung wusste. Die Figuren trugen ihre Konflikte zwar direkt aus, sprachen aber letztlich die gleiche Sprache, sie verstanden sich selbst und den Anderen. Ihr Innenleben, ihre Interessen und ihre Motivationen waren transparent, sie stellten in ihren Dialogen und Monologen die Grundlagen ihrer Entscheidungen in dramatischen Situationen dar. Zur Einführung der Verssprache meinten Schiller wie Goethe, durch die Transformation der prosaischen Sprache in eine poetisch-rhythmische wäre eine Verwandlung der gemeinen Empirie in etwas Allgemeines, rein Menschliches möglich. Die Figuren verloren sich so nicht im Individuellen, sondern wurden zu symbolischen Wesen, die das Allgemeine der Menschheit darstellen sollten. Dies hob das Drama in einen idealen Bereich, der in seinem Anspruch auf überzeitliche Gültigkeit nicht nur provozierend, sondern letztlich eine ideal-imaginäre Projektion blieb, an der sich Generationen von Vertreterinnen und Vertretern des heutigen Regietheaters abgearbeitet haben. Schon im 19. Jahrhundert war, obwohl in der ‚Höhenkammkultur' und vom bildungstheatral motivierten Bürgertum verlangt, der Idealismus den neuen inneren wie äußeren Umwelten des modernen Individuums nicht mehr gewachsen. Realismus, Romantik, Naturalismus, Symbolismus bis hin zum Präsurrealismus ließen das Andere in die dramatische Form einbrechen.

Als Leiter des Weimarer Hoftheaters hatte Goethe zwischen 1791 und 1817 die institutionell gestützte Macht, seine dramatischen wie theatralen Vorstellungen zumindest partiell zu verwirklichen, wobei das Spannungsverhältnis zwischen höfisch-administrativer Realität und künstlerischem Drang bzw. Produktionsfreiheit in der dramatischen Situation des Dichters in Goethes *Torquato Tasso* (1790) reflektiert wurde. Tasso, der als Dichter Teil des Renaissance-Hofs des Herzogs Alfons II. von Ferrara ist, hat sein letztes Werk vollendet und übergibt es dem Herrscher. Er glaubt sich fälschlicherweise von Leonore, der Schwester des Herzogs, geliebt. Zugleich fühlt er sich von Antonio, dem realitätsbezogenen Macher, politischen Entscheider und Verwalter des Fürsten, als Künstler und persönlich überaus missachtet. Gekränkt zieht er seinen Degen gegen Antonio und wird aufgrund der manifesten Grenzüberschreitung vom Herzog auf sein Zimmer verbannt. Leonore versucht zu vermitteln, gesteht dem Dichter ihre platonische Liebe, worauf sich Tasso zur zweiten Grenzüberschreitung, der Umarmung Leonores, hinreißen lässt. Aufgrund ihres Entsetzens glaubt sich Tasso von allen abgelehnt und beschließt, den Hof zu verlassen. Antonio entspricht jedoch nicht dieser Bitte Tassos; es gelingt ihm, Tasso zur Selbsterkenntnis seines nicht immer unproblematischen Charakters und der Anerkennung seiner überragenden künstlerischen Begabung zu bringen. Tasso versteht Antonios guten Willen und versöhnt sich mit seinem vermeintlichen Antagonisten. Der Dramatiker Goethe hat seine eigenen zwei Persönlichkeiten – den Künstler und den Staatsmann – auf die Figuren Tasso und Antonio verteilt, so dass deren Versöhnung so psychologisch nachvollziehbar wie programmatisch für Weimar plausibel erscheint. Vor diesem Hintergrund sollte die Bühne das Publikum nicht wie den Pöbel, der sich nur unterhalten, nur staunen, lachen und weinen zu wollen schien, behandeln, es nicht aus den Mühen der Vorbereitung entlassen. Ähnlich wie heute das deutschsprachige Theater war sie Bildungs- und Kunsttheater.

Diese Position war letztlich durchaus revolutionär, denn sie zielte auf die Vervollkommnung der eigenen Person, was nicht nur Wissen, Intelligenz und berufspraktisches Vermögen betraf, sondern auch die Persönlichkeit – ein Projekt, das bisher nur dem Adel möglich gewesen war. Gesellschaftlich arbeitete diese Position der Funktionalisierung der Bürgerinnen und Bürger in einer zunehmend arbeitsteiligen Gesellschaft entgegen. Unmittelbares Wirkungsziel der Weimarer Dramatik war ästhetische Distanz, mittelbare die Bildung. Gegen die Alltagskost des bürgerlichen Trivialtheaters setzte Goethe ein gehobenes Repertoire. Eine solche Dramatik war letztlich schwierig, ein entsprechendes Experimentaltheater für alle Beteiligten unbequem. Goethe forderte seinen Schauspielerinnen und Schauspielern sowie dem Publikum einiges ab, keineswegs durfte es sich schlicht ansehen, was es wollte; es wurde vielmehr auf eine intellektuelle und ästhetische Reise geschickt, die seinen Horizont ebenso herausforderte wie erweiterte.

Der Spielplan des Weimarer Hoftheaters umfasste jedoch neben Goethes und Schillers Stücken die beliebtesten von Iffland und Kotzebue, darüber hinaus die von Sophokles, Euripides, Plautus, Terenz, Shakespeare, Calderón, Corneille, Molière, Racine, Goldoni, Gozzi, Voltaire, Lessing und die Opern Mozarts. Goethe forderte Welt- statt Nationalliteratur und bemühte sich um ein Repertoire, das wir heute als transkulturelles bezeichnen würden. Zugleich war Goethe als Dramaturg schnell dazu bereit, ein Drama so zu kürzen oder umzuschreiben, dass ein tragischer Schluss zu einem guten Ende wurde. Entschieden stemmte sich Goethe jedoch gegen den allgemeinen Trend zu einem bürgerlichen Illusionstheater, auch wenn er an seiner Bühne wie an allen anderen bedeutenden Theatern die populären Stücke Kotzebues bieten musste. Mit Schiller bedauerte er in den *Xenien*, dass allein christlich-moralische, populäre häuslich-bürgerliche Dramaturgien rühren könnten (Goethe und Schiller 1986 [1797], 402–404). Erlaubt wären in den Dramen keine historisch oder mythisch bedeutenden Figuren wie Cäsar oder Orest mehr, man sähe nur noch bürgerlich-brave Figuren wie Pfarrer, Kommerzienräte und Husarenmajore (Goethe und Schiller 1986 [1797], 102).

In Weimar jedoch wurden das sich entwickelnde bürgerliche Illusionsdrama, die *imitatio naturae*, das Theater als moralische Anstalt, Einfühlung und Identifikation, soweit es institutionell möglich war, zurückgedrängt. Durch die Einführung des Verses, durch Jamben in der *Iphigenie* und im *Don Carlos* wurden die Figuren entindividualisiert. Sie entstammten bedeutenden Fürstenhäusern und dem Mythos, sprachen alle eine ähnliche Sprache, boten sich weniger zur Identifikation an. Als Gesicht des Anderen zeigten sie, so Schiller in einem Brief an Goethe vom 4. April 1797, keine den Zuschauerinnen und Zuschauern ähnlichen individualisierte Figuren, sondern mehr oder weniger idealische Masken (Schiller 1829, 52). Mimesis, von Platon und Aristoteles her gedacht, bekam als Nachahmung eine neue, veränderte Bedeutung; Goethe schrieb 1788 in *Frauenrollen auf dem Römischen Theater durch Männer gespielt*, man empfinde das Vergnügen, keineswegs durch Natur, durch das Individuelle oder einfach Gegebene, sondern durch Kunst, das Produktionsergebnis und ästhetische Nachahmung unterhalten zu werden (Goethe 1991 [1788], 170). Mimesis sollte in Weimar nicht mehr die möglichst ähnliche Abbildung von Wirklichkeit bzw. die Illusion von Wirklichkeit, sondern die Perspektive auf den Produktionsprozess von Kunst bzw. auf die Kunst selbst sein, mit der nachgeahmt wird.

1798 trennte Goethe in *Über Wahrheit und Wahrscheinlichkeit der Kunstwerke* anhand der Oper das Kunstwahre vom Naturwahren (Goethe 1994, 67–73). Schiller erklärte in *Über den Gebrauch des Chors in der Tragödie* (1803), seiner Vorrede zu *Die Braut von Messina*, dem Naturalismus in der Kunst den Krieg. Drama und Theater als Kunst dürften nicht die Wirklichkeit von Gesellschaft und Natur nachahmen, vielmehr müssten sie sich zum Symbol des Wirklichen entwickeln. Schon weit vor Brecht sollten die Zuschauenden auch in der höchsten Passion niemals ihre Freiheit verlieren. Hierzu trüge der Chor bei, der als Verfremdungseffekt *avant la lettre* Täuschung aufhebe, Rührung sowie die Gewalt der Affekte verhindere (Schiller 2004c [1803], 815–823). Der Chor funktionierte im programmatischen Rückgriff auf den Beginn des Dramas bei Aischylos, Sophokles und Euripides also annähernd gegenteilig zu der von Friedrich Nietzsche in seiner *Geburt der Tragödie aus dem Geist der Musik* (1872) eingeleiteten ästhetischen Tradition eines performativen, nicht mehr dramatischen Theaters.

Im Schauspielstil sind für Goethe, polarisiert gesehen, zwei Ästhetiken zu vermeiden: zum einen die Geziertheit, Gespreiztheit und ein bombastisch-pathetischer Ton, wie man ihn von den älteren Schauspielerinnen und Schauspielern kannte, die sich an der französischen Tradition orientierten; zum anderen ein gewisser Schauspielnaturalismus, für den etwa Schröder und seine Schauspielerinnen und Schauspieler standen, die, so Goethe, ärgerlicherweise sogar absichtlich undeutlich sprachen. Goethes Erfahrung als Theaterleiter und Regisseur floss in seine *Regeln für Schauspieler* (1803/1824) ein, die Grammatik einer idealistischen Schauspielkunst. Ursprünglich handelte es sich bei diesen Regeln um einen Vortrag von 1803, der von Schauspielerinnen und Schauspielern mitgeschrieben und 20 Jahre später für die Veröffentlichung von Johann Peter Eckermann redigiert wurde. In diesen Regeln scheint ein fast klassisch-barocker Hoftheaterstil durch, der in jeder Geste, Bewegung, Haltung und Rhetorik dem idealen Drama zuarbeiten sollte (Goethe 1887 [1824]). In der Theaterpraxis verlangte Goethe von den Schauspielenden Abstand von ihrer Persönlichkeit zu nehmen bzw. diese soweit umzubilden, dass nicht ein falsch verstandener Konversationston und unrichtige Natürlichkeit entstünde – diese Forderung richtete sich gegen Kotzebues Dramen wie *Menschenhaß und Reue* und ihre ‚Konversationsnatürlichkeit'. Auch Schiller wertete Illusion und Täuschung als Gauklerbetrug, er war dezidiert gegen den gemeinen Begriff des Natürlichen, wie er in *Über den Gebrauch des Chores in der Tragödie* schreibt (Schiller 2004c [1803]). Während Lessing noch so etwas wie einen realistischen Schauspielstil forderte, orientierte sich Goethe durchaus wieder am alten französischen Theaterstil; ihm ging es um wohlklingende Deklamation als Erbe der Rhetorik, schöne, ansprechende Bewegungen als Erbe des Tanzes, die Achtung der Zuschauenden bzw. den Dialog mit dem Publikum auf Kosten der im 18. Jahrhundert hochgezogenen vierten Wand zwischen Kunst- und Realraum. So entwickelte sich Goethes prä-avantgardistischer, anti-illusionistischer Schauspielstil in der Ablehnung des schröderschen Naturalismus sowie der alten französischen Tradition paradoxerweise im Rückgriff auf Traditionen des Barocktheaters, welche Goethe mutmaßlich über die Oper aufnahm. Goethes *Regeln für Schauspieler* zielten auf Dialektfreiheit in der Rhetorik, auf eine Kunst des Deklamierens, einen an Versen orientierten Rhythmus und künstlich anmutende Stellungen und Gesten. Diese Haltungen behaupteten eine ästhetische Grenze des Spiels gegen die Natur und die gesellschaftspolitische Wirklichkeit. Im Gegensatz zum Theater des Barock waren diese künstlichen Gesten und Stellungen indes keine Zeichen, die einen bestimmten Affekt bedeuten oder eine definierte Ordnung repräsentieren sollten, sondern sie harmonierten möglichst mit allen anderen Zeichen und Elementen der gesamten Aufführung, wobei sich die einzelnen Zeichen aus dem Gesamtzusammenhang definierten und umgekehrt.

Dieses frühe Weimarer Regietheater zeichnete sich u. a. durch die Abschaffung der Rollenfächer und den Kampf gegen das Virtuosentum, gegen Starschauspielerinnen und -schauspieler aus, die zu einer Mode des 19. Jahrhunderts werden sollten und erst von den Shakespeare-Aufführungen der Meininger, ähnlich wie in Weimar auf der Grundlage eines eingangs provinziellen Hofensembles, und im 20. Jahrhundert von Stanislawski in seinen engagierten Erkundungen mit ausgewählten Darstellerinnen und Darstellern etwa am Moskauer Künstlertheater in der naturalistischen Inszenierung von Anton Tschechows Stücken wirkungsvoll zurückgedrängt werden konnten. Der Zwang zum stilisierten Ensemblespiel war bei einigen Bühnenkräften, die sich einfügen mussten, nicht unbedingt beliebt: Karoline Herder (1750–1809) etwa kritisierte Goethes Bemühungen um ein unbedingt ästhetisches Theater, das die moralische Unterweisung vermied. Goethes dramatische Kunst sei so übermäßig auf Repräsentation und Deklamation ausgerichtet. Der Inhalt des Stückes sei der Inszenierung untergeordnet, hölzernen Puppen im Parterre begegneten hölzerne Puppen auf der Bühne (Herder 1984 [1802], 283). Anderen gefiel der neue Weg: Dem wesentlich jüngeren Weimarer Schauspieler Eduard Genast (1797–1866) war Schröders Natürlichkeitsspiel zu vulgär, weil es Rhetorik und plastische Darstellung ins Gewöhnlich-Alltägliche hinabrückte. Während Schröder mit seiner Gruppe eher Konversationsstücke und bürgerliche Dramen gelängen, sei Goethes Stärke die Inszenierung der Tragödie vor dem Hintergrund einer poetisierenden und idealisierenden Aneignung der Antike (Genast 1905, 133).

Letztlich scheiterte der Idealismus an der unmittelbaren Theaterpraxis; weder Publikum noch Theatermacher waren den Anforderungen der Klassiker gewachsen. Goethe gestand sein Scheitern ein: Für eine breite Wirkung seiner *Iphigenie* oder seines *Tasso* hatte er nicht die Schauspielerinnen und Schauspieler, denen es gelänge, das ideale Drama mit Geist und Leben darzustellen. Vor allem fehlte das Publikum, das dieses Drama mit Empfindung zu hören und zu verstehen imstande wäre. Zu Recht merkte der erfahrene Weimarer Theaterleiter an, dass seine Dramen nicht populär werden könnten; sie seien auch nicht für die Masse, sondern für vereinzelte Gleichgesinnte geschrieben (Eckermann 1984 [1828], 253). Die weitere mittelbare Wirkung der Bemühungen war allerdings, dass Weimar als kultureller Fluchtpunkt zum Ort eines bürgerlichen Bildungsideals wurde, verstanden als kanonbildende Klassik, die Lehr- wie Spielpläne auch heute noch entscheidend prägt. Fast als Anekdote, aber im institutionellen Kontext vorhersehbar erscheint der unrühmliche Abschied Goethes 1817 von seinem Theater; er verlor die Machtprobe mit einer populären Schauspielerin. Bezeichnenderweise stritt man sich um die Aufführung eines damals beliebten, heute völlig unbekannten Stücks, *Der Hund des Aubry, oder der Wald bei Bondy* (1814) von René de Pixérécourt (1773–1844) mit einem dressierten Hund, vielleicht einem Pudel, als Protagonisten. Goethe drohte mit Demission, wenn es zur Aufführung käme, die Schauspielerin, die die Geliebte des Fürsten war, setzte sich durch. Damit war die Frontlinie markiert, die sich bis in die Gegenwart hinein durch das deutschsprachige Theater zieht: auf der einen Seite ein mehr oder weniger idealisiertes Drama und Theater mit bürgerlichem Bildungsanspruch, auf der anderen Seite Dramen, die eher dem Unterhaltungsbedürfnis der Zuschauenden entsprechen, vom Rührstück über Attraktionen im Vorstadttheater bis zur TV-Serie. Wohin gegenwärtig performative Formen des Theaters wie die von She She Pop tendieren, eher zur elitären Kunst oder zum Populär-Gefälligen, wird engagiert diskutiert.

In der Breite herrschte im 19. Jahrhundert die sogenannte Trivialdramatik als alltagstaugliche, beim Publikum beliebte Form des bürgerlichen Trauerspiels, die bürgerlichen Familiengemälde und effektvollen Rührstücke Ifflands, Kotzebues oder Carl von Holteis. Bei genauerer Lektüre erweist sich die Zuschreibung von Trivialität als meist unzutreffend, wenn nicht diskriminierend. Auch wenn die Stücke oft für den schnellen Produktionsbetrieb geschrieben wurden, konnten sogenannte Gebrauchsdramen inhaltlich wie formal innovativ und gelegentlich weit politischer als die kanonisierten Dramen sein. Kotzebues *Menschenhaß und Reue* war in seiner Reflexion über Liebe und Sexualität immens skandalträchtig und modern. Seine *Negersklaven* präsentierten eine äußerst gewagte Parteinahme für den Abolitionismus und eine politisch brisante Anklage in einer verblüffend drastischen wie plastischen Schilderung von Sklavenhandel, Plantagenhölle und europäischer Schuld (Eke 2007; Riesche 2010). Kotzebue war in seiner Zeit nicht von ungefähr einer der am häufigsten zensierten Autoren; seine erotischen Anspielungen, moralischen Frechheiten und gesellschaftspolitischen Grenzüberschreitungen erstaunen noch heute. Die eigentlich nicht marginalen Dramen thematisierten höchst kritisch und so informiert wie informierend jede (pseudo-)wissenschaftliche, philosophische und gesellschaftliche Zeitentwicklung, stellten sie in verschiedensten Perspektivierungen dar und machten fast alle Beteiligten lächerlich. Wenn man sie mit den Stücken Goethes und Schillers vergleicht, waren Kotzebues Werke die inhaltlich weitaus aktuelleren, politisch und gesellschaftlich konkreteren, auch wenn sie auf ästhetischer Ebene weniger komplex waren. Schon aus feministischer Perspektive müsste heute die erfolgreichste Dramatikerin Mitte des 19. Jahrhunderts, Charlotte Birch-Pfeiffer, weit mehr Anerkennung genießen (Kord 1992; Fleig 1999; Pargner 1999); sie bot einem breiten Publikum mutig Konflikte zwischen den Ständen, Milieus und Geschlechtern, formulierte Kritik an der Ausgrenzung von Schwachen und stellte herrschende Normen sowie Stereotypen radikal in Frage.

II.5 Moderne und Gegenwart

Beginn der Moderne

Mit dem Beginn der bürgerlichen Moderne kommt das ideale Drama als gültiger Ausdruck seiner Zeit unter Druck. Gegen seinen Willen zwischen alle Stühle setzte sich Heinrich von Kleist (1777–1811); sein *Prinz Friedrich von Homburg* (1809/1810, UA 1821) spitzte eine Entwicklung zur Problematisierung des Dramatischen zu, die man schon im Sturm und Drang beobachten konnte und die der ältere Goethe nicht goutierte. Den Figuren war keineswegs bewusst, was sie planten, intendierten, was sie letztlich wollten. Dies war eine Provokation mit aggressivem Zug in zwei Richtungen, die selbst in Opposition zueinander standen. Zum einen waren Kleists Dramaturgien Herausforderungen, wenn nicht Infragestellungen des idealen Dramas. Goethe hat diese Stoßrichtung sofort erkannt: Kleists *Penthesilea* (1808, UA 1876) wollte er nicht verstehen, auch wenn er sich später selbst die Freiheit zur Übertretung von Gattungsgrenzen in seinem *Faust II* nahm. Bekanntermaßen zeichnete er zudem für das Aufführungsdesaster um den *Zerbrochnen Krug* 1808 am Weimarer Hoftheater verantwortlich; man kann dem Theaterleiter als Regisseur auch unbewussten Vernichtungswillen unterstellen. Mindestens unidealistisch seien Kleists Dramen, so Goethe zutreffend; ohne erkennbare, mimetische Handlung könne man diese als ‚unsichtbares Theater' bezeichnen, wie Goethe in einem Brief an Adam Müller 1807 (ver-)urteilte (A. Müller 1966,

I, 345). Wenn schon Weimar Kleist die kalte Schulter zeigte, dann hätte doch wenigstens das populärere, eher dem Natürlichkeitspostulat und der populären Wirkungsästhetik verschriebene bürgerliche Theater Interesse zeigen können. Aber auch Iffland lehnte als Intendant des Berliner Königlichen Nationaltheaters die Aufführung des gerade erschienenen *Käthchen von Heilbronn* (1808, UA 1810 in Wien) ab. Die in *Prinz Friedrich von Homburg* virulente Ebene des Unbewussten wäre eine Brücke zur zeitgenössischen Romantik gewesen, doch dieser ließen sich Kleists Stücke dramaturgisch wie thematisch nicht zuordnen.

Überhaupt blieb das romantische Drama eher blass, war eher Lese- als aufgeführtes Drama, gerade weil es sich nicht an Gattungsregeln und Natürlichkeitspostulate halten konnte und wollte. Auch heute mehr gelesen als gespielt wird Ludwig Tiecks (1733–1853) Komödie *Der gestiefelte Kater* (1797, UA 1844), ein Stück im Stück, welche die Uneindeutigkeit als Antwort auf die Frage, was Fiktion und was Publikumswirklichkeit sei, als dramatisches Ziel verfolgt. Hier werden der Idealismus Weimarer Prägung und das Illusionstheater Ifflands sowie Kotzebues gleichermaßen aufs Korn genommen. Aufgrund seiner romantischen Ironie, die das Publikum in die Akzeptanz von Unwahrscheinlichkeiten und dem Märchenhaften einüben wollte, mutet Tiecks Drama wie ein früher Vertreter des modernen Theaters eines Luigi Pirandello oder des epischen Theaters von Erwin Piscator und Bertolt Brecht an. Man verehrte William Shakespeare aufgrund seiner Komplexität und seinen formalen wie inhaltlichen Grenzüberschreitungen.

Weit eher als im Kunstdrama setzten sich romantische Vorstellungen im populären Drama Charlotte Birch-Pfeiffers (1800–1868) durch, die etwa in *Dorf und Stadt* (UA 1847) Kunst- und Naturromantik mit einer wirkungsvollen Konfliktdramatik verband. Carl von Holtei (1798–1880) fand in *Staberl als Robinson* (UA 1828) dann für romantische Figuren wie Diskurse eine prägnant-überdrehte Gestaltung für das Vorstadttheater. In beiden Dramen zeigte sich die romantische Aufmerksamkeit für das Imaginäre, nicht aber für Weimarer Ideale, nicht für die Harmonie von Gutem, Wahrem und Schönem. Für Novalis (1772–1801) hatte die Romantik dem Gemeinen einen hohen Sinn, dem Gewöhnlichen ein geheimnisvolles Ansehen zu verleihen. Das Bekannte sollte fremd, das Endliche unendlich erscheinen als Öffnung der säkularisierten und entzauberten Welt hin zum Anderen. Herders Volksgeist als das, was die vereinzelten Individuen zusammenhielt, konstituierte sich vor dem Hintergrund des Panoramas der Geschichte bzw. dem Werden einer sich entwickelnden Geschichte; nicht zufälligerweise entstand zeitgleich die moderne Geschichtswissenschaft. Dem bürgerlich-geordneten, bürokratisch organisierten Alltag und der Funktionalisierung des Individuums in weitgehend undurchschaubaren wie ‚kalten' arbeitsteiligen Prozessen setzten die Romantikerinnen und Romantiker das Geheimnis, den Naturwissenschaften das Unerklärbare entgegen. Sogar Schauspieler wie Ludwig Devrient (1784–1832) wurden als Typus eines romantischen, dämonisch-virtuosen Darstellers vorgestellt. Das Heil suchte die Romantik in der Religion, bzw. in den Mythen der Religion des Mittelalters. Nicht der Verstand, sondern die Anschauung, nicht das Bewusstsein bzw. die bewusste Überlegung, sondern die Intuition, die Ahnung, die Anmutung standen im Vordergrund. Man suchte das Erlebnis des Traums, der Imagination in der Phantasie, die dunklen Räume der Seele. Poesie, romantische Liebe, ursprüngliche Natur und die Kunst des einfachen Volkes seien Urgrund des Kreativen, des potentiell unendlich Schöpferischen. Die Vision von Gemeinschaft, Johann Gottfried Herders (1744–1803) Volkspoesie und Johann Gottlieb Fichtes (1762–1814) Überlegungen setzten Geist bzw. Natur als Basis des Seins; Volksgeist und Nation gerannen zum Nationalismus. Die Gebrüder Jacob und Wilhelm Grimm (1785–1863; 1786–1859) untersuchten systematisch die eigene deutsche Sprache wie Literatur und legten die Fundamente der Germanistik. Die romantische Frage nach der Utopie begleitete, ja motivierte die geeinte Nation der Deutschen im Kampf gegen Napoleon, wie Kleists *Hermannsschlacht* (1808, UA 1860) andeutete. Obwohl leicht ins Biedermeierlich-Realistische auslaufend, war die Romantik in der Moderne nicht ungefährlich, konnte nachfolgend Denken und Handeln bis zu den Achtundsechzigern, der RAF und heute Milo Rau politisieren.

Auch das Vorstadttheater, etwa mit den populären Stücken von Ferdinand Raimund, *Das Mädchen aus der Feenwelt oder Der Bauer als Millionär* (1826) oder *Der Alpenkönig und der Menschenfeind* (1828), war lange nicht so biedermeierlich-unpolitisch oder komisch-harmlos wie oft angenommen. Gesellschaftskritisch und unterhaltend, sprachlich und schauspielerisch-performativ zugleich auf höchstem Niveau schuf Johann Nestroy (1801–1862) etwa mit *Der böse Geist Lumpacivagabundus oder Das liederliche Kleeblatt* (1833) und *Der Talisman* (1840) Gebrauchsstücke mit inhaltlichem wie ästhetisch-poetischem Anspruch. Unterstützt wurde er durch seinen Impresario, Regisseur und Intendanten Carl Carl (1787–1854) im bedeutendsten Massenmedium seiner Zeit, dem Theater an der Wien; Carls Inszenierungen waren frühe Formen des Regietheaters.

Keineswegs war das 19. Jahrhundert für das Drama und Theater eine literarische oder bildungsunterstützend idealisierende Zeit. Zwar war Mitte des langen Jahrhunderts die Schiller-Begeisterung auf ihrem Höhepunkt. Doch sah man im Theater Tierdarsteller, Tänzer, Sänger, Improvisierende, die komische Figur bzw. den Harlekin in verschiedensten Ausprägungen, Akrobaten und Ähnliches – eine Spartentrennung in Sprech-, Musik- und Tanztheater kannte man damals nicht. Selbstverständlich hatte das Bildungstheater starke, vor allem publizistisch elegant formulierende, engagierte Fürsprecher. Karl Leberecht Immermann (1796–1840) stärkte institutionell mit seiner Düsseldorfer Musterbühne ab 1832 den Dramaturgen als Anwalt der Literatur auf der Bühne im Ansehen; generell war man sich auf intellektueller Ebene einig, das Niveau der Bühne durch eine grundlegende Theaterreform heben zu wollen. In diesem Sinne sorgten sich etwa Heinrich Laube (1806–1884) und Franz von Dingelstedt (1814–1881) am Wiener Burgtheater um eine sogenannte werkgerechte Inszenierung, bemühte sich Karl Graf von Brühl in Berlin um eine charakterisierende Kostümreform oder waren die Meininger am geschlossenen Ensemblespiel interessiert, von den wagnerschen Überlegungen zum Gesamtkunstwerk ganz zu schweigen (Dietrich 1976). Tendenziell, aber nicht gesetz- oder gar vollkommen regelmäßig waren Hof- und Nationaltheater eher ein Bildungstheater als die auf den kommerziellen Erfolg angewiesenen Vorstadttheater. Dass es 1848 ausgerechnet dem Vorstadttheater gelang, das politisch gewagteste Drama zu zeigen, Nestroys *Freiheit in Krähwinkel*, war kein Ruhmesblatt für die Weimarer Ästhetik, ihre Idealität und das Bildungstheater. Auch der Naturalismus wandte sich später dezidiert vom traditionellen Idealismus ab. Darüber hinaus baute das populäre Theater der Moderne auf performative Attraktionselemente, die zu Beginn des 20. Jahrhunderts dann zu konstitutiven Elementen der Theateravantgarde wurden.

Idealismus und revolutionäre Kritik

Englische Industrialisierung, Französische Revolution und Kants kopernikanische Wende zum erkenntnistheoretischen Skeptizismus initiierten die bürgerliche Moderne. In den 150 Jahren bis zum ontologischen Skeptizismus der Postmoderne wurde das Drama als regelgeleitete Gattung bzw. ideale, geschlossene Struktur geöffnet und teilweise oder grundsätzlich in Frage gestellt. Dennoch blieb es weiterhin in den verschiedensten dramatischen Medien imaginärer dramaturgischer Fluchtpunkt. Die Umsätze der Theaterverlage bestätigen heute noch eine rege Dramenproduktion und -rezeption. Auch Ende des 18. Jahrhunderts hatte das Drama ein produktives, förderndes Umfeld. Als Medium der Aufklärung blühte es quantitativ auf, sogar noch zwischen Restauration und Revolution in institutionellen Übergängen von Hof- zu Nationaltheatern. Seit dem 18. Jahrhundert waren nicht mehr so sehr französische Schauspiele oder italienische Opern gefragt, sondern zunehmend deutschsprachige Schauspiele. Das zukünftige Nationaltheater sollte, so der Wunsch aufgeklärter Herrschaft wie der Josephs II., in der allgemeinen Bevölkerung den guten Geschmack bilden sowie Moral und Sitten verbessern. Auch in den Institutionen gelang manchen Bürgern der Aufstieg in Leitungsfunktionen. So pendelte sich etwa die Leitungsstruktur des Wiener Burgtheaters zwischen adeliger Direktion und künstlerisch fähigen bürgerlichen Leitern auf der zweiten Ebene ein. Auf dieser unauffälligeren Position gelang eine stille Revolution zuweilen besser; immerhin war es Johann Brockmann (1745–1812) als Schüler von Friedrich Ludwig Schröder und Vertreter eines natürlichen Sturm- und-Drang-Schauspielstils möglich, ein vergleichsweise einheitliches Ensemble zu bilden und so eine ältere theatrale Utopie Ekhofs zumindest teilweise zu verwirklichen. Der Dramaturg Joseph Schreyvogel (1768–1832) propagierte in Wien den Weimarer Stil und förderte Schillers sowie Goethes Dramen – man zielte auf eine Mischung aus Weimarer Tableau-Bild, neoklassischem Deklamationsstil und Ifflands Berliner Effekttheatralität. Das Repertoire des Nationaltheaters orientierte sich programmatisch an Goethes Ideal der Rezeption von Weltliteratur; gespielt wurden Shakespeare, Ludvig Holberg, Calderón, Lope de Vega, Goldoni, Molière, sogar Kleist.

Bedeutendster zeitgenössischer und heute für Österreich mit *König Ottokars Glück und Ende* (1825), *Libussa* (1848) und *Die Jüdin von Toledo* (1851, UA 1872) immer noch kanonbildender Dramatiker war in Wien Franz Grillparzer (1791–1872), auch wenn man seine Bedeutung nicht durchgehend während seines langen Lebens erkannte. Hybris und tragischer Untergang seiner Figuren waren in der Antinomie von moderner Subjektivität und übergeordneten Gesellschaftsstrukturen begründet. Ein früher großer Erfolg war die strukturell wie inhaltlich am historischen Vorbild orientierte Trilogie *Das goldene Vlies* (1819, UA 1821). Die wie in Athens Agon während der Dionysien geforderten drei Teile *Der Gastfreund*, *Die Argonauten* und *Medea* basieren auf dem *Argonautika*-Epos des Apollonios von Rhodos und Euripides' *Medea*. Damit ist eine längere Narration im Dramatischen möglich, man erfährt die Vorgeschichte des Mythos. Im abschließenden Teil *Medea* interessiert aus heutiger feministischer Sicht die ‚barbarische Fremde', die man in der ersten Hälfte des 19. Jahrhunderts von den ‚zivilisierten Bürgern' Korinths dramatisch abgrenzen musste. Grillparzer lässt die Korinther meist im gleichmäßigen Blankvers sprechen, während Medeas Repliken in einem polymetrischen, wechselnden Rhythmus erklingen. Grillparzers Umgang mit dem Versmaß antizipiert die besondere Affinität des Theaters um 1900 für den Vers: Die Künstlichkeit der Sprache signalisiert die wachsende Entfernung des Theaters um 1900 von der Wirklichkeit. Trotz der auch in Wien wirksamen Ausrichtung des ‚Höhenkammdramas' auf Weimar, insbesondere auf die Werke Schillers, nahm dessen und Goethes direkter Einfluss im deutschsprachigen Bereich über das lange Jahrhundert hinweg langsam, aber sukzessive ab (Daniel 1995). Schon zwischen dem Wiener Kongress 1814/1815 und der Revolution von 1848 verlor der Idealismus, der sich in die Klassik und Romantik noch eingeschrieben hatte, seine Vorrangstellung, was sich zumindest indirekt in mancher Kritik am vielleicht zu loyalen Staatsdiener Grillparzer äußerte. Trotz starker gesellschaftspolitisch restaurativer Tendenzen arbeitete die dominierende Vorstellungswelt mit dem Idealismus, ja mentalitätsgeschichtlich gesehen der „Kant-Mode" um 1800 und danach als freiheitsprovozierendes Milieu, dem paradoxerweise der aufkommende Nationalismus – man denke hierbei nur an Kleists *Die Hermannsschlacht*, nicht wenig verdankt. Der Idealismus begründete die Moderne und verstärkte bis in die unmittelbare Gegenwart einen korrelationistischen Zirkel in der Weltwahrnehmung, der noch bis in die Repräsentationskritiken des postdramatischen Theaters seit den 1960er Jahren hineinwirkte. (Neo-)platonische Traditionen ließen von der Spätaufklärung über die Avantgarde bis heute die (verborgene) Wahrheit ‚hinter' den Erscheinungen vermuten.

Georg Wilhelm Friedrich Hegel (1770–1831) ergründete zu Beginn des 19. Jahrhunderts den Weltgeist als Summe der Vernunft aller (Hegel 1988 [1807]). In Bezug auf das absolute Drama Goethes könnte Handlung im Drama nach Peter Szondis *Theorie des modernen Dramas* als List der Vernunft verstanden werden (Szondi ⁴1963). Diese brächte moderne Individuen, Gruppen oder Völker unbewusst dazu, vorgeblich subjektive Ziele zu verfolgen, die, im Gelingen wie im Scheitern, letztlich die Ziele des Weltgeistes wären. Damit wären Aristoteles' Überlegungen zur Tragödie dramaturgisch entschieden weitergedacht; für Hegel wäre die Geschichte als von der Vernunft geleitete Instanz ein Fortschritt im Bewusstsein der Freiheit. Das Drama hätte für Hegel das wirkliche Sichvollziehen des an und für sich Vernünftigen zu offenbaren. Indem es geschichtliche Prozesse so darstelle, wie sie wirklich verliefen, gelinge es dem Drama, das Vernünftige zu präsentieren und in die richtige Zukunft zu weisen (Hegel 1970b [1835–1838]). Dies war eine nachhaltige Herausforderung für die inhaltliche wie formale Entwicklung des Dramentextes. Wie sollte ein gesellschaftlich oder politisch auf der Höhe der Zeit sich befindendes und behauptendes Drama beschaffen sein? Zumal in einer Zeit der Posthistoire, also der Annahme des Endes der Geschichte und damit auch einer hegelianischen dialektischen Entwicklung, in der zweiten Hälfte des 20. Jahrhunderts, die jedoch seit einigen Jahren, insbesondere in einem postironischen Theater seit der Jahrtausendwende, selbst historisiert wird?

Für die Aufklärung und die Moderne stellten sich freilich erst einmal Fragen auf einer grundlegenderen vorstellungsweltlichen wie dramaturgischen Basis. Nach der Emanzipation des Bürgertums im 18. Jahrhundert stand die Diskussion darüber an, wie man der neuen Komplexität einer in Bewegung geratenen Gesellschaft entsprechen könne. Darüber hinaus wurde erörtert, wie die im Zuge der Industrialisierung und der Auflösung der Ständegesellschaft sich bildende Arbeiterschaft zu ihrem Drama kommen solle. Claude-Henri de Saint-Simon (1760–1825) meinte, ‚unproduktive' Klassen der weltlichen sowie geistlichen Würdenträger sollten zukünftig zugunsten der ‚produktiven' Klassen der Tätigen, der sogenannten Industriellen, bei ihm noch Arbeiter und Unternehmer, zurücktreten; die alte Ständeordnung wäre durch eine Hierarchie der Tüchtigen, eine Avantgarde zu ersetzen (Saint-Simon 1968 [1824]). Hegels und Saint-Simons Ideen wurden zur Basis des Frühsozialismus und, von Karl Marx (1818–1883) nicht unkritisch übernommen, des historisch-dialektischen Materialismus, dem der Idealismus Weimarer Prägung nicht mehr entsprechen bzw. genügen konnte (Priestland 2010). Aus dem Kunstwerk als autonomer Schöpfung von genialen Dramatikerinnen und Dramatikern sollte das die Wirklichkeit widerspiegelnde Artefakt werden. Nicht die allgemeinen Wesensgesetze, vielmehr die aktuellen Erscheinungsformen der Natur drängten sich dem Drama auf: Der Frührealist Karl Gutzkow (1811–1878) erklärte die Weimarer Ästhetik und ihr Menschenbild, die er durchaus schätzte, für die Restaurationszeit zur wichtigen Grundlage in der Form, aber in ihrem Weltzugang als dem Alltag zu idealistisch enthoben (Funke 1984); man könne Kunst nicht mehr von der Erfahrungswirklichkeit trennen. Zukünftig solle die politische vor die ästhetische Erziehung treten, auch wenn der Materialismus nicht gegen den Idealismus ausgespielt werden solle (Gutzkow 1832, 55–56); man warb in verschiedensten Publikationen und am Theater für eine demokratischere Ästhetik. Es gelang Gutzkow immerhin, kurz vor und während der Revolution (von 1846 bis 1849) als Dramaturg am Dresdener Hoftheater zu wirken. Nach der Konterrevolution wurde er freilich entlassen. Vormärz und Junges Deutschland mit dem lokalhistorischen Höhepunkt 1832, dem Fest auf dem Hambacher Schloss, initiierten Unruhen. Heinrich Laube, der nach der Revolution 1849 künstlerischer Direktor des Burgtheaters wurde, sah Drama und Bühne als „Telegraph[en] unseres Volkslebens", die der „langsamen Fahrpost" der „bürgerlichen Freiwerdung" vorangehen sollten (Laube 1906, 7). Stücke von Laube, wie *Struensee* (1847) oder *Die Karlsschüler* (1847), und von Gutzkow, etwa *Richard Savage, Sohn einer Mutter* (1839) oder das populäre Lustspiel *Zopf und Schwert* (1844), waren auf der moralischen und politischen Ebene zwar fortschrittlich, dramaturgisch jedoch als Tendenzstücke eher traditionell gebaut (Funke 1984; Schößler ⁴2015); sie orientierten sich wirkungsästhetisch an den populären Intrigenstücken und Melodramen.

Institutionell vorherrschend war in der ersten Hälfte des 19. Jahrhunderts eine Bühne der Entlastung und des Eskapismus – gespielt wurden Iffland, Kotzebue, Birch-Pfeiffer, Roderich Benedix (1811–1873; *Das bemooste Haupt*, 1840), Friedrich Halm (1806–1871; *Griseldis*, 1835) oder Ernst Raupach (1784–1852; *Die feindlichen Brüder oder Homöopath und Allopath*, 1830). Auch wenn diese Stücke inhaltlich, im Detail der Konflikte und in der Widerborstigkeit mancher Charaktere, nicht durchgehend harmlos waren, fehlte offensichtlich eine im Drama deutlich dargestellte, vehement geforderte oder konkret ausgesprochene gesellschaftliche Revolution. Ähnlich hatte es sich im romantischen Schicksalsdrama eines Zacharias Werner (1768–1823) verhalten. So gesehen kam die Revolution im Spielplan der öffentlich wahrgenommenen Bühnenangebote nicht vor; auch die beiden heute noch bedeutendsten Dramatiker Christian Dietrich Grabbe (1801–1836) und Georg Büchner (1813–1837) vermisste man auf den Spielplänen. 1834 gründete der Autor von *Woyzeck* (1836, UA 1913), *Dantons Tod* (1835, UA 1902) sowie *Leonce und*

Lena (1836, UA 1895) in Gießen nach französischem Vorbild die ‚Gesellschaft für Menschenrechte', deren Ziel nicht allein die politische Aufklärung war, sondern über Waffenübungen die zukünftige Revolution. Im gleichen Jahr 1834 verfasste Büchner mit Friedrich Ludwig Weidig (1791–1837) den *Hessischen Landboten*, war also Urheber eines detailreich informierenden, revolutionären Flugblatts. Daraufhin erfolgte eine Hausdurchsuchung, im Januar 1835 zweimal eine Vorladung vor Gericht, was Büchner zur Flucht über die Grenze trieb. Hegels Weltgeist verneinend, meinte Büchner unzeitgemäß mit *Dantons Tod*, man könne die Geschichte nicht steuern. Er fühlte sich vernichtet im Angesicht des unabweislichen Fatalismus. Da der Einzelne nur Produkt des Zufalls sei, könnten Idealdichter nur lächerlich sein, böten Marionetten mit Pathos, aber keine Menschen aus Fleisch und Blut. Büchners realistische Ästhetik steht damit im Gegensatz zur idealisierenden Literatur der Aufklärung und der Weimarer Klassik. Sein Anti-Idealismus zeigt sich beispielsweise darin, dass er das Prinzip des Wortspiels, das in der idealistischen Ästhetik noch verpönt war, als „widerständiges Prinzip" (Beise 2010a, 101) inszeniert, etwa in der Figur des Valerion aus *Leonce und Lena*. Ferner gilt Büchners Zitatismus (Hinderer 1977, 133; Borgards und Neumeyer 2009) als besonderer Ausdruck seiner ästhetischen Modernität. In *Woyzeck* dramatisierte der Arzt Büchner eine pränaturalistische, materialistische Weltsicht, in der niemand bestimmen kann, wie intelligent oder böse er ist. *Dantons Tod* zitierte aus Geschichtswerken, um den Büchners Menschenbild entsprechenden Geschichtsfatalismus dramatisch zu belegen.

Innovationen dieser Art entzogen dem bürgerlichen Drama das entsprechende Selbstbewusstsein. Friedrich Hebbels (1813–1863) *Maria Magdalena*, das 1844 soziale Konflikte in eine kleinbürgerliche Gesellschaftsordnung übertrug, gilt dementsprechend als letztes bürgerliches Trauerspiel. Ludwig Anzengruber (1839–1889) konzentrierte die Dramatik in seinen sozial ausgerichteten Volksstücken wie *Der Meineidbauer* (1871) auf den ländlichen Bereich und schlug so über das Soziale und Soziologische eine Brücke zum Naturalismus, zu Ödön von Horváth und Marieluise Fleißer, zur Wiederentdeckung der sozialen Wirklichkeit in den 1960er Jahren bei Martin Sperr und Franz Xaver Kroetz und zu sozialen wie dokumentarischen Formen der Gegenwartsdramatik.

Dramen des Boulevards und der Vorstadt

Vordergründig unterhaltsamer, tatsächlich aber keineswegs immer harmloser waren die quantitativ führenden Dramen des populären Theaters. Insbesondere das Boulevarddrama war eine typisch bürgerlich-urbane Unterhaltungsform des 19. Jahrhunderts. Es umfasste Melodrama, Kriminalstück und Komödien ohne existenziellen Tiefgang, war Teil eines kommerziell bestimmten Boulevardtheaters, in dem performative Attraktionen wie Musik, Tanz, Akrobatik und Tierauftritte dem Dialog, dem gesprochenen Dramatischen, gleichberechtigt waren. Vorbild für Europa war Paris als kulturell führende Metropole mit ihren 500.000 Einwohnern, ihrem Talente anziehenden Zentralismus und dem stets virulenten Erbe der Revolution. Auffallende Leerstelle des Boulevarddramas war vor dem Hintergrund des ständigen Kampfs zwischen Liberalismus und Reaktion dennoch oder gerade deshalb die Politik, zumindest in einem unmittelbaren inhaltlichen Verständnis.

Der Begriff ‚Boulevard' leitete sich von den kommerziellen Theatern des Pariser Boulevard du Temple her; für einen lebendigen Eindruck der dortigen Atmosphäre eignet sich noch heute Marcel Carnés Film *Kinder des Olymp* (F 1945). Dort übernahm man die Bühnenformen, Ästhetiken und Organisationen der kommerziellen Unterhaltungstheater der Pariser Jahrmärkte des 18. Jahrhunderts, die sich in anhaltender Konkurrenz zum klassischen französischen Theater und dessen Institutionen befanden. So wurde dem zu erfolgreichen Jahrmarktstheater von staatlicher Seite gar Sprechverbot auferlegt, woraufhin man das Dramatische listig in die Perfektion der Pantomime verlagerte. Nach einem Brand auf dem Jahrmarkt St. Germain siedelten sich 1762 einige Jahrmarktstheater in festen Theatergebäuden am Boulevard du Temple an. Die kommerzielle Theaterfreiheit von 1791 nach der Französischen Revolution führte zu 35 neuen Theatern. Ein napoleonisches Theaterdekret von 1807 schränkte den Wildwuchs bis zum kaiserlichen Dekret für Theaterfreiheit vom 6. Januar 1864 etwas ein. In zeitgenössischen Abbildungen reihen sich Theater an Theater vor allem an der Nordostseite des Boulevard du Temple (Erken 2014, 176–177). Diese benötigten für den Tagesbetrieb eine Unmenge von neuen Stücken, die gegenwärtig kaum noch jemand kennt. Unter den hunderten, am Boulevard du Temple mehr oder weniger erfolgreichen Dramatikerinnen und Dramatikern stechen jedoch Eugène Scribe (1791–1861), später dann Georges Feydeau (1862–1921) und vor allem Eugène Labiche (1815–1888) hervor, der fast 180 meist erfolgreiche Stücke verfasst hat. Eines davon, *L'Affaire de la rue de Lourcine* (UA 1857), ist in der Übersetzung von Elfriede Jelinek auch heute noch auf den Spielplänen der anspruchsvollen Stadt- und Staatstheater zu finden. Weshalb sich Jelinek, die eher für ihre nicht mehr dramatischen Theatertexte bekannt ist, für Labiche interessiert hat, wird bei genauerer Betrachtung deutlich: Zentral ist in diesem trivial scheinenden Well-Made-Play der Zusammenhang von bürgerlich-moderner Subjektivität und existenzieller Unheimlichkeit in der Begegnung mit dem Anderen des Anderen. Das Komische im Boulevarddrama Labiches ergibt sich aus der Differenz zwischen bürgerlich-anständiger Fassade und unerwartetem Einbruch des Realen.

Couplets unterbrechen dabei im Boulevarddrama oft die laufende Handlung, Schauspielerinnen und Schauspieler wenden sich ans Publikum und reflektieren das Geschehen. Brechts Songs stehen als theatrale Mittel des epischen Theaters in dieser Tradition. Auch heutiges Spielen an der Rampe zum Publikum hat hier ein theaterhistorisches Vorbild; man denke etwa an den Einsatz von Popsongs bei Nicolas Stemann, Yael Ronen und Stefan Pucher. Die postdramatische Wirkungsästhetik hat also im angeblich literaturnahen Theater des 19. Jahrhunderts einen Vorläufer, der übersehen wird, nimmt man nur das hochkulturelle, idealistisch unterfütterte, bürgerliche Bildungstheater dieser Zeit in den Blick.

Von den Pariser Jahrmarkts- und Boulevardtheatern mit ihrer professionellen Mise en Scène ließ man sich in den Vorstadttheatern Wiens, im 1781 gegründeten Theater in der Leopoldstadt, im Theater an der Wien (1787) und im Theater in der Josefstadt (1788), aber auch in London, New York oder Berlin, dort etwa im Königsstädtischen Theater (1824), beeinflussen. In Wien dominierte seit längerem die komische Figur, vom anarchischen Hanswurst bis zum harmloseren Kasperle. Sie war materialistisch, körperbezogen, triebverfallen, immer hungrig, infantil, anfangs aggressiv und vital, später eher ein Aufschneider, aber eigentlich feige. Dramaturgisch opponierte diese Gestalt gegen den bürgerlichen Habitus der Impulskontrolle; das Publikum wurde auf das herrschende Unbewusste und auf das Unbehagen in der Kultur aufmerksam gemacht. Joseph Anton Stranitzky (1676–1726) übernahm als Hanswurst 1712 mit seinen Teutschen Comoedianten das Theater am Kärntnertor, sein Nachfolger Gottfried Prehauser (1699–1769) schuf den Bernardon. Sie und ihresgleichen trieben es für strenge Aufklärer so toll, dass Wiener Anhänger Gottscheds 1747 den Hanswurststreit vom Zaun brachen und Maria Theresia 1752 ein Extemporierverbot erließ: Die bis dahin üblichen Improvisationen, insbesondere ohne literarische Grundlage und oft ohne oder nur mit gelockerter Anbindung an die kausale Handlung des Dramas, sollten als nicht der Vernunft folgende, performative Teile einer überkommenen ungeregelten Dramaturgie endgültig der voraufgeklärten Vergangenheit angehören. Vorsichtshalber ließ sich daher Prehauser von den Autoren Wilhelm Weiskern (1711–1768) und Philipp Hafner (1735–1764) in Lokalstücken oder Parodien die komische Figur hineinschreiben, was die Anarchie des Stegreifspiels durch die Literarisierung zähmte und die komische Figur verbürgerlichte. Der Kasperle von Johann Laroche (1745–1806) war u. a. Teil der Lustspiele von Karl von Marinelli (1745–1803), etwa in dessen *Die Liebesgeschichte in Hirschau, oder Kasperle in sechserley Gestalten* (1780). Kasperle wurde wie sein Nachfolger, die ähnliche Erscheinung des Thaddädl von Anton Hasenhut (1766–1841), zur dramatischen Figur in Märchen- und Zauberspielen. Die komischen Figuren glänzten in verschiedensten Rollen als Totengräber, Anstreicher, Sesselträger, Lumpenhändler oder Mausefallenkrämer – der dramatische Text und die Sprache blieben dominierend und wurden nicht vom Stegreifspiel substantiell in Frage gestellt. Teilweise spielten sie auch Rollen in Stücken bekannter überregionaler Autoren, Hasenhut brillierte etwa als Peter Gutschaf in der die zeitgenössisch modische Phrenologie karikierenden Komödie *Die Organe des Gehirns* (1806) von August von Kotzebue (Englhart 2018, 166–178).

Die Grenzen zum Musiktheater waren wie in Emanuel Schikaneders und Wolfgang Amadeus Mozarts *Zauberflöte* 1791 fließend. Die komische Figur im kommerziell orientierten Vorstadttheater, in dem die Gebrauchsstücke so lange gespielt wurden, wie sie Erfolg hatten – oft nur zwei oder drei Tage –, sollte weniger den Charakter und die Psychologie der Figuren darstellen, sondern eher komische Situationen und Konflikte motivieren. Dabei blieb das Drama zum einen als Struktur gewahrt, zum anderen herrschte eine fast prä-avantgardistische, anti-illusionistische Tendenz zur Gleichberechtigung der theatralen Mittel. Zauber- und Besserungsstücke, (Lokal-)Possen und Parodien wie die beliebten Stücke von Ferdinand Raimund, Josef Alois Gleich (1772–1841), Karl Meisl (1775–1853) und Adolf Bäuerle (1786–1859) wurden massenhaft produziert. Gattungsübergreifend, intertextuell, oft bekannte Figuren und Stories parodierend, aber bei Raimund doch höchst eigenständig und originell waren Zauberpossen, -märchen oder -spiele wie *Der Barometermacher auf der Zauberinsel* (1823) oder die schon erwähnten Stücke *Das Mädchen aus der Feenwelt oder Der Bauer als Millionär* und *Der Alpenkönig und der Menschenfeind*: Man erkennt unschwer das molièresche Vorbild, den ‚Menschenfeind' namens Rappelkopf, der, wie in den typischen *scenari* der Commedia dell'arte die Figur des Pantalone, zu verhindern sucht, dass seine Tochter den ‚Falschen' heiratet. Der Alpenkönig Astragalus, ein Zauberer mit figuralem Lokalbezug, schlüpft, als ihm das Unglück der Liebenden zu Ohren kommt, in die Identität des misanthropischen Vaters; dieser wiederum muss die Identität eines Freundes annehmen und im Folgenden seine eigenen Launen im Anderen ertragen. Psyche und Figur werden gespalten, die Figuren zeitgemäß psychologisiert, an die Stelle von klassischer Bestrafung tritt Einsicht. Die Dramaturgie ist im Sinne einer bürgerlichen Moral als therapeutisches Besserungsstück angelegt: Es kommt zum Happy End, Rappelkopf erkennt seine Unausstehlichkeit und die Liebenden werden offiziell ein Paar.

Noch schärfer dramatisierte Johann Nestroy seine soziale Umwelt; er führte eine moderne, realistische Komik auf den Vorstadtbühnen ein, wobei er insgesamt über 70 Stücke, oft Bearbeitungen, Parodien bzw. Übersetzungen aus dem englischen oder französischen Theater, schrieb. Bekannt und mittlerweile vom Trivialitätsverdacht befreit und in den deutschsprachigen Klassikerkanon eingegangen sind etwa die 1833 uraufgeführte Posse *Der böse Geist Lumpacivagabundus oder Das liederliche Kleeblatt* oder das kritische Volksstück *Zu ebener Erde und erster Stock oder die Launen des Glücks* von 1835. Entgegen der Gattungserwartung präsentieren sie existenzialistische Kontingenz in wahrlich keiner heilen Welt; die Figuren handeln grundegoistisch, gerade wenn sie sich als Idealisten ausgeben. Dramatische Sprachkomik und Reflexionstiefe wie -intelligenz wurden von Nestroy, der in seinen Stücken oft die Hauptrolle spielte, kongenial mit komisch-subversivem gestisch-mimischem Spiel verbunden; wie in *Der Talisman* wurden so durch sozial anklagende Milieudarstellungen unterer Schichten und soziologisch kritisch erörternde Dramaturgien pränaturalistische Konflikte geschaffen (Englhart 2018, 218–223). Damit hatte die übliche zeitgenössische Zensur immense Probleme. Insbesondere die Improvisationen, der körperlich mehr oder wenig angedeutete, oft aber auch direkt und drastisch ausgedrückte Subtext legte die der Zensur bekannten Dialogzeilen neu, anders, speziell oder gar gegen die übliche Wortbedeutung aus. Komisch waren hierbei insbesondere Anspielungen auf den Körper auf sexueller oder gewalttätiger Ebene, die in den animalischen Bereich führen konnten wie in *Der Affe und der Bräutigam* (1836), so dass man in Nestroys Spiel präsurrealistisch die Triebhaftigkeit des modernen Menschen, das mit der gesellschaftlichen Ordnung konfrontierte Unbewusste, erfuhr. Unterstützend waren die üblichen Couplets, die das Korporale mit dem Rhythmischen verbanden und nicht nur episierend, sondern zugleich emotionalisierend wirkten, so dass auch von diesen Einschüben ein erhöhtes Potential der Ruhestörung ausgehen konnte.

Historismus und Naturalismus

Die rege Produktion von sozialen Dramen brach Mitte des 19. Jahrhunderts durch die Niederschlagung revolutionärer Bewegungen und die Unterdrückung liberaler Impulse nach 1848 ab. Der demokratische Anspruch des Bürgertums auf direkte politische Macht musste zurückgestellt werden. Richard Wagner (1813–1883) rettete sich 1849, steckbrieflich gesucht, über die Grenze ins Schweizer Exil, nachdem er in Dresden nationalbewusst die Revolution gegen den König unterstützt hatte. Den ‚Höhenkammtheatern' wurde die Pflege der Klassiker, ein die Kulturnation stützender Spielplan und der bürgerliche Bildungskanon immer wichtiger. Die Kavalierintendanzen der Hoftheater gingen sukzessive in die Leitung von bürgerlichen Theaterfachleuten über. Subtil öffnete und unterlief der Historismus, d. h. der sich mit modernen Strukturen amalgamierende Pluralismus der historischen Stile Neoromanik, Neogotik, Neorenaissance, Neomanierismus, Neobarock und Orientalismus, von der Mitte des 19. Jahrhunderts an bis zum Ersten Weltkrieg die sich an der Weimarer Ästhetik orientierenden Formen des Dramas. Das Charakteristische des historisch oder regional Anderen wurde zum Teil akribisch eruiert, ausgehend von den weltweiten Expeditionen, deren zunehmend positivistischen Erfassungsbemühungen und den damit verbundenen Institutionen wie den botanischen Gärten und rassistischen Völkerschauen sowie wissenschaftlichen Disziplinen wie der Geschichtswissenschaft, der Anthropologie, der Geographie, der Medizin oder der Ethnologie (Osterhammel ²2016; Englhart 2018). Dadurch ging die Abfolge der verschiedenen Weltzugänge, Umweltbeschreibungen, Stile, symbolischen Formen und weltanschaulichen Perspektiven in eine moderne Gleichzeitigkeit über, die die einzelnen Standpunkte, Gestalten und Formen zunehmend relativierte. Das historisch Relevante war nicht ohne das Stereotype und Topische zu bekommen. Im 19. Jahrhundert entstand parallel dazu die neue Geschichtswissenschaft, die postulierte, dass Menschen, Institutionen, Völker und Staaten individuell aus ihrer Zeit heraus zu interpretieren seien. Wilhelm Dilthey (1833–1911) entwickelte dementsprechend eine neue Methode; erkenntnistheoretisch gehe es um das Verstehen, um die idiographische, nicht die nomothetische Methode, nicht um das naturwissenschaftlich geübte Erklären (Dilthey 1883). Verstanden werde konnte und sollte durch Anschauung, Erlebnis, Nacherleben und Bedeutung. In der Malerei des Historismus dominierten Nazarener und Präraffaeliten; Karl Theodor von Piloty, Wilhelm von Kaulbach und Hans Makart standen für die mehr oder weniger realistische Historienmalerei, der es um die charakteristischere, genauere Mimesis historischer Ereignisse, Kostüme, Landschaften, Architekturen zu tun war.

Dies war die Folie, auf der die Meininger bzw. die Angehörigen der Hofbühne des Herzogs Georg II. von Sachsen-Meiningen (1826–1914) ihre innovativen und europaweit als Vorbild angesehenen Inszenierungen von dramatischen Klassikern einrichteten. Diesen gingen die berühmten Londoner Shakespeare-Revivals Charles Keans (1811–1868) voraus, dem es früh um die historische Referenz seiner theatralen Mittel ging. Die Meininger leiteten aus dem zeitüblichen Historismus, dem Positivismus und der akribischen Detailtreue in den aufkommenden Kultur- und Geisteswissenschaften wie Archäologie und Kunstgeschichte ihre historisch verankerte, quellengestützte, fast wissenschaftliche Authentizität mit besonderem Fokus auf das ganzheitlich erscheinende Bild und die Dynamik der Massenregie ab. Der Ausstattungshistorismus hatte seine Basis zu Beginn des 19. Jahrhunderts im Trend zum Charakteristischen, etwa im Rahmen der erwähnten Kostümreform Karl Graf von Brühls für die Berliner Hoftheater nach 1814; neben der Lokalposse etwa in Berlin oder Wien bemühte man sich in der Oper des 19. Jahrhunderts entsprechend um eine *couleur locale* im Sinne eines, wie es im angelsächsischen Bereich heißt, *regionalism*, also einer Bestimmung des regionalen wie kulturellen Bezugs über inszenatorische Mittel (Becker 1976). Wie und inwieweit die Inszenierung den tatsächlichen Gegebenheiten an Ort und Stelle entsprach, wäre für den jeweiligen Einzelfall zu diskutieren; wichtig war zumindest der Eindruck einer weitgehenden mimetischen Entsprechung zwischen Urbild und Abbild. Sukzessiv und nicht ohne Rückschläge in Frage gestellt wurden die zur Aufführung eines Dramas (aus dem gleichen Genre) immer wieder benutzten Einheits- bzw. die noch aus der Barocktradition stammenden Typendekorationen, die aus gemalten Kulissen und Prospekten aufgebaut waren. Insbesondere die Meininger Modellinszenierung von Shakespeares *Julius Cäsar* kombinierte ab 1874 den wissenschaftlichen Positivismus mit der poetischen Wirklichkeit des Dramas. Auf ihren Gastspielreisen, 1874–1887 nach Berlin, 1880 nach London und 1885 sowie 1890 nach Moskau, warben die Meininger für einen Inszenierungsstil, der für den dramatischen Naturalismus – immer noch ein Realismus, aber in deutlich übersteigerter bzw. programmatisch zugespitzter Form – vorbildlich war.

Im Gegensatz zum Realismus, der im Dienste einer Idee und ästhetischer Prinzipien wie der Veredelung stand, schloss der Naturalismus mit seinen Zentren in Paris, London, Berlin und Moskau zwischen 1887 und 1900 das Negative nicht aus. In Moskau mit Maxim Gorkis (1868–1936) Stücken wie *Nachtasyl* (1902) und Anton Tschechows (1860–1904) eigentlich als Komödien geschriebenen Dramen wie *Die Möwe* (1895, UA 1896), *Onkel Wanja* (1897, UA 1899), *Drei Schwestern* (1901) und *Der Kirschgarten* (1904) erarbeitet, fand der naturalistische Schauspielstil über die Ästhetik Stanislawskis, der Tschechows Stücke effektvoll, aber zum Leidwesen des Autors ins Melancholische umdeutete, globale Verbreitung bis in die USA und den populären Hollywood-Film. Der Ende des 19. Jahrhunderts entstandene Film orientierte sich am naturalistischen Stil, so dass man den heutigen populären Film und die Fernsehästhetik als legitime Erben des Naturalismus bezeichnen kann.

Mit dem Aufstieg des neuen Mediums hatte das Theater als vom ersten Eindruck her realistisches, scheinbar direkt abbildendes Medium sowohl aus ästhetischen als auch aus produktionstechnischen und ökonomischen Gründen wenig Chancen, die mediale und institutionelle Konkurrenz auf dieser Ebene für sich zu entscheiden. Es war deshalb nur folgerichtig, dass sich die Theaterreformen nach der Jahrhundertwende, die Theateravantgarde des frühen 20. Jahrhunderts und das politische Theater etwa Piscators und Brechts gegen die Ästhetik des Naturalismus im engeren Sinne aussprachen. Ihr Verdikt liegt noch heute allen Absetzbewegungen vom Naturalismus wie der Postdramatik zugrunde. Naturalistische dramatische Formen haben gegenwärtig ein negatives Image; sie markieren dabei oft die Positionen der Mimesis und der Repräsentation als das, was man in performativen oder postdramatischen Theaterformen auf keinen Fall oder stark zurückgenommen sehen will.

Um 1890 war der Naturalismus jedoch höchst revolutionär, skandalträchtig sowie modern. Man orientierte die naturalistische Abbildung der sozialen Realität nicht am Mittelmaß, an der gemäßigten Abbildung, sondern an als Sensationen inszenierbaren sozialen Umständen. Auf der Bühne sah man äußerliches und moralisches Elend der Großstadtquartiere, sogenannte Kranke, Geistesgestörte, Alkoholiker und Dirnen. Diese Außenseiterfiguren provozierten selbst die Kritik der Linken: Man präsentiere den Arbeiter nur im Bordell und in der Schnapskneipe, inszeniere also keine kämpfenden Genossen, sondern den Lumpenproletarier. Sollte dies der sozialen Realität angemessen sein? Ist das dargestellte Hässliche nicht eher einer dramatischen Überbietungsstrategie geschuldet? Zumindest erzeugte es Skandale, da einige Zuschauerinnen und Zuschauer ein regelmäßiges, dem Ideal der klassischen Schönheit verpflichtetes Drama erwarteten, das durch die detailreiche, unmaskierte, hässliche Wirklichkeit in Frage gestellt wurde.

Die Gründungsinstitutionen des Bühnennaturalismus waren durch die eingeschränkte Öffentlichkeit des Vereins als institutionellen Rahmen definiert; die innovative dramatische Ästhetik konnte zuerst nicht im öffentlichen Raum des allgemein zugänglichen Theaters, sondern nur innerhalb der geschlossenen Gesellschaft des Vereins auf die Bühne gebracht werden. 1889 eröffnete in Berlin die Freie Bühne, eine Initiative von Kritikern sowie Literaten wie Theodor Wolff, Maximilian Harden, Otto Brahm, dem Vorsitzenden, Paul Schlenther, Heinrich und Julius Hart, Julius Stettenheim, dem Verleger Samuel Fischer und dem Rechtsanwalt Paul Jonas.

Zuvor hatte André Antoine (1858–1943) in Paris 1887 das Théâtre Libre als ersten europäischen Theaterverein gegründet. Von der europäischen Kulturhauptstadt ausgehend gelang es, den Naturalismus in Frankreich mit Aufführungen von Leo Tolstoi, August Strindberg, Gerhart Hauptmann und vor allem Henrik Ibsen zu verbreiten. Antoine und sein Théâtre Libre wurden zum Vorbild für ähnlich eingerichtete Institutionen in den anderen europäischen Ländern: für die 1891 ins Leben gerufene Londoner Independent Theatre Society oder das seit 1898 von Wladimir Nemirowitsch-Dantschenko (1858–1943) und Konstantin Stanislawski (1863–1938) geleitete Moskauer Künstlertheater. Das moderne, naturalistische Drama arbeitete der spezifisch naturalistischen Aufführungspraxis zu, beiden eignete ein programmatischer Anstrich: Die Freie Bühne eröffnete am 29. September 1889 mit Henrik Ibsens *Gespenstern* und nicht, wie oft üblich, mit einem Stück von Schiller oder Goethe. Begleitend entstand eine Vielzahl an theoretischen Positionen, von Émile Zolas *Le Naturalisme au théâtre* (1879) bis Otto Brahms *Der Naturalismus und das Theater* (1891). Der naturwissenschaftliche Kontext, eine eher materialistische Perspektive auf die Umwelt, Übernahmen aus der Evolutionstheorie, der Physiologie und Psychologie opponierten direkt wie indirekt gegen den Idealismus. Das Drama sollte der Bühne eine der sozialen Realität adäquate Milieudarstellung ermöglichen, wobei das Milieu die wissenschaftlich exakte Darstellung der Wirklichkeit meinte. Hilfreich sollte eine naturwissenschaftliche, empirische, dem Experiment verbundene Methode sein, insbesondere auf der Folie von Auguste Comtes (1798–1857) Positivismus und Claude Bernards (1813–1878) im Jahr 1865 erschienener Einführung in medizinische Verfahren. Ermittelt werden sollte wie in einem Experiment, welchen Determinationen der Mensch von außen, also durch die äußeren Umstände des Milieus, wie auch von innen, also durch vererbte Anlagen, unterworfen sei, was die Gefahr des Rassismus nach sich zog. Man orientierte sich dabei an Comtes Schüler Hippolyte Taine (1828–1893), der jeden Menschen grundsätzlich als Produkt seines Milieus, seiner Zeit und seiner ‚Rasse' betrachtete (Taine 1863). Bekannt wurde darüber hinaus die prägnante Formel von Arno Holz aus *Die Kunst. Ihr Wesen und ihre Gesetze* (1891): Da „[d]ie Kunst die Tendenz" habe, „wieder die Natur zu sein", müsse gelten: „Kunstwerk = Natur – X" (Holz 1891, 112).

Die naturalistische Dramatik, wie die heute unbekannten, damals viel gespielten Stücke *Jugend* (1892, UA 1893) von Max Halbe (1865–1944) und *Die Ehre* (1889) von Hermann Sudermann (1857–1928), hob tradierte poetologische Kriterien auf; ein selbstverantwortliches Handeln der Figur war als zentrales Merkmal des Dramatischen anthropologisch nicht mehr relevant. Die Handlung reduziert sich zugunsten der Milieudarstellung; der Zustand ersetzt die Tat, aus dem Helden wird schon bei Büchner das Opfer. Der Mensch ist im naturalistischen Drama weitgehend unfrei, weil er den Zwängen seiner Umwelt und seiner Psyche ausgesetzt ist, wobei mit Umwelt auch seine eigene Natur gemeint sein kann. Prototypisch umgesetzt ist dies in Gerhart Hauptmanns (1862–1946) Erstling *Vor Sonnenaufgang* (1889), einem Stück, das vom sozialen Aufstieg und seinen Kosten handelt. So wie in Ibsens Familiendramatik (Oellers 1975) steht auch bei Hauptmann das Schicksal einer zu Reichtum gelangten ländlichen Familie im Zentrum. Eine besondere Stellung nehmen die Fragen nach Alkoholmissbrauch, Alkoholismus und vor allem deren Vererbung ein (Bellmann 1988, 14), denn nach und nach deckt Loth als der ‚Bote aus der Fremde' die kollektive Sucht auf. Das Stück ist in zweifacher Hinsicht den antiken Tragödien verwandt: Zum einen entspricht die propagierte Vererbungslehre in ihren Auswirkungen der Funktion des Schicksals in den klassischen Tragödien – auch der Fluch der Tantaliden beispielsweise erstreckt sich bis ins dritte und vierte Glied; zum anderen ist der Tod von Helene als ein klassischer Tragödien (Frei-)Tod angelegt; hierfür spricht der fünfaktige Aufbau und ihre unausweichliche Zwangslage (Schößler ²2017, 83). Andere wichtige Stücke von Hauptmann sind *Fuhrmann Henschel* (1889), *Die Weber* (1892, UA 1893), *Der Biberpelz* (1893) und *Florian Geyer* (1896). Die Umwelt drückt sich im detailreichen Nebentext aus, der die Örtlichkeiten bzw. das Verhalten der Figuren oft akribisch genau angibt. Der Dialog erscheint problematisch; die Figuren, die oft einen starken (Kunst-)Dialekt sprechen, verstehen sich zuweilen nicht oder reden wie in Anton Tschechows *Drei Schwestern* aneinander vorbei. Die Handlung ist im naturalistischen Drama nicht mehr geschlossen, Anfang und Ende bleiben häufig offen, das Stück erscheint als eine Folge aneinandergereihter, milieudarstellender Szenen und tendiert damit zum Epischen.

Zum Klassiker des Naturalismus auf den aktuellen Spielplänen wurde Henrik Ibsen (1828–1906) mit *Die Stützen der Gesellschaft* (1877), *Gespenster* (1881, UA 1882), *Ein Volksfeind* (1882, UA 1883), *Die Wildente* (1884, UA 1885) und *Hedda Gabler* (1890, UA 1891). Seit der Finanzkrise 2008 wurde vermehrt sein Stück *John Gabriel Borkman* (1896) gespielt, in dem die Titelfigur, ein Bankier, der seinen Ruf aufgrund illegaler und ruinöser Spekulationen verloren hat, nach seiner Haft von aller Welt isoliert neben seiner Frau Gunhild in dem Haus von deren Schwester Ella Rentheim lebt. Das getrennte Paar träumt von der Rückkehr in die Gesellschaft, setzt seine Hoffnung jeweils unterschiedlich auf den gemeinsamen Sohn, der zudem von Ella, der eigentlichen Liebe Borkmans, auf die er aus Karrieregründen verzichtet hatte, für sich in Anspruch genommen wird. Der junge Mann entzieht sich überfordert allen Ansprüchen und erst der Tod Borkmans führt eine für alle halbwegs erträgliche Lösung herbei. Ibsen entwickelte eine spezielle Form des analytischen Dramas, das Sophokles' *König Ödipus* zum Vorbild nahm. Er erweitert die Exposition, welche die Ursachen der bewussten und unbewussten Motivationen und die strukturellen Zwänge der wichtigsten handelnden Figuren für das Publikum aufklärt, in den gesamten Handlungsablauf; sukzessive kommt die Vorgeschichte des Dramas ans Licht. Insbesondere in *Nora oder Ein Puppenheim* (1879) erwies sich Ibsen als einer der wenigen Feministen seiner Zeit. Der Realitätsverweigerer *Peer Gynt* (1867, UA 1876) stand nicht nur für die zeitgenössische Erfahrung, sondern wird auch heute noch oft gespielt. Weniger frauenfreundlich zeigte sich August Strindberg (1849–1912), dessen Stücke *Der Vater* (1887) und vor allem das bekannte *Fräulein Julie* (1888, UA 1889) noch dem Naturalismus zuzuordnen sind. Das Verhalten und Erleben der naturalistischen Figuren erklärt sich hier oft nicht mehr durch die Aussagen der Personen, die zuweilen selbst nicht wissen, was und warum sie etwas tun.

Für Brahm bis zu Stanislawski war das Drama im Naturalismus notwendiger Ausgangspunkt der Inszenierung. Der Bühnenraum ersetzte das Bühnenbild und die vierte Wand wurde deutlich verstärkt: Die Zuschauerinnen und Zuschauer blickten auf die Bühne wie in ein Aquarium. Das 1890 an der Freien Bühne Berlin uraufgeführte Stück *Die Familie Selicke* von Arno Holz (1863–1929) und Johannes Schlaf (1862–1941) zeigt, dass der Naturalismus auf der Bühne einen annähernd voyeuristischen Blick durch ein Fenster auf das Leben der Anderen zu ermöglichen versucht. Mediengeschichtlich übernimmt diesen spezifischen ‚Blick' dann der klassische Film, in dem höchste Illusion dadurch erreicht wird, dass die Produktionsmittel wie Kamera und Schnitt möglichst unsichtbar bleiben. Das Publikum als Träger der Protestbewegung des Naturalismus war fast ausschließlich bürgerlicher Herkunft. Nachdem man sich erst um die unteren Schichten bemüht hatte, hielt das in den 1890er Jahren eingegangene Bündnis von Moderne und Sozialdemokratie nicht lange. Obwohl von den staatlichen Institutionen befürchtet, kam es niemals zu revolutionären Umtrieben; der Naturalismus wirkte nur im Bereich der Kunst. Bertolt Brecht und Erwin Piscator zogen aus dieser Folgenlosigkeit die Konsequenz des epischen Theaters.

Theaterreform und Avantgarde

Der Naturalismus wurde um die Jahrhundertwende schnell als veraltete Ästhetik begriffen. Einige forderten die Rückkehr zum idealistischen Drama, andere wandten sich Friedrich Nietzsches Feier des überindividuellen Dionysischen im gestaltgebenden Apollinischen zu, zumal seine Philosophie zur Mode der Theateravantgarde, später dann auch der neoavantgardistischen Postdramatik seit den 1960er Jahren wurde. Ästhetisch innovativer als der Naturalismus erschien einigen der Symbolismus, etwa Oscar Wildes viel gespielte, der Décadence zuzurechnende *Salome* (1891, UA 1896). Dieses Stück bot den bürgerlichen Bühnen die Gelegenheit zu erotischen Schleiertänzen, in denen spätere Avantgardisten wie Georg Fuchs einen lebensnahen Rhythmus verwirklicht sahen. Schon im Werk Gerhart Hauptmanns, etwa in *Und Pippa tanzt* (1905, UA 1906), deutete sich der Übergang zum Symbolismus an. Avancierter war Maurice Maeterlincks *drame statique*, in dem wie etwa in *Les Aveugles* (1890; dt. *Die Blinden*) die Figuren nicht mehr handeln, sondern in Situationen verharren. Auch Strindberg wandte sich von der naturalistischen Dramaturgie ab. Folgenreich insbesondere für den Expressionismus, aber auch noch für Botho Strauß in den 1970er Jahren wurde Strindbergs Stationendrama *Nach Damaskus* (1898/1904, UA 1900/1916), in dem der Protagonist in einer kreisförmigen Dramaturgie lediglich Emanationen des eigenen Ichs an diversen Stationen zu begegnen scheint. Subjektiv bis hin zu psychoanalytischen, surrealen und absurden Vorstellungswelten war Strindbergs *Ein Traumspiel* (1902, UA 1907), nicht zufällig ein Jahr nach der Veröffentlichung von Sigmund Freuds *Die Traumdeutung* (1899/1900) verfasst. Zeit, Raum und Handlungskausalitäten lösen sich auf, die Figurenidentität ist zumindest problematisch.

Arthur Schnitzler (1862–1931) experimentierte zeitgemäß mit der dramatischen Form; im *Reigen* (1900, dt. UA 1920) stellte er eine kreisförmige Dramaturgie vor, die jedoch eher funktionell und schematisch durch den Handlungsablauf und nicht wie bei Strindberg durch epistemologische und psychologische Perspektiven motiviert wird: Zehn Figuren begegnen sich in zehn Szenen, wobei in der Handlungsabfolge jeweils eine von zwei Figuren auf der Bühne bzw. in der sozialen Situation zurückbleibt, um sich mit einer neuen Person auf der sexuellen und Beziehungsebene zusammenzufinden und dann abzugehen. Vor allem inhaltlich wirkte das Stück höchst skandalös auf die Zeitgenossen (Pfoser et al.

1993). Schnitzlers *Professor Bernhardi* (1912) thematisierte den Wiener Antisemitismus, den auf anderer Ebene später George Tabori thematisch aufgriff. Frank Wedekind (1864–1918) war ähnlich erfolgreich, wenn es um den Skandal ging; spielplanbestimmend ist heute noch *Frühlings Erwachen* (1891, UA 1906), nach einiger Zeit und dann lange verboten war *Erdgeist* (1895, UA 1898) mit seiner die bürgerliche Doppelmoral aufdeckenden, provozierend-,natürlichen' Femme fatale Lulu.

Früh auf Strindbergs Stationendrama aufbauend und eine scharfe Kritik an der bürgerlichen, den Ersten Weltkrieg verschuldenden bürgerlichen Kultur übend war der Expressionismus, insbesondere die Dramen von Ernst Toller (1893–1939) wie *Die Wandlung* (1919), *Masse Mensch* (UA 1920) und *Die Maschinenstürmer* (1922), von Georg Kaiser (1878–1945) wie *Von morgens bis mitternachts* (1912, UA 1917) und *Gas* (1918), oder Walter Hasenclevers (1890–1940) *Antigone* (1917). Stücke aus der Perspektive der Neuen Sachlichkeit lösten den Expressionismus ab, etwa von Bert Brecht, Ferdinand Bruckner (1891–1958), Günther Weisenborn (1902–1969) oder Toller, dessen *Hoppla, wir leben!* (1927) von Piscator kongenial in Szene gesetzt wurde. Das Zeitstück der 1920er Jahre definierte sich gattungsübergreifend als Dramatik, die sich mit den Fragen der Zeit beschäftigte. Ödön von Horváth (1901–1938) galt in der politisch wechselhaften Zeit der Weimarer Republik, der – wie es hieß – Demokratie ohne Demokraten, als Vertreter eines neuen Volksstücks mit *Zur schönen Aussicht* (1926, UA 1969), *Geschichten aus dem Wiener Wald* (1931), *Glaube Liebe Hoffnung* (1932, UA 1936) und *Kasimir und Karoline* (1932). Dramatisch demaskiert wurde das Bewusstsein in entlarvenden sozialen Situationen; ans Licht kamen die Lebenslügen und der schäbige Opportunismus des präfaschistischen Kleinbürgertums. Die der Neuen Sachlichkeit zugerechnete Marieluise Fleißer (1901–1974) veranschaulichte in *Fegefeuer in Ingolstadt* (1924, UA 1926) kleinbürgerlich-depressive Enge, die modellhaft präsentiert wurde. Aus dem Horror der strukturell vorgestellten Entfremdung sollte der Wunsch nach der Veränderbarkeit der Gesellschaft resultieren. Ähnlich setzte Luigi Pirandello (1867–1936) die sich schnell verändernde Umwelt in Szene, er begründete mit seinem in den 1920er Jahren entstandenen Stück *Sei personaggi in cerca d'autore* (UA 1921; dt. *Sechs Personen suchen einen Autor*) das moderne Drama, wenn man dieses wirkungsästhetisch über die Irritation des Illusionsbedürfnisses des Publikums definiert.

Rückblickend erscheint nicht eine Dramatikerin oder ein Dramatiker, sondern ein Philosoph die anti-idealistische wie antinaturalistische Stoßrichtung des frühen 20. Jahrhunderts begründet zu haben: Friedrich Nietzsche (1844–1900). Er entstammte einem evangelischen Pfarrhaus, 1868 wurde er mit 24 Jahren Professor für klassische Philologie in Basel. 1872 veröffentlichte der 27-Jährige die Schrift *Die Geburt der Tragödie aus dem Geist der Musik*, die seinen Ruf als ernst zu nehmenden Philologen ruinierte, doch für das Drama und Theater bis heute einer der wichtigsten Grundlagentexte ist. Nach einer Schopenhauer-Phase unternahm Nietzsche eine entscheidende Wendung zur radikalen Lebensbejahung; er opponierte gegen das idealistische antike Griechenland Schillers und Goethes und entdeckte die tragische Seite der griechischen Kultur. Seine Gegner waren die christliche Moral, Metaphysik und der philosophische Sokratismus bzw. Platonismus, auf dramatischer Ebene der ihm zu rationale Euripides. Für heutige postmoderne, nicht mehr dramatische Ästhetiken grundlegend war Nietzsches Plädoyer für Ästhetik: Allein als ästhetisches Phänomen sei die Existenz des Menschen in der Welt legitimiert. Mit Wagners Musikdramen plädierte er für die Wiedergeburt der Tragödie, einer neuen, nun deutschen Kultur mit dem Vorbild der griechischen Antike. Musik sei der metaphysische Ausdruck des schopenhauerschen Willens zum Leben. Ursprung sei der Ritus des Dionysos, daraus entstünden die Chorlieder, die Dithyramben und die Tragödie bis hin zur Verfallsdramaturgie bei Euripides. Das Apollinische, Klassische, Gestaltgebende und das Dionysische, Expressionistische, Gestaltsprengende, Überindividuelle wirkten im idealen Kunstwerk zusammen (Nietzsche 1980 [1872]).

Heutige, insbesondere von Richard Schechner und nachfolgend Hans-Thies Lehmann propagierte postdramatische Ästhetiken eines Theaters als Ritual haben in Nietzsches Überlegungen ihren Ursprung. Jean-François Lyotards semiotische Übersetzung Nietzsches in ein energetisches Theater, in dem die Ordnung der dramaturgischen Zeichenbeziehung radikal in Frage gestellt wird (Lyotard 1982), eröffnete ein philosophisches Feld für performative Produktionen von John Cage bis Heiner Goebbels. Auch Artaud und Grotowski fokussierten das Dramatisch-Theatrale auf das Unbewusste, Überindividuelle, den inneren Impuls, der die Alltagsmasken und damit das abendländische Drama als figuren- und handlungsbezogene Struktur aufbrechen sollte.

Ein anderer Theaterutopist, Adolphe Appia (1862–1928), arbeitete sich an Richard Wagners Musikdramen ab. Früh stellte er an den konventionellen Wagner-Inszenierungen eine mangelnde Wirkung beim Publikum und den Performerinnen bzw. Performern fest. Grund sei eine fast komische, ja lächerliche Differenz zwischen den präsenten Singenden oder Schauspielenden, dem Musikdrama als Dramaturgie und dem zweidimensionalen Bühnenbild. Richard Wagners Festspielidee, der gemeinschaftsfördernde Bayreuther Theaterbau mit Verdunkelung sowie die Form des Musikdramas seien zwar vorbildlich. Doch Wagners Ziel eines unsichtbaren Theaters werde verhindert, da die Inszenierung, insbesondere in Bezug auf Bühnenbild, Licht und Kostüme zu konventionell historistisch, charakteristisch, zu nahe am naturalistischen Drama bliebe. In *Die Musik und die Inszenierung* (1899) forderte Appia eine dramatische Harmonie von Raum, Licht und Bewegung der Schauspielenden. Da die realpräsenten Schauspielenden plastisch seien, müssten Raum, Licht und Schatten nicht allein erhellend, sondern dreidimensional gestaltet sein. Die Partitur bzw. die Musik solle den Rhythmus, das Dramatische bzw. das Libretto das Spiel der Singenden oder auch Schauspielenden bestimmen. Damit orientiert sich die Mimesis weniger oder gar nicht an einer realistischen bzw. naturalistischen Ähnlichkeit zwischen Drama und Alltag, sondern an einer vom Rhythmus bestimmten Ideenwelt. Ähnlich argumentierte Edward Gordon Craig (1872–1966), der mit seinem Ideal einer ‚Übermarionette' die existenziellen Zufälligkeiten des Lebens im Realismus radikal ablehnte (Craig 2012 [1907]). Die künstlerische bzw. ästhetische Potenz der Komponierenden oder Dramatikerinnen und Dramatiker, später auch der Regie, sollte keinen naturalistischen Einspruch, keine Verzerrung oder Trübung des Kreativen ertragen müssen, was das heutige Regietheater durch ein kreatives Spannungsverhältnis mit dem Drama umsetzt.

Proletarisches Theater und episches Drama

Die soziale Frage stand weiterhin auf der Tagesordnung und verschärfte sich in den 1920er Jahren – umso weniger durfte sich das Drama gesellschaftspolitischen Problematiken verschließen und sich als autonome Kunst, als *l'art pour l'art* (Bürger 1974), verstehen. Einige suchten nach Wegen, um die ästhetische Grenze zwischen Kunst und Leben zu überwinden und forcierten eine Politisierung der Ästhetik, die von Seiten der Politik oft durch eine Ästhetisierung der Politik begleitet wurde. Skandale wie 1919 die *Wilhelm-Tell*-Inszenierung von Leopold Jessner (1878–1945) ließen ein geändertes Theaterverständnis zumindest in Berlin erkennen. Freilich waren die 1920er Jahre noch eine Hochzeit für private Theaterunternehmungen wie das von Max Reinhardt (1873–1943). Vorbildhaft wurde das Theater der Russischen Revolution, d. h. die Experimente der russischen Avantgarde kurz nach der Oktoberrevolution 1917, mit der Organisation der Theaterabteilung des Proletkults. Dramatisierungen revolutionärer geschichtlicher Ereignisse in Massenschauspielen, sogenannte lebende Zeitungen, Arbeiterrevuen oder Gerichtsspiele sollten ein revolutionäres Bewusstsein zur Unterstützung der neuen sozialistischen Gesellschaft kreieren. Das Proletariat sollte mitspielen, aus sich selbst heraus kulturell schöpferisch tätig werden. Es ging nicht wie in der als konservativ-reaktionär geltenden dramatischen Ästhetik des Naturalismus um Nachahmung der Wirklichkeit, denn diese sollte in der Produktion erst geschaffen werden. Dramatisches Gestalten wurde als Labor verstanden, in dem man wie in der wissenschaftlichen und industriellen Produktion eine neue revolutionäre Gesellschaft, orientiert am Gesetz der Geschichte, erreichen wollte. Zugleich ging es um direkte politische Erziehung, etwa im in Moskauer Betrieben, Bierhallen und auf der Straße auftretenden Agitationstheater ‚Blaue Bluse', das in den frühen 1920er Jahren u. a. einen ‚Bau- und Verteidigungstanz' aufführte (O. Bauer 1994, 133, 218). Stalins Verurteilung dieser innovativen dramatischen Formen als Formalismus auf der Folie eines ausschließlichen Primats des Sozialistischen Realismus konnte nicht verhindern, dass die Biomechanik von Wsewolod Meyerhold (1874–1940) eine der wichtigsten theatralen Ästhetiken des 20. Jahrhunderts wurde. Nachdem Meyerhold 1921 den ‚Theateroktober' ausgerufen hatte, entwickelte er nach dem Vorbild der industriellen Produktion die Biomechanik mit Rückgriff auf die Commedia dell'arte, Charlie Chaplins Slapstick, das Volkstheater und die Artistik im Zirkus. Indem er in Anlehnung an den US-amerikanischen Taylorismus effiziente, geometrisch klare und anatomisch sowie physiologisch kräftesparende Arbeiterbewegungen in den korporal-motorischen Habitus der Schauspielerinnen und Schauspieler integrierte, erarbeitete Meyerhold abstraktrhythmische Körperfiguren, mit deren Hilfe die Spielenden ihren Körper als Material wie eine Arbeitsmaschine effizient kontrollieren und organisieren konnten.

Meyerholds Ästhetik beeinflusste Bertolt Brecht (1898–1956) und Erwin Piscator (1893–1966); beide propagierten eine ähnliche, aber in der Wirkungsabsicht zu differenzierende Ästhetik des epischen Theaters (Boeser und Vatková 1986). Es ging um eine nicht-illusionäre Dramaturgie, für Piscator zu Anfang der 1920er Jahre um ein proletarisches Theater im Dienste der Kommunistischen Partei. Insbesondere für die Agitation im Sinne einer Aufforderung, nach dem Gesetz der Geschichte eine Veränderung der Gesellschaft hin zum Sozialismus und Kommunismus einzuleiten, eignete sich für Piscator der Naturalismus keineswegs; naturalistische Inszenierungen beschränkten sich auf mimetische Zeichnungen des Milieus, ahmten wie mangelhafte fotografische Bilder nur die soziale Realität nach (Piscator 1986). Auch das Wandlungs- und Stationendrama des Expressionismus und die Auflösungen dramatischer Formen im Dadaismus standen für Piscator im Verdacht, lediglich Reflexionen des bürgerlich-neurotischen Seelenlebens der Menschen im Kapitalismus zu sein. Mit der sozialen und vor allem politischen Frage nach den Verheerungen des Ersten Weltkriegs ging die Suche nach einer Ästhetik des Theaters einher, das sich der gesellschaftspolitischen Problematik nicht verschloss. Piscator propagierte im Berlin der Weimarer Republik als einer der Ersten ein Theater, das sich inhaltlich und formal mit der sozialen Frage des Proletariats auseinandersetzte. Hierbei benutzte Piscator moderne Medientechniken und Bühnenapparaturen wie Laufbänder oder Projektoren und verwendete sie dramatisch-dokumentarisch, um den Zeitbezug und die gesellschaftliche Relevanz seines Theaters zu forcieren. 1924 wurde Piscator Oberspielleiter der Volksbühne Berlin; diese Institution hatte dezidiert die Aufgabe, Arbeiterinnen und Arbeiter zu bilden und sie für den Klassenkampf zu rüsten. Piscator ging es nicht um das Schicksal und die Geschichten der Figuren und deren Darstellung, sondern um die gesellschaftspolitischen Kontexte. Die dramatische Handlung sollte nicht als individuelles Geschehen betrachtet, sondern als Teil und damit determiniert von überpersonalen, oft unbewussten gesellschaftspolitischen Strukturen sicht- und kritisierbar gemacht werden. Die Nummerndramaturgie der Revue, die Piscator favorisierte, erlaubte alle möglichen Zeit-, Orts- und Handlungssprünge, brach also dezidiert mit den ‚aristotelischen' Forderungen. Die neuen Medien entsprachen in ihrer intermedialen Beziehung zum theatralen Spiel auf der Bühne der Multiperspektivität der modernen Welt. Der epische Überblick, ermöglicht durch die Gleichzeitigkeit der verschiedenen medialen Einblicke zwischen intimer dramatischer Szene und projiziertem Film oder Dia, hatte die dargestellte konkrete Situation in einen größeren historischen, gesellschaftlichen und politischen Kontext zu stellen. In seiner Vorstellung eines politischen Theaters war für Piscator das epische Theater eine entscheidende Erweiterung der dramatischen Handlung mit Aufhellung ihrer Hintergründe. Damit wurde das Stück, auch ein inszenierter Klassiker etwa von Schiller, über den Rahmen des Dramatischen hinausgeführt (Piscator 1986). Aus dem Schauspiel entstand das Lehrstück. Piscator war im Gegensatz zu Brecht jedoch nicht an emotionaler Distanz gelegen, er rekurrierte nicht auf episierende Techniken im Sinne einer verfremdenden Entemotionalisierung.

Die Emigration Piscators führte 1940 zur Einrichtung des berühmten Dramatic Workshop in New York, den u. a. Arthur Miller und Tennessee Williams besuchten. Hier berührten sich europäisches episches Theater und US-amerikanischer Realismus und Pragmatismus, eine Tradition, für die insbesondere Eugene O'Neills (1888–1953) kreative Tragödienadaptionen stehen, etwa *Mourning Becomes Electra* (1931; dt. *Trauer muß Elektra tragen*) und *Long Day's Journey into Night* (1941, UA 1956; dt. *Eines langen Tages Reise in die Nacht*), sowie Thornton Wilders (1897–1975) Stück *Our Town* (1938; dt. *Unsere kleine Stadt*), in dem ein Spielleiter die Funktion des antiken Chors übernimmt. Tennessee Williams (1911–1983) präsentierte in *A Streetcar Named Desire* (1947; dt. *Endstation Sehnsucht*) Menschen, die an ihren bürgerlichen Lebenslügen zerbrechen, und in *Cat on a Hot Tin Roof* (1955; dt. *Die Katze auf dem heißen Blechdach*) Familien, deren Mitglieder gierig, bigott und opportunistisch ihre eigenen Interessen verfolgen. Eine andere Form der politisch-gesellschaftlichen Lebenslüge offenbarte Arthur Miller (1915–2005) in dem Stück *Death of a Salesman* (1949; dt. *Tod eines Handlungsreisenden*), das die Traumwelt des *American Way of Life* als Motivationslüge entlarvte. *The Crucible* (1953; dt. *Hexenjagd*) modellierte anhand eines historischen Stoffes, nicht zufälligerweise in der McCarthy-Ära, die Jagd auf Fremde, sogenannte Andersartige, Andersdenkende, als psychologisches Phänomen, angeheizt durch individuelle Interessen und Massenhysterie. Edward Albee (1928–2016) entlarvte in *Who's Afraid of Virginia Woolf?* (1962; dt. *Wer hat Angst vor Virginia Woolf?*) die bürgerliche Ehe als Schlachtfeld und verband dabei die europäische Tradition des absurden Theaters von Beckett und Ionesco mit dem Realismus Tschechows und Williams.

Erwin Piscator wird bis heute in seiner theaterhistorischen Größe weit unterschätzt, hat er doch fünf bedeutende Entwicklungen mit angestoßen und vorangetrieben: erstens das epische Theater, zweitens das Dokumentarstück, drittens den Einsatz neuer Medien auf der Theaterbühne, viertens das Regietheater und fünftens die Ästhetik des Freien Theaters über das Living Theatre; diese Tendenzen sind für das Drama und Theater der Gegenwart besonders wichtig, zumal Piscator über die Episierung zur historischen Kontextualisierung der Bühnendarstellung beitrug. Damit wurde er neben Fritz Kortner (1892–1970) einer von zwei Mentoren für die Entstehung des Regietheaters in den 1960er Jahren. Der vorstellungsweltliche Hintergrund von Piscator war dabei ein dezidiert anderer als etwa der von Kortner, der das Menschliche im Dialog herausarbeitete. Während Piscator die gesellschaftspolitischen Strukturen interessierte, in denen der entfremdete Mensch gefangen war, lenkte Kortner die Aufmerksamkeit auf den Menschen in seiner existenziellen Widersprüchlichkeit an sich. Beide szenischen Perspektivierungen erzwangen in der weiteren Entwicklung des Regietheaters die jeweilige Überprüfung, Kommentierung und ereignisbetonte Infragestellung des zu inszenierenden Dramas, insbesondere der zu aktualisierenden Klassiker im Spielplan.

Anders als Piscator erlebte der Augsburger Brecht, der in München studierte, den Ersten Weltkrieg nicht persönlich. Er schrieb zwischen 1918 und 1922 erste, noch expressionistische Stücke und interessierte sich insbesondere für das Individuum in der Massengesellschaft. Bekannt wurde er mit *Trommeln in der Nacht*, aufgeführt 1922 an den Münchner Kammerspielen. Danach arbeitete er als Dramaturg bei Max Reinhardt in Berlin. Mitte der 1920er Jahre abstrahierte Brecht die Bühne vor dem Hintergrund der Neuen Sachlichkeit, verwendete Formen des traditionellen Dramas als Material und beschäftigte sich mit den Wissenschaften (Hecht 1997). Dramatisches Resultat war *Mann ist Mann* (1926), ein Stück, in dem aus der Perspektive der behavioristischen Psychologie ein Packer neu konditioniert und zur menschlichen Kampfmaschine funktionalisiert wird. Demonstriert wird, dass entgegen der Vorstellungswelt des Idealismus das Sein das Bewusstsein formt. Entsprechend plädiert Brecht für das Kreieren von Verfremdungseffekten, die zu Unterbrechungen führen, um die Zuschauenden zu aktivieren und die Welt als eine potentiell veränderbare erscheinen zu lassen (Knopf 1980). Interessiert an der Funktion der Börse und der Wirtschaft insgesamt las Brecht nationalökonomische Schriften, darunter Karl Marx.

Ein unmittelbares Ergebnis dieser Auseinandersetzung ist das gemeinsam mit Elisabeth Hauptmann (1897–1973) und Emil Burri (1902–1966) verfasste epische

Drama *Die heilige Johanna der Schlachthöfe* (1931, UA als gekürztes Radiohörspiel 1932, UA auf der Bühne 1959). Vor dem Hintergrund der Weltwirtschaftskrise, der Erfahrung mit der marxschen Theorie und der angespannten politischen Lage in der Weimarer Republik transponiert Brecht Schillers *Jungfrau von Orleans* in die industrielle und kapitalistische Zeit. Institutionell an der Heilsarmee, vorstellungsweltlich wie individuell-psychologisch am weltfremd-idealistischen Habitus orientiert muss die Hauptfigur erfahren, dass nicht, wie noch für das Theater zu aufgeklärten Zeiten angenommen, christliche oder bürgerliche Moral zur Verbesserung des Elends der Arbeiter führen. Die Wirtschaftakteure durchlaufen im Stück einen von Marx analysierten Krisenzyklus der Fleischindustrie, in dessen Strukturen sowohl Johanna als auch die Arbeiter Marionetten des historischen Geschehens bleiben. Das Stück, das den Widerspruch zwischen kapitalistischem Profitstreben und Massenverelendung eindrücklich illustriert, ist auf den Chicagoer Schlachthöfen angesiedelt. Handlungsbestimmend ist der Konflikt zwischen dem Fleischfabrikanten Pierpont Mauler und Johanna Dark, Mitglied bei den ‚Schwarzen Strohhüten' – eine Parodie auf die Heilsarmee (Berger-Prößdorf 1993). Der Kapitalist soll durch das Los der Arbeiterinnen und Arbeiter zur guten Tat bewegt werden, was dieser auch vortäuscht. Listig spielt er jedoch abhängig Beschäftigte und die Konkurrenz aus, monopolisiert seine Stellung und macht auf Kosten der Anderen seinen Gewinn. Am Ende kommt Johanna nach ‚drei Gängen in die Tiefe' – eine additiv-epische Struktur – zu der Einsicht, dass nur Gewalt helfe, wo strukturelle Gewalt herrsche. Doch bleibt diese Erkenntnis wirkungslos, da die Krisengewinnler Johanna nach ihrem Tod zur Heiligen stilisieren. Kapitalistische Verhältnisse sind offensichtlich in der Lage, Kritik zu neutralisieren und revolutionäre Energie zu inkorporieren, Religion funktioniert dabei als ‚Opium für das Volk' (Adorno 1965; Knopf 1986). Die epische Form des Stücks, die Abkehr von einer illusionistischen Einfühlungsdramatik, wie sie Lessing propagierte, zeigt sich an den Unterbrechungen durch rasche Schauplatzwechsel und am Episodenhaften des Stücks, was ebenfalls als Verfremdungseffekt klassifiziert werden kann. Auf der Ebene der Sprache entsteht ein weiterer V-Effekt durch die dramaturgisch maßgebliche Mischung aus Prosa- und Versform, die den bürgerlichen Kanon, etwa Schillers und Goethes Dramen, ironisiert.

Einer breiteren Öffentlichkeit bekannt, ja berühmt geworden ist Brecht 1928 mit der *Dreigroschenoper*, die auch heute noch zu den Favoriten des Publikums gehört. Den ersten bekannten Entwurf seines epischen Theaters fügte er seinem Songspiel *Aufstieg und Fall der Stadt Mahagonny* (1930) an: Relevant für das neue Theater sei nicht die glaubwürdige Verkörperung, sondern das Erzählen; die Szenen stünden für sich, seien nicht in eine linear-dramatische Handlung eingebunden und hätten keine Wirklichkeit mimetisch darzustellen (Brecht 1967a [1930], 1009–1010). Für das Schauspielen wegweisend war Brechts Traktat *Die*

Straßenszene. Grundmodell einer Szene des epischen Theaters (1938): Der Spielende solle so agieren, als beschreibe er einem Anderen einen von diesem nicht erlebten Unfall, also den Vorgang nur gestisch andeuten, skizzieren, so dass man sich ein adäquates Bild machen könne. Vermieden werden solle eine einfühlende Illusion; das Gemachte, der Zeichencharakter des Präsentierten, die Differenz zwischen Spielrealität und Bühnenrealität solle den Zuschauenden ständig bewusst sein, verschiedene Theatermittel verfremdend wirken. Analog zum wissenschaftlichen Experiment würden soziale Situationen gezeigt, die immer auch verändert werden könnten – wie potentiell der Mensch und die ihn prägende Gesellschaft sowie politische Ordnung. Hierzu hätten Zuschauerinnen und Zuschauer wie in der Naturwissenschaft distanziert zu beobachten und nicht einfühlend hinzunehmen. Schauspielerinnen und Schauspieler sollten ihre Rolle deshalb eher erzählen bzw. gestisch andeuten als illusionistisch-dramatisch spielen (Brecht 1993f [1938]).

Krieg, Nachkriegsaufbrüche und absurdes Theater

In der Zeit des Nationalsozialismus war die Innovationskraft des deutschen und nach dem ‚Anschluss' auch des österreichischen Theaters aufgrund der Vertreibung einer Vielzahl relevanter jüdischer, regimekritischer oder politisch unangepasster Dramatikerinnen und Dramatiker sowie Theatermenschen gelähmt. Allerdings entstand, mit bis heute wenig bekannter Unterstützung der Theaterwissenschaft, eine eigene theatrale Ästhetik: das Thingspiel. Hierbei ging es um ein das ‚Volk' im Ganzen umfassendes Spiel von professionellen Schauspielerinnen bzw. Schauspielern und Laien an (in den ersten und mittleren 1930er Jahren errichteten) sogenannten Thingstätten, von denen um die 300 geplant, aber nur 60 fertiggestellt wurden. Der Name ‚Thing' sollte auf die altgermanischen Versammlungs- und Richtplätze zurückgehen, von denen archäologisch wenig bekannt war. Die Thingplätze, die heute oft als Freilichtbühnen etwa für Popkonzerte benutzt werden, ähneln wohl auch deshalb eher den griechisch-antiken Theaterbauten. Von den in freier Natur aufgeführten Dramen ist z. B. das oft genannte *Frankenburger Würfelspiel* von Eberhard Möller (1906–1972) bekannt; es fiel jedoch, 1936 im Begleitprogramm der Olympischen Spiele dargeboten, bereits in eine Zeit des Niedergangs. Denn das Thingspiel verweigerte per se die traditionelle bürgerliche dramatische Form, war zu wenig populär und wurde aufgrund zu geringen Publikumszuspruchs sowie letztlich in Ermangelung geeigneter Stücke von den Nationalsozialisten selbst zurückgestellt. Das faschistische Regime bevorzugte wie das stalinistische den publikumsnäheren und erfolgreicheren dramatischen Realismus. Die Suche nach einem originären nationalsozialistischen Drama blieb jedoch ohne Resultat, sieht man von viertklassigen Tendenzdramen wie *Der große Kurfürst* (1934) und *Schlageter* (1933) von Autoren wie dem umstrittenen Hans Rehberg (1901–1963) oder dem nach einer expressionistischen Phase vom Nationalsozialismus überzeugten Hanns Johst (1890–1978) ab (Rischbieter 2000).

1945 war weder ein Endpunkt noch eine ‚Stunde Null', wie es von (selbst nicht immer ganz ‚unbelasteten') Intellektuellen zuweilen propagiert wurde. Institutionell, dramaturgisch sowie schauspielästhetisch sind einige Kontinuitäten zu verzeichnen, die aus dem Totalitarismus in die demokratischen Anfänge reichten. Doch nicht alle Formen des Dramas und der Inszenierung in der restaurativen Adenauer- und (zwangs-)sozialistischen Ulbricht-Zeit waren epigonal. Das Reeducation-Programm der Besatzungsmächte bestimmte in Westdeutschland den Spielplan mit. Von den Amerikanern wurden Theaterstücke wie Thornton Wilders episches *Unsere kleine Stadt* empfohlen und viel gespielt. Das Drama offeriert das Leben in seiner Banalität, seinem Alltagssinn und seiner Vergänglichkeit, welches im dritten, abschließenden Akt von einer bereits Verstorbenen analysiert wird, wobei es dieser nicht gelingt, den Lebenden ihre fahrlässige Nichtachtung ihrer Existenz bewusst zu machen. Dem folgten Edward Albee, Tennessee Williams, William Faulkner (1897–1962) und – etwas nachholend – George Bernard Shaw (1856–1950). Aus Frankreich kamen Dramen von Jean Anouilh (1910–1987), Paul Claudel (1868–1955), Albert Camus (1913–1960) und Jean-Paul Sartre (1905–1980); in der sowjetisch besetzten Zone sah man Stücke im Geist des Sozialistischen Realismus mit klassenkämpferischen Inhalten, sogenannte affirmative DDR-Dramatik wie *Am Ende der Nacht* (1955) von Harald Hauser (1912–1994) oder *Der Keller* (1957) von Hans Lucke (1927–2017) (W. Schmidt 2009, 73). Peter Hacks (1928–2003), bekannt geworden u. a. mit *Eröffnung des indischen Zeitalters* (1954, UA 1955), verlagerte seine dramatische Arbeit in den Osten.

Institutionell blieb man konservativ; in den Theatern fand nach 1945 – wie in anderen gesellschaftlichen Bereichen wie dem Rechtswesen, der Verwaltung etc. auch – keine gründliche Entnazifizierung statt: Gustaf Gründgens (1899–1963), Heinz Hilpert (1890–1967) und Karl-Heinz Stroux (1908–1985) waren schon unter den Nationalsozialisten in führenden Positionen. Vorherrschend blieb auf den Bühnen ein konventionell-literarischer Aufführungsstil, der sich eher auf das Virtuose, Perfekte, Rhetorische, angeblich uncharakteristisch Überzeitliche bzw. – positiv gesehen – Klassische stützte; man sprach vom Gründgens-Stil als rückwärts gewandtem Manierismus. Gründgens stand für eine wertebezogene Pflege der klassischen Dramatik, für ‚Werktreue' – vorgeblich bereits während der NS-Diktatur eine subversive Methode, um Zensureingriffe zu vermeiden. Dramen wurden kaum historisiert, gesellschaftliche Anspielungen nur spärlich gemacht, das ‚Wesentliche' wurde noch immer in der Abstraktion und Stilisierung gesucht.

Die Remigranten Fritz Kortner und Erwin Piscator, die der affektiven Rhetorik und dem Pathos des nationalsozialistischen Inszenierungsstils durch ‚leidenschaftliche' Vernunft, durch Inhalte und die Orientierung an gesellschaftlichen Tatbeständen zu Leibe rückten, blieben in den 1950er Jahren die Ausnahme. Zum einen war ein direkter Bezug zur Wirklichkeit nicht erwünscht – dies wurde erst in den 1960er Jahren zum dramatischen Programm. Zum anderen war die herrschende Vorstellungswelt eine heideggersche, später (französisch-radikalisiert) eine existenzialistische. Dramatische Konflikte wurden dem Schicksal zugerechnet.

Von Paris ausgehend wurde der Existenzialismus, wie er sich exemplarisch in den Dramen von Albert Camus und Jean-Paul Sartre darstellte, weltweit einflussreich. Sartre entwickelte die Verurteilung zur Freiheit als existenzialistische Grundbedingung in *Les mouches* (1943; dt. *Die Fliegen*) oder *Les mains sales* (1948; dt. *Die schmutzigen Hände*) und dramatisierte seine phänomenologische Ontologie *Das Sein und das Nichts* (1943) in *Huis clos* (1944; dt. *Geschlossene Gesellschaft*): „Die Hölle, das sind die anderen", so heißt es in diesem Stück (Sartre 1991, 59). Camus entfaltete in seinem philosophischen Essay *Der Mythos des Sisyphos* (1942), das mit seinem Drama *Caligula* (1944, UA 1945) korrespondierte, dass die Welt keinen Sinn habe; der Mensch müsse diesen selbst finden. Schon Dadaismus und Surrealismus ließen, wenn man das Unbewusste dunkel lässt, früh absurde Züge des Dramatischen erkennen, wie etwa in Guillaume Apollinaires *Les Mamelles de Tirésias* (1917; dt. *Die Brüste des Tiresias*), dessen Untertitel *Ein surrealistisches Drama* dem Surrealismus den Namen gab, oder Kurt Schwitters dramatischer Entwurf *Kümmernisspiele* (1922), der über die evozierte Publikumsaggressivität bereits futuristisch-performative Qualitäten aufwies. Bis heute zentral ist das Werk von Samuel Beckett (1906–1986) mit den Klassikern des Absurden, *En attendant Godot* (1952, UA 1953; dt. *Warten auf Godot*), *Fin de partie* (1956, UA 1957; dt. *Endspiel*) und *Happy Days* (1960, UA 1961; dt. *Glückliche Tage*), die sowohl inhaltlich wie formal den Entzug eines eindeutigen Sinns dramatisch zum Ausdruck brachten. Neben Beckett verblassten die weniger gespielten Vertreter des Absurden, Eugène Ionesco (1909–1994) mit *La Cantatrice chauve* (UA 1950; dt. *Die kahle Sängerin*) und *Rhinocéros* (UA 1959; dt. *Die Nashörner*), Fernando Arrabal (*1932) und Jean Tardieu (1903–1995) mit seinen absurden Kammerstücken. Die dramatische geschlossene Form löste sich auf, Sprache, Figuren und Handlung fielen auseinander, zuweilen durch Sprachreflexionen und den Angriff auf floskelhaftes Sprechen bzw. Denken forciert. Weder erlauben die absurden Dramen in ihren grotesken dramaturgischen Übertreibungen eindeutige Orts- und Zeitzuweisungen, noch können die Figuren als psychologische verstanden werden. Der Dialog als gattungsprägendes Merkmal wird zur Sprechtätigkeit ohne Ziel; es dominieren sinnlose Bewegungen und absurde Situationen als sinnfreie Komik.

Es kommt zu Sprachpausen bis hin zur Sprachlosigkeit. Ähnlich wie Artauds Vorstellungen war das absurde Theater, blickt man an den Anfang der bürgerlichen Moderne nach 1800 zurück, beeinflusst von sinnlosen Geschehnissen in Georg Büchners Dramatik, von Guillaume Apollinaire und den prä-avantgardistischen Gesten in Alfred Jarrys *Ubu roi* (UA 1896; dt. *König Ubu*) mit dem berühmtesten Eingangssatz der Dramengeschichte: „Merdre". Das existenziell Unheimliche konnte sich auch dezenter zeigen: Harold Pinter (1930–2008) wurde mit seiner hintergründigen Absurdität insbesondere in *The Caretaker* (1959, UA 1960; dt. *Der Hausmeister*) und *The Birthday Party* (1957, UA 1958; dt. *Die Geburtstagsfeier*) bekannt.

Während im Westen das Absurde mit der Sinnlosigkeit der menschlichen Existenz verbunden wurde, verstand man im Osten Absurdität eher als Signum einer Existenz in einem alles bestimmenden, übermächtigen, letztlich absolut unberechenbaren System, in dem der Einzelne keinen Eigenwert besaß und jedem jederzeit alles passieren konnte. Václav Havel (1936–2001) schilderte die radikale Entfremdung des Individuums in Tschechien in *Das Gartenfest* (UA 1963), das im Prager Theater am Geländer uraufgeführt wurde. In Polen skizzierte Sławomir Mrożek (1930–2013) in *Die Polizei* (UA 1958) absurd-staatliche Strukturen; der polnische Emigrant Witold Gombrowicz (1904–1969) präsentierte sozial absurde Konstellationen in *Yvonne, die Burgunderprinzessin* (1935, UA 1957). Aber auch westliche Demokratien konnten als repressive Systeme verstanden werden: Den grotesken Dramen des Schweizers Friedrich Dürrenmatt (1921–1990), insbesondere dem *Besuch der alten Dame* (UA 1956) und den *Physikern* (UA 1962), gelang der dramatische Ausdruck des Tragischen menschlicher Existenz nur noch in Komödienform. In die Stücke von Günter Grass (1927–2015) wie *Die bösen Köche* (1956, UA 1961) oder *Hochwasser* (UA 1957) und von Wolfgang Hildesheimer (1919–1991) wie *Die Verspätung* (UA 1961) oder *Nachtstück* (UA 1963) mischten sich nicht ohne politische Hintergedanken absurde dramatische Züge. Max Frischs (1911–1991) *Biedermann und die Brandstifter* (UA 1958) sowie *Andorra* (UA 1961) erörterten als dramatische Parabeln die politische Basis des modernen Menschen. Frischs Ehepaar der Biedermanns erlaubt in einer weniger tragischen, mehr burlesken Handlung aufgrund seines windelweichen bürgerlichen Opportunismus, dass die Brandstifter ihr leicht durchschaubares Vorhaben verwirklichen können. *Andorra* steht für ein unbestimmtes Land zu einer unbestimmten Zeit und behandelt gleichshaft die Entstehung und den Umgang mit Vorurteilen. Mit *Biografie. Ein Spiel* (1967, UA 1968) erreichte Frischs dramatisch eingerichtete Frage nach der eigenen Identität und der damit zusammenhängenden Subjektivität bereits postmodern-radikalontologische Reflexionshöhe. Ebenfalls hoch politisch, aber weit näher an der Reflexion selbst erlebter, alltäglicher Gewalt war der Franzose Jean Genet (1910–1986), insbesondere das Machtspiele auslotende Drama *Les Bonnes*

(UA 1947; dt. *Die Zofen*) und das die Theatralität einer verkommenen Gesellschaft repräsentierende *Le Balcon* (UA 1957; dt. *Der Balkon*). Peter Zadeks Londoner Uraufführung 1957 war ein Skandal, machte den Regisseur bekannt und eröffnete den Weg zum heutigen Regietheater.

Die dramatische Suche nach Wirklichkeit in den 1960er Jahren

Erst in den 1960er Jahren knüpfte das deutschsprachige Theater – nicht ohne institutionelle und politische Widerstände – wirkungsmächtig an die große Tradition der Weimarer Republik an. Mit dieser nicht nur inhaltlichen, sondern vor allem inszenatorischen und formalen Politisierung sowie Hinwendung zur sozialpolitischen Wirklichkeit erlangte das deutschsprachige Theater erneut Weltgeltung.

Nachdem Piscator 1949 in die Bundesrepublik remigrierte, konnte er lange Jahre nur in der Provinz inszenieren; 1962 wurde er Leiter der West-Berliner Freien Volksbühne. Dort avancierte er zu einem der wichtigsten Förderer aktuell-politischer Dramatik. Entscheidend war zudem die Ablösung von Gustaf Gründgens in der Rolle des Theatervorbilds durch einen jüdischen Emigranten, durch Fritz Kortner. Im Gegensatz zu dem institutionell gut in seiner Intendantenrolle verankerten, ehemaligen preußischen Staatsrat Gründgens war Kortner bis zu seinem Tod 1970 als Person wie auch als Regisseur höchst umstritten. Seine Produktionen galten als zu gewagt, zu lang und verursachten oft hohe Kosten. Meist jedoch gelangen ihm ästhetisch äußerst bemerkenswerte sowie berührende Szenen, wie etwa in Schillers *Kabale und Liebe* 1965 an den Münchner Kammerspielen. Als Förderer der Gegenwartsdramatik, etwa von Max Frisch, Günter Grass, Heinrich Böll, Hans Magnus Enzensberger oder Martin Walser, setzte er neue Maßstäbe.

Als wirklich subversiv empfand man bis in die frühen 1970er Jahre hinein die Arbeit des Berliner Ensembles. Trotz oder gerade weil der in der Nachkriegszeit in Ost-Berlin arbeitende Bertolt Brecht, der vorsichtshalber österreichischer Staatsbürger blieb, im konservativen kulturellen Klima der Bundesrepublik mit seinen Dramen unerwünscht war, pilgerte man in den Osten, um Brechts Stücke auf der Bühne des Berliner Ensembles zu sehen. Sein episches Drama wurde schnell aufgenommen und wirkte weltweit, oft unterschiedlich interpretiert, anregend bis heute. Darüber hinaus entdeckte man den ehemaligen Surrealisten Antonin Artaud und Jerzy Grotowskis ‚armes Theater'. Für Artaud (1896–1948) sollte das Theater als Ritual gegen die abendländische Dramatik nicht bürgerliche Figuren psychologisch (re-)präsentieren, sondern deren Alltagsmasken zerstören, um Lügen, Schwächen, Niedrigkeit, Verstellung und Heuchelei aufzudecken. In diesem Sinne verurteilte auch Grotowski (1933–1999) das reiche, spektakuläre

Theater, weil es noch nicht autonom sei und sich noch nicht auf die unmittelbar intuitive, lebendige Kommunikation zwischen Schauspielenden und Publikum konzentriere (Grotowski 2000). Peter Brook (*1925) verlangte dementsprechend in seinem Konzept *Der leere Raum* (1968, dt. 1969), man solle den Raum eine nackte Bühne nennen. Wenn jemand durch einen Raum gehe, während ihm ein anderer zusähe, wäre das bereits Theater. Grotowskis und Brooks Vorstellungen eines armen, unmittelbaren Schauspiels wurden neben Piscators und Brechts epischem Theater zur unverzichtbaren Basis des Regietheaters als politisches, die Wirklichkeit in die Kunst vermittelndes Theater. Brook schaffte das Kunststück, Artaud, Grotowski und Brecht zusammenzufügen, etwa in seiner Londoner Inszenierung von Peter Weiss' *Die Verfolgung und Ermordung Jean Paul Marats, dargestellt durch die Schauspielgruppe des Hospizes zu Charenton unter Anleitung des Herrn de Sade* aus dem Jahr 1964, fast zeitgleich mit der Veröffentlichung von Michel Foucaults *Wahnsinn und Gesellschaft* (1961, dt. 1969), was gleichermaßen auf der Bühne und in der Philosophie über den Neostrukturalismus auf die nietzscheanische Theatralität und das surrealistisch-unbewusste Reale verwies.

Die Politisierung des Theaters in den 1960er Jahren basierte auf der engagierten Ästhetik von ‚Theatergroßvätern' wie Piscator und Kortner mit ihrer turbulenten Vergangenheit in der Weimarer Republik und auf der Protestbereitschaft der Nachgeborenen wie Peter Zadek (1926–2009), Peter Stein (*1937), Peter Handke (*1942), Botho Strauß (*1944) und Claus Peymann (*1937) gegen ihre in der NS-Zeit belasteten Väter. Die Ästhetik des Freien Theaters nahm ebenfalls von Piscator seinen Ausgang. Das Living Theatre von Judith Malina (1926–2015), Piscators New Yorker Assistentin, und Julian Beck (1925–1985) wurde schulbildend. 1968 wurde das Living mit *Paradise Now* weltberühmt; 1969 gastierte das Kollektiv in der Berliner Deutschlandhalle. *Paradise Now* wollte, wie der Titel schon andeutete, nicht dramatisch repräsentieren, sondern die größtmögliche Gleichsetzung von Kunst und Leben erreichen, die sich körperlich als energetischer Impuls vermitteln sollte. Die Schauspielenden sollten schöpferische Menschen, Performer werden.

Zugleich blieb der Dramentext bzw. ein literaturbasiertes Theater während des Aufstiegs des Regietheaters weiterhin bühnenprägend. So reflektierten Martin Walsers Stücke wie das viel gespielte Ehepaardrama *Die Zimmerschlacht* (UA 1967) Zeitumstände im bürgerlichen Milieu der 1960er Jahre. Vor allem die Dokumentarstücke von Rolf Hochhuth (*1931), Heinar Kipphardt (1922–1982) und Peter Weiss (1916–1982) veränderten die zeitgenössische Vorstellung eines kritischen und politischen Dramas. In den 1960er Jahren drängte die Wirklichkeit manifest ins Drama und auf die Bühne. Wirklichkeit bedeutete in diesem Falle, das in den 1950er Jahren Verschwiegene, die Gräuel während des Zweiten Weltkriegs, den Holocaust, überhaupt erst zur Kenntnis zu nehmen. Schon Kortner provozierte, anfangs noch recht einsam, einen verstörenden Prozess im Zuschauen, legte frei, was man bis dahin ideologisch und in der Alltagspraxis unter Lebenslügen verborgen oder zur Unkenntlichkeit verzerrt hatte. 1961 begann in Jerusalem der Prozess gegen Adolf Eichmann; Hannah Arendt entwarf als Prozessbeobachterin ihre berühmte These von der „Banalität des Bösen" (Arendt 2011). In Westdeutschland wurden die Auschwitzprozesse von 1963 bis 1965 in Frankfurt am Main als größter Kriegsverbrecherprozess des Landes zu einem gesamtgesellschaftlich wichtigen Ereignis, das die Grundlage von Peter Weiss' Oratorium *Die Ermittlung* (UA 1965) bildete. Weiss orientierte sich an Dantes *Göttlicher Komödie* (ca. 1321), wollte deren „Paradiso" jedoch in einer radikalen Umwertung mit Auschwitz überlagern und schrieb den Text auf der Grundlage eigener Beobachtungen und der Protokolle eines Journalisten. Rolf Hochhuths Dokumentarstück *Der Stellvertreter* (UA 1963) markierte dabei den Anfang dieser neuen Theaterästhetik, auch wenn es sehr dialoglastig und konventionell dramatisch war; Papst Pius XII. wird in diesem skandalträchtigen Stück, das in verschiedenen Ländern Proteste ausgelöst hat, vorgeworfen, sich nicht genug für deportierte Juden engagiert, sondern mit Hitler (aus Angst vor der ‚roten Gefahr') zumindest im Stillschweigen über die Verbrechen paktiert zu haben. Vorbild Hochhuths waren Schillers Geschichtsdramen, um den Einzelnen für seine Handlungen verantwortlich zu machen; in den Fußnoten finden sich zahlreiche Dokumente und Kommentare, die eine umfassende historische Recherche suggerieren. Experimenteller und der komplexen Wirklichkeit indirekt angemessener in der Form waren die Stücke von Weiss, der seine Texte durch die Montage von journalistischen Dokumenten und Rechercheergebnissen erstellte. Bis in die 1980er Jahre hinein sorgten Heinar Kipphardts Dokumentardramen für Aufregungen, etwa *In der Sache Robert J. Oppenheimer* (UA 1964), das die ethischen Komplikationen während der Produktion der Atombombe thematisierte, oder der posthum aufgeführte *Bruder Eichmann* (1982, UA 1983), in dem Hannah Arendts These von der Banalität des Bösen dramatisiert wurde. Piscator, Brecht, Hochhuth, Weiss und Kipphardt legten die historische Basis für die aktuelle Tendenz des Gegenwartstheaters zum Dokumentarischen, wie sie bei Volker Lösch, Lola Arias, Rimini Protokoll und Hans-Werner Kroesinger dominant ist. Das Dokumentardrama der 1960er Jahre war jedoch aufgrund der vorherrschenden intellektuell-marxistischen, zumindest linken Vorstellungswelten weit weniger als heute nach den Skeptizismen der Postmoderne ein unparteiisches politisch-dramatisches Medium: Die Materialien wurden zwar als historisches Quellenmaterial verwendet, eine in der dramaturgischen Montage sich ergebende Perspektivierung und damit Parteinahme war jedoch nicht zu vermeiden.

Neben dem Dokumentardrama wurde mit Martin Sperrs *Jagdszenen aus Niederbayern* (UA 1966), Rainer Werner Fassbinders *Katzelmacher* (UA 1968) und etwas später Franz Xaver Kroetz' *Wildwechsel* (UA 1971) das kritische Volksstück zum exemplarisch politischen Drama. Vorbild waren Marieluise Fleißer und Ödön von Horváth. Kroetz (*1946) provozierte in seinen Stücken *Heimarbeit* und *Hartnäckig* (UA beide 1971) sowie *Stallerhof* (UA 1972) mit den Themen Abtreibung und Onanie, häufig indem er Außenseiterinnen und Außenseiter zu *dramatis personae* machte. Fassbinder (1945–1982) schrieb für das Münchner Action- oder Antitheater *Preparadise Sorry Now* (UA 1969), bevor er sich, von Brecht beeinflusst, dem Film zuwandte, während Franz Xaver Kroetz in seinem dramatischen Fragment *Bauern sterben* (UA 1985) skandalträchtig die Spracharmut und ökonomische Armut sowie seelische Verarmung der kleinen Leute zum Thema machte. Ein so verstandenes Volksdrama war nicht trivial und hatte seine Vorläufer in den nicht harmlosen Dramen des Wiener Volkstheaters, etwa denen von Nestroy.

Ab 1963 wurde durchaus aus regionalpolitischen Gründen und im Kontext der Ost-West-Rivalität in Berlin das Berliner Theatertreffen eingerichtet, das bis heute nicht nur die bemerkenswertesten Inszenierungen des vergangenen Jahres im deutschsprachigen Raum präsentiert, sondern trotz aller Kritik das führende Theaterfestival in diesem Bereich geblieben ist. Diese Institution markiert die Hinwendung zu einem Theater, das die Regie in den Mittelpunkt der Produktion rückt.

Neoavantgarde und postdramatische Situationen

Der Aufstieg des Regietheaters fiel mit neuen Formen des Freien Theaters und avantgardistischen Formen der bildenden Künste zusammen. Während von Seiten des Theaters das Rollenspiel von einigen, wie den Angehörigen des Living Theatre, immer mehr in Frage gestellt wurde, wuchs das Interesse der avantgardistischen Künstlerinnen und Künstler, die die Kunst dem Leben annähern wollten, an performativen Formen; das weite Feld reichte vom Dadaismus, Expressionismus und Futurismus, von Antonin Artauds Theater der Grausamkeit als Theoretisierung eines (von André Breton abgelehnten) surrealistischen Theaters über John Cages, Robert Rauschenbergs und Merce Cunninghams *Untitled Event* (1952) bis zu Allan Kaprows Happenings. In Europa beeinflussten die Vertreterinnen und Vertreter des schockierenden Wiener Aktionismus, die feministische Performerin VALIE EXPORT oder die Fluxuskünstler Joseph Beuys und Nam June Paik den Vorstellungshorizont der darstellenden Künste, etwa die Aktionen Christoph Schlingensiefs oder die Inszenierungen Nicolas Stemanns. Kaprow (1927–2006) richtete 1959 die ersten *18 Happenings in Six Parts* in der New Yorker Reuben Gallery ein, bei denen sich undramatisch in drei durch Plastikfolie voneinander abgetrennten Räumen allein etwas ereignete, weil die Besucherinnen und Besucher nicht zuschauten, sondern sich durch die Assemblage bewegten und dabei Teil des Kunstwerks wurden, das sich im Moment ergab. In *Assemblage, Environments and Happenings* zählte Kaprow 1966 die sieben Merkmale des Happenings auf: fluide Grenzen zwischen Leben und Kunst; eine willkürlich-zufällige Auswahl von Themen, Material und Aktionen; Unabhängigkeit von Räumen der Kunstproduktion; variable, uneinheitliche und diskontinuierliche Zeiten; die Singularität und Ereignishaftigkeit des Happenings; die Aufhebung der Unterscheidung von Kunstschaffenden und Zuschauenden; keine rational-logische, dramatisch-kausale, vielmehr eine assoziative, zufällig erscheinende Dramaturgie (Kaprow 1966).

Grotowski wurde mit seinem armen Theater zum Guru des Freien Theaters und verließ Polen; seine dramatischen Einrichtungen wurden dabei zunehmend hermetischer und reduzierten sich auf die Selbsterfahrung der Performerinnen und Performer. 1975 sah man seine letzte dramatische Produktion *Apocalypsis cum figuris* (1969), eine Überlagerung von Texten aus der Bibel mit literarischen Fragmenten etwa von Juliusz Słowacki, Thomas Mann oder T. S. Eliot, die mit ärmsten Bühnenmitteln den Zuschauerinnen und Zuschauern in der angestrebten existenziellen Erfahrung aller Beteiligten nur die Rolle als beiwohnende Zeugen zugestand. Richard Schechner (*1934) übernahm Ideen Brechts, Grotowskis und der Neoavantgarde in seiner 1966 vorgestellten Ästhetik eines *postdramatic theatre* (Schechner 1966). Er bezeichnete fortan das neoavantgardistische Off-Theater der 1960er Jahre als ritualisiertes Theater, das einem Theater der Unterhaltung entgegenstehe. In diesem neuen Theater sei, so die Forderung Schechners, die Differenzierung zwischen Kunst und Leben aufzuheben, Kunst- und Realraum nicht zu trennen; gegen die Zentralperspektive seien die Perspektiven flexibel einzurichten, die Theatermittel zu enthierarchisieren. Insbesondere das textlich gebundene Drama stünde nicht an erster Stelle bzw. es sei darauf zu verzichten. In Anlehnung an Nietzsche inszenierte Schechner mit seiner Performance Group Euripides' *Die Bakchen* antisokratisch als *Dionysus in 69* (1969) in der Performing Garage, einer ehemaligen Garage in der Wooster Street im New Yorker Stadtteil Soho. Der im Drama bestimmende psychologische und politische Konflikt zwischen Dionysos und Pentheus wurde entindividualisiert und als Dialektik des Dionysischen und Apollinischen in eine fluxusähnliche Performance transponiert. Die New Yorker Performanceszene bildete in der Folge den Ausgangspunkt einer Infragestellung des Dramatischen, etwa das aus dem Living Theatre hervorgegangene Open Theatre, das Bread and Puppet Theatre von Peter Schumann, das La Mama Experimental Theatre und vor allem das 1971 gegründete, von RoseLee Goldberg kuratierte Produktionshaus The Kitchen. Dieses Plattformtheater (wie wir heute sagen würden) bot in einem betont interdisziplinären und -medialen Arbeitsfeld noch nicht-etablierten bzw. einen risikoreichen Weg gehenden Performenden sowie Musikerinnen und Musikern einen Aufführungs- und Begegnungsraum, etwa Vito Acconci, Gary Hill, Meredith Monk, Lucinda Childs, Laurie Anderson und Philip Glass.

In den späteren 1960er Jahren eroberten nachdramatische Sprech- und Theoriestücke in indirekter Nachfolge von Claude Lévi-Strauss' Strukturalismus die Bühne (Renner 1985). Der junge Peter Handke warf 1966 in Princeton den Vertreterinnen und Vertretern der Gruppe 47 grundlose Naivität in der ästhetischen Beschreibung der Welt als Repräsentation vor. Auf dramatischer Ebene setzte er diese Kritik in seinem das Drama und Theater als mediale Struktur vorstellenden und reflektierenden Stück *Publikumsbeschimpfung* (UA 1966) fort, das seine Ontologie bzw. sein ästhetisches Sein wie auch seine institutionelle Funktion und seine Wirkungsästhetik im Dialog zwischen Bühne und Zuschauerraum offenlegte. Claus Peymann gelang mit der Uraufführung dieses Sprechstückes 1966 im Frankfurter Theater am Turm eine der wegweisenden Inszenierungen der Theatergeschichte; dem folgten weitere Uraufführungen wie Handkes *Kaspar* (1968), *Das Mündel will Vormund sein* (1969) und *Der Ritt über den Bodensee* (1971), Texte, die der Determination des Denkens durch die Sprache nachspüren – im Anschluss an philosophische Debatten der Zeit. Michel Foucaults *Ordnung der Dinge* (dt. 1971), das 1966 in Paris zum Buch der Saison wurde und womit er erfolgreich Jean-Paul Sartres Führungsrolle als Intellektueller bestritt (Dosse 1999), löste den Existenzialismus durch den Neostrukturalismus ab. Das Subjekt könne nicht mehr als bewusstseinsfähige Entität, sondern müsse als von Codes, Zuschreibungen, Konstruktionen und Systemen bestimmte Figuration angenommen werden. 1967 propagierte Richard Rorty den *linguistic turn*, der seinen Blick auf die Medien der Vermittlung, auf die Sprache richtet (Rorty 1967). Ein Theatertext könne keineswegs, so Handke, ein Bild der Wirklichkeit sein, sondern zeige die Welt in den Worten selbst. Dramatische Wirklichkeit könne keine soziale Realität außerhalb der Sprache abbilden; der dramatische Gestus sei dem Sprechstück vielmehr direkt zu entnehmen.

Einen wesentlichen Kontext dieser Entwicklung im Drama bildeten der Nouveau roman und die Überlegungen Maurice Blanchots, in denen der neostrukturalistische Ansatz über das Schreiben über sich und den Anderen als in sich widersprüchliche und paradoxe Form dargelegt wie indirekt erörtert wird, zudem Alain Resnais' Film *Letztes Jahr in Marienbad* (F/I 1961) oder, mit Brecht politischer akzentuiert, Jean-Luc Godards filmische Essays. Dramatische Konstituenten wie Figuren, Dialog, Handlung, Zeit oder Ort wurden als Teil veränderbarer Strukturen präsentiert. Politisch-repressive Gesellschaftsstrukturen wurden mit traditionell-dramatischen kurzgeschlossen, wie es Jean-Luc Godard in *Weekend* (F 1967) demonstrierte. Von der Produktionsseite her brach man die Einzelverantwortung der Regie im Kollektiv auf (Kraus 2007), experimentierte mit anderen Bühnenformen als der abendländischen Zentralperspektive wie mit der einstmals mittelalterlichen Simultanbühne, etwa im Theaterkollektiv Théâtre du Soleil und seinem 1970 präsentierten Revolutionsstück *1789*.

Politische Stücke der 1970er Jahre

In der ersten Hälfte der 1970er Jahre schien es um das Gegenwartstück weniger gut bestellt zu sein. Nachdem die 1960er Jahre zu den Revolutions- und Gründerjahren der neuen deutschen Dramatik geworden waren, die Autorinnen und Autoren in enger Verbindung mit den Bühnen produzierten, Piscator, Kortner, Peter Palitzsch, Ruth Berghaus und Claus Peymann sich als Regisseurinnen und Regisseure in den Dienst der neuen Stücke gestellt hatten, boomte zwar Ende der 1960er, Anfang der 1970er Jahre der Markt an neu geschriebenen Theatertexten, bedingt durch die Schwäche der ausländischen Importe – Edward Bond, Edward Albee oder Harold Pinter interessierten immer weniger. Zugleich vermisste man aber zunehmend das für die Pflege der Dramenlandschaft wichtige traditionelle Netzwerk zwischen Bühnen, Autorinnen bzw. Autoren, Theaterverlagen und Kulturkritik. Dabei erregten Tankred Dorst (1925–2017) mit *Toller* (UA 1968) und George Tabori (1914–2007) mit *The Cannibals* (UA 1968; dt. *Die Kannibalen*, UA 1969) die Gemüter, der eine durch die große Nähe zum revolutionären linken Geist Toller, der andere durch die Parallelisierung von Auschwitz und Kannibalismus. Thomas Bernhard (1931–1989) legte 1970 mit *Ein Fest für Boris* den Grundstein seiner langen Karriere als vergnüglicher Misanthrop. Man sah Stücke von Gerlind Reinshagen, Harald Mueller, Hans Magnus Enzensberger, Peter Turrini, Gaston Salvatore und Ulrich Plenzdorf. In Westdeutschland starteten revolutionär bewegte junge Theatermacherinnen und Theatermacher performative Ausbruchsversuche aus den etablierten Institutionen, z. B. in Fassbinders erwähntem Antitheater in München oder in der frühen Schaubühne am Halleschen Ufer in Berlin, etwa 1974 am ersten Abend des *Antikenprojekts*, den *Übungen für Schauspieler*, bei denen Peter Stein Regie führte.

Generell profilierte sich das seit den 1970er Jahren etablierte Regietheater auf Kosten des Autorentheaters. Das brachte das deutschsprachige Gegenwartsstück in Bedrängnis; seine Bühne war nun nicht mehr ein Theater der Autorinnen und Autoren. Neu geschriebene Stücke galten immer weniger in einem mehr oder weniger kanonisierten Klassikerspielplan; relevant war die originelle Deutung eines klassischen Stücks als Herausforderung für die Regie. Dazu kam die Mode der Gruppenprojekte, in denen während der Proben eigene Spielvorlagen als Texte entwickelt wurden, sowie das Interesse an Collagen, Revuen und inszenatorischen Einrichtungen epischer Vorlagen. Ein weiterer Grund für die Marginalisierung der Autorinnen und Autoren war, dass Brechts Ästhetik als Vermittlerin zwischen diesen und der Regie weitgehend in den Hintergrund rückte, während die Protestkultur der 1960er Jahre, die Autorinnen bzw. Autoren und Theatermacherinnen bzw. Theatermacher solidarisch vereinigte, auslief. Die 1976 ins Leben gerufenen Mülheimer Theatertage sollten dieser Tendenz dezidiert entgegenarbeiten und ein Forum von Qualitätsstücken sein. Qualitätsmerkmale waren die soziale sowie politische Relevanz der Dramen bzw. deren Fähigkeit, die gesellschaftliche Wirklichkeit bzw. ihre Widersprüche darzustellen. Aktualität, Innovation auf inhaltlicher wie formaler Ebene, Sprachästhetik als dramatisches Element, eine überzeugende dramaturgische Konstruktion und nicht zuletzt die Umsetzbarkeit in der Inszenierung waren relevante Kriterien. Eingeladen nach Mülheim wurden Elfriede Jelinek, Heiner Müller, Botho Strauß, Peter Turrini, Peter Handke, Rainald Goetz, George Tabori, René Pollesch und viele andere mehr. Das Mülheimer Festival mit dem schlichten Titel ‚Stücke' ist bis heute das wichtigste Treffen für deutschsprachige Gegenwartsdramatik.

Ebenfalls in den 1970er Jahren wurde die Schaubühne am Halleschen Ufer zum Zentrum der Dramatik und Dramaturgie und ästhetisch führenden deutschsprachigen Theater. Man begann unter dem Einfluss der revolutionären Stimmung der *counter culture*; bezeichnenderweise inszenierte ein Kollektiv zur Premiere nach der Übernahme der Schaubühne (die seit 1962 existierte) durch das Team um Peter Stein Brechts *Die Mutter* von 1932 – ein Lehrstück nach dem gleichnamigen Roman von Maxim Gorki – mit Therese Giehse in der titelgebenden Rolle. Im nächsten Jahrzehnt wurde die Schaubühne zum seither kaum mehr erreichten Paradies für die Produktionsdramaturgie, denn man war gegen die Entfremdung im traditionellen Theaterbetrieb, also für eine Gleichberechtigung aller am Betrieb und Produktionsprozess Beteiligten, was sich in akribischer Vorbereitungszeit und -mühe auch der Schauspielenden niederschlug. Es ging um eine bis ins Detail und äußerst präzise hermeneutische Annäherung an den gespielten Text, so dass die Dramaturgie als Begleittext ganze Bücher zum Kontext des jeweiligen Stücks herausgab. Um der Entfremdung im Theaterbetrieb entgegenzuarbeiten, wurden alle Beteiligten im langen Produktionsprozess angehalten, sich genau zu informieren und künstlerisch vorzubereiten. Neben dem legendären Dieter Sturm (*1936) arbeitete Botho Strauß als dramaturgischer Mitarbeiter an der Schaubühne; er wurde dann mit *Die Hypochonder* (UA 1972) über *Groß und Klein* (UA 1978) bis hin zu *Der Park* (1983, UA 1984) zum meistbeachteten Dramatiker im deutschsprachigen Raum. Strauß thematisierte 1977 in seiner *Trilogie des Wiedersehens* Kultur als Resultat tradierter Mythenstrukturen. Von einer frühen Exegese des Neostrukturalismus in den späten 1960er Jahren ausgehend kam er über postmodern-philosophische, später auch naturwissenschaftliche Texte zu theatralen Reflexionen wie *Die Fremdenführerin* (UA 1986), *Besucher* (UA 1988), *Das Gleichgewicht* (UA 1993) und *Ithaka* (UA 1996) und vertrat dabei zunehmend einen rechtsintellektuellen Standpunkt.

Während sich weltweit die Dekonstruktion als führende Philosophie durchsetzte, wurde man an der Schaubühne in der Hermeneutik, die auch für die Inszenierung von Dramen eine Rolle spielte, immer konservativer, indem man den hermeneutischen Zirkel ernst nahm und die Fremdheit des anzueignenden, meist älteren kulturellen Kontextes nicht verleugnete. Daher war es konsequent, dass Peter Stein 1984 Tschechows *Drei Schwestern*, orientiert an den historischen Regieplänen Stanislawskis, möglichst authentisch zu ‚rekonstruieren' versuchte. Zugleich suchte man auf postmoderner Basis in der Frage die Antwort: Handke schrieb seinen persönlichen *Faust* in *Das Spiel vom Fragen oder Die Reise zum sonoren Land* (1989, UA 1990), das Heideggers Frage als Ungrund präsentiert – die mimetisch-dramatische Grundlosigkeit sucht im Schweigen ihren nicht mehr dialogischen bzw. dramatischen Ausdruck. Erlaubt war noch mit Nietzsche die Kunst als Ästhetik des Anderen, der phänomenologische Blick aus einer solipsistischen Rekluse, etwa in Handkes *Die Stunde da wir nichts voneinander wußten* (UA 1992).

Zugleich wirkten andere Medien auf das Theater und die Dramatik ein, etwa der Tanz bzw. das Tanztheater. Insbesondere die Arbeiten von Pina Bausch (1940–2009) – weltweit bekannt geworden mit der Choreographie *Café Müller* (UA 1978) – bestimmten von nun an auch Sprechtheaterbühnen, was zu Einladungen der Tänzerinnen und Tänzer der Wuppertaler Bühnen zum Berliner Theatertreffen 1980 (mit *Arien*), 1981 (mit *Bandoneon*) und 1985 (mit *Auf dem Gebirge hat man ein Geschrei gehört*) führte. Themen, Inhalte, Figurenpsychologisierungen, Motivationen und der situative Sinn wurden in diesem Tanztheater weniger auf der begrifflich-sprachlichen Ebene, sondern mehr auf der intuitiven Ebene kommuniziert. Auch dies stellte in den postmodern grundierten 1980er Jahren die Notwendigkeit des Dialogs und der bedeutungstragenden Sprache im Drama in Frage.

Postmoderne der 1980er Jahre

In dem Festivalpaar Berliner Theatertreffen und Mülheimer Theatertage spiegelt sich seit den 1970er Jahren das Spannungsverhältnis zwischen Regie und Autorschaft im deutschsprachigen Theater auf institutioneller Ebene. Regelmäßig eingeladen wurde zu beiden Veranstaltungen Thomas Bernhard; er reüssierte von Beginn der 1970er Jahre an, oft in der Uraufführung seines Mitstreiters Claus Peymann, mit seinen anfangs von der absurden Ästhetik beeinflussten Stücken, die den vereinzelten Räsoneur aggressiv-monomanisch in ausufernden Monologen präsentierten und damit ein hohes Maß an Musikalität des Textes produzierten. Der Titel des Dramoletts von Bernhard, *Claus Peymann kauft sich eine Hose und geht mit mir essen* (1986), reflektierte die besondere Freundschaft, die 1988 einen der größten Skandale der Theatergeschichte provozierte: 50 Jahre nach dem (un-)freiwilligen ‚Anschluss' Österreichs an das nationalsozialistische Deutschland sorgte das Stück *Heldenplatz* 1988 auf der Bühne des Burgtheaters für unangenehme Erinnerungen. Peymann verantwortete auch die Uraufführungen von *Ein Fest für Boris* (1970, Deutsches Schauspielhaus Hamburg), *Der Ignorant und der Wahnsinnige* (1972, Salzburger Festspiele), *Minetti* (1976, Staatsschauspiel Stuttgart), *Der Weltverbesserer* (1980, Schauspielhaus Bochum), *Der Schein trügt* (1984, Schauspielhaus Bochum), *Der Theatermacher* (1985, Salzburger Festspiele) und *Ritter, Dene, Voss* (1986, Salzburger Festspiele). Ähnlich skandalträchtig, aber formal auffälliger waren die erst marxistisch-dialektisch das Dramatische zurückdrängenden, dann das Dramatische entziehenden dekonstruktivierenden Sprachflächen von Elfriede Jelinek (*1946), deren *Raststätte oder sie machens alle* ebenfalls Peymann am Wiener Akademietheater 1994 uraufführte.

Die an Brecht und dramaturgisch-philosophischen Studien geschulte Dialektik von Heiner Müller (1929–1995) ging endgültig 1977 mit der heute fast klassisch zu nennenden *Hamletmaschine* zum postdramatischen Theatertext als Form des politischen Theaters der 1980er Jahre über; die Inszenierung durch Robert Wilson (*1941) im Jahr 1986 bestimmte die avancierte theatrale Ästhetik der 1980er Jahre maßgeblich. Müllers nur neun Seiten umfassender, radikal jede Subjektposition in Frage stellender Text, der im Detail nur in kleinen Fragmenten halbwegs interpretierbar scheint, verweigert jede gewohnte dramatische Struktur. Dieser inhaltlich wie formal postmoderne Entzug transponiert die Rolle Hamlets als Intellektuellen in die multiperspektiv-überkomplexe Gegenwart, in der der Intellektuelle keine ethische oder politische Position mehr beziehen kann. Es bleibt nur die Erkenntnis, dass jedes Leben, jede Existenz Schuld nach sich zieht; andeutungsweise gibt allein die Frau Anlass zum Prinzip Hoffnung, auch wenn sie ihre biologische Gebärfunktion einstellt, um den bereits von Büchner festgestellten Geschichtsfatalismus zumindest im Drama aussetzen zu können. Für die Inszenierung der *Hamletmaschine* fand Wilson, dass der müllerschen Dekonstruktion im „nicht mehr dramatischen Text" (G. Poschmann 1997) nur mit einer inszenierten abstrakten (un-)willkürlichen Komposition der Bilder und der Körper als Material begegnet werden könne. Müllers Stücke *Bildbeschreibung* (1984, UA 1985) oder *Wolokolamsker Chaussee I–V* (1984–1986) wurden zu postmodernen Modellstücken der letzten Jahre des 20. Jahrhunderts. Während im Westen postmoderne Vorstellungswelten reüssierten, die dem marktwirtschaftlich-fluiden System eher zuarbeiteten, galten in der DDR Dekonstruktionen als Angriff auf den Glauben an eine geschichtsphilosophisch vorhersehbare Historie. Zwar war es im Rahmen einer dramaturgischen Dialektik möglich, auch in gewissem Maße erwünscht, Schwierigkeiten, menschliche Schwächen oder organisatorische Probleme auf der Bühne zu präsentieren, wenn sich, wie in Heiner und Inge Müllers *Die Korrektur II* (1958), die Konflikte auf dem richtigen, also sozialistischen Weg lösten. Eine richtungslose Dekonstruktion, ein müllersches Theater der Posthistoire wie *Die Hamletmaschine* (1977, UA 1979), stand wie schon Brechts Stücke im Verdacht des Formalismus, wenn nicht des Defätismus. Auch andere Dramatikerinnen und Dramatiker wie Volker Braun (*1939) mit seiner Komödie *Die Übergangsgesellschaft* (1982, UA 1987, UA in der DDR 1988), die sich an Tschechows *Drei Schwestern* orientierte, offenbarten die Stagnation, Utopiemaskerade und mangelnde Motivation der Figuren des Realsozialismus. Christoph Heins (*1944) gealterte Ritter der Tafelrunde, in dem gleichnamigen Stück als kraftlos-graue politische Führung unter ‚König' Honecker interpretiert, markierten bei der Dresdener Uraufführung im April 1989 die Endzeit der sozialistisch-marxistischen Utopie.

Es ist insgesamt schwierig, wenn nicht unmöglich, eine theaterhistorische Zäsur zwischen Dramatik und Postdramatik zu setzen; Stücke von Ernst Jandl (*Aus der Fremde. Sprechoper in 7 Szenen*, UA 1979), Elfriede Jelinek (*Wolken. Heim*, UA 1988) oder Botho Strauß (*Kalldewey, Farce*, UA 1982) waren offensichtlich nicht mehr dramatische Theatertexte. Rein empirisch betrachtet, also auf der Grundlage der Statistik und nicht aus ästhetischer Perspektive ausgewählt, waren die Stücke, die seit 1976 bis heute den Mülheimer Theaterpreis erhalten haben, sowohl dramatisch wie nicht mehr dramatisch; es lässt sich zudem keine lineare Entwicklung vom Dramatischen zum Postdramatischen feststellen. Dennoch forcierte insbesondere in den 1980er Jahren eine dominierend gewordene postmoderne Vorstellungswelt und die tendenzielle Aufhebung der Spartengrenzen die Ausbreitung der Ästhetik des postdramatischen Theaters aus den 1960er Jahren. Die Medialisierung der Gesellschaft, die Eroberung der Bühnen durch die Postdramatik und das Theater als Ritual beeinflussten Inhalte wie Formen der Theaterstücke. Die postmoderne Leitphilosophie, eine mediale und individuelle Selbstreferentialität und lebensweltliche Utopielosigkeit führten zu Experimenten wie Rainald Goetz' dreiteilige *Festung*, eine radikale Konfrontation mit Medien. Der Dramatiker Rainald Goetz (*1954) wurde Beobachter; Resultate waren *1989. Material I–III* (1993) als Dokument(ation) einer phänomenologischen Medienschau, der dramatische Text *Festung. Stücke* (1993) sowie das erzählende Werk *Kronos. Berichte* (1993). Im Grenzbereich zwischen Performance und Theater begann schon George Tabori 1969 mit seinen *Kannibalen* über Auschwitz in der Werkstatt des Berliner Schillertheaters. Seine Schauspielerinnen und Schauspieler trieb er bis an ihre physischen und psychischen Grenzen, etwa 1977 im Rahmen der Dramatisierung von Kafkas *Ein Hungerkünstler*, für die sie 40 Tage lang fasten mussten. 1978 präsentierte er mit *Improvisationen über Shakespeares Shylock* in einer Nebenspielstätte der Münchner Kammerspiele eine performativ-politische Produktion, stellte sowohl als Stückeschreiber wie auch als Regisseur politisch heikle bis tabuisierte Fragen wie die nach dem Holocaust. Diesen behandelte er später eher wieder in dramatischer Form, etwa 1987 in der Groteske über Hitlers Jahre als Obdachloser, *Mein Kampf*, am Wiener Akademietheater.

Nach 1989: (Nicht mehr) dramatische Theatertexte

Auch der historische Bruch und die Neuordnung nach 1989 waren eine Herausforderung für das linear-identitätsbetonende Drama. Botho Strauß verfolgte die Emergenz, die Zufälligkeit im Geschichtsverlauf etwa in *Schlußchor* (UA 1991). Die Bühnenhandlung basiert darauf, dass 15 Personen (aus der gleichen Anzahl besteht ein antiker Chor) im Moment der Wende 1989 fotografiert werden sollen. Dabei führen die Gespräche der Figuren das leere Gerede einer Gesellschaft vor, die auf den Augenblick und das Ereignis der Wende nicht zu reagieren vermag. Zugleich reflektiert der Chor inhaltlich wie formal auf ästhetische, philosophische und naturwissenschaftliche Erkenntnisse über Geschichte, Kausalität und Zufall – eine Komplexität in der Dramenanlage, die in den Werken von Strauß bis heute übersehen wird. Heiner Müllers 1995 erstmals auf die Bühne gebrachte Inszenierung von Brechts *Der aufhaltsame Aufstieg des Arturo Ui* (1941, UA 1958) wurde zur zeitgemäßen Modellinszenierung des Berliner Ensembles und Frank Castorfs Volksbühne Ost entwickelte sich zum Zentrum der Theaterwelt. Sein dekonstruktivistisch-hermeneutischer Stil im Umgang mit Texten regte wiederum innovative Dramaturgien an wie Christoph Marthalers musikalisch-avantgardistischen Abend *Murx den Europäer! Murx ihn! Murx ihn! Murx ihn! Murx ihn ab!* (UA 1993), den sich Thom Luz 2013 mit *Archiv des Unvollständigen* kreativ aneignete, oder wie Christoph Schlingensiefs Aktionen an der Grenze zwischen Authentizität und Fiktion, etwa 1997 *Schlacht um Europa I–XLII*.

In Theatertexten der 1990er Jahre wurde die dramatisch konstruierte Wirklichkeit zurückhaltend oder ironisierend in Anführungszeichen gesetzt. Popästhetik bekam einen neuen, ihre mediale wie ontologische Basis mit in Szene setzenden Stellenwert, etwa in Rainald Goetz' *Jeff Koons* (UA 1999) oder in Falk Richters *Gott ist ein DJ* (UA 1999). Der Text wurde in einigen Stücken zu Textualität, Dialog zu Dialogizität; auffällig wurde der postmodern weitere wie engere, das Zitat ausweisende Intertext. Elfriede Jelinek ging es in ihren Stücken, etwa in *Ein Sportstück*, 1998 kongenial chorisch von Einar Schleef inszeniert, oder *Ulrike Maria Stuart* (UA 2006), als fragmentiertes Gesamtkunstwerk von Nicolas Stemann szenisch eingerichtet, um die Markierung und Ausstellung der dramatischen Figuren als Produkte von Ideologien bzw. herrschenden Diskursen, die eigene Assoziationsvorschriften, Stereotypisierungen, Gestaltungen und Figurationen zeitigten – Ideale und das Kunstschöne seien, so Jelinek mit Rückblick auf Schiller, zusammen mit der geschlossenen Dramenform aufzubrechen (Jelinek 2015, 7). Diskurstheater präsentierte René Pollesch, von 2001 bis 2007 künstlerischer Leiter des Praters der Berliner Volksbühne; komplexe Theatertexte wie *world wide web-slums* (UA 2000) mit wenig Berührungsängsten vor dem Trashfilm, dem Slapstick, der billigen Soap, dem Melodram und der knalligen Boulevardkomödie, in die Pollesch ansatzlos philosophische, politische, soziologische und naturwissenschaftliche Texte einfügte, wurden zum situativ-postdramatischen Anlass, die Institution des Theaters, die Proben und Produktionsbedingungen sowie die Arbeitsverhältnisse der beteiligten Schauspielenden zu reflektieren. Die Produktionen Polleschs deuteten wie Handkes *Publikumsbeschimpfung* als Sprechstücke auf die Struktur des gesellschaftlichen Theaters und des Theaterbetriebs mit seinen Systemzwängen, so auch *Ich schau dir in die Augen, gesellschaftlicher Verblendungszusammenhang!* (UA 2010).

In den 1990er Jahren schrieb man zugleich weiterhin dramatisch. Kerstin Specht sah man als Vertreterin eines neuen kritischen Volksstücks mit *Das glühend Männla* oder *Lila* (UA beide 1990); es folgte dementsprechend *Marieluise* (UA 2001) als Reflexion über Marieluise Fleißer. Franz Xaver Kroetz wurde mit *Der Drang* (UA 1994) weiterhin gespielt. Stücke wie die von Klaus Pohl (*Die schöne Fremde*, UA 1991; *Karate-Billi kehrt zurück*, UA 1991; *Wartesaal Deutschland Stimmenreich*, UA 1995), Wolfgang Maria Bauer (*In den Augen eines Fremden*, UA 1994) oder Oliver Bukowski (*Gäste*, UA 1999), der als Professor für Szenisches Schreiben in Berlin eine ganze Generation junger Dramatikerinnen und Dramatiker ausbildete, waren oft in den Spielplänen zu finden. Bukowskis Nachfolger an der Universität der Künste wurde 2010 der ebenfalls nicht dekonstruktivistisch arbeitende Dramaturg John von Düffel (*Die Unbekannte mit dem Fön*, UA 1999; *Rinderwahnsinn*, UA 1999; *Balkonszenen*, UA 2000). Peter Turrini (*Alpenglühen*, UA 1993; *Die Liebe in Madagaskar*, UA 1998) und Albert Ostermaier (*The Making Of. B.-Movie*, UA 1999) entwarfen handlungsbetonte Landschaften der grotesken menschlichen Existenz mit erkennbaren Gegenwartsbezügen. Moritz Rinke blieb mit *Republik Vineta* (UA 2000), *Der Mann, der noch keiner Frau Blöße entdeckte* (UA 1999), *Die Optimisten* (UA 2003) oder *Café Umberto* (UA 2005), dramatisch, obwohl oder gerade weil er Absolvent des Gießener Instituts für Angewandte Theaterwissenschaft war, von dem aus sich der Trend zur Postdramatik ausbreitete (vgl. Wirth 1982). Sprachkünstlerische Geniestreiche eigener, bis heute – wenn man ihn nicht der österreichischen Tradition der Sprachreflexion einordnen mag – solitär gebliebener Art waren die ‚Fäkaliendramen' Werner Schwabs (*Die Präsidentinnen*, UA 1990; *Übergewicht Unwichtig Unform*, UA 1991; *Volksvernichtung oder Meine Leber ist sinnlos*, UA 1991). Theresia Walser (*King Kongs Töchter*, UA 1998) setzte sich couragiert, öffentlich und nicht ohne Risiko für ihre eigene Dramatikerinnenexistenz gegen die Aneignung ihrer Stücke durch eine ignorante Regie zur Wehr. Dass Walser von vielen Kolleginnen und Kollegen davor gewarnt wurde und man in den Feuilletons den Atem anhielt, offenbarte für den deutschsprachigen Bereich eine gravierende Schieflage im Verhältnis der Schriftstellerinnen und Schriftsteller zum Machtapparat Theater. Tankred Dorst, der bereits mit *Toller* und darüber hinaus mit *Auf dem Chimborazo* (UA 1975) oder *Merlin oder Das wüste Land* (UA 1981) zu einer der Stützen des Spielplans wurde, war, etwa mit *Herr Paul* (UA 1994), *Die Geschichte der Pfeile* (UA 1996) oder *Harrys Kopf* (UA 1997), in den 1990er Jahren, oft in Zusammenarbeit mit Ursula Ehler, außerordentlich produktiv. Dorst verband szenische Phantasie mit existenzieller Philosophie, etwas Metaphysik undogmatisch mit den großen Sinnfragen, die seit dem Ursprung des Theaters in der griechischen Antike nicht allein das Gebiet der etablierten Religionen sein sollten. Da es in den Stücken immer auch um den Menschen an sich ging, wirkten sie zumindest indirekt, etwa durch die Kritik an Machtverhältnissen, politisch (Erken 1989). Ähnlich erfolgreich wurden Dea Loher mit ihren sozialpolitisch-poetischen dramatischen Werken, von *Tätowierung* (UA 1992) über *Leviathan* (UA 1993) bis zu *Adam Geist* (UA 1998), *Das Leben auf der Praça Roosevelt* (UA 2004) und *Diebe* (UA 2010), und der menschlich-rätselhafte Begegnungen dramatisierende Norweger Jon Fosse (*Der Name*, UA 1995; *Die Nacht singt ihre Lieder*, UA 1997; *Traum im Herbst*, UA 1999).

Ende des Jahrhunderts brach eine Welle an Blood-and-Sperm-Dramatik aus Großbritannien, insbesondere aus dem Umfeld des Londoner Royal Court Theatre in den deutschsprachigen Theaterbetrieb ein, der sich zu einem nicht unmaßgeblichen Teil vor dem Hintergrund einer intellektuell dominierenden postmodernen Vorstellungswelt performativen und postdramatischen Infragestellungen des traditionellen Dramas verschrieben hatte. Es wirkte durchaus revolutionär, wenn Dramenimporte aus London, Bristol oder Manchester wieder identifikationsfähige Figuren, erkennbare Orte, Zeiten und dramatische Konflikte zuließen und diese dramaturgisch salonfähig wurden. Raue oder unerträgliche soziale Wirklichkeit wurde drastisch repräsentiert, etwa in Sarah Kanes *Blasted* (UA 1995; dt. *Zerbombt*). Dieses ‚In-yer-face theatre', ‚New British Drama' oder ‚Theatre of Brutalism' eines Martin Crimp, David Harrower oder Anthony Neilson thematisierte lieblosen Sex, grundlose Gewalt, Verrohung und Elend. Hierbei überlagerten sich die institutionelle Tradition einer eher mageren Finanzierung des Theaters im angelsächsischen Bereich mit dem auf formaler Ebene durchaus davon abhängenden konservativen Verständnis von Dramatik, die starke Stellung der Autorin bzw. des Autors sogar noch im Probenprozess mit einer Tradition des populären Gewalttätigen seit dem elisabethanischen Zeitalter, also von Christopher Marlowe und Shakespeare über John James Osborne (*Look Back in Anger*, UA 1956; dt. *Blick zurück im Zorn*) bis in die Gegenwart. Das gilt auch für den US-amerikanischen Raum, wie man den Dramen Neil LaButes, etwa *The Mercy Seat* (UA 2002), entnehmen kann. Thomas Ostermeier radikalisierte 1998 in der ‚Baracke' genannten Experimentierbühne des Deutschen Theaters Berlin Mark Ravenhills an Tschechow orientierte realistische Sozialstudie *Shoppen und Ficken* (Orig. *Shopping & Fucking*, UA 1996) und vertritt seither als Intendant der Berliner Schaubühne einen dramatisch-engagierten Realismus, in dessen Umfeld neue dramatische Stücke reüssierten: Marius von Mayenburgs *Feuergesicht* (UA 1998), *Parasiten* (UA 2000), *Das kalte Kind* (UA 2002) und *Der Stein* (UA 2008) etwa oder die Dramen von Falk Richter, dem es in seinem vierteiligen Zyklus *Das System* (UA 2003, 2004) um die aktuelle Lage der entfremdeten Wirtschaftssubjekte und Gesellschaftsmonaden wie -nomaden ging.

Wirtschaft und das Soziale rückten nach der Jahrtausendwende erneut wie in den 1920er, 1960er und 1970er Jahren in den Mittelpunkt der dramatisierten Themen: Stücke einer neuen Wirtschaftsdramatik waren *Top Dogs* von Urs Widmer (UA 1996) oder *Push up 1–3* (UA 2001) von Roland Schimmelpfennig. David Bösch gelang es 2004 mit der Inszenierung von Simon Stephens' *Port* (UA 2002 in Manchester), bekannte Ästhetiken und Szenen der Film- und Fernsehgeschichte publikumswirksam in eine traditionelle Dramaturgie zu integrieren.

Das neue absurde Stück vertrat in der Nachfolge von Herbert Achternbusch (*Der Stiefel und sein Socken*, UA 1993) Händl Klaus mit *Wilde oder Der Mann mit den traurigen Augen* (UA 2003) oder *Dunkel lockende Welt* (UA 2006). Nach der Jahrtausendwende fanden vermehrt epische Stoffe in Dramatisierungen auf die Bühne wie Homers *Ilias*, Theodor Fontanes *Effi Briest*, Leo Tolstois *Anna Karenina*, Thomas Manns *Zauberberg*, Uwe Tellkamps *Der Turm* oder Helene Hegemanns *Axolotl Roadkill*, zudem Filmstorys von Federico Fellini oder Luchino Visconti. Herbert Fritsch gelang es 2002, Dieter Roths *Murmel Murmel*, einen avantgardistischen Text, der unzählige Male das Wort „Murmel" wiederholt, dramatisch einzurichten.

Gesellschaftlich und kulturell breitete sich eine Retromania aus, ein etwa im Vergleich zu den 1960er Jahren erstaunlich in die Vergangenheit gerichteter intellektueller und ästhetischer Blick samt depressiver Grundstimmung im Gedanken an die Zukunft. Dies zeitigte eine Vorliebe für Reenactments, also im ästhetischen Bereich die Wiederinszenierung von Artefakten, die in ihrer Performanz der Wiederholung zugleich die Differenz zum Vergangenen markierten: Milo Rau stellte 2011 mit *Hate Radio* eine Propagandaradiosendung aus Ruanda aus der Zeit des Genozids an den Tutsi nach und setzte 2013 den Moskauer Pussy-Riot-Prozess ergebnisoffen neu in Szene. Eine Herausforderung für das Drama war die seit Mitte der 2010er Jahre virulente Tendenz zum Dokumentarischen. 2007 hat Rimini Protokoll mit Karl Marx' *Das Kapital. Erster Band* den Preis des Festivals in Mülheim gewonnen, was zu Protesten der Theaterverlage führte. Das neue Dokumentarische stand in der Tradition des Zeitstücks der 1920er Jahre, v. a. des Dokumentartheaters der 1960er Jahre und war mutmaßlich auch diesmal ein Ausdruck unsicherer Verhältnisse, der sich in der Suche nach der Wirklichkeit, auch Authentizität zum Ausdruck brachte (Barton 1987). Freilich unterschieden sich die verschiedenen Theatermacherinnen und -macher in der Methode, der Ästhetik und der jeweiligen Zusammenarbeit mit den Institutionen: Rimini Protokoll präsentierte etwa statt Schauspielerinnen und Schauspielern Laien als sogenannte Expertinnen und Experten des Alltags. Volker Lösch ließ in seinem Bürgertheater Arbeitslose chorisch-protestierend auftreten, Alvis Hermanis zeigte 2007 hyperrealistisch seine *Väter*, She She Pop wiederholte dies 2010 in *Testament*. Stadtteilprojekte bzw. das Theater der Teilhabe von Björn Bicker und Peter Kastenmüller, etwa *Bunnyhill* in den Jahren 2004 und 2006 oder später *Hauptschule der Freiheit* (UA 2009), schärften das Bewusstsein für Marginalisierte im kommunalen Raum. Andres Veiel und Gesine Schmidt suchten nach dem Sinn von Jugendgewalt in *Der Kick* (UA 2005) als Recherche über die Ermordung Marinus Schöberls durch Jugendliche im Jahr 2002. Lola Arias behandelte mit *Mi vida después* (UA 2009) oder – zusammen mit Stefan Kaegi – *SOKO São Paulo* (UA 2007) (post-)diktatorische Gesellschaftssysteme, Hans-Werner Kroesinger startete dokumentarische Untersuchungen, in die Fakten über das Unrecht in der sogenannten Dritten Welt wie im *Unternehmen Hunger* (UA 2011) eingearbeitet wurden.

Spätestens mit der Finanzkrise wurde man wieder radikaler, gesellschaftskritischer. Die westlichen Marktgesellschaften waren darin erfolgreich, ihre Systemwidersprüche, Existenzparadoxien und strukturellen Gewalten in die Gewissen der postmodern Vereinzelten zu implementieren, wo sie verinnerlicht wurden und zu Utopielosigkeit, Pessimismus und Depressionen führten, wie Kathrin Rögglas *wir schlafen nicht* (UA 2004) oder *draußen tobt die dunkelziffer* (UA 2005), Fritz Katers *3 von 5 Millionen* (UA 2005), Jelineks *Die Kontrakte des Kaufmanns* (UA 2009), Philipp Löhles *Genannt Gospodin* (UA 2007) oder *Die Überflüssigen* (UA 2010) und Oliver Klucks *Das Prinzip Meese* (UA 2010) plastisch werden ließen. Man registrierte eine Rückkehr der tragischen Helden sowie von Geschichten, dramatischen Repräsentationen des Sozialen und die Verabschiedung postmoderner Ironie bei Ulrike Syha (*Nomaden*, UA 2003; *Privatleben*, UA 2008), Igor Bauersima (*norway.today*, UA 2000), Felicia Zeller (*Kaspar Häuser Meer*, UA 2008), Anja Hilling (*Mein junges idiotisches Herz*, UA 2005; *Schwarzes Tier Traurigkeit*, UA 2007) oder Dirk Laucke (*alter ford escort dunkelblau*, UA 2007; *Für alle reicht es nicht*, UA 2009). Lukas Bärfuss (*Die sexuellen Neurosen unserer Eltern*, UA 2003; *Der Bus [Das Zeug einer Heiligen]*, UA 2005; *Frau Schmitz*, UA 2016) forderte gar mit Schiller ein Theater als moralische Anstalt, eine Bühne der Aufklärung und für das Drama als Wirkung Mitleid. Martin Heckmanns (*Kränk*, UA 2004) und Ewald Palmetshofer erörterten (post-)dramatisch die Nöte der performativ-passiven jüngeren Generation in *hamlet ist tot. keine schwerkraft* (UA 2007), *faust hat hunger und verschluckt sich an einer grete* (UA 2009) oder *die unverheiratete* (UA 2014). Probleme der Glokalisierung dominierten in Roland Schimmelpfennigs *Der goldene Drache* (UA 2009) oder Simon Stephens' *Pornography* (UA 2007) bzw. *Three Kingdoms* (UA 2011). Schimmelpfennig wurde etwa mit *Die arabische Nacht* (UA 2001), *Die Frau von früher* (UA 2004) oder *Hier und*

Jetzt (UA 2008) – oft mehr im Ausland nachgefragt – zu einem der erfolgreichsten Dramatiker der letzten Jahre. Seine Stücke zeigen, dass Identitäten nicht mehr nur dekonstruiert, sondern wieder neu gesucht, erahnt oder reflektiert werden, wie auch in den Stücken von Sibylle Berg (*Ein paar Leute suchen das Glück und lachen sich tot*, UA 1999; *Und dann kam Mirna*, UA 2015). Im postmigrantischen Drama standen Erfahrungen, kollektive Erinnerungen und kulturelle Identitäten in Selbstdarstellungen von Menschen, die im deutschsprachigen Raum mit Migrationshintergrund aufgewachsen sind, im Vordergrund, so etwa in *Schwarze Jungfrauen* (UA 2006) von Feridun Zaimoglu und Günter Senkel, in *Verrücktes Blut* (UA 2010) nach einem Filmskript von Nurkan Erpulat und Jens Hillje oder in Yael Ronens mit dem Ensemble des Maxim Gorki Theater erarbeiteten Projekt *Common Ground* (UA 2014). Eine Vielzahl an Theaterproduktionen setzte sich wie Elfriede Jelineks *Die Schutzbefohlenen* (2013 ‚urgelesen') mit der weltweiten Migration und dem Schicksal der Migrantinnen und Migranten auseinander. Gut gebaute, traditionelle Dramen blieben, an Publikumszahlen gemessen, am erfolgreichsten, weltweit Yasmina Reza (*Art*, UA 1994, dt. *Kunst*; *Drei Mal Leben*, UA 2000; *Der Gott des Gemetzels*, UA 2006), im deutschsprachigen Raum Lutz Hübner (*Frau Müller muss weg*, UA 2010; *Die Firma dankt*, UA 2011) und neuerdings Ferdinand von Schirach mit *Terror* (UA 2015) und Daniel Kehlmann mit *Heilig Abend* (UA 2017).

Die Arbeit der jüngeren Dramatikerinnen- und Dramatikergeneration ist, trotz gut ausgestatteter Förderlandschaft, nicht leichter geworden, eher im Gegenteil, wie Nis-Momme Stockmann in der Reflexion der Zwänge, unsozialen Verhältnisse und Arbeitsprobleme in *Kein Schiff wird kommen* (UA 2010) deutlich werden lässt. Auffallend war, dass sich, wie bei Marianna Salzmann (*Muttersprache Mameloschn*, UA 2012), Wolfram Lotz (*Die lächerliche Finsternis*, UA 2014), Ferdinand Schmalz (*am beispiel der butter*, UA 2014; *dosenfleisch*, UA 2015), Maria Milisavljevic (*Brandung*, UA 2013), Katja Brunner (*von den beinen zu kurz*, UA 2012) oder Wolfram Höll (*Und dann*, UA 2013; *Drei sind wir*, UA 2016) zu bemerken, erkennbare Figuren oft in ihren dramatischen Situationen gefangen fühlen. Vermisst wird ein imaginärer, utopischer Nicht-Ort, der zum grenzüberschreitenden Denken anregt und die Suche nach dem Außergewöhnlichen motiviert – nicht, weil kein kritisches Bewusstsein für die eigene Situation vorhanden wäre, sondern weil die Älteren keinen alternativen Weg, keine Veränderung mehr zulassen. Zugleich scheint sich in der jüngsten Generation aufgrund der gegenwärtigen ökonomischen Unsicherheiten, politischen Reaktionen, umweltpolitischen Fahrlässigkeiten und undemokratischen globalen Provokationen wieder eine außerordentliche Protestmotivation aufzubauen, für die im Drama und Theater die zukünftig gültigen Ausdrucksmöglichkeiten gesucht werden.

III **Zentrale Fragestellungen**

III.1 Form

Nikolas Immer
III.1.1 Handlung

1 Einleitung

Der Begriff ‚Handlung' bezeichnet im Drama sowohl die Gesamtheit des dargestellten Geschehens als auch einfache bis komplexe aktionale Vorgänge. Damit erstreckt sich seine Geltung nicht nur auf die summative Beschreibung des Dramemininhalts, sondern auch auf die Benennung punktueller oder sequentieller dramatischer Aktionen. Die doppelte Begriffsverwendung resultiert aus der Bestimmung des Dramas, die Aristoteles in seiner *Poetik* formuliert hat. Zum einen betont er die Relevanz des μῦθος (*mýthos*, lat. *fabula*) für das dramatische Gefüge (*Poetik*, Kap. 6, 1450a), womit er einen Terminus etabliert, der sich als „Verknüpfung von Begebenheiten" (Lessing 1985–2003, VI, 369), als „Ereigniszusammenhang" (Asmuth ⁷2009 [1980], 4) oder auch als „Handlungsstruktur" (Aristoteles 1996, 110) übersetzen lässt. Zum anderen rekurriert er auf die etymologische Bedeutung des griechischen Substantivs δρᾶμα (*dráma*), das vom dorischen Verb δρᾶν (*drán*) abgeleitet ist und das mit ‚körperlich agieren' sowie mit ‚mimetisch darstellen' übertragen werden kann (Ottmers 2007, 393). In diesem Sinne akzentuiert Aristoteles den Begriff der πρᾶξις (*práxis*, lat. *actio*) (Kannicht 1976, 330) und hält fest: Die Dramen „ahmen ja sich Betätigende (*drōntes*, von *drān*) nach" (Aristoteles 1996, 9–11; *Poetik*, Kap. 3, 1448b). Diese Auffassung der Handlung als aktiver Betätigung begegnet noch im ursprünglichen Verständnis des Verbs ‚handeln': „greifen, ergreifen, befühlen, [...] behandeln, [...] verrichten, tun" (Kluge und Seebold ²⁵2011 [1883], 391). Ist das Handeln zunächst auf die Vorstellung einer konkreten Tathandlung zurückzuführen, umfasst der moderne Handlungsbegriff auch Konzepte des ‚sozialen Handelns' (Max Weber) und des ‚kommunikativen Handelns' (Jürgen Habermas). Im Anschluss an die bis heute geltende Unterscheidung zwischen der Handlung in globaler (*mýthos* bzw. *fabula*) und in lokaler Hinsicht (*práxis* bzw. *actio*) wird im Folgenden zwischen der (1) dramatischen Handlung und (2) dem dramatischen Handeln differenziert.

2 Dramatische Handlung

Bei der Beschreibung eines dramatischen ‚Ereigniszusammenhangs' werden neben konkreten Strukturelementen wie „Person, Identität, Rolle, Handlungsschema und Handlungskonkretisation" (Stierle 1976, 323) auch „Begebenheiten" berücksichtigt, „die sich 1. nicht im engeren Sinne, 2. nur mit einiger Mühe oder 3. überhaupt nicht als Handlungen bezeichnen lassen" (Asmuth ⁷2009 [1980], 5). Die Präzisierung dieser ergänzenden Begebenheiten setzt wiederum einen validen Handlungsbegriff voraus. Schon Aristoteles definiert in der *Nikomachischen Ethik*: „Prinzip des Handelns im Sinne des bewegenden, nicht des Zweckprinzips, ist die Willenswahl" (Aristoteles 1995a, 132; *Nikomachische Ethik* VI, 2, 1139a). Daran anknüpfend formuliert Charles Batteux Mitte des 18. Jahrhunderts in seiner Ästhetik *Les Beaux-arts réduits à un même principe* (1746): „Was ist eine Handlung? [...] [E]s ist eine Unternehmung, die mit Wahl und Absicht geschieht" (Batteux 1756–1758 [1746], II, 22). In beiden kausalistischen Konzepten wird die Voraussetzung der Wahlfreiheit mit der Orientierung des Handelns an spezifische Zwecke oder Intentionen verknüpft. Lessing dagegen macht in seinen *Abhandlungen über die Fabel* (1759) die Begrenztheit einer Vorgabe kenntlich, die definiert, dass „*gemeinglich* das eine Handlung [heißt], was einem gewissen Vorsatze zu Folge unternommen wird" (Lessing 1985–2003, IV, 368). Demgegenüber sind im Rahmen eines erweiterten Handlungsbegriffs erstens auch Vorgänge zu berücksichtigen, „die ohne Wahl und Absicht zustande kommen" (Asmuth ⁷2009 [1980], 6). Dazu zählen insbesondere die Impulse des Unbewussten (Ette 2014, 159), die das menschliche Tun beeinflussen und sich beispielsweise in Traumsequenzen manifestieren können (vgl. Franz Grillparzers *Der Traum ein Leben*, UA 1834). Zweitens plädiert schon Lessing dafür, sowohl den „innere[n] Kampf von Leidenschaften" als „auch jede Folge von verschiedenen Gedanken, wo eine die andere aufhebt" (Lessing 1985–2003, IV, 363), als Handlung zu qualifizieren. Seine aktionale Deutung der Gefühle und Gedanken, die sich in Gustav Freytags Beschreibung jener „innern Prozesse" verfestigt, „welche der Mensch vom Aufleuchten einer Empfindung bis zu leidenschaftlichem Begehren und Handeln durchmacht" (Freytag 1887 [1863], 18), wird schließlich mit dem dramentheoretischen Begriff der „inneren Handlung" bezeichnet (Werling 1989, 40). Auch Friedrich Hebbel hält im Vorwort zu *Maria Magdalena* (1844, UA 1846) fest, dass „Handlungen keine Handlungen" (Hebbel 1963–1967, I, 318) sind, wenn sie sich nicht als Folge mentaler oder emotionaler Prozesse erweisen. Drittens sind bei der Beschreibung eines dramatischen Ereigniszusammenhangs auch übergeordnete Handlungsträger einzubeziehen, deren Wirkungen einzelne Dramenfiguren machtlos und passiv erscheinen lassen. Dazu zählen Naturgewalten, Krankheiten oder Instanzen wie die antiken Götter oder das neuzeitliche Schicksal. Ihnen ein bewusstes und zielgerichtetes Handeln zu unterstellen, setzt allerdings eine anthropomorphisierte Vorstellung dieser Handlungsmächte voraus. Kritisch vermerkt Georg W. F. Hegel in seinen *Vorlesungen über die Ästhetik*: „Die Götter nämlich und allgemeinen Mächte überhaupt sind zwar das Bewegende und Treibende, doch in der Wirklichkeit ist ihnen das eigentliche individuelle Handeln nicht zuzuteilen, sondern das Handeln kommt dem Menschen zu" (Hegel 1989 [1835–1838], 292).

Die Bestimmung der dramatischen Handlung umfasst neben der Konturierung ihrer konstitutiven Strukturelemente auch die Frage nach der Verknüpfung der einzelnen Handlungsteile. Bereits Aristoteles fordert die Einheit der Handlung, hebt aber hervor, dass aus der bloßen Addition einzelner Handlungssequenzen noch „keinerlei Einheit hervorgeht". Vielmehr sollen sie „so zusammengefügt sein, daß sich das Ganze verändert und durcheinander gerät, wenn irgendein Teil umgestellt oder weggenommen wird" (Aristoteles 1996, 27–29; *Poetik*, Kap. 8, 1451a). Vermittels der Wahrscheinlichkeit und der Notwendigkeit (*Poetik*, Kap. 9, 1451a) sollen diese kausalen Verknüpfungen garantiert und ein kohärenter Zusammenhang hergestellt werden. Die postulierte Einheit resultiert demnach aus der Vollständigkeit, der Unersetzlichkeit und der Unversetzbarkeit der einzelnen Handlungsteile (Kommerell ³1960 [1940], 150). Aus dieser Konzeption folgt zugleich die Forderung nach einer ökonomisch angelegten dramatischen Handlung: „Alles, was nöthig ist, dieselbe recht zu begreifen, ihre Möglichkeit und ihre Wirkungen aus ihren Ursachen einzusehen, das muß mit in die Fabel kommen; alles übrige aber muß heraus bleiben" (Gottsched 1962 [1730/1751], 491). Ohne sich grundsätzlich von diesen technischen Kompositionsvorgaben zu distanzieren, bezieht Lessing die kausale Handlungsverkettung verstärkt auf den Bereich der psychologisch stringenten Motivation (Lessing 1985–2003, VI, 338–339; *Hamburgische Dramaturgie* [1767–1769], 32. St.). Das hat z. B. zur Folge, dass seine *Emilia Galotti* (1772) von Friedrich Schlegel als „großes Exempel der dramatischen Algebra" (zit. n. Reh 1985, 45) bezeichnet wird. Doch bereits gegen Ende des 18. Jahrhunderts wird der normative Anspruch einer notwendigen dramatischen Verknüpfung als Einengung begriffen, da sich die „Bedingung der Handlungseinheit" zunehmend als „Bedrohung der Handlungsfreiheit" (Asmuth ⁷2009 [1980], 155) erweist. Die Vorstellung eines einheitlichen Handlungsgefüges steht auch mit der Frage nach der Strukturierbarkeit der dramatischen Handlung in Verbindung, die wiederum in die Binnenaspekte der *Konzeption*, der *Organisation* und der *Komposition* gegliedert werden kann.

Konzeption der dramatischen Handlung

Die Handlung eines Dramas ist das Ergebnis einer Konstruktionsleistung, die die Autorinnen und Autoren erbringen. Auch wenn sie auf konkrete mythologische, geschichtliche oder literarische Handlungskomplexe zurückgreifen, kann zwischen diesen Vorlagen, dem „Rohstoff", und ihrer dramenästhetischen Ausformung, „dem literarisch gestalteten Stoff" (Asmuth ⁷2009 [1980], 158), unterschieden werden. Die Anpassung des vorgesehenen Stoffes an das dramaturgische Gestaltungsziel macht „eine quantitative wie qualitative Auswahl" (Greiner et al. 1982, 129) notwendig. Denn zum einen ist die Spieldauer eines Dramas quantitativ zumeist geringer als die zeitliche Ausdehnung des dargestellten Ereigniszusammenhangs. Zum anderen ist die Handlungsführung eines Dramas zumeist stringenter als die inhaltliche Diversität der verwendeten Vorlage. Darüber hinaus erfordert die Erzeugung von Spannung und das Anbahnen von Konflikten eine dichterische Zuspitzung des gewählten Stoffes. Da der dramatische Gestaltungsprozess allerdings zu vielseitig ist, um einheitlich beschrieben werden zu können, erfasst ihn die genannte Selektion in quantitativer und qualitativer Hinsicht nur vorläufig (vgl. das erzähltheoretische Modell von Stierle 1975). Zentrale Umformungen betreffen vorwiegend Veränderungen in der „Darstellungsfolge" und in der „Detailgestaltung" (Asmuth [7]2009 [1980], 160). Bezieht sich der erste Fall auf Abweichungen von der vorgegebenen Chronologie, betrifft der zweite Fall sprachliche Änderungen und perspektivische Verschiebungen. Wie bei der konkreten Ausführung der dramatischen Handlung produktionsästhetisch verfahren werden kann, erläutert bereits Aristoteles: „Die Stoffe, die überlieferten und die erfundenen, soll man, wenn man sie selbst bearbeitet, zunächst im allgemeinen skizzieren und dann erst szenisch ausarbeiten und zur vollen Länge entwickeln" (Aristoteles 1996, 55; *Poetik*, Kap. 17, 1455a–b). Er favorisiert ein deduktives Verfahren, in dessen Rahmen zunächst ein allgemeines Handlungsgerüst entwickelt wird, das in der Folge mit spezifischen Episoden zu füllen ist. Dabei verfolgt Aristoteles die „umgekehrte Form jener Abstraktion, durch die die Handlung im Gedächtnis des Publikums wieder auf ihren wesentlichen Kern zusammenschrumpft" (Asmuth [7]2009 [1980], 159). Diese Umkehrung zielt auf die rezeptionsästhetische Unterscheidung von Handlungskern und Gesamthandlung, die auch die integrierten Episoden umfasst. Der Handlungskern bzw. das Handlungsgerüst entspricht als „reines Schema" (Kayser [17]1976 [1948], 77) des Handlungsverlaufs wiederum dem aristotelischen *mýthos* im Sinne der Handlungsstruktur.

Organisation der dramatischen Handlung

Um die Einheit der Handlung zu gewährleisten, postuliert Aristoteles, dass jede Tragödie einen Anfang, eine Mitte und ein Ende haben müsse. Seine allgemeine Erläuterung der konsekutiven Verknüpfung dieser Bestandteile erlaubt eine Übertragung der Ordnungsstruktur auf die dramatische Handlung an sich. Konsequent fordert Aristoteles: „Demzufolge dürfen Handlungen, wenn sie gut zusammengefügt sein sollen, nicht an beliebiger Stelle einsetzen noch an beliebiger Stelle enden" (Aristoteles 1996, 25; *Poetik*, Kap. 7, 1450b). Mit dieser Vorgabe entwirft er ein lineares und in seinem Verlauf nicht umkehrbares Handlungsmodell, dessen symmetrischer Aufbau „für eine tektonisch-‚räumliche' Stabilität" (Greiner et al. 1982, 160) sorgt. In Erweiterung dieser auf die Tragödie bezogenen Bestimmung differenziert Aristoteles nicht nur zwischen einfacher und komplizierter Handlung, sondern benennt mit der δέσις (*désis*, Knüpfung) und der λύσις (*lýsis*, Lösung) eines Knotens auch zwei zentrale handlungskonstituierende Faktoren (*Poetik*, Kap. 18, 1455b). Der ‚Knoten' bezeichnet seinerseits „eine solche Verwiklung [...], aus welcher beträchtliche Schwierigkeiten entstehen, wodurch die handelnden Personen veranlasst werden, ihr Kräfte zu verdoppeln, um sie zu überwinden" (Sulzer 1778/1779 [1771–1774], III, 39). An die aristotelische Unterscheidung anschließend entwickelt der Terenz-Kommentator Donatus ein dreiteiliges dramatisches Handlungsschema, das er in *prótasis* (Einleitung), *epítasis* (Verwicklung bzw. Verwirrung) und *katastrophe* (Lösung) gliedert (Leo ²1912 [1895], 232) und das Scaliger später um die *catástasis* (andauernde Verwirrung) erweitert. Bleibt die Zuordnung dieser vier Entwicklungsstufen zu den fünf Akten eines Dramas zunächst uneinheitlich (Lausberg 1960, 570), entwirft Gustav Freytag 1863 ein fünfteiliges Pyramidenmodell, das aus Einleitung, Steigerung, Höhepunkt, Fall bzw. Umkehr und Katastrophe besteht (Freytag 1887 [1863], 102–120) und das sich weitgehend mit der traditionellen Akt-Einteilung deckt. In abstrahierter Form hat Volker Klotz diesen Dramentypus der ‚geschlossenen Form' zugerechnet, der er die ‚offene' Form gegenübergestellt hat (Klotz ¹¹1985 [1960], 25–38, 99–112; zur Kritik an diesem Schema vgl. Asmuth ⁷2009 [1980], 48–49).

Komposition der dramatischen Handlung

Der Beginn der dramatischen Handlung muss keineswegs dem Beginn der dargestellten Geschichte entsprechen. Die zurückliegenden Ereignisse können in Form von Rückgriffen nachträglich entfaltet werden, aber auch in eine anhaltende Rekonstruktion der gesamten Vorgeschichte münden, die vor der Dramenhandlung liegt (vgl. Heinrich von Kleists *Der zerbrochne Krug*, UA 1808). Entspricht dieser retrospektiv ausgerichtete Dramentypus dem ‚analytischen Drama' (Strä0ner 1980), lässt sich ein Drama mit prospektiv ausgerichteter Handlung, das „auf eine Katastrophe oder Lösung [...] hinausläuft" (Neis 1984, 6), als ‚Zieldrama' qualifizieren. Dabei ist die Darstellbarkeit konkreter Handlungsaspekte einerseits von den jeweils geltenden gesellschaftlichen Normen des ‚Schicklichen' abhängig, über die vor allem festgelegt wird, ob und in welchem Rahmen die Präsentation „von physischer Brutalität oder von Sexualität" (Pfister ⁹1997 [1977], 275) zulässig erscheint. Andererseits richtet sich die Darstellbarkeit nach der dramenästhetischen Erwägung, inwieweit eine Handlung durch narrative Vermittlungsformen wie den Botenbericht – durch den „nicht nur vergangene Ereignisse expliziert, sondern auch zukünftige Ereignisse impliziert werden" (Strähner 1980, 25–26) – oder die Mauerschau (Teichoskopie) ersetzt werden kann (Asmuth ⁷2009 [1980], 109–112). Darüber hinaus kann die Gliederung der dramatischen Handlung anhand der etablierten Differenz von Haupt- und Nebenhandlung, aber auch anhand von strukturalistischen Feinabstufungen einzelner Handlungssegmente vorgenommen werden (J. Schulze 1976, 352–353). Schon Gottsched fordert, dass die „ganze Fabel [...] nur eine Haupthandlung haben" (Gottsched 1962 [1730/1751], 613) dürfe, der er die Nebenhandlungen dezidiert unterordnet. Im Gegensatz zur Profilierung einer bedeutungstragenden Handlungssequenz können auch zwei Haupthandlungen gleichberechtigt koexistieren (zu den Verknüpfungsformen vgl. Pfister ⁹1997 [1977], 286–295).

3 Dramatisches Handeln

Das dramatische Handeln geht stets von einem menschlichen Handlungsträger aus, dessen zielgerichtete Intentionen oder unbewusste Absichten in seinen Aktionen zum Ausdruck kommen. „Die Handlung ist die klarste Enthüllung des Individuums, seiner Gesinnung sowohl als auch seiner Zwecke; was der Mensch im innersten Grunde ist, bringt sich erst durch sein Handeln zur Wirklichkeit" (Hegel 1989 [1835–1838], 285). Dabei stellt sich jedoch die Frage, ab wann überhaupt von dramatischem Handeln gesprochen werden kann. Auch Lessings kompakte Bestimmung der Handlung als „eine Folge von Veränderungen, die zusammen Ein Ganzes ausmachen" (Lessing 1985–2003, IV, 357), lässt noch nicht erkennen, wie umfangreich eine solche Folge sein muss und wann genau die Bedingungen für derartige Veränderungen erfüllt sind. Denn schließlich bewirkt bereits „[j]edes auf der Bühne gesprochene Wort, ja jeder Laut und jeder Blick [...] eine Situationsveränderung" (Greiner et al. 1982, 15–16). Auf dieser Grundlage kann ein weiter Handlungsbegriff geltend gemacht werden, der nicht nur körperliches und sprachliches Handeln, sondern auch „jede eine Veränderung anzeigende Verhaltensform" (Greiner et al. 1982, 16) umfasst. Ein konzentrierteres Handlungskonzept erlaubt es dagegen, die einzelne dramatische Aktion präziser zu erfassen: „Handlung ist die nach Situationsorientierung aus mehreren Möglichkeiten absichtsvoll gewählte, nicht kausal bestimmte Überführung einer Situation in eine andere im Sinne einer Entwicklung" (Hübler 1973, 10). Damit ist eine dreigliedrige Struktur definiert, die aus der Ausgangssituation, der Veränderungsabsicht und der veränderten Situation besteht. Das Handeln erweist sich damit als dynamischer Vorgang, der von einem menschlichen Subjekt ausgeführt wird und der eine temporale sowie eine spatiale Dimension besitzt (Pfister [9]1997 [1977], 269–270).

Die notwendige Verbindung von dramatischer Handlung und menschlichem Handlungsträger führt zur Frage nach dem Primat von Handlung oder Figur. Während Aristoteles im Hinblick auf die Tragödie für den Vorrang der Handlung optiert (*Poetik*, Kap. 6, 1450a), ist im Anschluss an die neuzeitlichen Charaktertragödien Shakespeares und die Charakterkomödien Molières eine „Aufwertung des Individuums" (Asmuth [7]2009 [1980], 135) zu beobachten. Aus dieser konträren Disposition hat sich die schematische Gegenüberstellung von Charakter- und Handlungsdrama entwickelt, wobei das Handlungsdrama wiederum in Schicksals-, Intrigen- und Situationsdrama unterschieden werden kann. „Indem ein Geschehen zum Träger der Struktur wird, die zeitliche Gespanntheit schafft, die ganze dramatische Welt sich zuordnet, verdichtet es sich zur *Handlung*" (Kayser [17]1976 [1948], 370). Diese Handlung kann erstens einem übermächtigen Schicksal zugeordnet werden, das der dramatischen Figur jede „Möglichkeit zu Eigeninitiative und planvoller Lebensgestaltung" (Balhar 2004, 47) nimmt (Schicksalsdrama). Zweitens kann sich diese Handlung auf die Aktionen der Gegenspieler beziehen, die mit Hilfe von Intrigen, bei denen Techniken der Verstellung und der Täuschung zur Anwendung kommen, die individuelle Handlungsfreiheit der betroffenen Figuren zu reduzieren versuchen (Intrigendrama). Schließlich kann drittens die dramatische Situation, die sich sowohl aktional als auch nichtaktional auffassen lässt (Asmuth [7]2009 [1980], 139–140), dynamische Qualität gewinnen, wenn sie zu einem „gespannte[n] Zustand" avanciert, „in dem kontrastierende Komponenten gleichzeitig wirksam" (Schnetz 1967, 26) werden (Situationsdrama). Mit dieser Konkurrenz unterschiedlicher Komponenten rückt das agonale Strukturelement des Konflikts in den Vordergrund, das vielfach die Dramenhandlung bestimmt. Ist einerseits zwischen dem Parteien- und dem Urteilskonflikt zu differenzieren, kann die konkrete Handlungsentscheidung andererseits von einem inneren Konflikt abhängig sein, der es erfordert, zwischen „zwei oder mehr qualitativ verschiedenen Alternativen" (Asmuth [7]2009 [1980], 144) zu wählen. Das in dieser Perspektive ermöglichte dramatische Handeln lässt sich seinerseits in die Binnenaspekte der *Intentionalität*, der *Potentialität* und der *Expressivität* gliedern.

Intentionalität des dramatischen Handelns

Grundlegend für ein intentionales Handeln ist die Frage, inwieweit eine dramatische Figur autonom über sich verfügen kann. Da sie nicht nur von individuellen Trieb- und Bedürfnisstrukturen geprägt, sondern auch in transindividuelle

Machtverhältnisse eingebunden ist, bleibt der Radius ihrer Selbstbestimmung notwendigerweise begrenzt. „Solange Dramenfiguren [...] in Spiel und Streit mit anderen Figuren und unter die Einwirkung äußerer Umstände geraten, schrumpft ihre Autonomie zu einer mehr oder minder relativierten Größe" (Greiner et al. 1982, 23). Darüber hinaus hängen die Handlungsoptionen des Einzelnen maßgeblich von seinem Wissensstand ab, auf den schon Aristoteles im Kontext des dramatischen Handelns eingeht. Dabei unterscheidet er zunächst zwischen einem aktionalen Vorgang, der sich „mit Wissen und Einsicht des Handelnden" (Aristoteles 1996, 45; *Poetik*, Kap. 14, 1453b;) vollzieht, und einem, bei dem sich das Verständnis der eigenen Tat erst mit zeitlicher Distanz einstellt. Dieses handlungsrelevante Phänomen der nachträglichen Einsicht kennzeichnet Aristoteles als ἀναγνώρισις (*anagnórisis*): „Die Wiedererkennung ist [...] ein Umschlag von Unkenntnis in Kenntnis, mit der Folge, daß Freundschaft oder Feindschaft eintritt, je nachdem die Beteiligten zu Glück oder Unglück bestimmt sind" (Aristoteles 1996, 35; *Poetik*, Kap. 11, 1452a). Aristoteles empfiehlt ferner, die Anagnorisis mit der περιπέτεια (*peripeteia*), dem plötzlichen Glückswechsel, der primär als „Handlungsumschwung" (Asmuth ⁷2009 [1980], 131) zu verstehen ist, koinzidieren zu lassen. Alternativ kann eine Handlung vollzogen werden, nachdem sich eine Einsicht eingestellt hat, oder sie kann trotz bewusster Planung schließlich unausgeführt bleiben (*Poetik*, Kap. 14, 1454a).

Potentialität des dramatischen Handelns

Trotz oftmals kalkulierter Strategien führen die Handlungsabsichten der Dramenfiguren wiederholt in konfliktträchtige oder sogar aporetische Situationen. Die nur selten erfolgreichen Steuerungsversuche veranschaulichen insbesondere die Ineffektivität intentionalen Handelns und demonstrieren das Scheitern der Handlungsträger. Angesichts der zahlreichen Fehlentscheidungen und Rückschläge ließe sich zugespitzt unterstellen, „das dramatische Geschehen [sei] generell als Hohn auf menschliches Handeln zu verstehen" (Greiner et al. 1982, 32). Demgegenüber wird die Dramenfigur durch übermächtige Instanzen wie das Schicksal oder durch dramaturgische Wendungen wie den Bühnenstreich (*coup de théâtre*) dezidiert zum Handeln herausgefordert. Allerdings kann der plötzliche Umschlag vom Erwarteten zum Unerwarteten auch zu Resignation und Passivität führen. Zwar erscheint es schwierig, einen Modus des „reaktiven Handelns" (Greiner et al. 1982, 39) zu etablieren, jedoch kann die Handlungsverweigerung in ihrer Radikalform zu Lähmung und Stillstand führen (vgl. Samuel Becketts *Warten auf Godot*, 1952, UA 1953).

Expressivität des dramatischen Handelns

Um wahrgenommen zu werden, muss die Dramenfigur ihren Handlungswillen sowohl dem übrigen Dramenpersonal als auch dem Rezipienten kenntlich machen. Das gelingt durch körperliche Bewegungen, durch Gestik und Mimik, die durch die Vorgaben der Regieanweisungen spezifiziert und intensiviert werden können. Dadurch sollen nicht zuletzt konkrete Reaktionen beim Rezipienten hervorgerufen werden (Batteux 1756–1758 [1746], II, 272–284). Erfolgt die vollständige Beschränkung auf die Körpersprache, entsteht die dramatische Handlung aus der Pantomime. Traditionell wird das Handeln jedoch verbalsprachlich aufbereitet: „Bis weit ins 19. Jahrhundert hinein ist es im Drama üblich, daß die Handelnden ihr Tun mit einem Schwall von Worten einleiten, begleiten oder nachträglich kommentieren" (Greiner et al. 1982, 27). Dabei beschränkt sich die Verbalsprache nicht darauf, die Handlungsmodi der Körpersprache lediglich zu unterstützen, sondern tritt selbst als Handlungsmedium in Erscheinung. Durch aktionales bzw. performatives Sprechen wird direkt Handlung vollzogen, wenngleich nicht jede Rede als situationsverändernd zu qualifizieren ist (Pfister ^{9}1997 [1977], 169). In diesem Zusammenhang kann die sprachliche Kommunikation gezielte Reaktionen provozieren, aber auch in tragische oder komische Missverständnisse münden. Das dramatische Handeln bringt somit eine aktional orientierte Intention zum Ausdruck, die von den konkreten szenischen Bedingungen abhängig ist und zugleich auf deren Umgestaltung zielt.

Hannah Speicher
III.1.2 Figur

1 Kategorien der Figurenanalyse

Zur Abgrenzung von ‚Figur' und ‚Person'

In der literatur- und theaterwissenschaftlichen Forschung ist man sich uneinig, wie Menschen im Drama bzw. die von Schauspielerinnen und Schauspielern dargestellten Menschen terminologisch zu fassen sind. Insbesondere konkurriert der Begriff der ‚Person' (nach lat. *persona* = Maske) mit jenem der ‚Figur' (nach lat. *figura* = Gebilde, Gestalt) (Asmuth ⁷2009 [1980], 90). Auf Manfred Pfister geht der Vorschlag zurück, zur Bezeichnung von Menschen im Drama ausschließlich den Begriff der Figur zu verwenden, da dieser die Fiktionalität des Dargestellten hervorhebe und die Gemachtheit der Figuren sowie die Schöpfungsleistung der Autorin oder des Autors betone. Anders als der Begriff ‚Person' verweise ‚Figur' zudem auf die Funktionalität der Kunstpersonen innerhalb der Fiktion eines Werkes und suggeriere keine missverständliche personale Autonomie. Pfister verdeutlicht diese Differenz anhand folgender Analogie: Im realen Leben könne man fragen, wie sich Herr Meier an der Stelle von Herrn Huber verhalten würde, die Frage jedoch, wie Hamlet in der Situation von Othello agieren würde, sei eine „unkontrollierbare[ ] Spekulation" (Pfister ¹¹2001 [1977], 221).

Bernhard Asmuth entgegnet, Pfister argumentiere inkonsequent, weil er die aus dem semantischen Feld des Personalen abgeleiteten Begriffe ‚Personifikation' und ‚Charakterisierung' weiterhin mit Bezug auf Figuren nutze (Asmuth ⁷2009 [1980], 91). Benedikt Jeßing wiederum betont in Übereinstimmung mit Pfister, dass der Begriff ‚Person', obschon er dem Ursprung nach die Theatermaske bezeichne, spätestens seit der Aufklärung mit der Vorstellung von menschlicher Individualität assoziiert werde, weshalb er in präziser Verwendung nur der „Bezeichnung lebender oder historischer, also ‚echter' Menschen" (Jeßing 2015, 32) dienen sollte.

‚Charakter' und ‚Typus'

Ferner wird im Zusammenhang mit der Figur die Unterscheidung zwischen ‚Charakter' und ‚Typus' diskutiert. Beide Begriffe, die unterschiedliche Arten der Figurengestaltung bezeichnen, sind ihren ideengeschichtlichen Bezügen und

Bedeutungsdimensionen nach vielschichtig und erfahren in der Dramentheorie des 18. Jahrhunderts eine einschneidende Umdeutung. In der Antike und insbesondere in Aristoteles' *Poetik* bezieht sich Charakter ausschließlich auf *ethos*, also auf die „dauernde, auch als sanfte Affektstufe begriffene Gemütsverfassung eines Menschen" (Asmuth ⁷2009 [1980], 91). Als Gegenbegriff gilt Aristoteles' *pathos*, womit kurzfristige und heftige Affektausbrüche bezeichnet werden, die bestenfalls durch die Vernunft des Betroffenen reguliert und unterdrückt werden können und sollen. Aristoteles spricht davon, dass eine Person Charakter besitze, wenn, wie er im 13. Kapitel der *Poetik* schreibt, „ihre Worte oder Handlungen bestimmte [tüchtige] Neigungen erkennen lassen" (Aristoteles 2001, 47). Für Aristoteles ist somit nicht der Stand oder das Geschlecht das entscheidende Kriterium für die Relevanz einer Figur, sondern ihre ethische Qualität und deren angemessene ästhetische Darstellung. Da die Antike keinen Begriff für den individuellen, persönlichen Charakter hatte, war auch die Binnendifferenzierung zwischen ‚Typus' und ‚Charakter' nicht nötig bzw. möglich.

Auch in der stoischen und christlichen Ethik wird Charakter noch nicht – wie dem heutigen Verständnis nach – mit Individualität assoziiert, sondern stellt eine ethische Kategorie dar bzw. ist ein Synonym für moralische Integrität (‚ein Mann von Charakter'). Der Charakter einer Figur ist demnach nichts Individuelles, sondern ein bestimmter Verhaltenstypus, der „sich in dem [...] verkörpernden Menschen [...] nur ausspräg[t]" (Asmuth ⁷2009 [1980], 92). Bis in die Aufklärung hinein wird der ‚Charakter' einer Bühnenfigur somit als das begriffen, was die zeitgenössische Forschung als ‚Typus' fasst, nämlich als die Abstraktion von individuellen Eigenschaften (Asmuth ⁷2009 [1980], 92). Beliebte Typen der Theatergeschichte sind der Fremde, ‚der Mohr' oder ‚der Jude', zudem lasterhafte Außenseiter, etwa die Vice-Figur im Theater des Mittelalters und der Renaissance, und der Spaßmacher, also der Hanswurst oder die Narrenfiguren aus den frühneuzeitlichen Fastnachtsspielen (H. Hentschel 1974).

Während Jeßing für das deutschsprachige Theater eine auffällige Häufung von Typenfiguren bis in das 18. Jahrhundert hinein diagnostiziert (Jeßing 2015, 33), finden sich in anderen europäischen Dramenliteraturen, beispielsweise bei Shakespeare und Molière, schon im 16. und 17. Jahrhundert Überschreitungen der typisierenden Figurenzeichnung – zu denken wäre an Molières *Menschenfeind*, der sich vom menschenhassenden Typus zu einer melancholisch-vielschichtigen Figur wandelt, oder an die Shylock-Figur aus Shakespeares *Der Kaufmann von Venedig*, die nur auf den ersten Blick das Stereotyp des gierigen und rachsüchtigen Juden verkörpert (Goerden 1992, 129–130).

Die Tendenz zur Typisierung ist eng mit der Organisationsform der Wanderbühne verbunden, die im deutschsprachigen Raum im 17. Jahrhundert entsteht, bis zur Ablösung durch die Hoftheater Ende des 18. Jahrhunderts die Theaterlandschaft dominiert und deren Ensemble nach Rollenfächern strukturiert ist. Einen diese Organisationsform herausfordernden Grenzfall stellen die Dramen von Gotthold Ephraim Lessing dar: Einerseits konzipiert er das Personal seiner Stücke noch im Hinblick auf die Besetzungsökonomien der Wandertruppen, andererseits differenziert und individualisiert er die Rollen in einem Maße aus, dass die Grenzen der Rollenfächer durch die darstellerische Praxis zwangsläufig überschritten werden musste (Jeßing 2015, 33–34). Diese Transgression ist auf Lessings poetologische Forderung nach gemischten Charakteren zurückzuführen.

Anknüpfend an Denis Diderot (dessen Stück *Le Père de famille* und theoretische Schrift *De la poésie dramatique* Lessing 1760 übersetzt) formuliert Lessing den Anspruch, dass dramatische Figuren den moralischen Antagonismus zwischen Gut und Böse durchbrechen müssten. Auf diese Weise kann sich der Charakter einer Figur über ihre individuellen, persönlichen Eigenschaften definieren und nicht über ihren Stand oder ihre ethische Qualität – der Charakter einer Bühnenfigur ist für Lessing ihr ‚Menschsein'. Er verbindet die Absage an die Ständeklausel, die bestimmte Figuren (Könige, Götter etc.) mit Genres verbunden hatte (der Tragödie), mit der Individualisierung des Dramenpersonals. In seiner Theaterprogrammatik vollzieht sich „die Entdeckung des (bürgerlichen) Menschen, der nicht mehr primär über die Standesordnung definiert wird, sondern dem Innerlichkeit, Charakter, Individualität und [...] eine spezifische, ‚authentische' Körpersprache zugeordnet wird" (Schößler [4]2015, 32). Durch Lessings Poetik werden ‚Typus' und ‚Charakter' in der deutschsprachigen Dramentheorie zu Gegenbegriffen.

Mit der vollen Entfaltung des bürgerlichen Trauerspieles als Genre – mit wichtigen Vorläufern in der ersten Hälfte des 18. Jahrhunderts in Frankreich und England (wie George Lillos *The London Merchant: or, The History of George Barnwell*, UA 1731) – ist eine Individualisierung und Enttypisierung der Figuren zu beobachten, eine Ausdifferenzierung von Innerlichkeit und die Erhöhung der Eigenschaftsdichte der Figuren, die mit widersprüchlichen Haltungen ausgestattet sein können. Dadurch ergibt sich eine stärkere Binnendifferenzierung zwischen Neben- und Hauptfiguren. So hält Gottsched fest: „Dieser giebt es in einem Stücke selten mehr, als drey, oder vier: alle andere sind Nebenpersonen" (zit. n. Asmuth [7]2009 [1980], 93).

2 Der gattungstheoretische Stellenwert der Figur

Betrachtet man die Kategorie der Figur aus gattungstheoretischer Perspektive, so kommt ihr eine herausgehobene Stellung zu, denn sie konstituiert zusammen mit der Handlung das konventionelle Drama als Gattung. Beide Kategorien stehen in einem dialektischen Verhältnis zueinander: Der dramatische Text kann Figuren nur vermittelt durch (wenn auch minimale) (Sprach-)Handlungen entstehen lassen; *vice versa* ist Handlung (altgr. *dráma*) auf Handelnde, auf Figuren angewiesen (Pfister ¹¹2001 [1977], 220). Anders als in der Prosa, die mit der Introspektion arbeiten kann, entsteht die Figur im Drama durch „zwischenmenschliche[ ] Interaktion" (Pfister ¹¹2001 [1977], 223). Für Friedrich Dürrenmatt ist die Theaterfigur lediglich existent als „ein redender Mensch [...] und die Handlung ist dazu da, den Menschen zu einer besonderen Rede zu zwingen" (Dürrenmatt 1955, 26).

Aristoteles grenzt im 1. Buch seiner *Poetik* die Diegesis, d. h. die im Epos erzählte (allenfalls rezitierte) Geschichte, von der (mitunter als oberflächlicher empfundenen) durch Nachahmung dargestellten Handlung des Dramas (Mimesis) ab (Aristoteles 2001, 9). Die normativ-poetologische Bewertung der Mimesis wird jedoch bereits in der Antike kontrovers diskutiert. So stellt für Platon, Aristoteles' Lehrer, die nachahmende Verkörperung von Handlungen und fiktiven Figuren ein „ontologisches und erkenntnistheoretisches Problem" (Balme 1999, 44) dar: Mimesis erzeuge Trugbilder, da nur die Vorstellungen von den Dingen nachgeahmt würden und nicht die Dinge selbst. Platon liefert damit ein wichtiges Argument späterer theaterfeindlicher und zivilisationskritischer Diskurse, die das Schauspiel, insbesondere das weibliche, mit der Lüge assoziieren, wie es z. B. bei Jean-Jacques Rousseau in seinem *Lettre à d'Alembert sur les spectacles* (1758) der Fall ist. Für Aristoteles hingegen ist die Fähigkeit zur Nachahmung nicht nur die grundlegende ästhetische, die Gattung hervorbringende Strategie des Dramas, sondern sogar das Differenzkriterium, das den Menschen vom Tier unterscheidet: Der Mensch ist für ihn dasjenige Lebewesen, das „in besonderem Maße zur Nachahmung befähigt ist und seine ersten Kenntnisse durch Nachahmung erwirbt" (Aristoteles 2001, 11). Die Fähigkeit, nachahmen zu können, hat nach Aristoteles daher emanzipatorisches Potential und dient der Subjektwerdung; diese Position steht jener Platons diametral entgegen.

Zwar liegt für Aristoteles gattungstheoretisch der Schwerpunkt des Dramas auf der Nachahmung von Handlung und von Lebenswirklichkeit, nicht von Menschen (Aristoteles 2001, 21; vgl. dazu Heimböckel ²2011 [2010], 11). Doch die Definition des Dramas als für die Nachahmung bestimmter Text setzt die (potentielle) Verkörperung der dramatischen Figur durch einen Menschen, eine Schauspielerin oder einen Schauspieler und ihre oder seine Sprache, voraus. Das Drama soll daher in Ergänzung zu seinen eingangs dargelegten Gattungsmerkmalen (Handlung und Figur) zusätzlich dadurch definiert werden, dass es sich um einen Text handelt, der für die Aufführung und Verkörperung durch Menschen geschrieben wird. Eine solche, das Besondere der Aufführungssituation im Theater antizipierende, mithin phänomenologische Gattungsbestimmung öffnet den Blick für das Figurale in Theatertexten – gerade auch des 20. Jahrhunderts, d. h. für Theatertexte, die strikt antimimetisch, antidiegetisch oder lyrisch konstruiert sind. Hierunter lassen sich jene ästhetischen Strömungen versammeln, die das Theater als Ritual begreifen, von Georg Fuchs mit seinem Manifest *Die Schaubühne der Zukunft* (1905) über Antonin Artauds Theater bis hin zu den Experimenten der Wiener Aktionisten (Balme 1999, 46). Die jüngere Forschung hat gezeigt, dass eine Relektüre des strikt antifigural erscheinenden sogenannten Diskurstheaters unter Berücksichtigung der Kategorie ‚Figur' zu aufschlussreichen Ergebnissen kommen kann. Betrachtet man beispielsweise die Texte von Elfriede Jelinek oder Arbeiten von René Pollesch aus dieser Perspektive, so zeigt sich, dass gerade jene Texte, die psychologische Figuren radikal negieren, die Anforderungen an das postfordistische Subjekt und gegenwärtige Subjektivierungsprozesse zum Thema machen und Motive sowie Klischees aus dem Figurenarsenal des klassischen Kanons, des Hollywood-Kinos und der Massenmedien abrufen (Kapusta 2011, 8; Pflüger 1996, 31). Natalie Bloch beispielsweise deutet das wiederkehrende Schreien der Spielerinnen und Spieler bei René Pollesch als Widerstand eines „Restsubjekt[s], das vehement versucht, sich in den diskursiven Vorgängigkeiten seiner Lebens- und Arbeitswelt zu orientieren" (Bloch 2004, 69).

Betrachtet man darüber hinaus den Status der Figur im Medienwechsel vom Dramentext zur Theaterbühne genauer, zeigt sich, dass die auf der Bühne präsenten, realen Personen (aber auch Dinge und Räume) immer real und fiktiv zugleich sind, weshalb sie als jene „Kipp-Phänomene" (Stegemann [2]2014, 32) betrachtet werden sollten, die für die theatrale Situation spezifisch sind. Im Hinblick auf die Figur kann also festgehalten werden, dass der Mensch auf der Bühne immer zugleich Teil der durch die Aufführung erzeugten Fiktion wie auch deren Erzeuger ist. Somit ist die Figur auf der Bühne sowohl Teil einer „Kunst der Präsenz" als auch „einer Kunst des Realismus" (Stegemann [2]2014, 32). Im Umkehrschluss heißt das, dass jeder menschliche Körper, der auf der Bühne präsent wird, figurale Anteile besitzt, nie nur reine Präsenz sein kann.

3 Figurenkonzeptionen und Subjektkulturen seit dem 18. Jahrhundert

Manfred Pfister bezeichnet die konventionalisierte Fiktionalisierung eines zu einer bestimmten Zeit vorherrschenden „anthropologischen Modell[s]" als Figurenkonzeption (Pfister [11]2001 [1977], 240). Im ergänzenden Rekurs auf Erika Fischer-Lichtes *Geschichte des Dramas* und ihrer These, dass sich die „Geschichte des europäischen Dramas [...] am angemessensten als Identitätsgeschichte rekonstruieren läßt" (Fischer-Lichte 1990a, I, 4), wird im Folgenden ein schlaglichtartiger Überblick über den historischen Wandel von Figurenkonzeptionen gegeben. Dabei wird davon ausgegangen, dass die künstlerische Ausgestaltung von Figuren stets auch die epochemachenden Menschenbilder, Ich-Ideale und Subjektivierungsmöglichkeiten einer Gesellschaft – also ihre Subjektkultur – verhandelt. Dies kann im Modus der Affirmation, der Idealisierung oder der Subversion geschehen. Der folgenden Darstellung liegen zwei heuristische Einschränkungen zugrunde: (1) Der historische Überblick setzt mit dem 18. Jahrhundert ein, also mit der bürgerlichen Moderne und der Entstehung autonomer Subjektsdiskurse; (2) der Schwerpunkt liegt auf tragischen Genres und auf Texten, die die Grenzen zwischen Tragödie und Komödie überschreiten, der Wandel von komischen Figurenkonzeptionen bleibt mithin ausgespart. Hierfür gibt es mehrere Gründe: Zunächst gilt, dass es für die Komödie keine mit Aristoteles' *Poetik* vergleichbare kanonische Poetologie gibt. Das wiederum hat zu einer größeren Formenvielfalt innerhalb des Genres Komödie geführt (Schneilin ⁴2001, 546), so dass eine historisch-systematische Betrachtung komischer Figuren kaum möglich ist. Gleichzeitig gilt für die Komödie – so jedenfalls sieht es die Forschung –, dass sie stärker als die Tragödie auf die Aufführung (und weniger auf den Text) bezogen ist. Sie weist einen starken Fokus auf den Körper und das Triebhafte der Figuren auf und ist in den Improvisations- und Stegreifspielen (wie der Commedia dell'arte) nicht schriftlich fixiert (Greiner ²2006 [1992], 4). In ihrer Körperbezogenheit verortet die Forschung das subversiv-kritische Potential der Komödie: Im Anschluss an Michail Bachtins Theorie der Karnevalisierung kann für Komödienfiguren die These formuliert werden, dass sie die Grenzen sozialer Ordnungen überschreiten und damit freilegen. Die Komödie ist mithin weniger ein Genre der Identifikation als eines der sozialen und zuweilen metatheatralen Reflexion (Schößler ²2017, 37).

Autonome Subjekte in der bürgerlichen Dramatik des 18. Jahrhunderts

Von der Spätantike an, genau genommen in der Nachfolge des römischen Grammatikers Diomedes (vgl. Asmuth ⁷2009 [1980], 25), wird die Tragödie über den hohen gesellschaftlichen Stand der agierenden Figuren definiert. Mit der Renaissance wird diese – Ständeregel genannte – poetologische Norm „zur grundlegenden Kategorie der Unterscheidung zwischen Tragödie und Komödie" (Heimböckel ²2011 [2010], 16). Bis ins 18. Jahrhundert hinein ist die Ständeregel von zentraler Bedeutung für die Dramenproduktion, da sie – so das zeitgenössische Verständnis – den tragischen Figuren jene Fallhöhe verleiht, die sie tragikwürdig macht. Die tragische Figur bildet daher den Mittelpunkt eines konzentrierten Geschehens. Bei den Tragödien (der Antike, aber auch des 17. und 18. Jahrhunderts) handelt es sich vielfach um geschlossene Dramen, wie sie Volker Klotz in seiner Studie *Geschlossene und offene Form im Drama* (1960) beschrieben hat: Neben der bei Aristoteles angelegten und später durch den französischen Klassizismus radikalisierten Einheit von Raum, Zeit und Handlung zeichnet sich dieser Dramentypus durch eine geringe Personenanzahl und den Anspruch aus, die Welt gemäß dem Prinzip „Ausschnitt als Ganzes" (Klotz [11]1985 [1960], 148) abzubilden. Darüber hinaus sind die Figuren des geschlossenen Dramas häufig an historische oder mythische Vorlagen angelehnt, was sie zusätzlich der Sphäre des Alltäglichen entrückt (Klotz [11]1985 [1960], 59). In der Figurenkonzeption der klassischen Tragödie realisiert sich so die noch in der Frühen Neuzeit dominante Vorstellung von Macht und Repräsentation: „[D]er fallende Herrscher fällt nicht als individuelle Person, für sich"; mit „ihm fallen die Beherrschten, die er repräsentiert" (Klotz [11]1985 [1960], 137).

Der englische Dramatiker George Lillo und der Franzose Denis Diderot heben als Erste die brisante Zuordnung von Gattung und Stand dadurch auf, dass sie bürgerliche Figuren in ihren tragischen Stücken agieren lassen. Lessing entfaltet im Anschluss an die beiden Dramatiker im 14. Stück seiner *Hamburgischen Dramaturgie* den rezeptionsästhetischen Gedanken, dass angesichts eines neuen, bürgerlichen Publikums auch die Figuren auf der Bühne dem bürgerlichen Stand entstammen müssten. Die von ihm geforderten gemischten Helden (vgl. dazu das Unterkapitel zur Abgrenzung von ,Typus' und ,Charakter') sind seiner Auffassung nach eher in der Lage, Mitleid beim Publikum zu erregen. Lessing wendet sich gegen die Ständeregel, wenn er behauptet, dass „[d]as Unglück derjenigen, deren Umstände den unsrigen am nächsten kommen, [...] natürlicherweise am tiefsten in unsere Seele dringen [muß]; und wenn wir mit Königen Mitleiden haben, so haben wir es mit ihnen als mit Menschen, und nicht als mit Königen" (Lessing 1918 [1767–1769], 76). In Lessings erstem bürgerlichen Trauerspiel *Miß Sara Sampson* (1755) finden sich dementsprechend keine Verweise mehr auf den (Berufs-)Stand der Figuren. Die bürgerlichen Trauerspiele verhandeln bürgerliches Selbstbewusstsein im Modus (hoch-)emotionalisierter Sozialbeziehungen im Kontext familialer Konflikte und Werte. In den meisten Fällen ist es das Vater-Tochter-Verhältnis, das die tragische Kollision produziert; die Aporien der bürgerlichen Ordnung, insbesondere der Liebesehe und des Ideologems weiblicher Unschuld treffen in dieser Konstellation besonders konfliktreich aufeinander. Dies zeigt z. B. Friedrich Schillers bürgerliches Trauerspiel *Kabale und Liebe* (1784), in dem Ferdinands ,absolutistischer' Liebesanspruch mit der väterlichen Liebe kollidiert und Luises Tod provoziert. Schiller legt darüber hinaus durch die Verschränkung von ökonomischen Metaphern mit dem Liebesdiskurs den „Zusammenhang von Kapitalakkumulation, Askese, Patriarchat und Unterdrückung von Sinnlichkeit" (Huyssen 1980, 220) offen. Identitätsgeschichtlich realisiert sich in den emotionalisierten Familienbeziehungen der bürgerlichen Trauerspiele somit die „Emanzipation des Ich [...] von den entmenschlichenden Zwängen des höfischen Absolutismus" (Fischer-Lichte 1990a, I, 297) und der Entwurf des „Einzelnen als dramatisch-tragisches Subjekt" (Schößler ⁴2015, 34).

Die Dramatikerinnen und Dramatiker des Sturm und Drang radikalisieren diese Figurenkonzeption in ihren Trauerspielen und streben eine Befreiung des Subjekts von den Zwängen der Ständegesellschaft an. Analog zu ihrer Begeisterung für Shakespeare als großem schöpferischen Genie verfolgen die ‚Stürmer und Dränger' die Idee des ‚genialischen Kraftkerls', abstrakter gesprochen: des autonom handelnden Subjekts. Johann Wolfgang von Goethes *Götz von Berlichingen* (1773, UA 1774) gilt ihnen als Verkörperung des neuen (männlichen) Ich-Ideals „vom [...] ganzen Individuum" (Nägele 1980, 67), das mit Vitalität, Tatendrang und Schöpferkraft ausgestattet ist. Das Stück opponiert zudem gegen die moralische Abwertung von körperlichen Bedürfnissen und Vitalität, die den bürgerlichen Trauerspielen der vorangegangenen Generation noch eingeschrieben war.

Jakob Michael Reinhold Lenz, der in seiner Tragödientheorie in Übereinstimmung mit den Zeitgenossen Goethe und Schiller den großen Charakter ins Zentrum stellt, überschreitet in der flankierenden Komödientheorie das Figurenparadigma der Zeit. Lenz entwirft die Figuren seiner komischen Stücke als von den Verhältnissen determinierte wie in *Der Hofmeister oder Vorteile der Privaterziehung* (1774, UA 1778) und *Die Soldaten* (1776, UA 1863 u. d. T. *Soldatenliebchen*). Diesen Tragikomödien kommt ein besonderer gattungsgeschichtlicher Stellenwert zu, da sie neben einer neuen Figurenkonzeption Merkmale jener Dramenform aufweisen, die Klotz als offene Form bezeichnet und die in Dramen des 19. Jahrhunderts geläufig wird.

Während die Weimarer Klassik die Figuren weiterhin als große Persönlichkeiten entwirft, die, wie Iphigenie auf Tauris, als ‚schöne Seelen' in der Lage sind, gesellschaftliche und familiäre Konflikte durch Kommunikation aufzulösen, demontiert Heinrich von Kleist das Menschenbild der Klassik durch seine rätselhaften Figuren und Helden: Die Handlungsmotive der kleistschen Figuren, beispielsweise in dem letzten Stück *Prinz Friedrich von Homburg* (1809/1810, UA 1821), liegen – anders als jene Iphigenies oder Maria Stuarts – sowohl für die Figuren untereinander als auch für das Publikum im Verborgenen (Fischer-Lichte 1990a, II, 11) bzw. im Unbewussten (Nölle 1997, 133; Politzer 1970).

Determinierte Individuen im Drama des 19. Jahrhunderts

Für das Theater und Drama des 19. Jahrhunderts lässt sich eine Diskrepanz zwischen der ästhetischen Qualität der tatsächlich gespielten Stücke und der Dramenproduktion beobachten. Nach Erika Fischer-Lichte endet die Blütezeit des bürgerlichen Theaters (auch als öffentlich relevanter Institution) mit der Abdankung Goethes als Direktor des Weimarer Theaters 1817. In den darauf folgenden Jahrzehnten vollzieht sich eine „Restauration des Hoftheaters" (Fischer-Lichte 1990a, I, 387), in dem Formen des Unterhaltungstheaters dominieren. In der Dramenliteratur kommt es zwar zu zahlreichen Innovationen, doch viele der heute kanonisierten Stücke wie jene Büchners und Kleists bleiben zunächst ungespielt. Eine Figurenkonzeption, die als paradigmatisch für die avancierte deutschsprachige Dramatik des 19. Jahrhunderts gelten kann, ist die des durch gesellschaftliche Verhältnisse determinierten Individuums. Dieses Konzept ist sowohl eng mit den Auswirkungen der industriellen Revolution verbunden, die in Deutschland im ersten Drittel des 19. Jahrhunderts einsetzt, als auch mit deterministischen naturwissenschaftlichen Theorien wie dem Darwinismus, der Vererbungslehre und der Milieutheorie, die in der zweiten Hälfte des Jahrhunderts wirkmächtig werden.

So aktualisiert Büchner 1836 mit seinem fragmentarischen Soldatendrama *Woyzeck* (UA 1913) das bürgerliche Trauerspiel unter dem Paradigma der Determination. Büchner betont die ökonomische Dimension der gesellschaftlichen Verhältnisse, indem er einen protoproletarischen, nahezu sprachlosen Helden ins Zentrum seines Dramas stellt. Wie die vorangegangenen bürgerlichen Trauerspiele verhandelt das Stück einen familiären (Liebes-)Konflikt und dies, ähnlich wie die Sturm-und-Drang-Dramen, im Modus eines Klassenkonflikts – Woyzeck wird als (Versuchs-)Objekt gesellschaftlicher Eliten wie Medizin und Militär gezeigt. Doch während die Autorinnen und Autoren des späten 18. Jahrhunderts „auf eine radikale Verwirklichung der Autonomie des Individuums zielten, ist für Büchner die bloße Vorstellung sowohl vom Individuum als auch – erst recht – von seiner Autonomie obsolet geworden" (Fischer-Lichte 1990a, II, 80; vgl. auch Glück 1990, 199).

Kann von den determinierten Figuren aus Lenz' Komödien zu jenen Büchners eine Linie gezogen werden, so sind die ungefähr 50 Jahre später schreibenden Naturalisten ihrerseits auf Büchner bezogen. Die naturalistischen Dramen, die ab 1890 gespielt werden, „transformieren die Gattung des Familienstücks zur Milieustudie" (Schößler ⁴2015, 68), wie prototypisch in Gerhart Hauptmanns sozialem Drama *Vor Sonnenaufgang* (1899). Diese Autorengruppe erschließt aus der Perspektive der Milieudetermination und im Anschluss an neue wissenschaftliche Paradigmen völlig neue Sujets für die Bühne: Alkoholismus, Pauperisierung, Aufstiegsträume und Abstiegsängste.

Klotz weist im Zusammenhang mit der Bestimmung der offenen Dramenform darauf hin, dass die Stücke des 19. Jahrhunderts ihre sozialen Inhalte mit einer neuen Ästhetik verbinden: In den sozialen Dramen des 19. Jahrhunderts erscheinen die „körperlich und geistig Hinfälligen" auf der Bühne, jene Menschen, die „nicht im Vollbesitz ihrer Möglichkeiten und Eigenschaften, [...] nur Teile ihrer selbst" sind (Klotz [11]1985 [1960], 138). Aus der Perspektive der geschlossenen Dramenform wirken diese Figuren wie „unfertige Menschen, Personenfragmente" (Klotz [11]1985 [1960], 138). Während im geschlossenen Drama Kohärenz durch ein einheitliches Weltbild hergestellt wird, das auch die Personen umfasst (Klotz spricht von ‚Vertikalbindung'), verknüpfen offene Dramen ihre Figuren horizontal, d. h. durch direkten (körperlichen) Kontakt. Sie verfügen über keinen gemeinsamen Ideenzusammenhang mehr, auf den sie sich rational und sprachlich beziehen könnten (Klotz [11]1985 [1960], 147). Zentral für die Ausgestaltung der Figuren in Sozialdramen sind somit die Körper und die Welt des Sensitiven. Ganz im Sinne einer horizontalen Bindung sind die Figuren mit ihren Gefühlen, Sinneseindrücken und Erregungszuständen der Umwelt unmittelbar ausgeliefert; ihre Umwelten wirken ungefiltert auf sie ein und „bedrängen die Personen" (Klotz [11]1985 [1960], 140). Auch die Randfiguren sind insofern Teil der unmittelbaren Umgebung, als sie nahezu verdinglicht als Kontrast- oder Analogiefiguren zu den Helden fungieren (Klotz [11]1985 [1960], 148).

Abschaffung des Individuums im 20. Jahrhundert

Als übergreifende Tendenz der mitunter stark ausdifferenzierten Figurenkonzeptionen des 20. Jahrhunderts kann die „Abschaffung des Individuums" (Schößler [4]2015, 38) gelten, was nicht ausschließen soll, dass beispielsweise im Boulevardtheater und im Well-Made-Play psychologisierte Figuren auftreten. Ihren radikalen ästhetischen Ausdruck findet die Tendenz der Entindividualisierung zunächst in den avantgardistischen Theatersprachen, die sich in den Jahrzehnten nach 1900 entwickeln. So versuchen die Symbolisten, den Menschen auf der Bühne durch Marionetten und Automaten zu ersetzen. Die Bestrebungen der Individualisierung in der Dramatik des 18. Jahrhunderts kehren sich also um; die Figuren fungieren im Theater der klassischen Avantgarden, so Hans-Peter Bayerdörfer, als „aller Individualität entkleidete [...] Schemen" (Bayerdörfer 1981, 195).

Sowohl das Theater des Absurden (Samuel Beckett, Eugène Ionesco, Jean Genet) mit seinen tragisch-fatalistischen Figurenkonzeptionen als auch das politisch engagierte Theater des vergangenen Jahrhunderts erteilen dem Konzept der individualisiert-psychologischen Figur eine Absage. Im politischen Theater wird das Subjekt in der Regel durch transindividuelle, kollektive Perspektiven und

Fragestellungen ersetzt. Die Ablehnung einer psychologischen, auf Einfühlung basierenden Dramaturgie verbindet sich häufig mit einer Kritik an der Entfremdung und Verdinglichung des Menschen durch die kapitalistischen Verhältnisse.

Während etwa Luigi Pirandello als experimenteller Vorläufer des absurden Theaters in seinem Stück *Sechs Personen suchen einen Autor* (UA 1921) Individualität im Sinne einer ontologischen Unmöglichkeit negiert, geht es Bertolt Brecht darum, die Skepsis gegenüber großen Persönlichkeiten auf der Bühne mit dem Glauben an die grundsätzliche Veränderbarkeit des Menschen zu verbinden. Die brechtschen Figuren sind daher nicht als (Anti-)Helden oder Ideale konzipiert, sondern als „Vorfahr[en]" (Fischer-Lichte 1990a, II, 225), deren Schicksale als veränderbar erscheinen und zu denen das Publikum in ein kritisches Verhältnis treten soll. Brecht entwirft z. B. sein Stück *Baal* (1922, UA 1923) als starke Antithese zu Goethes *Götz von Berlichingen*. Die brechtsche Negation der Identifikation mit dem Bühnengeschehen sorgt ferner mit dafür, dass die Figuren als Träger ökonomischer Charaktermasken (K. Marx 1968 [1867], 16) dargestellt und vom Publikum als Repräsentanten ökonomischer Strukturen erkannt werden sollen. Ein ähnliches wirkungspoetisches Ziel verfolgt Ödön von Horváth, der in der „Gebrauchsanweisung" zu seinem Volksstück *Kasimir und Karoline* (1932) eine Demaskierung des (kleinbürgerlichen) Bewusstseins fordert (Horváth 1970).

Im postdramatischen Theater, das sich seit den 1960er Jahren entwickelt, verbindet sich nicht selten der Zweifel an der Möglichkeit von Individualität mit metatheatralen Elementen oder einer dezidierten Kritik an der Institution Theater, so etwa in Peter Handkes *Publikumsbeschimpfung* (1966). Neben diese Tendenz zur Metaisierung tritt in den 1980er und 1990er Jahren eine Radikalisierung der avantgardistischen Entindividualisierung; Autorinnen und Autoren wie Heiner Müller oder Elfriede Jelinek begründen eine Theatersprache, die unter dem Einfluss dekonstruktivistischer Theorie die individuelle Handlungsfähigkeit dementiert und Subjektivität als Diskurs- bzw. Ideologieeffekt ausstellt (Pflüger 1996, 33).

Gerda Poschmann beschreibt diesen ästhetischen Wandel bereits zwei Jahre vor Hans-Thies Lehmanns Essay *Postdramatisches Theater* (1999) als Umkehrprozess: Die Dramatik der 1980er und 1990er Jahre ersetze die referentielle Funktion der Sprache durch die poetische. Dadurch sei es nicht mehr vorrangige Funktion der Sprache, die Figur, ihre Innerlichkeit oder ihren Charakter hervorzubringen, sondern die Figur habe die Funktion, die Materialität der Sprache zutage treten zu lassen. Poschmann prägt für diese Figuren die Begriffe ‚Textträger' und ‚Funktionsträger' (G. Poschmann 1997, 305–310). Auch wenn postdramatische Theaterformen die personale Einheit der Figur destruieren, kann es gleichwohl produktiv sein, an der Analysekategorie der Figur festzuhalten. So bezeichnet Maja Sibylle Pflüger die stark fragmentarisierten Figuren Elfriede Jelineks im Anschluss an

Christa Gürtler als „prototypische Kunstfiguren" (Pflüger 1996, 31; vgl. Gürtler 1987, 55): Sie seien zwar radikal von den Körpern der Schauspielerinnen und Schauspieler getrennt, konstituieren sich jedoch als intertextuelle Hybride, dezentrierte Subjekte und plurale Identitäten durch die Rede der Sprecherinnen und Sprecher, also im Dialog (Pflüger 1996, 32).

Subjektorientierte Dramatik der Jahrtausendwende

Zur gleichen Zeit, in der der literatur- und theaterwissenschaftliche Diskurs die radikale Marginalisierung der Figur und des Subjekts im Theater der Gegenwart diagnostiziert (G. Poschmann 1997; H.-T. Lehmann 1999), also in der zweiten Hälfte der 1990 Jahre, entsteht eine neue Dramatik, die sich den traditionellen dramatischen Kategorien von Figur und Handlung wieder stärker verschreibt. Mehrere literatur- und theaterwissenschaftliche Studien haben die Renaissance einer subjektorientierten Dramatik in den 1990er Jahren in den Blick genommen und wenden sich gegen die postdramatische Überzeugung, die Figur auf der Bühne sei historisch wie ästhetisch überholt. Nikolaus Frei z. B. setzt sich in seiner Studie *Die Rückkehr der Helden. Deutsches Drama der Jahrhundertwende (1994–2001)* mit dem Begriff des ‚Helden' auseinander, der spätestens durch den Nationalsozialismus problematisch geworden ist, und kann plausibel machen, dass der charakterlich durchschnittliche, selbstreflexive und in eine tragische Konstellation verstrickte Held zum neuen Prototypen des Gegenwartstheaters wird (Frei 2006, 11). Dabei sei das Tragische dieser Helden prägnant, deren Geschichten sich „als kontinuierlicher Niedergang hin zu einer finalen Auflösung in Tod, Verlorenheit oder doch wenigstens totaler Metamorphose des Ichs" (Frei 2006, 210) entfalten.

Auf inhaltlicher Ebene fällt für das Theater ab Ende der 1990er Jahre eine Häufung von Protagonistinnen und Protagonisten auf, die zu den ökonomischen Funktionseliten (Manager und Börsianer) gezählt werden können. Die Auseinandersetzung mit den Identitätskonstruktionen der sogenannten *Top Dogs* – so der Titel von Urs Widmers inzwischen kanonischem Wirtschaftsdrama aus dem Jahr 1996 – steht in engem Zusammenhang mit dem großen Interesse der Gegenwartsdramatik an den Themen Arbeit und Familie (Bähr 2012; Schößler 2004).

Birgit Haas entwickelt in ihrem *Plädoyer für ein dramatisches Drama* eine generationale und ästhetische Kategorisierung für die neuen Formen subjektorientierter Dramatik (B. Haas 2007, 180). In ihrer Dissertation *Personentransformation. Zur Konstruktion und Dekonstruktion der Person im deutschen Theater der Jahrtausendwende* stellt Danijela Kapusta in Erweiterung zu Haas schließlich die These auf, dass die Mehrheit der deutschsprachigen Dramatik, die ab den 1990er Jahren geschrieben wurde, im Zeichen eines neuen (oder durchgehend aktuellen?) figuralen Theaters stehe und lediglich „eine kleinere Gruppe der AutorInnen wie René Pollesch oder Kathrin Röggla die Tradition des antifiguralen Theaters fortführen" (Kapusta 2011, 16).

Bei aller Evidenz dieser Ansätze gilt jedoch für das Gros der Theatertexte seit den 1990er Jahren, dass sie unterschiedliche ästhetische Strategien und Verfahren der Figurenkonzeption kombinieren bzw. kritisch nutzen und daraus ihre ästhetische Qualität beziehen. Eine Opposition zwischen antifiguralen postdramatischen Verfahren auf der einen Seite und figuralem Gegenwartstheater auf der anderen ist nicht haltbar; die deutschsprachige subjektorientierte Gegenwartsdramatik ist ohne ihr antifigurales postdramatisches Pendant nicht denk- und analysierbar (Kapusta 2011, 177).

Martin Schneider
III.1.3 Dialog und andere sprachliche Formen

1 Form

Dramatische Sprache als Kommunikation

Die theoretische Beschäftigung mit den Formen dramatischer Sprache hat im Lauf des 20. Jahrhunderts einen grundlegenden Wandel erfahren, dessen Folgen noch in der Gegenwart zu spüren sind. Mit dem Aufkommen des Strukturalismus hat die Linguistik andere Disziplinen wie die Rhetorik und die Philosophie als Leitwissenschaft zur Beantwortung literarischer Formfragen abgelöst. Manfred Pfister spricht in seiner 1977 erstmals erschienenen und bis heute einflussreichen Studie *Das Drama* von einem „überhistorisch-systematischen Ansatz", den es bei der Analyse dramatischer Sprache zu verfolgen gelte (Pfister ¹¹2001 [1977], 196). Dieser Ansatz erlaubt es, die in Dramen und Aufführungen zu beobachtenden sprachlichen Phänomene, unabhängig von Genre und Epoche, als ‚Zeichensystem' und als ‚Kommunikationssystem' zu untersuchen. Während semiotische Studien sprachgebundene Äußerungsformen als ein Zeichensystem unter anderen (etwa Mimik, Musik oder Kostüm) beschreiben (Fischer-Lichte 1983, 31–36), konzentriert sich die Erforschung kommunikativer Aspekte auf die Rede der Figuren bzw. der Schauspielerinnen und Schauspieler. Auch wenn zu bedenken ist, dass Kommunikation im Theater durchaus mit Hilfe nonverbaler Codes angeregt und vermittelt werden kann (Roselt 2005a, 71–72), wird der folgende Überblick einen engeren Fokus wählen und sich auf die Formen von Figurenrede in Dramentexten und damit auf den sogenannten ‚Haupttext' konzentrieren (Pfister ¹¹2001 [1977], 35–36; Ingarden ⁴1972 [1931], 220–222). Dennoch darf hierbei nicht außer Acht gelassen werden, dass die für das Theater konstitutive Unterscheidung von internem und externem Kommunikationssystem auch in Dramentexten mitzudenken ist. Was die Figuren untereinander besprechen, soll von einem dritten Akteur, der Zuschauerin bzw. dem Zuschauer, ‚mitgehört' werden – ein Phänomen, das die Erforschung dramatischer und theatraler Sprache erheblich verkompliziert (Pfister ¹¹2001 [1977], 149; Roelcke 1994, 35–50; Kiel 1992, 12–20; Fischer-Lichte 1983, 33; Mukařovský 1967 [1948], 151).

Formen der Figurenrede

Nach Manfred Pfister (¹¹2001 [1977], 180–181) richtet sich die Definition dramatischer Redeformen nach einem *situativen* und einem *strukturellen* Kriterium: Das erste ist nach der Zahl der anwesenden Figuren bestimmt, das zweite erlaubt, die Figurenrede nach quantitativen und temporalen Parametern zu unterscheiden. Dem situativen Kriterium zufolge liegt ein Monolog (engl. *soliloquy*) vor, wenn eine Sprecherin oder ein Sprecher allein ist oder sich allein wähnt bzw. die Rede an kein Gegenüber richtet, ein Dialog oder Duolog, wenn zwei Figuren miteinander reden und ein Polylog, wenn mehr als zwei Figuren das Gespräch führen. Dies ergibt ein binäres Klassifikationsschema, bei dem sich immer eindeutig mit ‚Ja' oder ‚Nein' beantworten lässt, ob ein Monolog, Dialog oder Polylog vorliegt. Das strukturelle Kriterium dagegen ermöglicht eine Skalierung der Redeformen, die als ‚mehr' oder ‚weniger' monologhaft bzw. dialoghaft beschrieben werden. Somit kann eine situativ als Monolog definierte Rede dialogisch strukturiert sein, umgekehrt kann ein situativer Dialog monologische Züge aufweisen (Pfister ¹¹2001 [1977], 181–195; Mukařovský 1967 [1948], 137–149). In struktureller Hinsicht von Interesse ist die Häufigkeit der semantischen Wechsel und der gegensätzlichen Standpunkte innerhalb einer Rede (Pfister ¹¹2001 [1977], 182; Mukařovský 1967 [1948], 115–117), aber auch quantitative und temporale Relationen zwischen Repliken: die Unterbrechungsfrequenz, die Replikenlänge, die Distribution von Redeanteilen auf verschiedene Figuren, der Grad der Abweichung von der linearen Sukzession der Repliken durch ihre teilweise oder sogar vollständige zeitliche Überlagerung (Pfister ¹¹2001 [1977], 196–204).

Die Literaturwissenschaft hat verschiedene Typen von Monologen und Dialogen anhand ihrer dramaturgischen Funktion klassifiziert. Diese Typen treten jedoch nur selten in Reinform auf, meist sind in Dramen Misch- und Übergangsformen anzutreffen (Mukařovský 1967 [1948], 126–128). Wie Klaus Leo Berghahn betont hat, ist eine solche Typologie für die Dramenanalyse nur dann fruchtbar, wenn sie auch die jeweilige formelle Eigenheit der Repliken bzw. Replikengruppen herausarbeitet. So bilden in Friedrich Schillers Dramen die Verhöre einen eigenen Dialogtypus, der für die Ästhetik dieser Werke ebenso wichtig sei wie Berichtdialoge, Überredungsdialoge oder Streitdialoge (Berghahn 1970, 19–124). Eine andere, an der Dialoggrammatik orientierte Differenzierung hat Jürgen Kamm (1996, 219–225) vorgeschlagen. Jede Replik eröffne, einem Schachspiel ähnlich, dem Gegenüber verschiedene Zugmöglichkeiten, deren Auswahl und Anwendung wiederum der ersten Sprecherin oder dem ersten Sprecher neue Zugmöglichkeiten böten. Hieraus entstünden komplementäre, koordinative und kompetitive ‚Dialogspiele', die jeweils kognitiv, praktisch oder emotiv ausgerichtet seien. In diesem Koordinatensystem fungiert das Verhör als kompetitiv-kognitive Variante, während die Kombination von Kompetition und Praxis ein ‚Durchsetzungsspiel' bildet. Die so definierten Typen sind Kamm zufolge historisch je unterschiedlich realisiert, als Beispiel untersucht er das heroische Drama der englischen Restaurationszeit (Kamm 1996, 231–440). Angesichts der zahlreichen Studien insbesondere zum dramatischen Dialog ist auffällig, dass der Polylog nur vereinzelt in Überblicksdarstellungen Erwähnung findet (Ubersfeld 1996, 35–42). Wie genau sich Gespräche in Dramen gestalten, in denen drei oder mehr Figuren in Kommunikation treten – sei es, dass sie verfeindete Parteien bilden, sei es, dass sie chaotisch durcheinander sprechen – , ist unerforscht. Eine Ausnahme bildet eine prominente Sonderform des Mehrgesprächs: das chorische Sprechen, dessen Bedeutung in jüngster Zeit wiederholt in den Fokus der Literatur- und Theaterwissenschaft gerückt ist (Kuberg 2015; J.-M. Lee 2013; Enzelberger et al. 2012; Kurzenberger 2009; B. Menke 2007; Janning 2005; Baur 1999).

Die Konzentration auf Dialog, Monolog und Chor hat dazu geführt, Phänomene der Unterbrechung dramatischer Kommunikation als Sonderfälle anzuführen. Wichtige Techniken wie das Beiseitesprechen sind bisher nicht in breit angelegten Studien erforscht worden, wohl auch, weil dieses in der Grauzone von Bühne und Zuschauerraum, von Monolog und Dialog angesiedelt und damit nicht eindeutig zu systematisieren ist (Pfister [11]2001 [1977], 192–195). Aber auch zu den im modernen Drama häufig auftretenden Redeabbrüchen und Interjektionen finden sich, wenn überhaupt, dann nur vereinzelte Aufsätze (Schneider-Mizony 2004). Einzig das Schweigen von Figuren im Dramentext hat in der kulturwissenschaftlich ausgerichteten Forschung erhöhte Aufmerksamkeit erfahren.

Dialogizität

Die neue Formsprache des als ‚postdramatisch' bezeichneten Theaters seit den 1960er Jahren (H-.T. Lehmann [6]2015 [1999]) hat dazu geführt, herkömmliche Ordnungen von Repliken wie Monolog und Dialog grundsätzlich in Frage zu stellen. So konnte Gerda Poschmann anhand von Theatertexten des Zeitraums zwischen 1985 und 1995 zeigen, dass deren Sprache sich nicht mehr in ‚Figurenrede' und ‚Handlungscharakter' erschöpfe, sondern eine „eigenständige poetische Textschicht" etabliere (G. Poschmann 1997, 323), die Schauspielerin bzw. der Schauspieler also kein „Menschendarsteller", sondern „Textträger" sein solle (G. Poschmann 1997, 345). Bereits Maja Sibylle Pflüger hatte in einer kurz zuvor erschienenen Studie deutlich gemacht, dass in der Theaterästhetik Elfriede Jelineks die Sprecherinstanz, die die Voraussetzung für Kommunikation sei, aufgehoben und die dramatische Rede von den Figuren getrennt werde (Pflüger 1996, 21–34). Diese seien bei Jelinek keine Charaktere mehr, sondern Typen ohne Individualität; in der Folge zerfalle der Dialog „in beziehungslose Repliken", die „einander ablösen, ohne aufeinander Bezug zu nehmen" (Pflüger 1996, 23). Daraus ergebe sich eine Verlagerung des Dialogs von der Stimme in die Schrift. In Jelineks Dramen, so Pflüger, interferieren Textfragmente mit anderen Textfragmenten, was sie in Anlehnung an Arbeiten von Renate Lachmann (1982) und Michail Bachtin (1979) als ‚Dialogizität' bezeichnet (Pflüger 1996, 50–57). Diese Einsichten hat Hans-Thies Lehmann auf das postdramatische Theater als Ganzes übertragen, sich dabei aber stärker als Poschmann vom Konzept des Dramas distanziert und anders als Pflüger auf den Begriff ‚Polylogizität' zurückgegriffen (H.-T. Lehmann ⁶2015 [1999], 46). Die Auflösung der Sprecherinstanz deutet Lehmann als Abkehr vom Logozentrismus; mehrere „Sende-Instanzen" stünden sich auf der Bühne gleichberechtigt gegenüber und führten zu „neuen Wahrnehmungsweisen" (H.-T. Lehmann ⁶2015 [1999], 47).

2 Funktion

Normative Ansätze

Handlung, Figur und Sprache bilden bereits in der *Poetik* des Aristoteles die Kernelemente der Dramentheorie. Noch neuere und neueste Darstellungen folgen dieser Einteilung (Kretz 2012; Pfister ¹¹2001 [1977], Kap. 4.3., 4.4.; Kafitz 1982, 12–20). Sie wirft allerdings die grundlegende Frage auf, wie das Verhältnis der Sprache zu Handlung und Figur zu verstehen ist. Fungiert sie als bloßes Mittel zu deren Darstellung oder ist sie selbst formgebend (Lukács 1981 [1911], 37; Berghahn 1970, 15)? Bei Aristoteles ist die Sprache (*lexis*) der Handlung (*mythos*) und dem Charakter (*ethos*) explizit nachgeordnet (Aristoteles 1994, 19).

Ebenso wegweisend ist die Tatsache, dass Aristoteles keine Differenzierung der Redeformen vornimmt. Noch in den wesentlich an der *Poetik* orientierten Dramentheorien des 18. Jahrhunderts liegt das Augenmerk auf der Darstellung der Handlung, der Charaktere und der Affekte. Theoretiker wie Johann Christoph Gottsched und Gotthold Ephraim Lessing beschäftigen sich nicht mit dem Dialog. Das ändert sich auf einschneidende Weise zu Beginn des 19. Jahrhunderts. In seinen Wiener *Vorlesungen über dramatische Kunst und Literatur* definiert August Wilhelm Schlegel die „äußere Grundlage der Form" des Dramatischen als „dialogisch" (Schlegel 2018 [1809–1811], 19); nur wenige Jahre später wird Georg Wilhelm Friedrich Hegel es ihm in seinen *Vorlesungen über die Ästhetik* gleichtun (Hegel 1986 [1835–1838], 493). Dieses Diktum war für die im 19. Jahrhundert sich herausbildende Germanistik und auch noch für die Gattungstheorien des

20. Jahrhunderts bestimmend (Szondi ⁵1965 [1956], 14–19; Hamburger ²1968 [1957], 158; Berghahn 1970, 1; Lukács 1982 [1911], 38). Damit erhielt der Monolog einen problematischen Status; in der Dramentheorie löst er deshalb meist „Unbehagen" (Matt 1976, 71) aus. Da er oft das vorangegangene Geschehen aus der Perspektive einer Figur reflektiert und damit die Ereignisse zum Stillstand kommen, widerspricht der Monolog der mit der Vorrangstellung des Dialogs verbundenen Norm, dramatische Sprache müsse die Handlung vorantreiben. Zudem sah sich der Monolog bereits in der Aufklärung dem Vorwurf der Unwahrscheinlichkeit ausgesetzt: „Kluge Leute aber pflegen nicht laut zu reden, wenn sie allein sind" (Gottsched 1973 [1736], 353). Dennoch räumen an Dialog und Handlung orientierte Theoretikerinnen und Theoretiker dem Monolog ein dramaturgisches Recht ein. Gewisse Informationen, die im Zwiegespräch nicht vermittelt werden könnten, müssten dem Monolog vorbehalten bleiben (Freytag 1887 [1863], 192–194). Dieser hat sich damit selbst in normativen Ästhetiken als ‚notwendige Konvention' behaupten können (Pfister ¹¹2001 [1977], 185–188; Meltzer 1974, 16–17).

Historische Ansätze

In der Literaturwissenschaft finden sich zahlreiche Versuche, über die Analyse der Dialog- und Monologstrukturen eines historisch verorteten Genres oder Autorenwerkes zu dessen spezifischer Ästhetik vorzudringen. Dem liegt die Annahme zugrunde, dass die sprachliche Form in Dramen nicht nur Mittel zum Zweck ist, sondern dessen ästhetische Wirkung wesentlich gestaltet, ja sogar determiniert. Die in diesem Zusammenhang relevanten Einzelstudien weisen keinen Epochenschwerpunkt auf, sondern befassen sich mit dem historischen Korpus vom Spätmittelalter bis in die Gegenwart. Als Beispiel zu nennen sind Untersuchungen zu den englischen Wakefield-Spielen (D. Schmidt 1980), zu den Werken von Shakespeare (Clemen 1985), Jean Baptiste Racine (Coenen 1961), Molière (Conesa 1983), Luigi Pirandello (Behme 1974), Frank Wedekind (Kuhn 1981), Anton Tschechow (Scheibitz 1972), Harold Pinter (Müller-Zannoth 1977) und Elfriede Jelinek (Pflüger 1996).

Prominent ist in der Forschung zudem die Idee, dass mit dem Wandel dramatischer Gattungen bzw. mit dem Aufkommen neuer Ästhetiken ein Wandel der sprachlichen Form einhergehe. Die bereits von Georg Lukács zu Beginn des 20. Jahrhunderts angedachte (Lukács 1981 [1911], 131) und dann durch Peter Szondis Studie *Theorie des modernen Dramas 1880–1950* prominent gewordene These, dass das auf der „Alleinherrschaft des Dialogs" (Szondi ⁵1965 [1956], 15) gründende Theater der Neuzeit gegen Ende des 19. Jahrhunderts in eine Krise gerate und damit der Dialog gegenüber anderen Formen wie dem Monolog an

Gewicht verliere, wurde in verschiedenen Studien – auf andere Epochen und Ästhetiken angewandt – wieder aufgegriffen. Zu denken ist hier in erster Linie an Andrzej Wirths Versuch, die von Bertolt Brecht angestoßene Auflösung dialogischer Strukturen als verbindendes ästhetisches Merkmal der Werke so unterschiedlicher Epigonen wie Heiner Müller, Peter Handke und Robert Wilson zu kennzeichnen (Wirth 1980), aber auch an Hans-Peter Bayerdörfers Studie zum Dialog im Schauspieltheater der Moderne (Bayerdörfer 1995). Noch Hans-Thies Lehmanns Beschreibung des postdramatischen Theaters kommt nicht ohne die These aus, dass herkömmliche Dialogstrukturen durch andere, innovative Redeweisen ersetzt würden (H.-T. Lehmann ^{6}2015 [1999], 46–47). All diesen Ablösungsdiskursen ist eine Aufwertung monologischer Redeformen gemeinsam. Auch wenn diese Peter von Matt (1976, 74–75) zufolge bereits im Sturm und Drang zu beobachten ist, hat sich die Forschung meist auf die Zeit um 1900 fokussiert. Ausschlaggebend ist hier die Annahme einer veränderten Konstitution bürgerlicher Subjektivität, die sich nun nicht mehr von Handlungsentscheidungen autonomer Individuen herleite, sondern mit Phänomenen wie Verinnerlichung, Psychologisierung und Sprachlosigkeit zu tun habe (Szondi ^{5}1965 [1956], 74; Klotz ^{4}1969 [1960], 181). Ein ähnlicher Verfall dialogischer Redeformen wurde aber auch in Bezug auf das nachbrechtsche Theater (Wirth 1980, 18) und das Gegenwartstheater (Pflüger 1996, 27–29) konstatiert.

Handlung und Konflikt

In seiner 1774 erschienenen Schrift *Über Handlung, Gespräch und Erzählung* weist Johann Jakob Engel darauf hin, dass jedes Gespräch auf Veränderung ziele und damit die Handlung vorantreibe (J. Engel 1964 [1774], 205–207). Diese spätaufklärerische Beobachtung wird in normativen Dramenästhetiken insofern zugespitzt, als der Vorrang des Dialogs mit dem Vorrang von Handlung und Konflikt einhergeht. Die „Vorstellung einer Handlung durch Gespräche ohne alle Erzählung", „diese lebendige Bewegung in dem Gedankengange, diese Spannung auf den Ausgang" bilden für Schlegel „das Dramatische" (Schlegel 2018 [1809–1811], 19–20). Auch für Hegel steht fest, dass die Charaktere nur im Dialog „in Kampf geraten und damit die Handlung in wirklicher Bewegung vorwärtsbringen" können (Hegel 1986 [1835–1838], 493). Gustav Freytag übernimmt diese Theorie in seine *Technik des Dramas* (Freytag 1887 [1863], 195); bis in die erste Hälfte des 20. Jahrhunderts war sie unhinterfragte Prämisse der meisten germanistischen Untersuchungen (z. B. Schuchmann 1927, 32–47). Aber auch in systematisch angelegten Studien wie Volker Klotz' *Geschlossene und offene Form im Drama* ist die „straffe, gerichtete Zielbewegung des dialogisch Verhandelten", der „Finalduktus der Handlung", Teil der Dramentheorie, wird nun allerdings auf den ‚geschlossenen' Dramentypus beschränkt (Klotz ⁴1969 [1960], 75). Auffällig ist, dass die für die ältere Forschung zentrale Orientierung an der Handlungslogik der hegelschen Dialektik bisher nicht durch ein neues Konfliktmodell ergänzt wurde. Zu fragen wäre, welche verschiedenen Möglichkeiten der Konfliktaustragung mit bestimmten dramatischen Redeformen einhergehen und welche historischen Besonderheiten hier zu berücksichtigen sind. Nur ansatzweise wurde bislang über ein Modell der Polyphonie nachgedacht, das dramatischen Dialogen zugrunde liegen könnte (G. Bauer 1969, 71–74), über Techniken der Konkurrenz- und Hierarchiebildung (Pérennec 2004) oder über die Entstehung und Verarbeitung aggressiver Affekte in dramatischen Konflikten (Ubersfeld 1996, 29–32, 111–113). Es scheint, als würde die Abkehr von der normativen Verknüpfung von Dialog und Handlung dazu verleiten, den Handlungs- und Konfliktcharakter von dramatischer Rede in Frage zu stellen – wenn dieser nicht in Bezug auf das Gegenwartstheater sogar ganz geleugnet wird (Pflüger 1996, 23).

Einen anderen Weg gehen Studien, die sich dem Zusammenhang von Figurenrede und Handlung über die Pragmalinguistik und die Sprechakttheorie zu nähern versuchen. Dramatische Sprache gilt als immer schon in Handlungssituationen eingebunden oder bringt diese erst hervor (Herman 1995, 164–244; Pfister 1985). Es geht also nicht um das Hervortreiben der Handlung durch die dialektische Struktur von Rede und Gegenrede, sondern um „lexis as praxis" (Herman 1995, 198). In diesem Forschungsfeld ist gefordert worden, dass eine auf das Drama angewandte Sprechakttheorie um das Modell der dialogischen Kommunikation erweitert werden müsse (Kamm 1996, 205–215).

Die in der Dramentheorie häufig konstatierte ‚notwendige Konvention' des Monologs hat dazu geführt, verschiedene dramaturgische Funktionen zu benennen, für die der Einsatz eines Monologes unverzichtbar scheint. Dieser kann etwa an den Anfang eines Dramas gesetzt werden und der Exposition der Handlung dienen; er kann auch Figuren und Ereignisse ankündigen, Dialogszenen dramaturgisch verknüpfen oder zusammenfassen (Meltzer 1974, 148–170; Freytag 1887 [1863], 192–194). Unterschieden wird dabei grundsätzlich zwischen aktionalen und nicht-aktionalen Monologen, je nachdem ob diese durch Entscheidungen die Handlung befördern oder durch Zaudern verzögern (Pfister ¹¹2001 [1977], 190–191; Klotz ⁴1969 [1960], 178–181).

Sprachimmanente Funktionen

Die an der strukturalistischen Linguistik orientierte Forschung hat ein Modell erarbeitet, das die Funktionen dramatischer Redeformen nicht von externen Motivationen wie der Handlung oder der Figurendarstellung herleitet, sondern von den Informationspotentialen, die in sprachlicher Kommunikation immer schon gegeben sind. So unterscheidet Manfred Pfister mit Roman Jakobson sechs Funktionen, wobei jede von ihnen einer bestimmten Position im Kommunikationsmodell zugeteilt wird. Die referentielle Funktion zielt auf den Inhalt, die expressive auf den Sender, die appellative auf den Empfänger, die phatische auf den Kanal, die metasprachliche auf den Code und die poetische auf die Nachricht selbst (Pfister [11]2001 [1977], 151–168). An anderen Theorien ausgerichtete Funktionsbeschreibungen überschneiden sich teilweise mit diesem Modell, etwa die auf Karl Bühler zurückgehende Unterscheidung von Ausdrucks-, Appell- und Darstellungsfunktion (Fischer-Lichte 1983, 33–34) oder vergleichbare, von der Pragmalinguistik abgeleitete Sprachfunktionen (Hauenherm 2002; Kiel 1992, 35–132; Zimmer 1982).

Dabei wird deutlich, dass eine der traditionell wichtigsten Funktionen dramatischer Rede, die Erzeugung von Affekten, in Pfisters Systematik keinen Platz mehr hat. In seiner Beschreibung der ‚expressiven Funktion' charakterisiert sich eine Figur lediglich durch „die Wahl ihrer Redegegenstände" und durch „ihr sprachliches Verhalten", wozu in erster Linie „die Darstellung eines Sachverhaltes" und die „Überredung des Dialogpartners" gehören (Pfister [11]2001 [1977], 156). Um die affektive Wirkung von Sprache in den Blick zu bekommen, sieht sich Pfister genötigt, über die strukturalistische Theoriebildung hinauszugehen und „das Beschreibungsrepertoire der Rhetorik" heranzuziehen. In diesem Zusammenhang hebt er die „Pathos-Strategie" hervor, die als „im klassischen Drama [...] dominante Redestrategie" auf die „Erregung der Affekte des Hörers" und das „Aufwühlen heftiger Emotionen" ziele (Pfister [11]2001 [1977], 214–215). Bekanntlich verweist schon Aristoteles auf seine *Rhetorik*, als er in der Tragödientheorie der *Poetik* nicht nur das „Beweisen und Widerlegen", sondern auch „das Hervorrufen von Erregungszuständen, wie von Jammer oder Schaudern oder Zorn" als wesentliche Funktionen dramatischer Rede anführt (Aristoteles 1994, 61). Die Frage ist allerdings, ob die Rhetorik ein Analyseinstrument ist, das der historischen Variabilität des Konnexes von Sprache und Affekt gerecht werden kann. Das semiotische Modell Erika Fischer-Lichtes böte hier den Vorzug, dass es den „linguistischen Zeichen auf dem Theater" die Möglichkeit zuspricht, eine Funktion auszuüben „wie in der Kultur allgemein" – was „Gemütsverfassung, Gefühle, Wünsche" ausdrücklich einschließt (Fischer-Lichte 1983, 33–34). Hieran ließen sich Studien über die anthropologischen und diskursiven Grundlagen der Affektgebundenheit dramatischer Rede in unterschiedlichen Epochen anschließen. Da sich bisherige Arbeiten meist auf die Körpersprache der Schauspielerinnen und Schauspieler konzentrieren (Košenina 1995), bleibt die kulturwissenschaftliche Untersuchung der emotiven Ausdrucksfunktion genuin verbaler Codes immer noch ein Desiderat.

Der strukturalistische Ansatz erscheint hingegen heuristisch fruchtbarer im Hinblick auf die Funktion der Informationsvergabe. Sie ist auch deshalb von zentraler Bedeutung, weil die Sprache im Drama die Möglichkeit bietet, andere Zeichensysteme zu substituieren (Fischer-Lichte 1983, 34–35), etwa durch Raumbeschreibungen der Wortkulisse oder der Teichoskopie. Der von Pfister beschriebenen ‚referentiellen Funktion' eignet dabei ein narratives Element, nicht selten werden Informationen im Drama in der Form eines (Boten-)Berichts mitgeteilt. Vermittelt werden dabei – im internen wie im externen Kommunikationssystem – Charakterisierungen von Figuren ebenso wie die Reflexion und Kommentierung vergangener Ereignisse, die Diskussion von Sachverhalten oder Raumbeschreibungen (G. Bauer 1969, 162–210; Meltzer 1974, 148–170; Pfister [11]2001 [1977], 153–156, 251–257, 351–353).

Auf die Herstellung, Beschreibung und Regulierung von Beziehungen zielen dagegen die ‚phatische' und die ‚appellative Funktion'. Die Untersuchung insbesondere von Dialogen hat immer auch zu berücksichtigen, dass diese nicht nur Sprecherinnen und Sprecher, sondern auch Zuhörerinnen und Zuhörer benötigen, bzw. dramatische Rede wie andere Redeformen auch das Hören zur Voraussetzung hat (Roselt 2005a, 71). In der ‚appellativen Funktion' steht die Ausbildung von Einflussnahmen, Hierarchien und Abhängigkeiten im Vordergrund. Sie ist an eine dialogische Sprechsituation gebunden und betrifft vornehmlich das interne Kommunikationssystem. Eine Figur versucht die andere zu überzeugen, umzustimmen oder erteilt ihr Befehle (Pfister [11]2001 [1977], 158–161). Auch können Dialoge den Grad an Nähe bzw. Distanz zwischen den Sprecherinnen und Sprechern deutlich werden lassen (G. Bauer 1969, 30–44; Kennedy 1983, 21–22). Sowohl auf das interne als auch auf das externe Kommunikationssystem anwendbar ist demgegenüber die ‚phatische Funktion', die der Konstitution und Aufrechterhaltung des Kontakts zwischen Sprecherinnen und Sprechern auf der einen Seite sowie Hörerinnen und Hörern auf der anderen Seite dient. Die Zuschauenden bzw. Zuhörenden eines Theaterstücks müssen durch akustische, visuelle und inhaltliche Dispositionen der Aufführung erst in „psychische Kommunikationsbereitschaft" (Pfister [11]2001 [1977], 161) versetzt werden. Aber auch im internen Kommunikationssystem spielt die Qualität des sprachlichen Kontaktes eine zentrale Rolle. Zu beobachten ist hier, dass sich die Forschung meist auf die Untersuchung gestörter Kommunikationsmuster in Dramen konzentriert. Diese lassen sich bereits in den Werken Jakob Michael Reinhold Lenz' und Georg Büchners beobachten, vor allem aber in um 1900 entstandenen Bühnentexten. Peter Szondi zufolge ist selbst das vorwiegend dialogisch gebaute Drama dieses Zeitraums vom „Auseinandersein" von „Subjekt und Objekt" gekennzeichnet: Sprecherinnen und Sprecher und Hörerinnen und Hörer finden, obwohl sie in sprachlichem Kontakt stehen, nicht mehr zueinander (Szondi [5]1965 [1956], 76). Die Redepartien laufen, so Volker Klotz, nebeneinander her, gehen nicht mehr auseinander hervor, sondern werden lediglich addiert. Der Dialog ist von der Isolierung der Sprecherinnen und Sprecher und von Missverständnissen geprägt (Klotz ⁴1969 [1960], 183–188). Ob sich gelungene oder gestörte Kommunikation im Drama aber daran ablesen lässt, ob die Figurenrede gebunden oder ungebunden ist (Roselt 2005a, 68), bleibt fraglich. Schon die Dramen Heinrich von Kleists belegen, dass die Störung der Kommunikation auch in gebundener Rede darstellbar ist.

3 Desiderate

Wer die Erforschung dramatischer Rede seit der zweiten Hälfte des 20. Jahrhunderts überblickt, wird feststellen, dass nach einer Hochphase linguistisch ausgerichteter Studien in den 1960er bis 1980er Jahren das Interesse an Formfragen nachgelassen hat. Für zeitgenössische Einführungen, Lexika und Handbücher des deutschsprachigen Raumes ist die insbesondere von Manfred Pfister erarbeitete Systematik immer noch grundlegend. Ein größeres Arbeitsfeld bietet dagegen die kulturelle Funktion der Sprache in Dramentexten. Wiederholt erforscht wurden in diesem Kontext die Phänomene des Schweigens (Hart Nibbrig 1981; Krammer 2003; Benthien 2006), der Gewalt (Roßbach 2001; Eming 2008; Krawehl 2008; Bloch 2011), der Macht (König 2011) und allgemein der politischen Dimension der Sprache im Drama (Turk 1975, 181–257). Selten finden sich dabei aber Studien wie diejenige Ingo Stöckmanns (2007), die nach den Verbindungslinien zwischen den Redeformen von Dramen und den sie begleitenden wissenschaftlichen Diskursen fragen. Inwiefern reagieren Dramentexte auf diskursive Modellierungen von Sprache und Redeformen bzw. inwiefern gehen sie über diese hinaus? Weitgehend unerforscht sind auch Dynamiken der Eskalation und Konfliktaustragung insbesondere in Polylogen, obwohl diese sich in verschiedenen Epochen und unterschiedlichen Gattungen beobachten lassen. Ob die Forschung in absehbarer Zeit zu einem neuen Beschreibungsmodell der unterschiedlichen Formen dramatischer Figurenrede finden wird, bleibt abzuwarten. Schon jetzt aber bietet die Deutung dramatischer Sprache im Kontext der sie umgebenden Kultur ein weitgehend unbestelltes Forschungsfeld.

Julia Bodenburg
III.1.4 Das europäische Drama im Gattungssystem und seine Genres

1 Aristoteles' *Poetik* als Grundlage der Gattungstheorie

Innerhalb der drei großen Gattungen Lyrik, Epik und Dramatik (vgl. grundlegend zur Gattungstheorie und -problematik Zymner 2003 und 2010; Lamping 2009) ist das Drama dasjenige Genre, das sich nicht nur durch Plurimedialität, sondern auch durch eine spezifische Wechselseitigkeit auszeichnet, insofern der schriftliche Text und seine Inszenierbarkeit aufeinander bezogen sind. Das komplexe Wechselverhältnis von Drama und Theater erfordert transdisziplinäre Zugangsweisen und lässt sich nicht als *eine* Geschichte beschreiben; es umfasst eine Betrachtung der ästhetischen literarischen Formen, der gesellschaftlichen Rolle der Bühne, der konkreten Theaterarchitektur oder etwa der europäischen Ritualkultur gleichermaßen. Deshalb wird eine Darstellung der traditionellen dramatischen Genres notwendigerweise historische und kulturelle Schwerpunkte setzen müssen und diejenigen Argumente fokussieren, die für das europäische Drama in gattungstheoretischer Hinsicht besonders einflussreich waren; auf andere Querverbindungen wird verzichtet. Um einen Überblick über das europäische Drama (vgl. kursorisch Fechter 1956–1958; Brauneck 1993–2007) und seine Genres zu geben, bietet es sich an, von der aristotelischen *Poetik* auszugehen, die in vielfacher Hinsicht als dramenpoetologische ‚Urschrift' gelesen und in der Auseinandersetzung mit der Großgattung Drama in historischer Perspektive kontinuierlich produktiv gemacht wurde.

Bei der um 335 v. Chr. abgefassten *Poetik* handelt es sich wahrscheinlich um eine unvollständige Lehrschrift, d. h. um eine schriftliche Skizze für mündliche Vorträge. Es werden sowohl rezeptions- als auch produktionsästhetische sowie gattungspoetische Aspekte ausgeführt, ohne dass jede Begrifflichkeit oder Argumentation detailliert nachvollzogen wird, was Anlass zu unterschiedlichen Deutungen gegeben hat (vgl. Aristoteles 1994). Gattungstheoretischen Aufschluss insbesondere über die Tragödie bieten die Kategorien ‚Medien der Darstellung', ‚Spezifik der Gegenstände' und ‚Modi der Darstellung', die jeweils die literarische Nachahmung von menschlichen Handlungen betreffen. Gegenüber Tanz oder Musik ist es die (literarische) Sprache, die als allgemeinstes, mediales Unterscheidungsmerkmal eingeführt wird. Dieses Kriterium ist jedoch nicht ausreichend, um dramatische Texte zu kennzeichnen, die erst durch den Modus der

Darstellung genauer spezifiziert werden: Dramatische Dichtung verwendet nicht die berichtende Form zur Vorstellung ihres Gegenstands, sondern den direkten, unmittelbaren, d. h. dramatischen Modus. Im Zentrum der aristotelischen Gattungstheorie steht das, was nachgeahmt wird, nämlich die Handlungen von besseren oder schlechteren Charakteren, woraus Aristoteles ein gattungspoetologisches Moment ableitet. Der Komödie ordnet er die schlechteren, der Tragödie die besseren Menschen zu. Die aufeinander verweisenden und nicht voneinander zu trennenden Variablen ‚Medium', ‚Modus' und ‚Gegenstand' generieren in der Entwicklung dieser reduzierten theoretischen Äußerungen weitere Gattungsspezifika. Das Fehlen einer Vermittlungsinstanz hebt die Rede der Figuren, mithin den Dialog und Monolog, sowie ihren Status als sich in Tätigkeit Befindliche hervor. Figuren müssen demnach etwas zu sagen haben bzw. sprechend handeln können.

Dramenpoetiken nach Aristoteles (vgl. die Quellentexte der deutschsprachigen Dramentheorie bei Langemeyer 2011) ordnen den beiden großen Genres, der Tragödie (vgl. Profitlich 1999) und der Komödie (vgl. Profitlich 1998), ein spezifisches Figurenpersonal und einen Sprachstil zu, indem sie die Ständeklausel festlegen; die Komödie bildet entsprechend eigene typenhafte Figuren aus wie etwa den Harlekin der Commedia dell'arte. Dieser Aspekt verweist wiederum auf die genrespezifische Art und Weise, was und wie dargestellt wird: Während die griechische Tragödie ihrer Poetik nach in geschlossener und kausallogischer Form das schicksalhafte Leiden eines Helden in stilisierter Weise nachahmt, setzt die Komödie menschliche Fehler, Zufälle und Irritationen in additiver Weise in Szene und will ihr Publikum, so ist zunächst grundsätzlich und in Bezug auf die erhaltenen Textteile von Aristoteles zu sagen, zum Lachen anregen. Die wirkungsästhetischen Aussagen zur Tragödie sind weitaus umfassender und bilden bis heute einen zentralen Anlass für dramentheoretische und -praktische Auseinandersetzungen (vgl. Frick 2003; Greiner 2012); sie leiten die nachfolgenden Ausführungen zum entsprechenden Genre.

Die zentralen aristotelischen Begriffe *eleos*, *phobos* und *katharsis* zeigen die Zielsetzung der Tragödie an: Nicht Intellekt oder Moral werden angesprochen, sondern die nachahmende Kunst wirkt auf den Affekthaushalt. In der Erzeugung und Reinigung von Affekten bzw. durch Affekte hat die tragische Lust zunächst einmal eine psychodynamische und -stabilisierende Funktion, die nicht auf das Individuum beschränkt bleibt. In der Auseinandersetzung mit Platon stärkt Aristoteles die das Gemüt erregende Mimesis; die auf Wirkung angelegten Affekte haben in dieser Bestimmung, wie die Philosophie auf die menschliche Vernunft, konstitutiven Anteil an der Herausbildung des staatlichen Gemeinwohls, insofern ein ausgeglichener und maßvoller Gefühlshaushalt angestrebt wird.

Aristoteles' gattungspoetologische Entwürfe und wirkungsästhetische Ausführungen werden bis heute produktiv rezipiert. Die folgende Darstellung der

Rezeption ist danach ausgewählt, wie konsequent sich Dramenpoetik und -praxis mit der aristotelischen Gattungssystematik beschäftigt haben und ob sie daraus eigene, wiederum für andere einflussreiche Konzeptionen entwickelt sowie Genrekonventionen geprägt haben. Daraus ergeben sich zeitliche und kulturelle Schnittstellen, die heuristischen Charakter besitzen, nicht aber eine kausallogische Gattungsgeschichte des europäischen Dramas konstruieren. Dabei bewegen sich funktionale Gattungseinteilungen ebenso wie andere gattungstheoretische Überlegungen zwischen Idealen und ihren Transgressionen.

2 Die klassizistische Tragödie Frankreichs

Die Hochzeit der aristotelischen Rezeption ist mit dem Wiedererstarken einer säkularen Dramen- und Theaterpraxis in der Frühen Neuzeit anzusetzen (Meier et al. 2004; Huwiler 2015) und war für die französische Tragödienklassik besonders folgenreich (grundlegend zur französischen Klassik J. Grimm 2005). Vor dem Hintergrund der aristotelischen *Poetik*, der *Ars Poetica* des Horaz sowie der italienischen und französischen Aristoteles-Rezeption im 16. Jahrhundert entwickelte sich in der ersten Hälfte des 17. Jahrhunderts in Frankreich im Zuge der absolutistischen Staatsherrschaft eine Regelpoetik, die *doctrine classique*, die das Tragödienverständnis nachhaltig prägen sollte (Bray ²1966 [1927]). Ihre Vertreter waren neben Richelieu die Dramatiker Pierre Corneille und Jean Racine. Theateraufführungen waren in dieser Zeit funktionaler Teil der Inszenierung von politischer Herrschaft (Stenzel 1995). Die französische Tragödienpoetik bildete sowohl auf inhaltlicher als auch auf formaler Ebene idealistische Rahmen aus, in denen sich die Praxis mit mehr oder weniger großen Abweichungen bewegte. Ein Beispiel für diese ‚geträumte Klassik' ist Racines *Phèdre*. Angelehnt an das griechische Vorbild von Euripides' *Der bekränzte Hippolytos* weist der Dichter der weiblichen Protagonistin und ihrem inneren, aber politisch relevanten Konflikt, einer illegitimen Liebesleidenschaft zu ihrem Stiefsohn, die Bühne zu. Racine geht über das grundlegende antike Tragödiensujet – die Vernichtung des unschuldig schuldig gewordenen Helden – hinaus, indem er als Konsequenz von Liebeswut und Eifersucht die soziale Destabilisierung des ganzen Königshauses inszeniert. Die moralische Belehrung steht im Dienst der Sittlichkeitsvorstellungen des gebildeten Adels. Formal korrespondiert mit der Vorschrift der *bienséance* ein strenger Katalog einzuhaltender Regeln, zu denen die Ständeklausel, der hohe Stil, der Alexandriner, eine symmetrische Fünf-Akt-Struktur und die geschlossene Form gehören. Anklänge an diese hochartifizielle Form findet man unter anderen historisch-politischen Voraussetzungen auch in einigen Stücken der Weimarer Klassik

(Borchmeyer 1998), etwa in Johann Wolfgang von Goethes *Iphigenie*, in Friedrich Schillers symmetrischer Anordnung der Akte in *Maria Stuart* oder in seinem Chor-Drama *Die Braut von Messina* (Geisenhanslüke 2002/2003). Schiller führt hier den Chor, der in gewissem Sinne die ‚Ursprungsfigur' der antiken Tragödie darstellt, wieder ein, und zwar, folgt man seinen poetologischen Ausführungen in der Vorrede, als wirkungsästhetisches Mittel zur Distanzierung der Zuschauerinnen und Zuschauer, also um eine vollständige Identifikation mit den Affekten der Bühnenfiguren zu vermeiden. Einflussreicher nicht nur für das deutschsprachige Drama des 18. Jahrhunderts, sondern für das moderne Drama insgesamt waren jedoch die grundsätzlich offenen Stücke von Shakespeare, die sich einem binären Ordnungsprinzip von tektonischen und atektonischen Dramen widersetzten.

3 Shakespeares ‚unreine' Gattungen

Mit Blick auf Aristoteles ist der elisabethanische Tragödienbegriff weit gefasst. Er leitet sich aus narrativer mittelalterlicher Literatur (u. a. Geoffrey Chaucers *Canterbury Tales*) ab und definiert ein tragisches Sujet als ‚Fall eines Großen', dessen Niedergang sowohl vom Schicksal herrühren kann wie auch durch eigene Mitschuld verursacht ist. In *Macbeth* etwa sind beide Seiten der Göttin Fortuna vereint: Die schicksalhafte Vorsehung wird zum einen in eine außermenschliche Instanz, die Hexen, verlegt, zum anderen gehen Macbeth und Lady Macbeth aufgrund ihres übersteigerten Machtwillens zugrunde. Shakespeares Tragödien stellen das Individuum, dessen Handlungs- und Affektspektrum durch die Frage nach der ‚Natur des Bösen' beleuchtet wird, in seinem Verhältnis zu Politik und Gesellschaft ins Zentrum und interessieren damit das zeitgenössische Publikum. Die viel diskutierte Gattungseinteilung der Stücke in Komödien, Tragödien und Historien (U. Suerbaum ²2001 [1996]) ist angesichts vielfältiger tragödientheoretischer Interferenzen z. B. zwischen den Untergattungen der Römer-Dramen und den großen Tragödien weiterhin aktuell. Anstelle von strengen formalen Vorgaben, wie sie für die französische Tragödie zur Repräsentation der höfischen Macht vorlagen, variiert Shakespeare den elisabethanischen, tragödientheoretischen Grundtyp des *fall of princes* und lässt eine Einteilung in feste (Unter-)Gruppen strittig erscheinen.

Auch die Komödien entsprechen nicht den aristotelischen Gattungsregeln, wonach die Komödie keine tragischen Anteile haben und ihr Personal vom ‚Volk' gestellt werden soll. Vielmehr vermischt Shakespeare Könige und Narren und evoziert durch tragikomische Elemente ‚unangemessene' Effekte auf Seiten der Zuschauenden. Das für jedes Milieu zugängliche, privatwirtschaftlich betriebene

Unterhaltungstheater war denn auch keine bildungsbürgerliche Stätte, die ihren Auftrag im Einüben einer an Aristoteles geschulten gattungsspezifischen Rezeptionshaltung sah (Bewunderung und Schrecken im Angesicht des tragischen Helden, versöhnliches Lachen mit dem romantischen Liebespaar). Shakespeares Verstoß gegen die *decorum*-Regel und die damit einhergehende Schwierigkeit, seine dramatischen Gattungen typologisch zu ordnen, lässt sich mit der Einbettung in zwei Theatertraditionen erklären, die in spannungsreicher Beziehung stehen und den transdisziplinären Blick von Literatur- und Theaterwissenschaft erfordern (V. Richter 2012): Sein Theater steht zwischen der Tradition des szenischperformativen Volkstheaters und des textbasierten humanistischen Dramas. Mit diesen beiden Strömungen sind jeweils unterschiedliche Rezeptionsbedingungen und Aufführungsorte, Auffassungen des Schauspiels und letztlich unterschiedliche Gattungsausprägungen verbunden, die sich weniger normativen Kriterien unterordnen lassen, sondern als sozial-kulturelle Praktiken zu begreifen sind (grundlegend Greenblatt 1988; Weimann und Bruster 2008). Aspekte des Komischen und Tragischen bilden demnach keine ‚reinen' Genres aus.

4 Commedia dell'arte

Da jenes Buch, das der Komödie gewidmet war, verloren gegangen ist, können sich gattungstheoretische Fragen nur auf spärliche Ausführungen des Aristoteles stützen. Die Komödie solle im Gegensatz zur Tragödie ‚schlechtere Menschen' nachahmen, deren Schlechtigkeit das Lächerliche mit dem Hässlichen verbinde (*Poetik*, Kap. 5). Jenem Fehler des Hässlichen eigne aber nicht das Pathos, das zur tragischen Vernichtung der Heldenfiguren führe, sondern, so deutet und entwickelt die europäische Komödientheorie ihr Hauptmerkmal, der körperliche Ausdruck des Lachens. Die Komödientheorie versucht die Art und Weise der Erzeugung von Komik (etwa Handlungskomik, Sprachkomik, Figurenkomik) sowie die unterschiedlichen Ausdrucksweisen des Lachens zu unterscheiden. Das herabsetzende Verlachen über normabweichende, ‚schlechtere' Figuren und das aufhebende, heitere Lachen über ein glückliches Ende werden als grundierende Aspekte für Untergattungen wie die aufklärerische Typenkomödie produktiv gemacht. Aufgrund des schwächeren Bezugs zu Aristoteles und der großen Vielfalt historischer Formen erscheint die Komödientheorie relativ uneinheitlich und insgesamt weniger ausgearbeitet. Antike Gewährsleute sind die griechischen Komödiendichter Aristophanes und Menander (B. Zimmermann 1998) sowie die römischen Autoren Plautus und Terenz (Lefèvre 1973). In europäischer Hinsicht sehr einflussreich war die sich im 16. Jahrhundert in Italien entwickelnde

Commedia dell'arte bzw. Improvisationskomödie (Henke 2002). Hierbei handelt es sich weniger um eine dramatische Gattung als um ein Theaterereignis. Die Improvisationskomödie zeichnet sich dadurch aus, dass nicht der Text und eine kausallogische Handlung im Vordergrund stehen, dass sich die Aufführung keiner Autorin bzw. keinem Autor oder Fragen nach der Darstellbarkeit unterordnet, sondern das Szenische, das Ereignishafte und Performative betont wird. So ist es der theatrale Körper der Schauspielerinnen und Schauspieler, der in der Commedia dell'arte das Spiel in der Anschauung des Publikums generiert. Pantomime, Akrobatik, Tanz und die Stimme kommen zum Einsatz, so dass von einer „Entfesselung des Theaters' selbst" (Greiner 1992, 70), der Aktualisierung des dionysisch-orgiastischen Moments gesprochen worden ist. Dennoch bietet das Stegreifspiel mit einem festen Figurenpersonal und das romaneske Handlungsschema – junge Liebende werden an der Erfüllung ihrer Romanze gehindert – der spielerischen Transgression dramaturgische Orientierung. Mit Bezug auf das aristotelische Diktum zeigt die Improvisationskomödie ‚schlechtere Menschen', insofern menschliche Schwächen fokussiert werden, die verlacht werden können, und zwar insbesondere anhand der Figurenkonstellation ‚aufstrebendes Bürgertum – Diener'. Die Dienerfiguren erweisen sich als listiger, geistreicher und flexibler im Intrigenspiel als ihre Vorgesetzten. Neben dieser satirischen Perspektive auf das Bürgertum werden Strukturen exponiert, die das Bürgertum bannen wollte: die Präsenz alles Körperlichen, Genussfreude, zügellose Lust (vgl. Greiner 1992, 74). Wie einflussreich dieses Komödienschema im Hinblick das europäische Theater und Drama war (zu Molière vgl. Stackelberg 2005), zeigt sich exemplarisch an Heinrich von Kleists Lustspielen mit tragischen Momenten, *Der zerbrochne Krug* oder *Amphitryon*, in welchen die Kehrseiten zivilisatorischer und kultureller Ansprüche ausgestellt werden: das Sexuelle, Sinnliche und Unziemende (Wellbery 1997; grundlegend J. Lehmann 2013). Dem komödiantischen Gattungselement kommt dabei die Funktion affektiver Entlastung von den Ansprüchen einer sich im Umbruch und in der Selbstorientierung befindlichen bürgerlichen Gesellschaft zu.

5 Dramatische Gattungen der europäischen Aufklärung

Im 18. Jahrhundert finden vor dem Hintergrund des gesellschaftlichen Wandels vielfältige Theaterreformen statt. Die bürgerliche Öffentlichkeit macht sich für ihre aufklärerischen Interessen die Bühne nutzbar; die Vertreterinnen und Vertreter der Theatertheorie und -praxis gehen dabei allerdings unterschiedliche

Wege (grundlegend Alt 1994; Guthke ⁶2006 [1972]; zum Verhältnis von Dramentheorie und Gender im bürgerlichen Trauerspiel vgl. Greis 1991). Während Johann Christoph Gottsched, an der strengen französischen Tragödie orientiert, für eine Disziplinierung der theatralen Formen eintritt – Verabschiedung der Wandertruppen zugunsten stehender Bühnen und eines Texttheaters, Bevorzugung der Ständeklausel, der drei Einheiten, des hohen Stils –, entwickelt Gotthold Ephraim Lessing, der sich ebenfalls stark mit Aristoteles auseinandersetzt, in der zweiten Hälfte des Jahrhunderts einen weitaus weniger normativen und synthetisierenden Stil. Anregend sind neben der klassizistischen Tragödie und der volkstümlichen Commedia dell'arte besonders die dramentheoretischen Konzepte von Denis Diderot, die eine weitere ernste ‚bürgerliche' Gattung zwischen Tragödie und Komödie vorschlagen, sowie die dramatischen und narrativen Texte des englischen *sentimentalism*, etwa die von George Lillo und Samuel Richardson. Lessings wichtigster dramentheoretischer und -praktischer Einsatz besteht in einer Reformulierung der aristotelischen Affekttheorie (grundlegend Fauser 2008; Fick ⁴2016 [2000]). Er interpretiert die Wirkungskategorien *eleos* und *phobos* als Mitleid und Furcht und exponiert den Affekt des Mitleids im Kontext eines humanistischen Bildungsauftrags als maßgebliche Wirkungskategorie, nach der die bürgerlichen Trauerspiele gestaltet sind. Sowohl das Lachen als auch das Mitleiden werden bei Lessing dramaturgisch zu pädagogischen Zwecken eingesetzt: Hauptziel ist die tugendhafte Verbesserung des Menschen. So profiliert der Aufklärer das auf Menschenkenntnis gerichtete (Mit-)Lachen gegenüber dem Verlachen von Angehörigen eines niederen Stands und das Mitleid mit anderen auf der Grundlage eines sich idealerweise etablierenden Gemeinsinns.

Die nachfolgende sogenannte Stürmer-und-Dränger-Generation schenkt der aufklärerischen Dramenpoetik wenig Aufmerksamkeit; sie experimentiert in Anlehnung an Shakespeare mit ‚offenen' Genres wie der Tragikomödie (Buschmeier und Kauffmann 2010) und in Bezug auf Handlungsformate mit transgressiven Figuren, die gerade nicht, wie es die aufklärerische Poetik vorgibt, Maß halten. Ein starker Rückbezug auf die Antike und damit auf die griechisch-römische Dramenpoetik ist schließlich im Anschluss daran in der Weimarer Klassik und, was die dramatischen Stoffe betrifft, im 19. Jahrhundert zu beobachten. Die Referenzen der deutschen Weimarer Klassik auf die formal strenge antike Tragödienkonzeption ist dabei nicht als apolitischer Rückzug angesichts fundamentaler gesellschaftspolitischer Umbrüche in ganz Europa zu verstehen, sondern als politische Reflexion im Spiegel ästhetischer Praxis (Alt 2008; Zumbusch 2011).

6 Moderne Dramatik und Vervielfältigung der Gattungen

Einflussreiche Theaterreformen für das europäische Drama und Theater gehen Ende des 19. Jahrhunderts besonders von Skandinavien aus (zum Drama des Naturalismus vgl. Stöckmann 2011, 88–137; zum Begriff des modernen Dramas Szondi 1956). Die naturalistische Dramen- und Theaterpraxis, die etwa August Strindberg vertritt, stellt der illusionären Guckkastenbühne ein experimentelles Versuchstheater gegenüber, das auf die Analyse eines sozialen Zustands durch das Publikum setzt. Die Handlung wird dieser Konzeption nach konzentriert, die Anzahl der Schauspielenden reduziert und die Architektur des Bühnen- und Zuschauerraums der verdichteten Szene entsprechend gestaltet, ohne auf den künstlerischen Eigenwert zu verzichten. In formaler Hinsicht entwickeln sich Genres wie der Einakter und andere dramatische Kurzformen (Herget und Schultze 1996), die die ausführliche Herleitung von Konflikten aufgeben und eine krisenhafte Situation erschließen. In rezeptionsästhetischer Perspektive ist als Genre das analytische Drama zu nennen, das vom Publikum eine rationale und keine an die Illusion hingebende Zuschaukunst einfordert: Der auf sein Wesentliches konzentrierte, oftmals psychodynamische Konflikt einer Figurengruppe soll analysiert und verstanden werden. Naturalistische Dramatik (u. a. von Strindberg, Henrik Ibsen und Gerhart Hauptmann) fokussiert deshalb hauptsächlich auf soziale und gesellschaftliche Missstände sowie dysfunktionale Familienstrukturen, ökonomische Abhängigkeiten oder Suchtprobleme (vgl. auch Schößler [4]2015).

Die Adressierung der Zuschauenden als ‚teilnehmende Beobachtende' weist dabei auf dramatische und theatrale Formen voraus, die als politisches und dokumentarisches Theater bezeichnet werden und die die gegenwärtige Praxis in hohem Maß beeinflusst haben (Marschall 2010). Wichtige Vertreter dieser Formen in europäischer Hinsicht sind Erwin Piscator und Bertolt Brecht. Mit beiden wird der Begriff des ‚epischen Theaters' (R. Grimm 1966) verbunden, das unter Einbezug kommentierender Redeweisen – etwa durch Chöre, durch die Handlung unterbrechende Mittel wie den Song oder durch Spruchbänder – eine geschlossene Fiktion vermeiden will und das historische Hier und Jetzt der sozialen, künstlerischen, stets auf die konkrete Wirklichkeit bezogenen Theatersituation demonstriert. Brecht beschäftigt sich im Kontext der bürgerlichen Illusionsdramatik, die zu Beginn des 20. Jahrhunderts die Bühnen noch dominiert, intensiv mit der aristotelischen Dramenpoetik und stellt ihr eine ‚antiaristotelische' Programmatik gegenüber, die in der früheren Brecht-Rezeption stark schematisch aufgefasst wurde (Knopf 2001). Dass es sich bei Brechts Konzepten des epischen bzw. später dialektischen Theaters aber weniger um eine Negation von Aristoteles' *Poetik* und – weiter gefasst – des antiken Dramas als vielmehr um andere Akzentsetzungen handelt, ist kaum zu übersehen: Narrative Elemente setzt schon die griechische Tragödie mittels Botenbericht und Chor ein; des Weiteren verzichtet Brecht keinesfalls auf die Erzeugung von Emotionen, nur funktionalisiert seine unterbrechende Dramaturgie die Affekte nicht im Sinne einer Hingabe an den tragischen Helden. Die Erzeugung sowohl komischer als auch tragischer Effekte lässt zum einen das ‚Gewordensein' der dramatischen Figur in ihren jeweiligen sozialen Kontexten und damit letztlich ihre Veränderbarkeit zutage treten; zum anderen verweist eine solche Figurengestaltung, mit der das Publikum weinen *und* lachen kann, auf die Hybridität von Gattungen, die das 20. Jahrhundert insgesamt prägt. Dass die Gattungsdiskussion in dieser Phase vernachlässigt wird, liegt auch an der Theateravantgarde, die den künstlerischen Eigenwert weniger im dramatischen Text als in der Aufführung verortet und damit die Gesamtheit der theatersemiotischen Zeichen (Stimme, Körper, Ton, Raum etc.) gegenüber dem literarischen Text aufwertet (Fischer-Lichte 1995). Neue Aufführungskonzepte wie die Performance Art oder das Happening bedienen sich bei der bildenden Kunst oder beim Tanz und etablieren intermediale Kunstaktionen.

7 Postdramatik, Neue Dramatik und Tragödie

Angesichts der Pluralität dramen- und theaterästhetischer Formen und Ausdrucksweisen v. a. ab der zweiten Hälfte des 20. Jahrhunderts soll abschließend kurz auf das wieder erstarkte Interesse an einer der Hauptgattungen dramatischer Kunst eingegangen werden, das sich auch mit der Wiederaufnahme der allgemeineren Gattungsdiskussion in den Kultur- und Literaturwissenschaften begründen lässt (Burdorf 2001; Dowd et al. 2006). Dass seit den 1980er Jahren einerseits eine Entwicklung zu beobachten ist, die mit dem Stichwort ‚postdramatisches Theater' (H.-T. Lehmann 1999) ästhetische Strategien der Entdramatisierung, aber auch kulturpolitische Bedingungen einzufangen versucht, die anfangs eher abseits der öffentlich geförderten Stadttheater geschehen, heißt andererseits nicht, dass der literarische Dramentext vollständig von einer performativen, selbstreflexiven Theaterkunst verdrängt wird. Neben Textgebilden, die auf eine dialogische Sprechhandlung, einen narrativen Handlungsaufbau und personale Figurengestaltung verzichten (G. Poschmann 1997), schließen zeitgenössische Autorinnen und Autoren an dramatische Formen an und modifizieren sie nicht selten vor dem Hintergrund gesellschaftspolitischer Fragen, denen sich eine transnationale, multimediale Wirklichkeit stellen muss (Bayerdörfer 2007). Diese Re-Dramatisierung, oder anders gesagt: das kritische Weiterführen tradierter Dramenformen, gerät gegenwärtig erst in den Blick der literatur- und theaterwissenschaftlichen Forschung und ist mit dem Begriff der ‚Neodramatik' oder ‚Neuen Dramatik' nicht ausreichend erfasst.

Von besonderem Interesse ist die in Theaterpraxis und Dramentheorie zu beobachtende Wiederbelebung der Tragödie (C. Menke 2005; V. Dörr und Schneider 2006; Fulda und Valk 2010), deren Verlust für die Gegenwart konstatiert wurde. Der Theatertheoretiker Hans-Thies Lehmann und der Literaturwissenschaftler Wolfram Ette behaupten die Tragödie auch und gerade für die Moderne – als spezifische Erfahrung, die nur die theatrale Dimension leisten könne (H.-T. Lehmann 2013), und als widerständige Texte gegen die vermeintliche Auswegslosigkeit der Geschichte (Ette 2011). Es wären weitere transdisziplinäre Schnittstellen in Bezug auf die Gattungsdiskussion zu erschließen, werden mit den Tragödien einer Elfriede Jelinek und eines Einar Schleef doch Formen des Genres, etwa der Chor (Haß 2005; Bodenburg et al. 2016), kritisch weiterentwickelt, die immer schon weder nur einem textzentrierten Gattungsbewusstsein noch ausschließlich der performativen Erfahrung zuzuordnen waren.

III.1.5 Außereuropäische Formen des Dramas

Joachim Fiebach
III.1.5.1 Afrika

1 Schriftlichkeit und Mündlichkeit im afrikanischen Theater

Die meisten sub-saharischen Gesellschaften kommunizierten bis zur durchgängigen europäischen Kolonialisierung im 19. Jahrhundert im Wesentlichen oral. In den Kulturen mit bedeutender Schriftlichkeit konnte die Aufführung dichterischer Texte als wortkünstlerisches Element in musikalisch-gestisch-tänzerischen Performances – wie bei den Festen der Swahili an der ostafrikanischen Küste – eine wesentliche Rolle spielen. Besondere ästhetische Texte bzw. Dramen als gleichsam vorgeschriebene Basis, Ausgangspunkt oder Hauptelement einer künstlerischen Aufführung sind mit Ausnahmen in Südafrika (Orkin 1991, 6; Hutchison 2004, 333–334) erstmals, soweit bekannt, verfasst worden in Lagos 1903, in Ghana 1915, in Äthiopien 1921 und seit 1932/1933 im damaligen französischen Kolonialgebiet (Boscolo 2009, 16–19; Plastow 2013, 57; Fiebach 1986, 187–236).

In den arabisch-muslimischen Kulturen des Nordens von Marokko bis Ägypten verlief die Geschichte des geschriebenen Dramas teilweise anders. Der folgende Artikel behandelt daher ausschließlich in Afrika südlich der Sahara geschriebene Texte aus dem 20. Jahrhundert, die für Aufführungen im Theater oder andere Darstellungsformen verfasst worden sind. Es wird dabei mit einer Ausnahme nur auf die in europäischen Sprachen geschriebene Dramatik eingegangen.

2 Das geschlossene Drama im Kontext der (De-)Kolonialisierung

Kobina Sekyis 1915 in Ghana entstandene Komödie *The Blinkards* und das ursprünglich 1939 verfasste Stück *Kondè Yao* von Coffi Gadeau aus Côte d'Ivoire (Elfenbeinküste) sind Beispiele für die verschiedenartigen Themen, weltanschaulich-politischen Aspekte und die dominante ästhetische Struktur bis zur Erringung der politischen Unabhängigkeit der meisten Staaten Afrikas in den späten 1950er und frühen 1960er Jahren. Sie sind nach dem Muster der konventionellen, gleichsam geschlossenen Dramenform geschrieben und zielen auf Aufführungen in einem entsprechenden Bildbühnen-/Guckkastentheater mit Vorhangsystem.

Sekyi, 1892 geboren, Angehöriger einer unter dem britischen Kolonialismus privilegierten afrikanischen Kaufmannsfamilie, studierte am University College London und graduierte als erster Afrikaner an einer britischen Universität. In der Goldküste, dem heutigen Ghana, arbeitete er als Rechtsanwalt und setzte sich politisch aktiv für die gleichsam nationalen Belange der Afrikaner ein. *The Blinkards* ist dramaturgisch George Bernard Shaws gut gemachten Stücken ähnlich und für die illusionistische Aufführungsweise des europäischen Theaters (Bühne mit Vorhangsystem) des 19. Jahrhunderts ausgelegt. Der Text kritisiert die Anglomanie, die bedingungslose Nachahmung der Lebensweise und Kleidungscodes der Britinnen und Briten durch die schmale Schicht reicher Afrikanerinnen und Afrikaner (Kaufleute etc.), die ihre herausgehobene soziale Stellung betont ausstellen. In der Form des fremden Theatermodells wird also um die eigene kulturelle Identität gerungen. Demonstrativ wird neben dem dominanten Englisch das ghanaische Fanti gesprochen. Die Hauptfigur, der in England ausgebildete Rechtsanwalt Ony, deutlich das Sprachrohr, vielleicht das Porträt Sekyis selbst, kämpft für die Beibehaltung traditioneller Bräuche; er kann vor Gericht durchsetzen, dass man ungeachtet des Einspruchs der christlich missionierenden Institution in traditioneller Weise heiraten kann. Das Stück soll 1915 im Cosmopolitan Club in Cape Coast, dem Regierungssitz der britischen Kolonialmacht, aufgeführt worden sein.

Coffi Gadeau, Absolvent der auf einer Insel vor Dakar gelegenen Ponty-Schule, an der eine an der französischen Kultur ausgerichtete westafrikanische Elite ausgebildet wurde, hatte seine Komödie *Kondé Yao* für die von ihm 1938 gegründete Truppe Théâtre Indigène geschrieben. Der Untertitel der Druckfassung von 1965, „Comédie en cinq tableaux", hebt die dem westlichen Modell folgende fünfaktige Ordnung hervor. Der erste Akt, „tableau" genannt, beginnt mit der Öffnung des Vorhangs: „Overture du rideau, la cour de Kondé Yao" (Coffi Gadeau 1965, 129). Die Komödie handelt von Auseinandersetzungen um die Einsetzung eines neuen Chefs in der Côte d'Ivoire, denn der bisherige Chef, Kondé Yao, stirbt. Es geht um traditionelle Strukturen und Mechanismen unter den Bedingungen des französischen Kolonialismus, ohne dass dieser problematisiert wird. Der Akzent liegt auf der genauen Darstellung soziokultureller Traditionen, Musik und Tanz; traditionell unabdingbare Komponenten großer politischer Zeremonien spielen eine Hauptrolle. Im „premier tableau" sitzt Yao herausgehoben im zentralen Raum auf der Bühne. In der Regieanmerkung steht: „Die hübschesten Mädchen verjagen die Fliegen, die um ihn herum sind, und sie singen seine Preislieder." Mit einem chorischen Gesang beginnt der afrikanischsprachige Teil des Stückes, jedenfalls in der Ausgabe von 1965. Noch 1958 bezog sich der Ghanaer Ferdinand Kwasi Fiawoo in seinem in Ewe und Englisch geschriebenen Stück *Tuinese* über Aspekte der traditionellen Ewe-Kultur auf die aristotelische Dramaturgie: „Mit *Tuinese* wurde der Versuch gemacht, den Prinzipien zu gehorchen, die dem Bau eines Dramas zugrunde liegen." Es wurden „die Regeln der drei Einheiten befolgt, die durch die alten klassischen Stückeschreiber vorgeschrieben sind" (Fiawoo 1973, 9 und 13; Übers. J. F.).). 1969 kommentierte der Kameruner Schriftsteller Guillaume Oyono-Mbia, dass für seine 1960 verfasste Komödie *Trois Prétendants. Un Mari* (dt. *Heirat in Mvoutessi*) die Struktur von Molières Stücken gleichsam vorgeschrieben war. „In der Tat war mein Stück wie Molières vor allem in Akte unterteilt. Man mußte das tun, da die meisten meiner Schulfreunde nicht bereit waren, in dieser Hinsicht einen liberalen Standpunkt einzunehmen" (Oyono-Mbia 1969).

Mit der politischen Unabhängigkeit fast aller Länder Afrikas Anfang der 1960er Jahre fielen die Grenzen (bzw. Tabus), die die Kulturpolitik der Kolonialmächte den modernen afrikanischen Künsten aufgezwungen hatte. Das seit dem ersten Drittel des Jahrhunderts entstandene literaturbasierte, dramatische Theater der gebildeten Eliten, das als konstruktive antikoloniale kulturelle Selbstbehauptung die eigene Geschichte Afrikas und speziell seiner Kulturen groß ausstellte, brauchte die Realität der imperialistischen Unterwerfung eines ganzen Kontinents jetzt nicht mehr thematisch zu übergehen. Das europäische Modell des geschlossenen Dramas, vor allem aber die genaue Trennung von Darstellung und Publikum bzw. die Form des Bildbühnen-/Guckkastentheaters mit Vorhang als rigoroser Abtrennung der Darstellung von den Zuschauerinnen und Zuschauern galt in einigen Fällen noch weiter als die einzige Form modernen Theaters.

Auch das Stück *Rhythm of Violence* des Südafrikaners Lewis Nkosi aus dem Jahr 1964, das den beginnenden militanten Widerstand der Schwarzen gegen das südafrikanische Apartheidregime nach dem Massaker an friedlichen Demonstranten von Sharpeville 1960 reflektiert, folgt den Konventionen des geschlossenen Dramas. Es drängt die Geschichte schwarzer und weißer Studierender, die in der City Hall von Johannesburg während der Versammlung der herrschenden National Party eine Bombe als Aktion gegen das Apartheidregime explodieren ließen, auf Geschehnisse an einem Tag zusammen und konzentriert sich melodramatisch auf das Schicksal der aufkeimenden Liebesbeziehung zwischen einem militant widerständigen Schwarzen und einer Weißen, die nichts von dem Attentat weiß. Die Studierenden erfahren, kurz bevor die Bombe explodieren wird, dass der Vater der Weißen an der Versammlung teilnimmt, um seine Mitgliedschaft aufzukündigen. Der schwarze Aktivist will den Vater der Geliebten retten und eilt zur City Hall. Im letzten Akt weint die weiße Studentin in dem verwüsteten Raum über der Leiche des Schwarzen und wird von weißen Polizisten unter dem Verdacht verhaftet, Mitverschwörerin zu sein (Nkosi 1964).

Nahezu zeitgleich gestaltet 1966 der senegalesische Autor Cheikh A. Ndao in seinem Drama *L'Exil d'Albouri* den historisch bedeutsamen militanten Widerstand im Senegal Ende des 19. Jahrhunderts gegen die französische Herrschaft ohne die Zwänge aristotelischer Einheiten, gleichsam episch, rechnet aber wie selbstverständlich mit dem Guckkasten und seinem Vorhangsystem und setzt somit in seiner Gestaltungsweise die Trennung von Darstellenden und Publikum fort. Eine Figur, der Griot Samba, erzählt und kommentiert die historisch bedeutsamen Geschehnisse. Der faktische Dialog mit Zuschauenden, die wesentliche Dimension traditioneller Geschichtenerzähler-Darstellungen, ist durch die ästhetische Struktur jedoch ausgeschlossen. Der Ansatz, dass Samba auf ein direktes Gespräch mit dem Publikum zielen könnte, wird durch das Schließen des Vorhangs abgebrochen (Ndao 1967).

3 Pluralisierung der Formen

Seit den 1960er Jahren haben sich entsprechend der unterschiedlichen Gestaltung der gesellschaftlichen Verhältnisse in den einzelnen Staaten jeweils verschiedenartige theaterkünstlerische Landschaften ausgebildet. Gemeinsam ist ihnen, dass das aristotelische geschlossene, ‚gut gemachte' Stück Europas nur noch als eine unter vielen anderen Dramenformen genutzt wird und dass die rigide Trennung von Darstellenden und Publikum wie im europäischen Bildbühnen- bzw. Guckkastentheater, die unter dem kulturimperialistischen Einfluss als Struktur von Theater überhaupt verstanden wurde, grundsätzlich nicht mehr gilt. Man konzentriert sich gestalterisch auf die Wiedergewinnung, den Ausbau, die Neusicht tradierter afrikanischer Darstellungsformen ohne Normierungen von Zeit-Räumen, in denen fiktive Handlungen spielen, auf das Dialogische zwischen Darstellenden und Zuschauenden und auf das Tänzerisch-Gestische sowie Musikalische als Grundelemente theatraler Kunst, so auch des literarischen Dramas. Grundlinien seines Schreibens erläuternd, stellt der kongolesische Lyriker, Dramatiker und Romancier Sony Labou Tansi bündig fest: „Tout le théâtre de salle présenté par des Africains n'est et ne peut être qu'un mauvois théâtre européen" [Alle Vorstellungen von Afrikanern in einem Theatersaal sind und können nur schlechtes europäisches Theater sein] (zit. n. Devésa 1996, 212). Die Musik ist für ihn das Wesentliche: „En Afrique, je crois que la musique devrait être définie comme un ensemble de sons agréables au corps. Il en va de même pour le théâtre. Il y a une manière de vivre le corps en Afrique, et le spectacle dépend beaucoup de cette conception" [In Afrika sollte Musik als eine Reihe von angenehmen Klängen für den Körper verstanden werden. Das gilt auch für das Theater. Es gibt eine bestimmte Möglichkeit, den Körper in Afrika zu leben, und die Aufführung hängt sehr von dieser Vorstellung ab] (Tansi 1989, 137). Der Fokus auf das spezifisch Afrikanische bedeutet nicht die Abschottung von der anderen Welt, sondern erscheint wie die Grundlage kreativer Kommunikation mit der Welt im Ganzen. Daher wird weiterhin in den Sprachen der ehemaligen Kolonialmächte geschrieben. Seine afrikanische Wurzeln betonend, wählt Tansi bewusst das Französische als sein sprachliches Instrument, denn so könne er mit den anderen frankophonen Teilen Afrikas, in Frankreich und in Québec kommunizieren. Er erinnert dabei an den nigerianischen Schriftsteller Wole Soyinka, der auf Englisch schreibt: „Quand on est écrivain africain, on veut etre Soyinka" [Wenn Sie ein afrikanischer Schriftsteller sind, möchten Sie Soyinka sein] (Tansi 1989, 138–139).

Seit den 1960er Jahren hat sich die kreative Verarbeitung anderer europäischer und internationaler Theaterformen enorm erweitert. Programmatisch wurde die Rezeption Brechts. Sein episches Theater scheint dabei den tradierten afrikanischen Darstellungsweisen, nicht zuletzt den Geschichtenerzähler-Performances, verwandt (Scherer 1967, 110; Kruger 2004, 215–280; Fiebach 2015, 376–377).

4 Engagierte afrikanische Dramatik in der zweiten Hälfte des 20. Jahrhunderts

In der kritisch engagierten Verhandlung grundlegender sozialer, politischer und kultureller Prozesse hat das afrikanische Drama seine bedeutsamsten künstlerischen Gestalten in der zweiten Hälfte des 20. Jahrhunderts ausgeprägt. Die Realitäten, mit denen man sich auseinandersetzt, reichen von repressiven Machtkonstellationen und krassen sozialen Unterschieden bis zu tiefgreifenden kulturellen Konflikten zwischen tradierter Lebensweise und konservativen Werten auf der einen Seite und der Entfaltung moderner sozioökonomischer Mechanismen und moderner Verhaltensweisen auf der anderen.

Die Aufführung von Wole Soyinkas Stück *A Dance of the Forests* (dt. *Tanz der Wälder*) 1960 zur Feier der Unabhängigkeit Nigerias war programmatisch. Es deutet die Feierlichkeiten als ein Fest der Stadtbewohnerinnen und -bewohner, zu dem sich die Stämme versammeln und für das der Künstler Demoke eine große Skulptur, ein Auftragswerk, geschaffen hat; ein Sinnbild des Zusammenwirkens der verschiedenen ethnischen Gruppen in dem neuen Staat. Die Feier ist undenkbar ohne direkten Bezug zu den Waldbewohnerinnen und -bewohnern, zu den Geistern, Göttinnen und Göttern, grundsätzlich zu der kulturellen Tradition und ihrer noch wirksamen mythischen Weltdeutung. Auftritte der Göttinnen, Götter und Geister sind in einer losen, offenen, fragmentarischen Dramaturgie thematisch und auch handlungsmäßig eng mit dem Geschehen unter den Stadtbewohnerinnen und -bewohnern verbunden. Das Erscheinen zweier ruheloser Toter treibt die Handlung an, die sich im Wechsel von Dialogszenen, Musik, Tanz und

Maskenpantomime entfaltet. Das Stück beginnt ohne jede weitere Kennzeichnung episch, in der Tradition Brechts, oder anders: in der Tradition afrikanischer Storyteller mit der Erzählung Aronis: „Ich, Aroni, der Lahme, bezeuge [...], daß ich weiß, wer die Toten sind. Sie sind Gäste aus der Gemeinschaft der Menschen, die uns, die wir im Walde wohnen, benachbart ist. Es ist ihr Fest – die Zusammenkunft der Stämme" (Soyinka 1974, 64). Das Fest, mit dem eine harmonische, zukunftsgewisse, friedliche Gemeinschaft gefeiert werden soll, enthüllt tiefe soziale Antagonismen, brutale Aggressivität und moralische Verkommenheit. Adenobi, der Ratssprecher, der höchste staatliche Volksvertreter, will praktisch vertuschen, dass Geldgier und Korruption zu dem vor Kurzem erfolgten Unfall eines völlig überladenen Busses geführt haben, bei dem 60 Menschen den Tod fanden, ein für das damalige Nigeria häufiger Vorfall. In dieser Gegenwart setzt sich gleichsam die Geschichte repressiver und sozialantagonistischer Verhältnisse in Afrika fort. Auf die großen, alten afrikanischen Reiche verweisend, zeigt das Stück den über 800 Jahre zurückliegenden Machtbereich des Herrschers Mata Kharibu, in dem brutale Willkür, Machtgier und Tyrannei dominieren.

Wie man in der tradierten epischen Darstellungsweise sozioökonomische Gegensätze gestaltet, zeigt Anfang der 1970er Jahre der kongolesische Schriftsteller Sylvain Bemba in seinem Stück *L'Homme qui tua le crocodile*, das von einem Erzähler strukturiert wird. Es beginnt mit einer Totenwache, in der ein Unterhalter Mitspielern von einem Unternehmer, Krokodil genannt, erzählt, der einen ganzen Stadtteil politisch beherrscht und ausbeutet. Der öffentliche Unterhalter, so Bemba, habe in der kongolesischen Gesellschaft die Funktion des Clowns, des Philosophen und des Chronisten. Die Herrschaft des Unternehmers wird beendet. Ein Lehrer hat ihm Widerstand geleistet. Das Epische sprengt die Handlung, die sich vorwiegend im Wortgefecht, im Sprachlichen, weniger im Gestisch-Körperlichen entfaltet (Bemba 1972).

Im Wesentlichen auf die gestisch-körperliche Aktion der Schauspielerinnen und Schauspieler gegründet und so auf die traditionelle Darstellungsweise der Erzählung zurückgreifend, auch angeregt durch Brecht, entwickelte sich das ganz eigenartige, kollektive, südafrikanische Anti-Apartheid-Theater, eine der in den 1970er und 1980er Jahren weltweit bedeutendsten künstlerischen Kreationen. Ein Ausgangspunkt war die Zusammenarbeit des weißen Dramatikers Athol Fugard mit schwarzen Künstlerinnen und Künstlern. Ihre wohl erste große international wirksame Inszenierung war das Stück *Sizwe Bansi is Dead* von Athol Fugard, John Kani und Winston Ntshona, 1972 in Kapstadt uraufgeführt. Ebenso als Höhepunkte der 1980er Jahre sind zu nennen *Woza Albert!*, das von Percy Mtwa, Mbongeni Ngema und Barney Simon geschrieben und 1980 aufgeführt wurde, *Bopha!* von Percy Mtwa und *Born in the RSA* von Barney Simon und dem Ensemble des Market Theater Johannesburg. In der weltweit auf Gastspielreisen gezeigten Produktion

Woza Albert! spielen Mtwa und Ngema mit der Vorstellung, dass der Heiland, hier Moreno, wieder auf die Erde und gerade nach Südafrika gekommen ist; sie stellen satirisch, ironisch komisch die Situation der Schwarzen im brutalen Apartheid-Unterdrückungssystem dar (Fugard et al. 1980; Mtwa 1986; Mtwa et al. 1986; Hutchison 2004; Fiebach 2015, 426–432, 448–449).

1977 wurde mit Soyinkas Stück *Opera Wonyosi*, das die Vorgänge aus Brechts und John Gays *Dreigroschenoper*-Versionen in einen aktuellen afrikanischen Kontext übersetzt, das politisch-kritische Erzähler-Theater in einer international modischen Variante initiiert: Ein DJ stellt vor und kommentiert die an nigerianische soziale Realitäten und Verhältnisse gleichsam adaptierten Geschehnisse um Mack the Knife, Peachum, hier Anikura, Polly und so weiter. Es ist eine böse Satire auf die sozialen Klüfte, die Korruption und die Entwicklung brutaler diktatorischer Verhältnisse. Der Rahmen ist die monströse Krönung des zentralafrikanischen Machthabers Jean-Bédel Bokassa zum Kaiser, die mit Unterstützung der ehemaligen Kolonialmacht Frankreich in der Hauptstadt Bangui wenige Wochen vor der Premiere des Stückes tatsächlich stattfand. Die sozialen Verwerfungen sind besonders betont. An den Song der „Seeräuber-Jenny", bei Brecht von Polly vorgetragen, erinnert hier, in einer völlig anderen Version, Jenny, eine Putzfrau im Bordell, mit deutlichem Bezug auf die Leveller-Bewegung aus der englischen Revolution des 17. Jahrhunderts: „Sodom and Gomorrah / Will seem quite paradisial / When this whorehouse comes to trial / On that soon-to-be-tomorrow / You in your golden villa / Will know this life for real" (Soyinka 1981, S. 46–47).

1990 hat Femi Osofisan, dessen Stücke – dramaturgisch auf der traditionell aktiven Beziehung Publikum – Darstellende beruhend – die sozialpolitischen Spaltungen in Nigeria revolutionär engagiert kritisieren, mit *Yungba-Yungba and the Dance Contest* eindringlich für die Durchsetzung demokratischer Verhältnisse plädiert. Eine Gruppe junger Frauen überwindet die seit Jahren bestehende, gleichsam diktatorische Vorherrschaft einer Person über die Durchführung eines jährlichen agonalen Tanzfestes in Nigeria: „This is what the play is about – the struggle, all over Africa, between self-perpetuating regimes and democratic forces. We in Nigeria have tried to distort the issue, by framing it into an opposition between soldiers and civilians." Es gehe konkret gegen zivile Regimes mit einer Geschichte „of mass poverty, as contrasted to the opulent lives of a small, super-rich elite; of inept and corrupt bureaucracies" (Osofisan 1993, XIV f.).

Für Sony Labou Tansi waren die insbesondere durch repressive Regimes geprägten und krisenerschütterten Verhältnisse in den meisten afrikanischen Staaten seit den 1970er Jahren „l'absurdité de l'absurde" (Tansi 1989, 127). Seine Stücke, so Jean-Michel Devésa, „s'inscrivent dans une perspective militante et sociale" [sind geprägt durch eine kämpferische wie auch soziale Perspektive] (Devésa 1996, 213), insbesondere mit der Gestaltung surrealer, extrem kritischer, schwarzgrotesker Geschichten. Seine 1989 erstmals aufgeführte Farce *Qui a mangé Madame d'Avoine Bergotha?* ist eine Reihung von kurzen Szenen, deren Titel bzw. Ortskennzeichnungen oft scheinbar absurd nichts mit den in ihnen dargestellten Vorgängen zu tun haben. Sie stellen jeweils nackt und aufdringlich in einer Grand-Guignol-artigen Weise, auch an Verhaltensweisen von Alfred Jarrys Ubu-Figur erinnernd, die absolute Brutalität, die verstiegene Ich-Bezogenheit und zugleich die monströse Dümmlichkeit des Machthabers über eine imaginäre Insel aus. Mit grotesken Machenschaften und ideologischen Phrasen behandelt er ‚sein' Staatsvolk. Er schafft eine Republik ohne Partei, ohne Regierung und ohne Gesetz. Sein, wie es heißt, Regime des Terrors, der Dummheit und des Schweigens verbannt jede männliche Präsenz auf der Insel außer seine von ihm ernannten ‚Künstlichen Besamer', die „Inséminateurs de la Patrie". Die Ungeheuerlichkeit, die Entblößung der Absurdität erreicht einen Höhepunkt, wenn Walante eine Frau begehrt, die ein verkleideter Mann ist, der sich vor der Verfolgung des Despoten verstecken will. Die ganze Welt feiert eine groteske Hochzeit mit Repräsentanten Frankreichs und Russlands, mit den Gorbatschows, den Amerikanern und den Chinesen des Seigneur Teng Siao Ping. Die Szene schließt mit der Regieanmerkung „Bénédiction de l'union, chants, fête, saoûleries, immenses bouffes ... puis la nuit tombe" [Segen der Vereinigung, Lieder, ein Fest, ein Besäufnis, unglaublich viel zu Essen ... dann fällt die Nacht]. In der nächsten Szene überlegt einer der Unterdrückten, ein Bauer, dass Walante den Wein und die Frauen zu sehr liebt, was ihn eines Tages zu Fall bringen kann: „Ces deux pestes seules pourront un jour nous débarrasser de la bête" [Eines Tages werden die beiden Schädlinge das Biest eliminieren] (Tansi 1989, 106–108 und 110).

1960 erschien mit Oyono-Mbias *Heirat in Mvoutessi* ein frühes derjenigen Stücke, die sich mit den tiefgreifenden soziokulturellen Konflikten zwischen dem Beharren auf tradierten und der relativ raschen Entfaltung von modernen Lebensweisen und Werten auseinandersetzen. Juliette, die als eine der ersten jungen Frauen ihr Abitur gemacht hat, kehrt mit ihrem Verlobten Oko in ihr Dorf zurück. Sie muss sich gegen ihren Vater und die Großfamilie behaupten, die für sie den zukünftigen Mann aussuchen. Kriterium ist, dass er eine gehobene soziale Position hat und vor allem einen guten Brautpreis bezahlen kann. „Der sich dadurch ergebende Konflikt versinnbildlicht den Zusammenstoß zweier unterschiedlicher Kulturen", so Oyono-Mbia in einer Anmerkung zum Stück. „Die Komödie gibt dem Publikum einen Einblick in ein Hauptproblem, vor dem Afrikaner heute stehen: Ist es möglich, dem Neuen Raum zu schaffen und zugleich das Alte zu bewahren?" Hier wird das Problem komödiantisch behandelt, indem die Familie durch List dazu gebracht wird, Juliette dem Oko zur Frau zu geben. Die Handlung endet mit einem Tanz, für den „die Darsteller das Publikum" um Teilnahme bitten (Oyono-Mbia 1974, 422 und 489).

Wie zerstörerisch die kulturellen Gegensätze für den Zusammenhalt von Familien und für Lebensplanungen der Individuen sein können, zeigt das 1964 in Ghanas Hauptstadt Accra uraufgeführte, poetisch mit tradierten afrikanischen Metaphern gerahmte Drama *The Dilemma of a Ghost* von Christina Ama Ata Aidoo, das 1965 erstveröffentlicht wurde. Die Ehe zwischen dem Ghanaer Ato und der Afroamerikanerin Eulalie, die während ihres Studiums in den USA heirateten und nun in Ghana in engstem Kontakt mit Atos Großfamilie leben, droht zu zerbrechen. Eulalie hat große Schwierigkeiten, sich in die Lebensweise der Familie einzufügen. Sie und ihr Mann wollen erst später Kinder haben. Die Familie will Eulalie mit einem alten Ritual zur Fruchtbarkeit bringen, das von ihr als unzivilisierter Barbarismus verabscheut wird. Der Ausgang des Konflikts bleibt in der Schwebe (Aidoo 2002).

Die kulturellen Zusammenstöße sind oft eine der schmerzlichsten Äußerungen des übergreifenden soziopolitischen und ökonomischen Wandels, den afrikanische Gesellschaften als wesentlich ökonomisch abhängige, peripher neokolonialisierte Teile des globalen Kapitalismus durchmachen. Besonders deutlich wird das in dem Stück *I Will Marry When I Want* von Ngugi wa Thiong'o und Ngugi wa Mirii. Es wurde ursprünglich 1977 als *Ngaahika Ndeenda* in Gikuyu, einer der Hauptsprachen Kenias, geschrieben und unter Mitwirkung von Bauernamateuren im Freilichttheater des Kamiriithu Community Cultural and Educational Centre vor 2.000 Zuschauerinnen und Zuschauern gespielt. Das Drama erzählt vom Auseinanderfall einer bäuerlichen Kernfamilie. Entgegen der Tradition will die Tochter, von ihrem Vater scharf verurteilt, ihr Leben, genauer: ihr Verhältnis zu einem Mann, selbst bestimmen. Sie beginnt ein Verhältnis mit dem Sohn des benachbarten wohlhabenden, auch als afrikanischer Vertreter für einen internationalen Konzern in Kenia wirkenden Unternehmers, bei dem ihr Vater als Vorarbeiter angestellt ist, in der Erwartung, dass der junge Mann sie heiratet. Die Unternehmerfamilie lehnt höhnisch eine Ehe mit einer Frau aus einer armen Familie ab. In langen, vielfach chorisch vorgetragenen Passagen wird an den Kampf gegen die britische Kolonialmacht erinnert, die beide Familien gleichermaßen hart unterdrückte. Jetzt trennt sie eine tiefe Kluft. Der Vater verliert durch Einwirkung des Unternehmers sein kleines Stück Land, das er im Zuge der Unabhängigkeit bekommen hat. Die junge Frau geht in die Großstadt, wo sie ihren Lebensunterhalt in einer Bar und sehr wahrscheinlich auch durch Prostitution zu verdienen sucht (Ngugi wa Thiong'o und Ngugi wa Mirii 2002).

5 Entwicklungsphasen der afrikanischen Dramatik am Beispiel Ebrahim Husseins

Die spezifische ästhetisch-dramaturgische Kreativität des modernen afrikanischen Dramas und seine Schwierigkeiten, die vertrackt-mehrdimensionalen, äußerst konfliktreichen afrikanischen Realitäten kritisch zu verhandeln, lassen sich eindrucksvoll an den verschiedenen Phasen des künstlerischen Schaffens Ebrahim Husseins, des Swahili schreibenden, bedeutendsten Stückeschreibers Tansanias, bisher wohl auch ganz Ostafrikas (Tansania, Kenia, Uganda), ablesen (Fiebach 1997; Ricard 1998; Fiebach 2003). Seine zwei ersten Arbeiten (1966/1967), an dem konventionellen europäischen ‚aristotelischen' Modell ausgerichtet, behandeln Probleme zwischenmenschlicher Beziehungen, besonders Konflikte zwischen den modern gebildeten Jungen und den Alten, die tradierte kulturelle Haltungen speziell der Swahili-Moslems zäh verteidigen. Wenig später wendet er sich Brechts Dramaturgie zu. Sein Stück *Kinjeketile* (1969) über den Maji-Maji-Krieg 1905–1907, den ersten großen Aufstand gegen den europäischen Kolonialismus in Ostafrika, in dem tausende Afrikaner abgeschlachtet wurden, hat eine offene Struktur mit episodischen Sequenzen, schließt Tanz, Musikalisches und demonstrativ direkte Publikumsadressen ein. Es ist das einzige von ihm selbst auch in einer englischen Fassung vorgelegte Stück (Hussein 1974).

Seine drei weiteren Theatertexte suchen zwischen 1971 und 1981 in metaphorisch andeutenden, episch-‚verfremdenden' oder mit der Vorhangbühne anti-illusionistisch spielenden Darstellungsweisen das höchst komplizierte Konflikthafte vor allem für die Individuen und deren zwischenmenschliche Beziehungen im Kontext zerstörerischer afrikanischer Realitäten darzulegen. *Kwenye Ukingo wa Thim* (dt. *Am Rand von Tim*, 1988), sein bisher letztes veröffentlichtes Stück, erinnert in der Anwendung des europäischen Aristoteles-Modells an die Dramaturgie der naturalistischen Phase Strindbergs und Tschechows und rechnet mit den ‚illusionistischen' Techniken der Vorhang-Bildbühne ab (Hussein 1988), von der die hier vorgestellte Dramatik ihren Ausgang nahm.

Dieser Beitrag greift in Teilen zurück auf: Joachim Fiebach, *Welt Theater Geschichte. Eine Kulturgeschichte des Theatralen*, Berlin 2015, mit freundlicher Erlaubnis des Verlags Theater der Zeit, Berlin; sowie auf: Joachim Fiebach, *Die Toten als die Macht der Lebenden. Zur Theorie und Geschichte des Theaters in Afrika*, Berlin 1986.

Kati Röttger
III.1.5.2 Lateinamerika

1 Einleitung

Die Geschichte des Dramas in Lateinamerika wird in der Fachliteratur als dramatische Geschichte *sui generis* dargestellt (D. Taylor 1991; D. Taylor und Townsend 2008b), da sie eine Symbiose mit kolonialer Gewalt und ihren postkolonialen Folgen bildet. Das am Drama orientierte Theater wurde erst mit der Eroberung durch die Spanier ab 1492 auf dem Kontinent eingeführt und spielte seit dem 16. Jahrhundert als Mittel zur Christianisierung der indigenen Bevölkerung eine besonders aktive Rolle im Prozess der Kolonialisierung (Adler 1982). Theater und Drama bildeten somit einen unabdingbaren Bestandteil der gewaltsamen Akkulturation der Einwohner jenes geographischen, historischen und kulturellen Territoriums, das seit 1836 nicht mehr ‚Neue Welt' oder *Las Américas*, sondern ‚Lateinamerika' genannt wird (Chevalier 1836; Rinke 2010). María Sten fasst diesen Problemzusammenhang in ihrer Studie über *Vida y muerte del teatro náhuatl* am Beispiel von Mexiko in einem pointierten Satz zusammen: „Was das Schießpulver für die militärische Eroberung Mexikos bedeutete, war das Theater für die geistige Eroberung" (Sten, 1982, 14; Übers. K. R.). Aus dieser Perspektive haben die klassischen poetischen und ästhetischen Kategorien des europäischen Dramas in Lateinamerika nur bedingt Gültigkeit und müssen im Sinne einer postkolonialen Kritik auf den Prüfstein gestellt werden – einer Kritik, die in der lateinamerikanischen Dramatik selbst bereits vorweggenommen wurde, wie der vorliegende Beitrag zeigen wird.

Die Frage nach den Grundformen des Dramas in Lateinamerika muss daher den Doppelsinn von Drama mit einschließen: einerseits als metaphorische Beschreibungskategorie traumatischer oder konfliktgeladener Ereignisse (hier im Sinne des Dramas der Kolonisation) und andererseits als Genrebezeichnung einer besonderen Form des Textes, der Bühnenvorgänge präfiguriert (hier die Form des Dramas als Bestandteil der Kolonisation). Aus diesem Grund sind in einer zusammenfassenden Darstellung von dramatischen Formen in Lateinamerika die besonderen poetologischen Spuren der Gewalt, die die Dramengeschichte in Lateinamerika prägen, ebenso zu berücksichtigen wie formale und inhaltliche Strategien der Aneignung, der Hybridisierung des Widerstands gegen Formelemente des Dramas, die zwar in Europa vorgeschrieben, aber in Lateinamerika immer wieder de- oder neu konstruiert werden.

Diese Problematik beinhaltet verschiedene Teilaspekte, die im Vorfeld der folgenden Darlegung von ausgewählten dramatischen Strömungen und Werken erläutert werden müssen.

Einheit und Differenz

‚Lateinamerika' ist ein politisch-kultureller Begriff, der dazu dient, die spanisch- und portugiesischsprachigen Länder Amerikas von den englischsprachigen Ländern Amerikas abzugrenzen. In der heute üblichen Definition des Begriffs werden zu ‚Lateinamerika' daher die 26 Länder gezählt, in denen das Spanische und das Portugiesische vorherrschen. Dazu gehören die Länder Südamerikas (wie etwa Chile, Brasilien, Argentinien, Venezuela, Bolivien), Zentralamerikas (z. B. Costa Rica, Nicaragua, Puerto Rico), Mexiko und die spanischsprachigen Gebiete der Karibik. Obwohl diesen Ländern die Sprache, die koloniale Geschichte, die geopolitischen Realitäten und viele kulturelle Praktiken gemeinsam sind und sie daher oft als Einheit gefasst werden, ist Lateinamerika keine stabile Größe. Die hegemonial gezogenen Grenzen täuschen nicht nur über die Instabilität des noch relativ jungen historischen Konstrukts ‚Lateinamerika' hinweg, sondern auch über die Differenzen zwischen den Ländern sowie die kulturelle und ethnische Heterogenität, von der die einzelnen Nationen jeweils geprägt sind. Die Mischung zwischen indigenen, europäischen und afrikanischen Einflüssen (für die Begriffe wie ‚Hybridität', *mestizaje* oder auch ‚Kreolisierung' bemüht werden) einerseits und die regionalen wie nationalen Differenzen andererseits gehören zu den prägnantesten Zügen der Kolonialgeschichte. Dieses besondere Gepräge gilt auch für die Theaterkulturen (Villegas 1988, 58; Gómez-Peña 1993). Dem argentinischen Dramatiker Osvaldo Dragún zufolge wird daher die Aufführung eines Stückes aus einem benachbarten lateinamerikanischen Land oft als befremdender erfahren als die eines europäischen Stückes (Dragún 1987, 25).

Vor diesem Hintergrund stellt sich die Frage nach der Auswahl relevanter Dramenbeispiele, die einem Überblicksartikel Rechnung tragen können. Denn kein Drama repräsentiert ganz Lateinamerika. Umgekehrt ist es weder möglich, die Dramatik eines jeden einzelnen Landes, noch den gesamten Zeitraum der 500-jährigen Dramengeschichte Lateinamerikas zu würdigen. Deshalb wird im Folgenden eine punktuelle Auseinandersetzung mit Theaterstücken vorgenommen, an denen beispielhaft charakteristische Formelemente aufgezeigt werden können; diese beziehen sich auf übergeordnete Kategorien wie das Drama der Gewalt, die Ästhetik des Spiels oder die Strategien der Theatralität.

Krise der Repräsentation

Eine Darstellung der Typologie des Dramas in Lateinamerika muss die Geschichte der Zerstörung und Unterdrückung einheimischer präkolumbischer Theaterformen miteinbeziehen. Denn die Spanier brachten nicht *das* Theater nach

Lateinamerika, sondern *ihr* Theater. Präkolumbische Völker wie die Nahua, Inka und Maya waren als Theaterstaaten organisiert, in denen das Spektakel keine Macht repräsentierte, sondern ausübte, indem es durch Rituale, Festivals und Zeremonien eine Verbindung zwischen sozialer und kosmischer Ordnung herstellte (D. Taylor 1991, 23–25). Diesen bereits eingeübten Habitus des Spektakels machten sich die Kolonisatoren zunutze, indem sie die Indigenas anhielten, Mysterienspiele, Pastoralen oder Autos sacramentales aufzuführen, um ihnen den christlichen Glauben aufzuzwingen. Bevor die große Mehrheit der indigenen Bevölkerung aufgrund von Krankheiten und Gewaltakten gegen Ende des 16. Jahrhunderts ausgelöscht war, hatten die Indigenas ihrerseits die religiösen performativen Praktiken genutzt, um ihre eigenen Legenden, Mythen, Tänze und Gesänge in die fremden Zeremonien hineinzuschmuggeln und somit teilweise zu bewahren.

Das Ende der Kolonien im 19. Jahrhundert bedeutete nicht das Ende der Kolonisation. Lateinamerika blieb in der Folge das ökonomisch wie kulturell unterlegene und ausgebeutete Andere eines hegemonialen Europas, das auch die intellektuelle Definitionsmacht behielt. So hat auch im 20. Jahrhundert eine große Zahl der Theaterautorinnen und -autoren eine Ausbildung in Europa genossen. Wenn im Zuge dessen die europäischen Normen der Poetik die Dramenproduktion in Lateinamerika geprägt haben, bedeutet das jedoch nicht, dass die Dramen an deren Regeln gemessen werden können. Vielmehr spiegeln sie die Krise der Repräsentation wider, die mit dem geschichtlichen Verlust einer eigenen Sprache, der Erfahrung der radikalen Fremdheit und der Ausgrenzung einhergeht (dazu Spivak 2000). Diese Krise bildet einen immer wiederkehrenden Topos der Dramenliteratur und zeichnet sich in metatheatralischen, zitathaften, – man könnte sagen – postmodern anmutenden dramatischen Formelementen ab, die auch als Ausdruck der ‚anderen' gesellschaftlichen Realitäten zu lesen sind.

Marginalisierung

Trotz der Vielzahl, des ästhetischen Reichtums, der Originalität und Qualität von Theater und Drama in Lateinamerika hat beides bis heute in der Rezeptionsgeschichte kaum Beachtung gefunden. Anders als Romane und Filme werden die Theaterstücke strukturell unterschätzt: Sie sind unterforscht und werden kaum aufgeführt (Röttger 1992, 11–13; D. Taylor und Townsend 2008a, xii). Die Gründe hierfür sind vielfältig: Neben der mangelnden finanziellen Infrastruktur für die Aufrechterhaltung eines kontinuierlichen Theaterbetriebs, der die Aufführung von Stücken befördert, ist vor allem die bis heute andauernde Marginalisierung lateinamerikanischen Theaters im internationalen (und daraus folgend auch im lateinamerikanischen) Theaterdiskurs zu nennen. Ob und wie die vielfältigen Theaterformen Lateinamerikas wahrgenommen und rezipiert werden, hängt in erheblichem Maße von den Urteilen von und der Verbreitung in einschlägigen westlichen Theaterzeitschriften ab. Im Grunde, so lässt sich beobachten, wird der Prozess der Kolonialisierung und Fortschreibung als das ‚Andere' entweder durch Nichtbeachtung oder Abwertung fortgesetzt. Selbst im Umkreis der nordamerikanischen Performance Studies, die durch Konzepte wie die Theateranthropologie (Schechner 2002) eine Öffnung des westlich geprägten Theaterbegriffs einleiteten, lässt sich diese folgenschwere Tendenz beobachten. Denn dass eine Forschungsreise von Richard Schechner und Joanne Pottlitzer nach Lateinamerika im Jahr 1968 einerseits zum Anlass genommen wurde, dem lateinamerikanischen Theater in einer Sondernummer der namhaften Zeitschrift *The Drama Review* (14.2 [1970]) den Stempel „a little bit backward" (Munk 1970, 33) aufzudrücken und gleichzeitig die erste englische Übersetzung von Textfragmenten aus Augusto Boals ‚Theater der Unterdrückten' (Boal 1970; Boal und Pottlitzer 1970) zu publizieren, hat die internationale theaterwissenschaftliche Rezeptionshaltung über Jahrzehnte überwiegend geprägt: Während Boal erhöhte Aufmerksamkeit zuteil wurde, blieben, so Drew Milne, 400 Jahre Theateraktivität unberücksichtigt (Milne 1992, 113). Mehr noch, sie wurden als inexistent eingestuft: „In the Latin America Richard Schechner visited, there is no theatre", hieß es im einleitenden *Drama-Review*-Kommentar, und: „There are some dead shapes moving about on proscenium stages" (Munk 1970, 33). In der Folge kennt zwar bis heute beinahe jeder Studierende der Theaterwissenschaft oder Performance Studies den Namen Augusto Boal, aber nahezu niemand die großen Dramatikerinnen und Dramatiker bzw. Theatermacherinnen und Theatermacher wie Enrique Buenaventura (1925–2003), María Irene Fornés (*1930), Carlos Solórzano (1919–2011), Denise Stoklos (*1950), Rafael Spregelburd (*1970) und viele Hunderte andere mehr (Floeck und Kohut 1993; Theater- und Mediengesellschaft Lateinamerika 1993–2004).

2 Kolonialgeschichte: Unterdrückung und Subversion im Medium des Theaters

Unter den Bedingungen der komplexen historischen Transkulturalitätsprozesse (Ortiz 1940), die das Theater in Lateinamerika hervorgebracht haben, ist es angemessener, dessen Geschichte als eine Geschichte der Mimikry (Bhabha 1994, 85–92; Franco 1996; Röttger 1999; Coronil 2008) zu begreifen, als eine Geschichte der „Imitation des europäischen Theaters" (Adler 1991, 7), wie häufig in Einführungen zum Theater in Lateinamerika zu lesen ist. Für eine dieser Problematik

Rechnung tragende Geschichtsschreibung kommt erschwerend hinzu, dass kaum Zeugnisse von performativen Praktiken oder Texten der indigenen und mestizischen Bevölkerungsgruppen erhalten geblieben sind. Dafür gibt es verschiedene Gründe: Die alphabetische Schrift als Leitmedium der Aufzeichnung wurde erst von den Spaniern eingeführt. Die präkolumbischen Völker praktizierten zwar Techniken der Verschriftlichung (Piktogramme, Hieroglyphen und Knotensysteme), diese dienten jedoch als Gedächtnisträger für die performativen, verkörperten Praktiken der Vermittlung von kollektiven Erinnerungen, Werten und Glaubensangelegenheiten (Rama 1996 [1984]). Die Auferlegung der Schriftkultur ging mit der Vernichtung der alten Kodizes und dem Verlust eigener Erzählweisen einher. Von nun an waren es die Spanier, welche die Macht der Repräsentation in (sehr vereinzelten) ethnographischen Darstellungen der kulturellen Praktiken der ‚Anderen' ausübten (Sahagún 1982 [1585]; D. Taylor 2003, 35–46). Eines der sehr wenigen erhalten gebliebenen Dramen vermittelt nicht nur annähernd eine Vorstellung von den Aufführungstraditionen der indigenen und mestizischen ländlichen Bevölkerung, sondern auch von den traumatischen Erfahrungen, die mit dem Verlust der eigenen kulturellen Techniken Hand in Hand gingen. Es handelt sich um *Das Ende Atahualpas* (für eine dt. Übers. [o. V.] 1982), einen Dialog, der, aller Wahrscheinlichkeit nach kurz nach der Conquista in Ketschua verfasst, von der Konfrontation zwischen dem Inka-König Atahualpa und dem spanischen Eroberer Francisco Pizarro im Jahr 1532 erzählt, die zum gewaltsamen Tod Atahualpas führte. Der Inka-König weigert sich, die Bibel anzunehmen, die ihm überreicht wird: Er schüttelt sie, hält sie sich ans Ohr und wirft sie schließlich auf den Boden, denn sie „spricht nicht zu ihm" (*The Tale of Atau Wallpa, a Tragedy*, zit. n. D. Taylor und Townsend 2008b, 60; Übers. K. R.). Bezeichnenderweise wird Pizarro hier stumm dargestellt, er bewegt nur die Lippen, während eine Übersetzerfigur, Felipe, für ihn die Rede führt. Von dem Stück existierten mehrere Versionen (die erhaltene wird Jesús Lara zugeschrieben), die immer wieder die Frage nach dessen Authentizität und Urheberschaft aufgeworfen haben. Als Genre des ‚gesungenen Tanzes' oder ‚Tanz der Conquista' (Millones 1999) bezeichnet – ähnlich wie das *Rabinal Achi* (in: D. Taylor und Townsend 2008b, 29–47), ein weiteres der wenigen schriftlichen Zeugnisse präkolumbischer Dramen –, muss diese Frage unbeantwortet bleiben, denn es lassen sich keine gesicherten Aussagen treffen, ob und in welcher Weise sich die in die genannten Dramen einfließenden präkolumbischen performativen Praktiken im Zuge der Eroberung verändert haben.

Gut belegt ist hingegen das dramatische Werk von Sor Juana Inés de la Cruz (1651–1691), das man für seine Zeit zwar als Ausnahme werten muss, das aber die hybriden Strategien, die spätere Theaterstücke kennzeichnen werden, vorwegnimmt. Sor Juana, geboren als Juana Asbaje y Ramirez de Santillana, war eine hochbegabte, autodidaktische, universalgelehrte Mestizin (Paz 1994, 16), die in jungen Jahren als Hofdame der Vizekönigin Marquise de Mancera an den Hof von Mexiko-Stadt geholt wurde. 1666 ging sie ins Kloster, um sich ihren wissenschaftlichen und schriftstellerischen Arbeiten widmen zu können, da sie als Frau in der strikt patriarchalisch organisierten, von der katholischen Kirche beherrschten Gesellschaft keinen Zugang zu offiziellen Bildungsstätten hatte (Lorenzano 2005). Neben Gedichten und Briefen verfasste sie Theaterstücke, u. a. *El divino Narciso* (für eine engl. Übers. siehe D. Taylor und Townsend 2008b, 87–93), das auf Betreiben ihrer damaligen Patronatin, der Vizekönigin María Luisa de Laguna, 1689 im Rahmen des Festes der leiblichen Anwesenheit Christi in der Eucharistie (Fronleichnam) zu didaktischen Zwecken aufgeführt wurde. Formal entspricht das Drama den damals üblichen, spanischen Genres Loa, ein kurzes einleitendes Stück zu einem längeren religiösen Hauptstück, und Auto sacramental, ein religiöses, allegorisches Theaterstück, das als Bestandteil der groß angelegten Fronleichnamprozessionen der spektakulären Demonstration der kirchlichen, politischen und militärischen Macht Spaniens diente. Auf den ersten Blick erscheint *El divino Narciso* nicht von dem damals üblichen Duktus dieser Stücke abzuweichen (Stroud 1993). Sieht man jedoch genauer hin, dann lässt sich auch in diesem Text die Vieldeutigkeit nachweisen, für die Sor Juana damals bereits bekannt und gefürchtet war. Denn die eucharistische christliche Zeremonie, im Auto sacramental mittels des Mythos von Echo und Narziss allegorisiert, wird in der vorangehenden Loa in einen direkten Zusammenhang mit der Eroberung gebracht. Gleich zu Beginn liest man folgende Regieanweisung: „Okzident, ein ritterlicher Indio mit Krone und, an seiner Seite, Amerika, eine edelmütige India, treten in indianischen Tuniken und Manteldecken auf und singen das *tocotín* [d. i. ein Lied in Nahuatl]. Sie setzen sich auf zwei Sessel. Von verschiedenen Seiten auftretend tanzen Indias und Indios, mit Federn und Trommelschellen in den Händen, ihre traditionellen Tänze" (Juana Inés de la Cruz 1992 [1689], 117; Übers. K. R.). Vor dem Hintergrund, dass die Heilige Inquisition damals strikt verboten hatte, einheimische Tänze während der Fronleichnam-Feierlichkeiten aufzuführen, ließ sich diese präkolumbische Szene wohl nur innerhalb des Handlungsrahmens des Stücks, das die Bekehrung der indigenen Bevölkerung durch die Spanier zum Christentum nacherzählt, rechtfertigen. Denn dem ‚falschen Treiben' der Einheimischen wird mit dem Eintreffen der Spanier in der Gestalt von Religion (einer spanischen Dame) und Zeal (einem spanischen General) ein Ende bereitet. Dennoch sind die vier Teile des Stückes so aufgebaut, dass die Argumente beider Seiten gleich gewichtet werden. In einer ironischen Wendung scheint sich der Bekehrungsauftrag von Religion und Zeal verkehrt zu haben, wenn alle am Schluss das Loblied auf den Gott des Mais (ein Konglomerat aus verschiedenen aztekischen Göttern) singen, das das Auto sacramental einleitet;

mit diesem kommen die Spanier dem Wunsch der Azteken nach, den christlichen Gott sehen zu dürfen, bevor sie an ihn glauben. Für ihren gewagten Entwurf einer allegorischen euro-amerikanischen Kosmologie wurde Sor Juana 1694, vier Jahre nachdem das Stück in Madrid publiziert worden war, von der Inquisition gezwungen, mit ihrem eigenen Blut einen Vertrag zu unterschreiben, mit dem sie einwilligte, auf all ihre publizistischen und wissenschaftlichen Aktivitäten zu verzichten (Pizzato 2011, 150–152).

3 Nationale Theaterentwicklungen und Modernisierungsschübe im 20. Jahrhundert

Obwohl sich die meisten lateinamerikanischen Länder bereits ab Beginn des 19. Jahrhunderts ihre politische Unabhängigkeit erkämpft hatten, setzte der Modernisierungsschub in der Dramenliteratur erst in der ersten Hälfte des 20. Jahrhunderts im Zuge von Urbanisierungsprozessen ein. In vielen Ländern spielte das Theater bei den damit einhergehenden nationalen Versuchen einer Neudefinition eine nicht unwesentliche Rolle, wenn auch auf unterschiedliche Art und Weise. Während in Chile und Argentinien Autoren wie Antonio Acevedo Hernández (Chile, 1886–1962), Germán Luco Cruchaga (Chile, 1894–1936), Armando Discépolo (Argentinien, 1887–1971) und Francisco Defilippis Novoa (Argentinien 1890–1930) in Anknüpfung an ländliche Volkstheatertraditionen neue kostumbristische bzw. grotesk komische Genres wie das Grotesco criollo oder Género chico kreierten, mit denen sie in erster Linie auf meist humoristische und volkstümliche Weise soziale Probleme der Arbeiter, Bauern und europäischen Einwanderer thematisierten (Floeck und Kohut 1993, 119–129), knüpften mexikanische Autoren an die spanischen Traditionen des Sainete (komischer Einakter mit musikalischen Einlagen) oder Auto sacramental an (Adler 1993); so etwa Rodolfo Usigli (1905–1979) mit seinem Stück *El gesticulador* (1937), in dem das deformierte Selbstbild eines mexikanischen korrupten Geschichtsprofessors als Folge der Kolonialgeschichte in einer tragisch-metatheatralischen Formensprache und als Spiel zwischen Fiktion und Realität dargestellt wird. Auch der brasilianische Autor Oswald de Andrade (1890–1954) stellt die Fiktionalität der politischen Realität ins Zentrum seines Stückes *O rei da vela* (dt. *Der Kerzenkönig*). 1933 geschrieben und 1937 im Jahr des Ausrufs des totalitären ‚Neuen Staates' in Brasilien veröffentlicht, wurde es wegen eines damaligen Aufführungsverbots erst 1967 auf die Bühne gebracht. De Andrade, einer der Protagonisten des brasilianischen *modernismo*, machte sich vor allem einen Namen als Autor des 1928 veröffentlichten *Manifesto antropófago*. „Tupi or not tupi, that is the question": Dieser viel zitierte Satz aus dem

Menschenfressermanifest formuliert die Existenzfrage Hamlets mit Bezug auf die Tupi-Indianer zur Existenzfrage eines modernen Brasiliens um. Es kennzeichnet stellvertretend die eingeforderte Ästhetik des buchstäblichen Verschlingens der Kultur der Kolonisatoren, um der kulturellen Abhängigkeit Brasiliens eine Alchimie der Transformation in ein Drittes entgegenzusetzen. *Der Kerzenkönig* lässt sich als performativer Kannibalismus beschreiben: Das Drama transformiert Alfred Jarrys *Ubu roi*, selbst ein groteskes Remake von Shakespeares *Macbeth*, in eine brasilianische Version des Stücks, indem es die totalitäre Politik des damaligen brasilianischen Präsidenten Getúlio Vargas an den Pranger stellt (Andrade 1996 [1933]). In einem Amalgam verschiedener Stile wie der brasilianischen *revista* (Revue), der Biomechanik und Anleihen an den Film handelt es vom „Aufstieg und Untergang des skrupellosen Wucherers Abelardo", der als Abelardo I. „den Rückschritt im Zeichen des US-amerikanischen Kapitals" unterstützt, als sein eigenes Alter Ego Abelardo II. jedoch – im Kostüm des Löwendompteurs mit Peitsche – sozialistischen Ideen nachhängt (Thorau et al. 1996, 7).

Das Aufführungsjahr des Stücks kennzeichnet den Zeitraum des zweiten Modernisierungsschubs des Theaters im 20. Jahrhundert. Er wurde ausgelöst von den mit der erfolgreichen kubanischen Revolution 1959 einhergehenden Hoffnungen auf eine politische Selbstfindung des Kontinents und die Befreiung aus der kulturellen und ökonomischen Abhängigkeit, die allerdings von der ab 1964 einsetzenden Welle von Militärdiktaturen auf dem ganzen Subkontinent brutal zunichte gemacht wurden. Diese Zeit des Umbruchs, der politischen Gewaltexzesse und der extremen gesellschaftlichen Krisen war mit einer bis dahin ungekannten qualitativ und quantitativ hohen dramatischen Produktivität verknüpft. Wesentliche Impulse gingen u. a. von dem kubanischen Dramatiker José Triana (1931–2018) aus. Als Gründungsmitglied der Unión de Escritores y Artistas de Cuba war er am vorrevolutionären Widerstand aktiv beteiligt und wurde über Kubas Grenzen hinaus bekannt für Stücke wie *El Mayor General hablará de Teogonía* (1959) und *Medea en el espejo* (1960). 1964 schrieb er *La noche de los asesinos* (dt. *Die Nacht der Mörder*), das 1965 mit dem Preis Casa de las Américas ausgezeichnet wurde und – in 21 Sprachen übersetzt – als eines der wenigen lateinamerikanischen Stücke große Aufmerksamkeit im Ausland erfuhr. Obwohl das Stück für das kubanische Theater neue Maßstäbe gesetzt hat, musste Triana Kuba verlassen, weil dem Text antirevolutionäre Tendenzen vorgeworfen wurden. Das Anliegen des Stücks ist es jedoch gerade, die Komplexität der revolutionären Situation von innen heraus zu untersuchen. Protagonistinnen und Protagonisten des Zweiakters sind die drei mittlerweile erwachsenen Kinder Lalo, Cuca und Beba. Sie spielen dreimal in unterschiedlichen Variationen Lalos Mord an ihren eigenen Eltern durch. Die Dramaturgie des Stücks lässt offen, ob es sich hier um ein Ritual, ein Spiel, ein Reenactment, einen *danse macabre* oder eine Probe zur

Revolution handelt. Es steht aber fest, dass ein Theater der Revolution aufgeführt wird, das soziales und dramatisches Handeln in einen direkten Dialog miteinander bringt.

Im Zuge dieser Entwicklungen entstand ein sogenanntes Neues lateinamerikanisches Theater (Rizk 1987), das einerseits durch kollektiv entwickelte Aufführungen zu lokalen Themen ein neues, nicht-elitäres Publikum gewinnen wollte (Röttger 1992; Atzpodien 2005). Andererseits manifestierte sich ein ‚Theater der Krise' (D. Taylor 1991), das auf den Zusammenbruch des Wertegefüges und die subjektive Erfahrung von Desorientierung im Zuge der Repression der totalitären Regime reagierte. Die Stücke sind gekennzeichnet von einer Dramaturgie der Gewalt, der Aufhebung bzw. Desintegration von Zeit, Raum und Handlung und dem Zusammenbruch von Referenzsystemen: „The theatre of crisis is fragmented, inconclusive. It offers no resolution, no restorative harmony, no cathartic relief" (D. Taylor 1991, 57). So ist z. B. in Griselda Gambaros Stück *El Campo* (1967) der Ort der Handlung schon im Titel nicht klar auszumachen, denn *campo* bedeutet nicht nur ‚Lager', sondern auch ‚auf dem Land'. Zwar enthält das Stück Elemente, die unzweideutig darauf hinweisen, dass es sich um ein Konzentrationslager handelt: Franco, der Lagerleiter, trägt eine blitzblanke SS-Uniform. Aber das könnte auch eine Verkleidung sein. Emma, eine Pianistin, die sich zur Erholung auf dem Lande wähnt, wird von Franco gequält und erniedrigt, hält ihn aber für ihren Beschützer. Martin, Anwärter auf eine neue Stelle im Lager, will Emma von der Realität der Unterdrückung überzeugen, wird aber immer mehr in die verwirrende Ambivalenz der Situation hineingezogen wie in ein Labyrinth, aus dem es auch für ihn kein Entkommen gibt. Ebenso wie Gambaros *Las paredes* (1963) und *Los siameses* (1965) oder Eduardo Pavlovskys *La espera trágica* (1960) in Argentinien, Emilio Carballidos *El día que se soltaron los leones* (1962) und *Yo también hablo de la rosa* (1965) in Mexiko, Enrique Buenaventuras *Los papeles del infierno* (1968) in Kolumbien oder Egon Wolffs *Flores de papel* (1970) in Chile (und viele andere mehr) dramatisiert Gambaros *El Campo* das Theater der Krise in der „fleckenlosen Logik des realistischen Alptraums" (Carballido 1970, 633; Übers. K. R.) – eine Logik, aufgrund derer diese Stücke immer wieder fälschlicherweise dem (europäischen) Theater des Absurden zugeordnet wurden (Röttger 2002, 179).

4 Theatralität und Gewalt

Tatsächlich bedienen sich diese Stücke der Formen des europäischen Dramas (vom Theater der Grausamkeit bis zum Dokumentartheater) in einer eklektischen, fragmentarischen, zitathaften Weise, in einer Art Zertrümmerungsgestus, der ein unheimliches Drittes hervorbringt, in das die Folgen der Gewalt, der Repression und Kolonisation auch formal eingeschrieben sind. Diese Dramaturgie der Gewalt, der Zertrümmerung, der Dekomposition und des Spiels setzt auf eine Theatralität, die die Mechanismen des Theaters so hervorhebt und verbirgt, dass die Theatralität der (dekolonialisierten) Wirklichkeit aufgezeigt wird. Denn Theatralität bedeutet weder nur Verstellung noch lediglich das, was wir im Theater sehen. ‚Theatralität' reguliert Sehen und Wahrnehmung; der Begriff ist dann wirksam, wenn Unsichtbares und Sichtbares, Wahrheit und Lüge oder Wirklichkeit und Fiktion im Verhältnis zueinander als Konstruktionen kenntlich gemacht werden.

Dieser Grundgestus der Theatralität bestimmt auch die Dramatik der postdiktatorischen und sich globalisierenden Gesellschaften seit den späten 1980er Jahren bis heute. Die damit verbundenen „Spiele des (Un)sichtbaren" (Dupré 2010) kennzeichnen die *nueva dramaturgia* (Zayas de Lima 1997; Marín 2014) in vielfältiger Weise. Seien es die Stücke von Jesús Gonzáles Dávila (1940–2000), Sabina Berman (*1955), Humberto Leyva (*1966) in Mexiko, von Marco Antonio de la Parra (*1952), Ramón Griffero (*1954) oder Manuela Infante (*1980) in Chile, Verónica Ochoa (*1981), Felipe Vergara (*1971) oder Jorge Hugo Marín (*1981) in Kolumbien, von Denise Stoklos oder Antonio Araujo (*1966) in Brasilien und von Daniel Veronese (*1955), Alejandro Tantanian (*1966), Diana Raznovich (*1945) oder Beatríz Catani (*1955) in Argentinien: Für alle gilt in unterschiedlichster Art, was der argentinische Dramatiker Rafael Spregelburd als Beitrag des Theaters zu einer neuen Politik der Wahrnehmung beschreibt, die sich „den von den Machtinteressen gefälschten Sichtweisen der Realität verweiger[t]". Das Anliegen besteht darin, „zu demaskieren, dass das, was wir für wirklich halten, nur eine Version der Wirklichkeit ist, die sich uns – von der herrschenden Grammatik der Macht legitimiert – als die einzig gültige Version darstellt" (Spregelburd 2010, 48).

Ein abschließendes Beispiel mag und muss im gegebenen Rahmen genügen, um zu zeigen, inwieweit diese Dramatik keine „Metaphern über die Wirklichkeit erfindet" (Spregelburd 2010, 48), sondern die Wirklichkeit um weitere Verfahren von Weltaneignung ergänzt. Manuela Infantes Stück *Cristo* (2008), das, wie häufig in der lateinamerikanischen Theaterpraxis, auf der Basis kollektiver Improvisationen entstanden ist, entspinnt sich vollständig im Modus von Repräsentationskrisen: Ein Probenprozess, der die Suche nach der Darstellung der Figur und der Geschichte von Jesus Christus zeigt, scheitert am Mangel eines echten Bildes. Es ist kein religiöses, sondern ein wissenschaftliches Interesse, das diese Suche vorantreibt. Denn den Fokus der Darstellung bildet die fortwährende Befragung des Darstellungsmodus während der Darstellung selbst, um die ‚richtige' Darstellung zu finden, die es am Ende nie geben wird. Während die Dialoge ein ständiges Durchbrechen der Repräsentation suggerieren, indem die Schauspielerinnen und Schauspieler auf ihrer Suche sich immer wieder selbst zu spielen scheinen, erweist sich gegen Ende des Stücks, dass die scheinbar improvisierten Szenen genau einstudiert sind, exakte Wiederholungen eines nur vermeintlichen Probenprozesses sind, der minutiös in Text und (gefilmtem) Bild festgelegt und aufgezeichnet wurde. Das Stück präsentiert somit eine in sich zirkulierende Repräsentationskette, die – wie die postkoloniale Wirklichkeit – der Krise der Repräsentation verhaftet bleibt.

Andreas Regelsberger
III.1.5.3 Japan

1 Nō-Theater

Im 14. Jahrhundert beginnt sich die älteste professionelle Theatergattung Japans unter dem Namen *sarugaku* herauszubilden, welche heute als Nō bekannt ist. Die Entstehungszeit dieser Gattung ist von großen sozialen und kulturellen Veränderungen geprägt, die auf der Konsolidierung der Macht des Schwertadels, des Shogunats, basieren. Dabei spielt der Wechsel in der Organisationsform der Schauspielergruppen eine entscheidende Rolle: Die ehemals unter der Ägide der buddhistischen Klöster stehenden gildenähnlichen Truppen (*za*) gelangen unter die Schirmherrschaft des Shogunats (Ortolani 1995 [1990], 86). Es entsteht eine neue, literarisch ausgeformte Theatergattung, die mit musikalischen und choreographischen Strukturen eine Einheit bildet. Durch die Aufnahme des Nō-Theaters in das Zeremonialwesen des Schwertadels (*shikigaku*) kann sich die Gattung weiter etablieren (Rath 2006, 215). Nach anfänglichen Schwierigkeiten mit der beginnenden Moderne im ausgehenden 19. Jahrhundert durch den Wegfall des Shogunats als zentraler Mäzen erschließt sich das Nō-Theater durch ein umfangreiches Amateurwesen eine neue Existenzgrundlage (Ortolani 1995 [1990], 107). Parallel dazu werden im aufkeimenden Nationalismus die ethischen Codes des Nō-Theaters in identitätsstiftende nationale Diskurse (*nihonron*) überführt. Eine hoch spezialisierte, teils selbst praktizierende Gemeinschaft sichert den Fortbestand des Nō-Theaters und stellt den überwiegenden Teil seines Publikums (Rath 2006).

Die zentrale Rolle in der Entwicklung der Gattung zu einer elitären Kunstform fällt dem Schauspieler, Autor und Theoretiker Zeami Motokiyo (ca. 1363–1443) zu, der im Knabenalter vom gemeinen Schauspieler zum persönlichen Favoriten und Intimus des Shoguns Ashikaga Yoshimitsu (1358–1408) avanciert und dadurch in die Praktiken höfischer Künste eingeführt wird. Zeami verbindet im Nō volkstümliche Theaterelemente mit anspruchsvollen Formen höfischer Künste wie der klassischen *waka*- und der moderneren Kettendichtung (*renga*) (Rath 2004, 75). Dadurch gewinnt das lyrische Element, das die bewusste Abwendung von der üblichen Konvention mimetischer Darstellung auf der Bühne unterstreicht, innerhalb der Gattung eine zentrale Stellung. Die Stücke weisen eine Tendenz zum Monodrama auf. Insgesamt wird das Nō ernster, wobei humoristische Elemente in der Schwestergattung Kyōgen erhalten bleiben, die erst seit dem 17. Jahrhundert in einer künstlichen Bühnensprache schriftlich überliefert wird (Scholz-Cionca 1998). In den Tagesprogrammen, in denen verschiedene Dramen hintereinander zur Aufführung kommen, taucht das Kyōgen noch heute zwischen einzelnen Nō-Stücken zur Erheiterung auf.

Theater- und Dramentheorie des Nō

Zeami verfasst zahlreiche theoretische Schriften und greift auf rhetorische Strukturen und die Terminologie höfischer Disziplinen zurück, lässt aber in der Vielfalt der Ansätze die Traktate der *waka*-Poesie oder Kettendichtung weit hinter sich. In seinen Traktaten geht Zeami u. a. auf Fragen zu Ursprung und Geschichte der eigenen Gattung ein, formuliert Ansätze zu einer Theorie der Schauspielkunst, Überlegungen zu einer Dramentheorie sowie Anleitungen zum Verfassen von Stücken; es finden sich Ausführungen zu Musik und Tanz und Grundzüge einer Ästhetik der Aufführung sowie einer Wirkungsästhetik zwischen Schauspieler und Publikum (Benl 1986; Rimer 1984; Quinn 2005). Der Fluchtpunkt seiner Poetik wird durch die Idee des ‚Weges' markiert – eine übergreifende Metapher für professionelles Werden, die im mittelalterlichen Japan alle kunstbezogenen Diskurse beherrscht. Der ursprünglich religiös besetzte Begriff (chin. *dao*, jap. *michi*, in Komposita *dō*) erhält in den Nō-Traktaten eine Fülle neuer Konnotationen und versteht den Lebenslauf als professionelle Reifung oder Erleuchtung durch die praktizierte Kunst (Hammitzsch 1957; Rimer 1984, xxi).

Die Theorie der Schauspielkunst bedient sich einiger wirkungsästhetischer Begriffe, die zumeist religiösen oder ästhetischen Diskursen der Zeit entstammen, doch mit neuen und variablen Nuancen versehen sind: *hana* (die Blüte), *mezurashiki* (das Spannende, das überraschend Neue) und *shoshin* (die unvoreingenommene, frische Geisteshaltung) (Rimer 1984, xxxiv). Über die realistisch nachahmende Darstellung (*monomane*) setzt Zeami das den Poetologien entliehene normative Prinzip *yūgen*, mit dem er den elitären Anspruch der neuen Gattung anmeldet: Die Bedeutungsbreite des Begriffs in seinen Schriften reicht von ‚eleganter Erscheinung' bis hin zu ‚tiefgründiger Anmut' (Quinn 2005, 43; Scholz-Cionca 2005). Der Entwicklung von Charakteren oder Personentypen misst er entsprechend weniger Gewicht bei: *monomane* tritt hinter die zwei Hauptmedien Gesang und Tanz zurück. Die Verinnerlichung des Rollentyps ist folglich wichtiger als die mimetische Darstellung – dies schlägt sich beispielhaft in stark reduzierter Gestik (‚Bewege den Geist zu zehn Teilen, den Körper zu sieben Teilen') bis hin zum Gebot des ‚Nicht-Agierens' nieder. Diese Ansprüche einer minimalistischen Kunst werden in Traktaten von Zeamis Nachfolger, Komparu Zenchiku (1405–1470), verstärkt (Thornhill 1993). Wirkungsästhetik nimmt in Zeamis Denken einen zentralen Platz ein: Er situiert das theatrale Ereignis in der ständigen Interaktion von Schauspieler und Publikum (Rath 2006).

Im Laufe der Jahrhunderte entfernt sich die Spieltechnik allmählich vom Gebot der Flexibilität und Geistesgegenwart und entwickelt ein System von konventionalisierten, stereotypen Formen (*kata*, die Bewegungseinheiten), das in späteren Phasen zur hieratischen Starre tendiert.

Nō-Stücke

Zeamis große Leistung ist die Erschaffung einer neuen Dramenform, in der die lineare Handlung durch poetisch-musikalische Strukturen abgelöst wird: das zweiteilige gattungsprägende Traumspiel (moderner Terminus: *mugen-nō*) (Quinn 2005, 118). Eine konventionelle Rahmenhandlung folgt dem Schema eines Offenbarungsrituals: Ein wandernder Mönch (der männliche Deuteragonist, genannt *waki*) erreicht auf seiner Pilgerreise einen bedeutungsvollen Ort, an dem er im Traum eine Offenbarung erfährt. Dramatischer Eckpunkt ist sein Zusammentreffen mit einer unbekannten Person: einem Geist des Ortes oder einer verstorbenen, mit diesem Ort verbundenen Person (die Protagonistenrolle, genannt *shite*). Das Drama erschöpft sich in der allmählichen Preisgabe der Identität dieser geheimnisvollen Figur: Nach kryptischen Anspielungen im Dialog mit dem Mönch verschwindet der oder die Unbekannte, um sich im zweiten Teil des Nō in veränderter, nunmehr ‚wahrer' Gestalt im Traum des Mönchs zu offenbaren (in lyrischem Gesang und im Tanz). Diese zwei asymmetrischen Figurenkategorien können flankiert sein von Begleitpersonen, genannt *tsure*, während ein im 16. Jahrhundert entwickelter Chor aus acht Personen poetische Teile der Zeilen des *shite* übernimmt.

Voraussetzung für die Wirkung des Stücks ist der hohe Bekanntheitsgrad des Helden und seiner Geschichte, in Zeamis Worten: die vertraute literarische Quelle (*honzetsu*) (Quinn 2005, 386). Im Epiphanie-Szenario wird die Einheit von Zeit und Ort vorausgesetzt. Das Nō-Repertoire zeichnet geradezu eine literarische Topographie des klassischen Japan nach, die in Knotenpunkten des poetischen Gedächtnisses verankert ist.

Der Text wird in eine fünfgliedrige, poetisch-musikalische Progression *jo-ha-kyū* (in etwa: feierlicher Auftakt, ausgearbeitetes Mittelstück, *finale furioso*) eingefügt, wie sie in der höfischen Kunst bereits formuliert wurde. So bietet das Drama ein Nebeneinander heterogener Elemente: konventionelle Prosapartien und stereotype Dialogpassagen stehen neben lyrischen ‚Arien' und Chorgesängen, die sich an klimaktischen Stellen zu hoch komplizierten sprachlichen Gebilden verdichten (Takemoto 2008). Diese lyrischen Partien weisen die ganze Spannbreite klassischer und mittelalterlicher prosodischer Formen auf. Semantisch ‚verwandte Wörter' (*engo*) und Varianten von Paronomasie (*kakekotoba*) befördern die Vieldeutigkeit und Doppelbödigkeit des Textes; leitmotivisch eingesetzte

Metaphern steuern die Entwicklung des Dramas und ersetzen eine lineare Handlung (Quinn 2005, 193).

Das Beharren auf Verdichtungen und Anspielungen, die die lineare Narration ersetzen, hat knappe, konzentrierte Texte hervorgebracht, deren Aufführungen zu Zeamis Zeit kaum über 25 bis 30 Minuten hinausgingen. Ursprünglich umfassten Tagesprogramme bis zu 25 Stücke, zu denen die Kyōgen-Zwischenspiele hinzukamen, doch hat sich später eine exemplarische Abfolge von fünf kategorisierten Stücken entwickelt. Das standardisierte Repertoire der fünf Nō-Schulen enthält heute fast ausschließlich Stücke, die vor 1600 komponiert wurden, bei einer Gesamtzahl von über 3.000 existierenden Texten aus verschiedenen Epochen.

2 Puppentheater

Im Zuge der sozioökonomischen Veränderungen in der Übergangsphase vom Mittelalter zur Frühen Neuzeit, also Ende des 16., Anfang des 17. Jahrhunderts, entsteht das Kabuki- und Puppentheater vor dem Hintergrund der zunehmenden Verstädterung und dem damit einhergehenden Anstieg des Handels (Keene 1990; Leims 1990; Regelsberger 2011). Beide kommerziell geprägten Kunstformen teilen sich dasselbe Publikum, das zu einem Großteil aus der neu entstandenen Schicht der Kaufleute besteht. Das traditionelle japanische Puppentheater setzt sich aus den Elementen Vortragskunst, Musik und Puppenspiel zusammen, die sich Ende des 16. Jahrhunderts vereinigen. Die Verbindung von monodischem Vortrag (Jōruri) und instrumentaler Begleitung auf dem erst im 16. Jahrhundert in Japan aufkommenden Saiteninstrument Shamisen erweist sich als sehr erfolgreich und etabliert ein Genre, das aus der Rückschau als ko-jōruri (altes Jōruri) bezeichnet wird. In den folgenden zweihundert Jahren erlebt das Puppentheater (Jōruri, später auch Bunraku) seine Blütezeit. Im Jahre 1684 eröffnet der Rezitator Takemoto Gidayū (1651–1714), der eng mit dem Dramatiker Chikamatsu Monzaemon (1653–1725) zusammenarbeitet, sein eigenes Theater in Osaka und liefert aufsehenerregende Produktionen (Gerstle 1986).

Mit dem ausgehenden 18. Jahrhundert verliert das Puppentheater den Großteil seines Publikums an das aufstrebende Kabuki, so dass bis 1767 alle wichtigen Spielstätten geschlossen werden. Erst 1871 entsteht in Osaka mit dem Bunrakuza ein neuer zentraler Spielort für das Puppentheater, der 1909 zwischenzeitlich unter die kommerzielle Ägide der Unterhaltungsfirma Shōchiku gerät und im Jahre 1926 durch eine Feuersbrunst zerstört wird. Seit 1984 hat das Puppentheater, das vor allem durch staatliche Hilfen wiederbelebt wurde, mit dem National Bunraku Theatre in Osaka sowie mit dem National Theatre of Japan, dem Kokuritsu gekijō in Tokyo (seit 1966) zentrale Spielstätten. Eine besondere Herausforderung für die Zukunft stellt die Rekrutierung und erfolgreiche Ausbildung des Nachwuchses dar.

Theorie des Puppentheaters

In Anlehnung an die Traktate des gesellschaftlich etablierten Nō-Theaters bemühen sich die Rezitatoren des Jōruri ebenfalls um die Legitimation und die Absicherung des Fortbestandes der eigenen Kunstform. Im Unterschied zu den komplexen Nō-Traktaten, die in geheimer Überlieferung (*hiden*) vom Meister zum Schüler weitergegeben werden, sind die Theoreme im Puppentheater fragmentarisch in Paratexten (zumeist Vor- oder Nachworte) von Periochensammlungen, d. h. Dramenauszügen (*dammonoshū*), abgedruckt und wenden sich auch an ein laienhaftes Publikum, das sich die Textsammlungen kauft, um der Rezitation als Freizeitbeschäftigung nachzugehen.

In den verschiedenen Texten werden Fragen zur Gattungsgeschichte, Ausbildung, Affektenlehre, zu Wirkungsmechanismen sowie zu dramentheoretischen Überlegungen und die Besonderheiten der doppelten Fiktionalität des Puppentheaters diskutiert (Regelsberger 2011). Den Konventionen ästhetischer Diskurse im vormodernen Japan entsprechend werden Rhetorik, Themen und Argumentationsstrukturen von vorangehenden Diskursen, besonders denen der höfischen Dichtung (*waka*-Poetik) und ihr Niederschlag in den Nō-Theorien, als Referenzrahmen zitiert.

Die Orientierung an den Erfordernissen des neuen Genres lässt sich beispielsweise an der Beziehung zwischen dem bereits erwähnten Konzept des *yūgen* (‚elegante Erscheinung' bzw. ‚tiefgründige Anmut') und dem in Traktaten präsenten wie auch performativ umgesetzten Begriffskonzept *urei* (Schmerz, Traurigkeit, Kummer) erkennen. Demgegenüber verweisen Begriffe wie *nagusami* (Unterhaltung) auf den gestiegenen Stellenwert eines Publikums, das in enger Verbindung zur Gattung steht. Der Rezitator Uji Kaganojō (1635–1711) orientiert sich in der Frühphase ästhetischer Diskurse erkennbar stark am Nō-Theater, in dessen Traditionslinie er das Puppentheater verortet, wohingegen sich Takemoto Gidayū als Modernisierer deutlich davon abgrenzt und die Rezitationskunst für Einflüsse der zeitgenössischen populären Musik öffnet (Gerstle 1986, 24–39).

Aufführungspraxis des Puppentheaters

Sowohl in den fest installierten Theaterhäusern für das Puppentheater als auch bei Aufführungen anlässlich von Tempel- und Schreinfestivitäten kommen zunächst vergleichsweise schlichte Handpuppen aus Holz, Ton und Stoff zum Einsatz, die in verdecktem Spiel von je einem Puppenspieler manipuliert werden. Im frühen 18. Jahrhundert beginnt sich eine Mischform von verdecktem und offenem Spiel durchzusetzen, bei der der Rezitator wie auch der begleitende Shamisen-Spieler und zunächst noch einzelne Puppenspieler sichtbar vor dem Publikum auftreten. Im Zuge dessen werden die Puppen deutlich größer und komplexer, was ein realistischeres Spiel mit nunmehr drei Puppenspielern je Puppe erlaubt. So sind die bis zu eineinhalb Meter großen Puppen in der Lage, durch komplexe Mechanismen Augen und Mund zu öffnen sowie die Finger oder Augenbrauen zu bewegen. Kopf und Gliedmaßen sind durch Fäden mit dem leichten Rumpf verbunden. Diese Verfeinerungen spiegeln sich in den aufwendigen Perücken und Kostümen der Puppen wider, die für jede Theaterpuppe je nach Rolle individuell zusammengestellt werden. Heute treten die meisten Puppenspieler in schwarzer Kleidung auf, die auch Kopf und Gesicht verdeckt, um so ihre Unsichtbarkeit anzudeuten (Barth 1972, 180–191; Ortolani 1995 [1990], 208–232).

Stücke im Puppentheater

Über die Autoren der Stücke des alten Jōruri ist wenig bekannt; Chikamatsu Monzaemon gilt als erster historisch greifbarer Dramatiker im Puppentheater und wird als ihr Ahnherr (*sakusha no ujigami*) verehrt. Für das Puppentheater schreibt er über 120 und für das Kabuki-Theater etwa 28 Stücke. Das Jōruri gilt im Gegensatz zum Kabuki-Theater als Autorentheater. Somit konnten sich dessen Dramatiker in literarischer Hinsicht in einzigartiger Weise frei entfalten, weshalb die Stücke, die in diesem Genre entstanden, zu den größten Meisterwerken der japanischen dramatischen Literatur gerechnet werden (Keene 1990; Gerstle 1986).

Inhaltlich lassen sich die Stücke in zwei große Untergattungen aufteilen: die fünfaktigen Historiendramen (*jidai-mono*), in denen als zentrales Motiv loyale Samurai, einem idealisierten Ehrenkodex folgend, sich oder gar ihre Kinder opfern, und die dreiaktigen Trauerspiele (*sewa-mono*), die meist das bürgerliche Leben in Osaka oder Kyoto zeigen. Die Konflikte der Stücke entstehen aus dem Antagonismus von gesellschaftlicher Verpflichtung (*giri*) einerseits und persönlichen Gefühlen (*ninjō*) andererseits und sind zumeist in den Freudenvierteln als Mittelpunkt bürgerlichen Lebens verortet. In den populären Doppelselbstmord-Stücken (*shinjū-mono*), die oft auf tatsächlichen Ereignissen basieren, geht es um die unmögliche Liebe eines Sohnes aus bürgerlichem Hause zu einer Prostituierten. Nahezu alle Stücke aus dem etwa 250 Dramen umfassenden Kanon, die zunächst für das Puppentheater geschrieben worden sind, wurden später vom Kabuki-Theater adaptiert.

3 Kabuki-Theater

Das Kabuki-Theater ist Japans erste genuin bürgerliche Theaterform, die sich schon in ihrem frühen Stadium als eine Unterhaltungskunst mit unverkennbar kommerziellen Zügen präsentiert (Keene 1990; Leims 1990). Die Synthese von Einzelelementen, die stärker auf dem Gestischen, dem Tanz und der Musik beruhen, führen zu einer herausragenden Stellung des Schauspielers als Star des Genres. Gattungstypisch sind Merkmale einer besonders auf die Schaulust des zu Reichtum gekommenen Stadtbürgertums in Kyoto, Osaka und Edo (Tokyo) ausgerichteten, nahezu barocken Unterhaltung: Prächtige Kostüme und raffinierte Bühnentechnik sowie -ausstattung sind neben einer auf Effekte abzielenden Spielweise Ausdruck für ein neues Lebensgefühl der bürgerlichen Welt, die nach etwa 150 Jahren Bürgerkrieg in einem friedlichen Zeitalter zur Ruhe kommt.

Der Überlieferung nach ist es eine Schreintänzerin (*miko*) aus dem großen Schrein in Izumo namens Okuni, die mit ihren religiös motivierten und als *nembutsu odori* bezeichneten Tänzen im späten 16. und zu Beginn des 17. Jahrhunderts für große Aufmerksamkeit sorgt; sie tritt als Mann mit portugiesischen Hosen und Kruzifix auf. Ihre Aufführungen werden als *okuni kabuki* bezeichnet (von dem Verb *kabuku*, archaisch für ‚sich ungebührlich verhalten' bzw. ‚sich exzentrisch verhalten'). Etwa zehn Jahre nach dem Erscheinen von Okuni übernehmen Prostituierte aus Kyoto (Rokujō) ihre Spielweise, jetzt als *onna kabuki* bezeichnet. An den ausgetrockneten Flussbetten (*kawara*) in dem Viertel Shijō in Kyoto errichten sie ihre abgegrenzten Aufführungsstätten, in denen das zahlende Publikum ihre erotischen Tänze zu der neuen und überaus beliebten Shamisen-Musik bewundert. Nicht etwa ein moralischer Einwand, sondern die unerwünschte soziale Vermischung von konfuzianisch höher gestellten Samurai mit den niederen Händlern war ausschlaggebend für das Verbot dieses Frauen-Kabukis im Jahre 1629. In den Folgejahren entwickelt sich das sogenannte Knaben-Kabuki (*wakashu kabuki*), das von jungen Männern aufgeführt wird, die einen ähnlichen eifersuchtsschürenden Reiz auf das Publikum ausüben, weshalb es im Jahre 1652 aus den gleichen Gründen wie das *onna kabuki* verboten wird. In den folgenden Jahren entwickelt sich daraus schließlich das Männer-Kabuki (*yarō kabuki*), und die Aufführungen sowie Spielweisen der Frauendarsteller (*onnagata*) werden komplexer. Ab 1664 werden nicht mehr nur einfache Tanzstücke und Einakter (*hanare kyōgen*), sondern auch ganze Stücke (*tsuzuki kyōgen*) auf die Bühne gebracht. Die Blütezeit des Kabuki beginnt mit der Genroku-Zeit (1688–1704), als sich in Kyoto und Osaka der weiche *wagoto*-Stil und in Edo der maskulin-markige *aragoto*-Stil entwickeln. Mit der Zeit geht man dazu über, Puppentheater-Stücke für das Kabuki umzuschreiben (*maruhon mono*). Mit der Bereicherung durch die an emotionalen Ausdrucksmitteln virtuosere illustrierende Musik des Puppentheaters (*gidayū bushi*) entstehen zahlreiche Unterstile.

Kabuki-Stücke

Die Stoffe der Kabuki-Stücke, die zu Beginn von den Schauspielern selbst und im Folgenden von Dramatikern geschrieben werden, lassen sich auf verschiedene z. T. literarische Quellen wie das *Heike monogatari* (dt. *Erzählungen von den Heike*, ein dramatisches Kriegerepos aus dem 12. Jahrhundert über die erbitterten Kämpfe der Kriegergeschlechte der Minamoto gegen die der Taira) zurückführen, sind teilweise aber auch von tagesaktuellen Skandalen, besonders auch hier wieder Doppelselbstmorden (*shinjū*), inspiriert. Eine große Anzahl von Stücken ist eine direkte Adaption aus dem Kanon des Puppentheaters, andere wiederum stammen oft kaum verändert aus den Gattungen Nō und Kyōgen. In Anlehnung an die imposante Kiefer (*matsu*) der Nō-Bühne werden diese Stücke als *matsubaemono* bezeichnet. Darüber hinaus werden zahlreiche Stücke eigens für das Kabuki geschrieben, darunter *Shibaraku, Yanone, Rokkasen* und *Sagi musume* (Brandon und Leiter 2002, I). In der Meiji-Zeit (1868–1912) und danach entstehen ‚Neue Stücke' (*shin-kabuki*), die oftmals auf bereits existierende Sujets aufbauen, wie die Beispiele *Shuzenji monogatari* (1915) von Okamoto Kidō und *Genroku Chūshingura* (1935) von Mayama Seika zeigen. An Untergruppen sind besonders die Geisterstücke (*kaidan-mono*) und später auch die Räuberstücke (*shiranami-mono*) hervorzuheben, die v. a. auf Tsuruya Namboku IV. (1755–1829) und Kawatake Mokuami (1816–1893) zurückgehen; Beispiele wären *Tōkaidō Yotsuya kaidan* und *Aoto zōshi hana no nishiki-e* (Brandon und Leiter 2002, III).

Schauspieler und Publikum

Das Kabuki ist seinem Wesen nach ein ausgesprochenes Schauspieler-Theater, so dass den Darstellern und ihrer Verehrung durch das Publikum eine immense Bedeutung zukommt. Auch wenn einzelne Schauspieler als Darsteller sowohl von Männer- (*tachiyaku*) als auch von Frauenrollen (*onnagata*) hervortreten, so ist traditionell die Trennung der Rollenfächer üblich. Unter den Männerrollen lassen sich die rauen und lauten Darstellungen der Figuren im *aragoto*-Stil von den eher sanften des *wagoto*-Stils unterscheiden, wobei zahlreiche Untergruppen existieren. Bei den Frauenfiguren sind es vor allem die Kurtisanen (*keisei*), die das Publikum beeindrucken, aber auch Ehefrauen (*nyōbo*) und alte Frauen (*baba*) treten in Erscheinung. Die Schauspielkunst im Kabuki wird durch Erbfolge bzw.

Adoption vom Vater an den Sohn weitergegeben, wobei im Laufe eines Schauspielerlebens je nach Entwicklungsstadium verschiedene Schauspielernamen angenommen werden können (*shūmei*). Die Bezeichnung der Familienhäuser (*yagō*) spielt ebenfalls eine Rolle und wird oft vom Publikum benutzt, um ihre bewunderten Stars zu bezeichnen (Leiter 2001).

4 Begegnungen mit dem Westen: Shimpa und Shingeki

In der langen Phase der Modernisierung Japans während der Meiji-Zeit finden die ersten Aufführungen westlicher Theaterstücke auf japanischem Boden statt und sorgen inmitten der unterschiedlichen Reformbewegungen, die um ein zeitgenössisches japanisches Theater ringen, für starke Impulse (Poulton 2010). Insbesondere die Frage nach einer ‚neuen Schule' (Shimpa), die sich von den Gattungen der ‚alten Schule' (*kyūha*) loslösen sollte, wurde virulent und von Sudō Sadanori (1867–1907) sowie Kawakami Otojirō (1864–1911) auf politische Art und Weise beantwortet: Beide sahen die wesentliche Aufgabe des Theaters in der politischen Aufklärung und Agitation der Bevölkerung. Bei aller Opposition wurden jedoch einzelne Elemente aus dem Kabuki-Theater übernommen (*onnagata*, Musik etc.).

Das neu aufkommende Shingeki („neues Theater') (Ortolani 1995 [1990], 243–267) orientiert sich an den realistischen Theaterkonventionen des Westens; besonders die Werke von William Shakespeare finden große Beachtung und werden von Tsubouchi Shōyō (1859–1935) ins Japanische übersetzt, der mit seiner Literarischen Gesellschaft (Bungei kyōkai) – in dieser bringt er neben westlichen auch eigene Stücke zur Aufführung – den Grundstein für das Shingeki legt. Daneben werden die griechischen Klassiker und zeitgenössische europäische, russische und US-amerikanische Dramatikerinnen und Dramatiker gespielt wie Henrik Ibsen, Anton Tschechow, Maxim Gorki und Eugene O'Neill. Gerade westliche Stücke in japanischer Übersetzung (*hon'yakugeki*) sind für das Shingeki wesentlich. Neben Tsubouchi spielt Osanai Kaoru (1881–1928) eine wichtige Rolle im Shingeki; er begründet mit seiner Truppe Freies Theater (Jiyū gekijo), die er zusammen mit dem Kabuki-Schauspieler Ichikawa Sadanji II. (1880–1940) im Jahre 1909 ins Leben ruft, eine neue Richtung realistischen Theaters in Japan und experimentiert dabei mit klassisch ausgebildeten Kabuki-Schauspielern. Das japanische Theater liefert jedoch seinerseits wichtige Impulse für die europäische Theaterentwicklung (S.-K. Lee 1993; Scholz-Cionca und Regelsberger 2011).

Während des Zweiten Weltkrieges ist das Shingeki insbesondere wegen seiner politischen und gesellschaftskritischen Ausrichtung starken Repressionen ausgesetzt und kann erst nach Kriegsende zu neuer Kraft finden. Wesentlich sind drei Truppen, die auch heute noch existieren: das Haiyū-za (Schauspielertheater) unter der Leitung von Senda Koreya (1904–1994), das Bungaku-za (Literaturtheater) mit der Schauspielerin Sugimura Haruko (1906–1997) und das Gekidan Mingei (etwa: Volkstheater) mit den Schauspielern Takizawa Osamu (1906–2000) und Uno Jukichi (1914–1988). Neben westlichen Autoren wie Bertolt Brecht werden japanische wie Mishima Yukio (1925–1970) und Abe Kōbō (1924–1993) aufgeführt. Den Höhepunkt ihres Schaffens erreichen diese Theater im Japan der Nachkriegszeit, insbesondere in den 1950er Jahren.

5 Das Theater der Nachkriegszeit

In den 1960er Jahren bildet sich im Zuge der Erneuerung des japanisch-amerikanischen Sicherheitsvertrages (1960) eine enorme Protestwelle heraus, die auch im Theater neue Ausdrucksformen sucht und diese in den Experimenten der Avantgarde und den verschiedenen Gattungen des Off-Off-Broadway auch findet. Diese junge Generation wendet sich auf politischer Ebene gegen das Establishment und lehnt auf künstlerischer Ebene die Konventionen des Shingeki ab: Dort hatte sich die stillschweigende Übereinkunft etabliert, dass das Hauptaugenmerk im Theater stets auf dem Dramentext zu liegen habe und das Publikum mit Hilfe eines realistischen Spiels auf der klassischen Proszeniumsbühne gewissermaßen zu ‚erziehen' sei. Demgegenüber geht es in den verschiedenen, zu einem Teil sehr körperlich orientierten Formen des Angura-Theaters (von engl. *underground*), die sich stark politisch engagieren und in ästhetischer Hinsicht mit den Entwicklungen im Shingeki unzufrieden sind, bewusst um eine Positionierung als *counter culture* (Eckersall 2006). Wichtige Vertreterinnen und Vertreter dieser Strömung sind Kara Jūrō (*1940), Ninagawa Yukio (1935–2016), Terayama Shūji (1935–1983), Suzuki Tadashi (*1939) und Satō Makoto (*1943). Gerade die Personalunion von Autor bzw. Autorin, Regie und Leitung der Theatertruppe ist charakteristisch für diese Gattung, in der auch mit neuen Spielorten experimentiert und so das Verhältnis zwischen Ort, Akteuren und Publikum ausgelotet wird. Weil viele dieser innovativen Spielorte in räumlich beengten Verhältnissen unterkommen, ist synonym von ‚kleinen Theatern' (Shōgekijo) die Rede. Der Regisseur Ōta Shōgo (1939–2007) erprobt die Möglichkeiten eines stillen Theaters, das weitestgehend auf Sprache verzichtet (Boyd 2006). Im Laufe der Zeit verlieren die ‚kleinen Theater' ihre politische Ausrichtung zwar, doch auch heute noch sind mehrere ihrer Gründungsmitglieder aktiv (Senda 1997).

Die verschiedenen Ausdrucksformen der im Entstehen begriffenen Tanzgattung des Butō bzw. Ankoku Butō (Tanz der Finsternis), die sich auch auf den deutschen Ausdruckstanz der 1920er Jahre bezieht, entstehen ebenfalls Ende der 1950er und Anfang der 1960er Jahre in Japan vor dem Hintergrund des angespannten Verhältnisses zwischen Politik und Gesellschaft. Diese dezidierte Gegenströmung versucht, das Verhältnis zur eigenen japanischen Tradition auch auf körperlicher Ebene neu zu fassen. Zentrale Figuren dieser Bewegung sind die Tänzer und Choreographen Hijikata Tatsumi (1928–1986) und Ōno Kazuo (1906–2010) (Schwellinger 1998). Auch international hat Butō mittlerweile große Bekanntheit erreicht.

6 Die Gegenwart

Nach einer Phase, die in den 1970er und 1980er Jahren (zentrale Vertreter sind Kawamura Takeshi [*1959], Inoue Hisashi [1934–2010] und Noda Hideki [*1955]) (Eckersall 2006; Senda 1997; Hirata und Lehmann 2009) weniger von politischen Auseinandersetzungen auf der Theaterbühne geprägt ist, wenden sich Autoren und Regisseure wie Sakate Yōji (*1962) und Hirata Oriza (*1962) in den 1990er Jahren wieder vermehrt gesellschaftlichen Fragestellungen zu (Hirata und Lehmann 2009). Hirata bemüht sich in seinen Stücken besonders um ein organisches, natürlich-sprachliches Bühnenidiom, das sich mehr an der japanischen Alltagssprache mit ihren Charakteristika wie Ellipsen oder bewusst unpräzisen Formulierungen orientiert, und theoretisiert dieses Verfahren in seinen Texten als ‚zeitgenössisches umgangssprachliches Theater' (*gendai kōgō engeki*), das das Verhältnis von Realismus, Moderne, Alltag und Theater neu erfasst und bewertet. Diese Tendenz wird von Okada Toshiki (*1973) aufgegriffen und konsequent weiterentwickelt: In seinen Stücken sprechen die durchwegs jungen Figuren, welche allesamt die sogenannte verlorene Dekade vertreten und mit dem Einbruch der *bubble economy* die Hoffnung auf eine wirtschaftlich gesicherte stabile Zukunft verloren haben, in einer hyperkolloquialen Jugendsprache. Die Verknüpfung dieser übersteigerten Realität auf sprachlicher Ebene mit vom Körper entfremdet wirkenden, stark repetitiven Bewegungsmustern ist charakteristisch für die Arbeit von Okada. Zu weiteren wichtigen Vertreterinnen und Vertretern des gesellschaftlich engagierten jungen Theaters, das sich in Japan insbesondere mit der Dreifachkatastrophe im Jahr 2011 thematisch auseinandersetzt, gehören u. a. Tanino Kurō (*1976), das Künstlerkollektiv Chimpom und Takayama Akira (*1969) (Geilhorn et al. 2012; Großmann und Tröster 2013), der seine Arbeiten auch in Deutschland im Rhein-Main Gebiet zeigte (H.-T. Lehmann et al. 2015).

Michael Gissenwehrer
III.1.5.4 China

1 Vor dem Drama

Aus dem chinesischen Altertum, jener Zeit der Frühlings- und Herbstannalen (722–481 v. Chr.) sowie der Zeit der Streitenden Reiche (475–221 v. Chr.), sind sporadische Aufzeichnungen über Formen von Unterhaltung überliefert, die sich in den Dynastien Qin (221–206 v. Chr.) und Han (206 v. Chr. – 220 n. Chr.) zu einer enormen Fülle von Beschreibungen und Illustrationen verdichteten. Das prächtigste Format bildeten die aus dynastischen oder kalendarischen Anlässen gegebenen ‚Hunderterlei-Aufführungen' mit Musik, Tänzen, Prozessionen, Schaukämpfen und allem, womit Dompteure, Stelzengänger, Schwergewichtsstemmer, Jongleure, Bambuspfahlkletterer, Magier, Schwertschlucker, Feuerspeier und Seilakrobaten eine große Menschenmenge vor den Stadtmauern in ihren Bann ziehen konnten.

In diesem Spektakel sind Programmpunkte auszumachen, denen eine Verwandlung der Darsteller in eine bekannte Identität zugrunde lag und die von Konflikten handelten, die es mit großer Geste auszutragen galt. So gaben sich kostümierte, sogenannte Hornringkämpfer als Dämonenkrieger Chiyou und seine Nebel schaffenden und Steine fressenden Geschwister aus, die eine mythische Schlacht gegen den Gelben Kaiser und seine verbündeten Wildtiere sowie den Himmelsdrachen verloren. Gern gesehen war auch das Spiel um Herrn Huang aus dem Ostmeerland, einen legendären Magier und Tierbändiger. Dass sich seine Trunksucht letztlich nachteilig auf die körperliche Leistungsfähigkeit auswirkte, erwies sich im Kampf gegen einen weißen Tiger, der das Ostmeerland bedrohte und Herrn Huang im Verlaufe eines furiosen Kampfes tötete. Mit dieser Thematik von Kampf und Krieg waren stehende Figuren verbunden, die mit ihren Waffengängen und akrobatischen Einlagen die einfachen Geschichten vorantrieben.

Aus dem Umfeld des Hofes und der Beamten stammten harmlosere und doch recht vorbildtaugliche Figuren, manche aus der Phantasie entwickelt, andere aus nachgespielten Ereignissen, wie das Leben sie schrieb. Im Reiche Chu etwa, zur Zeit der Frühlings- und Herbstannalen, hielt ein gewisser Narr Meng die Hofgesellschaft bei Laune. Als der verdiente Minister Sun Shuao starb, kümmerte sich niemand um die Hinterbliebenen; der Sohn fristete sein karges Dasein mit Brennholzhandel. Im Konflikt mit der staatlichen ‚Nicht-Zuständigkeit' kostümierte sich der sozial engagierte Hofnarr mit der Beamtentracht des Verstorbenen und ahmte seine Gestik wie Sprache nach. So zwang er König Zhang sein Lehrstück auf; in der Annahme eines auferstandenen Sun Shuao erschrak der Herrscher erst, wurde dann jedoch nachdenklich gestimmt. Danach trug der König dem erstaunlichen Imitator ein Ministeramt an. Der Hofnarr Meng jedoch lehnte die Aufnahme in den Staatsdienst mit der durch Minister Sun Shuao begründeten mangelnden Versorgungssicherheit seiner Angehörigen ab – was den König letztlich Sun Shuaos Sohn gegenüber freigiebig stimmte (Dolby 1976, 3).

Diese militärische oder zivile kontroverse Zweierkonstellation tauchte, thematisch variiert, nach der Han-Zeit über Jahrhunderte hinweg in Beschreibungen auf; jedoch sind nach wie vor keine Theatertexte auszumachen. In den politisch gefestigten Dynastien Tang (618–907) und Song (960–1279) profitierten die wachsenden Städte als Wirtschaftszentren und ermöglichten einen Wohlstand, mit dem sich u. a. ein abwechslungsreicher Zeitvertreib finanzieren ließ. An zentralen Straßenkreuzungen entstanden aus Marktzeilen und Schauplätzen für Attraktionen große Vergnügungsviertel, in denen sich überdachte und eingezäunte Spielplätze aneinanderreihten und Namen trugen wie ‚Zur Pfingstrose', ‚Zur Lotusblüte' oder ‚Zum Elefanten'. Während gelegentlich noch außerhalb der Stadt ‚Hunderterlei-Aufführungen' monumentaler Ausmaße organisiert wurden, erhielten Chinas Drama und Chinas Theater ihren entscheidenden kreativen Schub durch das Aufeinandertreffen mannigfacher Formen von Unterhaltung in den Vergnügungsvierteln. Das Angebot war ein Sammelsurium: Es wurden Geschichten erzählt, Witze erzählt, Sutras ausgelegt, Vasen mit den Füßen hoch gestoßen, harte Gegenstände zertrümmert und Dummköpfe vom Land und deren Dialekte nachgeahmt, Lieder mit anzüglichen, poetischen oder komischen Inhalten gesungen, Listen mit medizinischen Kräutern zungenbrecherisch aufgesagt und Schlangen gefangen, es wurde sich als Geist verkleidet oder als Student kostümiert, mit Tellern und Tonbällen jongliert, fulminant getrommelt, die Klapper geschlagen und mit Feuer und Rauch hantiert, es gab Boxkämpfe, Stockkämpfe, Ringkämpfe, Zielschießen, Armbrustschießen, Improvisationen über eine Wunschhandlung, Rätselraten, Vogeldressur und Insektentraining, Tanz zu Barbarenmusik, Gesänge von Verkäufern, Komikboxen, Magie sowie Tricks mit Fuß und Hand, Schauzeichnen und Kalligraphie, Schachspiel, Pfahlstehen, Seilgehen, den Wettstreit weiblicher Athleten, Fußball, Drachensteigen, Messerwerfen und – Puppenspiel (West und Idema 1982, 65–67).

Im Zusammenhang mit Begräbnissen waren komplexe Rituale entstanden, bei denen Furcht erregende, überlebensgroße Figuren von Exorzisten gehandhabt wurden, um die Prozessionswege und Gräber von allem Negativen zu reinigen. Diese Hilfsobjekte konnten einfache Formen von Stabpuppen, Marionetten oder Körper aus beweglichen Holzteilen sein, oft mit Feuereffekten versehen. Angenommen wird, dass das Kultpersonal seine Begräbnisgesänge und Exorzismusfiguren zusehends für weltliche Unterhaltung zweckentfremdete, was zum Puppentheater in den Unterhaltungsvierteln geführt haben mag; dieses nahm nun mit zusätzlichen schrecklichen Dämonenbezwingern neue Beamtengeschichten und allerlei Kuriosa aus dem Lebensumfeld in sein Programm auf. Chinesische Fachkolleginnen und -kollegen vermuten, dass die Geschichtenerzähler die Handlungen für das Puppentheater lieferten und Menschenschauspieler das populäre Spiel der Puppen imitierten. Ihr Hauptargument bilden die streng formalisierten Bewegungen der Schauspieler, die tatsächlich eine starke Ähnlichkeit mit jenen des Puppentheaters aufweisen. Auch der Begriff ‚Fleischpuppen' für Menschendarsteller scheint die These zu stützen. Der Kompromiss, die gegenseitige Beeinflussung von Puppenspiel und dem Theater von Schauspielerinnen bzw. Schauspielern, gilt mittlerweile als allgemein akzeptiert (Huang 2008, 95).

Für die Annahme der Dominanz bekannter stehender Figuren als Zentrum früher Theaterformen, um die herum die Handlung entstand oder die für bestimmte Geschichten eingewechselt wurden, ist darüber hinaus das Adjutanten-Spiel der Tang-Dynastie von Bedeutung (Gissenwehrer 2008, 16). Zwei Schauspieler im Vergnügungsviertel spielten die alte Geschichte vom Beamten Zhou Yan aus der Houzhao-Zeit (319–333) nach, der Seide unterschlagen hatte. Ob es Gnade oder ein besonders hinterlistiger Spaß war, sei dahingestellt – tatsächlich urteilte damals der Kaiser, dass Zhou Yan bei jedem Bankett seinen besonderen Auftritt einzubringen, des Vergehens überführt und anschließend verprügelt zu werden habe. So war es noch Jahrhunderte später ein besonderer Theaterspaß, wenn der geistreiche Graue Falke in witzigen Rededuellen den dummen Adjutanten provozierte und dann arg verdrosch. Das Angebot an überlieferten Figuren und diese letzte Zugabe von Adjutant und Grauem Falken führte zu einer Standardisierung des theatralen Personals für die neuen Programme in den Vergnügungsvierteln, die nun aus einer Abfolge von Tanz, Akrobatik und Farcen bestanden – diese handelten etwa davon, dass ein Kunde mit einem großen Goldstück für eine billige Schale Tee bezahlen will oder dass ein Doktor Augen anbietet, die an seinem Gürtel hängen, und ein anderer Medizin verkauft, die bei Gesunden zu Krankheit und bei Kranken zum Tod führt. In den sogenannten Nördlichen Gemischten Spielen (*bei zaju*) finden sich ein Erzähler, der durch das Spiel führt, zwei männliche Hauptfiguren – für den einen stand der Graue Falke Pate –, ferner ein dem Adjutanten verwandter Komiker und als fünfte Figur ein Darsteller für Beamte und Frauenrollen. Berichten ist zu entnehmen, dass dieses Theater in kurzer Zeit einen gewaltigen Schub an thematischer Komplexität und Originalität erfuhr, von dem aber lediglich wenige Dramenfragmente künden.

2 Teilzeitdramatiker und Figurenentwickler

Der erste überlieferte und vollständige Dramentext, *Spitzenabsolvent Zhang Xie*, stammt aus dem frühen 13. Jahrhundert; er wurde in den Vergnügungsvierteln von Hangzhou und Wenzhou aufgeführt und ist dem Genre ‚Südliches Theater' (*nanxi*) zuzuordnen. Die Handlung verarbeitet das seinerzeit bereits sehr populäre, wie auch später noch in zahlreichen Bearbeitungen anzutreffende Motiv vom treulosen Studenten, der nach vielerlei Widrigkeiten und bestandenen Beamtenprüfungen seine frühere Geliebte oder Frau verleugnet, um karrierefördernd ins Beamtenestablishment einheiraten zu können. In der vorliegenden Version des Neun-Berge-Dramatikervereins wird Zhang Xie auf seinem Weg in die Hauptstadt zu den Beamtenprüfungen überfallen und ausgeraubt. Eine arme Frau pflegt ihn gesund, beide heiraten. Als bester Prüfungsabsolvent soll Zhang Xie dann einen Spitzenposten übernehmen und die Tochter des Premierministers heiraten. Der erste Versuch, seine frühere Wohltäterin umzubringen, misslingt, und nachdem diese zur Adoptivtochter des Politikers wird, kommt es für Zhang Xie und seine nunmehr zwei Frauen zu einem guten Ende.

An dieser Spielvorlage lässt sich viel vom Wesen des frühen chinesischen Dramas erkennen, besonders mit Blick auf seinen Ursprung als erzählte Geschichte. In epischer Breite führt eine sogenannte Mo-Figur in das Umfeld des Studenten Zhang Xie ein. Der schmerzliche Abschied von seinen Eltern und die beginnende Reise werden durch eine Abfolge von Gesang, Erzählung, Dialogzitaten und Kommentaren vermittelt. Die Schilderung der Katastrophe während der Querung des Fünf-Hühner-Berges ergeht sich in der üppigen poetischen Bildlichkeit von Geschichtenerzählern: „Plötzlich stürzt ein wildes Tier aus dem Wald, entlang des Wildgraspfades auf ihn zu. Die goldenen Augen blitzen wie Kupferglocken, der Körper wie ein Brokat exquisiter Farben und eine halbe Spanne Damast mit Mustern von Wolken im Sonnenuntergang. Die Zähne sind eine Reihe scharfer Klingen und achtzehn Krallen wie Stahlhaken ausgespreizt. So sehr ist Zhang Xie erschrocken, dass ihn seine Lebensgeister und Sinne verlassen, und er ohnmächtig zu Boden sinkt" (Dolby 1976, 30; Übers. M. G.). Nachdem der Erzähler wesentliche Teile der Handlung vorgebracht hat, wiederholt die Männerfigur Sheng Ausschnitte davon in der Rolle als Student Zhang Xie, indem er sie mit seinem typischen Äußeren von Kostüm und Schminke sowie seiner besonderen Form von Sprache, Gesang, Schauspiel, Akrobatik und Bühnenkampf darstellt. Vom Ausprobieren benachbarter Attraktionen im Vergnügungsviertel ist das Wirkungsvolle übrig geblieben und, mit Spielregeln versehen, für weitere Auftritte verfügbar gemacht worden. Die Dramaturgie bringt auch anderen Figuren ein, damit diese ihre Rollen aus der Erzählung übernehmen: die bereits erwähnte zweite Männerfigur Mo und die komische Figur Jing, die in kurzer Abfolge die

Freunde von Zhang Xie, dann reisende Kaufleute, schließlich den Erdgott und seinen Assistenten spielen. Auch die Dan-Figur für die zentrale Frau tritt früh auf und erzählt von ihrem Armutsjammer, bevor sie gemeinsam mit dem Mo die Eltern des Studenten präsentiert. Der komisch-böse Typ Chou erklärt sich zum Räuber, er gestaltet mit dem Sheng die bereits bekannte Szene des Überfalls am Fünf-Hühner-Berg. Die entsprechende Theaterszene greift wieder auf das Geschichtenerzählen und den Gesang zurück. Der Dialog fällt knapp aus, er handelt von den Wertsachen, die Zhang Xie bei sich trägt, und davon, ob er diese freiwillig herausgibt oder wohl sterben wird. Viel von der Bedrohung durch den Räuber und dessen Gewalthandlung wird an Stelle der ursprünglichen Mo-Erzählung durch körperliche Aktionen zu sehen gewesen sein, deren Kodifizierung voranschritt und die in den späteren Theaterformen extreme Ausmaße annehmen werden.

Das chinesische Theater ist seit der Song-Zeit und bis in das 20. Jahrhundert hinein als ein Aufeinandertreffen zweier Welten zu verstehen, die unterschiedlicher nicht sein könnten: hier die Fahrenden, das Personal in den Unterhaltungsvierteln, die Frauen in den Bordellen und die Talentierten unter den Dienern, also die sozial geächteten theatralen Verwandlungskünstler, dort die Studenten, die ewigen Prüfungsanwärter und die literarische Elite unter den Beamten, deren Ausbildung und kulturelles Umfeld sie zu fachfremden literarischen Unternehmen als Dramatiker befähigten.

3 Hundert Jahre Krise als Hochzeit des Theaters

Im Jahre 1271 hatten mongolische Clans unter Kubilai Khan das chinesische Song-Reich erobert und die Yuan-Dynastie (1279–1368) begründet. In der Zivilverwaltung erwiesen sie sich als wenig kompetent, und die Entscheidung, die meisten Beamten nicht weiter zu beschäftigen, lässt einen wundern, dass die Herrschaft überhaupt so lange Bestand hatte. Es waren gekündigte chinesische Beamte, die sich im Umfeld des Theaters einen neuen Brotberuf suchten und schließlich als Verfasser literarisch meisterhaft gestalteter und höchst wirkungsvoller Stücke in Erinnerung blieben. Ihre Dramen wurden für nahezu alle späteren Gattungen des chinesischen Theaters bearbeitet. Auch wenn man die in der Forschung angeführten persönlichen Gründe der Dramatiker und die extrem negative gesellschaftliche Stimmung unter der mongolischen Fremdherrschaft nicht als ausschlaggebend annehmen will, so ist doch ein deutlich melancholischer bis depressiver Grundton der Dramen auffällig. Die tragischen Entwicklungen der Protagonistinnen und Protagonisten sind keinem Schicksal geschuldet, sondern der Ungerechtigkeit, der Korruption und den egoistischen Auswüchsen der Gesellschaft.

Insgesamt 152 Dramatiker der Yuan-Zeit verfassten zusammengenommen 560 Stücke, von denen wiederum 157 überliefert sind. Sie schrieben für Theatertruppen, die nun in Teehäusern, Palästen und in den Häusern Wohlhabender, in Versammlungshallen von Berufsgilden und Landsmannschaften, in Bordellen und immer noch in behelfsmäßigen Buden am Straßenrand, auf Marktplätzen und im Rahmen von Tempelfesten auftraten. Von den sogenannten Großen Vier, Ma Zhiyuan, Bai Pu, Zheng Guangxu und Guan Hanqing ist Letzterer der Ruhmreichste, von dessen umfangreichem dramatischen Werk 18 Stücke erhalten sind. Häufig stehen Frauen im Mittelpunkt der Handlung, die entweder an der Verdorbenheit ihrer Umgebung zugrunde gehen oder sich wie in Guans Komödien gegen brutale Freier und intrigante Beamtensöhne originell zu behaupten wissen. Ma Zhiyuan verfasste z. B. das Drama *Herbst im Han-Palast*: Die legendäre Wang Zhaojun wurde als Konkubine ausgesucht; ihre Familie verweigerte Schmiergeldzahlungen an den zuständigen Hofbeamten, der auf dieser Grundlage entschied, ob die Bilder der Nebenfrauen für den Kaiser mehr oder weniger vorteilhaft ausfallen würden. So war Wang Zhaojun ein unbemerktes Dasein in einem Hinterhof des Palastes gewiss, wo sie zur Laute traurige Lieder sang. Zufällig verschlug es den Kaiser dorthin, der sich sofort in Gesang und Sängerin verliebte. Das Glück weilte nur kurz, denn der Hunnenkönig, dem ein idealisiertes Bild der Betroffenen zugespielt worden war, provozierte einen veritablen Konflikt zwischen seinem Nordvolk und China, verbunden mit dem Ultimatum: diese Frau oder Krieg. Die Abschiedsszene von Kaiser und Wang Zhaojun zählt mit zum Bekanntesten des an dieser speziellen Art von rührenden Szenen überreichen chinesischen Theaters. Während der Kaiser in der Folge noch den Zug der Wildgänse nach Norden schwermütig besingt, ertränkt sich seine Geliebte im Grenzfluss. Auch der Dramatiker Bai Pu zelebriert im Stück *Regen fällt auf die Platane* eine unvergessliche Liebesgeschichte in höchsten Kreisen – die des Tang-Kaisers Ming Huang und seiner Lieblingskonkubine Yang Guifei. In den Wirren eines Aufstandes, den diese durch Begünstigungen mitverschuldet hatte, stirbt Yang Guifei. Ming Huang verliert sein Kaiseramt und hat nun reichlich Muße für Traumphantasien über seine abwesende Geliebte. Zheng Guangzus *Die Seele von Qiannu geht auf Reisen* vereint die großen Motive des Yuan-Theaters: Prüfungsreise, Liebesgeschehen und Geisterthematik – diesmal darf der Student seine Geliebte erst nach bestandener Prüfung heiraten. Als er abreist, fällt diese ins Koma. Gleichzeitig aber begleitet sie den Studenten in die Hauptstadt. Seine erfolgreiche Rückkehr führt zu Gesundung und Hochzeit. Zu den ‚Großen Vier der Yuan-Zeit' wird meist auch der Dramatiker Wang Shifu gezählt. Sein Stück *Das Westzimmer* ist eines der bekanntesten Liebesdramen, wohl auch aufgrund einiger verhalten erotischer Szenen.

Im Yuan-Drama am bedeutenden Spielort Da Tu – dem heutigen Beijing – wurde viel rezitiert und gesungen. Abwechslung brachten die zahlreichen, beim

Publikum sehr beliebten komischen Kontrastszenen mit sich. Ferner boten die Stücke, dem jeweiligen kriegerischen oder zivilen Thema entsprechend, viel Raum für stilisierte Bewegungsfolgen, für Kampf und Akrobatik. Ein Charakteristikum dieser Dramen sind die hochpoetischen Sinnsprüche zu Beginn einer Aufführung, fallweise auch beim Erstauftritt einer Figur. In Guan Hanqings *Die Ungerechtigkeit gegenüber Dou E* beginnt das Vorspiel mit dem Vierzeiler einer weiblichen Nebenfigur: „Blumen werden wieder blüh'n, / Menschen niemals wieder jung. / Niemand muss unbedingt reich und hochgestellt sein, / Frieden und Glück machen uns den Unsterblichen gleich" (Shih 1972, 37; Übers. M. G.). Dann stellt sich die Figur in ihrer Rolle vor: „Ich bin Frau Cai aus Chuzhou. Wir waren zu dritt in der Familie, unglücklicherweise verstarb mein Mann schon vor längerer Zeit, mir blieb nur dieses achtjährige Kind. Wir zwei, Mutter und Sohn, leben unter wohlhabenden Umständen. Ein Gelehrter, mit Namen Dou, borgte von mir zwanzig Taels Silber, aus denen mit Zinsen vierzig Taels wurden. Ich habe mehrmals nach dem Geld gefragt, aber der Gelehrte Dou gab stets an, mittellos zu sein. Er hat eine siebenjährige Tochter, die liebenswert herangewachsen ist. Ich beschloss, sie soll meine Schwiegertochter werden, dann verzichte ich auf die vierzig Taels" (Shih 1972, 39–41; Übers. M. G.). Danach tritt der Gelehrte Dou auf und erzählt die Ausgangssituation ausführlich aus seiner Perspektive. Im ersten Akt, der 13 Jahre später handelt, gibt ein bei Frau Cai verschuldeter Apotheker Kunde von seiner misslichen Lage, nicht zurückzahlen zu können, und dass er seine Schulden durch den Mord an seiner Gläubigerin tilgen will. Frau Cai wiederum berichtet nochmals die ganze Geschichte seit dem Tod ihres Mannes bis zu ihrer Ankunft bei dem Medizinverkäufer. Daraus entwickelt sich die Handlung des versuchten Mordes, der von den beiden zufällig eintreffenden Zhangs, zwei Kleinkriminellen, verhindert wird. Als Lohn für die Rettung fordern Vater und Sohn Zhang eine Doppelhochzeit; die alte Cai stimmt zu, die junge Dou E verweigert sich. Der zweite Akt beginnt mit der Erzählung des Apothekers ab dem Mordversuch an Frau Cai, berichtet von seinem anschließenden Umzug bis zu der Szene, als der junge Zhang Gift kauft, um Frau Cai zu töten. Dann aber isst der alte Zhang versehentlich die vergiftete Suppe und stirbt. In weiteren Spielszenen will der junge Zhang die junge Dou E zur Hochzeit erpressen, indem er Frau Cai als Mörderin vor Gericht schleppt. Als der Richter Folter anordnet – unter genereller Vermeidung von Missverständnissen: „Eine Klage einbringen, heißt Gold und Silber mitzubringen!" (Shih 1972, 163; Übers. M. G.) –, nimmt Dou E die Schuld auf sich und wird zum Tode verurteilt. Im dritten Akt besingt sie ausführlich die bisherige Handlung und ihr Leid, um dann vom Himmel Zeichen für ihre Unschuld zu verlangen; u. a. soll es im Juni schneien. Der letzte Akt bringt Vater Dou wieder ins Spiel, dieses Mal als einen Inspektionsbeamten. Er ruft seine Geschichte erneut ins Bewusstsein, dann tritt seine Tochter als Geist auf; sie verteidigt sich umfänglich, der Prozess wird neu aufgerollt und führt zu harten Bestrafungen. Das Beispiel zeigt, wie stark das Yuan-Drama der Erzählung verpflichtet ist. Eingedenk der Aufführungssituation am Marktplatz, beim Tempelfest, im Teehaus oder im Rahmen eines Banketts, wo die Aufmerksamkeit der Anwesenden sicher nicht allein dem Bühnengeschehen galt, bedurfte es einiger Wiederholungen, um dem Publikum die Gelegenheit zu geben, die Handlung nachvollziehen zu können. Darüber hinaus signalisiert diese Situation ein Misstrauen den stehenden Figuren gegenüber. Wie weit waren sie überhaupt als Rollen des Stückes erkennbar und für deren besondere Charaktereigenschaften und individuelle Züge verlässlich einsetzbar?

Das Puppentheater und die Konkurrenz der Schauspielerinnen und Schauspieler hatten ihre Darbietung auf ein hohes Niveau gebracht. Die anfangs schwache Textgrundlage wurde durch die Geschichtenerzähler bereichert. Dann nahmen sich die Textkundigen des Theaters an und produzierten anspruchsvolle Dramenliteratur. Die Problemlösung einer ästhetisch stimmigen Zusammenführung von Text, Gesang und Schauspiel bedurfte der Erfahrung und der Zeit. Um sicherzugehen, dass das Theater funktioniert, mussten sich die Figuren ständig neu sich selbst und dem Publikum gegenüber vergewissern. Ein epischer Rest blieb dem chinesischen Drama erhalten, obwohl die Szenen immer deutlicher dramatisch gestaltet wurden. Die Schauspielerinnen und Schauspieler erweiterten zwar sukzessive ihr Darstellungsrepertoire und boten damit mehr Ausdrucksmöglichkeiten und Erkennungsmerkmale für die dramatischen Rollen, doch gleichzeitig stellten sie einen größeren Abstand zum Text her, indem ihr Schauspiel formalistischer und anspruchsvoller wurde – einhergehend mit dem Zwang, ihre Kräfte auf Kosten der Textinterpretation für die Darstellungstechnik einzusetzen.

4 Vielfalt der Stile und Textvorlagen

In der Ming-Dynastie (1368–1644) wurde viel ‚Südliches Theater' gezeigt, doch mit einem Anwachsen des Repertoires, der Übernahme von Melodien und der Entwicklung neuer Darstellungsformen begann sich die Benennung *chuanqi* (Geschichten von Wundern und Übernatürlichem) für die populäre Theaterform durchzusetzen. 1.500 solcher Geschichten wurden gezählt, von denen *Die Dornenhaarspange*, *Der Mondverehrer-Pavillon*, *Einen Hund töten* und *Der weiße Hase – der auf seltsame Weise zur verschollenen Mutter führt* die bekanntesten sind. Das Hauptwerk gelang Gao Ming mit seiner in der Ming-Zeit populären *Geschichte der Laute*, in der eine Frau im Mittelpunkt steht, die nach erzwungener Trennung ihren Mann jahrelang sucht und ihren kargen Lebensunterhalt dabei mit Lautenspiel verdient. Die spätere Phase des *chuanqi* brachte immer kompliziertere, längere und mit sprachlichen Manierismen durchsetzte Stücke mit sich. Kaum waren die Romane *Die Rebellen vom Liangshan-Moor*, *Die Geschichte der Drei Reiche* und *Die Reise nach dem Westen* erschienen, bedienten sich die nun professionellen Dramatiker der Stoffvorlagen. Sie schufen rasch bekannt gewordene Serien um legendären Generäle, großherzige Räuber, versoffene Mönche oder den Affenkönig Sun Wukong. Die Handlungsfiguren kreierten gleichzeitig stehende Figuren, die in anderen Stücken für bestimmte Protagonistinnen und Protagonisten eingesetzt werden konnten.

Die Ming-Zeit ist auch für die wachsende Bedeutung regionaler Theaterformen bekannt. Die Reisen von Theatertruppen aus den städtischen Zentren in abgelegene Gegenden und umgekehrt führten zu einem ständigen Austausch von szenischen Motiven, Stilen und Musikweisen bis hin zu Tänzen, Folklore, Kostümen und Schminke. Eine dieser Lokalformen war im Kunshan-Gebiet, in der Nähe der Stadt Suzhou, verbreitet. Im 16. Jahrhundert begann der Musiker Wei Liangfu, die Vorlagen zu bearbeiten. Er schuf damit die Grundlage für das *kunqu*, ein „wie ein von Wasser poliertes" (Wei 2015, 68), höchst elegantes Musiktheater. Das Zielpublikum der rund 900 *kunqu*-Vorlagen waren Kaiser und Adelige sowie die wohlhabenden Feingeister unter den Händlern und Beamten. Es gehörte zum guten Ton in Literatenzirkeln, *kunqu*-Stücke zu verfassen und vorzutragen. Die Lebensdaten des bekanntesten *kunqu*-Dramatikers, Tang Xianzu (1550–1617), werden gerne herangezogen, um ihn auch hinsichtlich der Qualität seiner Werke mit dem nahezu zeitgleich wirkenden William Shakespeare zu nennen. Der Beamte Tang Xianzu war durch eine kritische Schrift in Ungnade gefallen, 1591 aus dem Beamtendienst entlassen und in eine unwirtliche Gegend verbannt worden. Von seinen vier Traumstücken zählt der 20-stündige *Pfingstrosenpavillon* zum poetischen und emotional bewegenden Höhepunkt des chinesischen Dramas. In der Kernhandlung begegnet die Tochter aus einem reichen Beamtenhaus, Du Liniang, in einem erotischen Traum dem Studenten Liu Mengmei. Sie stirbt in unerfüllter Sehnsucht. Als der junge Mann am ehemaligen Wohnort der Lius vorbeikommt, findet er im verwahrlosten Garten in einer Grotte eine Rolle mit einem Selbstporträt von Du Liniang. Zu mitternächtlicher Stunde in das Bild verliebt, erscheint ihm die Frau als Geist. Nach endlosen Unterweltszenen wird die Leiche exhumiert, das Mädchen wieder lebendig. Beide müssen aber noch zahlreiche Prüfungsszenen überstehen, bevor es zur Hochzeit kommt. Der Druck der Feudalgesellschaft und die Entlastung in gekünstelten Träumen – so die Herzensangelegenheit der *Pfingstrosenpavillon*-Sekundärliteratur – würden durch die melancholisch geprägte Gefühlswelt der Protagonisten verständlich. Frühling und Schönheit vergehen, selbst der kurze (Traum-)Moment erfüllter Liebe wird bald schon wieder von Verlust und Trauer abgelöst. Die Figuren bewegen sich dramatisch zurückgenommen in einem hochpoetisch besungenen Landschaftsgemälde.

Abgesehen vom *kunqu* und einigen ähnlichen Formen spielte ein anspruchsvoller Dramentext in den meisten anderen der über 300 lokalen Stile keine große Rolle. Das Gros des Publikums mochte einfachere Handlungen, Lustiges, Bühnenwaffenkämpfe und akrobatische Einlagen. Theatergeschichtlich steht die Provinz Anhui für eine bedeutende Entwicklung. In ihren Handelsstädten entlang des Jangtse-Flusses trafen einige populäre Lokalformen aufeinander – der *yiyang*-Stil aus dem südlichen Jiangxi, *kunqu* aus der Ostprovinz Jiangsu und der raue *qin*-Stil aus dem Norden. Das Ergebnis intensiver Übernahmen und theaterkunsthandwerklicher Kombinationen war das *hui*-Theater oder *erhuang*-Theater. Die legendären ‚Vier Großen Anhui-Truppen' „zogen 1791 in die Hauptstadt Beijing, um an den Feiern zum 80. Geburtstag von Kaiser Qian Long mitzuwirken". Das Publikum dort war von ihrem neuen Theater und den Darstellern von Frauenrollen begeistert. In den 1830er Jahren fanden Schauspieler des spektakulären *han*-Theaters aus der Provinz Hubei Eingang in die bestehenden Truppen. Die neue Mischform aus ihrem sogenannten *xipi*-Stil und deren *erhuang*-Stil wurde *pihuang* oder *jingju* genannt, was ‚Theater der Hauptstadt' heißt und mit ‚Peking-Oper' umschrieben wird. So entstand die bedeutendste aller Lokalformen, die bald in allen Landesteilen aufgeführt wurde und dort wiederum die entsprechenden Lokalformen prägte. Das *jingju* vereinte die erfolgreichsten Texte aus der Yuan-Zeit, dem *chuanju* und dem *kunqu*. Textkundige steuerten neue Dramen und Romanbearbeitungen bei, die Schauspieler montierten auf ihre Art die zahlreichen Vorgaben, die sie auf Reisen vorfanden.

Seit dem ‚Südlichen Theater' der Song-Dynastie beherrschten die immer gleichen Figuren die Bühnen und das Drama. Die Peking-Oper des 19. Jahrhunderts jedoch führte die zivilen und kriegerischen Sheng-Männerrollen zu bis dahin nicht erreichten Höhen. Im neuen Jahrhundert verlangten auch die Dan-Frauenrollen ein entsprechendes Repertoire. Bedeutende Bühnenkünstler ließen die große bemalte Gesichtsrolle (Jing) und den zivilen sowie militärischen Chou-Clown in der Publikumsgunst aufschließen. Die Größe des chinesischen Theatermarktes mit seinen ungeahnten Verdienstmöglichkeiten für Starschauspieler, die u. a. das Ergebnis eines äußerst gewaltvollen Schauspieltrainings waren, und ein Publikum von Fachleuten und Gewohnheitszuschauern bildeten die Voraussetzung für jenes Theatersystem, das für gewöhnlich als das traditionelle bezeichnet wird und dessen kümmerliche Reste heute noch zu beobachten sind.

5 Dramenimport

Gegen Ende des 19. Jahrhunderts befand sich das chinesische Kaiserreich in einer desolaten Lage. Es war militärisch und wirtschaftlich vom Westen abgehängt und eine starre Gesellschaftsordnung verhinderte dringend notwendige Reformen. An Ideen hätte es nicht gefehlt – zumal sich das Vorbild Japan als Anleitung für den Übergang in eine westlich geprägte Industrie- und Militärmacht erfolgreich anbot. Schließlich wurde 1911 die mandschurische Qing-Dynastie gestürzt. Doch schon Jahrzehnte zuvor waren Studenten in großer Zahl in Japan und Europa mit Neuem vertraut gemacht worden. In Tokyo stießen sie auf das Shimpa, eine Theaterform, die melodramatisches europäisches Drama mit japanischer Tradition publikumstauglich verband. Die chinesischen Auslandsstudenten, die ihre alte Kultur und das traditionelle Theater ablehnten, fanden in diesem Theater das ideale propagandistische Vehikel für ihre neuen Ideen. Noch in Tokyo produzierte die ‚Frühlingsweidengesellschaft' eine Dramatisierung der *Onkel-Tom*-Geschichte unter dem Titel *Der Schrei der schwarzen Sklaven zum Himmel*. Angenommen wurde, dass die Chinesen unter der mandschurischen Fremdherrschaft ihr Schicksal mit den schwarzen Sklaven in den USA teilten. Die bedeutenden politischen Ideen und technischen Erkenntnisse der nach China zurückgekehrten Studenten bewirkten Veränderungen in der Gesellschaft, in deren Gefolge sich das psychologisch-realistische Schauspiel westlicher Prägung vorerst in Kreisen von Studenten und Intellektuellen verbreitete. Mit ihm wurde der direkte Bezug zur Gesellschaft ermöglicht, der sich jahrhundertelang durch die Verfremdung einer hoch formalisierten Bühnenkunst erübrigt hatte. Das neue Sprech-Theater (*huaju*) wurde als Spiegel für die gewaltigen gesellschaftlichen Probleme sowie als Modell für den Wandel gesehen.

Die Vorbilder in den ersten beiden chaotischen Jahrzehnten der neuen Republik China waren vor allem Henrik Ibsen, George Bernard Shaw und Gerhart Hauptmann. Deren Stücke lagen in zahlreichen Übersetzungen vor; sie wurden häufig in einen chinesischen Kontext gebracht. Es fehlte zudem nicht an eigenen Versuchen mit Gebrauchsdramatik. Entscheidend blieb der Einsatz der Umgangssprache gegen alle Traditionen der klassischen Sprache des alten Theaters. Die Frustration der jungen Intellektuellen über die reaktionären Tendenzen der Gesellschaft sowie die außenpolitischen Niederlagen – im Jahre 1919 wurden die Kolonien der besiegten Deutschen Japan zugeschlagen – bewirkten mit der ‚4. Mai Bewegung' eine Radikalisierung, die u. a. zur Gründung linksrevolutionärer Theatergruppen führte. Das Schauspiel wurde zum Sprachrohr extremer politischer Ideen. In den Großstädten hatte sich derweil eine Art bürgerliches realistisches Theater gefestigt, das sich motivisch und dramaturgisch stark den europäischen und amerikanischen Dramenvorbildern verpflichtet sah. Der einflussreichste unter den sozialkritischen Dramatikern der 1930er Jahre war Cao Yu. In *Gewitter* thematisiert er die dekadente Familie eines Kohlenbergwerkbetreibers. Seine analytische Technik führt zwei Liebende in die Katastrophe, die sich ganz im Stile des antik-griechischen Theaters als Halbgeschwister erweisen. In *Sonnenaufgang* liefert Cao Yu eine dichte Charakterstudie von Figuren in einem Bordell als Brennpunkt kapitalistischer Ausbeutung. *Wildnis* ist wiederum der Versuch, mit expressionistischen Mitteln eine archaische Unterdrückungs- und Rachegeschichte zu verhandeln.

Die chinesische Schauspielszene, die sich eben erfolgreich zu etablieren begonnen hatte, zerbrach in den Wirren des Zweiten Chinesisch-Japanischen Krieges (1937–1945). Erhalten geblieben sind indes Durchhaltestücke regierungsnaher und kommunistischer Dramatiker. Als nach dem Bürgerkrieg 1949 die Volksrepublik China proklamiert wurde, säuberten die neuen Machthaber das traditionelle Musiktheater von Motiven des Aberglaubens, feudaler Ideologie und erotischer Freizügigkeit. Das Schauspiel sollte – nach Mao Zedongs Vorgaben – ausschließlich Propagandatheater sein. Lao She, der im Ausland bekannteste Dramatiker der 1950er Jahre, fühlte sich verpflichtet, seine 20 Dramen als ‚Loblied auf die Partei' zu gestalten. Sein Klassiker *Das Teehaus* präsentiert kritisch und karikierend in drei Zeiträumen (1898, 1927 und nach dem Zweiten Weltkrieg) den Mikrokosmos des Teehauses in seiner extremen Veränderung. Am Schluss des Stückes stehen die Kommunisten als die Erretter vor den unerträglichen Auswüchsen der sogenannten ‚Alten Gesellschaft' in den Westbergen bei Beijing. Während der Großen Proletarischen Kulturrevolution (1966–1976) wurde Lao Shes fein ziselierte dramatische Propaganda jedoch als ideologisch ungenügend kritisiert. Im Gefolge der linken Extrempolitik der sogenannten Viererbande wurde Lao She wie zahlreiche andere Theaterschaffende gar verfolgt und in den Selbstmord getrieben. Die dramatische Produktion dieser Epoche bestand aus einer Handvoll landesweit und jahrelang verbreiteter ‚Revolutionärer Peking-Opern'. In *Die rote Signallaterne* etwa verrät ein heldenhafter Eisenbahner den Code der kommunistischen Kämpfer selbst unter schwerer Folter nicht an die japanischen Besatzungssoldaten. Die sehr gewalttätigen Stücke folgen der einfachen Hassdramaturgie, dass alles Gegnerische erbarmungslos vernichtet werden muss – wie im alltäglichen Leben die politischen Feinde und die Relikte der alten Kultur.

Nach den chaotischen zehn Jahren der Kulturrevolution gelang aus den Arbeitslagern zurückkehrenden Theatermacherinnen und -machern eine Neuorganisation der Szene, wobei sie um die Verarbeitung des kulturrevolutionären Traumas bemüht waren. Ruhige Stücke, die in der gehobenen Schicht von Ärzten, Wissenschaftlern und Fabrikleitern spielen, versuchten den politischen Extremismus versöhnlich zu überwinden und die neue Reform- und Öffnungspolitik von den Bühnen aus zu unterstützen. Mitte der 1980er Jahre wurde dem Theater mehr Freiraum zugestanden, Intellektuelle und Dramatiker begannen, diesen zu nutzen, um als Verlierer des wirtschaftlichen Wandels ihre Erkenntnis fehlender Freiheit zu formulieren. Die Allmacht der Partei und ihre Entfremdung von den Bürgerinnen und Bürgern wurden zunehmend kritisiert. Gao Xingjian beschreibt in *Bushaltestelle* eine Gruppe von Stadtbewohnerinnen und -bewohnern, die zehn Jahre auf einen nie kommenden Bus wartet. Schließlich wäre es doch besser zu gehen – diese Erkenntnis selbstbewussten Handelns und eines persönlichen Aufbruchs setzt sich im Gegensatz zur Trägheit der staatlichen Institutionen durch. Der Ton in den Dramen, die sich den verlorenen Idealen und Biographien annahmen, wurde härter. *Ödland und Mensch*, von Li Longyun, oder *Große Schneelandschaft*, von Yang Limin, stehen für die wachsende Unzufriedenheit, die letztlich in den Ereignissen am Tiananmen im Juni 1989 ein Ventil fand.

Danach befürchteten viele Chinesinnen und Chinesen einen erneuten linksradikalen Ausschlag, doch die erste Erstarrung ging in einen erstaunlichen Pragmatismus über. Nicht nur in der Wirtschaft wurde für Unauffällige und Karrieristen bislang Unvorstellbares möglich; dergleichen galt auch für den Kunst- und Theaterbereich. Junge Theaterschaffende wie Meng Jinghui entdeckten in den 1990er Jahren ein ausgelassenes Experimentieren mit eigenen Traditionen, der Moderne und ausländischen Beigaben. Nach einer kurzen Zeit der selbsterklärten Postmoderne wechselten dieselben Personen ins Kommerzfach, wo mit entsprechendem Theater – hauptsächlich gefühlsbetonten, tragischen Liebesgeschichten – viel Geld zu verdienen war. Diese Gebrauchsdramatik mit bekannten Schauspielerinnen und Schauspielern aus dem Fernsehen garantierte unendliche Laufzeiten der Produktionen. Privatpersonen, gut dotierte Kulturbüros und Firmen stehen seither als Geldgeber bereit, um zahlreiche Gattungen und Themen auf die Bühnen zu bringen. Neben dem kommerziellen Theater zeigen sich noch letzte beharrliche Versuche von Seiten der Armeetruppen und städtischen Bühnen, in überkommenen Inhalten und Formen, Propaganda im Sinne der kommunistischen Ideologie zu machen, Zusammenhalt zu predigen und eine leuchtende Zukunft zu zeichnen. Eine kleine, aber einflussreiche Avantgarde-Szene, als deren interessanteste Vertreter Tian Gebings Theaterstudio Paper Tiger sowie Wu Wenguang zu nennen sind, markiert ihren vergleichsweise unabhängigen Zuständigkeitsbereich in China und ist auf Festivals im Ausland trotz ihrer antiquierten Formensprache gern gesehen. Nichtsdestoweniger: Seit Staatspräsident Xi Jinping im Sinne seines neuen chinesischen Traumes eine allgemeine Nationalisierung angemahnt hat, üben sich Theatermacherinnen und -macher im erstarkten Interesse an traditionellen chinesischen Formen und thematisch Unverbindlichem.

Heike Oberlin
III.1.5.5 Indien

1 Einleitung

Theater in Südasien zeichnet sich grundsätzlich durch eine große Anzahl von Stilen und Variationen aus. Neben schriftlich fixierten Theaterstücken in der alten Hochsprache Sanskrit steht eine reiche Vielfalt an oftmals vor allem oral überlieferten Theaterformen in den allein über 20 Regionalsprachen des indischen Subkontinents. In Indien selbst ist eine Theateraufführung ohne Musik und stilisierte Gestik, Mimik und Körperbewegungen nicht denkbar; ebenso gehören narrative, mit Hilfe des gesamten Körpers erzählte Passagen zu den zahlreichen einheimischen Tanzstilen. Viele rituelle Performanzformen, in denen sich Götter in Verkörperern manifestieren, zeichnen sich durch lange epische, ebenfalls gestisch-mimisch ausagierte Komponenten aus. Auch Puppen- und Schattentheater gibt es in verschiedenen, regional recht unterschiedlichen Varianten. Als jüngste große Entwicklung kann der indische Mainstream-Film gelten: ‚Bollywood' und die ‚Masala-Filme' eroberten in nur wenigen Jahren die Welt. In dieser erfolgreichen, ‚würzigen' Gesamtrezeptur spielen die aus den traditionellen Performanzformen stammende epische Erzählweise, die tragischen Stoffe mit Happy End (weswegen man im indischen Kontext grundsätzlich besser nicht von ‚Dramen', sondern von ‚Schauspielen' sprechen sollte) und die langen, durch Musik und Tanz gekennzeichneten Einschübe eine herausragende Rolle. Sogar der traditionelle Spaßmacher, der Vidūṣaka, kommt im Film nicht zu kurz.

In Studien, die auf westlichen Definitionen von Theater und Tanz basieren, wird aufgrund dieser engen Verzahnung von Musik, Gesang, Rezitation und epischer Erzählung mit ausgefeilter Gestik und Mimik bis heute oftmals fälschlich alles unter ‚Tanz' subsumiert. Der Begriff *Nāṭya* bezeichnet indes „Tanz, Mimik, Darstellung auf der Bühne, Schauspielkunst" (Böhtlingk 1998 [1883–1886], III, 192); laut dem zwischen 200 v. Chr. und 200 n. Chr. entstandenen Tanz-/Schauspielkunst-Lehrwerk *Nāṭyaśāstra* (Ghosh ³1995) stehen die Oberbegriffe *Nāṭaka* (ursprünglich: ‚Tanzspiel') für die beliebteste und bekannteste Form und *Rūpaka* für Verkörperung, gestische Darstellung (Thieme 1966). Die Ursprünge des Theaters werden in Indien im pantomimisch-erzählenden, tänzerischen Spiel gesucht, das es vermutlich in verschiedenen Formen sowohl in sakralem wie auch weltlichem Zusammenhang gab.

2 Altindische Ästhetik und Affektenlehre: Das *Nāṭyaśāstra*

Das *Nāṭyaśāstra* gilt bis heute als autoritativer Text. Er enthält u. a. Kapitel über Schauspielhäuser, zur Mimik, zum Einsatz der ‚Körperglieder', besonders der Hände. Weiter werden zehn Schauspielarten unterschieden, z. B. das genannte Tanzspiel (Nāṭaka), die Posse (Prahasana), das Milieustück (Prakaraṇa) oder das Monologstück (Bhāṇa). Das Thema Sprache wird in mehreren Kapiteln behandelt, Schmuckmittel werden ebenso besprochen wie der Gebrauch von Sanskrit und mittelindischen Regionalsprachen (Prakrit) sowie die Vortragsweise. Im sechsten und siebten Kapitel werden die Begriffe *Bhāva* und *Rasa* eingeführt, die bis heute im Zentrum der indischen Ästhetik stehen: *Rasa* (wörtlich: ‚Saft', ‚Geschmack') bezeichnet u. a. den mentalen und emotionalen Zustand der Freude und Erfüllung, den Genuss, der sich bei den Zuschauenden einer gelungenen Aufführung (aber auch bei der Lektüre eines Textes, beim Hören eines Musikstücks oder bei der Betrachtung eines Kunstwerks) einstellt; *Bhāva* (wörtlich: ‚Entstehung', bezogen auf psycho-physiologische Zustände, Stimmungen und Gefühle) umschreibt wiederum – vereinfacht ausgedrückt – eine Art ‚Gefühlsauslöser', die die Darstellenden auf der Bühne anzuwenden haben, um eine *Rasa*-Erfahrung bei den Zuschauenden zu erzeugen.

Die in der Theorie beschriebenen dramatischen Mittel Körpersprache, Mimik, Stimme, Kostüm, Make-up, Bühnenraum leiten sich also von einer Semiotik des Gefühlsausdruckes her. Sie werden mit dem Begriff *Abhinaya* gefasst, eine Zusammensetzung aus *abhi* und der Verbwurzel *nī*, wörtlich: ‚die Hinführung', womit die Hinführung des Publikums zu emotionalem Genuss, zu *Rasa* gemeint ist. Das *Abhinaya*-Konzept kennt vier Kategorien:
1. *Āṅgika-Abhinaya*: Hinführung mit Hilfe der Körperglieder (schließt Mimik mit ein);
2. *Vācika-Abhinaya*: Hinführung mit Hilfe der Stimme (Rezitation, Gesang);
3. *Āhārya-Abhinaya*: Hinführung mit Hilfe von Kostüm und Make-up;
4. *Sāttvika-Abhinaya*: Hinführung mit Hilfe kommunizierter mentaler sowie emotionaler Zustände (beispielsweise Erröten, Tränen, Gänsehaut).

Die älteste Variante dieser ästhetischen Theorie findet sich im *Nāṭyaśāstra*, sie wurde im 11. Jahrhundert durch den Philosophen Abhinavagupta u. a. in Richtung einer Psychologie der Kunstwahrnehmung kommentiert und erweitert (vgl. Gnoli 1968; Gerow 1997). Spätestens ab diesem Zeitpunkt steht die emotionale und ästhetische Erfahrung der Zuschauenden (nicht die der Darstellenden) im Zentrum komplexer Theorien – ein Blickwinkel, der einer modernen Perspektive sehr nahe ist. Es werden zunächst acht, später neun Grundstimmungen ([*Nava-*] *Rasa*) beschrieben, die durch Kombinationen genau definierter Gefühlsauslöser (*Bhāva*) hervorgerufen werden. Bis heute wird dieses ästhetische Konzept in Theater, Tanz, Musik, Literatur, bildender Kunst sowie im Kino angewandt und umgesetzt (vgl. etwa Pollock 2016).

Die *Navarasa* oder neun Grundstimmungen sind:

1. Der *Bhāva*-Gefühlsauslöser *Rati*, die Liebe (auch Liebeslust), erweckt die *Rasa*-Emotion *Śṛṅgāra*, den erotischen Grundton;
2. *Hāsya*, die komische Handlung, erweckt *Hāsya*, die Heiterkeit, auch Schadenfreude;
3. *Śoka*, d. h. Qual, Kummer, Gram, Trauer, erweckt *Karuṇa*, das Mitleid, das Mitgefühl;
4. *Krodha*, der Zorn, erweckt *Raudra*, die Wut;
5. *Utsāha*, die Tatkraft, der Entschluss, erweckt *Vīra*, den Heldenmut;
6. *Bhaya*, d. h. Angst, Furcht, Schrecken, erweckt *Bhayāṇaka*, das Grauen, die Furcht;
7. *Jyugupsā*, der Ekel, Abscheu, Widerwille, erweckt *Bībhatsa*, also Ekel, Abscheu;
8. *Vismaya*, das Staunen, die Verblüfftheit, erweckt *Adbhuta*, die Verwunderung, das Wunderbare;
9. *Śānta*, was friedvolle Stimmung, Ausgeglichenheit, Emotionslosigkeit im positiven Sinne bedeutet.

Das Schauspiel *Sākuntalā* (auch *Abhijñānaśākuntalā*, dt. *Die Wiedererkennung der Śakuntalā*) des Kālidāsa, der vermutlich Ende des 4., Anfang des 5. Jahrhunderts lebte, war das erste indische Theaterstück, das 1789 durch die Übersetzung von William Jones in Europa bekannt wurde und lange als *das* indische Schauspiel par excellence galt. Der Erfolg im damaligen Europa lag nicht zuletzt darin begründet, dass die anhand der beschriebenen Affektenlehre idealisierten Gefühle in den Mittelpunkt des Stücks und seiner Aufführung gerückt wurden. Ähnliches wiederholte sich Ende des 20. Jahrhunderts mit dem indischen Mainstream-Film: Wieder sind es die idealisierten Gefühle und die stilisierten Stoffe, die auch das Publikum eines anderen Kulturkreises zu bannen vermögen.

3 Die literarischen Sanskrit-Schauspiele

Bleiben wir zunächst beim literarischen indischen Schauspiel, dessen traditionelle Stücke auf Sanskrit samt mittelindischen Prakrit-Dialekten verfasst sind. Seine Entstehungszeit ist uns zwar unbekannt, doch zeugen das *Nāṭyaśāstra* und die ältesten Fragmente eines dem Dichter Aśvaghoṣa zugeschriebenen Stückes aus dem 2. Jahrhundert von einem Alter von grob geschätzt 2.000 Jahren. Als Entstehungsregion kann das mittlere Nordindien gelten, da die in den ältesten Schauspieltexten überlieferten Prakrit-Dialekte ursprünglich dieser Gegend zuzuordnen sind (Thieme 1966, 35). Das Nebeneinander mehrerer Sprachen ist ein charakteristisches Merkmal der gemeinhin unter ‚Sanskrit-Theater' subsumierten Stücke: Nur männliche Rollenfiguren hoher Schichten sprechen reines Sanskrit, Frauen und niedrig stehendere Charaktere sowie die Spaßmacher Vidūṣaka sprechen eines der ‚Dramen-Prakrits', einen der mittelindischen Dialekte, die vermutlich einst Alltagssprachen im mittleren und östlichen Nordindien waren. Als weitere Eigentümlichkeit kann die Mischung aus Versen und Prosa gelten. Der Einfluss anderer Schauspieltraditionen wie etwa der griechischen lässt sich weder als prägend nachweisen noch wirklich ausschließen. Von einem lebendigen kulturellen Austausch mit Griechenland zeugt beispielsweise die synkretistische Gandhāra-Kunst im heutigen Grenzgebiet von Pakistan und Afghanistan (ca. 1.–3. Jahrhundert n. Chr.). Im Bereich des Schauspiels wird gern *Yavanikā*, das Wort für ‚Bühnenvorhang', als mögliches Bindeglied zur griechischen Antike genannt: Auf Sanskrit ist *Yavana* als ‚Ionier/Grieche' belegt, kann aber auch als ‚die Trennende' gelesen werden (*yu*, trennen). Der Versuch, den indischen Vidūṣaka mit dem griechischen Mokos zu verbinden, bleibt ergebnislos, da zahlreiche Theaterkulturen eine lustige Person, einen unterhaltsamen, oftmals der Gesellschaft durch seine Scherze den Spiegel vorhaltenden Spaßmacher kennen.

Die Inhalte der Stücke entstammen meist den Epen *Mahābhārata* und *Rāmāyaṇa*, hinduistischen sowie buddhistischen Mythen und Heldensagen, aber auch der profanen Erzählliteratur. Neben dem Vidūṣaka ist der Schauspieldirektor als wichtige Figur zu nennen: ‚Sūtradhāra' bedeutet ‚Fadenhalter', wobei *Sūtra* hier wohl als ‚Leitfaden' im Sinne eines Lehrwerks zu lesen ist. Die folgende chronologische Auflistung der wichtigsten Autoren enthält in der Mehrzahl der Fälle nur eine grobe Datierung, da eindeutige Zahlen oft fehlen.

Von Aśvaghoṣa (um 100 n. Chr.) stammen, wie erwähnt, u. a. die ältesten bekannten Textfragmente von indischen Schauspielen. Sie wurden auf Palmblättern festgehalten und in Turfan im heutigen Nordwestchina gefunden, darunter das namentlich genannte *Śāriputraprakaraṇa*. Alle drei Stücke haben buddhistische Stoffe zum Inhalt.

Abb. 1: In Indien wird der Vorhang, *Yavanikā*, in der Regel von zwei Bühnenhelfern gehalten; hier der Auftritt Rāmas mit Pfeil und Bogen im südindischen Theaterstil Kūṭiyāṭṭam (© Oberlin, 2010).

Bhāsa (vermutlich 2. Jahrhundert) werden insgesamt 13 Stücke zugeschrieben, darunter einige Einakter, sogenannte Vyāyogas. Allerdings ist trotz jahrelanger Recherchen und der Auswertung zahlloser Palmblattmanuskripte nach wie vor nicht klar, ob es Bhāsa überhaupt je gab oder ob die Stücke einer bestimmten südindischen Schule zuzuschreiben sind. Neun Schauspiele beziehen ihren Inhalt aus den beiden genannten hinduistischen Epen, die verbleibenden bedienen sich anderer Stoffe und bringen den Vidūṣaka zum Einsatz.

König Śūdraka (3.–4. Jahrhundert) ist uns durch das Prakaraṇa *Mṛcchakaṭikā* (dt. *Das irdene Wägelchen*) bekannt, das sich inhaltlich durch große Überlappungen mit dem Schauspiel *Cārudatta* von Bhāsa auszeichnet und eine Mischung aus Liebesgeschichte und Politsatire ist.

Der unzweifelhaft bekannteste indische Dichter der sogenannten klassischen Zeit ist schließlich Kālidāsa (5. Jahrhundert). Neben seinen berühmten Kunstgedichten *Meghadūta* (dt. *Der Wolkenbote*), *Raghuvaṃśa* (dt. *Die Nachkommen des Raghu*) und *Kumārasambhava* (dt. *Die Entstehung / Zeugung des [Kriegsgottes] Kumāra*) sind drei Schauspiele von ihm bekannt: *Mālavikāgnimitra* (dt. [Prinzessin] *Mālavikā und [König] Agnimitra*) ist eine profane Liebesgeschichte und gilt mit seinen fünf Akten als höfisches Prakaraṇa; *Vikramorvaśīya* (dt. *Die durch Heldenkraft wiedergewonnene [Nymphe/himmlische Tänzerin] Urvaśī*) ist ebenfalls in fünf Akte gegliedert und entnimmt die märchenhaft anmutende Handlung, die im Kern wieder einen Liebesplot birgt, einer vedischen Sage; das erwähnte *Abhijñānaśākuntalā* wiederum erzählt in sieben Akten eine aus den Epen übertragene Liebesgeschichte und gilt weithin als indisches Nationaldrama. Wie bereits beschrieben, eroberte das Stück Ende des 18. Jahrhunderts in verschiedenen Übersetzungen Europa. Georg Forster übertrug das Schauspiel 1791 erstmals ins Deutsche. Nicht nur Goethe und Herder zeigten sich begeistert, da der Stoff und seine Aufarbeitung genau den Nerv des damaligen Europa trafen: Die rousseausche Idee eines naiven, unschuldigen Naturzustandes des Menschen, die sentimentalen Idealbilder und die romantischen ‚schönen' Gefühle führten in der Kunstkritik zu wahren Begeisterungsstürmen, während das Bühnenstück als solches kaum rezipiert wurde.

„Will ich die Blumen des frühen, die Früchte des späteren Jahres,
Will ich, was reizt und entzückt, will ich, was sättigt und nährt,
Will ich den Himmel, die Erde mit einem Namen begreifen,
Nenn' ich, Sakontala, dich, und so ist alles gesagt."
(Johann Wolfgang von Goethe; Hamburger Ausgabe 1,1: 206; siehe auch Hartmann 2004)

Viśākhadatta (5. Jahrhundert) gilt als vermutlich jüngerer Zeitgenosse des Kālidāsa und ist uns durch sein höfisches Prakaraṇa mit sieben Akten namens *Mudrārākṣasa* (dt. *Der Siegelring des [Kanzlers] Rākṣasa*) bekannt. Hier steht erstmals ein politisches Ränkespiel im Mittelpunkt. Die ‚schönen Gefühle' weichen einer Lektion in Staatsführung.

Dem nordindischen Großkönig Harṣa oder Harṣadeva (590–647) werden drei Schauspiele zugeschrieben: *Ratnāvalī, Priyadarśikā* und *Nāgānanda*. Die ersten zwei sind nach den jeweiligen Heldinnen (Prinzessinnen) benannt, sie behandeln Liebesgeschichten. In beiden Stücken begegnet uns erstmals ein Spiel im Spiel, indem die Protagonisten selbst Theater aufführen. Das Nāṭaka *Nāgānanda* (dt. *Die Freude der Schlangen*) hat eine Fabel um den Schlangenprinzen Jīmūtavāhana zum Inhalt. Bemerkenswert ist, dass im Segensvers zu Beginn Buddha angerufen wird.

Mit Bhavabhūti (um 700) ist ein Autor überliefert, der als Meister der intensiven, vielfältigen Gefühle gilt: Die Nāṭakas *Mahāvīracarita* (dt. *Die Geschichte des großen Helden [Rāma]*) und *Uttararāmacarita* (dt. *Die spätere [Lebens-] Geschichte des Rāma*) inszenieren insbesondere das heroische bzw. das pathetische Gefühl. Das höfische Prakaraṇa *Mālatīmādhava* (dt. *Mālatī und Mādhava*) spielt mit seiner Liebeshandlung auf der gesamten Klaviatur der ‚Geschmacksarten' und spart auch nicht Abscheu oder Furcht aus.

In den meisten Überblickswerken westlichen Stils endet die klassische Zeit des literarischen Schauspiels hier (siehe etwa Winternitz 1920 [1968], Thieme 1966 oder Warder 1972–2011). Doch es entstanden weiterhin in allen Teilen Indiens Sanskrit-Stücke, neue Spielarten mit Blick auf Inhalt, Form und Gestaltung kamen hinzu, ohne die alten Paradigmen aufzugeben. Zu nennen wären hier beispielsweise das philosophische Lehrstück *Prabodhacandrodaya* (dt. *Der Aufgang des Mondes der Erkenntnis*) des Kṛṣṇamiśra (11. Jahrhundert) oder das Schauspiel *Karpūramañjarī* (dt. *Kampferblütendolde*) des Rājaśekhara (1. Hälfte des 10. Jahrhunderts), das ganz auf Sanskrit verzichtet und nur Prakrit-Dialoge enthält.

Paul Thieme nennt als Nachtrag noch die „literarischen Schattenspiele", die Chāyānāṭaka (Thieme 1966, 111–116). In den wenigen überlieferten Stücken wie etwa *Dūtāṅgada* (dt. *Aṅgada als Bote*, 13. Jahrhundert) werden Sanskrit-Verse aus älteren Schauspielen entlehnt – eine Technik, die bis heute in halb schriftlich, halb oral tradierten Theaterformen wie dem südindischen *Kūṭiyāṭṭam* zur Anwendung kommt. Warder wiederum widmet den gesamten letzten, 2011 erschienen Band seines achtbändigen Werkers über die indische Kunstdichtung (kāvya) der „Performance of Kāvya in the +14".

4 Ein Bindeglied zwischen Hochkultur und Volkstheater: *Kūṭiyāṭṭam*

Kūṭiyāṭṭam ist das Paradebeispiel schlechthin, um im indischen Kontext aufzuzeigen, wie der Brückenschlag zwischen klassischer, sanskritischer Hochkultur, die im nordindischen Kulturraum gewachsen ist, und einer regional geprägten, dem einfachen Volk nahen Aufführungspraxis gelingen kann (Moser 2012 und 2013). Es ist die einzige Theaterform des gesamten indischen Subkontinents, die auf eine ungebrochene Aufführungstradition literarischer Sanskrit-Schauspiele zurückblickt. In seiner Form ist es eine regionale Variante des indischen Südwestens (Kerala) und dort ungefähr seit dem 11. Jahrhundert schriftlich belegt. *Kūṭi-āṭṭam* bedeutet wörtlich ‚Zusammen-Spiel'; die gängigste Interpretation bezieht sich auf das gemeinsame Spiel mehrerer Rollenfiguren zum Ende einer mehrtägigen Aufführung. Der Schauspieltext wird in verschiedenen Tonlagen, meist *Svara* genannt, präsentiert. Welche Tonlage gewählt wird, richtet sich nach Charakter und Stimmung des Sprechers; ein verliebter König beispielsweise trägt seinen Text in einer anderen Tonlage vor als ein verliebter Dämon. Eine wichtige Rolle spielen neben der stimmlichen Darbietung eine äußerst detaillierte Handgestensprache sowie eine hochstilisierte Mimik mit besonderer Betonung der ausdrucksstarken, ‚sprechenden' Augen. Frauen stehen gemeinsam mit Männern auf der Bühne, sie stellen die weiblichen Rollenfiguren dar – ungewöhnlich für eine indische Theatertradition.

Abb. 2: Auszug aus „Bālivadham" (dt. „Die Tötung des Bāli", wie der erste Akt des Bhāsa zugeschriebenen *Abhiṣekanāṭaka* genannt wird) im südindischen Theaterstil *Kūṭiyāṭṭam*: Tāra versucht ihren Gemahl, den Affenkönig Bāli, vor dem tödlichen Kampf zurückzuhalten. (© Oberlin, 2009).

Kūṭiyāṭṭam kann als Übersetzungs-, ja Integrationsprojekt sanskritischer Kultur, ihrer Sprache, Werte und Inhalte verstanden werden. Nicht nur die in der Regionalsprache Malayalam kommunizierende lustige Person Vidūṣaka mit all den eingeschobenen Vergleichen und Anekdoten, sondern auch die ausgefeilte Handgestensprache sind Hilfsmittel, der Oberschicht der dravidisch geprägten Gesellschaft Keralas des 11. und 12. Jahrhunderts diese Inhalte nahezubringen. Tritt ein Vidūṣaka auf (er kommt nicht in allen Schauspielen vor), so übernimmt er die Hauptarbeit auf der Bühne: Er wiederholt die von der stilisiert spielenden Rollenfigur rezitierte und von dieser zugleich gestisch umgesetzte Textpassage und gibt den Kommentar bzw. die Erklärung dazu in der Landessprache Malayalam. Dann beginnt er mit der oft humorvollen, sehr ausführlichen Kommentierung – ebenfalls auf Malayalam vorgetragen und voller Bezüge zum Alltagsleben. Der Vidūṣaka fungiert somit nicht nur als Übersetzer der Sanskrit- oder Prakrit-Dialoge des Schauspieltextes, sondern auch der dargestellten Situation, indem er in der Lokalsprache manchmal derbe, zuweilen feinsinnige, aktuell-gesellschaftskritische Äußerungen tätigt; er ist die beim Publikum bei weitem beliebteste Figur.

Abb. 3: Links ein typischer Spaßmacher, der sogenannte Vidūṣaka; wie in diesem Beispiel aus dem südindischen Theaterstil *Kūṭiyāṭṭam* ist der Vidūṣaka in den literarischen Sanskrit-Schauspielen oft der Freund und Gefährte des Helden (© Oberlin, 2011).

5 Die regionalen Theaterformen: Tradition und Synkretismus

Neben den schriftlich fixierten Sanskrit-Theaterstücken gab und gibt es im gesamten indischen Kulturraum zahllose, oftmals weitgehend orale bzw. nur in Teilen schriftlich überlieferte Performanzformen. Wie eingangs beschrieben, mischen sich Tanz, Theater und Ritual in allen nur denkbaren Kombinationen (zu diesem Thema vgl. z. B. Schechner 1990 [1985]; Turner 1982). Zudem passt sich eine gewachsene Tradition immer auch dem Zeitgeist und damit den Menschen, die sie tragen, an. Im folgenden Abschnitt können nur die wichtigsten Formen genannt werden, die in einem weiten Verständnis zum Schauspiel im Sinne von Theater gezählt werden.

Noch heute erfreuen sich rituelle Theaterformen großer Beliebtheit, bei denen sich lokale Gottheiten (oftmals Göttinnen) in Verkörperern zeitweilig manifestieren. Im ländlichen Südindien sind beispielsweise die *Teyyam*- und *Bhūta*-Rituale äußerst lebendig (Ashley 1990; Brückner 1995). Beide Begriffe stehen für zahllose Ahnengeister, vergöttlichte Helden, zu Göttinnen gewordene, da unglücklich zu Tode gekommene Frauen und andere lokale Gottheiten. Bei einem Fest werden die Göttin oder der Gott verkörpert. Sie oder er zeigt sich in bzw. durch Ritualspezialisten und manifestiert sich so unter den Menschen (Freeman 1993). Diese ausschließlich männlichen Verkörperer stammen aus den untersten Schichten der traditionellen gesellschaftlichen Hierarchie. Als Tänzer und Schauspieler zugleich unterwerfen sie sich einer kontrollierten Besessenheit, werden ergriffen von der göttlichen Macht und bewahren doch die letzte Kontrolle über Körper und Geist. Der Performer tanzt, erzählt eine Geschichte, singt, führt Teile der Erzählungen pantomimisch vor, schlägt eine Trommel, stellt kunstvolle Kostüme her und bemalt sich Gesicht und Körper mit komplizierten, feinen Ornamenten. Er geht aber auch über glühende Kohlen, gibt Ratschläge und orakelt, spricht mit der Stimme der Gottheit. Dabei wechselt er zwischen erster und dritter Person: Mal spricht er von der Gottheit, die er darstellt, als ‚er' oder ‚sie', mal spricht er als ‚ich', als die Göttin oder der Gott. Diese oftmals sehr langen Texte sind oral tradiert und werden erst neuerdings nach und nach schriftlich fixiert. Seit ein paar Jahren sieht man *Teyyams* bei Festivals und Umzügen oder gar als Teil experimenteller Theaterstücke.

Abb. 4: Eine Form Viṣṇus, Viṣṇumūrthi, verkörpert sich vor seinem Dorfschrein in Nord-Kerala als *Teyyam* und segnet umstehende Zuschauende (© Oberlin, 1993).

Im gesamten nordindischen Raum sind zahlreiche Formen des *Rāmlīlā*, des Spiels Rāmas, zu finden (Lutgendorf 1991; Schechner 1983; Sax 1995). Regelmäßig wird in der Nachmonsunzeit das gesamte *Rāmāyaṇa* nachgespielt und die Krönung des Königs am Ende gefeiert. Rāma, Hanumān und die anderen mythischen Figuren werden so den Zuschauer-Pilgern vergegenwärtigt. Jährlich kommen noch immer bis zu 100.000 Menschen nach Rāmnagar, die alte Königsstadt bei Varanasi, um in 30 bzw. 31 Tagen zusammen mit ihrem König Rām(a) Exil, siegreiche Kämpfe gegen Dämonen und schließlich die Rückkehr in die Zivilisation zu erleben. Als Textgrundlage dient das *Rāmcaritmānas* von Tulsidās aus dem 16. Jahrhundert auf Hindi bzw. Avadhi. Auch hier werden alle Rollenfiguren von Männern dargestellt, Brahmanenjungen verkörpern und spielen den göttlichen Helden Rām(a), dessen Brüder sowie seine Gemahlin. Diese Kinder befinden sich während des gesamten Aufführungszyklus in einer liminalen Phase, sie gelten als Gefäße der Götter, die sie darstellen. Auch hier mischen sich literarische und orale Tradition: Der Text des *Rāmcaritmānas* wird von Sängern und Pilgern gesungen, die oftmals sehr langen Dialogpassagen werden noch immer überwiegend oral weitergegeben.

Abb. 5: Eine Szene aus dem nordindischen *Rāmlīlā*: Der von einem Kind dargestellte göttliche Rāma sitzt in der Mitte unter einem königlichen Schirm und ist umgeben von Soldaten und Würdenträgern des verbündeten Affenheeres (© Oberlin, 2003).

Zu den wenig an rituelle Handlungen gebundenen Theaterformen gehören beispielsweise das in Karnataka beheimatete *Yakṣagāna* (‚Gesang/Lied der Halbgötter Yakṣa'; vgl. Binder 2013), das tamilische ‚Straßentheater' *Terukkūttu* oder *Kaṭṭaikkūttu* (Bruin 1999), das nordindische *Nauṭaṅkī* (K. Hansen 1992) und die eng damit verbundenen, beliebten Volkstanztheater *Tamāśā* in Maharashtra und *Svāṅg* oder *Sāṅg* im Punjab, in Rajasthan und Malwa. Auch Schattentheaterformen wie das *Togalugombeyāṭa* (‚Hautpuppenspiel'; Seltmann 1993; Oberlin 2015) aus Karnataka zählen zu dieser Gruppe. Sie sind typische Repräsentanten sogenannter volkstümlicher Theaterstile, die allesamt Lieder, Musik, Tanzpassagen und in Versen gebundene Rede mit improvisierten Dialogen und Monologen in den jeweiligen Regionalsprachen mischen. Traditionellerweise stellen Männer alle Rollenfiguren dar, auch die weiblichen. Meist wird draußen gespielt, auf temporär errichteten Bühnen, oft die ganze Nacht. Als typische Wandertheater ziehen die Gruppen von Dorf zu Dorf. Auch wenn Aufführungen an Tempeln oder im Rahmen von Tempelfesten stattfinden, sind sie doch weitgehend säkular geprägt. Ihre Themen beziehen sie meist aus den indischen Epen und mythologischen

Heldengeschichten, sie sind aber immer mit lokalen Begebenheiten und aktuellen sozialen Sujets durchsetzt. Zu dem oftmals seit Jahrhunderten überlieferten Repertoire kommen neue Stücke hinzu. Das Theater ist im ländlichen Raum auch Medium zur Aufklärung über HIV (als Dämon dargestellt) sowie politische Satire.

Diese Offenheit und Flexibilität bei gleichzeitigem Erhalt einer bewährten, traditionellen Grundstruktur scheinen das Geheimrezept zu sein, um erfolgreich neben oder besser mit den neuen Medien Film und Fernsehen zu bestehen. Bollywood bedient sich dieser reichen Tradition und Erfahrung und begeistert damit weltweit ein Millionenpublikum, das völlig anderen Kulturkreisen entstammt. Die zahlreichen regionalen Theaterformen wiederum nehmen Bollywood-Lieder und neue, zeitgemäße Stoffe auf. Die traditionellen Theaterstile haben im 20. Jahrhundert eine Renaissance erlebt, sie erfreuen sich – in etwas modernerem Gewand – noch immer bzw. erneut eines dankbaren Publikums.

6 Indien und der Westen

Als wichtiges Bindeglied zwischen europäischem und indischem Theater sowie traditionellen Bühnenformen und Film gilt das Parsi-Theater (Gupt 2005). Die Briten pflegten Mitte des 19. Jahrhunderts im damaligen Bombay englischsprachiges Theater zu spielen. Die Parsen, Angehörige einer ursprünglich aus Persien stammenden und der Lehre des Zoroastrismus folgenden Bevölkerungsgruppe, waren zu dieser Zeit ein wichtiger Handelspartner der Briten. Sie begannen zunächst Shakespeare aufzuführen – allerdings versehen mit den für das indische Theater typischen Elementen Musik und Gesang. Aus diesen ersten Theatergruppen entwickelte sich in kurzer Zeit ein Bühnenspektakel, das unter dem Oberbegriff ‚Parsi-Theater' zusammengefasst wird und zwischen 1850 und 1930 seine Blüte erlebte. Die Mischung aus Realismus und Phantasie, Musik, Tanz, Erzählung und Schauspiel, Humor und Melodrama, vorgetragen auf Hindustani (einer Mischsprache aus Hindi und Urdu), begeisterte die Massen. Es waren Parsi-Theaterregisseure, die früh das neue Medium Film für sich entdeckten und den unverwechselbaren Masala-Stil des indischen Mainstream-Kinos entscheidend mitprägten, wie insbesondere die beliebten Bollywood-Songs belegen. Doch auch das moderne Theater auf Gujarati, Marathi und Hindi hat seinen Ursprung größtenteils im Parsi-Theater.

Heute finden sich in Indien neben den beispielhaft genannten, noch immer lebendigen Bühnentraditionen auch all die Performanzformen, die uns im Westen bekannt sind, sowie vielfältige Mischformen: Indische Regisseurinnen und Regisseure sowie Theaterschaffende experimentieren ausgiebig mit dem reichen traditionellen Form- und Stilrepertoire, mit Kostümen, Make-up, Masken, stilisierter Mimik, tänzerischen Bewegungsabläufen, Handgesten, Musik, Sprechgesängen und Rezitation. Sie wenden altindische Ästhetik und Semiotik auf neue Stoffe an oder stellen die typischen einheimischen Stoffe mit Hilfe neuer, aus dem Westen stammender Ideen auf der Bühne dar (Bharucha 1993). Kavalam Narayana Panicker (1928–2016) hatte beispielsweise literarische Sanskrit-Schauspiele ebenso inszeniert wie Shakespeare. Er hatte mit griechischen Kolleginnen und Kollegen das *Iliyana* geschaffen – eine Fusion aus den Epen *Rāmāyaṇa* und *Ilias*. Westliche Theaterschaffende wie Peter Brook wiederum lernen von indischen Inszenierungen und verarbeiten Stoffe wie das *Mahābhārata* (D. Williams 1991). Die Namen Girish Karnad (*1938; Kannada), Badal Sarkar (1925–2011; Bengali), Vijay Tendulkar (1928–2008; Marathi) oder Mohan Rakesh (1925–1972; Hindi) stehen für die modernen indischen Dramatikerinnen und Dramatiker, die zwar in ihrer jeweiligen Regionalsprache schreiben, aber qualitativ so hochwertig arbeiten, dass sie international Anerkennung finden.

III.2 Themen und Konzepte

Iulia-Karin Patrut
III.2.1 Drama, Theater und Mimesis

1 Einleitung

Für keine andere Gattung ist das Verhältnis von Kunst und Wirklichkeit so bedeutsam wie für das Drama. Es ist gleich zweifach relevant: im Hinblick auf den ontologischen Status der dargestellten Inhalte und auf jenen des Spiels auf der Bühne auf der Bühne. Beides – fiktionale Darstellung und konventionalisiertes Agieren im ‚Schauspiel' – wird seit der Antike je nach vorherrschender Heuristik hinsichtlich des jeweiligen Realitäts- oder Wahrheitsgehalts, hinsichtlich der Authentizität, des Abbildcharakters oder der Nachträglichkeit in Bezug auf ‚eigentlich seiende' Entitäten oder aber Wirklichkeitserfahrungen kritisch durchleuchtet und befragt. Parameter, Maßstäbe und Methoden variieren erheblich, wobei auf der einen Seite die Auffassung steht, Wortkunst und Schauspiel seien (gleichermaßen oder unabhängig voneinander) nichts als eine wertlose und gefährliche Täuschung, sinnentstellend beschnittene Realität und unehrliche Kommunikation – oder aber, auf der anderen Seite, seherischer Einblick in höhere Wahrheit. Ins Zentrum dieser Debatten führt der Begriff der Mimesis, deren Anfänge in den kultischen Tänzen während der Dionysien liegen und der vor Platon wohl bereits von Damon in einer Musiktheorie verwendet wurde. Ältere Forschungsarbeiten wie die von Hermann Koller (1954) haben ausgehend von der These, dass Mimesis ihren Ursprung sehr wahrscheinlich im gemeinsamen Tanzen (als Nachahmung eines als ‚heilig' geltenden Ereignisses) hat, in der Performanz der Körper der Tanzenden, ihrer Sprache, der Klänge und Rhythmen eine Art Gesamtkunstwerk sehen wollen.

Allgemein bezeichnet Mimesis die Relation zwischen der dargestellten Welt und der Wirklichkeit (die je nach Epoche und Ansatz unterschiedlich aufgefasst wurde). Problembehaftet blieben die Übersetzungsversuche ins Deutsche, für welche Martin Opitz' viel kritisierte Formulierung aus dem *Buch von der Deutschen Poeterey*, dass „die gantze Poeterey im nacháffen der Natur bestehe" (Opitz 1979 [1624], 350), tonangebend war. Bereits die gängige Übersetzung des griechischen *mimesis* ins Lateinische, *imitatio*, enthielt Verschiebungen, die im Zuge der Horaz-Rezeption (*Ars poetica*, ca. 19–10 v. Chr) dazu führten, dass sich die Vorstellung vom Nachahmungscharakter aller Kunst und von ihrer grundsätzlichen Nachrangigkeit in Bezug auf die Natur in deutschsprachigen Ästhetiken festsetzte. Besonders wirkmächtig war Johann Christoph Gottscheds *Versuch einer Critischen Dichtkunst vor die Deutschen* (⁴1751 [1730]), das als Referenzwerk der Nachahmungsästhetik galt. Gottscheds Position, die die Nachahmung des wahrscheinlich in der Wirklichkeit Vorzufindenden verlangte, wurde von Johann Jakob Bodmer und Johann Jakob Breitinger herausgefordert, die für die Darstellung von Wunderbarem, dem nicht oder selten in Wirklichkeit Vorfindbaren, eintraten (Breitinger 1980 [1740], 84). Damit war eine Richtung der zukünftigen ästhetischen Debatten vorgegeben, nämlich die Frage danach, was möglicherweise mit welchen Mitteln wie nachgeahmt wird.

In der heutigen Forschung wird der Begriff ‚Mimesis' kontrovers diskutiert, wobei unterschiedliche Begriffsbestimmungen zugrunde gelegt werden. Exemplarisch für die traditionelle Kategorisierung sei hier die von Thomas Metscher angeführt, der zwischen einer ontischen, ontologischen und realismustheoretischen Begriffsverwendung unterscheidet (Metscher 2001). Die ontisch verstandene Mimesis, die vor allem in der Renaissance wirkmächtig war, bestimmt Kunst als Abbild der unendlichen Erscheinungsvielfalt der *natura naturata*. In diesem Sinne hatte beispielsweise Leonardo da Vinci den Begriff verwendet, der für die Tätigkeit des Künstlers die Metapher des Spiegels heranzieht; in diesem bilde sich die phänomenale Gestalt der Wirklichkeit ab. Das ontologisch verstandene (in der Zeit um 1800 wichtige) Mimesiskonzept definiert Kunst als Nachbildung interner Gesetzmäßigkeiten, Strukturen und Prinzipien der Wirklichkeit und bezieht sich auf das Ähnlichkeitsverhältnis oder die Strukturhomologie zwischen den Gebilden der Natur (verstanden als *natura naturans*) und jenen der Kunst. Häufig wird in diesem Zusammenhang Albrecht Dürers Aussage angeführt, die Kunst stecke in der Natur und brauche vom Künstler lediglich aus dieser herausgerissen zu werden. Immanuel Kants Geniebegriff sowie Friedrich Schellings Bestimmung des Verhältnisses zwischen Naturschönem und Kunstschönem schließen an diesen Mimesisbegriff an. Die realismustheoretisch verstandene Mimesis, die während der zweiten Hälfte des 19. Jahrhunderts entwickelt wurde, bezeichnet die Art und Weise, in der sich Kunst auf gesellschaftliche Prozesse bezieht und dabei sowohl tatsächlich vorhandene als auch mögliche Verhältnisse aufscheinen lässt. Zeitlich lösen sich die Konzepte nicht ab, sondern sie koexistieren, wobei jeweils eines tonangebend sein kann.

Einige der angesprochenen Bestimmungen sind bereits im antiken Mimesisbegriff von Platon und Aristoteles angelegt. In der früheren Forschung zählte Platons Skepsis gegenüber der Kunst, die sich in zweifacher Weise mimetisch zur Welt der Ideen verhält – dieser allein wurde Wirklichkeitsstatus zuerkannt –, zu den Gemeinplätzen. Angeführt wurde stets das 10. Buch der *Politeia* und das Gleichnis von dem Bett, dessen konkrete Erscheinung als Mimesis der universal gültigen Form des Bettes zu verstehen sei, während in der künstlerischen ‚Mimesis zweiten Grades' lediglich eine Täuschung vorliege; diese könne ohne jene technische und handwerkliche Sachkenntnis erreicht werden, die zur Herstellung eines Bettes notwendig sei. Während die frühere Forschung darauf insistiert hat, dass bei Platon Mimesis stets mit einem Wirklichkeitsverlust einhergehe und demzufolge ausschließlich als Mangelzustand gelte, fällen neuere Arbeiten differenziertere Urteile und mahnen zur Vorsicht: Der Mimesisbegriff könne nicht generell verabschiedet werden und es sei zu präzisieren, was es zu verwerfen gelte. Bereits in den 1980er Jahren weisen Forschungsarbeiten darauf hin, dass Aristoteles von einer *natura naturans* ausgehe und der Kunst eine Ebenbürtigkeit im Transformatorischen, Schöpferischen attestiere, wenn er ästhetische Verfahren in ein Analogieverhältnis zur Natur setze (Neschke 1980). Selbst im Hinblick auf Platon wird diskutiert, ob dessen Mimesisbegriff nicht durch einen zu eng gewählten Blickwinkel, der nahezu ausschließlich die zwischen Polemik und Staatsutopie oszillierenden Schriften *Politeia* und *Ion* berücksichtigt, missverstanden wurde (Fuhrmann 1992; J. Petersen 2000; Büttner 2000, 2006). Exemplarisch für diese Auffassung sei Jürgen H. Petersen angeführt, der sich in seinen Arbeiten gut begründet dagegen ausspricht, sowohl Aristoteles als auch Platon eine Abbild- oder Nachahmungstheorie zu unterstellen: „Mimesis bezeichnet [...] entweder die Darstellung des Vorhandenen, wie bei Platon, oder des Vorhandenen, des Möglichen oder auch des Unmöglichen wie bei Aristoteles, in keinem Fall aber Nachahmung" (J. Petersen 2000, 267). Petersen argumentiert begriffsgeschichtlich und übersetzungskritisch; maßgeblich verantwortlich für die Fehlrezeption sei die falsche Übersetzung von *mimesis* als ‚Nachahmung'. Richtig sei hingegen die Übersetzung des Begriffs als ‚Darstellung', woraus sich ein ganz anderes Verhältnis der Kunst zur Wirklichkeit ergebe. Von diesem Einwand aus eröffnen sich neue Potentiale des Mimesisbegriffs sowie Anschlussmöglichkeiten an die heutige Theaterpraxis und -forschung.

Es kann als gesichert gelten, dass nach der Phase des Barock, in der ein recht weites Mimesisverständnis vorherrschte, die Übersetzung von *mimesis* – wie auch des lateinischen *imitatio* – mit ‚Nachahmung' äußerst folgenreich war. In der Renaissance und der Aufklärung, teilweise aber auch noch im 19. und 20. Jahrhundert (v. a. im Sozialistischen Realismus) wird im Zuge einer verkürzten Rezeption des Begriffs ‚Angemessenheit' (*aptum*) aus Horaz' *Ars poetica* die ‚Wirklichkeit' zum Maßstab der Kunst erhoben, wobei dieses Verhältnis ebenso wenig theoretisch fundiert werden konnte wie das damit verbundene Konzept der Wirklichkeit. Als Gotthold Ephraim Lessing mit der Verabschiedung der drei Einheiten eine Abkehr von dem von Gottsched etablierten Nachahmungspostulat durchsetzte, befand sich die abbildliche Auffassung von Mimesis auf ihrem Höhepunkt. Umso interessanter sind die Passagen in Lessings *Laokoon*, in denen Eigenlogik und Eigenfunktionalität der Zeichenträger, Dreidimensionalität und weitere Raumkonzepte, szenische Effekte bildender Kunst oder auch das Fragmentarische von Kunstwerken thematisiert werden (Lessing 1990 [1766]). Diese Aussagen sind mit einer Unterordnung unter das Nachahmungsprinzip unvereinbar, obgleich in

Lessings Ästhetik der Mimesisgedanke durchaus im Spiel ist (vgl. bereits Bayer 1984). Insbesondere die Zurschaustellung des Fragmentarischen (Heimböckel 2010, 59) ist für die Debatten um Mimesis/Simulation wichtig geworden. Von hier aus ergeben sich nicht allein Bezüge zur klassischen Moderne, sondern auch zu dem rezeptionsästhetisch gewendeten Mimesisbegriff Theodor W. Adornos. Die Zuschauenden oder Lesenden sehen sich selbst mit Rissen und Brüchen konfrontiert und erkennen Muster oder Strukturen der Gewalt in der Gesellschaft.

Auch die Perspektiven auf realistische Ästhetiken haben sich seit den 1990er Jahren gewandelt. Das eigentlich Interessante an realistischen Ästhetiken ist demnach weniger die gelingende empirische Anschauung und der erzeugte Eindruck von Welthaltigkeit als vielmehr das ‚Glauben-Machen' im Sinne Kendall Waltons. Sein Mimesisbegriff fokussiert nicht auf die ‚sinnliche Ähnlichkeit' als Erkennungskriterium des Bürgerlichen Realismus und teilweise noch des Sozialistischen Realismus, ebenso wenig auf das dialektische Ineinandergreifen von Poiesis und Mimesis in Inhalt und Form, sondern ihm geht es rezeptionsästhetisch um *Mimesis as Make-Believe* (Walton 1990) und als Faszinosum des Realismus. Damit wird Mimesis auch im Kontext des Realismus in die Nähe von Simulation und Simulakrum gerückt.

2 Kritik am Mimesisbegriff

Seit den 1960er Jahren entfachte sich eine vehemente Kritik am Mimesisbegriff, die sich zum großen Teil gegen naive Vorstellungen von Referent und Wirklichkeit richtete. Der Begriff ‚Natur', der in einigen Nachahmungstheorien und im prominenten Begriffspaar ‚Naturschönes'/‚Kunstschönes' um 1800 eine wichtige Rolle als (vermeintlicher) Maßstab des mimetischen Zeichengebrauchs gespielt hat, wurde aus den Mimesisdebatten verabschiedet. Angeregt von Ferdinand de Saussures Zeichentheorie entwarfen insbesondere französische Strukturalisten Modelle, die die Differenz zwischen dem sprachlichen Zeichen und der Wirklichkeit betonten, wie beispielsweise Roland Barthes (1968) mit seinen Begriffen *effet de réel* und *simulacrum*. Barthes, der vergleichsweise früh darauf hingewiesen hatte, dass man mit der „illusion référentielle" (Barthes 1968, 88) auch die Illusion der Mimesis von etwas Wahrem aufgeben müsse, ging es darum, die ‚Zersetzung des Zeichens' als Signum der Moderne zu etablieren und jene Repräsentationsästhetik zu verabschieden, die von einem festen Signifikat ausgeht. In der heutigen Forschung gilt als unumstritten, dass den (pragmatisch oder auch ästhetisch gebrauchten) sprachlichen Zeichen keine Mimesis einer höherrangigen Ordnung der Ideen innewohnt, dass sie aber möglicherweise von einer die menschliche

Psyche, also alles Denken und Fühlen durchziehenden magisch-mimetischen Arbeit bedingt werden. Letztere kann dann nicht als solche isoliert und angesprochen werden, weil sie die Zeichen, mittels derer sie analysiert werden soll, selbst mit hervorbringt. Jedenfalls gehören diese Dimension der Mimesis, die Realitätseffekte der Zeichen und literarische Texte als Simulakra zur erfahrbaren ‚Realität'.

Jacques Derrida (1967a; 1967b) radikalisierte die Kritik an Mimesis, die darin gipfelte, dass die klassische Moderne insgesamt als ‚antimimetisches' (K.-H. Ott 2010) Zeitalter betrachtet wurde, dessen Selbstbeschreibungen nach der linguistischen konsequenterweise eine performative Wende nehmen mussten. Gibt es die unerreichbare Wahrheit ‚hinter' den Zeichen nicht, so kommt es umso mehr auf das an, was gesprochen, getan und hervorgebracht wird. Diese Überlegungen, an die dekonstruktivistische und übersetzungstheoretisch inspirierte Ästhetiken anschließen, sind bis heute aktuell. Eine andere Richtung, die Mimesis kritisch hinterfragt, hat ihren Ausgangspunkt im Beharren auf der Autonomie der Kunst, die zum (schlimmstenfalls zweifach, gegenüber metaphysischen Wahrheiten und dem gesellschaftlichen Geschehen) nachgelagerten Charakter von Kunst, den die Auffassung von Mimesis als Nachahmung implizieren würde, im Widerspruch steht (Iser 1991, 481–503). Auch für diesen Aspekt aber gilt, dass er sich lediglich gegen einen eingeschränkten Mimesisbegriff stark machen lässt, den die Forschung bereits seit einigen Jahrzehnten in Frage gestellt hat.

Die Realitätsillusion auf der Bühne gilt insbesondere aus Sicht der Befürwortenden des postdramatischen Theaters als überkommen. Gleichwohl hat sich in jüngster Zeit ein einflussreicher Ansatz des ‚Neuen Realismus' herausgebildet, der für die Philosophie von Maurizio Ferraris und Markus Gabriel erörtert wurde. Diese Position kann mit dem Mimesisbegriff von Gunter Gebauer und Christoph Wulf zusammengedacht werden, die mimetisches Handeln sowohl in Bezug auf soziales Agieren als auch in Bezug auf Ritual und Spiel sowie auf Kunst aufwerten. Gerade im Hinblick auf Lernen und (Selbst-)Experiment, aber auch auf intersubjektive Prozesse besitzt mimetisches Denken, Fühlen und Handeln nach wie vor großes Potential (Gebauer und Wulf 1992).

3 Mimesis und Theater in anthropologischer Perspektive

Wenn es stimmt, dass Konzept und Begriff der Mimesis in vorgriechischen antiken Hochkulturen, genauer: in kultischen Handlungen ihren Anfang nahmen, zu denen Rhythmus, Musik, Tanz und Sprache gehörten und in denen es um Identität mit einem ‚heiligen' Geschehen ging, wie Koller (1954) darlegt, dann weist

Mimesis eine große Nähe zur Gattung Drama auf. Auf Aristoteles geht die Auffassung zurück, dass der theatralische Schwebezustand einer anthropologischen Konstante gleichkäme, die sich bereits im kindlichen spielerischen Nachbilden der Handlungen von Erwachsenen äußere (Aristoteles 1994). Theodor W. Adorno führt das Mimetische auf vorgriechische magische Praktiken zurück, die er ebenfalls als menschliche Grundkonstanten bezeichnet; Mimesis sei gerade kein Einfallstor für Normierung und Entfremdung, sondern im Gegenteil ein allgemeinmenschliches Widerstandspotential, das sich insbesondere in der Kunst äußere (Adorno 2003 [1970], 80–89).

In diesem Zusammenhang ist ein weiterer Aspekt von Belang: Die kultischen Tänzerinnen und Tänzer besitzen eine Gemeinsamkeit mit den Schauspielerinnen und Schauspielern darin, dass sie ihren Körper einsetzen, um einen Zustand gebrochener Identität herzustellen. Sie handeln so, als ob sie Teil eines heiligen Geschehens seien, als seien sie Eins mit diesem und untereinander austauschbar, obgleich sie zumindest zu Beginn der kultischen Handlungen wissen, dass dem nicht so ist. Diese Ambivalenz im Hinblick auf den Körper der Schauspielenden und Identität(en), der spielerisch eingenommene Doppelcharakter als Zeichen und Bezeichnetes und schließlich der Schwebezustand zwischen ‚heiliger'/ fremder Welt auf der einen Seite und ‚profaner'/bekannter Gesellschaft auf der anderen sind auch für heutige Theatertheorien – selbstverständlich unter säkularen Vorzeichen – von Bedeutung (Gebauer und Wulf 1992). Wert gelegt wird auf die (Rest-)Autonomie und Widerständigkeit des menschlichen Körpers, die in der mimetischen Praxis entstehen kann und mit dem schauspielerischen Beruf eng verbunden ist.

Etwas anders akzentuiert René Girard (1972) den Begriff ‚Mimesis', dem er eine tiefgreifende Ambivalenz attestiert: Einerseits ermächtige der Trieb zur Mimesis den Einzelnen dazu, sich das Gegebene anzueignen und es im eigenen Sinne zu modifizieren, andererseits führe dieses Verhalten zu Ressourcenknappheit und Rivalität, so dass sowohl gesellschaftserhaltende als auch gesellschaftsgefährdende, sowohl für das Individuum förderliche als auch bedrohliche Potentiale von der Mimesis ausgehen. Die so verstandene Mimesis ist für Girard ein machttheoretischer Schlüsselbegriff allgemeiner menschlicher kultureller Praxis.

Aus anthropologischer Perspektive betrachtet, ergeben sich darüber hinaus Bezüge zwischen Mimesis und dem Begriff ‚Ähnlichkeit', wie ihn Walter Benjamin (1980b [1933]) verwendet – in jüngster Zeit rekurriert ein größtenteils auf Benjamin verweisender kulturwissenschaftlicher postkolonialer Ansatz (Bhatti und Kimmich 2015) ebenfalls auf das Ähnlichkeitsdenken und nimmt dieses zum Ausgangspunkt für Denkfiguren der Solidarität. Ausschlaggebend bleibt Benjamins berühmte Formulierung: „Die Natur erzeugt Ähnlichkeiten. Man braucht nur an die Mimikry zu denken. Die höchste Fähigkeit im Produzieren von Ähnlichkeiten aber hat der Mensch. Die Gabe, Ähnlichkeit zu sehen, die er besitzt, ist nichts als ein Rudiment des ehemals gewaltigen Zwanges, ähnlich zu werden und sich zu verhalten" (Benjamin 1980b [1933], 210). Benjamin spricht von der „phylogenetische[n] Bedeutung des mimetischen Vermögens" (1980b [1933], 210) und erklärt Mimesis zur Erkenntnisstrategie der Weltaneignung, die Mikro- und Makrokosmos miteinander verbunden erscheinen lässt und Praktiken wie den rituellen Tanz hervorbringt; diese vergewissern den Mensch seiner Verbundenheit mit anderen und mit dem Weltganzen. Darüber hinaus sind für Benjamin Sprache und Schrift ein nicht-sinnliches „Archiv" (1980b [1933], 214), in dem das eigentlich Interessante nicht das zeichenhaft Konkretisierte ist, sondern das unwillkürlich-unbewusst Eingeschriebene – Derrida würde sagen: ‚Spuren', die nicht als Signifikanten gedacht waren, um beständigen Sinn zu speichern, sondern auf Spurensuche angewiesen sind (Derrida 1967b). Damit zeichnet sich eine Nähe zu Adornos Feststellung ab, Mimesis und Magie seien sich ähnlich: Das unsichtbare Archiv Benjamins entsteht wie von Zauberhand und verhält sich mimetisch zu etwas noch nicht Erkanntem.

4 Gesellschaftliche und intersubjektive Implikationen von Mimesis auf der Theaterbühne

Wie angedeutet, stand Mimesis lange im Verdacht, ideologieanfällig zu sein und gesellschaftliche Verhältnisse, Individuen und Weltbeschreibungen im Namen metaphysischer Wahrheiten zu normieren und zu normalisieren, also dazu anzuregen, das individuelle oder kollektive Selbst als Abbild einer (vermeintlich) höherrangigen Ordnung aufzufassen.

Ob diese Einschätzung zutrifft und inwiefern, hängt von dem zugrunde gelegten Mimesisbegriff ab. Bertolt Brecht war einer der Ersten, der die Frage nach der politischen Dimension von Mimesis für das Theater eingehend erörtert hat. Seine Entscheidung gegen das, was er als ‚aristotelisches Theater' beschrieb, und gegen die Abbild-Mimesis gipfelte in seinem Entwurf des epischen Theaters. Brechts Polemik richtet sich gegen ein Theater, das erstens die vorhandenen Verhältnisse unkritisch reproduziere und zweitens die Zuschauerinnen und Zuschauer ungestört in der Illusion belasse, Vorgänge auf der Bühne ‚seien' gleichsam das Reale. Demgegenüber setzt Brecht auf den Verfremdungseffekt, auf die Unterbrechung, die absurde Wiederholung und den Widerspruch, auf eine minimalistisch-irritierende Bühne, auf Schauspielerinnen und Schauspieler, die die Differenz zwischen ihrer eigenen und der gespielten Körperlichkeit darstellen, und auf die Aufhebung der Grenze zwischen Publikum und Bühne (Schößler und Patrut

2015). Bei aller Offenheit dieser Auffassung für aktuelle Theorien der Simulation, auf welche die neuere Brecht-Forschung hinweist, bleibt Brechts Theater doch auf den Wirklichkeits- und Gesellschaftsbezug angewiesen. Berühmt ist seine Formulierung, das von ihm favorisierte realistische Schreiben sei „den gesellschaftlichen Kausalkomplex aufdeckend / die herrschenden Gesichtspunkte als die Gesichtspunkte der Herrschenden entlarvend / vom Standpunkt der Klasse aus schreibend [...] / das Moment der Entwicklung betonend / konkret und das Abstrahieren ermöglichend" (Brecht 1967c [1938/1939], 326). Aus dem von Brecht unterstellten indirekten und auslegungsbedürftigen Wirklichkeitsbezug ergibt sich die Möglichkeit politischer Analyse und Kritik auf der Bühne (Englhart 2015) wie auch ein Moment politischer Aktivierung und Ermächtigung des Publikums. Diese Tendenz kulminiert in den von der heutigen Brecht-Forschung neu entdeckten Lehrstücken (Bodenburg 2015), ihren Potentialen für individuelle Selbsterfahrung und Lernprozesse sowie für intersubjektive Begegnung und Dialogerfahrung.

Statt an den etablierten Fronten zwischen Abbild-Mimesis einerseits und ästhetischer Autonomie andererseits festzuhalten, scheinen heute Ansätze vielversprechender, die den Mimesisbegriff neu denken und ihn als mehrdeutigen, offenen und performativen auffassen. Dies geschieht in den 2000er Jahren in der Theaterforschung, wenn Bernd Stegemann in seiner Laudatio zum Mülheimer Theaterpreis von der Mimesis der Gruppe Rimini Protokoll spricht. Das Theater von Rimini Protokoll verhalte sich, so Stegemann, radikal mimetisch zur Wirklichkeit, wenn Exklusionen, Ungleichheiten oder absurde Expertendiskurse auf die Bühne gebracht werden; zudem gehe es den Darstellerinnen und Darstellern um das eigene Leben (Stegemann 2007). Offenbar gelingt gerade dieser radikalen Mimesis politische Kritik. Auch deshalb ist Brechts Theater für heutige experimentelle Stücke und Inszenierungen interessant, seine Ansätze zudem für eine Kritik an den Entwicklungen des Theaters nach 1989 als Teil des ökonomischen Feldes anschlussfähig, wie Franziska Schößler und Christine Bähr gezeigt haben (Schößler und Bähr 2009a). Das Subversive ist – so scheint es – das Mimetische, beispielsweise in dem Falle, dass Schauspielerinnen und Schauspieler ihre eigene prekäre Situation auf der Bühne darstellen und ökonomische Expertendiskurse aufgreifen, die gesellschaftliche Ungleichheiten offenbaren. Dieser neuen Mimesis wohnt eine mehrfache Ironie inne: Man muss sich als Publikum fortwährend wünschen, es möge sich um eine bloß mögliche Welt handeln, die sich nie als eigene konkretisiert; man weiß, dass Bühneninszenierungen niemals ‚wirkliche Handlungen' sind, obgleich referentialisierende Indizien darauf hindeuten, dass Teile der Wirklichkeit auf die Bühne gelangt sind.

‚Mimesis' bezeichnet im heutigen Theaterdiskurs ergebnisoffene Vorgänge im Individuum und ist damit weit entfernt von Allegorese oder Prosopopöie auf bestimmte *loci*, die bereits bekannt sind (G. Willems 1989). Der Begriff hat sich vollständig von der mimetischen Illusionierung gelöst, wie sie Gottsched und andere Aufklärerinnen und Aufklärer mit dem Guckkastenprinzip favorisierten. Der neueren Auffassung nach geht es bei Mimesis um eine Irritation, die das eben nur scheinbar Bekannte auslöst, wenn es sich als ganz Fremdes erweist. An die Stelle der ‚Wirklichkeitsillusion' tritt im neuen mimetisch-experimentellen Theater ein unabschließbarer Prozess des Hinterfragens: Es wird vorgegeben, Wirklichkeit zu zitieren; die Art und Weise der Adressierung stellt jedoch gesellschaftliche Realitäten in Frage. So verstanden, ist der neue Mimesisbegriff wiederum doch nicht allzu weit von dem entfernt, was Bertolt Brecht mit seinem Konzept der Verfremdung anstrebte.

Vieles spricht also dafür, dass Aneignung und Performanz nicht als Gegensatz zu Mimesis zu denken sind (Pewny 2011), was insbesondere für das aktuelle experimentell bis avantgardistisch ausgerichtete Theater bedeutsam wird.

Bereits die historischen Avantgarde-Bewegungen operieren während ihrer Bühnen-Performances mit einem sogenannten Realismus-Bluff, der alles andere als Abbild-Mimesis ist. Bruitistische Performances von Hugo Ball und Emmy Hennings, Installationen der Berliner Dada-Ausstellung 1920 oder auch Text-Bild-Collagen von Richard Huelsenbeck und George Grosz reproduzieren Auszüge aus der ‚Wirklichkeit' – teilweise ohne diese sichtlich zu modifizieren. An dieses Provokationspotential, das in der verdeckten Differenz zwischen Inszenierung und Erfahrungswelt liegt, schließt das aktuelle Theater an und überwindet damit, so die neuere Forschung, einen Lähmungseffekt, der sich im postdramatischen Theater in den 1980er und 1990er Jahren (H.-T. Lehmann 1999) eingestellt hatte. Besonderes Aufsehen erregen Theaterästhetiken wie jene von Christoph Schlingensief und Christoph Marthaler, also Performancekonzepte, die die Gattungsgrenzen überschreiten und oftmals Darstellerinnen und Darsteller sowie Publikum ironisch in mimetische Konstellationen versetzen. Während die Performerinnen und Performer den eigenen Hintergrund einbringen, beispielsweise in Schlingensiefs unabgeschlossenem Konzept der afrikanischen Oper, werden häufiger auch dem Publikum aktive Darsteller-Rollen zugedacht. Aufschlussreich sind zudem die Theatertribunale des Schweizer Regisseurs Milo Rau, beispielsweise das Kongo-Tribunal im Juni 2015, das sich mit den ausgeblendeten Folgen des globalen Kapitalismus auseinandersetzt. Das Theatertribunal klagt Regierungsmitglieder an, die sich den Fragen von Opfern und Überlebenden sowie einer unabhängigen Expertenjury stellen und Antworten liefern, wieso sie sich zu Gehilfen des Bürgerkriegs und Völkermords, des Ressourcenraubs, des ökonomischen Ruins des Landes und der Massenmorde machen ließen. Die Befragung zielt auf einen Beweis dessen, dass die – größtenteils im Dunkeln bleibenden – wichtigen Akteurinnen und Akteure des globalen Kapitalismus sowie dessen Logik der inhumanen Gewinnmaximierung für die Millionen Toten in der Demokratischen Republik Kongo am Ende der 1990er und zu Beginn der 2000er Jahre verantwortlich sind. Die Klarheit der politischen Analyse, Methoden wie die juristisch exakte Beweisführung, der Ritus und die Verfahrensanordnung eines großen Tribunals sind mimetisch angelegt, und die Ankläger – sofern verfügbar auch die Angeklagten – sollten möglichst restlos mit sich identifiziert sein. Andererseits entwickeln die Verhandlungen unberechenbare Dynamiken; es kommt zu heftigen Wortgefechten und unerwarteten Kontroversen. Teile des Publikums verwandeln sich dabei mitunter in Darstellerinnen und Darsteller und umgekehrt – diese Art von performativer Mimesis verlangt nach einer neuen theoretischen Beschreibungssprache. Es gelingt diesem mimetischen Verfahren, die Gewalt der Verhältnisse zur Darstellung zu bringen, die nicht ohne weiteres erkannt und angesprochen werden kann. Die Rezipientinnen und Rezipienten werden in ambivalente Opfer/Täter/Mitläufer-Positionen gebracht und durch die mimetischen Effekte aufgefordert, das eigene Tun zu hinterfragen. Gleichwohl ist dem dokumentarischen Theater von She She Pop bis Markus&Markus vorgeworfen worden, bloße Affirmation des gesellschaftlichen und politischen Status quo zu betreiben. Insgesamt wird in den Diskussionen um das Theater der 2000er Jahre das vielerorts im Theoriediskurs virulente Spannungsverhältnis zwischen radikalem Konstruktivismus und ‚Neuem Realismus' besonders sichtbar sowie produktiv gewendet.

Katharina Pewny legt in ihren Ausführungen zu Christoph Marthaler dar, dass dessen posttraumatisches Theaterstück *Schutz vor der Zukunft* „die Mimesis – im Sinne der Vorahmung und der Nachahmung – des körperlichen Unbehagens als Antwort auf die Verletzung der prekären Lebendigkeit" evoziere (Pewny 2011, 149). Dabei geht es in erster Linie um das Körpergedächtnis des Publikums. Auf der Bühne werden Folterung und Tod eines Kindes inszeniert; das Publikum erstarrt zusehends angesichts des langsamen Eintritts des Todes – ein gutes Beispiel für die von dem neueren Theater genutzte anthropologische Dimension von Mimesis, die hier mit einer Kritik an Folter und an zwischenmenschlicher Gewalt verbunden wird. In diesem Zusammenhang hat sich der Begriff ‚Realitätsspiel' nicht allein in der Theatertheorie, sondern auch in der Theaterpädagogik durchgesetzt (U. Hentschel 2005). Mimesis wird in diesem Kontext für Selbsterfahrung, Begegnungsszenarien und Körperarbeit an traumatischen und sonstigen in den Körper eingeschriebenen Erinnerungen genutzt, beispielsweise in improvisiertem oder auch stärker choreographiertem Tanztheater für Laien, u. a. im Rahmen von Sozialarbeit oder Therapie.

Franziska Schößler
III.2.2 Dramen- und Theaterräume

1 Einleitung

Raumgestaltungen im Drama und Theater sind aufgrund der vielfältig interagierenden Determinanten ein komplexes Phänomen, dessen Beschreibung und Analyse im Grunde einen interdisziplinären Zugriff verlangt. Zu unterscheiden sind (1) die Raumentwürfe des Dramentextes, die sich in Nebentexten (Detken 2009), indirekten Regieanweisungen sowie Wortkulissen konkretisieren und Bewegungen der Figuren im Raum vorgeben können, von (2) der theatralen Raumpraxis, also demjenigen Raum, der durch das Schauspiel hervorgebracht wird, und (3) dem Ordnungsraum der Inszenierung, der durch das Bühnenbild, den Einsatz von Technik sowie die Bühnenform bestimmt wird (K. Kramer und Dünne 2009, 22). Im Hinblick auf die Architektur ist relevant, wie (4) der Theaterraum gestaltet ist, der die künstlerische Arbeit sowie das Verhältnis von Publikum und Bühnengeschehen maßgeblich beeinflusst. Bedeutsam ist darüber hinaus, (5) welche gesellschaftliche Funktion dem Theater als sozialem Raum zukommt. Die Raumwahrnehmung und -gestaltung in Drama und Theater steht dabei mit zeitgenössischen religiösen, philosophischen und soziologischen Raumkonzepten in engem Zusammenhang.

Die germanistische Forschung hat die dramenanalytische Kategorie des Raums, ähnlich wie die temporalen Aspekte im Drama (vgl. zum Thema ‚Zeit' aber Pütz 1970; Schlunk 1970; Winkgens 1975; Link 1977; W. Stewart 1978), bislang eher vernachlässigt und spricht von einem Desiderat. Der erste Abschnitt dieses Beitrags stellt deshalb Raumkonzepte aus anderen Disziplinen vor, die für die Analyse von Dramen, aber auch von Inszenierungen und Performances anschlussfähig sind. Der zweite Abschnitt skizziert die einschlägige poetologische Debatte über die Einheit des Raumes im Drama sowie dessen Pluralisierung und Autonomisierung, um im Anschluss daran die Übergänge zwischen Drama und Bühnenpraxis, beispielsweise die Vorgaben eines Theatertextes für den Praxisraum des Schauspiels, zu fokussieren. Der letzte Abschnitt präsentiert Grundtypen der Theaterarchitektur, die sowohl für die Raumwahrnehmung des Publikums als auch für den Schauspielstil Konsequenzen hat.

2 Anschlüsse: Positionen der Raumforschung

Ein zentrales Raummodell, an das eine avancierte Dramenanalyse verstärkt anknüpft, ist Michel Foucaults Konzept der Heterotopie, das ‚Orte außerhalb aller Orte' wie Friedhöfe, Gefängnisse, Kasernen, Gärten und auch das Theater umfasst (Foucault 2006 [1967]). Heterotopien sind Räume, die die herrschenden Diskursordnungen durchkreuzen, unverträgliche Raumdispositive miteinander verknüpfen und zum ‚Chronotopos' – ein Begriff von Michail Bachtin (2008) – werden können, wenn sich unterschiedliche Zeitschichten überlagern. Die Performanceforschung bezieht sich darüber hinaus mit Vorliebe auf die Untersuchungen subversiver Alltagspraktiken von Michel de Certeau, der in *Kunst des Handelns* ein dynamisch-performatives Raumkonzept entwickelt, um Finten, Taktiken und Strategien eines urbanen Alltags zu erfassen (Certeau 1988). Certeaus Ansatz ist insbesondere für ‚Stadtbegehungen', für theatrale Spaziergänge im urbanen Raum aufschlussreich, wie sie beispielsweise die Gruppe Rimini Protokoll seit den späten 1990er Jahren veranstaltet.

Um die Raumanalyse von dramatischen Texten auszudifferenzieren, ließe sich auf die Narratologie zurückgreifen, die – meist im Kontext epischer Texte – diverse Raumtypen und -ordnungen unterscheidet (Würzbach 2004), z. B. urbanes Milieu und Garten, Stadt und Land; diese Kontraste nutzen insbesondere die bürgerlichen Trauerspiele und Familienschauspiele um 1800, um einer verworfenen aristokratischen Öffentlichkeit in der Stadt den empfindsam geprägten Privatraum im Ländlichen entgegenzusetzen. Die Erzählforschung hat zudem die Kategorien ‚gestimmter Raum', ‚Aktionsraum' und ‚Anschauungsraum' entwickelt (G. Hoffmann 1978), die für die Raumanalyse dramatischer Texte aufschlussreich sein können: Während der Raum im geschlossenen Drama vielfach als Aktionsraum fungiert, ist er im lyrischen Drama primär Stimmungsraum. Zu beliebten Raummustern zählt die Narratologie darüber hinaus das Fenster als liminalen Ort zwischen Ferne und Enge, der in dramatischen Texten durch die Teichoskopie zwei Räumlichkeiten – eine unsichtbare, verbalisierte und eine sichtbare – aufeinander beziehen kann. Ähnlich liminale Funktionen kommen Brücke und Tür zu, die Georg Simmel in seinem gleichnamigen Aufsatz als Übergangsräume beschreibt und die beispielsweise in Arthur Schnitzlers Dramen eine wichtige Rolle spielen (J. Stewart 2003, 113). Die neuere Dramen- und Theaterforschung interessiert sich zudem für Wirtshäuser, im 18. Jahrhundert ebenso fragwürdige wie beliebte Begegnungsstätten (Nieberle und Nitschke 2014), für Hotels (Theele 2014), Wartehallen und die ‚Nicht-Orte' unwirtlicher Städte und Flughäfen (Augé 1992), die – um ein Beispiel zu nennen – in den Dramen Albert Ostermaiers postmoderne Befindlichkeiten illustrieren.

Anschlussfähig sind jenseits der narratologischen Untersuchungen psychologische und phänomenologische Positionen wie die Topophilie von Gaston Bachelard, der die Relevanz imaginärer und phantastischer Motive für die Raumerfahrung betont (Günzel 2006, 121). In seiner phänomenologischen Studie *Poetik des Raumes* entwickelt Bachelard von C. G. Jung inspirierte spatiale Typen wie den intimen Winkel, die Muschel sowie das Kästchen und beschreibt die Dialektik von Rückzug und Expansion, Verhüllung und Entdeckung, Drinnen und Draußen. Er untersucht (symbolische) Raumpartien und Dinge des Hauses wie Treppen, Lampen (Bachelard 1975, 66), Türen (Bachelard 1975, 253) und Schränke. Bachelards Topo-Analyse ist insbesondere für Theatertexte seit dem ausgehenden 19. Jahrhundert aussagekräftig, die den Raum als Milieu und (psychologisches) Symbol gestalten wie die späten Dramen Gerhart Hauptmanns (*Die Ratten*) und die Stücke Henrik Ibsens, die Drinnen und Draußen kontrastieren (*Die Frau vom Meer*) und das Haus als Gefängnis (*Hedda Gabler*, *John Gabriel Borkmann*) in Szene setzen.

Weiterführend sind darüber hinaus die rezenten Untersuchungen zum *spatial turn*, die sich dem Raum im Drama und Theater widmen (Günzel 2010, 61–62, 90, 294–295) und den konstitutiven Zusammenhang zwischen ästhetischen Entwürfen und religiösen, philosophischen sowie soziologischen Konzepten der jeweiligen Epoche betonen. Das Theater um 1900 beispielsweise dynamisiert seine Räume in ähnlicher Weise wie es Ernst Mach und Georg Simmel in ihren Schriften konzeptualisieren (vgl. Simmels Essays „Soziologie des Raumes" und „Die Großstädte und das Geistesleben"). Der *spatial turn* sensibilisiert für den Unterschied zwischen einem statischen Container-Modell, das beispielsweise Immanuel Kant in seiner *Kritik der reinen Vernunft* vorauszusetzen scheint, und dynamisch-performativen Ansätzen.

3 Einheit und Pluralität: Raum im Drama

Für den Raum im Theatertext ist jenseits der umfassenderen (Theorie-)Kontexte die historische dramenästhetische Debatte um die Einheit des Raumes relevant. Poetiken fordern seit der Renaissance die Invarianz des Raumes, während Aristoteles in seiner *Poetik* lediglich von der Einheit der Handlung bzw. des Mythos gesprochen hatte. Lodovico Castelvetro hält 1570 in seinem Kommentar zu Aristoteles' *Poetik* fest, dass allein die spatiale Einheit Illusion, Glaubwürdigkeit und Vernünftigkeit des Geschehens garantiere. Dieser Forderung scheint eine bestimmte Bühnenform entgegenzukommen: die Guckkastenbühne, nach der das (absolute) Drama mit seinen Einheiten notwendigerweise verlange (Szondi ³1959, 16; Tatari 2014, 86). Der Raum als Einheit bilde, so Volker Klotz in seiner Untersuchung *Offene und geschlossene Form im Drama* aus den 1960er Jahren, einen gleichbleibenden, „qualitätslose[n], unselbständige[n] Rahmen" (Klotz ³1968 [1960], 45), der das Geschehen nicht wesentlich beeinflusse und die gedrängte, kausal organisierte Ereignisfolge des geschlossenen Dramas ermögliche. Wechselt die Örtlichkeit hingegen mehrfach, so führe, wie Manfred Pfister schreibt, die Vervielfältigung zur Episierung, „weil raum-zeitliche Diskontinuität im Drama eine ‚Erzählfunktion' impliziert, auf die dieses diskontinuierliche Arrangement der Szenenabfolge zu beziehen ist" (Pfister ¹¹2001 [1977], 336).

Die Poetiken des französischen Klassizismus radikalisieren die Forderung nach der Invarianz des Ortes und erklären sie zu einer wesentlichen Voraussetzung der Tragödie, weil das leidvolle Geschehen nur auf diese Weise in komprimierter Form bzw. fataler Kausalität präsentiert werden könne. Für Pierre Corneille garantiert allein die Einheit von Raum und Zeit Wahrheit und Notwendigkeit der Handlung; er fordert deshalb einen „lieu général", eine Art Behälter für unterschiedliche Raumkonkretisierungen (M. Ott 2010a, 70). In seinen 1660 veröffentlichten Traktaten über dramatische Dichtung entwirft Corneille einen Saal, hinter dem verschiedene Räume liegen und dem zwei Funktionen zukommen: „die eine, daß von jedem, der dort spricht, angenommen wird, daß er in der gleichen geborgenen Vertraulichkeit spricht, wie wenn er in seinem Zimmer wäre" – eine Art Semiprivatheit; die andere Funktion des Saales besteht darin, dass die auf der Bühne Befindlichen, die eine Figur in ihren Privaträumen aufsuchen müssen, von diesen besucht werden können, ohne dass es unangemessen erschiene – durch diese räumliche Konstruktion bleiben „die Einheit des Ortes und die Szenenverknüpfung unverletzt" (Corneille 1992 [1660], 16). Corneilles Konstruktion deutet damit auch die dramaturgischen Schwierigkeiten an, die die Umsetzung spatialer Einheit mit sich bringt.

Eine geradezu entgegengesetzte Traditionslinie der Raumgestaltung wird in den Dramen Shakespeares greifbar, die die Schauplätze vielfach unbestimmt lassen (Höfele 1976, 48), an manchen Stellen jedoch detaillierte Wortkulissen entwerfen und auf diese Weise die Dominanz der dramatischen Handlung sowie der Figuren signalisieren. Die sprachlich evozierten Lokalitäten vermitteln den subjektiven Blick der jeweiligen Figur, die auf diese Weise charakterisiert wird. „Der elisabethanische Zuschauer ‚sieht' den Ort, an dem sich der Akteur befindet, durch dessen Augen. Er erfährt die Szenerie nicht direkt, als einen primär visuellen Eindruck, sondern aus dem Blickwinkel der Figur, der nicht einmal der im Rahmen des Stückes ‚objektive' sein muß, sondern ebensogut subjektiv gebrochen die Perspektive der einzelnen Person wiedergeben kann" (Höfele 1976, 65). In Shakespeares Dramen finden sich neben wiedererkennbaren konkreten

Topographien imaginär-phantastische Räume, die das Geschehen gleichwohl für die sozialhistorische Situation des Publikums aussagekräftig machen.

Die Theaterreformerinnen und -reformer des 18. Jahrhunderts beziehen sich mit Nachdruck auf Shakespeares offene Dramaturgie, um sich von der normativen Poetik des französischen Klassizismus abzusetzen. Sie wenden ein, dass die Einheit des Ortes unweigerlich zu Unwahrscheinlichkeiten führe, weil auf artifizielle und damit erkennbare Weise dafür gesorgt werden müsse, dass Figuren in einem einzigen Raum zusammentreffen. Gotthold Ephraim Lessing verlangt zwar für die Handlung Einheit bzw. einen strengen Kausalnexus, ordnet diesem die räumliche und zeitliche Kategorie jedoch unter bzw. funktional zu. Im 44. bis 46. Stück der *Hamburgischen Dramaturgie* distanziert er sich ausdrücklich von einer ‚sklavischen' und damit unwahrscheinlich wirkenden Umsetzung der Einheit von Raum und Zeit und kritisiert den „unbestimmten Ort" Corneilles: „Anstatt eines einzigen Ortes, führten sie einen unbestimmten Ort ein, unter dem man sich bald den, bald jenen, einbilden könne; genug, wenn diese Orte zusammen nur nicht gar zu weit aus einander lägen und keiner eine besondere Verzierung bedürfe, sondern die nehmliche Verzierung ungefehr dem einen so gut als dem andern zukommen könne" (Lessing 1769, 363). In seinen Dramen differenziert Lessing die Räumlichkeiten aus, indem er häufig zwei Schauplätze wählt, beispielsweise zwei Wirtshäuser in *Miß Sara Sampson* oder aber einen kleinadeligen Wohnraum und das Schloss in *Emilia Galotti*. Darüber hinaus wird die horizontale Umgebung des Spielgeschehens topographisch präzisiert: Den Überfall auf die Kutsche der Galottis vergegenwärtigt eine ausführliche Teichoskopie vom Schlossfenster aus, die die umgebende Landschaft und die Wege plastisch werden lässt. Den Räumen kommen zudem symbolische und handlungsmotivierende Funktionen zu, etwa wenn das Geschehen in *Emilia Galotti* im Vorraum eines (Lust-)Schlosses spielt, also am prototypischen Ort der *tragédie classique* (Klotz ³1968 [1960], 45), den Lessing zum Spielraum einer bürgerlichen Tragödie macht. Die Örtlichkeiten wechseln in seinen Dramen lediglich zwischen den Akten, während die Figurenkonstellationen von Szene zu Szene variieren, allerdings auf irregulärere Weise, als es die strenge Szenenverknüpfung des französischen Klassizismus vorsieht.

Im Sturm und Drang wenden sich Autoren wie Wolfgang von Goethe (vgl. *Zum Schäkespears Tag*) weitaus deutlicher gegen die ‚sklavische' Einhaltung von Regeln und wollen allein die Einheit des Genies und der Nation gelten lassen, so etwa Jakob Michael Reinhold Lenz in seinen *Anmerkungen übers Theater*; er formuliert: „Was heissen die drey Einheiten? hundert Einheiten will ich euch angeben, die alle immer doch die eine bleiben. Einheit der Nation, Einheit der Sprache, Einheit der Religion, Einheit der Sitten – ja was wirds denn nun? Immer dasselbe, immer und ewig dasselbe. Der Dichter und das Publikum müssen die eine Einheit fühlen, aber nicht klassifiziren. Gott ist nur Eins in allen seinen Werken, und der

Dichter muß es auch seyn" (Lenz 2014 [1774], 26–27). Lenz' Stücke *Der Hofmeister* und *Die Soldaten* brechen entsprechend deutlich mit der Forderung nach Einheit und verdichten Kurzszenen, die an weit auseinander liegenden Orten spielen, zu einer Topographie frühbürgerlicher Mobilität, die für junge Frauen wie für Intellektuelle zur Bedrohung wird (Schößler ⁴2015, 102).

Lenz' Dramaturgie der räumlichen Sprünge lässt zudem den Eindruck eines rastlosen, beschleunigten Zeitverlaufs entstehen und verdeutlicht, dass die Kategorie des Raums eng mit der Zeitstruktur eines Dramas korreliert ist. Räumliche Veränderungen suggerieren in der Regel das Vergehen von Zeit, weil sie als Sukzession wahrgenommen werden, es sei denn, das Stück stellt diesen Eindruck explizit in Frage. „Die räumliche Veränderung schafft zeitlichen Fortgang, wenn keine Hinweise dagegen sprechen. Sollte erkennbar werden, daß Szene 2 gleichzeitig mit Szene 1 oder gar vor ihr spielt, so bedürfte es dazu einer besonderen Verdeutlichung" (Pütz 1970, 25). Die Auflösung eines chronologischen Zeitflusses ist deshalb häufig mit der Pluralisierung von Räumen verknüpft; die Simultaneität von Ereignissen kann durch das Nebeneinander von Orten signalisiert werden.

Seit dem 19. Jahrhundert gewinnt die Gestaltung des Raums (wie auch der Zeit) in radikalisierenden Experimenten an Autonomie. Heinrich von Kleists Theatertexte etwa oszillieren zwischen metaphorischen und buchstäblichen Räumen, beziehen selbst die Typographie mit ein und entwerfen brüchige Traumsphären mit mutterleiblichen Höhlungen (Jeziorkowski 1998). In seinem Stück *Penthesilea* entwickelt Kleist die nahezu filmische Dramaturgie eines verzeitlichten Raums (M. Ott 2010a, 71). Auch die Dramen Christian Dietrich Grabbes (u. a. *Herzog Theodor von Gothland*) überschreiten das realistische Paradigma durch phantastisch-surreale Traumlandschaften. In naturalistischen Dramen wird der Raum hingegen realistisch aufgefasst und das Prinzip der vierten Wand in den einschlägigen Inszenierungen vom Pariser Théâtre Libre André Antoines über Otto Brahm, der Gerhart Hauptmanns Dramen in Szene setzt, bis hin zu Stanislawski perfektioniert. Der naturalistische Theaterraum fingiert restlos einsehbare Räume (eines Hauses zum Beispiel) bzw. folgt dem Programm, dass man „in ein Stück Leben wie durch ein Fenster" hineinschauen solle, so die Formulierung 1897 in Arno Holz' Schrift „Evolution des Dramas" (Holz 1962, 53). Die illusionistischen ‚Wirklichkeitsräume', die die Inszenierungen auch aufgrund einer verbesserten Bühnen- und Lichttechnik einrichten, gelten in den naturalistischen Dramen im Anschluss an die Theorien von Auguste Comte und Hippolyte Taine als Milieu, das den Habitus der Figuren maßgeblich prägt, und führen in der weiteren medienhistorischen Entwicklung, von Stanislawski ausgehend, zu den Raumkonzepten der klassischen Filmästhetik. Die naturalistischen Dramen tendieren nichtsdestoweniger zu symbolischen Überhöhungen des Raums wie sich beispielsweise in Gerhart Hauptmanns Dramen zeigt: In *Vor Sonnenaufgang* spielt die Liebesszene zwischen Loth und Helene in einem ‚Paradiesgarten' mit rotwangigen Äpfeln, *Rose Bernd* ordnet die Protagonistin der mythischen Sphäre der Natur zu und die *Die Weber* setzt die Abnahme des Webstoffes dem Jüngsten Gericht gleich. Noch deutlicher wird die symbolische Überhöhung des Raumes in den Dramen von Henrik Ibsen und Maurice Maeterlinck; in Maeterlincks Stück *L'Intruse*, das eine unheimliche Begegnung mit dem Tod plastisch werden lässt, konkretisiert das im Nebentext beschriebene Interieur mit seinen Gegenständen wie Lampen und Türen diejenigen existenziellen Leitfragen nach Erkenntnis, Sehertum und Blindheit, die der Theatertext auf inhaltlicher Ebene stellt. Der geschlossene Raum Maeterlincks bringt Klaustrophobie und Enge zum Ausdruck und repräsentiert als existenzielle Chiffre die ganze Welt, begreift aber die Welt nicht als Bühne. Diese Form der Totalisierung bzw. Schließung der räumlichen Sphäre ist in Dramen der Nachkriegszeit wie in Jean-Paul Sartres *Huis clos* oder Samuel Becketts *Fin de partie / Endgame* und *Oh les beaux jours / Happy Days* gleichfalls auszumachen.

Die Forschung beschreibt die Raumgestaltung vom Naturalismus über den Expressionismus bis in die 1960er Jahre hinein entsprechend als Dialektik von realistischer Milieukonzeption und Subjektivierung. Gerhart Hauptmann, Max Halbe und Hermann Sudermann entwerfen bevorzugt geborgene Räume als Utopie sowie Gegensätze von Enge und Weite, Höhe und Tiefe (Hintze 1969, 62–63), die durch bühnentechnische Neuerungen (modernisierte Lichttechnik, Ausstattung der Bühne mit plastischen Elementen) intensiviert werden. Der Expressionismus hingegen nimmt eine deutliche Subjektivierung vor, wie sich in den Stücken von Hanns Johst, Walter Hasenclever und Georg Kaiser zeigt, entmaterialisiert den Szenenraum und bevorzugt Schauplätze der Entortung bzw. Fremdheit wie Gefängnisse, Straßen, Maschinenräume, Krankenhäuser etc. Die expressionistischen Theatertexte arbeiten mit markanten Farbigkeiten (Hintze 1969, 131–132) und entgrenzen den Raum tendenziell in die Vertikale (Hintze 1969, 157). In den Dramen von Bertolt Brecht, Friedrich Wolf, Carl Sternheim und Ernst Toller aus den 1930er Jahren herrscht nach Joachim Hintze ein Neorealismus vor, der in der Nachkriegszeit, beispielsweise in den beliebten Modell- und Gerichtsräumen von Friedrich Dürrenmatt, Max Frisch und Bertolt Brecht, erneut ungesetzt wird (Hintze 1969, 206). Diese These wäre für die komplexen Raum- und Zeitentwürfe Bertolt Brechts jedoch zu differenzieren. Brechts avantgardistisches Theater lässt den konstitutiven Zusammenhang von Zeit und Raum bzw. „spatio-temporality" (Bryant-Bertail 2000, 1) besonders greifbar werden: Der Raum wird durch temporale Formen repräsentiert, die Zeit durch räumliche, ein Chiasmus, der die Konstruktivität und Zeichenhaftigkeit des theatralen Geschehens unterstreicht (Bryant-Bertail 2000, 7). Darüber hinaus führt Brechts Interesse an der Aktivierung des Publikums zur Konstruktion von Doppelbühnen bzw. -räumen, die die Widersprüche der Figuren bzw. von Denken und Handeln sinnfällig werden lassen. In der Eröffnungsszene von *Mutter Courage* beispielsweise schachert die Marketenderin vor dem Planwagen, der zwei distinkte Räume voneinander abgrenzt, während in ihrem Rücken, jenseits des Planwagens, ihr Sohn angeworben wird. Der doppelte Raum unterscheidet Geschehnisse bzw. unterbricht ihren Fluss und macht sie im Sinne der dialektischen Montage aufeinander beziehbar.

Eine programmatische Abkehr von realistisch-illusionistischen Raumkonzeptionen zeichnet sich im Feld der Theaterentwürfe nach 1900 ab, als die Retheatralisierung der Bühne zu innovativen Experimenten führt (Fischer-Lichte 1997). Der Schweizer Musiker Adolphe Appia und der englische Bühnenbildner und Regisseur Edward Gordon Craig definieren das Theater als multisensuellen Ort autonomer Kunst jenseits literarischer Vorlagen, den die Regie durch den Einsatz von Licht, Farben und Kostümen je neu kreiert. Dramatikerinnen und Dramatiker beteiligen sich an dieser grundlegenden Neukonzeption der Bühne: Hugo von Hofmannsthal beispielsweise bestimmt den Raum im Drama und auf der Bühne im Anschluss an Sigmund Freuds *Traumdeutung* als innerlichen Seelenraum, als Ausdruck des Unbewussten und Alteritären. In seiner theatertheoretischen Schrift „Die Bühne als Traumbild" (1903) setzt Hofmannsthal Bühne und Traum gleich, um gemalte Kulissen und nachgebaute architektonische Elemente zu verabschieden, die eine äußere Wirklichkeit behaupten. Der Bühnenraum solle die ekstatisch-subjektiven Wahrnehmungen der Figuren vergegenwärtigen, nicht aber eine verbindliche Außenwelt: „Wir sollen von einem Turm herabgestürzt werden: nichts werden wir inne vom Bild dieses Turmes, als ungeheuere Steile, rettungslosen senkrechten Absturz nackter Mauern" (Hofmannsthal 2000 [1903], 93). Für Hofmannsthals subjektivistisches Raumkonzept spielt das Licht als flexibles Medium der Bedeutungsgenese eine zentrale Rolle, weil es ein und dasselbe Objekt als etwas Vertrautes und Grauenhaftes, in der freudschen Diktion als (Un-)Heimliches erscheinen lassen kann. Das Licht vermag die Bühne in einen labil-abgründigen Seelenraum zu verwandeln, wie in Hofmannsthals Drama *Elektra* kenntlich wird: Fackeln, deren Position und Helligkeit in Nebentexten minutiös beschrieben werden, tauchen die Bühne in ein unruhiges Licht, das die Konturen des Raumes auflöst und das Sichtbare eng an die eruptiven seelischen Bewegungen der Figuren knüpft (Hofmannsthal 2001 [1904], 19, 20, 23, 33 und 54).

4 Raumerlebnis und Performanz: Dramenraum und Raumpraxis

Neben- und Haupttexte eines Dramas können jenseits der spatialen Makrostruktur räumliche Positionen der Figuren vorgeben und dynamische Figurenkonstellationen choreographieren, die beispielsweise Machtverhältnisse veranschaulichen. So kann „die Distanz zwischen zwei Figuren oder Figurengruppen konfliktgeladene Feindschaft räumlich konkretisieren, aber auch ein unbeteiligtes Abseitsstehen oder ein interessiertes Zuschauen und Belauschen" (Pfister [11]2001 [1977], 355). Der Raum wird durch die Proxemik der Figuren dynamisch aktualisiert, „wobei sowohl der Kontrast von statuarischer Ruhe und Bewegung als auch die Choreographie der Bewegungsabläufe – Richtung, Tempo und Korrelation der Bewegungen – ‚bedeutend' sind, Zeichencharakter besitzen" (Pfister [11]2001 [1977], 355). Daraus ergibt sich auch, dass Autorinnen und Autoren die Spielräume einer Inszenierung dadurch mitbestimmen können, dass sie Handlung und Raum eng aufeinander beziehen; sie erschweren es der Regie auf diese Weise, alternative Raumlösungen in Szene zu setzen (Bremer 2012).

Von den Raumentwürfen im Theatertext ist die jeweilige Raumpraxis der Schauspielerinnen und Schauspieler bzw. eine „bestimmte Form der Organisation von Körperbewegungen und sprachlichen Äußerungen" (K. Kramer und Dünne 2009, 16) auf der Bühne zu unterscheiden. Bertolt Brechts Dramen versuchen die Raumpraxis der Spielenden vorwegzunehmen: Der Autor und Regisseur beobachtet während der Proben sehr genau, welche Räume die sozialen Interaktionen der Schauspielerinnen und Schauspieler performativ entstehen lassen und nimmt dieses Wissen in seine Dramentexte auf. Der Gründungsvater der Theaterwissenschaft, Max Herrmann, der die Bühnenkunst auf ganz grundsätzliche Weise zur Raumkunst erklärt, hält 1931 in seinem einschlägigen Text „Das theatralische Raumerlebnis" fest, dass der jeweilige Habitus der Schauspielenden den Raum hervorbringe. In den schauspielerischen Leistungen sei idealerweise „indirekt immer der besondere Raum enthalten [...], in dem sich in dem betreffenden Moment der dargestellte Mensch zu befinden hat" (Herrmann 2006 [1931], 505). Der Schauspieler deute sich den Raum „in einen tatsächlich nicht vorhandenen Realitätsraum [um], der nun seinen ganzen Habitus" bedingt (M. Herrmann 2006 [1931], 506). Das spezifische Raumerlebnis der Darstellerinnen und Darsteller könne vom Publikum nachempfunden werden, und zwar vor allem dann, wenn sich dieses im Parkett auf Augenhöhe befinde und nicht in den Logen. Max Herrmann bezieht also die architektonischen Veränderungen des Auditoriums im 19. Jahrhundert mit ein: Die preiswerten, unruhigen Stehplätze im Parkett wichen zunehmend Sperrsitzen, die das gut zahlende Bürgertum für sich in Anspruch nahm; der privilegierte Blick auf gleicher Höhe, von dem Herrmann spricht, ist mithin ein bürgerlicher – Herrmanns Argumentation lässt deutlich werden, dass Wahrnehmung, Raumerfahrung und Theaterarchitektur als Ausdruck der gesellschaftlichen Ordnung eng aufeinander bezogen sind. Die Raumpraxis der Schauspielerinnen und Schauspieler wird nicht nur durch Dramentexte, soziale Interaktionsmuster und Habitus beeinflusst, sondern auch durch die Bühnenarchitektur. Die Breitenbühne im humanistischen Theater und bei den frühneuzeitlichen Wandertruppen beispielsweise verlangte einen „Bewegungsduktus von Seite zu Seite" und ermöglichte rasche Auftritte und Abgänge; die Tiefenbühne des Barock hingegen gab einen ganz „anderen Bewegungsstil" vor, der verlangsamt wirkte und deshalb zu Tableaus tendierte (Dietrich 1965, 195–196).

5 Bühne und Auditorium: Theaterarchitekturen

Das klassische Theatergebäude kann grundsätzlich „als Apparatur der Trennung verstanden werden, die einerseits den Alltag auszugrenzen versucht, andererseits einen Raum des Theaters schafft, der eine Anordnung bereitstellt, die den Publikumsraum vom Aufführungsraum abtrennt" (Rodatz 2014, 98). Der Vorhang, ein häufigeres Phänomen der Frühen Neuzeit und des säkularisierten Theaters, das es allerdings bereits im römischen Theater gegeben hat (Erken 2014, 29), unterstützt diesen Gestus der Trennung; er markiere die räumliche Grenze zur irrealen Welt, sein Ziel sei die Enthüllung bzw. der Übergang in einen anderen Seinsbereich (Radke-Stegh 1978, 370). „Da jedoch Darstellung sich außer in Raum auch in der Zeit vollzieht, mußte der Vorhang, sobald man sich dieses Problems bewußt war, zwangsläufig die Aufgabe übernehmen, die vorgestellte Zeit von der realen Zeit zu trennen, das heißt zunächst: Anfang und Ende der Vorstellung zu bezeichnen" (Radke-Stegh 1978, 370).

Darüber hinaus stellt das Theater immer auch ein soziales Ereignis, eine Art *self-fashioning* des Publikums dar. Zuschauerinnen und Zuschauer beobachten sich im Theater gegenseitig, insbesondere bei kreisförmiger Platzierung oder im Logentheater, zumal dann, wenn (wie bis in das Barock hinein) eine „Kontinuität des Lichtraumes" Bühne und Auditorium verbindet, so dass das Publikum sichtbar bleibt (Schivelbusch 1983, 193). Die spätere Verdunkelung des Auditoriums sowie die frontale Ausrichtung der Zuschauerinnen und Zuschauer vor der Rampe lassen umgekehrt das „soziale Phänomen Publikum" in den Hintergrund treten (Schivelbusch 1983, 196). „Wie dunkel oder wie hell die Beleuchtung des Zuschauerraums ist, daran läßt sich ablesen, wie gesellschaftlich das Theater ist" (Schivelbusch 1983, 198).

Auf welche Weise das Theater Trennungen vollzieht und die Selbstbeobachtung des Publikums arrangiert, hängt im Wesentlichen von den architektonischen Gegebenheiten ab. Diese lassen sich zumindest ansatzweise über räumliche Grundtypen beschreiben: Unterschieden werden können geschlossene Räume, die ausschließlich für theatrale Aufführungssituationen vorgesehen sind (K. Kramer und Dünne 2009, 22), von offenen Räumen, die lediglich temporär genutzt werden, beispielsweise für Freilichttheater – diese Form von Theater kann selbst den nationalen Raum zum Schauplatz einer szenischen Praxis werden lassen (Pross 2009, 92; zum Thingspiel als völkisches Freilichttheater im Nationalsozialismus vgl. Koneffke 1999, 202). Kontrastiert werden zudem die Kreisform, die die antike Arenabühne prototypisch verwirklicht (Brauneck 1993–2003, I, 37) und die in der Regel über eine ebenso gute Optik wie Akustik verfügt – zentralen Vorgaben für die Theaterarchitektur entsprechend (J. Meyer 1998, 30, 74) –, und die distanzierende Frontalbühne, die sich seit der Renaissance durchsetzt. Die Rampe wird bereits im römischen Theater durch die Entfunktionalisierung der Orchestra für das Spiel, die Anhebung der bespielten Ebene vor der *scaenae frons* und die Einführung des Vorhangs bedeutsam (Erken 2014, 29) – diese Abtrennung von Kunst- und Realraum war im griechischen Theater aufgrund der Orchestra als Aktionsmittelpunkt des Chores auf diese Weise nicht möglich. Varianten der idealisierten Rundform (denn es gab wohl auch eckige Formen der Orchestra im griechischen Theater) stellen die mittelalterlichen Marktplatzinszenierungen dar, bei denen Zuschauerinnen und Zuschauer das Geschehen eng umringen und diese dadurch in das Spiel miteinbezogen werden, dass sie sich zusammen mit den Akteurinnen und Akteuren durch den Stadtraum bewegen. Gleiches gilt für Wagenbühnen-Aufführungen, eine kreisförmige Anordnung von Wagen, die diverse Orte repräsentieren und vom Publikum umschlossen werden. Beide Theaterformen finden auf Simultanbühnen statt, d. h. die Szenen spielen gleichzeitig an verschiedenen Orten (*loci*), zwischen denen sich das Publikum hin und her bewegt. Die Sukzessionsbühne hingegen, die sich in der Renaissance durchsetzt, zeigt unterschiedliche Spielorte nacheinander, so dass die körperliche Aktivität des Publikums durch „intellektuelle Mobilität" (Roselt 2005c, 261), der akustische Raum durch einen visuellen ersetzt wird (M. Ott 2010a, 63). Für den Übergang der Simultanbühne des geistlichen Spiels zur Sukzessionsbühne und barocken Kulissenbühne ist die Entdeckung bzw. Erfindung der Perspektive in der bildenden Kunst zentral, die noch für unser heutiges Raumverständnis Relevanz besitzt und zum Einsatz von Winkelrahmen-, Periakten- und Schiebekulissen-Bühnen führt – vorbereitet im Teatro Olimpico in Vicenza (1585), im Teatro Farnese in Parma (1618) perfektioniert (Erken 2014, 50–62).

Die Abtrennung von Bühnen- und Zuschauerwelt durch die Frontal- und Sukzessionsbühnen, die den Illusionismus des theatralen Geschehens unterstützt, verstärkt sich mit der bürgerlichen ‚Veredelung' der Bühne im 18. Jahrhundert (Deiters 2013). Die Literarisierung des Theaters in dieser Phase führt u. a. zu einer Neukonzeption der Guckkastenbühne – der im 18. und 19. Jahrhundert gebräuchliche Begriff ‚Guckkastenbühne' bezeichnete ursprünglich eine Jahrmarktattraktion, „bei der visuelle Effekte erzielt werden, indem man durch eine Linse in einem Kasten angebrachte Abbildungen perspektivisch betrachtet" (Roselt 2005c, 262). Der Dramenautor und Bühnentheoretiker Denis Diderot entwickelt im 18. Jahrhundert in Anlehnung an die bildende Kunst das Konzept der vierten Wand, das die Schauspielerinnen und Schauspieler auf der Guckkastenbühne fingieren lässt, nicht beobachtet zu werden, so dass das Publikum als unbeobachteter Voyeur vom Geschehen abgetrennt wird (J. Lehmann 2000, 88). Zeichnen sich die Konzepte Diderots und Lessings jedoch noch durch Ambivalenzen aus – Lessing beispielsweise durchbricht die Rampe durch eine in den Dramen selbst reflektierte Einübung in den Affekt des Mitleids (Deiters 2013) –, so versuchen die Reformen von Goethe und Schiller eine Autonomisierung des theatralen Geschehens zu erreichen, obgleich sich die Schauspielerinnen und Schauspieler, ähnlich wie im barocken Theater, dem Publikum ausdrücklich zuwenden sollen. In seinen theatertheoretischen Schriften fordert Schiller die Künstlichkeit und Idealität des Bühnengeschehens ein, das mit der profanen Wirklichkeit (des Publikums) nichts gemein haben solle, und profiliert den Chor als wirksames Mittel, um die ‚Entwirklichung' des Theaters voranzutreiben. Intensiviert wird die Autonomisierung des Bühnengeschehens durch das Nebeneinander der Sitzplätze, das den wechselseitigen Kontakt im Auditorium unterbricht, sowie durch die Verdunkelung des Zuschauerraums, die sich seit Ende des 18. Jahrhunderts durchzusetzen beginnt und in Richard Wagners Opernhaus vollständig umgesetzt ist; Wagners Innovationen können als der radikale Versuch bezeichnet werden, „das Theater als sozialen Ort aufzuheben und es in einen mystischen zu verwandeln" (Schivelbusch 1983, 198). Die Geschichte der Theaterbauten, insbesondere der Hoftheater im frühen 19. Jahrhundert – in dieser Phase beginnt sich die Architektur an der Physik zu orientieren –, lässt allerdings deutlich werden, dass man trotz der recht verbindlichen Guckkastenbühne mit unterschiedlichen Formen des Auditoriums wie der Ellipse (J. Meyer 1998, 79–80), der Dreiviertelkreisform (J. Meyer 1998, 82) und dem Halbkreis (J. Meyer 1998, 92) experimentierte.

Um 1900 zitiert man verstärkt historische Bühnentypen, wie die Entwürfe von Peter Behrens und Georg Fuchs in Kooperation mit dem Architekten Max Littmann, die Reformversuche in Hellerau und Max Reinhardts theatrale Großereignisse im Zirkuszelt dokumentieren (Koneffke 1999, 15–76). Vorbild für die Experimente mit der Rundbühne (beispielsweise von Peter Behrens, Walter Gropius und Hans Poelzig) ist Richard Wagners Opernhaus in Bayreuth, das den Zuschauerraum als Kreissegment organisiert. Von Wagners Vision des Gesamtkunstwerkes ist zudem der Versuch beeinflusst, das Theater zum festlichen Ereignis zu auratisieren, seine mythisch-kultische Dimension wiederzubeleben und das Publikum samt Spielenden in einem rauschhaften Erlebnis zu vereinigen. Peter Behrens und Georg Fuchs fordern deshalb die Aufhebung der Rampe und einen amphitheatralischen Zuschauerraum, der das Publikum als mitgestaltendes in die Aufführung integriert. Das von Max Littmann in enger Zusammenarbeit mit Georg Fuchs entworfene und 1908 eröffnete Münchner Künstlertheater versucht die Einheit von Bühne und Publikum durch ein weit in den Zuschauerraum hineinragendes Proszenium sowie einen amphitheatralischen, zur Rückwand aufsteigenden Zuschauerraum zu gewährleisten (Fischer-Lichte 1997, 16). Auch der versierte Intendant, Regisseur und Unternehmer Max Reinhardt strebt ein Volkstheater mit Arenabühne an und mietet für seine Großereignisse Zirkusräume als moderne Form des antiken Theaters (Fischer-Lichte 1997, 21–22).

In den 1920er Jahren radikalisieren sich die Entwürfe und schöpfen im Zuge der Elektrifizierung der Bühne vielfältige technische wie filmische Möglichkeiten aus. Die Bühne wie der auf ihr ‚arbeitende' Mensch werden in den biomechanischen Experimenten von Wsewolod E. Meyerhold (Koneffke 1999, 129) in Anlehnung an die Industrieproduktion und den Taylorismus als Maschinen begriffen. Erwin Piscators marxistisch ausgerichtetes Film-Bild-Theater projiziert Fotos und Filme auf eine flexible Raumbühne sowie auf Leinwände, die im Zuschauerraum aufgestellt sind, um die Immersion und Identifikation des Publikums zu verstärken (Koneffke 1999, 108). Friedrich Kiesler entwirft, allerdings nur auf dem Papier, ein ‚Railway-Theater' (Koneffke 1999, 151) sowie ein ‚Endless Theatre without Stage', in denen das Publikum in Aufzügen und auf mobilen Plattformen durch den Raum schwingt. Zu den Experimenten, die tatsächlich auf der Bühne umgesetzt werden, gehört in dieser Zeit die sogenannte Jessner-Treppe, ein architektonisches Bühnenelement, das der Regisseur Leopold Jessner für seine politisch-aktualisierenden Inszenierungen in abstrakten Bühnenräumen nutzt, um Hierarchien und Abhängigkeiten sinnfällig werden zu lassen. Das avancierte Theater der Zwischenkriegszeit entwickelt sich mithin zum ‚Raumlabor', um „Grundgesetze und -elemente der angeblich neuen Welt zu ermitteln" (Koneffke 1999, 173). Die avantgardistischen Experimente führen „zu einer kaleidoskopischen Zersplitterung der Kunstartikulationen, aber auch zu Annäherungen und Übergängen zwischen den verschiedenen Kunstgattungen, zu neuen Raumbildungen und Raumsensibilisierungen" (M. Ott 2010a, 71–72).

Nach dem Zweiten Weltkrieg, der die revolutionären Raumentwürfe nahezu vollständig in Vergessenheit geraten lässt, bevorzugt man in den 1950er Jahren kleinere (Not-)Lösungen sowie ein am elitären Bildungsbürgertum orientiertes intimes Spiel und setzt auf die Trennung von Publikum und Bühnengeschehen bzw. dessen reflektorische Distanz (Koneffke 1999, 215–314). In den 1960er und

1970er Jahren greifen Theatermacherinnen und -macher die avantgardistischen Raumkonzepte der Zwischenkriegszeit auf und verlassen das Theater, um bestehende Funktionsräume wie Fabriken und Schlachthöfe umzunutzen (Koneffke 1999, 393–472). Einflussreich sind die interventionistischen Praktiken der französischen Situationisten (*dérive*, *détournement*), die den öffentlichen Raum zu erobern versuchen. Aktionskunst, Happening und Straßentheater usurpieren den öffentlichen Raum seitdem im Namen künstlerisch-politischer Selbstermächtigung (Brejzek et al. 2009, 372) und versuchen, ihn performativ neu entstehen zu lassen (Fischer-Lichte 2004, 199).

In den 1990er Jahren schließen Aktionskünstler wie Christoph Schlingensief und Freie Gruppen wie raumlabor berlin und Rimini Protokoll an diese Konzepte an, um Passanten durch Selbstwidersprüche zu aktivieren bzw. zu hysterisieren (wie 2000 in Schlingensiefs Installation *Bitte liebt Österreich – Erste österreichische Koalitionswoche* auf dem Opernplatz in Wien). Die Stadt soll als polylogischer Raum wahrnehmbar und stereoskopische Wahrnehmungen ermöglicht werden, so etwa bei den Stadtspaziergängen von Rimini Protokoll (Schößler 2013, 100 und 234). Die Gruppe Ligna wiederum macht in ihren Radio-Balletten auf die restringierte Bewegungsfreiheit im öffentlichen, von kapitalistischen Praktiken dominierten Raum aufmerksam, der durch unerwartete kollektive Bewegungsmuster neu konfiguriert werden soll (Eikels 2013, 199–304). Auch die Aktionen des Zentrums für Politische Schönheit wie *Die Toten kommen* oder *Holocaust-Mahnmal Bornhagen* bewegen sich an der Schnittstelle von Theater und politischem Aktivismus, indem öffentlicher Raum und Medien zur Bühne werden.

Sonja Fielitz
III.2.3 Drama und Geschichte

1 Abgrenzung des Gegenstands

‚Drama und Geschichte' meint zunächst nicht irgendeine Ausprägung von ‚dramatischer Geschichte' in umgangssprachlicher und damit nicht-wissenschaftlicher Verwendung. Der Wissenschaft zugehörig und zweifellos relevant wäre der *mythos* des Aristoteles (384–322 v. Chr.) in seiner *Poetik* (ca. 335 v. Chr.), der im Deutschen gerne mit ‚Geschichte' (im Sinne von Dramenhandlung) wiedergegeben wird. Dieser Aspekt soll hier aber nicht im Vordergrund stehen, ebenso wenig wie die Darstellung der Geschichtsauffassung in einzelnen Epochen und Literaturen verschiedener Kulturräume, die von der klassischen Antike über die Mysterien- und Moralitätenspiele des Mittelalters, das Drama des Humanismus, des Barocks, der Aufklärung, Klassik und Romantik bis zum Dokumentartheater des 20. und 21. Jahrhunderts reicht. Auch das Geschichtsverständnis einzelner Dramatikerinnen bzw. Dramatiker und spezifisch historische Dramenformen wie etwa das Jesuitendrama des ausgehenden 16. und 17. Jahrhunderts, welches unter ‚Geschichte' nicht die innerweltliche Entwicklung menschlichen Lebens, sondern die Verwirklichung von Gottes Heilsplan (im Sinne von Heilsgeschichte) verstand, kann in diesem Überblick nur eine Fußnote sein. Es wird im Kontext dieses Handbuchs um einige übergeordnete theoretische Überlegungen und Exemplarisches gehen, wobei – der komparatistischen Anlage dieses Bandes entsprechend – deutsche und englische Literaturen im Mittelpunkt der Betrachtung stehen werden.

2 Dichtung und Geschichtsschreibung

Den Unterschied von *fact* (im Sinne von Geschichtsschreibung) und *fiction* (im Sinne von fiktionalem Text bzw. Dichtung) hat als Erster Aristoteles im 9. Kapitel seiner *Poetik* aufgezeigt: Anders als für den Geschichtsschreiber sei es nicht Aufgabe des Dichters, „zu berichten, was geschehen *ist*, sondern vielmehr, was geschehen *könnte* und was möglich wäre nach Angemessenheit oder Notwendigkeit. [...] Darum ist die Dichtung auch philosophischer und bedeutender als die Geschichtsschreibung" (Aristoteles 1981, 36; Hervorh. S. F.). Aristoteles sieht also die Dichtung der Geschichtsschreibung übergeordnet, wobei Ersterer allerdings später der Vorwurf der Lüge gemacht wurde, gegen den sich wiederum Autorinnen und Autoren verschiedenster Zeiten und Kulturräume verteidigt haben. So bestätigt etwa im England des ausgehenden 16. Jahrhunderts Sir Philip Sidney (1554–1586) in seiner um 1580 verfassten *Apology for Poetry* Aristoteles' Position, wenn er gegen die illusionsfeindlichen Puritaner argumentiert: „[P]oetry is of all human learnings the most ancient [...]; [...] he [i. e. the poet] doth not only far pass the historian" (Sidney 1963 [1595], 27). Der Dichter stelle keine Behauptungen über die Lebenswirklichkeit auf und lüge daher auch nicht: „[T]he poet [...] never affirmeth. The poet never maketh any circles about your imagination, to conjure you to believe for true what he writeth. [...] And therefore, though he recounts things not true, yet because he telleth them not for true, he lieth not" (Sidney 1963 [1595], 31). In Deutschland und mit gänzlich anderer Zielsetzung fordert gut 40 Jahre später Martin Opitz (1597–1639) in seinem *Buch von der Deutschen Poeterey*, in welchem er die französische Gattungspoetik (und damit ein anderes Dichtungsideal als im frühneuzeitlichen England) in die deutsche Barockliteratur einführte, die funktionale *Einheit* im Drama. Der Dichter dürfe daher (auch historische) Details streichen, die dieser im Wege stünden (Opitz 1979 [1624]). Im 18. Jahrhundert stellt – nach Gottsched, der noch der Regelpoetik verpflichtet war – Gotthold Ephraim Lessing (1729–1781) in seinem 63. *Literaturbrief* den Dichter wieder über den Geschichtsschreiber (Lessing 1997 [1759–1765]) und grenzt die beiden Disziplinen in seiner *Hamburgischen Dramaturgie* erneut voneinander ab (Lessing 1985 [1767–1769]). Wie Lessing in deren 24. Stück ausführt, darf der Dramatiker seinen Stoff nicht lediglich aus der Geschichte übernehmen und für die Gattung des Dramas einrichten. Vielmehr müsse der Dichter mit der Handlung seines Dramas einer inneren Wahrscheinlichkeit Genüge leisten und dürfe in seiner dichterischen Freiheit die Ereignisse, nicht aber die charakterlichen Konstanten der geschichtlichen Protagonistinnen und Protagonisten verändern. Friedrich Schiller (1759–1805) wiederum stellt weitere 30 Jahre später u. a. in seiner Schrift „Über die tragische Kunst" die Wahrheit der Kunst der geschichtlichen Realität entgegen und sieht Geschichte gewissermaßen als ‚Vorrat' und zudem Vehikel für die Ideen des Dichters an (Schiller 2005b [1792]). Bereits diese Skizze poetischer Positionen über den Zeitraum von nur rund 200 Jahren in den Literaturen von zwei Sprach- und Kulturräumen zeigt exemplarisch, wie unterschiedlich das Verhältnis von Dichtung und Geschichtsschreibung verstanden werden kann.

3 Redekriterium: Berichten vs. Zeigen

Im 3. Buch von Platons (ca. 428–348 v. Chr.) *Politeia* wird zwischen ‚Bericht' und ‚Darstellung' unterschieden, je nachdem, ob der Dichter spricht oder ob er seine Figuren selbst zu Wort kommen lässt. Aristoteles' *Poetik* definiert im 1. Kapitel

u. a. Epos, Tragödie und Komödie als ‚Nachahmungen', die sich in drei Aspekten voneinander unterschieden: „[S]ie ahmen nach entweder in verschiedenem Material oder verschiedene Gegenstände oder auf verschiedene Art und Weise" (Aristoteles 1981, 23). Das letztgenannte Unterscheidungsmerkmal, wie man nachahmt, kann danach entweder so geschehen, „daß man berichtet (sei es in der Gestalt einer dritten Person, wie Homer dichtet, oder so, daß man unwandelbar selber der Berichterstatter bleibt), oder so, daß man die nachgeahmten Gestalten selbst als handelnd tätig auftreten läßt" (Aristoteles 1981, 25). Dieses ‚Redekriterium' legt damit fest, dass im Drama – anders als in erzählenden Texten – nicht der Dichter selbst spricht, sondern in diesem die Handlung unmittelbar gezeigt und in Bühnenaktion umgesetzt wird. Den Erzähler als vermittelnde Kommunikationsinstanz narrativer Texte (wie Romanen, aber auch geschichtlichen Darstellungen), welche extensiv schildern, begründen, kommentieren und portraitieren kann, gibt es im Drama also üblicherweise nicht; die Ausnahme bildet das epische Drama brechtscher Prägung.

4 Text und Bühne

Unter ‚Drama' verstehen wir den schriftlich fixierten Text als Spielvorlage für das Theater. Bei dessen Lektüre richten die Leserinnen und Leser ihr Interesse auf Sprache, Figuren, Handlungen sowie Raum- und Zeitentwürfe, wobei sie sich idealerweise eine vollständige fiktionale Welt zu erstellen suchen. Als Text ist Drama also eine fiktionale Gattung, die von ihren Leserinnen und Lesern fordert, sich eine erfundene Wirklichkeit als etwas tatsächlich Gegebenes vorzustellen. Dabei sind der Fiktion keinerlei Grenzen gesetzt, weil sie in der Phantasie jedes Einzelnen entworfen wird. Sobald ein Drama aber auf einer Theaterbühne gespielt wird, verändert es seinen Gattungscharakter. Da das Geschehen dann im Moment der Aufführung als gegenwärtig dargeboten wird, fordert es von den Zuschauerinnen und Zuschauern nicht mehr die Erschaffung einer eigenen Fiktion. Diese wird auf der Bühne mit Hilfe der spezifischen Zeichensysteme des Theaters (Schauspiel, Maske, Kostüme, Requisiten, Bühnenbild etc.) erstellt und damit als gegenwärtig simuliert.

5 Literaturtheorie

In den 1980er Jahren erlebte die Literaturwissenschaft eine radikale Neuorientierung, die auch das Verhältnis von Drama und Geschichte maßgeblich prägen sollte. Michel Foucault (1926–1984) versuchte (im Unterschied zum Ansatz der *deconstruction* durch Jacques Derrida) zu erklären, wie die geschichtliche Dimension eines literarischen Textes erforscht werden kann (Foucault 1974 [1966]). Er entwickelte seine Art der geschichtlichen Untersuchung *gegen* die traditionelle Geschichtsschreibung und insbesondere die Geistesgeschichte, die darstellt, wie begriffliche Strukturen entstehen, sich entfalten und ausbreiten und dann wieder verschwinden. Ein solches Verständnis von Geistesgeschichte gründet sich auf eine Reihe untereinander verknüpfter Vorstellungen wie Genese, Kontinuität, Totalität und den Begriff von ‚Autorschaft'. Genese vermittelt die Vorstellung eines Anfangs durch ein Individuum oder durch ein kollektives Bewusstsein; Kontinuität ermöglicht die Annahme, dass Wissen sich mit der Zeit anhäufe und bis in die heutige Zeit anwachse, und aus der Totalität ergibt sich der Anspruch, dass einmal eine umfassende Darstellung der intellektuellen Geschichte des Menschen möglich sein werde. Diese Grundpositionen geistesgeschichtlichen Denkens stellte Foucault in Frage mit den Argumenten, dass Wissen weder von einzelnen Autorinnen und Autoren produziert werde noch in historischer Rückschau in die gegenwärtigen Disziplinen eingeteilt werden könne, weil diese zu einem besonderen Diskurstyp der Jetztzeit gehören und deren Rückverfolgung einen Anachronismus darstellen würde. Auch Texte seien nicht als geschlossene Kompositionseinheiten zu verstehen, sondern wegen der zahlreichen Verweise und Bezüge auf andere Texte eher als Schnitt- oder Knotenpunkte eines größeren Netzwerks zu verstehen. Ebenso seien Autorinnen und Autoren eher als Medien denn als schöpferische Individuen zu betrachten, da durch sie ein Gewebe von Verweisen hindurchgehe.

Anstelle der herkömmlichen Geistesgeschichte, der Foucault vorwirft, in allen Perioden nur das Heutige und damit das Gleiche zu erkennen, unternimmt er den Versuch, die spezifische Eigenart jeder Epoche zu entdecken und deren nichtreduzible Differenzen zu anderen aufzuzeigen. Deshalb stellt er der Vorstellung einer evolutionär ausgerichteten (also sich kontinuierlich weiter entwickelnden) Geschichtsschreibung sein sogenanntes archäologisches Geschichtsverständnis entgegen, das Geschichte als Abfolge von Epochen versteht, die durch Brüche radikal voneinander getrennt sind. Diese Epochen können bestimmt werden über jeweils eigene Diskurspraktiken, mit denen Menschen über sich selbst, die Welt, die Gesellschaft sowie über Werte und Normen nachdenken und sich verständigen. Diese Praktiken folgen jeweils gewissen Codes und Regelsystemen, die sich von Epoche zu Epoche ändern.

Vom 16. Jahrhundert bis in die Gegenwart unterscheidet Foucault vier Epochen, nämlich Renaissance, Klassizismus, Moderne und Postmoderne. Das Regelsystem, das eine Epoche definiert, nennt er ‚épistémè'. Durch sie wird der Diskurs bestimmt, auf ihrer Grundlage kann Wissen entstehen und geordnet werden. Episteme bilden einen Rahmen, über den hinaus nicht gedacht, geschrieben, gelernt oder entdeckt werden kann. Der von Foucault gewählte Begriff ‚archéologie' für seine Forschungen erklärt sich aus dem Bestreben, auf den isolierten Inseln der ‚épistémè' jeweils das fundamentale Ordnungs- und Regelsystem auszugraben. Dabei beschränkt sich diese Archäologie nur auf die Beziehung der diskursiven Objekte zur Ordnung der Sprache, die sich mit diesen Objekten befasst.

6 Old Historicism vs. New Historicism

Im Zuge der grundlegenden Neuausrichtung der Literaturwissenschaft in den 1970er und 1980er Jahren entwickelte sich in den USA der New Historicism, welcher sich in Großbritannien in der Variante des Cultural Materialism durchsetzte. Beiden Ansätzen ist gemeinsam, dass sie eine wechselseitige Beeinflussung von Text und Geschichte, also eine Textualität der Geschichte und eine Geschichtlichkeit von Texten, proklamieren. Bis dahin war Geschichte von den sogenannten *old historicists* der ersten Hälfte des 20. Jahrhunderts als *Hintergrund* für die Entstehung von Dramentexten aufgefasst worden. Diese Literaturwissenschaftler und Literaturwissenschaftlerinnen wandten sich den äußeren Entstehungsbedingungen der Dramen zu und betteten beispielsweise Shakespeares Dramen in den geschichtlichen Kontext der Theatersituation seiner Zeit und die Monarchie unter Königin Elisabeth I. ein. Hier galt also das geschichtliche Literaturverständnis, dass man den Autor durch die Augen seiner Epoche sehen müsse, der sich, wie im Falle Shakespeares (1564–1616), an die Konventionen des frühneuzeitlichen Theaterlebens, etwa den volkstümlichen Publikumsgeschmack, halten musste.

Trotz einer – wie in jeder theoretischen Schule ausgeprägten – Heterogenität der Positionen grenzten sich die *new historicists* übereinstimmend von dem auf historische Kontextualisierung ausgerichteten ‚Old Historicism' ab, indem sie diesem vorwarfen, den Konstruktcharakter jeglicher historischer Deutung nicht erkannt und Literatur lediglich zum Spiegel des geschichtlichen Hintergrundes degradiert zu haben. Dagegen ging der New Historicism von einem intertextuell vernetzten und damit de-zentrierten Einzeltext und Individuum aus und verfolgte, wie sich verschiedene Diskurse kreuzen, widersprechen, destabilisieren, einander auflösen oder modifizieren. So wurden dann auch Dramencharaktere nicht mehr als Abbild realer Personen verstanden, sondern als textuelle Arrangements, die Ideen über Personen beinhalten. Sie repräsentierten eher eine strategische Organisation, die wiederum eine spezifische Interpretation der Realität konstruierte.

In den Augen der *new historicists* hatten sich die *old historicists* viel zu stark auf Charaktere und die strukturelle Harmonie des Textgewebes konzentriert und darüber den Blick für gesellschaftliche, geschichtliche und kulturelle Fragen verloren. Diese Entfernung von der Realität der eigenen Zeit mache diese Philologen zum Sprachrohr einer elitären, sexistischen und unpolitischen Literaturkritik. Zudem vermittle Sprache keine eindeutige Bedeutung, sondern sei ein integraler Teil jeder sozialen Ordnung. Die Annahme, es gebe festgelegte Bedeutungen, gemeinsame Definitionen und die Regeln der Grammatik, die auch einen wohlgeordneten politischen Staat reflektierten und konstituierten, sei falsch.

Als prominentester Vertreter des New Historicism gilt Stephen Greenblatt (*1943). In seiner wegweisenden Studie *Renaissance Self-Fashioning* (1980) fragt er im Kontext des archäologischen Geschichtsmodells, wie frühneuzeitliche Texte die bestehende Ideologie reproduzieren oder subversiv untergraben. Er zeigt auf, dass sich Individuen stets entwerfen „in relation to something perceived as alien, strange or hostile. This threatening Other – heretic, savage, witch, adulteress, traitor, Antichrist – must be discovered or invented in order to be attacked and destroyed" (Greenblatt 1980, 9). Greenblatts Interesse gilt dem Anderen, also den bis dahin an den Rand gedrängten, marginalisierten Stimmen, die in der Ideologie der herrschenden Klasse zum Schweigen verurteilt waren.

Den Beginn des New Historicism markierten die Vorlesungen von Michel Foucault an der University of Berkeley im Oktober 1980. Von besonderem Einfluss auf diesen war Foucaults Verständnis von Macht, die er nicht einfach als repressive Gewalt definierte, die von oben nach unten in die Gesellschaft wirkt, sondern als ubiquitär wirkende produktive Kraft, die sowohl Wissen als auch soziale Beziehungen hervorbringt. Jeder Text werde ebenso bestimmt von der Kultur, in der er entsteht, wie er aktiv diese Kultur ihrerseits wieder mit forme und mit beeinflusse. Er ist von Ideologie durchdrungen und schafft zugleich diese Ideologie mit. Mit dieser Einbettung steht jeder literarische Text in einer Linie mit anderen überlieferten Texten einer Zeit, also mit (geschichtlichen) Anekdoten, Reiseberichten, ärztlichen Untersuchungsprotokollen, Gerichtsurteilen, Tagebuchaufzeichnungen etc. Gemäß den *new historicists* sind fiktionale Texte wie ein Drama und z. B. eine Anekdote zu einem historischen Ereignis Dokumente eines gemeinsamen ideologischen Wirklichkeitsentwurfs, den alle in eine Kultur eingebetteten Subjekte in ihren Texten reproduzieren. Literarische Texte verlieren somit ihren bis dahin privilegierten Status als ästhetische Gebilde, da Geschmack nicht mehr als überzeitliche Konstante, sondern als historische Variable angesehen wird. Für *new historicists* ist letztlich jeder Text historisch geprägt, wobei er aber nicht mehr (wie aus Sicht der *old historicists*) ein Abbild der historischen Realität darstellt, sondern in ein dynamisches soziokulturelles und ästhetisches Interdependenzgeflecht eingebunden ist, das von einer „circulation of social energy" (Greenblatt 1988) geformt wird.

In der Praxis der Interpretation suchen *new historicists* nach Brüchen und Ausgrenzungen in logozentrischen Textstrukturen, um so das Marginalisierte und bisher Verschwiegene, insbesondere Macht- und Unterdrückungsmechanismen, wieder aufzuspüren. Dabei sind insbesondere die Kategorien *class*, *gender* und *race* von Interesse. So beschäftigt sich beispielsweise Patricia Parker in ihrer Studie *Shakespeare from the Margins: Language, Culture, Context* aus dem Jahr 1996 in dem Kapitel zu Shakespeares *A Midsummer Night's Dream* mit den im Stück auftretenden Handwerkern, die der untersten sozialen Klasse angehören, und weist darauf hin, dass fast alle mit Holzverarbeitung beschäftigt sind und somit „joining" (dt. für ‚aneinanderfügen', ‚ansetzen') für sie alle relevant ist. Das dazu gehörige Wortfeld suggeriere laut Parker „links between the artisanal, material, or artifactual and the joinings in matrimony that form its close" (Parker 1996, 88). Shakespeare, so argumentiert sie, stütze in seinem Drama nach außen die in der elisabethanischen Zeit propagierte Vorstellung von Ordnung und Strukturiertheit, bei genauerem Hinsehen würden diese jedoch im Stück durch die zahlreichen Anspielungen auf „joining" hinterfragt.

Dem Aspekt von *gender* und Macht widmete sich z. B. Louis Adrian Montrose in seiner Studie über „Shaping Fantasies" von 1983. Er zieht einen Traum des Hofastrologen von Königin Elisabeth I., Simon Forman, aus dem Jahr 1597 heran, um Parallelen zwischen Traumgesichtern und der gesellschaftlichen Realität aufzuzeigen. Gleichzeitig weist er Analogien zwischen diesem Traum, den Handlungssequenzen zwischen der Feenkönigin Titania und dem in einen Esel verwandelten Handwerker Bottom (in der dt. Übers.: Zettel) in *A Midsummer Night's Dream* und Shakespeares Autorschaft auf: „A fantasy of male dependency upon woman is expressed and contained within a fantasy of male control over women; the social reality of the player's dependency upon a queen is inscribed within the imaginative reality of the dramatist's control over a queen" (Montrose 1996 [1983], 107).

Für den Aspekt von *race* dürfte Shakespeares *Othello* das naheliegendste Beispiel sein. So beginnt Stephen Greenblatt im Kapitel „The Improvisation of Power" in seiner Studie *Renaissance Self-Fashioning* in bester *New-historicist*-Manier mit einem Bericht, wie die spanischen Eroberer zu Beginn des 16. Jahrhunderts die Ureinwohner von Amerika zur Arbeit in den Goldminen von Hispaniola zu überreden versuchten, indem sie ihnen vortäuschten, dass sie dort das Paradies, an das sie glaubten, finden würden. Dieser Versuch zeige die Fähigkeit der weißen Europäer, „to insinuate themselves into the pre-existing political, religious, and even psychic structures of the natives, and to turn those structures to their advantage" (Greenblatt 1980, 256). Exakt diese hinterhältige Form des (vorgetäuschten) Einfühlungsvermögens zeige sich auch im weißen Jago in Shakespeares Tragödie *Othello*, der eben hierdurch versuche, die schwarze Titelfigur zu manipulieren.

Somit werden der Bericht der spanischen Eroberer und Shakespeares Drama *Othello* gleichberechtigte Zeugen der oben genannten ‚circulation of social energies', die in diesem Fall im böswilligen Täuschen von Angehörigen einer fremden Kultur besteht.

Nicht zuletzt gehen die *new historicists* und *cultural materialists* davon aus, dass sich Ideologie in Repräsentanz zeige und sich die Macht der Politik in der inszenatorischen Macht des Theaters spiegle. So hebt beispielsweise John Drakakis in seinem Essay „,Fashion it thus': *Julius Caesar* and the Politics of Theatrical Representation" das subversive Potential des elisabethanischen Theaters hervor. Für ihn ist Shakespeares Drama *Julius Caesar* (UA 1599) mit seiner wiederholten Konzentration auf theatralische Darstellung „not so much a celebration of theatre as an unmasking of the politics of representation per se" (Drakakis 1991, 72).

7 Historisches Drama

Dramatikerinnen und Dramatiker haben über die Jahrhunderte gerne historische Stoffe gewählt, sei es aus der Zeitgeschichte oder der Geschichte vergangener Epochen, wobei es nicht ihre Absicht war, dem Publikum mittels Faktentreue eine Geschichtsstunde zu erteilen. Sie wollten den Zuschauenden in ihren fiktionalen Texten vielmehr eine spezifische Sichtweise auf die Geschichte vermitteln. Bei dieser Untergattung des Dramas stellt sich immer die Frage nach den Grenzen der dichterischen Freiheit einerseits und der verpflichtenden historischen Treue andererseits. Da ist hier die intentionale Objektivität des Historikers, wie sie der römische Geschichtsschreiber Tacitus (ca. 58–120 n. Chr.) im Vorwort seiner *Annales* formulierte: Dieser solle „sine ira et studio" (*Annales*, I, 1, 3) also ‚ohne Zorn und Eifer' und damit möglichst wertfrei berichten. Dem steht dort die zwar an der Historie orientierte, aber dennoch subjektive Vermittlungsabsicht der Dramatikerin bzw. des Dramatikers entgegen.

Stoffwahl

Die ‚Fabel' ist, wie es in Aristoteles' *Poetik* heißt, das Herzstück eines jeden Dramas (Aristoteles 1981, 38), und es ist bereits bezeichnend, für welchen historischen Stoff sich eine Dramatikerin bzw. ein Dramatiker entscheidet. Hierbei wäre eine Gleichsetzung von Autorinnen und Autoren mit ihren *dramatis personae* ebenso verfehlt wie, umgekehrt, aus der Stoffwahl Rückschlüsse auf die Geschichtsauffassung jener zu ziehen. Dramatikerinnen und Dramatiker unterstehen zahlreichen historischen, kulturellen, gesellschaftlichen und ökonomischen Bedingungen, und die Komplexität geschichtlicher Ereignisse, die sich möglicherweise über mehrere Jahre oder sogar Jahrzehnte erstreckt haben (man denke an den Dreißigjährigen Krieg), lässt sich kaum in einem Drama von zirka drei Stunden Aufführungsdauer einfangen und repräsentieren. Dramatikerinnen und Dramatiker müssen also ökonomisch arbeiten und die extensive Totalität der Geschichte durch eine intensive Totalität des literarischen Werks ersetzen. Hierbei werden sie Gewichtungen vornehmen und ihre Handlungen vorwiegend exemplarisch organisieren. So hat bereits ihre Stoffwahl Einfluss auf die Gestaltung des gesamten Handlungsverlaufs, seine Struktur sowie ferner Charaktere, Sprache und Gesamtkomposition.

Üblicherweise werden im historischen Drama Stoffe aus ihrer punktuellen Aktualität gelöst und zu einer modellhaften Konstellation kondensiert. Dabei kommt die theatralische Präsentation als simulierte Gegenwart dem historischen Drama entgegen, indem es eben auch vergangene Begebenheiten zur momentanen Gegenwart macht. Steht in früheren Jahrhunderten die Zentralfigur eher affirmativ zur Geschichte, hilft sie zu Beginn des 20. Jahrhunderts im epischen Theater Bertolt Brechts, Vorgänge von einem späteren Zeitpunkt und von einem veränderten Standpunkt aus als überholt zu kritisieren. Vor allem zeitgenössische Autorinnen und Autoren verwahren sich in Paratexten, also Vor- und Nachworten, Anmerkungen oder Kommentaren zu ihrem Drama, gegen jede museale Annahme, eine vergangene Welt beschwören zu wollen. Vielmehr bietet ihnen das aktuelle Zeitgeschehen Anlass und Perspektive zur Deutung der Vergangenheit, die keinesfalls als erstarrt und abgeschlossen verstanden wird. Das historische Drama hat also immer auch eine Doppelnatur, indem es – in einer fragilen Balance zwischen Bühnenattraktivität und Historientreue – zeitgenössische Probleme historisch distanziert, und vergangene Vorgänge zur Ortsbestimmung der Gegenwart macht. Gewissermaßen ‚potenziert' wird diese Konstruktion in Bearbeitungen von Historiendramen durch spätere Autorinnen und Autoren, wie etwa Shakespeares *King John* (1595/1596) und *Titus Andronicus* (zwischen 1589 und 1592) durch Friedrich Dürrenmatt (1968 bzw. 1970).

Kennzeichen und Besonderheiten

Die Untergattung des historischen Dramas umfasst auf der Bühne wie gelesen eine große Formenvielfalt und verschiedene Ausprägungen, wie etwa das Drama sozialen Engagements (z. B. John Osbornes *Look Back in Anger*, 1956), das Dokumentartheater (z. B. Joan Littlewoods *Oh, What a Lovely War*, 1963) und das Theater, das dem absurden Drama beckettscher Prägung nahesteht (z. B. Tom

Stoppards *Travesties*, 1974). Zwingend für das historische Drama ist die Geschichtlichkeit des Stoffes und des Großteils der Charaktere. Die Handlung geschichtlicher Dramen ist oft panoramaartig angelegt, weshalb diese Dramen strukturell eher zu einer Abfolge von Episoden als zu einer geschlossenen Handlung mit einem zielgerichteten Ablauf neigen.

Historische Dramen präsentieren üblicherweise Geschehnisse, die dem Publikum, zumindest in Grundzügen, bereits bekannt sind, und weisen damit eine ganz besondere Kommunikationssituation auf. Da die fiktionalen Charaktere eben auch außerhalb des Textes existier(t)en, sind diese referentialisier-, also an ein Bild dieser Figur in der Realgeschichte anknüpfbar. In dieser Hinsicht sind Autorinnen und Autoren eines historischen Dramas bei der Schaffung der fiktionalen Welt deutlich weniger ‚frei' als diejenigen eines nicht-historischen Stücks.

Wenn sich Erstere auf eine geschichtliche Person konzentrieren, wie etwa Julius Caesar, Jeanne d'Arc, Katharina die Große, Napoleon, Newton, Einstein oder auch berühmte Dramatikerinnen und Dramatiker sowie Dichterinnen und Dichter, beispielsweise Goethe oder Shakespeare, fließt immer das kulturelle Konstrukt, welches über die Jahrhunderte hinweg von dieser entstanden ist, mit in die Erwartungshaltung der Zuschauenden ein. Dramatikerinnen und Dramatiker können also einerseits das Wissen über bestimmte Handlungen oder Verhaltensweisen dieser Figuren bei ihrem Publikum voraussetzen, sind aber andererseits auch in Grundzügen an diese gebunden.

Zudem ist die Rezeptionssituation grundlegend verschieden zu der von nicht-historischen Dramen. Wenn beispielsweise in Shakespeares *The Tragedy of King Richard the Third* (1597) am Ende der Earl of Richmond über die Titelfigur siegt und durch seine Heirat mit Elizabeth of York die so lange in den Rosenkriegen verfeindeten Adelshäuser von Lancaster und York zum neuen Hause Tudor vereint, kann Shakespeare bei seinem Publikum diese Geschichtskenntnis voraussetzen. Die Geschlossenheit des fiktionalen Textes wird hierdurch aufgehoben und so eine Referentialisierung zwischen Dramenschluss und Wirklichkeit des Publikums ermöglicht. Shakespeares Publikum wusste, dass eben dieser Richmond (1457–1509) als der spätere König Heinrich VII. und erster Regent des Hauses Tudor jene staatliche Ordnung geschaffen hatte, welche es als politische Realität unter Königin Elisabeth I. (1533–1603) aus dem Hause Tudor erlebte.

Freilich bietet jeder dramatische Text auch die Chance, die in der Geschichte nicht genutzten oder nicht verwirklichten Chancen zu realisieren, oder zumindest, wie in Friedrich Schillers *Wallenstein*-Trilogie (UA 1798–1799), als greifbar nahe darzustellen (hier die Einheit des Reiches und Friede für Europa). Geschichte kann also im Drama auch als Demonstrationsobjekt dienen, wenn dargestellte Vergangenheit (verfremdet oder affirmativ) im Drama ästhetisierte Gegenwart meint. So zeigt beispielsweise Johann Wolfgang von Goethes *Götz von Berlichingen* (1773,

UA 1774) an einer Lebensbeschreibung des 16. Jahrhunderts die Missstände auf, die Teil der Lebenswirklichkeit des Verfassers im 18. Jahrhundert waren. Die dargestellte neuzeitliche Gesellschaftsordnung lässt dem nach Unabhängigkeit strebenden Individuum keinen Raum und hält somit der eigenen Zeit den Spiegel vor. Für die deutsche Literatur des ausgehenden 20. Jahrhunderts sei hier auf Volker Brauns Nibelungen-Drama *Siegfried Frauenprotokolle Deutscher Furor* (UA 1986) verwiesen, welches zentrale Themen wie Schuld und Versagen, Tragik und Verhängnis sowie Aufbau und Zerstörung eines Helden zeigt und damit ebenso zur Selbstanalyse zwingt wie „mit der Gleichzeitigkeit aller Epochen spielt" (Düsing 2004, 342).

Die Charaktere eines historischen Dramas lassen sich also nicht in der Enge eines fiktionalen Texts festlegen, sondern weisen auch über diesen hinaus. Die Zuschauerinnen und Zuschauer begegnen diesen Figuren mit einem historischen Kenntnis- und Erwartungshorizont, den sie bereits vor der Aufführung oder Lektüre besaßen. So werden sie Ähnlichkeiten und Abweichungen registrieren, Leerstellen füllen und Ironien erkennen, wo sie wissen, wie es laut Geschichtsbüchern weitergehen müsste. Letztlich werden sie sehen, ob die Dramatikerinnen und Dramatiker das Bild, das das Publikum von einer bestimmten Figur, einem Ereignis oder einer Epoche hat, bestätigen oder (mehr oder weniger stark) verändern.

Von Seiten des Theaters stellt sich bei historischen Dramen natürlich die Frage nach der Inszenierung. Sollen beispielsweise Shakespeares Römer-Dramen zwischen Tempeln angesiedelt sein? Und sollten die Schauspieler Togen und geschnürte Sandalen tragen? Oder sollte T. S. Eliots *Murder in the Cathedral* (UA 1935), welches das Schicksal Thomas Beckets aus dem 16. Jahrhundert zum Inhalt hat, in der Kleidung dieser Zeit aufgeführt werden? Wäre Volker Brauns Nibelungen-Drama in Kostümen und einer Szenerie, die wir im 21. Jahrhundert als ‚mittelalterlich' konstruiert haben, aufzuführen? Diese Entscheidungen müssen – wie die Wahl der Schauspielerinnen und Schauspieler, Kostüme, Maske, Bühnenbild etc. – stets die Regie und die anderen Beteiligten an der Inszenierung treffen.

8 Exemplarisches Beispiel: Shakespeares *history plays*

Wie im Zusammenhang mit Goethes *Götz von Berlichingen* bereits angedeutet, bieten sich geschichtliche Stoffe an, um auf der Bühne als öffentlichem Kommunikationsmedium zeitgenössische Krisen, überkommene Normen oder politische Missstände zu verhandeln. Ein besonders gut geeignetes Beispiel für die Gattung des historischen Dramas dürften die frühneuzeitlichen *history plays* aus England sein. Diese stellen ein heutiges Publikum oft vor Probleme, da sie nur über einen Zeitraum von ca. 30 Jahren populär waren und keine eigene Gattungstradition begründeten. Historiendramen waren vor allem in den 1590er Jahren aktuell, und Shakespeare war keinesfalls der einzige Autor im England der Frühen Neuzeit, der sich diesen zuwandte.

Diese historische Untergattung des Dramas erschließt sich insbesondere vor dem Hintergrund der Geschichtsauffassung des ausgehenden 16. und beginnenden 17. Jahrhunderts. Geschichte wurde damals primär als Material- und Beispielsammlung gedeutet, aus welcher der Mensch Einsichten und Erkenntnisse für seine eigene Situation gewinnen kann. Entsprechend lassen sich Shakespeares zehn *history plays* (*The Life and Death of King John*, *The Tragedy of King Richard the Second* und *The Tragedy of King Richard the Third*, dann die drei Teile von *Henry VI* und die zwei Teile von *Henry IV*, ferner *The Life of Henry the Fifth* und *The Famous History of the Life of King Henry the Eighth*) als Darstellung des Weges der Nation England deuten, welche implizit als politischer Kommentar zu zeitgenössischen Ereignissen dienen sollte. Shakespeares Historien spielen in den sogenannten Rosenkriegen, also den Auseinandersetzungen der englischen Adelshäuser York und Lancaster, welche in ihrem Wappen jeweils eine Rose trugen (House of York: weiße Rose; House of Lancaster: rote Rose). Quellen waren u. a. die geschichtlichen Darstellungen von Edward Hall, *The Union of the two Noble and Illustre Families of Lancastre and Yorke* (1548), und Raphael Holinshed, *Chronicles of England, Scotlande and Irelande* (1577), die nicht nur historisch verbürgte Fakten, sondern auch Anekdoten und eher unwahrscheinliche Ereignisse beinhalten.

Shakespeare verhandelt in seinen zehn Dramen das Thema der Thronnachfolge und stellt die Frage in den Mittelpunkt, ob die dynastische Thronfolge bedingungslos einzuhalten ist oder ob außergewöhnliche persönliche Fähigkeiten eines nicht von Gott gesandten Herrschers die Absetzung eines schwachen Königs rechtfertigen (*Richard II*). Zudem diskutiert er, wie sich die Aufgaben und Verpflichtungen eines Herrschers auf dessen Persönlichkeit auswirken (*Richard III*, die beiden Teile von *Henry IV* sowie *Henry V*). Unmittelbarer zeitlicher Hintergrund dürfte gewesen sein, dass die zu Shakespeares Zeit regierende Königin Elisabeth I. unverheiratet und kinderlos geblieben war und die Thronfolge in den späteren Jahren ihrer Regentschaft dementsprechend unsicher war. Die Sorge, ob es nach dem Tod der Königin erneut zu einem Bürgerkrieg wie den Rosenkriegen im 15. Jahrhundert kommen würde, war berechtigt.

In realer Chronologie reichen Shakespeares Historien von der Krönung King Johns 1199 bis zur Geburt Elisabeths I. (1533), wobei den Kern der Zeitraum zwischen der Absetzung Richards II. und seiner Ermordung 1400 und der triumphalen Thronbesteigung von Henry Tudor, Earl of Richmond, als Heinrich VII. (1485) bildet. Shakespeare schrieb seine Historiendramen in den frühen 1590er Jahren. Es eint sie, dass (trotz der Titel) nicht so sehr Zentralfiguren im Mittelpunkt stehen, sondern vorwiegend Themen wie politische Führungsqualitäten, das Wesen von Herrschaft und die Nation an sich sowie Gründe für eine Rebellion. Strukturell sind die Dramen (wie oben als charakteristisch für das historische Drama erwähnt) eher episodisch angelegt, ihr Ende ist überdies zeitlich offen, da in den meisten Fällen ein neuer Herrscher eingeführt wird, der die Geschichte fortsetzt.

Shakespeares Historiendramen enthalten – publikumswirksam – spektakuläre Szenen und eindrückliche Reden großer Helden. Doch neben dem Patriotischen hat auch das Skeptische in diesen Dramen Platz. Heroische Ideale werden nicht selten durch Egoismus und rücksichtslosen Ehrgeiz zerstört. Verlust und Verrat sind durchaus wichtige Themen, und es geht bei weitem nicht alles mit der herrschenden Ideologie konform. Erinnert sei hier nur an Falstaffs Rede über die Nichtigkeit von Ehre auf dem Schlachtfeld im ersten Teil von *Henry IV*. Als geradezu emblematisch für alle Historiendramen kann die Gärtnerszene aus *Richard II* angesehen werden (III.4). Hier erklärt ein Gärtner seinen Lehrlingen, England als Nation gleiche einem Garten, der von Unkraut überwuchert und voller Parasiten sei, der unkontrolliert und exzessiv wachse und einen guten Gärtner (also einen fähigen Regenten) brauche.

Generell akzentuierte Shakespeare, wie als Kennzeichen des historischen Dramas ausgeführt, Geschichte (nicht zuletzt bühnenwirksam) neu, wenn er sich in seinen Historien nicht an historische Wahrheiten hielt. So ist Richard III. als Inbegriff des Schurken schlechthin Shakespeares Konstrukt (der reale Richard III. [1452–1485] war nicht mehr oder minder grausam als andere Herrscher), und die bitteren chorischen Kommentare von Queen Margaret in diesem Drama sind Shakespeares Zutat, da die historische Margarete, Witwe des 1471 ermordeten Heinrich VI., 1476 nach Frankreich zurückgekehrt und bereits vor Richards Thronbesteigung (1483) verstorben war. In *Henry IV* wiederum konstruiert Shakespeare den Thronfolger Hal und seinen Gegenspieler Hotspur als ungefähr gleichen Alters, obwohl sie in der historischen Realität viele Jahre trennten.

Franziska Schößler und Hannah Speicher
III.2.4 Drama und Zeit

1 Einleitung

Dramentexte organisieren Zeit auf vielfältigen Ebenen: Sie situieren das dramatische Geschehen innerhalb eines spezifischen Zeitrahmens und konstruieren eine Geschichte, die auf der Ebene des Plots auch anders als chronologisch erzählt werden kann. Sie entwerfen zudem ‚Chronotopien' (Bachtin 2008), also Zeit-Räume, die sich aus den Ortswechseln, der Ereignisdichte und der (auch den Raum strukturierenden) Auftrittsfrequenz der Figuren ergeben, und rhythmisieren so das Geschehen bzw. strukturieren Zeit. Zwischen der Temporalität eines Dramas und seiner Raumorganisation besteht damit ein enger Zusammenhang: Die Auflösung eines chronologischen Handlungsganges beispielsweise kann mit der Pluralisierung von Spielorten korrelieren, während örtliche Wechsel – liegen keine anderen Angaben vor – als sukzessive wahrgenommen werden: „Die räumliche Veränderung schafft zeitlichen Fortgang, wenn keine Hinweise dagegen sprechen. Sollte erkennbar werden, daß Szene 2 gleichzeitig mit Szene 1 oder gar vor ihr spielt, so bedürfte es dazu einer besonderen Verdeutlichung" (Pütz 1970, 25).

Die jüngere transgenerische Erzähltheorie, die die Gattungseinteilung für obsolet hält, findet die grundlegenden Erzähltempi der Prosa – Zeitdeckung, -dehnung und -raffung – in dramatischen Texten wieder. Der dramatische Dialog erscheint aus dieser Perspektive als zeitdeckendes Verfahren, während das Schweigen einer Figur als Zeitdehnung verstanden werden kann und Zeitraffung beispielsweise durch den „Zeitdruck der Intrige" (Weixler 2015, 164) entsteht; Hans-Thies Lehmann bestimmt die „knappe Zeit" analog als „das Grundelement der Dramatisierung" (H.-T. Lehmann ⁵2011 [1999], 321). Eine Vielzahl dramenanalytischer Ansätze hat entsprechend die in der Erzähltextanalyse einschlägige Unterscheidung zwischen Erzählzeit und erzählter Zeit übernommen und auf das Drama übertragen. So unterscheidet Franz H. Link zwischen der „Aufführungszeit"/„Spielzeit" und der „Handlungszeit"/„gespielten Zeit" (Link 1977, 19 und 47), Peter Szondi differenziert zwischen „inhaltlichem" und „formalem" Zeitablauf (Szondi ¹⁴1979, 150), Manfred Pfister zwischen „realer Spielzeit" und „fiktiver gespielter Zeit" (Pfister ¹¹2001 [1977], 369–374) und Hans-Thies Lehmann zwischen „theatraler Darstellungszeit" und „dargestellter Zeit" (H.-T. Lehmann ⁵2011 [1999], 356; Überblick hierzu bei Weixler 2015, 159). Diese Ansätze lassen jedoch in Bezug auf das Drama auf der Bühne offen, ob sie von einer idealen Aufführungszeit oder einer real verwirklichten ausgehen. Deshalb trennt Antonius Weixler drei Zeitebenen des Dramas voneinander ab: die „textbasierte Erzählzeit", die „Spielzeit", also die sich auf der Basis des Regiebuchs ergebende ideale Spielzeit, und im Anschluss an Hans-Thies Lehmann die „Performanzzeit", die nicht nur die konkrete Aufführungsdauer bezeichnet, sondern die Dauer des gesamten Theaterbesuchs als soziales Ereignis (Weixler 2015, 159).

Betrachtet man das Drama nicht primär als Text, sondern als Aufführung, wird das Kriterium der Gegenwärtigkeit zentral. Das Drama auf der Bühne als „stets unweigerlich sukzessive[r] Verlauf", als ein „zu erlebende[r] szenisch-theatrale[r] Augenblick nach dem nächsten" macht Zeit, genauer: das „unentrinnbare ‚In-der-Zeit-Sein'" des Menschen, in einem grundlegenden Sinne erfahrbar (Boenisch 2012, 129), nicht zuletzt deshalb, weil zwischen Dargestelltem und Darstellung keine zeitliche Distanz entsteht. Aktionen auf der Bühne können nicht gerafft werden, sondern entsprechen in ihrer temporalen Ausdehnung der Wirklichkeit; sie finden in leiblicher Plastizität statt. „Die Distanz fehlt auch in epischen Partien des Dramas. Ein Bote kann zwar wie der Erzähler über seinen Nachrichtenstoff frei verfügen, er kann raffen und dehnen; aber das betrifft nur den Inhalt der Botschaft, das *Mitgeteilte*, nicht aber den Vorgang der *Mitteilung*. So ist das eigentlich dramatische Geschehen in der Regel den gleichen zeitlichen Bedingungen unterworfen wie Vorgänge in der Wirklichkeit. Die Zeit, die der Bote benötigt, um seine Mitteilung vorzutragen, ist identisch mit der Aufführungszeit" (Pütz 1970, 52–53).

Die poetologischen wie akademischen Debatten über Zeitlichkeit im Drama und in der Aufführung kreisen wohl auch aufgrund des Antagonismus zwischen Gegenwärtigkeit und Dauer um Kontinuitätskonstruktionen vs. Dramaturgien der Unterbrechung. Die theaterwissenschaftliche Forschung betont, dass das poetologisch formulierte Ideal eines kontinuierlichen Zeitflusses, wie es, von Aristoteles ausgehend, der französische Klassizismus, Gotthold Ephraim Lessing, Johann Wolfgang von Goethe und Friedrich Schiller proklamieren, eher die Ausnahme als die Regel darstelle (Bayerdörfer 1996). Relevant seien für die Aufführungspraxis der günstige Augenblick, *kairós*, und die vielfältigen Formen der Unterbrechung wie *interludes* und Intermedien, also Zwischenspiele (Dangel-Hofmann und Pirrotta ²1996), die den affektiven Zustand des Publikums samt Ausdrucksmedium verändern, beispielsweise pantomimisch, musikalisch oder tänzerisch gestaltet sind (Brandl-Risi 2012). Unterbrechungen spielen jedoch auch für das Drama eine Rolle: Bereits die chorischen Liedeinlagen im antiken Drama mit ihren Kommentaren, Rückblicken und Verallgemeinerungen unterbrechen das Zeitkontinuum ebenso wie Zwischenspiele und Reyen im Barock-Drama und Tableaus in der bürgerlichen Dramatik, die als pathosreiche Schlussformeln den Fluss der Ereignisse stillstellen. Von Denis Diderot wirkmächtig etabliert, ist dieses ‚Bild-Theater' mit seiner visuellen Dramaturgie im Sturm und Drang, in sentimentalen Familienschauspielen und im Naturalismus beliebt (Kafitz ²1989 [1982], 26 u. ö.).

Der Beitrag geht zunächst kursorisch auf die Genres Komödie, das Historiendrama und das Schicksalsdrama ein, für die temporale Regeln besondere Geltung besitzen, um anschließend das Tempo zum Gegenstand zu machen, das durch die Segmentierung von Dramentexten, also durch Auftritte und Abtritte, entsteht. Die folgenden Abschnitte stellen Verfahren der Kontinuitätsbildung im eher geschlossenen Drama sowie die temporalen Arrangements in offeneren Formen vor, wobei die Dramaturgie der Unterbrechung und der emphatischen Augenblicklichkeit, wie sie die Historischen Avantgarden der Determination durch Kausalitäten entgegensetzen, besondere Berücksichtigung findet. Nicht dramatische Theatertexte, die der letzte Abschnitt vorstellt, ersetzen durch eine Desemantisierung bzw. ‚vertikale' Sprachbehandlung lineare Rezeptionsstrukturen tendenziell durch räumliche und rücken deshalb in die Nähe der Installation.

2 Genres und Tempo

Die Relevanz und Spezifik zeitlicher Koordinaten werden durch Genrekonventionen vorgegeben, die darüber entscheiden, ob beispielsweise eine (symbolische) Kalender- bzw. Tageszeit oder aber der historische Kontext politischer Ereignisse für den Handlungsgang bedeutsam ist. So verzichtet die Komödie (ebenso wie die bukolische Idylle des 18. Jahrhunderts, die in einer scheinbar zeitlosen Natur angesiedelt ist und eine vorzivilisatorische Lebensform imaginiert) weit eher als die Tragödie auf eine zeitliche Fixierung (Link 1977, 21). Eine solche kann implizit vorgenommen werden wie in Lessings *Die Juden. Ein Lustspiel in einem Aufzuge. Verfertiget im Jahre 1749*, dessen Details auf die problematische Judenpolitik Friedrich des Großen, allem voran auf das Verbot der Eheschließung zwischen Juden und Nicht-Juden, verweisen. Komödien sind zudem in geringerem Maße dem Ideal eines linear-kausalen Handlungsganges verpflichtet, wie ihn Aristoteles' *Poetik* zur Voraussetzung der Tragödie erklärt. Arbeiten Komödien mit der ‚Tücke des Objekts', wenn sich die unberechenbare Eigengesetzlichkeit lebloser Gegenstände gegen die Pläne der Figuren richtet, mit einem Eigensinn, der ausgefeilte Intrigen kollabieren lässt, mit der Figur des Störenfrieds (Klotz 1987, 18) und der Dramaturgie des Zufalls, so werden lineare Handlungszusammenhänge durchbrochen. Das Komische ergibt sich eher punktuell und additiv; Komödien können aus einer Reihung relativ unmotivierter Szenen bestehen. Das Verhältnis von Handlung und komischer Situation sei deshalb, so Rainer Warning (1976, 290), prinzipiell prekär, zumal Komödien zur Verdoppelung der Handlung tendieren. Der Komödienheld spricht in der Regel nicht über die Situation, sondern wiederholt sie durch sein Handeln, z. B. durch ein Spiel im Spiel, mithin durch

„Metahandlungen", die den linearen Zeitfluss der Geschehnisse durchkreuzen (Simon 2001, 53).

Anders als für die Komödie ist für das tragikaffine Geschichtsdrama ein geschichtlich-politischer Kontext relevant, der (ähnlich wie die räumliche Referentialität) historische Authentizität suggeriert (Niefanger 2005, 35). Das Geschichtsdrama wird im deutschsprachigen Raum im Sturm und Drang sowie in der Vor- und Frühromantik ausgearbeitet, in Phasen also, in denen sich das historische Bewusstsein deutlich verstärkt und zusammen mit einer regen Shakespeare-Rezeption zur Orientierung an geschichtlichen Stoffen führt. Der älteren Forschung gilt Goethes Stück *Götz von Berlichingen* (1773, UA 1774), das eine innovative offene Dramaturgie aufweist, als erstes deutsches Geschichtsdrama, das über die Kollision eines freien Ritters mit der abstrakten Gesetzgebung die zeitgenössische Politik geißelt. In diesem Genre geht es entsprechend weniger um das singuläre historische Ereignis als vielmehr um Musterfälle, deren aktualisierende Deutungen auf die Gegenwart übertragen werden können. Viele der heute einschlägigen Geschichtsdramen radikalisieren die ‚Auflösung der Form', die dem Geschichtsdrama bereits bei Goethe und zu seiner Blütezeit im 19. Jahrhundert eingeschrieben war (I. Breuer 2008, 90); sie reflektieren Geschichtsphilosophien bzw. -konzepte und stellen Geschichte *in toto* als Narrativ aus, das im Spannungsfeld von persönlichen und kollektiven Erinnerungsprozessen wirkmächtig ist (H. Müller 2002). So kann Schillers *Wallenstein*-Trilogie (1799 vollendet), der Autonomieästhetik der Weimarer Klassik entsprechend, als Drama gelesen werden, „das sich der geschichtlichen Bedingtheit der dargestellten Handlung bewusst ist und das die zeitliche Distanz der Gegenwart zur historischen Szene problematisiert" (M. Wagner 2012, 366). Georg Büchner wiederum pluralisiert in seinem Revolutionsstück *Dantons Tod* (1835, UA 1902) Geschichte(n) und zeigt mit der Figur des Danton, dass sich Struktur- und Ereignisgeschichte „versöhnungslos gegenüberstehen" (H. Müller 2002, 119). Den Topos, dass die Französische Revolution *das* „Geschichtszeichen der Moderne" sei (H. Müller 2002, 119), führen Stücke aus dem 20. Jahrhundert fort, z. B. die „Erinnerungsstücke" und „Gedächtnisspiele" (H. Müller 2002, 120) *Marat/Sade* (UA 1964) von Peter Weiss oder *Der Auftrag* (UA 1980) von Heiner Müller. Nimmt man die Aufführungs- und Inszenierungsebene in den Blick, kann sich die Überlagerung unterschiedlicher historischer Semantisierungen noch verstärken: Sprache, Kulisse und Kostüme können Assoziationen zu jeweils verschiedenen Epochen abrufen und gegeneinanderstellen (Weixler 2015, 161).

Dramen überblenden Vergangenheit und Gegenwart zuweilen jenseits realistischer Darstellungskonventionen anachronistisch wie *Électre* von Jean Giraudoux (UA 1937), der seine mythologischen Figuren Zigaretten rauchen lässt (Link 1977, 23). Auch in Bertolt Brechts *Die Heilige Johanna der Schlachthöfe* (1931,

UA 1959) treffen Gegenwart und Geschichte verfremdend aufeinander (I. Breuer 2009): Das Stück ist sowohl inhaltlich wie formal als Auseinandersetzung mit den Klassikern des bildungsbürgerlichen Kanons konzipiert. Die literarisch-historischen Figuren Jeanne d'Arc, Don Carlos und Doktor Faustus lassen Brechts Gegenwartsstück zu einem Geschichtsdrama werden, „und zwar nicht obwohl, sondern weil es seine Vorgänger de(kon)struiert" (I. Breuer 2009, 44). Diese Anlage ist für Brechts Geschichtsdramen symptomatisch, die „die literarische Gattung selbst gestisch, verfremdend, historisierend aus[stellen]" (I. Breuer 2009, 44).

Im Schicksalsdrama, einem zu Beginn des 19. Jahrhunderts beliebten Genre, kommen vor allem Tages-, Uhr- und Kalenderzeiten handlungsleitende wie symbolische Funktionen zu. Franz Grillparzers *Die Ahnfrau* (UA 1817) und Adolf Müllners viel gespieltes Stück *Die Schuld* (UA 1813) setzen Glockenschläge und Zeitangaben wie die zwölfte Stunde ein, um die Bedeutsamkeit von Ereignissen und die Spannung zu steigern. Mit symbolisch zu lesenden Tages- und Jahreszeiten arbeitet selbst das naturalistische Drama, das trotz Milieuorientierung und Diesseitigkeit Transzendenzkonzepte und pathosreiche Mythologeme aufgreift: In Hauptmanns Trauerspiel *Rose Bernd* (UA 1903) veranschaulicht die im letzten Akt einfallende Dämmerung die existenzielle Verunsicherung der Protagonistin, deren sozialer Abstieg im Frühling beginnt, um im September mit ihrer Verurteilung als Kindermörderin zu enden.

Dramentexte verfügen jenseits dieser Zeitkoordinaten über ein eigenes Tempo, das sich aus den Auf- und Abtritten der Figuren, der Länge ihrer Repliken sowie kontinuitätsstiftenden Handlungen ergibt. Patrick Primavesi hält fest: „So lassen sich alle Bestandteile der dramatischen Handlung – vom Auf- und Abtreten der Personen und ihrer Konfrontation im szenischen Dialog über Formen der Ankündigung, Andeutung oder Vorhersage bis hin zum Rückgriff auf eine Vorgeschichte – als Momente der Verzögerung oder der Beschleunigung auffassen, die im Bezug auf die Situation ihrer Darstellung eine spezifische Spannung zwischen Erwartung und Erscheinung bewirken können" (Primavesi 2005, 398). Das Tempo eines Dramas wird darüber hinaus durch seine Ereignisfrequenz bestimmt: „[H]ohes Tempo setzt eine Fülle von Ereignissen in geringer zeitlicher Erstreckung, also [...] die Komprimierung der Handlungsdauer voraus" (Höfele 1976, 125). Der Eindruck eines schnellen Zeitverlaufs wird in der Regel durch die Kontinuität der Handlung verstärkt, dadurch also, dass eine neue Szene genau dann beginnt, wenn die vorherige endet, was im französischen Klassizismus die Vorschrift der *liaison des scènes* garantiert: Nach Ensembleszenen bleibt eine Person (bis zum Auftritt neuer Figuren) auf der Bühne zurück, um durch einen Übergangsmonolog den Eindruck einer gleichmäßig vergehenden Zeit zu erwecken. Auf die Zukunft bezogene Absprachen beschleunigen die dramatischen Ereignisse (Höfele 1976, 129), deren Geschwindigkeit das (artikulierte) Zeitgefühl der Figuren zusätzlich intensivieren kann. Denkbar ist auch eine Variation von Tempi, dass also Szenen mit unterschiedlichen Geschwindigkeiten kombiniert werden wie in der Dramatik Goethes, etwa im *Götz von Berlichingen* (W. Stewart 1978, 272), und in den Stücken Shakespeares – hier folgen Szenen mit retardierenden Momenten häufig unmittelbar auf ereignisreiche Sequenzen und umgekehrt (W. Stewart 1978, 148). Diese variable Temporalität steht nicht zuletzt mit der freien Raumgestaltung der elisabethanischen Bühne in Zusammenhang, die kein Kulissensystem kennt, so dass dynamische Sprechakte (wie Wortkulissen) Örtlichkeiten blitzschnell zu modifizieren vermögen. Während ein ‚starrer' Raum eine linear verlaufende Zeit vorgibt, weil die Abstände zwischen Orten vermessen werden können, wird mit der Absage an den Illusionsraum eine „freiere, imaginative Chronologie" möglich: „An die Stelle einer berechneten tritt gefühlte Zeit" (Höfele 1976, 141).

Das Tempo eines Dramas steht dabei zur „besprochenen Zeit" (Link 1977, 76), dem subjektiven Empfinden der Figuren, in einer Relation der Analogie oder – weit seltener – des Kontrastes, wobei sich Zeitreflexionen auf fünf Problemkreise konzentrieren: auf (1) das Verrinnen der Zeit, (2) die Last der Vergangenheit, (3) die Ohnmacht angesichts der Zukunft, (4) das unaufhaltsame Näherrücken eines kommenden Ereignisses und (5) das Problem des richtigen Zeitpunktes (Pütz 1970, 96). Diese Überlegungen der Figuren können Teil einer sich sukzessiv entfaltenden Handlung sein und zur Vernetzung der Ereignisse beitragen, sich jedoch auch zu retardierenden Momenten verselbständigen.

Für die Organisation ästhetischer Eigenzeiten ist die konventionalisierte Segmentierungsstruktur eines Dramas, die Textabschnitte durch ihre formale Eingrenzung hervorhebt und bündelt, besonders aussagekräftig. Die Auf- und Abtritte der Figuren stellen per se Unterbrechungen des zeitlichen Kontinuums dar (Bergmann und Tonger-Erk 2016a, 9); durch die Reihung von Ankünften „werden Szenen gegliedert und dramatische bzw. theatrale Abläufe rhythmisiert" (Vogel und Wild 2014b, 7). Auftritte können das dramatische Tempo erhöhen oder verlangsamen, besitzen eine eigene Zeitextension, wenn sie beispielsweise verzögert oder umständlich vorbereitet werden, und lassen zuweilen irritierende transformatorische Momente im Drama entstehen. „Die Zeitbegriffe der Liminalität, des Übergangs, der Passage, des Impulses, der Frequenz, aber auch der epiphanischen Plötzlichkeit oder der chiliastischen Erwartung können auf den Auftritt bezogen werden" (Vogel und Wild 2014b, 13), vor allem auf den Auftritt als (quasi-transzendentes) Ereignis: „Dramatische Zeit spannt sich zumindest in einigen ihrer markanten dramatischen Genres und historischen Kontexte auf eine erwartete Ankunft hin aus, der so große Kräfte zugemessen werden, dass sie alle anderen alltäglichen Auftrittsroutinen durchschlägt und das Ende der getakteten Zeit herbeiführt" (Vogel und Wild 2014b, 14), wie die Ankunft eines Deus ex Machina, eines ‚sonnenhaften' Monarchen oder der Sonne selbst. Auftrittshäufungen bzw. regelrechte „Laufchoreographien" sind insbesondere gegen Dramenende und im komischen Genre auszumachen (Vogel und Wild 2014b, 13). Der Abgang einer Figur, den die Forschung als ereignishaftes Erscheinen des Absenten auffasst, beeinflusst die Temporalität eines Dramas ebenfalls dadurch, dass er sprachlich vorbereitet, unterbrochen, wiederholt oder verzögert wird und Reflexionsräume generiert, die die abwesende Figur präsent sein lassen (Bergmann und Tonger-Erk 2016a, 18).

Der Beginn eines Stückes, der die Vorgeschichte (durch Exposition oder Prolog) mit der dramatischen Gegenwart zu einem szenischen Auftakt verknüpft, stellt ebenfalls eine liminale Bruchstelle dar, weil zwei Zeitlichkeiten und Darstellungsmodi aufeinandertreffen. Poetologien haben dem Verhältnis von rekapitulierter Vergangenheit und szenischem Auftakt sowie der Länge der Exposition deshalb besondere Aufmerksamkeit gewidmet. Gustav Freytags *Die Technik des Dramas* (1863) beispielsweise fordert, dass die Exposition im ersten Akt vor dem Einsatz der eigentlichen Handlung, dem ‚erregenden Moment', abgeschlossen sein solle und den ersten Akt nicht überschreiten dürfe. Allerdings vermögen auch die weiteren Akte expositorisches Wissen bereitzustellen, wie der zweite Aufzug in Lessings Trauerspiel *Emilia Galotti* (UA 1772).

Auch Akt- und Szenenschlüsse können das Tempo eines Dramas verändern, etwa durch Stillstand oder Beschleunigung. Fordern Poetiken des 19. Jahrhunderts, dass Akte und Szenen in sich geschlossen sein sollten, um die ‚Geschichte' zu Ruhemomenten kommen zu lassen (Vogel 2002, 18), so kann die Segmentierung auch in einem Spannungsverhältnis zur Fabel stehen wie in Jean Racines Tragödie *Phèdre* (UA 1677): Die Akte enden nicht mit dem Abschluss einer Handlungssequenz, sondern bauen an ihren markanten Endpunkten Spannung auf, um die Konzentration des Publikums aufrechtzuerhalten: „Gerade durch die Gegenläufigkeit der Segmentierung der Geschichte und der Darstellung gerät der Aktschluß nicht zum Ruhepunkt", sondern wird „mit präzipitierender Dynamik aufgeladen, die die Pause zwischen den Akten zu überbrücken vermag" (Pfister [11]2001 [1977], 310).

3 Kontinuitätskonstruktionen in geschlossenen Dramaturgien

Das absolute bzw. geschlossene Drama geht seiner idealtypischen Bestimmung nach im dramatischen Augenblick, im ‚Hier und Jetzt' auf, d. h. die Figuren bringen durch ihre performativen Sprechakte die Ereignisse unmittelbar hervor und generieren so eine sich unablässig fortspinnende, bruchlose Ereigniskette, die durch ihre kausale Verknüpfung den Eindruck von Unabwendbarkeit verstärkt. Aristoteles weist diese schlüssige Abfolge als konstitutiv für die Tragödie aus und begrenzt deshalb ihre zeitliche Ausdehnung. Sie solle „nach Möglichkeit innerhalb eines einzigen Sonnenumlaufs" stattfinden (Aristoteles 1982, 17). In ihrem wirkmächtigen Briefwechsel bestimmen Goethe und Schiller das Drama dann als eine auf ein Ziel hin ausgerichtete, teleologische Struktur mit vorwärtsdrängender Endbezogenheit. In einem an Goethe gerichteten Brief über seine Arbeit an *Wallenstein* führt Schiller für dieses Prinzip den Begriff der „Præcipitation" ein (Schiller 1977, 141 [Brief vom 2. Oktober 1797]; vgl. Pütz 1970, 12–13, Boenisch 2012, 135). Diese Finalität des Dramatischen fixiert das Publikum auf das System der Beziehungen und integriert die einzelnen Segmente in die Gesamtorganisation des Stückes.

Die Geschlossenheit eines Dramas wird auch dann nicht zwingend aufgegeben, wenn ein dynamisches Spiel zwischen Vergangenheit und Zukunft das Primat der Gegenwärtigkeit durchbricht. Zwischen Vergangenheit und Zukunft kann dadurch Spannung sowie eine kontinuierliche Ereigniskette entstehen, dass Aktionen zweifach auftreten: als besprochene und durchgeführte Aktion (oder umgekehrt). Eine solche Duplizität von Aktionen liegt vor, wenn auf einen Plan seine Verwirklichung folgt, auf eine Intrige ihre Umsetzung, auf einen Befehl seine Ausführung (Pütz 1970, 41). Eine ähnliche Wirkung haben Antizipationen wie Ankündigungen, Schwüre, Weissagungen, Proben und Schwangerschaften, wie sie in Friedrich Hebbels *Maria Magdalena* (1844, UA 1846), Gerhart Hauptmanns *Rose Bernd* und Frank Wedekinds *Frühlings Erwachen* (1891, UA 1906) die Zukunft vorherbestimmen (Pütz 1970, 63). Eine andere Form der Vorwegnahme stellen Andeutungen wie Träume, Orakelsprüche und Stimmungen dar, die in der Regel polyvalent ausgelegt werden können. Die Forschung unterscheidet zwischen orthodoxen und paradoxen Antizipationen, je nachdem ob das Angedeutete vom Stück realisiert wird oder nicht. Ein Beispiel für eine orthodoxe Antizipation wäre der Traum des Richters Adam zu Beginn von Heinrich von Kleists Lustspiel *Der zerbrochne Krug* (UA 1808), der den Ausgang des Stücks vorwegnimmt. In Kleists *Penthesilea* (1808, UA 1876) hingegen dominiert die paradoxe Form, denn die Figuren antizipieren jene (paradiesischen) Zustände, zu denen ihnen der Zugang verwehrt bleibt (Stephens 1999; 2005, 25).

Eine Beschleunigung des Tempos findet dann statt, wenn auf eine Ankündigung ohne große Verzögerung ihre Umsetzung folgt, während sich der Gang der Handlung verlangsamt, wenn zwischen Prophezeiung und Erfüllung eine längere Zeitspanne liegt (Pütz 1970, 55). Dramen können diesen Abstand durch retardierende Momente vergrößern, wenn Figuren ihr Wissen nicht äußern (aufgrund von Schweigegeboten, Scham etc.), wenn sie unterbrochen werden oder aber ein verzögernder Nebenstrang aufgenommen wird. Häufig steigert sich das Tempo gegen Ende eines Stückes, weil sich Handlungsknoten lösen und Prophezeiungen erfüllen, während der Schluss eines ‚absoluten' Dramas die Zeit aufhebt: „Nach Strecken stärkster Spannung auf die Zukunft folgt eine totale Zukunftslosigkeit: das große Sterben. [...] Die Spannung zwischen Vorgriff und Verwirklichung wird in dem Augenblick gelöst, da keine dem Vorgriff entgegengesetzten Möglichkeiten mehr ins Spiel kommen können" (Pütz 1970, 225). Auch in eher geschlossenen Dramen herrschen mithin unterschiedliche Tempi, ohne dass die Zeit jedoch das Geschehen eigenständig bestimmt und Handlungsgesetze diktiert, für Peripetien oder die Lösung eines dramatischen Knotens sorgt.

4 Diskontinuitäten in offenen Formen

In offenen Dramaturgien wird die Zeit wahrnehmbar und verläuft tendenziell diskontinuierlich. Die temporalen Bezüge zwischen Szenen und Akten bleiben häufig unbestimmt und die Ereignisse erstrecken sich über größere Zeitspannen wie in Jakob Michael Reinhold Lenz' Tragikomödie *Der Hofmeister* (1774, UA 1778), in der sich die Angaben der Figuren noch dazu widersprechen (Lappe 1980). Brechen Zeitsprünge den Kausalnexus der Handlung auf, so werden die Figuren tendenziell einer ‚reinen', erinnerungslosen Gegenwart als Zeichen ihrer (Handlungs-)Ohnmacht ausgeliefert. „Diese Gegenwart schluckt die verbindenden Rückwärts- und Vorwärtsbezüge, die der Person ermöglichten, sich und das Geschehen im Stadium der Entwicklung zu sehen. Sie schluckt den Abstand, der der Person ermöglichte, das Jetzt einzugliedern in Zusammenhänge, es zu messen an Vergangenem und Kommendem, an Erlebtem und Geplantem" (Klotz ³1968 [1960], 123).

Die Zeit fungiert auch dann als autonome Größe, wenn sich der Ausgang eines Dramas dem Zufall verdankt. Bereits das antike Stück und der französische Klassizismus kennen Plots, die wesentlich auf einem Zu-Spät-Kommen oder Zu-Spät-Wissen basieren, so dass der Zeit eine „katastrophenrelevante" Funktion zukommt (C. Burckhardt 1974, 98). Zufallsdramaturgien, die die Genrezuordnung eines Stückes prinzipiell verunsichern und im 18. Jahrhundert auf die Erfahrung eines linearen, kontingenten Geschichtsverlaufs zurückgehen, finden sich darüber hinaus im bürgerlichen Trauerspiel und in der Tragikomödie, in Lenz' *Der Hofmeister* ebenso wie in Heinrich Leopold Wagners *Die Kindermörderin* (1776, UA 1777) und Lessings *Emilia Galotti*. In diesem ständekritischen Trauerspiel über den ‚Fall' einer jungen Adeligen führt die ostentative Häufung von Zufällen zunächst zu einer Verlangsamung, dann zu einer Beschleunigung des Tempos bis zur Atemlosigkeit der letzten Szenen. Von einer Unmerklichkeit des Zeitverlaufs, wie sie Lessing in der *Hamburgischen Dramaturgie* (1985 [1767–1769]) fordert, kann nicht die Rede sein; der Schluss lässt vielmehr einen geradezu rasenden Zeitfortschritt erfahrbar werden, „der den Menschen keine Besinnung erlaubt und sie untauglich macht zu Erkenntnis und Gegenwehr. [...] Die Zeit erscheint psychisch in zunehmender Nervosität und Fassungslosigkeit. Politisch-gesellschaftliche Kompetenz im Außen wird durch Hysterisierung des Innen verhindert" (Göbel ³1996, 55).

Dramen des 20. Jahrhunderts stellen die Annahme einer sukzessiv verlaufenden, messbaren Zeit parallel zur zeitgenössischen Bewusstseinsforschung, zur Psychoanalyse und Zeitphilosophie nachhaltig in Frage. Henri Bergsons Studie *Essai sur les données immédiates de la conscience* (1889; dt. *Zeit und Freiheit. Versuch über das dem Bewußtsein unmittelbar Gegebene*) z. B. weist das Konzept einer mechanisch verfließenden, homogenen Zeit als Illusion ab und profiliert die Dauer als Erfahrung, die gegen determinierende Kausalketten zu immunisieren verspricht und Bergson deshalb als Ermöglichungsgrund freiheitlicher Entscheidungen gilt (Bergson 2016 [1889]; vgl. auch Junghans 1931). Darüber hinaus beeinflusst das konkurrierende Medium des Films, genauer: die Montage, die Zeitlupe und die Beschleunigung, die temporalen Konzeptionen anderer Künste (Schlunk 1970, 149). Das absurde Drama, namentlich Samuel Becketts *En attendant Godot* (1952, UA 1953; dt. *Warten auf Godot*), das nur auf den ersten Blick der Einheit der Zeit folgt (Winkgens 1975, 32), und Eugène Ionescos *La Cantatrice chauve* (UA 1950; dt. *Die kahle Sängerin*), demontiert den getakteten Zeitfluss, den in beiden Stücken eine Uhr repräsentiert. Die Dramatik des 20. Jahrhunderts setzt gegen Chronologie und Kausalität Erfahrungen wie Dauer, Zyklik, Augenblicklichkeit und Wiederholung, lotet die Eigenheiten einer subjektiven Zeitwahrnehmung aus, die sich durch extreme Beschleunigung oder Verlangsamung auszeichnen kann, und entwickelt innovative Organisationsformen von Fabel und Zeit. Man bedient sich extremer Raffungen, so dass auf der Bühne innerhalb von Stunden mehrere Jahrzehnte vergehen. Beliebt ist das Prinzip der Wiederholung, das ebenfalls mit großen Zeiträumen verbunden sein kann; so fokussiert Thornton Wilders *The Long Christmas Dinner* (1931) einen Weihnachtsabend über mehrere Jahre hinweg mit großen Zeitsprüngen. Darüber hinaus kann der Handlungsverlauf durch Tableaus, durch das plötzliche Erstarren des Geschehens in wirkungsvoll arrangierten Bildern, unterbrochen werden (Schlunk 1970, 157), ein Verfahren, das bereits die Antike mit ihren Ekkyklema kannte, mit Wagen, auf denen Leichen als finales Memento der Tragödie schockartig-kathartisch vorgeführt wurden, ebenso die Dramatik des 18. Jahrhunderts im Anschluss an Denis Diderot (Szondi 1973b). Doch das Tableau fungiert in diesen Dramen als Schlussformel, wird also nicht mitten in den Ereignisverlauf hineingesetzt wie in Thornton Wilders viel gespieltem Stück *Our Town* (UA 1938; dt. *Unsere kleine Stadt*). Moderne Dramen arbeiten darüber hinaus mit zyklischen Strukturen wie Arthur Schnitzlers Skandalstück *Reigen* (1900, UA 1920), zudem mit Rückblenden, die ein früheres Geschehen (meist als subjektiv-psychologische Realität) in die dramatische Gegenwart einschalten, seltener mit Vorblenden, die die Zukunft antizipieren (Schlunk 1970, 164).

Eine deutliche Abweichung vom Darstellungsprinzip chronologischer Sukzessivität bzw. der Einheit der Zeit stellt die Simultaneität von Geschehnissen dar, aus der sich eine Evokation des Raums bzw. die Phantasie eines anderen Ortes ergibt (Pfister [11]2001 [1977], 361). Für die Darstellung simultaner Ereignisse bedarf es einer buchstäblichen oder imaginären Trennlinie zwischen parallelen Aktionen (Schlunk 1970, 186), wie sie die Teichoskopie entstehen lässt, in modernen Dramen eine Radioeinspielung oder ein Telefongespräch, im Theater die Simultanbühne mit diversen Spielflächen, die in den 1920er Jahren beispielsweise Bertolt Brecht, Erwin Piscator und Ferdinand Bruckner (dieser für die Aufführung seines Stückes *Die Verbrecher* [1928]) einsetzen. Auch Geräusche, die einen unsichtbaren Ort jenseits der Bühne suggerieren, lassen Simultaneität entstehen wie in Elias Canettis Stück *Hochzeit* (1932/1964, UA 1965), das die Kakophonien verfeindeter Parteien in einem Wiener Mietshaus akustisch vergegenwärtigt.

Eine radikale Absage an die Einheit der Zeit formuliert die avantgardistische Dramaturgie der Unterbrechung von Bertolt Brecht, die den zeitlichen Fluss, wie ihn Lessing als Beglaubigungsinstanz mimetischer Handlungen in ihrer Kopplung mit psychischen Entwicklungen proklamiert hatte, suspendiert.

5 Avantgardistische Verfahren

Brechts Theaterkonzept orientiert sich wesentlich an den neuen Reproduktionstechniken: am Kino, insbesondere am sowjetischen Stummfilm und seiner Kontrastmontage, sowie am Rundfunk – Techniken mithin, die auch für seine elaborierte Theorie der Gestik vorbildlich sind. Walter Benjamin, der prominenteste Exeget des epischen Theaters, führt in seinem Essay „Theater und Rundfunk" aus, dass die „Auffindung und Gestaltung des Gestischen nichts als eine Zurückverwandlung der in Funk und Film entscheidenden Methoden der Montage aus einem technischen Geschehen in ein menschliches bedeutet" (Benjamin 1977 [1932], 775). Die (sozial gedachte) Geste, die im Zentrum des epischen Theaters steht, besitzt nach Benjamin einen „fixierbaren Anfang und ein fixierbares Ende" und tritt so aus dem Zeitfluss bzw. der Kausalität der Ereignisse aus (Benjamin [3]1971 [1931], 9). Gesten zitierbar zu machen, sei die wichtigste Leistung des Schauspielers; „seine Gebärden muß er sperren können wie ein Setzer die Worte" (Benjamin [3]1971

[1931], 9). Wird ein Wort durch die Unterbrechung der Buchstabenfolge gesperrt, die den Prozess der Sinnerzeugung aufhält, so trennt eine ‚gesperrte' Geste Wort und Körper voneinander ab – im Grunde ein der Postdramatik zuarbeitendes Verfahren, das der Entautomatisierung von naturalisierten, im Habitus körperlich fixierten gesellschaftlichen Zuständen dient. Brechts Schauspieltheorie sieht eine gestische Spielweise vor, die mögliche Handlungsentwürfe simultan präsentiert, um so den Eindruck unausweichlicher Schicksalhaftigkeit zu zerstreuen und die Veränderbarkeit gesellschaftlicher Zustände (die sich in den Körper einschreiben) sinnfällig zu machen.

Benjamin begreift die Unterbrechung entsprechend als Schock, als „Nu der Leere" (Benjamin ³1971 [1931], 21), der den Lauf der Dinge zu verändern vermag und deshalb im Zentrum einer avantgardistischen Ästhetik der Revolte steht. In seinem Aufsatz „Der Sürrealismus. Die letzte Momentaufnahme der europäischen Intelligenz" (1966 [1929]) entwickelt Benjamin die Vision eines revolutionären, bildhaften „Leib-Raums" (Weigel 1992, 51), in dem sich politische Akteurinnen und Akteure jenseits der Moral als operierende Intellektuelle bewegen, sich die Dinge des Alltags schockartig offenbaren und ein wahrer Moment der Vergangenheit vorbeizuhuschen vermag. Dieser Leib-Raum vereinigt Darstellende und Zuschauende, Subjekt und Objekt, und hebt das zeitliche Kontinuum auf: „In der Kombination von Bild, Leib und Raum fehlt die Kategorie der Zeit als vierte Dimension der Kultur gänzlich; sie fällt aus" (Weigel 1992, 53).

Die Suspension linear-kausaler Zeit, die ein rituelles Theater durch die Beschleunigung oder Verlangsamung von Prozessen zu erreichen vermag (Pfaff 2000, 227), zeichnet eine Vielzahl avantgardistischer Projekte aus. Futurismus wie Dadaismus setzen in ihren Simultangedichten und Montagen auf Gleichzeitigkeit, die die Konvention der Verständlichkeit bzw. eine rationale Kommunikation torpediert und den Einzelnen jenseits vertrauter Kontexte mit sich selbst konfrontiert. „Als Zeitstruktur negiert das Prinzip der Simultaneität die Geschichte, den Verlauf der Zeit; konstituiert im Kunstwerk einen ‚zeitfreien' Ort, in dem das Subjekt in radikalster Weise auf sich selbst zurückgeworfen ist" (Brauneck 1986, 179). In dieser Tradition, die auf den emphatischen Augenblick als Aufschein unabgegoltener Möglichkeiten der Geschichte sowie auf Intensität und Präsenz setzt, steht auch die Dramatik von Botho Strauß (Schößler 2004, 137–176).

Der einflussreiche Theaterpraktiker und -theoretiker Richard Schechner knüpft in den 1960er Jahren mit seinem Begriff des ‚rekodierten Verhaltens' an das Modell der Unterbrechung an: „‚Rekodiertes' Verhalten ist lebendiges Verhalten, das wie ein Streifen Film behandelt wird. Solchermassen behandeltes Verhalten kann beliebig umarrangiert und rekonstruiert werden. Es wird dadurch unabhängig von den kausalen Systemen (sozialer, psychologischer und technischer Art), denen es seine Existenz verdankt" (Schechner 1998 [1985/1990],

415). Der theatrale Probenprozess, der mit Rekombinationen von Alltagsgesten experimentiert, suspendiert auf diese Weise eine Kausalität, die Vorgänge naturalisiert und der Reflexion entzieht; alltägliche Praktiken werden beliebig, also jenseits ihrer „natürlichen Einteilung", unterbrochen und so zu einem „Rohbündel von Ereignissen" zusammengestellt, das bearbeitet werden kann (Schechner 1998 [1985/1990], 415, Anm.). Allein die Unterbrechung von Kausalität und Kontinuum lässt das Verhalten reflexiv und symbolisch werden, so dass es „von aussen betrachtet und verändert werden" kann (Schechner 1998 [1985/1990], 416) und ein liminaler Möglichkeitsraum entsteht, in dem die Darstellenden im Sinne eines Theaters der Erfahrung zu dem werden, was sie nie gewesen sind.

Die politisch-utopische Stoßrichtung avantgardistischer Entwürfe hat also die Unterbrechung von Linearität bzw. die Suspension von Kausalität, die historisch-gesellschaftliche Möglichkeiten (im Sinne von Michel Foucault) verknappt, zu ihrer Voraussetzung.

6 Das nicht dramatische Stück und das postdramatische Theater

Das postdramatische Theater verändert nicht nur, wie Hans-Thies Lehmann in seinem wirkmächtigen Essay von 1999 ausführt, Handlung und Fabel, Rollentext und dramatische Illusion, sondern verabschiedet diese Darstellungsprinzipien einer klassischen Dramaturgie gänzlich. Die Fabel zerbricht, es gibt keinen sukzessiven Handlungsgang, keine klar identifizierbaren Figuren mehr; vielmehr tritt das Ereignis des ‚Hier und Jetzt' als ästhetische Erfahrung an die Stelle einer repräsentierten Handlung in raumzeitlichem Kontinuum. Die Sprache verliert ihren Status als primäres, diskursives Ausdrucksmittel, wird tendenziell desemantisiert und als Rhythmus und Klang, als ‚ausgestelltes Objekt' in ihrer Poetizität erfahrbar, wie 1986 in Robert Wilsons New Yorker Inszenierung von Heiner Müllers *Hamletmaschine* (UA 1979).

Diese Dekonstruktion einer sich linear entfaltenden Semantik zeichnet sich mit Konsequenzen für die Wahrnehmung und Organisation von Zeit auch in nicht dramatischen Theatertexten ab, beispielsweise in den Stücken von Elfriede Jelinek. Für die österreichische Autorin ist die Zersetzung einer rational dechiffrierbaren Semantik mit unterscheidbaren Positionen – in ihren Stücken überlagern sich Diskurse zu Sprachflächen – der resignative Ausdruck eines verschwundenen Agons nach 1989, also des beendeten sozialistischen Experiments. Deutlich wird dies z. B. in Jelineks *Stecken, Stab und Stangl* (UA 1996), einem Stück, in dem jeglicher handlungsgenerierender Konflikt fehlt und die Figuren permanent damit beschäftigt sind, das Bühnenbild einzuhäkeln: „Über den Anlass des Stücks (die Ermordung von vier Roma in [sic!] Burgenland im Februar 1995) hinaus präsentiert Jelinek einen mehr oder weniger latenten Rassismus [...] in Philosophie und Politik, Kunst, Kultur und Medien. Sie alle [d. h. die genannten Diskurse] erscheinen so als Analogon zur ‚Häkellandschaft', in der Geschichte ausgelöscht wird" (I. Breuer 2008, 84).

Die sich vertikal schichtenden Bedeutungen in Jelineks Stücken, die sich einem linearen Lesen/Verstehen verweigern, signalisieren die Erstarrung des Politischen und haben auf ästhetischer Ebene einen verräumlichenden Effekt, weshalb die Forschung nicht dramatische Theatertexte der Installation annähert. Verräumlichung wird dabei als materielles Phänomen des Mediums, der Schriftlichkeit, und als imaginäres Produkt einer synästhetisch konzeptualisierten Sprache begriffen, die architektonische bzw. geographische Metaphern wie ‚Text-Block', ‚Text-Raum', ‚Text-Landschaft' und ‚Ausstellung' umschreiben. Durch intertextuelle Staffelungen, durch Übergänge zwischen Bild und Schriftzeichen (wie in der Kalligraphie) oder aber durch die Gestaltung der Buchseite (wie bei Stéphane Mallarmé) verräumliche sich die Sprache zu heterogenen Textlandschaften und weise Ähnlichkeiten mit Installationen auf (Stricker 2008). Mit einer synästhetischen, verräumlichten Sprache experimentieren beispielsweise die Texte von Gertrude Stein, die in sich bewegten Landschaften jenseits eines kontinuierlichen Zeitflusses gleichen und der Spannung eines (klassischen) Dramas zwischen der Linearität des Plots und der Präsenz der Figuren zu entgehen versuchen. Ein Text als Landschaft ist ohne Telos; die Satzteile verhalten sich dem Satz, der Klang der Bedeutung gegenüber autonom, so dass die Freiheit zu alinearen Verknüpfungen entsteht (H.-T. Lehmann 1999, 105; Rebentisch 2003, 156). Ein räumliches Verhältnis der Textelemente findet sich in Heiner Müllers intertextuell-polyperspektivischen ‚Landschaftsbeschreibungen' ebenso wie in Werner Schwabs Verräumlichungen bzw. Verkörperungen der Sprache und Rainald Goetz' bildkünstlerischen Verfahren, die den Ausstellungscharakter seiner Stücke unterstreichen.

Dieser Tendenz zur Verräumlichung stehen reflexive Zeitspiele in postdramatischen Produktionen gegenüber. Während klassische Stücke dazu tendieren, im inneren Kommunikationssystem Angaben über einen längeren Zeitverlauf zu machen, als er auf der Bühne tatsächlich stattfindet – „Es kann Abend und Nacht werden im Laufe eines Zehn-Minuten-Dialogs" (Lämmert [2]1967 [1955], 200) –, bevorzugen rituelles Theater wie auch (Körper-)Performances seit den 1960er Jahren das umgekehrte Verfahren: Zeitdehnung. Eine Ästhetik der Dauer entwickelt beispielsweise Robert Wilson, der rituelle Gesten, synästhetische Kopplungen von Klang und Farbe sowie akustische Zäsuren einsetzt, ebenso Christoph Marthaler, in dessen Inszenierungen die leere Zeit mit Übersprungshandlungen,

Gesängen und gestischen Wiederholungen ausgefüllt wird, wie in der erfolgreichen Produktion *Murx den Europäer! Murx ihn! Murx ihn! Murx ihn! Murx ihn ab!* (UA 1993), die den Stillstand der Zeit nach 1989 plastisch werden lässt. Performances experimentieren mit verlangsamten Bewegungen und der Länge der Theaterabende (sogenannte *durational performances* dauern fünf Stunden und mehr) wie die Produktionen von Robert Lepage oder aber mit einer Ästhetik der Repetition, die offensiv auf Wiederholungen setzt wie die Aufführungen von Einar Schleef und Pina Bausch. Auch ein völliger Verlust des Zeitrahmens kann intendiert sein (H.-T. Lehmann 1997, 38), um das Publikum auf das Hier und Jetzt zu fixieren und zusammen mit den Performenden eine gemeinsame Zeit durchleben zu lassen. Neben diesen Verfahren der Verlangsamung verfremdet die Beschleunigung traditionelle Spielweisen wie im Theater René Polleschs, in dem die Performenden in deutlich erhöhtem Tempo sprechen oder schreien.

Die Zeitexperimente im postdramatischen Theater trennen die sprachlichen Äußerungen der Darstellenden tendenziell von ihren Körpern ab, so dass diese als menschliche Skulpturen erscheinen, und unterbrechen (im Anschluss an die Avantgarde) naturalisierte, unmerkliche Zeitverläufe sowie automatisierte Wahrnehmungen, um gesellschaftliche Konventionen samt ihrer (machtgeleiteten) diskursiven Verknappungen erfahrbar zu machen.

Dieser Beitrag greift in Teilen zurück auf: Franziska Schößler (unter Mitarbeit von Christine Bähr und Nico Theisen), *Einführung in die Dramenanalyse*, Stuttgart und Weimar 2012 (2. Aufl. 2017), mit freundlicher Erlaubnis des Verlags J. B. Metzler, Part of Springer Nature, Stuttgart.

Bernice Kaminskij
III.2.5 Affekte im Drama

1 Einleitung

Die Gattung des Dramas ist in elementarer Weise auf den Effekt der emotionalen Affizierung des Publikums angelegt. Wie häufig in Prologen, Vorspielen und anderen programmatischen Metatexten explizit angekündigt, sollen sich den Zuschauerinnen und Zuschauern die Haare sträuben, ihre Tränen sollen fließen oder andere Gefühlsäußerungen hervorgerufen werden. Dieses postulierte Affizierungspotential des Dramas beruht im Wesentlichen auf dem Umstand, dass es Leidenszustände mittels der heftigen Gemütsbewegungen der dramatischen Personen vergegenwärtigt. Mit anderen Worten ist die dramatische Affektdarstellung Grundvoraussetzung für die erwünschte affektive Erregung der Rezipientinnen und Rezipienten. Das gilt in besonderem Maße für die ‚pathetischen' tragischen Gattungen, die im Fokus dieses Beitrages stehen sollen: Sie definieren sich durch die Inszenierung schweren Leidgeschehens, das sich auf die seelische Erschütterung der Rezipientinnen und Rezipienten richtet. Gegenstand und Wirkung der Tragödie sind demnach pathosgebunden.

Die wechselvolle Theorie der Affekte im Drama wird im Folgenden vor allem im Durchgang einflussreicher Poetiken beleuchtet. Im Mittelpunkt steht dabei der zentrale dramentheoretische Diskurs über die Funktion, die der affizierenden Wirkung dramatisierter Leidenschaften beigemessen wird. Die Techniken der Affektinszenierung werden insbesondere anhand der historischen Dramenformen nachvollzogen. Die jeweiligen Bestimmungen und Formen des dramatischen Pathos sind dabei von den Affektlehren verschiedener Disziplinen geprägt, die fallweise mitberücksichtigt werden: Als paradigmatisch erweisen sich insofern lange Zeit die Lehren der Rhetorik, als eines der drei klassischen Überzeugungsmittel der Rede in der Affektion des Publikums besteht. Sie stellen normative Affektkataloge bereit, die Hauptarten von Leidenschaften unterscheiden, typisieren und ihnen Stile der Rede zuweisen. Ihnen nachfolgend entwickelt die Ästhetik der Neuzeit eine umfassende Theorie der Affekte. Auch sind philosophische Affektbegriffe, die die Leidenschaften ontologisch bestimmen und in ihren moralischen Wirkungen und Eigenschaften bewerten, bei der Auslegung des Zwecks dramatischer Affekterregung maßgebend. Darüber hinaus beeinflussen medizinische, anthropologische und schließlich psychoanalytische Erkenntnisse über die Entstehung, die körperlichen bzw. seelischen Prozesse und Ausdrucksweisen der menschlichen Leidenschaften das Drama hinsichtlich der Funktionsbestimmung und Darstellungstechnik der Affekte.

Die Rolle und die Art theatraler Affektdarstellung sind unter diesen variablen Einflüssen einem ständigen konzeptionellen Wandel unterworfen, der hier in dramengeschichtlichen Paradigmen skizziert werden soll. Schwerpunkte der Betrachtung bilden die griechische und die senecanische Tragödie der Antike, die italienische Rachetragödie und das frühe englische Drama im 16. Jahrhundert, das barocke Trauerspiel und die *tragédie classique* im 17. Jahrhundert, die Oper, das bürgerliche Trauerspiel, das Melodram und das Drama des Sturm und Drang im 18. Jahrhundert, das Drama der Weimarer Klassik und dessen Gegenformen im frühen 19. Jahrhundert, die Verstragödie des 19. Jahrhunderts, das populäre Boulevardmelodram, die Operette und das Filmmelodram sowie das Avantgarde-Theater des 20. Jahrhunderts, die Performancekunst und das postdramatische Theater.

2 Antike

Griechische Tragödie

Der griechischen Tragödie ist das Pathos insofern konstitutiv, als ihr Gegenstand ein extremes Leidensgeschehen ist, das sich in der seelischen Erschütterung der handelnden wie beobachtenden Personen manifestiert. Dieses charakteristische Gattungsmerkmal richtet sich explizit auf die Stimulation von Schauder und Tränen im Publikum (Schadewaldt 1955, 143 u. ö.). Spieler wie Chor bringen die Affekte, die durch das erlittene schwere Leid hervorgerufen werden, insbesondere im Rahmen der ritualisierten Form der Klage lebhaft zum Ausdruck, die in ihren diversen Varianten als zentrales Gestaltungsmittel der griechischen Tragödie fungiert. Dass die Affekterregung wesentliches Ziel der tragischen *mimesis* ist, implizieren anschaulich die mit den Akteuren sympathetischen Reaktionen des Chors, der als Zeuge des leidvollen Geschehens *coram publico* erschüttert wird und auf diese Weise die Affizierung des Publikums präfiguriert (Zierl 1994, 29, 30, 243 und 244).

Aristotelische Poetik und Rhetorik

In der Tragödiendefinition der aristotelischen *Poetik* nehmen Affekte eine bedeutende Funktion ein. Zum einen wird darin das Pathos in seiner Bedeutung als ‚schweres Leid' bzw. als ‚vernichtende oder schmerzhafte Handlung' als eines der drei Wesensmerkmale des tragischen *mythos* identifiziert (*Poetik* 1452b, 10–14;

vgl. Zierl 1994, 39). Diesem wird als elementares Charakteristikum ein Affektpaar intrinsisch eingeschrieben: Gegenstand der Handlung sei ‚Schaudererregendes' und ‚Jammervolles' (*Poetik* 1452a, 3; vgl. Zierl 1994, 38). Für Aristoteles repräsentieren Schrecken (*phobos*) und Jammer (*eleos*) die tragischen Affekte per se, die nicht nur den Inhalt, sondern zugleich die spezifische Wirkung der Tragödie bestimmen. Entsprechend beschreibt er die tragische Gattung als eine Nachahmung von Leidensgeschehen, die diese beiden grundlegenden Gemütsbewegungen empathischer und sympathischer Natur hervorrufen (*Poetik* 1449b; vgl. Aristoteles, *Rhetorik* II, 5, 1382b, 24–26; 8, 1386a, 27–29). Die Affekterregung wird demnach als wesentliche Funktion der Tragödie bestimmt. Dies zeigt sich insbesondere an der Assoziierung der mimetischen Stimulierung von Jammer und Schaudern mit der spezifisch tragischen Lust, die Aristoteles als Zweck der Tragödie benennt (*Poetik* 1453b, 11 und 12).

Folgenreich für die Geschichte der dramatischen Affekttheorie ist insbesondere die Formulierung, mit der Aristoteles im Rahmen seiner Definition der Tragödie dieses zentrale, durch Platons Kritik (*Politikos*, 10, 604e–607e; *Gorgias* 502a–c; vgl. *Ion* 535b–e) in Verruf gekommene Gattungsmerkmal apologetisch motiviert. So schließt in der *Poetik*-Übersetzung von Manfred Fuhrmann der Satz, der die spezifische Wirkung der Tragödie konzipiert, mit der Ergänzung, dass durch das Hervorrufen von Jammer und Schaudern „eine Reinigung [*katharsis*] von derartigen Erregungszuständen [*pathematon*] bewirkt" werde (Aristoteles 1994, 19; *Poetik* 1449b, 26). Das Vergnügen an den tragischen Affekten, das die Tragödie bedient, wird somit von Aristoteles (entgegen der platonischen Polemik) mit dem Argument als nützlich bzw. als ‚unschädlich' gerechtfertigt, dass auf die Affekterregung eine Affektreinigung folge.

Die komplementären Funktionen der Affekterregung und Affektregulierung, die gemäß dieser einflussreichen Formel zum wirkungsästhetischen Zweck der Tragödie erhoben wurden, bilden das Spannungsfeld, in dem sich die Geschichte der Affekte im Drama konstituiert. So beschäftigt sich die neuzeitliche Dramentheorie, die der *Poetik* als Grundtext nachfolgt, ebenso kontinuierlich wie produktiv mit der Rezeption und (Um-)Deutung des Paradigmas der aristotelischen Katharsis.

Die grammatikalische Konstruktion ermöglicht zwei grundsätzlich divergierende Lesarten der *pathematon katharsis*: die der Reinigung der Affekte (*genetivus objectivus*) und die der Reinigung von den Affekten (*genetivus separativus*) (Zierl 1994, 73; Schadewaldt 1955, 148 und 149). Diese Ambivalenz sowie die kontextuelle Unbestimmtheit des Ausdrucks begründet die Katharsis-Debatte der Dramentheorie und führt zur Bildung zweier maßgebender Deutungstraditionen des Katharsisbegriffs der aristotelischen *Poetik*: Die eine sieht die Funktion der tragischen Affekterregung in der Affektmäßigung, die andere in der Befreiung von den Affekten bzw. in der Minderung der Affizierbarkeit. Beide Konzepte, deren historische Spannbreite zahlreiche Abstufungen und Transformationen hervorbringt, weisen die Tendenz auf, die tragische Katharsis als Mittel der moralischen Besserung der Tragödienrezipientinnen und -rezipienten zu deuten. Abgelöst wird die ethisch-didaktische Auslegung der *pathematon katharsis* vor allem von einem therapeutischen Begriffsverständnis: Hierbei etabliert sich die Lesart, dass das Durchleben der Affekte deren seelisch heilsame Abfuhr bewirke.

In der *Poetik*-Forschung wird seit langem bezweifelt, dass Aristoteles in der Tragödie überhaupt ein Mittel der moralischen Erziehung sah (Weil 1991 [1847]). Vielmehr hat sich im Lichte der Katharsis-Stellen der *Politika* (vgl. *Politika* VIII, 7, 1342a, 11–16) die Auffassung durchgesetzt, dass Aristoteles mit der tragischen Katharsis eine lustvolle Erleichterung des Publikums bezeichnet, die aus der Koppelung von Erregung und Abfuhr von Schauder und Jammer resultiert (Schadewaldt 1955, 161–163). Der Kontext der *Politika* wird als Hinweis darauf verstanden, dass dabei in erster Linie an die psychohygienische und entspannende Wirkung des Prozesses gedacht sei (Schadewaldt 1955, 162–164).

Die Technik der Affektdarstellung wird in der aristotelischen *Poetik* als poetische Verfasstheit lediglich vorausgesetzt: Der Dichter habe sich in die entsprechende Leidenschaft zu versetzen, um sie überzeugend darstellen zu können (*Poetik* 1455a, 30–34). Richtungsweisend ist in diesem Zusammenhang die Affekttheorie der aristotelischen *Rhetorik*, die wiederum römischen und modernen Affektenlehren als Modell dient. Darin wird festgestellt, dass das Pathos dem Redner als wirkungsvolles Überzeugungsmittel diene, sofern er dem Publikum glaubhaft als Affizierter erscheine oder das Publikum durch die Rede in gewisse affektive Dispositionen versetze (*Rhetorik* II, 1, 1377b). Der an diese Überlegungen anschließende Katalog, der elf Hauptaffekte bespricht, stellt dementsprechend Anleitungen zur Affekterregung zur Verfügung. Über den Affekt des Jammers heißt es bezeichnenderweise, dass man ihn wirksam errege, wenn Leiden durch Mimik, Stimme und die Kunst der Darstellung vor Augen geführt werden (*Rhetorik* II, 1, 1385a).

Senecanische Tragödie

Die senecanische Tragödie, die der neuzeitlichen Tragödie als erstes Muster dient, erweist sich als paradigmatisch für die Affektdarstellung in der Tragödie: Die Affekte fungieren hier als die unheilvollen Kräfte, die das tragische Handeln motivieren und die Figuren zu naturwidrigen Freveln antreiben – zentral sind dabei die heftigen Affekte Schmerz (*dolor*) und Zorn (*ira*). Der als Raserei (*furor*) konzipierte gewaltsame Affektausbruch wird als Eindringen höllischer Mächte, häufig personifiziert in den Furien oder ähnlichen Gestalten, kunstvoll inszeniert. Die mustergültige ‚Affektrede' (E. Hansen 1934) der Protagonistinnen und Protagonisten, in der sie sich selbst zum Furor aufreizen (Steidle 1972 [1943/1944]), um sich zum höchsten Frevel zu rüsten, ist jeweils das rhetorische Prunkstück der Tragödie. Mit der willentlichen Zustimmung der Protagonistin oder des Protagonisten zum Affekt erweist sich dieser selbst durch Vernunft und Abschreckung als unkontrollierbar, wie die vergeblichen Widerreden der Ratgeber in den *domina-nutrix*- bzw. *rex-satelles*-Szenen zeigen. Insofern die senecanische Tragödie Exempel des unheilvollen Triumphs der heftigsten Leidenschaften im (selbst-)zerstörerischen Furor analytisch vor Augen stellt, konstituiert sie sich als ‚Affektdrama' per se (Heldmann 1974). Ihre Dramaturgie stellt der Nachwelt zahlreiche rhetorische und dramaturgische Verfahren als Muster der dramatischen Affektdarstellung bereit.

Wie vielfach gezeigt wurde, dienen die Tragödien Senecas als Mittel der stoischen Erziehung und sind wesentlich von seinem philosophischen Affektbegriff wie seiner Aggressionstheorie geprägt (Knoche 1972 [1941]; Lefèvre 1985; Wiener 2006, 19–130). In der stoischen Affektenlehre wird die Erschütterung des Menschen durch Leidenschaften als schädlich beurteilt. Der stoische Weise strebe die Haltung der Affektfreiheit (*apatheia*) an, erreichbar mittels der Kontrolle der Leidenschaften durch die Vernunft (Reiner und Engelmeier 1971, 430 und 431). Seneca bemüht in seiner Aggressionstheorie (*de ira*) als präventive Maßnahme zahlreiche abschreckende Beispiele, die die destruktive Wirkung von Affekten demonstrieren. Affekte, von denen man sich beherrschen lässt, werden als Fehlurteile, Krankheit der Seele und unkontrollierbar herausgestellt. Diese Didaxe wird in Senecas Dramen anhand von tragischen Mythen durchgespielt und anschaulich gemacht, wobei deren Protagonistinnen und Protagonisten als exemplarische ‚Negationen' des stoischen Weisen figurieren (Lefèvre 1997; 2000).

In Ciceros Rhetorik wird die Affekterregung als *movere* zu einem der drei *officia oratoris* erklärt (*De oratore*, 2, 185–216). Diese wird in der Dramentheorie als wirkungsästhetische Funktion auf die Tragödie übertragen. Dem Pathos, mit dem das Publikum bewegt werden soll, wird unter Bezug auf die stilistischen Überlegungen Ciceros (*Orator*, 69, 75–99; vgl. Quintilian, *Institutio oratoria* XII, 10, 58–67) der hohe Stil (*genus grande*) zugeordnet. Entsprechend zeichnet sich die pathetische Rede durch reichen Redeschmuck aus. Quintilian führt in seiner Rhetorik aus, dass der Redner die Affekte, die er hervorzurufen wünscht, selbst empfinden müsse, dabei empfiehlt er als Technik der Selbstaffizierung die Voraugenstellung (*enargeia, evidenzia*) (*Institutio oratoria* VI, 1 und 2).

3 Neuzeit

16. Jahrhundert

Die reiche *Poetik*-Rezeption des italienischen Humanismus im Zuge der frühneuzeitlichen Wiederentdeckung und Aneignung der antiken Gattungen und besonders der Tragödie bringt in der italienischen Dramentheorie des 16. Jahrhunderts zahlreiche aktualisierte Lesarten der aristotelischen Katharsis hervor. Dabei erweisen sich stoizistische Affektkonzepte als prägend, wie die richtungsweisenden gattungspoetischen Schriften von Francesco Robortello, Vincenzo Maggi, Piero Vettori, Lodovico Castelvetro und Cinzio (eigtl. Giovan Battista Giraldi) zeigen. So überwiegen Deutungen, wonach die kathartische Aufgabe der Tragödie in der Reduktion von Affekten bzw. der Reinigung von schädlichen Affekten beim Publikum/Leser bestehe; ebenso wird die Ansicht vertreten, dass die dramatische Erregung von Affekten über den Gewöhnungseffekt zur erwünschten Abstumpfung gegen sie führe (Kappl 2006, 266–311). In der italienischen Rachetragödie des 16. Jahrhunderts ist als Muster der Affektdarstellung nach wie vor die senecanische Furorrede bestimmend, die zum bevorzugten Gegenstand manieristischer *aemulatio* avanciert. Glanzpunkte der Dramen bilden dementsprechend die Szenen, in denen die vornehmlich weiblichen Heldinnen als rasende Furien figurieren.

Im frühen englischen Drama versteht sich die Affekterregung unter dem maßgeblichen Einfluss der Lehren der Rhetorik in erster Linie als *movere* (Plett 2004, 163), dem die Aufgabe der Überzeugung des Publikums im Sinne der Moralphilosophie zukommt. Entsprechend argumentiert die kontemporäre Apologie der Tragödie mit der didaktischen Funktion der Gattung, wobei man sich explizit auf die lehrreiche Darstellung der Affekte als Ursache des Falls der hohen Häupter bezieht (L. Campbell 1965 [1930], 3–38). Shakespeares Stücke, die für die Affektinszenierung im Drama der Neuzeit paradigmatisch sind, gestalten sich als exemplarische Studien von unkontrollierten Affekten, die an den Figuren, die unterschiedliche Typen gemäß Geschlecht, Alter, Herkunft und *humores* repräsentieren, durchgespielt werden, während sie als Sklaven ihrer Leidenschaften die pathologischen Stadien der Verblendung, der seelischen Unruhe und des Wahns durchlaufen (L. Campbell 1965 [1930], 109–239).

17. Jahrhundert

In der Frühen Neuzeit entstehen auf Grundlage der Affektlisten antiker Rhetoriken sowie scholastischer Affektenlehren zahlreiche oratorische Pathologien. Insofern diese Affektkataloge normative Typisierungen der Leidenschaften bereitstellen und den einzelnen Affekten bestimmte Redefiguren zuordnen (*figurae patheticae / affectuosae*), tragen sie zur nachhaltigen Formalisierung der dramatischen Darstellung von Leidenschaften bei. Entsprechend der Herausbildung und Verfestigung konventioneller ‚Pathosformeln' (vgl. Port 2005, 27) sind die Affekte in der dramatischen Inszenierung durch wiedererkennbare Auftritts- und Redeweisen klar umrissen. Parallel dazu bildet sich eine musikalische Affekten- und Figurenlehre aus, die für die *presentatio* der Affekte bestimmte Formen festlegt. Eine formalisierte, deutlich lesbare Affektdarstellung manifestiert sich infolgedessen insbesondere in der Praxis der Affekt-Arien der neuen Gattung Oper, die bereits in ihren Anfängen auf das Ziel ausgerichtet ist, Affekte darzustellen, um das Publikum zu affizieren bzw. emotional zu überwältigen (Dammann 1984, 104, 219–222).

Im barocken Trauerspiel fungiert der Affekt als sinnliches Überzeugungsmittel: Die Voraugenstellung der Raserei des Lasters soll abschrecken, der Ruin affektgeleiteter Figuren moralisch belehren. Die Affektinszenierung richtet sich somit primär auf das didaktische Ziel der Affektkontrolle. Im Märtyrerdrama fällt die Affektdarstellung hauptsächlich dem Antagonisten zu, der sich dadurch auszeichnet, dass er sich von Affekten beherrschen lässt, die den christlichen Lastern gleichzusetzen sind. Dem rasenden, von seinen schändlichen Leidenschaften getriebenen Tyrannen steht ein stoisch beherrschter Märtyrer gegenüber. Der heftige Ausdruck der Leidenschaften dient hauptsächlich der Kontrastierung mit der bewährten Beständigkeit (*constantia*) der Märtyrerin oder des Märtyrers, die in der Apotheose über die unverdienten, durch das Rasen des Tyrannen generierten Leiden triumphiert. In Andreas Gryphius' Dramen überwindet die Märtyrerin bzw. der Märtyrer sogar den Affekt der Angst, während den Lasterhaften die göttliche Strafe in Gestalt des Schreckens ereilt. Das Pathos des Schreckens erfüllt die didaktische Funktion, den schädlichen Affekt zu verdrängen (Rotermund 1968, 255–261).

Schwerpunkt von Daniel Casper Lohensteins Trauerspielen ist die Darstellung der unheilvollen Tyrannei der Affekte, deren Zentrum die *pugna affectum*, der Kampf der lasterhaften Leidenschaften um die Vorherrschaft, bildet. Ihre Protagonistinnen und Protagonisten werden von widerstreitenden vitiösen Affekten wie der Ehrsucht und der Wollust getrieben, die ihren Fall herbeiführen und somit als Wahn entlarvt werden. Es zeigt sich die Verblendung der Vernunft durch die Affekte, indem die Figuren aufgrund ihrer Leidenschaften stets zum Opfer von (Selbst-)Täuschungen werden. Die anschauliche Voraugenstellung der lasterhaften Affekte und ihrer Maskeraden dient insofern auch als Schulung, um sie als Irrungen zu erkennen, um ihnen nicht zu erliegen. Dazu werden die Motive der Handelnden durch Affektbenennungen oder allegorische Affektballette in den Reyen aufgedeckt und physiognomische Affektportraits gezeichnet. Diese affektanalytischen Verfahren dienen der Therapie. Allerdings geht es Lohenstein nicht um die generelle Ausrottung der Affekte, sondern um ihren vernunftgemäßen Gebrauch, also ihre Beherrschung (Meyer-Kalkus 1986).

In der *tragédie classique* kommt der Affektdarstellung ebenfalls eine zentrale Rolle zu, denn der innere Konflikt der hochgestellten Protagonistinnen und Protagonisten zwischen Leidenschaft und Pflicht in Gestalt der Staatsräson bildet ihren Hauptgegenstand. Der tragische *erreur* wird mit dem Exzess der Passion verbunden. In Pierre Corneilles heroischen Dramen wird vor Augen geführt, wie der Wille die Leidenschaft letztlich überwindet. Bei Jean Baptiste Racine hingegen triumphiert die *amour-passion*: Sie stellt sich als unkontrollierbare Naturgewalt (*fureur*) dar, von der die Heldinnen der Tragödien machtlos überwältigt werden, um ihr zuletzt zum Opfer zu fallen. Das didaktische Programm dieser affektzentrierten Tragödienkonzeption besteht in der Disziplinierung des höfischen Publikums, die im Hinblick auf das Gebot der *bienséance* ein fundamentales Erfordernis der höfischen Gesellschaft darstellt (Elias 2002, 181, 190 und 191; Matzat 1982, 204–210).

Nach Corneilles dramentheoretischer Abhandlung *Trois discours sur le poème dramatique* (1660) besteht die tragische Katharsis darin, dass das Mitleid (*pitié*) mit dem Unglück des Helden (der wie in seiner *Médée* 1635 durchaus eine Heldin sein kann) bei den Zuschauenden die Furcht (*crainte*) erweckt, Ähnliches könne ihnen selbst widerfahren. Der Wunsch, solches zu vermeiden, habe die Purgierung, Mäßigung und sogar komplette Beseitigung der Leidenschaften, die den Fall des Helden herbeigeführt haben, zur Folge (Corneille 1987 [1660], 142 und 143; Rotermund 1968, 247 und 248; Zeller 2005, 696 und 697). Corneille zählt entsprechend die Reinigung der Affekte (*purgation des passions*) zu den lehrreichen Effekten der Tragödie, der die moraldidaktische Funktion zugewiesen wird, durch Beispiele zur Tugend anzuspornen und das Laster meiden zu helfen. Racine bringt das *plaisir* des Publikums, den übergeordneten Gattungszweck der *tragédie classique*, unmittelbar mit der Affekterregung in Verbindung. So erläutert er in der Vorrede zu *Bérénice*, dass das tragische Vergnügen aus der Erregung von Affekten (*passions exitées*) sowie der erhabenen Traurigkeit (*tristesse majestueuse*) hervorgehe (Racine 1999, 450 und 452). Gemäß dieser wirkungsästhetischen Programmatik richtet sich die Affizierung des Publikums durch die tränenreiche Affektdarstellung der racineschen Heldinnen in erster Linie auf das Tränenvergießen im Publikum (Huss 2009, 44). Dieser Effekt eignet sich in besonderer Weise, eine Kanalisierung überschüssiger Affekte bei den höfischen Zuschauerinnen und Zuschauern zu bewirken, die unter dem beständigen Zwang der Affektkontrolle stehen.

4 Das 18. und 19. Jahrhundert

18. Jahrhundert

Auch in den Poetiken des 18. Jahrhunderts herrscht Einigkeit über die Wesentlichkeit der Affekterregung für das Drama (Port 2005, 45–48). Das gesteigerte Interesse an der emotionalen Affektion durch die Kunst im Allgemeinen und dem Schauspiel im Besonderen erwächst der anthropologischen und ästhetischen Aufwertung der Emotionen insbesondere im Kontext der Empfindsamkeitsdiskurse der Aufklärung (Wegmann 1988, 36–39). Jedoch unterliegt die dramatische Affekterregung im Theater des 18. Jahrhunderts infolge der Emergenz einer bürgerlichen Ästhetik gewissen Einschränkungen: Die wichtigsten Forderungen, die in dramentheoretischen Ausführungen an die Darstellung von Affekten im Drama gestellt werden, bestehen in der Einhaltung der maßgeblichen ästhetischen Normen der Wahrscheinlichkeit und Natürlichkeit, die insbesondere für das bürgerliche Trauerspiel gelten. Daraus wird in erster Linie die Regel der Dämpfung oder Mäßigung der Affektinszenierung von Seiten des Dichters (Sulzer 1794, 569) wie von Seiten des Schauspielers (J. Engel 1804 [1785–1786], II, 345) abgeleitet (vgl. Port 2005, 92); Affekte sollen nicht zu heftig oder übertrieben dargestellt werden. Ziel ist die wohldosierte Rührung des Publikums, die zum wesentlichen wirkungsästhetischen Prinzip des Dramas erklärt wird. Als Negativbeispiel fungieren dementsprechend die Affektexaltationen der Heldinnen in der höfischen *tragédie classique*. Kritik geübt wird insbesondere am Gebrauch des *genus grande* für Affektreden, weil der Redeschmuck nicht mit der natürlichen Affektion übereinstimme, wie bereits die ‚Kunstrichter' Johann Christoph Gottsched, Johann Jakob Bodmer und Johann Jakob Breitinger befinden. Dem rhetorischen Pathos, gegen den als Schwulst polemisiert wird, soll ein Pathos entgegengesetzt werden, der sich in natürlichen Zeichen statt in geschmückten Reden ausdrückt. In diesem Zusammenhang wird im bürgerlichen Trauerspiel das stumme Spiel aufgewertet. Die Pathognomik der zeitgenössischen Anthropologie, die den Gemütsbewegungen unwillkürliche, natürliche Körperzeichen zuweist, an denen die Empfindung ersichtlich wird, erweist sich diesbezüglich als prägend (Port 2005, 77–80). Das bürgerliche Theater befasst sich mit der Schwierigkeit, dass diese Körpersemiotik schwer zu generieren ist. Daher setzt sich die Lehre der Schauspielkunst mit den Techniken zur Herstellung der Affekte und Affektzeichen kontrovers auseinander: Einfühlung wird gegen distanzierte Mimesis als die am besten geeignete Methode abgewogen. Lessing synthetisiert diese Ansätze durch das Konzept, sich durch Nachahmung der Zeichen und Reden des Affekts in die entsprechende Stimmung zu versetzen, um zum Resultat eines natürlichen Affektgebarens zu gelangen (Port 2005, 85–91).

An das Wahrscheinlichkeits- und Natürlichkeitsgebot schließt sich als neues mustergültiges Verfahren der Darstellung von Leidenschaften, das für Dichtung wie Schauspiel Geltung besitzt, das Prinzip der Gradation an (Port 2005, 95, 96 und 74–77; Firges und Vogel 2015). Es löst in der dramatischen Affektinszenierung die Konvention des plötzlichen, heftigen Affektausbruchs ab, der auf Grundlage zeitgenössischer affektanthropologischer Konzepte als unplausibel und künstlich verworfen wird. An dessen Stelle tritt eine organische Gestaltung des Pathos in Form dynamischer emotionaler Verlaufsformen mittels der Unterscheidung sanfter und heftiger Grade der Affektion und ihrer Ausdrucksweisen sowie deren Staffelung nach Intensität (Lessing 1973 [1767–1769], 377). Diese Technik der Affektinszenierung scheint in einzigartiger Weise der allseits geforderten Darstellung der Erscheinungsvielfalt der unendlich nuancierten Seelenzustände des empfindsamen Bürgers gerecht zu werden (Vogel 2002, 140–143). Bahnbrechend für diese Konzeption der Affekte ist neben dem Zuwachs pathologischen Wissens das epistemische Paradigma, dass Veränderungen in der Natur gemäß dem Gesetz der Kontinuität prinzipiell graduell verlaufen (Leibniz 1971 [entst. 1704], 13). Durch die Gradation sollen in Übereinstimmung mit der Naturgesetzlichkeit der Kontinuität fließende Übergänge geschaffen und Sprünge vermieden werden, um die Illusionswirkung der Darstellung zu gewährleisten (Lessing 1973 [1767–1769], 235). Überdies können auf diese schonende Weise der Einführung pathetischer Höhepunkte im bürgerlichen Trauerspiel unerwünschte Extreme der Affekterregung vermieden werden (Lessing 1973 [1767–1769], 256 und 257).

Das Melodram, eine in der zweiten Hälfte des 18. Jahrhunderts entstehende dramatische Mischgattung, fokussiert affektive Prozesse einer dramatischen Person (oder maximal zweier dramatischen Personen) im kritischen Moment der tragischen Wendung nach diesem Muster (Vogel 2013). Die eingeforderte Inszenierung der Transformationen und Steigerungen der Leidenschaften als graduelle Entfaltung wird in den Mono- bzw. Duodramen durch die Hinzuziehung des Mediums Musik in effektiver Weise realisiert. Die bewusst gesetzten Zwischenräume, die die ungebundene, rhapsodische Affektrede frei lässt, füllen ‚Tongemälde der Empfindungen' (Vogel 2013, 38). Das Anschwellen und Abschwellen der Leidenschaften wird durch *crescendo* und *diminuendo* der musikalischen Einsätze angezeigt. Die Musik gewährleistet zudem die Gestaltung der Affektwechsel als ununterbrochenes Gefühlskontinuum.

Das Drama des Sturm und Drang wendet sich schließlich der Darstellung heftiger Leidenschaften zu, die im Explosivstil, den gehäuften Exklamationen der Protagonistinnen und Protagonisten und den deftigen Reden der ‚Kraftkerle' ihren lebhaften Ausdruck finden. Richtungsweisende dramentheoretische Programme (Heinrich Leopold Wagners Mercier-Übersetzung *Neuer Versuch über die Schauspielkunst* und Jakob Michael Reinhold Lenz' *Anmerkungen übers Theater*) fordern eine authentische Nachahmung auch der starken Gemütsbewegungen, die zur Natur des Menschen gehörig seien (Luserke 1997, 91, 92, 96 und 271–273). Entsprechend fällt die emanzipatorische Tendenz der Aufwertung der Leidenschaften in den Dramen des Sturm und Drang auf (vgl. Luserke 1997, 17 und 90). So führt ein Teil von ihnen vor Augen, dass sich nur der leidenschaftliche Mensch zu ‚großen' Taten fähig erweist, und der selbständig handelnde ‚Charakter', dem seine Leidenschaftlichkeit wesentlich ist, ruft in seinem heroischen Aufbegehren trotz seines Scheiterns bzw. trotz seiner Verstöße gegen Sitte und Anstand auch Bewunderung hervor (vgl. Schiller 2004d [1781], 482, 483, 486 und 487). Insbesondere in Lenz' und Wagners Stücken werden die tragischen Folgen der Unterdrückung der Leidenschaften aufgrund ungleicher gesellschaftlicher Verhältnisse dramatisiert. Die Affektgemälde der Sturm-und-Drang-Dramen zeugen dabei prinzipiell von einem seelenkundlichen, pathologischen Interesse (Port 2005, 134–139). Die heftige Leidenschaftlichkeit der Figuren entfaltet sich als Krankheit des Gemüts: Vorgeführt wird, wie die Betroffenen dem Wahnsinn verfallen, unter der Seelenfolter ihrer Emotionen leiden und sich zunehmend von ihrem Selbst abspalten.

Die Ästhetik der Weimarer Klassik wendet sich dezidiert gegen eine zu natürlich erscheinende Darstellung der Leidenschaften, namentlich gegen die ‚Rohheit' des Sturm und Drang. Maßgebend für den vorherrschenden Pathosbegriff sind klassizistische Ideen der Schönheit und Würde. Die ‚Pathosformeln' der griechischen Plastik und klassizistischen Malerei werden als Ideale der Körpersprache aufgefasst und auf das Schauspiel übertragen. Stilprägend ist in dieser Hinsicht die hoch artifizielle Darstellungskunst des Weimarer Theaters (Vogel 2002, 310–315; vgl. Port 2005, 217–227): Die Bühne bildet das Tableau, auf dem die Schauspielerinnen und Schauspieler in ‚skulpturalen Progressionen' in eingeübten, mustergültigen Posen figurieren. Zeremonielle Choreographie und Metrik bestimmen die fließenden Bewegungsabläufe zwischen den Attitüden. Die Affektinszenierung begrenzen in diesem Rahmen die klassizistischen Ideale der Ruhe (der Gebärden und Bewegung), Klarheit (insbesondere hinsichtlich der Verständlichkeit der Rede), Konturiertheit, Harmonie und Geschlossenheit. Für die Darstellung von Leidenschaften gilt entsprechend das Prinzip der allmählichen Evolution und Gradation.

Katharsis-Diskurse des 18. Jahrhunderts

Von entscheidendem Einfluss auf die Funktionsbestimmung der Affekte im Drama sind die Deutungs- und Aneignungsversuche der aristotelischen Katharsis in den deutschen ästhetischen Schriften des 18. Jahrhunderts, deren wesentliche

Transformationen im Folgenden aufgeführt werden. Gottscheds wie Lessings Dramentheorien deuten die dramatische Affekterregung in erster Linie als Instrument der moralischen Besserung des Menschen. Katharsis wird jeweils als Reinigung der Affekte aufgefasst, die eine Mäßigung der Zuschaueraffekte bewirkt. Bei Gottsched ist die Affekterregung, die mehr belehren als sinnlich überreden soll, dem Nutzen der moralischen Erziehung und Erbauung des Publikums von vornherein untergeordnet (G.-M. Schulz 1988, 71–73). Affekte sollen „auf eine der Tugend gemäße Weise" erregt werden (Gottsched 1972b [1730], 162). Entsprechend seiner Katharsis-Deutung besteht der Zweck der Erregung „der stärksten Leidenschaften" der Zuschauerinnen und Zuschauer darin, „dieselben in ihre gehörigen Schranken" zu bringen (Gottsched 1972a [1730], 5). Katharsis meint hingegen bei Lessing (*Hamburgische Dramaturgie*, 74.–78. Stück) die Herstellung einer ‚emotionalen Mittellage', die Extreme der Affektivität ausschließt (G.-M. Schulz 1988, 13, 273, 276 und 303; Port 2005, 57 und 58): Die Seele soll vom Übermaß wie vom Mangel der Affekte Furcht und Mitleid gereinigt werden (Lessing 1973 [1767–1769], 595 und 596). Diese Wirkungsweise der Katharsis versetzt die Zuschauerin bzw. den Zuschauer in die Lage, dem Anlass affektiv angemessen zu reagieren. Die Reinigung im Sinne der Affektmittelung wird als „Verwandlung der Leidenschaften in tugendhafte Fertigkeiten" (Lessing 1973 [1767–1769], 595) bezeichnet. Tugendhaft ist demnach der ‚richtig dosierte' Affekt (G.-M. Schulz 1988, 303). Bemerkenswert ist in diesem Zusammenhang die Harmonisierung der dramatischen Affekterregung mit der Morallehre durch die Aufwertung der tragischen Affekte zu wesentlichen Faktoren der Tugend; in Lessings ethisch-anthropologischer Konzeption wird die Fähigkeit, Mitleid zu fühlen, der Tugendhaftigkeit geradezu gleichgesetzt (Wilm 2010, 90 und 94). Die Furcht der Zuschauerin bzw. des Zuschauers, dass ihr bzw. ihm Ähnliches wie den dramatischen Personen widerfahren könnte, ist ebenfalls positiv besetzt, insofern sie als egoistischer Primäraffekt das erwünschte Mitleid erweckt. Auch sie macht also die Zuschauenden tugendhafter, zumal die Furcht dauerhafter sei und nach der Aufführung noch anhalte (Lessing 1973 [1767–1769], 587 und 588). Eine Befreiung von den Affekten steht somit nicht zur Debatte, vielmehr wird die Mitleidserregung zum moralischen Zweck der Tragödie erhoben.

Die Philosophie des Tragischen im deutschen Idealismus suspendiert das Verständnis der Katharsis als wirkungsästhetisches Prinzip. Stattdessen vollzieht sie eine metaphysische und geschichtsphilosophische Aneignung des Pathos, dem man die Eigenschaft zuschreibt, dass es vor allem über sich hinaus auf das Übersinnliche verweist (Port 2005, 181–205). Die Affekterregung wird nicht mehr als das eigentliche Ziel der Tragödie verstanden, vielmehr wird das Pathos als Mittel der metaphysischen Selbst- und Welterkenntnis in Dienst genommen bzw. diesem höheren Zweck subordiniert. In diesem Kontext wird die Katharsis zur Metapher einer ganzheitlichen Reinigung, Heilung oder Umwandlung des Menschen (Wilm

2010): zum einen durch die (ästhetische) Erfahrung der versöhnenden Ausgleichung von Körper und Geist, die die Tragödie hervorbringe, zum anderen durch die Erhebung über das Leiden, die das Bewusstwerden metaphysischer Zusammenhänge markiert. Katharsis bezeichnet in diesem Fall die Funktion der Transzendierung der Leiden.

In Schillers Philosophie des Tragischen erschöpft sich das Pathos nicht in seiner wirkungsästhetischen Bedeutung als Affekterregung. Es erfüllt vielmehr die für Schiller maßgebliche gehaltsästhetische Funktion, die moralische Unabhängigkeit von Naturzwängen „im Zustand des Affekts" zu ‚versinnlichen', wie er in seiner dramentheoretischen Schrift „Über das Pathetische" erläutert (Schiller 1984 [1793], 512). Das Pathos ist der Tragödie insofern unentbehrlich, als die Gemütsfreiheit in der Gattung nur auf dem Weg der Darstellung des Widerstands gegen die Macht der Leidenschaften intelligibel gemacht werden könne (Wilm 2010, 87, 95 und 96). Hierbei gilt: Je gewaltsamer der dargestellte Affekt ist, desto glorreicher zeigt sich die moralische Freiheit des Menschen (je pathetischer, desto erhabener): „Das Sinnenwesen muß tief und heftig leiden; Pathos muß da sein, damit das Vernunftwesen seine Unabhängigkeit kundtun und sich handelnd darstellen könne" (Schiller 1984 [1793], 512). Der ästhetische Wert der Leidensdarstellung bemisst sich ebenfalls am Grad der Erhabenheit (Schiller 1984 [1793], 517), was bedeutet, dass nicht jeder Affekt zur Darstellung geeignet ist. So lehnt Schiller die Repräsentation der höchsten Grade des Affekts für sein Drama ab, da anhand von Leiden, die einen zum Tier degradieren würden, die Freiheit des Intellekts nicht gezeigt werden könne (Schiller 1984 [1793], 515 und 521). Gleichermaßen wird das Pathetische auf die kraftvollen ‚wackeren' Affekte reduziert (G.-M. Schulz 1988, 165). Damit die Tragödie Sinn *und* Geist interessiere, müsse das Pathos Leiden und Freiheit in sich vereinen. Gemäß Schillers dramentheoretischen Überlegungen wird der ästhetische Effekt des Pathetisch-Erhabenen auf Darstellungs- wie auf Handlungsebene durch das ‚Erhabene der Fassung' und das ‚Erhabene der Handlung' erzeugt (Schiller 1984 [1793], 527 und 528). Bei Ersterem handelt es sich um ‚Pathosformeln', die die Behauptung der Vernunftfreiheit über den Naturzwang in der erhabenen Affektunterdrückung (respektive Würde) simultan zeigen. Letzteres meint tragische Handlungen, in denen entweder die Heldin oder der Held um der Pflicht willen Leiden auf sich nimmt oder wegen der Übertretung von Pflichten büßt, so dass der Widerstand gegen die Leiden der sinnlichen Natur sowie die Möglichkeit der moralischen Freiheit in der Sukzession deutlich wird (vgl. Port 2005, 167–176).

Goethe setzt sich 1827 in seiner „Nachlese zu Aristoteles Poetik" mit der tragischen Katharsis auseinander. Darin verneint er folgenreich den moralischen oder affektregulierenden Effekt der Dichtung auf die Zuschauenden. Die Tragödie zeichnet sich gemäß der goethischen Interpretation der aristotelischen Katharsis

„durch einen Verlauf von Mitleid und Furcht erregenden Mitteln" aus, müsse aber „mit Ausgleichung, mit Versöhnung solcher Leidenschaften zuletzt auf dem Theater ihre Arbeit abschließen" (Goethe 1972 [1827], 122). Mit dem Begriff der Katharsis wird die „aussöhnende Abrundung" (Goethe 1972 [1827], 122) bzw. Lösung am Ende der Handlung besetzt. Die Ausgleichung der Affekte, die Goethe auf die Konstruktion der Tragödie bezieht (Port 2005, 158), wird damit produktions- bzw. gehaltsästhetisch interpretiert. Dass es sich bei dieser ‚technischen' Katharsis-Deutung um eine poetologische Erwägung nach Maßgabe der ästhetischen Ideale der Weimarer Klassik handelt, zeigt die Erläuterung, dass die finale Ausgleichung der Leidenschaften in der Tragödie für ein „vollkommenes Dichtwerk" schlichtweg „unerläßlich" sei (Goethe 1972 [1827], 122). Versöhnung meint hier außerdem ein ausgewogenes Verhältnis von Affekterregung und poetischer Reflexion (Wilm 2010, 101).

19. Jahrhundert

Die Suspendierung der aristotelischen Katharsis als bestimmendes wirkungsästhetisches Prinzip der Tragödie hat tiefgreifende Auswirkungen auf die Rolle von Affektdarstellungen im Drama, insbesondere dadurch, dass das moraldidaktische Konzept der Affektregulierung aufgegeben wird. In Verbindung mit der Überwindung der klassischen Ästhetik wird das Gebot der Mäßigung des dramatischen Pathos verabschiedet. So zeigen die deutschen Dramen des 19. Jahrhunderts Szenen heftigster Affekte und einzelne, ‚vor-avantgardistische' Dramatikerinnen und Dramatiker der ersten Jahrhunderthälfte versuchen sich in diversen ‚radikaldramatischen' (Klotz ²2010, 12 und 13) Ansätzen, die sich in besonderem Maße in der Inszenierung exzessiver Affektausbrüche manifestieren. Dabei werden konventionelle Pathosformeln gezielt zerstört oder unterminiert. Gemeinsam ist den fraglichen Stücken die ‚anti-idealistische' Tendenz, dass die Leidensdarstellung im Drama keinen Ausgleich findet und der Pathos nicht auf die Erhebung über die Leiden verweist. Vielmehr zeichnet er sich durch eine veristische Körperlichkeit aus. Das weder ‚schöne' noch ‚erhabene' Rasen der Figuren, dem das pathologische Interesse der Dramen gilt, erweist sich als Abbild der nervlichen Überreizung des ohnmächtig ausgelieferten Individuums (Port 2005, 231–233).

Heinrich von Kleist entwickelt beispielsweise eine regelrechte Hyperbolik des Affekts (Port 2005, 248–258; auch Vogel 2002, 191–200): Den wilden, animalischen Ausdruck der Leidenschaften mildert keine Dämpfung, und sogar gegensätzliche Gefühlsregungen verschmelzen in einem Rasen, in dem die Figuren buchstäblich nicht bei sich sind. Klassische Pathosformeln werden in Kleists Dramen gezielt dynamisiert und zerstückelt; topische Furor-Metaphern verwirklichen sich in ihrem grausamen Wortsinn. Christian Dietrich Grabbes Figuren zeichnen sich dann durch regelrecht zornwütige Pathosexzesse aus, die nurmehr als Ausdruck der Desillusionierung fungieren (Port 2005, 258–265). In Georg Büchners Dramen werden wiederum konventionelle Pathosformeln als hohle Selbstinszenierung entlarvt, während an ihrer Stelle ein kreatürliches Pathos als Selbstbehauptung Bewunderung erregt (Port 2005, 265–278).

In der Verstragödie des 19. Jahrhunderts erlebt die Affektszene der weiblichen Protagonistin in der Tradition des Furienauftritts dabei eine Blüte (Vogel 2002, 145 und 146). Zum einen dient ihr die fulminante Rachearie der Oper als Muster (Vogel 2002, 136 und 137), zum anderen fungieren die paradigmatischen Affektauftritte der senecanischen Tragödie und des Shakespeare-Dramas sowie die ‚großen Szenen' des Schiller-Dramas als Modelle, deren Stereotypen seriell kopiert und vervielfacht werden (Vogel 2002, 158–164). Das gilt insbesondere für die Steigerungsform des ‚Doppelfurors', bei dem zwei ebenbürtige Rivalinnen zum ‚Weibergezänk' aufeinandertreffen (Vogel 2002, 211 und 212). In sogenannten Architekturstücken werden Einzelszenen dieser Art durch die Handlung zu einer Abfolge weiblicher Exaltationen zusammengefügt (Vogel 2002, 237–247). Die Furorszene der Heroine, Glanzstück und Zugnummer dieser Dramenform, avanciert zum Bravourstück gefragter Schauspielerinnen wie Charlotte Wolter, der man zahlreiche Stücke entsprechenden Zuschnitts auf den Leib schreibt. Die ‚Wolterdramatik' radikalisiert eine spezifische Inszenierungstechnik des exaltierten weiblichen Affekts der Verstragödie des 19. Jahrhunderts (Vogel 2002, 283–290, 307–309 und 318–348); sie manifestiert sich exemplarisch im ‚Wolterstil', der das weibliche Rasen zur Bühnenattraktion der Zeit macht. Ihr Spiel zeichnet sich durch die kontrastive Methodik aus, rapide aus einer statischen Pose bzw. einem Tableau in die Dynamik des Furors überzugehen, um nach einer kurzen Spannungskurve zur ekstatischen Klimax den Affektausbruch wieder in einer erstarrten Pose bzw. dynamischen Kontraktion enden zu lassen. Ausdruck der Entladung des jähen, die ‚Statue' kurzzeitig belebenden Affekts bilden der unartikulierte Schrei und der obligatorische Fall der Heldin. In der Dramaturgie der Verstragödie, die sich durch den jähen Wechsel von heftiger Bewegung und Erstarrung, Steigen und Fallen – mit anderen Worten: durch die Erregungs- und Kontraktionskurven ihrer Heroinen – auszeichnet, sind diese szenischen Techniken sämtlich anlegt.

Die Deutung der Katharsis als wirkungsästhetisches Prinzip der Tragödie erfährt in der zweiten Hälfte des 19. Jahrhunderts eine Wiederbelebung, die sich nicht aus der Dramentheorie entwickelt. Im Zuge altertumswissenschaftlicher und medizinischer Beschäftigungen mit der aristotelischen Katharsis wird die Affektreinigung als therapeutisches Verfahren wiederentdeckt. So interpretiert Jacob Bernays 1857 in seiner altphilologischen Schrift *Grundzüge der verlorenen Abhandlungen des Aristoteles über Wirkung der Tragödie* die Katharsis als erleichternde Affektentladung im medizinischen Sinne (Alt 2010, 182–184). Dieses Katharsis-Verständnis erweist sich insbesondere in Wien um 1900 als virulent (Worbs 2009). Maßgebend ist die Aneignung des Konzepts in der frühen Psychoanalyse, namentlich durch Josef Breuer und Sigmund Freud, die die ‚kathartische Methode' als Therapieform der Hysterie entwickeln. Dabei soll es durch das Verfahren der Hypnose oder der Assoziation zur Erinnerung bzw. Reproduktion der traumatischen Szene kommen, um gestaute Affekte, die für hysterische Anfälle ursächlich seien, abzureagieren (Alt 2010, 178–182).

Die kathartische Affekttherapie der Psychoanalyse, die zur Konzeption ihrer Theorien ausgiebig auf die griechische Tragödie rekurriert, wirkt als Schema auf die Affektdarstellung und Inszenierung von Katharsis im Drama zurück: Bestes Beispiel dafür ist Hugo von Hofmannsthals *Elektra*, in der die kathartische Therapie der Psychoanalyse als Modell der affektiven Entladung der Protagonistin fungiert (Alt 2010, 187–196). Ausgangspunkt ist die Hysterie Elektras, die sich pathologisch im Wiederholungszwang ihrer Trauerrituale, in ihren Reminiszenzen, ihrer Rachevision und ihren Anfällen äußert, die sich als somnambule Delirien gestalten. Ihr Gebaren wird konsequent auf ihre erotische Vaterbindung sowie auf ein Trauma zurückgeführt. Die Lösung der Affektstauung erfolgt durch die Abreaktion im Ausagieren des Affekts – das ‚Durchleben' des Affekts vollzieht sich hier im ekstatischen Tanz. Weitere Übertragungen der kathartischen Methode auf das Drama finden sich auch bei Arthur Schnitzler und Hermann Bahr (Worbs 2009, 97–106).

5 Moderne und Gegenwart

Melodrama

Im 19. Jahrhundert entwickelt sich in Frankreich und England eine populäre Form des Bühnenstücks, als deren Genrebezeichnung sich *mélodram* bzw. *melodrama* etabliert. Dieses Genre ist im Hinblick auf seine strukturelle und dramaturgische Konzeption vom Melodram des 18. Jahrhunderts und anderen musikdramatischen Gattungen, die Sprache und Ton im technischen Sinne ‚melodramatisch' kombinieren, zu unterscheiden, wiewohl es Verfahren dieser Art einbezieht (Kühn 2001, 3 und 4; J. Schmidt 1986, 127–146). Neben stereotypen sensationalistischen Plotmustern, der Dramatisierung von Extremsituationen und der Tendenz zu moralischer Affirmation bzw. zur Polarisierung von Gut und Böse kennzeichnet die heterogene Form des Melodrams im Wesentlichen eine überhöhte emotionale Expressivität der Darstellung (*mode of excess*) (J. Schmidt

1986, 28; Brooks 1994, 47; Singer 2001, 44–49). Der auf die Sichtbarmachung der Empfindungswelt der Protagonistin gerichtete Darstellungsmodus, die ästhetische Ausrichtung des melodramatischen Genres auf das ‚sentimentale Genießen' und die Praxis ‚affektiver Selbsterfahrung', schließt an Tendenzen des bürgerlichen Theaters der Empfindsamkeit an (Kappelhoff 2004). In Paris und London entwickelt sich im Kontext der Boulevards eine regelrechte Industrie serieller melodramatischer Produktionen. In der Folge breitet sich das Genre rasch europaweit und in Nordamerika aus. Auch die neue erfolgreiche Mischgattung der Operette adaptiert dessen Stoffe und Sujets sowie das zentrale Strukturelement des Gefühlskonflikts, wobei hinsichtlich der emotionalen Affizierung des Publikums das Medium der Musik erneut eine zentrale Rolle spielt. Vom erheblichen Einfluss der Gefühlsdramaturgie des populären Boulevardmelodramas auf das Theater des späten 19. Jahrhunderts zeugen insbesondere dessen bürgerliche Familienszenarien, die sich durch übersteigerte Emotionalität auszeichnen. Diese dramengeschichtlichen Entwicklungen prägen auch den frühen Film entscheidend, der in den Anfängen vor allem das Modell des *sensational melodrama* übernimmt (Singer 2001). Der ‚melodramatische Modus' (Brooks 1994, 38 und 39), an dem sich der Film im Hinblick auf die Gefühlsdarstellung und -erregung bis in die 1930er Jahre hinein orientiert, erstreckt sich in dem Medium primär auf kinematographische Verfahren wie Montage, Ausleuchtung, Tontechnik und Farbgebung (Eschkötter 2013; Kappelhoff 2004, 156–173). Besondere Bedeutung als melodramatischem Stilmittel kommt in diesem Zusammenhang der Großaufnahme des Stars zu: Nicht nur fungiert sie als unmittelbares Ausdrucksmedium innerer Bewegtheit, das scheinbar die genuine Empfindung sichtbar werden lässt, sie sorgt auch maßgeblich für die sentimentale Affizierung der Zuschauenden. Zugleich installiert die Inszenierung des Gesichts eine ‚affektive Lesart' des Films als Drama der Emotionen (Kappelhoff 2004, 264–266). In den Jahren der Konjunktur der Psychoanalyse in den Vereinigten Staaten erlebt das (Familien-)Melodram im Hollywood-Film der 1950er Jahre schließlich einen Höhepunkt: Seine verfeinerten filmischen Stilmittel der Affektdarstellung, die sich vornehmlich in einer subtilen Bildkomposition und symbolhaftem Dekor zeigen, ermöglichen eine Schau des Seelenlebens, wobei insbesondere die weibliche Protagonistin pathologisiert wird (Elsaesser 1994, 113–119). Die etablierten melodramatischen Verfahren werden in der Film- und Fernsehindustrie letztlich bis in die Gegenwart angewandt – gerade in populären Genres wie der Soap-Opera, dem Reality-TV und selbst der Berichterstattung halten sie sich weiterhin als Standards der Affektion (Elsaesser 2008, 25–28).

Avantgarde, Performance, postdramatisches Theater

Im Theater der Historischen Avantgarde ist das Pathos als gesteigertes Mittel der Expression weiterhin gefragt (Port 2001): Im Zuge der Sprachskepsis und der Kritik am Logozentrismus sieht man sich auf körperliche Ausdrucksformen zurückverwiesen, zumal die programmatische Entliterarisierung bzw. Retheatralisierung das Primat der Sprache im Schauspiel verabschiedet. In den avantgardistischen Theaterkonzepten, die sich von der Handlung wie vom Charakter lossagen und auf die Form konzentrieren, erweist sich das Pathos als wichtige Technik der Abstraktion. Dem programmatisch geforderten ‚neuen Pathos' schreibt man die Funktion zu, eine subjekttranszendierende Übersteigerung ins Übermenschliche zu erreichen (Port 2001, 237–239). Als Materialien des neuen Ausdrucks wählt man dementsprechend Maske, Geste und rhythmische Bewegung. Das anti-individualistische und anti-illusionistische Theater der Avantgarde richtet seine Pathetik dezidiert gegen das Konzept der Einfühlung: Die Künstlichkeit der pathetischen Ausdrucksformen wird im Anschluss an Friedrich Nietzsches Überlegungen zum Pathos der Tragödie gezielt ausgestellt, so dass intellektuelle Distanz und ästhetische Reflexion in vielen Fällen gewahrt bleiben (Port 2001, 235 und 236). Wie insbesondere Antonin Artauds Aufsätze über das Theater der Grausamkeit zeigen, werden weiterhin kathartische Effekte als Ziele des Theaters angenommen. Die Aufführungen konzipiert er als magische Rituale, die das Publikum in Trancezustände versetzen und auf diese Weise die Kräfte des Unbewussten freisetzen sollen: Die reinigende Wirkung kann auch darin bestehen, dass die kollektive Enthemmung bzw. Entrationalisierung zur Bewusstwerdung und dem heroischen Aushalten der gewaltsamen Triebe des Menschen führe (Nehring 2004, 222–241).

In der Performance Art, die Konzepte der Historischen Avantgarde radikalisiert, entfällt die Affektdarstellung mimetischer Art. Ausgestellt werden vielmehr die Künstlerin bzw. der Künstler, der Körper, der Handlungsvollzug und gegebenenfalls das physische Leiden an sich. Die Affizierung des Publikums – besonders im Sinne der Provokation bzw. Aktivierung der Zuschauenden – spielt in der Performancekunst und dem von ihr beeinflussten Theater hingegen eine bedeutende Rolle. Dabei sind zwei Strategien konstitutiv: Einerseits werden durch die performativ vor Augen gestellte körperliche Verausgabung, die Bloßstellung oder auch die Qual der Künstlerin bzw. des Künstlers starke Emotionen wie Ekel, Scham, Schrecken, Staunen oder Empathie provoziert; zum anderen ruft die direkte Interaktion zwischen Performer und Publikum positive, negative und gemischte emotionale Reaktionen hervor (Warstat 2009, 357–359).

Neuere emotionssoziologische Studien kommen zu dem Schluss, dass das kulturelle Phänomen der pathologischen Suppression oder Anstauung von Affekten, die die westlichen Gesellschaften der Moderne prägt, in der Gegenwart immer mehr durch den Imperativ der Gefühlsproduktion und infolgedessen von Erscheinungen emotionaler Erschöpfung überlagert wird (Warstat 2009, 353–355): Eva Illouz konstatiert infolge der Psychologisierung der Diskurse in der Moderne die Emergenz eines ‚emotionalen Stils', der dem Einzelnen die ständige Verhandlung und Vermarktung von Gefühlen abverlange (Illouz 2006, 7–64). Die Disposition der postmodernen Gefühlskultur, Emotionalität beständig adäquat zur Schau stellen zu müssen, wie auch die daraus resultierende emotionale Überforderung schlagen sich im Gegenwartstheater in der Inszenierung des Nicht-Fühlens nieder. So zeichnet sich in Stücken der letzten Jahrzehnte der Trend ab, dass vermehrt depressive Figuren in Erscheinung treten, die sich durch die Unfähigkeit zu fühlen und in der Konsequenz durch ‚Darstellungsverweigerung' auszeichnen (Warstat 2009, 355 und 356). Einige Formen des postdramatischen Theaters verarbeiten die gefühlskulturelle Entwicklung durch die Exponierung des Zwangs zur Gefühlsdarstellung, insbesondere wie er durch die Massenmedien propagiert wird. Pathetische Redeformeln erweisen sich dabei in den ‚Textflächen', die den Aufführungen zugrunde liegen, immer schon als Zitate, die im Kontext der polyphonen Redeströme, in die sie als abgedroschene, klischeehafte Versatzstücke der Diskurse einer multimedialen Kultur eingearbeitet sind, als Phrasendrescherei dekonstruiert werden. Das Pathos der montierten Prätexte wird beispielsweise in Elfriede Jelineks Theatertexten gezielt durch Verfahren der Mesalliance konterkariert, die hohe und niedrige Stilarten, pathetische und vulgäre Reden kalauerartig verschmelzen.

Artur Pełka
III.2.6 Drama, Theater und das Politische

1 Theater, Drama und Politik

Das Politische ist dem Theater vordergründig als strukturelle Politizität inhärent. Unabhängig von variablen historisch-kulturellen Kontexten generiert jede Aufführung zwangsläufig eine politische Konstellation, die aus der anthropologisch-sozialen Grundbedingung des Theaters als einer öffentlichen Interaktion von Akteurinnen und Akteuren sowie dem Publikum resultiert. Ein derart weit gefasstes Politikum manifestiert sich in diversen Ausprägungen in institutioneller Hinsicht. So reklamieren einige Dramen, Theaterformen und -ästhetiken in der Geschichte für sich eine aufklärerisch-erzieherische Funktion, die auf die Veränderbarkeit des Menschen bzw. auf realpolitische Verbesserung der gesellschaftlichen Zustände im Sinne eines humanen Gemeinwohls abzielt. Als Institution ist das Theater per se ein politisches Phänomen, weil es in einem politischen System verankert, d. h. mit einer bestimmten Form der Machtausübung verbunden ist. Es wird nicht nur ideologisch beeinflusst, sondern ist auch finanziell abhängig. Subventionen und/oder Eintrittsgelder oder andere Finanzierungsquellen steuern die Repertoirepolitik. Daraus resultiert die politische Ambivalenz des Theaters. Einerseits zielen die in einer bestimmten Kultur und einem konkreten historischen Moment dominierenden Theaterformen auf die Verfestigung eines Weltbildes ab, das dem herrschenden Diskurs entspricht. In diesem Fall fungiert das Theater als Medium der kulturellen Indoktrination, die anerkannte Werte tradiert und Unerwünschtes tabuisiert. Symptomatisch dafür ist etwa der lang andauernde Ausschluss der Frauen aus dem Schauspielerberuf bzw. ihre spezifische Darstellung in Drama und Theater (Möhrmann 2000). Andererseits gibt es von alters her an den Rändern des offiziellen Theaters dramatische wie theatrale Formen, die oft einen stark subversiven Charakter haben und auf verschiedene Weisen die Prinzipien und Werte der offiziellen Kultur unterminieren.

Das politische Engagement des Theaters zeigt sich dezidiert im Rekurs auf aktuelle gesellschaftspolitische Phänomene und insbesondere auf die Tagespolitik mit einem kritischen bis interventionistisch-umstürzlerischen Impetus. Diese thematische Politizität, die auf unterschiedliche Dramen- wie Theaterformen in diachroner und synchroner Perspektive zutrifft, bringt nicht nur innovative und ‚politisch' effektive Darstellungsmodi hervor, sondern überschneidet sich seit dem 20. Jahrhundert auch verstärkt mit der Ideologisierung des Theaters. Paradoxerweise bleibt das Theater auch und gerade dann politisch, wenn seine Entideologisierung gezielt angestrebt wird.

In den letzten Dekaden hat sich das Verständnis von der Politizität des Theaters und seiner Texte diametral verändert. Obwohl das Theater nach wie vor für ein politisches Medium per se gehalten wird, dem das Politische „durch und durch, strukturell und ganz unabhängig von seinen Intentionen" eingeschrieben ist (H.-T. Lehmann 2002, 14), verschiebt sich der Schwerpunkt in der Bühnenpraxis, vor allem aber in der theaterwissenschaftlichen Reflexion: von Inhalten auf eine spezifische Politik des Ästhetischen, die „den Zuschauer zu einer Reflexion seines eigenen politischen Standortes zwingt" (Fischer-Lichte 2005, 242) bzw. zur Unterbrechung von Handlungsroutinen im Sinne von Pierre Bourdieu (Gilcher-Holtey 2008) führt. So wird das Politische des Theaters zum „Politischen im Theater" (H.-T. Lehmann 2002, 17) umgedeutet, das sich in „Ästhetiken des Performativen" (Fischer-Lichte 2005, 245) bzw. in der „Unterbrechung des Politischen" (H.-T. Lehmann 2002) als „Infragestellung gewohnter Wahrnehmungs- und Denkweisen" (Primavesi 2004, 368) oder einer „Politik des Sehens" (Röttger und Jackob 2009) manifestiert. Solch ein Politikbegriff, der die Selbstreflexivität der Zuschauerschaft als politischen Akt verabsolutiert, ist nicht nur seiner Verschwommenheit (Focke 2011) wegen äußerst problematisch, sondern auch, weil er den Text als Träger der Inhalte marginalisiert und damit nicht zuletzt die Heterogenität der Theaterformen und Regiestile verkennt. Indes korrespondiert dieser offensichtliche Theater-Pluralismus mit der „Pluralität unter Menschen", die Hannah Arendt in ihrem das Theater als „politische Kunst par excellence" funktionalisierenden Essay zur „Bedingtheit" der „Politik unter Menschen" (Arendt 2001 [1958], 233 und 17) erhebt. Zu fragen wäre in diesem Kontext, ob der im Rahmen der Politik des Ästhetischen ästimierte autoreflexive, „emanzipierte Zuschauer" (Rancière 2009) nicht geradezu die ‚Unemanzipierten' programmatisch (und politisch inkorrekt) ausschließt und letztlich zur Verfestigung einer „Klassentheatergesellschaft" (Ernestus 2012, 92) beiträgt.

2 Politik im antiken griechischen und im mittelalterlichen Theater

Eine markant politische Dimension kennzeichnete bereits das antike griechische Theater, weil es deutlich in die politische Ordnung der Polis integriert war (Kolb 1981; Crommelin 2006). Die Aufführungen, die in sich sukzessive herausbildenden eigenen Theaterbauten stattfanden, verbanden rituelles Festspiel mit politischer Festveranstaltung, die dem Publikum zu einer Identität verhalf und es auf das staatliche Gemeinwesen verpflichtete (Blume ³1991 [1978]). Die Tragödien setzten sich mit politischen Phänomenen wie Krieg oder Herrschaft auseinander und hinterfragten die Gesetzgebung wie Sophokles' *Antigone*, die zum Modell der politischen Positionierung schlechthin avancierte (Butler 2001, 14). Die Komödie griff hingegen die aktuelle Tagespolitik auf, kommentierte kritisch das politische Leben, spottete über Politiker und verwies auf Mängel der Staatsordnung, wie etwa in den Werken von Aristophanes nachzulesen ist (Hüttinger 2004). So förderte Drama und Theater von Beginn an eine Debatte über kontroverse politische Themen. Zum politischen Modus des antiken Theaters gehörte formal der Chor als vermittelnde, kritisierende, kommentierende und partiell mitspielende Instanz eigenen Rechts.

Stand das antike griechische Theater im Zeichen von Staatsordnung und Mythos, so wurde das mittelalterliche Theater maßgeblich durch die Liaison von Zepter und Tiara bestimmt. Religiöse Schauspiele, die im späteren Mittelalter dominierten und vordergründig Glaubensinhalte vermittelten, besaßen einen lehrhaften Charakter zur Konsolidierung der Glaubensgemeinschaft, die sich weitgehend mit der Gemeinschaft der Untertanen deckte. Mit der allmählichen Einbeziehung von weltlichen Inhalten – erst in die geistlichen, dann in die Mysterienspiele – wurde die christliche Verkündigung zunehmend politisiert. So zeichnete die mittelalterlichen Moralitäten ein deutlich erzieherischer Duktus aus, der im Jesuitentheater der Barockzeit einer starken Ideologisierung unterlag (Szarota 1975) und nicht zuletzt auf die Bekehrung der Andersgläubigen abzielte (C. Wolf 2000). Die über das Mittelalter hinausgehende Überschneidung von Politik und Religion spiegelte die postreformatorische Formel „cuius regio, eius religio" wider. Die Eingriffe von religiösen Instanzen in das Theaterwesen erfolgten durch Genehmigung von Aufführungen, aber auch als mittelbare Zensur durch das Gewähren von bestimmten Privilegien (Körner 1986). Trotz fortgeschrittener Verweltlichung kommt es bis heute in verschiedenen Teilen der Welt zu politischen Interventionen der Kirche bzw. ihrer Angehörigen, wie es in Frankreich 2011 und in Polen 2014 der Fall war bei Aufführungen des Stücks *Golgotha Picnic* des Argentiniers Rodrigo García.

3 Politizität des europäischen Dramas und Theaters

Die Stücke des spanischen Theaters des Siglo de Oro, des klassischen französischen Theaters und des elisabethanischen Theaters sowie die Stücke von deutschsprachigen Autoren seit dem 18. Jahrhundert bezogen sich nicht selten auf politische Fragestellungen und wiesen oft einen – wenn auch nur verdeckten – Bezug zur Politik auf (Beise 2010b), so etwa bei Pierre Corneille, der in die Machtspiele des Kardinal Richelieu involviert war (Krings 2007). Vor diesem Hintergrund stach insbesondere Shakespeare heraus, der in seinen Werken engagiert Machtkämpfe (*Macbeth*, *King Lear*, *Coriolanus*) auslotete und menschliche Herrschsucht thematisierte (Kott 1989). Shakespeares Werk besitzt bis heute ein enormes politisches Potential, weil es, wenn auch parteiisch perspektiviert – man denke an den wohl zu Unrecht dämonisierten Richard III. –, die Theatralität von Politik und Macht eindrücklich freilegt (Greenblatt 2015 [2004]).

Eine spezifisch politische Dimension wies das Theater in Deutschland im 18. Jahrhundert auf, das den Widerstreit mit dem Adel in Szene setzte und bürgerliche Ideale wie Freiheit, Moral und Humanität propagierte (Maurer-Schmoock 1982). Nach Gotthold Ephraim Lessing gilt dabei Friedrich Schiller als einer der ersten deutschen politischen Dramatiker. Bereits in seinem Erstlingsdrama *Die Räuber* übte er offen Kritik am Feudalsystem, was während der Prämiere 1782 einen Skandal auslöste. Schillers Schilderung der gesellschaftlichen Ungerechtigkeit in *Kabale und Liebe* veranlasste Friedrich Engels, den Text als „das erste deutsche politische Tendenzdrama" (Engels 1984 [1885], 224) zu loben (Müller-Seidel 2009). Von Schillers Anspruch an das Theater als „eine moralische Anstalt" (1784), seinem Idealismus in seinen späten Dramen in Verbindung mit seiner Philosophie, wie er ihn insbesondere in seiner Schrift *Über die ästhetische Erziehung des Menschen in einer Reihe von Briefen* formuliert (Schiller 2005d [1795]), bis zu Georg Büchner spannte sich das weite Feld des Politischen, wobei der naturwissenschaftlich ausgebildete Büchner die dramatische Perspektive entscheidend materialistisch perspektivierte, womit er durchaus als Pränaturalist zu verstehen wäre. Dessen aktives politisches Engagement ging mit seinem dramatischen Schaffen Hand in Hand, was man in *Woyzeck*, *Leonce und Lena* oder *Dantons Tod*, Büchners kritischer Analyse der Französischen Revolution, verfolgen kann. Unter dem Deckmantel bloßer Unterhaltung war indes auch die Komödie im vorwiegend restaurativ-konservativen 19. Jahrhundert ein wichtiger Vermittler politischer Inhalte. Als Paradebeispiel kann das Alt-Wiener Volkstheater mit seinen scharfen politischen Anspielungen und die Zensur unterlaufenden Improvisationen, vor allem in den Possen und im Bühnenspiel von Johann Nepomuk Nestroy, gelten (Hein 1990).

Im 19. Jahrhundert etablierte sich dabei allmählich das moderne politische Theater, vom Realismus Friedrich Hebbels über das Ensemblespiel der Meininger, das zum einen das solipsistische Virtuosentum der Stars abschaffte, zum anderen akribisch wissenschaftliche Erkenntnisse wie etwa archäologisches Wissen zum Leitfaden der Inszenierung erhob, bis zum Drama und Theater des Naturalismus, der verschärft sozialpolitisch brisante Themen auf die Bühnen brachte. Dessen ‚vierte Wand' würde jedoch, so etwa die Kritik Bertolt Brechts (R. Grimm 1966), die Passivität des Publikums forcieren, da über die Einfühlung eine aktiv-konstruktive Reflexion des Geschehens und eine tatsächliche Motivation zur Gesellschaftsveränderung und Revolution verhindert würde. Richard Wagner, der als nationalbewusster Revolutionär ins Schweizer Ausland fliehen musste, entwickelte die Ästhetik des Gesamtkunstwerks (Borchmeyer 1982; Dahlhaus 1996; Hiß 2005; M. Smith 2007), sein Bewunderer Friedrich Nietzsche mit seinem immens einflussreichen Frühwerk *Die Geburt der Tragödie aus dem Geiste der Musik* (1872) suchte daran anknüpfend, das Dionysische neben dem Apollinischen wieder zu stärken (Nietzsche 1980 [1872]; Müller-Klug 2001; Ottmann 2011; Ries 2012). Beide wurden zum ästhetischen Fundament theaterreformatorischer Bestrebungen der Jahrhundertwende sowie der nachfolgenden Avantgarde, von Adolphe Appia über Edward Gordon Craig und Walter Gropius bis hin zu den Futuristen, Dadaisten und Surrealisten (Fiebach 1975); hierbei unterlag das Politikum des Theaters durch Experimente der Theaterkünstlerinnen und -künstler, die die Grenze zwischen Kunst und Leben auflösen und sich der Konvention der Guckkastenbühne und der mit ihr verbundenen Ästhetik widersetzen wollten, einer radikalen Veränderung. Während in der jahrhundertelangen Tradition des europäischen Theaters in der Regel die Schauspielerin bzw. der Schauspieler im Mittelpunkt einer Aufführung stand, gewann im neuen politischen Theater die unmittelbare Relation zwischen Bühne und Publikum an Bedeutung. Das Theaterereignis wurde zunehmend zur Begegnung. So eröffneten sich „besondere Möglichkeiten für das Verhältnis zwischen Akteuren und Zuschauern", die die Bühne in einen „performative[n] Raum" (Fischer-Lichte 2004, 187) verwandelten, was mit einer Demokratisierung der Theaterarchitektur einherging: Die Beseitigung des Logenprinzips nivellierte die Standesschranken, die Verdunklung des Zuschauerraums lenkte die Konzentration auf das aufgeführte Werk, was in dem 1876 eröffneten Bayreuther Festspielhaus vorbildlich realisiert wurde. Mit der Theaterreform um die Jahrhundertwende bekam die Bühnenarchitektur eine veränderte politische Dimension; in den 1920er Jahren gipfelte dies in der nicht verwirklichten Idee des volksverbindenden Totaltheaters von Walter Gropius (Hiß 2005).

4 Die 1920er Jahre

Die Entstehung eines dezidiert politischen Theaters war mit epochalen Umwälzungen in Europa in den ersten Dekaden des 20. Jahrhunderts eng verbunden und manifestierte sich markant in verschiedensten Massenspektakeln. Ausschlaggebend hierfür waren insbesondere die Experimente in Sowjetrussland nach der Revolution 1917. Die damalige Avantgarde (Wsewolod E. Meyerhold, Platon M. Kerschenzew und andere mehr) lehnte Konventionen mit großem Nachdruck ab und strebte nach einem systemgemäßen Theater für das neue, bolschewistische Publikum. Deutlichster Ausdruck des proletarischen Theaters waren die in den Jahren 1919/1920 äußerst populären Massenveranstaltungen, die der Vermittlung und Verbreitung der bolschewistischen Ideologie dienten (Kerschenzew 1992 [1918/1922]). Sie fanden auf öffentlichen Plätzen unter Teilnahme von tausenden Darstellerinnen und Darstellern statt und bedienten sich verschiedener Mittel, um starke kollektive Emotionen zu wecken (Von Geldern 1993). Zu den spektakulärsten Projekten gehörte Nikolai Jewreinows *Die Erstürmung des Winterpalastes* (1920), das den Beginn der Oktoberrevolution reinszenierte. Die Massenspektakel verwischten die Grenzen zwischen Theater und Leben und wurden zu Ereignissen, die zugleich Fest- und Demonstrationscharakter hatten. Es ging nicht nur um ein bloßes Reenactment der Revolution und das Zelebrieren der kommunistischen Gemeinschaft, sondern um Aufhebung der Trennung von Publikum und Schauspielenden, um eine Theatralisierung des Lebens (Evreinov 2017 [1915–1917]). Die Theatralisierung des Alltags durch Massenspektakel wurde darüber hinaus zum Wahrzeichen der angelsächsischen Pageant-Bewegung, die in den ersten zwei Dekaden des 20. Jahrhunderts bemüht war, ihre kommunale Identität unter Berufung auf lokale Geschichte mit theatralen Mitteln herzustellen (Fischer-Lichte 2007).

Einen anderen Charakter hatten die Berliner Experimente, die Erwin Piscator in den 1920er Jahren in seinen Inszenierungen wie *Revue Roter Rummel* und *Trotz alledem!* unternahm und in zahlreichen Aufsätzen theoretisch begründete, die für den Band *Das politische Theater* (1929) zusammengestellt wurden. Piscator, der als Urheber des Begriffs ‚politisches Theater' gilt, schuf eine originelle Version des engagierten Theaters, das als Element des Klassenkampfes konzipiert war und 1924 anlässlich der Inszenierung von Alfons Paquets *Fahnen* erstmals als ‚episches Theater' bezeichnet wurde. Das Theater im Dienste der proletarischen Klasse griff Themen auf, die die Revolution und konkrete Zustände in der Weimarer Republik betrafen und die im Rahmen einer neuen kollektiv geschaffenen Dramaturgie bearbeitet wurden. Durch die Sprengung der Guckkastenbühne sowie den Verzicht auf die literarische Fiktion etablierte Piscator eine innovative epische Ästhetik. Seine politischen Ziele verwirklichte er in den Inszenierungen durch Nutzung einer ganzen Palette technischer Mittel wie Foto- und Filmprojektionen oder Radiomitschnitten, die auf Dokumenten und anderen historischen Quellen basierten. Die politische Problematik wurde zusätzlich durch unmittelbare Ansprachen an das Publikum akzentuiert (Willett 1982; Jung 2007).

Parallel dazu entwickelte Bertolt Brecht, der ab 1927 eine Zeit lang mit Piscator zusammenarbeitete, die Idee eines Theaters, das die kritische Reflexion der politischen Wirklichkeit durch Distanz bzw. Verfremdungseffekte ermöglichen sollte. Auch Brecht schrieb seine Dramen und Aufführungen unter Einbeziehung von historischen Stoffen und entwarf eine spezifische Form des anti-aristotelischen, parabelhaft-offenen Dramas, dessen Verlauf programmatisch durch V-Effekte wie Songs und Publikumsanreden unterbrochen wurde; auf diese Weise sollte das Publikum in ein kritisches politisches Bewusstsein eingeübt werden. Brechts ‚episches Theater' entstand dabei aus dem expressionistischen ‚Geist', der ihn beeinflusste und inspirierte, wie sich in seinem Erstling, *Baal*, einer ironisierenden Auseinandersetzung mit Hanns Johsts *Der Einsame*, deutlich zeigt (Damm 2011). Der deutsche Expressionismus wies seinerseits politische Merkmale sowohl in ideologischer als auch in motivischer Hinsicht auf: Die Idee des neuen Menschen schreibt sich in das politische Projekt der Strömung genauso ein wie ihre offen revolutionären Akzente, wofür exemplarisch die Dramatik von Ernst Toller steht (Neuhaus et al. 1999). Brechts Beziehung zum Expressionismus ist gespalten bzw. „dialektisch" gekennzeichnet durch Faszination und Ablehnung (Sokel 1970, 47). Diese Ambivalenz betrifft auch Brechts Selbstverständnis als Marxist, das im Widerspruch zu seinem auf die Produktivität der Widersprüche statt einer revolutionären Aufhebung der Gegensätze angelegten Konzept des epischen Theaters steht (Gilcher-Holtey 2006; Knopf 2006; Silberman 2006).

Das Streben nach politischem Einfluss auf das Publikum führte zwangsläufig zur Instrumentalisierung des Theaters als Propagandamittel. Als Vorläufer galt das sowjetische Theater, das unter dem Zeichen der Agitprop-Doktrin stand, die die Vermittlung von kommunistischen Ideen leninistischer Prägung zum Ziel hatte. Auch in der Weimarer Republik waren kommunistische Agitprop-Truppen tätig, die die Tradition der Freien-Volksbühnen-Bewegung fortsetzten und dabei oft mit dem Internationalen Revolutionären Theaterbund in Moskau verbunden waren (R. Weber 1976). Die Zielsetzung der Bewegung fasste Friedrich Wolf 1928 in seiner Rede „Kunst ist Waffe" manifestartig zusammen (F. Wolf 1967 [1928]).

5 Theater und Drama im Nationalsozialismus

Nach Hitlers sogenannter Machtergreifung bekämpfte das Nazi-Regime entschieden nicht nur das kommunistisch gesinnte und jüdische Theater, sondern alle Formen der oppositionell-nonkonformistischen Kunst wie das berühmte Münchner Kabarett ‚Die Pfeffermühle'. Das offizielle Theater wurde massiv durch die rassentheoretisch begründeten Maßnahmen politisiert, die zum Kampf gegen die ‚entartete' Kunst – wozu im Theater und Drama ebenso der Expressionismus gehörte wie Stücke mit sozialistischen bzw. kommunistischen Perspektiven – und zur Entlassung politischer oder dem Rassenwahn nicht entsprechender Bühnenkünstlerinnen und -künstler führten. Zugleich schuf man für viele Theaterkünstlerinnen und -künstler erweiterte Beschäftigungsmöglichkeiten, richtete dabei das subventionierte Theatersystem ein, das noch heute Grundlage der durch den Staat getragenen deutschen Theaterlandschaft ist (Rischbieter 2000). Neben der weitgehend erfolglosen Suche nach einem neuen NS-Drama entwickelte man anfangs eine eigene propagandistisch-völkische Massentheaterform: Die sogenannten Thingspiele waren Freilichtspiele mit eigenen dramatischen Texten, die Fest und Kundgebung verbanden und vorwiegend die mythologisierte deutsche Geschichte dramatisierten. In diesen Massenspektakeln ging es primär um die Dar- und Herstellung der ‚Volksgemeinschaft'. Da diese Form nicht besonders erfolgreich war, wurde sie ab 1936 durch andere Propagandamedien bzw. das mehr oder weniger unterhaltende traditionelle Drama ersetzt. Daneben kam es zu einer Theatralisierung von parteipolitischen Veranstaltungen bzw. zu einer ‚Ästhetisierung der Politik' (Benjamin 1980a [1935]), wie *Triumph des Willens* (D 1935), Leni Riefenstahls Dokumentation des Reichsparteitages der NSDAP in Nürnberg 1934, eindrücklich veranschaulicht.

6 Theater und Drama im ‚Kalten Krieg'

Nach Ende des Zweiten Weltkrieges und mit Einsetzen der neuen Teilung Europas spaltete der ‚Eiserne Vorhang' auch das politische Theater auf dem alten Kontinent. Im ‚Ostblock' wurde das offizielle Theater zwangsläufig zu einer politischen Institution, die im Sinne der Doktrin des Sozialistischen Realismus ihren Beitrag zum Aufbau des Sozialismus durch die Erziehung des sozialistischen Menschen leisten sollte. Diese didaktische Funktion hatte in erster Linie die sozialistische Gebrauchsdramatik in Form von sogenannten Produktionsstücken, in denen – wie bei Erwin Strittmatter oder Peter Hacks – die sozialistische Arbeit als revolutionärer Vorgang gefeiert wurde (Scheit 1997). Neben einer Unmenge an schablonenhaften Propagandatexten gab es ambitionierte Werke, die die sozialistische Wirklichkeit mehrdimensional und kritisch in Szene setzten. Dazu gehörten vor allem die umstrittenen Texte von Heiner Müller (*Der Lohndrücker*, UA 1958; *Die Korrektur*, UA 1958; *Die Umsiedlerin*, UA 1961), der nicht zuletzt durch poetisch-allegorische Verfremdung die Reflexion der Zuschauerinnen und Zuschauer zu aktivieren suchte (H. Müller 1992; Eke 1999). Darüber hinaus ließ die ideologische Bevormundung oppositionelle Bestrebungen entstehen, die sich entweder in Form von Untergrundaufführungen oder als Theater der politischen Allusion auf offiziellen Bühnen artikulierten. Als Paradebeispiel für die gegen das System gerichtete Kraft des Theaters können die Proteste der Warschauer Studierenden dienen, die sich 1968 gegen das Absetzen der Inszenierung von Adam Mickiewiczs *Totenfeier* aufgrund vermeintlicher antisowjetischer Anspielungen auflehnten, was zu einer spektakulären Demonstrationswelle in ganz Polen führte (Kosiński 2011).

Im kapitalistischen Westen wurde die neue Welle des politischen Theaters und Dramas in den 1960er und 1970er Jahren durch Aktivitäten von linken Intellektuellen, Künstlerinnen und Künstlern ausgelöst, die eine antibürgerliche Revolution anstrebten und sich gegen Kapitalismus und Militarismus, mitunter auch bereits gegen Sexismus und Rassismus positionierten (Kraus 2007). Dominierend war insbesondere der Protest gegen den Vietnam-Krieg. Die Aufbrüche und Bewegungen kulminierten in der Pariser Revolte 1968 sowie in den Unruhen an den amerikanischen Universitäten in den Jahren 1968 bis 1970. Dieser Gegenkultur ging es um eine radikale Veränderung der Welt, die nicht nur das private, alltägliche Leben des Individuums, sondern auch die gesellschaftlichen Verhältnisse und die Beziehung zwischen Mensch und Natur im Sinne einer ökologischen Bewegung umfassen sollte. Diese Tendenzen fanden ihren Ausdruck in einem oft das traditionelle Drama verabschiedenden Off-Theater, das mit dieser *counter culture* unmittelbar verbunden war. Herausragend sind in dieser Hinsicht die amerikanischen Truppen Living Theatre (*Paradise Now*, 1968, sowie der Zyklus *The Legacy of Cain*, 1973–1975) und Bread and Puppet Theatre (*The Cry of the People for Meat*, 1969) sowie der französische Regisseur und Gründer der Avignoner Off-Szene, André Benedetto (*Napalm*, 1968). Auch Künstlerinnen und Künstler, die nicht direkt in die Gegenkultur involviert waren, schufen kritische Aufführungen wie der Brite Peter Brook mit seiner berühmten Antikriegsinszenierung *US* (1966) oder die Französin Ariane Mnouchkine mit *1789* (1970), ihrem Reenactment der Französischen Revolution. Eine besondere Stellung nimmt in diesem Zusammenhang der italienische Autor und Regisseur Dario Fo ein, der seit 1950 bissige Kritik an weltweiten politischen Zuständen übte. Er rekurrierte auf die Tradition des volkstümlichen Lachtheaters und des Narren, der seit alters her in verschiedenen Figurationen als soziale Institution zulässiger politischer Kritik fungierte, und bediente sich der Konvention des ‚versteckten' Theaters, d. h. einer künstlerischen Aktionsform in der Öffentlichkeit. Seine Stücke reagierten direkt und verständlich auf aktuelle politische Ereignisse wie politische Morde, Mafia, Korruption und späterhin auch Berlusconi, weshalb er bedroht, schikaniert und verhaftet wurde (Gysi 2000).

7 Das Dokumentardrama und -theater

In der Bundesrepublik führte die allmähliche Auseinandersetzung mit aktuellen politischen Themen – eine Reaktion auf restaurative Tendenzen – zu dem besonderen Phänomen des aufklärerischen Dokumentartheaters. In den 1960er

Jahren haben Autoren wie Rolf Hochhuth, Heinar Kipphardt und Peter Weiss das konventionelle Geschichtsdrama in ein dokumentarisches Theater überführt, das heikle Themen berührte und sich eng an historische Dokumente anlehnte. Zur Zielscheibe des Dokumentartheaters wurden in erster Linie die Verharmlosung des Zweiten Weltkrieges bzw. des Nationalsozialismus sowie die Auseinandersetzung mit dem neuen Imperialismus. Nach Weiss, der zum Theoretiker der Strömung avancierte, ist das Dokumentartheater eine Stätte „der Berichterstattung"; es „enthält sich jeder Erfindung, es übernimmt authentisches Material und gibt dies, im Inhalt unverändert, in der Form bearbeitet, von der Bühne aus wieder" (Weiss 1968, 465). So wurde das Theater zum Verhandlungsort politischer Fragen; die Szene verwandelte sich nicht zuletzt durch den Rekurs auf die Konvention der Gerichtsverhandlung in ein Tribunal. Seine Sprengkraft verdankte das dokumentarische Theater Erwin Piscator, der die wichtigsten Stücke an der Freien Volksbühne in West-Berlin uraufführte, darunter Hochhuths *Der Stellvertreter* (1963), Kipphardts *In der Sache J. Robert Oppenheimer* (1964) und – als Teil einer Ring-Uraufführung – Weiss' *Die Ermittlung* (1965), und auf diese Weise seine eigene politische Mission fortsetzte. Sowohl die unbequemen Fragestellungen als auch die provokante Agitationsform der Aufführungen führten zu heftigen Kontroverse. Als spektakuläres Beispiel kann das Drama *Der Stellvertreter* gelten, das Papst Pius XII. eine Mitschuld am Holocaust vorwirft. Die Berliner Prämiere löste einen Skandal mit internationalen Folgen aus (N. Wickert 2014).

8 Interventionistische Dramen- und Theaterformen

Im Kontext der deutlichen Politisierung des Theaters in der zweiten Hälfte des 20. Jahrhunderts kristallisierte sich eine radikale Form heraus, die in Anlehnung an Che Guevara Guerilla-Theater getauft wurde (Kohtes 1990). Der Kurzschluss von Partisanenkrieg und performativer Kunst brachte eine programmatische Nutzung der künstlerischen Mittel mit sich, um unmittelbare politische Reaktionen hervorzurufen und wirkliche Veränderungen in der gesellschaftlichen Realität herbeizuführen; das theatrale Agieren sollte zur politischen Aktion motivieren. Der entscheidende Impuls kam von Ronnie Davis, dem Leiter der San Francisco Mime Troupe; die Methoden des Guerilla-Theaters jedoch entwickelten Gruppen, die voneinander unabhängig in der ganzen Welt tätig waren wie El Teatro Campesino von Luis Valdez in Kalifornien und das Teatro de Arena von Augusto Boal in Brasilien. Innerhalb dieser Strömung gab es zwei eng miteinander verbundene Tendenzen. Die Theateraufführung wurde zum einen als eine Art ‚Propagandaplakat' genutzt, um ideologische Inhalte zu illustrieren und diese leseunkundigen und auf intellektuelle Reflexion nicht vorbereiteten Zuschauerinnen und Zuschauern zu vermitteln. Zum anderen versuchte man, die Grenze zwischen künstlerischer und politischer Tätigkeit aufzuheben, insbesondere durch Aktionen in der Öffentlichkeit, auf Straßen, Plätzen und in Lokalen, um versteckte Unterdrückungsstrukturen aufzudecken, die die gesellschaftliche Wirklichkeit bestimmten. Ein besonders reiches Repertoire an Methoden entwickelte Augusto Boal in seinem Brechts Vorstellungen weiterentwickelnden ‚Unsichtbaren Theater', das darin bestand, Ereignisse zu kreieren, bei denen den involvierten Zeugen nicht deutlich war, dass sie es mit Schauspielerinnen und Schauspielern zu tun hatten (Boal 1989 [1974]; 1999 [1995]). Zwar unterschied Boal zwischen dem ‚unsichtbaren' Theater und dem Guerilla-Theater, da Letzteres ein Theater der Trennung zwischen Schauspielenden und passivem Publikum bleibt (Staffler 2009). Doch aus heutiger Sicht wurde die Aufhebung der Grenze zwischen vorbereiteten und zufälligen Tätigkeiten zu einem der wichtigsten Maßstäbe für das politische Theater am Ende des 20. und Anfang des 21. Jahrhunderts.

9 Performance Art und Dekonstruktion

Die geschilderte Entwicklung wurde maßgeblich beeinflusst durch das Phänomen der Live Art und Performance Art, die verbindliche Grenzen, Begriffe und Konventionen negierten, starke gesellschaftliche und politische Sprengkraft besaßen und neue Theaterformen etablierten (Goldberg 1988; Jappe 1993; McKenzie 2001; Schechner ²2003). Diese sollten vor allem Minderheiten bzw. Benachteiligte aktivieren und brachten Phänomene wie die Gender Performance bzw. ein feministisches Theater hervor. Die Dekonstruktion stereotyper Imaginationen von Weiblichkeit und Männlichkeit, die sich auf Text- und Aufführungsebene vollzieht, wurde von einem politischen Impuls zur Befreiung von hierarchischen Geschlechterverhältnissen geleitet (Butler 2002 [1988]; Laqueur 1990; Laurentis 1987; Goodman 1998; Röttger 1998).

Insgesamt gesehen wurde das politische Theater im 20. Jahrhundert zum Instrument einer Subversion derjenigen Diskurse, die verschiedene Formen des Unrechts und der Unterdrückung verfestigen. Dazu gehört das postkoloniale Theater, das sich kritisch mit menschenverachtenden Auswirkungen der Kolonisation auseinandersetzt (Balme 1995), ebenso wie das postmigrantische Theater, das nach dem Status und der Identität von ‚Fremden' in einer vermeintlich autochtonen Gesellschaft fragt (Englhart 2013). Das Theater interveniert in gesellschaftliche Verhältnisse, indem es eine kritische Einstellung zur sozialen Wirklichkeit sowie selbständiges Denken fördert. In diesem Rahmen verlagert sich das Politische des Theaters deutlich von möglichen Inhalten auf spezifische Ästhetiken, die mit stereotypen Darstellungsmodi brechen, die Wahrnehmungsmuster des Publikums stören und zur Reflexion des jeweils eigenen politischen Standorts anregen. Diese neue Politik des Ästhetischen macht die Bühne zu einem Ort der ‚politischen *incorrectness*', an dem ‚Normalitäten' als das Produkt von Ausgrenzung hinterfragt werden. Im extremen Falle werden Situationen kreiert, die auf äußerste Provokation abzielen, um das Publikum aus seiner bequemen bzw. sicheren Beobachterrolle herauszureißen und eine unmittelbare Reaktion hervorzurufen (Charles 1989; Dreher 2001). Diese Methode wenden gleichfalls direktöffentliche politische Aktionen mit paratheatralischen Strukturen an, man denke an die Proteste von Greenpeace oder Auftritte feministischer Aktivistinnen wie der russischen Gruppe Pussy Riot (Balme 2014b).

Seit den 1960er Jahren etabliert sich in Europa und den USA ein neues politisches Theater, zu dessen prominentesten Vertreterinnen und Vertretern Giorgio Strehler (Piccolo Teatro), Ariane Mnouchkine (Théâtre du Soleil), Richard Schechner (Performing Garage), Julian Beck und Judith Malina (Living Theatre), Jerzy Grotowski (Teatr Laboratorium), Peter Brook und in Deutschland Peter Stein (Berliner Schaubühne) sowie Claus Peymann gehören. Die von den Theaterkünstlerinnen und -künstlern erarbeiteten Ästhetiken und Methoden sind zwar sehr unterschiedlich, verbinden aber das Streben nach künstlerischer Freiheit und der Autonomie des Theaters mit dem politischen Bemühen um die Autonomie des von gesellschaftlichen Zwängen befreiten Menschen. Dieser Gestus charakterisiert auch das Nachkriegsdrama, und hier insbesondere Texte aus dem Bereich des absurden Theaters, die verstärkt philosophische und sich unmittelbar auf den politischen Alltag beziehende Fragen stellen. Als eine neue Form des politischen Dramas kann in den 1970er Jahren das neue kritische Volksstück gelten, das seinen Fokus auf marginalisierte Existenzen richtet und eine drastische Sozialdramatik auf die Bühne bringt (Schößler ⁴2015).

Die 1980er Jahre standen im Zeichen einer gewissen Stagnation des politischen Theaters in inhaltlicher Hinsicht und waren vorwiegend durch die Erkundung neuer Theatermittel gekennzeichnet. Erst der Zusammenbruch des Kommunismus löste zwangsläufig eine neue Welle an politischen Themen aus, die zuvor aus systemideologischen Gründen ausgeblendet worden waren oder neue gesellschaftliche Phänomene berührt hatten. Es etablierte sich ein neues Zeittheater, das durch den Bezug auf die veränderte Wirklichkeit und ihre Probleme deutlich re-politisiert wurde. So behandelten Texte und Aufführungen im vereinigten Deutschland die Schwierigkeiten der ‚Wende' und analysierten ihre gesellschaftlichen Konsequenzen (B. Haas 2004). Zu einem politischen Theaterzentrum wurde dabei recht schnell die Berliner Volksbühne unter der Leitung von Frank

Castorf, die kompromisslos Ästhetiken, Selbstverständnisse und Organisationsstrukturen des östlichen Teils Deutschlands aufgriff und die deutsch-deutschen Befindlichkeiten auslotete (Hockenbrink 2008). Die Volksbühne wurde zum Ort einer neuen Verbindung von Politik und Theater, die auch in Form von Vortrags- und Diskussionsveranstaltungen gepflegt wurde.

Castorfs provokatives Dekonstruktionstheater mit seiner Ablösung vom literarischen Text sowie vom theatralen Illusionismus spitzte zum einen die allgemeine Tendenz der Entliterarisierung des Theaters im 20. Jahrhundert zu, zum anderen avancierte es zum Paradebeispiel des sogenannten postdramatischen Theaters (Wirth 1987; H.-T. Lehmann 1999). Die postdramatischen Theaterformen reagieren auch auf die Expansion und Dominanz der neuen Medien mit ihrer Simulation von Wirklichkeit, gegen die sich das Theater zu behaupten versucht, indem es auf *liveness*, Ereignishaftigkeit und Korporalität setzt. Während das Drama als Text jahrhundertelang mit unterschiedlicher Intensität zu den Grundkonstituenten des theatralen Ereignisses gehörte und als relevanter Träger der sozialen Repräsentanz und somit auch einer ‚politischen' Botschaft fungierte, wird es nun zum obsoleten Medium abgewertet, dessen V-Effekte zu TV-Effekten verflacht seien (H.-T. Lehmann 1999, 126). Seine Grundkonstituenten – die Dialogizität, die Figuration und nicht zuletzt die Handlung – werden marginalisiert, weil das Ereignis in den Mittelpunkt der Aufführung tritt. Unter dieser Prämisse schwindet die Mimesis bzw. Repräsentation zugunsten einer Präsenz, die letztlich auf performativer Ebene den Sinn ersetzt, was den traditionellen Begriff des Politischen ins Wanken bringt. Während die (reale) Wirklichkeit samt der Politik zum Theater wird, soll sich das Politikum des Theaters durch die Unterbrechung des Politischen, d. h. als Störung der gängigen Darstellungs- und Wahrnehmungsmuster konstituieren (H.-T. Lehmann 2002, 7). So wird dem Theater der Politik die Politik des Ästhetischen gegenübergestellt bzw. der Logik des politischen Diskurses die Logik des (postdramatischen) Körpertheaters entgegengesetzt. Das postdramatische Theater erscheint in dieser Hinsicht als ein quasi-postpolitisches Theater, dem paradoxerweise eine Politisierung der Entpolitisierung inhärent ist. Diese eigenwillige Verknüpfung von politischem Diskurs und Ästhetik im theatralen Akt der Unterbrechung als immanente Politisierung verheißt den an der Aufführung Teilhabenden eine quasi-ideologielose ‚Freiheit', die eine Standortbestimmung jenseits der diskursiven und medial vermittelten Politik ermöglichen soll.

10 (Re-)Politisierung des Dramas ab den 1990er Jahren

Das postdramatische Theorem, welches das neue Politikum des Theaters in Theorie und Praxis perpetuiert, wurde an der Jahrtausendwende mit einem „Autorenboom" (Kreuder und Sörgel 2008) konfrontiert, der innovative politische Qualitäten aufscheinen ließ. Beeinflusst von der neuen britischen Blood-and-Sperm-Dramatik (Sarah Kane, Mark Ravenhill, Martin Crimp) mit ihren naturalistisch-drastischen Szenarien prekärer Existenzweisen zeichnete sich etwa ab Mitte der 1990er Jahre eine Tendenz zur Wiederbelebung des Dramas ab. Die sozialen Themen gehen dabei formal mit einem neuen Realismus einher, der programmatisch auf ein zeit- und problembezogenes Engagement zielt. Angesichts „der Grausamkeit dieser Welt und ihrer Opfer" wird für eine Erneuerung des Theaters durch den „unkorrumpierten, realitätsnahen Blick der Autoren" plädiert, wie es Thomas Ostermeier als Sprachrohr des neuen politischen Theaters unternimmt (Ostermeier 1999, 10 und 12). Tatsächlich widmen sich Theatertexte zunehmend virulenten sozialen Problemen wie Alltagsgewalt oder Arbeitslosigkeit (Schößler 2013). Das Theater entdeckt aktuelle Phänomene wie die fortschreitende Globalisierung, die New Economy und den Neoliberalismus (Schößler und Bähr 2009a; 2009b). Zu neuen Helden werden Unternehmer und Manager, die von Ausbeutung und Arbeitslosigkeit als *Top Dogs* betroffen sind – so der Titel des inzwischen zum Klassiker des Genres und des neuen politischen Theaters (Halter 1998, 39) gewordenen Textes von Urs Widmer. Die moderne Ökonomie wird verstärkt seit der Wirtschaftskrise ab 2007 zu einem großen Thema des Theaters, das deren Mechanismen zu dekuvrieren versucht.

Trotz einer auffallenden Rückbesinnung auf traditionelle Dramenelemente und des Engagements aktueller Theatertexte handelt es sich keineswegs um eine völlige Restitution des traditionellen politischen Dramas bzw. um die Geburt eines ‚neodramatisch' engagierten Theaters. Vielmehr kooperieren Literatur und Bühne seit einiger Zeit auf produktive Art und Weise und generieren innovative Formensprachen als Antwort auf aktuelle politische Herausforderungen. Die Suche nach zeitgemäßen Darstellungsmodi produziert Politiken des Ästhetischen, die in der Regel nach bereits vorhandenen Modellen greifen und diese modifizieren. Signifikant ist in dieser Hinsicht die Tendenz zu chorischen Formen sowie der Rekurs auf das Genre der Tragödie, wobei der massive Einsatz von chorischen Elementen das Verhältnis von Schauspielenden und Zuschauenden redefiniert. Der Chor fungiert als eine interne Öffentlichkeit und verkörpert die Kondition der zeitgenössischen Gemeinschaft(en), wie die Arbeiten Einar Schleefs mustergültig veranschaulichen.

Trotz der Zunahme an performativen Elementen scheinen Inhalte als Träger einer politischen Botschaft wieder an Relevanz zu gewinnen. Theatertexte reagieren seismographisch auf aktuelle politische Begebenheiten, und zwar nicht nur auf spektakuläre Ereignisse wie den 11. September 2001 (Pełka 2016) oder die Finanzkrise ab 2007, die die Weltpolitik erschütterten, sondern auch auf lokale Vorkommnisse, die politische Brisanz besitzen, wie der 2005 uraufgeführte Dokumentartext *Der Kick* von Andres Veiel deutlich werden lässt. Prominent ist in dieser Hinsicht Elfriede Jelinek, die mit Akribie akute Gegenwartsprobleme (Bankenskandale in *Die Kontrakte des Kaufmanns*, die Katastrophe in Fukushima in *Kein Licht*, die Wiener Sexagentur-Affäre in *Über Tiere* oder Flüchtlingstragödien in *Die Schutzbefohlenen*) in Szene setzt und durch permanente Rekurse auf den Nationalsozialismus zur Reflexion über historische Parallelen zwingt. Der für Jelinek spezifische Dokumentarismus als ein neues Modell politischen Theaters erlebt eine Renaissance in verschiedensten Facetten, die mit dem allgemeinen Trend zum ‚Authentischen' – eine Historisierung der alles diskursivierenden Postmoderne – eng verknüpft ist; Realitäten dringen in Texte und Inszenierungen als sozial-politische ‚Repräsentation' ein. Auf der Aufführungsebene zeigt sich das Dokumentarische durch den Einbezug von Laien, die wie in den Inszenierungen von Rimini Protokoll ausgebildete Schauspielerinnen und Schauspieler ersetzen. Diese ‚Verfremdung' führt unweigerlich zu einer Politisierung; die ‚Experten des Alltags' bringen ‚echte' Geschichten auf die Bühne, die den politischen Zustand der Gesellschaft mittels einer Narrativität des Authentischen vorzeigen (Dreysse und Malzacher 2007).

Eine andere Spielart des aktuellen politischen Theaters befasst sich mit dem Ausstellen und Hinterfragen von komplexen politischen Gegenwartsdiskursen. In Form eines Diskurstheaters werden soziopolitische und ökonomische Mechanismen analysiert, die die Kondition des zeitgenössischen Menschen determinieren. Unter der Prämisse der Intertextualität von Kultur werden Elemente der populären Kultur sowie wissenschaftliche Versatzstücke in die Inszenierungen eingefügt, dabei vor allem philosophische Texte, die eine kritische Analyse der Gegenwart liefern. Das Diskurstheater konstituiert sich durch Reden, die keine traditionellen Dialoge bilden, sondern in sich dialogisch sind, in dem Sinne, dass im Redefluss unterschiedliche, oft einander widersprechende Diskurse aufeinandertreffen und derart zu Repliken geraten. Eine solche Dialogizität kennzeichnet die Theatertexte von Elfriede Jelinek und ist für die Arbeiten von René Pollesch konstitutiv, der Muster und Idole der Konsumgesellschaft demontiert. Polleschs Inszenierungen widmen sich darüber hinaus in kritischer Hinsicht der Theaterpolitik und entblößen die ausbeuterischen Arbeitsverhältnisse von Bühnenkünstlerinnen und -künstlern. Nach wie vor greift das politisch involvierte Theater auf Formen wie Happening, Performance und szenische Installation zurück. Paradebeispiele sind die Aktionen von Christoph Schlingensief, die die Grenze zwischen Theater und Politik programmatisch verwischen und das repressive System einer politischen Normierung bloßstellen (Biesenbach et al. 2013).

Die große Heterogenität an Formen und Tendenzen in der zeitgenössischen Theaterlandschaft macht eine Definition von ‚politischem Theater' unmöglich, zumal sich die Geister daran scheiden, ob sich das wahrhaft Politische im performativen Akt der Unterbrechung eines politisch determinierten Alltagsbewusstseins oder in der dramatisch kommunizierten politischen Botschaft manifestiert. Es zeichnet sich eine Frontenbildung ab, die die Bühnenpraxis der Kritik bzw. Wissenschaft gegenüberstellt. Obwohl ein Konsens darüber besteht, dass die spezifische Ästhetik des Performativen eine politische Dimension aufweist, wird dem Postdramatischen, das „in gefährlicher Nähe zum sinnlosen Konsum" (B. Haas 2007, 115) verortet wird, als „‚postanthropozentrische[m]' Theater" zuweilen „Entmenschlichung" attestiert (B. Haas 2007, 31). Diese und andere kritische Stimmen basieren auf einer kulturpessimistischen Diagnose der Gegenwart, die von der Omnipräsenz des Neoliberalismus und einer „Produktion egoistischer Subjekte durch den emotionalen Kapitalismus" ausgeht (Stegemann 2013, 9) sowie den postdramatischen „Exzess und die Intensität" als „narzisstischen Genuss" (Stegemann 2013, 59) anprangert. Beide Positionen – die Befürwortung des ‚dramatischen Dramas' wie des ‚postdramatischen Theaters' – scheinen zu einer problematischen Einseitigkeit zu tendieren, die die Komplexität der Wirklichkeit wie die einer politisch ambitionierten Kunst vernachlässigt. Zu fragen wäre, ob das Insistieren auf einer Ästhetik des Performativen als Medium wirksamer Politizität im Gegenwartstheater einerseits und das Lob des dramatischen Realismus gegen die Ideologisierung des Theaters im neoliberalen Geist andererseits nicht selbst einer Ideologie unterliegen. Die aktuelle Kontroverse um das postdramatische Theater und sein Politikum vermittelt den Eindruck, als handle es sich bei den Meinungsverschiedenheiten weniger um ästhetische Fragen als um weltanschauliche (politische) und institutionelle Positionen.

Franziska Bergmann
III.2.7 Drama und Gender

1 Einleitung

Die jüngere Gender-Forschung bedient sich mit Vorliebe eines Vokabulars, das aus dem semantischen Feld des Theaters stammt (Pailer und Schößler 2011, 7). Geschlecht wird als Effekt performativer Praktiken (Butler 1991), als Kostümierung (Hochholdinger-Reiterer 2014), Inszenierung und Aufführung (Schrödl 2005, 125) oder im Anschluss an die Psychoanalytikerin Joan Riviere als Maskerade (Weissberg 1994; Benthien und Stephan 2003) beschrieben, so dass Weiblichkeit und Männlichkeit den Anschein verlieren, natürlich begründete, unveränderbare Kategorien zu sein.

Diese performative Struktur, die nach Judith Butler jeglicher Geschlechtsidentität zugrunde liegt, machen Drama und Theater zu interessanten Feldern für die ästhetische Verhandlung von Weiblichkeit, Männlichkeit und Subjektivitätskonzepten jenseits bipolarer Gendernormen. Dabei ist zu berücksichtigen, dass sich das Theater – anders als andere Künste – insbesondere aufgrund seiner Plurimedialität als wirksamer Ort erweist, um die ebenfalls ‚plurimedial' angelegte Performativität von Geschlecht zu thematisieren (Pailer und Schößler 2011, 7). So kann eine Aufführungssituation simultan „akustische und visuelle, zuweilen auch olphaktorische und haptische Wahrnehmungen" ermöglichen und das Theater zu einem sinnlichen Erfahrungsraum werden lassen, der „ästhetisch verfremdete Alltagspraktiken semiotisch wiederholt und in ihren vielfältigen Zeichen – Gang, Stimme, Körperhaltung und anderem mehr – reproduziert" (Pailer und Schößler 2011, 7).

Neben dieser ästhetischen Dimension kann die institutionelle Ebene des Theaters als Verhandlungsort von Geschlechterordnungen gelten, denn die Frage danach, wer auf der Bühne wie agieren darf, wessen Stücke zur Aufführung gelangen und Eingang in den Kanon finden, wer für eine Inszenierung verantwortlich zeichnet oder für die Leitung eines Theaterhauses bzw. einer Theatertruppe zuständig ist, hängt grundsätzlich von herrschenden (und historisch jeweils ausgesprochen variablen) Geschlechterdiskursen ab.

Initiiert durch feministische Forschungsansätze, die seit den 1970er Jahren an Universitäten im westeuropäischen und angloamerikanischen Raum zunehmend zu verzeichnen sind, etabliert sich die genderorientierte Dramen- und Theaterforschung seit den 1980er Jahren (Hochholdinger-Reiterer 2014, 38–39). Während zunächst die Untersuchung von Weiblichkeitsrepräsentationen in Theatertexten, Theaterinszenierungen sowie die Revision eines androzentrischen Institutionenbegriffs und Dramenkanons im Zentrum des Interesses steht, sorgt die Publikation von Judith Butlers *Gender Trouble. Feminism and the Subversion of Identity* (1990; dt. *Das Unbehagen der Geschlechter*, 1991) Anfang der 1990er Jahre für eine Pluralisierung und De-Naturalisierung der Kategorie Geschlecht in den Gender Studies (Stephan ²2006a, 287). Die genderorientierte Dramen- und Theaterforschung nimmt dies zum Anlass, theater- und literarästhetische Strategien der Geschlechtersubversion genauer zu beleuchten. Ins Blickfeld rücken beispielsweise *cross dressing*, Travestie, Transsexualität oder Begehrens- und Beziehungsformen jenseits der heterosexuellen Norm (Schrödl 2005, 127). Ergänzt werden diese Perspektiven der Dramen- und Theaterforschung im ausgehenden 20. Jahrhundert und zu Beginn der 2000er Jahre durch sogenannte intersektionale Ansätze, die die komplexen Verschränkungen zwischen Kategorien wie Geschlecht, *race*, Sexualität, Klasse, nationale Zugehörigkeit etc. analysieren, sowie durch Ansätze aus dem Bereich der kritischen Männlichkeitsforschung (Stephan ²2006a, 287). Die Schwerpunktsetzungen der genderorientierten Dramen- und Theaterforschung verlaufen mithin analog zu allgemeineren Entwicklungen innerhalb der Gender Studies; Kati Röttger allerdings betont, dass sich „eine[ ] genusspezifische[ ] Forschung und Theoriebildung in der Theaterwissenschaft" im deutschsprachigen Raum zögerlicher als im angloamerikanischen und britischen Raum etabliert habe und deshalb von einem deutschen „Nachzüglereffekt" zu sprechen sei (Röttger 2005, 521–522; vgl. Pewny 2011, 126; Schrödl 2014).

Die folgenden Ausführungen perspektivieren den Zusammenhang zwischen Gender und Theater anhand dreier zentraler Untersuchungsfelder der genderorientierten Dramen- und Theaterforschung. Im ersten Abschnitt „Geschlechterbilder, Geschlechter- und Kanonrevisionen" stellt der Beitrag am Beispiel der antiken Tragödie und des bürgerlichen Trauerspiels Studien zu historisch heterogenen Phantasmagorien von Geschlecht im Drama vor. Zudem wird der Blick auf Untersuchungen gerichtet, welche mit Verweis auf die jahrhundertealte, jedoch marginalisierte Geschichte weiblicher Dramenproduktion eine Neudefinition des männlich dominierten Kanonbegriffs vornehmen.

Der zweite Abschnitt befasst sich unter dem Titel „Geschlechtertransgressionen: Theorie und Theater" mit dekonstruktiven Ansätzen in der genderorientierten Dramen- und Theaterforschung. Beeinflusst wurden diese Ansätze maßgeblich durch die bereits genannte Studie *Gender Trouble* von Judith Butler. Neben theoretischen Perspektiven, in deren Rahmen die Frage nach der performativen Verfasstheit von Geschlecht von Bedeutung ist, wird der vorliegende Beitrag auf verschiedene Formen der Durchkreuzung von Geschlecht in der Gegenwartsdramatik eingehen.

Der dritte Abschnitt schließlich widmet sich der Schauspielerin. An dieser Figur besteht deshalb ein anhaltendes Forschungsinteresse, weil ihr nicht nur eine äußerst wechselvolle Bühnengeschichte beschieden ist, sondern auch, weil sie als populäre Projektionsfläche eine Vielzahl kollektiver Weiblichkeitsimaginationen vereinigt.

2 Geschlechterbilder, Geschlechter- und Kanonrevisionen

Frauenfiguren in der antiken griechischen Tragödie am Beispiel Medeas

Antike griechische Tragödien bieten ein reichhaltiges Arsenal mythischer und komplex gezeichneter Frauenfiguren: Medea, Antigone, Elektra, Lysistrata – um nur einige zu nennen. Ihre vielfältigen Aneignungen und Deutungen in den bildenden Künsten, in der Literatur, im Musik- und Sprechtheater oder in der Philosophie machen deutlich, dass diese Figuren seit jeher eine starke Faszinationskraft auf abendländische Kulturen ausüben und wiederkehrend Anlass zur „Arbeit am Geschlechter-Mythos" geben, wie Na-Young Shin im Anschluss an Blumenbergs bekannte Formel festhält (Shin 2010, 97). Entsprechend haben die antiken Heroinnen auch in feministische und genderkritische Debatten Eingang gefunden, denn in ihrer Ambiguität stellen sie eine ergiebige Diskussionsbasis dar, auf deren Grundlage sich hegemoniale und alternative Phantasien von Weiblichkeit in den Blick nehmen lassen. Eine prominente Rezeption hat neben der Figur Antigone (z. B. Butler 2001) insbesondere Medea erfahren, wobei sich vor allem die transgressiven Akte, mit denen Medea bestehende Normen und Gesetze übertritt, als reizvoller Gegenstand feministischer und genderorientierter Fragestellungen erwiesen haben.

Medea wurde vorzugsweise aufgrund des rachsüchtigen Mordes an ihren eigenen Kindern zu einer umstrittenen Figur; Inge Stephan führt dazu aus: „Wie die Mythen von Odysseus oder Ödipus gehört auch der Medea-Mythos zu den ‚Urtexten' der Zivilisation, deren ‚blutiges Erbe' nicht zuletzt deshalb so schwer anzunehmen ist, weil Medea eine Frau ist und als Täterin die Ordnung der Geschlechter fundamental in Frage stellt" (Stephan 2006b, 1). Der Kindsmord wird als besonders irritierendes Moment des Medea-Mythos wahrgenommen, lassen hegemoniale Geschlechterdiskurse Weiblichkeit und Mutterschaft doch als untrennbaren, natürlich begründeten Konnex erscheinen (Johnston 1997, 5; Corti 1998; Luserke-Jaqui 2002; Mauerer 2002, 13; Lütkehaus 2009). Die geschlechtliche Transgressivität Medeas wird durch ihre aggressive Sexualität (Hidalgo 2002, 233–

257; Jerenashvili 2007), ihre Präsenz in der männlich codierten Sphäre des Öffentlichen (Williamson 1990), ihren Intellekt und ihre rhetorische Brillanz (Stephan 2006b, 1–2) forciert. Medea lässt sich mithin als radikales Gegenbild zur christlichen Marienfigur lesen, einer Figur, die als jungfräulich-reine Mutter ein Ideal aufopferungsvoller Weiblichkeit repräsentiert (Mauerer 2002, 13; Stephan 2006b, 3). Es ist daher wenig verwunderlich, dass die vielfältige Medea-Rezeption wiederholt den Versuch unternommen hat, dieses „blutige[ ] Erbe" (Stephan 2006b, 1) zu neutralisieren, etwa durch Strategien der Tabuisierung (Port 2008, 102), der Verschiebung, der Psychologisierung oder der Pathologisierung (Stephan 2006b, 2) – als Beispiele hierfür lassen sich Christa Wolfs Roman *Medea: Stimmen* (1996) oder George Taboris Theaterstück *M. Nach Euripides* (UA 1985) nennen (Stephan 2006b, 12). Elfriede Jelineks Roman *Lust* (1989) und Dea Lohers Drama *Manhattan Medea* (UA 1999) indessen zeigen sich angesichts der Grausamkeit Medeas weniger befangen und verzichten auf eine moderate Bearbeitung des mythischen Stoffes, indem beide Texte den Kindsmord in besonders drastischen Bildern darstellen (Stephan 2006b, 12). Ein spektakuläres Nachleben erfährt Medea auch in Gestalt ihrer ‚Patinnen' wie Penthesilea oder den Königinnen in Schillers *Maria Stuart*, durch Figuren also, die in der Tragödie des 19. Jahrhunderts als Furien gegen das männlich codierte Gesetz aufbegehren und als zentrale Akteurinnen der ‚großen Szene' in Erscheinung treten (Vogel 2002).

Im Hinblick auf eine intersektionale Perspektive, die im Sinne der mehrdimensionalen Struktur von Identität Aspekte wie *race*, Klasse oder Nationalität berücksichtigt, ist überdies bemerkenswert, dass man Medea in zahlreichen Adaptionen als ‚Schwarze', ‚Jüdin' oder ‚Zigeunerin' entworfen hat. Durch die Verschränkung einer als bedrohlich empfundenen Weiblichkeit mit Zeichen ethnisch markierter Fremdheit kann Medeas Alterität in besonderem Maße konturiert werden (Stephan 2006b, 48–69; Krüger 2001; Rogowski 2003–2006; Göbel-Uotila 2005; Uerlings 2011; Bartel 2013). Vor diesem Hintergrund deutet die Forschung Hans Henny Jahnns Tragödie *Medea* (UA 1926), in der sich der Autor dafür entscheidet, Kolchis in Afrika anzusiedeln, um „das ‚schwarze Innere' Medeas [...] expressiv nach außen zu wenden" (Stephan 2006b, 49) – die Nähe zu Sigmund Freuds topisch gewordenen Konzeption vom Unbewussten als ‚dunklem Territorium', in dem sich Attribute geschlechtlicher und ethnischer Alterität überlagern, ist offenkundig.

Weiblichkeits- und Männlichkeitskonstruktionen im bürgerlichen Trauerspiel

Ein anhaltendes Interesse bringt die genderorientierte Dramen- und Theaterforschung dem bürgerlichen Trauerspiel entgegen (Nolle 1976; Janz 1979; J. Jacobs

1984; Sørensen 1984; Komfort-Hein 1995; Prutti 1996; Hassel 2002; Stephan 2004; Blawid 2011; Willms 2013; Boyken 2014). Über den Anlass für dieses Forschungsinteresse führt Franziska Schößler aus: „Um 1800, so lässt eine Vielzahl von sozialgeschichtlichen und historischen Studien deutlich werden, wird die (bürgerliche) Geschlechterordnung neu formiert, und zwar in einer Weise, die bis in die Gegenwart hinein" wirkmächtig ist (Schößler ²2008a, 24). Dieser Paradigmenwechsel im Geschlechterdiskurs führt zur Ablösung eines seit der Antike Gültigkeit besitzenden Ein-Geschlecht-Modells durch ein Zwei-Geschlechter-Modell (Laqueur 1990). Mit der polaren Neujustierung der Geschlechter korreliert die Auffassung von der natürlichen Bedingtheit eines typisch männlichen versus eines typisch weiblichen Geschlechtscharakters (Hausen 1976; Sørensen 1984, 31–34; Komfort-Hein 1995, 1, 7, 9). Während der (europäisch-weißhäutige) Mann zum universal Menschlichen erhoben wird, fungiert die Frau in den symbolischen Registern des bürgerlichen Geschlechterdiskurses als das ‚Andere' bzw. als die konstitutive ‚Abweichung', wodurch sie aus der Sphäre des Menschseins ausgegrenzt wird (Komfort-Hein 1995, 14; Schößler 2008b, 25). Paradoxerweise steht diesem Ausschlussprinzip eine enorme Präsenz von phantasmatischen Weiblichkeitsrepräsentationen in Literatur und Kunst gegenüber, wie Silvia Bovenschen in ihrer richtungsweisenden Studie *Die imaginierte Weiblichkeit. Exemplarische Untersuchungen zu kulturgeschichtlichen und literarischen Präsentationsformen des Weiblichen* (1979) aufzeigt. So werden zahlreiche Töchterfiguren im bürgerlichen Trauerspiel zur unbefleckten Jungfrau stilisiert, deren Unschuld als Gütesiegel eines bürgerlichen Tugendethos dient (Nolle 1976; Komfort-Hein 1995, 154–172; Prutti 1996, 14; Hassel 2002, 47–67; Stephan 2004, 13–38). Ein solches Bild fetischisierter Jungfräulichkeit bereitet das bürgerliche Drama der Empfindsamkeit vor, etwa Gotthold Ephraim Lessings *Miß Sara Sampson* (1755), und findet im ausgehenden 18. Jahrhundert wie in Friedrich Schillers *Kabale und Liebe* (1784) seine volle Entfaltung. Als subtiler und phobischer Diskurs ist der Idolatrie weiblicher Reinheit immer schon das Schreckbild der Hure eingeschrieben, das sowohl in *Kabale und Liebe* als auch schon in Lessings *Emilia Galotti* (1772) fatale Konsequenzen für die Protagonistinnen zeitigt. Während Emilia den „bloßen Gedanken an Verführung nicht überlebt" (Schößler ²2008a, 25), wird Luise in *Kabale und Liebe* Opfer des absoluten Liebesanspruchs Ferdinands, weil dieser die Vorstellung, Luise könne sich einem anderen Mann zugewandt haben und damit einem von ihm entkoppelten Begehren nachgeben, nicht in seine obsessive, bürgerlich codierte Liebesemphase zu integrieren vermag und Luise letztlich vergiftet (Saße 1996, 263–289). Wie Andreas Huyssen betont, zeichnet sich die Vater-Tochter-Beziehung in *Kabale und Liebe* durch ein ähnliches Modell absoluter Liebe aus, wobei die Liebe des Vaters zur Tochter maßgeblich von einem ökonomischen Denken grundiert ist, in dessen Rahmen die Tochter zum Eigentum des Vaters erklärt wird (Huyssen 1980, 217–

220; vgl. Janz 1976, 223). Vom Vater verwendete Possessivpronomina wie „*meine* Luise" (Schiller 2005a [1784], 756; Hervorh. F. B.) und das Geld, das Ferdinand dem Musikus überreicht, legen nahe, dass die Tochter zum Tauschobjekt degradiert wird und als begehrte Ware zwischen Vater und Liebhaber zirkuliert. Das Stück lässt sich mithin als kritische Auseinandersetzung mit dem bürgerlichen Tugenddiskurs deuten, der auf Kosten der Frauen ausagiert wird und in dem sich emphatisches Gefühl, patriarchale Strukturen, ökonomisches Kalkül und die Repression weiblicher Sinnlichkeit (Huyssen 1980, 218) zu einem untrennbaren Konglomerat verbinden.

Hat sich die deutsche literaturwissenschaftliche Gender-Forschung zum bürgerlichen Trauerspiel und zum Drama des 18. Jahrhunderts tendenziell auf die Repräsentation von Frauenfiguren konzentriert, so rücken jüngere Untersuchungen im Anschluss an die Men's Studies zunehmend epochenspezifische Männlichkeitsentwürfe in den Blick (vgl. Blawid 2011; Willms 2013; Boyken 2014). Diese Neuperspektivierung kann dazu beitragen, die neutrale, unmarkierte Position von Männlichkeit im Geschlechterdiskurs aufzuheben, um sie als Analysekategorie zur Diskussion zu stellen. Weertje Willms etwa fragt nach dem Zusammenhang von Männlichkeit und Emotionen in mehreren kanonisierten bürgerlichen Trauerspielen, darunter in Lessings *Miß Sara Sampson*. Wird Männlichkeit im bürgerlichen Geschlechterdiskurs des 19. Jahrhunderts mit Rationalität assoziiert und emotional besetzter Weiblichkeit diametral entgegengestellt, so zeigt sich im Zeitalter der Empfindsamkeit eine andere geschlechtliche Codierung von Emotionen. Wie Willms anhand der Vaterfigur in *Miß Sara Sampson* demonstriert, sind positiv wie negativ konnotierte Emotionen ein konstitutiver Bestandteil männlicher Performanz: Männer „haben und zeigen Gefühle" im bürgerlichen Trauerspiel (Willms 2013, 142), und diese Gefühle erweisen sich als zentraler Katalysator des dramatischen Konflikts. So ist es Willms zufolge in *Miß Sara Sampson* „ein Zuviel an positiven Emotionen, das im Rahmen des neuen empfindsamen Männlichkeitsmodells vom Vater gelebt wird und mit den verinnerlichten alten, patriarchalischen Werten der Tochter kollidiert" (Willms 2013, 173). Der zentrale Konflikt, der sich um emotionsbetonte Maskulinität in *Miß Sara Sampson* entspinnt, besteht demnach in konkurrierenden alten und neuen Gefühlsmodellen, „die von den unterschiedlichen Generationen vertreten und [...] als nicht kompatibel dargestellt werden. Vor allem die Integration neuer Gefühlscodes in die herrschenden patriarchalischen Gesellschaftsstrukturen erweist sich als schwierig" (Willms 2013, 172).

Eine besonders interessante Figur, welche die Forschung zu Männlichkeitsrepräsentationen im bürgerlichen Trauerspiel bislang nur marginal berücksichtigt hat, ist der Hofmarschall von Kalb in *Kabale und Liebe*. An von Kalb wird deutlich, inwiefern das bürgerliche Emanzipationsstreben als Diskurs maskuliner Authentizität imaginiert und einem als effeminiert, albern und korrumpiert wahrgenommenen Adelsstand entgegengesetzt wird. Bereits sein erster Auftritt stellt von Kalb ostentativ als maskenhafte und geschmückte Karikatur des Hofes aus, die aus dem Raster bürgerlicher Geschlechternormen fällt (Boyken 2014, 181). Es heißt: „Hofmarschall von Kalb, in einem reichen aber geschmacklosen Hofkleid [...]. Er fliegt mit großem Gekreisch auf den Präsidenten zu und breitet einen Bisamgeruch über das ganze Parterre" (Schiller 2005a [1784], 685). Schiller bedient sich in dieser Szene auf umfassende Weise der multisensorischen Adressierungsmöglichkeiten des Mediums Theater, um von Kalb als lächerlich-weibische Figur einzuführen. Neben seinem auffälligen Erscheinungsbild und seinem „Gekreisch" zeigen sich in der penetranten geruchlichen Charakterisierung des Hofmarschalls (Boyken 2014, 181) die Anfänge eines bürgerlichen Diskurses, der im 19. Jahrhundert wirkmächtig wird und in dessen Rahmen man die starke Parfümierung des Körpers zunehmend aus dem Alltagsleben verbannt, um sie als lasterhaft, orientalisch und effeminiert zu diskreditieren (Raab 2001, 123–142; Diaconu 2013, 84). Die theatralische Repräsentation des Hofmarschalls in *Kabale und Liebe* dient zweierlei: Das Stück kann sich damit einerseits im Sinne der Ästhetik des bürgerlichen Trauerspiels gegen die tragödienkonstitutive Tradition der Ständeklausel wenden und die Aristokratie als zu verlachende Schicht, d. h. als komödienfähiges Personal, vorführen, und kann andererseits anhand von Kalb Ferdinands verblendetes Liebespathos konturieren. Wenn Ferdinand Luise unterstellt, ein heimliches Verhältnis mit von Kalb zu pflegen, übersieht er, dass der Hofmarschall als radikaler Antipode eines bürgerlichen Tugend- und Geschlechterdiskurses unmöglich als potentieller Liebhaber Luises in Frage kommt.

Kanonrevisionen: Genre und Gender

Eine wichtige Stellung in der feministischen Dramen- und Theaterforschung nehmen Untersuchungen zum Ausschluss von schreibenden Frauen aus dem Dramenkanon ein. Der Sammelband *Frauen, Literatur, Geschichte. Schreibende Frauen von Mittelalter bis zur Gegenwart* (1985) von Hiltrud Gnüg und Renate Möhrmann, das von Gisela Brinker-Gabler et al. herausgegebene *Lexikon deutschsprachiger Schriftstellerinnen 1800–1945* (1986) sowie das von Gudrun Loster-Schneider und Gaby Pailer editierte *Lexikon deutschsprachiger Epik und Dramatik von Autorinnen (1730–1900)* (2006) haben die umfassende Revision eines stark androzentrisch ausgerichteten Begriffs von Autorschaft zum Ziel und beleuchten neben Dramatikerinnen auch Lyrikerinnen, Briefschreiberinnen, Reiseschriftstellerinnen und weibliche Romanciers. Die Frage nach der Rolle der Dramatikerin ist gleichwohl deswegen besonders brisant, weil das Drama als die im Genresystem lange Zeit bedeutendste Gattung bis in das 20. Jahrhundert hinein als dezidiert männliches Feld entworfen wird (Hoff 1989, 9–10) – der in der genderorientierten Literaturwissenschaft vielfach diskutierte Konnex von Gattung und Geschlecht tritt hier besonders deutlich zutage. Dem allgemeinen Verständnis nach schreiben Frauen keine Dramen, vielmehr sind sie dem als reproduktiv und subjektiv codierten Bereich theatraler Ästhetik, d. h. der Domäne der Schauspielkunst, zugeordnet (Hoff 1989, 10). Dem Topos, der den Mann als alleinigen Schöpfer des Dramas imaginiert, begegnen zahlreiche Forschungsarbeiten, darunter Helga Krafts Publikation *Ein Haus aus Sprache. Dramatikerinnen und das andere Theater* (1996), die einen Überblick über weibliche Dramenproduktion vom Mittelalter bis ins ausgehende 20. Jahrhundert gibt, sowie mehrere Studien, die sich vorzugsweise mit Dramatikerinnen im 18. und 19. Jahrhundert befassen. Deutlich wird, dass die Marginalität von Dramenautorinnen eine retrospektive Konstruktion der Literaturwissenschaft ist. Susanne Kords Studie *Ein Blick hinter die Kulissen. Deutschsprachige Dramatikerinnen im 18. und 19. Jahrhundert* (1992) beispielsweise kann über 2000 Dramentexte von etwa 300 Autorinnen identifizieren; Anne Fleigs Untersuchung *Handlungs-Spiel-Räume. Dramen von Autorinnen im Theater des ausgehenden 18. Jahrhunderts* (1999) ermittelt für den Zeitraum von 1770 bis 1800 insgesamt 31 Dramatikerinnen; Dagmar von Hoff (1989) und Karin Wurst (1991) legen ebenfalls Auswahlbibliographien von Dramen aus weiblicher Feder für den Zeitraum um 1800 vor; Mary Helen Dupree (2011) zeigt überdies auf, dass im deutschsprachigen Raum von der Aufklärung bis zur Romantik zahlreiche Schauspielerinnen für die Bühne schreiben.

Da laut Anne Fleig mindestens die Hälfte der von ihr zusammengestellten Texte auch zur Aufführung gelangt ist, sind schreibende Frauen in der Öffentlichkeit des späten 18. Jahrhunderts sicherlich wahrgenommen worden (Fleig 1999, 8–9), so dass man von einem „Einschluß der Frauen in die literarische Welt" (Fleig 1999, 5) ausgehen muss. Dabei gilt vor allem für das 18. und 19. Jahrhundert, dass Dramenautorinnen vorzugsweise den privilegierten sozialen Schichten angehören, d. h. dem Bürgertum oder dem Adel, denn sie bedürfen der notwendigen Ressourcen wie einer entsprechenden Ausbildung, ausreichender Zeit und finanzieller Mittel, um schriftstellerisch tätig sein zu können (Kord 1992, 7). Trotz dieser Privilegien haben schreibende Frauen mit deutlich größeren Widerständen als ihre männlichen Kollegen zu kämpfen, weshalb „[a]nonyme oder pseudonyme Veröffentlichungen [...] wesentlich häufiger [sind] als Veröffentlichungen unter dem Namen der Verfasserin" (Kord 1992, 15), ein Umstand, der die Recherche nach vergessenen Autorinnen erheblich erschwert.

Erst im ausgehenden 20. Jahrhundert scheint es zunehmend selbstverständlich zu sein, dass eine Vielzahl von Dramenautorinnen breitenwirksam wahrgenommen wird (Roeder 1989; Gleichauf 2003) und in den Kanon der Gegenwartsdramatik eingeht. Dafür spricht u. a. der internationale Erfolg der als *enfant terrible* der britischen Theaterszene titulierten Autorin Sarah Kane in den 1990er Jahren, die Verleihung des Literaturnobelpreises an Elfriede Jelinek im Jahre 2004 sowie die unübersehbare Präsenz von Autorinnen wie Dea Loher, Theresia Walser, Felicia Zeller, Rebekka Kricheldorf, Sibylle Berg, Marlene Streeruwitz oder Kathrin Röggla auf den aktuellen Spielplänen der Theaterhäuser.

3 Geschlechtertransgressionen: Theorie und Theater

Erscheint die bipolare Struktur von Geschlecht in dominanten abendländischen Diskursen als natürlich begründetes, ahistorisches Phänomen, so haben politische Emanzipationsbestrebungen, die Gender-Forschung, zahlreiche Künste sowie Unterhaltungsformate westlicher Industrienationen diese Auffassung im letzten Drittel des 20. Jahrhunderts nachdrücklich in Frage gestellt. Dadurch wurden zunehmend Lebensweisen sichtbar, die sich jenseits der Gesetze hegemonialer Geschlechterordnungen bewegen.

Im akademischen Feld wurde diese Neuperspektivierung der Kategorie Geschlecht insbesondere durch Judith Butlers eingangs erwähnte Publikation *Gender Trouble. Feminism and the Subversion of Identity*, durch ihre weiteren geschlechtertheoretischen Schriften wie etwa den Aufsatz „Performative Acts and Gender Constitution. An Essay in Phenomenology and Feminist Theory" (1988; dt. „Performative Akte und Geschlechterkonstitution. Phänomenologie und feministische Theorie", 2002) und die Monographie *Bodies that Matter* (1993; dt. *Körper von Gewicht. Die diskursiven Grenzen des Geschlechts*, 1997) vorangetrieben. In ihren Studien entfaltet Butler die einflussreiche These, dass „die Akte, durch die die Geschlechterzugehörigkeit konstituiert wird, performativen Akten in theatralischen Kontexten [ähneln]" (Butler 2002 [1988], 304; vgl. Wald 2007). Wie Butler ausführt, stellt Geschlecht mitnichten eine von der Natur vorgegebene Kategorie dar, sondern erweist sich als ein sprachlich-kulturell fabriziertes Phänomen. Der Anschein naturgegebener, unveränderlicher Geschlechtsidentität ist ein nachträglicher Effekt, der durch die beständige, kulturell erzwungene Wiederholung geschlechtsspezifizierender Handlungen entsteht, was Butler die Performativität von Geschlecht nennt; Geschlecht ist demnach ein *doing* (im Sinne von ‚Tun'), kein Zustand des *being* (im Sinne von ‚Sein') (Butler 1991, 49). Selbst die vermeintlich biologischen Determinanten von Geschlecht, d. h. die anatomischen Geschlechtsmerkmale, werden von Butler in Frage gestellt, indem sie im Anschluss an Michel Foucault argumentiert, dass auch der Körper eine kulturelle Größe sei (Butler

1991, 22). Die reine Präsenz des Körpers, der Körper ‚an sich', lasse sich nicht wahrnehmen, weil unser Blick darauf immer schon von kulturellen Codierungen durchdrungen sei (Butler 1997 [1993], 26).

Um das Geschlecht des Anscheins von Naturhaftigkeit zu berauben und Weiblichkeit bzw. Männlichkeit als Produkt performativer Praktiken sichtbar werden zu lassen, macht Butler auf die Möglichkeit der Geschlechtersubversion aufmerksam (Butler 1991, 190 ff.), eine Strategie, die sich wie ein Verfremdungseffekt im brechtschen Sinne auf die dominante Geschlechterordnung auszuwirken vermag (Bergmann 2015, 26–47). Zu den verfremdenden Akten zählt Butler u. a. die *drag performance*, also die ostentativ zur Schau gestellte parodistische Aneignung gegengeschlechtlicher Codes in theatralisch markierten Kontexten, wie es bei der Travestie der Fall ist. Die Travestie reißt gängige geschlechtliche Verhaltensrepertoires aus einem tradierten Bedeutungszusammenhang und stellt sie in einen ungewöhnlichen neuen, indem beispielsweise stereotype feminine Rollenmuster von einer Person mit männlich codiertem Körper imitiert werden. In der parodistischen Wiederholung könne *drag* insbesondere die Herstellungsbedingungen ‚normaler' Geschlechtsidentitäten in Szene setzen; durch die Entkoppelung der Kategorien *sex* (anatomisches Geschlecht) und *gender* (Geschlechtsrolle) werde deren scheinbar naturbedingtes Kausalitätsverhältnis als kulturelles Konstrukt und somit die performative Verfasstheit jeder Geschlechtsidentität sichtbar gemacht (vgl. Butler 1991, 198 u. ö.).

Butlers Überlegungen zu Strategien theatraler Geschlechtersubversion, die sie in *Gender Trouble* entfaltet, haben in den 1990er Jahren zu einer regelrechten Konjunktur von kulturwissenschaftlichen Studien über *cross dressing*, Hosenrollen, Transvestitismus, *drag* etc. auf der (Theater-)Bühne, im Kino und in der Literatur geführt (z. B. Garber 1992; Lehnert 1994; Halberstam 1998; Kulessa und Penkwitt 1999). Auch die Gegenwartsdramatik beginnt sich in deutlicherem Maße mit der „unreflektierte[n] Selbstverständlichkeit" (A. Engel 2002, 9) von hierarchisierter Zweigeschlechtlichkeit und (reproduktiver) Heterosexualität auseinanderzusetzen (Bergmann 2015, 10). In bisweilen engem Austausch mit einem Wissen, das in *queeren* Kontexten und in den Gender Studies zirkuliert, entwickeln in den Kanon eingegangene Dramatikerinnen und Dramatiker komplexere Panoramen geschlechtlicher Identität und experimentieren mit ungewohnten Formen von Geschlecht; zu nennen wären beispielsweise David Henry Hwang (*M. Butterfly*, UA 1988) und Edward Albee (*The Goat, or Who is Sylvia?*, UA 2002) aus den USA, Sarah Kane (z. B. *Cleansed*, UA 1998, und *Crave*, UA 1998) und Mark Ravenhill (z. B. *Shopping and Fucking*, UA 1996, und *Mother Clap's Molly House*, UA 2001) aus Großbritannien oder Elfriede Jelinek (z. B. *Krankheit oder moderne Frauen. Wie ein Stück*, UA 1987), René Pollesch (z. B. *Heidi Hoh arbeitet hier nicht mehr*, UA 2000, und *Das purpurne Muttermal*, UA 2006) und jüngst Thomas Meinecke (*Der*

Tod kommt auf einem bleichen Pferd, 2015) aus dem deutschsprachigen Raum. Die Autorinnen und Autoren zielen darauf ab, konventionelle Wahrnehmungsmuster von Geschlecht zu unterbrechen und das Publikum dazu aufzufordern, etwas, „was für selbstverständlich gehalten" wird, nicht mehr als „allzu selbstverständlich" (Pollesch und Beck 2006/2007, 21) zu betrachten. Die Bühne wird somit als Ort genutzt, an dem sich Geschlecht in seiner kulturellen Bedingtheit und Veränderbarkeit vorführen lässt. Gleichzeitig verweisen die Autorinnen und Autoren im Sinne einer intersektionalen Perspektive auf die Mehrdimensionalität von Identität und nehmen in ihren Texten die vielschichtigen Verschränkungen von Geschlecht, Sexualität, *race* und Klasse in den Blick.

In der Forschung ist insbesondere das preisgekrönte Stück *M. Butterfly* von David Henry Hwang auf breites Interesse gestoßen, ein Theatertext, der die Wirkmächtigkeit westlicher Phantasien vom ‚effeminierten Orient' vorführt und der 1993 unter der Regie von David Cronenberg erfolgreich verfilmt wurde (Moy 1990; Chin 1991; Q. Lee 1993; Liebrand 1999, 25 u. ö.; Cheng 2001, 103–138; Eng 2001, 137–166; Bergmann 2015, 180–205). Wie Hwang in seiner explizit als dekonstruktivistisch bezeichneten Adaption der populären Puccini-Oper *Madama Butterfly* zeigt (Hwang 1988, 95), produziert der Orientalismusdiskurs reduktionistische Wahrnehmungsmuster, in denen das orientalische ‚Andere' grundsätzlich den symbolisch homologen Ort mit dem ‚Weiblichen' teilt.

Im Mittelpunkt von Elfriede Jelineks feministischem Theatertext *Krankheit oder moderne Frauen*, um ein weiteres Beispiel zu geben, steht die kritische Auseinandersetzung mit der patriarchalisch-heterosexuellen Organisation des Geschlechterverhältnisses (Bossinade 1992; Claes 1994; Pflüger 1996; L. Taylor 2008; Bergmann 2015). Konstituiert sich das heterosexuelle Geschlechtersystem maßgeblich über das Prinzip der Reproduktion im Sinne biologischer Fortpflanzung wie auch der performativen Wiederholung normativer Rollenmuster, so verweigern sich die Frauenfiguren Jelineks als lesbische Vampirinnen radikal diesen Prinzipien und drohen damit, dem herrschenden Diskurs sein Fundament zu entziehen (Bergmann 2015, 94). Doch nicht nur auf inhaltlicher, sondern vor allem auch auf formaler Ebene geht es Jelinek um die Opposition gegen ein von patriarchalen Ordnungsmustern bestimmtes Geschlechterverhältnis. So zeichnet sich in *Krankheit oder moderne Frauen* jene Abkehr von dramatischen Gesetzmäßigkeiten ab, die Jelinek in ihren späteren Theatertexten im Sinne einer postdramatischen Ästhetik radikalisiert. Verzichten Theatertexte wie *Wolken.Heim.* (UA 1988), *Totenauberg* (UA 1992), *Ulrike Maria Stuart* (UA 2006) oder *Über Tiere* (UA 2007) gänzlich auf dramenkonstitutive Strukturen und werden zu Sprachflächen, deutet sich diese Tendenz in *Krankheit oder moderne Frauen* dahingehend an, dass Jelinek die dramatische Form nur noch als Relikt einer überkommenen Theatertradition zitiert, nicht aber als bindende ästhetische Kategorie gebraucht.

Wie die Forschung zeigt, bedeutet der Bruch mit der Gattungskonvention bei Jelinek – ebenso wie bei anderen Autorinnen und Autoren des postdramatischen Theaters – immer auch den Bruch mit Geschlechterkonventionen (Schößler 2004, 195; Birkner et al. 2014, 11–12).

4 Die Figur der Schauspielerin und die geschlechtliche Codierung der Schauspielkunst

Geschlechtlich semantisierte Arbeitsstrukturen im Theater stellen ebenfalls ein zentrales Sujet der genderorientierten Dramen- und Theaterforschung dar. Konsens ist, dass die ästhetische und die institutionelle Ebene des Theaters in einem engen Wechselverhältnis stehen. Ein zentrales Erkenntnisinteresse der feministischen und genderorientierten Dramen- und Theaterforschung richtet sich dabei sowohl auf die wechselhafte Geschichte von Frauen im Berufsfeld des Schauspiels (Geitner 1988; Möhrmann 1989a; Davis 1991; Gutjahr 1993; Rüppel 1996; Emde 1997; Fertl 2005; Pullen 2005; Helleis 2006; Dupree 2011; Hinz 2014) als auch auf die geschlechtliche Codierung der Schauspielkunst (Heeg 2000; Wiens 2000; Thorun 2006; Bühler-Dietrich 2011; Hochholdinger-Reiterer 2014).

Die historische Erforschung von Schauspielerinnen ist Renate Möhrmann zufolge deshalb notwendig, weil Frauen über eine ganz andere Bühnengeschichte verfügen als ihre männlichen Kollegen (Möhrmann 1989a). Dabei gilt für die Schauspielkunst in ähnlicher Weise das, was Silvia Bovenschen für das gesamte Feld der Kunst diagnostiziert hat: Der geringen Anzahl von weiblichen Kunstschaffenden steht eine Fülle ästhetisch-imaginativer Weiblichkeitskonstruktionen gegenüber. Über die Profession der Schauspielerin führt Renate Möhrmann im Sinne Bovenschens aus, dass „[u]nsere zweieinhalbtausendjährige abendländische Theatertradition […] zweitausend Jahre lang zwar nicht ohne das weibliche Element, wohl aber ohne Frauen aus[kam]. Zwei Jahrtausende hindurch wurden Frauenrollen von Männern dargestellt. […] Man stelle es sich vor: Klytämnestra, Iphigenie, Lady Macbeth oder Ophelia als Glanzrollen für Männer" (Möhrmann 1989b, 7).

Während es Frauen im klassischen griechischen Theater verboten war, auf der Bühne zu agieren, traten im antiken Rom Schauspielerinnen durchaus noch in Erscheinung; allerdings handelte es sich dabei um Sklavinnen, denen ausschließlich derbe und zotige Unterhaltungsformate zugestanden wurden. Im Rahmen dieser Formate bildete die (häufig unfreiwillige) „völlige Entblößung des [weiblichen, F. B.] Körpers" (Möhrmann 1989b, 7–8) den Höhepunkt der Aufführung, eine Konvention, die den Ausgangspunkt der Jahrtausende währenden

Analogisierung von weiblicher Schauspielkunst und Prostitution markiert (Davis 1991; Fertl 2005; Pullen 2005; Hinz 2014). Als Paradoxie der europäischen Theatergeschichte lässt sich der Einfluss des Christentums auf die Bühnenkunst werten. Ermöglichte die Berufung auf die christliche Religion den römischen Sklavinnen zwar, der Schauspielerei und der damit verbundenen Darbietung von Nacktheit fernzubleiben, so wandelte sich der anfängliche Schutz, den die Kirche Frauen am Theater bot, zunehmend in ein allgemeines weibliches Auftrittsverbot (Möhrmann 1989b, 8).

Erst im 16. Jahrhundert finden sich Frauen erneut auf der Bühne: Die Commedia dell'arte bietet ihnen einen Raum, in dem sie professionell mit vertraglich fixierter Entlohnung und ganzjährig garantierten Auftritten dem Schauspielberuf nachgehen dürfen. In diesem treten bestimmte Frauenfiguren ohne Maske auf, wodurch das Gesicht bzw. die Schönheit der Schauspielerin zum Markenzeichen wird (Hecker 2000, 33–34). Dass Frauen seit dem 16. Jahrhundert im europäischen Theater beruflich deutlich präsenter sein können als in anderen Sparten der Kunst, hängt mit der Geringschätzung des Theaters zusammen. Dessen Reputation ist so schlecht, „daß patriarchalische ‚Standesbarrieren' hier gar nicht erst errichtet werden mußten" (Möhrmann 1989b, 13). Die Abwertung dieser Kunstform verhilft Frauen insbesondere im 17. und 18. Jahrhundert zu Biographien als Aktricen, die konventionellen Weiblichkeitsmustern nicht entsprechen. Dabei lässt sich die auffällige Egalität der Geschlechter innerhalb der Theatertruppen darauf zurückführen, dass die gegenderte Trennung von öffentlicher und privater Wirkungssphäre hier keine Gültigkeit besitzt. Die Verteilung der Aufgaben vollzieht sich vielmehr in einer Weise, die sich „weniger nach dem traditionellen Rollenverständnis als vielmehr nach der individuellen Befähigung der einzelnen Mitglieder" (Möhrmann 1989b, 13) richtet, so dass sogar Leitungsfunktionen von Frauen übernommen werden können, wie etwa das Beispiel von Madeleine Béjart zeigt, der langjährigen Weggefährtin Molières, oder die außergewöhnliche Karriere von Caroline Neuber, einer Schauspielerin und Theaterprinzipalin des 18. Jahrhunderts, welche „die erste Frau [ist], die eine Theatergesellschaft leitet, ohne sie nur von ihrem Ehemann ‚geerbt' zu haben" (Oelker 2004, 7).

Auch der sich seit der Renaissance durchsetzende Realismusanspruch in der theatralen Kunst führt zu einer verstärkten Präsenz von Frauen auf der Bühne. Vor allem in den (nahezu ausschließlich ‚heterosexuellen') Liebesszenen scheint es zunehmend unangemessen, den weiblichen Part von einem männlichen Darsteller spielen zu lassen (Möhrmann 1989b, 14). Allerdings kann das Vordringen von Frauen in den Schauspielberuf keinesfalls als linearer Prozess beschrieben werden, denn insbesondere die elisabethanische Bühne in England schließt Frauen auf drastische Weise aus. Anstelle der Schauspielerinnen agieren die sogenannten *boy actors*, an der Grenze zum Erwachsenenalter stehende Knabenschauspieler, die in der Shakespeare-Forschung großes Interesse auf sich ziehen konnten. Während Möhrmann die Funktion der Knabenschauspieler vor allem darin sieht, weibliche Körper von der shakespeareschen Bühne fernzuhalten, betont Stephen Greenblatt in seiner bahnbrechenden Publikation *Shakespearean Negotiations. The Circulation of Social Energy in Renaissance England* (1988; dt. 1990), dass die *boy actors* Ausdruck des in der Renaissance geltenden Ein-Geschlecht-Modells sind, eines Modells, das Weiblichkeit und Männlichkeit nicht als polaren Gegensatz auffasst, sondern als abgestuftes Kontinuum. Man hält die weiblichen Genitalien für ein nach innen gestülptes, minderwertiges männliches Geschlechtsorgan; die Frau wird in ihrer „Genitalstruktur [...] als Spiegelbild des Mannes begriffen", was zur Folge hat, dass in allen sexuellen Konstellationen „ein Anflug von Homoerotik" aufscheint (Greenblatt 1990 [1988], 90). Dieser jegliches Liebesverhältnis bestimmende homoerotische Subtext wird Greenblatt zufolge durch *boy actors* dadurch versinnbildlicht, dass dem Publikum permanent bewusst bleibt, dass unter jedem Frauenkostüm ein nicht voll ausgereifter Männerkörper steckt (Greenblatt 1990 [1988], 91). Laut Gertrud Lehnert wird die der Aufführungspraxis des Shakespeare-Theaters zugrunde liegende androgyne Spannung durch die Dramentexte Shakespeares verstärkt; in Stücken wie der Komödie *As You Like It* (ca. 1601) kommt es zu *Cross-dressing*-Szenen, in denen von *boy actors* gespielte Frauenfiguren zeitweise wiederum in männliche Rollen schlüpfen (Lehnert 1994, 66–83).

Zeichnet sich die Geschichte der europäischen Schauspielerin durch zahlreiche misogyne Rückschläge wie etwa im Shakespeare-Theater aus, so betritt die erste bekannte deutsche Schauspielerin Catharina Elisabeth Velten, die zugleich als Prinzipalin und Autorin tätig ist, Ende des 17. Jahrhunderts die Bühne (Dupree 2011, 11). Mit dem Tod ihres Mannes 1693 übernimmt Velten eine eigene Theatertruppe und setzt auf eine realistische Ästhetik, d. h. auf eine Ästhetik, in der u. a. die Darstellung weiblicher Figuren durch Frauen zum zentralen Prinzip erhoben wird. Velten ist neben Caroline Neuber eine der wichtigsten Leiterinnen einer deutschen Theatertruppe. Allerdings zeigt sich ab Mitte des 18. Jahrhunderts, dass führende Positionen am Theater fortan nur noch von Männern bekleidet werden (Emde 1997, X) – eine Tendenz, deren Auswirkungen bis in die Gegenwart hinein spürbar sind, zieht man in Betracht, dass Frauen in den Berufsfeldern Intendanz oder Regie am deutschen Repertoiretheater erst etwa seit dem 21. Jahrhundert nicht mehr unterrepräsentiert sind.

Das deutsche Theater befindet sich insbesondere im 18. Jahrhundert in einer für die Geschlechterforschung interessanten Umbruchphase, weil es zum zentralen „Schauplatz für Auseinandersetzungen" wird, „deren Ergebnisse bis heute [...] unseren Begriff von weiblich und männlich bestimmen" (Emde 1997, IX). So macht Beate Hochholdinger-Reiterer in ihrer umfassenden Studie *Kos-*

tümierung der Geschlechter. Schauspielkunst als Erfindung der Aufklärung (2014) darauf aufmerksam, dass die das 18. Jahrhundert auszeichnenden ästhetischen Reformbestrebungen mit dem Übergang vom Ein- zum Zwei-Geschlechter-Modell engzuführen sind: Das „körperbetonte[ ], illiterarische[ ] [...] Theater" mit seiner „Rollenmobilität", seinen „Verwandlungen" und der Möglichkeit zum „Geschlechtertausch" weicht einem literarisierten bürgerlichen Theater, „dessen Wirkungsweise durch Reglementierungen des Sprachlichen wie des Körperlichen" und einem „Bemühen um stabile Identität(en)" charakterisiert ist (Hochholdinger-Reiterer 2014, 35).

Anhand der Biographien der „Theatergöttinnen" (vgl. den Titel der Monographie von Balk 1994) Clara Ziegler, Sarah Bernhardt und Eleonora Duse lässt sich aufzeigen, inwiefern sich in der zweiten Hälfte des 19. Jahrhunderts ein System zu etablieren beginnt, das bis heute wesentlicher Bestandteil der Kulturindustrie ist und unter dem Begriff ‚Starsystem' firmiert. Kennzeichnend für diese Struktur, die insbesondere durch die Entwicklung des Konkurrenzmediums Film an Bedeutung gewinnen konnte (Möhrmann 1989b, 21), ist der ausgeprägte Personenkult um die Schauspielerinnen. Das Interesse der Öffentlichkeit richtet sich nicht nur auf die verkörperten Rollen, sondern vorzugsweise auf den persönlichen Lebenswandel der Aktrice. Wie Claudia Balk in ihrer bebilderten Studie *Theatergöttinnen. Inszenierte Weiblichkeit. Clara Ziegler – Sarah Bernhardt – Eleonora Duse* (1994) darlegt, dienten diese Virtuosinnen als Projektionsfläche für eine Fülle kollektiver Weiblichkeitsphantasien des Fin de Siècle. Während Sarah Bernhardt vielfach Attribute der Femme fatale, der todbringenden Verführerin, zugeschrieben werden, fungiert Eleonora Duse als Kontrastfigur, die man zum Sinnbild der *femme fragile*, zur zerbrechlichen Frau, stilisiert (Balk 1994, 60–122, 130–185). Die exzessiv betriebene Theatralisierung (Balk 1994, 9) dieser Schauspielerinnen lässt sich überdies im Kontext eines u. a. von Friedrich Nietzsche und Otto Weininger vertretenen misogynen Diskurses situieren, der im ausgehenden 19. Jahrhundert virulent wird und Weiblichkeit mit Maskerade assoziiert. Weiningers Traktat *Geschlecht und Charakter* von 1903 entwirft die Frau als identitäts- und konturloses Wesen, dessen Verhalten maßgeblich vom Rollenspiel bestimmt sei.

Als Sinnbild des Weiblichen stellt die Schauspielerin zudem ein beliebtes Sujet der epischen Literatur dar. Als Projektionsfläche für ungezügelte Sexualität erscheint sie beispielsweise in Heinrich Manns Roman *Professor Unrat* (1905): Die Figur der Rosa Fröhlich wird als frivole Künstlerin dargestellt, die den machthungrig-chauvinistischen Gymnasialprofessor Raat durch ihre Sinnlichkeit betört und seine bürgerliche Existenz zerstört. In Gerhart Hauptmanns Märchendrama *Und Pippa tanzt!* (1905, UA 1906) indessen kommt eine vor allem im 19. Jahrhundert virulente gegenderte Schöpfungsphantasie zum Ausdruck, in deren Rahmen der Regisseur „das geistige Wort des Dichters im Körper der Schauspielerin ‚Fleisch' werden lässt"; Hauptmann hatte sein Drama der realen Schauspielerin Ida Orloff „förmlich auf den Leib" geschrieben (Schößler 2008b, 168).

Elfriede Jelinek hingegen greift in ihren Texten die vielfältig zirkulierenden Stereotype der Schauspielerin kritisch auf. In ihrem als „Posse mit Gesang" betitelten Theatertext *Burgtheater* (UA 1985) bezieht sie sich persiflierend auf die misogynen Diskurse seit Nietzsche und Weininger, welche die Frau als Simulantin bezeichnen (Fliedl 2003/04, 15); zudem bricht Jelinek in ihrer Theaterästhetik wiederholt mit der beliebten Denkfigur des Regisseurs als Pygmalion, indem sie für die Bühne kein von der Regie erzeugtes Leben, sondern Untote und Gespenster vorsieht (Schößler 2006, 46–47).

Natalie Bloch und Dieter Heimböckel
III.2.8 Drama und Interkulturalität

1 Einleitung

Interkulturalität gilt als Denknotwendigkeit unserer Zeit und damit als ein Phänomen von besonderer Aktualität. In den Kulturwissenschaften im Allgemeinen und den Literaturwissenschaften im Besonderen wird in diesem Zusammenhang mitunter außer Acht gelassen, dass der Kultur ebenso wie der Literatur immer schon eine interkulturelle Dimension innewohnt. So wie es keine Kultur gibt, die nicht durch eine andere beeinflusst ist, so gibt es keine Literatur, die sich aus sich heraus bzw. eigenständig entwickelt hätte. In beiden Fällen haben wir es mit einem „*plurale tantum*" zu tun (Hamacher 2011, 127).

Mit Blick auf das Theater ist dieser Sachverhalt vergleichsweise unstrittig. Ganz im Gegenteil herrscht im Diskursfeld des Theaters die Meinung vor, dass seit alters her unter den Theatern der Kulturen ein reger Austausch mit entscheidender Wirkung auf die Theaterentwicklung stattgefunden habe (vgl. Fischer-Lichte 1999a, 9; Regus 2009, 9; Weiler ²2014, 167) und dass ohne das Interkulturelle die Theatergeschichte nicht denkbar sei (vgl. Mecklenburg 2010, 40). „Theatre has always been intercultural" (Knowles 2010, 6) – entsprechend gilt das Theater als „ein interkulturelles Medium par excellence", das sich in deutlicherem Maße als andere kulturelle Ausdrucksformen „als heterotopischer Ort von Übersetzungen, von Verhandlungen zwischen nationalen Traditionen, Praktiken und institutionellen Strukturen" beschreiben lässt (Schößler 2014a, 11). Diese auf das Theater abzielenden Thesen treffen ebenso auf das Drama zu, das möglicherweise in diesem Zusammenhang deshalb nicht explizit erwähnt wird, weil es als gattungsspezifisches Charakteristikum seinen theatralen Vollzug als Spiel vor einem Publikum fordert. Ebenso wie die Theater- ist auch die Dramengeschichte eine Geschichte des interkulturellen Austausches und Transfers, der Rezeption und Übersetzung, wie bereits ein kursorischer Blick verdeutlicht: In Drama und Theatertext wurden seit jeher auf höchst unterschiedliche Weise Traditionen, Texte, Sprachen und Stoffe verschiedenster Kulturen rezipiert und verarbeitet. So gilt Livius Andronicus, der aus dem seinerzeit zu Griechenland gehörenden Tarent stammte, zwar als Begründer des römischen Dramas; bei seinen ersten Tragödien und Komödien handelte es sich aber um Adaptionen griechischer Vorbilder, die auf das römische Publikum und die römische Staatsführung zugeschnitten waren. Ganz ähnlich verfuhr Johann Wolfgang von Goethe, der es sich als Leiter des Weimarer Hoftheaters zur Aufgabe gemacht hatte, ein Repertoire der in seinen Augen bedeutendsten Stücke der Weltliteratur zusammenzustellen.

Um die Zuschauerinnen und Zuschauer in den vollen Genuss des fremden Textes kommen zu lassen, fertigte er nicht nur Übersetzungen der Texte an, sondern griff weitreichend in diese (beispielsweise in die Dramen Shakespeares) ein, um sie den ästhetischen und moralischen Vorstellungen des Weimarer Publikums anzupassen (vgl. Fischer-Lichte 2008, 361). Molière gelang es entsprechend für die französische Klassik, die Tradition der Farce mit der italienischen Commedia dell'arte zu verbinden und so die Komödie der Tragödie gleichwertig zu machen.

Im gegenwärtigen Zeitalter der Globalisierung nimmt nicht nur die Rezeption von Texten und Inszenierungen aus anderen Kulturräumen zu, auch Theaterautorinnen und -autoren greifen in nahezu selbstverständlicher Weise Elemente, Geschichten und Traditionen anderer Kulturen auf. Beispiele wären der nigerianische, mit dem Nobelpreis ausgezeichnete Stückeschreiber Wole Soyinka, der, einem sozialkritisch postkolonialen Impuls folgend, Ritualelemente aus der Yoruba-Kultur ebenso in seine Theatertexte integriert wie Merkmale des epischen Theaters von Bertolt Brecht, des antiken Theaters und des Welttheaters (vgl. Mecklenburg 2008b, 302), und der türkische Autor Haldun Taner, der in seinen sozialkritischen Stücken Elemente des türkischen Volkstheaters ebenfalls mit Brechts Theaterkonzepten verbindet (vgl. Mecklenburg 2008b, 303).

Erstaunlich ist daher, dass gerade in der Literaturwissenschaft die Beschäftigung mit dem Drama – was interkulturelle Fragestellungen anbelangt – vergleichsweise unterrepräsentiert ist. Die nachfolgenden Ausführungen zielen deshalb darauf, das komplexe und bislang theoretisch sowie analytisch vernachlässigte Verhältnis zwischen Drama und Interkulturalität aufzuarbeiten, wobei es immer wieder notwendig sein wird, Bezüge zur theaterwissenschaftlichen Auseinandersetzung mit Fragen der Interkulturalität herzustellen. Für Aufbau und Struktur des Beitrags folgt daraus, dass (1) der Begriff der Interkulturalität erörtert und das Verhältnis von Drama und Interkulturalität in theoretischer Hinsicht eingehender reflektiert wird, (2) das Manko der wissenschaftlichen Beschäftigung mit diesem Feld, (3) anthropologische und politische Bedingungen der interkulturellen Dramenrezeption und (4) das Verhältnis von Interkulturalität, Drama und Theater im Zeitalter der Globalisierung in den Mittelpunkt gerückt werden.

2 Ausgangspunkt, Kontext und Begriffsbestimmung

Interkulturalität und Kulturtheorie / Kulturbegriff

Im öffentlichen wie im wissenschaftlichen Diskurs hat sich die Rede über Interkulturalität als eine zentrale Größe der Auseinandersetzung mit Themen, Problemen und Phänomenen, die sich aus dem Zusammentreffen und der Interaktion unterschiedlicher Kulturen ergeben, mittlerweile fest etabliert. Dass man nicht immer genau weiß, wovon eigentlich gesprochen wird, hängt mit der Vielstimmigkeit dieser Rede zusammen: So wie das Interkulturelle in allen Bereichen des öffentlichen Lebens gegenwärtig ist, so gibt es kaum noch ein Fach innerhalb der großen Fakultäten, das sich nicht damit beschäftigen würde. Weniger überrascht daher die Klage über die Inflationierung der Begriffsverwendung als vielmehr deren Konstanz. Seit sich Interkulturalität Ende der 1970er Jahre als Leitbegriff und viel beachtetes Forschungsfeld profiliert hat, steht sie in dem Verdacht, zu einem mehr oder minder substanzlosen Konzept ‚degeneriert' zu sein und allenfalls modischen Studieninteressen zu dienen. Ihre ungebrochene Aktualität straft die Kritikerinnen und Kritiker indes nicht Lügen, sondern erinnert daran, dass Interkulturalität als Denknotwendigkeit unserer Zeit prozessual begriffen und damit einer beständigen Neuauslegung unterzogen werden muss.

Mit dem Begriff der Interkulturalität war seit den 1970er Jahren zunächst die Funktion verknüpft, politisch realisierbare Konzepte für Konfliktlösungen in der „nation of immigrants" zu erarbeiten (Schnell 2000, 231); gleichzeitig bediente das Konzept, verbreitet durch die praktische Disziplin der Interkulturellen Kommunikation, „einen Wissens- und Kompetenzbedarf für internationale Beziehungen nicht nur, aber primär geschäftlicher Art" (Mecklenburg 2008a, 91). Der weitere Erfolgsweg der Interkulturalität steht in engem Zusammenhang mit der Etablierung der Cultural Studies und Intercultural Studies in Großbritannien und ihrer US-amerikanischen sowie kontinental-europäischen Rezeption in den 1970er und 1980er Jahren (vgl. Hess-Lüttich 2003, 76). Angesichts des Umstandes, dass Interkulturalität sich in den 1980er Jahren sukzessive als leitende und disziplinübergreifende Forschungskategorie etabliert hat, hat sie sich bald schon den Ruf eingehandelt, der „Rabattlösung" modischer Studieninteressen zu dienen (Wierlacher 2003, 16). Dabei wurde die Notwendigkeit der Auseinandersetzung mit interkulturellen Fragestellungen dadurch verstärkt, dass sich infolge nationaler Prozesse (beispielsweise der deutschen Wiedervereinigung) sowie europäischer (EU-Erweiterung und -Integration) und weltumspannender Veränderungen (Globalisierung, Migrationsbewegungen) die Formen des gesellschaftlichen Zusammenlebens sowie die Voraussetzungen und Bedingungen, unter denen Kontakte und Begegnungen zwischen den Kulturen entwickelt und realisiert werden, grundlegend gewandelt haben. Unter diesen Voraussetzungen erweise sich Interkulturalität als „Ausdruck einer aktuellen gesellschaftsspezifischen Aufmerksamkeitsverlagerung im Zeichen eines neuen Wissens- und Erklärungsbedarfs" (Gutjahr 2006, 93). Interkulturalität, verstanden nicht nur als Ausdruck kooperativer Selbstaufklärung (vgl. Wierlacher 1999, 163), sondern auch als ein Beitrag zur Kritik der Neuzeit und der neuzeitlichen Gegenwart, bezeichnet einen Zwischenraum, in dem vermeintlich feste Grenzen verschwinden und neue Grenzen immer wieder gezogen und zugleich überschritten werden.

Ein zu harmloses Verständnis kultureller Grenzen hat dagegen vor allem Wolfgang Welsch den Konzepten der Interkulturalität vorgeworfen, gegen die er den vermeintlich angemesseneren Begriff der Transkulturalität ins Spiel brachte. Dabei orientiert Wolfgang Welsch sein neues Konzept der Transkulturalität deutlich an einer zeitlichen Entwicklung: In einem für ihn überkommenen Kulturmodell, das er am Ende des 18. Jahrhunderts maßgeblich durch Johann Gottfried Herder geprägt und vertreten sieht, seien Kulturen als Kugeln verstanden worden – zu diesem Kugelmodell gehörten „ein internes Homogenitätsgebot und ein externes Abgrenzungsgebot" (Welsch 2012, 27). Damit wird – bei aller Globalisierung und Pluralisierung von Kultur im späten 20. und frühen 21. Jahrhundert – offensichtlich, dass Welsch die Komplexität vorangegangener Kulturmodelle und eines früheren In-, Gegen- und Miteinanders von Kulturen unterschätzt. Schon Herders Kultur-Konzept lässt sich der jüngeren Forschung zufolge nicht einseitig auf eine Tendenz zur organizistisch-ganzheitlichen Prägung festlegen (vgl. Dembeck 2010). Wer demgegenüber dem emphatisch empfohlenen Konzept der Transkulturalität einen zeitlichen Index mit auf den Weg gibt, muss unterstellen, dass sich frühere Kulturen tatsächlich zu den zugeschriebenen ‚harmloseren' Bedingungen der Interkulturalität begegnet sein könnten. Den vorliegenden Ausführungen liegt dagegen die zeitlich nicht indizierte Bestimmung Jean-Luc Nancys zugrunde: „Jede Kultur ist in sich ‚multikulturell', nicht nur, weil es immer eine vorgängige Akkulturation gegeben hat und es keine einfache und reine Herkunft gibt, sondern vor allem deshalb, weil der Gestus der Kultur einer des Vermischens ist" (Nancy 1993, 6–7).

Theorie der Interkulturalität im Bezugsrahmen des Dramas

Für die theoretische Reflexion im Bezugsrahmen des Dramas war die Interkulturalitätsdiskussion in der Theaterwissenschaft und -praxis so gut wie folgenlos. Erst in jüngster Zeit wird diesem Sujet eine größere, wenn auch immer noch bescheidene Aufmerksamkeit geschenkt (vgl. Balme 2012). Das liegt u. a. an der Entschiedenheit, mit der die Theaterwissenschaften auf Distanz zu den Philologien gingen (vgl. P. Marx 2012a, 7), so dass ein konstruktiver Dialog erschwert wurde. Darüber hinaus entzieht sich die Inszenierung als multimediale Kunst einem literaturwissenschaftlichen Zugriff, wovon die interkulturellen Eigenheiten, die einer Inszenierung im Gegensatz zu einem Text zugrunde liegen, ebenso betroffen sind. Die Philologien arbeiten, ungeachtet ihrer kulturwissenschaftlichen Ausweitung, weiterhin textzentriert und leisten so dem „agonale[n] Verhältnis von Drama und Theater" (Hulfeld 2007, 271) ihrerseits Vorschub. Ungeachtet der begründeten Vorbehalte gegenüber der Universalisierung beider Zugangsweisen hat man sich im Falle des Theaters allerdings leichter getan, es mit dem Attribut ‚interkulturell' zu versehen. Beim interkulturellen Theater handelt es sich um einen geläufigen Gattungsbegriff, was für das interkulturelle Drama – von vereinzelten, hauptsächlich in der englischsprachigen Forschung anzutreffenden Ausnahmen abgesehen (vgl. Reitz und Rothkirch 2001; Huber et al. 2010) – eher nicht zutrifft. Dabei sollte der Konvention entsprechend dann von interkulturellem Theater die Rede sein, „wenn es sich um verschiedene ethnische Kulturen handelt und unterschiedliche Einzelsprachen gesprochen werden" (Regus 2009, 43; vgl. auch Balme 2012, 85). Die begriffliche Einschränkung auf solche Inszenierungen, in denen Elemente aus mehr oder weniger deutlich zu unterscheidenden Kulturen verarbeitet werden, lässt allerdings den Verdacht aufkommen, dass damit Differenzen markiert sind, durch die das Fremde sicht- und fassbar gemacht werden soll. Anders lässt sich nicht erklären, warum in der Theaterwissenschaft (und nicht nur hier) die Tendenz vorherrscht, dann von interkulturellem Theater zu sprechen, wenn sich westliche – europäische oder europäisch-amerikanische – Elemente mit außereuropäischen verbinden (vgl. Regus 2009, 28–29). Auch wenn sich der Wille erkennen lässt, die europäische Theatertradition nicht dominant werden zu lassen, um dem Vorwurf des Eurozentrismus zu entgehen, wird durch die Überbetonung der Differenz und das vermeintliche Wissen über das, was das Eigene und Fremde ist, der oder das Andere aus eurozentrischer Perspektive festgeschrieben und somit ein Container-Modell von Kultur zu Lasten eines Verständnisses von Kultur als *plurale tantum* gestärkt. Zusätzlich ist in Bezug auf das interkulturelle Theater ebenso wie auf das interkulturelle Drama zu berücksichtigen, dass Elemente bzw. Dramenformen verschiedener kultureller Provenienz nicht nur thematisiert und verknüpft, sondern auch als fremd wahrgenommen bzw. ausgestellt werden müssen.

Was jedoch als fremd bzw. als kulturell different wahrgenommen und bestimmt wird, hängt wiederum von gesellschaftlichen Ordnungsschemata und subjektiven Faktoren ab. Inwiefern das interkulturelle Drama und das interkulturelle Theater tatsächlich Vorurteile und eurozentrische Sichtweisen bestätigen, entscheidet sich also mit der anthropologische und politische Dimensionen beinhaltenden Frage, *wie* der oder das Fremde bzw. Andere – Fremde verstanden als „Interpretament der Andersheit" (Weinrich 1985, 197) – jeweils dargestellt, thematisiert und damit interpretiert wird bzw. ob diese Kategorien als Konstruktionen kenntlich gemacht werden. Im interkulturellen Drama und Theater besteht daher immer auch die Gefahr der stigmatisierenden Fremdzuschreibung, weil mit jeder Konkretisierung und Darstellung des Fremden dieses festgeschrieben und dem Eigenen untergeordnet wird. Häufig wird dabei unterschlagen, dass die Verhandlung und Thematisierung kultureller Differenzen und Konflikte nicht nur über inszenatorische Mittel und Effekte erfolgt, sondern dem Drama seit seiner Entstehung aus der antiken Tragödie in Form, Handlung, Sprache und Inhalt inhärent sind (vgl. Mecklenburg 2008b, 294). Erinnert sei hier an einige prominente Beispiele, wie Aischylos' *Die Schutzflehenden*, Euripides' *Iphigenie bei den Taurern*, Shakespeares *Othello*, Gotthold Ephraim Lessings *Nathan der Weise*, Johann Wolfgang von Goethes *Iphigenie auf Tauris* oder Heinrich von Kleists *Penthesilea*. Auch wenn zu diskutieren wäre, ob diese Dramen als interkulturell zu bezeichnen sind, so ist es doch sinnvoll und ergebnisreich, sie unter interkulturellen Aspekten zu betrachten, da für sie „die ästhetische Inszenierung und Reflexion der unterschiedlichen Formen und Konflikte der Kulturbegegnung konstitutiv ist" (Gutjahr 2010, 21). Die oben genannte Dramenauswahl deutet an, dass interkulturelle Differenzen und Thematisierungen des Fremden in höchst unterschiedlicher Weise im Zentrum der Handlung stehen können: In einigen Texten wird das Fremde/Andere im Sinne von Orientalismus (vgl. Said 1978) und Exotismus verklärt und ethnozentrisch affirmiert, in anderen wird die Konstruktion des Anderen kritisch reflektiert und Alterität postuliert. Interkulturelle Konstellationen können im Drama also sowohl eine kritisch-emanzipatorische als auch eine affirmativ-stereotype Stoßrichtung besitzen.

Wenn von einer interkulturellen Konstellation im theatralen Raum nicht notwendigerweise auf ein interkulturelles Theaterstück geschlossen werden kann, wir es also beim interkulturellen Theater mit einem für das Verhältnis von Interkulturalität und Theater spezifischen Fall zu tun haben, so gilt dies auch für das Verhältnis von Interkulturalität und Drama. Insofern liefert Norbert Mecklenburgs These, wonach jedes Theaterstück als interkulturell bezeichnet werden könne, „dessen Form Elemente aus verschiedenen Kulturen kombiniert oder dessen Handlung interkulturelle Differenzen, Konflikte, Beziehungen und Begegnungen [...] thematisiert" (Mecklenburg 2010, 41), *mutatis mutandis* durchaus auch einen Orientierungsrahmen für das interkulturelle Drama, jedoch nicht für das Verhältnis von Interkulturalität und Drama insgesamt. Zum einen schließt sie solche Dramen aus, in denen sich Interkulturalität zwar nicht dominant, aber doch in einer Nebenhandlung oder Nebenfigur äußert. So macht die Episodenfigur des französischen Glücksspielers Riccaut de la Marlinière aus Lessings Komödie

Minna von Barnhelm noch kein interkulturelles Drama; ihre klischeehafte Inszenierung ist aber nicht nur mit Blick auf die deutsch-französischen Beziehungen im Zeitalter der Aufklärung von interkulturellem Interesse. Zum anderen deckt Mecklenburgs These, worauf er selbst indirekt hinweist, nicht das breite Feld der Wirkung und Rezeption ab.

3 Drama und Interkulturalität in der Forschung

Die wissenschaftliche Auseinandersetzung mit dem Verhältnis von Interkulturalität und Drama ist in zweifacher Hinsicht ausgesprochen defizitär:

(1) Die interkulturell ausgerichtete Literaturwissenschaft ist in einer bemerkenswerten Einseitigkeit auf die Prosa fokussiert. Damit zollt sie einerseits der Tatsache Tribut, dass sich die Epik als Leitgattung in der Gegenwart durchgesetzt hat, worunter die Beschäftigung mit Drama und Lyrik im wissenschaftlichen Feld gleichermaßen leidet. Diese Entwicklung korreliert auf einer zweiten Ebene mit der Konzentration auf Texte der Gegenwart; die Stärkung der Diachronie ist zwar eingefordert worden (vgl. Heimböckel 2012, 28–29; Kaufmann 2013, 29), bislang aber ohne nennenswerte Resonanz geblieben. Eine Gattung wie das Drama, die, begünstigt durch die theoretische Fundierung der aristotelischen Poetik, eine auch in ihren Leistungen historisch bemerkenswerte Konstanz aufweist, gerät infolge der Gegenwartszentrierung der philologischen Interkulturalitätsforschung *nolens volens* ins Hintertreffen. So spielt sie in einschlägigen Einführungen und Handbüchern der interkulturellen Literaturwissenschaft wie auch der germanistischen Interkulturalitätsforschung mehrheitlich keine oder allenfalls eine marginale Rolle (vgl. Wierlacher und Bogner 2003; Hofmann 2006; Leskovec 2011; Hofmann und Patrut 2015). In gattungsspezifischer Hinsicht ist zwar die Tendenz wahrnehmbar, der interkulturellen Dimension des Dramas eine größere Aufmerksamkeit zu schenken (vgl. Balme 2012; Schößler 2013; A. Hoffmann und Walter 2015); in der Regel geschieht dies jedoch in Einzelanalysen, die auf einen systematischen bzw. theoretisch geleiteten Zugriff auf das Thema verzichten.

(2) Für den Bereich des Theaters gilt dieses Manko in der beschriebenen Form nicht. Zwar ist Interkulturalität kein überaus häufig behandeltes Thema in der Theaterwissenschaft, aber im Vergleich zur Literaturwissenschaft ist es hier zu einer doch bemerkenswerten und zum Teil kontroversen Auseinandersetzung mit dem Phänomen gekommen (vgl. u. a. Bharucha 1993; Marranca und Dasgupta 1991; Pavis 1996; Regus 2009; Knowles 2010; Pavis 2010; Weiler ²2014). Dass die Dramenforschung von dieser Auseinandersetzung nicht profitiert hat oder in sie eingebunden wurde, hat zweifelsohne mit der bereits angesprochenen Distanzierung

zwischen Drama und Theater zu tun. Darüber hinaus wurde die Beschäftigung mit Fragen der Interkulturalität im Feld des Theaters dadurch beeinträchtigt, dass ihr Profil theoretisch nicht sonderlich geschärft wurde, so dass eine Ausstrahlung auf das Drama konzeptionell nicht unbedingt begründet war. Vor allem litt die Diskussion unter einem Kulturbegriff, der einerseits eurozentrisch aufgeladen war und der andererseits dazu führte, dass Interkulturalität dem Vorwurf ausgesetzt wurde, kulturalistischen Denkweisen Vorschub zu leisten. „Einige Theoretiker [...] kritisieren dabei den weitgehend in seiner politischen Dimension unreflektierten Interkulturalismus westlicher Theatermacher" (Regus 2009, 31). Ric Knowles spricht in diesem Zusammenhang sogar von den „‚intercultural wars' of the 1980s and 1990s" (Knowles 2010, 79–80). Erika Fischer-Lichte zieht aus dieser Diskussion die Konsequenz, den ursprünglich für das Theater stark gemachten Begriff des ‚Interkulturellen' (vgl. Fischer-Lichte 1990b; 1999a; 2008) einer kritischen Revision zu unterziehen und ihn durch das Konzept der ‚Verflechtung' bzw. des ‚Interweaving' zu ersetzen (vgl. Fischer-Lichte 2010; Fischer-Lichte et al. 2014). Ihre Vorbehalte richten sich einerseits gegen eine Verwendung des Begriffs ‚interkulturell', mit der sich das Eigene jeweils vom Fremden abgrenzen lasse, andererseits gegen die Prämisse, dass Kulturen in sich abgeschlossene Einheiten bilden würden (vgl. Fischer-Lichte 2010, 179–180). Beiden Vorbehalten liegen indes Vorannahmen zugrunde, die auf den Begriff der Interkulturalität projiziert werden, ihm aber nicht – gleichsam ontologisch – eingeschrieben sind. „Häufig ist den Beteiligten gar nicht bewusst, dass es sich bei der Bestimmung von Fremdem und Eigenem um Definitionen handelt, da ihnen die Unterscheidung als naturwüchsige Differenz erscheint" (Gutjahr 2002, 354). Insofern wäre es notwendig, das über das Eigene und Fremde vermittelte Wissen in Frage zu stellen und mit Blick auf deren Aktualisierung im Drama den Konstruktionscharakter und gegebenenfalls die Dekonstruktion vor Augen zu führen (vgl. allgemein Heimböckel und Weinberg 2014; in Bezug auf das Drama Mecklenburg 2010).

Damit ergeben sich gleichermaßen Möglichkeiten und Notwendigkeiten, mit Blick auf das Drama an Positionen postkolonialer Theorie anzuschließen: Möglichkeiten deswegen, weil diese für die Interkulturalitätsforschung eine zentrale Säule ihrer poststrukturalistisch erweiterten Theoriebildung und Interpretationspraxis sind; Notwendigkeiten, weil die postkoloniale Theorie anders als in der Theaterwissenschaft, in der sie in den letzten 30 Jahren auf eine beachtliche Resonanz stieß (vgl. u. a. Fiebach 1986; Balme 1995; Crow und Banfield 1995; Gilbert und Tompkins 1996; Balme 2006; Regus 2009), in der Literaturwissenschaft für die Beschäftigung mit dem Drama nahezu folgenlos blieb. Während in der Theaterwissenschaft der Postkolonialismus nicht nur die Forschung zum interkulturellen Theater beeinflusst, sondern in der Forschungspraxis auch an der Erweiterung des Theaterbegriffs hin zu „einer Theorie der Theatralität" (Balme

²2014a, 266) mitgewirkt hat, hat die postkolonial inspirierte Literaturwissenschaft das Drama sträflich vernachlässigt. Hier wären, gerade in einer konstruktiv-kritischen Auseinandersetzung mit der Theaterwissenschaft, für die sich ein auf den dramatischen Text beschränkter Theaterbegriff „sowohl für die Theaterpraxis als auch für die Wissenschaft als eurozentristisch und einengend" (Balme ²2014a, 266) erwiesen hat, die Forschungsdesiderate und -potentiale einer postkolonialen Lektüre des Dramas zu sehen, die nicht nur zur Relektüre des europäischen Theaterkanons, sondern auch zur Freilegung der verschütteten Kolonialgeschichte im Drama der Vergangenheit und Gegenwart beiträgt.

4 Anthropologische und politische Bedingungen interkultureller Dramenrezeption

Ästhetische Erneuerung durch die Rezeption außereuropäischer Theaterformen und -texte im 20. Jahrhundert

Die Frage, welche historisch-politischen Bedingungen überhaupt erst zu einer Rezeption von Dramen anderer kultureller Herkunft – zu dem formalen Austausch zwischen „Dramenformen unterschiedlicher kultureller Provenienz" (Balme 2012, 85) oder der inhaltlichen Auseinandersetzung mit kulturellen Differenzen in Drama und Theater – geführt haben, wird in der Interkulturalitäts- und Theaterforschung häufig nicht thematisiert. Bei den durch europäische und außereuropäische Kulturkontakte zustande gekommenen interkulturellen Prozessen in Drama und Theater handelt es sich jedoch nicht in erster Linie um interkulturelle Austauschsituationen auf Augenhöhe. Insbesondere im 20. Jahrhundert ist die interkulturelle Ausrichtung des theatralen Mediums nicht nur das Ergebnis von Reisen und Handelsrouten, sondern von Kriegen und Folge kolonialer Eroberungen; um 1930 waren etwa 85 Prozent der gesamten Erdoberfläche Kolonien oder Exkolonien der Europäer (vgl. hierzu Regus 2009, 46). Der in diesem Zusammenhang bis in die 1980er Jahre erfolgende, unbekümmerte Zugriff der europäischen und amerikanischen Theateravantgardisten auf ‚indigene' Theatertraditionen, also auf die Riten und Praktiken fremder, möglichst ‚exotischer' Kulturen, hatte zum Ziel, das westliche Sprechtheater zu retheatralisieren, ein Theater, das ihnen zu verkopft, moralinsauer und dialoglastig erschien. Antonin Artaud hat sich beispielsweise für die theatertheoretischen Schriften seines Theaters der Grausamkeit von den Riten der nordmexikanischen Tarahumara und dem balinesischen Theater inspirieren lassen; in Richard Schechners *performance theory* besitzen rituelle Praktiken präkolumbianischer Prägung eine zentrale Bedeutung. Doch auch wenn zahlreichen Theatermacherinnen und Theatermachern die Anleihen aus ‚indigenen' Kulturen zu internationalem Ruhm verhalfen, reflektierten sie die kolonialgeschichtlichen Implikationen ihrer Theaterarbeit, Theaterkonzepte und Theatertheorien kaum. Völkerverständigung und gleichberechtigter Austausch waren nicht das primäre Ziel dieser interkulturellen Transfers und Rezeptionen; ebenso wenig war ein genuines Interesse am Anderen bzw. an der fremden Kultur bestimmend. Vielmehr ging es darum, mit ihrer Hilfe die jeweils virulenten Probleme im *eigenen* Theater zu lösen, indem „neue Theaterästhetiken" (Regus 2009, 9) und ein „neue[r] theatralische[r] Code" (Fischer-Lichte 1991, 221) entwickelt werden sollten. Im Zuge der um 1900 einsetzenden antinaturalistischen Theaterreformbewegung begann zudem die Rezeption außereuropäischer Dramentraditionen durch europäische Dramatikerinnen und Dramatiker, wobei man sich im Wesentlichen auf das klassische Sanskrit-Drama (dem man sich bereits im ausgehenden 18. Jahrhundert zugewandt hatte) und die Stücke des japanischen Nō-Theaters konzentrierte (vgl. Balme 2012, 85). Bei der Rezeption der Nō-Ästhetik handelte es sich jedoch nicht um eine Folge westlicher Hegemoniebestrebungen, sondern diese wurde von den Künstlerinnen und Künstlern aus ästhetischen Gründen gewählt. So beeinflusste die verfremdende Erzähl- und Darstellungsweise beispielsweise Bertolt Brechts Konzept des epischen Theaters maßgeblich; bei seinem Lehrstück *Der Jasager und Der Neinsager* (UA 1930) handelt es sich um eine Bearbeitung des von Arthur Waley übersetzten Nō-Stückes *Taniko oder Der Wurf ins Tal* (vgl. Balme 2012, 87). Anders verhält es sich bei der Rezeption der Sanskrit-Dramen, die angesichts der Kolonialherrschaft der Briten über Indien im Kontext von Kolonialismus und Postkolonialismus betrachtet werden muss. Wie virulent in postkolonialen Zeiten die Frage ist, *wer* sich welcher theatraler Ausdrucksmittel und Texte *wie* bedienen darf, belegt auch die Debatte über Peter Brooks mit Schauspielerinnen und Schauspielern verschiedener Nationen im Jahre 1985 entstandene Adaption des indischen Versepos *Mahābhārata*. Kritiker warfen Brook Orientalismus und gewaltsames Herausreißen des Epos aus seinem kulturellen Kontext vor und ratifizierten damit selbst eine kulturalistische Sichtweise von Eigenem und Fremdem (vgl. Mecklenburg 2010, 42).

Die Verbreitung europäischer Dramatik im außereuropäischen Raum

Nicht nur die westlichen Theateravantgardisten erhofften sich durch den Zugriff auf theatrale Elemente und kulturelle Traditionen anderer, insbesondere asiatischer Länder eine Wiederbelebung bzw. Retheatralisierung des eigenen, als überholt empfundenen Sprech- und Illusionstheaters; auch umgekehrt wandte sich die, auf der „Negation von Wirklichkeitsabbildung" (Fischer-Lichte 1991, 221) beruhende, stark körperzentrierte japanische Schauspieltradition zu Beginn des 20. Jahrhunderts dem westlichen, psychologisch-realistischen Sprechtheater zu (vgl. Fischer-Lichte 1991, 219). Japanische Theatermacherinnen und Theatermacher rezipierten beispielsweise in den späten 1920er Jahren aufrührerische westliche Dramen wie Georg Büchners *Dantons Tod* und Friedrich Schillers *Die Räuber* als Reaktion auf die zunehmend aggressiv-nationalistischen Tendenzen der japanischen Regierungspolitik. Doch auch in islamischen Ländern entstand im 19. und 20. Jahrhundert eine Dramatik europäischer Prägung (für das Folgende: Balme 2012, 88–89), der v. a. die französischen Theatertexte und Molière als Vorbild dienten. Hier bildete weniger die von Künstlerseite anvisierte Lösung konkreter ästhetischer Fragen den Anlass für die Beschäftigung mit westlichem Theater und Drama. Vielmehr lagen den Kulturtransfers der europäischen Dramenform und des dialogischen Sprechtheaters in die islamische Welt, beispielsweise nach Ägypten und in die Türkei ab Mitte des 19. Jahrhunderts, in erster Linie Modernisierungs- und Hegemoniebestrebungen einer europäisch geprägten Elite zugrunde. Verschriftlichung und zentralperspektivische Ausrichtung schufen in ihrer Verbindung mit einheimischen Theatertexten und -formen vielfältige Ästhetiken.

In den afrikanischen Ländern schlossen die imperialistischen Eroberungsabsichten der Kolonisatoren die Kultur und damit das Theater selbstverständlich ein (vgl. Balme 2012, 85; Regus 2009, 45–46). Westliche Kunstformen wurden in den eroberten Ländern implementiert und das literarische, psychologisch-realistische Theater mit Guckkastenbühne propagiert. Die aus der Interaktion zwischen ‚realistischen' westlichen Theatertraditionen und ‚indigenen' Darstellungsformen in den 1960er Jahren entstandenen, postkolonialen Dramen und Theaterformen fasst Christopher Balme unter den Begriff ‚Theatersynkretismus' (Balme 1995). Eine in der Kolonialzeit ausgebildete Generation von Dramatikerinnen und Dramatikern – Balme nennt hier den Nigerianer Wole Soyinka, die karibischen Dramatiker Derek Walcott und Aimé Césaire sowie den indischen Dramatiker Girish Karnad – und Regisseurinnen und Regisseuren „stellte v. a. den britischen Literatur- und Theaterkanon infrage, indem sie in eigenen Stücken ihre kulturelle Herkunft nicht nur thematisierte, sondern die damit zusammenhängenden Darstellungsformen (Tänze, Lieder, Rituale) einbezog" (vgl. Balme 2012, 90).

5 Interkulturalität, Drama und Theater im Zeitalter der Globalisierung

Das Drama und seine interkulturelle Inszenierung

Im gegenwärtigen Zeitalter der Globalisierung ist die permanente Überschreitung kultureller Schwellen und Systemgrenzen zur Regel geworden. Es gibt kaum ein Land, das nicht Zu- oder Abwanderungsbewegungen durch Kriege, Hungersnöte oder als Folge neoliberaler Ökonomie und der mit ihr verbundenen grenzüberschreitenden Arbeitsprozesse zu verzeichnen hätte, was zu einer immer stärkeren kulturellen Diversifizierung der Gesellschaft führt. Der damit einhergehende Zuwachs an interkultureller Kommunikation und interkulturellem Austausch lässt die kulturellen Differenzerfahrungen im alltäglichen Leben größer werden. Auch Drama und Theater verändern sich mit der Zuwanderungsgesellschaft strukturell und ästhetisch. Viele Autorinnen und Autoren sowie Theatermacherinnen und -macher versuchen, mit einer dezidiert interkulturellen und transnationalen Ausrichtung den Blick in die Welt zu weiten. Darüber hinaus setzt die europäische Kulturpolitik zunehmend auf transnationale Theaterprojekte mit drei oder mehr Partnern (vgl. Schößler 2014b, 23) – gerne aus Ländern, die kulturell nicht nah scheinen. Neben einer auf Gegenseitigkeit und Augenhöhe basierenden Zusammenarbeit gleichberechtigter Partner künden die Produktionen der europa-, aber auch weltweit erstarkenden Theaterfestivalszene von Anpassungsdruck und Risikovermeidung durch Abhängigkeiten von zumeist westlichen Geldgebern (vgl. Pees 2004, 12), denn häufig finanzieren Festivals in Europa weltweit Theaterproduktionen und Stückentwicklungen. So entsteht eine Vielzahl interkultureller Produktionen und Theatertexte, um westliche Zuschauererwartungen zu erfüllen; sie folgen dem Kalkül weltweiter Vermarktung. Häufig wird dabei modernes westliches Sprechtheater mit den performativen Qualitäten nicht-europäischer oder nicht-angloamerikanischer Traditionen wie Musikalität, Sinnlichkeit und Ritualismus verknüpft, wodurch eine problematische Dichotomisierung zwischen abendländischer Diskursivität und stummer Körperlichkeit des Anderen befördert wird (vgl. Regus 2009, 76; Philipsen 2016). Dass aus einem per se nicht interkulturellen Drama durch die multimediale Beschaffenheit des Theaters – nämlich den kollektiven Produktionsprozess, die Rezeptionsbedingungen oder die formale und inhaltliche Konzeption – interkulturelles Theater werden kann, bezeugen die im Zusammenhang mit Koproduktionen und grenzüberschreitenden Produktionen entstehenden Inszenierungen ebenfalls. Die Zusammenarbeit von Theaterschaffenden unterschiedlicher Nationalität bzw. unterschiedlicher kultureller Herkunft soll dabei neue Begegnungsräume eröffnen und divergierende

Blicke auf kanonisierte Stoffe der Weltliteratur ermöglichen. In der Regel handelt es sich um Dramen, die dem europäischen oder zumindest westlichen Kulturkreis entstammen. Insbesondere antiken Tragödien, Epen und Mythen traut man eine Strahlkraft zu, die europäische Grenzen überschreitet, wie ihre Bearbeitungen in international und interkulturell konzipierten Großprojekten belegen (vgl. Raddatz 2015).

Mehrsprachige Dramen, mehrsprachige Um- und Neuschriften von Klassikern

Im Zuge der Internationalisierung der Theaterlandschaft und ihrer interkulturellen Ausrichtung werden immer häufiger mehrsprachige Theatertexte verfasst. Doch die ins Drama eingeschriebene Mehrsprachigkeit ist kein neues Phänomen: Der Gebrauch verschiedener Sprachen und Dialekte diente schon Aristophanes in der Komödie zur Figurencharakterisierung; Shakespeare verwendete Sprachen, um Milieus und gesellschaftliche Hierarchien realistisch abzubilden, und die mehrsprachige Urfassung von Frank Wedekinds *Lulu* war Teil einer ästhetischen Oppositionshaltung. Die im Zeitalter der Globalisierung entstehenden, mehrsprachigen Theatertexte beziehen sich zumeist dezidiert auf interkulturelle Kontaktsituationen, reflektieren Verstehensprozesse oder experimentieren mit der klanglichen Diversität unterschiedlicher Sprachen. Als Vorreiter kann Yōko Tawadas 1998 uraufgeführter, japanisch-deutscher Theatertext *TILL* genannt werden, der zwei Sprachen aufeinanderprallen lässt und zugleich neue Sprachräume eröffnet, indem er das Nicht-Verstehen zum dramaturgischen Prinzip erhebt. Simon Stephens' 2011 uraufgeführtes und 2012 von *Theater heute* zum ausländischen Theatertext des Jahres gewähltes Stück *Three Kingdoms* deutet den europäischen Raum als babylonisches Sprachgewirr, indem er die Figuren seiner Kriminalgeschichte, die europäische Ländergrenzen überschreitet, neben deutsch und englisch auch estnisch sprechen lässt. Die Vielheit der Sprachen und Spielweisen bewirkt, dass die Zuschauerinnen und Zuschauer in diesen Inszenierungen in Prozesse hineingezogen werden, die den Anspruch auf umfassendes sprachliches bzw. interkulturelles Verstehen unterlaufen. Zugleich verdeutlichen sie, dass die Auseinandersetzung mit Menschen aus anderen Sprach- und Kulturräumen eine Form des Einlassens erfordert, die mit Nicht-Verstehen und Irritationen einhergehen kann.

Ein häufig zu beobachtender, interkulturell zu bezeichnender Zugriff auf sogenannte Klassiker, der seit der Jahrtausendwende einen Aufschwung erlebt hat, besteht in ihrer mehrsprachigen Um- oder auch Neuschrift durch zeitgenössische Autorinnen und Autoren, Dramaturginnen und Dramaturgen oder die Regie. Dabei fungieren die im kollektiven kulturellen Gedächtnis gespeicherten klassischen Dramen als Prätexte, die zumeist im Titel der Bearbeitungen aufgerufen werden. Häufig bilden die klassischen Dramen in den mehrsprachigen, dramatischen Umschriften lediglich den Fluchtpunkt für unterschiedliche kulturelle Perspektiven auf Fragestellungen und Thematiken, die im Kontext europäischer oder weltweiter Veränderungen virulent geworden sind und in einer Art des *rereading* und *rewriting* zur Deplatzierung tradierter bzw. kanonisch gewordener Wahrnehmungsmuster aufgegriffen werden. Auch wenn diese Umschriften seit ca. 2005 als interkulturelle Theaterarbeiten in den Feuilletons gefeiert werden, sind sie nicht brandneu: Bereits 1995 inszenierte Roberto Ciulli mit seinem internationalen Ensemble eine deutsch-türkische Version von Bertolt Brechts *Im Dickicht der Städte*; Karin Beier brachte im gleichen Jahr am Düsseldorfer Schauspielhaus einen neunsprachigen *Sommernachtstraum* heraus. Inzwischen sind mehrsprachige Klassikerumschriften und -inszenierungen ein häufig durch Koproduktionen beförderter Trend, denn sie spiegeln die europäischen bzw. weltweiten Realitäten sowohl in der Besetzung als auch sprachlich wider und destabilisieren einseitige kulturelle Sichtweisen. Was z. B. vom *Faust II*-Stoff übrig bleibt, wenn man ihn mit acht Schauspielerinnen und Schauspielern aus West- und Ost-Europa und dadurch mit unterschiedlichen Sprachen, Theater- und Spieltraditionen besetzt, fragte 2012 die in einer Koproduktion realisierte Neuschrift durch den Autor Tomo Mirko Pavlovic mit dem Titel *Faust exhausted*; wie so häufig, werden auch hier lediglich Fragmente des Originaldramas verwendet (vgl. Heimböckel 2017). Einen äußerst kritischen, postkolonial zu bezeichnenden Blick auf den europäischen Umgang mit Klassikern und damit auch auf die gesamte eurozentrische Theatertradition warf, um ein weiteres Beispiel zu nennen, das Regieteam Monika Gintersdorfer und Knut Klaßen mit seiner im Jahre 2008 aufgeführten und 2009 zum Gewinnerstück des Theaterfestivals ‚Impulse' gekürten *Othello*-Bearbeitung *Othello c'est qui*, auch weil sie eine fremde Stimme gleichberechtigt neben die den deutschen Raum vertretende, eigene stellte: Ein ivorischer, Französisch sprechender Performer und eine deutsche Schauspielerin, die die französischen Dialoge zugleich ins Deutsche übersetzte, tauschten sich über Othello, die wohl berühmteste Person of Color der europäischen Dramengeschichte aus, den in Afrika allerdings niemand kennt. Die Konfrontation des Shakespeare-Dramas mit dem afrikanischen Kulturkreis entwickelte sich zunehmend zu einer Auseinandersetzung über kulturelle Unterschiede, in der Annäherungen, Missverständnisse und Gegensätze verhandelt wurden.

Der Blick des Fremden – Postmigrantische Theatertexte und Flüchtlingsgeschichten

Die Konjunktur des Migrationsthemas auf deutschen, aber auch europäischen Spielplänen trägt dem kulturellen Wandel in der globalisierten Gesellschaft ebenfalls Rechnung (vgl. W. Schneider 2011, 12) und folgt der Programmatik des ‚postmigrantischen Theaters', die seine Urheberin bzw. Namensgeberin, die Theaterleiterin Shermin Langhoff, zunächst ab 2008 in ihrer Arbeit am Ballhaus Naunynstraße und seit 2014 am Maxim Gorki Theater in Berlin konsequent verfolgt. Neben der Aufarbeitung und Darstellung der mit Migration einhergehenden Fragen und Probleme geht es um Partizipation und Gleichberechtigung (vgl. Langhoff und Bazinger 2012) auch in Bezug auf die Zusammensetzung von Ensemble und Publikum. Als Vorbilder dieser Theaterarbeit nennt Langhoff Roberto Ciulli und Ariane Mnouchkine, doch auch Rainer Werner Fassbinder und René Pollesch, „die immer wieder den Blick des ‚Fremden', des ‚anderen' auf Deutschland einnahmen respektive einnehmen" (Langhoff und Bazinger 2012). Die zahlreichen Theatertexte, die in diesem Zusammenhang entstanden sind, verhandeln auf formal und inhaltlich höchst unterschiedliche Weise die Geschichten und die Lebenswirklichkeit der neu zugereisten, aber auch der seit vielen Generationen in Deutschland lebenden Migrantinnen und Migranten. Nicht nur für die Verhandlung migrationsspezifischer Themen sind diese Theatertexte bekannt geworden, sondern auch, weil sie kritisch reflektiert und ästhetisch ambitioniert hinterfragen, wie ‚der Fremde'/‚Andere' konstruiert wird. Exemplarisch kann auf das Drama *Verrücktes Blut* von Nurkan Erpulat und Jens Hillje verwiesen werden, das im Jahre seiner Uraufführung 2010 in der jährlichen Kritikerumfrage der Fachzeitschrift *Theater heute* zum Stück des Jahres gewählt wurde und das Publikum mit seinen eigenen Sichtweisen, Ängsten und Ressentiments gegenüber Jugendlichen mit Migrationshintergrund konfrontiert, indem es mit Verfremdungstechniken und Illusionsbrüchen arbeitet. Auch der Theatertext *Invasion* des schwedischen Autors Jonas Hassen Khemiri, dessen deutsche Erstaufführung 2008 stattfand, befasst sich mit dem Bild vom ‚bedrohlichen Fremden' und der Konstruktion von kultureller und sprachlicher Identität, indem er mit verschiedenen dramatischen Formen und Stilmitteln spielt. Der deutsch-türkische Autor Feridun Zaimoglu lässt in seinen gemeinsam mit Günter Senkel verfassten Theatertexten *Schwarze Jungfrauen* (UA 2006) und *Schattenstimmen* (UA 2008) ebenfalls sich am Rande der Gesellschaft befindende Menschen mit nicht-deutschen Wurzeln, Musliminnen und Menschen ohne Papiere, zu Wort kommen. Das in Interviews gewonnene, dokumentarische Sprachmaterial verarbeiten die beiden Autoren zu einer Kunstsprache, die zwar monologisch einzelnen Sprecherinnen und Sprechern in den Mund gelegt wird, zugleich aber ein großflächiges, wenig differenziertes Einheits- und Milieubild dieser Menschen konstruiert. Yael Ronen wiederum führt in ihren von den Biographien ihrer Darstellerinnen und Darsteller geprägten Theatertexten Menschen unterschiedlicher Herkunft zusammen, lässt ihre Lebensentwürfe aufeinanderprallen und trägt so zur Irritation herrschender Vorstellungen über Migration und Integration bei, wie beispielsweise 2015 in ihrem satirischen Theaterstück *The Situation*.

Inwiefern es sich bei dem sehr heterogenen Spektrum der ab ca. 2005 entstandenen, um Migration kreisenden, oft mehrsprachigen Texte jeweils auch um interkulturelle Dramen bzw. Theatertexte handelt, müsste im Einzelnen diskutiert werden. Entsprechendes gilt für die Dramen und Theatertexte, die im Kontext der Flüchtlingsbewegungen entstanden sind und eine Verschiebung vom postmigrantischen Theater zu einer vielfältigen Verhandlung der Flüchtlingsthematik bewirkt haben. Als prominentes Beispiel kann hier Elfriede Jelineks 2013 ‚urgelesener' und 2014 uraufgeführter, postdramatischer Theatertext *Die Schutzbefohlenen* genannt werden, der die Asylpolitik der Europäischen Union und die Geschehnisse an ihren Außengrenzen mit Motiven aus Aischylos' Tragödie *Die Schutzflehenden* verbindet. Nicolas Stemann ließ in seiner Uraufführung ‚echte' Flüchtlinge die Rolle des von Jelinek verfassten Flüchtlingschors übernehmen, woran sich eine heftige Debatte entzündete, die bereits im Kontext des postmigrantischen Theaters geführt wurde: Während den interkulturellen Theaterprojekten, die insbesondere Jugendliche mit Migrationshintergrund einbeziehen und in ihren Geschichten die Lebenswelt der Beteiligten aufgreifen (vgl. Siavash 2011, 84), vorgeworfen wird, diese auf ihren Migrationshintergrund zu reduzieren, wurde Stemann unterstellt, die Flüchtlinge in seiner Inszenierung ‚auszustellen'. Die diese Debatte bestimmende Frage, wer für wen sprechen darf, lässt sich auf Dramen und Theatertexte ausweiten, und zwar unter dem Aspekt, wer sich welcher Ausdrucksmittel und Texte *wie* bedienen darf. Diese Frage legt einmal mehr die konfliktreiche und postkoloniale Dimension interkultureller Aspekte und Thematiken in europäischen Dramenformen, Theatertexten und Inszenierungen frei.

III.3 **Institution und Vermittlung**

Małgorzata Sugiera
III.3.1 Drama, Theater und Ritus

1 Das Ritual im Drama

Vom Standpunkt performativer Ansätze aus gesehen wären Drama und Theater nicht nur als Medien und Kunstdisziplinen zu differenzieren – zwischen Literatur und darstellenden Künsten –, sondern markierten gar entgegengesetzte Pole. Diese Trennung ergibt sich aus der genealogischen und gattungsspezifisch herzuleitenden Verbindung von Theater und Ritus, die Theater und Leben ineinander übergehen lässt, sowie aus dem ephemeren ontologischen Bezug des Theaters zum Hier und Jetzt. Wenn man die Geschichte der Beziehungen zwischen den beiden Bereichen im 20. Jahrhundert betrachtet, kann es irreführend wirken, dass mit dem Wort ‚Drama' das bezeichnet wird, was aus heutiger Sicht treffender ‚Dramaturgie der Ereignisse' zu nennen wäre. Darunter wird eine Zusammensetzung und innere Verbindung der Ereignisse verstanden, die nicht nur in traditionellen, für die Bühne geschaffenen Werken, sondern – für das am Theater geübte Auge – auch im Alltag zu erkennen ist.

Deutlich kommt diese Struktur auf einem bekannten Diagramm von Richard Schechner zum Vorschein, auf dem die zwei Hälften der horizontal gezeichneten Ziffer 8 das enge Verhältnis zwischen dem sozialen und dem ästhetischen Drama darstellen (Schechner 1977, 144). Theatermacherinnen und Theatermacher nutzen einerseits Geschehnisse des gesellschaftlichen Lebens als Rohmaterial für künstlerische Zwecke, andererseits greifen gesellschaftliche Institutionen und politische Macht zu dramatisch-theatralen Strategien, um den eigenen Praktiken eine effektive Struktur zu verleihen. In ähnlichen Kontexten wurde der Begriff ‚Drama' von Victor Turner verwendet, mit dem Richard Schechner eng zusammengearbeitet hat. Als Turner Mitte des 20. Jahrhunderts die Auswirkungen des rituellen bzw. zeremoniellen Sprachgebrauchs auf das Leben der Gemeinschaft untersuchte, berief er sich auf Thesen aus Arnold van Genneps 1909 erstmals erschienenen und 1960 ins Englische übertragenen Hauptwerk *Les rites de passage*. Turner analysierte sprachlich-gestische Riten, die im Rahmen der jeweiligen Gemeinschaft die vertraute individuelle Identität und die Gruppenidentität aufheben, um an deren Stelle neue Identitäten zu setzen. Drei Phasen bestimmen diesen Vorgang: Trennungsriten, Schwellenriten, die von Turner später Liminalriten genannt wurden, und abschließend Eingliederungsriten, die das Subjekt mit neuer Identität an anderer Stelle der gesellschaftlichen Struktur integrieren. Eine solche dreistufige Gliederung hat Turner sowohl im traditionellen abendländischen Drama als auch im breiten Spektrum gesellschaftlicher, kultureller, traditioneller sowie gegenwärtiger Praktiken entdeckt (Turner 1982). Diese auffallende Analogie zwischen dem grundlegenden Schema des Handlungsverlaufs im Leben und auf der Bühne bewirkte, dass Turner den Begriff ‚Drama' als Metapher verstand, eine Metapher indes, die lediglich spezielle Merkmale des traditionellen Dramas in Anspruch nahm. Turner ließ zwar die Möglichkeit weitgehender Änderungen in gesellschaftlichen Praktiken zeitgenössischer Gesellschaften zu, doch das Performative selbst assoziierte er, so Jon McKenzie, mit einem konservativen Gestus und mit der Bestätigung der geltenden sozialpolitischen Ordnung sowie des herrschenden Weltbilds (McKenzie 2001). Den Begriff des ‚Dramas' eignete er sich daher nicht allein aufgrund seiner spezifischen Struktur, sondern auch aufgrund der stabilisierenden Funktion eines – im Gegensatz zur transitorischen Theateraufführung – wiederholbaren Handlungsablaufs an. Bei Turner wie auch bei Schechner finden wir den Begriff ‚Drama' in zwei verschiedenen Interpretationen: im durchaus positiven Sinne ist ‚Drama' ein bestimmter, erkennbarer Ablauf der Ereignisse, im negativen ist es ein Teil der Literatur, eine literarische Gattung oder ein konkretes Werk in seiner scheinbar unveränderbaren, oft gedruckten Form.

Relevant für diese Konzeption von Drama wurde die Wende vom 19. zum 20. Jahrhundert – eine in vielerlei Hinsicht bahnbrechende Zeit für Drama und Theater. Wichtig wurden insbesondere die Thesen bzw. Arbeiten der Theaterreformerinnen und -reformer und einiger Vertreterinnen sowie Vertreter der Altphilologie. Nicht nur Max Reinhardt, Georg Fuchs oder zwei Jahrzehnte später Antonin Artaud beharrten darauf, dass das Theater wieder zum Fest oder Ritus werden müsse, wollte es seine ehemalige kathartische und transformative Dimension wiedergewinnen (Schechner 1990 [1985]; 2002; ²2003). Ihre Forderungen wurden auch von Wissenschaftlerinnen und Wissenschaftlern, die antike Riten untersuchten, unterstützt, v. a. von den sogenannten Cambridge Ritualists, die auf die strukturellen Ähnlichkeiten und die gemeinsame Quelle von Ritus und Theater hinwiesen. Ihnen gelang der Transfer ihrer Thesen in die Theaterpraxis: Gilbert Murray lieferte etwa eine neue Übersetzung von Sophokles' *König Ödipus*, die 1912 zur Basis für Reinhardts Aufführung im Londoner Covent Garden Opera House wurde. Im gleichen Jahr erschien die Studie *Themis* von Jane Ellen Harrison, zu der Murray das Kapitel „Excursus on the Ritual Forms preserved in Greek Tragedy" hinzufügte (G. Murray 1912). Harrison argumentierte, Aristoteles folgend, dass das griechische Theater aus dem Dithyrambos als Teil des dionysischen Ritus entstanden sei, wobei dieser auch in anderen Kulturen im jeweiligen Kult für zyklisch wiederauflebende Frühlingsgötter identifizierbar sei (Harrison 1912). Murray bekräftigte diese These, indem er auf grundlegende strukturelle Elemente eines universalen Ritus in griechischen Tragödien hindeutete. Interessanterweise fand er die meisten Argumente für diesen Ansatz im Werk des jüngsten der griechischen Tragiker, Euripides, insbesondere in dessen heute bekanntestem

Drama: „The *Bacchae* is a most instructive instance of the formation of drama out of ritual" (G. Murray 1912, 345), obwohl Murray zugleich feststellte, dass man es hier mit einer innovativen Dramaturgie zu tun hätte; immerhin ergibt sich ein eher weltlicher Konflikt zwischen den Gestalten Dionysos und Pentheus. Auch wenn Murray die *Bakchen* in das Zentrum seiner Aufmerksamkeit stellte und die Schlüsselelemente dieses Textes analysierte, sammelte er in einem gesonderten Absatz im Kleindruck Beispiele aus anderen Werken von Euripides, zuweilen auch von Aischylos. Auf diese Weise machte er die *Bakchen* zu einer Art nomenklatorischem Typus von normativem und maßgeblichem Charakter, ähnlich einer zeitgenössischen Einführung in die Biologie – in den Naturwissenschaften handelt es sich meist um ein konkretes Exemplar, dessen Eigenschaften durch das Prinzip der Verallgemeinerung als Teil eines bestimmten Nomenklatursystems zur Geltung kommen. Analog dazu sollte es sich mit den *Bakchen* verhalten. Für Murray war, wie später für Turner und Schechner, insbesondere die Grundstruktur der Tragödie interessant, die den Ablauf der Ereignisse beeinflusst: vom eröffnenden Agon über den Opferritus (*pathos*), den Botenbericht und die Klage (*threnos*) bis zur Wiedererkennung (*anagnórisis*) und abschließenden Theophanie, die bei Euripides als geschickt und virtuos wirkende Lösung eines Deux ex Machina in Erscheinung trat. Diese grundsätzliche Struktur, so fasst Murray zusammen, wurde in der Folge zum integralen und unentbehrlichen Teil der europäischen Tradition, auch wenn sie sich historisch immer etwas anders ausprägte.

2 Die Evolution von Ritus/Theater

Von der Aktualität der Grundsätze der Cambridge Ritualists in den 1960er Jahren zeugte u. a. die Aufführung *Dionysius in 69*, die im Juni 1968 von Schechner in der New Yorker Performance Garage veranstaltet wurde. Schechner verwendete sowohl die *Bakchen* von Euripides als auch Adoptionsriten der Asmaten aus Neuguinea, Tänze aus Bali und die konkreten Lebenserfahrungen der beteiligten Personen. Dabei wurden neben den improvisierenden Schauspielerinnen und Schauspielern oder Performerinnen und Performern auch die Zuschauenden zu gemeinsamen Aktivitäten eingeladen, obwohl diese sich ihrer Bedeutung wohl nicht immer bewusst waren. Die Erfahrungen beider Gruppen füllten das vorbereitete Szenario, die *Bakchen* zwangsläufig als durchgehend dramatisches Werk von Euripides ersetzend. Das Theater kehrte dadurch zu seinem vermeintlichen rituellen Ursprung zurück, aber auf Kosten dessen, was seit Mitte des 19. Jahrhunderts für die universale Form der literarischen Gattung und des Genres Drama gehalten und in Poetik-Lehrbüchern systematisch gelehrt wurde. Wie die Aussagen von Schechner aus der Zeit der Arbeit an der Inszenierung von *Dionysus in 69* (Schechner 1968) und die gleichnamige Filmdokumentation von Brian De Palma (USA 1970) verdeutlichen, war man nicht bemüht, mit der Grundstruktur dieser Aufführung das von Murray beschriebene Handlungsschema zu verwirklichen. Dieses wurde durch Tanzrituale aus Bali ersetzt, in derjenigen Form, die Schechner aus dem in den 1930er Jahren gedrehten und in den 1950er Jahren veröffentlichten Dokumentarfilm *Trance and Dance in Bali* von Margaret Mead und Gregory Bateson kannte.

Es ist also auffallend, dass es Ende der 1960er Jahre zu einer Verschiebung im kulturellen Archiv kam: Materialien, die nicht schriftlich fixiert waren, begannen als glaubwürdige Zeugnisse ritueller Strukturen zu gelten, die die gemeinschaftlichen Erlebnisse der Schauspielenden und der Teilnehmenden garantieren sollten. Wichtig ist dabei, wie die indonesische Anthropologin Fatimah Tobing Rony feststellte, dass der erwähnte Film *Trance and Dance in Bali* nicht – wie noch Schechner dachte – die originellen Bali-Rituale, sondern die für Touristen geschaffenen Tänze dokumentierte. Rony wies darauf hin, dass die betrachtenden Touristinnen und Touristen ebenso wie das Filmteam absichtlich aus dem Rahmen des Kamerabildes entfernt wurden, um die Authentizität der Aufnahme zu beglaubigen (Rony 2006). Der Off-Kommentar von Mead zeugt von einem in der Anthropologie der ersten Hälfte des 20. Jahrhunderts typischen Verfahren, nämlich die Deutung kulturell fremder Elemente mit Hilfe der Kategorien der eigenen Kultur. Der unterschiedliche Umgang von Schechner und Rony mit dem Film von Mead und Bateson ist der beste Beweis dafür, dass hier nicht Archivmaterialien ihre physische Gestalt, sondern dass sich die Kategorien der Beurteilung ihrer Glaubwürdigkeit und Authentizität verändern. In dieser Hinsicht könnte man die Cambridge Ritualists als Anfang einer derjenigen genealogischen Linien – im foucaultschen Sinne – sehen, die in den 1970er Jahren zum Aufblühen des sogenannten postdramatischen Theaters, des Theaters ohne zentrale Stellung des Dramas, führten.

Der „Excursus" von Murray wie auch die gesamte Studie von Harrison und der auf die ferne Vergangenheit gerichtete Blick der Cambridge Ritualists reflektierten in Teilen die zeitgenössische Weltanschauung. Murrays „traces of the original drama of the Death and Rebirth of the Year Spirit" (G. Murray 1912, 342) entsprachen dem damals gängigen Konzept von Geschichte als Entwicklung von einfachen zu komplexeren Formen. Nichts bestätigt dies besser als seine Rekonstruktion der Entstehung des für Euripides' Tragödie charakteristischen Prologs. Murray zeigt, wie die improvisierte Zusammenfassung der Handlung in der Einführung des Chors vom Autor, manchmal durch szenische Effekte ersetzt, allmählich eine ‚schriftliche' Form bekam und dadurch zum integralen Bestandteil eines künstlerischen Ganzen wurde. Die Evolution von Ritus/Theater wurde zunehmend durch schriftliche Texte bezeugt, als Basis für spätere Versuche, zu den mythischen Ursprüngen zu gelangen. Zugleich markierte die Verschriftlichung denjenigen Moment, in dem das Drama aus der Praxis des ‚lebendigen' Theaters getilgt und der Literatur als Archiv westlicher Kultur untergeordnet wurde, das ‚totes' Material, Fossilien der jeweiligen Theateraufführungen, enthielt. Die Wissenschaft konnte daraus alte Theater- und Kulturpraktiken rekonstruieren; das Drama selbst hat jedoch nach Murray die Fähigkeit verloren, lebendige Erfahrungen zu gestalten.

Das Wort ‚Fossilien' ist hier nicht ohne Grund gewählt. Die Errungenschaften der Cambridge Ritualists sind im breiteren Kontext diverser Veränderungen zu verstehen, die sich in den Jahren 1830 bis 1900, oft als darwinsche Epoche verstanden, auf verschiedenen Gebieten – sowohl in der Populärkultur wie auch im Rahmen wissenschaftlicher Forschung – vollzogen. Jane R. Goodall beschreibt diese Veränderungen in ihrer Untersuchung zum Verhältnis zwischen dem Paradigma der Evolution und kulturellen Vorstellungen genauer, gleichwohl befasst sie sich nicht mit der Relation von Drama, Theater und Ritus, sondern mit Performances der populären Kultur als Reaktion auf die Evolutionstheorie und die von ihr legitimierten innovativen Naturgesetze. Vor diesem Hintergrund wird der fortschreitende Prozess der Abkopplung von Theater und Drama sichtbar: „Evolutionary theories generated a hotbed of speculation in which interpretations crossed from the natural to the social world and vice versa" (Goodall 2002, 9). Das Theater selbst blieb zu nicht unwichtigen Teilen Domäne theaterreformerischer wie avantgardistischer Bewegungen und wurde etwa mit Edward Gordon Craig zu einem dezidiert transitorischen Medium. Das Drama hingegen konzentrierte sich im Rahmen eines hierarchischen Systems immer mehr auf sich selbst. Als Wissenssystem schloss es Abweichungen von geltenden Normen und Regeln aus dem literarischen Bereich aus. Die Dramenpoetiken des ausgehenden 19. Jahrhunderts ähnelten mit ihren Regeln und Einordnungen in vielerlei Hinsicht Naturkundemuseen, die zutreffend *classifying houses* genannt wurden. In beiden Fällen, im Drama wie im Museum, hatte man es mit einer hierarchischen Ordnung und einem erkennbaren Entzug von Leben zu tun, weil die Systematik schöpferische Bewegung ausschloss. Wie Goodall beispielhaft anführt, wäre ein Pferd als Gattung in der zoologischen Systematik annähernd das Gegenteil dessen, wie man ein Pferd als lebendiges Tier erfährt (Goodall 2012, 42). Nicht anders ergeht es einem Theater, dessen poetologische Definition wenig mit der Erfahrung der Zuschauenden gemein hat.

Der um die Wende zum 20. Jahrhundert sich offenbarende Antagonismus zwischen Drama und Bühne erwies sich als genauso nachhaltig wie die Evolutionstheorie als Basis der Neuordnung von Naturkundemuseen. John R. Searle beschrieb diesen Antagonismus in den 1970er Jahren über eine Metapher aus dem häuslichen Alltag: „[I]t seems to me the illocutionary force of the text of a play is like the illocutionary force of a recipe for baking a cake. It is a set of instructions how to do something, namely, how to perform the play" (Searle 1979, 70). Ähnlich wie bei John L. Austin, dessen Thesen sich Searle souverän angeeignet hatte, sollten Sprechakte in Dramen keineswegs die gleiche Wirkungskraft wie in Situationen des ‚wirklichen' Sprechens besitzen. Obwohl wir im Leben ‚mit Worten handeln' können, ist dieses den szenischen Figuren, die uns mehr oder weniger treu nachahmen, nicht möglich. Ihre Sprechakte, die im Theater von Schauspielerinnen und Schauspielern dargestellt werden, haben einen sekundären, nur zitierenden Charakter. Searle hatte hier natürlich die dargestellte Welt im Sinn und behandelte die Grenze des Proszeniums als metaphorische Klammer. Er unterstellte Theaterzeichen also einen parasitären Status.

Während sich das Theater in den 1970er Jahren aus dieser Klammer teilweise zu befreien suchte, verharrte das traditionelle Drama umso mehr darin. Man liest Ähnliches in Hans-Thies Lehmanns Essay *Postdramatisches Theater* (1999), in welchem dem Theater eines direkten Kontakts mit den Zuschauenden, also eines Theaters ohne Theatertext als notwendige Vermittlungsinstanz fiktionaler Welten auf der Bühne, breiter Raum eingeräumt wird. In dieser Hinsicht erscheint die von Lehmann vorgeschlagene Sicht auf das Theater wie eine Wiederholung des emanzipatorischen Gestus der Theatermacher und -theoretiker vom Anfang des 20. Jahrhunderts, der den Anspruch erhob, dass das Theater den anderen Künsten gleichrangig sei, während man der dramatischen Literatur ihre dominante Stellung versagte. Dabei sollte es dem Drama leichter als Lyrik oder Prosa fallen, von einer Performativität der Lektüre auszugehen, denn das Drama ist eine literarische Grenzgattung, die ihrer Natur gemäß die Demarkationslinie zwischen Lesen und Handeln ständig überquert. Trotzdem verschwanden sowohl traditionelle als auch zeitgenössische Stücke als zentrale Untersuchungsobjekte aus dem Blick der Theaterwissenschaft bzw. rückten auf die andere Seite der von ihnen etablierten Demarkationslinie. Diese trennt die performativen Künste, die das Ereignis der Kunst in den Mittelpunkt stellen und in denen Rezipierende eine aktive, kreative Rolle spielen, von den Künsten, die unveränderbare Artefakte herstellen und die Aktivität des Publikums weitgehend ausschließen.

Die Tatsache, dass die Materialität eines Theatertextes, der seine performativen Aspekte eher ausblendet, schwer festzustellen ist, ergibt sich u. a. aus der Beständigkeit der typographischen Regeln, die zumindest seit Mitte des 19. Jahrhunderts galten. Sie wurden immer offensichtlicher und somit ‚unsichtbarer'; ihre konventionalisierten Inhalte und Formen verbargen die materielle Seite des Textes. So herrscht nach wie vor der Eindruck vor, dass Schreibregeln wie Schreibweisen des Dramas keinen großen Einfluss auf die Lektüre und die während der Lektüre entstehenden (scheinbar unveränderlichen) Bedeutungen haben. Diese Überzeugung beeinflusst bis heute die Rezeption der Texte, auch derjenigen, die sich ausdrücklich von der traditionellen dramatischen Form und der typischen Narrativität des Dramas zugunsten jeglicher Art von Skripten, Szenarien, Umschreibungen, Samplings und fragmentierten Dramaturgien verabschiedet haben. Letztere liefern Folien für Improvisationen auf der Bühne, die oft ohne ein Grundschema des Handlungsablaufs auskommen, das Murray bereits in Euripides' Tragödien identifiziert hatte. So wird verständlich, dass die Unauffälligkeit des performativen Aspekts des Dramas bzw. Theatertextes aus zwei beinahe gleichwertigen Ursachen resultiert: erstens der theaterwissenschaftlichen Definition von Performativität, in der die Koexistenz von Schauspielenden und Zuschauenden im zeit-räumlichen *hic et nunc*, oft als *liveness* (Auslander ²2008) verstanden, einen privilegierten Status bekommt; zweitens in der Unaufmerksamkeit für die materielle Dimension eines dramatischen Textes als Folge weitgehend homogenisierter und standardisierter Regeln seiner Schreibweise. Aus diesen Gründen blieb der Übergang vom Text (Literatur) zur Aufführung (Handeln) ein grundsätzlicher Maßstab der performativen Wende.

Dies galt nicht nur für die Theaterwissenschaft, sondern auch für andere Kulturwissenschaften. Entsprechend weist die Theaterwissenschaftlerin Erika Fischer-Lichte eine Ästhetik des Performativen nur denjenigen Bereichen zu, in denen sich die Wirkung einer autopoietischen Feedbackschleife beobachten lässt. Es geht ihr um eine kommunikative Situation, die sich nicht nur historisch, sondern auch während jeder Aufführung im Zusammentreffen von Menschen auf der Bühne und/oder im Zuschauerraum verwandelt. Eine der Grundbedingungen der so verstandenen Feedbackschleife sei die Materialität der Ereignisse im Hier und Jetzt – konkrete Raum-Zeit-Verhältnisse und Atmosphäre, reale Körper und Stimmen. Materialität sei die Voraussetzung möglicher Emergenz, des Erscheinens von etwas Ungeplantem, Ephemerem, Einmaligem (Fischer-Lichte 2004). Konsequenz dieser Perspektive ist der Ausschluss des Theatertextes aus dem Wirkungsbereich der Feedbackschleife, den man damit von vornherein seiner Materialität sowie *liveness* beraubt.

3 Ritualisierende Performanz des Dramas

Die historisch motivierte Dichotomie zwischen einem Archiv, das scheinbar dauerhafte, von Raum und Zeit unabhängige Artefakte und Dokumente versammelt, und einem ephemeren, aus verkörperten Praktiken bestehenden Repertoire hat Diana Taylor in Frage gestellt (D. Taylor 2003). Sie hat völlig zu Recht auf die Konsequenzen der bisher unbeachteten Zusammenhänge zwischen Studien über das

Theater und der Ästhetik der Avantgarde mit ihrer charakteristischen Vorliebe für Originalität und Authentizität hingewiesen. Auch wenn sich Theaterreformer wie Artaud, Jerzy Grotowski oder Schechner durch rituelle Praktiken anderer Kulturen, sowohl älterer als auch nicht-europäischer, inspirieren ließen, hat man die von ihnen hervorgebrachten Inszenierungen als originelle Werke behandelt, was in der Folge einigen Perspektiven der Theaterwissenschaft einen ahistorischen, ja nahezu anti-historischen Charakter verliehen hat, wie schon bei Turner festzustellen ist. Wenn das Archiv nicht imstande ist, ein lebendiges, ephemeres Ereignis festzuhalten und abzuspeichern, dann kann man Performances Taylor zufolge nicht in historischen Kategorien verstehen. Für die Cambridge Ritualists blieben die dramatischen Texte die einzige Wissensquelle; unterstützt durch den westeuropäischen Logozentrismus sei der Prozess der Wissensvermittlung ausschließlich durch schriftliche Quellen möglich, die Schrift würde zur einzigen Garantie des vergangenen oder gegenwärtigen Wissens, wie Taylor kritisch festhält. Veranschaulicht werde diese Auffassung durch das bekannte freudsche Konzept des Gedächtnisses als „Wunderblock", auf dem Erfahrungen und Erinnerungen aufgezeichnet werden (Freud 1925). Taylor knüpft hingegen an die neueren Thesen von Schechner an, dass verschiedenste Erscheinungen entweder Performance seien oder sich als Performance verstehen ließen (Schechner 2002). Davon ausgehend kommt Taylor zu dem Ergebnis, dass die verkörperten künstlerischen und sozialen Praktiken nicht nur der Gegenstand wissenschaftlicher Untersuchungen, sondern vor allem eine Art Episteme sind, ein Mittel des Transfers für Wissen und Gedächtnis: „If performance did not transmit knowledge, only the literate and powerful could claim social memory and identity" (D. Taylor 2003, XVII). Verkörperte performative Akte könnten somit soziales Wissen und Gedächtnis aufnehmen, generieren und vermitteln. Im Anschluss an ihre Analyse performativer südamerikanischer Praktiken stellt Taylor die für die Theaterwissenschaft zentrale Frage: „Whose memories, traditions, and claims to history disappear if performance practices lack the staying power to transmit vital knowledge?" (D. Taylor 2003, 5) Man könnte kaum deutlicher zum Ausdruck bringen, dass das Archiv als veränderungsresistent, objektiv und frei von politischen Manipulationen angenommen wird. Archiv und Museum seien daher als Erben der Mitte des 17. Jahrhunderts einsetzenden wissenschaftlichen Revolution zu begreifen.

Taylor hinterfragt zwar die Dominanz der Schrift und des narrativen Diskurses in der Kultur des Abendlandes, befasst sich jedoch in erster Linie mit den Relationen zwischen verkörperten gesellschaftlichen und künstlerischen Praktiken der Produktion und des Transfers von Wissen. Die von ihr fokussierten Zusammenhänge nennt sie ein ‚Szenario', da diese ein Paradigma bilden, das das Verstehen gesellschaftlicher Strukturen und Verhaltensweisen ermöglicht. Zum Archiv selbst und zum Drama findet man bei Taylor weniger; an einer Stelle notiert sie jedoch: „Materials from the archive shape embodied practice in innumerable ways, yet never totally dictate embodiment" (D. Taylor 2003, 21). Das Drama kann demnach seine Aufführung nicht in Form einer auktorialen Inszenierung diktieren. Wenige Jahre später ging der amerikanische Theaterwissenschaftler William B. Worthen über Taylor hinaus, die nur eine Seite der hinterfragten Dichotomie, das Repertoire, näher analysiert hatte. Worthen schreibt: „[W]hat we read when we read drama is not the intrinsic relation between words on page but the ways writing can be understood to instigate *behavior*, action *contingent* on the means of a given historical theatre and the ideologies of acting, action, spectating, and visibility it materializes" (Worthen 2010, 77). Diese Position ermöglicht es, sowohl das traditionelle Drama als auch zeitgenössische Theatertexte zwischen Literatur und Aufführung neu zu verorten.

Den größten Einfluss auf die Überlegungen von Worthen hatten zweifelsohne der New Criticism, sein *close reading* und dessen Bezug zum Drama. Diese Schule prägte auch die Perspektive von Searle, für den der Text des Dramas ein ‚Rezept' für die Inszenierung ist. Mitte des 20. Jahrhunderts verstanden die Vertreterinnen und Vertreter des New Criticism in der Motivation, dramatische Texte für die Literatur zu retten, die Anordnung der Worte auf einer Druckseite als Basis für Mimesis und somit als Voraussetzung für szenische Realisationen. Das gedruckte Drama sei Zentrum der Poesie, die Aufführung nachrangig textdienlich; der Satz sei relevant, keineswegs das Aussprechen. Dagegen argumentierte Worthen, den in der westlichen Kultur herrschenden Logozentrismus kritisierend, mit Hilfe von Digitalsystemen bzw. der Metapher der Schnittstelle. Eine solche Schnittstelle zwischen Drama und Theater sei der konkrete Text, der sich mehr oder weniger gelungen als Drama oder als Aufführung realisiere, je nach den Bedingungen und Forderungen, die ihm von Rezipientinnen und Rezipienten entgegengebracht würden. Der Text sei ein Werkzeug wie jedes andere, das gemäß aktuellen gesellschaftlichen Technologien verwendet werden könne und unerwartet neue Möglichkeiten und Beschränkungen offenbare: „Considering theatrical performance as a social technology implies that the performative ‚properties' of the text emerge when it is conceived as an *agency* within a particular *scene* of doing" (Worthen 2010, 123). Man solle daher den Text nicht als einen unveränderlichen und universalen Bestand von Bedeutungen betrachten, die immer und überall auf die gleiche Art und Weise zum Ausdruck kämen, unabhängig davon, ob er in Szene gesetzt oder laut vorgelesen werde. Im Gegenteil, der Text verleihe den Handlungen Sinn, je nachdem, wie diese den Text funktionalisieren würden. Deswegen könnten beispielsweise Texte von epischer Breite, die Ende des 19. Jahrhunderts noch als unspielbar galten, ein neues Leben auf heutigen Bühnen gewinnen, wo zugleich neue Technologien und Medien reüssieren, insbesondere aufgrund innovativer Sehgewohnheiten durch Fernsehen, Games oder Internet. Nach

Worthen ist sowohl das Drama während des Lesens als auch seine Aufführung auf der Bühne eine kontextuell bedingte, historisch wandelbare Ableitung des gegebenen Textes. Deshalb gehöre die Untersuchung, Analyse und Reflexion von Theatertexten zu einem Grenzgebiet zwischen traditionell unterschiedlichen Wissenschaftsdisziplinen und könne als eine Art Lackmustest zur Feststellung des Fortschritts derjenigen kulturellen Veränderungen gelten, die als *performative turn* bezeichnet werden.

Worthen weist zu Recht darauf hin, dass das Niederschreiben von Dialogen und Handlungen oder von gewissen Ereignissequenzen im Rahmen der dargestellten Welt, die in zeitgenössischen Texten oft der Theaterbühne angenähert wird, nur scheinbar die Unveränderlichkeit und die endgültige, für das Konzept eines Archivs typische Stilllegung des intentionalen Sinns signalisiere. Schon im Handlungsablauf bzw. im Lesevorgang verwandeln sich die Bedeutungen. Jede neue Information im Text und jede neue Assoziation verändern den Sinn der bisher gelesenen Worte. Die durch Linearität der Lektüre bedingte Flüchtigkeit und Unbeständigkeit betrifft nicht nur die Vorstellungen und Bedeutungen der dargestellten Welt, sondern auch die Regeln ihrer Darstellung auf der Bühne. Deshalb hält Worthen die These vom mimetischen Charakter des Dramas für eine allzu große Vereinfachung. Das Drama ahme nichts nach und stelle nicht dar, sondern sei lediglich eine allegorische Aufzeichnung der von der Autorin bzw. dem Autor vorgesehenen sprachlichen und physischen Handlungen, die es zugleich kodifiziert und ins Leben ruft. Mit den Verwandlungen unserer Vorstellungen über die Welt, über den Menschen und das Drama, den Veränderungen der Ausdrucksmittel auf der Bühne und der jeweiligen Theaterfunktionen wird die Allegorie in Form des dramatischen Textes nach immer neuen Regeln gedeutet. In dieser Hinsicht unterscheiden sich die Regeln der Verwendung des Textes in leiser Lektüre und auf der Bühne nicht gravierend voneinander. Nicht nur die dargestellte Welt und darin agierende Figuren, sondern auch das Drama an sich ist das Erzeugnis einer Rezipientin oder eines Rezipienten. Worthen illustriert dies einleuchtend an ausgewählten Beispielen klassischer Texte wie *Hamlet* von Shakespeare und *Rosmersholm* von Ibsen sowie Stücken der Gegenwart wie denen von Susan-Lori Parks. Für ihn spielt die typographische Form des Theatertextes keine geringere Rolle im pragmatischen Prozess der Sinngestaltung als etwa die Wortsemantik oder dramatische Konventionen – das Medium ist signifikanter Teil der Botschaft. Der Text zeichnet sich als konkretes Medium durch seine charakteristische Materialität aus, die mit gewohnten Strukturen der typographischen Niederschrift ebenso wie mit vereinbarten und historisch bedingten Lesekonventionen in einem Zusammenhang steht. Als Urheber dieses Konzepts kann der belgisch-amerikanische Dekonstruktivist Paul de Man gelten. Worthen erwähnt seinen Namen nicht, möglicherweise, weil de Man – dem Geist seiner Zeit folgend – Dramen nicht berücksichtigte und Überlegungen zu ihrem problematischen Status der Theaterwissenschaft überließ, die seinerzeit um die Autonomie ihrer Disziplin kämpfte. De Man schlug zwei miteinander verbundene Betrachtungsweisen von Sprache vor (De Man 1979). Jeder Text könne als Ganzheit verstanden und aus zwei Perspektiven, die aus unterschiedlichen Einstellungen zur Sprache resultieren, betrachtet werden: zum einen als ein grammatisches System bzw. als ‚Maschine', zum anderen als ein figuratives System, d. h. als eine Kette von Metaphern, die ununterbrochen den grammatischen Code in Frage stellten, der den Text überhaupt erst existieren lasse. Beide Perspektiven ließen sich keineswegs miteinander vereinbaren; ihre Koexistenz mache jeden Text zu einer Art ständig aus dem Ruder laufenden Maschine, die wechselnde Bedeutungen ausstoße, die sowohl vom historischen Kontext als auch vom individuellen Lesen abhingen. Auf ähnliche Art und Weise könnte man den dramatischen Text verstehen, wobei aufgrund seines besonderen Grenzstatus die von de Man vorgeschlagene doppelte Perspektive multipliziert werden müsste.

4 Materialität des dramatischen Textes

Im Falle eines dramatischen Textes sollte man mehrere Dimensionen seiner systemischen bzw. konventionalisierten Organisation berücksichtigen, d. h. verschiedene Typen von Mechanismen, Einrichtungen oder Assemblagen und ihnen entsprechende Metaphernketten unterscheiden, die geltende Systeme und Konventionen hinterfragen. An dieser Stelle werden die drei offensichtlichsten Arten von ‚Maschinen' und Metaphernketten behandelt, die über die Materialität des Dramas als Medium und somit über die Performativität der dramatischen Texte entscheiden. Diese Perspektive schwächt die geltende Dichotomie zwischen Archiv und Repertoire ab, weil der Szenario-Charakter des Dramas deutlich wird, ähnlich wie es Diana Taylor für die Performances Lateinamerikas gezeigt hat (D. Taylor 2003). Die Veränderungen der Sprache selbst und des gesellschaftlichen Kontextes des Sprachgebrauchs werden dabei nicht in den Vordergrund gerückt, obwohl dies ebenso wichtig ist wie alle anderen Aspekte.

Von der Performativität dramatischer Texte zeugen zahlreiche Beispiele realistischer Stücke. Ihre Autorinnen und Autoren bemühen sich darum, die spezifischen Sprechakte ihrer Zeit wortgetreu wiederzugeben und als wirksames Mittel zur Herstellung der Handlungsdramatik zu nutzen. So verfährt z. B. Henrik Ibsen in *Hedda Gabler*, wenn er die Veränderungen der Beziehung zwischen der Protagonistin und dem Assessor Brack – ein Schlüsselfaktor für den finalen Selbstmord Hedda Gablers – durch immer andere Bezeichnungen derjenigen Stelle wiedergibt, in die sich Løvborg geschossen hat; je nach den gesellschaftlichen Kreisen ist es zuerst heroisch die Schläfe, dann romantisch das Herz, dann die tabuisierte Stelle am Unterleib. Es ist unschwer zu begreifen, dass ein Unverständnis für die jeweilige historische Angemessenheit die Beziehungen zwischen den Figuren und die Mittel ihrer Gestaltung verfälschen muss. Die Transformation des gesellschaftlichen Kontextes, in dem der Sprachgebrauch der Figur situiert ist, hat also bedeutenden Einfluss auf den Sinn des Dramas, obwohl die Dialoge als fixiertes Artefakt keinerlei Veränderung unterliegen. Dies gilt auch für die zum jeweiligen historischen Zeitpunkt geltenden Gattungs- und Genrekonventionen. Handelt es sich um eine Komödie oder eine Tragödie, ein surreales oder ein realistisches Drama? Aus einer späteren Perspektive kann man diese Dispositionen übersehen oder unterschätzen, wie es z. B. Roger Planchon tat, als er Ende der 1950er, Anfang der 1960er Jahre Molières Komödien als politisch engagierte historische Studien las und inszenierte. Ähnlich verfahren zeitgenössische Dramatikerinnen und Dramatiker, die klassische Texte auf eigene Art und Weise umschreiben. Gerne bricht man die Gattungskonventionen auf, die dem konkreten Text inhärent sind. Ein solcher Gestus beherrscht beispielsweise die 1966 uraufgeführte absurde Komödie *Rosencrantz and Guildenstern Are Dead* von Tom Stoppard, in der die Handlung von *Hamlet* aus der Sicht zweier bei Shakespeare eher unsympathischer Nebenfiguren dargestellt wird.

Nicht übersehen werden sollten zudem historische Konventionen der Typographie; man vergleiche etwa Präsenz, Funktion sowie Wirkung antiker Tragödien oder von Shakespeare-Stücken mit ihren Fassungen um die Wende vom 19. zum 20. Jahrhundert. Man fügte den alten Texten in Anpassung an zeitgenössische Stücke etwa von George Bernard Shaw entsprechende Regieanweisungen hinzu, die sowohl den szenischen Raum als auch die Bewegungen und Emotionen der Figuren vorgaben. Ein gutes Beispiel sind darüber hinaus die Texte des absurden Theaters aus der Mitte des vorigen Jahrhunderts (Esslin 1987 [1964]). Überraschenderweise entsprachen die Regieanweisungen keineswegs realistischen Konventionen, waren der szenischen Realisation als Illusion der außertheatralischen Wirklichkeit kaum dienlich, deuteten vielmehr eine poetische Vision der Welt an, die sich oft der Logik und gesundem Menschenverstand widersetzte. Nur wenige Jahre später hat dann z. B. Marguerite Duras, bekannt geworden durch *Der Liebhaber* (1984), gegen die übliche Regel der ‚Abwesenheit' des Autors verstoßen, indem sie die eigene Stimme als die der Autorin oder einer der Figuren in die Regieanweisungen eingeflochten hat. Unmöglich kann freilich an dieser Stelle Heiner Müller übergangen werden, der in seinen Stücken verschiedene Schriftarten und Versformen verwendete und den auktorialen Kommentar zum integralen Bestandteil des Dramas machte, das bei ihm zuweilen, etwa in *Hamletmaschine* (1977, UA 1979), aufgehört hat, ein Drama zu sein.

Besonders relevant ist in zeitgenössischen Stücken letztlich der jeweilige kulturell-gesellschaftliche Hintergrund, der deshalb kaum übersehen wird, weil wir ihm heute in einer sich zugleich globalisierenden und lokalisierenden Welt auf Schritt und Tritt begegnen. Dies führte in den letzten Jahren zu einigen Schwierigkeiten bei der Übersetzung von Theatertexten bzw. der Realisierung auf Bühnen anderer Länder, Sprachen und Kulturen (Totzeva 1995). Denn ein Stück wird von der Autorin bzw. dem Autor oft auf eine lokale Bühne, eine bestimmte Regie, ein bestimmtes Team und einen bestimmten sozialpolitischen Kontext hin gedacht und geschrieben. Diese und ähnliche Kontexte, Diskurse und Hintergründe verändern Dramen und Theatertexte grundsätzlich ständig und unaufhaltbar, etwa infolge von Modifikationen der Definition eines szenischen Werks, der Veränderungen von Theaterstilen und -konventionen oder des sogenannten Kulturtransfers bzw. der kulturellen Mobilität. Entschieden wird jeweils neu und anders über die konkrete sowie die metaphorische Materialität des Textes, die wiederum seine Performativität determiniert. Zudem können die Schnittstellen sowie die Wirkung der Feedbackschleife im Prozess der Lektüre sichtbar gemacht werden. Jon McKenzie schlug in diesem Zusammenhang Performance als eine für diverse Realisierungen offene Kategorie vor: „[A]t stake [...] is not simply different meanings of the term ‚performance', but also entirely different sets of discourses and practices, different infrastructures and histories, different paradigms of performance. [...] [A] more urgent question becomes ‚*which* performance?'" (McKenzie 2001, 53) Nur so lassen sich unterschiedliche Dimensionen der Performativität ins Auge fassen, die davon abhängen, welche sozialen Ereignisse wir untersuchen, welche Medien wir in Betracht ziehen, welche Art der Materialität diese kennzeichnet und wie sie die Interaktion mit den Zuschauenden oder Zeuginnen und Zeugen einrichten. Verhindert werden sollten Verallgemeinerungen von Performance und Performativität als historische Kategorien, um alle Formen menschlicher Interaktionen umfassen zu können. Für Jonathan Culler gilt, dass „rather than try to restrict or simplify the performative's domain, by choosing one strand of reflection as the correct one, we ought to accentuate and pursue the differences between them" (Culler 2007, 165). Auch McKenzie und Worthen fordern die Abkehr von einem universalistischen Konzept der Performativität, insbesondere vom Exklusivitätsanspruch der darstellenden Künste. Performativität in der nicht willkürlichen Verbindung mit einer jeweiligen Form samt spezifischer Materialität führt nicht nur zur Differenzierung von Drama, Theater und Ritus, sondern verweist, so Culler, insbesondere auf eines: „the different levels and modes in which events occur" (Culler 2007, 165).

Aus dem Polnischen von Karolina Sidowska

Andreas Englhart
III.3.2 Das Drama auf der Bühne

1 Das Drama im Gegenwartstheater

Die Frage nach dem Drama auf der Bühne, verstanden als Literatur im deutschsprachigen Gegenwartstheater, ist weiterhin aktuell. Sie zieht Diskussionen, zuweilen Streit und bis heute ungelöste Probleme nach sich, denn die Bühne eröffnet ein Spannungsfeld von Drama, Theatertext, Aufführungsereignis, *liveness*, spezifischer Medialität und Korporalität aller Beteiligten. Seit den 1960er Jahren stand beispielsweise das Regie- oder gar Regisseurstheater im Verdacht, auf Kosten der Literatur eine ästhetische und produktionspraktische Herrschaft der Regie durchsetzen zu wollen, die sich im Zweifel kaum oder gar nicht um Sinn und Form der jeweiligen dramatischen Vorlage scherte (vgl. Englhart 2013; Erken 2003a; Gutjahr 2008). Man registrierte beschränkte Weltsichten der Regie, erkannte den Ursprungstext nicht wieder. Seitdem Richard Schechner 1966 das *post-dramatic theater* als performatives Theater des Rituals vorgestellt hat (Schechner 1966), argumentieren einige, das Drama sei grundsätzlich in einer Krise; es sei unnötig oder bestenfalls ein gleichberechtigtes Inszenierungselement neben vielen anderen. Im Unterschied zu oft einseitigen theoretischen Positionierungen erscheint die Theaterpraxis heute so multiästhetisch wie -kulturell und -medial; Bühnenästhetiken sind keineswegs mehr vorgeschrieben. Man sieht in den führenden Theatern radikales Regisseurstheater, kreatives Regietheater, traditionelles Schauspielertheater und dem Autor verpflichtete Inszenierungen, Popästhetik und neues dokumentarisches Theater, Erzähltheater und Stilelemente neuer Bürgerlichkeit, postmigrantisches Theater, Postdramatik bzw. Performance Art und Installationen, inter- sowie transmediales und minimalistisches Theater im leeren Raum (Englhart 2013).

Die anhaltenden Diagnosen von Krisen – Krisen der Institution zwischen Ensemble- und Plattformtheater, Krisen des Theaters und Krisen des Dramas – motivieren also eher Scheindebatten. Das Theater hat keineswegs an Attraktivität verloren; gerade als transitorisches Medium hat es in einer zunehmend medialisierten, globalisierten Welt eine besondere Funktion, da es sich mit seinen medialen Spezifitäten der Präsenz, Ereignishaftigkeit, Korporalität und Materialität gegen die Virtualität der medialen Bildwelten behauptet. Trotz nicht zu unterschätzender Einflüsse der Theateravantgarde, der bildenden Kunst, des Tanzes, des Musiktheaters und der Performance Art auf die heutige Bühnenästhetik bleiben der dramatische Text und die Literatur weiterhin der Ausgangspunkt der Mehrzahl von Inszenierungen, obwohl Drama und Theatertext spätestens seit dem Beginn des 20. Jahrhunderts keineswegs mehr als leitende Größen gelten können. Die Theaterverlage verzeichnen eine Zunahme des dramatischen und literarischen Elements in den wichtigsten Häusern zwischen Berlin, München, Hamburg, Wien, Zürich und Frankfurt am Main (Pełka und Tigges 2011; Englhart und Pełka 2014; Kapusta 2011). Das Angebot an Dramen oder Theatertexten ist im deutschsprachigen Raum kaum mehr zu überblicken und Klassiker – von den antiken Tragödien über Shakespeare und Weimar bis zur Moderne – bestimmen weiterhin die Spielpläne.

2 Die Entwicklung einer dominierenden Regie

Die starke Stellung der Regie im Gegenwartstheater, das Regietheater, bedeutet, dass die Bühne keine einfache Abbildungsästhetik präsentiert. Das Inszenierte ist ästhetisch hoch entwickelt und die Regisseurin bzw. der Regisseur haben die künstlerische Gesamtverantwortung übernommen (Carlson 2003; Erken 2003a; Breth und Bazinger 2009). Auch wenn es gelegentlich Autorinnen wie Theresia Walser oder Yasmina Reza wagten, gegen allzu willkürliche Regieeingriffe zu opponieren, hat die Regie das letzte Wort. Dies hat historische wie auch produktionsspezifische Gründe. Regietheater als ästhetisch avancierte Kunst ist ein Spezifikum des deutschsprachigen Theaters. Es rekurriert auf ein Erbe des 18. und 19. Jahrhunderts, als sich das Theater als Medium dem stärker werdenden Bürgertum empfahl (Bayerdörfer 1987; Brincken und Englhart 2008; Fiebach 2015).

In Opposition zu höfischen Darstellungen mit ihren französischen Regeldramaturgien und italienischen Opern und also auch in Opposition zu Unfreiheiten der Ständegesellschaft schuf sich das emanzipierende Bürgertum eine eigene Öffentlichkeit. Eine zunehmende allgemeine Lesefähigkeit bedingte seit der Spätaufklärung einen neuen medialen Markt aus Büchern, periodischen Publikationen wie moralischen Wochenschriften, innovativen Bildmedien, Zeitungen und bürgerlichen Salons (Habermas 1962; Schiewe 2004). Das Theater sollte ebenfalls bürgerlich werden, seine Publizität mit eigenen Häusern, Schauspielensembles, neuen Schauspielstilen und eigenen Dramen erweitert werden. Die aufsteigende bürgerliche Schicht wollte nicht nur ein eigenes Medium besitzen, sondern auf der Bühne auch ihre eigene gesellschaftspolitische und moralische Lebenswelt reflektiert sehen sowie Begegnungsräume einrichten, in denen man unter sich war. In mehr oder weniger feststehenden Theatern, die zu einem Teil Bühnen des Adels übernahmen, zum anderen Teil eigene, weniger prunkvolle Häuser außerhalb der Residenzen waren, entwickelte sich in Deutschland das bürgerliche Trauerspiel, das sich nicht mehr an die Ständeklausel hielt und den Bürger tragödienfähig machte (Szondi 1973a). In diesem Genre und im bürgerlichen Lustspiel standen die Sorgen und Nöte des Bürgertums, die meist familiärer, sozialpolitischer oder wirtschaftlicher Art waren, im Mittelpunkt der dramatischen Handlung. Mit Gotthold Ephraim Lessing, Friedrich Schiller, Johann Wolfgang Goethe und William Shakespeare als dritten ‚deutschen' Klassiker, aber auch mit August von Kotzebue, August Wilhelm Iffland und Charlotte Birch-Pfeiffer schuf sich das Bürgertum eine eigene kulturelle Identität (Englhart 2018). Dies setzt sich bis heute im Spielplan eines typischen deutschsprachigen Theaters fort, insbesondere in der Klassikerpflege, wobei das Trivialdrama durch eine stark selektive Kanonisierung im 19. Jahrhundert vergessen wurde. Während sich aus dem Rührstück und Lustspiel über das Well-Made-Play und die Ästhetik des Bühnennaturalismus die Dramaturgie des Films, später der TV-Serie entwickelte, formierte sich bereits in Weimar unter Goethes Theaterleitung auf idealistischer Ebene ästhetischer Widerstand gegen eine mimetische, dem Alltag verpflichtete Bühnenrepräsentation. Richard Wagners Gesamtkunstwerk und Friedrich Nietzsches Forderungen nach einer antisokratischen Ästhetik, Theaterreform und (Neo-)Avantgarde arbeiteten aktiv an der Absetzung des Dramas bzw. einer dramatischen Dramaturgie als bestimmender Instanz im Theater zugunsten der Regie, der Autonomie der Künstlerin und des Künstlers bzw. einer eigenständig-medialen Theatralität der Bühne (Dahlhaus 1996; Hiß 2005; M. Smith 2007; Karrer 2015).

Beides kulminierte in der besonderen geistigen Pflege und materiellen Unterstützung eines deutschsprachigen Theaters als Kunst- und Bildungsprogramm. Wie bereits 1769 der Bankrott der von Lessing als Dramaturg unterstützten Hamburger Entreprise gut zwei Jahre nach ihrer Gründung zeigte, war dieses avancierte Theater nur mit Subventionen zu verwirklichen. Die damit verbundene mentale, politische wie wirtschaftliche Unterstützung der Theater, einstmals aus dem Anspruch und Auftrag entstanden, die Nation bzw. den deutschen Staat als kulturelle Gemeinschaft zu etablieren, legitimiert heute noch die staatliche Unterstützung einer Theaterlandschaft, die historisch und global gesehen beispiellos ist. Das deutschsprachige Theatersystem ist das weltweit finanziell am besten ausgestattete und kann daher auch mit der avanciertesten Ästhetik aufwarten. Es integriert Klassikerpflege und Avantgarde; beides führt notwendigerweise zur Dominanz der medialen Instanz der Regie. Dabei stand das Drama auf der Bühne spätestens mit Aristoteles' *Poetik* in einem komplexen Verhältnis zur Medialität der Bühne. Dies umso mehr, als die Regie in der Moderne sukzessive zur ästhetisch wie institutionell dominierenden Instanz wird. Bereits Goethe verlangte von seinen Schauspielerinnen und Schauspielern eine prä-avantgardistische Abkehr vom die Bühnen bestimmenden Natürlichkeitsprinzip. Carl Carl schuf im Wiener Vorstadttheater einen ungewohnten Wirkungsrealismus. Richard Wagner ordnete alle Bühnenschaffenden und -mittel dem Gesamtkunstwerk unter, die Meininger betonten das Ensembleprinzip, der sich an ihnen orientierende Konstantin Stanislawski richtete einen weitestgehenden Naturalismus ein. Max Reinhardt verlagerte die Regie in den poetischen Gesamteindruck, während Erwin Piscator und Bert Brecht das epische Theater als gesellschaftskritische Ästhetik forderten (Englhart 2013; 2018). Mit der Macht der Regieführenden rückten Dramatikerinnen und Dramatiker bzw. das Drama programmatisch aus dem Zentrum der Theaterproduktion. So wurde auf einer breiten theaterhistorischen Basis das 20. Jahrhundert generell zum Zeitalter der Regie.

Übersehen werden darf in der Tendenz zu einem avancierten Kunsttheater nicht die wohlwollende Kollaboration der Zuschauerin bzw. des Zuschauers, schon gar nicht die des zu Unrecht viel gescholtenen Abonnementpublikums. Dieses ist im globalen Vergleich ungewöhnlich avantgarde- und regietheaterfreundlich, sicherlich auch aufgrund eines Bürgerhabitus im Dienste der Distinktion nach ‚unten' (Englhart 2013). Man versteht Theaterbesuch als Kunst- und Bildungserlebnis, informiert sich. In diesem Sinne stellen der Atlantik und der Ärmelkanal eine mediale Kulturbarriere dar (Bogusz 2007). Da die Theaterkassen hierzulande von unmittelbaren Finanzierungszwängen entlastet sind, jeder Platz im Theater etwa zu 80 Prozent subventioniert wird (Röper 2001; T. Schmidt 2012), entsteht auf gesellschaftlich-institutioneller Ebene ein eher selbstreferentielles Leistungs- und Bewertungssystem, das die Grundlage der avancierten Regietheaterästhetik bildet (Englhart 2013). Von zu trivialen Unterhaltungsansprüchen des Publikums weitgehend gelöst, wird für die Bühnen die professionelle Bewertungskaste der Theaterkritikerinnen und Theaterkritiker wichtig. Regisseurinnen und Regisseure orientieren sich folglich weniger am Publikum, hingegen mehr am professionellen Geschmack der Theaterkritik. Diese bewertet in der Regel die Aufführung bzw. Inszenierungsästhetik, seltener das zugrunde liegende Stück, zumal das Theater in der Spielplangestaltung Klassikern meist viel Platz einräumt.

3 Die Transformation des Dramas im Produktionsprozess

Die Aufmerksamkeit für die Leistung der Regie mag übertrieben sein, ist doch das Theater die institutionalisierteste Kunstform – der Produktionsprozess ist meist hochgradig organisiert sowie hierarchisch und arbeitsteilig gegliedert (Mudford 2000; Röper 2001; T. Schmidt 2012; A. Matzke 2012). Damit werden zum einen Freiheiten eingeschränkt, zum anderen jedoch kreative Lösungen überhaupt erst ermöglicht. Traditionellerweise wird ein Drama in eine Inszenierung transformiert, was jedoch heutzutage nicht mehr der Fall sein muss. Freie Gruppen, unkonventionelle Theaterformen, aber auch kollektive Projekte auf der traditionellen Bühne gehen oft nicht von einem dramatischen Text aus. Da das Ziel der Transformation eines Dramas im Produktionsprozess die Aufführung ist, sollte das Augenmerk auf dieser liegen. Erfahrene Dramaturginnen und Dramaturgen bauen daher ihren Spielplan nicht als strategische Auswahl von Dramen, sondern von Inszenierungen auf. Diese müssen in den engen Rahmen unterm Strich dennoch begrenzter Finanz- und Produktionsmittel integrierbar sein. Der Spielplan wird im Gespräch zwischen Intendanz, Dramaturgie, den Regisseurinnen und Regisseuren, tonangebenden Schauspielerinnen und Schauspielern und den Theaterverlagen zusammengestellt (Hadamczik et al. 1978; Erken 1985; 2003b; 2014; Cossel 2011; Englhart 2013). Eine vorbildliche Spielplankonzeption hat die aktuelle Relevanz alter sowie neuer Dramen und Themen, die ‚Neuigkeitssucht' der Theaterkritikerinnen und -kritiker, aber auch die Belastbarkeit des Publikums zu bedenken, hat also neben einem Stück von René Pollesch, Oliver Kluck oder Elfriede Jelinek auch eines von Yasmina Reza, Lukas Bärfuss oder Shakespeare als versöhnliche Angebote an das Publikum anzusetzen.

Mit der Erstellung des Spielplans hat die Inszenierung als schöpferisch-performativer Akt begonnen (Erken 1985; 2003b; Englhart 2013). Dieser Prozess, der sich im Einzelfall selbstverständlich immer etwas anders gestaltet, sich aber strukturell bzw. institutionell so weit immer ähnlich einrichtet, dass er hier in groben Zügen nachverfolgt werden kann (Erken 2003b), wird im transitorischen Medium Theater erst an ein definitives Ende gelangen, wenn die Aufführung das letzte Mal über die Bühne gegangen ist – vielleicht sogar erst dann, wenn nach Abspielen des Stückes die letzten erinnernden Texte in den Theatergeschichten verfasst worden sind. Regie und Dramaturgie verständigen sich am Anfang über die Konzeption und projektieren die Strichfassung des Stückes. Eines der wichtigsten Aufgaben der Dramaturgie ist das Streichen von Passagen, die nicht Teil der Aufführung werden sollen, um das Stück von einem Lesedrama in einen inszenierbaren Text zu transformieren. Dies betrifft v. a. das aus Sicht der Bühne rhetorisch Redundante bzw. das, was sich durch das Spiel auf der Bühne von selbst erklärt. Gestrichen wird auch im Hinblick auf die Besetzung, die Vorstellungen der Regie und die bis zu diesem Zeitpunkt schon festgelegten weiteren Theatermittel wie etwa die Ausstattung. In der Probenarbeit als Kern des Produktionsprozesses bleiben Drama oder Theatertext meist ein Leitfaden; man beginnt mit der Leseprobe, dieser folgen die Proben auf der Probebühne, dann auf der Hauptbühne. Originaldekoration und Maske kommen hinzu, in einem nächsten Schritt kombiniert mit der Beleuchtungsprobe. Sodann wird das ganze Stück im Ablauf gespielt, woran sich die Fotoprobe und die oft halböffentliche Generalprobe anschließen. Durch die verschiedenen Probenabschnitte entsteht das mediale Verhältnis des Dramas zu den anderen Elementen der Aufführung als ein letztlich emergentes immer wieder neu. Dies geschieht im Rahmen von vier Aufgaben: der Arbeit mit dem dramatischen Text im engeren Sinn, der Findung der Figuren, des Umgangs mit dem Raum und des Spannungsaufbaus.

Den dramatischen Text sollten Schauspielerinnen und Schauspieler zwar vor Beginn gelesen, nicht aber auswendig, sondern nur angelernt haben, um offen zu sein. Physische Handlungen und psychische Vorgänge, die im Probenprozess begegnen, sollten integriert werden. In diesem Probenstadium, das fast wie ein Hörspiel anmutet, gilt, dass der dramatische Text den medialen Ausgangspunkt der Inszenierungsarbeit bildet. Dabei wird der Text ständig danach befragt, inwieweit er den Figuren in ihren Dialogen und Monologen in einer konkreten inszenierten Situation genügend ‚gibt'. Hierzu wird der individuelle und aktuelle Sprechanlass der Figur gesucht; dabei muss auch eine etwaige Differenz von Text und Subtext festgestellt und gegebenenfalls erarbeitet werden. Im ständigen *trial and error*, Suchen und Überprüfen, im Abgleich von dramatischem Text, theatraler Figur, dramatischer wie aktuell-theatraler bzw. medialer Situation wird durch W-Fragen (Woher? Warum? Was? Wohin?) über die Eigenart und Gestimmtheit der Schauspielerin bzw. des Schauspielers das Verhalten der Figur herausgearbeitet (Ayckbourn 2006). Regelmäßige Kritik am Erreichten kreiert eine mehr oder weniger gelingende Feedbackschleife. Während dieser Arbeit am dramatischen Text werden der Bühnenraum und zugleich der imaginierte Raum bespielbar gemacht und in Besitz genommen (Zadek 2003). Eine mediale Gefühlstopographie weist dem Raum nach und nach Erlebnisorte zu. Diese sollten mit allen anderen Elementen der Inszenierung so zusammenwirken, dass es gelingt, jedes Detail und jeden Augenblick mit Spannung aufzuladen. Letztlich soll es den Beteiligten im medialen Transformations- als Probenprozess ermöglicht werden, der Szene ihre ‚Temperatur', dem Akt sein ‚Klima' und der Aufführung ihren Gesamtzusammenhang als Inszenierung zu geben; man könnte auch phänomenologisch von Rhythmus oder Atmosphäre sprechen. Die bei den Zuschauenden als Anmutungen und Verständnisse festzustellende Wirkung der Inszenierung ist das eigentliche Ziel der gesamten Produktionsarbeit. Dieser Akt der am Produktionsprozess Beteiligten ist ebenso kreativ wie unlehrbar und durch wissenschaftliche Analyse nicht vollständig zu erfassen (F. Richter 2004; Pollesch und Raddatz 2007; Perceval 2009; Carp 2006; Breth und Bazinger 2009).

In der Regel beginnt man beim Aufbau der Inszenierung in der Probe mit kleineren Schritten entlang der vom dramatischen Text vorgegebenen Stationen. Dann wechselt man zu größeren dramatischen Einheiten über und wagt schließlich den Gesamtdurchlauf. Hierbei werden ständig Korrekturen mit dem Ziel des in sich stimmigen Gesamteindrucks vorgenommen. Das Resultat ist immer ein anderes, als es sich die Regie eingangs vorgestellt hatte. Dennoch bleiben vor allem im Regietheater individuelle ästhetische Stile sichtbar (Englhart 2013;

Nagel 1989; Hockenbrink 2008; Diez 2002; Dermutz 2004; Dermutz und Zadek 2007; Michalzik 2009).

4 Das Phantom der Werktreue

Das deutschsprachige Theater ist, im weltweiten Vergleich, das am höchsten subventionierte (Röper 2001; T. Schmidt 2012). Dieser Umstand und seine bis heute weitgehend selbstverständliche Funktion als Kunstmedium bedingen, dass man sich auf deutschsprachigen Bühnen im globalen Vergleich mehr inhaltliche und ästhetische Grenzüberschreitungen erlauben darf als z. B. im englischen, US-amerikanischen oder französischen Theater. Dies trifft auch auf die Dramatik zu; weitgehende Formexperimente werden kaum eingeschränkt, eher erwartet. Radikale Texte wie die von Peter Handke, Heiner Müller, Elfriede Jelinek, René Pollesch oder Oliver Kluck findet man außerhalb des deutschsprachigen Theaters kaum oder gar nicht. Jede Bühneninszenierung eröffnet ein Spannungsverhältnis zwischen der Schrift, dem Buchstaben sowie der Sprache einerseits und dem Körper, der Anwesenheit und Ereignishaftigkeit des Bühnenspiels andererseits. Traditionelles Autorinnen- bzw. Autoren- oder Schauspielerinnen- bzw. Schauspielertheater versucht meistens, dieses Verhältnis unauffällig zu halten. Regietheater betont im Gegensatz dazu das Spannungsverhältnis und macht es ästhetisch fruchtbar. Die Übersetzung von einem aus Worten bestehenden dramatischen Text in die Vorstellungskraft der Regie und von dort in die Wirklichkeit der Bühne wird zur besonderen ästhetischen Basis. Dabei ist ein gedruckter Dramentext heute keineswegs die notwendige Grundlage im Produktionsprozess: Performative Aufführungen in der Tradition der Avantgarde oder beeinflusst durch die Performance Art benutzen gedruckte Texte, wenn überhaupt, eher als Spielmaterial. Zudem muss eine literarische Vorlage nicht unbedingt ein dramatischer Text sein. Gegenwärtig ist die Frage nach der Abgrenzung des Dramas vom epischen Text bzw. von der Lyrik nicht mehr sinnvoll. Der aktuelle Trend des Erzähltheaters wie die Dramatisierung von Romanen und Filmen könnte eine Diskussion darüber provozieren, ob das heutige Theater auf Stücktexte angewiesen sei (Englhart und Pełka 2014).

Wenn jedoch ein dramatischer Text als Basis der Produktion dient, dann wird vom Publikum oft immer noch eine dem Drama gemäße Inszenierung erwartet, wobei die Frage nach der Angemessenheit ein Problem aufzeigt: Welches ‚transzendentale Signifikat' legitimiert eine bestimmte Perspektive, von der aus entschieden werden kann, welche Inszenierung die jeweils dem Drama oder Theatertext angemessenere sein soll? Theaterpraktisch sieht ein typischer Produktionsvorgang wie folgt aus: Die Regisseurin und der Regisseur stehen vor der Frage, wie sie mit der zu inszenierenden Literatur umgehen sollen. Welche Bedeutungen und Anmutungen sollen vom dramatischen Text ausgehend in der Inszenierung erscheinen? Kann oder soll man das Drama allein als Material verwenden, soll man den Text so belassen, was selten der Fall ist, soll gestrichen, umgestellt, mit Fremdtext ergänzt werden? Soll die Aufführung gar intelligent wie ein Palimpsest mehrere Textschichten und Interpretationsmöglichkeiten erkennen oder erahnen lassen? Soll die Figur realistisch, als erkennbare Repräsentation in Szene gesetzt werden oder soll ein Chor den Gesamttext skandieren, sollen die Figuren gegen den Strich besetzt oder gar dekonstruiert werden? Grundsätzlich muss jeder Produktionsprozess mehrere Ebenen der Interpretation meistern: erst die der Lektüre des gedruckten Textes, oft durch eine Theatermacherin oder einen Theatermacher allein samt Vorstellung in der Imagination; dann die gemeinsame Leseprobe, in der sich die verschiedenen Vorstellungen annähern; dann erste, zweite und weitere Umsetzungen in der Probe auf der Bühne, in denen sich die Interpretationen ständig verändern. In der Aufführung interpretieren die Zuschauerinnen und Zuschauer jeweils für sich jedes inszenatorische Detail wieder ganz anders. Das In-Szene-Setzen funktioniert also nicht, ohne dass mehrfach aus verschiedenen Perspektiven interpretiert wird, es permanent zu unterschiedlichen Sinnzuweisungen kommt, was jede Forderung nach Werktreue von vornherein naiv und letztlich obsolet werden lässt. Dennoch kann nicht übersehen werden, dass sogar ein postdramatisches Theater der Collage, der Installation oder des Samplings dialektisch auf einen manifesten oder imaginierten dramatischen Restbestand angewiesen ist. Zudem scheint es, wenn ein Drama oder Theatertext die Produktionsgrundlage bildet, eher auf der Anmutungsebene feststellbare Qualitätsvorgaben zu geben, die unintelligente, unkonzentrierte oder schlicht uninteressierte Inszenierungszugriffe ungenügend wirken lassen.

5 Plurimedialität in der Aufführung

Wenn jede Inszenierung das Resultat mehrerer Interpretationsvorgänge ist, wenn es Werktreue nicht geben kann, ist auch die in der älteren Forschung wiederholt genannte implizite Inszenierung als ‚Vor-Schrift', wie ein bestimmter dramatischer Text zu inszenieren sei, ein Phantasma. Grund hierfür sind v. a. zwei mediale Spezifitäten des Theaters: einerseits seine *liveness*, andererseits seine einzigartige Potentialität, andere Medien in sich aufzunehmen, ohne deren Spezifität in Frage zu stellen. Theater unterscheidet sich als Medium von der bildenden Kunst, vom Film, von der Literatur und der Musik, denn ihm ist Plurimedialität zu eigen (Barthes 1969; Balme 2004). Die Bühne kombiniert auf synchroner wie diachroner Ebene differente Zeichensysteme, die als plurimediales Ereignis wirkungsästhetisch relevant sind: Mimik, Gestik, Kinesik, Motorik, Sprache, Kostüm, Licht, Raum, Musik bzw. Geräusche oder Sound usw. Dem korrespondieren Wahrnehmungsorgane wie Auge und Ohr, auch Geruchssinn, Tastsinn und zuweilen Geschmackssinn – eventuell auch ein unbewusstes Spüren der Atmosphäre, ein Bauchgefühl (Hörisch 2001; Schouten 2006; Waldenfels 2010; Eagleman 2012). Jede Produktion spricht die verschiedenen Sinne qualitativ sowie quantitativ anders an. Experimentellere Produktionen tendieren dazu, über die Fokussierung auf visuelle Zeichen (Figur, Bühne, Licht, Kostüme) oder akustische Zeichen (Sprache, Musik, Geräusche, Sound) hinauszugehen, indem etwa wie in einer Armin-Petras-Inszenierung getragene Socken ins Publikum geworfen werden, wie bei Dave St-Pierre nackte Tänzerinnen und Tänzer direkten Kontakt mit den Zuschauenden suchen oder wie in *Sul concetto di volto nel figlio di Dio* (2012) der Socìetas Raffaello Sanzio Gerüche von echten Fäkalien durch den Raum wabern, was den Tast- und Geruchssinn besonders aktiviert.

Dennoch ist auch das traditionellste Theater nicht allein auf visuelle und akustische Zeichen beschränkt; die Plurimedialität im Live-Erlebnis macht die spezielle Atmosphäre des Bühnenerlebnisses aus, das dieses von anderen Medien wie Film, Fernsehen oder Internet unterscheidet. Zum einen werden dabei im Theater in der Produktion und Rezeption mehrere Elemente aus differenten Zeichensystemen gleichzeitig zusammengefügt, zum anderen wird diese Konstellation im zeitlichen Ablauf einer Aufführung ständig neu arrangiert. Diese mediale Spezifität kreiert perpetuierend komplexe Variationen. Theatrale plurimediale Informationen sind in der Lage, die unterschiedlichsten Bezüge und Verhältnisse einzurichten. Entweder führen sie in der Wahrnehmung eher dazu, dass eine in sich kohärente, homogen erscheinende Botschaft entsteht, etwa in einer Inszenierung von Katie Mitchell. Oder diese ist dezidiert heterogen, widerspricht sich, wie in einer Produktion von René Pollesch. In diese Konstellation bringt sich der dramatische Text traditionellerweise auf besondere Weise ein; er kann, so Manfred Pfister, als synästhetischer Text verstanden werden, da er nicht nur auf sprachliche, sondern auch auf außersprachliche optische wie akustische Codes verweist (Pfister [11]2001 [1977], 24–25). Die dem Theater eigene Plurimedialität bedeutet also, dass die einzelnen Elemente einer Aufführung einen unterschiedlichen ontologischen Status haben, der in der Rezeption auf phänomenologischer Ebene unterschiedlich anmutet. Bevor, neben oder mit ihrer in der dramatischen Szene zugeschriebenen Bedeutung besitzen alle Elemente eine eigene sinnlich wahrnehmbare Materialität, zudem eine sich aus dem Alltag bzw. der dem Publikum bekannten Normalität samt entsprechenden Codes ergebende Eigensemantik. Ob und wie bzw. wie weit diese Elemente zu einem auch wieder als dramatisch verstandenen Gesamtprodukt werden und welchen Stellenwert hierbei ein vorgängiger dramatischer Text hat, wird in jeder Produktion neu und immer anders entschieden.

6 Vom verbindenden Code zur unendlichen Semiose

Als weniger realitätsgebundenes Medium, das kaum eine ausgeprägte Ähnlichkeit in der Mimesis von Urbild und Abbild fordert, ist Theater auch in seiner traditionellen Form Zeichen von Zeichen (Fischer-Lichte 1983). Diese Feststellung gilt für Inszenierungen, die über einen intersubjektiv bekannten oder verinnerlichten Code nachvollziehbar sind, bis zu postmodernen, performativen Ereignissen. Letztere basieren auf der von Ferdinand de Saussure festgestellten Arbitrarität von Zeichen, die etwa nach Jacques Derrida oder Judith Butler zur Dekonstruktion und damit theatralen Subversion jeder eindeutigen Bedeutungszuweisung führen kann (Saussure ²1967 [1916]; Butler 1991; Derrida 2003 [2001]; Fischer-Lichte 2004). Hierbei ist gerade das Theater als Medium in besonderem Maße in der Lage, aufgrund seiner *liveness*, Materialität, Ereignishaftigkeit und Korporalität das generell vorhandene Präsentische so weit zu betonen, dass die Semiose in der Rezeption unendlich in Gang gehalten wird. Meist werden in einer Produktion verschiedene Zeichenangebote im Moment von verschiedenen Spezialistinnen und Spezialisten bereitgestellt und im Detail verantwortet, also von Schauspielerinnen und Schauspielern, Bühnenbildnerinnen und Bühnenbildnern, Sängerinnen und Sängern etc. Dies wird mehr oder weniger von der Inszenierung und auf einer niedrigen Schwelle von der Absicht der Regie bzw. der Inszenierung als Konstrukt zusammengehalten; zugleich ist jeder Produktionsprozess im Theater ein höchst arbeitsteiliger Prozess, in den verschiedenste Perspektiven, Arbeitsweisen, Persönlichkeiten und Befindlichkeiten einwirken, auch oder gerade wenn die Arbeit mit dem Ensemble wie bei Yael Ronen eher kollektiv strukturiert ist.

Der tatsächlich stattfindenden transitorischen Aufführung steht generell die Inszenierung gegenüber, vorgestellt als ideelles Konstrukt, das das Bühnenereignis strukturieren sollte und das verstanden werden kann als motivierte und intentionale Organisation von Zeichen und Zeichensystemen (Balme 2004), als Inszenierungstext (Fischer-Lichte 1983), System von Entscheidungen (Pavis 1988) bzw. als vorgedachte oder unbewusste performative Hervorbringung von Materialität (Mersch 2002; Gumbrecht 2004; 2012). Hochgerechnet auf den Versuch, sich dem Theaterereignis durch eine Inszenierungsanalyse anzunähern, wäre so auf der Basis eines angenommenen ideellen, abstrakten Konzepts mit einem konstanten, in sich abgeschlossenen Werk zu rechnen. Aber gerade dieses ist die Aufführung des Theaters aufgrund ihrer Transitorik, ihrer *liveness* und dem *closed circuit* zwischen Bühnenereignis und Publikum als leibliche Kopräsenz nicht. Der Begriff ‚Aufführungsanalyse', der das momentane Ereignis als gegenwärtige ästhetische und/oder dramatische Situation zum Analyseobjekt bestimmt, gewichtet etwas anders. Theater als Medium (Prümm 1987/1988; P. Meyer 1997) korrespondiert also eigentümlich mit theatraler Medialität, verstanden als durch das Medium bestimmtes Verhältnis von Darstellungsereignis und Verstehens- sowie Anmutungserlebnis samt potentieller Reaktion. Kulturelle, psychologische, soziale und politische Voraussetzungen koagieren mit zufälligen Ereignissen, Kombinationen und Wirkungen. Insbesondere das Publikum ist, so Max Herrmann, als immer mitproduzierender Faktor im Spiel (M. Herrmann 1981 [1920], 19). Theatrale Medialität im Sinne einer Plurimedialität in der Aufführung bedingt so eine Ambivalenz zwischen dem mit dem Drama mehr oder weniger verbundenen Werkganzen und dessen Entzug, dessen Auflösung oder Dekonstruktion.

7 Transformation, Struktur, Performanz

Ausgehend von historisch gewachsenen und den traditionellen Produktionsprozess beeinflussenden Institutionen können Theaterinszenierungen als sich im Moment offenbarende Struktur oder Ergebnis einer Transformation des Dramas oder Theatertextes in die Aufführung betrachtet werden. Generell rekurriert man auf die ältere, dem Strukturalismus entstammende, in den 1960er und 1970er Jahren entwickelte Theatersemiotik: Aufführung wird als Text interpretiert, der aus heterogenen Zeichen zusammengesetzt ist (Eco 1977; 1995). Letztlich geht es der Semiotik um Bedeutungen, die sich den differenten Zeichen, Zeichensequenzen und dem gesamten Aufführungstext entnehmen lassen. Über die sogenannte Dominantenbildung wird die annähernd unendliche Komplexität des Darstellungsangebots gebündelt; die dominante szenische Elementebene – Sprache, Handlung, Figur etc. – dient als notwendiges integratives Feld, von dem aus sich weitere Elemente und Bedeutungszugänge ergeben. Bedeutungen lassen sich jedoch in der Analyse komplexer Aufführungen keineswegs eindeutig fixieren bzw. in der Produktion von vornherein kodifizieren. Die Aufführung bleibt grundsätzlich unausdeutbar, eine Analyse muss sich für eine oder mehrere prägnante und für die jeweilige Fragestellung oder Perspektive funktionalisierbare Perspektive entscheiden. Potentiell möglich sind, auch bei Annahme eines streng hermeneutischen Vorgehens, immer andere Bedeutungszuweisungen (Elam 1980). Eine der folgenreichsten Vorentscheidungen in der Analyse einer Theateraufführung ist die, ob man die Struktur bzw. das Ereignis der Aufführung als solche oder die Transformation des Dramas oder Theatertextes in den Blick nimmt.

Erika Fischer-Lichte (1983) und Guido Hiß (1993) haben, abhängig von einem differierenden Theaterverständnis, zwei verschiedene Analysemethoden vorgeschlagen: die Transformations- und die Strukturanalyse. Hiß geht in seiner Transformationsanalyse von einem im dramatischen Text vorliegenden Substrat aus und untersucht dessen Transformation innerhalb des Produktionsprozesses und danach. Durch Kombination von strukturtheoretischen sowie hermeneutischen Methoden (Hiß 1993, 12–14) käme man mit Roland Barthes zu einem Simulakrum der Aufführung (Barthes 1969, 157), das nicht behauptet, deckungsgleich mit dem Ereignis zu sein, sondern als Grundlage einer Strukturierung und Interpretation dient, anhand derer man die Regeln der Funktionen nachvollziehen kann. Zerlegung und Arrangement bleiben freilich eine kreative Angelegenheit (Hiß 1993, 14), eignen sich zudem v. a. für Aufführungen, die wie etwa die Produktionen von Thomas Ostermeier, Claus Peymann oder Katie Mitchell stark am Drama oder Theatertext orientiert sind. Fischer-Lichte hingegen zerlegt eine Aufführung in Segmentierungsebenen, z. B. die Ebene der Figuren, der Sprache, des Raumes (Fischer-Lichte 1983). In dieser Methode nimmt das Drama keinen dominierenden Platz ein; zudem ist die Analyse in der Perspektivierung freier und eher geeignet, kaum auf der dramatischen Ebene zu interpretierende Aufführungen wie die von Jan Fabre, Christoph Schlingensief oder Nicolas Stemann zu untersuchen. In der Betonung des Ereignishaften weist sie zugleich über das durch das vorgängige Drama eingeleitete Bedeutungsangebot hinaus. In postdramatischen oder performativen, der Performance Art nahen oder als Installation zu verstehenden Ereignissen wird das dem Theater immanente Spannungsverhältnis zwischen Rolle und Materialität, zwischen Drama und szenischem Ereignis noch fassbarer. Die Bedeutung des Dargestellten ist also traditionell mit der Materialität der szenischen Mittel verbunden und kann durch Uneindeutigkeit aufgrund von Widersprüchlichkeiten in der Inszenierung oder durch Verstärkung der Präsenz einzelner Elemente konsensunfähiger gemacht werden. Die Aufführung wäre dann nicht mehr als hermeneutisch zu erschließende Textstruktur zu verstehen; die wahrnehmungs-, anmutungs- und ereignisbezogenen Wirkungen bzw. produktionsspezifischen wie wirkungsästhetischen Faktoren würden besser getrennt in den analytischen Blick genommen (Hiß 1999; Gumbrecht 2004). Die konsensfähige Synthese der Zeichen zu einem Sinn-Gesamt wäre hier der Ambivalenz von Semiotizität und Materialität nachgeordnet.

8 Performativer Entzug der Bedeutung und Wiederkehr des Dramas

In ästhetischen Strategien der Avantgarde, des Happenings, des Environmental Theatre, der Performance Art sowie des postdramatischen Theaters wäre also nicht Bedeutung das primäre Ziel, sondern deren Entzug – die Aufmerksamkeit läge auf Präsenzen, Atmosphären, Fluxus, dem Ereignis bzw. der Unmöglichkeit, von einem Ereignis zu sprechen (Charles 1989; Goldberg 2001; Derrida 2003 [2001]; Goebbels 2012). Wenn die Gegenwart von Erscheinung im Mittelpunkt steht, kann Drama bzw. ein dramatischer Text nur Material, ein gleichberechtigtes Aufführungselement neben anderen sein. Die traditionelle Funktion des Dramas als Träger von Sinn, Bedeutung, Kommunikation und Narration wird zurückgestellt zugunsten einer Eigenmaterialität, etwa als Textästhetik, Poetizität, Lautästhetik, Stimm- oder Geräuschmaterialität, Soundanmutung, Akustikphänomen, Samplinggrundlage, Wiederholungsschleife, Chorgewalt, Rhythmusgeber, Affektauslöser etc. Der menschliche Körper, seine leibliche Ausstrahlung emanzipiert sich gegenüber dem abendländischen Logozentrismus. Die Medialität des Menschen ist nun ohne seine Korporalität nicht denkbar (S. Krämer 2008). Aus der dem Drama geschuldeten Handlung wird über die Eigenmächtigkeit der Materialität, der Korporalität und Ereignishaftigkeit eine Assemblage der verschiedenen theatralen Mittel oder Medien, eine Installation, mit Gilles Deleuze eine raum-zeitliche ‚rhizomatische' Struktur (Deleuze und Guattari 52002 [1992]) ohne aristotelisch-kausale Handlung, ohne Werkgestalt, ohne festgelegte Form oder definierte Grenzen, ohne ontologische Stabilität. Dramatische Handlungsmuster werden zugunsten einer theatralen Selbstreferentialität des Gestus gestört, unterbrochen, aufgelöst oder dekonstruiert. Nicht Handlungssinn, sondern Energetik (Lyotard 1982), Anmutung (Englhart 2002) oder Atmosphäre (Schouten 2006) sind nun zentral. Bewusstsein wird zugunsten von unbewussten Anmutungen marginalisiert, Präsenz korreliert undramatisch mit der Relation von Zeigen/Erscheinen und Wahrnehmen (States 1985; Seel 2000). Damit kommt das Drama in einer ästhetischen Konstellation unter Druck, auf die Hans-Thies Lehmann im Rückgriff auf Friedrich Nietzsche, Walter Benjamin und Theodor W. Adorno im Sinne einer Tendenz postmoderner Kunst zu Schock, Brechung, Verfremdung und Irritation verweist (Adorno 2003 [1970]; H.-T. Lehmann 1989; 1999). Das Dionysische nach Nietzsche (1980 [1872]), die Plötzlichkeit nach Karl Heinz Bohrer (1994), die Präsenz nach Lehmann als Struktur des radikalen Entzuges von präsentischer Anwesenheit, von intellektueller Begreifbarkeit und pragmatischem Sinnverstehen reduzieren das Drama zum tendenziell zufälligen Element jeweiliger medialer Konstellationen und theatraler Transitorik in der unhintergehbaren Gegenwart des sich Ereignenden (H.-T. Lehmann 1999). Das Tragische ergibt sich nicht mehr im Konflikt, sondern aufgrund der Geschlossenheit der Repräsentation in der uneinholbaren Differenz von Realem und Repräsentation (Derrida 1972 [1967], 341–398; H.-T. Lehmann 2013). Der re-präsentative Charakter des im Theater Begegnenden tritt entsprechend zugunsten der Präsentation, einer selbstreferentiellen Geste, eines Gestus nach Brecht, zurück. In einem Theater der Installation in der Nachfolge von Gertrude Stein wie in einigen Produktionen Susanne Kennedys wird die Idee einer Synchronität der ästhetischen Erfahrung mit dem zeitlichen Verlauf der Rezeption in Frage gestellt (Rebentisch 2003). Martin Heideggers ontologische Differenz von Sein und Seiendem (Heidegger 1983 [1929/1930]), die jedem Kunstwerk und damit auch dem Bühnenereignis im Sinne einer mimetischen Differenz als Spannungsverhältnis zwischen Darstellendem und Dargestelltem eigen ist (Waldenfels 2004a), wird theatral bemerkbar gemacht; eine Linearität, ein Spannungsbogen etwa einer erzählten Heldenreise wird unterminiert. Da der verstehende Zugang des Subjekts zum Anderen als Objekt aufgrund eines irreduziblen Spannungsverhältnisses zwischen Darstellendem und Dargestelltem verunmöglicht wird, soll durch diese Verunsicherung das Subjekt auf seine eigene Produktivität bei der Herstellung von Beziehungen am/ im Objekt reflektieren. Theaterinszenierungen würden so in ihrem Charakter als Kunstwerke sichtbar, wären in der ästhetischen Erfahrung Zeichen (Bertram 2005, 283–300), an deren sinnlich-materialer Präsenz die Rezipientin bzw. der Rezipient Verständnisse entwickelt. Der Rezeptionsakt, verstanden als Akt, der sinnlich-materiale Ereignisse eines Kunstwerks in Beziehung setzt, wodurch Strukturen entstehen, weist dialektisch auf das unhintergehbare Nicht-Verstehen (Bertram 2005, 283–300). Die Betonung dieses Nicht-Verstehens in einem performativen Theater kann jedoch auch Anlass zur fundamentalen Kritik sein, wenn das Theater eine politische Funktion haben soll. Ohne Drama bzw. dramatischen Text wäre, so Thomas Ostermeier (2009) oder Bernd Stegemann (2013), eine machtanalytische Repräsentation heutiger Gesellschaft und Politik nicht mehr möglich. Denn allein dramatische Formen seien in der Lage, individualisierte Interessen, personalisierte Machtverhältnisse und zentrale Konflikte offenzulegen; dies insbesondere dann, wenn auf politischer, kultureller oder gesellschaftlicher Ebene Lebenschancen, Ressourcen und Macht ungleich, asozial und ungerecht verteilt sind (Badiou 2015). Undramatisches Theater würde dementsprechend zum Komplizen der herrschenden Machtapparate und zum stillen Systemprofiteur einer weltweit zunehmenden Ungleichheit. Frank M. Raddatz (2016) unterstellt einer Ästhetik des Entzugs von dramatischem Rollenspiel die unreflektierte Affirmation des Bestehenden und fordert über das Drama den Freiraum des andersdenkenden Spiels. Alain Badiou (2015) traut allein dem Drama das utopische Potential für einen Politikwechsel zu. Auf welche Seite man sich schlagen mag: Aktuelle Perspektiven eines zeitgemäßen Theaters sind sowohl als performative wie auch als (neo-)dramatische oder realistische der Plurimedialität des Theaters, also seiner medialen Spezifität geschuldet, unabhängig davon, welchen medialen Stellenwert man dem Drama bzw. Theatertext in der Aufführung zukommen lassen will.

9 Inter- und transmediale Experimente

Die Plurimedialität der Bühne offeriert mediale Freiräume für inter- oder transmediale Inszenierungen. Bis heute ist umstritten, ob Theater ein Medium ist oder nicht. Dies hängt auch mit der jeweiligen Definition des Medienbegriffes zusammen, der als *umbrella term* nicht in der Lage ist, dem Begriffsfeld seine Unschärfe zu nehmen (Faulstich 2006; Münker und Roesler 2008; Hickethier 22010a). Das Theater nimmt im Vergleich der Medien eine Sonderstellung ein, denn es ist das einzige Medium, das alle anderen Medien in sich aufnehmen kann, ohne deren Spezifität durch seine eigene zu beeinträchtigen. Durch Einbezug anderer Medien wie Film, Hörspiel, Fernsehen, Internet oder Video ergibt sich eine komplexe Kombination von Medien, die nicht additiv zu verstehen ist. Sie ist sowohl als Kooperation, Integration wie auch als gegenseitige Kritik, Widerständigkeit, Dekonstruktion oder Störung möglich. Insbesondere aufgrund ihrer medialen Eigenschaft, unterschiedliche Zeichensysteme zu integrieren, bietet sich die theatrale Inszenierung für multi-, intermediale oder transmediale Experimente an (Rajewsky 2002; Chapple und Kattenbelt 2006; Kattenbelt 2008). Multimediale Einrichtungen erfüllen die Grundvoraussetzung der Präsentation verschiedenster Medien, wenn auch oft nicht geklärt ist, welchen ästhetischen oder thematischen Sinn dies macht. Aussagekräftig sind intermediale Verhältnisse, wenn sie sich als Realisierung medialer Konventionen eines oder mehrerer Medien im Medium Theater ausprägen (Balme 2004, 20). Transmediale Produktionen betonen den Übergang, die Bewegung, wenn man so will die Performanz medienunspezifischer Phänomene wie des Dramatischen selbst (U. Meyer et al. 2006), was nicht nur im Theater, sondern auch im Film, in der TV-Serie oder dem Computerspiel festzustellen ist.

Insbesondere in den 1980er und 1990er Jahren machten dementsprechende Experimente im Theater, im Tanz, in der Performance und in der Medienkunst auf sich aufmerksam. Klar wurde, dass es weniger auf die Spezifität des isolierten Mediums als auf die intermedialen oder transmedialen Bezüge ankäme. Obwohl im Regietheater der 1990er Jahre die Verwendung der Videotechnik die auffallendste Neuerung auf den Bühnen war, war das Erscheinen anderer Medien im Theater kein wirklich neues Phänomen. Frank Castorf trat an der Berliner

Volksbühne, was den Einsatz neuer Medien betraf, das Erbe Piscators an, entwickelte dessen episches Theater, das dieser mit simultanem Medieneinsatz zu verwirklichen suchte, weiter (Piscator 1979 [1929]). Wollte Piscator die für ihn fragmentarisierte Welt durch verschiedene Medien in einen Überblick zwingen, war für Castorf dieser Überblick bereits nicht mehr glaubhaft, so dass etwa in seinen *Dämonen* (UA 1999) nach Fjodor Dostojewski, in *Endstation Amerika* (UA 2000) – sehr frei – nach Tennessee Williams und *Der Meister und Margarita* (UA 2002) nach Michail Bulgakow als letzte Wahrheit die gegenseitige Dekonstruktion der verschiedenen Medien blieb. Ob bzw. inwieweit hierbei das Drama bzw. der Theatertext tendenziell marginalisiert, zurückgesetzt oder nur noch als Material benutzt wurde, war dem inszenatorischen Einzelfall überlassen. Idealerweise sah man ein konzeptionelles Miteinander inszenatorischer Elemente, dessen ästhetische Brechungen oder Irritationen neue Wahrnehmungsweisen provozierten. Es ergaben sich zwischen den verschiedenen Medien Wechselwirkungen, aus denen eine alternative Definition und neue Sensibilisierung für aufeinander einwirkende Medien resultierte: Matthias Hartmann oder Antú Romero Nunes verknüpften verschiedene Medien so, dass ein in sich weitgehend geschlossener dramaturgischer Eindruck entstand, der das Drama bzw. die dramaturgische Struktur eher unterstützte. Castorf, Stemann oder Heiner Goebbels hingegen brachten die durch verschiedene Medien eröffneten differenten Perspektiven irritierend gegeneinander und sich gegenseitig kommentierend in Stellung, wobei das Drama bzw. der Theatertext durchaus seine Eigenmächtigkeit behielt und dialektisch relevante Antithese blieb (Goebbels 2012).

Nicole Colin
III.3.3 Drama, Theater und Institution

1 Einleitung

Aus soziologischer Perspektive ist das Drama einerseits – als dritte Gattung neben Prosa und Lyrik – dem literarischen Feld zuzurechnen. Andererseits gilt aber auch in den meisten Fällen, dass Dramen für die Bühne geschrieben werden, nicht für die Lektüre. Das erste Veröffentlichungsorgan eines Dramentextes ist in der Regel nicht der Verlag, sondern das Theater. Dieses ist wiederum als eine Institution zu verstehen, die einige grundlegende Besonderheiten aufweist, die im Folgenden – unter Berücksichtigung der historischen Hintergründe – im europäischen Kontext komparatistisch beleuchtet werden sollen. Im Mittelpunkt steht dabei die Frage, auf welche Weise die gesellschaftliche Funktion der Institution Theater deren kreative Logik und Arbeitsstrukturen bestimmt sowie Einfluss auf die Dramenproduktion – und zwar in formaler wie inhaltlicher Hinsicht – nimmt. Dabei wird zunächst die historische Entwicklung des institutionellen Charakters des Theaters als spezifischer Teil des Kunstfeldes beschrieben und im Hinblick auf das künstlerische Selbstverständnis seiner Akteurinnen und Akteure analysiert. Daran anschließend werden die strukturellen Arbeitsformen und -bedingungen am Theater mit der Dramenproduktion in Zusammenhang gebracht, um abschließend die Frage nach den Möglichkeiten und Grenzen einer institutionellen Regulierung der Dramenproduktion zu stellen.

Methodisch orientiert sich der Beitrag an Pierre Bourdieus Feldtheorie, die einen der wenigen systematischen Zugänge zum Thema bietet und darüber hinaus – anders als beispielsweise die Systemtheorie von Niklas Luhmann – in den Literatur- und Theaterwissenschaften verschiedentlich aufgegriffen wurde (z. B. Jurt 1981; 1992; 1995; Lahire 2006; Bogusz 2007; Colin 2011a; Charle 2012). Auf der Grundlage eines erweiterten Kapitalbegriffs, der zwischen ökonomischen, symbolischen und sozialen Werten differenziert (Bourdieu 1979) sowie der auf Erwin Panofsky zurückgehenden These einer strukturellen Übertragbarkeit bzw. Homologie ökonomischer, sozialer, kultureller und symbolischer Praktiken (Panofsky 1989 [1951]; dazu Colin 2011a, 33–34), stellt Bourdieu eine enge Verbindung zwischen gesellschaftlichen und politischen Bedingungen einer Zeit und ihren kulturellen Erzeugnissen her. In Deutschland ist dieser Ansatz vornehmlich in der Romanistik und der Kulturtransfertheorie weitergeführt worden. Neben den zahlreichen Untersuchungen von Joseph Jurt, der zudem regelmäßig in der seit 2008 an der Universität Graz herausgegebenen Zeitschrift für Literatur- und Theatersoziologie *LiTheS* publiziert, liegen einige weitere komparatistische und transnationale Analysen zur Institution des Theaters und zum Kultur- bzw. Texttransfer vor (Floeck 1989; Schoell 1991; Fritz et al. 1997; Detken et al. 1998; Colin 2011a).

Vorausgeschickt werden muss, dass sich Bourdieus Methodik von theaterwissenschaftlichen Einzeluntersuchungen grundsätzlich unterscheidet. Während die Theater- ebenso wie die Literaturwissenschaft ihre Geschichte ausgehend von ihren herausragenden Ausnahmen schreibt, analysiert Bourdieu die allgemeinen *Regeln der Kunst* (Bourdieu ²1998; dt. 1999), denen *alle* Künstlerinnen und Künstler – also die bedeutenden wie die unbekannten – folgen müssen, um sich im Feld zu positionieren. Anders als in der traditionellen Kunst-, Literatur- oder Theaterwissenschaft gilt das Hauptaugenmerk also nicht den Kunstwerken, sondern den Akteurinnen bzw. Akteuren und deren Kommunikationsstrategien. Auch die auf den ersten Blick überraschende, das System anscheinend in Frage stellende avantgardistische Einzelleistung wird damit zum affirmierenden Teil eines beschreibbaren sozialen Feldes: Die Anomie, also die Abweichung, ist laut Bourdieu eine der wichtigsten Eigenheiten der Kunst. Ein anschauliches Beispiel für diesen feldtheoretischen Perspektivwechsel geben die umfangreichen Studien des Historikers Christophe Charle zur europäischen Spektakelgesellschaft im 19. Jahrhundert. In expliziter Abgrenzung zur traditionellen Theatergeschichtsschreibung macht sich Charle zur Aufgabe – jenseits der üblichen Konzentration auf literarisch bedeutsame und historisch kanonisierte Texte –, die Funktionsweisen des Theaters jenseits ästhetischer Wertungen und Hierarchisierungen zu beschreiben und dabei insbesondere auch den von den sogenannten Akkordschreibern verrichteten, zumeist vergessenen Großteil der Dramenproduktion und deren Wirkungsmacht innerhalb des Systems zu untersuchen (Charle 2012, 496).

Abstrahiert man von der Frage nach dem Dramentext, so existiert eine ganze Anzahl von theatergeschichtlichen und -wissenschaftlichen Darstellungen, die die Entwicklung der Institution Theater berücksichtigen (Waidelich 1991; Daniel 1995; Fischer-Lichte ²1999b, II; Balme 2013). Im internationalen Vergleich ist allerdings zu konstatieren, dass in der französischen Theaterwissenschaft bereits seit den 1960er Jahren zahlreiche soziologische Untersuchungen veröffentlicht wurden (z. B. Temkine 1967; 1992; Copfermann 1969; 1976; Dort 1971; 1979; Gontard 1973; Busson 1986; Abirached 1992; ²2005–2006 [1992–1995]; Goetschel 2004; Proust 2006; Verdalle 2006). Im deutschsprachigen Raum setzt das Interesse an diesem Ansatz deutlich später ein, der lediglich in der DDR eine gewisse Tradition besaß (Klier 1981; Hasche et al. 1994).

Eine Ausnahme bilden die seit den 1990er Jahren im Bereich des Theatermanagements entstehenden Untersuchungen (Allmann 1997; Schneidewind 2000), die in der Regel sehr konkrete und oft enge Zielsetzungen verfolgen. So geht es den meist aus den Wirtschaftswissenschaften stammenden Autorinnen und Autoren v. a. darum, allgemeine betriebswirtschaftliche Prinzipien und Regeln auf das Theater als staatlich subventioniertes Unternehmen anzuwenden und Vorschläge zur Verbesserung der Arbeitsstrukturen bzw. -abläufe zu erarbeiten. Die ästhetischen Aspekte der Theaterarbeit und das künstlerische Selbstverständnis ihrer Akteurinnen und Akteure werden häufig nicht oder nur am Rande berücksichtigt. Deshalb bleiben die Ergebnisse der nicht selten aufwendigen Untersuchungen oft „enttäuschend", wie die Wirtschaftswissenschaftlerin Friederike von Cossel in ihrer an organisationstheoretischen Ansätzen orientierten Spielplananalyse einräumt (Cossel 2011, 222). Ähnliches lässt sich über die gängigen Einführungen in das Theatermanagement (Nowicki 2000; Röper 2001; Hausmann 2005; T. Schmidt 2012) festhalten, die auf Finanzen, Personal, Marketing, Vertrieb, Planung, Organisation und Kommunikation fokussiert sind und – den eigenen Ankündigungen häufig entgegengesetzt – künstlerische Fragestellungen außer Acht lassen. Diese Kritik gilt nicht für die interdisziplinären Untersuchungen der Arbeitsbedingungen am Theater des Wirtschaftswissenschaftlers Axel Haunschild und der Literaturwissenschaftlerin Franziska Schößler (Haunschild 2009; Schößler und Haunschild 2011), deren Herangehensweise als methodisch richtungsweisend bezeichnet werden kann.

2 Historische Grundlagen: Institution und Autonomie

Die allgemeine Entwicklung des neuzeitlichen Dramas im europäischen Kontext ist von der starken Wechselwirkung zwischen Theater und Gesellschaft bestimmt, was die Herausbildung unterschiedlicher Theatersysteme in Europa sowie eine weitgehend nationale Abgeschlossenheit der Diskurse im Theaterfeld erklärt. Historisch betrachtet erhöhte die Position eines Landes als Großmacht tendenziell die Bereitschaft, stehende Bühnen einzurichten, die als Grundvoraussetzung für die Ausbildung eines literarisch anspruchsvollen Dramas bezeichnet werden können (Fischer-Lichte 1993; Detken et al. 1998, 12). Während auf Wanderbühnen das zumeist improvisierte Spiel als performativer Akt vor einem ständig wechselnden Publikum im Mittelpunkt stand, arbeiteten die stehenden Hofbühnen (Daniel 1995) auf Grundlage eines festgeschriebenen Textes an der wiederholbaren Perfektionierung des Zusammenspiels von sprachlichem und körperlichem Ausdruck, das auf der Probe (franz. *répétition*) trainiert wurde (Hinz und Roselt 2011).

Die Weltmacht Spanien begann bereits im 16. Jahrhundert neben den traditionellen Wandertruppen und kirchlichen Theatralitätsformen wie den Fronleichnamsprozessionen Spielhöfe und stehende Hoftheater einzurichten; das Drama erlebte mit Autoren wie Miguel de Cervantes, Lope de Vega und Pedro Calderón de la Barca eine erste Blüte. In England war fast zeitgleich mit Christopher Marlowe und Shakespeare Ähnliches zu beobachten. Im Anschluss übernahm Frankreich zur Zeit von Ludwig XIV. die europäische Führung und behielt diese – den geopolitischen Machtverhältnissen entsprechend – bis zum 19. Jahrhundert (Charle 2012, 193–215). In diesem Sinne spiegelt sich in der Gründung der Comédie-Française als Nationaltheater im Jahr 1680 sowohl die politische als auch kulturelle Hegemonialstellung Frankreichs in Europa.

Ganz anders sah es in Deutschland als ‚verspäteter Nation' (Helmuth Plessner) aus, wo sich diese Entwicklungen verzögerten (Elias 1976 [1939], I, 1–22). Die weitreichenden negativen Konsequenzen, welche die Zerrissenheit des politisch nicht geeinten Landes für die Kunst und Literatur hatte, erkannte neben anderen Gotthold Ephraim Lessing, der aus diesem Grunde die Einrichtung eines deutschen Nationaltheaters forderte. Allerdings musste die auf seine Initiative 1767 als Privattheater gegründete Hamburger Entreprise aufgrund finanzieller Probleme zwei Jahre später wieder geschlossen werden. Wirklich durchsetzen konnte sich die Idee einer stehenden, von der bürgerlichen Gesellschaft getragenen Bühne, welche die kulturelle Einheit des politisch nicht-geeinten Landes repräsentieren sollte, im deutschsprachigen Raum erst im 19. Jahrhundert: Die 1777 noch als Hoftheater gegründete Deutsche Nationalschaubühne in Mannheim wurde 1839 zum Stadttheater, viele andere Theater folgten diesem Beispiel. Langfristig betrachtet geriet Deutschland auf diese Weise nicht nur politisch, sondern auch kulturell auf einen ‚Sonderweg'; ganz anders als in Frankreich oder England entstand eine Theaterlandschaft, die strukturell bis heute von einem staatlich subventionierten System dominiert wird.

Da die Arbeitsstrukturen am Theater das Selbstverständnis seiner Akteurinnen und Akteure bestimmen, hat der Unterschied zwischen einer privatwirtschaftlich und einer staatlich finanzierten Organisation entscheidenden Einfluss auf die Dramenproduktion. Um diesen Zusammenhang analysieren zu können, muss das Theater als Teil des Kunstfeldes begriffen werden, dessen spezifische Logik sich, so Bourdieu, nicht nur graduell, sondern grundlegend von anderen gesellschaftlichen Bereichen unterscheidet. Es besitzt eine duale Struktur, die im Falle eines Erfolgs sowohl ökonomische als auch symbolische Kapitalwerte, also Geld und Ansehen gleichermaßen, in Aussicht stellt. Die Position einer Künstlerin oder eines Künstlers wird, wie Pierre Bourdieu zeigt, von vier Koordinaten bestimmt: von den erzielten geringen (I) bzw. hohen (II) ökonomischen Profiten sowie eines niedrigen (A) bzw. hohen (B) Konsekrationsgrades der Werke (Bourdieu ²1998, 205). Finanzielle Probleme der Avantgardisten werden gewissermaßen durch ihre Anerkennung als Künstler kompensiert; umgekehrt besteht die Gefahr, durch kommerziellen Erfolg künstlerisch abgewertet zu werden. Wenngleich das System in allen Bereichen Überschneidungen und Schnittmengen vorsieht – der Idealfall einer Einheit von Geld und Prestige ist nicht prinzipiell ausgeschlossen, sondern lediglich unwahrscheinlich –, resultiert aus der dualen Struktur des Feldes ein Chiasmus der Gattungen im Hinblick auf die Verteilung ökonomischer und symbolischer Kapitalwerte. So verspricht im 19. Jahrhundert die Lyrik das höchste symbolische und das niedrigste ökonomische Kapital; für die Theaterliteratur gilt das umgekehrte Verhältnis, während sich die Prosa dazwischen positionieren lässt. Wer mit seiner Kunst viel Geld verdient, genießt nicht unbedingt hohes künstlerisches Ansehen, sondern steht oft im Verdacht, gefällige, als ‚Mainstream' diskreditierte Massenkunst zu produzieren. Diese dichotomische Kapitalstruktur unterscheidet die autonome Kunst nicht nur von ihrem heteronomen Pendant, sondern auch von anderen sozialen Feldern (Bourdieu ²1998, 141). Die ‚einfachen' Theaterautorinnen und -autoren, also jene, denen keine Anerkennung zuteil wurde, von denen es im 19. Jahrhundert ganze Heerscharen gab, standen in diesem System ganz unten: Es waren die „Akkordarbeiter, die sich von Schauspielern, Direktoren und Zensoren gängeln ließen und von ‚echten' Schriftstellern verachtet wurden" (Charle 2012, 169–170).

Die heteronome, im Wesentlichen von Mäzenen abhängige Kunstproduktion in vormodernen Zeiten fußte hingegen weitgehend auf einer Einheit dieser Kapitalwerte, d. h. künstlerische Reputation und finanzieller Erfolg waren relativ identisch. Der Zeitpunkt des Übergangs zu einem autonomen Kunstsystem ist nicht nur länder-, sondern auch gattungsspezifisch differenziert zu bestimmen, wie sich am Beispiel des Theaters besonders gut veranschaulichen lässt. So gelangten Romanschriftstellerinnen und -schriftsteller schneller zur Autonomie ihrer Kunst als Autorinnen und Autoren, die für das Theater schrieben, das, wie Émile Zola (enttäuscht) anmerkte, in seiner Entwicklung stets der übrigen Literatur hinterherhinkte (Bourdieu ²1998, 203). Zudem setzte der Prozess der Autonomisierung in Deutschland deutlich später ein als in Frankreich, wo bereits Ende des 18. Jahrhunderts die von der Französischen Revolution ausgelöste Veränderung der Machtstrukturen in der sich konstituierenden bürgerlichen Gesellschaft nachhaltigen Einfluss auf das Selbstverständnis der Künstlerinnen und Künstler nahm. In der öffentlich und unmittelbar rezipierten Bühnenkunst, die aufgrund ihres ‚Event'-Charakters ohnehin seit jeher eine besonders große Aufmerksamkeit des Publikums und also der Herrschenden auf sich zog, war das Drama diejenige Gattung, die von der (sich in den verschiedenen europäischen Ländern unterschiedlich schnell durchsetzenden) politischen Liberalisierung im 19. Jahrhundert meist als letzte profitieren konnte. Die Autonomisierung der Kunst stand darüber hinaus in einem engen Wechselverhältnis mit ihrer Ökonomisierung sowie einer Professionalisierung der Akteurinnen und Akteure, die u. a. durch neue Regelungen zum Urheberschutz unterstützt wurde. In Frankreich kam es bereits im 19. Jahrhundert zur Gründung von Verwertungsgesellschaften, welche die Autorenrechte schützten und eine zunehmend unabhängige finanzielle Absicherung der Künstlerinnen und Künstler gewährleisteten (Wronewitz 1999). Wenngleich viele Autoren – Frauen konnten sich in diesem System vorerst kaum positionieren – früher oder später scheiterten und es die Erzeuger hochwertiger bzw. avantgardistischer Literatur weiterhin schwer hatten, von ihrer Kunst zu leben, ermöglichte der kapitalistisch gesteuerte und kontrollierte Buchmarkt die Entwicklung des Berufsstandes des Schriftstellers (Lahire 2006).

Die Ökonomisierung hatte jedoch auch negative Auswirkungen auf den Autonomisierungsprozess – nicht zuletzt im Theater, da Inszenierungen mit extrem hohen Kosten verbunden waren, die nur gedeckt werden konnten, wenn es eine ausreichende Menge zahlender Zuschauerinnen und Zuschauer gab. Was die Inhalte und die Form der Stücke anbelangt, konnten sich Schauspieler, Theaterdirektoren und Bühnenautoren zwar befreien; der Kulturboom im 19. Jahrhundert und die damit verbundene Entwicklung der Kulturindustrie, „in der das Scheitern wahrscheinlicher war als der Erfolg" (Charle 2012, 168), hatte jedoch neue, insbesondere finanzielle Zwänge zur Folge, welche die künstlerische Autonomie einschränkten.

3 Das Theater als spezifischer Teil des Kunstfeldes

Im Rahmen der beschriebenen Entstehung eines autonomen Kunstfeldes im 19. Jahrhundert entwickelte das Theater als institutionalisierte Kunstform spezifische Eigenschaften. In Bühnenaufführungen sind Kreation und Produktion enger miteinander verknüpft als in anderen Kunstformen. Zudem verfügen Theaterautorinnen und -autoren bzw. Schauspielerinnen sowie Schauspieler, anders als Maler oder Lyriker, nicht eigenständig über ihre Produktionsmittel. Es ist die Theaterleitung, die diese verwaltet.

Das Kunstwerk im Theater wird gemeinschaftlich von mehreren Künstlerinnen und Künstlern verschiedener Bereiche realisiert, die arbeitsteilig organisiert sind. Im Verlauf der Ausdifferenzierung des Feldes im 19. und 20. Jahrhundert beanspruchten die Vertreterinnen und Vertreter dieser Arbeitsbereiche (Schauspielensemble, Regie, Bühnen- und Kostümbild etc.) zunehmend künstlerische Autonomie für sich, was innerhalb des Theaters zu einer internen Konkurrenz und schließlich Hierarchisierung führte, die das Verhältnis zwischen Schauspiel, Text und Regie beherrscht. Im Zuge der Ökonomisierung der Kunst erhielt die

Frage, wer eigentlich als Autor einer Inszenierung zu bezeichnen sei, durch den Urheberschutz eine neue Dimension und avancierte spätestens mit der Etablierung des sogenannten Regietheaters im 20. Jahrhundert zu einer künstlerischen Machtfrage (Gutjahr 2008).

Wie bereits angedeutet, entwickelte sich das Theater im deutschsprachigen Raum anders als in Frankreich und der anglophonen Welt. Während die Theater dort mehrheitlich privatwirtschaftlich organisiert waren und sind, also vom Kräftespiel des Marktes und dem Gesetz von Angebot und Nachfrage abhängen, ist die Bühnenlandschaft in Deutschland, Österreich und der deutschsprachigen Schweiz früh durch staatliche Organisation, seit den 1940er Jahren durch staatlich subventionierte, öffentliche Bühnenbetriebe geprägt, die folglich aber auch stärker kontrolliert werden konnten. Historisch betrachtet verzögerte dies im Kontext der künstlerischen Autonomisierung ihre politische Liberalisierung und führte, wie Christoph Charle an den Beispielen der Theatermetropolen Paris, London, Berlin und Wien im 19. Jahrhundert detailliert zeigt, zu sehr unterschiedlichen Künstlerbiographien (Charle 2012, 207).

Im deutschsprachigen Raum wird das Theater seit 1945 „als Kulturinstitut betrachtet, auf einer Ebene mit Schulen, Museen und Bibliotheken. Organisiert sind die öffentlichen Theater wie Behörden: mit Stellen und Haushaltsplänen, unter Aufsicht von Rechnungsämtern und -höfen, Parlaments- und Ratsausschüssen" ([o. V.] 1967, 7). Bis heute hat sich daran nichts geändert. Über 140 Institutionen solcher Art gibt es in Deutschland, die gewöhnlich als sogenannte Repertoirebetriebe mit stehendem Ensemble und mehreren (zumeist drei) Sparten organisiert sind. Wenngleich auch in anderen Ländern subventionierte Bühnen existieren – die Theater in den Ländern des ehemaligen Ostblocks (einschließlich der DDR) waren vergleichbar strukturiert –, kann die deutsche Theaterlandschaft aufgrund ihres flächendeckenden Angebots als einzigartig bezeichnet werden (Haselbach 2009, 100). Zum Vergleich: Frankreich leistet sich mit seiner Comédie-Française lediglich ein subventioniertes Theater im Ensemblebetrieb; die übrigen öffentlichen Theater und Compagnien stellen sich – wie im Privattheater – für jede Produktion ein neues Team zusammen. Die staatliche Subventionierung der Ensembletheater hebt die Logik des literarischen Feldes – insbesondere seine duale Struktur – zwar nicht auf, unterwandert sie aber auf produktive Weise: „Selbst nach der Marktliberalisierung genossen die staatlich subventionierten Theater [...] einen symbolisch und sozial privilegierten Status. Im Burgtheater – oder in einem vergleichbaren Theater – aufgeführt zu werden, verlieh einem Autor eine besondere soziale Stellung" (Charle 2012, 207).

Mit Blick auf Frankreich ist anzumerken, dass sich die Situation in der zweiten Hälfte des 20. Jahrhunderts grundlegend verändert hat. So wurde die bis dahin traditionell auf Paris begrenzte Theaterlandschaft im Zuge der sogenannten *décen-*

tralisation culturelle umstrukturiert und extrem erweitert: Gab es 1945 außerhalb von Paris noch kein einziges stehendes Theater, das eigene Inszenierungen hervorbrachte, so umfasst die französische Theaterlandschaft heute ca. 110 über das ganze Land verteilte staatlich finanzierte Produktionsstätten und Gastspielhäuser sowie über 800 Freie Theatertruppen, von denen rund 600 teils strukturiert, teils projektbezogen subventioniert werden (Colin 2011a, 150). Diese Veränderungen nahmen allerdings nur geringen Einfluss auf die Arbeitsbedingungen der Dramatikerinnen und Dramatiker, da die traditionellen Organisationsformen der Theater nicht verändert wurden. Anzumerken ist, dass die sprachliche Zugehörigkeit für die Arbeitsstruktur der Theater in der Regel eine größere Rolle spielt als nationale Eigenheiten. So sind die Bühnen in der französischsprachigen Schweiz und der Wallonie ähnlich strukturiert wie in Frankreich; die deutschsprachige Schweiz und Österreich orientieren sich am deutschen Theaterraum und bilden mit diesem eine Einheit als deutschsprachiges Theater.

4 Arbeit und Struktur: Das Theater und sein Spielplan

Ein wichtiges systemimmanentes Element der Institution Theater ist der Spielplan, der je nach Organisationsform – als private oder öffentliche Bühne, Ensuite-Betrieb oder Repertoiretheater – grundsätzliche Unterschiede aufweist. Ein privatwirtschaftlich organisierter Theaterbetrieb muss sich einerseits in Abgrenzung zu anderen Theatern im geographisch begrenzten Stadtgebiet positionieren und ein wiedererkennbares Profil entwickeln. Andererseits ist das finanzielle Risiko, das eine Inszenierung mit sich bringt, gering zu halten. Daher werden v. a. konventionelle Stücke oder Texte bekannter bzw. erfolgreicher Autorinnen und Autoren gespielt und avantgardistische Formen und unbekannte Dramen eher vermieden.

In Abgrenzung zur Profilierung der privaten Bühnen setzen die Spielpläne der staatlich subventionierten Staats-, Stadt- und Landesbühnen im deutschsprachigen Raum auf eine Mischkalkulation, da sie (außer in Metropolen wie Berlin, München oder Hamburg) eine relative regionale Monopolstellung besitzen und keine unmittelbare Konkurrenz zu fürchten haben, dafür aber unterschiedliche Publikumserwartungen erfüllen müssen: „So wie in den öffentlichen Museen Kunstwerke vieler Epochen und Stile gezeigt werden, so enthält der Theaterspielplan Werke aus vielen Jahrhunderten und verschiedener stilistischer und weltanschaulicher Tendenzen der Gegenwart" ([o. V.] 1967, 7). Dieser Mix aus zeitgenössischen und klassischen Stücken, Bildung und Unterhaltung, Avantgarde und

Tradition konterkariert die duale Feldlogik. Von einer verallgemeinernden Stigmatisierung kultureller Massenware wird abgesehen und stattdessen versucht, positive Synergieeffekte durch das Nebeneinander von anspruchsvoller Bühnenkunst und Unterhaltungssektor zu erzielen.

Eng verbunden mit dem Spielplan ist die Organisationsform eines Theaters als Repertoire- oder En-suite-Betrieb, die gleich in mehrfacher Hinsicht Einfluss auf die Dramenproduktion nimmt. Dieser Zusammenhang lässt sich beispielhaft an dem extremen Rückgang der Anzahl gespielter Stücke veranschaulichen, der Anfang des 20. Jahrhunderts an Theatern auszumachen ist und als indirekte Konsequenz des künstlerischen Autonomisierungsprozesses bezeichnet werden kann. Während das Niveau mit 40 bis 50 Stücken im Jahresdurchschnitt in den vorwiegend staatlich subventionierten Theatern in Wien in den 1890er und 1900er Jahren zunächst stabil blieb, sank in London um die Jahrhundertwende „der Durchschnitt der gespielten Stücke in finanziell sehr erfolgreichen und sehr frequentierten Theatern [...] unter zehn Stück pro Jahr" (Charle 2012, 221), darunter lediglich fünf Uraufführungen, die ein hohes Risiko mit sich brachten. In Paris lässt sich ein Rückgang der pro Jahr gespielten Stücke von 46 um 1850 auf weniger als 20 zur Jahrhundertwende konstatieren, darunter ebenfalls nur vier bis fünf Erstaufführungen. Dieser deutliche quantitative Abbau hatte schwerwiegende Folgen für die Theaterautorinnen und -autoren, da ihr Produktionsfeld extrem eingeschränkt wurde. Die dem Versuch einer ökonomischen Optimierung geschuldete Veränderung ging mit dem in London und Paris stattfindenden Wechsel vom Repertoire- zum En-suite-Betrieb Hand in Hand, der langfristig betrachtet den Abbau fester Ensembles erlaubte. Mit Ausnahme der Comédie-Française (als einzigem französischen Ensembletheater) ist an den öffentlichen Bühnen in Frankreich der En-suite-Betrieb üblich, während die staatlich subventionierten Ensembletheater im deutschsprachigen Raum im alternierenden Repertoirebetrieb organisiert sind. Diese Arbeitsstruktur nimmt insofern Einfluss auf die Dramenproduktion, als das Repertoire eine entscheidende Bedeutung für die Kanonisierung von Theaterstücken besitzt. So „schrieben die literarisch anspruchsvolleren Autoren zwar weniger Stücke, die nach den Uraufführungen auch nicht so lange en suite gespielt wurden, aber die hohe Qualität dieser Stücke [führte] regelmäßig zu Wiederaufnahmen bzw. Nachinszenierungen" (Charle 2012, 176).

Auch auf dieser Ebene lassen sich systemimmanente Mechanismen der Regulierung erkennen: Im En-suite-Betrieb der privaten Bühnen, die ein Stück über mehrere Wochen, Monate, sogar Jahre geben, entwickeln sich zuweilen produktive Beziehungen zwischen Theater und Autorin bzw. Autor, deren bzw. dessen Machtstellung dadurch gestärkt und (künstlerischer) Freiraum vergrößert wird. Eine erfolgreiche Theaterautorin bzw. ein erfolgreicher Autor wird im Privattheater in der Regel maßgeblich an zentralen Entscheidungsprozessen – wie der

Vergabe der Regie oder der Besetzung – beteiligt, was im öffentlichen Theater kaum stattfindet.

An privaten und öffentlichen Theatern ist die Spannung zwischen künstlerischen Ansprüchen und ökonomischen Interessen, die der Spielplangestaltung formal und inhaltlich Grenzen setzt, grundsätzlich anders angelegt, wie sich an der vergeblichen Etablierung eines Avantgarde-Theaters in Frankreich Ende des 19. Jahrhunderts zeigen lässt. Infolge des politischen Zentralismus und der damit verbundenen Konzentration der kulturellen Institutionen auf Paris war das Theater – sowohl das kommerzielle Privattheater als auch die Comédie-Française – von seiner zentralen Zielgruppe, der finanzkräftigen bürgerlichen Mittel- und Oberschicht, abhängig, die soziale Themen und Protagonistinnen und Protagonisten aus der Unterschicht auf der Bühne ablehnte. Der Theaterbesuch stellte ein gesellschaftliches Distinktionsmerkmal dar, d. h. er diente dem Publikum zur Affirmation seines ökonomischen, sozialen und symbolischen Kapitals. Eine soziale Diversifikation war weder thematisch auf der Bühne noch im Zuschauerraum erwünscht. Man ging nicht ins Theater, um Neues kennenzulernen, sondern um sich selbst und seinesgleichen wiederzuerkennen (Bourdieu ²1998, 276–277).

Die Dramatik steckte aus diesen Gründen in einem sehr engen Korsett; Avantgarde-Bewegungen, die auf die anderen Gattungen sowie die bildende Kunst seit Mitte des 19. Jahrhunderts großen Einfluss hatten, konnten sich im französischen Theater nicht etablieren; die Stücke wurden aufgrund mangelnden Zuschauerinteresses rasch abgesetzt (Proust 2006, 14). Verstärkt wurde dieses Problem durch die Tatsache, dass im Mittelpunkt der Institution Theater im 19. Jahrhundert die Schauspielerin oder der Schauspieler, nicht aber die literarische Qualität des Textes stand. Auf Werktreue wurde kein Wert gelegt; zudem gab es noch keine wirksamen Kontrollmechanismen zur Sicherstellung des Urheberschutzes. Die Texte wurden nicht nur gekürzt, sondern nach Belieben verändert, so dass sie oft nicht mehr wiederzuerkennen waren (Fischer-Lichte ²1999b, II, 7).

Wie stark der Erfolg von Reformbestrebungen von der Struktur des jeweiligen Theaterfeldes abhängt, zeigt der Vergleich von André Antoines Théâtre Libre in Paris mit dem Meininger Hoftheater, dem es gelang, eine neue anspruchsvolle Bühnenkunst zu etablieren, indem man aus der Not eine Tugend machte: Da hochkarätige Schauspielerinnen und Schauspieler in der Provinz selten waren, stellte Herzog Georg II. in den Mittelpunkt der Aufführungen nicht mehr das „schauspielerische Virtuosenthum", sondern das Ensemblespiel und den Text (Prölß [ca. 1880], 51). Die damit initiierte ‚Entvulgarisierung' des Theaters, d. h. die Abwendung vom Starkult sowie den rein kommerziellen und spektakulären Aspekten und die Hinwendung zum ‚künstlerisch Wertvollen', also dem literarischen Text, erforderte eine Änderung der Organisationsstruktur des Theaters und insbesondere eine Erweiterung der Regiefunktion, deren Aufgabe bis dahin in der technischen, nicht aber der künstlerischen Inszenierung der Stücke bestand. Der Meininger Regisseur Ludwig Chronegk achtete die sogenannte Werktreue, strich den Text so wenig wie möglich ein und respektierte die Bühnenanweisungen der Stücke.

Die revolutionäre Spielweise des Meininger-Ensembles, das auf zahlreichen Gastspielreisen durch ganz Europa tourte, wurde schnell bekannt. Auch der Pariser Theatermacher André Antoine berief sich auf den neuen Inszenierungsstil (Fischer-Lichte 1993, 234) und übernahm dessen Prinzipien. Der Erfolg ließ sich im Pariser Theaterfeld langfristig jedoch nicht kopieren, da die Konkurrenzsituation zu groß war und zudem – anders als in der deutschen Provinz – nach einer klaren Profilierung der Theater verlangte. Die französische Dramatik blieb daher wesentlich auf die traditionelle Form der bürgerlichen *pièce bien faite* beschränkt; experimentelle Formen konnten sich erst in der zweiten Hälfte des 20. Jahrhunderts etablieren.

Der Vergleich von Antoines Scheitern und dem Erfolg der Meininger zeigt, dass die Struktur des Theaterfeldes einen nachhaltigen Einfluss auf die Entwicklung einer anspruchsvollen und künstlerisch experimentellen Theaterliteratur nimmt. Dabei lassen sich trotz der genannten Unterschiede im internationalen Kontext zahlreiche grenzüberschreitende strukturelle Homologien ausmachen. So ist der oben beschriebene quantitative Rückgang an Stücken auf dem Spielplan seit Mitte des 19. Jahrhunderts auch in Bezug zu der sich zu Beginn des 20. Jahrhunderts etablierenden Idee eines künstlerisch anspruchsvollen und auf eine perfekte performative Leistung zielenden Theaters als Gesamtkunstwerk zu setzen. Erforderlich hierfür ist ein Team, das bei entsprechend längeren Probezeiten die Konzeption des Bühnen- und Kostümbilds, die Lichtgestaltung sowie die übrige Bühnentechnik intensiv und sorgfältig gemeinsam unter der Leitung einer Regisseurin bzw. eines Regisseurs erarbeitet; diese Position gewinnt damit an Bedeutung, wohingegen die der Dramatikerin bzw. des Dramatikers schwindet.

5 Institutionelle Regulierung: Lobbyarbeit und Subventionen

Die fortschreitende Autonomisierung des Theaterfeldes korreliert mit der Entwicklung eines professionellen künstlerischen Selbstverständnisses. Das Theater wird zum offiziellen Arbeitgeber, der verschiedene Berufe zur Auswahl stellt. In diesem Rahmen muss der Schutz einzelner Berufsgruppen wie die der Schauspielerinnen oder Schauspieler oder die der Mitarbeitenden in der Theatertechnik sichergestellt werden; es geht aber auch um den Schutz der Theater gegenüber ihren Angestellten. Die Gründung des Deutschen Bühnenvereins 1846 hatte v. a. die einheitliche Regelung der Arbeitsverhältnisse an den deutschen Hof- und Stadttheatern und die Verhinderung von Vertragsbrüchen der Schauspielerinnen und Schauspieler zum Ziel.

Wie deutlich gemacht wurde, ist die Position der Dramatikerin bzw. des Dramatikers in der hierarchischen Ordnung der Institution Theater, sowohl was das symbolische als auch das ökonomische Kapital anbelangt, fortwährend bedroht – nicht zuletzt deshalb, weil die Autorinnen und Autoren zwar vom Theater leben, nicht aber am Theater angestellt sind. Zudem ist die Aufführung, anders als eine Buchpublikation, ein flüchtiges Werk, dessen Kontrolle mit Blick auf die anfallenden Verwertungsrechte von den Dramatikerinnen und Dramatikern selbst nicht sichergestellt werden kann. Daher überrascht es nicht, dass Theaterautorinnen und -autoren „früher als andere Teile der Spektakelgesellschaft [versuchten], den Ungewissheiten ihres Berufs durch gemeinschaftliches Handeln zu begegnen" (Charle 2012, 168) und Interessenverbände bildeten. Frankreich nahm auch hier eine Vorreiterrolle ein. Bereits 1791 wurde unter der Führung von Pierre-Augustin Caron de Beaumarchais die weltweit erste Verwertungsgesellschaft dramatischer Autoren gebildet. Die Vereinigung löste sich in den Wirren der Französischen Revolution zwar auf, 1829 kam es jedoch zur Gründung der Société des Auteurs et Compositeurs Dramatiques (SACD), eines speziellen Interessenverbandes für Dramatikerinnen und Dramatiker. Dieser konnten eindeutig von der geographisch bedingten Verdichtung des Feldes profitieren: Alle arbeiteten und wohnten sie in Paris und kannten sich. In England und Deutschland existierten solche Vereinigungen im 19. Jahrhundert noch nicht, u. a. aufgrund der Diskrepanz zwischen „Akkordschreibern" und den „im Literaturbetrieb anerkannten Autoren", die „kein Interesse [hatten], diese Art von Stückeschreibern als Kollegen anzuerkennen und gemeinsamen Berufsverbänden beizutreten" (Charle 2012, 211). In Deutschland unterliefen zudem die geographische Zersplitterung der Kulturlandschaft und die hohe Mobilität ihrer Akteurinnen und Akteure diesen Prozess. Da Kunstwerke nun auch als Waren galten, war die Professionalisierung außerdem mit einer Profanisierung verknüpft. Die mit einer Interessengemeinschaft verbundene Idee, „aus dem Schriftstellerberuf einen ‚ganz normalen Beruf' zu machen, stand in Widerspruch zu jener idealistischen Sicht des Dichters, die die deutsche Klassik und Romantik vertreten hatte und der noch viele Autoren anhingen" (Charle 2012, 207).

Bis heute gibt es in Europa mit Blick auf die Frage, wer die Verwertungsrechte verwaltet, keine einheitlichen Regelungen, was im Wesentlichen auf die unterschiedlichen Theaterstrukturen und -traditionen zurückzuführen ist (O. Zimmermann und Geißler 2015). Während in England Agenten die Theaterstücke an die Bühnen vermitteln und bei Erfolg entsprechende Provisionen erhalten, sind es in Deutschland die sogenannten Theater- und Medienverlage, die, in deutlichem Unterschied zu den Geschäftstätigkeiten des übrigen Verlags, Theatertexte in Manuskriptform bzw. inzwischen digitalisiert zum Download an die Bühnen verschicken und im Falle einer Aufführung Tantiemen berechnen. Die Veröffentlichung von Theaterstücken in Buchform beschränkt sich für gewöhnlich auf sehr bekannte zeitgenössische bzw. klassische, kanonisierte Autorinnen und Autoren. Die Verwertungsrechte des geschriebenen Wortes werden durch die VG Wort verwaltet; anfallende musikalische Aufführungsrechte kontrolliert gegebenenfalls die Musikverwertungsgesellschaft GEMA; ein wirkliches Pendant zur SACD gibt es in Deutschland jedoch nicht.

Anders als in Deutschland sind die Verlage in Frankreich nicht mit der Verwaltung der Verwertungsrechte betraut und ökonomisch an diesen nicht beteiligt ([o. V.] 1983). Deshalb erfahren französische Autorinnen und Autoren – anders als ihre deutschen Kolleginnen und Kollegen, deren Stücke den Theatern von Lektoraten angeboten werden – in der Regel kaum Unterstützung von Seiten des Verlags. Für die Publikation von Theatertexten, die sich selten über den Verkauf finanzieren lassen, beantragen die Verlage staatliche Subventionen. Der dualen Logik des Feldes entsprechend bringt eine Veröffentlichung in Buchform der Theaterautorin oder dem -autor zwar kaum ökonomische Kapitalwerte ein, denn Theaterstücke werden wenig gelesen; sie verspricht jedoch symbolisches Kapital, das benötigt wird, wenn eine Autorin oder ein Autor einem Theater ein Stück vorschlägt (Vinaver 1987). Die Nachfrage des Theatermarktes wird hierdurch allerdings nicht stimuliert; viele gedruckte Stücke junger, unbekannter Autorinnen und Autoren werden niemals inszeniert (Colin 2011b). Angesichts dieser Unterschiede ist es schwierig, europäische Strategien zur Förderungen der Dramatik zu entwickeln; die Programme folgen in der Regel der institutionellen Logik ihres jeweiligen Landes bzw. Sprachraums. Grundsätzlich steht dabei einer direkten Förderung der Autorinnen und Autoren die finanzielle Unterstützung der Veröffentlichungsinstanzen, d. h. der Theater und/oder Verlage, gegenüber.

In Deutschland wird seit einigen Jahren versucht, die Autorinnen und Autoren institutionell zu integrieren: Immer mehr Theater geben Stücke in Auftrag, besonders an unbekannte, junge (und also preiswerte) Autorinnen und Autoren; diese Praxis hat einen regelrechten Boom an Uraufführungen provoziert. An nahezu jedem Theater finden Autorentage oder Stückefestivals statt; zudem erfreuen sich Studiengänge für dramatisches Schreiben großer Beliebtheit. Wenngleich erfolgreiche Stücke in Deutschland öfter nachinszeniert werden als z. B. in Frankreich, gestalten sich jedoch auch hier die Arbeitsbedingungen der Dramatikerinnen und Dramatiker schwierig. Da Theater v. a. an der Entdeckung neuer Autorinnen und Autoren interessiert sind, ist der Erfolg nur selten der Beginn einer langfristigen Zusammenarbeit; viele junge Talente werden regelrecht verheizt. Zudem sind

Auftragsarbeiten mit deutlichen Einbußen an Autonomie und Verlust an symbolischem Kapital verbunden; die Schriftstellerinnen und Schriftsteller werden, ähnlich wie die Akkordschreiber im 19. Jahrhundert, nicht als ‚richtige' Autorinnen und Autoren anerkannt.

6 Fazit: Institution und Ästhetik

Das Theater als Institution nimmt also einen bedeutenden und nachhaltigen Einfluss auf Form und Inhalt der Dramenproduktion, wobei innerhalb des europäischen Theaters gravierende Unterschiede auszumachen sind. Die prekäre Position der Avantgarde, die sich dem ökonomischen Marktgesetz von Angebot und Nachfrage entzieht und sich in privatwirtschaftlich organisierten Strukturen in der Regel nur schwer durchzusetzen vermag, kann lediglich staatlich reguliert, durch Subventionen ermöglicht werden. Die Beispiele haben aber auch gezeigt, wie schwierig es ist, mit Fördermaßnahmen in ein System einzugreifen, ohne das gewachsene Gleichgewicht der künstlerischen Praxis zu stören bzw. das professionelle Selbstverständnis der Dramatikerinnen und Dramatiker in Frage zu stellen. Die sogenannte Autorenkrise, die für das französische Theater seit den 1970er Jahren diagnostiziert wird, konnte durch unterschiedliche staatliche Programme nicht überwunden werden. Im Gegenteil lässt sich konstatieren, dass die noch in den 1950er Jahren als besonders produktiv bekannte französische Dramatik heute international kaum noch in Erscheinung tritt. Das gilt – paradoxerweise – besonders für das mit vielen künstlerischen Freiräumen bedachte öffentliche Theater. Lediglich das Boulevardtheater bringt – beispielsweise mit Yasmina Reza oder Éric-Emmanuel Schmitt – bekannte Autorinnen und Autoren hervor, die auch jenseits der nationalen Grenzen wahrgenommen werden (Schmitt 2000). Dieses Paradox lässt sich nicht erklären, der feldtheoretische Ansatz gerät hier an seine Grenzen. Überhaupt liegen, was die Effizienz der Fördermittel anbelangt, bisher keinerlei Untersuchungen vor, wenngleich sich der Deutsche Bühnenverein in seinen Werkstatistiken (1947–1990; 1991–2014; 2015) sowie der Centre National du Théâtre durchaus mit dem Thema beschäftigen und regelmäßig Statistiken, Berichte und Studien vorlegen (ATAC 1972; Hadamczik et al. 1978; Baillon 2004).

Im Rahmen der bourdieuschen Kapitallogik ließe sich das Phänomen jedoch in einen direkten Zusammenhang mit dem institutionellen, d. h. funktionalen Charakter des Theaters bringen. So legitimiert die Idee, dass das Theater nicht nur einen ideellen Wert, sondern auch einen konkreten Nutzen für die Gesellschaft besitzt, zwar staatliche Förderprogramme, senkt in einem autonomen Kunstsystem jedoch gleichzeitig (wie im Falle von Auftragsarbeiten) das symbolische Kapital und damit das künstlerische Ansehen der Theaterautorinnen und -autoren. In der anglophonen Welt erhalten Theatermacher nahezu ausschließlich im Kontext von Projekten mit dem Ziel sozialer oder kultureller Inklusion bzw. von pädagogischen Maßnahmen finanzielle Unterstützung vom Staat. Dieses Prinzip, das sich inzwischen auch in den Förderprogrammen der EU durchgesetzt hat, kann – der beschriebenen Logik folgend – nicht ohne Einfluss auf die Themen der Stücke und ihre formalen Gestaltungsstrategien bleiben. Der seit Jahren diskutierte *social turn* im Theater ließe sich im Hinblick auf dieses Phänomen als eine Art künstlerische Übersetzungsleistung bezeichnen, an der sich die Wechselwirkungen zwischen Theater und Gesellschaft deutlich ablesen lassen. Denn die Möglichkeit, mit Stücken über bestimmte Themen, die als gesellschaftlich relevant eingestuft werden (wie Migration oder Klima), staatliche Gelder zu akquirieren, führt nicht nur zu einem Boom an Texten über eben diese Probleme, sondern auch zu grundsätzlich neuen Theaterformen. Neben der sozialen Performanz des Theaters belegt dies die Wichtigkeit theatersoziologischer Untersuchungen – trotz der ihnen angelasteten Profanisierung oder Nivellierung künstlerischer Ansprüche. Allein wenn das Theater in seinem institutionellen Charakter innerhalb eines machtpolitisch aufgeladenen Spannungsfeldes von ökonomischem und symbolischem Kapital ernst genommen wird, können solche und ähnliche strukturelle Phänomene in ihren weitreichenden ästhetischen Konsequenzen begriffen und erklärt werden.

Henning Marmulla
III.3.4 Drama und Zensur

1 Definitionen

Vor der Darstellung des spezifischen Zusammenhangs von Drama und Zensur, der sich in der Theaterzensur manifestiert, gilt es, die allgemeine und die literarische Zensur begrifflich sowie ihre Formen und Funktionen systematisch zu bestimmen. Das Wort ‚Zensur' stammt vom lateinischen *censura*, „womit in römischer Zeit (seit 366 v. Chr. bis zum Ende der Republik) ein Verfahren bezeichnet wurde, das die Prüfung und Beurteilung materieller Werte [...] sowie das Erstellen von Listen umfasste, in denen das Stimmrecht, der Heeresstand oder Tributzahlungen festgelegt wurden" (Plachta 2006, 13). Mit diesen Tätigkeiten waren jeweils zwei Zensoren für 18 Monate betraut, die darüber hinaus für die Sittenkontrolle und Bestrafung unmoralischen Lebenswandels zuständig waren. Die Zensoren hatten das Recht, Sanktionen anzudrohen bzw. durchzusetzen.

Diese Beurteilungs- und Sanktionsfunktion ist in die Bedeutung des Wortes ‚Zensur' übergegangen, wie es bis heute gebraucht wird. Unter Zensur versteht man im weitesten Sinne die „Kontrolle öffentlicher Meinungsäußerungen durch staatliche und/oder kirchliche Behörden aufgrund geltenden Rechts (formelle Zensur) oder durch gesellschaftliche Kräfte im Bereich der Politik, Wirtschaft, der Religion, die ohne rechtliche Handhabe Druck ausüben (informelle bzw. strukturelle Zensur)"; das mit der Zensur verbundene Ziel besteht in der „Aufrechterhaltung oder Durchsetzung sprachlicher, moralischer, religiöser, politischer Ordnungsvorstellungen und Normen" (D. Breuer 1996, 2021). Literarische Zensur als eine spezifische Form der Zensur – spezifisch deshalb, weil ihr Gegenstand ein literarischer ist und nicht ein Flugblatt, ein Zeitungsartikel oder die skandierte Parole auf einer Demonstration –, lässt sich dabei definieren als „autoritäre Kontrolle aller menschlichen Äußerungen, die innerhalb eines bestehenden gesellschaftlichen Systems mit der Bemühung um sprachliche Form geschrieben werden" (Otto 1968, 6). Ergänzt um die Definition Dieter Breuers, dass es sich bei diesen Äußerungen um „vom Autor zur Veröffentlichung bestimmte oder veröffentlichte Meinungsäußerung" handelt (D. Breuer 1982, 9), und die Anmerkung Beate Müllers über die formelle Zensur, dass ein „mit ausreichenden Machtbefugnissen ausgestatteter Zensurträger" die Kontrolle ausübt (B. Müller 2003, 6), lässt sich inhaltlich formulieren: Formelle literarische Zensur liegt vor, wenn ein mit ausreichenden Machtbefugnissen ausgestatteter Zensurträger eine von einer Autorin oder einem Autor zur Veröffentlichung bestimmte oder veröffentlichte und innerhalb eines bestehenden gesellschaftlichen

Systems mit Bemühung um sprachliche Form geschriebene Meinungsäußerung kontrolliert.

Indes spielt in der Geschichte der Zensur und deren Erforschung auch die informelle Zensur eine Rolle, und zwar immer dann, wenn von gesellschaftlichen Gruppen (im Gegensatz zu einem institutionell verankerten Zensor) Druck auf eine mit Bemühung um sprachliche Form geschriebene Meinungsäußerung ausgeübt wird. Dieser informelle Druck kann durch Verbände, Parteien, Bürgerbewegungen etc. erfolgen oder durch beispielsweise anlässlich von Theateraufführungen öffentlich artikulierten Unmut des Publikums oder gar durch mobilisierte Akteurinnen und Akteure, die (teilweise ohne Kenntnis des Stücks) vor Theatern (oder in Theatern) protestieren. Das Feld der informellen Zensur umfasst definitorisch zudem die Selbstzensur. Im Anschluss an die Arbeiten Michel Foucaults findet eine deutliche Hinwendung zur Beschäftigung mit Formen der Selbstzensur statt, wie Armin Biermann (1988, 2) gezeigt hat. Auch Ideen Pierre Bourdieus lassen sich für eine solche Perspektive fruchtbar machen. In seinem 1974 gehaltenen Vortrag „Die Zensur" definiert Bourdieu Zensur anhand der Frage: Wer darf wo und wann was reden? Aus dieser Fragestellung, die davon ausgeht, dass das „Feld als Zensur fungiert [...], daß das Feld eine bestimmte Struktur der Distribution einer bestimmten Art Kapital ist" (Bourdieu 1993 [1974], 132), folgt die Unterscheidung zwischen dem Unsagbaren, also dem, was in einem Feld zu einem gegebenen Zeitpunkt nicht gesagt werden kann, und dem Unnennbaren, also dem, was gesagt werden könnte, aber zensiert wird. Diese Form der Zensur bezieht sich auf Positionskämpfe innerhalb eines Feldes. Bourdieu spricht vom akademischen Feld, doch übertragen auf die Zensurgeschichte der Literatur bedeutet das die Zensur, die Schriftstellerinnen und Schriftsteller auf Schriftstellerinnen und Schriftsteller ausüben; darüber hinaus die Zensur, die Schriftstellerinnen und Schriftsteller auf Basis der Kenntnis über ihren Platz im Feld über sich selbst ausüben, weil sie sich nicht als legitime Sprecher wahrnehmen, also eine Form der absoluten Inkorporierung gesellschaftlich existierender Normen mit dem Effekt der Selbstregulierung. Gesagt ist damit hingegen nichts über die Zensur, die von anderen Feldern (dem politischen, dem religiösen, dem bürokratischen, dem juristischen Feld) auf das literarische Feld ausgeübt wird.

Wollte man formelle Zensur untersuchen, böte Bourdieus Kultursoziologie reichlich Inspiration und auch theoretisches Rüstzeug dafür. Der Vortrag aus dem Jahr 1974 hingegen tut es nicht, er fokussiert ausschließlich eine Form informeller Zensur. Deshalb werden im Folgenden Ansätze, die dem *new censorship* zugeordnet werden können, herangezogen, insbesondere von Foucault, der zu den theoretischen Autoritäten dieser Perspektive gehört. Der *new censorship* geht dementsprechend davon aus, dass kein Diskurs ohne sein Regulativ existiert, Zensur also nicht das Verbot des Diskurses, sondern sein konstituierendes Moment sei – theoretisch ein anregender Gedanke, der in der empirischen Anwendung allerdings an seine Grenzen stoßen muss, jedenfalls in einer sozial- und kulturhistorisch ausgerichteten Literaturgeschichte, die sich mit der historischen Entwicklung von literarischer Zensur beschäftigt. „In letzter Konsequenz", so Beate Müller, „läuft diese starke Ausweitung des Zensurbegriffs auf jegliche Form von Diskurskontrolle auf eine Aufweichung des Zensurkonzeptes hinaus" (B. Müller 2003, 4). Dies ist gleichwohl von Bedeutung und interessant gerade für diejenigen Fälle, in denen Autorinnen und Autoren von literarischen bzw. dramatischen Texten der Selbstzensur unterliegen, um Zensur zu umgehen. Diese Form lässt sich methodisch jedoch nicht immer eindeutig identifizieren und von anderen Formen der literarischen Überarbeitung (Korrektur, Lektorat, Revision) nur schwer abgrenzen.

2 Formen der Zensur

Bei der formellen Zensur unterscheidet man zwischen Vor-, Nach- und Rezensur, Präventiv- und Prohibitivzensur. Die Vorzensur findet vor, die Nachzensur nach Drucklegung und Vertrieb eines Werkes statt. „‚Vorzensur' meint im heutigen Schrifttum Prüfung und gegebenenfalls Unterdrückung einer Schrift vor deren Erscheinen, ‚Nachzensur' Unterdrückung der Schrift nach deren Erscheinen oder (und) Bestrafung der Hersteller aufgrund positiven Rechts. Regelmäßig wird unter ‚Zensur' ‚Vorzensur' verstanden" (F. Schneider 1978, 902). Es sind die Textproduzenten, etwa Verlegerinnen und Verleger oder Autorinnen und Autoren, die vor Drucklegung eines Werkes dieses einer Prüfinstanz zur Kontrolle vorlegen. Die Prüfinstanz kann den Text sodann freigeben, verbieten oder aber eine Überarbeitung anordnen. Die Nachzensur kann bereits erschienene Werke verbieten, einziehen, vernichten und auch strafrechtliche Konsequenzen für die Urheberinnen und Urheber anstoßen. Schließlich gibt es die Rezensur, die eine „wiederholte Zensur bereits erschienenen Schrifttums" darstellt (Mix 2007, 493).

Während Vor- und Nachzensur zeitlich bestimmt sind, betreffen die Präventiv- und die Prohibitivzensur die rechtliche Organisation der Zensur. Bei der Präventivzensur wird jedes Druckerzeugnis präventiv zensiert, solange es nicht durch die Prüfinstanz freigegeben wird, während bei der Prohibitivzensur per se jede Veröffentlichung genehmigt wird und sich die Zensur im Einzelfall erlaubt, nachträglich zu verbieten, einzuziehen, zu bestrafen.

Die formelle Zensur arbeitet mit Verboten, aber auch mit subtilen Mitteln wie der ausgewählten Zuteilung von Papier oder dem Ausschluss von Textproduzierenden aus ihren Berufsverbänden. Die informelle Zensur arbeitet mit öffentlich ausgeübtem Druck, mit Protest und Beleidigung, Drohungen oder Boykott. Die Selbstzensur als Teil der informellen Zensur funktioniert über die Internalisierung der geltenden Normen und Verbote und deren Effekt auf die eigene Textproduktion, die gesteuert wird von dem Wunsch, die Zensurinstanzen passieren zu können. In der Geschichte der Zensur des Theaters kamen alle diese Zensurformen zur Anwendung.

3 Funktionen der Zensur

In erster Linie dient Zensur der Aufrechterhaltung einer bestehenden (religiösen, politischen, moralischen) Ordnung. Geleitet von der Überzeugung, das (geschriebene oder gesprochene) Wort habe die Macht, bestehende Strukturen zu verändern, dient die Zensur dazu, unliebsame Äußerungen, von denen Effekte erwartet werden, zu unterbinden. Von der Wirksamkeit des gespielten Wortes etwa waren schon die Kirchenväter überzeugt, wenn sie an das Theater dachten: Anders als Aristoteles, der der Tragödie eine reinigende Wirkung auf die Affekte zugeschrieben hatte, „warnen die Kirchenväter (Tertullian, Augustinus) vor beschmutzenden Effekten des Theaters. Für sie galt es als ausgemacht, dass der Besuch einer Theateraufführung eine dauerhafte spirituelle und moralische Korrumpierung nach sich ziehen konnte" (Pavis 2005, 394). Oft geht Zensur einher mit der Charakterisierung eines Textes oder einer Aufführung als Skandal. In diesen Fällen geht nicht selten die informelle der formellen Zensur voraus. Erst durch öffentlichen Protest gegen ein Kunstwerk veranlasst, schreitet dann die formelle Zensur mit den ihr zur Verfügung stehenden Mitteln ein. Der Funktionszusammenhang von Skandal und Zensur veranschaulicht auch, warum es gerade im 19. Jahrhundert zu einer regelrechten Zensurwelle kam. Volker Ladenthin unterscheidet zwei epochal radikal unterschiedliche Bedeutungszusammenhänge von Literatur und Skandal. Während der Skandal in der Moderne „notwendiges Wesensmerkmal" der Literatur sei, habe er in der Vormoderne den „Sündenfall der Literatur" dargestellt, was an der Wirkmächtigkeit von Aristoteles' *Poetik* gelegen habe, nach der sich „die Qualität eines literarischen Kunstwerkes in der Bestätigung der gültigen Regeln von Literatur" gezeigt habe, während die moderne Literatur diese überschreite (Ladenthin 2007, 19). Der Verstoß gegen die gültigen Regeln wird ab dem 19. Jahrhundert zu einem Charakteristikum von Literatur, während sich die Obrigkeit in dieser Zeit ganz besonders herausgefordert sieht, wie nicht zuletzt die Karlsbader Beschlüsse von 1819 verdeutlichen. Das aufstrebende und zunehmend selbstbewusste Bürgertum sowie das Streben nach einer deutschen Einheit in Form eines Nationalstaates taten ihr Übriges, um die Zensur als eine die bestehende und auf dem Wiener Kongress verabschiedete Ordnung bewahrende Instanz zu legitimieren. Welche Ordnung beschützt werden soll, variiert selbstredend historisch. Für den Vormärz führt Gabriele B. Clemens etwa aus: „Geschützt werden sollten erstens der Staat, die Regenten und seine Institutionen, zweitens die Religion, drittens die bürgerliche Moral und Sittlichkeit sowie viertens die Ehre von Privatpersonen" (Clemens 2013a, 11).

4 Spezifika der Theaterzensur

Die Theaterzensur besitzt im Vergleich zur literarischen Zensur einige Spezifika. Das Besondere an der Zensur von Theater ist die Tatsache der öffentlichen Aufführung. Zuschauerinnen und Zuschauer einer Aufführung befinden sich – im Gegensatz zu Leserinnen und Lesern – nicht im privaten Raum, allein mit einem Buch, sondern im öffentlichen Raum, in Anwesenheit anderer. „Eine Aufführung ereignet sich durch die und in der leiblichen Ko-Präsenz von ‚Akteuren' und ‚Zuschauern'. In ihr gelten also offensichtlich ganz andere Bedingungen als bei der Produktion und Rezeption von Texten und Artefakten" (Fischer-Lichte 2010, 25). Das hat Auswirkungen auf die Rezeption des Kunstwerks Drama, zumal diesem eine doppelte Perspektivität innewohnt: Denn nicht nur die Figuren kommunizieren miteinander (inneres Kommunikationssystem), es kommt auch zur Kommunikation zwischen Bühne und Publikum (äußeres Kommunikationssystem). Die Anwesenheit des Publikums ist das konstituierende Moment von Theater. „Der/die Zuschauer/in ist damit maßgeblich an dem theatralen Kunstwerk beteiligt" (Schößler [2]2017, 8).

Ein weiteres Spezifikum ist die doppelte Semantik, die dem Begriff ‚Drama' eingeschrieben ist, da seine Aufführung „einen schriftlich fixierten Text mit szenischen Angaben" (Schößler [2]2017, 7) voraussetzt. ‚Drama' bezeichnet „zum einen das literarische Sprach(Kunst)Werk ‚Drama', zum anderen den theatralen Spieltext, verbindet somit Lese- und Aufführungstradition, Schriftkultur und performative Kultur" (Bayerdörfer 2005, 72). Das hat Auswirkungen auf die Zensur von Theater, da in das Blickfeld der Zensoren nicht nur der Text gerät, der je nach historischer Konstellation einer Vorzensurinstanz eingereicht wird (oder auch nicht), sondern auch die Aufführung, die dem Text eine zweite Ebene (und damit auch eine zweite mögliche Zensurebene) hinzufügt und die im Gegensatz zum gedruckten Text unberechenbar ist. Unkalkulierbar ist die Aufführung deshalb, weil sie nicht nur absolut gegenwärtig ist (im Gegensatz beispielsweise zum Film), sondern auch stets die Möglichkeit des Extemporierens bietet. Das Sprechen ‚aus dem Stegreif' war aus diesen Gründen in verschiedenen Ländern zu verschiedenen Zeiten von der Zensur untersagt, etwa im 18. und 19. Jahrhundert in zahlreichen deutschen Staaten.

Verknüpft man nun die oben genannte definitorische Bestimmung formeller literarischer Zensur mit den Spezifika, die das Theater mit sich bringt, ergibt sich für die formelle Theaterzensur folgende Definition: Diese liegt vor, wenn ein mit ausreichenden Machtbefugnissen ausgestatteter Zensurträger eine von einer Autorin oder einem Autor zur Veröffentlichung bestimmte oder veröffentlichte und innerhalb eines bestehenden gesellschaftlichen Systems mit Bemühung um sprachliche Form geschriebene Meinungsäußerung, die als Text vorliegt und/ oder auf die Bühne (oder in einen anderen theatralen Raum) gebracht wird, kontrolliert.

5 Stand der Forschung

Das Spannungsfeld von Literatur und Zensur wird in der Rechts- wie der Literaturwissenschaft, der Soziologie wie der Geschichtswissenschaft, der Theater- wie der Medienwissenschaft thematisiert. Der Gegenstandsbereich ist diffus, breit und teilweise schwer zu konstituieren. Zensur gibt es seit der Antike und auf jedem Kontinent. Der Satz, den Klaus Kanzog 1984 formulierte, gilt weiterhin: „So ist es kein Zufall, daß noch immer keine umfassende Geschichte der Zensur in Deutschland vorliegt" (Kanzog 1984, 1003).

Eine literaturwissenschaftliche Zensurforschung setzte erst gegen Ende des 19. Jahrhunderts ein. Zu den ersten Studien zählen Franz Heinrich Reuschs *Index der verbotenen Bücher* (1883–1885) und Friedrich Kapps erster Band der *Geschichte des deutschen Buchhandels* (1886). Seit den 1840er Jahren erschienen allerdings verschiedene Dokumentensammlungen. Eine Art Aufschwung erlebte die noch junge Spezialdisziplin der Zensurforschung um die Wende zum 20. Jahrhundert, als starke Impulse von der Buch- und Buchhandelsgeschichte sowie der verstärkt auftretenden Theaterzensur ausgingen (vgl. Kanzog 1984, 1002). Besonders hervorzuheben sind die Arbeiten von Heinrich Hubert Houben (1875–1935), von denen die beiden 1924 und 1928 erschienenen und 1965 nachgedruckten Bände *Verbotene Literatur von der klassischen Zeit bis zur Gegenwart* vielleicht zu den wichtigsten zählen. Es kann bis heute als Nachschlagewerk und Sammlung zensierter Bücher erster Güte gelten, ist jedoch additiv und anekdotisch angelegt. Systematischer gingen 1968 die Soziologin Ulla Otto und 1982 der Literaturwissenschaftler Dieter Breuer vor. Bei beiden Publikationen trat die Detailanalyse zugunsten einer Bestimmung der sozialen Funktionen von Literatur gepaart mit einem starken emanzipativen Impuls (bei Otto) bzw. einer Skizze der Grundzüge der Zensurentwicklung in Deutschland (bei Breuer) zurück. Dennoch bereiteten beide Studien einer systematisch vorgehenden Zensurforschung auf vorbildliche Weise den Weg; Ottos Kategorien können bis heute Geltung beanspruchen.

Seitdem haben sich insbesondere für die Zeit der Aufklärung, des Vormärz und der beiden deutschen Diktaturen viele Wissenschaftlerinnen und Wissenschaftler mit dem Zusammenhang von Literatur und Zensur beschäftigt. So gibt es gute Überblicksdarstellungen (Plachta 2006), zeitlich und räumlich eingegrenzte Einführungen (M. Lorenz 2009), instruktive Sammelbände zu einer bestimmten Epoche (Clemens 2013b) und zahlreiche Artikel in Lexika und Handbüchern. Ein großes Desiderat ist noch immer eine größere, systematische, theoretisch orientierte und analytisch strukturierte Monographie zu literarischer Zensur. Gleiches gilt für die Theaterzensur. Zu finden sind in diesem Bereich problemorientierte Spezialstudien (Höyng 2003), einige fundierte Länder- (Bradley 2010) oder Lokalstudien (M. Meyer 1982), zahlreiche Artikel in Sammelbänden (Martin 2005) und Passagen in Theaterlexika (Körner 1986).

6 Historische Entwicklung der Theaterzensur

Für Deutschland ist eine institutionalisierte Zensur ab dem letzten Viertel des 15. Jahrhunderts dokumentiert. „Zwar hatte die Kirche bereits seit eh und je die Glaubenstradition überwacht, doch mit der Zensur war etwas Neues geschaffen: ein institutionalisiertes System der Meinungskontrolle mit dem Auftrag, nicht ad hoc, sondern generell und lückenlos zu wirken" (F. Schneider 1978, 903). In diesem Sinn hatte Papst Innozenz VIII. bereits 1487 mit der Bulle *Inter multiplices* die Vorzensur für alle Druckwerke eingeführt. Da diese Form der Vorzensur sich als wenig erfolgreich erwies, arbeitete man das Zensurwesen weiter aus und professionalisierte es; es kam zur Bulle *Dominici gregis custodiae*, die, 1564 von Papst Pius IV. erlassen, „ein differenziertes System von Kontroll- und Verbotsmechanismen für die kirchliche Bücherzensur schuf", das, gekoppelt mit dem 1559 erstmals erlassenen Verzeichnis der vom Papst verbotenen Bücher (*Index librorum prohibitorum*), in der Folge „in vielfacher Hinsicht das Muster für alle (auch weltlichen) zensorischen Kontrollverfahren" darstellte (Plachta 2006, 29–30). Das erste kaiserliche Bücherverbot stammt aus dem Jahr 1512. Dass gerade an der Schwelle zur Frühen Neuzeit ein institutionalisiertes Zensurverfahren entstand, hat mit dem aufkommenden und sich verbreitenden Buchdruck zu tun (dazu auch D. Breuer 1982, 23–24). Auch das Theater wurde ab dem 16. Jahrhundert mit der Zensur konfrontiert. Zwar gab es bereits in der Antike Formen von Zensur: Platon berichtet, dass Stücke vor der ersten Aufführung einer Prüfung unterzogen wurden, und die Lykurg zugeschriebene Gesetzgebung sah vor, Schauspieler zu bestrafen, wenn sie von dem vorgegebenen Text abwichen (Körner 1986, 982). Doch erst in der Frühen Neuzeit nahmen die Zensurverordnungen für das Theater ein gewisses Maß an Institutionalisierung an. Frühe Zensurbestimmungen betrafen beispielsweise die Wanderbühnen und die improvisierten Schauspiele des 16. Jahrhunderts (Schößler 22017, 15), was auch mit dem Improvisationscharakter der gespielten Stücke zu tun hatte, die extrem „orts- und situationsabhängig" waren (Plachta 2006, 64). Erste Zensurbestimmungen lassen sich für die französischen Laienspielgruppen der Renaissance nachweisen, für die Franz I. kurz nach seinem Regierungsantritt im Jahr 1515 strikte Vorzensurregeln erließ. Ab dem Jahr 1548 waren dann sämtliche Mysterienspiele verboten, und der Spielplan musste auf weltliches Theater umgestellt werden (Brauneck 1993, 476–477). In den Niederlanden hingegen wurde den Bühnen durch eine Ordnung im Jahr 1560 die Behandlung zeitkritischer Themen verboten, und für „Sinnspiele und die lebenden Bilder wurde eine Zensur durch die Geistlichkeit eingeführt" (Brauneck 1993, 560). Im englischen Theater der Shakespeare-Zeit kam dem *book-keeper* eine besondere Bedeutung zu. Er war es, der in Kontakt mit dem Zensor stand und diesem die Strichfassung zur Genehmigung vorlegte. Zumeist nahm der *book-keeper* vor der Einreichung des Theatertextes selbst einige Streichungen vor. In dieser Zeit war es hauptsächlich Sir Edmund Tilney, der als Zensor, auch *Master of the Revels* genannt, fungierte und, wenn aus politischen Gründen notwendig, Streichungen in den Texten vornahm. Ihm folgten im Amt Sir George Buck und schließlich Henry Herbert, bis 1642 alle öffentlichen Theateraufführungen verboten wurden (Wickham et al. 2000, 5; Hartnoll 1967, 116, 625). Ein Jahrhundert später, 1751, kam es in Österreich zur ersten Etablierung einer Zensurbehörde, die, von Maria Theresia eingesetzt, dafür Sorge zu tragen hatte, „‚Unsinn und Gemeinheit' von der Bühne zu verbannen, um dem moralischen Anspruch des Theaters gerecht zu werden" (Körner 1986, 982). Insgesamt betrachtet kam es zur Zeit der Aufklärung zu einer weiteren Form der Institutionalisierung und Legitimierung von Zensur. In Österreich und Preußen entwickelte sich ein differenziertes und professionalisiertes System der Präventivzensur. Dieses hatte auch Auswirkungen auf das Theater, das sich im 18. Jahrhundert zunehmend „zu einer Institution breiter öffentlicher Unterhaltung" wandelte (Plachta 2006, 85). So kann man feststellen, „dass viele Theatertexte zwar als Lesetexte gedruckt werden durften, aber für eine Aufführung nicht zugelassen wurden" (Plachta 2006, 86). Das Heikle an Aufführungen war die Tatsache – und damit unterscheidet sich das Theater radikal von Prosa und Lyrik –, dass abweichend vom zuvor genehmigten Theatertext auf der Bühne extemporiert werden konnte. Das betraf natürlich die Wanderbühnen, aber auch das höfische und bürgerliche Theater. Diese Abweichungen waren es, auf die sich die Zensur besonders konzentrierte und die seit Mitte des

18. Jahrhunderts streng verfolgt wurden. Die Zensur konnte Eingriffe in die Strichfassungen und Inszenierungen oder auch Aufführungsverbote mit sich bringen. Nicht zuletzt aus diesem Grund kam es zu Formen der Selbstzensur. Das Wiener Burgtheater richtete im ausgehenden 18. Jahrhundert eine spezielle Kommission am Theater ein, um sowohl den Text als auch die Inszenierung so vorzubereiten, dass die Zensur keinen Anstoß daran nehmen konnte. Wichtig ist festzuhalten, dass nicht nur Stücke zensiert wurden, die die herrschende Ordnung angriffen, sondern auch solche, die den Idealen der Aufklärung zuwiderliefen, also etwa solche, die sich dem Aberglauben oder dem Übersinnlichen verschrieben hatten.

Im 19. Jahrhundert erreichte der Reglementierungsdrang der Herrschenden und ihrer Zensoren eine neue Qualität (und Quantität). Nach Verabschiedung der Karlsbader Beschlüsse spitzte sich das Zensurwesen noch einmal zu, auch was das Theater betraf. Die Theaterpolizei hatte „strenge darüber zu wachen, daß nichts zu szenischen Darstellungen gelange, was in religiöser, moralischer oder politischer Beziehung irgendeinen Anstoß oder auch nur einen entfernten Anlaß zu zweifelhaften oder bedenklichen Deutungen darbieten könnte" (aus dem Zensurakt zu Johann Nestroys *Die Familien Zwirn, Knieriem und Leim*, zit. n. Plachta 2006, 117). Nach einer vorübergehenden Liberalisierung im Zuge der Revolution von 1848 stand die Theaterzensur ab den 1850er Jahren erneut auf der Tagesordnung, sowohl im Deutschen Bund als auch in der Folge im Deutschen Kaiserreich. Zahlreiche Theaterskandale zeugen davon, dass der Reglementierungs- und Reformdruck im 19. Jahrhundert beträchtlich anstieg. „Theater wird zum Zankapfel von Interessengruppen. Die Einflussnahme verdichtet sich in der Institution Zensur, die die letzten Refugien wie Privat-, Liebhaber- und Amateurtheater, Handwerkertheater sowie die Puppen- und Marionettenspieler erreicht" (Kotte 2013, 338). In Berlin, um nur ein Beispiel zu nennen, mussten bereits ab 1809 alle Stücke der Puppen- und Marionettentheater aufgeschrieben und der Zensur vorgelegt werden; Extempores wurden unter Strafe gestellt. „Theater ist keine Kunst mehr, es ist eine Sache von höchstem öffentlichem und damit obrigkeitlichem Interesse" (Kotte 2013, 338). Die Zensoren in Wien handelten in der ersten Hälfte des 19. Jahrhunderts und – nach kurzer Unterbrechung durch die Revolution von 1848 – schließlich bis 1918 nach den aus dem Jahr 1803 stammenden Instruktionen für Theaterkommissäre. Sie waren damit nicht nur für die Vorzensur der vorab eingereichten Theatertexte zuständig, sondern auch für die Überprüfung der Aufführungen. In Paragraph 9 ihrer Instruktionen heißt es: „Ferner sind alle Stellen auszutilgen oder abzuändern, welche [...] irgend ein Gesetz oder eine Anordnung oder eine Anstalt der Staatsverwaltung tadeln oder in das Lächerliche ziehen, [...] oder überhaupt in einem revolutionären Geist und Ton hingeschrieben sind" (zit. n. Kotte 2013, 340). Dennoch darf man die Vorschriften nicht mit der tatsächlichen Praxis verwechseln. Das Beispiel Nestroy beweist, was in

Wien vor und nach 1848 möglich war. Der Theaterwissenschaftler Andreas Kotte resümiert: „Nur das Dilemma der Behörden, Theater als eine Ablenkung für die Bevölkerung doch zu schätzen, als schönen Schein über dem Zwangsapparat, führt zu einer unendlichen Kette von Kompromissen auf beiden Seiten" (Kotte 2013, 340). Trotz dieser Kompromisse ist der Druck, unter dem die Theater bis zur Weimarer Republik bzw. zur Ersten Republik Österreich standen, nicht zu gering einzuschätzen: Der Theaterunternehmer musste das Textbuch rechtzeitig vor der Aufführung der Zensurbehörde vorlegen. Ein Verstoß gegen diese Vorschrift oder auch das Extemporieren auf der Bühne während einer Aufführung konnte mit Geldstrafe oder dem Entzug der Theaterkonzession bestraft werden (Körner 1986, 983). Zudem gab es neben der formellen die informelle Zensur.

Die Aufführungsgeschichte von Arthur Schnitzlers *Reigen* demonstriert anschaulich, wie diese beiden Zensurformen zusammenwirken konnten – und zwar auf verschiedenen Ebenen. Geschrieben hatte Schnitzler seinen Text im Wesentlichen bereits im Winter 1896/1897. Allerdings war er sich bewusst – eine Form internalisierten Normbewusstseins –, dass der Text Probleme mit der Zensur bekommen könnte. In einem Brief hielt er fest: „[E]twas Unaufführbareres hat es noch nicht gegeben" (zit. n. Arnold 1998, 115). Der Text erschien zunächst als Privatdruck, dann in zwei Ausgaben in zwei Wiener Verlagen. Bei S. Fischer, Schnitzlers Berliner Verlag, konnte er wegen der strengeren preußischen Zensur nicht erscheinen. So gab es zwar einen Theatertext als Buch, einen Text mithin, in dem in zehn Szenen jeweils ein Paar zusammenkommt – proletarisch bis aristokratisch – und schließlich miteinander schläft (wenngleich dies nur angedeutet wird), aber eine Aufführung blieb zunächst aus. Mehrere Anfragen von Theatern lehnte Schnitzler ab, wohl wissend, dass ein Skandal auf ihn zukommen könne. Es gab zwar Aufführungen an kleinen Bühnen: von einem Theaterverein in München und einem Theater in Budapest, die jedoch nach einer einzigen Aufführung das Stück wegen erfolgter Zensur nicht mehr zeigen durften. Schließlich aber, 23 Jahre nach erfolgter Niederschrift, kam das Stück am 23. Dezember 1920 am Berliner Kleinen Schauspielhaus unter der Regie von Hubert Reusch zur offiziellen Uraufführung. Am Tag zuvor hatte das Landgericht III eine einstweilige Verfügung gegen die Aufführung des Stückes erlassen und der Direktion des Theaters bis zu sechs Wochen Haft angedroht, sollte man sich über das Verbot hinwegsetzen, doch die Aufführung fand statt. Direktoriumsmitglied Gertrud Eysoldt erklärte vor dem Premierenpublikum, so berichtet der Rechtsanwalt Wolfgang Heine, der die Angeklagten später im Prozess verteidigen sollte, dass „sie lieber in das Gefängnis gehen wollte, als die Sache der Kunst einer philiströsen Verfolgung gegenüber aus persönlicher Angst preiszugeben" (zit. n. Arnold 1998, 117). Letztendlich wurde die Zensur bereits einen Monat später wieder aufgehoben, doch nun setzte der Volkszorn ein, also das, was man terminologisch eine Form ‚informeller Zensur' nennt. Völkische Gruppen störten und attackierten die Aufführung; es kam zu einem Prozess gegen die Theaterleute, den diese schließlich gewannen. In Wien, wo *Reigen* 1921 uraufgeführt wurde, kam es zu ähnlichen Exzessen, an deren Ende – damit hatten die Protestierenden erreicht, was sie wollten – das Verbot der weiteren Aufführung stand, um die öffentliche Ruhe und Ordnung nicht zu gefährden. Daraufhin verfügte Schnitzler frustriert ein eigenes Aufführungsverbot seines Stückes, das bis Januar 1982 in Kraft blieb. Das Beispiel *Reigen* zeigt auf exemplarische Weise, wie formelle und informelle Zensur zusammenhängen und sich bedingen können. In Wien und auch in Berlin, wo das Stück dann doch genehmigt wurde, hatten aufgebrachte Bürgerinnen und Bürger die Aufführungen verunmöglicht. Es gab, um bei Berlin zu bleiben, zwar keine Vorzensur für das Theater in der Weimarer Republik, aber die Aufführungen wurden polizeilich kontrolliert und konnten der Nachzensur unterworfen werden, wenn sie „gegen Ruhe, Sicherheit und Ordnung oder gegen die Sittlichkeit verstießen" (Plachta 2006, 165).

Während im Zweiten Weltkrieg – wie in anderen Dimensionen auch im Ersten Weltkrieg – die rigideste Zensur herrschte, kam es ab 1945 in den deutschen Besatzungszonen zu einer neuen Form: der alliierten Zensur. In den westlichen Besatzungszonen standen die Jahre nach Kriegsende unter der Devise der *re-education*. In ihrem Namen wurde, wie Andreas Höfele (2003) zeigt, Zensur einerseits aus Furcht vor nationalistischem Widerstand gegen die Alliierten geübt bzw. in Fällen, in denen Kritik an den Alliierten zu befürchten war. Andererseits wurde Zensur auch bekämpft, was Teil des demokratischen *re-education*-Programms war. Nicht zu unterschätzen war in diesem Kontext der Anpassungsdruck durch die Kulturpolitik der Alliierten, auf den vermutlich „mit Selbstzensur reagiert wurde" (Höfele 2003, 113).

Offiziell behauptete die DDR-Regierung, dass es keine Zensur in ihrem Staat gäbe. Man sprach dort eher von „Lenkung und Leitung und Planung des Literaturprozesses" (zit. n. Plachta 2006, 189). Es reichte aber schon aus, gegen die Strafgesetzbuch-Paragraphen 106 (Staatsfeindliche Hetze) oder 220 (Öffentliche Herabwürdigung) zu verstoßen, um die in den Artikeln 9 bzw. 27 der DDR-Verfassungen von 1949 bzw. 1968 garantierte Freiheit von Presse, Rundfunk und Fernsehen außer Kraft zu setzen. Die Theaterzensur in der DDR ging sogar so weit, dass bereits genehmigte Stücke nach der Uraufführung kontrolliert wurden, um die Reaktionen des Publikums zu analysieren (Bradley 2010).

„Eine Zensur findet nicht statt": So regelt das Grundgesetz der Bundesrepublik Deutschland in Artikel 5 den Umgang mit der Kunstfreiheit. Dennoch gibt es seit 1949 eine „Vielzahl an Vorfällen, die sich in gesetzlichen Regulierungen, privatrechtlichen Verfahren und öffentlichen Debatten über das, was ‚erlaubt' sei und was nicht, niedergeschlagen haben" (M. Lorenz 2009, 12). Dies war und ist immer dann der Fall, wenn die Kunstfreiheit in Widerspruch mit beispielsweise dem Jugendschutz oder dem Schutz der Persönlichkeitsrechte gerät. Bei Rainer Werner Fassbinders 1975 verfasstem Stück *Der Müll, die Stadt und der Tod* liegt – abgesehen davon, dass hier keinerlei Spur von Selbstzensur zu identifizieren ist – ein klassisches Beispiel für informelle Zensur vor. Die Kritiker des Stücks erkannten in der Figurenzeichnung des ‚reichen Juden' antisemitische Klischees und vertraten die Ansicht, dass das Stück antisemitisch sei. Die Kontroverse, die sich um das Stück entwickelt hat, ist die am längsten andauernde Debatte um ein Theaterstück in der Geschichte der Bundesrepublik Deutschland. Mit Höhepunkten in den Jahren 1976, 1984, 1985, 1998 und 2009 ist sie bis heute nicht an ein Ende gekommen. Die Aufführungen von *Der Müll, die Stadt und der Tod*, in dessen Figur des jüdischen Immobilienspekulanten viele Ignatz Bubis zu erkennen glaubten, der in den 1970er Jahren als Investor mit der Sanierung des Frankfurter Westends beschäftigt war, wurde nicht formell zensiert, doch Proteste führten dazu, dass es in Deutschland – abgesehen von einer Amateuraufführung im Jahr 1979 – erst 2009 auf die Bühne gebracht werden konnte, wenn auch in einer stark überarbeiteten und durch „politische Entschärfungen" gekennzeichneten Fassung (Hargens 2010, 152). Aufführungen des Stücks, das nicht als antisemitisch bezeichnet werden kann, sondern – im Gegenteil – Antisemitismus in der deutschen Nachkriegsgesellschaft demaskiert und damit anklagt, wie Nike Thurn (2012) überzeugend argumentiert, wurden wiederholt verhindert: durch Entlassung des Generalmanagers der Alten Oper Frankfurt, Ulrich Schwab (1984), durch Missbilligungsäußerungen durch die Frankfurter Stadtverordnetenversammlung, eine Unterschriftenaktion, an der sich neben anderen auch Oberbürgermeister Walter Wallmann, Fassbinder-Verleger Siegfried Unseld und der Bankier Hermann Josef Abs beteiligten, eine Besetzung der Bühne am Abend der Premiere im Frankfurter Kammerspiel (1985) und – wie schon 1984 und 1985 – durch Kritik von Seiten des Journalismus und der Politik (1998). Dieses Beispiel zeigt mustergültig, dass man für die Geschichte der Bundesrepublik nicht von formeller Zensur sprechen kann. Denn auch wenn sich Politiker gegen eine Aufführung aussprachen, auch wenn die Unterlassung einer Aufführung 1985 vor dem Frankfurter Landgericht verhandelt wurde: Weder Richter noch Politiker sprachen ein Verbot aus; es waren die Theater, die sich dem Druck im Sinne der informellen Zensur beugten.

Zwar gibt es in der Bundesrepublik keine formelle und keine Vorzensur des Theaters, nichtsdestoweniger existieren verschiedene Möglichkeiten, um Theater zu lenken. Roswitha Körner hat, darauf soll abschließend verwiesen werden, fünf davon identifiziert: finanzielle Abhängigkeiten der Theater vom Staat, Bestellung der Intendantin oder des Intendanten, deren oder dessen Hauspolitik, Entscheidungen von Theaterorganisationen und öffentliche Reaktionen auf das Theater

(Körner 1986, 984). Es bleibt zu fragen, ob man die Entscheidungen einer Intendantin oder eines Intendanten oder diejenigen bestimmter Theaterorganisationen schon zensorisch nennen kann. Die Grenze zwischen der künstlerischen Entscheidung einer in den künstlerischen Prozess involvierten Person und der Zensur von Personen oder Gruppen, die sich jenseits des theatralen Feldes bewegen, sollte nicht nivelliert werden. Es ist terminologisch am sinnvollsten, dann von ‚formeller Zensur' zu sprechen, wenn ein Zensurträger Theater von außen kontrolliert, und von ‚informeller Zensur', wenn Gruppen von außen versuchen, Einfluss auf den Spielplan und ausgewählte Inszenierungen zu nehmen. Theaterinterne Entscheidungen über den Spielplan hingegen fallen nicht in den Bereich der Zensur.

Hans Tränkle
III.3.5 Drama, Theater und Recht

Als Institution und als Interpret tritt das Theater zu Werken, Autoren und Verlagen in vielfältige rechtliche Beziehungen. Es ist naheliegend, den Schwerpunkt der hier dargestellten rechtlichen Betrachtungsweise im Urheberrecht und in der Ausgestaltung grundrechtlicher Prinzipien des Persönlichkeitsrechts und der Kunstfreiheit zu verorten. Auch Arbeitsbeziehungen des Theaters zu seinen künstlerisch Beschäftigten und der Bereich Theater und Medien sind anzusprechen. Diese Themen werden jedoch nicht fachwissenschaftlich vertieft verhandelt, vielmehr für die Praxis von Theatermachern sowie am Theater Interessierten handhabbar dargestellt. Leitgedanke soll dabei die Fragestellung sein: Welche Rechte hat das Theater zu beachten und zu wahren und welche Rechte stehen ihm und den Künstlern, den Ensembles und Regieteams zu?

1 Abriss einer Geschichte des Urheberrechts

Voraussetzung für ein Urheberrecht ist, dass die Rechtsordnung ein geistiges Eigentum, ein immaterielles Gut also, akzeptiert. Das ist nicht selbstverständlich und war nicht immer so. Schon antike Autoren beklagten einen ‚Gedankendiebstahl', v. a. das Plagiieren und Verfälschen ihrer Werke, wobei es ihnen zunächst wohl weniger um einen materiellen Schaden als um die Authentizität der Werke und des Autors ging. Ein eigentliches Urheberrecht war den antiken Rechtsordnungen fremd, selbst dem hoch entwickelten römischen Recht. Erst mit der Erfindung des Buchdrucks und der dadurch möglich gewordenen massenhaften Verbreitung wurde ein gewisses Schutzbedürfnis erkannt, allerdings eher für das Druckwerk denn für den Inhalt. So machten Landesherren Drucke von ihrer Zustimmung abhängig und gewährten damit ein ‚Privileg'. Gleiches galt für Kirchenfürsten, sie erteilten das ‚Imprimatur'. Motivation der Obrigkeiten war allerdings wohl weniger der Schutzgedanke als die Möglichkeit zu Kontrolle und Zensur. Das galt auch noch für ein ab 1710 in England geltendes Gesetz, das erstmals immerhin eine Art geistiges Eigentum akzeptierte, den Schutz aber nicht generell, sondern nur den von der Regierung ausgewählten Werken gewährte.

Grundlage des modernen Urheberrechts war die den Idealen der Französischen Revolution folgende Akzeptanz eines naturgegebenen Eigentums an geistigen Schöpfungen. Ab 1791 galten in Frankreich Gesetze, die den Urhebern Persönlichkeits- und Verwertungsrechte zugestanden, ab 1837 galt dies in Deutschland, und ab 1886 wurde mit der Berner Übereinkunft ein erster internationaler Urheberschutz festgelegt; dem folgten weitere internationale Verträge. Zumindest in den Ländern der Berner Übereinkunft genießt jeder Urheber, gleich welcher Nationalität, Schutz nach dem jeweiligen Landesrecht. Eine eigene Entwicklung hat das Urheberrecht im angloamerikanischen Rechtsraum genommen. Hier steht nach dem englischen bzw. amerikanischen Copyright Law der Verwertungs- oder Vermarktungsschutz im Vordergrund.

Immer wieder wird in Frage gestellt, ob es überhaupt individuelles Eigentum an geistigen Leistungen geben kann. Sind diese nicht per se Gemeingut der Gesellschaft, aus deren ‚Weltwissen' sie doch entwickelt sind? Der Urheberschutz postuliert die der Person des Werkurhebers ausschließlich zurechenbare ‚eigenschöpferische' Leistung, fordert individuelle Gestaltungshöhe bzw. Schöpfungshöhe. Es ist kaum plausibel, warum im Fall von handwerklichen oder industriellen Werkstücken, Grundbesitz, Wertsachen und Finanzanlagen ein Eigentumsrecht besteht, während der Erfindung, der eigenständigen originalen Schöpfung, eine solche Qualifizierung versagt bleiben soll. Schließlich bilden Akzeptanz und Schutz des geistigen Eigentums die Existenzgrundlage für die geistig Schaffenden wie auch für die ausübenden Künstler: im Theaterbereich also für Autoren, für die Komposition und die Choreographie, für Musik, Schauspiel, Gesang, Tanz sowie für Regie und Bühnenbild. Diese Akzeptanz ist auch die Basis für die Kulturwirtschaft, für Verlage, Verwerter, Theater, Ton- und Bildträgerproduzenten. Unser Urheberrecht akzeptiert das Eigentumsrecht des Urhebers eines immateriellen Werkes; das gilt inzwischen in unterschiedlicher Ausgestaltung weltweit.

2 Das deutsche Urheberrecht

Das Urheberrecht schützt den Schöpfer eines Werkes als Inhaber des geistigen Eigentums in seinen „persönlichen Beziehungen" zum Werk (Urheberpersönlichkeitsrecht) und in seinen wirtschaftlichen Interessen (Verwertungsrecht). Sinn des Urheberrechts ist es, die „Interessen" des Urhebers an seinem Werk dadurch zu schützen, dass ihm das Recht eingeräumt wird, diese Interessen jeder und jedem gegenüber wahrzunehmen und sie durchzusetzen, durchaus mit gerichtlicher Hilfe (§ 11 UrhG). Verletzungen des Urheberrechts führen zu Schadensersatzansprüchen, und sie sind strafbar.

Wichtigste Rechtsgrundlage dafür ist in Deutschland das Gesetz über Urheberrecht und verwandte Schutzrechte vom 9. September 1965 (Urheberrechtsgesetz, kurz UrhG), seit seinem Inkrafttreten am 1. Januar 1966 vielfach ergänzt und verändert. In Deutschland wird das Urheberrecht, wie insgesamt in Europa, zunehmend von EU-Richtlinien vorgegeben: Urheberrecht wird zum Gemeinschaftsrecht.

Das Urhebergesetz definiert, wer Urheber ist: der Schöpfer eines Werkes „der Literatur, Wissenschaft und Kunst", und definiert ferner, was überhaupt Werke im Sinne des Urheberrechts sind: „nur persönliche geistige Schöpfungen" (§§ 1 und 2 UrhG). Sind die gesetzlichen Voraussetzungen an Werk und Urheber gegeben, so besteht automatisch ein absoluter Schutz, ohne dass es einer besonderen formalen Rechteerteilung oder irgendeiner Dokumentation bedürfte. Auch eine Veröffentlichung oder ein Erscheinen des Werks ist dafür nicht erforderlich.

Das Drama als „Sprachwerk"– Der Werkbegriff

Paragraph 2 des Urhebergesetzes zählt auf, was „insbesondere" zu den Werken der Literatur, Wissenschaft und Kunst gehört: „Sprachwerke", Reden und Computerprogramme, Werke der Musik, Pantomime und Choreographie, Werke aus bildender Kunst, Architektur und Design, ferner Fotos, Filme und wissenschaftliche sowie technische Darstellungen. Voraussetzung ist die Neuschöpfung: Die Unterscheidung von Bestehendem macht das Werk aus. Es muss, um den rechtlichen Anforderungen zu genügen, einen individuellen geistigen Inhalt ausweisen und diesen in einer bestimmten Form zum Ausdruck bringen. Demnach ist das Drama, besser: der Dramentext als Sprachwerk geschützt. Individualität ergibt sich aus der Unterscheidung zu anderen, bestehenden Werken. Das Plagiat genießt keinen Urheberschutz. Die Ausdrucksform ist das vorliegende Schriftstück, ein reiner Gedanke wäre kein Werk im Sinne des Gesetzes. Im Rahmen einer Inszenierung werden mehrere, möglicherweise alle der aufgezählten Disziplinen (Werkarten) angesprochen. Es liegt deshalb nahe, der Inszenierung als klassischem Fall eines spartenübergreifenden, interdisziplinären Kunstwerks noch ein eigenes Kapitel zu widmen.

Als Sprach- oder Schriftwerk ist der Dramentext also urheberrechtlich geschützt, übrigens nicht nur im Original. Gleichermaßen geschützt sind „Übersetzungen und andere Bearbeitungen" des Originaltextes, eine für Theater wichtige Bestimmung (§ 3 UrhG). Es versteht sich dabei von selbst, dass Übersetzungen und auch Bearbeitungen geschützter Werke nur legal sind, sofern sie vom Urheber zugelassen werden. Übersetzer und Bearbeiter sind wiederum selbst echte Urheber.

Der Autor als „Schöpfer" des Werks

„Urheber ist der Schöpfer des Werkes" (§ 7 UrhG) und Werke sind, wie erwähnt, „nur persönliche geistige Schöpfungen" (§ 2 Abs. 2 UrhG). Das heißt, dass Urheber nur eine natürliche Person sein kann: Eine sogenannte juristische Person, eine Organisation, eine Firma, ein Verein, auch ein Verlag oder ein Theater kann niemals selbst Urheber sein. Ihnen können lediglich bestimmte Rechte des Urhebers zur Ausübung übertragen werden.

Möglich ist es aber, dass mehrere Urheber ein gemeinsames Werk schaffen. Ein solches ‚Gemeinschaftswerk' liegt dann vor, wenn die Anteile der einzelnen Autoren am Werk nicht gesondert verwertbar sind. In der Theaterarbeit treffen wir auf diese ‚Miturheberschaft' (§ 8 UrhG): Regie und Dramaturgie erstellen gemeinsam eine Übersetzung, eine Bearbeitung des zu inszenierenden Werkes. Sie verfassen ein eigenes neues Werk, oder das Ensemble wird zum Autorenkollektiv. Entscheidungen über das Werk und seine Verwertung bedürfen der Einwilligung aller Miturheber. Jedoch gilt hier kein Mehrheitsprinzip. Die Urhebergemeinschaft ist in einer Treuepflicht verbunden: Der Einzelne darf seine Einwilligung nicht willkürlich verweigern. In diesem Fall hätten die anderen Miturheber die Möglichkeit, die Einwilligung durch ein Gerichtsurteil zu erzwingen. Der einzelne Miturheber hat auch nicht die Möglichkeit, seinen Anteil am Werk zurückzuziehen, denn das würde das Werk zerstören und damit die Interessen der Miturheber verletzen. Er kann aber seinen Namen zurückzuziehen, und er kann auf seinen Anteil am Verwertungserlös verzichten. Dieser wächst dann den Miturhebern zu.

Zu unterscheiden vom echten Gemeinschaftswerk ist die ‚Werkverbindung' (§ 9 UrhG). Hier haben sich mehrere Urheber zur gemeinsamen Verwertung ihrer eigenständigen Werke zusammengeschlossen. Voraussetzung der Werkverbindung ist, dass die „verbundenen" Werke auch einzeln verwertbar wären, wie z. B. in Sammelbänden oder Büchern mit Illustrationen. Einen wichtigen Fall von Werkverbindung finden wir im Theater beim musikdramatischen Werk, dem ‚Großen Recht': Komponist und Librettist verwerten ihre eigenständigen Werke gemeinsam in einer Produktion des Musiktheaters, in Oper, Operette oder Musical.

Schutzfunktion des Urheberrechts

Das Urheberrecht umfasst zwei Wesenselemente: das Urheberpersönlichkeitsrecht und das Urhebernutzungs- oder Verwertungsrecht. Persönlichkeitsrechte basieren auf den in Artikel 1 und 2 des Grundgesetzes festgelegten Grundrechten, dem „Schutz der Menschenwürde" und dem „Recht auf freie Entfaltung der Persönlichkeit". Zu den Persönlichkeitsrechten zählen das Recht auf Schutz der Privatsphäre, der persönlichen Integrität und der persönlichen Ehre, das Namensrecht und das Recht am eigenen Bild. Persönlichkeitsrechte sind ‚höchstpersönliche Rechte', die jedem zustehen und jedem gegenüber gelten. Sie sind nicht verkäuflich oder sonst übertragbar und sie können auch nicht vererbt werden, erlöschen also mit dem Tod. Eine Ausnahme stellt das Urheberrecht dar. Dieses ist in seiner Gesamtheit vererbbar, also auch das Urheberpersönlichkeitsrecht. Andere Formen der Übertragbarkeit wie Schenkung oder Verkauf sind ausgeschlossen. Lediglich die Nutzung und damit die Verwertung kann anderen eingeräumt werden (§§ 28 und 29 UrhG).

Das Urheberpersönlichkeitsrecht

Das Urheberpersönlichkeitsrecht gewährt wesentliche Kernrechte (§§ 12, 13 und 14 UrhG): Der Urheber hat das Recht, frei darüber zu entscheiden, wie und wo und ob überhaupt sein Werk veröffentlicht wird. Er kann sein Werk, sofern er nicht anderweitig darüber verfügt hat, auch vernichten. Solange nicht das Werk, wesentliche Teile daraus oder eine Beschreibung des Werks mit Zustimmung des Urhebers veröffentlicht sind, darf nur er selbst sich öffentlich zum Inhalt des Werkes äußern. Der Urheber hat ein Recht darauf, als Urheber genannt zu werden oder auch anonym zu bleiben, und er kann die Art und Weise der Namensnennung bestimmen, z. B. auch ein Pseudonym verwenden. Der Urheber kann gegen eine „Entstellung" seines Werkes wie auch gegen alle „Beeinträchtigungen" vorgehen, die seinen „berechtigten geistigen oder persönlichen Interessen am Werk" zuwiderlaufen (§ 14 UrhG).

Die Problematik der ‚Werktreue', die hier ihre gesetzliche Basis hat, ist im Rahmen der Theaterinszenierung von besonderer Bedeutung. Hier konkurriert der gesetzliche Anspruch des Autors mit dem notwendigen Gestaltungsspielraum der interpretierenden Inszenierung. Es liegt nahe, dass sich gerade aus diesem Konkurrenzverhältnis das eigentliche Konfliktpotential urheberrechtlicher Streitigkeiten im Theaterbereich ergibt. Der Umstand, dass auch das Urheberpersönlichkeitsrecht ganz anders als die allgemeinen Persönlichkeitsrechte vererbbar ist und demnach im Rahmen der geltenden Schutzfristen nicht nur vom lebenden Autor selbst, sondern auch von den Erben voll ausgeübt werden kann, entspannt diese Konfliktsituationen sicherlich nicht. Allerdings ist nicht jede Änderung auch eine „Entstellung" – das Gesetz spricht hier von einer Gefährdung der „berechtigten" Interessen des Autors am Werk. Somit können Änderungen auch ohne ausdrückliche Zustimmung des Urhebers zulässig sein (§ 39 UrhG). Damit sind zumindest die im Theater üblichen Strichfassungen rechtlich abgedeckt.

Das Urhebernutzungsrecht

Dem Urheber steht das Recht zu, das Werk zu „verwerten", es also wirtschaftlich zu nutzen. Dabei wird unterschieden zwischen der Verwertung in „körperlicher Form" und der „öffentlichen Wiedergabe" (§ 15 UrhG). Die körperliche Verwertung umfasst die Vervielfältigung, z. B. durch Buchdruck, wie auch die öffentliche Ausstellung eines bisher unveröffentlichten Werks der bildenden Kunst. Die öffentliche Wiedergabe beinhaltet das Vortrags-, Aufführungs- und Vorführungsrecht, direkt oder auch mit technischen Mitteln. Dieses Wiedergaberecht ist die Grundlage des Bühnenaufführungsrechts.

Ein wichtiger Begriff des Urheberrechts, der in diesem Zusammenhang gesetzlich definiert wird, ist der Begriff des Öffentlichen, der „Öffentlichkeit". Nur die öffentliche Wiedergabe des Werkes ist urheberrechtlich geschützt, nicht-öffentlich ist jede bzw. jeder in der Nutzung von Werken frei. Kriterium für eine öffentliche Wiedergabe ist, dass sie für eine „Mehrzahl von Mitgliedern der Öffentlichkeit" bestimmt sein muss. Die Öffentlichkeit allerdings ist sehr eng gefasst: Zu ihr gehört jeder, der nicht mit demjenigen, der das Werk verwertet, oder mit den Personen, denen es vorgeführt, vorgetragen wird, „durch persönliche Beziehungen verbunden ist" (§ 15 UrhG).

Eine Lesung auch vor ausschließlich geladenen Gästen, eine ‚geschlossene' Aufführung, auch eine Schulaufführung vor Schülern, Lehrenden sowie Eltern im Klassenzimmer ist also in aller Regel ‚öffentlich'. Ein Vortrag, eine Lesung, eine Aufführung ist ‚nicht-öffentlich' fast nur im Familien- oder engsten Freundeskreis vorstellbar.

Theaterbeschäftigte als Urheber

Nicht selten werden im Theater von fest engagierten, in einem Arbeitsverhältnis zum Theater stehenden Personen Werke geschaffen: Ein Dramaturg schreibt oder übersetzt ein Stück oder verfasst Originalbeiträge für das Programmheft. Grundsätzlich verbleiben auch dem angestellten Urheber Nutzungsrechte für Werke, die im Rahmen des Arbeitsverhältnisses entstanden sind (§ 43 UrhG). Abweichungen von dieser Regel sind möglich. So legt der Normalvertrag Bühne (NVBühne) für das tarifvertraglich angestellte künstlerische Personal des Theaters fest, dass „die Nutzungsrechte an Werken, die das Mitglied in Erfüllung seiner Verpflichtungen aus dem bestehenden Arbeitsverhältnis geschaffen hat", dem „Arbeitgeber", faktisch also dem Theater zustehen (§ 8 Abs. 5 NVBühne).

Von Bedeutung ist hier also die Frage, welchen Inhalt und Umfang die arbeitsvertraglichen Verpflichtungen des Theatermitglieds haben. Theatermacher aus der Regie, Dramaturgie, dem bühnenbildnerischen Bereich und der Bühnenmusik zählen neben dem darstellenden Personal zu den ‚Solomitgliedern' und gehören zu der Gruppe von Theaterbeschäftigten, die am ehesten Werke im Sinne des Urheberrechts schaffen. Für sie gilt, dass sie „alle" ihnen „zugewiesenen Aufgaben" wahrnehmen müssen, die der arbeitsvertraglich bestimmten Tätigkeit entsprechen (§ 54 Abs. 1 NVBühne). Soweit diese Tätigkeit im Tarif- oder Arbeitsvertrag nicht einzeln dargestellt ist, wird vom jeweiligen Berufsbild auszugehen sein. Berufsbilder unterliegen dem Wandel. War der Dramaturg ursprünglich ‚Dramatiker', derjenige, der für das Theater, an dem er angestellt war, Stücke verfasste, zuweilen in großer Zahl für die allwöchentlichen Premieren, so entspricht dies allenfalls im Ausnahmefall den heutigen Vorstellungen von dramaturgischer Arbeit. Während Texte für Infos, Werbung und Presse und selbst Originalbeiträge für das Programmheft zur Dramaturgiearbeit zählen, wird man den Auftrag, ein Stück zu schreiben, kaum noch als dadurch abgedeckt betrachten können. Gleiches gilt für den in der Autorschaft oder Übersetzung tätigen Regisseur. Auch wird man den Auftrag an den Bühnenbildner, ein Stückplakat, Programmheft oder Jahresprogramm graphisch zu gestalten, ausdrücklich vertraglich festlegen und dabei eine Honorierung vorsehen müssen. Die Vergütung für urheberrechtliche Leistungen ist nur dann „mit der vereinbarten Gage abgegolten", wenn die Leistungen im Rahmen der vertraglichen Tätigkeit erbracht wurden (§ 8 Abs. 5 NVBühne).

Schranken für das Urheberrecht

So stark das Urheberrecht auch ausgestaltet sein mag, so ist es doch auch Beschränkungen unterworfen und wird begrenzt. Im Bereich des Theaters sind drei Einschränkungen von wesentlicher Bedeutung: die Befristung, das Recht der freien Benutzung und das Zitatrecht. Auch gibt es Werke, denen von vornherein ein Urheberschutz versagt ist; dazu gehören Gesetze und amtliche Entscheidungen. Zudem ist das Urheberrecht für eine Reihe von Nutzungsmöglichkeiten eingeschränkt, bei aktueller Berichterstattung, für Kopien zum eigenen Gebrauch oder für Unterrichtszwecke, bei der Nutzung ohne Erwerbszweck und im sozialen und kirchlichen Bereich.

Die Befristung des Urheberrechts

70 Jahre nach dem Tod des Urhebers endet oder erlischt sein Urheberrecht vollständig (§ 64 UrhG). Das bedeutet, dass dann seine Erben keinerlei Einfluss mehr

darauf nehmen können, was mit dem Werk geschieht, und dass sie auch keinerlei Ansprüche aus der Nutzung geltend machen können. Diese Zeitgrenze gilt für das originale Werk wie auch für geschützte Bearbeitungen und Übersetzungen. Durch den Ablauf der Schutzfrist wird das Werk ‚gemeinfrei', es wird zum gesellschaftlichen Gemeingut. Sein Inhalt kann von jedem in jeder Form und beliebig verändert frei genutzt werden. Im Fall der Miturheberschaft (§ 8 UrhG) endet die Schutzfrist 70 Jahre nach dem Tod des am längsten lebenden Miturhebers. Durch eine Gesetzesänderung endet neuerdings auch in einem Fall der verbundenen Werke die Schutzfrist erst mit dem Tod des Längstlebenden: Sind Libretto und Komposition eigens für das verbundene Werk geschaffen worden, so ist dieses Werk bis 70 Jahre nach dem Tod des Überlebenden der Urheber geschützt (§§ 64 und 65 UrhG): eine klare Privilegierung der Oper und anderer musikdramatischer Werke.

Bei den Rechtenutzern und -verwertern traf die Entscheidung des Gesetzgebers, veranlasst durch eine EU-Richtlinie, kaum überraschend, auf wenig Verständnis. Ist doch ganz im Gegensatz zu dieser politischen Vorgabe der von Erben ausgeübte posthume Werkschutz anzweifelbar. Man kann fragen, wieso eine geistige Leistung überhaupt vererblich ist; und auch wenn man akzeptiert, dass Erben für einen gewissen Zeitraum noch einen materiellen Nutzen aus dem Werk haben sollen, lassen sich gute Gründe gegen das absolute Verfügungsrecht von Personen finden, die den Urheber selbst möglicherweise nicht einmal persönlich gekannt haben. Andererseits: Akzeptiert man grundsätzlich das Eigentum an immateriellen Werten, so stellt schon der ‚Untergang' dieses Eigentums nach 70 Jahren eine Besonderheit dar.

Gleichwohl: Theatermacher wünschten sich eher eine Verkürzung der Zeiträume, in denen Erben Einfluss auf die Einräumung von Rechten und die Interpretation von Werken nehmen können. Tatsächlich aber haben sich die Schutzfristen stets verlängert. In Deutschland galt bis 1934 eine 30-jährige Schutzfrist, dann eine 50-jährige, und erst mit Inkrafttreten des UrhG 1966 wurde die 70-Jahre-Frist eingeräumt. In Österreich ist die 70-Jahre-Frist seit 1972, in der Schweiz seit 1993 bindend. In der DDR galt eine 50-Jahre-Regelung, bis mit Inkrafttreten des Einigungsvertrags am 3. Oktober 1990 auch das bundesdeutsche Urhebergesetz von 1965 übernommen wurde und damit schon frei gewordene Werke erneut geschützt wurden. In der Europäischen Union ist eine Tendenz zu weiteren Schutzfristverlängerungen unverkennbar.

Freie Benutzung

Ein Autor kann sich für das neu zu schöpfende Werk zunächst einmal all dessen frei bedienen, was nicht oder nicht mehr geschützt ist. Dazu zählt außer dem gemeinfrei Gewordenen auch die gesamte Menschheitsgeschichte bis in das Heute hinein. Tagesereignisse, Fakten, auch Fakten aus Lebensläufen selbst noch lebender Personen, sind ebenso wenig geschützt wie musikalisches und literarisches Volksgut: Sagen, Märchen, Überlieferungen, Volkslieder, soweit es sich nicht um Nacherzählungen, Nachdichtungen und damit um Bearbeitungen im Sinne des Urheberrechts handelt.

Der Urheber eines neuen, eigenständigen Werkes darf in engen Grenzen auch vorbestehende geschützte Werke nutzen, ohne dass es der Zustimmung des Urhebers des benutzten Werkes bedarf (§ 24 UrhG). Niemals aber kann die Verwendung einer geschützten Melodie zur Grundlage eines neuen Werkes gemacht werden, auch die Vertonung eines geschützten Textes ist keine ‚freie Bearbeitung'. Die Dramatisierung eines Romans oder einer Erzählung ist Bearbeitung und nicht freie Benutzung. Die pantomimische oder choreographische Umsetzung ist eine Form der Wiedergabe und kaum freie Benutzung. Schilderungen und Berichte über historische Ereignisse und ihre Hintergründe, über Tagesgeschehen und alltägliche Vorgänge können dagegen in ein Theaterstück einfließen, selbst dann, wenn diese in dem benutzten Werk schon literarisch bearbeitet und nicht nur als reine Faktenschilderung vorliegen. Voraussetzung für die freie Benutzung ist immer, dass der Benutzer ein neues, völlig eigenständiges Werk schafft. Die Individualität des Neuen muss das vorbestehende Benutzte deutlich in den Hintergrund treten lassen. Die Abgrenzung zur erlaubnispflichtigen Bearbeitung oder zum verbotenen Plagiat ist oft schwer herzustellen; wer sich auf die freie Benutzung berufen will, trägt ein nicht geringes Risiko.

Gehören das neue und das benutzte Werk unterschiedlichen Kunstgattungen an, so kann stets von freier Benutzung ausgegangen werden: Ein Autor lässt sich durch ein Werk der bildenden Kunst, ein Gemälde, eine Skulptur zu einer Erzählung, einem Gedicht oder einem Theaterstück inspirieren; ein Komponist nimmt ein literarisches Werk oder ein Werk der bildenden Kunst zur Grundlage, als Inspiration einer Komposition, ohne damit einen geschützten Text zu vertonen.

Zitatrecht

Der Verfasser eines neuen, selbständigen Werkes kann aus einem vorbestehenden, veröffentlichten Werk zitieren. Sinn und Zweck des Zitats ist es, Belege und Erläuterungen zu dem selbst Geschaffenen anzuführen; deshalb ist es auch auf den Umfang beschränkt, der zum Erreichen dieses Zwecks unbedingt notwendig ist. Normalerweise wird es sich also um kurze Entlehnungen aus dem zitierten Text handeln. Das Gesetz lässt die Übernahme von „Stellen eines Werkes" zu. Eine feste Regel, wie lang ein Zitat sein darf, gibt es aber nicht. In wissenschaftliche Werke dürfen „zur Erläuterung des Inhalts" sogar ganze Werke übernommen werden (‚Großzitat'). Zitiert werden darf ohne Einwilligung des Urhebers des Zitats und auch, ohne dass diesem eine Vergütung zu zahlen ist. Das Zitat muss erkennbar, der übernommene Textteil unverändert sein. Das zitierte Werk und sein Urheber müssen ausdrücklich erwähnt und nachgewiesen werden (§ 51 UrhG). Wer nicht erkennbar und ohne den Urheber des Zitats zu nennen etwas in sein eigenes Werk übernimmt, begeht geistigen Diebstahl, sein eigenes Werk wird zum Plagiat.

3 „Schutz des ausübenden Künstlers": Das Leistungsschutzrecht

Neben dem Schutz der Werkschöpfung ist gerade für den Theaterbereich der Schutz der Werkvermittlung, das Leistungsschutzrecht des ausübenden Künstlers wichtig. Ausübender Künstler ist, „wer ein Werk oder eine Ausdrucksform der Volkskunst aufführt, singt, spielt oder auf eine andere Weise darbietet oder an einer solchen Darbietung künstlerisch mitwirkt" (§ 73 UrhG). Da es hier ausschließlich um den Schutz des ausführenden Künstlers geht, spielt es im Leistungsschutzrecht keine Rolle, ob das Werk selbst frei oder noch geschützt ist oder aber je geschützt war („Volkskunst"). Künstlerisch Mitwirkende sind neben den Darstellern Regisseure und die Dirigenten. Ähnlich dem Werkurheber hat auch der ausübende Künstler das Recht auf Anerkennung, also Namensnennung, und auf Unterlassung einer „Entstellung" der Darbietung, die dem künstlerischen Ruf schaden könnte (Persönlichkeitsrechte). Von Bedeutung ist das Leistungsschutzrecht im Theater vor allem bei der medialen Weiterverwertung der Bühnenaufführung. Im Rahmen des Engagements werden diese Rechte in der Regel dem Arbeitgeber übertragen; wie für den Werkurheber sieht dies der Normalvertrag Bühne für die tariflichen Beschäftigungsverhältnisse vor. Stets aber hat der ausübende Künstler einen Anspruch auf „angemessene Vergütung", wenn Aufzeichnungen gesendet oder etwa als CD oder DVD veröffentlicht werden. Die Dauer des Leistungsschutzrechtes ist unterschiedlich beim Persönlichkeits- und beim Nutzungsrecht und kürzer als beim Werkurheberrecht. Auch dem Theater selbst steht ein Leistungsschutzrecht als Veranstalter zu (§§ 73 bis 83 UrhG).

4 Das Theater als Werknutzer

Die Bühnenaufführung ist der primäre Zweck der dramatischen Literatur, die Rechte des Vortrags (Lesung), der Aufführung (Bühne) und der Vorführung (Verfilmung) sind die Kernbereiche des Verwertungsrechts des Dramatikers. Will ein Theater ein Werk aufführen, so muss es sich, abgesehen von gemeinfreien Werken, das Recht dazu vom Autor beschaffen, und das wird stets unter vertraglicher Regelung der Bedingungen erfolgen, unter denen das Recht eingeräumt wird. Meist bedient sich der Autor dabei eines auf die Bühnen- und Medienverwertung spezialisierten Verlages. Der Verlag schließt dann mit dem Theater – natürlich im Rahmen der ihm seinerseits vom Autor durch einen Verlagsvertrag eingeräumten Rechte – einen Aufführungsvertrag ab. Ein Verlagszwang besteht jedoch nicht. Zuweilen schließen die Theater Aufführungsverträge auch direkt mit dem Autor ab, beispielsweise bei an junge Autoren vergebenen Auftragswerken des Theaters, bei Erstlingswerken oder bei Werken, die von Mitgliedern des Theaters, von Akteuren aus der Regie, der Dramaturgie oder aus dem Ensemble geschaffen wurden. Solche Werke werden dann mitunter nach der Uraufführung von einem Theaterverlag übernommen. Gesetzliche Vorschriften über den Inhalt und die Form des Aufführungsvertrags gibt es nicht, es besteht Vertrags- und Formfreiheit.

Der Bühnenaufführungsvertrag – die Regelsammlung

Um Rechtssicherheit und vertragliche Klarheit zu gewährleisten, haben der Verband Deutscher Bühnen- und Medienverlage e. V. und der Deutsche Bühnenverein – Bundesverband der Theater und Orchester die ‚Regelsammlung Bühne' erstellt, in der die wesentlichen Bestimmungen des Bühnenaufführungsvertrags einheitlich festgelegt sind.

Merkmal der Regelsammlung ist es, dass die auf seiner Grundlage abgeschlossenen Aufführungsverträge dem gesetzlichen Gebot, den Urheber angemessen zu vergüten, Rechnung tragen (§ 32 UrhG). Um dem zu entsprechen, wurde für die überwiegend aus öffentlichen Mitteln finanzierten Theater eine Urheberabgabe eingeführt, ein Festbetrag pro Besucher, der je nach Theatergröße und Finanzkraft unterschiedlich hoch ist. Lediglich Mindest- und Höchstbeträge sind als prozentuale Beteiligung des Autors am Werkerlös vorgesehen. Theater, die nicht überwiegend öffentlich finanziert sind, führen üblicherweise zehn Prozent vom Werkerlös an den Autor ab.

Für Werke des Musiktheaters liegen die Beträge naturgemäß höher als beim Sprechtheater, sind daraus doch sowohl Komponist wie Librettist zu vergüten. Für

Übersetzungen und andere Bearbeitungen sind Ermäßigungen möglich, für Uraufführungen Zuschläge. Die Urheberabgabe wird vom Theater an den Verlag ausbezahlt und – nach Abzug eines Verlagsanteils, dessen Höhe im Vertrag zwischen Autor und Verlag festgelegt ist – an den Autor weitergereicht. Mit dem Bühnenaufführungsvertrag räumt der Verlag dem Theater das Recht ein, das Werk aufzuführen. Damit erwirbt das Theater ‚Nebenrechte', etwa das Recht zur Aufzeichnung für betriebsinterne Zwecke und Werbung, das Recht zur Übertitelung oder das Recht zur Live-Übertragung innerhalb und außerhalb des Theatergebäudes.

Beim einfachen Aufführungsrecht können jederzeit auch anderen Theatern Rechte eingeräumt werden; das ausschließliche Aufführungsrecht schließt andere Aufführungen während der Vertragslaufzeit aus. Beim örtlich ausschließlichen Recht beschränkt sich der Ausschluss auf Theater am selben Ort. Das Uraufführungsrecht garantiert dem Theater die erste Aufführung weltweit, entsprechend gibt es ein deutschsprachiges und ein deutsches Erstaufführungsrecht.

Das Theater verpflichtet sich in dem Sinne zur ‚Werktreue', als Änderungen des Werkes, die nicht ohnehin schon durch das Urheberrecht zulässig wären, nur mit schriftlicher Einwilligung des Verlags erfolgen dürfen. Genannt werden speziell die Einfügung von Fremdtexten in das Werk und die nicht geschlechtsspezifische Rollenbesetzung. Der Verlag garantiert dagegen dem Theater, dass er die ihm eingeräumten Rechte vom Urheber erworben hat, und er trägt das Risiko dafür, dass das Werk frei von Rechtsverletzungen wie Plagiaten oder Eingriffen in Persönlichkeitsrechte dargestellter Personen ist. Bevor ein Verlag ein Werk annimmt und Rechte daran weitergibt, wird er diese Risiken also zu prüfen haben. Verträge, die das Theater mit Autoren über die Aufführung ihrer Werke direkt abschließt, orientieren sich meist an der Regelsammlung. Da der Urheberberechtigte völlig frei in der Entscheidung ist, wem er welche Rechte verkauft, ist es wichtig, rechtzeitig Vertragsverhandlungen aufzunehmen.

5 Die Inszenierung

Regie und Werk

Mit der Inszenierung wird das Drama von der Regie ‚in Szene gesetzt', im eigentlichen Sinn also realisiert. Der rechtliche Charakter der Regie ist umstritten. Die Rechtsprechung und die meisten Kommentatoren sehen in der Regie kein selbständiges Werk, sondern eine an das Werk gebundene Wiedergabe und allenfalls eine Interpretation des Werks. Folglich wird der Regisseur auch nicht als Urheber, die Regie nicht als Werk betrachtet. Der Regisseur gilt vielmehr, wie der Darsteller, als ‚ausübender Künstler' im Sinne des Leistungsschutzrechts. Aus rechtlicher Perspektive ist diese Sichtweise praktisch. Der Arbeit der Regie Werkcharakter zuzugestehen hieße, sie zumindest als Stückbearbeitung, wenn nicht als komplett neues Werk zu betrachten. Dann käme man aber mit den Rechten des Autors in Konflikt: Ein geschütztes Werk darf nur mit deren bzw. dessen Zustimmung bearbeitet werden.

Die Inszenierung als interdisziplinäres Werk, komplexes Werk, ‚Gesamtkunstwerk'?

Theater ist *die* interdisziplinäre Kunstform schlechthin, denn es entsteht durch das Zusammenwirken einer Vielzahl von Kunstformen, auch Handwerkskünsten, die in der Inszenierung, konzeptionell und organisatorisch angeleitet von der Regie, ihren gemeinsamen Ausdruck finden. Da erscheint die Frage nicht abwegig, ob es sich bei einem solchen komplexen Werk, einem ‚Gesamtkunstwerk', nicht auch um ein eigenständig geschütztes Werk im Sinne des Urheberrechts handeln könnte, ein Werk mehrerer Miturheber. Die Frage ist umstritten. Die Rechtsprechung gesteht der Inszenierung den Werkcharakter bislang nicht zu. Fraglos aber haben die Inszenierungsbeteiligten eigene Schutzrechte.

Der Regisseur kann als Leistungsschutzberechtigter Entstellungen seiner Regie, auch Eingriffe der Theaterleitung nach der Premiere, verbieten, sie oder er ist an Verwertungen außerhalb der Bühne beteiligt. Bühnen- und Kostümbildner haben am Bühnenbild, an den Kostümen wie auch an den entsprechenden Entwürfen, Konstruktionszeichnungen und Figurinen als Werken der bildenden Kunst Urheberrechte. Die Bühnenmusik, Filme und Videos, die in einer Aufführung verwendet werden, genießen eigenständigen Werkschutz.

Beteiligte an der Herstellung der Bühnenausstattung in den technischen Werkstätten, den Kostümwerkstätten, dem Malsaal erbringen oft hoch künstlerische Handwerksleistungen. Sie führen aber Vorgaben anderer aus und haben somit keine eigenen Rechte am Werkstück und kein Leistungsschutzrecht.

6 Kunstfreiheit und ‚Werktreue'

„Kunst und Wissenschaft, Forschung und Lehre sind frei": Das Grundgesetz der Bundesrepublik garantiert in Artikel 5, Absatz 3 die Kunstfreiheit als Grundrecht und räumt ihr damit den höchstmöglichen Rang unter den Rechten ein. Es schützt die Kunst vor staatlichen Eingriffen, Verboten, Zensur, aber auch vor der

Beeinträchtigung durch Eingriffe und/oder durch Verhinderungsversuche Dritter. Sowohl der Gestaltungsfreiheit der Werkschöpfung als auch der Darbietung und Verbreitung steht der Schutz zu, also dem Autor ebenso wie dem ausübenden Künstler, den Kunstvermittelnden und dem Theater als Institution. Arbeitsrechtliche Weisungsbefugnisse der Theaterleitung gegenüber Darstellenden und Regieteams widersprechen allerdings nicht von vornherein deren Kunstfreiheit.

Anders als beim Grundrecht der Meinungs- und Pressefreiheit sind für das Grundrecht der Kunstfreiheit keine gesetzlichen Schranken vorgegeben. Damit ist der künstlerische Gestaltungsraum auch der Regie eigentlich sehr weit. Das Urheberrecht dagegen lässt nur sehr begrenzt Eingriffe in das Werk zu. Schränkt also das Werkurheberrecht die Freiheit der Regie, die Möglichkeit, ja Notwendigkeit, sich mit dem Heute und den Erscheinungsformen der Gegenwart auseinanderzusetzen, unzulässig ein? Zu Recht beklagen Regisseure die engen Fesseln, die ihnen der ‚Werktreue'-Begriff und die oft kompromisslose Haltung von Autoren und Verlagen auferlegen.

Kunstfreiheit und Schutz der Persönlichkeit: Reale Personen auf der Bühne

Werden in Werk oder Inszenierung erkennbar konkrete Personen dargestellt, so stellt sich die Frage nach der Konkurrenz zwischen dem Schutz der Persönlichkeit und der Kunstfreiheit des Autors oder des Theaters. Wie die Kunstfreiheit, so hat auch das Persönlichkeitsrecht als Grundrecht einen hohen Rang. Die Rechtsprechung, die sich bis hin zum Bundesverfassungsgericht immer wieder mit den Abgrenzungs- und Abwägungsproblemen auseinandersetzen muss, sieht das Persönlichkeitsrecht jedenfalls dann nicht verletzt, wenn sich die Kunstfigur als Erfindung des Künstlers hinreichend vom realen Vorbild unterscheidet. Eine Darstellung kann aber von den Betroffenen als Verletzung der Intimsphäre empfunden werden, werden sie etwa in negativer, kritischer Weise, aber doch identifizierbar wiedergegeben.

Grundlegende Kriterien dazu hat das Bundesverfassungsgericht in seiner *Mephisto*-Entscheidung von 1971 aufgestellt, in der es sich erstmals mit der Einschränkung der Kunstfreiheit in der Literatur auseinandersetzt. Klaus Manns im Exil geschriebener und dort auch Mitte der 1930er Jahre publizierter Roman *Mephisto* war 1965 erstmals in der Bundesrepublik veröffentlicht worden. Mann schildert darin realitätsnah die Karriere von Gustaf Gründgens als Schauspieler, Intendant und Kulturpolitiker in der NS-Zeit. 1966 verbot das Hanseatische Oberlandesgericht Veröffentlichung und Vertrieb mit der Einschätzung, es handle sich um eine ‚Schmähschrift in Romanform' und verletze so das Persönlichkeitsrecht von Gründgens. Die Entscheidung des Bundesverfassungsgerichts von 1971 ist in mehrfacher Hinsicht bemerkenswert. Zum einen wurde ein ‚postmortales Persönlichkeitsrecht' konstatiert (Gründgens war bereits 1963 verstorben, das Verfahren wurde von seinen Erben betrieben), zum anderen war sich der Senat des Bundesverfassungsgerichts selbst uneinig: Mit Stimmengleichheit wurde die Aufhebung des Verbots der Vorinstanzen abgelehnt. Zehn Jahre später konnte der Roman auch in der BRD erscheinen, ohne dass es zu erneuten juristischen Verhinderungsversuchen kam. Neuere Fälle lassen den Schluss zu, dass das Bundesverfassungsgericht die Kunstfreiheit als hohe Hürde für Verbote sieht.

7 Theater und Medien

Medien in der Aufführung

Die Bühnenaufführung ist klassischerweise die originale Live-Wiedergabe des Werks. Medien haben aber innerhalb dieser Live-Aufführung durchaus ihren Platz: Einspielungen von Musik, Tönen, Geräuschen sind ein nicht wegzudenkender Bestandteil der Aufführung. Werk- und Interpretenrechte werden dabei von Verwertungsgesellschaften (GEMA, GVL) wahrgenommen. Die Nutzung der Rechte muss den Verwertungsgesellschaften gemeldet werden, sie erheben dafür Gebühren, die in Tarifen von ihnen selbst festgelegt werden. Neben Toneinspielungen gewinnen Film und Video innerhalb der Bühneninszenierung zunehmend an Bedeutung. Dabei handelt es sich um Werke im Sinne des Urheberrechts, für die das Theater die Nutzungsrechte erwerben muss.

Ton- und Bildaufzeichnungen von Theaterproduktionen

Ton-, Film- und Videoaufzeichnungen von Theateraufführungen sind nur mit Zustimmung der Werkberechtigten und der mitwirkenden (‚ausübenden') Künstler zulässig. Das gilt auch für Fotos, die nicht der aktuellen Berichterstattung dienen. Für die rein theaterinterne Nutzung (Archiv, Werbung, Proben) sieht die Regelsammlung Bühne die Zustimmung des Werkurhebers bereits vor. Gleiches gilt nach dem Normalvertrag Bühne für die tarifvertraglich angestellten Bühnenkünstler. Soll die Aufzeichnung gesendet oder als CD oder DVD veröffentlicht werden, so muss das Theater darauf achten, dass es den Produzenten niemals weitergehende Rechte einräumen kann, als von ihm selbst erworben wurden.

Illegale Aufnahmen und Aufzeichnungen mit technisch qualifizierten, durch ihre geringe Größe kaum mehr auszumachenden Geräten werden zunehmend zum Problem. Tonaufnahmen, Handyfotos, Handyfilme werden in sozialen Netzwerken veröffentlicht, auf dem grauen Markt gehandelt. Schon unter dem Gesichtspunkt der Fürsorgepflicht für seine Künstler wird das Theater alles versuchen, um solche Übergriffe zu unterbinden.

Theater und Internet

Nutzt das Theater Texte und Bilder aus dem Netz für seine Arbeit, so muss es Rechte beschaffen und bezahlen. Das Internet ist kein rechtsfreier Raum, auch wenn die Rechtsverfolgung oft schwer ist. Inhalte des Internet sind unter den Voraussetzungen des Urheberrechtsgesetzes geschützt. Kopieren und Weiterverbreiten ist verboten. Das gleiche gilt, wenn das Theater geschützte Texte und Bilder für seinen eigenen Internetauftritt verwendet. Theaterkritiken etwa zählen nicht zu den allgemein zugänglichen Informationen. Als Meinungsbeiträge genießen sie Autorenschutz und dürfen ohne ausdrückliche Zustimmung in keiner Weise öffentlich wiedergegeben werden. Stellt das Theater selbst Aufführungsvideos ins Netz oder gibt es diese für einen Livestream frei, so sind, wie bei jeder Sendung oder Veröffentlichung, die entsprechenden Rechte zu klären und abzugelten.

8 Schlussbetrachtung

Aus der Sicht des Urheberrechts ist das Drama als Sprachwerk der Literatur in Buchform und den Werken der bildenden Kunst gleichzusetzen. Während Buch und Kunstwerk abgeschlossen vorliegen, wird ein Dramentext erst durch die Inszenierung bzw. Aufführung als Drama realisiert. Sie braucht Gestaltungsräume und sie muss v. a. den Dramentext mit der sich verändernden gesellschaftlichen Realität konfrontieren dürfen. Eine strikte Forderung nach Texttreue, gar ‚Werktreue' kann hier zum Problem werden. Das gilt in besonderem Maße dann, wenn der Autor längst tot ist, selbst eher unkonventionell mit dem Gedankengut anderer umgegangen ist und Nachlassverwalter dessen vermeintliche Interessen exzessiv wahrnehmen. Auch geht ein absolutes Verbot der Einfügung von Fremdtexten, um ein Beispiel zu nennen, an der Bühnenwirklichkeit vorbei. 50 Jahre nach Inkrafttreten des Urhebergesetzes wäre eine Reform anzuregen, die der Inszenierung Räume eröffnet. Ein verantwortungsbewusster Umgang mit dem Stück und dem Autor sollte dabei selbstverständlich bleiben.

Hajo Kurzenberger
III.3.6 Drama und Schauspieler

1 Das Drama und der Schauspieler: Eine Leerstelle der Literaturwissenschaft

Das Verhältnis von Drama und Schauspieler hat die Literaturwissenschaft lange Zeit fast gänzlich ignoriert. Noch wichtige Standardwerke des letzten Jahrhunderts wie Peter Szondis *Theorie des modernen Dramas* (1956) oder Volker Klotz' *Geschlossene und offene Form im Drama* (1960) blenden es völlig aus; so sehr war man zu dieser Zeit auf das Drama als sprachliches Kunstwerk fixiert. Manfred Pfister will 1977 das Drama zwar ausdrücklich nicht nur als literarisches Werk erfassen, sondern als plurimediale Darstellungsform begreifen. Doch der „Relation Schauspieler – fiktive Figur" wird eine einzige Seite eingeräumt, die die Aspekte Identifikation vs. Distanz mit bzw. zu der Figur und den Schauspielstil als Konvention und Norm betreffen. Der Proben- und Darstellungsvorgang, die Interaktion zwischen Schauspieler und Figur, findet Platz in dem Nebensatz, dass die „fiktive[ ] Figur vom realen Schauspieler mit konkret-realistischen Details aufgefüllt wird" (Pfister 1977, 46).

Wichtige Unterscheidungen zu diesem Wechselverhältnis werden zunächst außerhalb des dramenanalytischen Diskurses gemacht. Die bis heute gern gebrauchte Formulierung, der Schauspieler verwandle sich in die Figur, er verkörpere sie, und die damit verbundene Suggestion, Spieler und Figur würden identisch, hat als Erster der Soziologe Georg Simmel kritisch hinterfragt und dabei die ontologische Differenz zwischen Darsteller und Figur klargestellt: Allein die Tatsache, dass der Schauspieler „als lebendiger Mensch vor uns steht, verursache das plumpe Mißverständnis, daß das Drama, indem es vor uns versinnlicht wird, auch verwirklicht werde" (Simmel 1987 [1908], 76). Käte Hamburger bringt in *Die Logik der Dichtung* eben diesen Sachverhalt als Unterscheidungskriterium der Gattungen Drama und Epos zur Geltung, indem sie feststellt, dass das Drama „unter dem doppelten Gesichtspunkt der Dichtung und der (physischen) Wirklichkeit entworfen wird" (Hamburger 1957, 120). Erst im Wechselspiel von Versinnlichung und Imagination entfalte sich das (aufgeführte) Drama und beanspruche dabei beide Rezeptionsmodi: den der (sinnlichen) Wahrnehmung und jenen der (imaginativen) Vorstellung. Nicht die physische Realität des Theaters, sondern seine fiktionalen Anteile fokussiert der Romanist Wolfgang Iser (1983). Er bringt die konstatierte körperliche Wirklichkeit der Schauspieler und des Dramas wieder zum Verschwinden, wenn er sich auf Jean-Paul Sartres Feststellung beruft: „Nicht die Rolle realisiert sich im Schauspieler, sondern der Schauspieler irrealisiert sich in der Rolle" (zit. n. Iser 1983, 145–146). Was als absurde Begriffsverrenkung der Literaturtheorie anmutet, hat sein theaterpraktisches Korrelat in der Schein-Sein-Polarität, mit der das Theater seit Jahrhunderten gerne spielt.

Die Theaterwissenschaft hat das Begriffsspiel eher in umgekehrter Richtung betrieben. Käte Hamburgers Beobachtung, dass sich Bühne und Schauspieler der „Kompetenz" des Dramatikers entziehen und „zur Bühnen- und Schauspielkunst verselbständigen" (Hamburger 1957, 131), wird hier zunehmend zur Begründung der eigenen Wissenschaft und ihres Gegenstandes: der Aufführung. Theatralität rückt ab Ende der 1980er Jahre ins Zentrum und damit zugleich die Abrechnung mit einer „logozentrischen Dramaturgie", die der vermeintlichen „Herrschaft der abstrakten reproduzierenden Wortkultur" dient (H.-T. Lehmann 1986, 987). Allerdings meidet man in der Theaterwissenschaft zunächst Materialität und Sinnlichkeit. In Erika Fischer-Lichtes *Semiotik des Theaters* kommt das Verhältnis von Schauspieler und literarisch-dramatischer Figur zwar in den Blick, aber die Darsteller werden zum Zeichenträger reduziert (vgl. den Titel von Bd. I, Kap. 2: „Die Erscheinung des Schauspielers als Zeichen"; Fischer-Lichte 1983, 94), die „individuelle Physis" zum „Material der Zeichenbildung" (Fischer-Lichte 1990c, 241). Oder die dargestellte Dramenfigur mutiert zur „Sinnklammer", zum Fokus der Zuschauerwahrnehmung und Bedeutungskonstitution (Hiß 1993, 25). Ähnlich sieht auch Jens Roselt die „Konstitution einer Figur in der Aufführung als Zwischenereignis" (Roselt 2008, 230); die Figur müsse „als Konstrukt von Schauspieler und Rolle aufgefasst werden, das erst in der Wahrnehmung der Zuschauer synthetisiert wird". Freilich wird der „leiblichen Erscheinung des Schauspielers" hier nun entschieden Platz gemacht: „Jenseits dieser Verkörperung", so Roselt, gebe es keine Figur (Roselt 2005b, 105).

Diese Entschiedenheit ist auch ein Ergebnis des *performative turn*, der seit dem Beginn des neuen Jahrtausends die wissenschaftliche Szene beherrscht. Mit ihm will und kann die Theaterwissenschaft ihr eigenes Terrain abstecken und sichern. Dabei beginnt sich freilich das tradierte Verhältnis Schauspieler – Drama, das sich seit dem 18. Jahrhundert über die Psychologie der Figur realisiert, zu verändern, ja aufzulösen. Gefragt ist nun in erster Linie die Körperlichkeit der Schauspieler. Sie garantiert die Präsenz der Darsteller, die jetzt nicht mehr an einen dramatischen Figurenentwurf gebunden sein muss. Gefeiert wird mit der Autonomisierung des Theaters „die Aura körperlicher Präsenz", deren „sinnferne Faszination" (H.-T. Lehmann 1999, 162). Mit dem „Theater der Präsenz", der Performance, geht die Proklamation des postdramatischen Theaters einher (H.-T. Lehmann 1999, 259), was nicht automatisch das Ende der Beziehung von Text und Schauspieler bedeutet. Das neue Etikett signalisiert einen innovativen Theaterbegriff, der aus einer neuen Theaterpraxis hergeleitet ist. Sie beginnt sich nun auch bei der schauspielerischen Darstellung des herkömmlichen Dramas auszuwirken. (Dramen-)Text und Darstellung werden anders praktiziert und neu gedacht. Sie werden als produktives Spannungsverhältnis zwischen „Textualität und Performativität" theoretisiert und „als ebenso zentrales wie paradoxes Kennzeichen des Dramas bestimmt" (P. Marx 2012b, 162). Die schauspielpraktische Orientierung des Textes an seiner szenischen Darstellung, von Gerda Poschmann als „Texttheatralität" (G. Poschmann 1997, 334) bezeichnet, hat zur Folge, dass die alten Werthierarchien obsolet werden. Der Dramentext steht nicht mehr über seiner Darstellung, die Inszenierung kann nicht mehr an ihm als vorgeordneter Größe gemessen werden.

Geht man wie William B. Worthen (2010) und Peter W. Marx (2012b) von einem „dem Text eingeschriebenen Handlungshorizont[ ]" aus, so kann man Drama und Theater nicht nur „als komplexe[n] Interaktionsprozess von Textualität und Performativität" verstehen (P. Marx 2012b, 164), sondern weist indirekt darauf hin, dass die Theaterpraxis unser Verständnis von Text und Darstellung, Drama und Schauspieler in Bewegung hält und verändert. Die Wissenschaft kommt dabei oft ein wenig mühsam hinterher, was mit Blick auf große Theatererneuerer des 20. Jahrhunderts wie Bertolt Brecht oder Jerzy Grotowski besonders evident wird. Brecht hat im skandinavischen Exil, also schon zwischen 1933 und 1941, fern einer von ihm selbst realisierbaren Theaterarbeit, über „Rollenstudium" (Brecht 1993a [1939/1940]), „epische Schauspielkunst" (Brecht 1993a [1939/1940], 600; 1993c [1939/1940]) und den „Aufbau der Figur" (Brecht 1993e [ca. 1941], 684) behauptet: „Die Welt des Dichters ist nicht die einzige Welt. Es gibt mehrere Dichter" (Brecht 1993a [1939/1940], 600). Gemeint und zu neuer kritischer Kreativität aufgerufen ist damit der Schauspieler, der bei der Figurenkonstitution „leer" (Brecht 1993a [1939/1940], 601) anzutreten habe, den „erheblichen Widerspruch" (Brecht 1993a [1939/1940], 600, 602, 603) zum Stück finden solle und der bei seinem induktiven „schrittweise[n] Vorgehen" zu vermeiden habe, von einer „Gesamtvorstellung" der Rolle auszugehen (Brecht 1993e [ca. 1941], 684). Einen vergleichbar innovativen Ansatz verwirklicht – mit gänzlich anderer Zielsetzung – 1965 Grotowski, der die Funktion der Rolle als „Köder" bezeichnet. Dieser bringe den „personalen Prozess" der Schauspieler bei der Darstellung in Gang, stütze sie aber auch „durch die Strukturierung der Rolle", denn die produktive Phantasie werde „durch die artifizielle Komposition einer Rolle nicht eingedämmt, sondern geleitet" (Grotowski 1982 [1965], 415). Das brechtsche Erbe hat wie kein anderes Theater in der Gegenwart die Berliner Volksbühne weiterentwickelt. Aus den „zweierlei Ichs" der Figur, die Brecht gefordert hat (Brecht 1993a [1939/1940], 601), ist dort ein multiples Darsteller- und Figuren-Ich geworden, aus der brechtschen Doppelperspektive eine „Multiperspektivität des Darstellens" (Kurzenberger 2011). Dabei entstehen Figuren, die jenseits der traditionellen Kriterien von Ganzheit oder

Widersprüchlichkeit anzusiedeln sind. Weitgehend verabschiedet ist damit ein illusionistisch-psychologisches Theater. Die darstellerischen Tätigkeiten des Schauspielers werden nicht mehr homogenisiert zur ‚Ganzheit' der Figur, nicht mehr zum Verschwinden gebracht hinter Masken der Wahrscheinlichkeit bzw. durch behauptete und simulierte Identität zwischen Darsteller und dramatischer Figur. Diese bzw. die Rolle ist häufig nur Anlass zur Dekonstruktion, ist Impulsgeber für eine andere Figurendarstellung, die theatrales Eigengewicht hat und zugleich, auf der Ebene der Bedeutung, Diffusionstendenz. Sie kann vieles zugleich bzw. nebeneinander sein: spielerisches Als-ob, Körperpräsenz, verbale Selbstdarstellung, mediale Transformation oder stimmliches Ereignis. Die Figur kann von Darstellungsebene zu Darstellungsebene switchen, wird vorgezeigt, ausgestellt, auf die Spitze getrieben. Solch darstellerische Multiperspektivität stärkt die theatrale Schub- und Wirkkraft, verzichtet aber – bewusst oder unfreiwillig – auf diskursive Argumentation, definitive Sichtweisen und Positionsbestimmungen.

2 Die Geburt des Dramas durch den Schauspieler

Man hat mit guten Gründen Aristoteles und die Folgen seiner *Poetik* als Ursprung der skizzierten literaturhistorischen Entwicklung angesehen. Der griechische Philosoph ist offenkundig dem performativen Tun des Schauspielers wenig zugetan. In seiner *Poetik* taucht dieser nur selten auf, etwa dort, wo es um die Erweiterung der Zahl geht, oder dort, wo Aristoteles von „schlechten Darstellern" spricht, die er offenbar am liebsten ganz aus dem dramatischen Geschäft verbannt hätte: „[D]ie Wirkung der Tragödie kommt auch ohne Aufführung und Schauspieler zustande." Weiter heißt es: „Zudem tut die Tragödie auch ohne bewegte Darstellung ihre Wirkung, wie die Epik. Denn schon die bloße Lektüre kann ja zeigen, von welcher Beschaffenheit sie ist" (Aristoteles 1994, 15, 25 und 97). Nicht nur hier stellt Aristoteles die Schriftkultur deutlich über die performative. Man hat diese Haltung mit seiner Absicht erklärt, die Künste und die Literatur aufwerten zu wollen gegen ihre Abwertung in Platons *Politeia* (Bayerdörfer 2005, 73).

Wie sehr der erste große Dramen- und Theatertheoretiker den Logos der Tragödie schätzt, wie wenig die ‚dunklen' Antriebsenergien des Theaters, wird bei seinen Einlassungen zum Tragödienchor besonders deutlich. Aristoteles behandelt ihn in der *Poetik* stiefmütterlich und sieht im Satyricon, d. h. in satyrhaften frühen Darbietungen, ein Hindernis für die Entwicklung der Tragödie, die er offenkundig nicht auf der Ebene des Rausches und der Ekstase verortet, sondern im Sprechen der Verse, in Formelementen wie der geschlossenen Handlung und ihrem Verlauf, etwa der Anagnorisis, dem Umschlagen der Unkenntnis des Helden in Erkenntnis. All das hat allein der Identifikation mit den Protagonisten zu dienen. Der Chor scheint keinen Anteil an diesem Prozess zu haben.

Der Philosoph, der Dichtung als das definiert, „was mit Hilfe der Sprache menschliches Handeln nachahmt" (so der Kommentar von Fuhrmann in Aristoteles 1994, 104), scheint die kollektiven Wurzeln der Tragödie, das Lächerlich-Komische und Lustvoll-Tänzerische ihrer Anfänge – also ihre performativen Anteile – ignorieren zu wollen. Sie gelten ihm im Hinblick auf die Größe der Tragödie als nicht respektabel. Was schon am Beginn des europäischen Dramas und Theaters sichtbar wird und sich im Laufe seiner zweieinhalbtausendjährigen Geschichte öfter wiederholen wird, ist die Dichotomie zwischen Drama und Theater, zwischen dramatischer Dichtung und szenischer Darstellung, zwischen poetischem Logos und performativer Körperlichkeit.

Kehren wir zur ‚Geburt' der Tragödie zurück, auch wenn diese bis heute historisch nur schwer bestimmt werden kann. Was jenseits aller umstrittenen Ursprungstheorien evident ist: Aus dem Kollektiv der Singenden und Tanzenden, aus dem Chor, der seine Preislieder dem Gott Dionysos darbietet, tritt ein Einzelner hervor, ein *hypocrités*, ein Antworter und Ausleger (Latacz 1993, 81). Er beginnt die dramatische, die dialogische Interaktion, die das Formmodell Drama zweieinhalbtausend Jahre in vielen unterschiedlichen Ausformungen bestimmen wird. Auch wenn dieses erste Drama eher einem Oratorium geglichen haben mag, aus postdramatischer Sicht eher „prädramatisch" erscheint (H.-T. Lehmann 1991, 2) – die Geburt des Dramas wird in dieser neuen Konstellation zum Ereignis: Ein Einzelner, ein Sprecher, ein Sänger, ein Akteur, ein Schauspieler stellt sich der Gruppe, der Gemeinschaft, den Vertretern der Polis gegenüber, um sehr bald schon die Ungewissheiten menschlicher Existenz gegenüber den Göttern und dem Schicksal zu figurieren und zu verhandeln. So scheint es mehr als nur eine Pointe zu sein, zu behaupten: Ein Schauspieler initiiert das Drama. Der zweite und der dritte Schauspieler, die Aischylos und Sophokles hinzufügen, ermöglichen das interaktive Figurenspiel, das Konflikte nicht nur thematisiert, sondern schon bald im Rede-Agon der Stichomythie vor Zuschauern, also öffentlich, austrägt. Davor und dazwischen erleben wir einen singenden, tanzenden, trauernden oder nachdenkenden Chor, der den Schauspieler-Protagonisten und den von ihnen repräsentierten heroischen Figuren Ratgeber, Klagemauer oder Widerpart sein kann.

Die griechische Tragödie ist ein Gesamtkunstwerk, das Sprache, Musik und Tanz verbindet. Es erfasst die Zuschauer ganz, mit allen Sinnen und mit ihrem Verstand. Denn nur so ist das nicht zuletzt von Aristoteles propagierte Ziel zu erreichen, mittels Figuren und Handlung Jammer und Schrecken zu erzeugen, die die sogenannte Katharsis bei den Zuschauern auslösen. Diese wird eine Lektüre der Tragödie kaum erreichen, sie war auch in der Antike „ein sekundärer Vorgang"

(Flashar 1991, 17). Allerdings sollte man bei aller Grundlegung einer dramatischen Struktur, die bis heute fortwirkt, nicht die Differenz zu modernen Ausformungen des Dramas verwischen: Das antike Gesamtkunstwerk Tragödie, diese Mischung aus Oper, folkloristischer Tanzdarbietung, Erzählung sowie schneidender Rede und Gegenrede hätte für uns Heutige wohl ein sehr fremdes Gesicht. Das betrifft nicht nur den äußeren Rahmen dieser religiös-politischen Großveranstaltung, die einmal im Jahr zu Ehren des Gottes Dionysos stattfand und nur Uraufführungen von Dramen kannte, die als Wettbewerb zwischen drei vorab ausgewählten Dichtern einmal aufgeführt wurden. Fremd erschiene uns heute wohl auch, was auf der Szene zu sehen und zu hören war. Die Schauspieler trugen Masken, die sie während der Aufführung wechselten, da sie mehrere Rollen spielten. Das erlaubte theaterpraktisch die schnelle Verwandlung der Figuren, machte aber auch deutlich, dass es bei ihrer Darstellung nicht um Individuen im modernen Sinne, sondern um repräsentative Helden ging. Die im Dionysos-Kult verwurzelte Maske brachte dabei nicht nur eine bestimmte Haltung gegenüber der Gottheit zum Ausdruck. Sie diente auch als deutlicher Signifikant, der im banalen und übertragenen Sinne sichtbar machte: Bei einem Theater von über 10.000 Zuschauern war die Maske eine visuelle Notwendigkeit und zugleich ein Mittel der zeichenhaften Überhöhung. Sie diente, wie die Kothurne, auf denen die Darsteller einherschritten, der Vergrößerung sowohl dieser als auch der dramatischen Gestalten.

Die Maske bedeutete allerdings auch darstellerische Reduktion: „Der Schauspieler ist gleichsam Körper und Stimme ohne Gesicht" (H.-T. Lehmann 1991, 36). Daraus ergab sich wiederum eine kompensatorische Leistung: Er musste deren Starrheit durch lebhafte Gebärde und Bewegung, durch einen deklamatorischen Vortrag ‚zum Sprechen bringen'. An dieser Stelle sind sich Dramendarstellung und Politik im antiken Athen ganz nahe. Das Sprechen basiert auf einer Rhetorik, die auf der Agora, dem Marktplatz Athens, genauso wirksam zum Einsatz kam wie in der Orchestra des Theaters. Reden vor Gericht und der Volksversammlung hatten mit Sicherheit strukturelle und thematische Ähnlichkeiten mit der *rhésis*, der „zusammenhängende[n] gesprochene[n] Rede" (Latacz 1993, 71) der Tragödie.

3 Das Drama des Schauspielers: Shakespeare und Hamlet

Wir wissen nicht, ob Shakespeare ein mittelmäßiger, guter oder gar exzellenter Schauspieler war. Was aber unzweifelhaft feststeht: Er hat als Verfasser von Dramen zu Recht Weltruhm erlangt. Dabei schrieb er nur „Spielvorlagen" (Habicht 1982, 181), verfasste den „Dramentext als Partitur" (Hasler 1982, 75). Aber diese hatte es als Herausforderung des Theaters in sich: „The text of a play is a score waiting performance" (Granville-Barker 1927/1930, 5).

In keiner Phase der Dramen- und Theatergeschichte war die Beziehung zwischen Schauspieler und Drama enger und fruchtbarer. Denn es waren ein erfahrener Theatermacher und ein literarisches Genie in einer Person gemeinsam am Werk (Schabert 2009; De Grazia 2001 und Wells; Dobson und Wells 2001; Wells 1986). Der Schauspieler Shakespeare war ein Sprachkünstler, ein leidenschaftlicher Wortspieler, Bedeutungsverdreher und damit zugleich auch ein großer Sprachskeptiker. Der Dramenschreiber Shakespeare war ein ausgebuffter Theatermann, der alle Bedürfnisse und jeden Trick der damaligen szenischen Praxis kannte. Dabei scherte er sich kaum um Dramentheorien. Er schrieb für die Bühne und nutzte, was auf ihr wirksam war, übernahm alte Vorlagen und Stoffe und brachte sie zu neuer, gesteigerter theatraler Wirksamkeit. Shakespeares Dramen zielten nicht auf dramatische Originalität, obwohl sie sie verwirklichten. Sie waren ein Triumph des Theaters, und zwar eines Theaters, das insbesondere einem diente: der Unterhaltung seines Publikums. *Sex and crime* wäre kein unzutreffendes Etikett, schaut man nur auf den Inhalt seiner Stücke. Zu ihren „Unterhaltungshöhepunkte[n]" (Gromes 2009, 21) zählten Wahnsinnsszenen, tödliche Duelle, Verführungen, Geistererscheinungen, Hexenprophezeiungen und andere magische Tätigkeiten (U. Suerbaum 32015).

Weniger reißerisch lässt sich derselbe Sachverhalt aus der editionsphilologischen Perspektive erschließen und beschreiben. Shakespeares Dramentexte sind zuallererst als Texte des damaligen Theaterbetriebs überliefert. Zwei seiner Schauspielerkollegen sorgten für die erste gedruckte Gesamtausgabe, die Folio-Ausgabe, auch ‚F1' genannt, die 1623, also sieben Jahre nach Shakespeares Tod, erschien. Davor gab es nur sogenannte *foul papers*, Arbeitspapiere, die Shakespeare für den Gebrauch seiner Truppe schrieb. Sie waren Textgrundlage für die Proben sowie Aufführungen und verwandelten sich folglich in Regie- und Souflierbücher, denen Funktion und Nutzung anzusehen waren, etwa in Namen von Schauspielerbesetzungen oder benötigten Requisiten, die in den gedruckten Text übernommen waren (Gabler 1978, 202). Shakespeares Texte waren in erster Linie – und zwar nicht im übertragenen Sinne – ein wertvoller Schatz: für ihn selbst als finanziellen Teilhaber des Theaters und selbstverständlich für die ganze Truppe (Gurr 1980; Holden 1999). Beide hatten in Zeiten ohne Copyright kaum Interesse daran, dass seine Dramentexte während des eigenen Theatergebrauchs in Umlauf kamen, also publiziert wurden. Denn sie garantierten beim Erfolg der jeweiligen Dramenaufführung eine anhaltend gute Kasse. Auch das mag ein Grund dafür gewesen sein, dass nie vollständige Stücktexte, sondern nur einzelne Rollen, sogenannte *parts*, fixiert und an die Schauspieler ausgegeben wurden.

Die Bühnenverhältnisse des elisabethanischen Theaters waren aber auch maßgebend für die Struktur der Szenen und die Handlungsfolge der Stücke (U. Suerbaum 1989). Da bei Tag und ohne Vorhang gespielt wurde, musste jede Szene durch die Figuren, ihre Auftritte und Abgänge, neu auf- und abgebaut werden. Monologe oder Zweierdialoge hingegen sorgten für die nötigen Pausen, in denen man sich *off stage* in das Kostüm einer anderen Figur werfen konnte, denn die relativ kleinen Truppen (mit zwölf bis 16 Mitgliedern) machten Doppelbesetzungen insbesondere von Nebenrollen notwendig. Die Bühne war eine leere Fläche, da schnelle und häufige Ortswechsel die Regel waren. Sie war zudem nur vom jeweiligen Tageslicht erhellt, d. h. man war auf „Wortkulissen" angewiesen (Weimann 1967, 371), also auf durch Figuren verbalisierte Ortscharakterisierungen oder Zeitangaben: „Grad jetzt schlug's zwölf. Schaff dich ins Bett, Francisco" und „Bitter kalt ist", heißt es bei der Wachablösung in der ersten Szene von *Hamlet* (Shakespeare 2015, 9).

Shakespeares Theater, so folgt daraus, war kein Illusionstheater der vierten Wand und der künstlich-suggestiven Lichtführung, wie das Theater des 19. und 20. Jahrhunderts. Es war anti-illusionistisch, angewiesen auf und gestärkt durch eine Theatralität des vorgeführten Spiels, das sich als Interaktion zwischen Schauspieler, Dramentext und Publikum in der Aufführung verwirklichte. Reale Bühne und *stage of mind* wurden von Schauspielern und Zuschauern zusammen und gleichzeitig bespielt. Diese geradezu kindliche Basis des Theaterspiels wusste der imaginierende Sprachkünstler und körperbewusste Schauspieler Shakespeare optimal zu bedienen. Das gattungsspezifische Wechselspiel zwischen sinnlicher Wahrnehmung und imaginativer Vorstellung war das dynamisierende Geheimnis seines Erfolgstheaters (vgl. Hamburger 1957). Man kann die zur Plattitüde verkommene Sentenz aus *Wie es euch gefällt*, „Die ganze Welt ist Bühne und alle Frauen und Männer bloße Spieler", leicht in vielen unterschiedlichen Varianten, komischen und tragischen, bei Shakespeare wiederfinden. Eines seiner bekanntesten und tiefgründigsten Stücke, nämlich *Hamlet*, handelt von einem spielwütigen Schauspieler-Protagonisten, der sich abmüht, zu handeln (*act* und *acting* kann beides sein: Schauspielen und Handeln; vgl. Pfister 1995, 387). Shakespeares dramaturgischer Trick ist, Hamlet Wahnsinn spielen zu lassen bis zu jenem Punkt, an dem ununterscheidbar wird, ob er Wahnsinn spielt oder wahnsinnig ist. Shakespeares zweites ludisches Kalkül: Eine Figur, die im Laufe des Spiels alle möglichen Rollen durchprobiert und keine durchhält, produziert die Leere des eigenen Ich. Auch das macht die Figur unerklärbar und zum Projektionsfeld von Interpreten.

Hamlet, der Laienspieler, der Rollenprobierer, der sich eher in Rollen verfängt als sie zu beherrschen, macht ausgerechnet die ankommenden Schauspieler zu Garanten der Wirklichkeitserprobung. Dieser Kontext lässt einen zu Recht daran zweifeln, wie ernst man Hamlets Anweisungen zur Schauspielkunst nehmen darf. Sie werden gerne als Shakespeares verbürgtes Statement zur schauspielerischen Darstellung und zur Dramenästhetik gelesen. Ohne Umschweife wird Hamlet bzw. Shakespeare dann zum „erste[n] bedeutende[n] Theoretiker einer realistischen Schauspielkunst" erklärt (Ebert 1991, 138), weil er fordert, der Schauspieler habe „der Natur den Spiegel vorzuhalten".

4 ‚Regeln für Schauspieler' und das Drama

Die Formel ‚Regeln für Schauspieler und das Drama' benennt wichtige Voraussetzungen, die im 18. Jahrhundert in Deutschland eine Theaterentwicklung in Gang setzten, die den ‚gemeinen' Schauspieler innerhalb von 50 Jahren zum Schauspielkünstler aufsteigen ließ und das zu Beginn des Jahrhunderts nicht vorhandene deutsche Drama zu einer Hochform brachte, die man später ‚klassisch' nannte. Am Anfang dieser Wegstrecke stehen Johann Christoph Gottscheds Regeln für das Drama (enthalten in Gottsched ^{4}1751 [1730]), am Ende Johann Wolfgang von Goethes *Regeln für Schauspieler* (1803, veröffentlicht 1824). Beide Regelungen wurden schon zu Lebzeiten ihrer Verfasser belächelt und parodiert. Dennoch markieren sie Eckpfeiler des deutschen Dramas und der deutschen Schauspielkunst, die sich deshalb in dieser Zeitspanne so reich entfalten konnte, weil die dramatisch-szenischen Ergebnisse und der theoretische Theaterdiskurs so widersprüchlich und vielseitig waren. Die regelmäßigen Schauspiele, die Gottsched in seiner *Critischen Dichtkunst* im Blick hatte und einforderte, waren an der „erhabene[n] Schreibart" (^{4}1751 [1730], 604 u. ö.) der antiken Tragödie orientiert: gebundene Rede, Akt-Einteilung, Einheit der Handlung, der Zeit und des Ortes. Die Schauspieler, die Goethe erzog und die seine Anweisungen brav protokollierten (so Pius Alexander Wolff und Karl Franz Grüner), sollten in ihrer Figurendarstellung einem Ideal des Menschen entsprechen, das Goethe auf dem Weimarer Hoftheater zur sichtbar schönen Erscheinung bringen wollte.

Der Leipziger Professor Gottsched, der ein deutschsprachiges Drama als Ziel vor Augen hatte, tat sich deshalb mit der ersten deutschen Theaterprinzipalin

Caroline Neuber zusammen, um symbolisch und öffentlichkeitswirksam den Hanswurst, also die frei improvisierende komische Figur, von der Bühne zu vertreiben. Beide verfolgten dabei wohl unterschiedliche Interessen: Gottsched wollte dem Theaterunwesen des Extemporierens und des Stegreifspiels Einhalt gebieten. Er wollte das Theater literarisieren, die Disziplinierung des Theaters durch Literatur und Drama durchsetzen. Die lebenskluge Schauspielerin Caroline Neuber musste das gesellschaftliche Niveau des Theaters und der Schauspieler heben, um ihrer umherziehenden Truppe und sich das Überleben zu sichern (Becker-Cantarino 1989, 94). Schauspieltruppen waren zu der Zeit „Wanderbanden", in denen sich die gesellschaftlichen Outlaws sammelten (Jäger 1980, 263). So pries die ihrem Advokatenvater entlaufene Bürgerstochter den staatserhaltenden Nutzen der Schauspielkunst: „Sie erwecket eine Liebe zu der Obrigkeit, eine Hochachtung für die Gesetze, und eine Neigung zu der vernünftigen Freiheit" (zit. n. Reden-Esbeck 1985 [1881], 205). Das Theater war hier schon auf dem Weg zur ‚moralischen Anstalt' Friedrich Schillers, der fast 50 Jahre später ähnlich argumentierte und nach einer stürmischen frühen Zeit diejenigen Dramen verfasste, die das von Gottsched propagierte Theater in seinen Zielsetzungen erfüllte. Sie waren auch sprachlich auf jenem hohen rhetorischen Niveau, das Schillers Theaterpartner Goethe in Paragraph 31 der *Regeln für Schauspieler* einforderte: „Mit einem gewissen Gewicht soll da jedes Wort ausgesprochen werden" (Goethe 1970 [1824], 91).

Bevor sich das deutsche Theater um 1800 in solchen Anzeichen literarischer Klassizität verfestigte, bedurfte es wacher und streitbarer Geister, um es auf den Weg zu bringen. Gotthold Ephraim Lessing war der erste im Bunde des deutschen Dramatikerdreigestirns, der theatrale Pionierarbeit für das Schauspiel und das Drama leistete. Er war bekanntlich auch der „Niemand", der mit kritischer Heftigkeit leugnete, „daß die deutsche Schaubühne einen großen Teil ihrer ersten Verbesserung dem Herrn Professor Gottsched zu danken habe", und der dessen Regeln als „wahre Verschlimmerungen" brandmarkte (Lessing 1987 [1759–1765], 51 [17. Brief]). Dies hielt ihn – wiederum zum Nutzen des deutschen Theaters – nicht davon ab, in seiner *Hamburgischen Dramaturgie* selbst Regeln aufzustellen, für die Figurendarstellung z. B. die Forderung nach sogenannten gemischten Charakteren, die „mit uns von gleichem Schrot und Korne" sein sollten (Lessing 1973 [1767–1769], 580–581 [75. St.]). Diese Forderung ging gegen das Heroenideal der klassizistischen französischen Tragödie und führte zum bürgerlichen Trauerspiel, dessen Wirkungsziel Lessing als „Furcht und Mitleid" der Zuschauer bestimmte (Lessing 1973 [1767–1769], 591 [77. St.]). Lessing ging es, wie er in der *Hamburgischen Dramaturgie* ausführt, nicht um „mechanische Regelmäßigkeit" (Lessing 1973 [1767–1769], 549 [68. St.]). Die Natur gab die Regeln vor, der Begriff der Naturnachahmung diente der „Beschreibung des ästhetischen Verhältnisses zwischen Drama und Realität" (M. Kramer 1975, 163).

Dass die Natur lehren könne, wie man zu dichten und darzustellen habe, war ein wichtiger Schritt zu einem neuen Drama und zu einer anderen Schauspielkunst, so vage und vieldeutig der Begriff ‚Natur' auch war. Lessing sah in ihr nicht nur „die Natur der Erscheinungen", sondern auch eine „Natur unserer Empfindungen und Seelenkräfte" (Lessing 1973 [1767–1769], 557 [70. St.]). Das eröffnete dem Theater, also Drama und Schauspieler, ein weites Feld der Beobachtung und der Untersuchung. Da das 18. Jahrhundert nicht nur auf die kritische Vernunft setzte, sondern zugleich „ein Jahrhundert der umfassenden Disziplinierung und Ordnung aller menschlichen Verhaltensweisen" war (Dreßler 1993, 16), erprobte man sein Unterscheidungsvermögen gerne am Schauspieler.

Die Zeit war, wie kaum eine andere, reich an sogenannten Schauspieltheorien, die weniger Theorien als vielmehr Programmatiken der Schauspielkunst waren. Es wurde europaweit darüber gestritten, ob der Schauspieler bei seinem Spiel die dargestellten Leidenschaften selbst haben müsse oder ob „die Tränen des Schauspielers", wie Denis Diderot schrieb, „aus seinem Gehirn" stammen und eben dies das Paradox seiner Gefühlsdarstellung sei. Man forderte den „kalten Schauspieler" (Antonio Francesco Riccoboni) und den „heißen", den Pierre Rémond de Sainte-Albine mit eigener Leidenschaft und eigenem Gefühlsfuror agieren sah (alle zit. n. Roselt 2005d, 143, 112 und 96). Man entdeckte den Zusammenhang und das Wechselverhältnis von Körper und Seele, erkannte, wie der „Körper als natürliches Zeichen der Seele" fungieren konnte (Fischer-Lichte 1993, 121). Man versuchte aber auch herauszufinden, wie man Körper und Gefühle bei der schauspielerischen Darstellung kontrollieren könne. Die Schauspielkunst und das Drama wurden zu einem *Labor der Seele und der Emotionen* – so der Titel einer Studie von Rainer Ruppert (1995).

An dieser Diskussion nahm Lessing nicht nur als Übersetzer wichtiger Schriften zur Schauspieltheorie teil. In der *Hamburgischen Dramaturgie* entwickelte er Maßstäbe und Regeln für das Drama und den Schauspieler. Für Letzteren allerdings nur in den ersten Stücken, denn seine Schauspielerkolleginnen nahmen seine kritischen Anmerkungen schnell allzu persönlich. Dennoch: Lessing beurteilte Dramen und ihre Wirkung von ihrer Aufführung her und er hat den Schauspieler als Vollender des dramatischen Geschehens im Blick. Dass der Schauspieler „überall mit dem Dichter denken" müsse, heißt für Lessing eben auch, dass er „da, wo dem Dichter etwas Menschliches widerfahren ist, für ihn denken" soll (Lessing 1973 [1767–1769], 233 [Ankündigung]). Mit Konrad Ekhof hatte Lessing einen Darsteller vor Augen, dessen Bemühen, dem Dichter „nachzutauchen", nicht im Widerspruch steht zum „selbstschöpferische[n]" eigenen Tun, das eine vorgegebene dramatische Figur erweiternd gestaltet, ja sie miterfindet (Devrient 1967 [1848], I, 406). Ekhofs Darstellung des Odoardo in Lessings *Emilia Galotti* ist Legende: „Sein Odoardo war das Non-Plus-Ultra der Kunst... Sehen mußte man ihn, hören! Was auf seiner Stirn wühlte, was in seinen Augen rollte, auf seinen Wangen glühte, in allen Bewegungen seines Körpers zitterte, das kann kein Pinsel, das kann der feurigste Ausdruck nicht malen. Seine Töne des erstickten Zorns, der knirschenden Wut, des zusammengebissenen Schmerzes, sein Lachen der Verzweiflung" (zit. n. M. Jacobs 1913, 53). Der Mehrwert der lebendigen Theaterdarstellung, dieser Augenblickskunst, die in der *Hamburgischen Dramaturgie* bekanntlich als transitorisch bestimmt wird, ist für den Dramatiker Lessing evident. Von Ekhofs Spiel hat er seine Regeln für das Schauspiel zu abstrahieren gesucht, etwa beim Sprechen moralischer Sentenzen: Den „durch seine Allgemeinheit" gewissermaßen der Sache fremd „gewordene[n] Satz" kann der Schauspieler „auf das Anschauende zurückbringen" mittels des „individualisierenden Gestus", den „der Schauspieler ja nicht zu machen versäumen" soll (Lessing 1973 [1767–1769], 250 [4. St.]).

Damit sind wichtige Elemente versammelt, die für die Wechselwirkung von Drama und Schauspielkunst im 18. Jahrhundert bestimmend sind. Der Schauspieler schafft „Einblick in die Seele und die inneren Geheimnisse oder Abgründe der dramatischen Figur" (Ruppert 1995, 70) und damit des Menschen überhaupt. Er macht die Seele körperlich beredt in einem Spiel, das die verbale, dramatische Abstraktion des Stückes in eine körperliche Versinnlichung verwandelt. Anschauung, Nuancierung und Individualisierung sind das Ziel. Denn nur so kann die Vielschichtigkeit „des ‚gemischten Charakters' und damit des neuen bürgerlichen Menschenbildes sichtbar werden" (Pikulik 2004, 93). Von hier aus ist es ein kleiner, folgerichtiger Schritt zum „psychologischen Charakterdrama" Schillers, in dem die Innenwelt zur „Quelle seines Handelns" wird, z. B. in *Maria Stuart* (Pikulik 2004, 93). Es hätte sich ohne einen „seelengebildeten" Schauspieler, der sein Innerstes ‚zergliedert', sich und andere Menschen beobachtet, der also Menschenkenntnis für seine Darstellung voraussetzt, nicht entfalten lassen (Ruppert 1995, 71). Dasselbe gilt für einen Dramatiker wie Schiller, der im Schreib- und Gestaltungsprozess zum „Beobachter" seiner Figuren wird (Pikulik 2004, 97). Deren Sprache wird „zu einem Instrument des psychologischen Ausdrucks verfeinert"; sie ist nicht nur „Mitteilung", sondern auch „Gebärde" (Pikulik 2004, 105), ist also auf dem Theater immer auch „körperliche Beredsamkeit", die, wie Ekhofs Odoardo-Darstellung zeigt, aus dem emotionalen Subtext des Schauspiels gespeist wird.

Seele, Natur, Wahrscheinlichkeit, die Verkörperung der Rolle, die glaubwürdige Identität von Schauspieler und Figur sind die begrifflichen Spielmarken, die bis ins 20. Jahrhundert weiterwirken und gegenwärtig beispielsweise in der Feier des Authentischen und Dokumentarischen, der Auflösung des Theaters im ‚Leben', ihre bisher letzte Ausprägung erfahren.

Das theatral so reiche und widersprüchliche 18. Jahrhundert hält aber auch die Gegentendenz bereit. Bei Goethe hieß Nachahmung nicht Wahrscheinlichkeit und nicht Täuschung. Und es geht ihm nicht nur um Natürlichkeit. In den *Regeln für Schauspieler* fordert er, der Schauspieler solle bedenken, „daß er nicht allein die Natur nachahme, sondern sie auch idealisch vorstellen solle" (Goethe 1970 [1824], 92). Diese Forderung läuft auf ein Konzept von Drama und Theater hinaus, das nicht illusionistisch ist, das vielmehr das Wahre mit dem Schönen zu verbinden und vorzuführen hat. „Kunst und Bewußtsein" bestimmen die Darstellung auf dem Theater, selbst da, wo die „Charaktere" weniger edel und würdig sind, immer eingedenk der Maxime, „daß es eine nachahmende Erscheinung und keine platte Wirklichkeit sein soll" (Goethe 1970 [1824], 104). Aber auch wenn Goethe den Darstellenden rät, „den angeborenen Charakter", das eigene „Naturell" zu „verläugnen" und sich im Schauspiel „ganz in die Lage und Stimmung desjenigen [zu] versetzen, dessen Rolle ich deklamiere" (Goethe 1970 [1824], 91), so geht es nicht um die Rückkehr zur „rhetorisch gerüsteten Rede" im Sinne des französischen klassischen Dramas (Mattenklott 1980, 289). Goethe ist kein Formalist: „Das Steife muß verschwinden und die Regel nur die geheime Grundlinie des lebendigen Handelns werden" (Goethe 1970 [1824], 103), heißt es am Schluss der *Regeln für Schauspieler*. Allerdings ist er ein Verfechter des „schöne[n] Ganze[n]", wie er im Prolog zur Eröffnung des Weimarer Hoftheaters 1791 dichtet. Dieses gründet auf der „Harmonie des ganzen Spiels" (Devrient 1967 [1848], I, 612). Das ist nicht nur Festtagslyrik, sondern ein ästhetisches Programm, das konkrete theaterpraktische Folgen hat. Der Schauspieler Eduard Genast schildert, wie Goethe seine Darsteller im eigenen Haus zu Leseproben der zu spielenden Dramen versammelt: Diese „hatten das Gute, daß sie die Aufmerksamkeit aller Mitwirkenden verlangten und man auf diese Weise eine genaue Kenntnis des Ganzen erhielt" (zit. n. Flemming 1968, 181). Das Drama ist hier nicht nur der Ausgangs- und Bezugspunkt eines gemeinsamen Textverstehens, was im 18. Jahrhundert eine Innovation für das Theater darstellte, sondern sein Sinn und seine genauen Bedeutungen sind Ziel der Aufführung, was sich in den *Regeln* in den zahlreichen Paragraphen zur ,Aussprache', zu ,Rezitation' und ,Declamation' niederschlägt. Für Schillers *Braut von Messina* benötigte man 1803 gar sechs Lesungen. Goethe leitete die Probe so, wie eine Oper eingeübt wird. „Die Tempi, die Fortes und Pianos, das Crescendo und Diminuendo usw. wurden von ihm bestimmt" (zit. n. Flemming 1968, 181). Dramatisches Sprechen wurde zur Einheit eines Sinn-, Vers- und Klangereignisses auf der Weimarer Hofbühne.

    Goethes Beschäftigung mit dem Theater währte ein halbes Leben und spiegelt über ein halbes Jahrhundert deutschsprachige Theaterentwicklung: in seinem Theaterroman, in den kunsttheoretischen Überlegungen, in seinen Dramen. So ist das von Gottsched auf der Bühne bekämpfte Extemporieren in *Wilhelm Meisters theatralische Sendung* „die Schule und der Probierstein des Akteurs. Es kam nicht darauf an, eine Rolle auswendig zu lernen und sich einzubilden, daß man sie spielen könne, sondern der Geist, die lebhafte Einbildung, die Gewandtheit, die Kenntnis des Theaters, die Gegenwart des Geistes, zeigte sich mit jedem Schritt auf das klarste" (Goethe 1986 [1777–1785], 146]). Improvisation ist hier eine Probenmethode, die dazu verhilft, nach einer „Art von Vollkommenheit in der Kunst zu bestreben", etwa im gemeinsamen Spiel ohne Zuschauer, in einer gleichsam „idealische[n] Republik" der selbstbestimmten und selbstkritischen Theaterkunst, in der die Schauspieler „ihr größtes Glück und Vergnügen darein setzen, sich untereinander selbst zu gefallen", sie ihrem Dienst der Kunstausübung und deren Vervollkommnung ganz hingegeben sind (Goethe 1986 [1777–1785], 281). Wilhelm erlebt am Ende des Romans zum ersten Mal, wie er betont, „das Theater in solcher Vollkommenheit" und Schauspieler, die „einander wechselweise hielten, trugen und anfeuerten"; Ensemblespieler also, die fähig sind, den anderen und seine Figur ‚mitzudenken' und ‚mitzuspielen', und die mit Serlo einen Charakterdarsteller an ihrer Spitze haben, dessen Kunst darin besteht, „die feinsten Schattierungen der Rollen mit der größten Leichtigkeit auszudrücken" (Goethe 1986 [1777–1785], 318). All dies ist Romanfiktion und hat doch deutliche Anklänge an die großen Schauspielkünstler der Zeit und ihr Wirken: an Ekhof, den Goethe bewunderte, mit dem er zusammen in einer Liebhaberaufführung von Richard Cumberlands *The West Indian* als Vater und Sohn auf der Bühne stand, also an den ‚Vater der deutschen Schauspielkunst', der 1753 in Schwerin eine Schauspielerakademie gründete und eine *Grammatik der Schauspielkunst* (Wiens 2000) entwarf, die „die Seelenkräfte" der Schauspieler, insbesondere eine „lebhafte Einbildungskraft", ebenso stärken wollte wie den handwerklichen Teil der Schauspielkunst (Ebert 1991, 169). Oder an Friedrich Ludwig Schröder, den viele als Vorbild von Serlo zu erkennen glauben. Schröder wagte sich an die Stücke des jungen Goethe, an *Clavigo*, den *Götz von Berlichingen* und *Stella*. Er förderte die neue Dramatik des Sturm und Drang und etablierte Shakespeare auf deutschen Bühnen. Oder an August Wilhelm Iffland, den Goethe 1796 erstmals für ein längeres Gastspiel in Weimar gewann, um „am lebendigen Vorbild die Einheit von Kunst und Natur, von Begabung und Technik vorzuführen" (Flemming 1968, 145).

5 Das Ende des Dramas, der Aufstieg der Laiendarsteller?

Die hier exemplarisch vorgestellten Theaterepochen schöpfen das Thema „Das Drama und der Schauspieler" selbstverständlich nicht aus. Diese Auswahl, so wichtig ihre Protagonisten sind, übergeht Schauspielerdramatiker von europäischem Rang, etwa Molière oder Nestroy. So erlaubt die auferlegte Begrenzung zuletzt nur einen kurzen eher summarischen Blick auf das Theater der Gegenwart. Zu konstatieren ist hier zuallererst die zunehmende Auflösung des klassischen Theaterparadigmas, das das deutsche Theater seit dem achtzehnten Jahrhundert geprägt hat. Das literarische Rollentheater, das im Drama seine Grundlage hat, ist zwar immer noch ein wichtiger Teil der Spielpläne deutscher Stadt- und Staatstheater. Es wird aber heute, wie anfangs erwähnt, oft szenisch unterlaufen, wird ‚dekonstruiert', d. h. die illusionistische Rollendarstellung des sogenannten Als-ob-Theaters wird aufgehoben durch verschiedene darstellerische Verfahren wie z. B. Rollendurchbrechung, nicht-identische Besetzung oder chorische Vervielfachung der Figuren. Zunehmend wichtiger wurden in den letzten Jahren Formen des postdramatischen Theaters, das eine Vielzahl neuer Ausdrucksmöglichkeiten entwickelt hat – von der Intensivierung der Körperlichkeit durch den Performer bis zu unterschiedlichen medialen Techniken. Die Grundelemente des Theaters – Raum, Körper, Bild und Musik – werden hier gleichberechtigt und autonom behandelt. Sie sind nicht mehr von einem dramatisch-literarischen Grundtext abhängig.

Dennoch bleibt der Text auch im Gegenwartstheater eine wichtige Größe, freilich zunehmend häufiger in neuer Form und Funktion: in den „Sprachflächen" der Stücke Elfriede Jelineks (Jelinek 1989, 156), im Diskurstheater René Polleschs oder im biographischen Erzähltheater der Bürgerbühnen (Kurzenberger und Tscholl 2014). Er ist aber nicht mehr Drama, also dialogische Auseinandersetzung zwischen verschiedenen Figurenpositionen, sondern dient eher neuen theatralen Erzählweisen, was sich in den letzten Jahren in zahlreichen Roman- und Filmadaptionen auf der Bühne gezeigt hat. Auch bei der Wiedergeburt eines soziologischen und politischen Theaters hat der Text als Dokument einen wichtigen Stellenwert, etwa im Reenactment-Theater von Milo Rau oder in den szenischen Installationen von Rimini Protokoll.

Die Stellung und Funktion des Schauspielers bleiben von solchen dramatischen Veränderungen nicht unberührt. Sie wandeln sich folgerichtig von der Rollendarstellung zum multifunktionalen Spielen. Die Schauspieler werden im postdramatischen Theater zu Performern, Selbstdarstellern, Entertainern, Körperartisten, Kameraobjekten, Musikern, zu Redemaschinen oder zu Choreuten, oft im schnellen Wechsel innerhalb einer Aufführung. Eine andere Zuspitzung ergibt sich, wo die Darsteller zu sozialen Feldforschern, zu *Experten des Alltags* (Dreysse und Malzacher 2007) erklärt werden. Hier wird der professionelle Schauspieler eines Theaters der Kunst vom darstellenden Laien in einem sogenannten Theater der Authentizität abgelöst, das die Darstellungskompetenzen des Alltags (‚Wir alle spielen Theater') und die Besonderheiten sozialer und beruflicher Prägung der Darsteller nutzt. ‚Experten der Wirklichkeit' haben inzwischen allerorten die Bühne betreten und sind auch auf den Bühnen der Kunst gegenwärtig: bei Christoph Schlingensief, in den dramatischen Chören Einar Schleefs oder Volker Löschs. Festzustellen ist also auch hier ein Wandel des Bildes vom Schauspieler. Die darstellerische Besonderheit, Beschränktheit und Laienhaftigkeit fordern die ehemals allein gültige transfigurative Kompetenz des Schauspielkünstlers heraus. Die ‚Experten des Alltags' brauchen dafür meist kein Drama, keinen fiktionalen Entwurf der Welt, sondern oft nur ein Thema oder Problem, in dem sie sich auskennen oder zu Hause fühlen.

Das Gegenwartstheater des medialen Zeitalters hat offenkundig eine verstärkte Wirklichkeitssehnsucht, die mit verschiedenen Authentizitätsansprüchen und -konzepten einhergeht. Wirklichkeit wird hier nicht mehr in Rollen figuriert, in Dramen abgebildet und durch sie repräsentiert. Sie soll im direkten performativen Zugriff Ereignis werden. Diese Entwicklung wird aus ganz verschiedenen Quellen gespeist. Sie ist inspiriert durch Theaterprogrammatiken von Antonin Artaud und Jerzy Grotowski. Zu ihr haben aber auch das klassische Rollentheater ebenso beigetragen wie das *Theater der Erfahrung* (Wartemann 2002), das im sozialen Feld angesiedelt ist. Gefeiert wurde etwa in den 1980er Jahren auch von Kunsttheaterkennern das „Untheaterhafte", das „Unschauspielerische im Schauspieler" (Nagel 1989, 47–48). Und Sepp Bierbichlers Credo „Ich spiele grundsätzlich immer nur mich selbst" war eine Kriegserklärung an den Verwandlungsschauspieler und eine programmatische Ansage (Hruschka 2005, 137).

Wie weit und wie lange sie trägt, ob das Drama der Dramatiker und der Schauspieler dramatischer Rollen auf der Strecke bleiben oder vielleicht gerade eine Pause machen, ist eine offene Frage. Die deutschsprachige Theaterentwicklung scheint sich vom Drama und Schauspieler herkömmlicher Funktion und Bedeutung immer mehr zu entfernen, auch wenn Autorentheatertage, Stückemärkte oder Studiengänge wie Szenisches Schreiben das Gegenteil signalisieren. Schaut man auf europäische Nachbarn wie Frankreich oder England, so scheint die zweieinhalbtausendjährige europäische Theatertradition, die hauptsächlich auf der Wechselwirkung von Drama und Schauspieler basiert, kaum in Frage gestellt.

Bernd Stegemann
III.3.7 Drama und Dramaturgie

1 Dramaturgie als Architektur der Handlung

Mit dem Wort ‚Dramaturgie' werden zwei unterschiedliche Sachverhalte benannt. Zum einen ist damit eine Abteilung im Theater oder beim Film gemeint. Hier arbeiten Dramaturginnen und Dramaturgen an Texten, die für eine Inszenierung oder Verfilmung geprüft, übersetzt oder bearbeitet werden. Zum anderen ist mit Dramaturgie die Bauform der Handlung eines narrativen Textes gemeint. Hier kommen die beiden griechischen Wortstämme zum Tragen: *dran* als ‚Handlung' und *ergon* als ‚ins Werk setzen'. Im Folgenden soll es nur um diese ‚Architektur der Handlung' und ihre künstlerische Realisierung im Prozess der Theaterproben gehen. Dabei soll die Frage leitend sein, was mit der Handlung im Drama gemeint sein und wie eine dramaturgisch geformte Handlung in einer Theateraufführung realisiert werden kann.

Was also ist die Handlung im Drama? Diese Frage steht im Zentrum des ältesten Textes, der sich kurz nach der Entstehung der griechischen Tragödie mit der Dramaturgie beschäftigt. Der Satz aus der *Poetik* des Aristoteles ist als Tragödiendefinition bis heute gültig: „Die Tragödie ist Nachahmung [*mimesis*] einer guten und in sich geschlossenen Handlung von bestimmter Größe" (Aristoteles 1982, 19). Das Ziel dieser Nachahmung von Handlung ist der Mythos (Handlungszusammenhang), der durch seine Dramaturgie die Zuschauenden in die widersprüchlichen Gefühle der Anteilnahme (*eleos*) und des Erschreckens (*phobos*) versetzt, wodurch sie die Reinigung (*katharsis*) ihrer Gefühle erleben können. So lautet die kürzest mögliche Bestimmung von Drama: Der Mythos ist die Mimesis einer Praxis. Mit ‚Mythos' ist hier nicht die Göttergeschichte gemeint, sondern der Handlungszusammenhang, also der Aufbau der Handlungen in der Struktur der Dramaturgie, die Anteilnahme und Erschrecken bei den Zuschauenden produzieren soll; mit ‚Praxis' sind die einzelnen Handlungen gemeint, die die Figuren im Laufe des Dramas vollziehen, und mit ‚Mimesis' die Techniken der Poetik, die der Dichter aufwenden muss, um die einzelnen Handlungen so darstellen zu können, dass sie zu einem wirkungsvollen Handlungszusammenhang verbunden werden können.

So wird schon im Ursprung eines Nachdenkens über das Drama diese Kunstform als dialektische Bewegung beschrieben. Die Dialektik von einzelner Handlung, Handlungszusammenhang und mimetischen Mitteln bestimmt die weitere Entwicklung des Dramas wie die Möglichkeiten, Drama zum Anlass für Theater nehmen zu können. Das künstlerische Zentrum dieser dialektischen Bewegung ist die dramatische Situation. Aristoteles (*Poetik*) wie Hegel (*Ästhetik* und *Phänomenologie des Geistes*) betonen in ihren jeweiligen Schriften zum Drama das absolute Primat der Situation. Die Erfindung der dramatischen Situationen macht das Talent des Dichters aus und bestimmt die dialektische Qualität des Dramas. Die Frage nach der Situation ist bei der Analyse und theatralischen Übersetzung des Dramas bis heute die wesentliche Methode. Hegel beginnt seine *Ästhetik* zur allgemeinen Überraschung nach Ausführungen zum Begriff des „Schönen" mit einer langen Analyse der Handlung im Drama. Der von ihm hier ausgeführte Dreiklang von „allgemeinem Weltzustand", „Situation" und „Handlung" ist die dialektische Entfaltung dessen, was in der dramatischen Situation zur Anschauung gebracht werden soll (Hegel 1970b [1835–1838], 233–316). Am Anfang steht der Weltzustand, der in sich widersprüchlich ist, aber dessen Riss noch nicht erkannt werden kann. Durch die Situation kommt der Antagonismus in die Welt, wodurch der zuvor verborgene Widerspruch zum gegenwärtigen Handlungszwang wird. Die Handlung, im Sinne von Mythos als Handlungszusammenhang oder Plot, entsteht nun aus der notwendigen Entfaltung des Widerspruchs und der subjektiven Form, die die einzelnen Handlungen hierin annehmen.

2 Die vier epochalen Veränderungen der dramatischen Situation

In einer Darstellung der vier epochalen Veränderungen der dramatischen Situation in der europäischen Geschichte des Dramas soll ihr Wesen wie ihre Geschichte skizziert werden, um anschließend drei exemplarische Inszenierungsverfahren zu untersuchen.

Die tragische Kollision

Am historischen Beginn der dramatischen Situation steht die Erfindung der tragischen Kollision. Von Hegel ausführlich untersucht und zum Ursprung der dialektischen Bewegung des dramatischen Theaters erklärt, lässt sie sich modellhaft in Sophokles' *Antigone* finden. Der Grundkonflikt ergibt sich am Anfang der Tragödie dadurch, dass Antigone als Schwester von Eteokles und Polyneikes, die sich im Kampf um die Herrschaft gegenseitig getötet haben, auch den angreifenden Bruder Polyneikes bestatten will. Dieses wurde von Kreon, dem neuen Herrscher der Stadt und Onkel der Geschwister, aber verboten, da nur dem Verteidiger und nicht dem Aggressor die Ehre der Bestattung zuteilwerden darf. Schließlich hatte sich Polyneikes mit anderen Heerführern verbündet, um seine Vaterstadt einzunehmen und damit den Feinden auszuliefern. Antigone will die Tat, auch nachdem ihre Schwester Ismene ihre Hilfe bei der verbotenen Beerdigung verweigert hat, umso mehr begehen. Sie wird dabei gefasst und zu Kreon gebracht, wo sich zwischen beiden nun die Dialektik der tragischen Kollision in der Stichomythie (Wechselrede) entfaltet. Kreon fragt, ob sie von dem Verbot wusste, und Antigone bestätigt, dass sie im vollen Bewusstsein seines Verbotes die Tat begangen hat. Ihre Begründung hierfür ist bis zur Gegenwart von größter Tragweite: Sein Gesetz hat für sie keine Gültigkeit, da sie einem anderen, höheren Gesetz folgt. Der Konflikt zwischen den beiden ‚gleichermaßen legitimen Rechtsansprüchen', wie man Hegels Bestimmung der Tragödie zusammenfassen kann, entfaltet sich dialektisch, weil die Beharrung auf der Wahrheit der jeweils eigenen Position umso vehementer wird, je unbedingter der andere auf seinem Recht besteht. Die Fronten verhärten sich, je länger sie miteinander um die Wahrheit ringen. Die tragische Kollision wird zu einem Lehrstück über den Fundamentalismus. Die Zuschauenden sind Zeugen dieser Zuspitzung eines Konflikts, der anfangs noch hätte gelöst werden können, der aber aufgrund der Unbedingtheit der Ansprüche immer weiter in die Katastrophe führen muss.

Nach Hegels Verständnis kommt hierdurch der Riss in die Welt, der von nun an alle menschlichen Konflikte begleiten wird. Dieser Riss ist ein dialektisches Ereignis, da er zwar erst durch die tragische Kollision real wird, jedoch schon vorher in der Welt vorhanden war. Der Riss macht den latenten Widerspruch zur Realität, dass jeder Wahrheitsanspruch in zwei Ordnungssystemen begründet werden kann. Es gibt den fundamentalen Anspruch auf absolute Gültigkeit und es gibt die soziale Situation, in der dieser Anspruch durchgesetzt werden muss. Und gerade durch die Formulierung der einen Position als unbedingt gültiger, ruft sie eine Gegenposition auf, die, je länger der Konflikt dauert, umso erbitterter das gleiche Recht für sich fordert. Die Wahrheit ist von nun an immer in einem subjektiven/transzendenten und einem politischen/sozialen Raum verortet. Genau diese Dialektik macht die dramatische Situation anschaubar und zum Ereignis für die Zuschauenden.

Sie machen die Erfahrung, dass die fundamentalistische Position ihren eigenen Anspruch auf absolute Gültigkeit verliert, indem sie eine Gegenposition hervorruft, die dann genauso absolut auftritt. Die kathartische Einsicht besteht darin, dass eine Wahrheit, die zur tragischen Kollision und damit zum Tod führt, nicht unbedingt gut sein muss. So ist schon im Ursprung der dramatischen Situation ihre wesenhafte Dialektik vorhanden: das Gleichgewicht aus einer verbindenden und einer antagonistischen Kraft. Antigone und Kreon sind miteinander verwandt, sie leben in der gleichen Stadt und zugleich handeln sie aus fundamental entgegengesetzten Motiven.

Rollenspiele der neuzeitlichen dramatischen Situation

Lässt man die volkstheatralischen Formen der Komödie, der Satyrspiele und der Commedia dell'arte aus, so findet sich die erste große Zäsur in der Entwicklung der dramatischen Situation im Theater der Renaissance (für eine ausführlichere Darstellung der Geschichte der Dramaturgie vgl. Stegemann 2009). Die neuzeitliche Existenzform des Menschen beginnt mit der Infragestellung seines Platzes in der Welt. Die Unbedingtheit der antiken Helden verändert sich zu einem Bewusstsein über die Rollenhaftigkeit der eigenen Identität. Die Figuren betreten nunmehr als Rollenspieler die Bühne, so wie die Menschen sich als Schauspieler vor den Augen Gottes empfinden. Es treffen Figuren aufeinander, die voreinander Theater spielen und die wissen, dass sie Theater spielen. Die Freude an den Wechseln der Identität, des Geschlechts und des Standes wird zum treibenden Moment der Handlung.

Die neuzeitliche dramatische Situation reflektiert immer zwei Realitäten gleichzeitig. Es gibt die Realität der situativen Beziehung zwischen den Figuren, und es gibt eine zweite Realität, die in der Tatsache der Bühne, in der Behauptung einer Figur oder in der Realität der Zuschauenden besteht. Die Totengräber in *Hamlet* sprechen von einer Kneipe, die in Wirklichkeit neben dem Globe Theatre liegt. Rosalinde, gespielt von einem männlichen Schauspieler, verwandelt sich in *Wie es euch gefällt* in einen Mann, um dann ihrem neuen Freund gegenüber das Spiel vorzuschlagen, sie einmal als Frau zu sehen. Die Situationen spielen in einer Welt, die auf unterschiedliche Weise eine Bühne ist: Teils ist es die reale Bühne, teils ein Rollenspiel, teils wird die Grenze zum Traum überschritten und teils zum Wahnsinn, der wiederum nur gespielt sein kann. Das barocke Weltbild, nach dem alle Menschen auf einer Bühne vor Gott Theater spielen müssen, findet in der Dramaturgie der Shakespeare-Zeit seine Entsprechung.

Die Einmalerfindung des Theaters, dass einer vor einem anderen etwas Drittes vorspielt, wird in einer solchen Weltanschauung zum Modell von gesellschaftlicher Realität wie zum dramaturgischen Modell von Handlung. Je nach Reflexionsvermögen spielen die Figuren in solchen Situationen ihre Kraft zur Behauptung erfolgreich oder ohnmächtig, komisch oder tragisch aus. Die neuzeitliche Situation wird damit zu einem anderen Bild von Dialektik als die antike Kollision. Nunmehr wird der dialektische Prozess nicht mehr in der Steigerung der Verhärtung sichtbar, sondern in der Kraft zur Auflösung der einen Variante eines Widerspruchs in eine andere. Soll Falstaff sich in *Heinrich IV.* verteidigen, so wendet er in seiner Rede die Anklage in ihr Gegenteil. Was ihn schuldig sprechen soll, wird zu seinem höchsten Lob. Soll Hamlet seinen Vater rächen, beginnt er einen so komplexen Kampf um die Wahrheit, dass die Logik der Rachetragödie außer Kraft gesetzt wird, die Morde durch Zufall aber umso zahlreicher passieren.

Will der spätere Richard III. Lady Anne am Sarg ihres von ihm ermordeten Gatten erobern, so mag das bürgerliche Empfinden vor solchem Plan verzagen. In der Logik des Spielers Richard, der hier ein Teufel ist und damit über die verführerischten Verwandlungskräfte verfügt, ist diese Szene ein Gottesbeweis für die Kraft des Theaters. Richard will als Krüppel und Mörder eine Frau erobern und Lady Anne braucht als Witwe in dieser Welt einen neuen Beschützer. Beide brauchen einander, jedoch im überkreuzten Sinne: Sie braucht Schutz und bekommt einen Teufel, er will als Mann anerkannt sein und bekommt eine Unterworfene. Die überkreuzte Intention von verbindenden und trennenden Elementen ist der dialektische Kern der dramatischen Situation, der in den unterschiedlichen Ausformulierungen erhalten bleibt.

Das konkrete Handeln von Richard und Lady Anne wäre für die Tragödie undenkbar, da mit dem Selbstbild ihrer Figuren unvereinbar. Ihr Fundamentalismus müsste an einem Falstaff ebenso wie an all den anderen Spielern verrückt werden, so wie ein Hamlet an einer Klytämnestra anders verzweifeln müsste als an seiner Mutter Gertrud und ein Richard angesichts einer Medea seine teuflischen Spiele wohl verlieren würde. Doch die gleich starke Kraft eines verbindenden und eines antagonistischen Elements besteht sowohl in der tragischen Kollision wie in der neuzeitlichen Situation und bleibt der Antrieb des Dramas in allen weiteren Entwicklungen.

Die psychologische Situation und das Theater der Aufklärung

Im Theater der Aufklärung erfährt die dramatische Situation ihre nächste Veränderung (Szondi 1973a). Mit der Erfindung des bürgerlichen Subjekts wendet sich das Spiegelkabinett der Rollenspiele ins Innere der Seele. Das Verhältnis des Ich zum Selbst, wie es die existenzialistische Philosophie als unlösbares Paradox ausformulieren wird, wird hier vorbereitet. In der bürgerlichen Situation treffen zwei Subjekte aufeinander, die für sich selbst intransparent sind, denn: „Zwei Seelen wohnen, ach! in meiner Brust". Das Handeln, das von einer Entscheidung ausgeht und bei seiner Durchsetzung in der Welt auf Widerstände trifft, löst nunmehr die größten Konflikte im Handelnden selbst aus. Schon die Entscheidung wird zu einem endlosen Kampf mit sich selbst. Der Bürger traut sich selbst nicht mehr, wenn er fühlt, entscheidet oder handelt. Dieser Blick ins Innere wird aber (noch) nicht als Folge einer gesellschaftlichen Entfremdung reflektiert und damit als notwendige Anpassung an die falschen Produktionsverhältnisse im entstehenden Kapitalismus, sondern zum Adel der bürgerlichen Seele verklärt. An dieser Ausgestaltung des seelischen Interieurs arbeitet die bürgerliche dramatische Situation ebenso wie an ihrer Kritik.

Die psychologische, seelische Situation wird zur dominanten Form der Begegnung zwischen bürgerlichen Subjekten. Wenn alles zum Hinweis auf ein verborgenes Seelenleben wird, geraten das Empfindungsvermögen und das Darstellungsvermögen unter den Druck der Ausdifferenzierung. Die Beobachtung schärft sich und entnimmt selbst den kleinsten Regungen des Gesichts verborgene Gedanken und Absichten. Und da das Gegenüber die gleichen geschärften Sinne hat, müssen beide ihr sichtbares Verhalten unter größtmögliche Kontrolle bringen. Dieses rekursive Beobachtungsverhalten ist notwendige Voraussetzung, um in dem neu sich bildenden kapitalistischen Arbeitsmarkt bestehen zu können, und zugleich Antrieb für dessen zunehmende Komplexität. Der paradoxe Auftrag lautet dabei, dass nur das, was in der Situation Erfolg verspricht, erscheinen soll, ohne dass aber diese Arbeit am richtigen Ausdruck sichtbar werden darf. Denn in dem Fall würde nicht die lautere Gesinnung des Gegenübers, sondern es würden seine Absichten erkennbar, und die sind immer verdächtig in einer Welt, in der Konkurrenten so tun müssen, als wären sie Partner. Hierin begründet sich auch die bürgerliche Vorliebe für den ‚authentischen' Ausdruck, der als Garant für eine gelungene Verstellung gilt (Stegemann 2015, 93–98).

Die psychologische Situation fügt also noch eine dritte dialektische Bewegung zur dramatischen Situation. Nach der Hybrissteigerung durch die rauschhafte Verteidigung und ihrer notwendigen Bestrafung in der tragischen Kollision, nach der Behauptungsfreude durch die Rollenspiele, bestimmt nun die Frage der Glaubwürdigkeit den dialektischen Prozess. War es für die Rollenspieler eine unbedenkliche Voraussetzung, dass der andere glaubt, die eigene Rolle sei veränderbar, wird dies jetzt zum zentralen Problem.

Die Kommunikation bekommt im bürgerlichen Zeitalter eine neue Funktion. Bisher war Kommunikation auf dem Theater eine Mischung aus Verständigung, Handlung und Selbstdarstellung, wobei die Mischungsverhältnisse immer neu bestimmt wurden. Bei diesen Spielen mit der Sprache war der Anteil der Rhetorik wesentlich. Die poetisch formulierte Aussage war für die Zuschauenden ein Teil der theatralischen Unterhaltung und nicht unbedingt ein Kennzeichen der Figur, die sich jedoch durch rhetorische Kunststücke große Vorteile beim Gegner wie beim Publikum verschaffen konnte. Gegen den Prunk der Rede und die Kraft der geschickten Formulierung wendet sich die bürgerliche Kommunikation. Nun stehen der Ausdruck der Glaubwürdigkeit und damit die Produktion eines gemeinsamen Wahrheitsraumes im Mittelpunkt. Die Form, die hierfür entwickelt wird, nennt man seither ‚Konversation'.

Das verhängnisvolle Missverständnis für die weitere Entwicklung des Dramas beginnt damit, dass diese Form der Kommunikation zur einzig möglichen Form des Dialogs auf dem Theater verklärt wird. Was hierbei ausgeblendet wird, ist die historische Funktion, die die Konversation für die bürgerliche Klasse hat und die in der theatralischen Konversation wiederholt wird, sei es, um sie zu kritisieren, sei es, um sie zu bestätigen. Konversation ist eine stilistische Möglichkeit, um die Dialektik der dramatischen Situation auf dem bürgerlichen Theater anschaulich zu machen. Doch leider ist sie auf dem Höhepunkt ihrer Popularität so allgegenwärtig, dass sie als ‚natürliche' Form der dramatischen Situation betrachtet wird. So wird dann wie z. B. von Peter Szondi (⁴1963) von einer Krise des Dramas gesprochen, wenn Autorinnen und Autoren am Beginn der Moderne die engen Grenzen der Konversation aufzusprengen versuchen, statt richtigerweise eine Krise der Konversationsdramatik zu bemerken.

Die Krise des modernen Dramas besteht in der zutreffenden Beobachtung, dass die moderne Gesellschaft im Gewand bürgerlicher Konversation nicht mehr abzubilden ist. Die Widersprüche sind zu komplex, als dass sie im Wohnzimmer besprochen werden könnten, und die sozialen Klassen leben in zu getrennten Welten, als dass für sie die gleichen Umgangsformen und Lebensräume gelten würden. Die Erneuerungsversuche richten sich gegen diese Konventionen sowohl in der Realität als auch in der Kunst des Konversationsdramas. Sie richten sich aber nicht gegen die dramatische Situation. Dieser wesentliche Unterschied wurde und wird immer wieder übersehen. Alle Beispiele, die Peter Szondi in der *Theorie des modernen Dramas* (⁴1963; zuerst 1956) gibt, sind Erweiterungen bis Negationen der Konversationsdramatik, keines von ihnen verlässt hingegen die Dialektik der dramatischen Situation. Durch die Gleichsetzung von Konversation und dramatischer Situation beginnt eine bis heute währende Geschichte der Verurteilung des Dramas. Dabei wäre aufschlussreich, genau diese Unterscheidung ernst zu nehmen und damit zu untersuchen, wie viel Peter Szondi von Georg Lukács' *Entwicklungsgeschichte des modernen Dramas* (1911) übernommen hat, ohne die Implikationen und Begrenzungen dieser Untersuchungen über das naturalistische Drama ausreichend bedacht zu haben.

Stattdessen folgt die postdramatische Argumentation dem immer gleichen Muster: Man behauptet eine Form von Drama, z. B. das bürgerliche Konversationsstück oder den Hollywood-Film, die man dann als überholte oder konventionelle Stilistik leicht kritisieren kann. Da man am Beginn dieser Beispielkette jedoch übersehen hat, dass eine historische Stilistik nur eine konkrete Ausprägung der dramatischen Situation ist und nicht ihre überzeitliche ideale Form, meint man, mit der Überwindung des einen Stils das Drama im Allgemeinen verbannen zu können. Es wäre also wünschenswert, wieder die Unterscheidung zwischen dem konkreten Stil und der Dialektik der dramatischen Situation zu machen. Die Verwendung der Sprache, die Sprecherposition, die Möglichkeit und Auswahl der Themen, die Art der Figuren und ihrer Probleme sowie die Darstellung der sozialen und individuellen Verhältnisse, dies alles variiert und ist von der jeweiligen Form wie der historischen Situation abhängig. Das darin ermöglichte dialektische

Spiel von Widerspruch und gemeinsamer Welt bleibt aber gleich, so unterschiedlich Widersprüche, Welt und ihre Erscheinung auch sein mögen.

Die epische Situation und das Theater der Gegenwart

Das epische Theater wendet sich mit seinen Mitteln der Verfremdung v. a. gegen die passive Zuschauerposition, die durch das psychologische Schauspielen hinter der vierten Wand provoziert wird. Die Zuschauenden sollen nicht mehr mitfühlend das Geschehen erleiden, sondern sich als aktiven Teil der vorgeführten Welt begreifen. Die Mittel des epischen Theaters beziehen sich daher sowohl auf die Struktur der dramatischen Situation, die zu einer epischen Situation verändert wird, als auch auf die Spielweise, die den psychologischen Realismus zu einer epischen Spielweise entwickelt.

Die epische Situation zeichnet sich dadurch aus, dass zur Situation zwischen den Figuren noch die Situation der Vorführung hinzutritt. Es wird nicht nur der Konflikt verhandelt, sondern er wird bewusst vor Zuschauenden gezeigt. Der einfachste Merksatz von Bertolt Brecht dazu lautet: „Der Schauspieler muß eine Sache zeigen und er muß sich zeigen" (zit. n. Benjamin ⁵1978, 38). Es gibt zahlreiche Texte von Bertolt Brecht zum epischen Theater und zur epischen Spielweise. Die umfänglichsten Ausformulierungen hierzu findet man im *Kleinen Organon für das Theater* (Brecht 1993d [1949]) und in dem Fragment *Dialoge aus dem Messingkauf* (Brecht 1993b [1939–1955]).

Damit produziert die epische Situation einen dreifachen Widerspruch: zwischen Spieler und Figur, zwischen den Figuren, die als antagonistische Vertreter konkrete Interessen vertreten, und zwischen dem Handeln der Figuren (Alltagstheater), der Spieler (episches Theater) und den Zuschauenden (staunenden Zeitgenossen). Die Mittel hierfür entstammen dem ästhetischen System der Verfremdung, das in den 1920er Jahren v. a. in der sowjetischen bildenden Kunst entwickelt wurde. Die Unterbrechung, der Schock und die Irritation machen das Bekannte unbekannt und das Normale fragwürdig. Die Betrachterin bzw. der Betrachter wird aus der Identifikation mit dem einzelnen Schicksal vertrieben und sieht sich plötzlich einem Problem gegenüber, für das es keine individuelle Lösung gibt.

Die technischen Erneuerungen der Verfremdung haben zu zwei Traditionslinien geführt, die bis in das Theater der Gegenwart reichen. Zum einen gibt es die sozialistische Verwendung der dialektischen Verfahren, die die Widersprüche aus einer bürgerlich-sentimentalen Betrachtung einerseits und ihrer kapitalistischen Verklärung zur ewigen Natur andererseits befreien will. Hiermit wird insbesondere das Theater von Bertolt Brecht und Erwin Piscator verbunden. Die inszenatorischen Verfahren von Einar Schleef und Frank Castorf und die Texte von Heiner Müller können ebenfalls zu dieser Traditionslinie gerechnet werden. Zum anderen gibt es die postdramatische Tradition, die Verfremdung als ästhetisches Mittel erforscht und dabei nicht mehr von der Erfahrung der Entfremdung ausgeht. Hierzu zählen v. a. die Vertreterinnen und Vertreter des postdramatischen Theaters, das in den 1980er Jahren mit den Arbeiten von Robert Wilson, Jan Lauwers oder Jan Fabre beginnt. Hier werden die Mittel der Verfremdung zur Steigerung der Präsenz des Augenblicks und zur Ausdifferenzierung des ästhetischen Erlebens verwendet. Dazu wird der dialektische Prozess der dramatischen Situation stillgestellt, wodurch die theatralischen Ereignisse eine Form von Präsenz ohne Drama erzeugen. Es gibt also zwei Verwendungsweisen von Verfremdung: einmal als politische Geste, die auf die Erfahrungen eines entfremdeten Lebens reagiert, und das andere Mal als ästhetisches Mittel, das immer neue Präsenzeffekte, performative Verschlingungen und Metazeichen erfindet, die sich auf keinen Referenten mehr beziehen, sondern zum freien Spiel der Zeichen werden.

Die epische Situation, wie sie von Brecht erfunden und in seinen Stücken entwickelt wird, fügt der Verbindung der Figuren im Antagonismus der Situation die zweite Ebene des Kommentars hinzu. Sowohl die Figuren selbst wie auch die Instanz eines Erzählers beschreiben das Verhältnis und das Handeln innerhalb der Situation. Es sind dadurch immer zwei Sprechsituationen zugleich präsent: die Situation zwischen den Figuren und die Situation des Kommentierens, die diese Situation hervorrufen, verändern und deuten kann. Das Theater hat seit jeher über die Gleichzeitigkeit von zwei unterschiedlichen Sprechsituationen verfügt. Schon immer kommunizieren die Schauspielerinnen und Schauspieler mit den Zuschauenden und als Figuren miteinander. Das bürgerliche Theater der vierten Wand hat jedoch versucht, diese zwei Formen der Präsenz immer weiter auf die innere, seelische Bühne des Subjekts zu beschränken. Die theatralische Ebene wurde dadurch fast unsichtbar, während sich die inneren Horizonte des bürgerlichen Subjekts ins Unendliche ausdehnten. Die epische Situation macht die Doppelpräsenz des Theaters wieder zum Grund des Schauspielens. Die Figuren sind handelnd in der dramatischen Situation und zugleich zeigend und kommentierend als Spielende auf der Bühne präsent.

Die Zuschauenden bekommen durch die konkreten Verhältnisse, die die Spiel- und die Handlungsebene miteinander aushandeln, eine doppelte Perspektive auf das Geschehen: Die Magd Grusche soll am Beginn der Handlung im *Kaukasischen Kreidekreis* das Baby der geflohenen Gouverneursfrau mitnehmen. Sie zögert, da in Kriegszeiten ein kleines Kind womöglich eine tödliche Belastung ist. Ihr Zögern wird nun nicht, wie im psychologischen Theater, als Ausdruck eines inneren Erlebens gespielt, das von Zaudern und Entschlüssen geprägt ist, sondern ihr Zögern wird durch den Erzähler hervorgebracht und zugleich in seiner gesellschaftlichen

Dimension ausgeführt. „Schrecklich ist die Verführung zur Güte", beginnt der Erzähler und führt in den folgenden Beschreibungen Grusche, die Schauspielerin der Grusche und die Zuschauenden durch das Labyrinth der widerstreitenden Empfindungen: „Lange saß sie bei dem Kinde / Bis der Abend kam, bis die Nacht kam / Bis die Frühdämmerung kam. Zu lange saß sie – / Zu lang sah sie – / Das stille Atmen, die kleinen Fäuste / Bis die Verführung zu stark wurde gegen Morgen zu / Und sie aufstand, sich bückte und seufzend das Kind nahm / Und es wegtrug" (Brecht 1992 [1954], 116).

Der menschlichste Impuls, ein kleines Kind vor dem Tod zu retten, kostet die Figur eine ganze Nacht und ein Lied, um sich gegen die objektiven Gründe, die dagegen sprechen, durchsetzen zu können. In den wenigen Zeilen öffnet sich hinter dem konkreten Vorgang der Entscheidung zugleich die historische Situation, in der eine solche Entscheidung anderes bedeutet als in Friedenszeiten. Durch das widersprüchliche Zusammenspiel von Grusche und Sänger wird der Vorgang hinter dem Vorgang deutlich. Gäbe es diesen Widerspruch nicht, so wäre die Entscheidung eine nur individuelle und ließe lediglich Rückschlüsse auf den Charakter der Grusche zu. Diese Bewertung durch die Zuschauenden wäre aber nicht einmal die halbe Wahrheit, sondern nur eine sentimentale Meinung: Sie hat das Kind gerettet, sie ist ein guter Mensch; sie hat es liegen lassen, sie ist ein schlechter Mensch. Erst die Infragestellung der Kriterien einer behaglichen Urteilsmaschinerie erzeugt das Staunen über die Situation, in der dann die Entscheidung zur Güte die unwahrscheinlichste Entscheidung ist. Und erst das Erschrecken über diese Erkenntnis bildet die materielle Grundlage, auf der das weitere Handeln prüfend und neugierig erlebt werden kann.

Bei der Verwendung dieser Doppelperspektive auf das Geschehen ist es also weder unwichtig, welche zwei Perspektiven aufeinandertreffen, noch ist der soziale Gegenstand, der in der Situation verhandelt wird, nebensächlich. Der neutrale Sänger und die emotional sehr stark geforderte Figur bilden den Widerspruch, der innerhalb der Figur zwischen der Güte und der kühlen Rationalität und in der Theatersituation zwischen der gerührten Beobachtung und dem kalten Blick des materiellen Verstehens zum Ereignis wird.

Mit der Schauspielmethode des psychologischen Realismus und den Verfremdungsmitteln des epischen Theaters, die sich sowohl in der Spielweise als auch in Textform und Inszenierung finden, bekommt das Theater einen doppelten Impuls, um sich in der Moderne als Kunstform ausdifferenzieren zu können. Die Ausformulierung der jeweiligen Ästhetiken und deren gegenseitige Inspiration und Negation bilden den Hauptmotor für die europäische Theaterentwicklung in der zweiten Hälfte des 20. Jahrhunderts. Damit unterscheiden sie sich von allen vorherigen Entwicklungen, bei denen das Verhältnis von Text und Schauspiel die jeweilige Theaterform bestimmt hatte. Spätestens in der Postmoderne wird der

Text zu einem ästhetischen Mittel unter anderen. Aus der konkreten Dialektik eines Textes, der als Sprechakt in rhetorischer oder poetischer Sprache handelt und dessen Handlungen in einer Dramaturgie das Figurenhandeln zur Geschichte narrativiert, wird in den postdramatischen Spielformen eine parataktische oder serielle Reihung von Ambivalenzen, deren bedeutsames Schillern eben keine konkrete Referenz mehr zulässt. So wie aus der Dialektik das Zerfallsprodukt von Paradoxie und Selbstreferenz geworden ist, verwandelt die postmoderne Kunst jedes Ereignis in ein selbstwidersprüchliches und zugleich selbstgenügsames.

3 Probenmethoden

Im Theater der Gegenwart finden sich so gut wie keine Beispiele mehr dafür, wie eine psychologisch realistische Probenarbeit oder die Versuche des epischen Theaters tatsächlich aussehen könnten. Sie sind mit dem Makel eines veralteten Handwerks versehen, über das nach weit verbreiteter Meinung ein nur ungefähres Wissen ausreicht. Dennoch soll hier der Versuch unternommen werden, anhand von drei verschiedenen, idealtypisch verdichteten Probenmethoden sowohl deren Eigenarten als auch deren wechselseitige Durchdringung aufzuzeigen. In notwendiger Vereinfachung sollen die drei Methoden als *realistische Arbeitsweise*, zu der hier der psychologische wie der epische Realismus gezählt werden (Stegemann 2015), *formale Arbeitsweise* und *performative Arbeitsweise* bezeichnet werden, wobei Letztere den Mainstream des postmodernen Theaters bestimmt. Leitend bei diesem Versuch einer skizzenhaften Darstellung soll die Frage sein, was die Schauspielerin bzw. der Schauspieler bei der jeweiligen Methode arbeitet, worin also die konkrete Schauspielkunst besteht.

Die realistische Arbeitsweise

Die psychologisch realistische Spielweise hat im System von Konstantin Sergejewitsch Stanislawski ihre didaktische und ästhetische Ausformulierung gefunden (Stanislawski 2007). Ihr Zusammenhang wurde in unzähligen Schulen fortgeführt, hat aber auch Reduktionen erfahren, etwa in der Strasberg-Methode, die einige wenige Aspekte (*sense memory*) für die besondere Arbeit des Filmschauspielens überbetont hat. Der Grundgedanke des psychologischen Schauspiels besteht darin, dass die Schauspielerin bzw. der Schauspieler die menschliche Fähigkeit, eine Rolle annehmen zu können, trainiert. Diese Rolle wird jedoch nicht, wie z. B. im Volkstheater der Commedia dell'arte, als äußerliche Form begriffen, sondern als Figur, die von innen nach außen wächst. Die Arbeit der Schauspielerin bzw. des Schauspielers beginnt also damit, die Biographie der Figur zu erforschen. Das Material hierfür sind der Rollentext des Dramas, ihre bzw. seine Beobachtungen der realen Umwelt und die eigenen Erlebnisse. Aus diesem Dreieck wird die Figur zu einem lebendigen Wesen, das durch die Eigenarten des Schauspielers hervorgebracht wird, aber zugleich mehr und anderes verkörpert als nur dessen Individualität. Stanislawski fordert die dreifache Verteidigung der Figur: Sie soll gegen die anderen Figuren verteidigt werden, d. h. ihre Wahrheit soll möglichst stark und überzeugend sein, sie soll für sich selbst konsistent sein und sie soll v. a. vor dem Ausdruckswillen des Schauspielers verteidigt werden. Seine Kunstfertigkeit soll ihr nicht Besonderheiten andichten, bei denen der Schauspieler seine Virtuosität zeigen kann, die aber der Figur äußerlich bleiben.

Der Dramentext wird hier also in zweifacher Weise gelesen: Zum einen bietet er die entscheidenden Hinweise auf den Charakter der Figur aufgrund ihrer Verhaltensweisen, die in den Sprechakten notiert sind, zum anderen strukturiert er ihr Handeln und Erleben, womit die Reihenfolge dessen bestimmt wird, was in welcher Situation an ihr zur Erscheinung kommt. Der Text organisiert damit sowohl den Inhalt der Figur als auch die Dramaturgie ihres Erscheinens auf der Bühne. Um diese doppelte Inspiration fruchtbar machen zu können, ist eine besondere Probenmethode vonnöten. Hierbei muss der Text als Dokument untersucht werden, das Hinweise auf das Leben der Figuren enthält. Konkret heißt das, dass die Figurenrede nicht als Autorensprache oder als ästhetische Form betrachtet wird, sondern als aufgezeichnete mündliche Rede. Die Figurensprache ist bei dieser Perspektive immer ein Sprechakt in einer konkreten Situation, wobei die Situation durch den Sprechakt mit hervorgebracht wird.

Um menschliche Kommunikation als Sprechakte analysieren zu können, ist die systemtheoretische Kommunikationstheorie im Anschluss an Niklas Luhmann äußerst hilfreich. Der Vorzug der systemtheoretischen Sprechaktanalyse besteht darin, die wenigen Sprechaktkategorien, die z. B. von John L. Austin in *How to Do Things with Words* (1962; dt. 1979) und John R. Searle in *Speech Acts* (1969; dt. 1971) benannt werden, unendlich erweitern zu können. Diese Steigerung der Komplexität ist v. a. für die künstlerische Interpretation der dramatischen Sprechakte notwendig (Luhmann 1984; 1995; ähnlich verfasst ist der Kommunikationsbegriff von Paul Watzlawick et al. 1969). Hier wird jedes Sprechen in die Trias von Information, Mitteilung und Verstehen unterschieden. Eine Information ist eine Unterscheidung, die einen Unterschied macht; eine Mitteilung ist die Art, wie diese Unterscheidung kommunikativ realisiert wird, und im Verstehen schließlich liegt die Freiheit der Kontingenz, was Alter von Egos Mitteilung einer Information verstehen will. Die Kontingenz ist eine doppelte, weil Alter immer die Wahl hat, die Mitteilung oder die Information zur Hauptsache zu machen, und Ego wiederum dieses Verstehen von Alter nur in dessen anschließender Kommunikation versuchen kann, zu verstehen. So prozessiert jede Kommunikation ihre eigene Geschichte von Verstehen und Kontingenz. Oder jedes Gespräch, wie es auch ein Systemtheoretiker wie Niklas Luhmann formulieren würde, erzeugt sein eigenes Problem.

Zugleich wird bei der dramaturgischen Analyse der Sprechakte ihre Stellung in der Narration untersucht. Gerade weil jede Kommunikation eine eigene Realität erzeugt, ist der Zeitpunkt, an dem etwas gesagt wird, entscheidend. Im Begriff der ‚dramatischen Situation' lässt sich diese doppelte Perspektive auf das Sprechen im Drama am sinnvollsten, da dialektisch fassen. Hier wird jeder Sprechakt zugleich als einzelnes Ereignis auf seine Umwelt wie auf die Narration bezogen. Der Regisseur Thomas Ostermeier erreicht mit der aufwendigen Probenmethode des realistischen Schauspielens eine Wiederentdeckung dessen, was das realistische Theater als politische Kunst heute zu leisten vermag. Vor allem seine Inszenierung von Ibsens *Ein Volksfeind* 2012 an der Berliner Schaubühne zeigt, dass der genaue Nachvollzug der Handlungen durch die Figuren ein gemeinsames politisches Bewusstsein im Publikum hervorbringen kann. Der Streit der beiden Brüder Stockmann über den richtigen Umgang mit der Gesundheitsgefahr im verseuchten Wasser wird zur Grundlage einer öffentlichen Debatte über das Wesen der Demokratie. Die geschlossene Form des psychologischen Realismus wird so zum Fundament einer konkreten Fragestellung, zu der jeder einzelne sich verhalten kann (Stegemann 2015, 146).

Bei der epischen Methode, dem zweiten Versuch eines Realismus im Theater des 20. Jahrhunderts, teilt sich die Arbeit der Schauspielerin bzw. des Schauspielers in das Spielen der Figur und einen Kommentar. Der Kommentar soll das Handeln der Figur als fragwürdige Besonderheit hervorheben. Sie wird damit gerade nicht in dem dreifachen Sinne verteidigt, sondern ihr Handeln wird plausibel und fragwürdig zugleich. Damit soll eine andere Form der Konkretheit das Schauspielen bestimmen. Die Kritik des epischen Spiels an der psychologischen Spielweise besteht darin, dass dieses die Zuschauenden einlullt, indem es eine Identifikation mit den Figuren weckt. Dadurch wird der Zuschauende zu einem ‚romantisch Glotzenden' statt zu einem skeptisch Fragenden (Brecht 1989 [1922], 176).

Die epische Spielweise stellt den wichtigsten Verfremdungseffekt dar, dessen Möglichkeiten, Kommentare zu produzieren, sehr unterschiedlich sind. Die wesentlichen schauspielerischen Mittel sind die Unterbrechung der Situation, der Ein- und Ausstieg aus der Figur und der gestische Kommentar. Bei der Unterbrechung wie beim Ein- und Ausstieg durchbricht der Spieler die Realitätsbehauptung der Narration oder der Figur und behauptet eine andere, nunmehr realere Bühnensituation. In seinem Ursprung war dieser Ausstieg der Auftritt des Schauspielers als Genosse, der vor seinen Zeitgenossen Theater spielt, nicht zur Unterhaltung, sondern zur Aufklärung. Der Genosse untersucht durch sein Spielen die sozialen Regeln. Und so wie in der Realität jeder kleine Fehler zu einer tödlichen Konsequenz führen kann, so genau muss eben diese Realität im Spiel untersucht werden. Diese genossenschaftliche Verbundenheit im ernsthaften Spielen hat das Theater weitestgehend verloren, so dass die Ausstiege wie alle anderen Kommentarfunktionen entweder zu einem Effekt geworden sind, der der Steigerung des Unterhaltungswertes dient, oder zu einem ästhetischen Mittel, um das Dispositiv der Aufführung hervortreten zu lassen. In den meisten Fällen dient so die Verfremdung nicht mehr der Untersuchung der Realität, sondern der Selbstthematisierung des Theaters, das als Absicherungsstrategien die Mittel der Ironie oder Selbstreferenz benutzt.

Der gestische Kommentar entsteht, wenn Schauspieler und Figur zwei widersprüchliche Mitteilungen machen: Die Figur gibt einen Befehl und der Spieler schaut dabei fragend zu den Zuschauenden, man gibt vor, Macht zu haben, und schielt nach dem Einverständnis. Der gestische Kommentar unterscheidet sich von der psychologischen Spielweise darin, dass er einen deutlicheren Widerspruch zwischen den verschiedenen Realitätsebenen der Bühne eröffnet. Die Arbeit der Schauspielerin bzw. des Schauspielers besteht also darin, die unterschiedlichen Bedeutungen der Kommentarmöglichkeiten auszuprobieren und auf ihren politischen Gehalt hin zu untersuchen. Dabei ist der Unterschied von Haltung – Wie steht eine Figur zur Situation? – und Gestus – Was sind ihre eingeübten und gewählten Mittel, um sich auszudrücken? – zentral.

Der Regisseur Nicolas Stemann hat 2016 bei seiner Inszenierung der dänischen Fernsehserie *Borgen* an der Schaubühne genau diese Methode gewählt, um den epischen Charakter der Serie darzustellen. Dazu wurden die einzelnen Folgen szenisch analysiert, um die Widersprüche der Handelnden von der naturalistischen Darstellungsform zu befreien. Die gesellschaftlichen Kräfte im Politikbetrieb konnten dadurch modellhaft hervortreten. Zugleich wurde die Motivation der Figuren von der psychologischen Begründung befreit, so dass auch hier die Interessen und Strategien deutlich werden konnten. Die konsequente Anwendung des epischen Inszenierungsverfahrens auf einen Stoff, der fest in der Form eines kommerziellen Realismus steckt, führte so zu irritierenden Ergebnissen. Nicht nur die Ideologie der handelnden Figuren konnte gezeigt werden, sondern auch die Ideologie des Mediums Fernsehserie.

Im postmodernen Theater hingegen sind die einst politischen Gesten der Verfremdung häufig zu einem ästhetischen Mittel geworden, das allein der Mitteilung dient, dass es sich gerade nur um Theater handelt. Das Theater gerät damit in die Phase seiner Selbstbeschäftigung und vollzieht das Dogma postmoderner Ästhetiken, die den Wert der Kunst daran bemessen, wie absolut die Selbstreferenz der

Mittel ist und wie wenig Fremdreferenzen noch eindringen können (Hantelmann 2010). Aus der Arbeit des Kommentierens, das die Welt untersuchen wollte, ist die Selbstimmunisierung der Theatermacherinnen und -macher und ihrer Arbeit gegenüber der Welt geworden.

Die formale Arbeitsweise

Die formale Probenmethode stellt den Versuch dar, zu einem historischen Zeitpunkt, an dem die Verfremdungsmittel zu Mitteln der Selbstreferenz zusammengeschnurrt sind, dennoch einen konkreten Widerspruch zwischen Schauspiel und Text hervorzutreiben. Damit schließt diese Methode eher an die Regietheaterversuche der 1960er und 1970er Jahre an als an die postdramatischen Experimente der 1980er und 1990er Jahre.

Bei der formalen Methode werden von einem Außerhalb des Textes inszenatorische Mittel gesetzt, die nicht aus der narrativen oder situativen Logik der Dramaturgie folgen müssen. So kann z. B. ein bestimmter Rhythmus des Sprechens vorgegeben werden oder dessen Lautstärke und Intensität; es können durch das Bühnenbild bestimmte körperliche Zwänge ausgeübt werden, etwa steile Schrägen, niedrige Decke, enge Auftritte; Musik oder Geräusche können die Stimmen der Schauspielerinnen und Schauspieler überlagern; die Beleuchtung oder Projektionen können ein Erkennen beeinträchtigen oder kompliziert machen. Auf allen Ebenen der Inszenierung kann das Spiel und dessen Wahrnehmung durch die Zuschauenden beeinflusst werden. Welches Erleben und Verstehen aus dem Zusammenspiel von solcherart Mittel folgt, kann nur im konkreten Fall untersucht werden. Die Bandbreite reicht hier von einer absoluten Willkür, die allein dem Furor des Regiegenies geschuldet scheint, bis zu den politischen Zerreißproben für die Geduld und Aufnahmebereitschaft der Zuschauenden im Theater von z. B. Frank Castorf oder in den aggressiven Reduktionen Michael Thalheimers. Für die Arbeit des Schauspielens bedeuten diese formalen Setzungen eine Herausforderung, den Zwang und die Beeinträchtigung nicht zum einzigen Ausdrucksmittel werden zu lassen. Der Kampf zwischen dem figürlichen Dasein und den ästhetischen Zwängen der Inszenierung verhält sich in den gelungenen Fällen dialektisch zueinander. Die Herausforderung besteht für das Schauspielen v. a. darin, das Handwerk des Sprechhandelns und Figurenspiels in der Form lebendig zu halten. Oder man braucht, wie es u. a. Einar Schleef, der größte Formalist in der Tradition des epischen Theaters, gefordert hatte, die besten Schauspieler.

Die performative Arbeitsweise

Als die heute beliebteste Theaterform gelten die performativen Inszenierungsverfahren. Die notwendige Kritik wurde vom Autor in seiner *Kritik des Theaters* (Stegemann 2013) vorgenommen. Hier sei nur auf die Parallele zwischen der Vorliebe des postfordistischen Kapitalismus an performativen Arbeitsregimen und der performativen Wende, bei der die Materialhaftigkeit des Theaters zur Anschauung gebracht wird, hingewiesen. Der Raum, die Stimme, der Körper, die Sprache, sie alle sollen in ihrer doppelten Erscheinungsform als sinnlich und semantisches Material und Zeichen präsent werden. Unter dem Titel des ‚Bildertheaters' begannen diese Theaterformen durch Regisseure wie Robert Wilson oder Achim Freyer in den 1980er Jahren populär zu werden. Zur Jahrtausendwende bekam diese sich immer mehr ausdifferenzierende Theaterform ihr bis heute gültiges Label: das postdramatische Theater. Seine Stilmittel sind 1999 in dem gleichnamigen Buch von Hans-Thies Lehmann zusammengefasst und zur zeitgemäßen Theaterästhetik der Postmoderne kanonisiert worden. Wollte man die Vielfalt dieser Mittel auf einen gemeinsamen Nenner bringen, so könnte man sagen, dass sie versuchen, den Vorgang der Hervorbringung eines theatralischen Moments über seine inhaltliche Anbindung dominieren zu lassen. Das Augenmerk verschiebt sich – wie schon in den bildenden Künsten – von einer dialektischen Bewegung zwischen den Formen der Erscheinung und ihrem Inhalt zu einer Beziehung, die die Formen mit sich selbst eingehen. Der Realismus, der ein Verhältnis von Realität und Kunst im Kunstwerk selbst stiften will, wird als unzeitgemäße Kunst abgelehnt. Die Position der Künstlerin bzw. des Künstlers, die Formulierung ihrer bzw. seiner künstlerischen Mittel und der Augenblick, der zwischen der Hervorbringung und den Zuschauenden entsteht, werden zu einem ununterscheidbaren Komplex von Intentionen und Reaktionen. Die performativen Verschlingungen finden ihre künstlerische Qualität gerade in der nicht mehr aufzulösenden Ambivalenz, ob ein Ereignis nun geformt, gemeint oder passiert ist. Damit wird die konsequenzverminderte Handlung, die jedes Spielen und damit auch das Schauspielen auszeichnet, von einem Mittel, die Realität im Spiel begreifen zu können, zur Selbstbeschäftigung, die nun der Wesenskern des Theaters sein soll.

Konnte die Freiheit des Spielens im Theater vor der Postmoderne hypothetische Wahrheiten vorstellen und darüber ein Nachdenken provozieren (als Laboratorium sozialer Phantasien), so wird die Konsequenzverminderung nun in eine ästhetische Radikalität getrieben, die nur noch die Selbstreferenz der Ereignisse ermöglicht. Das Theater wird zu einem Ort, an dem jedes Tun immer auch schon die eigene Negation mitproduziert. Alles was dargestellt wird, streicht im selben Moment genau diese Behauptung einer anderen Realität wieder durch. Die Kraft zur Verunsicherung, die das Theater bis dahin auf die gesellschaftliche

Realität ausüben konnte, hat sich im postdramatischen Theater gegen die Realität des Theaterspielens selbst gewendet. Von nun an wird der Hauptgegenstand des Theaters das Theater selbst.

Für die Proben bedeutet dieses eine weitgehende Ablösung von den Spielmöglichkeiten, die aus der dialektischen Bewegung des dramatischen Theatertextes folgen; es entstehen zeitgleich postdramatische Textflächen, die diese Selbstnegationen ausufernd praktizieren. Hier sei exemplarisch auf die Textflächen von Elfriede Jelinek oder René Pollesch verwiesen (zur Frage, inwieweit hier noch Gegenwart verhandelt wird, vgl. Stegemann 2015).

Für die Arbeit des Schauspielens besteht die performative Herausforderung darin, alles Handwerk, das den Stress der Bühnensituation in eine souveräne Entscheidung über Spielen und Nicht-Spielen verwandeln kann, zu vergessen und stattdessen den realen Moment der Bühnengegenwart zum Hauptgegenstand der Wahrnehmung wie des Ausdrucks zu machen. Das vermehrte Auftreten von Laien oder Experten des Alltags ist dieser Tendenz ebenso geschuldet wie die Umstrukturierung der Schauspielkunst von einem handwerklichen Können zu einer Ausformulierung der Schauspielenden, die als Autorinnen und Autoren ihres Auftretens selbst in Erscheinung treten sollen. Die Arbeit an einer dramatischen Situation, die in einer poetisch verdichteten Sprache gefasst ist, wird hierdurch überflüssig. Dramaturgie als künstlerische Wissenschaft begreift dann nicht mehr den konkreten Prozess der dramatischen Situation, um ihn für die Arbeit des Schauspielens fruchtbar zu machen, sondern Dramaturgie wird zu einer Beobachtungsfunktion, die die Zeichenproduktion und ihre ästhetischen Negationsmöglichkeiten reflektiert.

Thomas Wortmann
III.3.8 Rezeption und Publikum

1 Die Bedeutung des Publikums für Theaterpraxis und Forschung

Kein Theater ohne Publikum. Als Ziel der Textproduktion wie der Bühnenarbeit kommt dem Publikum in der Literatur- und Aufführungsgeschichte des Dramas ein zentraler Status zu: Mediale Bedingung des Theaters ist die Interaktion von Schauspielerinnen und Schauspielern sowie Zuschauerinnen und Zuschauern. Zusammen mit Regie, Schauspiel und Autorinnen bzw. Autoren bildet das Publikum einen Teil jenes Ensembles, dessen Zusammenwirken die Realisation dramatischer Werke auf der Bühne erfordert, auch wenn die Forschung mit ihrem Fokus auf den Text bzw. die Inszenierung die Bedeutung des Publikums nicht immer konsequent genug in den Blick genommen hat (vgl. korrigierend dazu beispielsweise Paul 1969; Fischer-Lichte 1997; Korte 2012; Korte und Jakob 2012). Dabei stellen Rezeptionsfragen für die Gattung in vielerlei Hinsicht einen wichtigen Bezugspunkt dar: In der Dramentheorie etwa spielt sowohl der einzelne Rezipient als auch das Publikum im Ganzen eine wichtige Rolle, sind es doch vor allem wirkungsästhetische Aspekte, von denen die Reflexion über das Schauspiel als kollektives Erlebnis und soziales Ereignis seit der Antike bestimmt wird. Diskutiert wird etwa das Potential des Theaters zur Bildung und Belehrung der Zuschauerinnen und Zuschauer; gleichzeitig bildet die unterhaltende Funktion des Schauspiels und die daraus resultierende, potentiell gefährliche Wirkung der Bühne auf ihr Auditorium einen Topos der Theaterkritik (Barish 1981). Ganz allgemein rückt die Gemeinschaft der Rezipierenden in eine Art Stellvertreterposition für jene Öffentlichkeit, in die das Theater als Institution zu wirken beabsichtigt – dieser Aspekt ist dem Begriff ‚Publikum' etymologisch eingeschrieben (von lat. *publicus* = dem Volk, dem Staat zugehörig bzw. *publicum* = Gemeinwesen, öffentlicher Platz). In bühnenpraktischer Hinsicht haben die Zuschauenden an der Realisation der Texte im Theater bereits durch ihre körperliche Präsenz aktiven Anteil und nehmen durch den verbalen und nonverbalen Ausdruck von Aufmerksamkeit und Spannung, Langeweile und Enttäuschung, von Zustimmung oder Widerspruch sowohl Einfluss auf die Wahrnehmung und die Reaktion anderer Zuschauerinnen und Zuschauer als auch auf das Spiel der Darstellenden. Gleichzeitig kann das Auditorium durch die Schauspielerinnen und Schauspieler direkt und indirekt adressiert, zur Reaktion aufgefordert und somit aktiv in das Geschehen eingebunden werden. Gerade das postdramatische und sich an der

Performancekunst orientierende Theater der 2000er Jahre setzt (wieder) auf die Einbindung des Publikums und macht die Zuschauenden selbst zu Protagonisten (vgl. Caduff et al. 2015; Deck und Sieburg 2008). Die Ereignishaftigkeit der Aufführung, ein zentrales Merkmal des Mediums, resultiert aus dieser Interaktion aller Beteiligten; sie hat ihre Grundlage in der wechselseitigen Bezug- und Einflussnahme von Akteuren und Publikum und macht das Theater zur Live Art.

Es lassen sich weitere Aspekte des Verhältnisses von Drama, Theater und Publikum anführen, etwa in Bezug auf die Finanzierung und Organisation des Theaterbetriebes, dessen Repertoire, aber auch auf die Inszenierung selbst: Als ökonomischer Faktor leistet das ‚zahlende Publikum' einen wichtigen, je nach historischem oder organisatorischem Modell einen großen, oftmals auch den gesamten Beitrag zur Finanzierung der Bühne (vgl. Sauter ^{2}2014, 273–274). Produktionsästhetisch, in Bezug auf Schreib- und Inszenierungsstrategien, entfaltet das (spekulative) Wissen über den kulturspezifisch und historisch variierenden Geschmack und den kulturellen Erfahrungshorizont der Zuschauenden Einfluss, wenn Autorinnen und Autoren ‚für ein Publikum schreiben' bzw. die Regie und Dramaturgie sowie die Darstellerinnen und Darsteller den Erwartungshaltungen der Rezipierenden an das Theater gerecht werden wollen. Gleichzeitig zählen der spielerische Umgang mit den Konventionen, das Durchkreuzen der Erwartungen, die Provokation und der Skandal zu jenen ästhetischen Mitteln des Theaters, die ebenfalls – allerdings *ex negativo* – auf kulturell tradierte, eingeübte Rezeptionsformen rekurrieren. Durch seinen Zuspruch oder seine Ablehnung hat das Publikum überdies Einfluss sowohl auf den literarischen Markt bzw. die Stückeproduktion im Allgemeinen als auch auf den Spielplan der einzelnen Häuser im Speziellen. Es bedingt so die Popularisierung und Kanonisierung von Autorinnen und Autoren: Zum Erfolgs- oder Problemtext werden auch Dramen durch die Macht des Publikums. Öffentlichkeitswirksame, medienübergreifende Theaterskandale, von denen die Geschichte des Dramas seit jeher begleitet wird, stellen diese aufmerksamkeitsökonomisch virulente Funktion der Rezipientinnen und Rezipienten im Besonderen aus. In weit gefassten Konzepten von Performativität und Theatralität lässt sich der Begriff des ‚Publikums' auch umfassender denken und auf gesellschaftliche Bereiche außerhalb des Theater beziehen, etwa auf die Politik, die Ökonomie oder die Religion, die ebenfalls auf Strategien von Inszenierung und Performance setzen.

2 Wirkungsästhetik

Überlegungen zu Rezeption und Publikum bestimmen die theoretische Diskussion über die Gattung von ihren Anfängen bis in die Gegenwart – und sie beschäftigen auch die Schreibenden selbst. Mit allen Abweichungen im Detail ließe sich über den Fokus auf die Wirkung des Dramas als Konstante poetologischer Äußerungen eine Linie ziehen von Opitz, Gottsched, Lessing und Lenz über Goethe und Schiller bis hin zu Brecht, Heiner Müller und Jelinek, um nur einige der prominentesten Namen der deutschsprachigen Literatur zu nennen. Die von den Schreibenden formulierten Vorstellungen zur Wirkung des Dramas auf das Publikum zeigen eine enorme Bandbreite. Sie beziehen sich auf den unbedingten Wunsch nach Anerkennung auf der einen, bis zur Ablehnung der Gunst des Publikums auf der anderen Seite. Sie reichen von der topischen Klage über das mangelnde Verständnis der Rezipierenden über die Absicht, das Publikum aufzuklären, zu belehren oder zu bilden, bis hin zur Agenda, aktiv die Erwartungen des Publikums zu negieren, die Zuschauerinnen und Zuschauer zu provozieren oder aber auch – ganz im Gegenteil – das Auditorium zu verführen: Die Tatsache, nicht nur für eine anonyme Leserschaft, sondern für ein Theaterpublikum zu schreiben, dessen Reaktionen unmittelbar erfahrbar werden, hat beispielsweise der junge Friedrich Schiller als Movens des Produktionsprozesses in der Ankündigung der Mannheimer Uraufführung der *Verschwörung des Fiesko zu Genua* thematisiert: „Heilig und feierlich war immer der stille, der große Augenblick in dem Schauspielhaus, wo die Herzen so vieler Hunderte, wie auf den allmächtigen Schlag einer magischen Rute, nach der Phantasie eines Dichters beben – wo [...] ich des Zuschauers Seele am Zügel führe und nach meinem Gefallen, einem Ball gleich dem Himmel oder der Hölle zuwerfen kann" (zit. n. Kluge 1988, 871).

Fragen der Rezeption werden bereits in Aristoteles' *Poetik*, einem der Ur- und Gründungstexte der abendländischen Literaturreflexion, verhandelt, um dabei produktionsästhetische mit wirkungsästhetischen Argumenten zu verbinden: Die dort auf Basis einer Handvoll als vorbildlich verstandener Texte angestellten Überlegungen zu den zentralen Elementen des Dramas, zur adäquaten Stoffwahl, zur sinnvollen Handlungsstruktur und idealen Figurenzeichnung versuchen die Wirkung der Dichtung zu bestimmen, wie schon der erste Satz der *Poetik* explizit macht. Aristoteles' Aussagen fokussieren die Rezeption des Dramas und kreisen entsprechend um die Effekte, die es auf das Publikum hat oder im Idealfall haben sollte. Der aristotelische Text entwickelt hierbei eine medizinisch-therapeutisch ausgerichtete Affektlehre, die im Falle der Tragödie im Begriff der *katharsis* kulminiert: Jammer (*eleos*) und Schauder (*phobos*) erklärt Aristoteles einflussreich zu den emotionalen Reaktionen, die das Drama beim Publikum hervorrufen solle, um eine Reinigung von diesen Erregungszuständen zu bewirken. Die Konzentration auf das Zusammenspiel von Emotion und Effekt bei der Rezeption dramatischer Texte avanciert zu einem Topos der gattungstheoretischen Diskussion über das Drama, der in der Folge ganz unterschiedliche Ausgestaltungen erfahren hat.

Welches Konzept vom ‚Publikum' den einzelnen Poetiken zugrunde liegt, ist in den meisten Fällen eng auf die zeitgenössische, jeweils unterschiedlich konfigurierte Theaterpraxis bezogen, entsprechend historisch und kulturell höchst variabel und zudem abhängig von der jeweiligen theatralen Institution: Das Publikum eines Hoftheaters des 18. Jahrhunderts beispielsweise unterscheidet sich von demjenigen einer zeitgenössischen Wandertruppe oder eines heutigen Staats- oder Stadttheaters. Das Publikum von Bühnen in öffentlicher Trägerschaft wiederum setzt sich anders zusammen als das eines Volks-, Boulevard- oder eines Studententheaters – entsprechend unterscheiden sich auch Repertoire und Agenda der jeweiligen Institutionen. Weitere produktions- und rezeptionsästhetische Unterschiede ließen sich im Hinblick auf das Auditorium anführen: Die Reaktionen eines großen Publikums können sich von dem eines kleinen unterscheiden; ein Premierenpublikum unterscheidet sich von einem Festival-, einem Abonnenten- oder einem Matineepublikum usw. Arno Paul hat es pointiert gefasst: „Das Theaterpublikum an sich gibt es nicht, sondern nur eine Vielzahl historisch, kulturell, gesellschaftlich, raum- und zahlenmäßig verschiedener Publikumsgebilde" (Paul 1969, 16). Differenzen zeigen sich auch innerhalb der jeweiligen Publikumsformen: Unterschiede darin, wie eine Aufführung gesehen und wie das Gesehene verstanden wird, lassen sich u. a. auf Bildungsstand und Herkunft, Alter und Beruf, Geschlecht und sozialökonomischen Status zurückführen, um nur einige Parameter zu nennen, deren Bedeutung die empirische Publikumsforschung herausgearbeitet hat (vgl. L. Wickert 2006; Sauter ²2014). Mit der Zusammensetzung historischer Auditorien haben sich die Literatur- und die Theaterwissenschaft zwar beschäftigt, trotzdem bildet ein Zugriff, der die Virulenz des Publikums für die Dramen- und Theaterproduktion konsequent in den Blick nimmt, immer noch ein Desiderat. In jüngster Zeit vorgelegte Arbeiten haben gezeigt, wie reich das Quellenmaterial einer historischen Theaterpublikumsforschung ist: Das Korpus umfasst neben Theaterjournalen und Rezensionen auch bisher nur wenig beachtete Archivalien wie Autobiographien und Tagebücher von Akteurinnen und Akteuren aus dem Schauspiel und der Regie sowie von Zuschauenden, Anstands- und Konversationsliteratur, theatermedizinische Abhandlungen sowie Spielpläne und Theaterzettel (vgl. Korte 2012; Korte und Jakob 2012; Jakob 2014; Korte et al. 2014).

3 Verbürgerlichung des Theaters

Aus welchen sozialen Schichten das auf die Bühne gebrachte Drama seine Zuschauerinnen und Zuschauer rekrutiert, ist nicht nur in Bezug auf die jeweilige Theaterform (etwa National- oder Stadttheater in öffentlicher Trägerschaft, Freie Szene oder Studententheater, Boulevard- und Volkstheater) sehr verschieden, sondern auch historischen Veränderungen unterworfen. Während im antiken Griechenland potentiell die gesamte Polis (abzüglich der Frauen, Metöken und Sklaven) als Publikum für das öffentliche Spektakel in Frage kam, war das Theater in weiten Teilen Europas im Barock und Absolutismus größtenteils eine exklusive, dem Adel vorbehaltene Hofveranstaltung; entsprechend richtete sich auch die mäzenatisch finanzierte Dramenproduktion auf diesen Rezipientinnen- und Rezipientenkreis aus. Die Stücke spiegelten die Welt ihres Publikums wider und orientierten sich an Idealen und Werten der höfischen Sphäre. Ausnahmen gab es freilich: Einer breiteren Öffentlichkeit zugänglich war in England beispielsweise das als Volkstheater fungierende elisabethanische Schauspiel, in dem die Texte Shakespeares zur Aufführung kamen. Außerdem gab es in ganz Europa wandernde Theatertruppen, die auf Märkten oder Festen ihr Repertoire, das hauptsächlich aus Haupt- und Staatsaktionen, komischen Einlagen und Opern-Versatzstücken gebildet war, für ein breites Publikum auf die Bühne brachten. Das gesellschaftliche Renommee dieser Wandertruppen war gering, Schauspielerinnen und Schauspieler galten als soziale Randgruppe, ihre auf Unterhaltung und Spektakel setzenden Vorstellungen bildeten das Ziel zahlreicher polemischer Kritiken, da man den schlechten Einfluss des Theaters auf das Publikum fürchtete.

In Deutschland erfuhren Drama und Theater im 18. Jahrhundert tiefgreifende Veränderungen, die gemeinhin mit dem Begriff der ‚Verbürgerlichung' des Mediums gefasst werden. Einerseits avancieren Lesedramen auf dem schnell expandierenden Buchmarkt zu einem der populärsten Genres – eine rege Textproduktion war die Folge (vgl. Stefanek 1985; Boyle 1986). Zahlreiche Stücke, die heute regelmäßig in Spielplänen zu finden sind und den Ruf eines klassischen Theatertextes haben, waren ursprünglich nicht für die Bühne gedacht, sondern als Lesedramen angelegt. Teilweise transgredieren diese Stücke sehr bewusst in formaler und thematischer Hinsicht die Anforderungen und Möglichkeiten der zeitgenössischen Bühnen, um sich – explizit etwa durch programmatische Vorworte – in einem avantgardistischen Gestus der Möglichkeit der Inszenierung zu entziehen.

Auf der anderen Seite erfährt die Bühnenpraxis selbst tiefgreifende Veränderungen: Institutionell wird das Theater durch die Öffnung einzelner Hoftheater für ein zahlendes, nicht-adeliges Publikum und im Zuge der Gründung privat finanzierter, stehender Bühnen im Kontext der Nationaltheater-Idee Schritt für Schritt zum Versammlungs- und Repräsentationsort einer selbstbewusster auftretenden bürgerlichen Öffentlichkeit. Diese Veränderung des Auditoriums geht mit einer radikal modifizierten Bühnenpraxis einher, die alle Bereiche des Theaters umfasst, vom Repertoire (vgl. Heinz 1999) über den Schauspielstil (vgl. Košenina 1995) bis hin zu Architektur und zum Bühnenbau (vgl. J. Meyer 1998). Die Dominanz des Bürgertums im Parkett prägt das Theater im deutschsprachigen Raum entscheidend – und die Konzeptualisierung der Bühne als „Abenduniversität des Bürgers" (Dreßler 1993, 9) wirkt bis heute nach. Die Arbeiten der sich in der Zwischenkriegszeit etablierenden Avantgarde-Bewegung (u. a. von Wsewolod E. Meyerhold, Bertolt Brecht, Erwin Piscator) opponieren gegen diese (bildungs-)bürgerliche Vereinnahmung der Bühne und unternehmen vor dem Hintergrund einer sich diversifizierenden Medienlandschaft den Versuch, das Theater durch veränderte Schreib- und Inszenierungsstrategien für andere gesellschaftliche Schichten zu öffnen und das Publikum aktiv in das Geschehen einzubinden. Dieser Agenda verpflichtet ist noch das Theater der Gegenwart seit den 1970er Jahren, das die Texte des bildungsbürgerlichen Kanons im Regietheater zum Material erklärt und (jenseits des Verdikts der Werktreue) kreativ bearbeitet. Sie werden aus- und umgeschrieben auf die Bühne gebracht, um das Theater beispielsweise – neuen bzw. anderen Publikumserwartungen entsprechend – in Richtung der Pop-Ästhetik und der Performancekunst zu öffnen oder um auf der Bühne interkulturelle Fragestellungen zu verhandeln (vgl. Englhart 2013, 92–121; Schößler 2013, 148–215).

Initiiert und begleitet ist die Verbürgerlichung des Theaters im 18. Jahrhundert von einer literaturtheoretischen Debatte, zu deren Protagonisten u. a. Johann Christoph Gottsched, Johann Elias Schlegel, Gotthold Ephraim Lessing und Friedrich Schiller zählen. Terminologisch schließt der ästhetische Diskurs der Zeit an die antike Wirkungslehre an, um sie gleichzeitig – das Gedankengut der Aufklärung aufgreifend und ausschreibend – im Hinblick auf das Publikum in einen Unterhaltungs- und Erziehungsdiskurs zu überführen. Formal-ästhetische, unterhaltungstechnische und moraldidaktische Überlegungen werden in einer ausdifferenzierten Affektlehre gekoppelt, für die wiederum Aristoteles ein zentraler Bezugspunkt ist. Schon die gottschedsche Theaterreform zielt ab den 1730er Jahren neben der strengen Reglementierung der Form und der Nobilitierung des Dramas durch den Entwurf einer auf das antike Vorbild und die französische Klassik zurückgreifenden Regelpoetik auf die erzieherische Funktion der Bühne, die das Publikum nicht nur unterhalten, sondern auch bilden sollte: Gottsched bestimmt das Trauerspiel als „ein lehrreiches moralisches Gedichte", das von „vornehme[n] Personen" handelt und „auf der Schaubühne nachgeahmet und vorgestellet wird" (Gottsched 1972a [1729], 5). Zentrale Kategorien aus der

Poetik übernehmend, erklärt Gottsched zum Zweck des Trauerspiels und dessen Aufführung, die „Leidenschaften ihrer Zuhörer" zu wecken und „Mitleiden und Schrecken" zu erregen, um eine „Hauptlehre" zu vermitteln. Bestimmt wird die Tragödie schließlich neo-stoizistisch als „Schule der Geduld und Weisheit" für das Publikum, als eine „Vorbereitung zu Trübsalen, eine Aufmunterung zur Tugend, eine Züchtigung der Laster" (Gottsched 1972a [1729], 5). Mit der Beschreibung des Schauspiels als „Schule" oder dem Hinweis auf die Vermittlung von Tugend und Moral, der das Medium diene, sind Programmbegriffe genannt, die als Beleg einer „pädagogischen Funktionalisierung des Schauspiels" (Alt ²2001, 188) gelten können, um die der Diskurs zum Konnex von Drama und Publikum im gesamten 18. Jahrhundert kreist. Auch Lessings maßgebende dramentheoretische Überlegungen schreiben, obwohl sie sich in scharfer Polemik von Gottscheds theoretischen Texten und deren literarischer Umsetzung in Modellstücken distanzieren, dessen didaktische Funktionalisierung der Bühne fort, wenn auch mit einem anderen Fokus: Zu nennen wäre etwa die von Lessing prominent gemachte Kategorie des Mitleids bzw. das Prinzip der Mäßigung der Affekte. In seiner einflussreichen *Hamburgischen Dramaturgie,* mit der er das von Kaufleuten getragene Nationaltheater-Projekt der Hansestadt Ende der 1760er Jahre publizistisch begleitet, argumentiert Lessing nicht nur als Theaterpraktiker und Bühnenautor, sondern auch als Kritiker, mithin als Teil des Publikums. Die in der *Dramaturgie* prominent gesetzten Pronomen ‚wir' und ‚uns' lassen sich vor diesem Hintergrund nicht nur als Reverenz an eine rhetorische Tradition verstehen, sondern auch als Verweis auf die von Lessing eingenommene Perspektive der Zuschauenden. Lessing bestimmt, übersetzungstechnisch kreativ an Aristoteles anschließend, das Mitleid als die emotionale Reaktion, die das Drama beim Publikum hervorrufen soll, und lässt dabei wirkungs- und produktionsästhetische Aspekte ineinandergreifen. Ein Beispiel dafür sind seine Ausführungen zur Figurenzeichnung. Im 14. Stück der *Dramaturgie* erläutert er, dass die „Namen von Fürsten und Helden [...] einem Stücke Pomp und Majestät geben", aber nichts zur „Rührung" beitragen könnten: „Das Unglück derjenigen, deren Umstände den unsrigen am nächsten kommen, muß natürlicher Weise am tiefsten in unsre Seele dringen; und wenn wir mit Königen Mitleiden haben, so haben wir es mit ihnen als mit Menschen, und nicht als mit Königen" (Lessing 1985 [1767–1769], 251). Die Einfühlung, für Lessing unerlässliche Bedingung für die Generierung von Mitleid, erreiche das Drama über die Identifizierung der Rezipientinnen und Rezipienten mit den handelnden Figuren. Wenn das Publikum aber nicht mehr nur aus Mitgliedern des Adels besteht, sondern auch oder vor allem die bürgerliche Schicht repräsentiert, ergeben sich daraus Konsequenzen für die Dramenproduktion selbst. In Hinsicht auf das Auditorium, auf das die Hamburger Entreprise setzt, ist die von Lessing hier in pointierter Kürze formulierte Ablehnung der Ständeklausel zugunsten der Etablierung bürgerlicher Tugenden nur konsequent. Ein neues Publikum erfordert andere Texte. Oder anders gesagt: Kein neues Theater mit alten Konventionen.

Die Konzeptualisierung des Theaters als Sozialisierungsinstitution hat gegen Ende des Jahrhunderts Schiller mit dem Begriff von der ‚Schaubühne als moralischer Anstalt' prägnant gefasst. Eklektisch auf Prätexte Gotthold Ephraim Lessings, Johann Georg Sulzers und Louis-Sébastien Merciers zurückgreifend, bezeichnet Schiller die Bühne in einem Nobilitierungsgestus als Institution der „Menschen- und Volksbildung", um deren „Rang neben den ersten Anstalten des Staates" zu betonen (Schiller 2004a [1784], 826). Den Wirkungskreis der Bildungsinstitution Theater zieht Schiller dabei vom politischen über den juridischen bis hin zum psychologischen Bereich: „Die Schaubühne ist mehr als jede andere öffentliche Anstalt des Staats eine Schule der praktischen Weisheit, ein Wegweiser durch das bürgerliche Leben, ein unfehlbarer Schlüssel zu den geheimsten Zugängen der menschlichen Seele" (Schiller 2004a [1784], 826). Ein Blick in die Zensur- und Skandalgeschichte des Theaters zeigt, welche immense Wirkmacht das schillersche Konzept – zur Formel reduziert und entsprechend popularisiert – für die gesellschaftliche Vorstellung davon entfaltete, was die Bühne für das Publikum zu leisten habe, welche Funktion dem Theater als kultureller Institution innerhalb des Gemeinwesens zukomme.

4 Publikum und Theater: Wege der Forschung

An der Bedeutung des Publikums für das Drama besteht in der Forschung kein Zweifel, allerdings ist die Funktion der Zuschauerinnen und Zuschauer innerhalb der Aufführung unterschiedlich konzeptualisiert worden. Volker Klotz beispielsweise hat das Auditorium im Hinblick auf die von den Zuschauenden zu leistende Interpretationsarbeit als zweite dramaturgische Instanz bestimmt. Das Publikum führe die Aktivitäten der Schreibenden, der Dramaturgie und der Regie fort, um damit an der „öffentlichen Aktualisierung des dramatisch-szenischen Ereignistexts" mitzuwirken. Indem es das Gesehene und Gehörte „als sinnvollen Zusammenhang verarbeitet", so erläutert Klotz, „vollführt es selber dramaturgische Tätigkeiten. Durch Bewußtseinsakte, mit denen es für sich einordnet und zurechtrückt, was optisch und akustisch, in Bildern und Sprache von der Bühne kommt." Die Zuschauerinnen und Zuschauer, so Klotz weiter, heben hervor und drängen ab, sie „stufen und gewichten den Andrang [...] oder sie ebnen ihn ein. So gehen sie in zweiter Instanz noch einmal dramaturgisch um mit dem dramatischen Material und den dramatischen Konstruktionsverfahren, wie das schon seitens der Theatermacher geschehen ist" (Klotz 1976, 17). Erst durch diese Verarbeitung finde die jeweils endgültige dramaturgische Herstellung des Textes statt. In eine ganz ähnliche Richtung zielt das Konzept des ‚emanzipierten Zuschauers' von Jacques Rancière, mit dem er das Verhältnis von Kunst und Politik mit Blick auf das Theater zu bestimmen versucht. Die geradezu topische Kritik an passiven Rezipientinnen und Rezipienten, die nur schauten, nicht aber erkennen würden und damit von der Fähigkeit zur Handlung abgetrennt seien, lehnt Rancière ebenso ab wie die daraus – etwa von Bertolt Brecht oder Antonin Artaud – abgeleitete Vorstellung, das Publikum müsse im Theater mobilisiert werden, um nicht passiver „Voyeur[ ]" zu sein (Rancière 2009, 13–14). „Was erlaubt es", so Rancière, „den an seinem Platz sitzenden Zuschauer für inaktiv zu erklären, wenn nicht die vorher behauptete radikale Opposition zwischen dem Aktiven und dem Passiven?" (Rancière 2009, 22) Die Semantisierung von Handeln als Aktivität und von Zuschauen als Passivität versteht er als beliebig, um stattdessen das „Privileg des Beobachters" (Rancière 2009, 14) zu betonen: „Auch der Zuschauer handelt, wie der Schüler oder der Gelehrte. Er beobachtet, er wählt aus, er vergleicht, er interpretiert. Er verbindet das, was er sieht, mit vielen anderen Dingen, die er gesehen hat, auf anderen Bühnen und an anderen Arten von Orten. [...] Die Emanzipation nimmt an der Aufführung teil, indem sie sie auf ihre Weise bearbeitet" (Rancière 2009, 23–24). Rancières Thesen sind vielfach aufgegriffen worden, haben in jüngster Zeit jedoch Kritik erfahren. Nikolaus Müller-Schöll etwa weist darauf hin, dass in dieser Konzeptualisierung des Publikums die *differentia specifica* des Theaters verschwinde: Die von Rancière beschriebene Form der Beobachtung und Betrachtung könne auch in anderen öffentlichen Räumen stattfinden und benötige die Praxis des Theaters nicht mehr. Darüber hinaus sei der Begriff des ‚emanzipierten Zuschauers' deshalb problematisch, weil man nicht prinzipiell von einer Gleichberechtigung zwischen Theatermachenden und Zuschauenden ausgehen könne. Müller-Schöll spricht in diesem Zusammenhang von einer „Politik der Vorstellung", mit der „[a]ll jene institutionalisierten und durch die Inszenierung geschaffenen Vorgaben" gemeint sind, die das Dispositiv ‚Theater' auszeichneten (Müller-Schöll 2009, 85). Jede vermeintlich freie und gleiche Begegnung im Theater sei mit gesellschaftlichen, ökonomischen, politischen und historischen Bedingungen verbunden, die die Beteiligten mit mehr oder weniger Macht, mit mehr oder weniger Einfluss auf das Geschehen ausstatteten (vgl. Müller-Schöll 2009, 84–86).

Dass die Zuschauerinnen und Zuschauer im Theater grundsätzlich *nicht* passiv rezipieren, ist in der Theaterwissenschaft, die ihre Etablierung als eigenständige Disziplin aus dem Primat der Aufführung bzw. deren Konzeption als eigenständigem künstlerischen Artefakt abgeleitet hat, stets mit Nachdruck betont worden, auch wenn die Klage über die mangelnde Auseinandersetzung der Forschung mit dem Auditorium als ein Topos des theaterwissenschaftlichen Diskurses gelten kann. Vor allem Richard Schechner hat sich seit den 1960er Jahren mit seinen theaterpraktischen und -theoretischen Arbeiten diesem Desiderat gewidmet, die Prozess- und Ereignishaftigkeit der Aufführung betont und in diesem Zusammenhang den Begriff ‚Performance' entscheidend geprägt. Schechner unterscheidet zwischen „drama", „script", „theater" und „performance": „[T]he drama is what the writer writes; the script is the interior map of a particular production; the theater is the specific set of gestures performed by the performers in any given performance; the performance is the whole event, including audience and performers" (Schechner ²2003, 87). Schechner interessiert das Verhältnis von Publikum und Darstellenden während des Events der Performance; seine Theaterarbeiten experimentieren mit dem Zusammenspiel beider Gruppen, indem sie die Grenzen zwischen Agierenden und Rezipierenden konsequent verwischen. In seiner wirkmächtigen Essay-Sammlung *Performance Theory* reflektiert Schechner diese Experimente vor einer komparatistisch angelegten, theaterhistorischen Folie und erklärt das Publikum zum „dominant element of any performance" (Schechner ²2003, 94).

Es ist das Verdienst Andrzej Wirths, Schechners Thesen bereits früh in den deutschsprachigen Diskurs eingeführt zu haben; methodisch produktiv gemacht wurden sie u. a. von Joachim Fiebach (2007) und Hans-Thies Lehmann, etwa in dessen einflussreichen Essay *Postdramatisches Theater* (⁶2015 [1999]). Popularität über die Grenzen der Theaterwissenschaft hinaus erlangten die schechnerschen Theoreme durch Erika Fischer-Lichtes Arbeiten zur Ästhetik des Performativen. Fischer-Lichte legt den Fokus auf die ‚leibliche Ko-Präsenz' von Zuschauenden und Darstellenden (vgl. Fischer-Lichte 2004, 47) und verweist auf die vielfältigen Reaktionen des Publikums, die für die theatrale Kommunikation von Interesse sind: Sie reichen vom Kichern und (Mit-)Lachen, Schluchzen und Weinen, vom lauten Ein- oder Ausatmen und Luftanhalten über das Scharren mit den Füßen, vom Hin- und Herrücken auf den Stühlen, dem Blick auf die Uhr oder das Mobiltelefon und den Szenenapplaus bis hin zu aktiven Äußerungen von Protest (vgl. Fischer-Lichte 2004, 11). Diese Reaktionen der Rezipientinnen und Rezipienten wirken sich sowohl auf das Verhalten des Auditoriums als auch auf dasjenige der Schauspielerinnen und Schauspieler aus. Die Wahrnehmung der Aufführung kann durch die Reaktion anderer Rezipierender verstärkt oder irritiert werden: Das Lachen des Sitznachbarn verstärkt den Eindruck einer komischen Szene und setzt den Effekt einer traurigen oder spannenden Episode außer Kraft. Die Spielenden wiederum reagieren – bewusst oder unbewusst – ebenfalls auf die Reaktion des Publikums: Ihr Spiel gewinnt oder verliert an Intensität, sie treten näher an den Bühnenrand oder ziehen sich von der Rampe zurück, die Stimmen der Sprechenden werden lauter oder leiser, schriller oder zurückhaltender.

Diese Wechselwirkungen haben jenes Maß an Kontingenz zur Folge, das jeder Aufführungssituation eignet. In dieser Form „einer selbstbezüglichen und sich permanent verändernden *feedback*-Schleife" (Fischer-Lichte 2004, 59) zwischen Zuschauenden und Spielenden liegt die Ereignishaftigkeit des theatralen Aktes begründet.

5 Disziplinierung des Publikums

Um die konkrete Ausgestaltung dieser „*feedback*-Schleife" kreist die Debatte im Verlauf der Theatergeschichte immer wieder. Sie pendelt zudem zwischen der Zügelung der Zuschauenden auf der einen und ihrer Stimulierung auf der anderen Seite. Bis weit in das 19. Jahrhundert hinein ist die Disziplinierung des Publikums in doppelter Hinsicht zentrales Projekt der Theaterpolitik: Erstens geht es um die Veredelung des Geschmacks der Zuschauenden, zweitens um die Regelung ihres Verhaltens während der Aufführung. Bereits die gottschedsche Theaterreform hat die Literarisierung des Dramas durch den Entwurf einer Regelpoetik zum Ziel, strebt die Verbesserung des Theaters durch die Reformierung des Repertoires sowie die Verpflichtung der Aufführung bzw. der Schauspielerinnen und Schauspieler auf den literarischen Text an. Gleichzeitig wird das auf Unterhaltung und Improvisation angelegte, beim Publikum beliebte Repertoire der Wandertruppen einer heftigen Kritik unterzogen – symbolisch umgesetzt in der öffentlichen Vertreibung des Hanswurst von der Bühne durch die neubersche Theatertruppe im Jahr 1737. Aber auch in der Folge reißt die Kritik am mangelnden ästhetischen Geschmack des Publikums nicht ab. Das Auditorium suche im Theater, so klagt Schiller noch ein halbes Jahrhundert nach Gottsched in seinem Essay „Über das gegenwärtige teutsche Theater", nur einen „Zeitvertreib", um die „eingähnende Langeweile zu beleben". Nicht Bildung oder ästhetischer Genuss motiviere die Zuschauenden, ins Theater zu gehen, stattdessen habe das Publikum Interesse am „Papiergeld der Empfindungen und galanten Zoten" (Schiller 2004b [1782], 813). Schillers Kritik am Theaterpublikum beschreibt ein Problem des bürgerlichen Theaters präzise: Zu konstatieren ist ein Hiatus zwischen dem ästhetisch-aufklärerischen Programm und der vom Zuschauerinnen- und Zuschauerwillen geprägten theatralen Praxis, wie ein Blick auf die Spielpläne der Zeit zeigt: Trauerspiele und Tragödien, auf die die Theaterreformerinnen und -reformer der Zeit vor allem setzen, machen nur einen sehr geringen Anteil des Programms aus, stattdessen dominieren Unterhaltungsstücke, Lustspiele und Operetten (vgl. Heinz 1999; Korte 2012). Es sind die bürgerlichen Rührstücke Charlotte Birch-Pfeiffers, August Wilhelm Ifflands und August von Kotzebues, die den Geschmack des

Publikums treffen und auf den Bühnen gespielt werden. Das Projekt der Veredelung des Theaters ist dadurch mit einer paradoxen Situation konfrontiert: „Bevor das Publikum für seine Bühne gebildet ist, dürfte wohl schwerlich die Bühne ihr Publikum bilden" (Schiller 2004b [1782], 813). Erreichen wird das Theater ein in diesem Sinne ‚gebildetes' Publikum erst im weiteren Verlauf des 19. Jahrhunderts; erst dann setzt sich jenes Programm durch, das bis heute das Repertoire der großen Bühnen bestimmt.

Einfluss genommen werden soll aber auch auf das Verhalten des Publikums während der Aufführung. Als problematisch gilt dabei zum einen die mangelnde Aufmerksamkeit der Rezipientinnen und Rezipienten im Theater bzw. deren mangelnde Wertschätzung für das, was auf der Bühne geleistet wird. Viele Zuschauerinnen und Zuschauer treffen erst weit nach Vorstellungsbeginn ein oder verlassen das Theater frühzeitig. Ist das Parterre noch unbestuhlt, kommt es zu Gedränge und Auseinandersetzungen, da es durchaus üblich ist, die Vorstellung zu verlassen, um im Foyer zu flanieren. Im zu dieser Zeit noch beleuchteten Zuschauerraum wird gegessen, getrunken und Konversation betrieben. In den hinteren Reihen sorgen Studenten und Angehörige des Militärs für Tumulte, so dass schließlich an manchen Orten eine Theaterpolizei eingerichtet wird. „Während der Aufführung auf der Bühne lief noch eine andere Vorstellung, die das Publikum sich selbst bot" (Korte 2012, 26). Als mindestens ebenso problematisch wird zum anderen aber das gegenteilige Verhalten empfunden: die zu starke Aufmerksamkeit für das Geschehen auf der Bühne und – verbunden damit – das Engagement des Publikums während der Aufführung. Das Auditorium spendet Szenenapplaus und fordert Wiederholungen einzelner Passagen, kommentiert die Leistung der Darstellenden, fordert den Auftritt beliebter Schauspielerinnen und Schauspieler, um unbeliebte lautstark zu kritisieren. Wird am Abend das Programm für die kommenden Tage verkündet, nehmen die Anwesenden durch den Ausdruck von Zustimmung und Missbilligung aktiv Einfluss. Zeitgenössische Theaterjournale und Kulturzeitschriften kritisieren dieses ‚störende' Verhalten der Zuschauerinnen und Zuschauer und entwickeln Regeln, wie ein Theaterbesuch abzulaufen habe. Problematisiert wird beispielsweise der häufige Applaus während der Aufführung, da er „vordergründige Wirkungsmittel" (Korte 2012, 22) goutiere, die Effekthascherei der Schauspielerinnen und Schauspieler befördere und die Aufmerksamkeit vom Text abziehe. In den Sitzungen des Mannheimer Theaterausschusses, einer der wichtigsten Bühnen der Zeit, wird etwa diskutiert, ob „das Händeklatschen oder eine allgemein herrschende Stille der schmeichelhafteste Beifall für einen Schauspieler" sei (zit. n. Martersteig 1890, 144).

Beide Aspekte der Disziplinierung, die Veredelung des Geschmacks wie die Reglementierung des Verhaltens während der Aufführung, zielen auf die *agency* des Publikums; der Einfluss der Zuschauenden auf die Aufführung soll minimiert werden. Daher lässt sich die ‚Veredelung des Publikums' auch als dessen Domestizierung beschreiben. Während im 18. Jahrhundert noch alle Publikumsgruppen von der Annahme ausgehen, „den Verlauf des Theaterabends mitzubestimmen" (Kotte 2013, 317), entwickelt sich das Auditorium in der Folge – etwa durch die Verdunkelung und feste Bestuhlung des Zuschauersaales – Schritt für Schritt zur schweigenden Masse, deren Einfluss auf die Aufführung möglichst gering gehalten wird. Dem Extemporieren und der Improvisation werden auf der Bühne kein Raum mehr gegeben; das Publikum wird nicht mehr direkt adressiert und die vierte Wand zur Grenze, die Agierende und Rezipierende trennt (vgl. Dreßler 1993). Stattdessen etabliert sich das Primat des Textes; „Werktreue" (Balme 2008) avanciert zu einem relevanten Faktor und lässt die Autorinnen und Autoren zu einer zentralen Instanz werden.

6 Aktivierung des Publikums

Im ersten Drittel des 20. Jahrhunderts vollzieht sich mit der Re-Theatralisierung der Bühne und der (Wieder-)Entdeckung des Zuschauers ein Paradigmenwechsel (vgl. Fischer-Lichte 1997). Die Avantgarde-Bewegung der 1910er und 1920er Jahre um Meyerhold, Brecht und Piscator hatte – nicht zuletzt vor dem Hintergrund einer Politisierung der Bühne – das Ziel, die passive Rezeptionshaltung des Publikums zu beenden und die Zuschauenden neben Autor, Schauspieler und Regisseur als ‚vierten Schöpfer' ins Recht zu setzen, mithin das Konzept einer ‚Zuschaukunst' zu etablieren (vgl. Roselt 2008, 363–367). Umgesetzt wird diese Strategie sowohl auf der Ebene der Dramenproduktion als auch auf der Ebene der Inszenierung selbst. Brechts gegen das Konzept der Einfühlung gerichtete Prinzip der Verfremdung etwa setzt auf die aktivierende Irritation der Zuschauerinnen und Zuschauer, die sich ihrer Position als solche bewusstwerden sollten. Piscators multimediale Arbeiten folgen dieser Zielsetzung ebenso wie die inszenatorischen Versuche, an die kultischen Ursprünge des Theaters anzuknüpfen und die Aufführung als ‚Fest' zu gestalten. Neben diesen formalästhetischen und inszenatorischen Strategien ist die Aktivierung des Publikums aber auch mit der Bühnenkonstruktion und der Theaterarchitektur verbunden, etwa in Gropius' Entwurf eines ‚Totaltheaters', das die von der Guckkastenbühne vollzogene Trennung von Bühnen- und Zuschauerraum verwirft. Ziel all dieser Bestrebungen ist es, konventionalisierte Formen der Rezeption aufzubrechen. Vor allem die Theaterexperimente der 1960er Jahre haben vor dem Hintergrund einer Politisierung der Bühne an diese Prinzipien angeschlossen (vgl. Kraus 2007). In der DDR etwa sollte über das Theaterspiel in Fabriken und Werkstätten, mithin über eine räumliche Entgrenzung, ein neues Publikum für das Medium erschlossen werden. Am Konzept des elitären ‚Musentempels' und am entsprechenden Publikum arbeitete sich aber auch das Theater der Bundesrepublik ab: Peter Handkes *Publikumsbeschimpfung* ruft konventionalisierte Rezeptionsformen auf, indem zunächst die ‚Aufführung' eines normalen Theaterabends umgesetzt wird, u. a. im Hinblick auf den geforderten Dresscode oder das Ritual der Platzanweisung. Die *Publikumsbeschimpfung* selbst durchkreuzt die Erwartungen programmatisch; das ‚Sprechstück' bietet keine Handlung, sondern überspielt die vierte Wand und macht das Publikum stellvertretend für die bildungsbürgerliche Institution Theater selbst zum Thema der Aufführung und zum Ziel der Kritik.

Dieser Diskurs affiziert in den 1960er Jahren auch die theaterwissenschaftliche Forschung. Nicht zufällig plädiert Arno Paul in seiner gegen Ende des Jahrzehnts erscheinenden Untersuchung der Theaterskandale der Goethe-Zeit für eine Aufwertung des Protestes, um das aktive Publikum wieder in Erinnerung zu bringen und zu nobilitieren. Er kritisiert, dass Zuschauerskandale, obwohl sie bis zu einer gewissen Grenze den Konventionen des Theaters und den Erwartungen an das Publikum entsprechen, „wie die meisten Formen des Streits als destruktiv und dysfunktional" verstanden und entsprechend abgewertet werden. Im Begriff des „Theaterskandals" sei das „Anstößige, Ungehörige und Schandbare dieser Aktivitäten scharf akzentuiert" (Paul 1969, 21); Paul schlägt als Alternative den (positiv konnotierten) Begriff der ‚spektatorischen Aggression' vor.

7 Ausblick

Vor allem das postdramatische, sich an der Performancekunst orientierende Theater seit den 1990er Jahren ist der „Transformation der Zuschauer in Akteure" (Fischer-Lichte 2004, 15) verpflichtet. Beispiele dafür sind etwa die Arbeiten der Performancekollektive She She Pop, Gob Squad und Rimini Protokoll. Ein besonders prägnantes Beispiel für das Spiel mit dem Publikum ist das im Rahmen der Wiener Festwochen im Jahr 2000 von Christoph Schlingensief realisierte Projekt *Ausländer raus – Bitte liebt Österreich*. Die Wahlslogans der rechtspopulistischen FPÖ literalisiert Schlingensief, indem er in der Wiener Innenstadt Container aufstellt, in die für eine Woche eine Gruppe (angeblicher) Asylbewerber einzieht, über deren Abschiebung das Publikum per Online-Voting jeden Tag abstimmen kann. Die Partizipation des Publikums wird damit zu einem zentralen Moment der Inszenierung und gleichzeitig als voyeuristisch-gewaltvolle Handlung markiert. Darüber hinaus müssen sich die (teilweise unfreiwillig) zum Publikum werdenden Passantinnen und Passanten zum Projekt und zu den Reaktionen anderer verhalten. Die weißen Container, das vermeintliche Skandalon der Aktion, werden zum Bühnenbild, vor dem sich die eigentliche Handlung vollzieht: die Performance des Publikums. Irritierend ist das von Schlingensief entworfene ambivalente Setting; die Aktion transgrediert den topographisch klar umrissenen Ort des Theaters und setzt damit konventionalisierte Formen der Rezeption außer Kraft (vgl. Schößler 2013, 233–253; Varney 2010). Konfrontiert ist das Publikum mit einer Situation, die die Erwartungshaltung an das Medium problematisiert, weil es selbst in die Funktion des Protagonisten rückt. Diese Verschiebung ist von Bedeutung: Nach Hans-Thies Lehmann sind die Zuschauerinnen und Zuschauer „praktisch, mehr aber noch ästhetisch die zentrale Frage des Theaters, seiner Praxis und seiner Theorie geworden" (H.-T. Lehmann 2008, 26). Insofern handelt es sich bei Schlingensiefs Aktion – im Hinblick auf den Status des Publikums – durchaus um ein programmatisches Projekt für das Theater der 2000er Jahre.

Gabriela Paule
III.3.9 Drama, Theater und Fachdidaktik

1 Einleitung

Im Rahmen eines literaturwissenschaftlich ausgerichteten Handbuchs ist in vorliegendem Beitrag zunächst zu klären, worum es in fachdidaktischer Sicht bei der Betrachtung der Gegenstände ‚Drama' und ‚Theater' geht. Ziel jeder fachdidaktischen Forschung ist der Entwurf, die kontinuierliche Überprüfung und zukunftsorientierte Weiterentwicklung von fachbezogenen Bildungskonzepten sowie die damit verbundene Steuerung, methodische Unterstützung und Begleitung zugehöriger Lehr- und Lernprozesse – vorrangig im Hinblick auf Kinder und Jugendliche im institutionellen Kontext Schule. Dies impliziert, dass es sich bei der Fachdidaktik, hier der Deutsch- und insbesondere der Literaturdidaktik, um eine „eingreifende" Wissenschaft (Kepser und Abraham ⁴2016, 11) handelt: Sie wirkt – u. a. durch die Mitgestaltung der Aus- und Weiterbildung von Lehrkräften – direkt auf anvisierte Bildungsprozesse von Kindern und Jugendlichen, und sie entwickelt ihre Konzepte immer bezogen auf gesamtgesellschaftliche und kulturelle Verhältnisse. Letzteres ist aktuell deutlich sichtbar am zügigen und entschiedenen Ausbau des Schwerpunkts Didaktik des Deutschen als Zweitsprache, der an Schule und Hochschule auf die äußerst dynamische Migrationsbewegung nach Deutschland reagiert. Aber auch die Mediendidaktik als die neben Sprach- und Literaturdidaktik etablierte dritte Säule des Faches war im Zuge der rasant fortgeschrittenen medialen Entwicklung und deren Einfluss sowohl auf die Lebenswelt heutiger Kinder und Jugendlicher als auch auf die Gegenstände selbst eine notwendige fachliche Erweiterung. Literarische Texte werden gegenwärtig selbstverständlich im Medienverbund (Film, Hörmedien usw.) produziert und rezipiert, was interdisziplinäres Arbeiten erfordert. Die Literaturdidaktik steht im Spannungsfeld verschiedener Bezugswissenschaften: neben der Literaturwissenschaft, der Kinder- und Jugendliteraturforschung und der Lesesozialisationsforschung eben auch der Medienwissenschaft, der Theaterwissenschaft und Theaterpädagogik oder der Interkulturellen Germanistik.

Für den hier zur Diskussion stehenden Gegenstand ‚Drama/Theater' geht es also darum, welche Bildungskonzepte die Literaturdidaktik, hier die Dramen- und Theaterdidaktik, mit Blick vor allem auf das Schulfach Deutsch entwickelt hat. Der vorliegende Beitrag nähert sich der Beantwortung dieser Frage in mehreren Schritten: Zunächst beleuchtet er in einem historischen Überblick die Entwicklung dramen- und theaterdidaktischer Konzepte seit den 1960er Jahren. Der darauf folgende Abschnitt widmet sich dem gegenwärtigen Stand der fachdidaktischen Diskussion, entfaltet also Grundzüge einer Dramendidaktik als Theaterdidaktik für den schulischen Deutschunterricht. Ein letzter Abschnitt schließlich stellt im Sinne eines Forschungsausblicks aktuelle dramen- und theaterdidaktische Problem- und Diskussionsfelder vor, die insbesondere auch Grenzen des Schulfaches Deutsch aufzeigen. Für den gesamten Beitrag bringt die maßgebliche Ausrichtung auf den Regelunterricht eine Fokussierung auf die Dimensionen der Rezeption und (Anschluss-)Kommunikation mit sich. Produktion dagegen, also Theater spielen, findet im schulischen Rahmen eher in Arbeitsgemeinschaften, Wahlpflichtkursen oder – in wenigen Bundesländern – als eigenes Fach statt, wird daher hier ausgeklammert.

2 Dramen- und theaterdidaktische Konzepte: Ein historischer Überblick

Die Vielfalt didaktischer und methodischer Konzepte, die sich seit dem Ende der 1960er Jahre etabliert hat, verlangt nach einem ordnenden, systematisierenden Zugriff. Fragt man aus fachdidaktischer Perspektive danach, was eine schulisch vermittelte Auseinandersetzung mit Drama und Theater zum Gelingen kultureller Bildungs- und Sozialisationsprozesse von Kindern und Jugendlichen beitragen kann (vgl. Paule 2009, 15–63), bietet sich weniger ein gegenstandsbezogener als ein rezipientenorientierter Ansatz an, ausgehend von und im Hinblick auf die jugendlichen Lesenden bzw. Zuschauenden. Die folgende Darstellung wird dieser Perspektive folgen und für das Drama drei Rezeptionsweisen unterscheiden: Dramen werden gelesen, sie werden inszeniert und gespielt und sie werden als Theateraufführung rezipiert.

Dramen lesen

Bis in die 1950er Jahre hinein stand der schulische Dramenunterricht primär unter dem Diktat erzieherischer Ziele. Die Auswahl und Kanonisierung der zu lesenden Dramen erfolgte deshalb vorrangig nach inhaltlich-pädagogischen Kriterien (vgl. Bogdal und Kammler 2002, 178). Es ging also um die Erziehung durch Literatur, um lebenspraktische Indienstnahme von Literatur als ‚Partner' zur Erziehung junger Leute in einer noch jungen demokratischen Gesellschaft. Auch in den Konzepten der sogenannten kritischen Didaktik der 1970er Jahre fand sich diese Orientierung wieder. Sie zielte dann aber auf Historisierung, also auf das Verständnis der jeweiligen Dramen als paradigmatische Texte einer literaturgeschichtlichen

Epoche. Dies wurde eindeutig politisch konturiert, indem ein Transfer von literaturhistorischen Denkmodellen auf gegenwärtiges Problembewusstsein angestrebt wurde. Zwar dominiert eine solche erzieherisch-pädagogische Ausrichtung den heutigen Dramenunterricht nicht mehr, aber Vorstellungen beispielsweise vom Lernen durch Identifikation mit der Protagonistin bzw. dem Protagonisten oder der kritischen Distanzierung spielen auch aktuell im Rahmen der Werteerziehung eine große – dramendidaktisch nicht immer unproblematische – unterrichtliche Rolle (vgl. Abschnitt 3 dieses Beitrags).

Andere Konzepte dagegen strebten schon früh eine reflektierte Gattungslehre an. Literatur sollte nicht länger nur pädagogisch funktionalisiert, sondern in ihrem ästhetischen Eigenwert zum Gegenstand des Unterrichts werden: Erziehung zur Literatur war die neue Zielperspektive. Unter dem Dach dieses gattungstheoretischen Ansatzes gab es in den 1970er Jahren vor allem zwei Ausrichtungen, die die damalige Diskussion beherrschten: das strukturorientierte und das lernzielorientierte Konzept.

Strukturorientiert bedeutet, dass sich der didaktische Fokus von den Inhalten zu grundlegenden dramatischen Strukturen verlagert. Schülerinnen und Schüler sollten also mit gattungsspezifischen Kategorien wie Figur, Handlung, dramatischem Konflikt, Dialog, Monolog, Raum- und Zeitgestaltung usw. vertraut gemacht werden. Dies ist als entscheidender Fortschritt zu werten in einer Zeit, in der grundsätzlich um den unterrichtlichen Stellenwert der Lektüre von dramatischen Texten (neben epischen und lyrischen) gerungen wurde. Im Zuge dieser Neuorientierung wurden bald Konzepte für einen kontinuierlichen und systematischen Lehrgang zur Einführung in dramatische Formen vorgelegt. Hier ist vor allem der Entwurf von Harro Müller-Michaels (1971) zu nennen, der ein strukturorientiertes Spiralcurriculum vorschlägt, in dem die einzelnen Elemente auf immer neuen Komplexitätsstufen wiederkehren. Ordnungskriterium ist dabei das jeweilige Medium, in dem die verschiedenen dramatischen Formen dargeboten werden, also z. B. Schauspielhaus (Drama), Rundfunk (Hörspiel) oder Fernsehen (Fernsehspiel). Die unterschiedlichen Realisationen in den Medien werden damit „zum Prüfstein für die Erkenntnis der grundlegenden dramatischen Strukturen" (Müller-Michaels 1971, 13).

Das zweite zentrale Konzept innerhalb des gattungstheoretischen Ansatzes ist die Lernzielorientierung, für die vor allem Karl Stocker (1972) steht. Er entwickelte Lernziele in drei Dimensionen – Kenntnisse, intellektuelle Fähigkeiten und Fertigkeiten, affektive Einstellungen –, die er in Grob-, Richt- und Feinziele konkretisierte. Die dadurch vorgenommene Festlegung und (Außen-)Steuerung erwarteter Lernprozesse wurde wiederholt kritisch gesehen, weil sie dem Gegenstand ‚Literatur' und dem hermeneutischen Prinzip eines unabschließbaren Verstehensprozesses kaum gerecht werden können. Aus heutiger, kompetenzorientierter Sicht lohnt sich ein Blick zurück auf diesen frühen Versuch der Benennung konkreter Teilfähigkeiten und die hierdurch aufgeworfenen und bereits damals diskutierten Probleme im Kontext literarästhetischen Lernens. Interessant ist Stockers Konzept weiter durch seine schon früh formulierte prospektive Ausrichtung eines Dramenunterrichts, der die Lernenden zur mündigen Teilhabe am literarischen Leben befähigen will und deshalb auch den kulturellen Raum des außer- und nachschulischen Lebens in enger Verbindung mit Medienerziehung reflektiert.

Diese Motivation lässt sich bei verschiedenen anderen Konzepten des gattungstheoretischen Ansatzes gleichfalls erkennen. Müller-Michaels (1971) unternimmt beispielsweise den systematischen Versuch, das Darstellende Spiel funktional an die Dramenlektüre zu binden und auf diese Weise nicht nur dem dramatischen Text, sondern auch seinem Aufführungsbezug Rechnung zu tragen. In dieselbe Richtung weist Rolf Geißler (1972), wenn er sowohl die theatrale Dimension des Dramas berücksichtigt als auch medial vermittelte dramatische Formen miteinbezieht. Herta-Elisabeth Renk (1978) führt diese Ausrichtung mit ihrem semiotisch fundierten Konzept konsequent fort. Es geht ihr darum, dramatische Texte bereits bei der Lektüre von ihrer theatralen Dimension her zu begreifen, also ihre Publikums- und Aufführungsbezogenheit mitzulesen und Wirkungsmechanismen des dramatischen Ausdrucks zu verstehen.

Mit diesem erweiterten Blick auf das Drama als einen Text, der für die Aufführung im Theater konzipiert ist, entwickeln sich in der Folge didaktische Ansätze, denen die Abkehr von der Reduktion des Dramas auf den reinen Lesetext gemeinsam ist. Einerseits reflektieren sie den spielerisch-produktiven Zugang zum Drama, andererseits fordern sie, die professionelle Inszenierung und Aufführung dramatischer Texte in den Dramenunterricht zu integrieren. Nur dadurch fände die Plurimedialität didaktisch auf angemessene Weise Berücksichtigung (vgl. Berker und Riemenschneider 1973, 10). Ein beeindruckendes Signal setzt 1977 ein von Klaus Göbel herausgegebener Sammelband, der sich in mehrfacher Weise auszeichnet. Er versammelt erstmals Beiträge aus verschiedenen Wissenschaftsdisziplinen und arbeitet Versäumnisse der Dramendidaktik historisch auf, indem er nach Gründen dafür sucht, warum die theatrale Dimension dramatischer Texte lange Zeit vernachlässigt worden ist – eine auch aus heutiger Sicht höchst lesenswerte Analyse. Die gemeinsame Stoßrichtung der Beiträge liegt in der Vermittlung eines Verständnisses vom Dramentext „als Vorlage zum Zwecke des Transfers und der Realisierung in der Aufführung, Drama als Partitur, die erst in der Versinnlichung das zeigt, was sie ist" (Göbel 1977, 18).

Dramen inszenieren und spielen

Die über diesen didaktischen Zugriff entstandenen Konzepte unterscheiden sich danach, ob sie mit den theatralen Zeichen simulierend oder tatsächlich szenisch arbeiten. In beiden Fällen werden dramatische Texte probehalber mit dem Blick der Regieführenden, der Schauspielenden oder der Bühnenbildnerin bzw. des Bühnenbildners gelesen. Sowohl der simulierende Gedanke an eine mögliche Inszenierung als auch das tatsächliche Erproben einzelner Inszenierungsideen dienen der Förderung dramatischen und theatralen Verstehens. Beide Ansätze zielen insbesondere auf eine Antizipation der Rolle als Theaterzuschauerin und -zuschauer, denn es geht grundsätzlich nicht nur um Interpretationsleistungen den dramatischen Text betreffend, sondern auch um eine Auseinandersetzung mit dem theatralen Zeichensetzungsprozess.

Ausgangspunkt des didaktischen Prinzips simulierter Dramaturgie und Inszenierung ist die bei der Lektüre eines literarischen Textes einsetzende konkretisierende Vorstellungstätigkeit. In der Imagination der Lesenden entstehen Bilder von z. B. Figuren und Schauplätzen der Dramenhandlung. Zur simulierten Inszenierung wird diese produktive Tätigkeit nach Harald Frommer dann, wenn man diese Vorstellungen materialisiert, d. h. „an die Zeichensysteme und das Rollenrepertoire des Theaters" (Frommer 1995, 118) bindet. Beide sind aber nur symbolisch repräsentiert; es wird nicht tatsächlich spielend-darstellend gearbeitet, sondern das Inszenieren wird zum Gedankenexperiment, das dem Verständnis des Dramatischen und Theatralen dient und das die Schülerinnen und Schüler lehrt, Dramen mit dem Blick des Zuschauenden zu lesen. Methodisch sind dazu vielfache Möglichkeiten aufgezeigt worden, etwa das Arbeiten mit materiellen Vorgaben wie Strichfassungen, Regiebüchern, Bühnenbild- oder Szenenfotos usw. Der Vorteil liegt nach Frommer darin, dass diese Materialien einerseits einen konkreten Anreiz zur Diskussion bieten, andererseits aber auch Widerstand leisten. Denn sie konfrontieren die Vorstellung der Lesenden mit fremden Ideen, zwingen sie dadurch zur Auseinandersetzung und in den Diskurs über den Text. Auf diese Weise unterstützt das Arbeiten sowohl die Vorstellungstätigkeit beim Lesen als auch die Erkenntnis, dass Theateraufführungen eine je eigene Formensprache für die jeweilige Deutung des Textes entwickeln. Das Konzept nimmt damit eine didaktisch wertvolle Zwischenstellung ein: Stärker als die lesende Vorstellungstätigkeit konkretisiert das Simulieren zum einen theatrale Zeichen, steht aber zum anderen nicht in der Gesamtverantwortung für eine tatsächlich stattfindende Aufführung. Die Schülerinnen und Schüler müssen sich weder auf eine verbindliche Deutung des Gesamttextes festlegen noch ein stimmiges Inszenierungskonzept erarbeiten, sondern lediglich versuchsweise, punktuell und nur in der Simulation ‚als ob' inszenieren.

Unternimmt man den Sprung von der Simulation zum tatsächlichen szenischen Arbeiten, so lassen sich die zugehörigen didaktischen Konzepte danach unterscheiden, ob sie stärker produkt- oder prozessorientiert ausgerichtet sind. Ein aufführungsreifes szenisches Produkt zu erarbeiten, ist im regulären Deutschunterricht schon aus zeitlichen Gründen ein nur in Ausnahmefällen zu realisierendes Vorhaben. Es bleibt eher der fakultativen Arbeit in Schultheatergruppen, Wahlpflichtkursen oder Projektwochen zugeordnet. Deshalb wurde versucht, die Theatralität dramatischer Texte, ihre Bezogenheit auf eine potentielle Aufführung auf anderem Wege didaktisch zu erschließen: Das Konzept des szenischen Interpretierens sieht zwar szenisches Darstellen vor, aber das Spiel endet auf einer früheren Stufe und verfolgt andere Zielsetzungen. Wie bereits der Terminus signalisiert, steht das szenische Arbeiten prozessorientiert im Dienst der interpretierenden Auseinandersetzung mit dem dramatischen Text. Es verfolgt damit genuin literaturdidaktische Ziele und widerspricht ausdrücklich nicht analytischem Textverstehen, was wiederholt betont werden musste (z. B. Schau 1996, 24). Darüber hinaus soll das szenische Arbeiten ermöglichen, sinnlich konkrete Vorstellungen vom Text zu entwickeln, diese in szenische Handlungen umzusetzen und die Darstellung zu reflektieren, so dass in der Summe dramatische Literatur für die Lernenden nicht zu „affektneutralen Stoffen" (Scheller 1998, 13) wird. Methodisch dürfte wohl das sogenannte Standbild am bekanntesten geworden sein: Wie ein Theaterfoto hält es entweder einen Moment der Handlung fest oder wird zum Ausdruck von (Macht-)Verhältnissen zwischen Figuren eingesetzt.

Die in den 1990er Jahren sehr populär gewordene Ausrichtung der Dramendidaktik auf die Aspekte des Spiels und der Inszenierung hat einige kritische Stimmen hervorgerufen, die sich gegen die zunehmende Abkehr vom reinen Lesen dramatischer Texte wandten und an das Recht der Lektüre erinnerten. Diese Arbeiten stellen deshalb die Entwicklung gattungsadäquater Leseweisen in den Mittelpunkt ihrer Aufmerksamkeit, verfolgen aber gleichermaßen eine unterrichtliche Integration von Lesen, Inszenieren und Schreiben. Die verschiedenen unterrichtlichen Rezeptions- und Produktionsweisen werden seitdem nicht mehr konkurrierend wahrgenommen, sondern in ihrem jeweiligen didaktischen Potential gewinnbringend nebeneinander genutzt.

Drei prominente Vertreter dieser Weiterentwicklung seien hier kurz vorgestellt: Frommer (1995) geht von der Schwierigkeit vieler Schülerinnen und Schüler aus, die pragmatische Ebene der dramatischen Rede zu erfassen, und schlägt deshalb die methodische Verknüpfung von Konkretisation und Interpretation vor. Die auf der Ebene der Fiktion angesiedelte Vorstellungstätigkeit wird durch Inszenierungs- oder Schreibaufgaben materialisiert und diskutierbar. Verschiedene solcher Erstkonkretisationen provozieren Rückfragen an den Text und bringen dadurch die Arbeit des Interpretierens in Gang. Dies wiederum führt zu modifizierten neuen Konkretisationen usw. Auch das dramendidaktische Konzept von Günter Waldmann (1996) ist auf die produktive Rezeption des Textes durch die Lesenden angelegt, es zielt aber auf das eigene Schreiben dramatischer Szenen, das die prinzipielle Produziertheit dramatischer Texte und strukturelle Merkmale, die den Dramentext als Spieltext ausweisen, unmittelbar erfahrbar macht. Anders als Frommer und Waldmann, die sich auf die lesende, schreibende und inszenierende Rezeption konzentrieren, die Theateraufführung aber – als eine immer bereits vermittelte Rezeption des Dramas – ausklammern, richtet Franz-Josef Payrhuber (1991) seinen Blick gerade auch darauf. Er beschreibt das Prinzip einer aufführungsbezogenen Lektüre, bei der die Leserin bzw. der Leser die strukturell in den dramatischen Text eingeschriebenen Hinweise auf die theatralische Realisierung wahrnehmen soll und die Aufführung dadurch in der Imagination stattfindet. Diese beiden Ebenen hat Hans Lösener (2006) als „implizite" bzw. „mentale Inszenierung" begrifflich gefasst (vgl. dazu kritisch Paule 2012). Damit solche Imaginationen gelingen, ist es Payrhuber zufolge nötig, über Zuschau-Erfahrung im Theater zu verfügen, um zu wissen, „von welcher Art die Imagination ist" (Payrhuber 1991, 76), die man erzeugen will. Zuschau-Erfahrung sieht Payrhuber zum einen in den beschriebenen Ansätzen der simulierten Inszenierung und der szenischen Interpretation vorbereitet, fordert aber zum anderen den Theaterbesuch als unverzichtbaren Bestandteil des Unterrichts. Denn Theateraufführungen konfrontieren das Publikum nicht nur mit dem Dramentext, sondern auch mit dessen Deutung durch die Regie und die dafür gefundene theatrale Form. Es sollte bis etwa ins Jahr 2000 dauern, bis die Fachdidaktik sich der wiederholt erhobenen Forderung, das theatrale Bühnenkunstwerk selbst in die didaktische Konzeption einzubeziehen, konsequent zuwandte.

Dramen als Theateraufführungen rezipieren

Dass das aufgeführte Drama und der medienspezifische Ort seiner Rezeption, das Theater, nur selten ins Zentrum dramendidaktischer Aufmerksamkeit rückten, hat verschiedene Gründe (vgl. Beimdick 1975; Göbel 1977; Schemme 2000). Sie führten letztlich dazu, dass die unterrichtliche Arbeit mit Theateraufführungen als nicht dem Schulfach Deutsch zugehörig wahrgenommen wurde. Inszenierungs- und Aufführungsanalyse oder Theaterkritik galten als Domänen ausschließlich der Theaterwissenschaft, was sich bis heute in der Lehramtsausbildung niederschlägt: Studierende des Fachs Deutsch werden z. B. in Bayern rein germanistisch ausgebildet, theaterwissenschaftliches Grundwissen ist nirgends im Curriculum verankert; der Erwerb dramen- oder theaterdidaktischer Kompetenzen ist nach wie vor ein Thema am Rande. So verwundert es nicht, dass sich das pädagogisch bzw. literaturdidaktisch motivierte szenische Interpretieren oder auch die Gedankenexperimente der simulierten Inszenierung in der Praxis eher durchsetzen konnten als eine Auseinandersetzung mit dem professionellen theatralen Kunstwerk. Erst seit ungefähr dem Jahr 2000 sind verstärkt Forschungsbemühungen zur theoretischen Grundlegung und didaktischen wie methodischen Konzeption einer so verstandenen, im Rahmen des Deutschunterrichts angesiedelten Theaterdidaktik zu verzeichnen. Dabei wird an frühere Arbeiten angeknüpft, die – wie bereits erwähnt – das Theater durchaus als Bezugsgröße gesehen und die Theateraufführung mitgedacht, sie selbst aber in der Regel nicht zum Gegenstand des Unterrichts gemacht haben. Wie eine unterrichtliche Auseinandersetzung mit einer Aufführung aussehen könnte und unter welchen Zielperspektiven diese zu erfolgen hätte, blieb offen. Eine Ausnahme bildete Mitte der 1970er Jahre die Arbeit von Walter Beimdick, der „[p]räzise Angaben, wie man eine Vorstellung besprechen, nach welchen Kriterien man [...] beurteilen könnte" (Beimdick 1975, 26), entwickelt, an Beispielen konkretisiert und das nötige Fachwissen mitliefert. Leider fand sein anspruchsvolles Konzept nicht die notwendige fachdidaktische Resonanz, weil es missverstanden wurde im Sinne einer Theaterkunde zur Vermittlung von Kenntnissen über die Institution und das Medium Theater „als ästhetisches, soziales, ökonomisches und technisches Phänomen, seine Funktionen, Erscheinungsformen und historischen Veränderungen" (Hein 1976, 492). Problematisch ist ein theaterkundlicher Ansatz aber nur dann, wenn die Vermittlung isolierten Faktenwissens in den Vordergrund rückt statt die didaktisch begründete und funktional eng auf den Bezug zwischen Drama und Theater zugeschnittene Auswahl an fachlichen Gegenständen, um die es Beimdick konsequent geht. Flankiert wird seine Arbeit von den Überlegungen Jutta Wermkes, die 1977 den Versuch einer grundsätzlichen Klärung des Verhältnisses zwischen Drama und Aufführung als Ausgangspunkt didaktischer Überlegungen unternimmt. Wermke postuliert aus rezeptionsästhetischer Sicht – anders als etwa Göbel, für den das Drama „erst in der Versinnlichung" (Göbel 1977, 18) das zeigt, was es ist –, dass Drama und Aufführung zwar aufeinander bezogene, aber weitgehend autonome ‚Texte' sind, die medial bedingten Eigengesetzlichkeiten unterliegen. Daraus resultiere die prinzipielle Gleichwertigkeit – nicht Gleichartigkeit – der lesenden und zuschauenden Rezeptionsweise. Beimdick und Wermke benennen damit schon früh die kompetent Zuschauenden als didaktische Zielperspektive. Konkretisiert wird diese aber erst viel später; ein praxisorientiertes Beispiel dafür ist die Arbeit von Roland Haas und Heiner Willenberg (1988).

3 Status quo: Grundzüge einer Theaterdidaktik im Rahmen schulischen Dramenunterrichts

Eine Theaterdidaktik, die die Rezeption professioneller Aufführungen ausdrücklich zum Unterrichtsgegenstand erklärt, legitimiert sich aus verschiedenen Perspektiven (vgl. Paule 2009). Nimmt man die Theatralität als gattungs- und medientheoretisch spezifische Qualität des Dramas ernst, wird Unterricht auch die Auseinandersetzung mit dem Theater fordern müssen. Es genügt daher nicht, sich auf die genannten Konzepte des Lesens, Schreibens, Spielens und Inszenierens zu beschränken. Zwar erlauben sie als wichtige theaterdidaktische Bausteine eine dramenadäquate Lektüre, die schon den dramatischen Text auf seine theatralen Qualitäten hin befragt; sie bieten darüber hinaus erste Einblicke in den Zeichensetzungsprozess einer Inszenierung, sensibilisieren für die Wirkung theatraler Zeichen und schulen auf diese Weise den Zuschauerblick. Qualitativ etwas anderes ist es aber, wenn sich Zuschauerinnen und Zuschauer im Theater mit einer fertigen Inszenierung konfrontiert sehen. Die Aufführung, der sie beiwohnen, ist ein äußerst komplexes, vielschichtiges theatrales Ereignis, bei dem das Zusammenwirken verschiedenster Zeichensysteme im Rahmen eines Gesamtkonzepts simultan wahrgenommen wird. Diese Gleichzeitigkeit und die erschwerende Flüchtigkeit des Ereignisses stellen die Zuschauenden vor nicht zu unterschätzende Anforderungen hinsichtlich des Verstehens. Didaktisch geht es also darum, das junge Publikum mit Kompetenzen zum Verständnis und zum Genuss theatraler – und eben nicht nur literarischer – ‚Texte' auszustatten. Hinzu kommt, dass Kinder und Jugendliche in eine Gesellschaft hineinwachsen, in der die wenigsten Menschen Dramentexte lesen, sondern diese – wenn überhaupt – über das Medium Theater rezipieren. Es ist das aufgeführte Drama und weniger der dramatische Text, dem sie in den Sozialisationsinstanzen begegnen. Das Zuschauenlernen ist also ein wesentliches Ziel. Die Fähigkeit des kreativen Zuschauens (Roselt 2004) schließt einerseits ein, aktiv Bedeutungen im Umgang mit der Formensprache des Theaters herzustellen, auch bezogen auf dessen eigene künstlerische Tradition, und verlangt andererseits, sich auf die Sinnlichkeit des Theaters und auf den aus seinem Live-Charakter resultierenden spezifischen Ereigniswert einzulassen. Beides bestimmt ästhetische Erfahrung im Theater entscheidend mit. Damit ist eine Zielperspektive formuliert, die auch für den Dramenunterricht im engeren Sinne weitreichende Konsequenzen hat. Denn wenn mit der Förderung eines kreativen Zuschauens im Sinne einer „Schule des Sehens" (Erl 2011, 167) schon früh begonnen wird, wenn also schon Grundschulkinder kontinuierlich Zuschau-Erfahrungen machen können, verschiedene Inszenierungsstile kennenlernen und ihre eigene Wahrnehmung diskutieren und herausfordern dürfen, so werden sie in der Sekundarstufe auch Dramentexte kompetenter lesen. Sie haben einen Begriff von Theater entwickelt, der die Vorstellungstätigkeit beim Lesen unterstützt und fördert. Auch für die Analyse und Beurteilung einer Inszenierung ist eine kontinuierliche Wahrnehmungsschulung relevant. Wer gelernt hat, die Inszenierung einerseits als Interpretation des Dramas und andererseits als selbständiges theatrales Kunstwerk wahrzunehmen, das in einer eigenen Tradition steht, auf die es reagiert, wird nicht mehr nur mit der Erwartung ins Theater gehen, die Inszenierung solle sich möglichst mit der eigenen, beim Lesen erworbenen ‚Vorstellung' decken. Ein solches Rezeptionsverhalten langfristig zu überwinden, gelingt nur durch vielfältige Seh-Erfahrungen, die eine prinzipielle Offenheit der Zuschauenden für verschiedene Theaterformen fördern, gepaart mit fachlichem Wissen über das Theater. Beides ist insbesondere für den Umgang mit Gegenwartsdramatik und aktueller Inszenierungspraxis entscheidend. Gerade in der Auseinandersetzung mit künstlerischen Traditionen entsprechen sie häufig gar nicht den oft traditionell geprägten Erwartungen von Kindern und Jugendlichen. Das betrifft etwa Texte, die sich vertrauten Kategorien des Dramas entziehen, oder Inszenierungen, die anders als das sogenannte Literaturtheater z. B. die performativen Qualitäten des Theaters ausstellen und dem dramatischen Text so einen veränderten Stellenwert innerhalb des Bühnenkunstwerks zuschreiben.

Neben das gattungs- bzw. medientheoretische Argument tritt aus fachdidaktischer Sicht zur Begründung der Notwendigkeit einer Theaterdidaktik der Aspekt gelingender kultureller Sozialisation. Eine prospektiv ausgerichtete Theaterdidaktik muss sich vergegenwärtigen, unter welchen Rahmenbedingungen kulturelle Sozialisation heute zwangsläufig erfolgt und welche Rolle dem Theater dabei zukommen kann, gerade auch in Anbetracht der gegenwärtigen Dominanz neuester Medien. Kinder und Jugendliche wachsen heute in einer von ihnen zwar oft nicht reflektierten, aber theatral erfahrenen Wirklichkeit auf. Akte der Inszenierung sind allgegenwärtig, begegnen in unterschiedlichsten medialen Erscheinungsformen und erfordern im Sinne einer selbstbestimmten Persönlichkeit die Fähigkeit, sie als solche wahrzunehmen, also ein Bewusstsein für die Tatsache des Inszeniertseins zu entwickeln. Hinzu kommt die notwendige Fähigkeit zur Analyse und kritischen Reflexion solcher Akte der Inszenierung, welche nicht nur die gesellschaftliche Öffentlichkeit prägen, sondern als Strategien der Selbstinszenierung bis in den privaten Bereich hineinreichen. In dieser Hinsicht eröffnet sich für eine Theaterdidaktik ein viel weiterer Horizont, als es der dramendidaktische Kontext nahelegt. Aus dieser Perspektive ist das Theater vor allem deshalb ein prädestinierter Ort der Wahrnehmungsschulung für Inszenierungsakte, weil Theatralität im Kunstraum Theater transparent werden kann. Das Theater stellt seinen Inszenierungscharakter offen aus und es bietet in der Regel keine festgelegten oder erwartbaren Entwürfe, sondern thematisiert und diskutiert sie, stellt Wahrnehmungsgewohnheiten in Frage und fordert neue Wahrnehmungsleistungen heraus. Das Kunst-Theater markiert insofern – gerade in Absetzung von alltäglicher Theatralität – einen eigenen Bereich der Reflexion. Darüber hinaus ist die Theatralisierung von Alltagswelt und Gesellschaft untrennbar mit der Medialisierung der Gesellschaft verbunden. Wie sich Realität konstituiert, wie sie dargestellt und erfahren wird – das lässt sich nicht mehr von medialer Vermittlung loslösen. Unter diesen Bedingungen wird aber bereits die besondere Kommunikationssituation im Theater zum Ereignis. Seine spezifische Medialität ist an Körperlichkeit und Kollektivität gebunden, an die leibliche Anwesenheit von Akteurinnen bzw. Akteuren und Zuschauenden. Das wird angesichts heutiger Medialisierung besonders deutlich in den Blick gerückt, gerade wenn Theater in ein produktives Spannungsfeld mit anderen Medien tritt.

Aus den skizzierten Begründungen ergeben sich folgende theaterdidaktische Aufgabenfelder:

(1) Eine Heranführung an theaterspezifische Ästhetik erfordert die Schulung der Wahrnehmungsfähigkeit. Die Kinder und Jugendlichen lernen, Theaterinszenierungen als solche wahrzunehmen, also Inszeniertheit als einen intentionalen Prozess zu reflektieren. Dabei eigene Sehgewohnheiten zu erkennen und zu reflektieren, kann anhand von irritierenden, befremdenden Momenten einer Inszenierung erfolgen, die Wahrnehmungsweisen bewusstwerden lassen.

(2) Im Literaturunterricht wird dies in der Regel unter Bezugnahme auf den der Aufführung zugrunde liegenden dramatischen Text geschehen. Die Frage nach der Interpretation des Dramas durch die Inszenierung ist aus literaturdidaktischer Sicht vor allem deshalb interessant, weil die Rezeption und Deutung eines literarischen Textes (durch das Theaterensemble) ein neues ästhetisches Produkt entstehen lassen. Dieses konfrontiert mit eigenen Lesarten des Stückes und macht augenfällig, dass es verschiedene adäquate Interpretationen literarischer Texte geben kann. Auch die Inszenierungen selbst werden auf unterschiedliche Weise rezipiert. Diese Vielfalt nicht als Frustration oder Stress zu erleben, sondern darin den Reiz einer Aufführung als ein ästhetisches Produkt erfahren zu lernen, wäre ein genuin literaturdidaktisches Ziel. Wesentlich erscheint dabei (vor allem für Lehrkräfte), dass von einem angemessenen Gegenstandsbegriff ausgegangen wird, der das Verhältnis von Drama und Inszenierung klärt und z. B. den umstrittenen Begriff der ‚Werktreue' problematisiert.

(3) Darüber hinaus rückt die Theateraufführung als ein eigenes theatrales Kunstwerk mit einer spezifischen Ästhetik ins Zentrum der Aufmerksamkeit. Dies erfordert u. a. eine „aufführungsanalytische Alphabetisierung" (Roth-Lange 2004, 3), also ein Kennen- und Lesenlernen der Elemente verschiedener Zeichensysteme und ihres wechselseitigen Zusammenwirkens zur Generierung

von Bedeutung in der subjektiven Wahrnehmung der Rezipierenden. In didaktischer Hinsicht ist aus einer solchen Rezipientenperspektive zentral, dass die Vorerfahrungen der jugendlichen Zuschauerinnen und Zuschauer angemessen berücksichtigt und nicht auf eine normative Zielsetzung hin zugerichtet werden (vgl. dazu Paule 2005, 70-72).

(4) Für höhere Jahrgangsstufen ist die Tatsache relevant, dass Inszenierungskonzepte nicht nur eng auf einen Dramentext bezogen sind, sondern auch in einer eigenen künstlerischen Tradition stehen, auf die sie reagieren. Als theatrale Kunstwerke können sie deshalb nur vor dem Hintergrund dieser Tradition angemessen beurteilt werden. Eine Inszenierung auch in diesem Sinne zu erschließen, erfordert also – z. B. durch Inszenierungsvergleiche – Einblicke in theatergeschichtliche Entwicklungen, in die Herausbildung unterschiedlicher stilbildender Theaterkonzepte.

(5) Generell stellt sich die Frage nach der Lektüreauswahl, die durch die jeweilige dramen- bzw. theaterdidaktische Zielsetzung bestimmt ist. Geht es vorrangig um pädagogisch-erzieherische oder um gattungstheoretische Ziele, so werden Dramen nach inhaltlichen Kriterien ausgewählt bzw. (häufig kanonische) Stücke gelesen, die dramatische Strukturen oder Bauformen prototypisch erkennen lassen. Sollen Schülerinnen und Schüler frühzeitig an die Institution Theater und die zeitgenössische Theaterpraxis herangeführt werden, wird sich das Lektürespektrum für Kinder- und Jugendstücke sowie Gegenwartsdramatik öffnen müssen, die Bühnenrelevanz wird dabei ein entscheidendes Kriterium der Textauswahl sein. Angesichts der Tatsache, dass Schülerinnen und Schüler pro Schuljahr oft nur ein Drama kennenlernen und dies in der Regel erst ab der höheren Mittelstufe, ist die Lektüreauswahl ein virulentes Problem. Clemens Kammler (2003) schlägt dafür vier Kriterien vor, die in der Unterrichtspraxis unterschiedlich dominant sein können: ästhetische Qualität, zeitdiagnostische Qualität, jugendspezifische Thematik und aktuelle Bühnenrelevanz. Mit den letzten beiden Kriterien rückt das Angebot des zeitgenössischen Jugendtheaters verstärkt in den Blick. Die Dramendidaktik hat dieses, abgesehen von vereinzelten Beiträgen, relativ spät für sich entdeckt, obwohl es seit langem ästhetisch ambitionierte Stücke bereithält, zu denen auch jüngere Schülerinnen und Schüler Zugang finden (vgl. Paule 2009, 142-172).

(6) Eine immer auch angestrebte Äußerungskompetenz, also das Reden über Theater, schließt neben der oben erwähnten semiotischen Dimension, die auf die Konstitution von Bedeutungen zielt, die performative Dimension einer Aufführung ein. Die Wahrnehmung sinnlicher Qualitäten und deren Wirkung sind für die ästhetische Erfahrung entscheidend und dürfen deshalb in unterrichtlichen Aufführungsgesprächen nicht ausgeblendet bleiben. Es sind häufig gerade diese Elemente, die ein Gespräch über die Aufführung anstoßen, weil sie faszinieren,

verwirren oder Widerspruch erregen. Die Subjektivität der Wahrnehmung dabei nicht als Störfaktor, sondern als Bedingung von Aufführungsanalysen bewusstzumachen, ist entscheidend für eine Motivation zum Reden über Kunst.

Zielperspektive ist damit die genussvolle Rezeption von Theater, die kognitive wie affektive Auseinandersetzung mit dieser Kunstform, die Reflexion eigener Wahrnehmung und die Ermöglichung ästhetischer Erfahrungen. Eine so verstandene Theaterdidaktik hat sich in der Deutschdidaktik in den letzten 15 Jahren zunehmend etabliert – durch Monographien, mehrere Sammelbände und Themenhefte verschiedener Zeitschriften, durch die kontinuierliche Präsenz beim Symposion Deutschdidaktik (seit 2008), erfreulicherweise auch durch einige Schulbücher (z. B. Ensberg 2003–2008). Der Weg in die Unterrichtspraxis ist damit geebnet, allerdings stimmen die nach wie vor dem Zufall überlassene theaterdidaktische Ausbildung von Lehramtsstudierenden sowie diverse Lehrpläne (z. B. LehrplanPLUS Bayern) durchaus skeptisch. Gleichwohl bieten die erwähnten Publikationen fachdidaktisch-theoretisches Wissen und entwickeln vielfältige methodische Zugriffe, derer sich interessierte Lehrkräfte bedienen können.

4 Aktuelle Entwicklungen und Fragen der Forschung

Seitdem der Unterrichtsgegenstand Theater fachdidaktisch legitimiert und etabliert ist, hat sich der Diskurs in den letzten Jahren weiter ausdifferenziert. Abschließend werden deshalb im Sinne eines Ausblicks einige der gegenwärtigen Diskussionsschwerpunkte näher erläutert.

Bekanntlich sind Inszenierungs- und Aufführungsanalyse theoretisch und praktisch klar voneinander zu unterscheiden. Die Inszenierungsanalyse ist fachdidaktisch inzwischen relativ gut erschlossen und auch methodisch operationalisierbar. Weitgehend ungeklärt bleibt dagegen, ob und gegebenenfalls wie mit Aufführungen, ihrem performativen Charakter und der von Schülerinnen und Schülern erfahrenen Ereignishaftigkeit unterrichtlich umgegangen werden soll. Und wie sinnvoll ist dies, wenn man bedenkt, dass Aufführungen „zu einem strukturell und institutionell anderen System [d. i. das Theater] gehören, das sich einer pädagogischen Aneignung widersetzt" (Bönnighausen 2015, 19)? Diese interdisziplinär zu führende fachdidaktische Diskussion ist derzeit in vollem Gange (vgl. auch Olsen 2009; Kamps 2018).

Besonders virulent werden die eben aufgeworfenen Fragen für diejenigen Konzepte des Gegenwartstheaters, die durch postdramatische Stücke charakterisiert sind oder durch Aufführungen, die das Performative dominant setzen und dem dramatischen Text einen deutlich veränderten Stellenwert im Gesamtgefüge der theatralen Zeichen zuweisen. Damit sind zwei Aspekte benannt, die für den Deutschunterricht eine enorme Herausforderung darstellen. Beschränkt er sich etwa bei der Textauswahl auf inhaltlich-pädagogische Kriterien (Lebensweltbezug, Identitätsbildung usw.) sowie die Orientierung an dramatischen Kategorien wie Handlung und Figuren, „die wiederum eben gerade nicht repräsentativ für das Gegenwartstheater sind" (Bönnighausen 2015, 12), wird dem Unterricht die Annäherung an Gegenwartstheater kaum gelingen. Potenziert gilt dies für den – an sich erfreulichen und endlich stattfindenden – Einbezug von Kinder- und Jugendtheaterstücken, für den eine (auch) an gegenwärtiger Theaterästhetik orientierte Annäherung häufig noch aussteht. Angesichts institutioneller Trägheit und der nach wie vor nicht gesicherten Expertise von Lehrkräften, vor allem das Gegenwartstheater betreffend, wird derzeit diskutiert, inwiefern Schule überhaupt der geeignete Ort einer das Gegenwartstheater einschließenden ästhetischen Bildung sein kann. Soll sich Deutschunterricht besser auf die Inszenierungsanalyse konzentrieren und für den Umgang mit Aufführungen verstärkt die Zusammenarbeit mit dem Theater selbst suchen, also „außerschulische Lernorte stärker einbeziehen beziehungsweise den Theaterunterricht vielleicht sogar aus der Schule auslagern" (Bönnighausen 2015, 20)? Die vielfältigen Formen der Zusammenarbeit von Theater und Schule (W. Schneider 2009) werden angesichts dieser fachdidaktischen Problemlage neu zu perspektivieren sein.

Das gerade für den Unterricht so relevante Gespräch über Theateraufführungen wird in der Forschung relativ zögerlich bearbeitet. An der Schnittstelle zwischen Gesprächsforschung und Theaterdidaktik fehlen Bestandsaufnahmen zur tatsächlichen Unterrichtspraxis ebenso wie die Entwicklung und Überprüfung von Modellen für eine sowohl gegenstandsangemessene als auch schülerorientierte Gesprächsführung über Theater und damit in Zusammenhang stehende subjektive Erfahrungen. Die literaturdidaktische Forschung zum literarischen Gespräch (z. B. Härle und Steinbrenner 2004), interdisziplinäre Untersuchungen zum Reden über Kunst (Kirschenmann et al. 2011), erste empirische Ergebnisse über die theaterbezogene Äußerungskompetenz von Jugendlichen (Olsen 2009; Paule 2011) oder auch theaterpädagogische Beiträge zu Aufführungsgesprächen in unterrichtlichen Kontexten (z. B. Schlünzen/Hüttenhofer 2010) bieten hier anschlussfähige Grundlagen für die zukünftige Forschung.

Angesichts der unverändert mangelhaften Ausbildung von Deutsch-Lehrkräften im Hinblick auf den Gegenstand ‚Theater' gerät zudem die Vielfalt und Unüberschaubarkeit des zeitgenössischen Theaterangebots zum Problem: So bieten Texte (z. B. postdramatische Stücke, Kinder- und Jugendstücke), Sparten (z. B. Figurentheater, Tanztheater), Genres (z. B. Erzähltheater, Klassenzimmertheater), Formate (z. B. Jugendclubs, Schultheater) oder mediale Erscheinungsformen (z. B. virtuelles Theater in Computerspielen) eine Angebotsfülle, die fachdidaktisch bewältigt werden muss. Denn unter der oben skizzierten Perspektive kultureller Sozialisation ist es erforderlich, Jugendlichen ein Spektrum dessen anzubieten, was zeitgenössisches Theater ist, so dass sie die Chance haben, „einen Theaterbegriff zu entwickeln, der nicht auf bestimmte Theaterformen oder Regiestile festgelegt ist, sondern der realisiert, dass es sich beim Theater um eine vielseitige, wandelbare und in ständiger Bewegung befindliche Kunstform handelt" (Olsen und Paule 2015, 5). Darauf mit Kanonisierungsversuchen zu reagieren, ist aus heutiger Sicht nicht zielführend. Andererseits können eng gesteckte Grenzen der Unterrichtsrealität weder fachdidaktisch noch methodisch ignoriert werden. Eine entsprechende Diskussion didaktischer Alternativen hat hierzu gerade erst begonnen (Olsen und Paule 2015).

Schließlich sieht sich die theaterdidaktische Forschung in Zeiten der Kompetenzorientierung mit der Frage konfrontiert, ob und inwiefern theaterdidaktische Zielperspektiven in einem Kompetenzmodell abbildbar sind (vgl. Olsen und Blöchle 2010; Belgrad ²2012), wie dabei der gesamte Komplex ästhetischer Erfahrung bzw. ästhetischer Bildung integrierbar ist und in welchem theoretischen Verhältnis Kompetenzen und Wissen stehen. All das umreißt eine bisher nicht befriedigend gelöste Problemlage. Verschärft wird sie durch die u. a. von den PISA-Studien ausgelöste Diskussion um die Vermittlung von Schlüsselqualifikationen, die auch das theatrale Lernen erfasst hat und es im Hinblick auf außertheatrale Kompetenzen zu funktionalisieren droht – Zielsetzungen, die theatrales Lernen auch bedienen kann, die aber an dafür zentralen Dimensionen wie der ästhetischen Erfahrung vorbeigehen.

Man darf auf diese zukünftige Diskussion gespannt sein und hoffen, dass sie insbesondere von den jungen Kolleginnen und Kollegen der Deutschdidaktik aufgenommen und weitergeführt wird.

John von Düffel
III.3.10 Szenisches Schreiben

1 Einleitung

„Kann man schreiben lernen?" ist die meistgestellte Frage im Hinblick auf die Hochschulstudiengänge mit literarisch-praktischer Ausrichtung. Im Kontext eines literaturwissenschaftlichen Handbuchs stellt sie sich noch einmal in aller Grundsätzlichkeit, denn ein ‚wissenschaftliches' Fundament im strengen Sinne gibt es für die Lehre ebenso wenig wie einen akademisch messbaren Erfolgsnachweis – außer dem Namedropping zahlreicher renommierter Absolventinnen und Absolventen. Zugleich ist die skeptische Frage nach der ‚Erlernbarkeit des Schreibens' eine sehr deutsche. Aus ihr spricht ein Literaturverständnis, das von dem Genie-Kult um Lessing, Goethe, Schiller, Kleist, Büchner, Brecht etc. geprägt ist. Im Umkehrschluss herrscht ein gewisses Misstrauen gegen die im angelsächsischen Sprachraum verbreiteten, handwerklich orientierten Creative-Writing-Schulen und die populäre Tradition eines Storytelling, das in seinen Grundmustern, dramaturgischen Strukturen und Kernfabeln durchaus erlern- und vermittelbar ist. Dem populären, handlungsgetriebenen Geschichtenerzählen steht hierzulande ein emphatischer Begriff von Anspruch entgegen. Die Schere zwischen ‚E' und ‚U', zwischen ernster und unterhaltender Literatur, ist nirgends größer als in der deutschsprachigen Literaturrezeption, weshalb den vielfach als ‚Schreibschulen' inkriminierten Institutionen für literarische Produktion der Hautgout des Rezepthaften, Nicht-Authentischen, Schemaliterarischen anhaftet, also letztlich all das, was dem Idol des Originalgenies widerspricht.

Es ist also nicht weiter verwunderlich, dass es im deutschsprachigen Raum keine Tradition der literaturpraktischen Lehre gibt. Das zeigt sich am deutlichsten im Bereich Film und Fernsehen, in dem der Anteil des Handwerklichen und Technischen an der Autorschaft allgemein am höchsten veranschlagt wird und der Autorenbegriff durch keine literarische Überlieferung in seinen Erwartungen und Ansprüchen übersteigert ist, sondern in einem klaren Unterordnungsverhältnis zur Regie steht. Sämtliche Standardwerke zur Drehbuchlehre stammen aus den USA und England oder arbeiten mit den dort entwickelten Modellen. In den weniger normierten Gattungen Prosa, Drama und Lyrik ist der produktionsästhetische Mangel an Paradigmen und Strukturmodellen noch größer. Eine wissenschaftliche Grundlage oder auch nur Legitimation ist weder gegeben noch in Sicht. Die im weitesten Sinne ‚Kreatives Schreiben' lehrenden Institute sind daher in Deutschland nicht nur signifikant später gegründet worden als vergleichbare Einrichtungen im angloamerikanischen Raum. Gemessen an der jahrhundertelangen, altehrwürdigen literaturwissenschaftlichen Tradition der Germanistik an deutschsprachigen Universitäten erscheint die Existenz und Existenzberechtigung der literaturpraktischen Studiengänge noch immer als fragwürdiges Novum. Bezeichnenderweise wird die Grundsatzfrage der Erlern- und Lehrbarkeit im Rahmen einer Kunsthochschule nur für das Schreiben gestellt, nicht aber in den Bereichen Musik, bildende Kunst und bei den darstellenden Künsten. Diese ‚Nachbarkünste' – obwohl nicht weniger anspruchsvoll – blicken auf eine deutlich längere Ausbildungstradition zurück und können auf ein anderes Selbstverständnis bzw. eine größere Selbstverständlichkeit der Lehrpraxis aufbauen.

2 Die verschiedenen Literaturinstitute und Studiengänge

Als erste Teilantwort auf die literaturpraktische Grundsatzfrage des Schreibenlernens kann man inzwischen jedoch sagen: „Schreiben wird gelehrt". Dabei handelt es sich um ein Faktum, das im Begriff ist, eine gewisse normative Kraft zu entwickeln. Die ‚älteste' Gründung eines Literaturinstituts im deutschsprachigen Raum trägt indessen einen ideologischen Stempel, der den Skeptikerinnen und Skeptikern der Schreiblehre Vorschub zu leisten scheint. Die Rede ist vom Institut für Literatur in Leipzig, das 1955 nach einem Sekretariatsbeschluss des Zentralkomitees der SED ins Leben gerufen wurde, vier Jahre später als Zusatz den Namen des kurz zuvor verstorbenen DDR-Kulturministers Johannes R. Becher verliehen bekam und staatlicherseits mit dem Auftrag der Erziehung von Schriftstellerinnen und Schriftstellern zum Sozialistischen Realismus versehen war. Obwohl staatlicher Auftrag und die literarische Arbeitspraxis des Instituts für Literatur „Johannes R. Becher" keineswegs konform gingen, wurde es nach der Wende in seiner bisherigen Form aufgelöst und 1995 unter dem Namen Deutsches Literaturinstitut Leipzig (DLL) neu gegründet – als Hochschulinstitut zur Ausbildung angehender Schriftstellerinnen und Schriftsteller. Es ist vor allem prosaorientiert, bietet aber im Zuge des Bachelor-Studiengangs auch Lyrik und Szenisches Schreiben an. Der Master-Studiengang ist als ‚Romanwerkstatt' konzipiert.

Die größte Kontinuität der Lehre und Arbeitspraxis weist der 1990 gegründete Studiengang ‚Szenisches Schreiben' an der Universität der Künste Berlin (UdK) auf. Im Mittelpunkt steht hier die Ausbildung von Theaterautorinnen und -autoren. Die insgesamt vierjährige Ausbildung gliedert sich in ein zweijähriges Grundstudium und ein ebenso langes Hauptstudium, zu dem auch die Lehre und praktische Übung verwandter dramatischer Formen wie Drehbuch und Hörspiel gehören. Insgesamt handelt es sich um den einzigen literaturpraktischen Studiengang im deutschsprachigen Raum mit explizit szenisch-dramatischer Ausrichtung. Er arbeitet mit den übrigen Studiengängen der Fakultät ‚Darstellende Kunst' an der UdK Berlin eng zusammen, insbesondere mit dem Studiengang ‚Schauspiel'.

Weitere Einrichtungen mit dem Fokus auf das literarische Schreiben gibt es mit dem Studiengang ‚Kreatives Schreiben und Kulturjournalismus' an der Universität Hildesheim, 1999 gegründet und viele Jahre geleitet von Hanns-Josef Ortheil, mit dem Bachelor-Studiengang ‚Literarisches Schreiben' am 2006 gegründeten Schweizerischen Literaturinstitut in Biel und mit dem seit 2009 bestehenden Studiengang ‚Sprachkunst' an der Universität für angewandte Kunst in Wien.

3 Die Unterrichtspraxis

Kernstücke der Lehre an all diesen Einrichtungen bzw. Studiengängen sind Werkstattseminare und Textwerkstätten der Studierenden unter Anleitung erfahrener Autorinnen und Autoren. Die Arbeit an den studentischen Texten findet meist in Gruppenform statt und wird durch künstlerischen Einzelunterricht ergänzt. Die Gruppenbesprechung hat sich als Werkstattform in der Unterrichtspraxis durchgesetzt, weil die Studierenden dadurch ihre analytischen und produktiven Fähigkeiten nicht nur am eigenen Beispiel, sondern auch an Texten – den Stoffen und Schreibweisen – anderer weiterentwickeln. Insofern geht die Werkstattform über das Modell eines ausbildungslangen ‚Lektorats' hinaus, denn die Studierenden lernen nicht nur durch die Zusammenarbeit mit einer Mentorin oder einem Mentor, sondern auch durch die Begleitung, Beschreibung und Abgrenzung ihrer Arbeiten untereinander. Der unausgesprochene ‚Vertrag' aller Beteiligten besteht darin, sich auf die Texte ihrer Kommilitonen so einzulassen, wie erwartet wird, dass sich die anderen mit dem eigenen Text befassen. Dieses Prinzip der ‚Gegenseitigkeit' der Einlassung und konstruktiv-kritischen Auseinandersetzung ist freilich ein Ideal. Gruppendynamiken wie ruinöse Konkurrenz, sich verfestigende Positionen und Rivalitäten treten immer wieder auf. Sie gilt es, durch die Moderation der Lehrenden in produktive Prozesse umzuwandeln.

Das Werkstattseminar als Lern- und Lehrkontext ist als besonderer Schutzraum konzipiert, einer Theaterprobe vergleichbar. Zaungäste oder Beobachter von außen sind nicht zugelassen, um Schaukämpfe und Profilierungsdebatten zu vermeiden – eine Textwerkstatt ist keine Talkshow. Vielmehr gilt das Prinzip von Versuch und Irrtum, die Freiheit des Aus- und Andersprobierens jenseits von Öffentlichkeit und Verwertungszusammenhängen. Dennoch entsteht in der Gruppe oftmals eine zweite ‚interne' Öffentlichkeit und bisweilen sogar ein marktwertartiges Ranking, was Denk- und Entwicklungsmöglichkeiten von Texten blockiert bzw. vorzensiert. Auch in diesen Fällen ist es Aufgabe der Lehrenden, vorschnellen Urteilen entgegenzusteuern und einen produktiven, weitgehend angstfreien Werkstattrahmen zu schaffen.

Diese wenigen Hinweise sollen genügen, um zu zeigen, wie entscheidend die personelle Zusammensetzung der jeweiligen Gruppe und wie individuell und personenabhängig auch die Lehre und Moderation der Werkstattarbeit ist. Ausschlaggebend für ihr Funktionieren sind ein persönliches Vertrauensverhältnis und die positive Arbeitserfahrung, dass eine Werkstattbesprechung bei allen Härten und unliebsamen Wahrheiten für die Weiterentwicklung des eigenen Textes produktiv ist. Eine solche, auf Erfolgserlebnissen aufbauende Arbeitsbeziehung ist die tragende Säule des Studiums.

4 Auswahl und Aufnahme

Das Wissen um die Bedeutung der personellen Zusammensetzung für die Produktivität und den Arbeitserfolg eines Jahrgangs oder einer Werkstattgruppe führt zu einer zweiten Teilantwort auf die Frage nach der Erlernbarkeit des Schreibens, zum Auswahl- und Aufnahmeprozess. Für die Aufnahme in sämtliche der genannten Institute müssen strenge Auswahlverfahren durchlaufen werden. Das heißt: Jeder kann Schreiben lernen und sein Schreiben verbessern, aber ohne eine ‚spezifische künstlerische Begabung' bzw. das nötige ‚Talent' werden die Betreffenden nie das für eine Professionalisierung erforderliche Niveau erreichen. In gewisser Weise müssen die Bewerberinnen und Bewerber der betreffenden Studiengänge schon ‚schreiben können'. Ein Großteil der Leistung der jeweiligen Institute besteht in der Achtsamkeit ihrer Auswahl, die literarische Qualität als Versprechen erkennen sollte. Das darauf folgende Studium ist also kein Schreibenlernen *ab ovo*, sondern die Förderung und Weiterentwicklung einer bereits vorhandenen bemerkenswerten Fähigkeit.

5 Das Prinzip der Immanenz

Die Frage nach dem Schreibenlernen impliziert einen Erfolgsmaßstab, der bei näherer Betrachtung keineswegs leicht zu definieren ist. Wann kann jemand schreiben? Wann ist ein Text gut? Wer bewertet das anhand welcher Kriterien? Weder beim Roman noch beim Szenischen Schreiben gibt es einen Regelkanon und oft nicht einmal einen Konsens bezüglich der Qualität eines Textes. Das hat mit dem Fehlen verbindlicher Poetiken und Paradigmen zu tun. Das Well-Made-Play im Sinne eines gut funktionierenden Gebrauchsstücks kann ebenso wenig als alleinverbindliches Musterbeispiel herhalten wie der handwerklich sauber montierte Dokumentartext, der seinem Sujet und gesellschaftlichen Anliegen gerecht wird. Es gibt keine allgemeingültigen Rezepte und externen Kriterien – es gibt nur die Regeln, die sich ein Text im Fortschreiben selbst gibt. Insofern folgt die konstruktive Kritik der Werkstattseminare dem Prinzip der Immanenz. Es gilt herauszufinden, was ein Text will, welche Möglichkeiten ihm ‚innewohnen' und wie diese Möglichkeiten zu entfalten sind. Ein übergreifender Maßstab lässt sich daraus nicht ableiten. Das einzige ‚Dogma' der literaturpraktischen Werkstattarbeit ist der Versuch, dem zentralen Arbeitsinteresse, dem inneren Antrieb eines Textes, zur Entfaltung zu verhelfen.

6 Szenisches Schreiben

Im Szenischen Schreiben gilt das Prinzip der Immanenz umso mehr, als die deutschsprachige Dramatik und Theaterpraxis seit den 1990er Jahren eine enorme Formenvielfalt hervorgebracht hat. Die sogenannte postdramatische Wende, einhergehend mit einer Hinwendung zu performativen statt repräsentativen Spielweisen auf der Bühne, hat zu einer Auflösung auch der letzten Dramenkonventionen und ihren Parametern geführt. Konnte man ein Theaterstück bis dahin noch definieren als eine Geschichte, dargestellt als Geschehen zwischen Figuren in Situationen, so hat sich im Zuge der Postdramatik die nicht-situative und figürlich nicht zuzuordnende Textfläche als Form durchgesetzt – neben vielen anderen Projekt-, Dokumentar-, Diskurs- und Performanzformaten, aber auch episch-dramatischen Mischformen wie Romanbearbeitungen. Was ein guter Theatertext ist, lässt sich auf dem Papier immer weniger erkennen und unabhängig von der Regiefrage immer seltener zu Ende denken.

Sicher ist nur, dass sich der *state of the art* der deutschsprachigen Theaterlandschaft noch weiter von den Wertvorstellungen des Literaturdramas entfernt hat, wie es im Deutschunterricht nach wie vor gelehrt wird. Der produktive Bezugspunkt des Szenischen Schreibens war jedoch stets weniger die literarische Tradition als vielmehr die Auseinandersetzung und Reibung mit der gegenwärtigen Theaterpraxis. Meist wurde für oder gegen sie geschrieben, was in Zeiten aufgelöster Konventionen und eines kaum greifbaren Mainstreams schwerer erscheint denn je. Die Kehrseite der postdramatischen Wende und der Freiheit der Formenvielfalt ist speziell im Fach des Szenischen Schreibens eine große Verunsicherung. Alles scheint möglich und dadurch beliebig. Angesichts dieser von vielen jungen Autorinnen und Autoren als diffus erlebten Arbeits- und Schreibposition stellt sich einmal mehr die Frage: Kann man schreiben lernen? Und wenn ja, was denn überhaupt lernen, wenn die Situation des Theaters eine des *anything goes* ist?

Man kann zunächst einmal ‚lesen lernen', indem man sich über die szenisch-gestische Kraft von Texten klar wird und ihre Wirksamkeit auch in performativen Zusammenhängen untersucht (Analytische Dramaturgie). Man kann ‚zuschauen lernen', indem man sich einen Überblick über verschiedene Theaterformen verschafft und eine Begrifflichkeit aneignet, um sie genau zu beschreiben, bevor man sie bewertet (Aufführungsanalyse). Man kann lernen, in der werkstatthaften Zusammenarbeit mit Schauspiel- und Regie-Studierenden seine Position in den kollektiven Arbeitsprozessen des Theaters zu finden (Szenische Arbeit) und dabei ein Gespür für die Möglichkeiten des eigenen Schreibens zu entwickeln. Und man kann durch die kontinuierliche Auseinandersetzung mit anderen angehenden und erfahrenen Autorinnen und Autoren lernen, wie man mit Kritik umgeht und sie für sich produktiv macht. Zur ‚Szenischen Schreiberin' oder zum ‚Szenischen Schreiber' allerdings wird man nur auf die eine einzige Art, an der sich seit Jahrtausenden nichts geändert hat: indem man einen szenischen Text schreibt und noch einen und noch einen.

IV Interdisziplinäre Zugriffe

David Roesner
IV.1 Libretto, Drama und Musik

1 Einleitung

Das Libretto ist auf den ersten Blick dem Drama eng verwandt, unterscheidet sich jedoch signifikant von diesem in seiner primären Bestimmung als zur Vertonung gedachter und damit bewusst noch zu vervollständigender Text, wie Anna Amalie Abert schon in ihrer viel zitierten Definition bezeugt: Das Libretto ist „ein zur Komposition bestimmter Text, dessen Inhalte und Form entscheidend durch die Rücksicht auf diese Bestimmung geprägt werden" (zit. n. Gier 1998, 6). Die lange und wechselhafte Geschichte des Librettos kann hier nicht nachgezeichnet werden – stattdessen sollen drei Schwerpunkte gesetzt werden: Im ersten Teil wird die Frage im Mittelpunkt stehen, inwieweit es sinnvoll ist, allgemeine Wesensmerkmale des Librettos als literarische Gattung zu abstrahieren, und wenn ja, welche das sein könnten, im zweiten Teil wird eine Lesart des Librettos als palimpsestisches Phänomen im Rahmen moderner Adaptionstheorien angeboten und im dritten Teil seine Auflösungserscheinungen im 20. und 21. Jahrhundert im Zuge postdramatischer Tendenzen als der ‚nicht mehr librettistische Operntext' – in Anlehnung an Gerda Poschmanns wegweisendes Buch *Der nicht mehr dramatische Theatertext* (1997) – skizziert.

Grundannahmen

Einige weithin akzeptierte Grundannahmen seien vorangestellt:
 (1) Die Bezeichnung ‚Libretto' taucht um die Wende vom 17. zum 18. Jahrhundert auf, setzt sich aber erst im 19. Jahrhundert durch (Borchmeyer et al. ²1996, Sp. 1116). Die enge Verbindung zum Drama als literarischer Gattung ist dabei schon allein durch die ersten Bezeichnungen der um 1600 neu entstehenden musiktheatralen Gattung, der Oper, evident: Sie heißt zunächst *dramma per musica*. Das Drama ist zwar nicht die einzige literarische Bezugsgröße des Librettos, steht aber im Rahmen dieses Beitrags im Mittelpunkt. Andere Quellen, aus denen sich das Libretto speist, sind z. B. Liedtexte, Gedichte, Märchen, Mythen und später Romane, Filmdrehbücher bis hin zu Fernsehshows (*Jerry Springer – The Opera* von Richard Thomas und Stewart Lee, UA 2003), zeitgeschichtlichen Ereignissen (*Nixon in China*, UA 1987, und *The Death of Klinghoffer*, UA 1991, beide von John Adams und Alice Goodman, sowie *Satyagraha*, UA 1980, von Philip Glass und Constance DeJong) und Starbiographien (*Evita*, UA 1978, von Andrew Lloyd

Webber und Tim Rice, sowie *Anna Nicole*, UA 2011, von Mark-Anthony Turnage und Richard Thomas).

(2) Die Geschichte des Librettos ist, gerade im Vergleich zum Drama, gekennzeichnet von weitgehender Marginalisierung und Geringschätzung als einer „subliterarische[n] Zweckgattung" (wie Borchmeyer et al. ²1996, Sp. 1117, rückblickend referieren): Librettistinnen und Librettisten bleiben häufig unbekannt und die Popularität einer Oper steht und fällt selten mit der Qualität des Librettos, sondern vor allem mit derjenigen der Musik: *Der Troubadour*, *Fidelio* oder *Die Zauberflöte* gehören trotz miserabler Libretti zu den Sternstunden der Oper – umgekehrte Beispiele findet man viel seltener (P. Smith 1975, xxii). Die Beziehung und das Statusgefälle zwischen Komposition und Libretto schwankt historisch sehr: Phasenweise bestimmen Librettisten wie etwa Pietro Metastasio (1698–1782) ganz maßgeblich (Sala DiFelice 1983; siehe auch La Salvia 2010 zu Philippe Quinault, dem Librettisten von Lully), zu anderen Zeiten bleiben sie unerkannt und austauschbar (Lichtenstein 2014). Vor allem mit Richard Wagner etabliert sich eine Tradition der Personalunion von Librettist und Komponist und damit der Entstehung von Wort und Musik aus einer Hand – auch wenn es frühere Beispiele hierfür gibt, wie etwa Maria Antonia Walpurgis (Fischer 2007) oder Albert Lortzing (Lichtenstein 2014, 5). Bei Richard Wagner ist dies verbunden mit dem Anspruch einer besonders zwingenden Verbindung der beiden Medien: Das Drama müsse der Zweck und die Musik das Mittel sein und nicht, wie er es an der Operngeschichte bis dato verurteilt, umgekehrt (R. Wagner 2012 [1852], 16).

(3) Die Geschichte der Oper ist u. a. als eine Geschichte stetig sich verändernder und oft hitzig diskutierter Wechselverhältnisse von Wort und Musik zu lesen (Abbate und Parker 2012, 2). Die Frage danach, wer in der Verbindung von Wort und Musik „Herr" und wer „Diener" sei (Nietzsche 2014 [1872], 117), ist in der Geschichte des Librettos ein kontinuierlicher Kampfschauplatz. Auch wenn in vielen Fällen das viel zitierte Mozart-Wort gilt, nach dem „bey einer opera [...] schlechterdings die Poesie gehorsame Tochter der Musick seyn [muß]" (zit. n. Borchmeyer et al. ²1996, Sp. 1120), gibt es Umkehrungen dieses Statusgefälles, in jüngerer Zeit auch im Zuge von Strategien zur Vermarktung und Publikumsgenerierung: „Yet the jungle that is opera occasionally produces a beast we might as well call the trophy librettist" (Gurewitsch 2011). Irene Morra beschreibt für den angloamerikanischen Raum eine solche Verkehrung der Hierarchie von Librettistin und Librettist sowie Komponistin und Komponist im Rahmen einer ganzen Reihe zeitgenössischer Opern, bei denen die Librettistin bzw. der Librettist als bekannter oder sogar berühmter Schriftsteller die eigentliche Attraktion und das zentrale Werbemoment der Unternehmung ausmacht. Die Beispiele reichen von Ian McEwan, Toni Morrison und Angela Carter bis zu David Mitchell: „The cultural prominence of these writers has ensured that their involvement receives as much

critical attention as – if not more than – the composer's music" (Morra 2010, 124). In Deutschland hat es einige ähnliche Versuche gegeben, z. B. mit einer Babylon-Oper von Jörg Widmann mit dem Libretto von Peter Sloterdijk – hier hagelte es allerdings Kritik und Häme, besonders für das Libretto. Nimmt man hingegen die Produktionen der Münchener Biennale 1988–2014 als Anhaltspunkt, fällt auf, dass viele Produktionen entweder gänzlich auf ein Libretto verzichten oder aus Bearbeitungen existierender Textvorlagen durch die Komponistinnen bzw. Komponisten bestehen (Münchener Biennale 2014).

(4) Die Libretto-Forschung wird in jedem der vielen Beiträge zur Librettistik als kaum existent charakterisiert (Hartmann 2017) – quantitativ ist das im Vergleich zur einer partiturbasierten Opernforschung sicher richtig, meines Erachtens besteht die Forschungslücke jedoch nicht primär in der mangelnden Beschäftigung mit dem Libretto (die Literaturangaben zum zugehörigen Eintrag in *Die Musik in Geschichte und Gegenwart* erstrecken sich bereits 1996 über zwölf Seiten), sondern in der weitgehenden Weigerung, dem Libretto mit dem notwendigen methodischen Instrumentarium moderner interdisziplinärer kulturwissenschaftlicher Ansätze zu begegnen. Naseem Winnie Balestrini unterstreicht dies: „Whereas the field of libretto studies is not an entirely new phenomenon, it has not yet yielded clearly discernible and universally applicable analytical standards" (Balestrini 2005, 20). Tina Hartmann argumentiert für „eine textzentrierte Librettoforschung", die das Libretto „weder als unambitionierten Gebrauchstext abtut, noch nach Gesichtspunkten der Dramenanalyse bemisst und für zu leicht befindet, sondern es als eigenständige Gattung unter jenen komplexen Gesichtspunkten interpretiert, nach denen es geschrieben wurde: als Opern*text*" (Hartmann 2017, 2). Mein Plädoyer geht dabei, anders als Hartmanns Ansatz einer „informierte[n] Philologie" (Hartmann 2017, 2) oder La Salvias „komparatistisch sprachübergreifende[r] Perspektive" (La Salvia 2010, 22), in folgende Richtung: das Libretto als Teil eines intermedialen Aufführungsgefüges zu sehen, nicht zuletzt deshalb, weil zumindest heute die Aufführung in der Regel die primäre Rezeptionssituation für diese Textsorte darstellt.

Wesensmerkmale

Will man nun trotz aller bekannten Gefahren der Verallgemeinerung einige Wesensmerkmale des Librettos herausarbeiten, gibt es erkennbare Tendenzen, die im Großen und Ganzen Gültigkeit beanspruchen können (P. Smith 1975; Borchmeyer et al. ²1996; Gier 1998; Hartmann 2017):

(1) Reduktion oder Komprimierung des Handlungsstoffes aufgrund der längeren Zeitdauer des gesungenen Textes;

(2) Optisch-akustische Präsenz und Affekthaltigkeit aller relevanten Situationen (Gier nennt dies das „Primat des Wahrnehmbaren"; Gier 1998, 14);

(3) Wechsel von Zeitraffung und Zeitdehnung (gerade in Bezug auf die Zeitbehandlung unterscheiden sich Drama und Libretto: Letzteres kann mittels der Musik spektakulärere Abweichungen produzieren und das Zeitgefühl suspendieren; Gier 1998, 6–8);

(4) Stationäre Struktur der Handlung und, damit verbunden, schlagartige, auf stringente Handlungslogik verzichtende Situationswechsel (Borchmeyer et al. ²1996, Sp. 1122; Gier 1998, 14; während das Drama von einer „dynamischen Konfliktstruktur" geprägt sei, sei für das Libretto eine „eher statische Kontrast-Struktur" typisch; Gier 1998, 9);

(5) Isolierbarkeit und In-sich-Geschlossenheit der musikalischen Nummern (Gier 1998, 14);

(6) (Kontrastive) Simultaneität der Gesangsäußerungen in Ensemble- und Chorszenen;

(7) Wechsel von schlagwortartiger Verknappung und lyrischem Pleonasmus der Librettosprache (Borchmeyer et al. ²1996, Sp. 1123).

Eine weitere mediale Besonderheit des Librettos sollte noch ergänzt werden: Der Begriff *libretto* bezeichnet im Wortsinn zunächst eben keine literarische Gattung, sondern ihr Medium, das ‚kleine Büchlein', das für die Zuschauerinnen und Zuschauer von Opernaufführungen als Handreichung gedruckt und mit Hilfe mitgebrachter Kerzen parallel gelesen wird. Mit Richard Wagner beginnt dann die Praxis der Abdunkelung des Zuschauerraums. Auch wenn viele Programmbücher gerade deutschsprachiger Opernhäuser das Libretto in der gespielten Fassung oft mitsamt mehrsprachiger Übersetzung abdrucken, ist das Mitlesen auf diese Weise schwieriger geworden. Dafür haben sich seit ihrer Einführung 1983 durch die Canadian Opera Company (Toronto) die sogenannten Übertitel durchgesetzt, mit Hilfe derer die Zuschauerinnen und Zuschauer das Libretto in seiner landessprachlichen Übersetzung mitverfolgen können. Während das Libretto in seiner Entstehung Aspekte der Narrativität, Figurencharakterisierung und Poesie mit der Erfordernis seiner Vertonbarkeit zu vereinen hat, wird es vom Publikum oft gleichzeitig gehört und gelesen. Das Libretto ist also in der Regel – wie kaum eine andere literarische Gattung – von einer intermedialen Produktionsästhetik und einer intermodalen Rezeptionsästhetik geprägt.

Es lassen sich weitere Unterschiede zum Drama feststellen, auch wenn sich dieses generell schwerer auf einige wenige Charakteristika reduzieren lässt: Der Text hat im plurimedialen Gefüge des Musiktheaters leider häufig einen geringeren Stellenwert. Die Verständlichkeit des Textes wird in der Oper weniger priorisiert als im dramatischen Theater und die Tradition eines ‚Leselibrettos' ist historisch vor allem für das 17. und 18. Jahrhundert zwar eindrücklich nachgewiesen (Hartmann 2017, 14–18), hat sich aber im weiteren Verlauf viel weniger durchgesetzt als etwa die des ‚Lesedramas'. Nach Gier fällt weiterhin die Tendenz zu Episierung im Libretto auf (Gier 1998, 11): Typisch sei eine „Dramaturgie des Zeigens" (Gier 1998, 13), es herrsche eine große Eigenständigkeit einzelner Teile, es würden eher Zustände als fortschreitende Handlungsprozesse dargestellt und man finde häufig eine selbstreflexive Ebene in den Arien.

Es wäre aber insgesamt verfehlt, das Libretto nur als verkürztes und defizitäres Drama zu sehen. Gerade bei Adaptionen von Dramentexten (auf die zurückzukommen sein wird) stellt das Libretto das Resultat sowohl einer literarischen Komprimierung als auch einer gleichzeitigen Erweiterung und semantischen, strukturellen wie emotionalen Anreicherung durch die zu erwartende Musik dar. Dies ist dem Phänomen der (gelungenen) Literaturverfilmung nicht unähnlich, die auf textlicher Ebene notwendigerweise kürzt, aber durch die komplexen Möglichkeiten des visuellen ‚Textes' bereichert und remedialisiert (Bolter und Grusin 2000).

Im Vergleich zum Drama war das thematische Spektrum des Librettos lange Zeit vom Problem der mangelnden Glaubwürdigkeit singender Protagonistinnen und Protagonisten geprägt und tendierte daher zu symbolischen, phantastischen, mythischen und pastoralen Szenarien, in denen nicht selten Musik und Singen diegetisch begründbar waren. Es ist daher sicher kein Zufall, dass gleich mehrere der ersten Opern um 1600 (Peri, Caccini, Monteverdi) den Orpheus-Mythos zum Anlass ihrer Versuche in Richtung eines *dramma per musica* nehmen und dass sich dieser Mythos auch danach kontinuierlich durch die Opern- und Musiktheatergeschichte zieht (z. B. Charpentier, Lully, Telemann, Rameau, Gluck, Haydn, Offenbach, Henze, Birtwistle, Glass). Opernlibretti widmen sich bis heute selten dem Gewöhnlichen, Alltäglichen, Lebensweltlichen; Abbate und Parker ziehen sogar den Schluss: „In the end, opera can't ever be anything other than unreal" (Abbate und Parker 2012, 18).

In Bezug auf seine Wirkung sucht das Libretto den Boden zu bereiten für die Ergänzung, Interpretation und vor allem die affektive Aufladung des Wortes durch die hinzutretende Musik. Opern (sowie m. E. auch andere Formen des Musiktheaters) hätten stärkere emotionale und integrative Effekte auf die Rezipierenden als die Worte eines Dramas allein vermöchten (Gurewitsch 2011). Dies bedeutet in der Produktion auch – hierfür gibt es zahlreiche historische Beispiele –, dass die Autorschaft des Librettos häufig kollektiver ist als beim Drama, indem sie aus einem engen Dialog zwischen der Komponistin bzw. dem Komponisten und einer oder mehrerer Librettistinnen bzw. Librettisten entspringt. Der Komponist Richard Danielpour beschreibt dies an einem zeitgenössischen Beispiel, seiner Oper *Margaret Garner* (UA 2005) mit dem Libretto von Toni Morrison: „The composer has to be as much a dramatist as the librettist. It's a misconception that the librettist is dramatist. That's the furthest thing from the truth! In the best teamwork, both are dramatists" (zit. n. Gurewitsch 2011).

2 Libretto als Praxis der Adaption

„Adaptation is the lifeblood of opera", fasst Andrew Blake (2010, 187) die herausragende Bedeutung der vielfältigen Techniken des Adaptierens für das Musiktheater zusammen. Auch Vincent Giroud (2014, 137) konstatiert: „Very few operas are set on an entirely original theme; as subjects go, to paraphrase Lorenzo Bianconi, opera ‚borrows for a living'".

In Bezug auf das Drama, das eine wichtige Materialquelle darstellt, lässt sich festhalten, dass Adaptionen vorwiegend in eine Richtung verlaufen, also meist kein reziprokes intertextuelles Verhältnis zwischen beiden besteht: Während viele dramatische Stoffe zu Opernlibretti adaptiert werden, ist das Gegenteil viel seltener der Fall. Man könnte meinen, dass die Tendenz des Librettos, aus einem Adaptionsprozess hervorzugehen, an seiner relativen literarischen Geringschätzung schuld sein könnte – dies lässt sich aber historisch nicht durchgängig begründen: Giroud beschreibt, dass das Primat eines ‚Originals' (an dem Adaptionen gemäß ihrer Treue gemessen werden) erst im Zuge eines jüngeren Paradigmenwechsels entstanden ist. Zuvor gab es eher ein ausgeprägtes Interesse an interessanten *Versionen* einer bereits existierenden Geschichte. Der Plot musste faszinieren, jedoch ohne den Anspruch, dass die Fabula selbst neu war (Giroud 2014, 138). Shakespeares Dramen sind ein klassisches Beispiel für dieses andere Denken.

Drei Aspekte lohnt es sich hervorzuheben:

(1) In der Gattung der Oper finden sich besonders viele Beispiele für gattungsimmanente Adaptionen; aus Opern werden neue Opern. Dies macht in vielen Fällen auch die Idee eines Originals entstehungsgeschichtlich problematisch: „The history of operatic settings of a similar theme is thus a dense intertextual network, in which genetic reconstruction can be conjectural at best" (Giroud 2014, 138).

(2) Bisher habe ich betont, dass es notwendig ist, den Text des Librettos im Kontext seiner Vertonung und szenischen Realisierung zu lesen. Dies ist dahingehend zu ergänzen, dass dieser spezifischen ‚Vermählung' von Wort und Musik, Poesie und Szene eine ganze Reihe von Beispielen gegenübersteht, in denen Libretti im Gegenteil äußerst vielfältige, mitunter fast beliebig erscheinende Liaisons eingehen, indem sie immer wieder neu vertont (und aufgeführt) werden: Metastasios *Artaserse* (zuerst von Leonardo Vinci 1730) z. B. wurde mehr als achtzig Mal in Musik gesetzt (Giroud 2014, 139).

(3) Auch der umgekehrte Fall ist vielfach belegt: Zu einer bestehenden, erfolgreichen Musik werden umstandslos eine völlig neue Handlung und ein neuer Text hinzugedichtet.

Man kann schlussfolgern, dass das Libretto historisch zwischen der Maxime einer engen Beziehung von Text und Musik und einer relativen Beliebigkeit dieser Beziehung schwankt. Das Bemühen von Claudio Monteverdi über Richard Wagner bis Leoš Janáček, Sprachgestus, -melodie und -inhalt so getreu und zwingend wie möglich in Musik zu gießen und der jeweiligen nationalen, regionalen oder sozialen Sprachkultur Rechnung zu tragen, steht dabei den oben erwähnten Praktiken entgegen. Schließlich könnte man das Libretto als Scharnier in einer Kette von Adaptionsvorgängen beschreiben und untersuchen: Die Librettistin bzw. der Librettist interpretiert und transformiert eine Vorlage, doch das Resultat wird seinerseits durch die Arbeit der Komponistin bzw. des Komponisten adaptiert, sowohl im Sinne einer Remediatisierung als auch im Sinne einer Interpretation, Zuspitzung, Akzentuierung usw. (Joseph Kerman geht in seinem wegweisenden Werk *Opera as Drama* (1988 [1956]) so weit, den Komponisten als eigentlichen Dramatiker zu bezeichnen (siehe Blake 2010, 191–192)). Diverse Adaptionsarten, die Forscherinnen und Forscher beschrieben haben, hat Márta Minier 2013 tabellarisch zusammengestellt.

G. Wagner (1975)	Andrew (1984)	Dryden (1680)	Desmond and Hawkes (2005)	Cahir (2006)
transposition	intersecting	metaphrasis	close	literal
commentary	fidelity of transformation	paraphrasis	intermediate	traditional
analogy	borrowing	imitatio	loose	radical

Abb. 1: Unterschiedliche Kategorisierungen von Übersetzungs- und Adaptionsarten (nach Minier 2013, 28).

Worin besteht nun der Vorgang der Adaption? Von den vielen Typologien und Taxonomien (siehe Abb. 1) unterschiedlicher Verhältnisse von ‚Original' und ‚Adaption' (Kategorien, die Krebs 2013, Hutcheon 2006 und andere natürlich zu Recht problematisieren) sind manche in Bezug auf das Opernlibretto sicherlich relevanter als andere. Selten handelt es sich um eine Übertragung, die mit einem Minimum an Interferenz auszukommen sucht (etwa Geoffrey Wagners „transposition" oder Dudley Andrews „intersecting"; vgl. Minier 2013, 25). Häufiger hingegen bewegen sich die Bemühungen der Librettistin oder des Librettisten zwischen Prozessen der möglichst wörtlichen Übertragung einer Vorlage in die medialen Bedingungen des Operntexts (Andrews „fidelity of transformation"), freieren Formen der Anverwandlung und Anleihe (Andrews „borrowing"), des Kommentars (G. Wagners „commentary") oder der bloßen Analogie (G. Wagners „analogy").

Die konkreten Aufgaben der Librettistin bzw. des Librettisten bei diesen Transformations- und Interpretationsleistungen betreffen vor allem, wie wir den oben ausgeführten Gattungskonventionen entnehmen können, die Kondensierung, Dramatisierung bzw. Re-Dramatisierung und das, was Blake die „vocalization", also die ‚Versanglichung' des Textes nennt (Blake 2010, 192). Das Libretto berücksichtigt dabei nicht nur innerdramatische Erfordernisse, sondern auch die ausgeprägten Aufführungskonventionen der Oper (oder auch der Operette und des Musicals) als soziales Ereignis und Spektakel. So gilt es etwa im Falle der venezianischen Oper, Vorwände für spektakuläre Bühneneffekte in den Text einzustricken und ein Figurenpersonal zu erfinden, das die kompositorischen Konventionen fester Arientypen und ihrer Abfolge berücksichtigt. Das Libretto hängt also von den medialen Verabredungen und Erwartungen seiner Zeit ab.

Jenseits der Originaltreue

Das Libretto als Prozess und Ergebnis von Adaption zu lesen, eröffnet eine Perspektive, die sich in der jüngeren Adaptionsforschung dezidiert vom „fidelity criticism" (Hutcheon 2006, 6) ablöst, das heißt, davon Abstand nimmt, Adaptionen auf ihr mehr oder weniger enges Treueverhältnis zu einer Vorlage zu reduzieren. Sinnvolle Fragen für die Libretto-Forschung wären demnach: Wie interpretiert und akzentuiert das Libretto seine Vorlage neu im Kontext seiner Zeit? Welche politischen, ideologischen, ökonomischen und/oder ästhetischen Überzeugungen spiegelt es dabei wider? Wie transformiert es die Materialität und Medialität seiner Vorlage in das plurimediale Gefüge eines Textes, der zur Vertonung und musiktheatralen Aufführung bestimmt ist? Es ist meist eine Verkürzung, einfach Text mit Text zu vergleichen. Stattdessen muss das komplexe, meist sprachliche Ausgangsmaterial mit dem *auf andere Weise komplexen* Materialgefüge in Beziehung gesetzt werden, das das Libretto innerhalb der Partitur und der implizierten Aufführung darstellt (P. Smith 1975, xvii–xxii; Blake 2010, 192). Silke Leopold spricht daher gerade in Bezug auf die Boito-Verdi- und die Mozart-Da-Ponte-Opern von kongenialen Umformungen, „die in mancher Hinsicht den Dramen Beaumarchais' und Shakespeares, welche ihre Vorlagen bilden, überlegen sind" (zit. n. Borchmeyer et al. ²1996, Sp. 1119).

Ein kurzes Beispiel mag dieses komplexere Verhältnis von ‚Original' und ‚Adaption' verdeutlichen: An Verdis/Boitos Adaption von Shakespeares *Othello* ist immer wieder gezeigt worden, wie Libretto und Partitur *gemeinsam* die Vorlage neu aspektieren. Alexander Leggatt (2012) etwa belegt das zunächst primär an den textlichen Veränderungen im Libretto, zeigt aber auch, wie die Musik bestimmte thematische Motive neu akzentuiert und Subtexte für den Text vereindeutigt oder ergänzt. Er vergleicht z. B. die Szenen, in denen Othello den Senat davon zu überzeugen versucht, dass ihn seine Liebe zu Desdemona nicht vom ernsten Geschäft als Kriegsherr ablenken wird (1. Akt, 3. Szene), sowie seinen äußerst kurzen Dialog mit Desdemona, die er nach den Unruhen in Zypern zu beruhigen sucht (2. Akt, 3. Szene), mit deren Adaption in der Partitur (Leggatt 2012, 841). Diese Stelle umfasst bei Shakespeare nur wenige Verse, in der Oper jedoch machen Boito und Verdi daraus ein fast neunminütiges Duett und die Ansprache an den Senat wird hier als indirekte Rede sinngemäß von Desdemona wiedergegeben. Gleichzeitig ‚erzählt' die Musik genau das Gegenteil der Versicherungen Otellos an den Senat. Die mit ihm assoziierte Musik verwandelt sich vom Martialischen zum Lyrischen und bezeugt damit eben seine Wandlung vom Kriegsherren zum Liebhaber.

Darüber hinaus ist *Otello* ein interessantes Beispiel dafür, wie ein Librettist mit seinen dramatischen Vorstellungen die Kompositionsweise verändern kann. Boitos Konzeption von *Otello* als einem intimen Kammerspiel menschlicher Psyche, das auf typische opernhafte Nummern verzichten sollte, bringt Verdi dazu, mehr als sonst auf psychologisch differenzierte Duette zu setzen und einen neuen Stil flexiblen und sich immer wieder rapide verändernden musikalischen Ausdrucks zu finden (Abbate und Parker 2012, 390). Musik kann, das lässt sich bereits an dieser einen Oper sehen, in eine Vielzahl von Wechselwirkungen mit dem Text des Librettos eintreten. Mal nimmt sie eine Art Erzählerfunktion ein, macht Subtexte der Figuren hörbar, mal tritt sie als Symbolsprache zum literarischen Wort dialogisch hinzu, indem sie die dramatischen Konflikte in innermusikalische transformiert statt einfach nur zu kommentieren. Bei *Otello* spielt Verdi z. B. mit den in Konflikt befindlichen Anforderungen des Lyrischen und Deklamatorischen: Iago, so Abbate und Parker, sei durchgehend im deklamatorischen Stil gestaltet und singe nur lyrisch, wenn er auf Täuschung aus sei. Desdemona verkörpere symbolisch die verflossene Zeit des *bel canto*, während Otello, nicht unähnlich seinem Schöpfer Verdi, schmerzhaft zwischen neuem und alten Stil hin- und hergerissen sei (Abbate und Parker 2012, 391).

Methodische Konsequenzen

Was dieses Beispiel verdeutlichen soll, ist die Notwendigkeit einer methodischen Neuorientierung: Während die Forschung in Anlehnung an die (komparatistische) Literaturwissenschaft die Bedeutung des Librettos im Text begründet sieht (siehe u. a. La Salvia 2010; Hartmann 2017) – und beachtliche Erkenntnisse zutage fördert –, plädiere ich, unter Berücksichtigung jüngerer Entwicklungen sowohl in der Musik- als auch Theaterwissenschaft, dafür, das Libretto als Teil eines intermedialen Beziehungsnetzes zu verstehen, dessen Bedeutung aus dem *jeweiligen Zusammenspiel* aller Elemente des Aufführungstextes hervorgeht. Bemerkenswerterweise ist allerdings zumindest in der Oper davon auszugehen, dass ein Großteil des eigentlichen Libretto-Textes nicht verständlich dargeboten wird, weil entweder die Artikulation durch die Erfordernisse der Stimmproduktion leidet, der natürliche Sprachfluss durch melismatische Melodieführung gedehnt wird oder in einer nicht weithin verständlichen Sprache gesungen wird. Der Text, der eigentlich Anlass für eine plurimediale Versinnlichung durch Vertonung, Stimme, Verkörperung und szenische Präsentation ist, wird am Ende doch wieder als Schrifttext rezipiert – sei es über das Programmheft oder die Übertitel – oder weitgehend ignoriert. Dass das nicht immer so war, zeigen u. a. die Untersuchungen von Adrian La Salvia (2010) und Tina Hartmann (2017), die eindrücklich nachweisen, dass das Libretto vor allem im 17. und 18. Jahrhundert einen ganz anderen literarischen Stellenwert innehatte.

3 Jüngere Tendenzen des Librettos: Von der Re-Literarisierung zur Entgrenzung

Bevor wir abschließend auf neuere Entwicklungen in Bezug auf das Libretto zu sprechen kommen, sollte der vielfach erhobene Vorwurf festgehalten werden, dass sich das Libretto im 20. und 21. Jahrhundert im Vergleich zur Musik, aber auch zu anderen szenischen Kunstformen, zu wenig von den Themen und Modellen des 19. Jahrhunderts gelöst habe. Rolf Liebermann kritisiert seine Komponistenkolleginnen und -kollegen dafür bereits in den 1950er und 1960er Jahren; er findet, „sie behandelten Probleme von gestern mit der Sprache von morgen" (zit. n. Honolka 1962, 206). „Die moderne Oper", sagt er, „flieht den Sprengstoff der Gegenwartsnähe und retiriert sich vorsichtig auf den gesicherten Boden klassischer oder romantischer Dramen und Stoffe" (zit. n. Honolka 1962, 206). Drei Jahrzehnte später äußert Gerd Kühr ähnliche Bedenken: „Unabhängig von den stofflichen Tendenzen bildet der Rückgriff der Komponisten auf literarische Vorlagen zumeist die textliche Basis". Darin manifestiere sich ein künstlerisches Dilemma: es fehle die „originäre Zusammenarbeit und kreative Auseinandersetzung zwischen Schriftsteller und Komponist" (1995, 199). Eine Folge davon ist im 20. Jahrhundert die Literaturoper – die Tendenz, literarisch ‚wertvolle' dramatische Texte unmittelbar als Vorlage zu verwenden, ohne sie von einem Librettisten eigens für die Oper adaptieren zu lassen, wobei meist der originale Wortlaut übernommen und lediglich gekürzt wird (Hochradl 2010, 37). Beispiele reichen von Alban Berg (*Wozzeck*, UA 1925, nach Büchner) über Hans Werner Henze (*Der Prinz von Homburg*, UA 1960, nach Kleist) bis zu Bernd Alois Zimmermann (*Die Soldaten*, UA 1965, nach Lenz). Im erweiterten Sinne kann sich Literaturoper auch auf eine nicht-dramatische Textvorlage beziehen, die aber ein „bereits selbständig existierender, homogen konsistenter, literarischer Text" sein sollte (Hochradl 2010, 38).

Neue experimentelle Wege

Neben diesen, librettistisch gesehen, eher konservativen Tendenzen gibt es jedoch Aufbrüche und experimentellere Ausprägungen. Albert Gier unterscheidet zwei wesentliche Entwicklungen im sogenannten experimentellen Musiktheater (vgl. hierzu auch Reininghaus und Schneider 2004; Salzman und Desi 2008): Einerseits konstatiert er eine Tendenz, „in Dramaturgie und sprachlicher Gestaltung die jeweils avanciertesten Positionen im Bereich des literarischen Theaters [zu] reflektieren" und andererseits entstünden Werke, in denen „Sprache, Musik und Szene in einem radikal anderen Verhältnis stehen wie [sic!] in der konventionellen Oper" (Gier 1998, 230). Dem ist grundsätzlich zuzustimmen, wobei es m. E. etliche Beispiele gibt (wie etwa die Zusammenarbeit von Samuel Beckett und Morton Feldman an *Neither*, UA 1977, oder von Elfriede Jelinek und Olga Neuwirth u. a. an *Wald*, UA 1991, *Aufenthalt*, UA 1995, und *Lost Highway*, UA 2003), in denen die von Gier kontrastiv akzentuierten Aspekte in eins fallen. Wesentliches Merkmal der literarischen Innovation der genannten Schriftstellerinnen und Schriftsteller ist die Neubestimmung der Rollen von Sprache und Szene, oft bereits verbunden mit Formen der Musikalisierung (Roesner 2014, 121–170). Poschmann beschreibt dies anhand der analogen Entwicklung des Dramas zum ‚nicht mehr dramatischen Theatertext' so: „In jedem Fall wird mit dem Einsatz der Musikalität die Sprache entgrenzt, indem die Betonung der sonoren Materialität ihrer Signifikanten zu einer Entautomatisierung, Verunklarung oder einem Aufbrechen der Zuordnung von Signifikant und Signifikat führt" (G. Poschmann 1997, 335). Dies hat Konsequenzen für die Rolle der Komponistin bzw. des Komponisten. Das hohe Maß an Musikalisierung in Jelineks Schreiben z. B. führt dazu, dass die Komponistin Neuwirth komplexe Strategien erfinden muss; man könne nicht einfach anfangen, diese Texte zu vertonen (Neuwirth 1997, 221). Sie habe, sagt Jelinek, „eine Mischform gefunden, eine Mischung zwischen Schreiben und Komponieren, also ein Verfahren mit Sprache kompositorisch umzugehen" (zit. n. Basting 1999, 22). Dieser komplexen Vorlage begegnet Neuwirth, indem sie die Texte „an bestimmten Stellen vollkommen [zerstäube], um ihnen dann in einer virtuellen Neuschaffung und musikalischen Überhöhung [...] die Vielfalt, Musikalität, Komplexität und Schärfe der Jelinekschen Sprache wiederzugeben" (Neuwirth 1997, 221).

Die Skepsis gegenüber Bedeutung und stringenter Narration, die sich bei Jelinek als eine Art sprachlicher Übercodierung manifestiert, findet kontrastiv als Untercodierung oder Umcodierung der sprachlichen Zeichen des Lautmaterials in dem Ausdruck, was Smith das „abstract libretto" (P. Smith 1975, 397) nennt. Als ein frühes Beispiel verweist er auf Gertrude Stein und ihre Libretti *Four Saints in Three Acts* (UA 1934) und *The Mother of Us All* (UA 1947): „[B]oth represent the final and complete liberation of the word from its prison as a meaning-symbol, so that it becomes, primarily, a sound or collection of sounds" (P. Smith 1975, 397). Auch Gier beschreibt diese Entwicklung, György Ligeti zitierend: „Wird so Sprache als Musik, ja als musikalische konstruiert, ist diese zumindest genauen Sinns entleert. Indem Musik gesprochen wird, somit sprachlicher Nonsens, präsentiert sich Kommunikation als gestörte" (zit. n. Gier 1998, 236). Allerdings hat die Bühnenrealität vieler Aufführungen solcher Libretti gezeigt, dass die postulierte Dichotomie von ‚Sinn' und ‚Sinnlichkeit' eine Konstruktion und Verkürzung darstellt. Stattdessen existieren Zwischenstufen und Vermischungen von semantischen und klanglich-rhythmischen Aspekten von Sprache, die oft auch innerhalb einzelner Werke in vielseitige Wechselbeziehungen treten. In Leo Dicks *Kann Heidi brauchen, was es gelernt hat?* (Textfassung und Dramaturgie: Felizitas Ammann, UA 2008) z. B. mischen sich klar verständliche Gesangs- und Sprechgesangspassagen mit rätoromanischen bis lautpoetischen Äußerungen, deren Wortsinn sich eher verschließt. Das Eigene und das Fremde, die einen zentralen thematischen Komplex der Romanvorlage von Johanna Spyri ausmachen, werden hier zu einer musikalischen und textlichen Erfahrungsdimension für das Publikum.

Oper ohne Libretto

Eine letzte Konsequenz aus dem Sprachskeptizismus, wie er das 20. Jahrhundert seit seinem Beginn etwa mit Hugo von Hofmannsthal und vor surrealistischem Hintergrund mit Antonin Artaud in unterschiedlichen Kunstgattungen (Roman, Drama, Film, Musiktheater) prägt, stellen Arbeiten wie Helmut Lachenmanns *Das Mädchen mit den Schwefelhölzern* (1990–1996, UA 1997) oder Wolfgang Rihms *Séraphin* (UA 1994) dar, die als Opern ohne Libretto konzipiert und komponiert sind (Hochradl 2010, 40). Hierzu gehören darüber hinaus die Erweiterungen des Musiktheaterbegriffs überhaupt, zu denen Erscheinungen wie Fluxus-Happenings, John Cages musikalisch-szenische Zufallsoperationen oder Collagen wie die *Europeras 1&2* (UA 1987) ebenso zählen wie Mauricio Kagels Instrumentales

Theater, seine ästhetisch-institutionelle Dekonstruktion *Staatstheater* (UA 1971) und viele weitere Beispiele dessen, was Matthias Rebstock und ich unter dem Begriff ‚Composed Theatre' zu fassen versucht haben (Rebstock und Roesner 2012).

Hybridisierung

Eine weitere Tendenz sei noch genannt: die Hybridisierung der Gattungen, die auch den Status des Librettos beeinflusst. Es handelt sich dabei um Versuche der Auflösung bzw. radikalen Erneuerung der Form der Oper bzw. des Musiktheaters durch Überschreiten der Disziplinen und Gattungen (P. Smith 1975). Ein klassisches Beispiel ist Igor Strawinskys *Histoire du soldat* (UA 1918; dt. *Die Geschichte des Soldaten*, Libretto von Charles-Ferdinand Ramuz), die unterschiedliche Formmodelle in sich vereint bzw. nebeneinander stellt, „being partly balletic, partly chamber-instrumental [...], partly narrational, and not at all sung – all the words are spoken. Yet in a curious way it is an opera" (P. Smith 1975, 387). Aberts eingangs zitierte Definition des Librettos („ein zur Komposition bestimmter Text") gerät hierbei zunehmend ins Wanken, da der Status des Textes in solch hybriden Formen keiner klaren Funktionsbestimmung mehr gehorcht. Die immer schon angelegte Plurimedialität und Plurimodalität des Librettos (als gesungener Text in der Arie, als halb gesungener und halb gesprochener im Rezitativ, als gesprochener in Spielszenen des Singspiels und als gelesener im gedruckten ‚Büchlein' oder Programmheft bzw. projizierter in Übertiteln) wird weiter entgrenzt. In den ‚Opern' von Robert Wilson etwa wird der Text teils drastisch semantisch reduziert (in *Einstein on the Beach* mit Philip Glass (UA 1976) basiert eine lange Chorpassage nur auf Zahlen), teils besteht er aus Permutationen von Sätzen, die außerdem als visuelle Struktur innerhalb des Bühnenbildes fungieren (wie in *A Letter for Queen Victoria* mit Christopher Knowles (UA 1975).

Diese Entwicklungen des 20. Jahrhunderts, die zunehmende Erweiterung und Auflösung eines kohärenten Libretto-Begriffs, werden analog im Bereich des Dramas als ‚postdramatische' (H.-T. Lehmann 1999) Abkehr von einem logozentrischen Theaterverständnis bzw. als Entwicklung ‚nicht mehr dramatischer' (G. Poschmann 1997) Theatertexte diskutiert. Dabei gibt es aber auch signifikante Unterschiede, nicht zuletzt quantitativer Natur. Im Vergleich zur Anzahl neuer Theatertexte im deutschsprachigen Raum ist die Anzahl neuer Libretti im Bereich des Musiktheaters verschwindend gering (Deutscher Bühnenverein 2014a). Besonders in der Oper beherrscht das Repertoire vor allem des 19. Jahrhunderts die Spielpläne mit ungebrochener Dominanz. Die wenigen uraufgeführten Werke werden häufig nicht ein weiteres Mal inszeniert. Im populären Musiktheater, besonders im Musical, ist die Situation – zumindest weltweit gesehen – weniger extrem. Hier gibt es zwar ebenso beherrschende Repertoirestücke, aber auch eine beachtliche Zahl neuer Werke, was u. a. auf eine im amerikanischen Kultur- und Hochschulbetrieb etablierte Infrastruktur von Schreibwerkstätten, Kompositionskursen, Workshops zur Stückentwicklung, Testaufführungen usw. zurückzuführen ist. Eine vergleichbare Entwicklung ist im deutschsprachigen Raum nicht auszumachen. Hier dominieren, der Oper vergleichbar, wenige, beim Publikum bekannte und beliebte Musicals die Bühnen der kommerziellen und subventionierten Theater.

Libretto als Funktion

Was ist nun heute die „Libretto-Qualität" eines Textes, von der ausgerechnet Heiner Goebbels (1996) spricht? Seine international überaus erfolgreichen und von Kritikerinnen und Kritikern gefeierten Musiktheaterwerke beruhen textlich fast ausnahmslos auf Collagen und Bearbeitungen von Prosatexten und Essays, die nicht als dramatische Rede gedacht sind und von Goebbels selten zu Gesangspartien verarbeitet werden. Es sind Texte, die formal, strukturell und klanglich eine Musikalität aufweisen, die er mit anderen musikalisch-rhythmischen Strukturen der Bewegung, der Instrumentalmusik, des Geräusches und des Lichts polyphon verwebt. Weitere Beispiele für die Verwendung heterogenen und oft nicht dramatischen Textmaterials reichen von Luigi Nonos *Intolleranza 1960* (UA 1961) bis zu Michael Hirschs *Das stille Zimmer* (UA 2000), Beat Furrers *Wüstenbuch* (UA 2010) oder Helmut Oehrings *SehnSuchtMeer* (UA 2013) und *Agota* (UA 2016) (siehe generell zur Entwicklung Gier 2003).

‚Libretto', so würde ich folglich konstatieren, ist gegenwärtig keine literarische Gattung mit intrinsischen Kriterien und Merkmalen mehr, sondern eine Funktion, die durch Kontextualisierung entsteht. Parallel zur Entwicklung in der Musik, die im Zuge der Arbeiten und Schriften John Cages eine radikale Entgrenzung erfahren hat und die Luciano Berio auf die Formel „music is everything that one listens to with the intention of listening to music" (zit. n. Bryden 1998, 24) gebracht hat, kann heute alles ‚Libretto' sein, was im Kontext einer musiktheatralen Aufführung verwendet wird. Ob der Begriff dann allerdings noch sinnvoll ist oder abgelöst werden müsste (nicht unähnlich der Tendenz im Theater, nicht mehr vom ‚Drama', sondern vom ‚Theatertext' zu sprechen; Balme ²2001 [1999], 74), sei dahingestellt. Der Text im Musiktheater ist jedenfalls mehr denn je eine stets neu auszuhandelnde Größe, die ihr Verhältnis zum hohen Maß an Formalisierung und Konvention ihrer Historie immer noch und immer neu bestimmt.

Katja Schneider
IV.2 Tanztheater, Tanzdrama und Tanzdramaturgie

1 Zur Definition

Die drei Begriffe ‚Tanztheater', ‚Tanzdrama' und ‚Tanzdramaturgie' stehen in der Tanzwissenschaft jeweils für mehr als nur eine Definition. ‚Tanztheater' meint erstens die Tanzsparte an einem Mehrspartenhaus (schließt demnach auch das Ballett ein) und zweitens die Präsentation theatraler Handlungen im Tanz. Drittens bezieht sich der Begriff auf die seit den 1970er Jahren aufkommende neue Ästhetik des Tanztheaters, viertens auf eine Kompanie, die in dieser ästhetischen Richtung arbeitet (z. B. das Tanztheater Wuppertal), und fünftens auf Stücke, die in diesem Kontext entstehen.

Als ‚Tanzdrama' werden generell Tanzstücke bezeichnet, die dramatische Inhalte (in der Regel) nonverbal vermitteln. ‚Tanzdrama' nannten Rudolf von Laban, Mary Wigman, Kurt Jooss u. a. ihre in den 1920er Jahren im Kontext des sogenannten Ausdruckstanzes entwickelte spezifische Form des Bühnentanzes. Daran lehnte sich der Titel der Zeitschrift *tanzdrama* an, die sich der journalistischen und historiographischen Aufarbeitung des modernen Tanzes widmete (1987–2002).

Dem allgemeinen Terminus ‚Dramaturgie' entsprechend wird ‚Tanzdramaturgie' sowohl für den Arbeitsbereich im Theater oder in einer nicht-institutionalisierten Kompanie als auch für die Struktur eines Stückes verwendet. Alle drei Begriffe haben somit einen produktionsorientierten und einen ästhetischen Anwendungsbereich, der hier im Zusammenhang mit der jeweiligen historischen Kontextualisierung diskutiert wird.

2 Drama auf der Tanzbühne

Die Verkörperung dramatischer Handlungen im europäischen Kunsttanz entwickelte sich aus dem *ballet de cour*, dem Hofballett, mit dem die junge Geschichte des europäischen Bühnentanzes begann. Im Verlauf des 17. Jahrhunderts prägte sich das Ballett allmählich als eigenständige, akademische Kunstform aus und wurde in der von Ludwig XIV. 1661 gegründeten *Académie Royale de Danse* institutionalisiert und kodifiziert. Als erstes *ballet de cour* wird in der Forschung das *Ballet comique de la Reine* (UA 1581) genannt, aufgeführt als Teil der Feierlichkeiten zur Eheschließung von Anne de Joyeuse und Marguerite de Vaudémont-Lorraine. Hier bildete der Tanz ein gemeinsames Performativ mit Musik und gesungenem sowie rezitiertem Text. Die allegorische Handlung kulminierte in der Huldigung des Herrschers, der – korporal mit dem obersten Gott, Jupiter, gleichgesetzt – den Zauber der Circe bezwingt. Die einzelnen Tänze und Auftritte waren somit für eine geschlossene Handlung funktionalisiert, was den nummerndramaturgischen Charakter der Hofspektakel in den Hintergrund treten ließ. Die Herauslösung des Tanzes aus dieser frühen Intermedialität und seine Konturierung als autonome Kunstform gingen mit Versuchen einher, im Tanz dramatische Handlung zu vermitteln. Dieser Prozess der Formatierung des Tanzes als sprachlose Kunst, als tänzerisch gestaltete, theatrale Handlung, differenzierte sich bis Ende des 19. Jahrhunderts über mehrere Etappen aus. Als ein wichtiger Schritt in dieser Entwicklung wird das *comédie-ballet* angesehen, eine Kombination von Komödie und *ballet de cour*, die am Hofe Ludwigs XIV. von dem Musiker Jean-Baptiste Lully, dem Choreographen Pierre Beauchamp und dem Dramatiker Molière hervorgebracht wurde. Das neue Genre etablierte sich innerhalb des *ballet de cour* und negierte zugleich dessen markanteste Merkmale, „stripped away the fat of the *ballet de cour* in favor of dramatic coherence" (Homans 2010, 37). Das Werk *Le Bourgeois gentilhomme* (UA 1670) gilt als bedeutendstes *comédie-ballet*; hier werden die Tanzszenen durch die dramatische Handlung motiviert und erhalten so eine neue dramaturgische Funktion. Ebenfalls unter dem Schirm des *ballet de cour* entwickelten sich die *tragédie-ballets* Lullys, der die tänzerischen Einlagen allerdings wieder in Intermedien organisierte und von der Handlung separierte, sowie die *opéra-ballets* Jean-Philippe Rameaus wie z. B. *Les Indes galantes* (UA 1735, 2. Fassung 1736), in denen Musik und Tanz eng aufeinander bezogen waren (Rousset 2014, 40).

3 Ballet d'action

Der Wandel vom *ballet de cour* zum Ballett als eigenständiger Kunstform, die dramatische Inhalte vermittelt, vollzog sich zwischen spätem 17. Jahrhundert und Mitte des 18. Jahrhunderts. Konstitutiv dafür war die Diskussion in Tanztraktaten. Die Autoren bemühten sich um die theoretische Modellierung eines ‚ballet d'action', wobei dieser Begriff in der heutigen Tanzwissenschaft die zeitgenössischen Termini ‚ballet en action' und ‚danse en action' ersetzte, wie Stephanie Schroedter (2004) in ihrer Untersuchung zahlreicher Tanzschriften zeigt. In Anlehnung an die Poetik von Aristoteles werden in den Traktaten die mimetischen Qualitäten des Tanzes forciert. Zeitgleich mit der Entwicklung zum *ballet d'action* internationalisierte sich der Tanz und nahm Anregungen vor allem aus der Pantomime, der Commedia dell'arte und der Wanderbühnen mit auf. Die Idee einer nonverbal vermittelten einheitlichen Handlung wurde im Zuge der Aufklärung zum Leitgedanken für die weitere Entwicklung des klassischen Tanzes. Der Tänzer, Choreograph und Theoretiker John Weaver (1673–1760) etwa formulierte eine mimisch-gestische, rhythmisch gegliederte Gestensprache zur Darstellung von Affekten, mit der sich das Publikum vor der Vorstellung durch ein dem Programm beigegebenes Glossar vertraut machen sollte.

Der Tanz folgte hier den Prämissen aufklärerischen Denkens und den ästhetischen Postulaten maßgeblicher Theoretiker: Das Insistieren auf rationaler Verstehbarkeit, Wahrscheinlichkeit und ‚Natürlichkeit' prägte den Tanz nachhaltig. Die propagierte Literarisierung des Theaters in der frühen und mittleren Aufklärung erhöhte den reformatorischen Druck auf das Ballett, was Johann Christoph Gottscheds Ausführungen im Kapitel „Von Opern oder Singspielen" in seiner *Critischen Dichtkunst* deutlich machen: „Es ist also mit den Balleten oder Tanzspielen nicht anders bewandt, als mit den übrigen Künsten: sie sind alle Nachahmungen, nur mit dem Unterschiede, daß, da die Malerey z. E. nur die Figur, die Farben und die Ordnung der Dinge vorstellen kann; diese Tanzkunst auch die Bewegungen ausdrücket, und sogar die Natur vieler Dinge und die verborgene Beschaffenheit des Gemüths abschildern kann. Diese Nachahmung nun geschieht durch die Bewegungen des Leibes, und zwar nach der Harmonie der Musik, welche gleichfalls die Gemüthsbewegungen ausdrücket" (Gottsched 1973 [1730], 385 [26. §]). So konzipiert sei der Tanz ein geeignetes Medium für die Darstellung einer durchgängigen Handlung, die den Prinzipien der Wahrscheinlichkeit folge.

Wie in der Oper entwickelten sich im Ballett Reformbestrebungen, die sich am Sprechtheater der Zeit orientierten und im Tanz Menschen, ihre Handlungen und ihre Emotionen darzustellen suchten. In Wien wählte der Choreograph Gasparo Angiolini den Don-Juan-Stoff, um 1761 mit *Don Juan ou Le Festin de Pierre* in Kooperation mit Christoph Willibald Gluck sein theoretisches Programm choreographisch umzusetzen (Angiolini 1995 [1761]). Der Anteil der Musik für das Verständnis des Dramas auf der Bühne wurde auch in der Folge weiterhin hoch eingeschätzt. Die Partien mit virtuosem, rein dekorativem Tanz gingen zugunsten der Dramatisierung zurück; die Form der tanzenden Gruppe trat angesichts der Aufwertung der Darstellung von Individuen in den Hintergrund.

Folgenreicher als Angiolini wurde dessen Kollege Jean-Georges Noverre (1727–1810), der seine 1760 erschienene, in 15 Briefen abgefasste Abhandlung *Lettres sur la danse, et sur les ballets*, die in mehrere Sprachen übersetzt und stark rezipiert wurde (u. a. von Gotthold Ephraim Lessing), mit dem programmatischen Satz eröffnete: „Die Poesie, die Mahlerey und der Tanz, sind, oder sollten wenigstens nichts anders seyn, als getreue Abbildungen der schönen Natur" (Noverre 1769, 3).

Mit den kanonischen, ‚schönen' Künsten Dichtung und bildende Kunst auf eine Stufe gestellt, widmet sich der Tanz wie jene der Mimesis. Alle Bewegungen des Balletts müssten durch den ‚Verstand' gelenkt und mit ‚Empfindung' ausgeführt sein. Mit den *Lettres* hatte Noverre „erstmals eine auf breitester Basis der Bühnenrealität seiner Zeit etablierte Konzeption des Handlungsballetts neueren Typs erarbeitet und vorgelegt" (Dahms 2010, 155). Die früheste praktische Umsetzung seiner Reformüberlegungen zeigte das heute als *La Fille mal gardée* bekannte Stück von Jean Dauberval (1742–1806), einem Schüler Noverres, das 1789 unter dem Titel *Il n'est qu'un pas du mal au bien* uraufgeführt wurde und als das erste Handlungsballett im heutigen Sinne bezeichnet wird.

Signifikantes Merkmal ist die mimetische, linear und nonverbal erzählte, emotionalisierte dramatische Handlung. Vermittelt wurde diese durch kodifizierte Mimik, Gestik und Bewegungen (Pantomime) sowie durch Erläuterungen im Paratext. Auch wenn sich Struktur bzw. Dramaturgie im Verlauf des 19. Jahrhunderts weiter ausdifferenzierten und modifizierten, blieb dieses triadische Modell – atmosphärische Musik, gestische Zeichensprache semiotisierter Körper auf der Bühne und verbale Erläuterungen im Paratext – im Wesentlichen stabil und gilt auch in der aktuellen Narrationsforschung als konstitutiv für das Erzählen im Ballett: „Narrative is about evolving networks of human relations; and gestures and movement, by varying the distance between bodies, are reasonably good at representing the evolution of interpersonal relations, as long as mental life can be translated into visible body language" (Ryan 2009, 275): Hierbei etablieren sich Bezüge zum Paratext: „[B]allet either fulfills an illustrative function [...] with respect to the story referred to by its title [...] or relies on a summary in the program" (Ryan 2009, 275). Geschichten über kodifizierte Zeichensprache und über Figurenrelationen in linearer Zeitfolge zu erzählen, gerät dann an seine Grenzen, wenn komplizierte Handlungsgefüge und/oder zeitliche Perspektiven bzw. Kausalitätszusammenhänge dargestellt werden sollen.

In Handlungsballetten des 19. Jahrhunderts alternierten in der Regel tänzerische Passagen mit pantomimischen Szenen, in denen die Handlung – oft nach Märchenstoffen oder literarischen Vorlagen – vorangetrieben wurde. Marius Petipa (1818–1910), der das klassisch-zaristische Ballett maßgeblich prägte und für Ballette wie *Dornröschen*, *Schwanensee* und *Der Nussknacker* verantwortlich war, arbeitete an der Ausbalancierung von Tanzdivertissements und pantomimischen Szenen, verstärkte aber zunehmend die rein tänzerischen Passagen, so dass man für diese Teile von präsymphonischer Choreographie sprechen kann.

In den Handlungsballetten des 20. Jahrhunderts – von den kurzen Einaktern des Ensembles Ballets Russes über die abendfüllenden Transformationen literarischer Stoffe etwa John Crankos (1927–1973) oder John Neumeiers (*1942) bis zu Neuinterpretationen der Klassiker z. B. durch Mats Ek (*1945) oder Matthew

Bourne (*1960) – sollten dramaturgische Strategien wie Fragmentierung, Rückblende, Traum, Rahmenhandlung, Theater im Theater oder simultaner Videoeinsatz das Problem zeitlicher und kausaler Bezüge minimieren.

4 Tanzdrama und Tanztheater

Mit dem Beginn der Moderne im Tanz verschob sich das tänzerische Drama vom Drama *auf* der Bühne (Darstellung einer dramatischen Handlung) hin zum Drama *in* der Figur, dessen Bühne der Körper der Tänzerin bzw. des Tänzers wurde. Dieses dramatische Potential entfaltete sich sowohl im klassischen Tanz – z. B. im Solo *Der sterbende Schwan* (1907) von Michail Fokin (1880–1942) – als auch im modernen Tanz einer Isadora Duncan (1877–1927) oder Mary Wigman (1886–1973), der emotionale Prozesse und existenzielle Zustände durch Bewegung visualisieren wollte. In den 1920er Jahren nannte Rudolf von Laban (1879–1958) diese neue Form der Kunst „Tanztheater" – ein Theater, für das „der Tanz des räumlich harmonisierten Bewegungsausdrucks [...] die Hauptsache" ist (Laban ²1926a, 147; vgl. Böhme 1996 [1948/1949], 116–146). Laban unterschied zwischen „Kammertanz", der Soli präsentiert, und „Tanztheater"; Letzteres diene „dem größeren geschlossenen Tanzdrama, das ein tänzerisches oder Handlungsgeschehen mit einer großen Gruppe gegeneinander wirkender Persönlichkeiten darstellt" (Gleisner 1928, 110). Zugleich brachte Laban für die proklamierte neue Kunst, die sich sowohl vom klassischen Tanz als auch vom traditionellen Theatertanz unterschied, den institutionellen Begriff des ‚Tanztheaters' ins Spiel: als Bezeichnung für ein ständiges Ensemble (vgl. Gleisner 1928, 110) sowie eine eigene Bühne (vgl. Laban 1926b; Laban stellte einen Architekturentwurf für ein Tanztheater bei der Deutschen Theaterausstellung im Juni 1927 in Magdeburg aus; vgl. E. Dörr 1998, I, 230–232). Kurt Jooss (1901–1979), Schüler und Mitarbeiter Labans sowie Mitbegründer der Folkwang-Schule in Essen (1927), arbeitete an einer Form, die zunächst ‚Tanzpantomime' genannt wurde, „als Übergangsform zwischen absolutem Tanz und Schauspiel": „Pantomime heißt für ihn [d. h. Jooss] in Tanz transponierte Bewegung, die im dramatischen Geschehen ihren Grund hat oder Bewegungsfolgen durch den Faden einer Handlung zu einem einheitlichen Ganzen verbindet"; dies kann als „Tanzkomödie, Tanztragödie, Tanzdichtung, Tanzdrama" bezeichnet werden, synonym für „das Tanztheater, das er erst etwas später verwendet" (Stöckemann 2001, 71).

Zentral für Jooss wurde die Darstellung gesellschaftlicher Zustände, sozialer Milieus und menschlicher Verhaltensweisen auf der Tanztheaterbühne. Er arbeitete mit Nummerndramaturgien (wie in seinem internationalen Erfolg *Der grüne*

Tisch, UA 1932) und nutzte für diese Zeit innovative Film- und (Sprech-)Theatertechniken (wie die Montage oder die Überblendung), die er auf den Tanz zu übertragen suchte. Neuere Dramaturgien der Revue oder des Kabaretts wurden in das Tanztheater integriert oder entwickelten sich parallel. Gemeinsam ist ihnen, dass dramatische Handlungsvollzüge durch Körper und Bewegung, nicht mit Hilfe kodifizierter gestischer Zeichensysteme vermittelt werden. Das betont auch Doris Humphrey, Protagonistin des US-amerikanischen Modern Dance, wenn sie in *The Art of Making Dances* (1959) schreibt: „This is achieved by showing causes and motivation, and these must be bodied forth before our eyes – not just in program notes or poetic quotations about the subject, but in flesh and blood movement" (Humphrey [17]1977 [1959], 40). Anders als Jooss verfolgte Humphrey mit ihrem *dance drama* ein utopisches Ziel: Sie choreographierte oppositionelle Gruppenprozesse der Tanzenden in gegenläufiger dynamischer Komposition auf eine Finalspannung hin: „Die choreographische Gesamtgestalt nimmt am Ende eine harmonische Form an und präsentiert die tanzenden Körper mit weich geführten Linien in simultan koordinierten Bewegungen. Das Drama der Bewegung löst sich und zeigt in erzielter Harmonie einen frohen, utopischen Ausgang" (Huschka 2002, 215).

Emanzipiert von der dramatischen Repräsentation einer literarischen Vorlage gestaltete das Tanzdrama mit tänzerischer Bewegung, präsentierte sich Tanz als dramatische Form. Die innovativen Experimente der Tanzmoderne erwiesen sich als folgenreich für die weitere Entwicklung des Tanzes, griffen doch ab den späten 1960er Jahren im deutschsprachigen Raum Choreographinnen und Choreographen Konzepte der Tanzmoderne auf und entwickelten spezifische tanztheatrale Formate, die seit etwa Mitte der 1970er Jahre als Tanztheater firmieren.

Dieser neue künstlerische Schub, der von jungen Künstlerinnen und Künstlern in der BRD ausging, kann nicht nur als ästhetische Alternative zum klassischen Ballett gesehen werden, das sich nach 1945 wieder großer Beliebtheit erfreute, sondern auch als kulturpolitische. Mit der Rückbesinnung auf die „negierte Tradition" (Schlicher 1987, 36) der Tanzmoderne, die sich in weiten Kreisen durch ihre Anschlussfähigkeit im Nationalsozialismus diskreditiert hatte, traten die Jungen zunächst in Köln und Berlin, dann in Bremen und Wuppertal das „Erbe der Alten" (Schlicher 1987, 37) an; dazu gehörten Gerhard Bohner (1936–1992), Hans Kresnik (*1939), Pina Bausch (1940–2009), Reinhild Hoffmann (*1943) und Susanne Linke (*1944). Zum Teil hatten sie ihre Ausbildung an der Folkwang-Schule erhalten oder Unterricht bei Mary Wigman genommen und waren mit Bewegungsprinzipien und Formen des Ausdruckstanzes vertraut. Sie ergänzten diese um Bewegungskonzepte des US-amerikanischen Tanzes (Modern Dance, Cunningham-Stil und -Technik sowie später auch Postmodern Dance) und aktuelle gesellschaftspolitische Stoffe. So individuell wie die Protagonistinnen und Protagonisten des

Tanztheaters waren auch ihre Arbeitsweisen und ihre Ästhetiken: „Der Begriff Tanztheater gibt keine Definition, aber er umschreibt einen produktiven Platz in der Kulturlandschaft" (Schlicher 1987, 26).

Gleichwohl lassen sich Merkmale des Tanztheaters benennen, wie z. B. die Abkehr vom linearen Erzählen, dramaturgische Formen wie die Nummernrevue oder das Layering, die Integration von Sprache, Gesang und Schauspiel, die große Varianz an Bewegungsformen und -stilen. Vor allem aber zeichnet das Tanztheater aus, dass es gesellschaftliche Zustände und deren gruppen- wie individualpsychologische Niederschläge mit und am Körper vorführt.

Die sich in der DDR mit Tom Schilling (*1928) entwickelnde, ebenfalls Tanztheater genannte Form unterschied sich insofern von der westlichen Spielart, als sie – den Prämissen für das Musiktheater von Walter Felsenstein (1901–1975) folgend, der Schilling 1965 an die Komische Oper geholt hatte – eine realistische Handlung erzählen wollte (vgl. Köllinger 1983).

Das bundesrepublikanische Tanztheater wird im Spannungsfeld von Bertolt Brecht und Antonin Artaud verortet (Schlicher 1987, 194–196, 215–222; H.-T. Lehmann ³2005 [1999], 47–48, 56–58). Hans-Thies Lehmann inventarisiert Pina Bausch als Vorläuferin bzw. Spielart des sogenannten postdramatischen Theaters, hebt daran die Funktionalisierung des Körpers und des Raumes hervor, die Dramaturgie der Montage und der Repetition sowie die „Poetik der Störung" als gegenseitige „Störung von Text und Bühne" (H.-T. Lehmann ³2005 [1999], 264). In Teilen der Tanzwissenschaft wird das Paradigma des postdramatischen Theaters für den Tanz abgelehnt und die performative Wende im Tanz in die 1920er Jahre, also in die Zeit des Ausdruckstanzes, verlegt (vgl. Schellow 2013, 602). Für Erzählstrategien im sogenannten konzeptuellen Tanz seit den 1990er Jahren prägte Gabriele Brandstetter den Begriff des „narrativen ‚Spots'" (Brandstetter 2005, 119), den sie auch mit dem „Rede-Modus der *Anekdote*" beschreibt und der „kleinen Geschichte" zuordnet (im Sinne der „kleinen Erzählung" Lyotards im Unterschied zur „großen Erzählung'"; Brandstetter 2005, 121).

5 Tanzdramaturgie

So vielgestaltig wie die zeitgenössische Tanzszene ist auch das Feld der Tanzdramaturgie als Teil des Produktionsprozesses. Ein festes Berufsbild der Tanzdramaturgin bzw. des Tanzdramaturgen gibt es nicht. Bei Theatern assoziierten Ensembles übernimmt die Tanzdramaturgie zwar die traditionellen Aufgaben der Dramaturgie (Erarbeitung von Stoffen, Probenbegleitung, Programmheftgestaltung, Konzeption und Durchführung von Vermittlungsformaten), aber oft auch

Arbeitsbereiche des Kompaniemanagements. Zugleich wird die Funktion des Dramaturgen bzw. der Dramaturgin als höchst individualisiert und abhängig von den Arbeitsweisen der Choreographinnen und Choreographen (wie Pina Bausch, William Forsythe oder Meg Stuart) konzipiert (vgl. Hoghe und Weiss 1981; deLahunta 2000; Albrecht 2013). Über das Selbstverständnis der Tanzdramaturgin bzw. des Tanzdramaturgen herrscht seit den 2000er Jahren in der sogenannten Freien Szene gerade in europäischen Ländern großer Diskussions- und Selbstvergewisserungsbedarf (vgl. Van Imschoot 2003; Bellisco et al. 2011; Romanska 2015). Aufgaben und Funktionen werden in dieser Diskussion abgelöst von einem Verständnis der Dramaturgie als Ort der Theorie und des Wissens (im Gegensatz zur kreativen Kunst). Dramaturgie wird verstanden als „doing dramaturgy" (C. Turner und Behrndt 2008, 3), als prozessorientierte und -involvierte „agency" (P. Hansen und Callison 2015), als „distributed system" (Vass-Rhee 2015, 89), oft gebraucht auch im Plural (Pewny et al. 2014). In dieser ‚neuen' Dramaturgie (Trencsényi und Cochrane 2015) werden die Begriffe ‚Dramaturgie' und ‚Dramaturg' bzw. ‚Dramaturgin' austauschbar. Die Dramaturgin bzw. der Dramaturg gilt als „partner in dialogue (or multi-logue), a partner whose contribution [...] is to think *no-one's thought*" (Bleeker 2015, 69), was einen Gedanken meint, der nicht auf ein Individuum zurückgeht, sondern im kollaborativen Prozess entsteht. Weit über das Konzept von Dramaturgie als Struktur und Herstellung von Kohärenz (C. Turner und Behrndt 2008, 3) hinausgehend, bestimmt die von Konstantina Georgelou, Efrosini Protopapa und Danae Theodoridou herausgegebene *Practice of Dramaturgy* Dramaturgie als Modus von Denken und Zusammenarbeit „that is not concerned with specific aesthetics or styles of performances" (Georgelou et al. 2017, 24). In Absehung von einer genrespezifischen Dramaturgie plädieren die Autorinnen für eine Dramaturgie, die sich als kollaborative, politisierte Praxis versteht, „as a catalytic mode of working that has the capacity to activate processes that in today's sociopolitical and economic context could be understood as indirect, inefficient, interfering, or negatively efficient" (Georgelou et al. 2017, 21).

Michaela Krützen
IV.3 Dramaturgie des Films

1 Einleitung

Rebecca, Solaris, Inception: Auf den ersten Blick gibt es zwischen diesen drei Filmen keine Gemeinsamkeiten. Der erste Titel entstand 1940 unter der Regie von Alfred Hitchcock, der zweite wurde 1972 von Andrei Tarkowski gedreht, den dritten hat Christopher Nolan im Jahr 2010 inszeniert. Die Produktionen gehören also verschiedenen Epochen der Filmgeschichte an, wurden unter ganz unterschiedlichen technischen, organisatorischen, ökonomischen und politischen Bedingungen realisiert, zudem von Regisseuren verschiedener Generationen umgesetzt, deren Handschriften stark divergieren.

Auch die Erzählungen der drei Filme scheinen keinerlei inhaltliche Ähnlichkeit aufzuweisen. *Rebecca* handelt von einem britischen Aristokraten, der sich im Frankreich-Urlaub in eine junge, unsichere Frau aus einfachen Verhältnissen verliebt und sie kurzentschlossen heiratet. Als die Frischvermählten sein herrschaftliches Anwesen in Cornwall beziehen, wird der Mann plötzlich des Mordes bezichtigt. *Solaris* erzählt hingegen von einem sowjetischen Psychologen, der auf eine nahezu ausgestorbene Raumstation fliegt, da sich dort unerklärliche Vorfälle ereignen. Kaum hat der Mann sein karges Quartier im Weltall bezogen, wird er von einer mysteriösen Besucherin heimgesucht. In *Inception* schließlich nimmt ein amerikanischer ‚Gedankendieb' den Auftrag an, mit seinem Team in die Träume eines Milliardärs einzudringen, um dessen geschäftliche Entscheidungen zu beeinflussen. Nachdem der Mann die Tiefen des fremden Unbewussten betreten hat, droht er dort umzukommen.

Rebecca, Solaris, Inception: Auf den zweiten Blick weisen die Erzählungen dieser drei Filme dann aber doch eine Reihe von Gemeinsamkeiten auf. So ist die Hauptfigur in allen drei Produktionen ein Witwer mittleren Alters, der den Verlust seiner Ehefrau nicht verkraftet hat. Es geht jeweils um eine Liebesbeziehung, die in der Vergangenheit liegt; die Geschichten schildern also eine ähnliche *backstory*. Maxim de Winter (Laurence Olivier) ist immer noch emotional an die verstorbene Rebecca gebunden, so dass ihm ein Neuanfang verwehrt bleibt, zumal ihm ihre Ermordung zur Last gelegt wird. Kris Kelvin (Donatas Banionis) kann in *Solaris* den Tod seiner jungen Ehefrau Hari nicht verwinden; gerade sie ist es, die sich in seiner Kabine auf unerklärliche Art und Weise materialisiert. Und in *Inception* wird das Leben Dom Cobbs (Leonardo DiCaprio) von den Gedanken an seine Frau Mal bestimmt, die ihn in der Traumwelt bedroht.

Die Erinnerung der Witwer an ihre verstorbenen Frauen ist davon geprägt, dass die Ehen unglücklich verliefen – eine zweite Gemeinsamkeit. Die elegante Britin Rebecca erwies sich schon in der Hochzeitsnacht als grundböse: Sie offenbarte Maxim, dass sie ihn nur aus Gewinnsucht geheiratet hat. Daraufhin war seine Liebe schlagartig erloschen. Die stille Russin Hari litt unter Depressionen, die das Leben ihres Mannes bestimmten; auch seine Gefühle erkalteten daraufhin. Und die schöne Französin Mal wollte aus der tiefen Traumebene, dem Limbus, in dem sie mit ihrem Mann lebte, nicht in die Wirklichkeit zurückkehren; das konnte Dom nicht ertragen. In allen drei Geschichten wird also – drittens – erzählt, dass die Ehekrise von den Frauen verursacht wurde.

Eine vierte Übereinstimmung in der *backstory* ist, dass die drei Ehefrauen einen Selbstmord beabsichtigten. Die krebskranke Rebecca plante, sich von Maxim ermorden zu lassen, Hari vergiftete sich und Mal sprang aus dem Fenster. Ähnlich ist – fünftens – auch, dass die Ehemänner eine Mitschuld am Tod ihrer Frauen tragen. Maxim schlug Rebecca, als sie behauptete, ein Kind von einem anderen Mann zu erwarten; sie fiel unglücklich und starb an den Folgen dieser Verletzung, was Maxim verschleierte. So wie er wird auch Kris von Gewissensbissen geplagt: Der Wissenschaftler hat eine giftige Substanz im Kühlschrank gelassen, obschon er um die Selbstmordgedanken von Hari wusste. Dom schließlich pflanzte den Gedanken in das Bewusstsein seiner Frau ein, dass sie in einem Traum lebt; ohne es zu beabsichtigen, forderte er damit ihren Suizid heraus. Dom leidet unter dieser Schuld, genau wie Maxim und Kris.

Darüber hinaus spielt – sechstens – der Geist der Verstorbenen in den drei Filmen eine zentrale Rolle. Die Hausdame Mrs. Danvers hütet den Besitz von Rebecca, so dass die Tote das Landgut weiterhin beherrscht. Trickreich sorgt die Hausdame dafür, dass die neue Mrs. de Winter auf einem Kostümfest ein auffälliges Kleid der Toten trägt, womit sie unfreiwillig zu deren Wiedergängerin wird. Wiedergängerinnen sind auch diejenigen Wesen, die der Ozean auf dem Planeten Solaris erzeugt. In ein außergewöhnliches Lederkleid gewandet erscheint Hari wieder und wieder als Projektion der Erinnerung von Kris, hervorgerufen durch eine außerirdische Macht. Auch Mal ist nur eine Projektion. Die Tote taucht in den Träumen auf, die Dom betritt, im schwarzen, tief ausgeschnittenen Abendkleid. Sie erscheint ihm als Femme fatale: Mehrfach bedroht sie sein Leben; nicht von ungefähr trägt sie ihren Namen: ‚le mal' bedeutet schließlich ‚das Böse'.

Doch ist diese Bosheit nur eine Zuschreibung ihres Ehemannes. Auf der Leinwand zu sehen sind nicht Mal, Hari und Rebecca; in den drei Filmen wird vielmehr das Bild der Frauen heraufbeschworen oder zum Leben erweckt, das ihre Männer von ihnen haben – eine siebte Gemeinsamkeit. Das erklärt womöglich auch, warum sie und nicht etwa die Protagonisten als alleinige Verursacher der ursprünglichen Ehekrise dargestellt werden: Die beängstigenden Frauen sind Männerphantasien.

Gleich ist in allen drei Beispielen, dass die Erinnerungen an einen geheimnisvollen Ort gebunden sind – eine achte und letzte Übereinstimmung. Maxim lebte mit Rebecca auf Manderley, dem geschichtsträchtigen Sitz seiner Familie. Nach dem Tod seiner Frau ließ er ihre Zimmer unangetastet, so dass sie zur Kultstätte werden konnten. Hier lebt Rebecca gewissermaßen fort. Kris kann Hari nur auf der Raumstation wiedersehen, da der intelligente Ozean auf Solaris sie erschafft. Allein hier kann sie existieren. Die heruntergekommene Station übt eine selbstzerstörerische Macht auf ihre wenigen Bewohner aus; einer der drei noch verbliebenen Forscher hat sich gerade umgebracht. Und Dom hat sich mit Mal sehr lange Zeit in einer Traumebene aufgehalten, in der nicht nur die Zeit eigenen Gesetzen folgt. Das Paar scheint in einem fast menschenleeren Kosmos gelebt zu haben, begleitet nur von Projektionen ihrer beiden Kinder. Alle drei Orte sind als Heim offenbar unheimlich.

Rebecca, *Solaris*, *Inception*: Drei Filme, die ganz unterschiedliche und dennoch vergleichbare Geschichten erzählen. Da es die genannten Berührungspunkte zwischen den Erzählungen gibt, eignen sie sich in besonderer Weise, um an ihnen die Grundprinzipien filmischer Dramaturgie aufzuzeigen. Zu unterscheiden sind nämlich drei Erzählweisen, die zwar im Verlauf des 20. Jahrhunderts nacheinander entstanden, heute aber parallel existieren: die Klassik, deren Konventionen seit den 1910er Jahren ausformuliert sind (Bordwell et al. 1985), die Moderne, die sich Mitte des letzten Jahrhunderts formierte (Kovács 2007), und die Nachmoderne, die sich in dessen letzter Dekade ausbildete (Thanouli 2009). Im gegenwärtigen Kino sind sowohl klassische als auch moderne und nachmoderne Erzählungen zu finden. Es gibt also nicht die *eine* Dramaturgie des Films. Gleichwohl lässt sich ein Grundmuster darstellen, das die Klassik immer wieder in Variationen bedient und an dem sich die Moderne abarbeitet. Die Nachmoderne, die bisweilen auch als Postklassik bezeichnet wird (vgl. P. Krämer 1998; Elsaesser 2009), weiß um den modernen Gegenentwurf und baut ihn spielerisch in das klassische Erzählmodell ein. Sie bezieht sich in Kenntnis der Moderne auf die Klassik – allerdings ohne sich gegen sie zu wenden.

Diese dreischichtige Anordnung von Klassik, Moderne und Nachmoderne wird im Folgenden aufgezeigt. Drei Leitfragen sind dabei zu beantworten: Was zeichnet den Ablauf einer klassischen Erzählung aus? Woran ist die Narration eines Films der Moderne zu erkennen? Was ist typisch für die Geschichten, von denen die Nachmoderne erzählt? Dabei steht *Rebecca* hier beispielhaft für die Klassik, *Solaris* für die Moderne und *Inception* für die Nachmoderne (Krützen 2015, 737–743). Drei zentrale Merkmale des filmischen Erzählens sollen hier exemplarisch dargestellt werden: die Handlungsführung, den Aktaufbau und die Figurenführung.

2 Die Handlungsführung

Maxim, Kris, Dom: In allen drei Filmen wird eine männliche Hauptfigur gleich zu Beginn ins Bild gesetzt, jeweils positioniert an einem Gewässer. Die erste Einstellung, in der Maxim in *Rebecca* zu sehen ist, zeigt ihn am Meer, am Rande einer Klippe stehend. Eine junge Frau erblickt ihn und schreit, da sie glaubt, er wolle sich hinunterstürzen. Maxim schickt sie mit barschen Worten fort, begegnet ihr aber kurz darauf in seinem Hotel wieder, wo sich zeigt, dass sie als Gesellschafterin einer herrischen Matrone arbeitet. Beim Frühstück am nächsten Morgen trifft Maxim seine schüchterne Bekanntschaft erneut. Im Gespräch stellt sich heraus, dass die Namenlose später in der Natur zeichnen will, weshalb er ihr anbietet, sie mit dem Auto mitzunehmen. Auf diesen ersten Ausflug folgen noch mehrere, zunehmend fröhlichere Landpartien. Doch plötzlich muss die junge Frau überstürzt abreisen; ihre Arbeitgeberin will nach New York. In Filmminute 20 informiert sie Maxim von dieser Wendung, der ihr verkündet, sie heiraten zu wollen, was er dann auch tut. Die als Zufall dargestellte Begegnung am Kliff führt nach rund 30 Filmminuten zu einer Hochzeit.

Abb. 1 und 2: *Rebecca*, R: Alfred Hitchcock, USA 1940, Filmstills.

Schon diese kurze Zusammenfassung lässt den Rückschluss zu, dass die Handlung gut nachvollziehbar ist, wie bei einem klassischen Film üblich. Verständlichkeit ist eine Maxime dieser Erzählweise. Charakteristisch ist außerdem, dass es eine klare Abfolge gibt: „The plot is presented as a linear causal chain, each event located by a relationship of cause and effect to those which precede and follow it, but it only functions if it is correctly placed in the chain" (Maltby 1983, 195). Jede Szene enthält einen Auslöser, der die Handlung vorantreibt: „No scene that doesn't turn" (McKee 1997, 37), lautet ein altbekannter Lehrsatz klassischer Dramaturgie. Dass diese Regel befolgt wird, weist *Rebecca* als ein typisches ‚Aktionsbild' aus, bei dem auf einen Reiz die Reaktion folgt. Gilles Deleuze hat diesen Begriff in den 1980er Jahren geprägt: „Das Aktionsbild inspiriert ein Kino des Verhaltens, denn das Verhalten ist eine Handlung, die von einer Situation zu einer anderen führt; es antwortet auf eine Situation, die es zu modifizieren oder gänzlich zu erneuern versucht" (Deleuze 1989 [1983], 211). Im gerade geschilderten Beispiel gibt es eine Situation (die Verliebtheit), einen Reiz (die Abreise) und eine Reaktion (den Antrag). Typisch ist, dass die Figuren „in Handlung ausbrechen" (Deleuze 1989 [1983], 211) und damit die ursprünglich geschilderte Situation verändern. Am Ende der Szene ist eine neue Situation entstanden (die Verlobung).

Mit Deleuze kann diese Abfolge, diese Verkettung, als ‚sensomotorisches' Schema bezeichnet werden (Deleuze 1991 [1985], 12).

Dieses Schema wird in *Solaris* nicht vollständig außer Kraft gesetzt, aber immer wieder durchbrochen. Die erste Einstellung, in der Kris erscheint, zeigt ihn an einem See, reglos am Ufer stehend. Anders als Maxim droht Kris aber nicht ins Wasser zu gehen, und es gibt auch keine junge Frau, die ihn ruft. Bildfüllend sind vielmehr Wasserpflanzen zu sehen, ein Pferd trabt vorbei. Anders als in *Rebecca* hat diese Szene nicht die Funktion, die Hauptfigur einem Reiz auszusetzen. So taucht das Pferd zwar noch an späterer Stelle auf, bleibt aber ohne direkten Einfluss auf Kris und sein Tun.

Abb. 3 und 4: *Solaris*, R: Andrei Tarkowski, UdSSR 1972, Filmstills.

Auch als in der sechsten Filmminute ein Freund des Hauses mit dem Auto ankommt, bricht Kris keineswegs in Handlung aus. Es folgt vielmehr eine 20-minütige Passage, in welcher der Freund von seinen mysteriösen Erlebnissen auf dem fernen Planeten berichtet und Videoaufzeichnungen vorspielt; Kris ist hier lediglich Zuhörer. Sein Trip ins All wird nicht durch diesen Bericht ausgelöst; was der Freund schildert, dürfte ihm als hochspezialisiertem Forscher ohnehin größtenteils bekannt gewesen sein. Die Handlungsführung bewegt sich in *Solaris* also jenseits des Aktionsbildes.

Diese (moderne) Erzählweise erreicht einen ersten Höhepunkt nach dem Rückblick. Der Freund ist abgereist; es erscheinen Bilder seiner Autofahrt durch eine Metropole: Straßen, Tunnel, Häuserschluchten – eine fünfminütige Szene. Diese Bildwelt unterscheidet sich von den Autofahrten, die Maxim mit seiner Begleiterin unternimmt. In *Rebecca* führen die Ausflüge zu größerer Intimität und motivieren den Heiratsantrag. In *Solaris* hat die Autofahrt keine Funktion, die mit den Regeln der klassischen Dramaturgie zu erfassen wäre. Mit Deleuze gesprochen, ist hier vielmehr eine „Lockerung der sensomotorischen Zusammenhänge" (Deleuze 1991 [1985], 14) festzustellen, wie sie seit dem Aufbruch in die Moderne zu beobachten ist, etwa im Neorealismus oder in der Nouvelle Vague. Diese Lockerung führt „notwendig zum reinen optisch-akustischen Bild" (Deleuze 1991 [1985], 14), zum Zeit-Bild.

Genau diese Art des Erzählens ist in *Solaris* zu beobachten. Die Handlung wird nicht in jeder Szene vorangetrieben. Neben der Autofahrt wäre als weiteres Beispiel das Aussetzen der Schwerkraft an Bord zu nennen, was als Folge eines routinemäßigen Manövers angekündigt und damit zumindest ansatzweise motiviert wird. Nachdem rund zwei Stunden der Erzählzeit vergangen sind, befinden sich Kris und Hari in der Bibliothek: Ein Kerzenleuchter hebt ab, das Paar schwebt innig und schweigend. Während dieser Levitation werden Details des Gemäldes *Die Jäger im Schnee* von Pieter Bruegel d. Ä. gezeigt. Die Einstellungen korrespondieren mit einer schneereichen Landschaft, die Kris in seiner Kindheit sah. Insofern ist das Verweilen auf den Details dieses Kunstwerks nicht beliebig. Zur Lösung des Rätsels um die Existenz von Hari oder zur Fortführung der Handlung trägt dieses Zeit-Bild aber in keiner Weise bei.

Ein weiterer Aspekt des Zeit-Bildes ist, dass die Protagonisten in ihnen oftmals durch die Gegend streifen; sie driften umher, den Wasserpflanzen in den ersten Einstellungen von *Solaris* vergleichbar. Auch in dieser Hinsicht ist die Autofahrt, deren Ziel nicht einmal genannt wird, bezeichnend. Ungerichtete Fortbewegung ist gleichfalls an Bord der Raumstation zu beobachten: Die beiden dort verbliebenen Kosmonauten haben jegliche Zielsetzung aus den Augen verloren, und auch für Kris ist sein Auftrag schon ein paar Stunden nach der Ankunft zur Nebensache geworden. Fast so traumwandlerisch wie Hari bewegt er sich durch die langen

Flure der Station. Deleuze bezeichnet solche Formen der Fortbewegung mit dem französischen Begriff *balade*, was ‚Spaziergang' oder ‚Bummel' bedeutet (1989 [1983], 278). Entscheidend ist, „wie unbedeutend in der neuen Form der *balade* die Ereignisse werden, wie ungewiß ihre Verkettung und wie zufällig ihre Verbindung mit denjenigen, denen sie widerfahren" (Deleuze 1989 [1983], 284).

Eine solche *balade* ist durchaus auch in *Inception* zu entdecken – allerdings nur in einer Szene. Das Leben von Mal und Dom im Limbus wird als Spaziergang ohne Ziel inszeniert. Nachdem rund zwei Stunden Erzählzeit vergangen sind, sieht man das Paar durch die von ihnen erdachte Welt schlendern. Dieser Moment im Traumraum ist von ähnlicher Innigkeit wie das Schweben von Kris und Hari im All. Doch ist es gerade diese heile Welt, die Dom verlassen möchte; sie gilt ihm (ganz im Sinne des Wortes) als Vorhölle. Ihm fehlt die Wirklichkeit, in der jedes Handeln unmittelbare Konsequenzen hat. Er sehnt sich gewissermaßen nach den Bedingungen, die das Aktionsbild bietet. Und so halten die Protagonisten von *Inception* außerhalb des Limbus nie inne und streifen auch ganz gewiss nicht herum wie die Figuren der Moderne – im Gegenteil: Wenn Dom z. B. mit seiner neuen Gehilfin Ariadne durch (ein virtuelles) Paris streift, dann dient das ihrer Ausbildung. Zudem sind alle Aktionen von Zeitdruck geprägt und die Deadlines werden klar formuliert, der Klassik durchaus entsprechend.

Auch die klassische Verkettung ist in *Inception* auszumachen: So zeigt die Einstellung, in der Dom erstmals zu sehen ist, wie er an einem Meeresufer liegt; offenbar wurde er an Land gespült. Ein Wachmann tippt ihm mit einem Gewehr auf die Schulter, entdeckt eine Pistole in Doms Hosenbund und ruft daraufhin einen Kollegen herbei. Die Situation, der Reiz und die Reaktion sind hier geradezu musterhaft zu erkennen.

Abb. 5 und 6: *Inception*, R: Christopher Nolan, USA/GB 2010, Filmstills.

Zudem ist die Verknüpfung zur folgenden Szene einfach nachzuvollziehen: Der Wachmann erstattet einem uralten Japaner namens Saito in einem festlichen erleuchteten Saal Bericht, woraufhin Dom vorgeführt wird. In die neue Situation wird nun ein neuer Reiz platziert: Der greise Saito fragt seinen Besucher, ob er gekommen sei, um ihn zu töten. Die Reaktion auf diese Frage bleibt nicht aus. Die nächsten Einstellungen zeigen den elegant gekleideten Dom, der im gleichen Raum dem nunmehr wesentlich jüngeren Saito das Prinzip des Gedankendiebstahls erklärt. Die Frage des alten Mannes hat hier die Funktion eines (klassischen) Auslösers.

Mit dem Sprung von einer Szene in die nächste wird das Reiz-Reaktions-Schema der Klassik aber nicht nur einfach bedient, sondern variiert, denn der Zusammenhang zwischen den beiden Gesprächen bleibt zunächst unklar. Um einen ‚einfachen' Flashback, wie ihn auch die Klassik kennt, kann es sich nicht handeln, da Dom in beiden Szenen gleich alt ist. Erst nach dem Showdown des Films können die Zuschauerinnen und Zuschauer herleiten, dass sie zu Beginn der Erzählung deren Ende gesehen haben: Dom ist nach der Erfüllung seines Auftrags im Limbus geblieben, um seinen japanischen Auftraggeber Saito zu retten und in die Wirklichkeit zurückzuführen; diese Begegnung markiert das Ende ihrer Beziehung. Die Szene mit dem jungen Saito, die im Plot unmittelbar darauf folgt, entspricht dem Anfang ihrer Bekanntschaft. Es liegt also eine Form von nichtchronologischem Erzählen vor, die aber auf eine Markierung des Zeitsprungs verzichtet – in Abgrenzung zur Klassik.

Erschwerend für das Verständnis ist, dass auch die gerade geschilderte Begegnung mit dem jungen Saito nicht in der Wirklichkeit der Figuren stattfindet, sondern in einem Traum, in den Dom sich eingeschlichen hat, um den Japaner zu bestehlen. Bei dem Szenenwechsel vom greisen Saito zu seinem jungen Pendant handelt es sich demzufolge um einen Zeitsprung, der zudem von einer Traumebene in eine andere führt. Dieses Beispiel zeigt, dass in *Inception* durchaus kausale Zusammenhänge auszumachen sind. Die Handlung bewegt sich „von einer Situation zu einer anderen" (Deleuze 1989 [1983], 211), um noch einmal die Erklärung zum Aktionsbild aufzugreifen. Aber im Unterschied zur klassischen Erzählweise, die ganz und gar auf Verständlichkeit setzt, lässt sich das Gesehene oft erst nach längerer Überlegung in einer Verkettung positionieren. Die Folgerichtigkeit der Handlung ist in diesem nachmodernen Film nicht offensichtlich, aber im Nachhinein erkennbar.

In Bezug auf die Handlungsführung lässt sich also festhalten, dass das von der Klassik eingeführte sensomotorische Schema von der Moderne in Frage gestellt wird. Die Nachmoderne nutzt die dadurch gewonnenen Freiheiten, um das Aktionsbild zu variieren: Die Verknüpfung ist vorhanden, aber nicht immer unmittelbar zu erfassen. Was der Reiz ist und was die Reaktion, müssen die Zuschauerinnen und Zuschauer bisweilen herleiten. Oliver Fahle erklärt, in Erzählungen dieser Evolutionsstufe würden die beiden „Bildtypen miteinander konfrontiert" (Fahle 2005, 22). Er spricht vom „Zeitbild in Aktionsbild, Aktionsbild in Zeitbild" (Fahle 2005, 23), also von einer Durchdringung. Gilt diese Beobachtung auch für den Umgang der Nachmoderne mit dem Aktaufbau?

3 Der Aktaufbau

Rebecca, Hari, Mal: In allen drei Filmen sind ein *love plot* und ein *thriller plot* auszumachen. In *Rebecca* müssen die Umstände des Todes der Titelheldin geklärt werden, bevor Maxim in zweiter Ehe glücklich werden kann. Mit dieser Kombination von zwei Strängen folgt der Film einem klassischen Schema, schließlich ist in 95 Prozent aller Geschichten, welchem Genre sie auch angehören mögen, ein romantischer Anteil zu erkennen (Bordwell et al. 1985, 16). Die Erzählung kann aber nicht nur in zwei parallel laufenden *plotlines*, sondern auch in drei aufeinander folgende Akte gegliedert werden: Exposition, Konfrontation, Auflösung (Field 2007 [1979], 39). Das ist üblich bei einem klassisch erzählten Film. Dabei endet die Exposition typischerweise mit dem ersten Wendepunkt (*plot point I*), die Konfrontation mit dem zweiten (*plot point II*). Zudem wird der zweite Akt durch den zentralen Wendepunkt (*midpoint*) in zwei Hälften geteilt.

Im vorliegenden Fall folgt auf einen kurzen Prolog, der die Ruine von Manderley zeigt, die Exposition, welche die Zeit des Paares an der Riviera umfasst. Der Wendepunkt, der in den zweiten Akt führt, ist die Hochzeit. Die Konfrontation handelt von der jungen Ehe der de Winters und spielt in Gänze auf Manderley.

Maxims zweite Frau wird von der Präsenz ihrer verstorbenen Vorgängerin regelrecht erdrückt. Als sie in Filmminute 71 beschließt, gegen diesen Geist anzukämpfen, ändert sich dadurch die Bewegungsrichtung der Erzählung; das entspricht dem zentralen Wendepunkt, dem *midpoint*. In der zweiten Hälfte des zweiten Akts gerät Maxim unter Druck, da das Boot gefunden wird, in dem Rebecca ertrunken sein soll. Maxim erfährt, dass die Polizei gegen ihn ermittelt. Dieses Telefonat ist der zweite Wendepunkt, der in den dritten Akt führt. Dieser dritte Akt spielt vorrangig in London. Hier kommt es, wie in der Klassik üblich, zum Showdown. Der des Mordes verdächtige Maxim wird entlastet und rast nach Manderley. Dort hat Mrs. Danvers das Gut in Brand gesteckt; Maxim und seine Frau umarmen sich vor dem Flammenmeer, in dem die Hausdame den Tod findet. Mit dieser Auflösung endet der Film.

Schaut man sich die Handlung nun im Hinblick auf ihre zeitliche Aufteilung an, dann dauert der erste Akt 27 Minuten, der zweite 67 und der dritte 28. Damit entspricht der Film nicht nur dem in der Klassik üblichen Schema der drei Akte, sondern hält die konventionelle Proportionierung von 1:2:1 ein. Der erste und der dritte Akt sind in etwa gleich lang und in Summe ungefähr so lang wie der zweite Akt – so wie es auch Syd Field in seinem populären Paradigma dargestellt hat (Field 2007 [1979], 39). Zudem teilt der *midpoint* das Geschehen des zweiten Akts noch einmal in zwei etwa gleich große Abschnitte, so dass insgesamt vier Viertel zu erkennen sind.

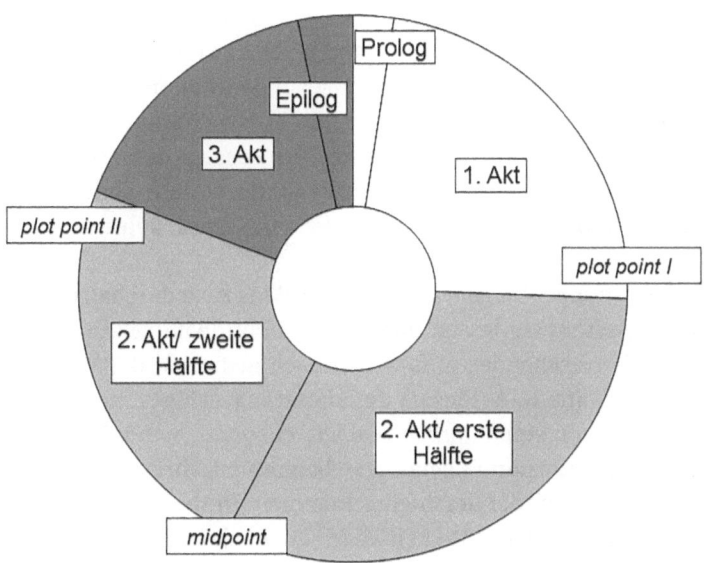

Abb. 7: Akt-Einteilung in *Rebecca* (USA 1940).

Darüber hinaus können in *Rebecca* sogar die Sequenzen identifiziert werden, in die David Howard (2004) die vier Akte noch einmal zu untergliedern vorschlägt. Seinem Modell entspricht z. B., dass der erste Akt (nach dem Prolog) aus zwei Teilen von je zehn Minuten besteht: In der ersten Sequenz wird die allgemeine Etablierung geleistet, in der zweiten das Problem genauer formuliert. Sogar in diesen Details erfüllt *Rebecca* also das Muster des klassischen Aktaufbaus.

Eine solch musterhafte Aufteilung und konventionelle Proportionierung ist in *Solaris* nicht auszumachen, auch wenn man den Film anhand seiner Ortswahl sehr einfach in drei Teile gliedern könnte: das Elternhaus, die Raumstation, das Elternhaus. Kris' Rückkehr nimmt aber nur fünf Minuten der Erzählzeit ein; es handelt sich nicht um den dritten Akt, sondern eher um einen Epilog. Die größte Abweichung vom Paradigma aber ist, dass der Film mit zwei Expositionen arbeitet, die nach dieser simplen Dreiteilung nicht erkennbar wären: Bis Minute 43 bewegt sich Kris auf der Erde, wo seine Herkunft und die Vorgeschichte der Forschung aufgezeigt werden. Dann folgt die Etablierung der Raumstation und ihrer Bewohner, die bis Filmminute 76 dauert. In dieser Zeit taucht auch Hari erstmals auf.

Dass es eine Abfolge von zwei Expositionen gibt, hat Konsequenzen: Wenn Kris beschließt, die Kopie seiner Frau in eine Rakete zu setzen, um sich ihrer zu entledigen, könnte man das vielleicht als Wendepunkt in den zweiten Akt einstufen, der von der Konfrontation mit den unerklärlichen Wesen handelt. Dieser Wendepunkt erfolgt aber nicht nach einem Viertel der Erzählzeit, sondern in deren Mitte. Als Wendepunkt in den dritten Akt ließe sich möglicherweise der Entschluss von Kris einstufen, mit Hari auf der Station zu leben. Doch auch diese Festlegung ist wenig überzeugend, da er kurz darauf erkrankt und Hari verschwindet. Der Showdown, wenn man diese Passage denn so nennen wollte, fände sozusagen in Abwesenheit des Protagonisten statt. Zudem wird die Eliminierung von Hari nicht gezeigt; es gibt keinen Kampf, keine finale Auseinandersetzung.

Diese Überlegungen zeigen, dass sich in *Solaris* zwar durchaus Segmente und Wendepunkte bestimmen lassen, diese aber nicht dem klassischen Paradigma folgen. Haris überraschendes Auftauchen nach mehr als 70 Minuten Erzählzeit bewirkt vielmehr eine Neuordnung des Handlungsgefüges. Konnte man bis zu diesem Zeitpunkt von einem *thriller plot* sprechen, der sich mit der rätselhaften Situation auf der Raumstation befasst, so beginnt mit ihrem Erscheinen ein *love plot*, der den zweiten Teil der Geschichte dominiert. Die beiden Handlungen laufen also nicht parallel, sondern lösen einander ab. Auch in dieser Hinsicht folgt der moderne Film also nicht den Konventionen klassischen Erzählens, sondern setzt sich von ihnen ab. Es ist nur zu bezeichnend, dass das amerikanische Remake des

Films, das Steven Soderbergh 2002 drehte, auf die erste Exposition im Haus des Vaters verzichtet und unmittelbar mit dem Auftrag beginnt. In Minute 6 ist Chris (George Clooney) bereits auf dem Weg zur Raumstation. Damit nähert sich das Remake des modernen Stoffs ganz klar dem Aktaufbau der Klassik an, wie in der Nachmoderne üblich.

Dieser Tendenz folgt auch der hier gewählte, nachmoderne Beispielfilm *Inception*. So werden hier – ganz klassisch – ein *thriller plot* und ein *love plot* kombiniert. Rein zeitlich steht allerdings die Durchführung des Auftrags im Mittelpunkt und nicht die Liebesgeschichte. Das ist in bestimmten Genres des klassischen Erzählens durchaus üblich; auch im Western oder im Piratenfilm dominieren die Abenteuer der Protagonistin bzw. des Protagonisten das Geschehen. Von einem Verstoß gegen das Muster der Klassik kann man hier nicht sprechen, eher von einer Variation.

Variiert wird auch die Einteilung des Geschehens in Akte. Auf einen kurzen Prolog, der Doms Vordringen zum greisen Saito in den Limbus zeigt, folgt die Exposition: der gescheiterte Einbruch in das Bewusstsein des noch jungen Saito. Während dieser Exposition werden alle wichtigen Fakten über Dom und seinen Beruf erklärt. Auch dass es mehrere Traumebenen gibt und wie man diese durchqueren kann, wird demonstriert. Am Ende des Akts erteilt Saito einen Auftrag und verspricht Dom als Gegenleistung, dass er seine Kinder in den USA wiedersehen darf. Ab diesem Wendepunkt in Filmminute 22 stellt der Dieb sein Team zusammen. Nach dem *midpoint* in Minute 61 wird der Plan in die Tat umgesetzt: Die Bande dringt in das Bewusstsein von Saitos Konkurrenten Robert Fischer ein, um dessen Entschlüsse zu manipulieren. Dabei müssen die Diebe mehrere Traumebenen passieren. In Filmminute 101 findet sich schließlich der zweite Wendepunkt: In einer Schneelandschaft stürzt sich die Truppe in die finale Auseinandersetzung des dritten Akts. In dessen Verlauf wird das Werk vollbracht: Fischer entdeckt im Tresor seines Vaters einen Beweis für dessen (angebliche) Liebe und schließt daraus, dass der Vater ihn aufgefordert hat, seinen ganz eigenen Weg zu gehen. Er wird daher das Imperium auflösen. Nach diesem Erfolg muss Dom noch seinen Auftraggeber Saito aus dem Limbus befreien. Als das gelungen ist, löst Saito sein Versprechen ein, so dass Dom zu seinen Kindern zurückkehren kann – wenn auch vielleicht nur im Traum.

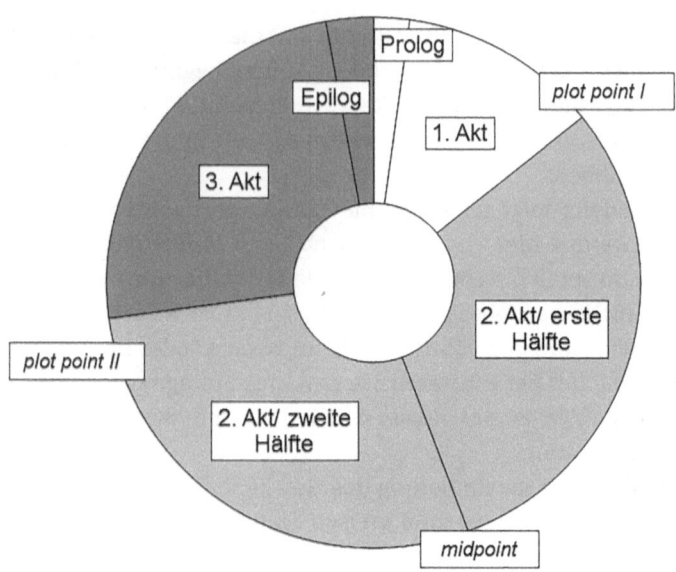

Abb. 8: Akt-Einteilung in *Inception* (USA/GB 2010).

Die Proportionierung der Akte entspricht nicht ganz dem klassischen Paradigma, da der erste Akt (inklusive des Prologs) nur 15 Prozent und nicht etwa 25 Prozent der Erzählzeit ausmacht. Dadurch sind die Wendepunkte auch ein wenig früher positioniert als in der Klassik üblich. Diese Abweichung wird aber durch die Entsprechung mit einem anderen Muster aufgefangen, welches ein Höchstmaß an Orientierung schafft: *Inception* ist nämlich ein typischer *heist movie*. In Filmen dieses Genres wird ein schier unlösbarer Auftrag angenommen, ein Team zusammengestellt, der Raub unter Zeitdruck durchgeführt, was zu einem Showdown führt. So entspricht *Inception* in seinem Aufbau fast exakt einem Film wie Soderberghs *Ocean's Eleven* von 2001, der nach einer sehr kurzen Etablierung des Diebes Danny Ocean (George Clooney) und seines besten Freundes (Brad Pitt) im zweiten Akt die Formierung des Teams und die Vorbereitung des Coups behandelt. Nach dem *midpoint* beginnt der Überfall, zunächst unbemerkt. Im dritten Akt bekämpfen die Männer dann offen ihren Widersacher und erbeuten dessen Millionen. *Inception* variiert diese Grundgeschichte: Das Team dringt nicht in einen Tresor ein, sondern in einen Traum, und es stiehlt auch nicht Geld, sondern infiltriert Gedanken.

Obschon *Inception* einem altbewährten Muster folgt, ist die Geschichte als ‚nachmodern' einzustufen. Denn der Einbruch erfordert nicht, wie sonst üblich, das Durchqueren von mehreren Sicherheitsschleusen, sondern das Hinabsteigen in mehrere Traumebenen. Wie kompliziert dieser Vorgang abläuft, ist typisch für die Nachmoderne, die eine Vorliebe für solche *mind-games* aufweist (Elsaesser 2009, 237–263). Die Protagonisten schlafen in einem Flugzeug (Realität), rasen durch die Straßen von Los Angeles (Traum), manipulieren ihre Zielperson in einem Hotel (Traum im Traum) und kämpfen in einer Schneelandschaft (Traum im Traum im Traum). Hinzu kommt noch der Limbus. Das auf fünf Ebenen verlaufende Geschehen wird überdies nicht in Abfolge, sondern in Parallelmontagen gezeigt. Dabei verläuft auf jeder Ebene die Zeit unterschiedlich schnell. Während in einem Traum der ersten Stufe eine Woche vergeht, sind das in der Wirklichkeit des Träumenden nur zehn Stunden. Damit die Rückkehr der Diebe gelingen kann, müssen die Aufwachimpulse in den Ebenen dennoch zeitgleich gesetzt werden. Von Bedeutung ist dabei, dass die Träume unterschiedlichen Figuren im Film zugeordnet sind: So befindet sich das Team bei der Verfolgungsjagd im Traum eines der Diebe (Yusuf), beim Auftritt im Hotel in dem eines anderen (Arthur). Der Träumende muss sozusagen auf seiner Ebene dafür sorgen, dass der Kick ausgelöst wird, der seine Mitstreiter zurück in die nächste Stufe Richtung Realität katapultiert.

Diese überaus komplexen Sachverhalte – die Staffelung der Ebenen, die Unterschiedlichkeit des Zeitverlaufs, die Zuteilung der Träume, das Prinzip der Rückkehr – wären nicht nachvollziehbar, würde *Inception* sich nicht an einem altbekannten Muster orientieren. Und auch das zeichnet den Film als ‚nachmodern' aus. Sogar Zuschauerinnen und Zuschauer, die die Sprünge zwischen den Ebenen oder die Zeitverschiebungen nicht verstehen, sind so in der Lage, der Erzählung im Prinzip zu folgen. Der nachmoderne Film nutzt also die Freiheiten, die die Moderne in Bezug auf die Verständlichkeit eröffnet hat, und setzt dabei auf die Stabilität des klassischen Paradigmas mit seinem dreigliedrigen Aktaufbau. Dieses Prinzip der Kombination wird auch bei der Figurenführung eingesetzt.

4 Die Figurenführung

Maxim, Kris, Dom: In allen drei Filmen leiden die Protagonisten an einer Verletzung, die zur Vorgeschichte gehört: Der Tod der Ehefrauen ist ihre *backstory wound* (Krützen 2004, 30). In *Rebecca* motiviert die *backstory wound* die Verfasstheit der Hauptfigur im ersten Akt: Maxim ist ein zurückgezogen lebender Mann, der trübsinnig aufs Meer starrt. Im Verlauf des zweiten Akts wird die *backstory wound* neu definiert: Maxim trauert nicht seiner großen Liebe nach, sondern wird von Schuldgefühlen gequält. Im dritten Akt wird die Verletzung geheilt; der Protagonist kann eine neue Liebesbeziehung eingehen. Damit folgt der Film einem dramaturgischen Muster, das als die ‚Reise des Helden' bezeichnet wird. Es basiert auf einem Modell, auf das Joseph Campbell 1949 im Zuge seiner Analyse von Märchen und Mythen gestoßen ist: „Mag der Heros lächerlich sein oder erhaben, Grieche oder Barbar, Heide oder Jude, der wesentliche Umriss seiner Abenteuer variiert kaum" (J. Campbell 1998 [1949], 43). Der Held verlässt seine vertraute Welt, übersteht eine Reihe von Prüfungen und beendet seine Abenteuerfahrt mit verändertem Bewusstsein; genau das gilt auch für einen Großteil der klassisch erzählten Filme (Krützen 2004; Cunningham 2008; Vogler 2010).

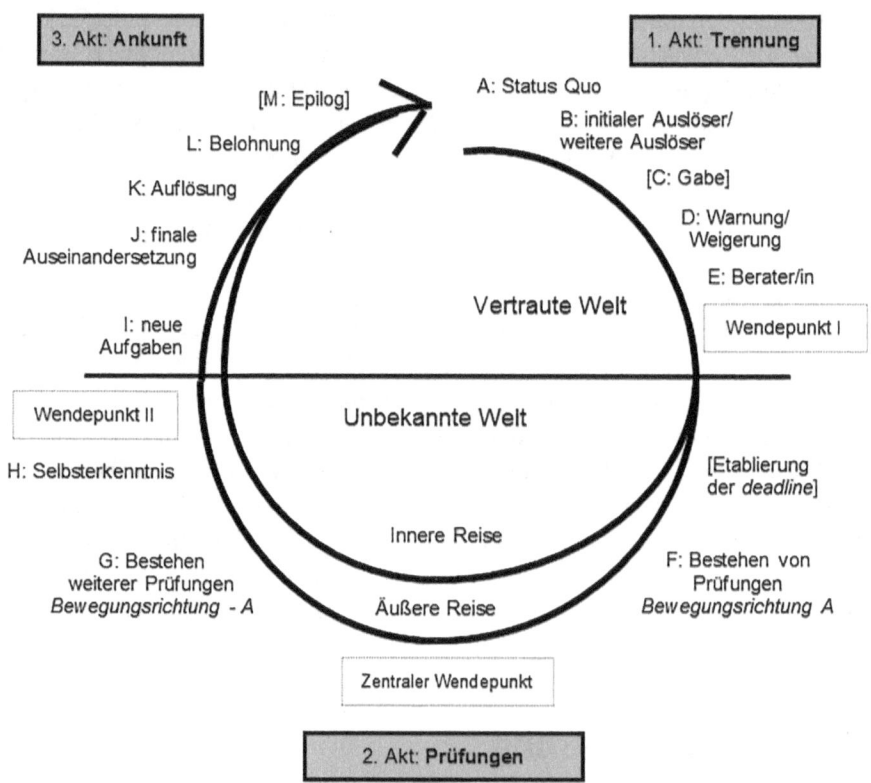

Abb. 9: Reise des Helden.

Die einzelnen Stationen des Modells der ‚Reise des Helden' – von der Etablierung des Status quo (A) bis hin zum Epilog (M) – werden in *Rebecca* geradezu musterhaft absolviert. Um das Prinzip der Erzählweise zu verdeutlichen, sei hier exemplarisch auf das Ende verwiesen. So umarmt Maxim in den letzten Einstellungen von *Rebecca* seine zweite Frau, der er alles gestanden hat. Im Hintergrund verwandelt sich Manderley in eine Ruine. Im Haus verbrennt ein Kissen, das mit einem ‚R' verziert ist. Die Aussage der letzten Einstellungen ist eindeutig: Die Vergangenheit ist besiegt, Maxim ist endlich bereit für einen Neuanfang. Mit diesen Schlussbildern greift der Film zudem den Prolog wieder auf, in dem die Ruine zu sehen war. Damit liegt ein typischer Fall von *bracketing* vor (Neupert 1995, 36–38), wie so oft im *classical cinema*. Die Klammer verstärkt den Eindruck der Geschlossenheit, denn *Rebecca* erzählt widerspruchsfrei, wie es zur Zerstörung des Hauses kam. Und so wird in dem klassischen Film nicht nur das Erreichen eines neuen Bewusstseins ganz deutlich herausgearbeitet, sondern auch seine Abgeschlossenheit herausgestellt.

Diese Abgeschlossenheit und der Wandel des Protagonisten lassen sich in *Solaris* nicht eindeutig ausmachen. Zwar ist Hari verschwunden, genauso wie Rebecca. Aber der mentale Zustand von Kris kann wohl kaum als ‚geheilt' bezeichnet werden. Nicht er hat sich von Hari getrennt, sondern sie hat ihre eigene Auslöschung erreicht. Eine Aussprache, in der die *backstory wound* zu überwinden gewesen wäre, hat nicht stattgefunden. Für Kris gibt es keinen Freispruch und eine Zukunft an der Seite einer anderen Frau wird ihm nicht zugestanden. Selbst wenn Kris im Vergleich zu Maxim und Dom die weiteste Reise antritt, so handelt es sich dabei nicht um eine klassische ‚Reise des Helden'.

Anders als in der cineastischen Klassik ist auch die Auflösung der Geschichte nicht eindeutig, selbst wenn die Rückkehr zum Haus des Vaters eine Klammer zu schließen scheint. Es bleibt nämlich unklar, in welcher Welt Kris am Ende des Films zu sehen ist. Wahrscheinlich lebt der Kosmonaut auf einer von dem außerirdischen Ozean geschaffenen Insel, wo er auf die Projektion seines (inzwischen verstorbenen) Vaters trifft. Überraschenderweise regnet es in dessen Holzhaus. Die Welt ist wohl noch nicht ganz perfekt simuliert, so könnte man annehmen. Warum gerade diese Lebenswelt für Kris geschaffen wird, bleibt unklar. Oder war womöglich schon der erste Aufenthalt an diesem Ort nur eine Projektion? Wenn Kris in der letzten Szene des Films zu den Füßen des Vaters kniet, der ihm die Hand auf die Schulter legt, so ist das sicher eine Geste, die Erlösung bedeuten kann, also einen klaren Abschluss. Nur zitiert Tarkowski hier Rembrandts *Die Rückkehr des verlorenen Sohnes*, ohne die biblische Entsprechung aufzulösen (Lk 15,31). Inwiefern ist Kris ein verlorener Sohn? Und müsste der Witwer nicht viel eher die Aussöhnung mit Hari suchen? Diese Fragen zeigen, dass *Solaris* offen endet. Der moderne Film gehört einem „Kino der Unentscheidbarkeit" an, wie Gilles Deleuze (1993, 98) es formuliert.

Unentscheidbar scheint auch das Ende von *Inception* zu sein. Um zu erkennen, ob er sich in einem Traum oder in der Wirklichkeit befindet, dreht Dom einen kleinen Kreisel: Fällt der nicht um, dann hält er sich nicht in der Realität auf. In der Schlussszene des Films trifft Dom endlich auf seine Kinder. Der Protagonist hat sein Ziel erreicht, ganz klassisch; der zu Beginn gestellte Auftrag wurde erfüllt. Doch auf dem Tisch dreht sich der Kreisel und die Einstellung endet, bevor die Zuschauerinnen und Zuschauer sehen können, ob das Spielzeug kippt. Damit ist nicht zu entscheiden, ob der Protagonist sich in den USA oder im Limbus befindet und die Kinder lediglich eine Projektion sind. Beide Lesarten sind möglich. Damit knüpft der Film einerseits an die Unentscheidbarkeit moderner Filme an. Andererseits belässt er es aber bei der Schaffung von zwei genau definierbaren Möglichkeiten, was als Angebot an die Zuschauerinnen und Zuschauer verstanden werden kann, selbst eine Entscheidung zu treffen. Der Offenheit wird damit ihre gegen die Klassik gewendete Ausrichtung genommen.

Zu dieser versöhnlichen Haltung passt, dass die innere ‚Reise' des Helden Dom als klassisch einzustufen ist. Der Dieb hat eine Reihe von Prüfungen überstanden und er beendet seine Abenteuerfahrt mit verändertem Bewusstsein, wie im Modell beschrieben. Wichtigstes Indiz für seinen Wandel ist der Abschied von seiner Frau Mal im Limbus. „We had our time together", erklärt er ihr in Filmminute 133. In diesem Moment überwindet Dom seine *backstory wound*. „I have to let go", so lautet seine Selbsterkenntnis. Dieser Satz fasst im Grunde die Problemstellung aller drei Protagonisten zusammen. Maxim, Kris und Dom müssen ihre Vergangenheit ‚loslassen'; der klassische Film, der moderne und der nachmoderne erzählen davon lediglich auf unterschiedliche Art und Weise.

Der klassische Film zeigt auf, dass die Befreiung gelingen kann; die Auflösung ist eindeutig. Von der Heilung des Protagonisten erzählen zwei Handlungsstränge; in einer *plotline* wird ein Mordfall gelöst, in der zweiten eine Liebesbeziehung gerettet. Die Erzählung kann klar in drei Akte gegliedert werden, deren Längen dem klassischen Muster entsprechen. Zudem treibt jede Szene dieses Aktionsbilds die Handlung voran, wie im *classical cinema* üblich. Auf die Strenge dieser kausalen Verkettung verzichtet das Zeit-Bild, wie am Beispiel von *Solaris* gezeigt werden konnte. Auch werden die Parallelität der *plotlines* und die Aufteilung in drei Akte nicht eingehalten. Zudem zweifelt der moderne Film an, dass die Verletzung des Protagonisten überwunden werden kann. Schließlich erweist sich der Schluss der Erzählung als offen. Damit stellt sich *Solaris* gegen mehrere dramaturgische Prinzipien der Film-Klassik.

Als ein solcher Gegenentwurf ist *Inception* nicht zu verstehen. Auch wenn die Auflösung nicht eindeutig ist, so bietet sie in ihrer Zweideutigkeit lediglich Alternativen, die abzuwägen als Angebot an die Zuschauerinnen und Zuschauer verstanden werden kann. Dom mag am Ende doch nicht bei seinen Kindern leben, aber er hat seinen Auftrag erfüllt und teilt mit ihnen zumindest eine (Traum-)Welt. Von seiner Frau Mal, seiner *backstory wound*, hat er sich im Laufe der Geschichte befreien können. Diese Befreiung wird im Rahmen eines klassischen Erzählmusters gezeigt, das allerdings erst erschlossen werden muss. Die Handlungsführung lässt eine Unterscheidung von Traum und Wirklichkeit zwar zu, setzt dabei aber auf die Kombinationsfähigkeit der Zuschauerinnen und Zuschauer. Auch das sensomotorische Schema, das durchaus besteht, kann bisweilen erst im Rückblick ausgemacht werden. Und so bietet die Handlung des nachmodernen Films ähnlich verwirrende Elemente wie die moderne Erzählung; sie nutzt diese aber spielerisch und integriert sie in das klassische Erzählmodell.

Knut Hickethier
IV.4 Die Dramaturgie der TV-Serie

1 Seriendefinition

Die Serie ist eine mehrteilige, auf Fortsetzung bedachte Darstellungsform, zumeist narrativer Art, die in verschiedenen Medien – Literatur, Theater, Film, Hörfunk, Fernsehen, Internet – vorkommt und dabei unterschiedliche Ausformungen hervorgebracht hat. Ihre wichtigsten und differenziertesten Ausgestaltungen hat sie im Fernsehen erfahren. Serielle Formen gibt es auch für nicht-fiktionale, etwa dokumentarische bzw. informierende Darstellungen. So sind z. B. Nachrichtensendungen seriell angelegt. Die Serie steht von ihrem Phänomen her auch in enger Beziehung zur Wiederholung, zum Remake im Film. Im Folgenden soll es dennoch ausschließlich um narrative Fernsehserien gehen.

Literatur- und medienwissenschaftlich ist die Serie vor allem deshalb interessant, weil sie eine doppelte dramaturgische Struktur besitzt: Sie verbindet die Dramaturgie kurzer Erzählungen bzw. deren spannungsorientierten Aufbau und in der Regel vereinfachte Erzählmuster mit der Dramaturgie eines umfangreichen Erzählkosmos und einem vielteiligen Handlungsgeschehen der Gesamtserie. Dies kann so weit gehen, dass bei einigen Serien wie *The Wire* die Geschehensabfolge kaum noch überschaubar ist. Von der Figurensituation her betrachtet kann die Fernsehserie als Kette von Verhaltenseinheiten verstanden werden, die Figuren innerhalb eines Rahmens oder eines Forums, eines Ortes bzw. eines Milieus handeln lässt, wobei deren Verhalten für die Betrachterinnen und Betrachter wiederum bestimmte Effekte erzeugt. Diese können im Sinne von gesellschaftlichen ‚Kultivierungseffekten' unter den Aspekten der Anpassung an Normen, der Angemessenheit des Verhaltens und der Modernisierung durch Verhaltensvarianten sowie Stereotypenbildung und -veränderung wirksam werden (vgl. Hickethier 1991).

2 Vorformen der Fernsehserie

Unmittelbarer Vorläuferin der Fernsehserie ist die Radioserie, die mit der Herausbildung des werbefinanzierten Hörfunks in den USA entstand. Weil sich diese Radioserien zum größten Teil an Hausfrauen richteten, meist melodramatische Geschichten von enttäuschter Liebe erzählten und von Waschmittelkonzernen finanziert wurden, wurden sie abwertend ‚Seifenopern' (*soap operas* oder *soaps*) genannt, ein Begriff, der später auch für Fernsehserien nicht nur in den USA verwendet wurde. In diesem Begriff drückte sich gerade bei einem gebildeten Publikum eine Geringschätzung dieser Form des seriellen Erzählens aus. Neben den meist melodramatischen Familienserien entstanden im Radio vor allem Kriminalserien sowie die sich an ein überwiegend männliches Publikum richtenden Westernserien. Auch im deutschen Hörfunk seit 1949 und vor allem in den 1950er Jahren waren Familien- und Kriminalserien überaus erfolgreich. Serien des deutschen Autors Wolf Schmidt (*Familie Hesselbach*) sowie des britischen Krimi-Autors Francis Durbridge (*Paul Temple*) fanden ein großes Publikum und wurden Anfang der 1960er Jahre auch ins Fernsehen übertragen.

Vor den Radioserien gab es bereits serielle Formen in anderen Medien. In der Literatur bauen die *Odyssee* und die *Ilias* auf der seriellen Struktur rhapsodischer Gesänge auf, ist mit *Geschichten aus Tausendundeiner Nacht* („Das Beste von meiner Erzählung kommt erst noch") das Versprechen auf viele, in der Fabulierlust und Spannung sich steigernde Fortsetzungen etabliert. Das späte 18. und das 19. Jahrhundert kannten dann die Kolportageerzählungen, zum Teil in Heftchenform, wöchentlich geliefert, sowie den in der Zeitung täglich abgedruckten Fortsetzungsroman, den Zeitungsroman, den es noch heute in einigen Zeitungen gibt (Kelleter 2012; Schleich und Nesselhauf 2016).

Im Theater ist die Serie durch die Wiederholung einer Inszenierung ein theatrales Strukturelement. Im En-suite-Spielen wird die gleiche Inszenierung, wenn auch jedes Mal in einer etwas anderen Aufführung, Tag für Tag wiederholt. Im Repertoire-Spielen wird das Serielle der Inszenierungen durch einen Wechsel mehrerer verschiedener Aufführungen im Programm verdeckt. Deshalb wird im Theater der Begriff ‚Serie' kaum verwendet und das Moment der Einmaligkeit des Hier und Jetzt jeder Aufführung herausgestellt. Das Kino kennt seit seiner Frühzeit die Serie nicht nur als Form der täglichen und wiederholten Aufführung, sondern auch als Produktionsform. Etwa ab 1905 gibt es in den USA und in Europa zahlreiche Kinoserien, zunächst vor allem Kriminalserien um einen einzelnen Detektiv, dann Serien um einzelne Stars, die staffelweise entstanden (z. B. die Asta-Nielsen-Serien), in den 1940er und 1950er Jahren als US-amerikanische Abenteuerserien (z. B. *Zorro*) und in der Gegenwart als in Fortsetzungen produzierte Blockbuster (z. B. *Star Wars*). Im Internet setzen seit etwa 2006 Onlineportale wie Netflix oder Amazon auf die Herstellung von Serien mit Bewegtbildgeschichten, die in der Tradition der Fernsehserien stehen, aber teilweise nur noch übers Internet verfolgt werden können.

Seriellen Erzählungen sind besondere Unterhaltungseigenschaften eigen. Sie sind zumeist einer etablierten und bekannten Genretradition verbunden. Ihre je besondere Figurenkonstellation, ihr Handlungsort und ihre Erzählmuster schaffen für die Mediennutzenden von Folge zu Folge einen vertrauten Rahmen, auf den sie sich verlassen und in dem sie sich zu Hause fühlen können, wobei in jeder Folge neue Erweiterungen und Variationen der eingeführten Schemata die Aufmerksamkeit der Nutzerinnen und Nutzer auf sich ziehen (Mielke 2006). Gleichzeitig bindet die Serie die Mediennutzerinnen und -nutzer an das jeweilige mediale Organ und steigert in aller Regel Druckauflagen, Besucherfrequenzen bzw. Einschaltquoten, was das Interesse von Medienunternehmen an der Serienform erklärt. Dabei entstehen immer wieder neue Formen des Medienkonsums wie das sogenannte *binge-watching*, die wiederum auf die Dramaturgie bzw. die Formen seriellen Erzählens zurückwirken.

Berühmtestes Beispiel für den Erfolg der Serienunterhaltung stellte der Abdruck von Eugène Sues Roman *Les Mystères de Paris* im Pariser *Le Journal de Débats* in den Jahren 1842 und 1843 dar. Der Roman, an dem Sue noch schrieb, während die Zeitung schon die ersten Folgen abdruckte, und der vom Sittenverfall und den Verbrechen in Paris handelte, faszinierte das Publikum und steigerte die Auflage der Zeitung in große Höhen. Ganze Dorfbevölkerungen sollen dem Postboten mit der neuen Ausgabe der Zeitung entgegengegangen sein. Sterbende, so hieß es damals, sollen mit dem Tod gewartet haben, um den Schluss der Geschichte zu erfahren (Miller und Riha 1970). Doch der Autor verzettelte sich in einer Vielzahl von Handlungssträngen und musste den Roman radikal verkürzt beenden. Die von ihm bewirkte Auflagensteigerung der Zeitung regte gleichwohl den Abdruck von Fortsetzungsgeschichten in zahlreichen weiteren Zeitungen an. Der Feuilletonroman (Zeitungsroman) wurde zu einem regelhaften Bestandteil von Zeitungen. Seine Fähigkeit zur Leserbindung hat dazu geführt, dass sich serielle Formen in fast allen Medien dauerhaft etabliert haben.

3 Geschichte der Fernsehserie

Wie das Fernsehen insgesamt ist auch die Entwicklung der Form der Fernsehserie zunächst stark von nationalen kulturellen Traditionen bestimmt, wobei seit den 1960er Jahren der Einfluss der amerikanischen Serienproduktion im europäischen bzw. deutschen Fernsehen stark zugenommen hat. Dominant ist über viele Jahrzehnte hinweg der Anspruch der Serie auf die Nähe zur Welt der Zuschauenden, was sich im Alltagsbezug bei der Wahl der Darstellenden, der Handlungsorte und der Motive des Geschehens ausdrückt. Es werden jedoch immer auch konventionelle Erzähl- und Darstellungsmuster verwendet, wie sie sich in den Dramaturgien der Unterhaltungsliteratur, des Boulevardtheaters und des Kinos mit einfacher Figurengestaltung, linearer Handlungsabfolge sowie eindeutigem

Anfang und Ende einer Geschichte herausgebildet haben. Der Fernsehserie haftete deshalb lange der Ruf der Trivialität an.

Die Geschichte der Fernsehserien ist bestimmt durch die Nachahmung von bereits erfolgreichen Serien, um an deren Erfolg teilzuhaben. Nicht immer geht diese Strategie auf, die gleichwohl häufig angewandt wird, weil Produzierende auf diese Weise das Risiko eines Misserfolgs zu mindern versuchen. Dagegen steht das Konzept der inhaltlichen und gestalterischen Differenz zu den Vorgänger- und gleichzeitig laufenden Serien. Nachahmung und Erneuerung, Imitation und Innovation prägen deshalb die Seriengeschichte, wobei hier vor allem die jeweils neuen Konzepte von Interesse sind. Aber auch innovative Serien kommen nicht ohne die Verwendung tradierter Muster aus, weil das Prinzip einer partiellen Redundanz bei den Zuschauenden Vertrautheit schafft und die Akzeptanz neuer Ideen erleichtert.

Im Fernsehen der Bundesrepublik Deutschland waren die ersten Serien in den 1950er Jahren die zunächst vom NWDR, dann vom NDR produzierte Familienserie *Unsere Nachbarn heute abend – Familie Schölermann* (1954–1961), die in unregelmäßigen Abständen ausgestrahlt wurde, sowie die Polizeiserie *Der Polizeibericht meldet* (1953–1958), aus dessen letzter Folge die Kriminalserie *Stahlnetz* (1958–1968) entstand. Bereits Ende der 1950er Jahre wurden einzelne Folgen amerikanischer Serien (noch nicht in Serie) gesendet. In den 1960er Jahren nahm mit der Durchsetzung des Fernsehens als dem neuen zentralen Verständigungsmedium der Gesellschaft auch die Zahl der Fernsehserien im Programm zu. Neben deutschen Familienserien wie *Die Hesselbachs* (1960–1967, unter wechselnden Titeln) und in England spielenden, aber in Deutschland produzierten Krimi-Mehrteilern wie *Das Halstuch* (1962) waren zahlreiche britische Kriminalserien zu sehen, darunter *Mit Schirm, Charme und Melone* (1961–1969), sowie amerikanische Detektivserien wie *77 Sunset Strip* (1958–1964), *FBI* (1968–1974), *Kojak – Einsatz in Manhattan* (1974–1978) oder *Colombo* (1969–1978) sowie Tierserien um ein Pferd wie *Fury* (1958–1968), einen Hund wie *Lassie* (1954–1973) oder einen Delphin wie *Flipper* (1964–1967) und die amerikanische Familienwesternserie *Bonanza* (1962–1973). Für sie gab es im Programm feste Sendetermine, Freitagabend bzw. Sonntagnachmittag, so dass sich ein kulthaftes Seriensehen etablieren konnte (vgl. im weitesten Sinne auch hierzu Bendix 2013).

Mit den 1970er Jahren begannen sowohl das ZDF als auch die ARD mit unterschiedlichen Konzepten eigene langlaufende Kriminalserien mit Folgen von jeweils einer bzw. anderthalb Stunden dauernder Länge zu senden. Die in München spielende ZDF-Serie *Der Kommissar* (1959–1976) regte bei der ARD die Reihe *Tatort* (seit 1970) an, die aus unterschiedlichen Teilserien besteht, die an verschiedenen Orten der Bundesrepublik mit in Abständen wechselnden Kommissarinnen und Kommissaren spielen und damit die föderale Struktur der Bundesrepublik widerspiegeln. Während *Der Kommissar* bereits 1976 durch die nachfolgenden, ähnlich auf einen Ermittler zugeschnittenen Serien *Derrick* (1974–1998) und *Der Alte* (seit 1977) ersetzt wurde, hielt sich *Der Tatort* wegen seiner föderalen Struktur und der damit verbundenen Vielfalt über die Jahrzehnte hinweg im Hauptprogramm und in den Dritten Programmen der ARD, so dass 2016 die Produktion der tausendsten Folge gefeiert werden konnte und inzwischen fast täglich eine *Tatort*-Folge neu oder als Wiederholung in den verschiedenen ARD-Programmen gesendet wird.

Waren bereits die frühen *Tatort*-Folgen durch eine ausgeprägte Schilderung unterschiedlicher sozialer Milieus, gesellschaftlicher Konfliktbereiche und Problemstellungen gekennzeichnet, so etablierten sich Ende der 1960er Jahre weitere kritische und ironisch wirkende Serien wie die Familienserie *Die Unverbesserlichen* (1965–1971) mit Inge Meysel und die um den politisierenden Familienvater Alfred Tetzlaff (Heinz Schubert) kreisende Serie *Ein Herz und eine Seele* (1973–1976), die tradierte Familienbilder konterkarierten. In den 1970er Jahren waren die auch in der Bundesrepublik gezeigten amerikanischen Serien opulenter ausgestattet. Sie rutschten aus dem Vorabendprogramm in das Hauptprogramm (nach 20 Uhr) und werden deshalb als *Primetime*-Serien bezeichnet. Geschildert wurden Intrigen und böswillige Machenschaften reicher Familien, so in *Dallas* (1978–1991) und *Der Denver-Clan* (1981–1989, Originaltitel: *Dynasty*).

Während in der kulturellen Diskussion der Bundesrepublik den Fernsehserien lange das Image der Trivialität anhaftete, bemühten sich vor allem der WDR, der NDR und das ZDF darum, auch kulturell anspruchsvolle Serien, meist als große, mehrteilige Literaturverfilmungen durch namhafte Regisseurinnen und Regisseure in das Programm zu bringen wie z. B. Rainer Werner Fassbinders Verfilmung von Alfred Döblins *Berlin Alexanderplatz* (1980) oder Egon Monks Verfilmung von Hans Falladas Roman *Bauern, Bomben, Bonzen* (1973). Wichtig wurden in diesen Jahren auch Miniserien, die sich mit der Geschichte beschäftigten. Vor allem die Ausstrahlung der amerikanischen vierteiligen Miniserie *Holocaust* (1979) führte zu zahlreichen Darstellungen der Shoah, z. B. in *Ein Stück Himmel* (1982), die für die öffentliche Diskussion der NS-Verbrechen von großer Bedeutung waren.

Die 1980er und 1990er Jahre sind durch eine weitere Zunahme an Fernsehserien in den Programmen geprägt: Die ARD etablierte mit der wöchentlich gesendeten Langzeitserie *Die Lindenstraße* (seit 1985) ein für deutsche Verhältnisse neues Serienformat; das ZDF verhalf dem Arztgenre mit der Krankenhausserie *Die Schwarzwaldklinik* (1984–1988) und dem Förstermilieu mit *Forsthaus Falkenau* (1989–2013) zu neuem Glanz. Die 1984 gestarteten neuen privatrechtlichen Programme wie SAT.1 und RTL begannen mit der Ausstrahlung zahlreicher, preiswert erworbener amerikanischer Serien und bestimmten damit das Bild der Fernsehserien in Deutschland mit.

Durch die Vielzahl der ausgestrahlten Serien entstanden Abnutzungseffekte bei den Handlungsmustern und Erzählkonstruktionen, so dass nach neuen Formen gesucht wurde. Eine stärkere Realitätsnähe behaupteten Serien, die sich aus Talkshow-Formaten (Reality-Shows) entwickelt haben, oder man spielte in Doku-Soaps nach vorgegebenen Handlungsskizzen mit improvisierten Dialogen meist historische Situationen nach (z. B. *Abenteuer 1900 – Leben im Gutshof*, 2004). Auf ähnliche Weise belebten Serien nach grob gefassten Drehbüchern (*scripted reality*, ‚Realität nach Drehbuch') das Gerichtsgenre (darunter *Richterin Barbara Salesch*, 1999–2012, und *Richter Alexander Hold*, 2001–2013). Diese Serien imitierten Gerichtsverhandlungen mit oft grotesk anmutenden Konflikten.

Neue Impulse kamen aus den USA, wo einige werbeunabhängige Sender (z. B. der Abonnementkanal HBO) neue Serienformen entwickelten, die sich durch eine am Kinofilm orientierte, komplexe visuelle Gestaltung, aktionsbetonte Handlungen und stärkere Hervorhebung krimineller Energien sowie durch komplexe Dramaturgien auszeichneten, so z. B. *24* (2001–2010), *Lost* (2004–2010) und *Die Sopranos* (1999–2007). Diese neuen sogenannten Qualitätsserien fanden in Deutschland vor allem ein intellektuelles Publikum.

Seit 2000 gibt es mit der Etablierung neuer Medien Fernsehserien auch auf DVD zu sehen, so dass ihre Rezeption von den Programmstrukturen zeitunabhängig wurde. Gegenwärtig werden online neben aktuellen Serien viele ältere Serien als Wiederholungen angeboten. Immer mehr steht heute die Mediennutzung durch Streaming im Vordergrund; in den Mediatheken der Sender können Serien zeitunabhängig und losgelöst von den zeitlich fixierten Programmen angesehen werden. Einige Onlineportale wie der Film- und Serienanbieter Netflix bieten seit einigen Jahren eigenproduzierte Serien wie *House of Cards* (seit 2013) sowie neue Fortsetzungen von Serien, die andere Sender bereits eingestellt haben. Diese Entwicklung hat dazu geführt, dass auch ältere Serien permanent verfügbar und damit des mediengeschichtlichen Kontexts ihrer Erstausstrahlung enthoben sind.

4 Dramaturgische Prinzipien von Fernsehserien

In der Entwicklung der Fernsehserie haben sich verschiedene Grundtypen herausgebildet (vgl. Hickethier 52012), die generell wie auch andere dramaturgische Formen als Anordnungen des Stoffes verstanden werden können. Da das Grundprinzip der Serie die Mehrteiligkeit ist, gelten bereits zweiteilige Produktionen als Serien – von einem solchen Verständnis wird jedoch, wenn man die Erfahrung der letzten Jahre generalisiert, selten Gebrauch gemacht, denn als Serien werden heute vor allem Produktionen mit mehr als zwei Folgen bezeichnet. Die Mehrteiligkeit führt in den kleineren Formen mit niedriger Folgenzahl zur Miniserie, die oft über sechs bis zehn Folgen nicht hinausgeht. Häufig handelt es sich um Literaturverfilmungen, aber auch um Geschichten anderer Genres. Eine frühe Serienform, bei der unterschiedliche Einzelsendungen nur durch einen gemeinsamen Titel verbunden waren und/oder einen Aufhänger (z. B. das Hervorholen eines Tatrequisits in einem Museum, dessen Geschichte erzählt wird, wie in *Das Kriminalmuseum*, 1963–1970), ist für das Verständnis der Fernsehserie ebenfalls randständig.

Serien lassen sich nach dem Zeitumfang ihrer einzelnen Folgen unterscheiden, die sich in aller Regel an den Zeitrastern ihrer Programmplätze, aber auch an Gattungsvorgaben orientieren. 30 Minuten dauernde Folgen werden im deutschen Fernsehen vor allem im Vorabendprogramm gezeigt. Serien mit einer Folgendauer von 45 oder 60 Minuten sind vorwiegend im Abendprogramm platziert. Dabei werden zumeist nur 22 bis 28 Minuten produziert, die restliche Zeit wird für Werbung bzw. Programmhinweise benötigt. Seit dem Marktdurchbruch der DVD, insbesondere aber seit der – je nach Konsumgruppe – vermehrten bis ausschließlichen Nutzung von Streamingdiensten änderte sich dies aufgrund anderer ökonomischer Verwertungsstrukturen. Hinzu kommen Serien mit 90 Minuten, also mit Kinospielfilmlänge, wie *Tatort* oder in jüngerer Zeit amerikanische Serien des *Quality TV*. Je länger die einzelnen Folgen dauern, umso differenzierter können Handlungen und Figurenverhalten gestaltet sein.

Fernsehserien lassen sich nach der Dramaturgie der einzelnen Folge, der Staffel und der Gesamtserie unterscheiden, wobei die Binnendramaturgie der Folgen eng mit der Außendramaturgie verzahnt ist.

5 Serien mit abgeschlossenen Folgenhandlungen

Ein wesentliches Prinzip dieser Serienform, die auch als Episodenserie, im Amerikanischen *series*, bezeichnet wird, besteht in der Art der Verknüpfung der einzelnen Folgen. Bei der einfachsten Form präsentieren die Episoden eine in sich abgeschlossene Handlung und werden durch ein von Folge zu Folge gleichbleibendes Stammpersonal zusammengehalten, das durch jeweils wechselnde weitere Figuren ergänzt wird. Dieses Prinzip führt dazu, dass bestimmte um einzelne Berufsgruppen zentrierte Genres serienaffiner sind als andere (Rössler 1988). Vergleichsweise oft sah man Detektive und Kriminalkommissare (Kriminalserien), Ärzte (Arzt- und Krankenhausserien), Förster (Heimat- und Forsthausserien) oder Kapitäne von Reiseschiffen (z. B. *Das Traumschiff*, seit 1981), zuweilen auch LKW-Fahrer (wie *Auf Achse* mit Manfred Krug, 1977–1996). Die die Serie tragende Protagonistin bzw. der Protagonist bleibt dank des Funktionsprofils gleich, trifft aber von Fall zu Fall auf andere Personen, mit denen Konflikte entstehen und Probleme zu bewältigen sind. Berufsspezifisch ist in der Regel nur die Kontaktaufnahme zwischen den Hauptfiguren und den von Fall zu Fall neuen Nebenfiguren. Ebenso ist der Ort, das Milieu, häufig konstant und gibt den Handlungsrahmen vor. Das Prinzip abgeschlossener Folgenhandlungen führt dazu, dass die Handlung innerhalb einer Folge entsprechend konstruiert sein muss. Das Stammpersonal wird in der Regel durch die neu hinzukommenden Figuren in einen Konflikt hineingezogen, der im Verlauf entfaltet und am Ende gelöst wird, womit der Ausgangszustand wieder erreicht ist. Der Harmonie des Beginns folgt eine Störung, die beseitigt wird, so dass sich die Ausgangssituation, durch eine neue Erfahrung bereichert, erneut einstellt und das Stammpersonal für einen neuen Konflikt mit anderen Nebenfiguren in der nächsten Folge bereit ist. Die einzelnen Folgen erzählen die Geschichte vornehmlich linear; Rückblenden und andere kompliziert erscheinende Erzählformen werden vermieden. Dabei ist meist klar, wer zu den Guten und wer zu den zu bekämpfenden Bösen gehört. Ebenso ist der Schluss, auf den das Handlungsgeschehen zusteuert, eindeutig; er zeigt die Welt wieder ‚in Ordnung'. Von diesem Schema gab es nur wenige Ausnahmen, die wichtigste war sicher die amerikanische Serie *The Fugitive* (1963–1967; dt. *Auf der Flucht*), bei der sich ein des Mordes zu Unrecht verdächtigter Arzt ständig seinen polizeilichen Verfolgern entzieht und den wahren Mörder sucht, wobei es 20 Folgen lang nicht zu einem befriedigenden Schluss kommt.

Bei der Kriminalserie bedeutet dieses Verfahren, dass der Kommissar nach dem *Whodunit*-Prinzip zu Beginn mit einem Mord konfrontiert wird, den er – oft nachdem er zu Unrecht Verdächtige überprüft hat – aufklärt; die Verurteilung der Gefassten wird nicht mehr zum Gegenstand. Bei Arzt- und Krankenhausserien geht es häufig um Leben und Tod. Dabei werden aber – wie etwa auch bei den Försterserien – seltener fachspezifische Probleme, dafür umso ausgiebiger soziale Konflikte des Beziehungsumfeldes gelöst.

Serien mit geschlossenen Folgenhandlungen waren vor allem in der Frühzeit in der amerikanischen Produktion beliebt, weil so einzelne Folgen in willkürlicher Reihenfolge ausgestrahlt werden konnten, zugleich aber auch Zuschauerinnen und Zuschauer, die einzelne Folgen verpasst hatten, dabeibleiben konnten. Die Serien waren damit auch für den Export in andere Länder geeignet, da dort oft nicht alle Folgen einer Staffel ausgestrahlt wurden. Ohne den Zwang zum Aufbau einer komplexen, folgenübergreifenden Handlungsstruktur war die Produktion solcher Serien einfacher. Seit den 1970er Jahren sind zahlreiche Variationen dieses Typs und Kombinationen von Episoden- und Fortsetzungsserien entstanden. In vielen neueren Episodenserien gibt es Fortsetzungselemente, die vor allem das Stammpersonal mit einer eigenen, länger laufenden Geschichte ausstatten und damit die Zuschauerbindung über die Folgen hinaus steigern (Blanchet et al. 2011).

6 Fortsetzungsserien

In der Entwicklung der Fernsehserie sind diejenigen Serien bedeutender geworden, bei denen die Folgen von vornherein aufeinander aufbauen und Fortsetzungen bilden. Diese Formate, im Amerikanischen *serials*, binden die Zuschauenden stärker an die Serie und an das umgebende Programm, weil sie nicht nur pro Folge spannende Konfliktdarstellungen versprechen, sondern auch den Anspruch erheben, in der nächsten Folge noch mehr Thrill zu erzeugen. Die Erwartung der Zuschauenden wird deshalb in der einzelnen Folge nicht abschließend befriedigt und die Lösung eines Konflikts meist mit Hilfe eines Cliffhangers verschoben (Eschke und Bohne 2010). Beim Cliffhanger treibt am Ende einer Folge die Spannung auf einen Höhepunkt zu, der kurz vor dem Ende abgebrochen wird, um zur Rezeption weiterer Folgen zu stimulieren. Diese Formate werden neuerdings auch als ‚horizontale Serien', im Gegensatz zu den als ‚vertikal' verstandenen Episodenserien, bezeichnet, wobei der Begriff des Vertikalen in der Dramaturgie nicht sinnvoll ist.

Als kleinere, in der Folgenzahl begrenzte Form der Fortsetzungsgeschichte hat sich die zumeist chronologisch angelegte Familiensaga (z. B. *Die Forsyte Saga*, 1967) entwickelt, deren Handlung in der Regel vor vielen Jahrzehnten begonnen hat und über Generationen hinweg bis in die Gegenwart hineinreicht. Dabei wird das Familiengeschehen in größeren Etappen, also mit zeitlichen Auslassungen in der Chronologie, erzählt. Den natürlichen Endpunkt bildet die Gegenwart der Zuschauenden, die durch weitere Folgen nicht überbietbar ist. Weil eine solche Zeitgebundenheit eine Begrenzung der Serie darstellt und die Fortsetzung einer bei den Zuschauenden erfolgreichen Serie erschwert oder gar verhindert, haben sich in stärkerem Maße Fortsetzungsserien mit solchen Handlungskonstruktionen entwickelt, die in einem historisch unbestimmten bzw. allgemein gehaltenen, gegenwartsnahen Zeitraum spielen und damit in ihrer Folgenzahl beliebig ausbaubar sind. Dabei blieben jedoch insbesondere die deutschen Produktionen der 1960er bis 1990er Jahre in ihrem Umfang noch begrenzt, vor allem aus Gründen der Finanzierbarkeit und des mangelnden Mutes, solche auch logistisch beträchtlichen Anstrengungen zu wagen. Fortsetzungsserien werden heute zumeist in einzelnen Staffeln mit begrenzter Folgenzahl produziert, die über unterschiedliche Zeiträume hinweg zwischen Sender und Auftragsproduzentinnen bzw. -produzenten vereinbart werden. Je nach Einschaltquotenerfolg der gesendeten Staffeln wird die weitere Produktion beschlossen.

Wie sieht nun aber eine Binnendramaturgie in einer langlaufenden Serie aus? Die erste längere in der Bundesrepublik hergestellte Fernsehserie dieser Art (nach den *Schölermanns* in den 1950er Jahren) ist die von dem Filmregisseur Hans W. Geißendörfer produzierte und wöchentlich einmal ausgestrahlte Familienserie

Die Lindenstraße (seit 1985; bis Mai 2018 über 1.670 Folgen), die in einer Straße in München spielt, tatsächlich aber in einer Kulissenstraße im Kölner WDR-Studio gedreht wird (Mikos 1994; Frey-Vor 1996; Jurga 1996; Moritz 1997). Sie zeigt das Leben verschiedener, in der Straße wohnender Familien, die vielfältige Kontakte haben. Die Serie gibt sich realitätsnah, greift über die Darstellung von Alltagssituationen auch Sujets auf, die die deutschen Medien aktuell thematisieren – an Bundestagswahl-Sonntagen werden in die vorproduzierten Folgen Sequenzen eingespielt, in denen sich die Figuren tagesaktuell zu dem stattfindenden Wahlgeschehen verhalten. Realitätsnähe wird zudem dadurch erzeugt, dass die Figuren unterschiedliche gesellschaftliche Positionen verkörpern und ihr Verhalten erörtert wird. Das Besondere ist, dass die Zuschauenden in der nun bereits über 30 Jahre laufenden Serie miterleben können, wie die Protagonistinnen und Protagonisten zusammen mit den Zuschauenden altern, wie die, die früher als Kinder zu sehen waren, erwachsen werden.

Die Folgen der *Lindenstraße* enden jeweils mit einem ausgeprägten Cliffhanger. Eine Dialogszene strebt einem Höhepunkt zu, ein neuer Konflikt wird meist überraschend angesprochen; die Kamera fährt, von einem musikalischen Crescendo unterstrichen, auf das Gesicht einer der Figuren und zeigt ihre aufgerissenen Augen. Damit sollen die Zuschauenden animiert werden, die Serie auch bei der nächsten Folge wieder einzuschalten. Da es sich um eine wöchentlich gesendete Produktion, eine *weekly soap* handelt, wird das im Cliffhanger angesprochene Problem jedoch nur selten am Anfang der nächsten Folge wieder aufgenommen. Es geht vor allem darum, in den Zuschauenden den Wunsch nach einem Weiterverfolgen der verschiedenen Lebensschicksale zu wecken. Das konkrete Thema des Cliffhangers haben die Zuschauenden bei der nächsten Folge oft vergessen; es wird meist erst bei anderer Gelegenheit wieder aufgenommen (vgl. Hickethier 1991).

Um die Kurzweiligkeit der einzelnen Folge zu gewährleisten, aber auch um das breite Personengefüge bei den Zuschauenden in Erinnerung zu halten, bestehen die 28 Minuten dauernden Folgen zumeist aus drei Handlungssträngen, die miteinander in 20 bis 22 Einzelsequenzen verflochten sind. Während im ersten Strang die ausführlichere Verhandlung eines Konflikts im Vordergrund steht, wird in einem zweiten Strang ein Konflikt beendet und im dritten ein neuer vorbereitet. Die einzelnen Stränge sind oft quer miteinander dadurch verbunden, dass bei den verschiedenen Figuren gleiche Inhalte, z. B. Untreue, Verrat oder Erkrankung, thematisiert werden. Vergleichbare ‚Zopfdramaturgien' sind auch in anderen langlaufenden Fernsehserien zu finden. Zusätzlich gibt es einzelne folgenübergreifende Konflikte, etwa wenn es um das Scheitern einer zunächst als glücklich gezeigten Ehe geht, um längere Krankheiten wie AIDS, Alzheimer oder Parkinson, aber auch um Coming-out-Prozesse oder Pubertätssorgen. Gesellschaftliche Themen und Probleme wie Rechtsextremismus, Wehrdienstverweigerung, Drogenkonsum, Umweltaktivismus oder auch Schwierigkeiten bei der Intergration werden meist über einzelne Figuren und deren Konflikte mit anderen zum Gegenstand. Durch die Kürze der einzelnen Handlungssequenzen können sich die jeweiligen Figuren nur durch ihr wiederholtes Auftreten in verschiedenen Folgen profilieren und differenzierte Eigenheiten ausbilden – in der Einzelfolge erscheinen sie eher als gesellschaftliche Typen, was die Wahrnehmung der Serie erleichtert.

Andere langlaufende Serien kamen ab 1984 vor allem mit den amerikanischen Importen der privatrechtlichen Sender in die Programme. Die deutschen Sender kauften zumeist ältere, bereits vor Jahren in den USA gelaufene Serienfolgen kostengünstig ein und spielten sie in ihren Programmen oft blockweise, in zwei oder drei Folgen nacheinander, ab. Eine der bekanntesten Serien war *Die Springfield-Story* (Originaltitel: *Guiding Light*), die mit zwischen 1937 und 2009 im Radio wie im Fernsehen ausgestrahlten 15.762 Folgen als die weltweit umfangreichste Serie gilt. In der Bundesrepublik wurde sie ab 1986 gezeigt, es wurden 3119 Folgen gesendet.

Zahlreiche andere dieser meist zwischen Montag und Freitag täglich ausgestrahlten Serien, *daily soaps*, thematisieren insbesondere Beziehungskonflikte. Ihre Dramaturgie ist oft auf zwei bis drei Einschnitte pro Folge ausgerichtet, in die dann in den USA Werbung eingeblendet wurde, die in den deutschen Fassungen nicht enthalten ist. Die Einschnitte bilden Zäsuren im Handlungsablauf, so dass dieser oft Brüche aufweist. Die Werbeunterbrechungen haben dazu geführt, dass die Folgen häufig nach dem dramatischen Aktschema Exposition, Durchführung mit Steigerung, Repetition des Konflikts und Lösung organisiert wurden. Eine solche Aktgliederung ist nicht immer erkennbar, weil die Aktschemata – anders als bei den früher durch Vorhänge geteilten Bühnengeschehen – im Bilderfluss der Serie nicht unbedingt identifizierbar sind. Da diese Serien werktäglich ausgestrahlt werden, sie also mit Blick auf die Zielgruppe auf leichte Verständlichkeit angewiesen sind, ist das Handlungsgeschehen in hohem Maße sprachbestimmt, dialogorientiert und voller Redundanzen. Seit den 1990er Jahren werden länger laufende, aber auch kürzere Serien häufig durch das Genre der Sitcoms, d. h. der *situation comedy*, dominiert, in der es darum geht, dass die Figuren möglichst viele Pointen setzen und Lacher erzeugen, die gern im Hintergrund eingespielt werden. Das aus dem Amerikanischen kommende Genre hat sich in verschiedene Subgenres ausdifferenziert, etwa in die Büro-Sitcom (z. B. *Stromberg*, 2004–2012), die Militär-Sitcom (z. B. *M*A*S*H*, 1972–1983) und in Krankenhaus-, Familien-, WG-, Politik- oder andere Genre-Sitcoms. Eine weitere Differenzierung bilden die auf den ersten Blick geschlechtsspezifischen Serien wie *Desperate Housewives* (2004–2012), *Sex and the City* (1998–2004), *Girls* (2012–2017) oder *Vorstadtweiber* (seit 2015) auf der einen und *Californication* (2007–2014), *Mad Men* (2007–2015) oder die bereits erwähnte Serie *Die Sopranos* auf der anderen Seite. Nicht ohne Bedenken wissenschaftlich definierbar, korrelieren geschlechtsspezifische Inhalte und Ästhetiken hierbei zum einen mit mutmaßlichen Zielgruppenerwartungen in der Praxis, zum anderen werden stereotype Vereinfachungen in diesen Serien zugleich vielfach gebrochen.

Anfang der 1990er Jahre kam es in Deutschland zur Produktion neuer Serien, da das Interesse der Zuschauenden an den amerikanischen Importen nachließ. Wichtigste und am längsten laufende Serie wurde die um eine Gruppe junger Erwachsener spielende Produktion *Gute Zeiten, schlechte Zeiten*, kurz GZSZ (seit 1992, bis Mai 2018 über 6.500 Folgen), die werktags auf RTL ausgestrahlt wird. Gezeigt werden Lebenswege, die im Gymnasium beginnen, Ausbildung und Beruf in der Medien- und Modebranche mit Kämpfen, Intrigen, Mobbing, Krankheiten etc. verhandeln und die vor allem jugendliche Zuschauende faszinieren. Auch hier ist die Dramaturgie der langlaufenden Serie deutlich erkennbar: Wie im realen Leben scheinen sich die Geschichten bis ins Endlose zu verlängern; es reiht sich ein Konflikt an den nächsten. Das Besondere dieser Serie liegt in der medialen Verbindung von GZSZ mit Boulevardzeitungen, die das Leben der Figuren begleiten, mit dem Entstehen von Fan-Clubs und Internetseiten, die sich mit dem Seriengeschehen beschäftigen und dazu beitragen, dass eine eigene GZSZ-Welt entstanden ist. Konkurrenzangebote der öffentlich-rechtlichen Sender (*Verbotene Liebe*, 1995–2015; *Marienhof*, 1992–2011) waren kurzfristiger erfolgreich.

In den 1990er Jahren entstanden zusätzlich Serien, die das südamerikanische Muster der Telenovela zum Vorbild haben und bei einer werktäglichen Ausstrahlung nach einer begrenzten Zahl von etwa 150 bis 200 Folgen mit einem Happy End abschließen. Die Telenovela ist von vornherein auf ein Ende hin konzipiert; ihre Folgen sind oft kleinschrittig, dialogorientiert und kaum durch visuelle Innovationen geprägt. Sie kann jedoch, da sie staffelweise produziert wird, fortgesetzt werden, wie die ARD-Telenovela *Sturm der Liebe* (seit 2005, bis Mai 2018 mittlerweile 14 Staffeln mit über 2.900 Folgen). Häufig stehen junge Frauen im Mittelpunkt, die in einer Großstadt ankommen, eine Wohnung suchen und nach vielerlei Hindernissen und Konflikten schließlich Arbeit und Liebe finden (*Berlin Berlin*, 2002–2005; *Verliebt in Berlin*, 2005–2007). In der in Lüneburg spielenden ARD-Nachmittagsserie *Rote Rosen* (seit 2006, bis Mai 2018 ca. 2.600 Folgen) steht eine Frau im mittleren Alter im Mittelpunkt des Geschehens. Die über das Jahr hin begrenzte Folgenzahl führte zu größeren Pausen in der Serienausstrahlung, so dass sich das Publikum auf die nächste Staffel freuen konnte und dort einem teilweise neuen Personal und dessen Verwicklungen begegnete.

7 Neuere amerikanische Serien

Seit 2000 entstehen in den USA neue Serien, die mit den bis dahin bekannten dramaturgischen Grundformen und Darstellungskonventionen brechen. Sie werden in der Folgezeit häufig als Qualitätsfernsehserien, als *Quality TV*, oder Autorenserien bezeichnet (Nesselhauf und Schleich 2016). Die Produktionsbedingungen unterscheiden sich von denjenigen der bis dahin produzierten amerikanischen Serien mit ihren Werbeeinschaltungen dadurch, dass sie für Abonnementkanäle wie HBO hergestellt werden, die keine Werbeeinblendungen innerhalb der Serie benötigen und damit andere Dramaturgien erlauben. Andere Länder wie Schweden mit der Verfilmung der Mankell-Bestseller um den Kommissar Wallander (2005–2014), Norwegen (*Occupied*, dt. Erstausstrahlungen 2015 und 2018), Dänemark (*Kommissarin Lund*, 2007–2012; *Borgen*, dt. Erstausstrahlungen 2012 und 2013) oder Italien (*Gomorrha*, seit 2014) zogen nach.

Die Entwicklung zu Serien mit einem anspruchsvolleren Inhalt und einer neuen Dramaturgie begann schon vor dem Aufstieg der Abonnementkanäle, vielleicht auch unter dem Eindruck europäischer Miniserien (wie Fassbinders *Berlin Alexanderplatz*), die in den USA vereinzelt gezeigt wurden. Neben *Twin Peaks* (1990–1991 und 2017 mit 48 Folgen), einer von dem Filmregisseur David Lynch verantworteten Krimiserie mit mystischen Elementen, entstand beispielsweise für den amerikanischen Fernsehsender Fox die schon genannte Serie *24*. Diese ist vom Genre her ein Politthriller, motiviert durch den 11. September 2001, dessen in ‚Echtzeit' erzählte Handlung 24 Folgen mit jeweils einer Stunde Dauer umfasst. Die erzählte Zeit ist mit der Erzählzeit identisch, die Handlung läuft auch während der Werbeunterbrechungen weiter. Visuell ist die Serie aufwendig inszeniert, sie enthält *split screens*, in denen parallele Handlungen gezeigt werden. Die Erzählmuster orientieren sich am Actionkino, die Spannung wird durch eine Countdown-Struktur gesteigert, bei der ein Problem zum spätmöglichsten Zeitpunkt gelöst wird. Der Erfolg der Serie führte dazu, dass insbesondere die werbefreien amerikanischen Pay-TV-Sender neue, an der Kinoästhetik orientierte Serien produzierten. Dazu gehört neben der Mafia-Serie *Die Sopranos* auch die Polit-Serie *The Wire* (2002–2008) oder die Mystery-Serie *Lost* (2004–2010), die postmodern uneindeutig von Überlebenden eines Flugzeugabsturzes erzählt, die auf einer pazifischen Insel gestrandet sind. In dieser Serie vermischen sich verschiedene Erzählstränge; neben zahlreichen Rückblenden (*flashbacks*) gibt es Zukunftsausblicke (*flashforwards*) sowie parallel geführte Nebenhandlungen (*flashsideways*), die sich später als fiktive Realität der Inselbewohnerinnen und -bewohner herausstellen, wobei sich die Wirklichkeitsebenen mehrfach überlagern und Vergangenheit und Zukunft auf unterschiedliche Weise zu verknüpfen sind. Der aufwendige visuelle Darstellungsstil sowie die komplexen Handlungsstrukturen der neuen amerikanischen Serien (vgl. Brinker 2015) führen dazu, dass auch deutsche Serien wie *Bad Banks* (seit 2018) anspruchsvoller geworden sind. Als prägnantes Beispiel kann die von der ARD 2010 gesendete Kriminalfilmserie *Im Angesicht des Verbrechens* gelten, die milieuträchtig in Berlin spielt, von Bandenkriminalität, Prostitution und Drogenhandel handelt und realitätsnah erscheint. Ihre zehn Folgen verzichten auf den üblichen Episodenaufbau, werden durchgängig als eine Geschichte, wenn auch mit verschiedenen Nebenhandlungen, erzählt und sind ein gutes Beispiel für die deutsche Qualitätsfernsehserie.

8 Funktionen der Fernsehserie

Generell lassen sich unterschiedliche Funktionen von Fernsehserien für Zuschauerinnen und Zuschauer sowie für die Gesellschaft konstatieren. Für das Publikum ist das serielle Erzählen und Darstellen im Fernsehen in besonderer Weise unterhaltend, weil es innerhalb eines breiten Programmangebots wiederkehrende Plätze von Produktionen präsentiert und einer im Prinzip gleichbleibenden Dramaturgie folgt. Die Fernsehserie liefert einerseits Vertrautes und Bekanntes, andererseits Variationen mit neuen und teilweise überraschenden Wendungen. Die Handlungen sind – bis auf wenige Ausnahmen der jüngeren Zeit, insbesondere in Qualitätsserien – linear aufgebaut und deshalb auch mit geteilter Aufmerksamkeit gut zu verfolgen. Die Figuren bleiben eher einfach strukturiert und deutlich gegeneinander sowie psychologisch klar konturiert, das Geschehen ist zumeist übersichtlich und auf einen jeweils eindeutigen Handlungsausgang hin angelegt. Serien sind – auch hier wieder abgesehen von einigen wenigen Ausnahmen jüngeren Datums, etwa *Six Feet Under* (2001–2005), *4 Blocks* (seit 2017) oder *Goliath* (2016 und 2018) – auf eine letztlich immer positiv endende Konfliktlösung ausgerichtet und suggerieren durch ihren Anspruch auf Realitätsnähe auf den verschiedensten Ebenen (psychologisch, sozial, politisch etc.) ein Vertrauen in die gesellschaftlichen Verhältnisse, die durch die Bewältigung aller Konflikte als gesichert erscheinen. Serien können deshalb für eine Gesellschaft, gerade weil sie über einen längeren Zeitraum hinweg die Zuschauenden ansprechen, als ‚kulturelle Foren' verstanden werden. Dabei lassen sich jenseits aller Ausdifferenzierungen von Dramaturgie und Erzählformen zwei Ausrichtungen unterscheiden: Erörtern Familienserien sowie Serien mit variierenden Kleingruppen wie Wohngemeinschaften etc. die Konflikte von Menschen in Beziehungen, so thematisieren Kriminalserien und vergleichbare Genreserien Konflikte von Menschen mit den äußeren, meist gesellschaftlichen Verhältnissen (vgl. Hickethier 2010b). Auch wenn Konfliktdarstellungen gerade in Kriminalserien und Thrillern abstoßend und bedrohlich erscheinen, siegt doch am Ende die gesellschaftliche Ordnung, finden alle Beziehungsgeschichten zu einem versöhnlichen Happy End. Darin liegt die gesellschaftsstabilisierende Funktion der Serienunterhaltung.

Jörg von Brincken
IV.5 Computerspiel und interaktives Drama

1 Einleitung

Dem akademischen und kultur- wie medienwissenschaftlichen Interesse an Fragestellungen rund um das Computerspiel liegt die Einsicht zugrunde, dass digitale Spiele einiges mit literarischen Gestaltungsformen gemein haben. Sie weisen, je nach Spiel und Genre, neben episch-narrativen auch dramatische Züge auf. Die Frage nach der Beziehung von Computerspielen und literarischen Formen lässt sich zunächst von einem konkreten Sachverhalt aus erklären. Die zeitgenössische Computerspielsphäre wird von der Dynamik immer avancierterer technologischer Möglichkeiten dominiert, vor allem, was die Computergraphik anbelangt. Die daraus resultierende Tendenz zu einem Echtzeit-Fotorealismus der Darstellung, insbesondere im Bereich der First-Person-Spiele, ist eine zur Mimesis, hier im Sinne der möglichst realitätsgetreuen Repräsentation und Abbildung von Szenen, Objekten und Figuren. Computerspiele im High-End-Bereich haben längst moderne kinematographische Techniken adaptiert und so das Niveau animierter Filme erreicht. Parallel zur der immer ausgefeilteren Technik im Dienst der äußeren graphischen Darstellung wächst jedoch das Bestreben, eine Narration zu liefern, die die Hintergründe der Situationen, in denen sich die Charaktere befinden, und ihr entsprechendes Handeln möglichst genau erklärt. Verglichen mit frühen Spielen wie *Pac-Man* (Namco, 1980), *Space Invaders* (Taito, 1978) oder den ersten *Super-Mario-Bros.*-Games (Nintendo, ab 1981 bzw. 1983), deren eher ikonische Art der Repräsentation vollkommen vom Gameplay dominiert wurde und deren narrative Struktur dementsprechend zu vernachlässigen war, weisen viele aktuelle, graphisch hochauflösende Spiele weitaus komplexere Erzählungen rund um das Handeln glaubhafter Charaktere und deren Motivationen auf. Vor allem in rein filmischen Zwischensequenzen, den sogenannten *cutscenes*, die in das jeweilige Spiel eingefügt sind, jedoch unspielbare Episoden desselben darstellen und das Gameplay gewissermaßen narrativ durchschneiden, werden Hintergründe, Handlungsoptionen oder auch spielrelevante Informationen gegeben.

Diese Entwicklung hat jedoch zu einer tiefgreifenden Problematik geführt, sowohl was die praktische Seite des Gamedesigns als auch was die akademische Auseinandersetzung mit Games anbelangt. Das distinkte Merkmal digitaler Spiele ist die ephemere Dimension des Gameplays, mithin die Echtzeit-Manipulation von virtuellen Objekten in einer responsiven, regelgeleiteten virtuellen Welt, die zu immer neuen und für die Spielerin bzw. den Spieler oft unvorhersehbaren Handlungsoptionen sowie Reaktionszwängen führt. Dies erzeugt eine eigentümliche

Spielspannung: Interaktivität ist der wesentliche phänomenologische Modus, in dem Games zu der ihnen genuinen Medialität finden. Sie steht unter Umständen in einer aufregenden Beziehung zur Vorherbestimmtheit, also dem eher engen Korsett einer ausgefeilten Narration (Salen und Zimmerman 2003; Backe 2012).

2 Ludologie vs. Narratologie

Akademisch hat diese Ambivalenz zur bekannten Auseinandersetzung zwischen den Vertreterinnen und Vertretern der Ludologie, die in Games das interaktive und ephemere Gameplay betonen, und denen der Narratologie geführt, die in Games in erster Linie narrative Texte erblicken wollen. Während die Ludologinnen und Ludologen wie Jesper Juul (2011), Gonzalo Frasca (1999) oder Markku Eskelinen (2012) aus dem Bereich der Game Studies kommen und eine literaturautonome Theorie der Interaktivität vertreten – mit dem Computerspiel als deren prototypische Form –, folgen Narratologinnen und Narratologen der Literaturtheorie; für sie stellt, so Marie-Laure Ryan (1999), der Hypertext das Paradigma der Interaktivität dar. Die Diskussion hat angesichts der wachsenden Zahl von komplexeren Game-Narrationen auf dem Spielmarkt zu Zwischenpositionen geführt, wie etwa die von Leonhard Korbel (2009) oder Hans-Joachim Backe (2012), die Gameplay und Narration zu vermitteln versuchen. Spiele, die eine ausgefeilte, dennoch relativ strikte Narration aufweisen, wie das in den letzten Jahren von der Kritik hochgelobte *Heavy Rain* (Sony, 2010), lassen deutlich werden, dass das Interesse an komplexen Stories gewachsen ist. Seit etwa 2008 ist in den Game Studies eine Entwicklung zu verzeichnen, die ein größeres Augenmerk auf die Handlungsebene von Computerspielen, ihre historische Entwicklung und die ihnen implementierte Dimension interkultureller, sozialer und politischer Verweise wird. Das betrifft z. B. die Fragestellung, wie sich die Spiele nach den Anschlägen von 9/11 thematisch und motivisch verändert haben, oder auch die häufigere Verwendung von genuin moralischen Entscheidungssituationen in Games (Nibler 2015, 27–49; auch Thon 2011).

3 Digitale Spiele als interaktive Dramen

Wenngleich sich die akademische Perspektive auf die Spannung von Gameplay und Narration in Computerspielen nach wie vor vom ludologisch-narratologischen Disput her beleuchten lässt, darf nicht vergessen werden, dass bereits zu einem sehr frühen Zeitpunkt, und zwar mit der Veröffentlichung von Brenda

Laurels Dissertation *Toward the Design of a Computer-Based Interactive Fantasy System* im Jahr 1986 sowie ihrem bekannteren Buch *Computers as Theatre* aus dem Jahr 1991 (22013), digitale Spiele als interaktive Dramen verstanden wurden. Dabei fungiert Aristoteles' *Poetik* für die drei elaboriertesten Ansätze auf diesem Gebiet – neben dem von Brenda Laurel diejenigen von Janet Murray (1998) und Michael Mateas (2002) – als Ausgangspunkt für einen dramentheoretischen Diskurs um Computerspiele in zweierlei Hinsicht: Auf der einen Seite wurden, der von Laurel entwickelten Argumentation folgend, Aristoteles' Vorgaben für die Erfassung der Strukturen von Games verwendet. Auf der anderen Seite entstand etwas später eine Debatte darüber, was unter dem Begriff ‚interaktives Drama' zu verstehen sei.

Für Janet Murray, die sich in ihrer Untersuchung *Hamlet on the Holodeck. The Future of Narrative in Cyberspace* (1998) mit den narrativen Grundlagen von Texten in der virtuellen Welt auseinandersetzt, ist die Beziehung von Drama und digitalem Spiel bereits in der Struktur des Konflikts begründet. Die Grundform des Spielens ist der dramatische Agon, der Wettkampf zwischen Opponierenden. Diese Struktur setzt sich bis heute in digitalen Spielen fort: in an Dramen erinnernden Spannungsplots, in der Anlage von Spielfiguren, die zur Entwicklung fähig sind, in der Rollenhaftigkeit von Spielcharakteren sowie in meist dreiaktigen Einteilungen der jeweiligen Spiele. Hinzu kommen dramenähnliche Mechanismen der Empathielenkung und Strategien der Identifikationserzeugung im Verhältnis von Spiel und Spielenden. Das grundlegende Moment, das Drama und Computerspiel zusammenfügt, ist darüber hinaus das der Mimesis von Handlung durch Handelnde. Auch wenn für Aristoteles der Mythos, die Handlung, an erster Stelle der Rangordnung dramatischer Bausteine steht, sind für ihn der Charakter und dessen Reflexionsfähigkeit, die seinen Handlungen Sinn verleiht, unverzichtbare Bestandteile eines gelungenen Dramas (Aristoteles 1994).

Für interaktive Spiele gelten besondere ‚dramatische' Regeln: Im jeweiligen Konflikt oder in der Spielvorgabe des Computerspiels schlüpfen die Spielenden in die Rolle einer Agentin bzw. eines Agenten. Die vom Spiel gesetzte Grundmotivation oder der Auftrag der Figur setzt sich unmittelbar im spielerischen Handeln fort und verleiht diesem eine gewisse Struktur, auch wenn das Prinzip spielerischer Freiheit aktuell eine der wesentlichen Konstituenten des überzeugenden und spannungsreichen Gameplays ist. Man kann von digitalen Spielen als einer Form des ‚performativen Dramas' sprechen, einer besonderen Art von Drama, in dem Spielende als vorgezeichnete Figuren und zugleich als frei Handelnde, als Regelnbefolgende und als regelsetzende Regisseurinnen und Regisseure der eigenen Handlungen fungieren.

Spielerische Handlung und die Nachahmung von Handlung im Sinne eines ‚Enactments' stehen dabei in einem ‚intimen' Verhältnis, das die Spielenden als Agentinnen und Agenten immer auch zu Zuschauenden der Spielhandlung macht, sie also in eine personale und komplexe Oszillation zwischen den Polen Produktion und Rezeption versetzt. Diese Perspektive ist ohne die von Aristoteles hergeleitete mimetische Prämisse nicht zu verstehen, die sich in bestimmten Games potenziert: Nicht nur die Graphik von digitalen Spielen ist mimetisch, sondern auch die Spielenden treten in ein mimetisches Verhältnis zu ihren Spielfiguren – und *vice versa*. Das Geheimnis von rollengeleiteten Computerspielen, mag es sich um eher einfache Rollenvorgaben wie in vielen First-Person-Shootern oder um sehr komplexe Rollenanlagen handeln, liegt in der doppelten Mimesis eines dualen Rollenspiels: Die Spielenden agieren in ihren Figuren die grundlegenden Vorgaben des Spiels aus, zugleich aber ahmen die Figuren die Spielerinnen und Spieler und ihre Intentionen nach. Computerspiele besitzen jedoch trotz des aktuellen Interesses an Narrationen und der Fortschritte bei der Implementierung künstlicher Intelligenz noch keine Figuren, die an die Komplexität eines Menschen heranreichen. Die Spielerinnen und Spieler füllen ihre Figuren mit eigenen Motivationen, vor allem dann, wenn Freiraum und Wahlfreiheit gewährt werden. So kann beispielsweise in einem Abenteuerspiel zwischen einer strategisch gebotenen Aktion und einer moralisch wünschenswerten Handlung ein Konflikt entstehen. Oder es ergeben sich in einem sogenannten Open-World-Game verschiedene Interaktionsmöglichkeiten und Handlungsoptionen, die mit dem eigentlichen Auftrag der Figur, wenn überhaupt, nur sehr lose verbunden sind. In diesen Fällen schreiben die Spielenden während des Spielens ihr eigenes psychisches Drama in Echtzeit. An der Spitze dieses dramatischen Verfertigens stehen die digitalen Rollenspiele (Role-Playing-Games/RPG), allen voran die Massively-Multiplayer-Online-Role-Playing-Games (MMPORG). Hier wählen die Spielerinnen und Spieler nicht nur eine Figur, sondern statten sie selbständig mit spezifischen Eigenschaften aus. Zudem entscheiden sie, wie sie sich in der weiten virtuellen Welt zu wem oder was verhalten.

Das spezifische Handlungsmoment des Enactments rückte bereits früh in das Zentrum der Überlegungen zur Beziehung von Drama und Computerspiel: Enactment ist das erste Kriterium, mit Hilfe dessen Brenda Laurel in ihrer erwähnten Studie *Computers as Theatre* (^{2}2013 [1991]), von Aristoteles ausgehend, eine Unterscheidung zwischen dem auf der Mimesis von Handlung durch Handelnde aufbauenden Drama und dem Beschreibungsmodus eines narrativen Textes trifft. Die anderen beiden Kriterien beziehen sich auf die Unterscheidung zwischen dramatischer Intensivierung und epischer Extensivierung bzw. zwischen der dramatischen Einheit der Handlung und der episodischen Struktur eines narrativen Textes. Insgesamt geht es Laurel darum, das Erleben des Spielens und die Herstellung eines entsprechenden Spielgefühls phänomenologisch zu erschließen. Dramatische Intensivierung wird dementsprechend durch eine Strukturierung der Spielereignisse nach Maßgabe einer höchstmöglichen Konzentration von Emotion, Spannung und Zeit erreicht, während narrative Texte dazu neigen, ein und dasselbe Ereignis aus verschiedenen Blickwinkeln zu beleuchten und zu interpretieren. Der Tendenz zur Strukturierung entspricht die Forderung nach dramatischer Einheit: Eine zentrale Handlung beherrscht das Geschehen, und mehr oder weniger alle Nebenhandlungen sind, wenn es denn welche gibt, kausal auf die Haupthandlung fokussiert. Narrative Texte hingegen neigen zu einer episodischen Struktur aufgrund der Beschreibung mehrerer, nur lose verbundener Ereignisse.

Man merkt dem Modell von Laurel freilich sein Alter an. Viele digitale Spiele bemühen sich heutzutage, vor allem wenn es sich um Open-World-Games oder sogenannte Sandbox-Games handelt (also Spiele, die durch ein Minimum an vorgegebenen Regeln und Charakter-Limitationen gekennzeichnet sind), trotz einer Haupthandlung um eine Diversifikation und Multiplikation der Handlungsstränge und -optionen, ohne dass dadurch das Prinzip der Intensivierung fallen gelassen würde: Games können zwar Episoden von niederem Intensivierungsgrad zur Erholung der Spielerinnen und Spieler integrieren, gleichwohl wird die emotionale Spannung durch die Kondensierung von Spielzeit auf den jeweils relevanten Augenblick (einer Entscheidung, einer Reaktion usw.) erreicht. Auch in einzelnen Spielepisoden kann es zu derartigen Verdichtungen kommen.

Janet Murrays Ansatz zur Analyse interaktiven Story-Erlebens geht ebenfalls von drei ästhetischen Hauptkategorien aus, die sich mit dem Nachdenken über das Drama verbinden lassen: von Immersion, *agency* und Transformation. Vor allem *agency* lässt sich mit Aristoteles' Theorie vereinbaren. Bei *agency* handelt es sich um das bei Spielerinnen und Spielern erzeugte Gefühl der Ermächtigung, um einen prometheischen Impuls sozusagen. Dieser ergibt sich aus der Möglichkeit, in der virtuellen Welt den eigenen Intentionen gemäß zu handeln, Dinge zu manipulieren und Situationen zu schaffen oder herzustellen. Das Moment von *agency* ist mit dem dramatischen Handlungsprinzip und dem von Laurel herausgestellten Modus des Enactments eng verwandt. Reine Interface-Aktivität, etwa das bloße Drücken von Knöpfen oder das Umlegen von Schaltern an der Spielkonsole, reicht nicht aus, um *agency* zu erzeugen. Die dramatische Handlung und die in Gang gesetzten Ereignisse müssen sich eng an die Psyche der Spielerinnen und Spieler und die sie darstellenden Figuren anschmiegen, also unmittelbar ihren emotionalen Dispositionen, ihrer intellektuellen Reflexionsfähigkeit und damit ihrer jeweiligen Entscheidungshaltung entsprechen. Umgekehrt wirkt dies auf die Rezeption der Figur durch die Spielerinnen und Spieler zurück; der gespielte Charakter wird im wahrsten Sinne des Wortes interessant und glaubwürdig und lädt zur emotionalen Identifikation ein. In seiner Vermittlerrolle zwischen Spielenden und Spiel ist der Avatar immer auch die Verkörperung menschlicher Handlungsabsichten. Digitale Spiele sind so unter dem Gesichtspunkt dramatischen Handelns und des Enactments Instrumente einer emotionalen und intellektuellen Selbstidentifikation für die Spielerinnen und Spieler, ja Spiegel des Selbst. Durch das personale Schisma von Spieler/Figur (Schröter und Thon 2013) und die Beobachtung des selbst verantworteten Spielhandelns erhalten die Spielenden Aufschluss über ihre eigenen Intentionen und deren (mögliche) Folgen.

Eine Bedingung für *agency* ist die Immersion im Sinne des Gefühls, in einer anderen (hier: virtuellen) und von der eigenen physischen Umgebung unterschiedenen Welt tatsächlich anwesend zu sein. Immersion als Telepräsenz vermittelt ein Gefühl doppelter Anwesenheit in der eigenen und in der Spielwelt, die von dem physischen Aspekt her das personale Schisma der Spielenden verstärkt, aber auch bedeutet, dass sich für die Zeit des Spielverlaufs eine psychische Disposition einstellen muss, die mit Samuel Taylor Coleridges Formel eines „willing suspension of disbelief" wohl am treffendsten zu fassen wäre (Coleridge 1840, 308).

Die dritte Kategorie Murrays ist die der Transformation, die sich mit der dramatischen Perspektive in einem wesentlichen Punkt nicht ohne weiteres vereinbaren lässt. Die beiden mit der dramatischen Kategorisierung kompatibelsten Aspekte sind die Transformation als Maskerade und als Selbstverwandlung der Spielerinnen und Spieler. Während Maskerade die Übernahme eines virtuellen Selbst und damit genuines Rollenspiel bedeutet, meint die Selbstverwandlung eine über die Identifikation der Spielenden mit der Figur und ihren Handlungen verlaufende psychische Veränderung, die durchaus nachhaltig sein kann. Transformation in diesem letzteren Sinne umfasst also eine performative, psychologische und anthropologische Dimension des Spielens, die über den engeren Rahmen des Gameplays hinaus auf den realen Einfluss verweist, den Spiele auf die innere Disposition der Spielerinnen und Spieler haben können. Vor dem Hintergrund der Annahme, dass Spielen immer auch die Erfahrung eines möglichen personalen Schismas beinhaltet und im Zuge dessen zu einer gesteigerten Selbsterfahrung oder einem erweiterten Selbstverständnis der Spielenden führt, trägt Murrays Kategorie zu einem tieferen Verständnis von Games als einer Form des performativen Dramas und von dessen Enactment-Modus bei.

Etwas anders verhält es sich mit dem transformativen Aspekt der Vielfalt. Murray nimmt an, dass ein Spiel vielfältige Variationen eines Themas liefert. Lässt man gelten, dass z. B. in Jump-and-Run-Spielen wie *Super Mario* die dauernde Abfolge von Springen, Schlagen und Sammeln oder in einfach strukturierten First-Person-Shootern die fortgesetzten Tötungen virtueller Gegner nicht Wiederholungen, sondern genuine Variationen darstellen, dann ist Murray zuzustimmen. Auch im Hinblick auf aktuelle Open-World-Spiele, die nahezu unzählige Handlungsoptionen liefern, hat ihre Perspektive eine gewisse Berechtigung. Sie verträgt sich allerdings nur schwerlich mit der Forderung nach der Intensivierung des Geschehens durch die dramatische Einheit der Handlung. Die Praxis zeigt, dass es bei aller Vielfalt und Variation eine Haupthandlung geben muss, angestoßen etwa durch einen besonderen Auftrag, den die Spielfigur erhält, oder durch ein besonderes Interesse, das sie antreibt, um dramatische Spannung zu erzeugen, zumal die Mechanismen der Identifikation und der Selbsttransformation eine gewisse Einheitlichkeit der Figurendisposition verlangen.

Murrays Ansatz ist indes weiterhin aktuell, weil er die Ambivalenzen und Widersprüche, die sich aus einer gegenwärtigen Theorie des interaktiven Dramas ergeben, vorzeichnet: Michael Mateas (2002) hat sich, von Laurel und Murray ausgehend, intensiv um die Etablierung eines genau umrissenen Begriffes von ‚interaktivem Drama' bemüht. Er diskutiert die Kategorien seiner Vorgängerinnen kritisch und bemüht sich darum, den dramatischen Ansatz – wiederum auf der Grundlage von Aristoteles – dezidiert mit der spezifischen medialen Verfasstheit von digitalen Spielen zu verbinden. Zu diesem Zweck unterscheidet er zwischen materialen und formalen Zwängen bzw. Angeboten von Spielen. Das materiale Angebot beginnt bei den Objekten, mit denen interagiert wird bzw. interagiert werden kann. Sie stellen die vom Spiel bereitgestellte materielle Basis dar und begrenzen als gegebene Ressourcen die Handlungsmöglichkeiten der Spielerinnen und Spieler. Wesentlich für Mateas ist dabei, dass diese Gegenstände förmlich nach ihrem Gebrauch ‚schreien', d. h. zur gegenstandsgemäßen Manipulation einladen. In der Verwendung der Objekte muss etwas ‚Natürliches' liegen, eine Forderung, die an die klassische Natürlichkeits- und Wahrscheinlichkeitsprämisse des realistischen Theaters und Dramas erinnert.

Dem Identifikationsparadigma wiederum arbeitet Mateas' Forderung nach reichen Figurencharakteren zu, die es den Spielerinnen und Spielern erlauben, ein konsistentes Modell der inneren Dispositionen des gespielten Charakters herzustellen, und so eine tiefere Kommunikation zwischen den Spielcharakteren ermöglichen. Das betrifft auch das Verhältnis der Spielfigur, des Avatars, zu den nicht-spielbaren, vom System gesteuerten Figuren, den sogenannten *non-player* bzw. *non playable characters*. Parallel zur Natürlichkeitsforderung zielt diese Charakterprämisse auf Identifikation in intellektueller und emotionaler Hinsicht sowie auf die Herstellung der Glaubwürdigkeit eines Charakters. Bereits hier zeichnet sich ab, dass es Mateas weniger um digitales Spielen an sich geht als um eine seriöse Form von Spielen, die er ‚interaktive Dramen' nennt. Dies zeigt sich auch in Bezug auf den Dialog, die zweite materiale Ressource, die die Expression der Reflexionsfähigkeit der Charaktere möglich machen soll, jedoch in den wenigsten aktuellen Spielen weit entwickelt ist. Die letzte materiale Ressource stellt nach Mateas das Spektakel dar, d. h. die vom Spiel bereitgestellten Mechanismen der möglichen Interaktion.

Auf der anderen Seite stehen die formalen Angebote und Zwänge des jeweiligen Spiels, die, Mateas folgend, als Ressourcen ‚von oben' bezeichnet werden können und die dem Game eine innere Struktur verleihen. Es handelt sich – vereinfacht gesagt – um die Story des Spiels, die von den Autorinnen und Autoren bzw. Designerinnen und Designern vorgegeben ist und einen Nachvollzug der inneren Motivation der Figuren erlaubt. Die Motivation muss als dramatische Wahrscheinlichkeit begriffen werden. Indem die Spielenden sich auf diese Wahrscheinlichkeit einlassen, vollziehen sie die innere Kausalität des interaktiven Dramas nach und verstehen, welche Aktionen und Handlungen im Spiel Sinn ergeben und welche nicht. Wesentlich ist, dass sich die materiellen und die formalen Zwänge bzw. Ressourcen in einer Balance befinden. Weder dürfen Plot-Erfordernisse vorkommen, die aufgrund der materiellen Basis nicht zu verwirklichen sind, noch sollten von der Basis aus Objekte und Dinge bereitgestellt werden, deren Gebrauch vom Standpunkt der inneren Motivation nicht sinnvoll ist. Mateas entwickelt ein Modell des interaktiven Dramas, das eine Form des seriösen, tiefsinnigen digitalen Spielens favorisiert. In diesen Spielen geht es vor allem um das Erleben der inneren Dispositionen der in Kommunikation befindlichen Charaktere nach den Regeln psychologischer Glaubwürdigkeit und Wahrscheinlichkeit. Besonders die formalen Zwänge sehen eine ausgefeilte, dramatisch einheitliche Story vor und betonen damit die Dimension des Storytellings und die Prävalenz eines durch eine Autorin bzw. einen Autor verfassten Textes.

Dieser und ähnliche Ansätze wurden in der Folge von Seiten der Ludologie, aber auch der Narratologie einer Kritik unterzogen. Von ludologischer Seite, beispielsweise von Espen Aarseth (1997) und Gonzalo Frasca (1999), wurde vor allem bemängelt, dass durch die formalen Zwänge des Systems die spielerische Freiheit aufgehoben würde und es zu einer nicht favorablen Geschlossenheit der Spielewelt käme. Außerdem würden die First-Person- und die Third-Person-Perspektive auf unzulässige Weise vermischt. Schließlich wurde kritisiert, und dies ist gemessen am Status quo des Spielesektors das treffendste Argument, dass ein interaktives Drama von so hoher Kommunikationsdichte nicht zu designen wäre. Ganz im Gegensatz dazu hat sich die narratologische Kritik (Ryan 1999; J. Murray 1998) darauf kapriziert, den Spielecharakter des interaktiven Dramas hervorzuheben. Ein Gameplay, das von der Spielerin und vom Spieler frei verantwortet wird, würde zu einem Bruch mit der narrativen Geschlossenheit führen und damit der Forderung nach textueller Seriosität nicht entsprechen können; es könnten nur mehr uninteressante Geschichten erzählt werden.

4 Vermittelnde Ansätze

Jenseits dieser konfrontativen Debatte sind vermittelnde Ansätze entstanden, die wie die von Marie-Laure Ryan (1999) oder Henry Jenkins (2006) Möglichkeiten sehen, das Narrative in die Performanz von Spielen einzubeziehen, indem – wie in Spiel-Adaptionen von *Stars Wars* oder in Spielen wie *Conan. Hyborian Age* – Motive aus bekannten Geschichten (in diesem Falle des Films und des Romans bzw. des Comics) in das Spiel implementiert werden. Eingebettete narrative Momente wie *cutscenes* und die enge Liaison von Geschichte und Spiel funktionieren ähnlich, wobei die Spielerin bzw. der Spieler die Geschichte zunehmend enthüllt. Schließlich geben Games wie *The Sims* den Spielenden auch die Möglichkeit, ihre eigenen Geschichten zu entwickeln.

Die wesentliche Gemeinsamkeit zwischen Vertreterinnen und Vertretern der Narratologie, der vermittelnden Positionen und des interaktiven Dramas ist das Insistieren auf einer Story als leitender und strukturgebender Kraft innerhalb der stattfindenden Interaktionen. Je nach Interessenlage haben sich daher Begriffe wie ‚interactive storytelling', ‚interactive narrative' oder ‚interactive drama' herausgebildet.

Das interaktive Drama kann dabei als Genre aufgefasst werden, bei dem die Userinnen und User einen Charakter spielen und dessen Handlungen bestimmen, die anderen Charaktere und deren Handeln aber durch ein von einer Autorin oder einem Autor erstelltes Programm automatisch gesteuert werden. Zunächst also unterscheidet es sich generell kaum von anderen narrativen Formen im Bereich digitaler Spiele. Im Speziellen aber steht der Begriff für die Forderung nach der Erstellung eines dramatischen Spannungsbogens und somit nach einer Geschichte, die dramatisch zu interessieren vermag. Man setzt auf folgende Aspekte: In Übereinstimmung mit den ludologischen Positionen wird eine möglichst reiche virtuelle Welt von immersivem Charakter gefordert, in der die Spielerin bzw. der Spieler in größtmöglicher Freiheit mit einer Vielzahl von Objekten und Figuren interagiert. Anders bzw. weitaus stärker als in den ludologischen und narratologischen Ansätzen wird aber auf die Möglichkeit zu virtueller sozialer Interaktion mit anderen Charakteren mit allen Mitteln der menschlichen Expression (Stimme, Sprache, Gestik, Mimik) abgezielt. Ein Desiderat besteht jedoch im Design von charakterlich profunden Avataren und intelligenten sowie emotional dichten, nicht-spielbaren Figuren mit ebenfalls ausgeprägter Persönlichkeit, die zu komplexem Handeln, vielgestaltiger Kommunikation und zu gegenseitigem Verstehen bzw. zu dessen Simulation fähig sind. Was die Persönlichkeit von spielbaren und nicht-spielbaren Figuren anbetrifft, so geht es um die Herstellung glaubwürdiger Charaktere von hohem Individualisierungsgrad, die bestimmte Motivationen besitzen und Ziele verfolgen, Emotionen zeigen und auch verstehen können, Wandlungsfähigkeit im Einklang mit diesen Zielen und Emotionen beweisen und komplexe soziale, ebenfalls veränderliche Beziehungen unterhalten. Auf diesen Typus von Figur zielen entsprechende Projekte im Bereich digitaler Spiele und künstlicher Intelligenz. Fluchtpunkt dieser Bemühungen ist es, eine dramatische Illusion des realen Lebens in seiner gesamten Komplexität entstehen zu lassen.

Das Design solcher Charaktere bleibt jedoch vom technischen Standpunkt aus und angesichts des Status quo der Generierung artifizieller Intelligenz eine bislang unlösbare Aufgabe. Hinzu kommt das Postulat eines dramatischen Spannungsbogens, der, beginnend bei einer Exposition, durch ein auslösendes Ereignis ansteigt, sich auf eine Krise und einen Höhepunkt zubewegt, um danach wieder abzufallen und in einer Lösung zu terminieren; diese narratologische, auf den aristotelischen Primat des Mythos rückverweisende Forderung tritt mit der Spielfreiheit in Konflikt, entspringt allerdings dem Wunsch, ein dramatisch interessantes und nachhaltig fesselndes Spielerlebnis zu schaffen. In der Tat konnte, so ein Vorwurf aus dem ludologischen Lager, die Frage nach dem Verhältnis beider Aspekte bislang nicht befriedigend beantwortet werden. Die Theorie des interaktiven Dramas ist lückenhaft oder folgt, positiver formuliert, einem sympathischen Wunschdenken. Vor allem die innere Dimension der Figuren ist ein Problem, da ein digitales Spiel es bislang nicht erlaubt, den Ausdruck von Gefühlen und Überzeugungen mit elektronischen Mitteln als psychologisch glaubwürdig zu messen, sondern nur nach seiner Quantität zu beurteilen. Kommerzielle Spiele wie *Silent Hill 2* und *Silent Hill: Shattered Memories* quantifizieren verschiedene Verhaltensweisen der Spielenden, anhand derer diverse Pfadstrukturen eingeschlagen werden, die dann auf narrativer Ebene als unterschiedliche Haltungen und Charakterzüge der Spielfigur auftreten. Ob dieses Spielerverhalten willkürlich, sinnvoll, richtig oder durch eine einfache mimetische Motivation begründet ist, kann das jeweilige Spiel jedoch nicht erkennen.

Insgesamt gibt es – trotz der Versuche, digitale Spiele und deren Figuren dramatisch reicher und interessanter zu gestalten und Höhe- und Wendepunkte zu kreieren – das interaktive Drama in der von seinen Theoretikerinnen und Theoretikern entwickelten Form noch nicht und es ist angesichts der diskutierten Ambivalenzen und Probleme fraglich, ob es jemals existieren wird. Nicht von der Hand zu weisen ist bei aller Skepsis jedoch die Tatsache, dass es den Vertreterinnen und Vertretern des interaktiven Dramas wie etwa Michael Mateas (2002) um eine dezidierte Verbesserung von digitalen Spielen im Sinne einer eigenen seriösen Kunstform geht. Es gab bislang mehrere, hier nicht in aller Ausführlichkeit zu diskutierende Projekte, die entlang der Prämissen der Theorie des interaktiven Dramas kleinere Spiel-Kunstwerke designten. Zunächst hat sich das ‚Oz Project', eine Forschungsgruppe der Carnegie Mellon University School of Computer Science, darum bemüht, glaubwürdige, interagierende Charaktere zu erstellen, die sogenannten Woggles, denen die Spielerinnen und Spieler Anweisungen geben konnten. Wesentlich war neben den Charakteren die Integration interaktiver Stories, die auf der Struktur eines Handlungsbogens beruhten. Der Pfad, den die Spielenden in dieser Struktur einschlagen können, ist zum einen von ihrer eigenen Wahl beeinflusst, zum anderen von einer definierten Wertungsfunktion, die das Spiel in die Richtung einer ‚guten' Story lenken soll. Das bis heute wohl bekannteste Projekt ist das u. a. von Matteas entwickelte Spiel *Façade* (2003): Die Spielenden sind hier in das Haus eines befreundeten Paares eingeladen, in dem sie Zeuge von dessen Ehestreitigkeiten werden. Einerseits wird das Spielerlebnis stark vom Inhalt des Gesagten und von der Art und Weise beeinflusst, wie die Eheleute auf die Worte des Avatars reagieren. Andererseits beeinflussen die Aktionen der Spielenden den Ausgang der Geschichte und damit den aktuellen Status quo der ehelichen Verbindung. Es geht in *Façade* also um die Verbindung einer glaubwürdigen interaktiven Story mit einem interessanten Gameplay, wobei der in das Spiel integrierte ‚Drama Manager' das Geschehen anhand von kleineren Handlungseinheiten, den sogenannten Beats, steuert. Anders verfuhr das ‚Virtual Theatre Project', das sich des Konzeptes der ‚gelenkten Improvisation' bediente. Die Spielenden übernahmen die Rolle von Charakteren, mit denen sie entsprechend ihrer Rollenvorgabe agieren konnten. Eine Handlung war z. B. in Dynamik und Schnelligkeit von den vorgegebenen Charakterzügen der jeweiligen Figur, etwa ihrer Flamboyanz oder ihrer Trägheit, abhängig. Die Spielfiguren improvisierten also die von den Spielenden vorgegebenen Befehle in jedem Falle in Entsprechung zu ihrer eigenen Avatar-Individualität.

Insgesamt zeigt sich in dem Diskurs um das Dramatische in Computerspielen der fortgesetzte Versuch, die virtuelle Welt und deren Figuren interessanter, komplexer und glaubwürdiger zu machen, ein höheres Maß an Illusion zu erzeugen, das Prinzip der Mimesis rund um einen ‚Mythos' zu stärken und dem Spielerlebnis einen intellektuellen und emotionalen Tiefgang zu verleihen. Die Hervorhebung der Kennzeichen eines gelungenen Dramas, sei es im klassischen Sinne theatral oder filmisch, wird sowohl von theoretischer als auch praktischer Seite vor dem Hintergrund medialer und medienkultureller Konkurrenzbeziehungen verständlich: Die Auffassung von digitalen Spielen als interaktiven Dramen dient der kulturellen Aufwertung des Computerspiels zur ernst zu nehmenden Kunstform und der Sicherung der Wettbewerbsfähigkeit des Computerspiels im komplexen Zusammenhang moderner Medien.

Brigitte Marschall
IV.6 Drama und Psychologie/Psychoanalyse

1 Hinführung

Ende des 19. Jahrhunderts wurden durch den raschen Wandel der medialen, ästhetischen und sozialen Bedingungen neue dramatische Verfahrensweisen notwendig. Der Blick in die innere Verfasstheit des Subjekts erschütterte die inhaltlichen und formalen Aspekte des literarischen Dramas. Psychoanalyse, Traumdeutung und die Erzähltechniken des Films beeinflussten die Dramaturgien und veränderten die implizit gesetzten Normen des Typus Drama. Die performative Ästhetik stellte zusehends den literarischen Dramentext in Frage und ließ Theaterformen jenseits des Dramas in den Blick geraten: Psychodrama, ‚Playback Theatre', ‚Theatersport' und Unternehmenstheater. An der Schnittstelle von Drama und Psychoanalyse können diese historischen Perspektiven, Entwicklungslinien und Tendenzen verfolgt werden, die bis in die zeitgenössische Theaterpraxis Auswirkungen haben.

Am Ende des 19. und am Beginn des 20. Jahrhunderts erfuhr das europäische Drama eine neue ästhetische Formensprache. Der Einfluss der technologischen Verkehrs- und Kommunikationsweisen, kapitalistische Produktionsverfahren und die Verwendung neuer Materialien korrespondierten mit den Kunstprozessen über alle Gattungsgrenzen hinweg. Die Elektrifizierung der Großstädte mit ihrer in den Schaufenstern ausgestellten Warenästhetik und neue rasche Verkehrsverbindungen bedeuteten einen Einschnitt in die Lebensweisen der Menschen. Die Geschwindigkeit der Durchquerung erfasste den Raum, bestimmte ihn in seiner zeitlichen Dimension, wie Albert Einstein mit der Relativitätstheorie zeigte. Die produzierte Reizüberflutung in den rasch anwachsenden Großstädten, die Zertrümmerung der Ordnungssysteme von Zeit und Raum veränderte die Seh- und Wahrnehmungsweisen nachhaltig. Bewegung und Zeit, Simultanität und Dynamik, Fragmentierung und Abstraktion wurden im Lebenszusammenhang erfahrbar und in den Künsten darstellbar, etwa durch die Technik der Montage.

Den verändert erlebten Wahrnehmungsperspektiven standen zum Teil historische, soziokulturelle Bedingungen und Entwicklungen gegenüber, die gleichfalls einen Wandel des Visuellen bedingten und den Menschen mit neuen Erfahrungen konfrontierten. Ein neues Zeitalter des Fortschritts, aber auch der Isolation und Entfremdung des Individuums im Massenkörper der anonymen Städte war angebrochen. Klaus Theweleit konstatiert einen gewissen „Widersinn, dass gerade am Ende des wissenschaftlich aufgeklärtesten, des positivistischen Jahrhunderts, das die Pforten in ein die Vernunft regelbares, wissenschaftlich überschaubares

https://doi.org/10.1515/978-3110379594-034

Leben geöffnet haben will, derartig viele und merkwürdige Krankheiten des Gehirns an der Tagesordnung sind: Epilepsie, Gedächtnisschwund, Bewußtseinsspaltung, Verfolgungswahn, Doppelgängerwahrnehmungen, das Hören von Stimmen aus dem Raum, Besessenheiten" (Theweleit 1988, 311). Ein Verständnis und eine Erklärung für die erwähnten Krankheiten enthält Hugo von Hofmannsthals Aufsatz über Gabriele D'Annunzio. Hofmannsthal sah in den Novellen des Italieners jene Befindlichkeiten und die Situation seiner Generation am Fin de Siècle zusammengefasst: das Bewusstsein der Spätgeborenen, Leben in einer naturfernen Kunstwelt, Paralyse des Willens, die Gabe der Selbstverdopplung, d. h. der Ich-Spaltung (Hofmannsthal 1950b [1893]). Hofmannsthal verortete das Wiener Fin de Siècle in einem europäischen Zusammenhang. Das Interesse an inneren Vorgängen, für das Vibrieren der Nerven sah Hofmannsthal in Henrik Ibsens Dramatik bzw. in seinen Figuren repräsentiert, die er 1893 in der *Wiener Literatur-Zeitung* als „eine Leiter von Seelenzuständen" bezeichnete (Hofmannsthal 1950a [1893], 108).

Peter Szondi spricht in seiner 1956 erschienenen Schrift *Theorie des modernen Dramas* von der „Krise des Dramas" (Szondi 1956, 21). Die technischen Errungenschaften (u. a. Elektrizität, Elektrodynamik) sowie die Einflüsse von Sigmund Freuds Traumdeutung und Psychoanalyse weisen das Drama als Phänomen über die Literaturgeschichte hinaus auch als Teil der Entwicklungsgeschichte der Menschheit und ihrer historischen, sozialen und gesellschaftspolitischen Veränderungen aus. Der Begriff ‚Drama' wurde am Ende des 19. Jahrhunderts kulturell aufgewertet und fand in diverse wissenschaftliche Begriffssysteme Eingang: die Psychologie, Psychoanalyse, Ethnologie und Soziologie.

In der zweiten Hälfte des 19. Jahrhunderts bestand in der Literatur wie in der medizinischen Wissenschaft gleichermaßen Interesse an der Psychopathologie. Die Selbstanalyse und die Hingabe an eine synästhetisch verfeinerte Traumwelt prägten den Bruch des dialektischen Zusammenhangs zwischen Innen und Außen. Das Unbewusste, der Traum, das Dionysische des Rausches wurden zu neuen Erfahrungswerten, die durch die Erkenntnisse Sigmund Freuds in der Traumdeutung und in der Psychoanalyse klassifizier- und interpretierbar wurden. Zunehmend entstand bei Schriftstellern und Psychiatern ein ästhetisches Interesse fürs Medizinische und ein medizinisches Interesse fürs Ästhetische. „Kunst und Literatur machen sich auf den Weg zum Zauberberg", Kunst wird „zum medizinisch-pathologischen Befund", schreibt Odo Marquard (1963, 48–49). Freud griff in seinen Forschungen über die Mechanismen des Unbewussten auch auf Beispiele aus der Literatur (u. a. Johann Wolfgang von Goethe, E. T. A. Hoffmann) und der bildenden Kunst (Leonardo da Vinci, Michelangelo) zurück. Seine Beschreibung und Benennung des ödipalen Konflikts im Prozess der Persönlichkeitsbildung von Ödipus in Hofmannsthals interpretierender Übersetzung von

Sophokles' Tragödie *König Ödipus* (Hofmannsthal 1910) kann als prototypisches Beispiel psychoanalytischer Literaturinterpretation gelten.

Durch das kommunikative und psychodynamische Potential der mündlichen Erzählweise in der Psychotherapie kommt es in jeder psychotherapeutischen Sitzung zu Narrativen, die in gewissem Sinne ein Stück Kunst und damit auch Literatur verkörpern. Jedes psychotherapeutische Gespräch kann somit auch als literarische Repräsentation der Psychotherapie verstanden werden. Freud und Joseph Breuer bemerkten in den *Studien über Hysterie* (1895), dass sich die Psychoanalyse, insbesondere die erzählten Krankengeschichten, der literarischen Darstellungsform annäherten. In *Künstler und Psychoanalyse* (1918) diskutiert Hermann Hesse Übereinstimmungen und Differenzen sowie die Möglichkeiten der Psychoanalyse als künstlerischer Inspiration. Darüber hinaus bestimmten psychoanalytische Grundbegriffe und die Verfahrensweisen der freien Assoziation, die als Methode zur Erforschung des Unbewussten eingesetzt wurden, die zeitgenössische Dramatik der Jahrhundertwende. Werke von Arthur Schnitzler und Hugo von Hofmannsthal können dafür exemplarisch stehen. Als Mediziner studierte Schnitzler die Rezensionen zu den von Freud Anfang der 1890er Jahre übersetzten und kommentierten Schriften des französischen Neurologen Jean-Martin Charcot.

Das Interesse an der Ausarbeitung verborgener psychischer Konflikte als dramatischem Stoff verwandelte sich immer stärker in ein Interesse am Theater. Die Guckkastenbühne, Inbegriff des bürgerlichen Literaturtheaters, wurde in einigen Inszenierungen von Max Reinhardt zugunsten monumentaler Veranstaltungshallen ausgetauscht. Die Zuschauenden als aktive Teilnehmer wurden an theaterfremden Schauplätzen mit dem szenischen Geschehen unmittelbar konfrontiert. Die Grundelemente des Dramatischen – Bewegung, Rhythmus, Linie und Farbe – verwandelten das Theater in eine Schaubühne, in der weniger das Gehörte als das Gesehene im Mittelpunkt stand. Bühnen- und Lichtkünstler wie Adolphe Appia und Edward Gordon Craig zeigten, dass die technischen Entwicklungen auch mit dem Autonomiebestreben der theatralen Prozesse verbunden waren. Die Immaterialität des Lichts wurde zum Arbeitsmaterial bzw. dramaturgisch gestalterisch eingesetzt, um Stimmungen und innere Befindlichkeiten darzustellen. Die Verbalsprache wurde um das Ausdrucksrepertoire der Mimik und Gestik und genau erarbeitete Bewegungskonzepte erweitert. Der Sprache als adäquatem Medium der Kommunikation und Verständigung wurde grundsätzlich misstraut. Der dramatischen Atmosphäre, den Schwingungen, die aus den Konflikten zwischen den dramatischen Figuren und ihren Wechselbeziehungen zu gesellschaftlich dominanten Wertesystemen und ihren Abhängigkeiten entstanden, widmete Hofmannsthal etliche Schriften.

2 Sprachkrise und innerer Monolog als Ausdruck des Bewusstseinsstroms

Sein Unbehagen am Botschaftscharakter und am Ausdrucksvermögen der Sprache thematisierte Hofmannsthal 1902 in „Ein Brief". In diesem fiktiven Brief des Lord Chandos an seinen geistigen Mentor Francis Bacon im Jahre 1603 lässt Hofmannsthal den Briefschreiber an seiner Sprachfähigkeit verzweifeln. Lord Chandos sehnt sich danach, seinen inneren Empfindungen und Sinneswahrnehmungen sprachlichen Ausdruck zu verleihen; er sucht nach einer Sprache, „in welcher die stummen Dinge zu mir sprechen" (Hofmannsthal 1951 [1902], 22). Die Selbstreflexion des Briefschreibers konfrontiert ihn unmittelbar mit dem Zerfall der starren Begrifflichkeiten. Sein Versuch, die ihn umgebende innere und äußere Welt sprachlich zu ordnen, misslingt; die Worte „zerfielen mir im Mund wie modrige Pilze" (Hofmannsthal 1951 [1902], 13). Mit diesem autobiographisch beeinflussten literarischen Zeugnis bekannte sich Hofmannsthal zu einer Krise des Subjekts, zu einer Selbst- und Weltentfremdung, die sich in und über die Sprach(un)fähigkeit mitteilten. Hofmannsthal schrieb sich mit dieser Sprachskepsis in den kulturellen und wissenschaftlichen Diskurs des 20. Jahrhunderts ein: Beträchtliche Teile der Philosophie des 20. Jahrhunderts sind dem Erkenntnisproblem der Sprache gewidmet (Fritz Mauthner, Ludwig Wittgenstein, Friedrich Nietzsche). Die Erzähltechnik des inneren Monologs versucht dabei, die Unmöglichkeit des Gesprächs bzw. des Dialogs durch die Wiedergabe des Bewusstseinsstroms einer Person unmittelbar auszudrücken.

Der innere Monolog wird zum Ausdrucksmittel der Selbst- und Seelenanalyse von Stimmungen und Affekten. In einer unzusammenhängenden Folge von Bewusstseinsinhalten, in denen Wahrnehmungen, Empfindungen und subjektive Reaktionen undifferenziert und vor ihrer gedanklichen Fixierung und Ordnung vorliegen, verwendet der innere Monolog als stummes Selbstgespräch ohne Hörer die Ich-Form und das Präsens. Innere Konflikte zwischen zivilisierter Selbstbeherrschung und anarchischer Wildheit der Triebe werden in übereinander geblendeten Satzfragmenten, in der Auflösung der Syntax ausgedrückt. Diese Darstellungs- und Gestaltungselemente des inneren Monologs, die prozessuale Bewusstmachung von Unbewusstem finden sich u. a. in Arthur Schnitzlers *Leutnant Gustl*, in den Werken von James Joyce (z. B. *Ulysses*, 1922), Marcel Proust (*À la recherche du temps perdu*, 1913–1927), Thomas Mann (*Der Zauberberg*, 1924), Alfred Döblin (*Berlin Alexanderplatz*, 1929) und Hermann Hesse, der im *Steppenwolf* (1927) eine poetische Verarbeitung der freudschen Theorie des Unbewussten, der Sexual- und Triebtheorie vornahm.

Die Novelle *Leutnant Gustl* wurde 1900 erstmals in der Weihnachtsbeilage der *Neuen Freien Presse* veröffentlicht. Schnitzler gestaltet das Seelenleben als Bewusstseinsstrom des k. u.k.-Leutnants im Verlauf einer Nacht. Der Erzähler zieht sich in das Ich des Leutnants zurück. Fremde Stimmen werden in direkter Rede, so wie sie von außen in das Ohr dringen, notiert. In dieser Novelle gestaltet Schnitzler eine mikroskopisch genaue Innenschau des Leutnants, der stellvertretend für den österreichischen Offiziersstand unter Kaiser Franz Joseph I. steht.

Ausgelöst durch einen Konflikt mit einem Bäckermeister, der den Leutnant unbedacht beim Verlassen eines Konzerts im Foyer des Musikvereinssaals anstößt, glaubt der Protagonist, seine Offiziersehre sei irreparabel verletzt worden, da der Bäckermeister nicht satisfaktionsfähig ist. Den einzigen Ausweg sieht der Leutnant im Selbstmord. Schnitzler lässt den Leutnant nach dem Zwischenfall seinen bisherigen Lebensweg assoziativ durchwandern. Die Gedanken sind fragmentiert, schweifen immer wieder ab. Der Leutnant verbringt die Nacht im Prater und in den Straßen von Wien, verstrickt in seine Erinnerungen, Befürchtungen und Albträume, und deckt seine Lebensgeschichte bis in die Kindheit auf. Die von Schnitzler verwendete Technik der freien Assoziation weist auf den psychoanalytischen Diskurs hin. Das methodische Verfahren der sprunghaften Assoziationen und die Abwehrmechanismen des Verdrängens und Verleugnens offenbaren die Hintergründe des Antisemitismus des Leutnants, die Flüchtigkeit seiner sexuellen Begegnungen, seine Obsessionen und Zwänge.

Angeregt durch eine reale Fallgeschichte, die er 1896 als Idee zur Novelle skizzierte, ließ Schnitzler den Stoff einige Jahre unbeachtet. Tief beeindruckt von der Lektüre der *Traumdeutung* Freuds nahm er 1900 den Stoff wieder auf. Wie der Patient auf der Couch dem Analytiker unter Ausschaltung jeglicher Zensur seine innersten Gedanken frei gibt, Verdrängtes ins Bewusstsein holt, Unbewusstes umkreist, gestaltete Schnitzler das literarische Verfahren der freien Assoziation. Die Überlagerung verschiedener Erinnerungsschichten in geraffter, komponierter ästhetischer Form deutet bereits filmische Verfahrensweisen an. Die Ich-Dramatik des Leutnants kreist um sich selbst, die therapeutische Wirkung unterbleibt im Unterschied zur therapeutischen Situation. Als der Leutnant am Morgen vom Tod des Bäckermeisters erfährt, denkt Gustl an sein nächstes Duell mit einem jüdischen Arzt. Schnitzler selbst gab als Quelle und Beeinflussung für die Schreibtechnik des inneren Monologs die 1887 erschienene Novelle *Les Lauriers sont coupés* des französischen Symbolisten Édouard Dujardin an.

Der innere Monolog war im psychologischen Roman des 19. Jahrhunderts bereits vorbereitet, wurde jedoch von Schnitzler zur literarischen Psychoanalyse präzisiert. Mit der 1924 veröffentlichten Novelle *Fräulein Else*, dem inneren Monolog einer jungen Frau aus bürgerlichem Milieu, die sich für die Schuldentilgung ihres Vaters zum Objekt voyeuristischer Blicke gezwungen sieht, erprobte Schnitzler das ästhetische Verfahren der freien Gedankenassoziation schließlich an einer anderen Gesellschaftsschicht und aus der Perspektive einer weiblichen Protagonistin.

3 Das Antikenbild des Fin de Siècle

Die gegenseitige Beeinflussung von Wissenschaft und Kunst sowie die transdisziplinäre Denkweise wurden auch in der Beschäftigung mit der Antike sichtbar. Im Oktober 1894 notierte Hofmannsthal: „Unser Leben gegen das der Antike gehalten [...]" (Hofmannsthal 1959 [1894/1934–1943], 109). Geleitet von theaterpraktischen Absichten wollte er sich aus der Sicht der Gegenwart in ein produktives Verhältnis zur Antike setzen. Der Bruch mit der Tradition einer Humanisierung und Glättung der Archaik der Antike, mit dem humanistischen Verständnis von Goethe und Winckelmann, bedeutete die Hinwendung zum dionysischen Verständnis der Antike Friedrich Nietzsches und führte zu Jacob Burckhardt, Erwin Rohde, Jacob Bernays sowie Johann Jakob Bachofen. Der Religionswissenschaftler und Nietzsche-Freund Rohde analysierte Blutmagie und das archaische Opferritual aus dem Verständnis des 19. Jahrhunderts in seiner Abhandlung *Psyche. Seelenkult und Unsterblichkeitsglaube der Griechen* (1961 [1894]). Bachofen hatte in seiner Beschäftigung mit der griechischen Antike den Okzident vom Orient, das Griechische vom Prägriechischen und das Vaterrecht vom Mutterrecht her verstanden. Burckhardt interpretierte die Antike aus der Krisenstimmung des Fin de Siècle. Und Nietzsche verstand die bürgerliche Sicherheit als Ausdruck fortschreitender Mittelmäßigkeit und verherrlichte das Verbrechen als Angriff auf die bürgerliche Gesellschaft. Ganz im Verständnis der Zeit der Jahrhundertwende interessierten das Triebhafte sowie Zustände der Trance, der Ekstase in den antiken Tragödien. Hinzu kamen neue Übersetzungen der antiken Tragödien. Das altphilologische Verständnis war geprägt von einer Relektüre im Sinne der psychoanalytischen Kunstinterpretation. Jacob Bernays hatte 1857 eine die moderne Exegese der aristotelischen *Poetik* beeinflussende, medizinische Auslegung gegeben und damit Gotthold Ephraim Lessings moralische Interpretation der Katharsis widerlegt (Bernays 1970 [1857]). Der Wiener Altphilologe Theodor Gomperz übersetzte die Definition der kathartischen Wirkung der Tragödien im Sinne von Bernays als Abreagieren der Affekte. Breuer und Freud hatten den ‚Katharsis'-Begriff in die Behandlung als psychotherapeutische Methode aufgenommen. Hermann Bahr wiederum kontextualisierte mit seinem *Dialog vom Tragischen* (1904) die aristotelische Katharsis-Lehre für die Dramatik.

Ein verändertes Verständnis für die griechische Antike durch psychoanalytisches Wissen zeigte Hugo von Hofmannsthal in seiner Tragödienpraxis, z. B. in *Elektra. Tragödie in einem Aufzug. Frei nach Sophokles* (UA 1903) und *König Ödipus* (UA 1910). Seine *Elektra* konzipierte Hofmannsthal als Hysterikerin und lehnte die Figur an Breuers ‚Anna O.' (ein Pseudonym für Breuers Patientin Bertha Pappenheim) an (vgl. J. Breuer und Freud 2011 [1895], 42–65).

Im Gegensatz zur antiken sophokleischen *Elektra* fehlen bei Hofmannsthal der Prolog und der Chor. Er konzentriert sich auf die Person Elektra, auf ihren halluzinösen Zustand infolge der als traumatisch erlebten Ereignisse um den Tod des Vaters. Wie unter einem Wiederholungszwang reproduziert Elektra Abend für Abend in mechanischer Zwanghaftigkeit die Erinnerung an die Ermordung Agamemnons. Sie spricht wie in Trance und versucht das Bild des ermordeten Vaters heraufzubeschwören. Immer wenn die Sonne tief steht, liegt Elektra stöhnend am Boden und verfällt in einen hypnoiden Zustand. Hofmannsthal gibt in den Regieanweisungen eine genaue Analyse der Bewusstseinszustände Elektras. Sie verfällt in Autohypnose, erscheint wie eine Nachtwandlerin, ist kaum ansprechbar, kann ihre Umwelt nicht mehr wahrnehmen. Der Ausgang der *Elektra* ist der Sprachverzweiflung in „Ein Brief" unmittelbar verwandt: In der Ekstase des Tanzes heben Sprache und Individuum einander auf. Elektra bricht am ekstatischen Höhepunkt zusammen. Die Uraufführung der Tragödie inszenierte Max Reinhardt im Oktober 1903 am Kleinen Theater in Berlin. In der Titelrolle war Gertrud Eysoldt zu sehen. Mit ihrer ekstatischen, körperorientierten Schauspielkunst, mit ihren gestisch wie verbal gezeigten Emotionen und Sehnsüchten, ihren Blicken, Schreien und Bewegungen, die mit Tritten eines wilden Tieres verglichen wurden, hatte sie das Publikum erschauern lassen und enthusiastische Reaktionen hervorgerufen. Die persönliche Betroffenheit der Schauspielerin und die Auseinandersetzung mit der Figur Elektra werden im Briefwechsel zwischen Hofmannsthal und Eysoldt deutlich. Ihre Leistung in dieser Rolle gab Richard Strauss Anlass, Hofmannsthal zu einem Operntext zu überreden.

Für *Ödipus und die Sphinx* (UA 1906) und *König Ödipus* übertrug Hofmannsthal die antike Tragödie von Sophokles in die moderne psychologische Sichtweise, die psychoanalytische Kenntnisse voraussetzte. Er individualisiert die Figur des Ödipus, der in einer charakteristischen Fehlleistung seinen Wunsch bekennt, den Vater zu töten. Das Schicksal des Ödipus wird aus dem religiösen Sinnhorizont des antiken Fatums gelöst, also im Sinne Freuds psychologisiert. Aus der individuellen Ödipus-Tragödie wird eine kollektive, modellartige Erfahrung konstruiert; die Individualpsyche der Figur wird für die Zuschauerinnen und Zuschauer verstehbar gemacht.

Freud interessierte sich zeit seines Lebens für kulturwissenschaftliche Problemstellungen und propagierte, Methoden der Psychoanalyse in die Kulturwissenschaften einzuführen. So erschien zwischen 1912 und 1937 unter seiner Herausgeberschaft vierteljährlich *Imago. Zeitschrift für Anwendung der Psychoanalyse auf die Geisteswissenschaften.* Nachdem Freud 1910 seine Arbeit über *Eine Kindheitserinnerung des Leonardo da Vinci* veröffentlicht hatte, wurden vermehrt psychoanalytische Studien über Dichter, Maler, Philosophen, Musiker, Politiker usw. publiziert. In die Anfangszeit der Psychoanalyse fielen zudem die epochemachenden Ausgrabungen, die ein archaisches Griechenland zutage förderten, das im 18. Jahrhundert unvorstellbar gewesen wäre. Das Interesse an der Entdeckung früher Kulturen korrespondierte mit dem Schürfen nach verschütteten Kindheitserinnerungen, dem Graben in den Schichten der Triebe und Träume. Die Archäologie wurde in Freuds Schriften zur Metapher der Verfahrensweisen der Psychoanalyse. Traumatische Ereignisse wurden als Erinnerungszeichen wie alte Inschriften gelesen und ‚als Zeugen' in der Lebensgeschichte der Patientinnen und Patienten freigelegt. Nur konsequent war Freuds Arbeitszimmer denn auch mit einer Sammlung griechischer, römischer und ägyptischer Vasen, Terrakotten und Bronzen ausgestattet.

4 Psychoanalytische Techniken und ihr Einfluss auf das europäische und amerikanische Drama

Das intensive Interesse der Psychoanalyse an der Literatur wurde von dem der zeitgenössischen Literatur an der Psychoanalyse begleitet: zunächst in Wien, spätestens 1910 in allen deutschsprachigen Zentren und schließlich seit den 1920er Jahren in ganz Europa (vgl. u. a. André Breton oder Jules Romains), insbesondere aber in den USA. In England wurde die Rezeption der Psychoanalyse maßgeblich von der Londoner Bloomsbury Group getragen, zu der neben dem Freud-Übersetzer James Strachey auch die Schriftstellerin Virginia Woolf gehörte. W. David Sievers' Publikation *Freud on Broadway* (1955) zeigt deutlich, wie intensiv die psychoanalytischen Lehren Freuds das dramatische Schaffen beeinflussten. Eugene O'Neill, Arthur Miller und Tennessee Williams seien stellvertretend genannt. O'Neill etwa interessierten der Durchbruch der Leidenschaften in Krisensituationen, Machtgier, Geltungsdrang und rigorose Selbstbehauptung. Der Mensch war Gegenstand seiner Beobachtungen und wurde ihm zur dramatischen Frage an die Existenz. *Desire under the Elms* (UA 1924; dt. *Gier unter Ulmen*), im Milieu einer Farm angesiedelt, entblößt sexuelles Triebleben sowie Macht- und Besitzgier zwischen dem alten Farmer Cabot, seiner jungen Frau Abbie und seinem Sohn aus erster Ehe. Abbie erstickt in einem blind wütenden Amoklauf alles Mütterliche in sich und tötet ihr Kind. Unbewusstes sowie die Begierden der Träume und sinnlichen Leidenschaften werden in präzisen Monologen und Dialogen ans Tageslicht gezerrt. In *Mourning Becomes Electra* (UA 1931; dt. *Trauer muß Elektra tragen*) werden die Protagonistinnen und Protagonisten in ekstatische Wildheit getrieben. *Long Day's Journey into Night* (1941, UA 1956; dt. *Eines langen Tages Reise in die Nacht*) und sein letztes Stück *A Touch of the Poet* (UA 1958; dt. *Fast ein Poet*) thematisieren die Gegensätze zwischen Bewusstem und Unbewusstem, zwischen Ich und Ideal sowie Ich und Wirklichkeit. O'Neills Dramen gingen insgesamt über die Darstellung psychoanalytischer Studien hinaus und konzentrierten sich auf die tragische Integration des Ich in eine Welt, die als Wunder Gottes und zugleich als dunkle Hölle des Daseins gedeutet wird. Die psychoanalytische Technik der Rückblende in die Vergangenheit führt Arthur Miller in *Death of a Salesman* (UA 1949; dt. *Tod eines Handlungsreisenden*) in den Kontaktschwierigkeiten zwischen Loman und seinen Söhnen vor. Symptome der Kulturkrise, die Auseinandersetzung des Individuums mit Albträumen, Grenzsituationen der Todesbedrohtheit und des Überlebenskampfs ringt Tennessee Williams seinen Psychotikern, Träumern und Säufern ab, in *The Glass Menagerie* (UA 1944; dt. *Glasmenagerie*) ebenso wie in *A Streetcar Named Desire* (UA 1947; dt. *Endstation Sehnsucht*), in *Orpheus Descending* (UA 1957; dt. *Orpheus steigt hinab*) ebenso wie in *The Night of the Iguana* (UA 1961; dt. *Die Nacht des Leguans*). In der überhitzten, fiebrig vibrierenden Atmosphäre der Südstaaten greift er die Gewalttätigkeit, sexuelle Obsessionen und die Einsamkeit der Menschen auf, zwingt seine Protagonistinnen und Protagonisten in Selbstzweifel und Todesängste, die sich in ekstatischen Zuständen der (a)sozialen Gefüge kathartisch entladen. Williams möchte den Wahrheitsgehalt von szenischen „Erlebnissen innerhalb einer Gruppe von Menschen darstellen, jenes flackernde, umwölkte, schwer zu fassende – aber fieberhaft mit Spannung geladene! – Zusammenspiel lebendiger Wesen in der Gewitterwolke einer gemeinsamen Krise" (T. Williams 1956, 67); diese Regieanmerkung des Autors zu *Die Katze auf dem heißen Blechdach* (im Orig. *Cat on a Hot Tin Roof*, UA 1955) kann ins Verhältnis zur soziometrischen Methode von Jacob Levy Moreno gesetzt werden.

5 Psychodrama und sozialer Rollenbegriff

Für Moreno konnte das Darstellen von Konflikten und Krisensituationen in der Gruppe zu einer Art Katharsis führen. Die Inspirationsquelle für seine Lebensphilosophie, bekannt als ‚Psychodrama' und ‚Soziometrie', bezog der Schriftsteller und Theaterreformer Moreno aus sephardischen Schriften, aus der Kabbala und aus dem Expressionismus. Moreno – am 18. Mai 1889 in Bukarest als Jacob Levi geboren und am 14. Mai 1974 in Beacon, New York, gestorben – hat sowohl seinen

Familiennamen als auch die Schreibweise immer wieder variiert. Er begann seine medizinische Laufbahn im Wien der Jahrhundertwende als Performancekünstler und präsentierte sich 1921 im Wiener Komödienhaus in einer happeningartigen, dadaistischen Performance als ‚Königsnarr' der Öffentlichkeit. Sein künstlerisches Credo formulierte der Theaterrevolutionär bereits 1914 in seiner poetischen *Einladung zu einer Begegnung*. Sein schriftstellerisches Œuvre umfasst Lyrik, Prosa und szenische Dialoge (*Die Gottheit als Autor*, 1918; *Die Gottheit als Komödiant*, 1919; *Rede vor dem Richter*, 1925). Die von Moreno ab 1918 herausgegebene Zeitschrift *Daimon* kann als einer der wichtigsten Beiträge zum österreichischen Expressionismus gesehen werden. Die Stegreifspiele führten Moreno nach seiner Emigration in die USA in den 1930er Jahren zur Etablierung von Psychodrama und Soziometrie als therapeutisch-soziologischer Methode. Die ästhetisch-programmatischen Schriften, die zwischen 1914 und 1925 in Wien entstanden, zeichnen den Prozess der Gesellschaftsgestaltung nach. Das Theater als Phänomen sozialer Handlungen und interpersonaler Kommunikation war für Moreno dabei Ausdrucks- und Forschungsmedium.

Seine Theaterexperimente, die er als ‚Stegreiftheater' bezeichnete und die 1923 und 1924 in den Räumen der Vereinigung bildender Künstlerinnen Österreichs in der Maysedergasse in Wien stattfanden, waren als spontane, improvisierte Szenen nicht nur ein Gegenpol zur klassischen Bühne, sondern revolutionierten das traditionelle, vorwiegend literarische Theater sowohl in formaler wie auch in inhaltlicher Hinsicht. Die Aktivistinnen und Aktivisten des Stegreiftheaters waren Freundinnen und Freunde und Bekannte Morenos, darunter der Schriftsteller Georg Kulka und die bildende Künstlerin und Schauspielerin Anna Höllering. Stegreifnoten mit Zeit- und Raumvektoren choreographierten das Zusammenspiel unterschiedlicher Bewusstseinslagen. Im Zusammenhang mit der ‚Internationalen Ausstellung neuer Theatertechnik' im Herbst 1924 plante Moreno die Eröffnung eines eigenen Stegreiftheaters mit entsprechender Bühnen- und Raumarchitektur, die ‚Raumbühne'. Die soziometrische Forschung ist über die Stegreifexperimente mit dem Theater verbunden, das Moreno als gesellschaftsanalytisches Instrument verstanden hat. „Wer solch eine Bühne fordert, wird auch um das Theater dafür wissen. Und wer das Theater dafür fordert, wird auch um die Gesellschaft wissen, welche es beansprucht", schreibt Moreno in seiner *Rede vor dem Richter* (Moreno 1925, 14). Unermüdlich widmete er sich der Idee seines Stegreiftheaters, das die Befreiung vom Autor und vom geschriebenen Text in den Mittelpunkt stellt. Die Ebenen der Zuschauenden und Schauspielenden sollten ineinanderfließen, um durch die Begegnung von Individuum und Gruppe zu einer permanenten Auseinandersetzung mit gesellschaftlicher Realität zu führen.

War der Ausgangspunkt dieser Stegreifbühne zunächst noch ein ästhetischer Anspruch, die Revolution gegen das ‚alte' Theater, entwickelte sich daraus die gruppenpsychotherapeutische Methode, das Psychodrama – eine Methode, die unbewusste Erlebnisse und Konflikte durch aktives Handeln im darstellenden Spiel ergründet und durch die Wiederholung der Ereignisse zu einer befreienden, kathartischen Wirkung gelangt. Das Modell des ‚Lebensspiels', die Wechselbeziehungen zwischen Fiktion und Realität, Spiel und Leben markieren den Übergang zwischen Kunst und Therapie sowie den Schritt vom ästhetischen Erleben zur therapeutischen Heilmethode. Die Anwendung psychodramatischer Methoden wie der Tausch sozialer Rollen, die Interaktionsanalyse und die Zukunftsprobe aktivieren die Mehrschichtigkeit psychischer Bewusstseinslagen, unterstützen reflexive Prozesse durch Perspektivenwechsel, (Selbst-)Beobachtung und Wahrnehmung in der Gruppe. Moreno entwickelte mit seiner sogenannten Raumbühne auch adäquate räumliche Dimensionen für unterschiedliche Bewusstseinsebenen.

Der dramaturgische Rollenbegriff führte schließlich in ethnologische und kulturanthropologische Forschungsbereiche, die mit Paradigmen des sozialen Dramas (Victor Turner) die Beschreibung sozialer Vorgänge verbinden.

Das Psychodrama zeigt seine Vielfältigkeit und methodische Flexibilität als soziokulturelles und gruppendynamisches Projekt in theatralen Formen wie Mitspieltheater, Happening und Living Theatre. Der Prozesscharakter der Kunst wird in Aktionen und Performanceveranstaltungen nicht interpretiert, sondern von den Zuschauenden erfahren. Jeremy Wellers *reality theatre* mit Strafgefangenen und Drogensüchtigen etwa führt in radikalster Form Leben und Theater zusammen und enthält so auch psychodramatisches Potential. Die Entgrenzung des Theaters und die damit korrespondierende Theatralisierung der Wirklichkeit überbrücken die für die bürgerliche Kultur typische Kluft zwischen Kunst und Leben und legen die fundamentalen Bedingungen menschlicher Existenz durch theatrale Reflexion in der Wirklichkeit wieder frei.

Parallel zum Einfluss von Psychoanalyse und Psychodrama waren Körpererfahrungen für die Schauspielkunst von Bedeutung. Anfang der 1960er Jahre setzte im Theater eine Entwicklung ein, die jenen Prozess wieder aufnahm, den am Beginn des Jahrhunderts die Historische Avantgarde in Gang gesetzt hatte. Von sinnlichen Erfahrungen ausgehend wurde an amerikanischen Universitäten und in Off-Off-Theaterproduktionen ein psychedelisches Theater initiiert, wobei in einem *art trip* die Sinne erweitert, bewusstseinsverändernde Zustände durch die Einnahme von Drogen, durch Licht- und Farbeffekte und psychedelische Musik erreicht wurden. Maßgeblich beeinflusst durch die Schriften von Antonin Artaud und seinen drogeninduzierten Ritualerfahrungen bei den Tarahumaras im Jahr 1936 wurde dieses Aufbegehren gegen das Establishment auch als politisches Programm verstanden.

Artaud war – lange bevor die Peyote-Wurzel bei den ‚Blumen-Kindern' neue Blüten trieb und er dank seiner Mexiko-Schriften von Allen Ginsberg zum ‚Drogenpapst' der Jugend ausgerufen wurde – zu den Tarahumaras aufgebrochen, um sich selbst im Peyote-Kaktus zu finden: Beim Peyote „ist der Mensch allein und fiedelt verzweifelt die Musik seines Skelettes, ohne Vater, Mutter, Familie, Liebe, Gott oder Gesellschaft" (Artaud 1992, 28). In den mexikanischen Hochebenen erlebte er die mit Schreien rhythmisierten Ritualtänze, denen er ein ganzes Buch widmete und die sich in seinen Theatervorstellungen wiederfinden. Die Schauspielerin bzw. der Schauspieler wird zu einer „lebendige[n] Hieroglyphe" (Artaud 1969 [1932–1935/1938], 58), die direkt auf das Unbewusste der Zuschauenden einwirken soll. Die Hieroglyphen, die heiligen Zeichen, die man in Stein einritzt, versinnbildlichen für Artaud dabei das unvereinbare Zusammenwirken von Körper und Intellekt. Arthur Rimbauds Vermächtnis: „ES DENKT MICH. [...] ICH ist ein ANDERER." (Rimbaud 1979 [1873], 12), verstanden als Zusammenfall von Ich und Nicht-Ich, von Identifikation und Nicht-Identifikation, versuchte Artaud auf verschiedenen Ebenen zu vollziehen. Schauplatz seines metaphysischen Ringens sollte das Theater sein: wild, unartikuliert und durchtränkt von schwindelerregenden Bildern. Artaud hatte ein Schreiben des Schreis erfunden: „Der ganze Mensch, der Mensch mit seinem Schrei, der den Weg eines Gewitters zurückverfolgen kann, ist für Europa nur Poesie, aber für uns mit unserer synthetischen Auffassung von Kultur bedeutet ein solches Kontaktnehmen mit dem Schrei eines Gewitters die Wiederentdeckung eines Lebensgeheimnisses" (Artaud 1992, 167). An allen Schranken der Logik vorbei soll das Unbewusste der Zuschauenden getroffen werden, die im Theater von Blitzgewitter und Geräuschorgien zum Schreien, zur magischen Identifikation mit den Schauspielenden gebracht werden sollen.

Als Teil und Träger dieser Kulturrevolution verstanden sich Theatergruppen wie das Bread and Puppet Theatre, das La Mama Theatre, die Performance Group Richard Schechners und das Living Theatre. Das Theaterkollektiv Living Theatre mit den Gründern Judith Malina und Julian Beck vertrat die radikalen Entwürfe eines ‚Theaters der Unruhe', das antikapitalistisch vorging, sich auf persönliche Erfahrungen bezog und Forderungen Artauds umsetzte. Für Artaud waren Rituale, Trance, Meditation und Ekstase die wesentlichen Elemente, um gleichsam psychische Verletzungen herbeizuführen. In seiner Schrift *Le Théâtre de la cruauté* (1932; dt. *Das Theater der Grausamkeit*; dt. Übers. enthalten in Artaud 1980) forderte er ein Theater, das grausam wie die Pest, wie eine Krankheit, den Gesellschaftskörper überfallen und wie eine heilende Kur wirken müsse. Nicht länger sollte der literarische Text, das Drama, im Mittelpunkt stehen, sondern der gegenwärtige Akt ihrer Aufführung, der Ereignischarakter der situativen Wahrnehmung. Wie andere zeitgenössische Theaterreformer ging Artaud nicht vom Dramentext, sondern von der Aufführung mit ihren räumlichen und zeitlichen Koordinaten aus. Das Drama, der Text, wurde lediglich als Assoziationsfläche verstanden.

Studien der Anthropologie, Sozialpsychologie und Psychoanalyse beeinflussten Richard Schechner, der 1967 in New York die Performance Group gründete und sich gegen die logozentrisch orientierte, westliche Theaterästhetik wandte. Auch seine Vorbilder sind außereuropäische, kultisch-rituelle Theatralitätsformen. Bei diesem ‚Theater der Erfahrung' haben theaterästhetische Aspekte an Bedeutung verloren. Die Wiedergeburt des Menschen und der nackte Körper standen bei Richard Schechners *Dionysus in 69* (nach Euripides' *Bakchen)* im Zentrum. Während der Aufführung von *Dionysus in 69* wurde dafür die Trennung von Zuschauerraum und Bühne aufgehoben; das gesamte Theater war *environment*, die Zuschauer konnten ihre Plätze frei wählen und beliebig oft wechseln und somit auch die Perspektive jeweils neu hinterfragen. Die Performerinnen und Performer schrieben ihre Rollen aus den *Bakchen* selbst um und arbeiteten persönliche Erfahrungen, eigene Lebensgeschichten ein. Die Gruppe und die Zuschauerpartizipation waren wesentliche Strategien dieses rituellen Theaters, das Schechner auch als therapeutische Maßnahme verstand: Mit der Gruppe sollte eine Gemeinschaft geschaffen werden, Rituale wurden für Gemeinschaftserlebnisse adaptiert. Die Zuschauer konnten am Beginn der Aufführung am Geburtsritual des Dionysos und am Ende am Todesritual des Pentheus teilnehmen, wobei Schechner für das Geburts- und Todesritual ein Adaptionsritual der auf Neuguinea lebenden Asmat verwendete.

Jenseits der textimmanenten Dramatik hat sich in den 1960er Jahren das Rollenspiel abseits von gruppendynamischen Arbeitskreisen und soziotherapeutischen Zirkeln als szenische Versuchs- und Spielanordnung, als Probehandlung mit den Möglichkeiten von Rollentausch und Perspektivenwechsel etabliert. Sowohl in der Probenarbeit wird auf diese psychodramatischen Techniken zurückgegriffen, etwa bei George Tabori, als auch in den unterhaltenden Theaterformaten wie ‚Theatersport' und ‚Playback Theatre' von Jonathan Fox, die Techniken von Moreno und Augusto Boal (Improvisation, Unterbrechung und Publikumspartizipation) kombinieren.

Eine besondere, weitere Spielart anwendungsorientierten szenischen Handelns stellt heute das ‚Business Theatre' (Unternehmenstheater) dar. Es funktioniert als eine theatrale Intervention, die sich mit Konflikten und Verhaltensweisen in einer Organisation (Industrie- und Dienstleistungsbetriebe, öffentliche Einrichtungen) auseinandersetzt. Interveniert wird, weil die Unternehmensführung einen Steuerungsbedarf erkennt und eine bestimmte Absicht mit ihren Mitarbeiterinnen und Mitarbeitern verfolgt, so werden etwa psychodramatische Verfahren für die Schulung von Mitarbeiterinnen und Mitarbeitern zur Krisenbewältigung in Betrieben und öffentlichen Einrichtungen eingesetzt. Unternehmenstheater operiert zweck- und zielgerichtet, wird zur verpflichtenden Teilnahme der Arbeitnehmerinnen und Arbeitnehmer. Je nach Absicht und Motiv

(Veränderungen der Unternehmensstruktur, Problemsituationen innerhalb der Belegschaft etc.) kommen unterschiedliche Formen der theatralen Intervention zum Einsatz. Bedarfsorientiert werden Handlungsmodelle für die Zukunft und Lösungsansätze im Kollektiv entwickelt. Obgleich aus einem gänzlich anderen Kontext entstanden, werden z. B. Techniken von Augusto Boal („Forumtheater'), Arbeiten zum Playback Theatre von Jonathan Fox und Konzepte von Keith Johnstone verwendet. Das Repertoire reicht von Psychodramatechniken, Rollenspiel, Stegreif, Improvisation bis zur Aufführung von szenischen Problemsituationen. Angeleitet von Schauspielerinnen und Schauspielern (mit Zusatzausbildungen in Psychologie, Theaterpädagogik, Coaching) werden die Mitarbeiterinnen und Mitarbeiter aktiviert und als Mitspielerinnen und Mitspieler in die Darstellung eingebunden. Die Indienstnahme theatraler Techniken im Sinne der wirtschaftlichen Effizienz gemäß den Bedingungen und Steuerungsmechanismen der Unternehmensführung ist dabei kritisch anzumerken.

Während im Drama und Theater der Gegenwart psychologische, psychodramatische und psychoanalytische Methoden und Ästhetiken selbstverständlich geworden sind, so dass sich heute gesellschaftskritische, aber auch systemstützende theatrale Produktionen und Aktionen darauf stützen, wird vor diesem Hintergrund seit den 1970er Jahren das Verhältnis von Drama und (Spiel-)Text neu thematisiert. Entsprechende Theorien widmen sich vermehrt der Frage, inwieweit Bühnenereignisse durch die Textformate präformiert und daraus abzuleiten sind. Anthropologische und existenzielle Grundkategorien inspirieren gesellschaftspolitische Ästhetiken, die mit dem Drama, dem Text, mit den Schauspielerinnen und Schauspielern sowie Performerinnen und Performern, mit den akustischen, visuellen und körperintensiven Möglichkeiten der Theatralität und Medialität experimentieren.

Axel Haunschild und Franziska Schößler
IV.7 Drama, Theater und Wirtschaft

1 Ökonomie in Drama und Theater

Der Schnittstelle von Ökonomie und Kunst bzw. Literatur kommt in der literatur- und theaterwissenschaftlichen Forschung zunehmend größere Bedeutung zu. Attraktiv wird damit für die deutschsprachige Forschung zur Dramenanalyse, zum Verhältnis von Autorschaft und Markt, zur Institution Theater sowie zu den Arbeitsverhältnissen von Künstlerinnen und Künstlern der in Nordamerika entstandene Economic Criticism, der die Cultural Studies weiterentwickelt und sich zunehmend am New Historicism orientiert. Kunst bzw. Literatur und Ökonomie lassen sich diesem Ansatz nach in vierfacher Hinsicht aufeinander beziehen (Woodmansee und Osteen 1999). Untersucht werden können erstens die ökonomischen Verhältnisse sowie die finanziellen Praktiken einer Autorin bzw. eines Autors, die ihrerseits unter Berücksichtigung von Gender- und Ethnizitätsimplikationen auf umfassendere ökonomische Kontexte der Zeit beziehbar sind; zu diesen gehört für die Gattung Drama insbesondere die Institution Theater als wirtschaftliches Unternehmen. Die zweite Variante besteht in der Analyse des intratextuellen Austauschs von Tropen, ausgehend von der Überzeugung, dass Sprache eine fundamentale Isomorphie zum Geld aufweise. Der dritte Schwerpunkt reformuliert die Intertextualitätstheorie und begreift intertextuelle Referenzen als Anleihen, Schreiben demgemäß als Schuldenmachen. Darüber hinaus reflektiert eine vierte Position, die als theoretisches Regulativ fungiert, die Reichweite sowie die Gefahren der Analogiebildungen und Metaphorisierungen, die literarisch-ökonomische Lektüren gemeinhin produzieren, also auch die Grenzen der interdisziplinären Vernetzung.

Im Drama können Typen und Themen aus der Wirtschaft ganz unmittelbar zum Gegenstand werden, beispielsweise der *Homo oeconomicus* oder Börsenmaklerinnen bzw. -makler, moralische Haltungen wie Ehre und Ehrlichkeit, Charaktereigenschaften wie Geiz und Verschwendung, Handlungen wie die Gabe und der Tausch, der häufig mit Täuschung assoziiert wird, sowie Geld und Markt (Schuchardt und Urban 2014, 13). Darüber hinaus bestehen strukturelle Zusammenhänge zwischen Genres als semantischen Konzentraten und wirtschaftlichen Themen/Strukturen; der permanente Tausch von Geliebten in der Komödie kann beispielsweise der Zirkulation von Geld parallelisiert werden. Insbesondere die Komödie, die tragischen Formen des sozialen Dramas und des bürgerlichen Trauerspiels sowie die DDR-Dramatik machen das Pekuniäre gleichermaßen zum Sujet wie zum handlungsorganisierenden Modell. Zudem können, in Anlehnung an den Economic Criticism, Dramenautorinnen und -autoren samt ihren ökonomischen Konditionen in den Blick rücken, ebenso Regisseurinnen und Regisseure, die am Stadttheater oder in der Freien Szene bestimmte wirtschaftliche Bedingungen vorfinden; diese beeinflussen die Produktionsprozesse beispielsweise durch die Notwendigkeit, Drittmittel einzuwerben, Probenprozesse zu beschleunigen, Schließtage zu kürzen etc. Insbesondere die Durchökonomisierung der kulturellen Szene in Deutschland seit der Wende und der Rationalitätsmythos der Effizienz (Cossel 2011) lässt in den letzten Jahren die Wahrnehmung in den Vordergrund treten, dass selbst subventionierte Theater maßgeblich von ihren wirtschaftlichen Bedingungen bestimmt werden. Der seit den 1990er Jahren aktuelle soziologische Untersuchungsgegenstand der Prekarisierung (durch Arbeit) hat dementsprechend die wirtschaftlichen Rahmenbedingungen von Schauspielerinnen und Schauspielern berücksichtigt, die als Prototypen des Kreativarbeiters bzw. des Arbeitskraftunternehmers beschrieben wurden. Das Verhältnis von Drama und Ökonomie lässt sich indes auch aus umgekehrter Perspektive betrachten: Wirtschaftsunternehmen setzen Dramen und das Theaterspielen ein, um das betriebliche Klima zu verbessern und Reflexionen über Rollen in Gang zu setzen, also Selbstbeobachtung zu ermöglichen.

Um dieses breite Spektrum abzubilden, behandelt der vorliegende interdisziplinäre Beitrag zunächst aus literaturwissenschaftlichem Blickwinkel Genres und historische Phasen, für die eine besondere Affinität zu Wirtschaftsgegenständen feststellbar ist: Die Forschung hat darauf hingewiesen, dass für die Frühe Neuzeit mit ihren Globalisierungsschüben (vgl. Fulda 2005; für das spanische Drama im Besonderen Schuchardt und Urban 2014) und den gesellschaftlichen Umbruch im 17. und 18. Jahrhundert (vgl. für das französische Theater Poirson 2004; Vogl 2004, 11) ein besonderes Interesse an Wirtschaftssujets ausgemacht werden kann. Seit dem ausgehenden 18. Jahrhundert spielt Ökonomie im Drama erneut eine dominante Rolle, insbesondere im Vormärz (Fortmann 2014), im Naturalismus, im 20. Jahrhundert während der Zwischenkriegszeit, zudem in der DDR-Dramatik, der Dramatik der 1970er Jahre und der seit den 1990er Jahren (Schößler und Bähr 2009b). Im zweiten Teil dieses Beitrags wird die Schnittstelle von Ökonomie und Dramatik aus (arbeits-)soziologischer Perspektive betrachtet. Mit einem Schwerpunkt auf den Entwicklungen seit den 1990er Jahren werden das Unternehmenstheater, das Theater als Wirtschaftsunternehmen sowie die Arbeitsverhältnisse der Beschäftigten untersucht.

2 Komödie

Zwischen Ökonomie und Komödie besteht eine grundlegende Strukturhomologie (Fulda 2005, 22–23; für Lessings *Nathan der Weise* vgl. Nitschke 2014 und Weidmann 1994): Die Tendenz der Komödie zu schnellen Glückswechseln, zu wiederholten Umverteilungen der Güter sowie zum Ausgleich von Interessen ähnelt auf struktureller Ebene den temporeichen Bewegungen des Geldes; die Tragödie basiert hingegen auf einem amonetären Weltbild, wie Daniel Fulda ausführt, Tragik und Peripetie sind in der Regel von langer Hand vorbereitet (Fulda 2005, 22–23). Die Komödie zeichnet sich darüber hinaus durch das Nebeneinander von Bewegung und Stabilisierung aus, ähnlich wie das Geld als Speichermedium und zirkulierendes Tauschmittel fungiert. Das glückliche Ende der Komödie kann entsprechend als ähnlich offen für Fortsetzungen gelten, wie die Zirkulation von Geld unabschließbar ist.

Ökonomie und Komödie weisen demgemäß seit der Antike enge Beziehungen auf, wie das beliebte Geldmotiv, der Typus des Kaufmanns, das Laster des Geizes und in gewissem Sinne auch die Figur des Wirtes (Nieberle und Nitschke 2014) nahelegen. Wirkmächtige Geizkomödien sind Plautus' Stück *Aulularia* und Molières *L'Avare* (UA 1668; dt. *Der Geizige*; vgl. zu Molière insgesamt Gerhardi 1983), die den Gestus des Knauserns dem Typus des Alten, dem Hausvater zuschreiben und theologische, ethische, volkswirtschaftliche sowie staatspolitische Aspekte miteinander verquicken. Einschlägig ist zudem Shakespeares Komödie *Merchant of Venice* (UA 1605), für die Christian Enzensberger aus marxistischer Perspektive die Opposition von Seehandel als kapitalistischer Produktionsweise und der anachronistisch-feudalen Haltung Shylocks betont (Enzensberger 1977, 75). Nach Daniel Fulda inszeniert das Stück an der Schwelle zur kapitalistischen Tauschgesellschaft eine Ethik der Gabe (ein Konzept von Marcel Mauss), die die Zirkulation der Handlung zwar in Gang setzt, sich einem symmetrischen Tausch jedoch verweigert (Fulda 2005, 88).

In deutschsprachigen Komödien des 17. und frühen 18. Jahrhunderts ist wirtschaftliches Handeln grundsätzlich an moralische Gebote geknüpft. Wirtschaftsprozesse werden eher auf indirekte Weise dargestellt und Kaufleute nehmen dann einen größeren Raum ein, wenn sie negativ gezeichnet sind, also verlacht werden können (Fulda 2005, 172). Gleiches gilt für die berühmten Satiren auf das Geschäftsleben wie John Gays *The Beggar's Opera* (UA 1728) und Alain-René Lesages *Turcaret* (UA 1709). Diese Darstellungstendenz ändert sich im Laufe des 18. Jahrhunderts, als der Kaufmann zum Vorbild des rechtschaffenen, maßvollen Bürgers wird, wie sich prototypisch in George Lillos einflussreichem Drama *The London Merchant* (UA 1731) zeigt (K.-D. Müller 2005, 146); allerdings bleiben Kaufmannsdramen in der Minderzahl (Fiederer 2002, 100).

Komödien des 19. und 20. Jahrhunderts radikalisieren das dynamische Tausch- und Zirkulationsprinzip als Handlungsmodell, schreiben zählebige wirtschaftskritische Topoi fort (beispielsweise die Angriffe auf Zinsgeschäfte und den Wucher) und nehmen zeitgenössische, meist kapitalismuskritische Diskurse auf. In der Wirtschaftskomödie *Aus der Luft gegriffen oder Die Geschäfte des Baron Laborde* (1934, UA 1981) von Hermann Broch etwa bemühen sich ein Betrüger und ein Bankier um, wie schon der Titel verrät, unproduktiv erwirtschaftetes Geld, während die Paare konsequent ihre Partner tauschen, um im Finale zur Ausgangskonstellation zurückzukehren (Blaschke 2009b). Elfriede Jelineks Theatertext *Kontrakte des Kaufmanns* (UA 2009), der sich im Untertitel „Eine Wirtschaftskomödie" nennt, greift gleichfalls Motive und Metaphern des kritischen Börsen- und Spekulationsdiskurses auf, der sich im ausgehenden 19. Jahrhundert nach dem Platzen der gründerzeitlichen Blase 1873 herausgebildet hat. Diese antikapitalistischen Diskurse zeichnen sich durch leicht popularisierbare, binäre Oppositionen aus: Der Grund und Boden als Fundament von solider Arbeit, nationaler Identität und Männlichkeit wird der Luft als Ort der Spekulation, der internationalen Operationen und einer ‚windigen' Intellektualität entgegengesetzt. Diese Metaphern der traditionsreichen Börsen- und Bankenkritik bewegen sich in dem dekonstruktivistischen Sprachkosmos Elfriede Jelineks jedoch jenseits eines eindeutigen Täter-Opfer-Diskurses.

3 Tragische Formen

Wirtschaftliche Vorgänge spielen auch in tragödienaffinen Genres eine Rolle, insbesondere in denjenigen, die die bürgerliche Gesellschaftsformation begleiten, also im bürgerlichen Trauerspiel, im Familienschauspiel und sozialen Drama. Bürgerliche Schauspiele erklären den Besitz von (verleihbarem und vererbbarem) Kapital sowie Sparsamkeit, die deutlich gegen den Habitus des Geizhalses abgesetzt wird, zum Fundament des Familialen und zur Ursache von Konflikten (Koopmann 1993, 38). Darüber hinaus wird die Figur des Kaufmanns bedeutsam (Van Cleve 1986, 137–140). Die Stücke thematisieren wirtschaftliche Vorgänge dabei nicht nur in einem buchstäblichen (Fiederer 2002), sondern auch in einem übertragen-metaphorischen Sinne, wenn beispielsweise der Liebesdiskurs von ökonomischen Begriffen durchsetzt ist und die Väter ihre Töchter wie in Schillers *Kabale und Liebe* (UA 1784) als „Kapital" bezeichnen (Graham 1974, 114; Huyssen 1980, 216).

Zwischen den Leitgenres Tragödie und Komödie steht in gewissem Sinne Goethes Drama der Modernisierung, *Faust II* (1832, UA 1854), das das profunde ökonomische Wissen des Autors dokumentiert – Ökonomie avanciert im ausgehenden 18. Jahrhundert zur Haupt- und Modewissenschaft (Hüttl 1998, 24–25). Das turbulente Geschehen der Thronsaal-Szene im ersten Akt von *Faust II*, das sich vor dem „Hintergrund von finanziellem Bankrott, Korruption und Aufruhr" abspielt (Schöne 1994, 426) und sich auf die Französische Revolution sowie die Unruhen im Juli 1830 bezieht (Metscher 1992, 285), kreist um eine phantasmagorische Konsolidierung des Staatshaushaltes. Mephisto lässt Wechsel auf unterirdische Schätze ausstellen, die laut Goldener Bulle dem Kaiser gehören (Schöne 1994, 421). Dieses hochspekulative Projekt bezieht sich auf die zahlreichen misslungenen Versuche mit Papiergeld wie das Projekt von John Law (Binswanger 1985, 50–51) und wird als Schöpfung aus dem ‚Nichts' mit Magie, genauer: mit Paracelsus' magischen Ritualen des Schatzhebens assoziiert (Schöne 1994, 419). Goethe ordnet dem maroden Staat mithin eine fragwürdige Form der Wertschöpfung zu, die nicht auf Arbeit basiert, sondern auf der Eigendynamik des Geldes, auf Notengeldschöpfung, sowie auf der Ausbeutung der Natur (Binswanger ²1988, 163, 165).

Das soziale Drama des 19. Jahrhunderts, das Aspekte des bürgerlichen Trauerspiels fortschreibt (Schößler ⁴2015), macht durch gesellschaftliche Entwicklungen benachteiligte, von politischen und wirtschaftlichen Ressourcen ausgeschlossene Bevölkerungsschichten zum Personal, so dass die ökonomische Misere als Movens der dramatischen Entwicklung in den Vordergrund tritt. Schildert Jakob Reinhold Michael Lenz in seinem *Hofmeister* (UA 1778) einen Intellektuellen auf Stellungssuche in prekären Verhältnissen, so ist in Büchners *Woyzeck* (1836, UA 1913) Ökonomie endgültig zum Schicksal geworden. „Die Armut steht im *Woyzeck* logisch an dem Ort, an dem in der attischen Tragödie das ‚Schicksal' steht: sie ist die Prämisse des tragischen Syllogismus" (Glück 1986, 194). Das Drama *Woyzeck* lässt darüber hinaus deutlich werden, dass ökonomische Bedingungen die Voraussetzung für moralische Forderungen bilden bzw. dass das bürgerliche Tugendkonzept die Grenze zur pauperisierten Unterschicht abriegelt und dass das aufklärerische Mitleidsethos dem ästhetischen Selbstgenuss des Bürgers dient (H. Poschmann 1983, 273). Die sich vielfach auf Lenz und Büchner beziehenden sozialen Dramen des 19. und 20. Jahrhunderts perspektivieren Ökonomie in unterschiedlicher Weise: Gerhart Hauptmanns Stück *Vor Sonnenaufgang* (UA 1889) beispielsweise kritisiert die als dekadent bewerteten Bodenspekulationen der Gründerzeit (Colin 2014); sein Drama *Die Weber* (UA 1894) rekonstruiert auf der Basis wissenschaftlichen Materials und eigener Feldforschungen die wirtschaftlichen und mentalitätsgeschichtlichen Zusammenhänge, die zu einer totalen Verelendung der Spinner und Weber im Eulengebirge führen, beschäftigt sich also mit prekarisierender Arbeit.

An das soziale Drama schließt in den 1920er Jahren das neue kritische Volksstück an, das sich vor allem dem Sujet Arbeit widmet und marginalisierte Existenzen in wirtschaftlich problematischen Situationen zeigt, wie sie insbesondere die Inflationsschübe mit sich bringen. Ödön von Horváth macht in seinen Stücken (wie *Kasimir und Karoline*, UA 1932) das Geschlechterverhältnis im verunsicherten, prekarisierten Kleinbürgertum zum Gegenstand und führt, ähnlich wie in den 1970er Jahren Franz Xaver Kroetz, die Irritationen eines männlichen Bewusstseins durch sozialen Abstieg und Arbeitslosigkeit vor Augen. Frauen nehmen als schwächste Glieder den untersten Rang in der Wirtschaftsordnung ein und sind leicht zu kriminalisieren, wie in Horváths Totentanz *Glaube Liebe Hoffnung* (1932, UA 1936) und seinem Stück *Geschichten aus dem Wiener Wald* (UA 1931) kenntlich wird; in Letzterem verdingt sich die Protagonistin als Nackttänzerin und legt damit die problematischen Konditionen weiblicher Arbeit frei. Marieluise Fleißers soziale Dramen *Fegefeuer in Ingolstadt* (1924, UA 1926) und *Pioniere in Ingolstadt* (UA 1928/1929/1968) profilieren die Marginalisierung von Frauen ebenfalls, die (beispielsweise als Dienstmädchen) weder am ökonomischen noch am symbolischen Kapital partizipieren; an sie wird der gesellschaftliche Druck hierarchisch strukturierter (militärischer) Männerbünde weitergegeben. In den 1960er und 1970er Jahren, also in den sozialen Dramen bzw. Volksstücken von Franz Xaver Kroetz, Martin Sperr, Peter Turrini und anderen, gehören zum exkludierten Personal schließlich Hilfsarbeiterinnen und -arbeiter, Menschen mit Behinderung und Kleinkriminelle, die ebenfalls nicht an der liberalistischen Leistungsgesellschaft und ihren Normen zu partizipieren vermögen. Für diese tragikaffinen Dramengenres lässt sich insgesamt festhalten, dass ihre wirtschaftlichen Sujets in der Regel sozialkritische bzw. politische Haltungen dokumentieren; die bürgerlichen Autorinnen und Autoren werfen jedoch einen ambivalenten Blick auf die Depravierten, denn die Sujets des wirtschaftlichen Abstiegs und der prekären Arbeit werden auch (wie im Naturalismus) genutzt, um innovative ästhetische Formen in Abgrenzung von einer Kunsttradition durchzusetzen, die das Ökonomische als kunstlose Prosa abwertet und aus dem Reich der Poesie ausschließt.

Wie eng Ökonomie (als Inhalt) und ästhetische Form aufeinander beziehbar sind, zeigt sich in besonderem Maße in den Dramen von Bertolt Brecht. Dessen episches Theater, das gesellschaftliche Zusammenhänge als menschengemachte und veränderbare vorführen will, mit Distanzierung, Verfremdung und Unterbrechung arbeitet und auf diese Weise das eingreifende Denken des Publikums zu provozieren versucht (Gilcher-Holtey 2007), verknüpft auf präzise Weise ästhetische Form mit Ökonomiekritik (G. Berg und Jeske 1998, 73). Brechts Dramen legen den ideologischen Zusammenhang von historisierten ästhetischen Ausdrucksformen, beispielsweise dem jambischen Blankvers der Klassik, und dem wirtschaftlich bestimmten Status einer Figur frei, so z. B. in *Die heilige Johanna der Schlachthöfe* (1931, UA als gekürztes Radiohörspiel 1932, UA auf der Bühne 1959): Die Unternehmer sprechen in sentimentalen Augenblicken, die ihrer Geschäftstüchtigkeit keinen Abbruch tun, im Jambus Schillers und Goethes, um sich gegen die selbst geschaffene ökonomische Misere ‚abzudichten'; Sprachkritik fungiert damit als Wirtschaftskritik.

Im Anschluss an Brecht entwickelt die DDR-Dramatik elaborierte (Sprach-) Reflexionen, die die Kollaboration von Kunst und Gesellschaft freizulegen versuchen und ästhetische Hochwertformen für das sozialistische Projekt in Anspruch nehmen. Erwin Strittmatters Bauernkomödie *Katzgraben* etwa, die in Zusammenarbeit mit Brecht entstand und 1953 am Berliner Ensemble uraufgeführt wurde (Geerdts 1972, 250), handelt von der Überwindung der alten, auf Privatbesitz basierenden Ordnung durch neue Bewirtschaftungspraktiken. Dieser realitätsnahe Stoff wird im fünfhebigen Jambus präsentiert, den Heiner Müller in seinem Stück *Die Umsiedlerin oder Das Leben auf dem Lande* (UA 1961; unmittelbar danach Aufführungsverbot) ebenfalls einsetzt. Allerdings verliert sich der Vers in Müllers frühem Drama wiederholt in Prosapartien bzw. wird unablässig neu hergestellt; Peter Hacks deutet diesen „dialektischen Jambus" als Pendant der sozialistischen Aufbauarbeit (Hacks 1977, 81).

Für Brecht befragen Theatertexte als Versuchsanordnungen des Theatralischen immer auch die Institution Theater samt ihrer wirtschaftlichen Rahmung, also Arbeitsweisen und Produktionszusammenhänge (Karschnia und Wehren 2012, 18). Er ist entsprechend seit den Finanzkrisen des 21. Jahrhunderts Gewährsmann für eine differenzierte Kapitalismus- und Ästhetikkritik (vgl. zur Brecht-Rezeption von Elfriede Jelinek, René Pollesch, Heiner Goebbels, Rimini Protokoll und Armin Petras: Raddatz 2007; Patrut und Schößler 2015). Die deutschsprachigen Theater und Dramenautorinnen bzw. -autoren interessieren sich seit Mitte der 1990er Jahre, nicht zuletzt infolge der Wende (Schößler 2013), verstärkt für Wirtschaftsthemen, allem voran für sich vermarktende, sich selbst disziplinierende Subjekte und ‚diskriminierende' Prekarität (Dörre 2009), die zunehmend selbst die gesellschaftliche Mitte bedroht. Seit etwa 1995 entsteht eine große Zahl an ‚Wirtschaftsdramen' (u. a. von Elfriede Jelinek, Falk Richter, Kathrin Röggla, Moritz Rinke, Roland Schimmelpfennig, Martin Heckmanns; vgl. hierzu Schößler 2004, 288–289), ausgehend von dem Königsdrama der Wirtschaft, Urs Widmers *Top Dogs* (UA 1996), das arbeitslose Managerinnen und Manager zeigt (Murnane 2010). Diese Stücke grenzen sich in der Regel von der Mitleidsdramaturgie der 1970er Jahre ab und rücken neue Arbeitsfelder bzw. Typen ins Zentrum: den Dienstleistungssektor, Praktikanten, die New Economy, den Arbeitskraftunternehmer, den arbeitslosen Manager und Akademiker, vereinzelt den Börsianer. Der alte Konflikt zwischen Kapital und Arbeit scheint ausgedient zu haben (Blaschke 2009a). Die virulenten Themen der (verschwindenden) Arbeit, der Überlastungen durch Selbstregulierung und Projektförmigkeit sowie der Unkontrollierbarkeit des Finanzwesens erweitern auch in den neueren Stücken die ästhetische Ausdruckspalette: In Anlehnung an das

Dokumentartheater der 1960er Jahre unternehmen Autorinnen und Autoren Feldforschungen, praktizieren die ethnologische Methode der teilnehmenden Beobachtung und werden zu Expertinnen und Experten der jeweiligen Fachsprachen. Zugleich orientiert sich diese neue ‚soziale Dramatik' verstärkt an soziologischen Untersuchungen (Bähr 2012), knüpft beispielsweise an *Der neue Geist des Kapitalismus* von Luc Boltanski und Ève Chiapello, an Studien von Robert Castel und Klaus Dörre zu Prekarität sowie von Hans J. Pongratz und G. Günter Voß zur Theorie des Arbeitskraftunternehmers an, den Ulrich Bröckling in Anlehnung an Michel Foucault als selbstdisziplinierten Typus in einer postfordistischen Welt der Projektarbeit beschreibt (Boltanski und Chiapello 2003; Castel und Dörre 2009; Pongratz und Voß 2003; Bröckling 2007). Neben Dramentexten entstanden seit den 1990er Jahren zahlreiche Performances zu Geld und Prekarität (Pewny 2011), die ebenfalls die eigenen Produktionsbedingungen, also die institutionellen Rahmungen und Förderstrukturen reflektieren, sich mithin als ökonomische Unternehmen verstehen.

4 Theater in Unternehmen

Nicht nur die Kunst widmet sich wirtschaftlichen Prozessen, ihrerseits bedienen sich auch Unternehmen künstlerischer Verfahren, insbesondere dramatisch-theatraler. Das Theater wird dabei nicht nur als Vergleichsgröße und Metapher eingesetzt (Cornelissen 2004, 705–706), sondern in Unternehmen wird buchstäblich Theater gespielt, wobei von einer Homologie zwischen Betrieb und Drama auszugehen ist: Auch in Betrieben gibt es gemeinsame Strategien und Skripte, überwachende Instanzen (ähnlich der Regie im Theater) und Angestellte, die bestimmte Rollen performen (Vera und Crossan 2004, 728). Insbesondere das Improvisationstheater, das Keith Johnstone entwickelt hat, eignet sich für die Analyse betriebswirtschaftlicher Vorgänge, weil diese Theaterform verstärkt mit Alltagsgesten und -praktiken arbeitet, aus situationsbedingten Impulsen heraus entsteht und nicht durch einen Text fixiert ist. Das Unternehmenstheater will betriebliche Prozesse transparent machen, Umstrukturierungen vorbereiten, das Betriebsklima verbessern und die Rolle der Arbeitnehmerinnen und Arbeitnehmer reflektieren (Hüttler 2005; M. Berg 2005, 251–252). Es ist eine Kunstform, die Unternehmen zu ihrer Inspiration und als Werkzeug zu nutzen versuchen (Biehl-Missal 2011). Allerdings wird sowohl die von Kritikern des Unternehmenstheaters befürchtete Reproduktion vorhandener Machtstrukturen als auch die von Befürwortern in Aussicht gestellte Ermächtigung (*empowerment*) von Organisationsmitgliedern in der Evaluationsstudie von Badham et al. (2016) relativiert.

Ein anderer, in der Theaterwissenschaft bisher eher wenig verbreiteter Blick auf die Schnittstelle von Theater und Ökonomie ist derjenige auf die ökonomische, historisch und gesellschaftlich kontingente Verfasstheit des Theatermachens, also auf die Organisations- und Produktionsformen sowie die Arbeitsverhältnisse.

5 Theater als Unternehmen und Industrie

Ein weiter, sozialwissenschaftlich geprägter Ökonomiebegriff bezeichnet die soziale Sphäre der Produktion von Gütern, des Tausches sowie der (sparsamen) Verwendung und Verteilung von Ressourcen. Wirtschaft(en) stellt in diesem Begriffsverständnis nicht einen institutionell klar abgrenzbaren Teil der Gesellschaft dar, sondern eine Handlungslogik, die sich von anderen Handlungslogiken (künstlerisch, fürsorgend, spielerisch) unterscheidet. Das Theater(-Spielen) als Kunstform hat aus dieser Perspektive immer auch eine soziokulturell geprägte ökonomische Dimension. Vorhandene Ressourcen (Arbeitskraft, Geld, Zeit, materielle Ressourcen) gehen in einen Produktionsprozess ein, der in eine Aufführung mündet, die wiederum einen Tauschprozess konstituiert (Darstellung gegen Geld oder andere Tauschgüter wie Aufmerksamkeit, Applaus usw.). Gleiches gilt für Theaterautorinnen und -autoren bzw. Dramatikerinnen und Dramatiker: Neben dem künstlerischen Prozess des Schreibens müssen sie sich auf einem Markt behaupten, auf dem es neben monetären Vergütungen um Anerkennung, Reputation und Beziehungskapital geht (Bourdieu 1999; Amlinger 2015).

Die Geschichte des Theaters (und auch anderer Künste) war im westlichen Kulturkreis (Europa und Nordamerika) lange geprägt von aus heutiger Sicht prekären Lebensumständen der Wanderbühnen bzw. der (auch finanziellen) Gunst der oberen Gesellschaftsschichten. Die deutsche Theaterlandschaft mit ihren derzeit 143 öffentlich subventionierten Stadt- und Staatstheatern sowie Landesbühnen (so die Theaterstatistik 2015/2016, vgl. Deutscher Bühnenverein 2017) ist einmalig. Die historischen Wurzeln dieser Theaterlandschaft liegen in der lange Zeit dezentralen Struktur des deutschsprachigen Raums mit seinen vielen Fürstentümern und freien Städten. Während in anderen Ländern (z. B. Frankreich und England) eine zentralistische nationalstaatliche Kulturförderung überwog, entwickelten sich in Deutschland und Österreich aus den seit Ende des 18. Jahrhunderts entstandenen Hof-, National- und Stadttheatern (1775 in Gotha, 1777 in Mannheim, 1776 in Wien, 1809 Stadttheater in Hamburg, Ende des 19. Jahrhunderts Entstehung von Volksbühnen und städtischen Regiebetrieben) eine Vielzahl an mit festen Spielstätten und Schauspielerinnen bzw. Schauspielern ausgestatteten Kulturtheatern. Die durch die öffentliche Hand finanzierten Theater, wie wir sie heute kennen, bestehen ungefähr seit den 1940er Jahren; auf die Zeit der 1920er Jahre geht das Verfassungsrecht auf künstlerische Freiheit zurück (Waidelich 1991; Hoegl 1995, 33–35). Neben den öffentlichen Theaterunternehmen gibt es – Stand: Ende 2016 – 74 Privattheater, die Mitglieder im Deutschen Bühnenverein sind, 77 Festspiele und eine breit gefächerte, zum Teil institutionell, zunehmend aber projektbezogen geförderte Freie Theaterszene (Deutscher Bühnenverein 2017).

Zentrale Merkmale deutscher öffentlicher Theater sind neben den beträchtlichen steuerfinanzierten öffentlichen Zuschüssen der Spielbetrieb im Repertoiresystem und die Ensemblestruktur. Ein Stadt- oder Staatstheater kann als öffentliches Unternehmen bezeichnet werden, das innerhalb eines oder mehrerer Betriebe Produktionsfaktoren für Theateraufführungen (und gegebenenfalls weitere Dienstleistungen wie Gastronomie, Events usw.) kombiniert. Unabhängig von der Art und Weise, wie die Prozesse zur Kombination von Produktionsfaktoren institutionalisiert sind, müssen daher die Funktionen z. B. der Beschaffung, der Investition und Finanzierung, der Produktion und des Absatzes einschließlich des Marketings erfüllt werden. In der gegenwärtigen spezifischen Produktionsweise und Arbeitsorganisation mit den beteiligten Künsten bzw. kunstnahen Professionen (Autorschaft, Regie, Schauspiel, Kostüm, Maske, Bühnenbild, Beleuchtung, Dramaturgie) und Gewerken wird zum einen eine bewahrenswerte Tradition, zum anderen aber auch ein unzeitgemäßes, nach neuen agilen Managementansätzen zu reformierendes (Manufaktur-)System gesehen (siehe z. B. U. Schmidt 2014). Insbesondere im Bereich der Marktforschung und des Marketings ist gegenwärtig eine zunehmende Orientierung an privatwirtschaftlichen Strategien zu beobachten. Dies lässt sich, positiv formuliert, als Professionalisierung und Zielgruppenorientierung, kritisch aber auch als Ökonomisierung und eine der künstlerischen Produktion nicht angemessene Ideologie der Kundenorientierung beschreiben (vgl. Klaic 2012).

Eine besondere Herausforderung ergibt sich aus der für öffentliche Unternehmen typischen und im Bereich der Künste noch einmal zugespitzten Heterogenität von Unternehmenszielen. Neben der Kunst sind dies die Bewahrung kultureller Tradition, die Bildung (z. B. Kooperationen mit Schulen, Audience Development), möglicherweise die Unterhaltung im Sinne eines Freizeitangebotes und zunehmend auch Aspekte sozialer Arbeit (mit Migrantinnen und Migranten, benachteiligten Jugendlichen usw.) – dies alles unter der Rahmenbedingung zwar nicht der Gewinnzielung, aber der durch öffentliche Haushalte und Auslastungsvorgaben eingeforderten Wirtschaftlichkeit (vgl. Mandel 2015).

Die Besonderheiten künstlerischer und kreativer Produktionsweisen werden in den Wirtschafts- und Sozialwissenschaften seit knapp 20 Jahren unter der Überschrift *Creative Industries* untersucht, maßgeblich initiiert durch den US-amerikanischen Industrieökonomen Richard E. Caves und seine gleichnamige Studie aus dem Jahr 2000. Hierbei wird nicht ein enger Industriebegriff im Sinne der Produktion und Weiterverarbeitung materieller Güter oder Waren in Abgrenzung zur Landwirtschaft und zu Dienstleistungen zugrunde gelegt, sondern ein weites Begriffsverständnis, das die Wechselbeziehungen von Unternehmen, Produktionsweisen und Märkten zum Gegenstand einer ökonomischen Analyse macht (vgl. Throsby 2001). Die ‚Creative Industries', zu denen nach Caves' Untersuchung auch die darstellenden Künste gehören, zeichnen sich aus dieser Perspektive aus durch: (1) eine kaum vorhersagbare Nachfrage nach neuen künstlerischen Produkten (*nobody knows*), (2) unbegrenzte Variationsmöglichkeiten kreativer Produkte durch einzigartige künstlerische Inputs (*infinite variety*), (3) die Dauerhaftigkeit einiger künstlerischer Produkte, die auch nach ihrer Produktion erstanden bzw. konsumiert werden können (Musik, Film, Literatur) (*ars longa*), (4) eine besondere Identifikation mit den Produkten der eigenen Arbeit (*art for art's sake*), (5) das Zusammenwirken unterschiedlich qualifizierter und spezialisierter Künstlerinnen und Künstler und Nicht-Künstlerinnen und Nicht-Künstler bei sogenannten komplexen kreativen Gütern (*motley crew*), (6) permanente Bewertung und vertikale Differenzierung (Ranking) künstlerischer Inputs und Produkte (*A list / B list*) sowie (7) die Abhängigkeit der ökonomischen Profitabilität kreativer Aktivitäten von genauer zeitlicher Koordination der Produktion und der zeitnahen Realisierung von Einkünften (*time flies*).

Dieser im Einzelnen sicherlich kritisch zu diskutierende Versuch der Identifikation von ökonomischen Merkmalen künstlerischer Produktion verweist für das Theater u. a. auf eine projektförmige Produktionsweise mit Zeitdruck und heterogenen Arbeitsinputs, eine besondere künstlerische Motivation und die Bedeutung eines auf in der Regel externen Bewertungen basierenden Reputationssystems (A-Theater, B-Schauspielerinnen und -Schauspieler, preiswürdige Inszenierungen, nachgefragte Autorinnen und Autoren usw.). Diese Merkmale haben direkte Auswirkungen auf die Arbeitsbeziehungen und die Beschäftigungsverhältnisse von Theaterkünstlerinnen und -künstlern sowie auf die an sie gestellten Arbeitsanforderungen.

6 Theatermachen als (Erwerbs-)Arbeit

Auf dem künstlerischen Feld besteht die Tendenz, ökonomische Handlungslogiken zu negieren bzw. zu verschleiern (Bourdieu 1982; 1999). Es wundert daher nicht, dass eine Auseinandersetzung von Theaterkünstlerinnen und -künstlern mit ihren Beschäftigungsbedingungen keine lange Tradition hat und dass die Untersuchung der Arbeitsverhältnisse und -bedingungen von am Theater Beschäftigten allenfalls am Rande Gegenstand der Theaterwissenschaft war und ist. Aber auch in der sozialwissenschaftlichen Arbeitsforschung hat die Analyse künstlerischer Arbeitsbedingungen erst in jüngerer Zeit sowohl quantitativ als auch qualitativ im Sinne einer für Entwicklungen in der Arbeitswelt insgesamt bedeutsamen Forschung zugenommen (siehe z. B. Menger 1999; Gottschall und Schnell 2000; McKinlay und Smith 2009; Müller-Jentsch ²2012; Manske 2015). Eine längere Tradition jedoch hat die ökonomische Untersuchung der Spezifika künstlerischer Arbeitsmärkte (so z. B. bereits Baumol und Bowen 1966).

Ein arbeitswissenschaftlicher bzw. arbeits- und organisationssoziologischer Blick auf Theaterarbeit zeichnet sich dadurch aus, dass nicht von den künstlerischen Besonderheiten ausgegangen wird, sondern diese als Rahmenbedingung für eine Analyse von Arbeits-, Organisations- und Kooperationsformen sowie z. B. von Karrieremustern und Arbeitsmarktmerkmalen dienen. Bemerkenswert ist aus dieser Sicht an den öffentlichen Theatern zunächst die auf temporären Arbeitsverträgen, die im Normalvertrag (NV) Bühne, also: Normalvertrag (NV) Bühne kodifiziert sind, aufbauende Ensemblestruktur, die um Gastverträge (bisweilen auch sogenannte ‚feste Gäste') ergänzt wird. Ökonomisch handelt es sich hierbei um hybride Verträge zwischen freien Markttransaktionen auf der Basis von Kaufverträgen und auf Dauer angelegten Kooperationsbeziehungen mit unbefristeten Beschäftigungsverhältnissen. So entsteht ein Arbeitssystem, das – ganz ähnlich dem Profi-Teamsport – sowohl Stabilität (zumindest für eine Spielzeit) als auch Flexibilität (kaum Kündigungsschutzrechte, große Arbeitsmobilität zwischen Organisationen) beinhaltet. Dieses an den Stadt- und Staatstheatern etablierte Beschäftigungsmodell ist allerdings nicht alternativlos, wie sowohl die hoch flexiblen Arbeitsformen in der Freien Szene und in den meisten anderen Ländern als auch das inzwischen historische, auf dauerhafter Beschäftigung fußende Modell in der DDR zeigen.

Für ein Gesamtbild der Arbeitsbedingungen von Theaterkünstlerinnen und -künstlern sind neben den Beschäftigungsverhältnissen auch die Arbeitsmarktbedingungen, die personalpolitischen Formen der Nutzung von Arbeitskraft und die Handlungsstrategien der Arbeitenden selbst zu untersuchen. Hierbei fällt zunächst auf, dass sich in einzelnen Theatern zwar (zwangsläufig) unterschiedliche Betriebs- und Führungskulturen und auch spezifische Arbeitsweisen herausbilden, insgesamt aber eine auffallende Isomorphie der Arbeits- und Organisationsformen und damit ein kohärentes Beschäftigungssystem zu beobachten ist (Haunschild 2004). Dies liegt nicht zuletzt an der hohen interorganisationalen Mobilität der Theaterkünstlerinnen und -künstler (aus dem Bereich Regie, Schauspiel, Tanz, Gesang/Musik, Intendanz, Bühnenbild etc.).

Der Arbeitsmarkt für Theaterkünstlerinnen und -künstler zeichnet sich grundlegend durch Merkmale aus, die von Ökonomen für Arbeitsmärkte von Künstlerinnen und Künstlern allgemein herausgearbeitet wurden, etwa *pool of talent* (es gibt immer mehr hochqualifizierte Arbeitskräfte als nachgefragt werden, was zu einem starken Wettbewerb unter den Kreativen führt), *starving artists* (die Entlohnung ist für die allermeisten Künstlerinnen und Künstler wesentlich geringer als für Arbeitskräfte mit ähnlichem Qualifikationsniveau in anderen Branchen), *multiple job holding* (viele Künstlerinnen und Künstler haben mehrere Jobs als Einnahmequelle, wobei mit der Kunst oft sogar nur ein kleiner Teil des Einkommens erzielt wird) und *early career effects* (einige wenige Karrieren verlaufen sehr steil und sind zum Teil schon von der Reputation der Ausbildungsinstitution vorgezeichnet; viele andere Künstlerinnen und Künstler schaffen gar nicht erst den Einstieg in den Arbeitsmarkt) (siehe zusammenfassend hierzu Haunschild 2004; 2014). Ensembleverträge, die eine sozialversicherungspflichtige Beschäftigung darstellen, markieren insofern eine Abweichung vom Merkmal des *multiple job holding*, als trotz der im Normalvertrag Bühne geregelten geringen Mindestgage von monatlich 2.000 Euro brutto (Stand: 1. April 2018) zumindest die ca. 2.000 abhängig beschäftigten Schauspielerinnen und Schauspieler (von insgesamt nach Angaben des Bundesverband Schauspiel BFFS ca. 15.000 professionellen Schauspielerinnen und Schauspielern in Deutschland) nicht zwangsläufig auf weitere Einkommensquellen für ihren Lebensunterhalt angewiesen sind. Wie für andere Künste gilt jedoch auch für das Theater, dass ein Großteil der Künstlerinnen und Künstler nicht von der künstlerischen Arbeit leben kann (vgl. Haak 2008).

Projektarbeit, befristete Verträge, organisationsübergreifende Karrieren, Bewertungen in der professionellen Community sowie der Druck, sich permanent im Wettbewerb um Aufträge bzw. Rollenbesetzungen behaupten zu müssen, führen zu einer individualisierten, durch Selbstvermarktung geprägten Nutzung von Arbeitskraft, die sich nahtlos in den von Boltanski und Chiapello (2003) durch Projekte und Netzwerke geprägten ‚neuen Geist' des Kapitalismus einfügt und sich mit Pongratz und Voß (2003) als Arbeitskraftunternehmertum charakterisieren lässt (Eikhof und Haunschild 2004). Mit dem Konzept des ‚Arbeitskraftunternehmers' bezeichnen Pongratz und Voß eine neue, postfordistische Form der Nutzung von Arbeitskraft, die von standardisierten Qualifikationen, gedämpfter Ausbeutung und sozialer Absicherung im Fordismus abweicht und durch Selbstkontrolle, Selbstökonomisierung und eine Verbetrieblichung der Lebensführung gekennzeichnet ist.

Der Grad der Selbstkontrolle ist aufgrund der Eingebundenheit in fremdorganisierte Probenprozesse, Aufführungen und Besetzungen zumindest für Schauspielerinnen und Schauspieler am Theater eher gering bzw. bezieht sich weniger auf die Arbeitsorganisation als auf die künstlerische Arbeit selbst und die eigene Weiterentwicklung. Eine explizite Personalentwicklung oder formalisierte Rekrutierungsverfahren findet man am Theater in aller Regel nicht. Autoritätsbeziehungen werden eher künstlerisch denn formal und hierarchisch wahrgenommen und legitimiert. Selbstvermarktung findet nicht nur im Wettbewerb um Engagements statt, sondern auch im Wettbewerb um (gute, große) Rollen, wobei Besetzungsentscheidungen und Vertragsverlängerungen bzw. Gastverträge ein Signal für erfolgte Talent- und Leistungsbewertungen darstellen. Der Zwang zur permanenten Selbstökonomisierung, aber auch die Tatsache, dass das Theater einen relativ geschlossenen sozialen Lebensraum markiert, tragen zu einem Verweben der Grenzen zwischen Arbeit und anderen Lebenssphären und damit zu einer Verbetrieblichung der gesamten Lebensführung bei.

Bemerkenswert ist, dass das mit dem Arbeitskraftunternehmertum charakterisierte Bild der Ökonomisierung und Vermarktung (ökonomische Logik) mit einem Selbstverständnis als Künstler (künstlerische Logik) einhergeht, das sich auch heute noch an Bohème-Idealen orientiert: Dazu gehören eine bewusste Abgrenzung von der Mitte der Gesellschaft und einem ‚spießigen Leben' (Distinktion), Schauspielen als Berufung und nicht als Beruf, die Wahrnehmung des (Arbeits-)Lebens aus künstlerischer Perspektive, verbunden mit der Unterordnung des Privatlebens unter die Anforderungen des Arbeitslebens, die Kontaktpflege an (halb-)öffentlichen Plätzen (z. B. Kantine, Premierenfeiern) und zum Teil auch die Umdeutung von Prekarität zur notwendigen Konsequenz des Künstlerseins. Der damit verbundene Lebensstil hilft Theaterkünstlerinnen und -künstlern, ein arbeitsdominiertes, durch Mobilität geprägtes Leben mit temporären Arbeitsbeziehungen zu führen und zu akzeptieren, die gesamte Persönlichkeit zu vermarkten und dabei ökonomische Kalküle und Marktmechanismen (z. B. der interessenbezogenen sozialen Vernetzung) zu verschleiern, aber auch künstlerischen Individualismus mit dem für das Theater wichtigen Kollektiv zu verbinden (ausführlicher hierzu siehe Eikhof und Haunschild 2006; zu Genderaspekten dieser Arbeits- und Beschäftigungsbedingungen Schößler und Haunschild 2011). Eine unmittelbare ökonomische Relevanz ergibt sich hieraus insofern, als diese lebensstilgeprägten Präferenzen für Arbeitgeberinnen und Arbeitgeber bedeuten, dass sie Beschäftigungsverhältnisse temporär und flexibel gestalten können und dass sie von der Aufopferung und Kreativität der Arbeitskräfte profitieren, hierbei aber monetäre Anreize gering halten können. Warum jedoch angesichts aktueller ökonomischer Entwicklungen dieser ‚soziale Kontrakt' zwischen Theaterkünstlern und Theater zumindest von Schauspielerinnen und Schauspielern zunehmend in Frage gestellt wird, soll im Folgenden diskutiert werden.

7 Aktuelle ökonomische Entwicklungen

Das Theater als Teil des ökonomischen Feldes ist von den sich verschärfenden Wirtschaftsbedingungen nach 1989 auch als Institution betroffen und muss einschneidende „Rationalisierungsmaßnahmen" hinnehmen. Die Wende brachte, so Hans-Thies Lehmann, „Strukturdebatten, Finanz-, Orientierungs- und Funktionsprobleme" mit sich (H.-T. Lehmann 1999, 15), führte zur Zusammenlegung von Sparten, ja zur Schließungen ganzer Häuser, zu Publikumsschwund und Legitimationskrisen. Gegenwärtig muss das subventionierte Theater verstärkt um seine Legitimation kämpfen und gerät aufgrund des Rationalitätsmythos der Effizienz unter Druck (Cossel 2011). Einen Beitrag zur Ökonomisierung des Kultursektors und damit auch der darstellenden Künste leistet zudem der gegenwärtige Diskurs um die volkswirtschaftliche und regional-ökonomische Bedeutung der Kultur und Kreativwirtschaft. Eine Unterstützung kulturwirtschaftlicher Unternehmen in den Ländern, Städten und Kommunen erfolgt hierbei mit dem Ziel einer Aufwertung von Wirtschaftsstandorten im Sinne der regionalökonomischen Analysen von Richard Florida (2002). Eine solche Standortpolitik führt jedoch nicht zu einem Ausbau der Subventionierung von Stadt- und Staatstheatern, sondern in der Tendenz zur Förderung öffentlichkeitswirksamer Festivals oder zur Transformation von Ensembletheatern in vermehrt auf Gastspiele und Kooperationen und damit auf die Produktionsweisen der Freien Theaterszene setzende Veranstaltungszentren mit kuratierten Projekten (siehe aus Sicht des Freien Theaters auch Brenner 2013; Mittelstädt und Pinto 2013). Kooperationen zwischen Freien Theatergruppen und festen Häusern werden auch durch die Kulturstiftung des Bundes aus dem Fonds ‚Doppelpass' gefördert, und einige Intendantinnen und Intendanten verfolgen für ihr Haus insgesamt eine Strategie der Annäherung an Arbeitsweisen des Freien Theaters.

Diese Entwicklungen implizieren Möglichkeiten für innovative künstlerische Experimente, spiegeln sich aber auch in einem kontinuierlichen Rückgang der Zahl der Ensembleschauspieler und in einer Zunahme von Gastverträgen wider (siehe Deutscher Bühnenverein 2016; ferner U. Schmidt 2014). Dabei wird von den Theaterkünstlerinnen und -künstlern selbst eine zunehmende Flexibilisierung und Arbeitsintensivierung, z. B. durch eine Erhöhung der Aufführungszahlen und verkürzte Proben- und Ruhezeiten, wahrgenommen (Schößler und Haunschild 2011).

Die bereits auf Flexibilität, Mobilität, Kurzfristigkeit und einem arbeitsdominierten Leben beruhende künstlerische Theaterarbeit an den öffentlichen Theatern wird in der Konsequenz verdichtet, durch steigenden Budgetdruck und projektbasierte Finanzierungen ökonomisiert und von den Rändern der Freien Szene herkommend prekarisiert. Darüber hinaus nimmt die Wahrnehmung der eigenen Prekarität und des Ökonomisierungsdrucks durch die Theaterkünstlerinnen und -künstler selbst zu (Loacker 2010). Daraus resultiert zum einen die im ersten Teil für die Dramatik nach den 1990er Jahren dargelegte Selbstreflexion der eigenen Arbeitsbedingungen in der Kunst. Zum anderen zeigen Initiativen wie ‚art but fair' (seit 2013) und jüngst das ‚ensemble-netzwerk' (seit 2015), dass ein Bedürfnis nach Kollektivierung und Interessenpolitik besteht, um den geschilderten Tendenzen der Prekarisierung, Ökonomisierung und Arbeitsverdichtung entgegenzutreten. Solche Initiativen verweisen nicht zuletzt darauf, dass Theaterkünstlerinnen und -künstler Merkmale einer Gratifikationskrise (Siegrist 2015) aufweisen, dass also die Gegenleistung für den zeitlichen, motivationalen, emotionalen und physischen Einsatz nicht mehr als angemessen wahrgenommen wird. Die künstlerische Identität und Selbstverwirklichung, die viele belastende Elemente künstlerischer Arbeitsverhältnisse kompensierten, können dies bei zunehmender Ökonomisierung offensichtlich immer weniger leisten.

Die Ökonomie ist, wie dieser Beitrag zu zeigen versuchte, bereits seit langem Gegenstand der Dramatik *und* stellt eine bedeutsame Dimension künstlerischer Arbeit dar. Die dargelegten Ökonomisierungstendenzen verändern das Verhältnis zwischen künstlerischer und ökonomischer Logik maßgeblich und beeinflussen die Auseinandersetzung mit Wirtschaftsthemen sowohl in der Gegenwartsdramatik als auch im Theatermanagement und in der Arbeitswelt Theater.

Jürgen Raab und Dirk Tänzler
IV.8 Theatralität und Politik

1 Hinführung

Theater kann politisch sein, politisches Handeln ist *per se* theatral. Die Anerkennung menschlichen Machtstrebens und die Legitimation politischer Herrschaft bedürfen der Dramaturgie und Inszenierung. Für Niccolò Machiavelli besteht Politik in der Kunst der Ver-Führung um des Erfolgs willens. Grundsätzlich ist es aber seine „natürliche Künstlichkeit" (Plessner 1981a [1928], 309), die das *zoon politikon* zum Maskenträger und Schauspieler auf den Brettern, die die Welt bedeuten, erheben. Das politisch handelnde Wesen führt sein Leben als Rollenträger im Modus des ‚Als-ob'. Darstellung und Politik sind daher Selbstbehauptungsversuche einer zu Weltoffenheit und Bestimmungslosigkeit disponierten Gattung. Wenn für die Neuzeit und die Moderne seit Thomas Hobbes zudem die Repräsentation als Kern des Politischen gilt, ist der Zusammenhang von Theatralität und Politik in doppelter Perspektive zu entfalten. Zum einen als allgemeine Theorie der symbolischen Politik, zum anderen als konkrete Analyse der je soziohistorischen Figurationen von Repräsentanten und Repräsentierten, in denen dann auch die bekannten Requisiten des Theatralen zum dramaturgischen Einsatz kommen und durchaus dramatische Wirkungen entfalten können: Aufführungen, Bühnen, Darstellerinnen, Darsteller und Publikum, Symbole, Rituale und Zeremonien, Mimik, Gestik, Rhetorik und Prosodie.

2 Von der Theatrokratie zur symbolischen Politik

In der Wissenschaft von der Politik wie in der breiten Medienöffentlichkeit hat sich für die in der Regel kritische, wenn nicht gar pessimistische Rede von der Theatralisierung des Politischen die griffige Formel von der ‚symbolischen Politik' eingebürgert. Während die einen darin eine unter den Bedingungen der modernen Mediengesellschaft zunehmend an Bedeutung gewinnende Machttechnik sehen, erkennen andere in ihr zwar auch ein allgemeines, aber doch letztlich ‚unwesentliches' und daher sekundäres, parasitär bis zerstörerisch wirkendes Moment politischen Handelns. Dabei sind die Vorbehalte gegenüber der Theatralisierung des Politischen so alt wie die politische Theorie selbst. So spricht Platon im dritten Buch der *Gesetze* von ‚Theatrokratie' und meint damit die Herrschaft des schlechten Geschmacks mediokrer Volksschichten, also das, was wir heute Populismus nennen (Platon 1988; Soeffner 1994; Tänzler 2003). Politik gilt den Athenern noch als die Kunst, den Menschen zum Bürger zu erheben, der zum Wahren, Guten und Schönen strebt, und die Musik hatte das politische Ziel der Temperierung der natürlichen Triebe des Menschen, somit der Menschwerdung in der Polis. Die Verwirklichung des *zoon politikon* sieht Platon jedoch durch die Halbbildung der Bürger in der Demokratie bedroht, die sich, durch Dichter und Rhapsoden verführt, ein Urteil über die Kunst anmaßen, das ihnen nicht zukommt. Der so ausgelöste Verfall von Theater und Musik untergräbt aus Sicht Platons schließlich die Grundlagen des Staates.

Zu Anfang der politischen Philosophie der Neuzeit verlegt auch Thomas Hobbes das Politische auf eine Theaterbühne, auf der Souverän und Bürger die ihnen zugedachten Rollen spielen. Wie Platon ist er – den Religionskrieg vor Augen – skeptisch gegenüber dem Wort, das den Staat durch sophistische Rhetorik, Propaganda und Meinungsmanipulation gefährdet. Hobbes sinnt über eine optische Maschine zur Herstellung adäquater politischer Gesinnung nach und wird mit seinem *Leviathan* zum Begründer der politischen Vertrags- und Repräsentationslehre sowie, seinem prominenten Vordenker Platon gleich, zu einem frühen Medientheoretiker (Tänzler 2005a). Wenn Friedrich Nietzsche Platons Gedanken der Theatrokratie gegen Ende des 19. Jahrhunderts in den Romanen Gustave Flauberts und in Richard Wagners Idee vom Gesamtkunstwerk in neuer Gestalt und dann, mit Karl Marx zu sprechen, als Farce, nämlich als Vorboten der Kulturindustrie und des die Politik verderbenden schlechten Massengeschmacks wiederauferstehen sieht, dann ist der modernen Medienkritik und Manipulationstheorie mit ihrer These vom verderblichen Charakter der symbolischen Politik endgültig der Weg bereitet (Nietzsche 1977 [1888]; Tänzler 2005b).

Befürworterinnen bzw. Befürworter und Kritikerinnen bzw. Kritiker des Konzepts der symbolischen Politik bemühen eine von Murray Edelman (Edelman [2]1990 [1964/1971]) eingeführte Unterscheidung: Die ‚eigentliche' Politik, nämlich das Entscheidungshandeln politischer Eliten, finde auf einer dem Publikum verborgenen ‚Hinterbühne' statt. Auf der ‚Vorderbühne' werde dem Publikum reine Show, Pseudo-Politik, geboten, die der Camouflage des alles entscheidenden Geschehens im politischen Arkanum diene (Schwartzenberg 1980). Symbolische Politik verfällt dem Verdikt vom ästhetischen Schein und gilt im Falle ihrer Verselbständigung gar als genuin nicht-politisches Handeln, als „politics without policy" (Eppler 1992, 80) oder „politisches Placebo" (Dörner 1995, 53). Ihr gewissermaßen diabolisches Gesicht vermag aber „mit minimalem Aufwand ein Maximum an Schaden anzurichten" (Jessen 2006, 3–4), wenn politische Entscheidungen nicht im Parlament, sondern vor laufenden Kameras verkündet werden, wenn Machthaber ihre politischen Untertanen rhetorisch demütigen oder bestehende gesellschaftliche Ungleichheiten schönreden, vor allem aber, wenn symbolische Politik – wie im ‚Karikaturenstreit' 2005/2006 oder im Vorfeld des Terroranschlags auf *Charlie Hebdo* vom 7. Januar 2015 (vgl. Tänzler 2015) – gar Terrorismus und Krieg befördert. Andererseits kann symbolische Politik auch ‚das helle Licht der Aufklärung' und damit Mündigkeit verbreiten, wenn etwa zivilgesellschaftliche Protestbewegungen in ihrem Kampf gegen bestehende Herrschaftsverhältnisse die kommunikative Macht der Symbole nutzen (Schwemmer 2006; Raab und Soeffner 2007; Stanisavljevic 2015).

Die bislang skizzierte Zweiweltenlehre erweist sich noch in einer anderen Hinsicht als problematisch. Denn sie überspannt die bereits bei Murray Edelman angelegte Tendenz, symbolische Politik prinzipiell mit der ‚Folklorisierung' von politischer Kultur gleichzusetzen – eine Trivialform, die zumal nur dann auftritt, wenn politische Kultur im Alltag nicht mehr ‚greift', die Legitimationen also keine Programmierung von Handlungen und Systemen mehr leisten (Rohe 1987). Auf diese verzerrte und unzulängliche Sichtweise gründet sich die verbreitete Annahme, symbolische Politik sei eine unerwünschte Nebenwirkung der Medialisierung des modernen Alltags und damit einer Politikvermittlung und Politikwahrnehmung, die sich durch den Widerspruch zwischen der zunehmenden Komplexität politischer Handlungszusammenhänge einerseits auszeichnet, etwa durch die Auflösung klarer Hierarchien in netzwerkartige Verflechtungen und Abhängigkeiten (Granovetter 1985; Castells 2001), und dem Zwang zu Vereinfachung und Verflachung in der medialen Politikdarstellung andererseits (Sarcinelli 1987; Beyme 1994). Insbesondere im Fernsehen, der sogenannten vierten Macht im Staate, wachse sich symbolische Politik zu einem die repräsentative Demokratie bedrohenden ‚Krebsgeschwür' aus. Im Fernsehen gebäre die Medialisierung den Ernstfall allen Unernstes in der Politik und ziehe ihren Ausverkauf an die Medienmacher und die Publikumsgunst nach sich. Die Ästhetisierung des Politischen wie des Lebens erscheint als Grundübel der Zeit (T. Meyer 1992; Guggenberg 1994; vgl. aus philosophischer Sicht Bubner 1993). Dagegen findet sich Edelmans ursprüngliche, an Erving Goffman anschließende Idee einer dramatologischen Theorie politischen Handelns in jenen Ansätzen wiederbelebt, die einen soziologisch erweiterten Politikbegriff einführen. In der sogenannten Inszenierungsgesellschaft, so auch der Titel eines Ende der 1990er Jahre erschienenen Handbuchs (H. Willems und Jurga 1998), werde das Sich-Darstellen zu einem ubiquitären Zug gesteigerter Selbststilisierung, was dazu führe, dass sich symbolische Politik in moralisierender Absicht von dem Arkanum staatsbezogenen Handelns ablöse und verselbständige. Prototypen sind Formen der Politisierung des Alltags, z. B. der Arbeits- und Geschlechterverhältnisse, die Veralltäglichung von Kirchentagsritualen (Lichterketten, Dauerlüften weißer Bettlaken) und die Politisierung des Unpolitischen (Loveparade, Events aller Art). Diese Formen von ‚Lebensstilpolitik' (Berking und Neckel 1987; kritisch Soeffner und Tänzler 2002a sowie Soeffner 2005) leben von der Geste der ästhetischen Zurschaustellung von Gesinnung, während umgekehrt der allerorts beklagte Vertrauensverlust in die Politik, der in erster Linie aus dem Nicht-Erfüllen der politischen Funktionen durch die Politikerinnen und Politiker resultiert, auch mit dem Zerbrechen oder zumindest dem Wandel von Form und Ästhetik und nicht nur von Inhalt und Pragmatik des Politischen in Verbindung steht (für Stimmen, die gerade für Deutschland einen Verlust des Ästhetischen in der Politik beklagen, vgl. Bohrer 1986).

3 Figurative Politik: Zum Problem politischer Repräsentation und Inszenierung

Politik, so Max Weber, ist „das Streben nach Macht" (M. Weber ^{5}1976 [1921/1922], 822). Macht aber ist eine asymmetrische soziale Beziehung und dadurch bestimmt, dass „obwohl *beide* Seiten handeln, [...] das, was geschieht, dem Machthaber *allein* zugerechnet" wird (Luhmann ²1988 [1975], 15–16). Von Macht in diesem Verständnis unterscheidet sich Repräsentation als Stellvertretungshandeln prinzipiell dadurch, dass erstens die Folgen der Entscheidungen und Handlungen des Repräsentanten allein die Repräsentierten zu tragen haben und – aufgrund des politischen Vertrages – auch zu tragen bereit sind. Das gelingt nur unter der Bedingung, dass zweitens der Repräsentant zugleich als Verkörperung und Vermittlung eines Ganzen, einer geteilten symbolischen Ordnung, in der Person des Stellvertreters auftritt und als solche Anerkennung findet. In diesem Sinne bezieht sich Stellvertretung immer auf eine politische Verfassung, einen Stellvertretungsvertrag. Macht ist ein bilaterales soziales Verhältnis zwischen Ego und Alter, legitime Herrschaft dagegen eine trilaterale Beziehung, in der Ego und Alter durch die Vermittlung des ‚generalized other' (Mead 1934) zu Repräsentant und Repräsentiertem werden: Politikerinnen und Politiker stellen zunächst etwas dar, nämlich die Repräsentanten einer Interessensgruppe oder Gesinnungsgemeinschaft; diese Repräsentationsfunktion verlangt von ihnen die Politikinszenierung, wobei Letztere nur durch jene legitimiert und fundiert ist.

Handeln wird also politisch durch den Bezug auf eine symbolische Ordnung des Politischen (Tänzler 2008). Schon bei Aristoteles findet sich die Einsicht, dass das Politische an den Symbolismus gebunden ist: Nur mittels Symbolen, bei Aristoteles der Sprache, können die Differenz und der Sinn für das Nützliche und Unnütze, für das Gute und Böse und für das Richtige und Falsche artikuliert werden; nur so lässt sich das moralische und politische Wesen des Menschen manifestieren (Aristoteles 1995b, 4). Gegenüber dieser formalen Bestimmung weist Eric Voegelin dem Symbolismus eine spezifischere Funktion zu: Eine Gesellschaft wird politisch, indem sie sich artikuliert und einen existenziellen Repräsentanten – eine Person oder ein Kollegium – ihres politischen Willens hervorbringt (Voegelin 1959 [1952], 62–67). Weder Aristoteles noch Voegelin fragen jedoch nach den Konstitutionsbedingungen der politischen Artikulation, also nach der Repräsentation als Verkörperung, Darstellung oder Inszenierung einer symbolischen Ordnung des Politischen (Hitzler 2002), zumal in einer spezifischen soziohistorischen Konstellation. Form und Funktion historisch spezifischer Akteurskonstellationen (Elias 1970) und deren Rolle und Bedeutung für die Repräsentation einer politischen Idee sind Gegenstand einer Theorie der ‚figurativen Politik' (Soeffner und Tänzler 2002a).

4 Die Theatralität des Politischen

Hätten wir direkten Zugang zum Innenleben unserer Interaktionspartner und eindeutigen Zugriff darauf, wären Menschen in ihrem Alltag weder auf die Deutung der Äußerlichkeiten und Äußerungen ihres Gegenübers noch auf die Darstellung ihrer selbst angewiesen (Mead 1934; Schütz 2003 [1955]). Deshalb kommt selbst das politische Handeln in der unmittelbaren Reichweite der Face-to-Face-Kommunikation nicht ohne symbolische Repräsentation aus. Es kann auf kontrollierte Mimik, Gestik, Körperhaltung, Rhetorik und Prosodie ebenso wenig verzichten wie auf Symbole, Rituale und Zeremonien, zumal Bürgerinnen und Bürger moderner Gesellschaften, die Politik immer weniger ‚aus erster Hand' erfahren, politisches Handeln, das nicht technisch-medial aufbereitet und in entsprechende symbolische Formen gegossen ist, fremd oder verborgen bleiben muss. Wenn demnach jedes Machtstreben und aller Herrschaftsanspruch der symbolischen Darstellung bedarf, um von den der Macht und Herrschaft Unterworfenen in seiner Sinnhaftigkeit sinnlich erfahren und somit als legitim anerkannt werden zu können, dann ist die spezifische Figuration dieses die Bewährungsanforderungen politischen Machtstrebens mitumfassenden Repräsentationsverhältnisses von den allgemeinen soziohistorischen Bedingungen abhängig, insbesondere aber von der historischen Entwicklung der Medien (für vormoderne Gesellschaften vgl. exemplarisch Schlögl 2004; Stollberg-Rilinger 2005; Linke 2006).

Eine allgemeine (Ideal-)Typologie schauspielerischer Darstellungskunst hat in historischer Absicht bereits Helmuth Plessner entwickelt. Als Archetypus des anonymen Maskenträgers bestimmt Plessner den Priester, der ganz Repräsentant, „nur Darsteller der heiligen Macht" im Kult und Träger oder Medium von Charisma bleibt, das er als ‚heilige', ‚objektive' Kraft empfangen hat. Der moderne

Filmschauspieler in der säkularen Kultur strebt dagegen die persönliche Verkörperung einer Rolle an, in der „die Verwandlung [...] durch die Persönlichkeit getragen" bleibt (Plessner 1982 [1928], 405). Der maskentragende Priester und der sein Gesicht zur Schau stellende Filmschauspieler markieren gegensätzliche Typen der Repräsentation: entpersonalisierende Stellvertretung einer Alterität der eine, authentische Verkörperung personaler Identität der andere. Stellvertretung ist im Sinne Plessners eine Folge der natürlichen Wesenlosigkeit und damit der Abständigkeit des Menschen zu sich selbst, die sich in der sozialen Rolle vergegenständlichen. Maske und Kleid verstecken hier den Körper, der nur als Projektionsfläche einer transzendenten Bedeutung fungiert. Verselbständigt sich die Verkörperung über diese funktionale Bedeutung der Stellvertretung einer Alterität hinaus, gewinnt sie in reiner Selbstreferenz jedoch Eigenwert: Der Körper, primärer Schauplatz unserer Darstellungsleistungen für andere, manifestiert dann die Einmaligkeit und Unverwechselbarkeit eines Menschen, wird Ort und Ausdruck der Authentizität einer Kreatur, eines menschlichen Individuums.

Theatergeschichtlich kommt die Rede von der Verkörperung einer Rolle im 18. Jahrhundert auf und markiert den Wechsel der Inszenierungsdominanz vom Schauspieler zum Dichter: Die Schauspielenden sind nicht mehr autonome Darstellende der Spielkunst, sondern Dienende, die die von der Dichterin bzw. dem Dichter in den Text gelegten Bedeutungen zu verkörpern haben (Fischer-Lichte 2001). Die Filmschauspielerin bzw. der Filmschauspieler, das hat schon Plessner gesehen, holt sich die Inszenierungsdominanz – noch vor den Performancekünstlerinnen und -künstlern – zurück und verkörpert in jeder Rolle in erster Linie sich selbst. Damit kommt es zu einer Auratisierung und Heiligung der Person und zwar durch die Hervorhebung der performativen Akte, durch die der Körper in seinem In-der-Welt-Sein ins Zentrum der Aufmerksamkeit rückt. Die Filmkamera, so Plessner, „vernichtet die Szene", aber „verstärkt [...] den Realitätscharakter der Menschen und Dinge". Dergestalt bringt es der Film „zur Illusion des Schauspielers, der sich selbst verkörpert" und das „In-einer-Rolle-Sein" verleugnet: „Deshalb kann eigentlich nur hier die Rolle zum bloßen Vorwand und Hilfsmittel der Darstellung einer Person werden, deren Charme sie zum Star stempelt" (Plessner 1982 [1928], 406; zu Charisma und Charme vgl. Tänzler 2007). So weicht der an die Wahrnehmung der Differenz zwischen Schauspielenden und Zuschauenden, Fiktion und Wirklichkeit gebundene Genuss der Darstellungskunst der Bühnenschauspielerin bzw. des Bühnenschauspielers der Identifikation mit dem Star als einem idealisierten Objekt, einem charismatisierten Idol. Allerdings wird dabei der Körper selbst zur Maske und der Leib zum Kunstmittel der (Selbst-)Darstellung. Deshalb erkennt Roland Barthes im Gesicht von Greta Garbo die „Versuchung der totalen Maske", die aber nicht, wie beim Priester, „ein Geheimnis" zu verbergen trachtet, sondern, weil die Garbo in jeder Verwandlung „sie selbst bleibt", den „Archetypus des menschlichen Gesichts" offenbart. „Im Augenblick des Übergangs versöhnt das Gesicht der Garbo zwei ikonographische Zeitalter, es sichert den Übergang vom Schrecken [den die das Numinose verkörpernde Tier- oder Teufelsmaske auslöst; J. R., D. T.] zum Charme [eines menschlichen Gesichts; J. R., D. T.]" (Barthes 1964 [1957], 73–76). Die performative Verselbständigung der Verkörperung, die Befreiung von der entäußernden und verdinglichenden Stellvertretung, wie sie sich bei der Garbo ankündigt, ist augenscheinlich alles andere als eine Rückkehr zur wahren Natürlichkeit. Sie ist Ausdruck einerseits der Abspaltung eines Teils des Selbst und andererseits seiner Identifikation mit dem von sich abgespaltenen Teil als Bild, als Vor-/Verstellung vom Wesen der eigenen Person auf der inneren Bühne des Selbst und auf der öffentlichen Bühne des Austauschs mit anderen (Goffman 1969 [1956]).

In ihrem Bemühen um soziale Anerkennung ‚verkörpern sich', wie im Anschluss an Plessner und Barthes beschrieben, die Handelnden und versuchen, den anderen – und sich selbst – über die Darstellung einer stimmigen Gestalt – Michel Foucault (1976 [1975]) spricht von ‚Dressur', Peter Sloterdijk (2009) von ‚Übung' – ein Abbild ihrer ganzen Person zu bieten, um als unverwechselbares Individuum wiedererkannt zu werden. Goffman verdanken wir die Einsicht, dass sich die Handelnden bei ihren Selbstdarstellungen an den Erwartungen ihrer Interaktionspartner orientieren, so dass die Chance besteht, Anerkennung für ein ‚Image' zu finden, das zunächst nicht viel mehr ist als die Identifikation mit einem Fremdbild. Nur im Anschluss und in Abweichung von diesem ‚Image' kann dann das wahre Selbst aufscheinen. Damit überführt Goffman die Rollentheorie von George Herbert Mead in sein dramatologisches Konzept. Ihr zufolge ist die personale Identität eines Menschen (‚Self') zunächst nichts anderes ist als das aus verinnerlichten gesellschaftlichen Rollen gebildete soziale Selbst (‚Me'), aus dem sich in einem krisenhaften Prozess reflexiv ein bewusst gestaltetes, persönliches Selbst (‚I') entwickeln kann.

Insofern wir den Körper des anderen als untrügliches Anzeichen für Botschaften nehmen, die diese Person selbst gerade nicht verbreiten möchte, entspringen aus dieser „begrenzten Undomestizierbarkeit des Körpers" (Hahn 2002, 51) die das ‚Innere', ‚Eigentliche' und ‚Wahre' einer Person enthüllenden und damit sozial besonders relevanten Deutungen. Doch das moderne Individuum erträgt keine endgültige Definition seiner selbst und wehrt sich gegen das vereinheitlichende Bild. Selbst „ein treffendes Urteil trifft uns, verletzt uns ebensosehr als ein falsches. Getroffen sehen wir uns, im eigenen oder im fremden Blick, vereinseitigt und festgelegt" (Plessner 1981b [1931], 63). Plessner bezeichnet diese gegensinnigen Neigungen zur Enthüllung und Verhüllung als „Realitätstendenz" und „Illusionstendenz" (Plessner 1981b [1931], 63–69), denn die Enthüllung verdinglicht z. B. zu einer Charaktermaske, die Verhüllung idealisiert, erhöht und verschönert zum einzigartigen Geschöpf. Politikerinnen und Politikern verlangt dieses Bedürfnis nach profanierender Eindeutigkeit bei der gleichzeitig erforderlichen Kunst des Mehrdeutig-, Rätselhaft- und Attraktivbleibens einen besonderen Balanceakt ab, nämlich „als öffentliche Person zu agieren *und* als Individuum zu überleben – in einer erzwungenen, aber durchaus nicht immer bezwingenden Ästhetik" (Soeffner 2000, 309; Hervorh. J. R, D. T.).

Die neuen technischen Medien, Fotografie und Film, so bereits Walter Benjamin, bewirken in den bürgerlichen Demokratien ein krisenhaftes Verhältnis zwischen Regierenden, Parlament und Regierten. Politische Darstellung ist primär die „Ausstellung" des Regierenden „in eigener Person" vor den Repräsentanten im Parlament (Benjamin 1974 [1936], 27). Neben dieses Publikum ‚erster Hand' in der Face-to-Face-Situation tritt durch Fotografie und Film – und später das Fernsehen – ein ‚zugeschaltetes', aber unsichtbar bleibendes Publikum ‚zweiter' und ‚dritter Hand': die Masse der potentiellen Wählerschaft in Gestalt der (Bild-)Betrachtenden und (Film-)Zuschauenden. Sie können zeitgleich oder zeitversetzt, einmalig oder mehrfach Ohren- und/oder Augenzeugen der Darstellung werden, ohne dass dem Ausgestellten die unmittelbaren Reaktionen dieses anonymen Publikums zugänglich wären. So tritt bei Benjamin neben die Darstellung des Politischen die „Ausstellung des politischen Menschen vor [der] Aufnahmeapparatur" (Benjamin 1974 [1936], 27).

Dass die Parlamente angesichts dieser Ausstellung der Regierenden vor dem ebenso anonymen wie für die Erhaltung der Macht in Demokratien entscheidenden Publikum – bis auf wenige, ebenfalls gezielt medienwirksam arrangierte Anlässe – veröden, ist ein strukturbedingtes Ergebnis der Medialisierung von Politik. Denn die zunehmend mediale Performanz moderner Gegenwartsgesellschaften verhilft auch der Politik zur Allgegenwart im öffentlichen Alltag. Komplettiert wird die Palette unterschiedlichster Formate, die in Gestalt von Nachrichten, Reportagen, Interviews, Talkrunden, Fernsehduellen oder Werbespots (Raab und Tänzler 2002) die Foren der Berichterstattung über politisches Handeln bereitstellen und darüber hinaus den von „Machtverteilungs-, Machterhaltungs- und Machtverschiebungsinteressen" (M. Weber 1992 [1919], 159) getragenen Auftritten politischer Akteurinnen und Akteure die Bühnen und Arenen bereiten, durch der Sphäre des Politischen – zunächst – wesensmäßig fremde, fiktionale Medienproduktionen wie Shows, Spielfilme oder auch Fernsehserien. Zugleich verändern die Medien den Charakter der Politikdarstellung. Denn in medial „vermittelter Unmittelbarkeit" (Plessner 1981a [1928], 396–419) erhält sie einen Bewährungs- und damit Realitätsakzent, der stärker als je zuvor in der Geschichte die politische Darstellung an ihre – zum Teil messbare –, vor allem medial geprägte Wirkung bindet.

Max Weber behandelt die in besonderem Maße Inszenierung verlangende charismatische Herrschaft vor Anbruch des Medienzeitalters, so dass die Bewährungsfelder, auf denen charismatische Führerinnen und Führer sich darum bemühen müssen, ihre Aura erstrahlen zu lassen, um bei ihrer Gefolgschaft den Glauben an die Geltung des Charismas zu erzeugen und wachzuhalten, noch ganz anders verfasst sind. Noch ist unmittelbare Augenzeugenschaft vorausgesetzt, denn die außergewöhnliche Tat muss von möglichst vielen, die ‚dabei' waren, bezeugt werden, bevor sich das Ereignis durch kollektive kommunikative Bearbeitung zur Heldengeschichte, zum Mirakel oder zur Anekdote verfestigen kann. Gegenwärtige Mediengesellschaften ersetzen diese am Anfang der Bewährung stehende unmittelbare Augenzeugenschaft durch Aufzeichnungsgeräte und Kameraleute sowie durch die Cutter des Films und diverse Nachbearbeitungstechniken. Dabei werden die zuerst ungewohnten Medien den Medienschaffenden, Politikern und dem Publikum nicht nur immer vertrauter, sie spielen sich in den Wechselwirkungen mit ihnen auch aufeinander ein, passen sich einander an und fordern einander heraus, so dass es zur Erprobung und Vorführung immer wieder anderer und neuer symbolischer Darstellungsformen kommt (Raab und Tänzler 1999; Raab et al. 2001; Raab 2010).

Die Rede von der Ausstellung der Regierenden, der Showstars oder der ‚intellektuellen Meinungsführer' darf allerdings nicht so verstanden werden, dass es im Zeitalter medialisierter Öffentlichkeit zu nichts weiter als einer neuen Form der Auslese kommen müsse, zu einer „Auslese vor der Apparatur" nämlich, „aus der der Star und der Diktator als Sieger hervorgehen" (Benjamin 1974 [1936], 28). Entscheidend für den Erfolg praktischer Politik ist letztlich, dass Politikdurchsetzung unabdingbar von einer durchaus nicht symbolisch-fiktiven, sondern pragmatisch-realistischen Beherrschung technisch-medialer Politikdarstellung abhängt. Das Ziel der Stars, dauerhaft vor der Kamera zu stehen, ist für Politikerinnen und Politiker lediglich eine Voraussetzung neben anderen, ihre Politik in Massendemokratien durchzusetzen. Star und Künstler verwirklichen sich im Reich des Fiktiven, Politikerinnen und Politiker nutzen die Kenntnis der medialisierten symbolischen Ordnungen zur Verwirklichung ihres Machtstrebens. Für die einen steht die Ästhetik, für die anderen die Pragmatik ihres Handelns im Vordergrund: Diese Stelle markiert die Grenze zwischen der imaginativen Ästhetik des Fiktiven und der pragmatischen Ästhetik des Politischen (Tänzler 2007; Soeffner und Raab 2008).

5 Symbolisierung und Ritualisierung in der Legitimierung politischen Handelns

Hinter dem Schlagwort der ‚symbolischen Politik' verbergen sich zentrale Fragen der Legitimation politischen Handelns. Legitimationen treten nicht nur in der Form von Argumentation auf, die auf der Agora oder später in den Gazetten, im Kaffeehaus, im Salon, im Radio, Fernsehen, Internet und anderen Arenen oder Bühnen der medienvermittelten Öffentlichkeit bürgerlicher Gesellschaften ausgetauscht werden (Habermas 1962). Auch ein rationaler Diskurs ist eingebettet in nicht-sprachliche Arrangements symbolischen und rituellen Handelns. Sprechakte aller Art bedürfen der Indizierung ihrer Verwendung und Auffassung, kurz: der Kennzeichnung, wie sie verstanden werden wollen oder sollen. Diese Kennzeichnung geschieht in der Regel durch symbolische und rituelle Inszenierungen. Symbole und Rituale haben weder nur dekorative noch verschleiernde, sondern sinnstiftende Funktionen, so wie auch Legitimationen nicht mit Lügen gleichgesetzt werden können. Vielmehr sind Legitimationen – wörtlich übersetzt ‚Rechtfertigungen' – Ausdruck des Begründungs- und Rechtfertigungszwangs, mit dem alles menschliche Handeln unmittelbar einhergeht. Da Legitimationen dem Handeln ‚nachgeschoben' werden, mögen sie als sekundäre ‚Überbauphänomene' erscheinen, tatsächlich liegen aber in diesem Zwang zum (Sich-)Erklären die Wurzeln der Rationalisierung menschlichen und damit auch politischen Handelns.

Ursprünglich sind Handlung und Legitimation ungeschieden: Die Handlung ist unmittelbar Ausdrucksgeschehen (Gehlen 1940; 1956), sinnliche Erscheinung der Idee (Hegel 1970a [1821]) etwa im Ritual. Ritualisierungen, so Konrad Lorenz, treten bereits im Tierreich als Modulationen von individueller Selbsterhaltung dienendem Aggressionsverhalten auf – beispielsweise das Beißen –, dessen ursprünglicher Sinn anders gerahmt und damit die Gegenreaktion des Artgenossen blockiert und spielerisch in Bindungsverhalten umgewandelt wird. Nur so sind überhaupt körperliche Vereinigungen und Verwirklichungen altruistischer Ziele wie die Reproduktion der Gattung möglich (K. Lorenz 1984 [1963], 75–105). Auch der Homo sapiens bedient sich solch gebremster Aggressionen, etwa dem Beißen, im Liebesspiel sowohl als Ausdruck der Zuneigung als auch synchron zur Steigerung der Lust. Solcherlei Modulationen und Zweckverschiebungen symbolischen und ritualisierten Handelns sind Ausdruck der Transformation der Geltungsbedingungen des Handlungssinns, der wiederum durch spezifische Symbole und Handlungen als sinnlich wahrnehmbarer Rahmen gesetzt wird (Goffman 1977 [1974]). Nur im Rahmen des Rituals der Heiligen Kommunion – gekennzeichnet durch bestimmte rituelle und symbolische Handlungen des Priesters wie der

Segnung mittels Rezitieren entsprechender Bibelzitate – bedeutet der Wein das Blut, wird aus einem profanen Lebensmittel ein Symbol und Medium des Heiligen Geistes, der über die Gemeinde kommt und sie mit Gott vereint.

Auf diese Weise rahmen Symbole und Rituale das Handeln und verorten Handlungen in einem sozialen Raum. Denn erst durch solche Kontextualisierungen erhält ein Handeln seinen Sinn, der vielfach kaum oder oft nur sehr umständlich zu versprachlichen oder zu verbildlichen ist. Weil Symbole und Rituale ihre rahmenden Funktionen als Verkörperungen eines *tacit knowledge* leisten, das die Kultur einer Gemeinschaft bildet, sind Symbole und Rituale, wie Émile Durkheim (1994 [1912]) eindrücklich darlegt, die Gesellschaft selbst. Anders gesagt: Der die Kultur einer Gesellschaft repräsentierende, habitualisierte und ‚gelebte' Wissensvorrat wird durch Symbolisierungen und Ritualisierungen an- und abgerufen. Dergestalt ziehen die Handelnden Rahmungen ein, die einen sozialen Bedeutungsraum konstituieren, in dem die Geltungsbedingungen für die mit den Handlungen verbundenen, schließlich auch rationalisierbaren, in Sprache und Bild übersetzbaren Sinnzuschreibungen verankert sind. Symbole und Rituale haben damit einen die aktuelle Situation transzendierenden, überschüssigen Sinn, der auf die Gemeinschaft als letzten Referenten sozialen Handelns und Denkens verweist. Durch die Verwendung von Symbolen und Ritualen werden Sprechakte politisch, wird das Gemeinte zum Ausdruck der *volonté générale* erhoben, werden ihm sakrale Weihen verliehen. Die politische Symbole und Rituale verwendenden Akteurinnen und Akteure spekulieren auf diese Heiligkeit der politischen Verfassung, in deren Geist sie sich bemühen, ihr Reden und Handeln einzuordnen. Entsprechend fühlen sich die von der politischen Rede Adressierten als politische Wesen, als Bürger, Wähler oder Souverän, angesprochen. Nichts anderes meint Durkheim, wenn er von Ritualen als Kollektivhandlungen spricht. Im Verhältnis zu den Ritualen sind Legitimationen sekundär, mit Vilfredo Pareto (1955 [1916]) gesprochen, ‚Derivate' der ‚Residuen' (oder Triebrepräsentanzen), und werden strategisch zur Durchsetzung partikularer Willen eingesetzt (vgl. Gehlen 1956, 240). Legitimationen nutzen also die die *volonté générale* fingierenden Symbole und Rituale nur fiktiv zur Verschleierung von Partikularinteressen, zur instrumentellen Überhöhung der eigenen politischen Idee und damit zur Bewahrung einer gegebenen oder zur Verwirklichung einer erwünschten politischen Ordnung. Denn politisches Handeln ist soziales Handeln innerhalb einer gesellschaftlichen Wertsphäre, deren Geschäft die Herstellung und Absicherung von innerweltlichen kollektiven Sinngebungen und Wirklichkeiten ist.

Nichts veranschaulicht die Theatralität des Politischen eindrücklicher als das politische Ritual der Wahl. Wahlkämpfe scheinen nicht so recht ins Bild von rationalen demokratischen Wählenden zu passen und gelten daher als Hochzeiten symbolischer Politik und ritueller Politikinszenierung (Soeffner und Tänzler

2002b). Jenseits des tagespolitischen Geschehens und des sich in ihm manifestierenden Strukturwandels sind Wahlen zunächst und grundsätzlich Rituale der Selbstaffirmation des politischen Souveräns sowie der Selbstreinigung der Demokratie durch geordneten Machtwechsel (Soeffner und Tänzler 2002a). Zwar lässt sich Demokratie weder genetisch noch strukturell aus Wahlen ableiten. Dennoch sind gleiche, freie und geheime Wahlen Ausdruck der für Demokratien aus soziologischer Sicht zentralen Struktureigenschaft und des relativen Systemvorteils eines entschärften, weil rational geregelten, kontrollierten und damit regelmäßig möglichen Machtwechsels. Im Ritual der Wahl überschreiten Menschen ihre profane bürgerliche Existenz und erreichen einen Schwellenzustand, indem sie ihre politische Rolle als Souverän spielen und zeitlich begrenzt Macht ausüben, indem sie Repräsentantinnen und Repräsentanten ernennen, bestätigen oder ersetzen und auf diese Weise die politische Ordnung und die politische Idee insgesamt aktualisieren und erneuern. Aber auch die alltäglichen Selbstdarstellungen des politischen Personals, die heute hauptsächlich in den technischen Medien, im ‚Leitmedium' Fernsehen und zunehmend im Internet aufgeführt werden, vollziehen den ewigen Kampf um die Macht, der in der Demokratie an die Zustimmung der Wählerschaft gebunden ist. Die technischen Medien sind dabei der Ort und das Instrument eines auf Dauer gestellten Quasi-Plebiszits, mit dem sich das politische Personal ebenfalls rituell, aber veralltäglicht der materialen und nicht bloß formal-verfahrenstechnisch hergestellten Legitimität ihrer Handlungen vergewissert. Diese, die formellen parlamentarischen und regierungsamtlichen Verfahren überschreitende quasi-plebiszitäre Legitimation politischer Entscheidungen durch die öffentliche Meinung ist allerdings nicht unmittelbarer Ausdruck des Volkswillens, sondern ebenfalls ein Medienkonstrukt. Politik, gemäß Aristoteles an den Symbolismus gebunden, ist wie schon Thomas Hobbes erkannte, Repräsentation und damit per se ein mediales Verhältnis, niemals eine reine Face-to-Face-Interaktion. Das Ritual der Wahl ist daher nicht nur ein Mittel zur Stabilisierung einer sozialen und politischen Institutionenordnung, sondern vor allem ein Akt der Erneuerung und Sinnstiftung derselben. Diese, für die Schaffung eines Wählermilieus und dessen Bindung an eine Partei notwendige Überzeugungsarbeit leisten insbesondere die Wahlkämpfe mit ihrer rituell den Politikerinnen und Politikern in ihrer säkularen Priesterfunktion auferlegten Bewährungsanforderung (Soeffner und Tänzler 2002a).

In enger Wechselwirkung mit der Verlaufs- und Handlungsform des Rituals ist die zeitlich und räumlich verdichtete Kommunikation in Symbolen ein zentrales Element der Theatralität des Politischen. Fotografien spielen, zumal als global verbreitete und ubiquitär abrufbare digitalisierte Bilder im World Wide Web, die Rolle vermeintlich universell lesbarer Zeichen, welche die Grenzen zwischen den Kulturen scheinbar leichter überwinden als Sprache und Schrift. So gibt das jährlich vom Schweizerischen Bundesrat veröffentlichte Gruppenfoto ein anschauliches Beispiel für die rituelle politische Funktion der technischen Bildsymbole, nämlich innerhalb einer alltäglichen Lebenswelt die Wahrnehmungen ihrer Mitglieder anzugleichen und so die soziale Ordnung dauerhaft abzustützen.

Bildsymbole werden auch eingesetzt, um Rivalitäten und kriegerische Konflikte auszutragen, um das eigene Weltbild gegenüber den – in der Regel gleichfalls bildmedial verbreiteten – konkurrierenden Entwürfen anderer Kulturräume und Sinnwelten abzusetzen oder offensiv durchzusetzen. Ein Beispiel für die in diesem Sinne politische Ikonographie der Gegenwart ist die Fotografie von der Obama-Regierung im *Situation Room* aus dem Jahr 2011 (vgl. die Beiträge in Kauppert und Leser 2014 sowie in Przyborski und Haller 2014). Oberflächlich betrachtet fungiert das Gruppenbild als Vehikel zur Legitimation eines politisch motivierten, internationales Recht brechenden Rachehandelns – die Tötung Osama bin Ladens. Genauer besehen präsentiert und repräsentiert das Bild die zwar ‚vielgesichtige' und widersprüchliche, in letzter Hinsicht aber einheitliche Haltung der Regierenden und verhilft so der sinnlich nicht unmittelbar erfahrbaren, alltagstranszendenten Wirklichkeit der Nation zu konkreter Sichtbarkeit. Mit der Herstellung dieser Repräsentationsbeziehung erreicht die strategische Bildkommunikation ihr Ziel: In einer politisch brisanten Situation reaktiviert und aktualisiert die Fotografie in technisch und ästhetisch avancierter Form ein zentrales Symbol und den politischen Gründungsmythos der US-amerikanischen Gesellschaft und wird so, dramaturgisch inszeniert und mit dramatischen Effekten, zum Medium ritueller Vergesellschaftung (Raab 2014). Technische Bilder wie jenes aus dem *Situation Room* erhalten somit den Charakter gesellschaftlicher Symbole, wie sie Durkheim vornehmlich in traditionalen Gruppen, Gemeinschaften und Gesellschaften den Abzeichen, Emblemen, Wappen, Fahnen, Tätowierungen, Totems etc. zuschreibt, in denen sie sich repräsentieren und die ihren Ideen einen Realitätsakzent verleihen – nun aber unter den durch die sogenannte Web2.0-Kommunikation gesetzten Bedingungen einer transnationalen Bildproduktion und transkulturellen Bildpolitik in der sich abzeichnenden Weltgesellschaft (Raab 2012).

6 Ausblick

Rituale sind auf symbolische Ordnungen bezogene Handlungskomplexe, die in Mythen, Märchen und anderen Erzähl- und Darstellungsformen versprachlicht und kommuniziert werden. Institutionen funktionieren im Rahmen solcher durch rituelle Akte kommunizierter symbolischer Ordnungen. Diesem weit gefassten Verständnis Ernst Cassirers (^{2}1953 [1923]) folgend, können auch gesellschaftliche

Institutionen wie die Familie, die Ehe oder das Fernsehen gleichermaßen über ihre primären sozialen Funktionen hinaus – Reproduktion der Gattung, Absicherung der Sozialbeziehungen, Information und Unterhaltung – als symbolisch-rituelle Ordnungen aufgefasst werden. So verliert die Familie im Verlaufe des gesellschaftlichen Wandels einige ihrer ursprünglichen Funktionen, etwa wenn die primäre Sozialisation nicht mehr allein durch Eltern, Großeltern, Geschwister und Peer-Groups geschieht, sondern zunehmend vom Personal staatlicher Agenturen übernommen wird oder sich in den Social Media vollzieht. In der Folge haben beispielsweise Väter ihre Funktionsrollen, nämlich ihre Autorität als Familienoberhaupt und Vorbild, eingebüßt, aber ihre symbolische Rolle als liebende und fürsorgende ‚Kumpane' wieder- oder hinzugewonnen. Ebenso ist die Ehe heutzutage keine vornehmlich ökonomische Versorgungs- oder politische Bündnisinstitution mehr, weswegen ihre soziale und staatliche Privilegierung etwa in der Steuergesetzgebung nach und nach brüchig wird. Als Modell individuell gewählten Lebensstils ist die Ehe jedoch weiterhin oder wieder auf neue Art und Weise attraktiv. Und schließlich dient auch das Fernsehen immer weniger der ‚Volksaufklärung' durch Grundversorgung mit Information, Wissen und Kultur als vielmehr der Zerstreuung und der Werbung für Waren (Telenovelas, Coca Cola, Wahlwerbung). Aufgrund der übermächtigen Konkurrenz des Internet und der neuen sozialen Medien büßt es seine einst auch kommerziell dominante Position und Funktion mehr und mehr ein, was der von Bertolt Brecht in seiner Radiotheorie formulierten Idee von den technischen Kommunikationsmedien als Foren der Teilhabe erneuten Auftrieb verleihen kann (Brecht 1967b [1932/1933]).

Alle drei für den Wandel von sozialen Institutionen herangezogenen Beispiele zeigen, dass ihr scheinbarer Funktionsverlust die symbolisch-rituellen Ordnungen als das, was sie unabweisbar sind, wieder erfahrbar macht, nämlich als Orte der Selbstbeziehung und Selbstdarstellung von Individuen, Paaren, Gruppen und Gesellschaften. Als symbolische und rituelle Ordnungen erhalten scheinbar funktionslos gewordene soziale Institutionen im Zuge ihrer Modernisierung nicht nur einen neuen, sondern entfalten ‚rein' ihren ursprünglichen sozialen Sinn und bewahren so ihren Eigensinn, wenn sie ihn nicht gar stärken. In dieser Perspektive sind die Symbolisierungen und Ritualisierungen politischen Handelns keineswegs nur Verpackungsmaterialen für ‚eigentliche' Inhalte oder beklagenswerte Degenerationserscheinungen einst ‚wahrer' Wirklichkeiten, sondern die vielleicht einzigen Möglichkeiten, die allseits monierten Sinn- und Funktionsverluste der Politik durch neue Darstellungs-, Vermittlungs- und Erfahrungsformen politischen Handelns zu irritieren und zu konterkarieren.

Die aktuellen Analysen des Verhältnisses von Politik und Theatralität sind kaum über die ‚klassischen' Erklärungsansätze von Plessner und Benjamin hinausgegangen, obwohl inzwischen gut einhundert Jahre vergangen sind. Mehr noch: Wo kommunistische, faschistische und nationalsozialistische Regimes seinerzeit erfolgreich die Ästhetisierung der Politik im Sinne einer Verführung der Massen betrieben, war das sozialwissenschaftliche Konzept der symbolischen Politik desavouiert und ein angemessenes Verständnis der mit ihm verbundenen Phänomene blieb verstellt. Sollte sich unsere These von der historisch bedingten Engführung des Konzeptes symbolischer Politik bewahrheiten, stellt sich für die zukünftige sozialwissenschaftliche Forschung die Aufgabe zur Neubestimmung der Verhältnisse von Theatralität und Politik.

Für ihre notwendige Neubesinnung wäre der sozialwissenschaftlichen Analyse allerdings angeraten, dem Zeitgeist geschuldete ‚Leitbegriffe' wie das ‚Spektakel' (Debord 1978 [1967]) oder das ‚Event' und ihre Derivate (Hitzler und Pfadenhauer 1998) mit Blick auf die ‚altehrwürdigen' Begriffe ‚Symbol' und ‚Ritual' zu überdenken. Gilt es doch, das Symbolische und das Rituelle als ‚Kernkompetenzen' politisch Handelnder sowohl in theoretischer wie auch in praktischer Hinsicht zurückzugewinnen. Hierfür können ‚Eventisierung' und theatrale Inszenierung als Vorboten einer neuen sinnlichen, durchaus dramatischen Erfahrung von Politik im Modus der dramaturgischen Teilhabe verstanden werden. Dann ließe sich, wie stets im Bereich des Ästhetischen, wohlweislich erneut über Geschmack streiten, was selbst schon demokratische Politik wäre, nämlich Konsensfindung im Nicht-Konsensfähigen: die Einigung im Nicht-zu-Vereinbarenden und der Zwang zum zwanglosen Zusammenleben.

Gesamtbibliographie

[ohne Verf.] (1967). „Einleitung". In: *Deutsches Theater heute. Stücke, Regisseure, Theaterbau 1960–1967. Eine Auswahl aus der Zeitschrift „Theater heute"*. Hrsg. von Wolfgang Drews, Urs Jenny und Joachim Kaiser. Velber bei Hannover: 7.
[ohne Verf.] (1982). „Das Ende Atahuallpas". In: *Die neue Welt. Chroniken Lateinamerikas von Kolumbus bis zu den Unabhängigkeitskriegen*. Hrsg. von Emir Rodríguez Monegal. Frankfurt a. M.: 232–241.
[ohne Verf.] (1983). „Théâtrales. Entretien avec Jean-Pierre Engelbach". In: *Théâtre public*, Nr. 50: 59–60.
Aarseth, Espen J. (1997). *Cybertext. Perspectives on Ergodic Literature*. Baltimore.
Abbate, Carolyn, und Roger Parker (2012). *A History of Opera. The Last 400 Years*. London.
Abirached, Robert (1992). *Le théâtre et le Prince 1981–1991*. Paris.
Abirached, Robert (Hrsg.) (²2005–2006 [1992–1995]). *La décentralisation théâtrale*. Bd. 1–4. Arles.
Adler, Heidrun (1982). *Politisches Theater in Lateinamerika. Von der Mythologie über die Mission zur Identität*. Berlin.
Adler, Heidrun (1991). „Einführung". In: *Theater in Lateinamerika. Ein Handbuch*. Hrsg. von Heidrun Adler. Berlin: 7–21.
Adler, Heidrun (1993). „Einführung in das mexikanische Theater". In: *Das moderne Theater Lateinamerikas*. Hrsg. von Wilfried Floeck und Karl Kohut. Frankfurt a. M.: 69–73.
Adler, Heidrun, und Kati Röttger (Hrsg.) (1999). *Geschlechter. Performance, Pathos, Politik. Das postkoloniale Theater lateinamerikanischer Autorinnen*. Frankfurt a. M.
Adorno, Theodor W. (1965). „Engagement". In: T. W. Adorno, *Noten zur Literatur III*. Frankfurt a. M.: 109–135.
Adorno, Theodor W. (2003 [1970]). *Gesammelte Schriften*. Bd. 7: *Ästhetische Theorie*. Hrsg. von Rolf Tiedemann. Unter Mitw. von Gretel Adorno. Frankfurt a. M.
Aidoo, Christina Ama Ata (2002). „The Dilemma of a Ghost". In: *Modern African Drama*. Hrsg. von Biodun Jeyifo. New York und London: 242–275.
Albrecht, Heike (2013). *Dance Dramaturgy*. Bericht auf dem Tanzkongress 2013 in Düsseldorf. http://www.tanzkongress.de/tanzkongress2013/files/dance-dramaturgy.pdf (1. Juni 2018).
Allmann, Uwe (1997). *Innovatives Theatermanagement. Eine Fallstudie*. Wiesbaden.
Alt, Peter-André (1994). *Tragödie der Aufklärung. Eine Einführung*. Tübingen und Basel.
Alt, Peter-André (²2001). *Aufklärung*. Stuttgart und Weimar.
Alt, Peter-André (2008). *Klassische Endspiele. Das Theater Goethes und Schillers*. München.
Alt, Peter-André (2010). „Katharsis und Ekstasis. Die Restitution der Tragödie als Ritual aus dem Geist der Psychoanalyse". In: *Die Tragödie der Moderne. Gattungsgeschichte – Kulturtheorie – Epochendiagnose*. Hrsg. von Daniel Fulda und Thorsten Valk. Berlin und Boston: 177–205.
Amlinger, Carolin (2015). „‚Nichts anderes als Tagelöhner'. Gespräche mit Autoren über Literatur als Kunst und Ware". In: *Junge Welt* vom 14. Oktober 2015, Literaturbeilage zur Frankfurter Buchmesse: 15–16.
Andrade, Oswald de (1996 [1933]). „O rei da vela [Der Kerzenkönig]". In: *Theaterstücke aus Brasilien*. Hrsg. von Henry Thorau und Sábato Magaldi. Frankfurt a. M.: 23–66.
Andrew, Dudley (1984). *Concepts in Film Theory*. New York.

Aneziri, Sophia (2003). *Die Vereine der dionysischen Techniten im Kontext der hellenistischen Gesellschaft.* Stuttgart.
Angiolini, Gasparo (1995 [1761]). „Le Festin de Pierre. Ballet Pantomime. Wien 1761" [Preface]. In: Französ. u. deutsches [*Das steinerne Gastmahl, ein Pantomim-Ballet*] Programm: Libretti. *Die originalen Textbücher der bis 1990 in der Gluck-Gesamtausgabe erschienenen Bühnenwerke. Textbücher verschollener Werke* (= Christoph Willibald Gluck: *Sämtliche Werke* [GGA]. Abt. 7,1). Hrsg. von Klaus Hortschansky. Kassel: 171–180.
Appia, Adolphe (1899). *Die Musik und die Inszenierung.* München.
Arendt, Hannah (2001 [1958]). *Vita activa oder Vom tätigen Leben.* München.
Arendt, Hannah (2011). *Eichmann in Jerusalem. Ein Bericht von der Banalität des Bösen.* Mit einem einl. Essay und einem Nachwort von Hans Mommsen. München.
Aristoteles (1981). *Poetik.* Übersetzung, Einleitung und Anmerkungen von Olof Gigon. Stuttgart.
Aristoteles (1982). *Poetik.* Hrsg. und übers. von Manfred Fuhrmann. Stuttgart.
Aristoteles (1994). *Poetik.* Hrsg. und übers. von Manfred Fuhrmann. Stuttgart.
Aristoteles (1995a). *Philosophische Schriften in sechs Bänden.* Bd. 3: *Nikomachische Ethik.* Nach der Übers. von Eugen Rolfes bearb. von Günther Bien. Hamburg.
Aristoteles (1995b). *Philosophische Schriften in sechs Bänden.* Bd. 4: *Politik.* Nach der Übers. von Eugen Rolfes bearb. von Günther Bien. Hamburg.
Aristoteles (1996). *Poetik.* Griechisch/Deutsch. Hrsg. und übers. von Manfred Fuhrmann. Stuttgart.
Aristoteles (1997). *Nikomachische Ethik.* Übers. und Nachw. von Franz Dirlmeier. Anm. von Ernst A. Schmidt. Stuttgart.
Aristoteles (2001). *Poetik.* Griechisch/Deutsch. Hrsg. und übers. von Manfred Fuhrmann. Stuttgart.
Arnold, Heinz Ludwig (1998). „Der falsch gewonnene Prozeß. Das Verfahren gegen Arthur Schnitzlers ‚Reigen'". In: *Text + Kritik* 138/139: *Arthur Schnitzler.* Hrsg. von Heinz Ludwig Arnold. München: 114–122.
Artaud, Antonin (1969 [1932–1935/1938]). *Das Theater und sein Double. Das Théâtre de Séraphin.* Aus dem Franz. von Gerd Henninger. Frankfurt a. M.
Artaud, Antonin (1980). *Werke in Einzelausgaben.* Bd. 2: *Schluß mit dem Gottesgericht. Das Theater der Grausamkeit. Letzte Schriften zum Theater.* Aus dem Franz. von Elena Kapralik. München.
Artaud, Antonin (1992). *Werke in Einzelausgaben.* Bd. 7: *Mexiko. Die Tarahumaras. Revolutionäre Botschaften. Briefe.* Mit einem Essay von Luis Cordoza y Aragón. Aus dem Franz. von Brigitte Weidmyann. Hrsg. von Bernd Mattheus. München.
Ashley, Wayne (1990). „Teyyam". In: *Indian Theatre. Traditions of Performance.* Hrsg. von Farley P. Richmond, Darius L. Swann und Phillip B. Zarilli. Honolulu: 131–150.
Asmuth, Bernhard (⁷2009 [1980]). *Einführung in die Dramenanalyse.* Aktualis. und erw. Aufl. Stuttgart und Weimar.
ATAC (Association Technique pour l'Action Culturelle) (Hrsg.) (1972). *ATAC informations.* Sonderheft: *25 ans de décentralisation. Les auteurs.*
Atzpodien, Uta (2005). *Szenisches Verhandeln. Brasilianisches Theater der Gegenwart.* Bielefeld.
Augé, Marc (1992). *Non-lieux. Introduction à une anthropologie de la surmodernité.* Paris.
Augustinus (1989). *Bekenntnisse.* Übers., mit Anm. versehen und hrsg. von Kurt Flasch und Burkhard Mojsisch. Stuttgart.
Auslander, Philip (²2008). *Liveness. Performance in a Mediatized Culture.* London u. a.

Aust, Hugo, Peter Haida und Jürgen Hein (Hrsg.) (1989). *Volksstück. Vom Hanswurstspiel zum sozialen Drama der Gegenwart*. München.
Austin, John L. (1962). *How to Do Things with Words*. The William James Lectures delivered at Harvard University 1955. Cambridge, MA.
Ayckbourn, Alan (2006). *Theaterhandwerk. 101 selbstverständliche Regeln für das Schreiben und Inszenieren*. Aus dem Engl. von Gustav W. Grumbach. Berlin.
Bachelard, Gaston (1975). *Poetik des Raumes*. Aus dem Franz. von Kurt Leonhard. München.
Bachmann-Medick, Doris (2014). „Nach der Hybridität: Travelling Concepts im Horizont von Übersetzung". In: *Nach der Hybridität. Zukünfte der Kulturtheorie*. Hrsg. von Ottmar Ette und Uwe Wirth. Berlin: 37–54.
Bachtin, Michail M. (1979). *Die Ästhetik des Wortes*. Aus dem Russ. von Rainer Grübel und Sabine Reese. Hrsg. und eingel. von Rainer Grübel. Frankfurt a. M.
Bachtin, Michail M. (2008). *Chronotopos*. Aus dem Russ. von Michael Dewey. Mit einem Nachwort von Michael C. Frank und Kirsten Mahlke. Frankfurt a. M.
Backe, Hans-Joachim (2012). „Mit Gefühlen spielen. Emotionalität zwischen den Regel- und Zeichensystemen von Spiel und Erzählung". In: *Emotional Gaming. Gefühlsdimensionen des Computerspielens*. Hrsg. von Jörg von Brincken und Horst Konietzny. München: 47–60.
Badham, Richard, W. Richard Carter, Linda J. Matula, Sharon K. Parker und Paul Nesbit (2016). „Beyond Hope and Fear. The Effects of Organizational Theatre on Empowerment and Control". In: *The Journal of Applied Behavioral Science* 52.1: 124–151.
Badiou, Alain (2015). *In Praise of Theatre*. New York.
Baecker, Dirk (2009). „Kunstformate (Kulturrecherche)". In: *Künstlerische Forschung. Positionen und Perspektiven*. Hrsg. von Anton Rey und Stefan Schöbi. Zürich: 79–97.
Bähr, Christine (2012). *Der flexible Mensch auf der Bühne. Sozialdramatik und Zeitdiagnose im Theater der Jahrtausendwende*. Bielefeld.
Bahr, Hermann (1904). *Dialog vom Tragischen*. Berlin.
Baillon, Jacques (Hrsg.) (2004). *La Création en chiffres* [=Bulletin du Centre National du Théâtre 1]. Paris.
Balestrini, Naseem Winnie (2005). *From Fiction to Libretto. Irving, Hawthorne and James as Opera*. Frankfurt a. M.
Balhar, Susanne (2004). *Das Schicksalsdrama im 19. Jahrhundert. Variationen eines romantischen Modells*. München.
Balk, Claudia (1994). *Theatergöttinnen. Inszenierte Weiblichkeit. Clara Ziegler – Sarah Bernhardt – Eleonora Duse*. Basel und Frankfurt a. M.
Balme, Christopher (1995). *Theater im postkolonialen Zeitalter. Studien zum Theatersynkretismus im englischsprachigen Raum*. Tübingen.
Balme, Christopher (1999). *Einführung in die Theaterwissenschaft*. Berlin.
Balme, Christopher (^{2}2001 [1999]). *Einführung in die Theaterwissenschaft*. Berlin.
Balme, Christopher (2004). „Theater zwischen den Medien. Perspektiven theaterwissenschaftlicher Intermedialitätsforschung". In: *Crossing Media. Theater – Film – Fotografie – neue Medien*. Hrsg. von Christopher Balme und Markus Moninger. München: 13–31.
Balme, Christopher (2006). *Pacific Performances: Theatricality and Cross-Cultural Encounter in the South Seas*. Basingstoke.
Balme, Christopher (2008). „Werktreue. Aufstieg und Niedergang eines fundamentalistischen Begriffs". In: *Regietheater! Wie sich über Inszenierungen streiten lässt*. Hrsg. von Ortrud Gutjahr. Würzburg: 43–50.

Balme, Christopher (2012). „Interkulturelle Dramaturgie". In: *Handbuch Drama. Theorie, Analyse, Geschichte*. Hrsg. von Peter W. Marx. Stuttgart und Weimar: 85–94.
Balme, Christopher (2013). „Theater als Kulturindustrie. Globale Perspektiven in einer reflexiven Moderne". In: *Theater entwickeln und planen. Kulturpolitische Konzeptionen zur Reform der darstellenden Künste*. Hrsg. von Wolfgang Schneider. Bielefeld: 33–55.
Balme, Christopher (²2014a). „Postkoloniales Theater". In: *Metzler Lexikon Theatertheorie*. Hrsg. von Erika Fischer-Lichte, Doris Kolesch und Matthias Warstat. Stuttgart und Weimar: 265–267.
Balme, Christopher (2014b). *The Theatrical Public Sphere*. Cambridge 2014.
Balme, Christopher, und Friedrich Kittler et al. (2001). „Hellerauer Gespräche. Theater als Medienästhetik oder Ästhetik mit Medien und Theater?" In: *Maschinen, Medien, Performances. Theater an der Schnittstelle zur digitalen Welten*. Hrsg. von Martina Leeker. Berlin: 405–433.
Bareiß, Karl Heinz (1982). *Comoedia. Die Entwicklung der Komödiendiskussion von Aristoteles bis Ben Johnson*. Frankfurt a. M.
Barish, Jonas (1981). *The Antitheatrical Prejudice*. Berkeley u. a.
Bartel, Heike (2013). „The Black Medeas of Paul Heyse and Hans Henny Jahnn in the Context of German Colonialism and Weimar Racial Politics". In: *The Reception of Classical Antiquity in German Literature*. Hrsg. von Anne Simon und Katie Fleming. München: 125–153.
Barth, Johannes (1972). *Japans Schaukunst im Wandel der Zeiten*. Wiesbaden.
Barthes, Roland (1964 [1957]). *Mythen des Alltags*. Aus dem Franz. von Helmut Scheffel. Frankfurt a. M.
Barthes, Roland (1968). „L'effet de réel". In: *Communications* 11.1 (1968): 84–89.
Barthes, Roland (1969). „Die strukturalistische Tätigkeit". In: *Der französische Strukturalismus. Mode, Methode, Ideologie*. Mit einem Anhang mit Texten von de Saussure, Lévi-Strauss, Barthes, Goldmann, Sebag, Lacan, Althusser, Foucault, Sartre, Ricœur, Hugo Friedrich. Hrsg. von Günther Schiwy. Reinbek bei Hamburg: 151–177.
Barton, Brian (1987). *Das Dokumentartheater*. Stuttgart.
Basting, Barbara (1999). „Drastische Töne. Die Komponistin Olga Neuwirth und ihre Zusammenarbeit mit Elfriede Jelinek: unerhörte musikalische Sprachen". In: *Du*, H. 700: 22–25.
Batteux, Charles (1756–1758 [1746]). *Einleitung in die Schönen Wissenschaften*. Nach dem Französischen des Herrn Batteux, mit Zusätzen vermehret von C. W. Ramler. 4 Bde. Leipzig.
Bauer, Gerhard (1969). *Zur Poetik des Dialogs. Leistung und Formen der Gesprächsführung in der neueren deutschen Literatur*. Darmstadt.
Bauer, Oswald Georg (Hrsg.) (1994). *Entfesselt. Die russische Bühne 1900–1930*. München.
Baumol, William J., und William G. Bowen (1966). *Performing Arts. The Economic Dilemma*. New York.
Baur, Detlev (1999). *Der Chor im Theater des 20. Jahrhunderts. Typologie des theatralen Mittels Chor*. Tübingen.
Bayer, Udo (1984). „Laokoon – Momente einer semiotischen Ästhetik, insbesondere Der Augenblick und seine Selektionsprinzipien". In: *Das Laokoon-Projekt. Pläne einer semiotischen Ästhetik*. Hrsg. von Gunther Gebauer. Stuttgart: 59–101.
Bayerdörfer, Hans-Peter (1981). „Eindringlinge, Marionetten, Automaten. Symbolistische Dramatik und die Anfänge des modernen Theaters". In: *Deutsche Literatur der Jahrhundertwende*. Hrsg. von Viktor Žmegač. Königstein i.Ts.: 191–217.

Bayerdörfer, Hans-Peter (1987). „Regie und Interpretation *oder* Bühne und Drama. Fußnoten zu einem unerschöpflichen Thema". In: *Literatur – Theater – Museum*. Hrsg. von Helmut Kreutzer und Dieter Zerlin. München: 118–143.
Bayerdörfer, Hans-Peter (1995). „Der totgesagte Dialog und das monodramatische Experiment. Grenzverschiebungen im Schauspieltheater der Moderne". In: *TheaterAvantgarde. Wahrnehmung – Körper – Sprache*. Hrsg. von Erika Fischer-Lichte. Tübingen und Basel: 242–290.
Bayerdörfer, Hans-Peter (1996). „Einakter mit Hilfe des Würfels? Zur Theatergeschichte der *Kleinen Formen* seit dem 18. Jahrhundert". In: *Kurzformen des Dramas. Gattungspoetische, epochenspezifische und funktionale Horizonte*. Hrsg. von Winfried Herget und Brigitte Schultze. Tübingen und Basel: 31–57.
Bayerdörfer, Hans-Peter (2005). „Drama/Dramentheorie". In: *Metzler Lexikon Theatertheorie*. Hrsg. von Erika Fischer-Lichte, Doris Kolesch und Matthias Warstat. Stuttgart und Weimar: 72–80.
Bayerdörfer, Hans-Peter (2007). „Vom Drama zum Theatertext? Unmaßgebliches zur Einführung". In: *Vom Drama zum Theatertext? Zur Situation der Dramatik in Ländern Mitteleuropas*. Hrsg. von Hans-Peter Bayerdörfer. Tübingen: 1–14.
Becker, Heinz (Hrsg.) (1976). *Die Couleur locale in der Oper des 19. Jahrhunderts*. Regensburg.
Becker-Cantarino, Barbara (1989). „Von der Prinzipalin zur Künstlerin und Mätresse. Die Schauspielerin im 18. Jahrhundert in Deutschland". In: *Die Schauspielerin. Zur Kulturgeschichte der weiblichen Bühnenkunst*. Hrsg. von Renate Möhrmann. Frankfurt a. M.: 88–113.
Behme, Günter (1974). *Zur Technik der Dialogformeln bei Pirandello*. Münster.
Beimdick, Walter (1975). *Theater und Schule. Grundzüge einer Theaterpädagogik*. München.
Beise, Arnd (2010a). *Einführung in das Werk Georg Büchners*. Darmstadt.
Beise, Arnd (2010b). *Geschichte, Politik und das Volk im Drama des 16. bis 18. Jahrhunderts*. Berlin und Boston.
Belgrad, Jürgen (^{2}2012). „Szenisches Spiel". In. *Mündliche Kommunikation und Gesprächsdidaktik*. Hrsg. von Michael Becker-Motzek. Korr. Aufl. Baltmannsweiler: 278–296.
Bellisco, Manuel, María José Cifuentes und Amparo Écija (Hrsg.) (2011). *Repensar la Dramaturgia. Errancia y transformación / Rethinking Dramaturgy. Errancy and Transformation*. o. O. [Murcia].
Bellmann, Werner (1988). „Gerhart Hauptmann: ‚Vor Sonnenaufgang' (1889)". In: *Dramen des Naturalismus. Interpretationen*. Stuttgart: 7–46.
Belting, Hans (^{6}2004). *Bild und Kult. Eine Geschichte des Bildes vor dem Zeitalter der Kunst*. München.
Bemba, Sylvain (1972). *L'Homme qui tua le crocodile*. Yaounde.
Bender, Wolfgang F. (Hrsg.) (1992). *Schauspielkunst im 18. Jahrhundert. Grundlagen, Praxis, Autoren*. Stuttgart.
Bendix, Regina F. (2013). „Teilhaben: Zur *Tatort*-Rezeption im sozialen Netzwerk Facebook". In: *kulturen* 7.1: 30–43.
Benjamin, Walter (1966 [1929]). „Der Sürrealismus. Die letzte Momentaufnahme der europäischen Intelligenz". In: W. Benjamin, *Ausgewählte Schriften*. Bd. 2: *Angelus Novus*. Hrsg. von Siegfried Unseld. Frankfurt a. M.: 200–215.
Benjamin, Walter (^{3}1971 [1931]). „Was ist das epische Theater? Erste Fassung". In: W. Benjamin, *Versuche über Brecht*. Hrsg. von Rolf Tiedemann. Frankfurt a. M.: 7–21.
Benjamin, Walter (1974 [1936]). „Das Kunstwerk im Zeitalter seiner technischen Reproduzierbarkeit. Zweite Fassung". In: W. Benjamin, *Gesammelte Schriften*. Bd. I.2: *Abhandlungen*. Hrsg. von Rolf Tiedemann und Hermann Schweppenhäuser. Frankfurt a. M.: 471–508.

Benjamin, Walter (1977 [1932]). „Theater und Rundfunk. Zur gegenseitigen Kontrolle ihrer Erziehungsarbeit". In: W. Benjamin, *Gesammelte Schriften*. Bd. II.2: *Aufsätze, Essays, Vorträge*. Hrsg. von Rolf Tiedemann und Hermann Schweppenhäuser. Frankfurt a. M.: 773–776.
Benjamin, Walter (⁵1978). *Versuche über Brecht*. Hrsg. von Rolf Tiedemann. Frankfurt a. M.
Benjamin, Walter (1980a [1935]). „Das Kunstwerk im Zeitalter seiner technischen Reproduzierbarkeit". In: W. Benjamin, *Gesammelte Schriften*. Bd. I.2: *Abhandlungen*. Hrsg. von Rolf Tiedemann und Hermann Schweppenhäuser. Frankfurt a. M.: 431–469.
Benjamin, Walter (1980b [1933]). „Über das mimetische Vermögen". In: W. Benjamin, *Gesammelte Schriften*. Bd. II.1: *Aufsätze, Essays, Vorträge*. Hrsg. von Rolf Tiedemann und Hermann Schweppenhäuser. Frankfurt a. M.: 210–213.
Benl, Oscar (1986). „Einleitung". In: *Die geheime Überlieferung des Nō. Aufgezeichnet von Meister Seami*. Aus dem Japan. übertr. und erl. von Oscar Benl. Frankfurt a. M.: 5–28.
Benthien, Claudia (2006). *Barockes Schweigen. Rhetorik und Performativität des Sprachlosen im 17. Jahrhundert*. München.
Benthien, Claudia, und Inge Stephan (Hrsg.) (2003). *Männlichkeit als Maskerade. Kulturelle Inszenierungen vom Mittelalter bis zur Gegenwart*. Köln u. a.
Berg, Günter, und Wolfgang Jeske (1998). *Bertolt Brecht*. Stuttgart und Weimar.
Berg, Markus (2005). „Unternehmenstheater". In: *Innovative Beratungskonzepte. Ansätze, Fallbeispiele, Reflexionen*. Hrsg. von Michael Mohe. Leonberg: 251–283.
Berger-Prößdorf, Tamara (1993). *Die Funktion der Heilsarmeegeistlichen in den Dramen Brechts*. New York u. a.
Berghahn, Klaus L. (1970). *Formen der Dialogführung in Schillers klassischen Dramen. Ein Beitrag zur Poetik des Dramas*. Münster.
Bergmann, Franziska (2015). *Die Möglichkeit, dass alles auch ganz anders sein könnte. Geschlechterverfremdungen in zeitgenössischen Theatertexten*. Würzburg.
Bergmann, Franziska, und Lily Tonger-Erk (2016a). „Ab. Über das theatrale Verschwinden". In: *Ein starker Abgang. Inszenierungen des Abtretens in Drama und Theater*. Hrsg. von Franziska Bergmann und Lily Tonger-Erk. Würzburg: 7–34.
Bergmann, Franziska, und Lily Tonger-Erk (Hrsg.) (2016b). *Ein starker Abgang. Inszenierungen des Abtretens in Drama und Theater*. Würzburg.
Bergson, Henri (2011 [1899]). *Das Lachen*. Aus dem Franz. von Roswitha Plancherel-Walter. Hamburg.
Bergson, Henri (2016 [1889]). *Zeit und Freiheit. Versuch über das dem Bewusstsein unmittelbar Gegebene*. Aus dem Franz. neu übers. und hrsg. von Margarethe Drewsen. Hamburg.
Berker, Klaus, und Hartmut Riemenschneider (1973). *Literaturwissenschaft und Fachdidaktik. Methodische Prinzipien für den Unterricht*. Düsseldorf.
Berking, Helmuth, und Sighard Neckel (1990). „Die Politik der Lebensstile in einem Berliner Bezirk. Zu einigen Formen nachtraditionaler Vergemeinschaftung". In: *Lebenslagen, Lebensläufe, Lebensstile* [= *Soziale Welt*, Sonderbd. 7]. Hrsg. von Peter A. Berger und Stefan Hradil. Göttingen: 481–500.
Bernays, Jacob (1970 [1857]). *Grundzüge der verlorenen Abhandlung des Aristoteles über Wirkung der Tragödie*. Reprogr. Nachdr. der Ausg. Breslau 1858. Hildesheim.
Bernsdorff, Hans (2003). „Euripides: Anbruch der Moderne". In: *Die Tragödie. Eine Leitgattung der europäischen Literatur*. Hrsg. von Werner Frick. Göttingen: 54–73.
Bernstein, Frank (1998). *Ludi publici. Untersuchungen zur Entstehung und Entwicklung der öffentlichen Spiele im republikanischen Rom*. Stuttgart.

Bertram, Georg W. (2005). *Kunst. Eine philosophische Einführung*. Stuttgart.
Beutin, Wolfgang et al. (⁸2013). *Deutsche Literaturgeschichte. Von den Anfängen bis zur Gegenwart*. Stuttgart.
Beyme, Klaus von (1994). „Die Massenmedien und die politische Agenda des parlamentarischen Systems". In: *Öffentlichkeit, öffentliche Meinung, soziale Bewegungen* [= Kölner Zeitschrift für Soziologie und Sozialpsychologie, Sonderh. 34]. Hrsg. von Friedhelm Neidhardt. Opladen: 320–336.
Bhabha, Homi K. (1994). *The Location of Culture*. London und New York.
Bharucha, Rustom (1993). *Theatre and the World. Performance and the Politics of Culture*. London und New York.
Bhatti, Anil, und Dorothee Kimmich (Hrsg.) (2015). *Ähnlichkeit. Ein kulturtheoretisches Paradigma*. Paderborn.
Biehl-Missal, Brigitte (2011). *Wirtschaftsästhetik. Wie Unternehmen die Kunst als Inspiration und Werkzeug nutzen*. Wiesbaden.
Biermann, Armin (1988). „‚Gefährliche Literatur' – Skizze einer Theorie der literarischen Zensur". In: *Wolfenbütteler Notizen zur Buchgeschichte* 13.1: 1–28.
Biesenbach, Klaus, Anna-Catharina Gebbers, Aino Laberenz und Susanne Pfeffer (Hrsg.) (2013). *Christoph Schlingensief*. Aust.-Kat. Köln.
Binder, Katrin (2013). *Yakṣagāna Raṅgabhūmi. The World of the Yakṣagāna Stage*. Wiesbaden.
Binswanger, Hans Christoph (1985). *Geld und Magie. Deutung und Kritik der modernen Wirtschaft anhand von Goethes „Faust"*. Stuttgart.
Binswanger, Hans Christoph (²1988). „Die moderne Wirtschaft als alchemistischer Prozeß – Eine ökonomische Deutung von Goethes ‚Faust'". In: *Goethe und die Natur. Referate des Triestiner Kongresses*. Hrsg. von Horst Albert Glaser. Frankfurt a. M. u. a.: 155–175.
Birgfeld, Johannes, und Claude D. Conter (Hrsg.) (2007). *Das Unterhaltungsstück um 1800. Literaturhistorische Konfigurationen – Signaturen der Moderne. Zur Geschichte des Theaters als Reflexionsmedium von Gesellschaft, Politik und Ästhetik*. Hannover.
Birkner, Nina, Andrea Geier und Urte Helduser (2014). „Geschlecht und Alterität im postdramatischen Theater. Zur Einführung". In: *Spielräume des Anderen. Geschlecht und Alterität im postdramatischen Theater*. Hrsg. von Nina Birkner, Andrea Geier und Urte Helduser. Bielefeld: 9–20.
Blake, Andrew (2010). „‚Wort oder Ton?' Reading the Libretto in Contemporary Opera". In: *Contemporary Music Review* 29.2: 187–199.
Blanchet, Robert, Kristina Köhler, Tereza Smid und Julia Zutavern (Hrsg.) (2011). *Serielle Formen. Von den frühen Film-Serials zu aktuellen Quality-TV- und Onlineserien*. Marburg.
Blänsdorf, Jürgen (Hrsg.) (1990). *Theater und Gesellschaft im Imperium Romanum*. Tübingen.
Blaschke, Bernd (2009a). „‚McKinseys Killerkommandos. Subventioniertes Abgruseln'. Kleine Morphologie (Tool Box) zur Darstellung aktueller Wirtschaftsweisen im Theater". In: *Ökonomie im Theater der Gegenwart. Ästhetik, Produktion, Institution*. Hrsg. von Franziska Schößler und Christine Bähr. Bielefeld: 209–224.
Blaschke, Bernd (2009b). „Wie tauscht der Mensch? Ökonomie in deutschen Komödien des 18. Jahrhunderts". In: *„Denn wovon lebt der Mensch?". Literatur und Wirtschaft*. Hrsg. von Dirk Hempel und Christine Künzel. Frankfurt a. M. u. a.: 49–73.
Blawid, Martin (2011). *Von Kraftmenschen und Schwächlingen. Literarische Männlichkeitsentwürfe bei Lessing, Goethe, Schiller und Mozart*. Berlin und New York.

Bleeker, Maaike (2015). „Thinking No-One's Thought". In: *Dance Dramaturgy. Modes of Agency, Awareness and Engagement*. Hrsg. von Pil Hansen und Darcey Callison. Basingstoke: 67–83.
Blinn, Hansjürgen (Hrsg.) (1982). *Shakespeare-Rezeption. Die Diskussion um Shakespeare in Deutschland*. Bd. 1: *Ausgewählte Texte von 1741 bis 1788*. Berlin.
Bloch, Natalie (2004). „Popästhetische Verfahren in Theatertexten von René Pollesch und Martin Heckmanns". In: *Der Deutschunterricht* 2/2004: 57–70.
Bloch, Natalie (2011). *Legitimierte Gewalt. Zum Verhältnis von Sprache und Gewalt in Theatertexten von Elfriede Jelinek und Neil LaBute*. Bielefeld.
Blum, Gerd (2015). *Fenestra prospectiva. Architektonisch inszenierte Ausblicke: Alberti, Palladio, Agucchi* [= *Studien aus dem Warburg-Haus* 15]. Berlin und Boston.
Blume, Horst-Dieter (^{3}1991 [1978]). *Einführung in das antike Theaterwesen*. Darmstadt.
Blume, Horst-Dieter (1998). *Menander*. Darmstadt.
Boal, Augusto (1970). „The Joker System: An Experiment by the Arena Theatre of São Paulo". In: *The Drama Review* 14.2: 91–96.
Boal, Augusto (1989 [1974]). *Theater der Unterdrückten. Übungen und Spiele für Schauspieler und Nicht-Schauspieler*. Aus dem Brasilian. übers. und hrsg. von Marina Spinu und Henry Thorau. Frankfurt a. M.
Boal, Augusto (1999 [1995]). *Der Regenbogen der Wünsche. Methoden aus Theater und Therapie*. Aus dem Engl. von Christa Holtei. Hrsg. und bearb. von Jürgen Weintz. Seelze.
Boal, Augusto, und Joanne Pottlitzer (1970). „A Note on Brazilian Agitprop". In: *The Drama Review* 14.2: 96–97.
Bodenburg, Julia (2015). „Theater ohne Zuschauer. Die Lehrstücke". In: *Der Deutschunterricht* 6/2015: 23–31.
Bodenburg, Julia, Katharina Grabbe und Nicole Haitzinger (Hrsg.) (2016). *Chor-Figuren. Transdisziplinäre Beiträge*. Freiburg i. Br. u. a.
Boenisch, Peter M. (2006). „Aesthetic Art to Aesthetic Act. Theatre, Media, Intermedial Performance". In: *Intermediality in Theatre and Performance*. Hrsg. von Freda Chapple und Chiel Kattenbelt. Amsterdam: 103–116.
Boenisch, Peter M. (2012). „Formprinzipien der dramaturgischen Komposition". In: *Handbuch Drama. Theorie, Analyse, Geschichte*. Hrsg. von Peter W. Marx. Stuttgart und Weimar: 122–144.
Boeser, Knut, und Renata Vatková (Hrsg.) (1986). *Erwin Piscator. Eine Arbeitsbiographie in zwei Bänden*. Berlin.
Bogdal, Klaus-Michael, und Clemens Kammler (2002). „Dramendidaktik". In: *Grundzüge der Literaturdidaktik*. Hrsg. von Klaus-Michael Bogdal und Hermann Korte. München: 177–189.
Bogner, Ralf, und Manfred Leber (Hrsg.) (2011). *Tragödie. Die bleibende Herausforderung*. Saarbrücken.
Bogusz, Tanja (2007). *Institution und Utopie. Ost-West-Transformationen an der Berliner Volksbühne*. Bielefeld.
Böhme, Fritz (1996 [1948/1949]). *Rudolf von Laban und die Entstehung des modernen Tanzdramas*. Hrsg. von Marina Davofa. Berlin.
Bohrer, Karl Heinz (1986). „Ästhetik und Politik sowie einige damit zusammenhängende Fragen". In: *Merkur* 40: 719–724.
Bohrer, Karl Heinz (1994). *Das absolute Präsens*. Frankfurt a. M.
Böhtlingk, Otto von (1998 [1883–1886]). *Sanskrit-Wörterbuch in kürzerer Fassung*. 7 Bde. Delhi.

Boltanski, Luc, und Ève Chiapello (2003). *Der neue Geist des Kapitalismus*. Aus dem Franz. von Michael Tillmann. Konstanz.
Bolter, Jay David, und Richard Grusin (2000). *Remediation. Understanding New Media*. Cambridge, MA.
Bönnighausen, Marion (2015). „No Education! – Theaterunterricht jenseits aller Bildungsaufträge". In: *Vielfalt im Theater. Deutschdidaktische Annäherungen*. Hrsg. von Ralph Olsen und Gabriela Paule. Baltmannsweiler: 10–26.
Borchmeyer, Dieter (1982). *Das Theater Richard Wagners. Idee – Dichtung – Wirkung*. Stuttgart.
Borchmeyer, Dieter (1998). *Weimarer Klassik. Portrait einer Epoche*. Weinheim.
Borchmeyer, Dieter et al. (²1996). „Libretto". In: *Die Musik in Geschichte und Gegenwart*. Sachteil, Bd. 5. Neubearb. Ausg. Hrsg. von Ludwig Finscher. Kassel: Sp. 1116–1259.
Bordwell, David (1985). *Narration in the Fiction Film*. London.
Bordwell, David, Janet Staiger und Kristin Thompson (1985). *The Classical Hollywood Cinema. Film Style and Mode of Production to 1960*. New York.
Borgards, Roland, und Harald Neumeyer (Hrsg.) (2009). *Büchner-Handbuch. Leben – Werk – Wirkung*. Stuttgart.
Boscolo, Cristina (2009). *Odún. Discourses, Strategies, and Power in the Yorùbá Play of Transformation*. Amsterdam und New York.
Bosher, Kathryn (Hrsg.) (2012). *Theatre Outside Athens. Drama in Greek Sicily and South Italy*. Cambridge.
Bossinade, Johanna (1992). „Das apokryphe Ikon der Gattung. Zur Semiotik des weiblichen Paars in Elfriede Jelineks Stück *Krankheit oder Moderne Frauen*". In: *Erkenntniswunsch und Diskretion. Erotik in biographischer und autobiographischer Literatur*. Hrsg. von Gerhard Härle, Maria Kalveram und Wolfgang Popp. Berlin: 191–216.
Bourdieu, Pierre (1979). „Les trois états du capital culturel". In: *Actes de la recherche en sciences sociales* 30: 3–6.
Bourdieu, Pierre (1982). *Die feinen Unterschiede. Kritik der gesellschaftlichen Urteilskraft*. Aus dem Franz. von Bernd Schwibs und Achim Russer. Frankfurt a. M.
Bourdieu, Pierre (1993 [1974]). „Die Zensur". In: P. Bourdieu, *Soziologische Fragen*. Aus dem Franz. von Hella Beister und Bernd Schwibs. Frankfurt a. M.: 131–135.
Bourdieu, Pierre (²1998). *Les règles de l'art. Genèse et structure du champ littéraire*. Paris.
Bourdieu, Pierre (1999). *Die Regeln der Kunst. Genese und Struktur des literarischen Feldes*. Aus dem Franz. von Bernd Schwibs und Achim Russer. Frankfurt a. M.
Bovenschen, Silvia (1979). *Die imaginierte Weiblichkeit. Exemplarische Untersuchungen zu kulturgeschichtlichen und literarischen Präsentationsformen des Weiblichen*. Frankfurt a. M.
Boyd, Mari (2006). *The Aesthetics of Quietude. Ōta Shōgo and the Theatre of Divestiture*. Tokyo.
Boyken, Thomas (2014). „So will ich dir ein männlich Beispiel geben". *Männlichkeitsimaginationen im dramatischen Werk Friedrich Schillers*. Würzburg.
Boyle, Nicholas (1986). „Das Lesedrama. Versuch einer Ehrenrettung". In: *Bildungsexklusivität und volkssprachliche Literatur. Literatur vor Lessing – nur für Experten?* Hrsg. von Klaus Grubmüller und Günter Hess. Tübingen: 59–68.
Bradley, Laura (2010). *Cooperation and Conflict. GDR Theatre Censorship 1961–1989*. Oxford.
Brandl-Risi, Bettina (2012). „Dramaturgien der Unterbrechung und der Diversität: Tableaux, Intermezzi, Nachspiele". In: *Handbuch Drama. Theorie, Analyse, Geschichte*. Hrsg. von Peter W. Marx. Stuttgart und Weimar: 151–157.

Brandon, James R., und Samuel Leiter (Hrsg.) (2002–2003). *Kabuki Plays on Stage*. 4 Bde. Honolulu.
Brandstetter, Gabriele (2005). „Geschichte(n)-Erzählen in Performances und im Theater der Neunzigerjahre". In: G. Brandstetter, *Bild-Sprung. TanzTheaterBewegung im Wechsel der Medien*. Berlin: 116–133.
Braun, Hans E. (2005): „Welttheater Einsiedeln, Einsiedeln SZ". In: *Theaterlexikon der Schweiz*. Bd. 3. Hrsg. von Andreas Kotte. Zürich: 2078–2080, http://tls.theaterwissenschaft.ch/wiki/Welttheater_Einsiedeln,_Einsiedeln_SZ (1. Juni 2018).
Brauneck, Manfred (1986). *Theater im 20. Jahrhundert. Programmschriften, Stilperioden, Reformmodelle*. Aktualis. Neuausg. Reinbek bei Hamburg.
Brauneck, Manfred (1993). *Die Welt als Bühne. Geschichte des europäischen Theaters*. Bd. 1. Stuttgart und Weimar.
Brauneck, Manfred (1993–2007). *Die Welt als Bühne. Geschichte des europäischen Theaters*. 6 Bde. Stuttgart und Weimar.
Brauneck, Manfred (2005). *Europas Theater*. Reinbek bei Hamburg.
Brauneck, Manfred (2014). *Kleine Weltgeschichte des Theaters*. München.
Bray, René (²1966 [1927]). *La formation de la doctrine classique en France*. Paris.
Brecht, Bertolt (1967a [1930]). „Anmerkungen zur Oper ‚Aufstieg und Fall der Stadt Mahagonny'". In: B. Brecht, *Gesammelte Werke*. Bd. 17: *Schriften zum Theater 3*. Hrsg. vom Suhrkamp Verlag in Zusammenarbeit mit Elisabeth Hauptmann. Frankfurt a. M.: 1004–1016.
Brecht, Bertolt (1967b [1932/1933]). „Der Rundfunk als Kommunikationsapparat (1932/33)". In: B. Brecht, *Gesammelte Werke*. Bd. 18: *Schriften zur Literatur und Kunst 1*. Hrsg. vom Suhrkamp Verlag in Zusammenarbeit mit Elisabeth Hauptmann. Frankfurt a. M.: 127–134.
Brecht, Bertolt (1967c [1938/1939]). „Volkstümlichkeit und Realismus". In: B. Brecht, *Gesammelte Werke*. Bd. 19: *Schriften zur Literatur und Kunst 2*. Hrsg. vom Suhrkamp Verlag in Zusammenarbeit mit Elisabeth Hauptmann. Frankfurt a. M.: 322–331.
Brecht, Bertolt (1989 [1922]). „Trommeln in der Nacht". In: B. Brecht, *Werke. Große kommentierte Berliner und Frankfurter Ausgabe*. Bd. 1: *Stücke 1*. Hrsg. von Werner Hecht, Jan Knopf, Werner Mittenzwei und Klaus-Detlev Müller. Berlin u. a.: 175–233.
Brecht, Bertolt (1992 [1954]). „Der kaukasische Kreidekreis (1954)". In: B. Brecht, *Werke. Große kommentierte Berliner und Frankfurter Ausgabe*. Bd. 8: *Stücke 8*. Hrsg. von Werner Hecht, Jan Knopf, Werner Mittenzwei und Klaus-Detlef Müller. Berlin u. a.: 93–185.
Brecht, Bertolt (1993a [1939/1940]). „Rollenstudium". In: B. Brecht, *Werke. Große kommentierte Berliner und Frankfurter Ausgabe*. Bd. 22.1: *Schriften 2. 1933–1942. Teil 1*. Hrsg. von Werner Hecht, Jan Knopf, Werner Mittenzwei und Klaus-Detlef Müller. Berlin u. a.: 600–604.
Brecht, Bertolt (1993b [1939–1955]). „Der Messingkauf". In: B. Brecht, *Werke. Große kommentierte Berliner und Frankfurter Ausgabe*. Bd. 22.2: *Schriften 2. 1933–1942. Teil 2*. Hrsg. von Werner Hecht, Jan Knopf, Werner Mittenzwei und Klaus-Detlef Müller. Berlin u. a.: 695–869.
Brecht, Bertolt (1993c [1939/1940]). „Wirkung epischer Schauspielkunst". In: B. Brecht, *Werke. Große kommentierte Berliner und Frankfurter Ausgabe*. Bd. 22.1: *Schriften 2. 1933–1942. Teil 1*. Hrsg. von Werner Hecht, Jan Knopf, Werner Mittenzwei und Klaus-Detlef Müller. Berlin u. a.: 680–681.

Brecht, Bertolt (1993d [1949]). „Kleines Organon für das Theater". In: B. Brecht, *Werke. Große kommentierte Berliner und Frankfurter Ausgabe*. Bd. 23: *Schriften 3. 1942–1956*. Hrsg. von Werner Hecht, Jan Knopf, Werner Mittenzwei und Klaus-Detlef Müller. Berlin u. a.: 65–97.

Brecht, Bertolt (1993e [ca. 1941]). „Über das schrittweise Vorgehen beim Studium und Aufbau der Figur". In: B. Brecht, *Werke. Große kommentierte Berliner und Frankfurter Ausgabe*. Bd. 22.2: *Schriften 2. 1933–1942. Teil 1*. Hrsg. von Werner Hecht, Jan Knopf, Werner Mittenzwei und Klaus-Detlef Müller. Berlin u. a.: 684–686.

Brecht, Bertolt (1993f [1938]). „Die Straßenszene. Grundmodell einer Szene des epischen Theaters". In: B. Brecht, *Werke. Große kommentierte Berliner und Frankfurter Ausgabe*. Bd. 22.1: *Schriften 2. 1933–1942. Teil 1*. Hrsg. von Werner Hecht, Jan Knopf, Werner Mittenzwei und Klaus-Detlef Müller. Berlin u. a.: 370–381.

Breitinger, Johann Jakob (1980 [1740]). *Critische Dichtkunst*. In: Johann Jakob Bodmer und J. J. Breitinger, *Schriften zur Literatur*. Hrsg. von Volker Meid. Stuttgart: 83–204.

Brejzek, Thea, Gesa Mueller von der Haegen und Lawrence Wallen (2009). „Szenografie". In: *Raumwissenschaften*. Hrsg. von Stephan Günzel. Frankfurt a. M.: 370–385.

Bremer, Kai (2012). „Ekstase und Metastase. Raumthematisierungen im zeitgenössischen Drama". In: *Bewegen im Zwischenraum*. Hrsg. von Uwe Wirth unter Mitarbeit von Julia Paganini. Berlin: 181–198.

Bremer, Kai (2017). *Postskriptum Peter Szondi. Theorie des Dramas seit 1956*. Bielefeld.

Brenner, Eva (Hrsg.) (2013). *Anpassung oder Widerstand: Freies Theater heute. Vom Verlust der Vielfalt*. Wien.

Breth, Andrea, und Irene Bazinger (2009). *Frei für den Moment. Regietheater und Lebenskunst. Gespräche mit Irene Bazinger*. Berlin.

Breuer, Dieter (1982). *Geschichte der literarischen Zensur in Deutschland*. Heidelberg.

Breuer, Dieter (1996). „Zensur". In: *Fischer Lexikon Literatur*. Bd. 3: *N–Z*. Hrsg. von Ulfert Ricklefs. Frankfurt a. M.: 2021–2029.

Breuer, Ingo (2008). „Das Geschichtsdrama nach dem Ende des Geschichtsdramas. Über einige Stücke Elfriede Jelineks". In: *Zagreber Germanistische Beiträge* 17: 79–91.

Breuer, Ingo (2009). „Historie und Metahistorizität. Bertolt Brechts Die heilige Johanna der Schlachthöfe und das Geschichtsdrama". In: *Zagreber Germanistische Beiträge* 18: 33–44.

Breuer, Joseph, und Sigmund Freud (2011 [1895]). *Studien über Hysterie*. Einleitung von Stavros Mentzos. Frankfurt a. M.

Brincken, Jörg von, und Andreas Englhart (2008). *Einführung in die moderne Theaterwissenschaft*. Darmstadt.

Brinker, Felix (2015). „On the Formal Politics of Narratively Complex Television Series. Operational Self-Reflexivity and Audience Management in *Fringe* and *Homeland*". In: *Poetics of Politics. Textuality and Social Relevance in American Literature and Culture*. Hrsg. von Sebastian M. Herrmann, Carolin Alice Hofmann, Katja Kanzler, Stefan Schubert und Frank Usbeck. Heidelberg: 41–62.

Brinker-Gabler, Gisela, Karola Ludwig und Angela Wöffen (Hrsg.) (1986). *Lexikon deutschsprachiger Schriftstellerinnen 1800–1945*. München.

Bröcker, Walter (1971). *Der Gott des Sophokles*. Frankfurt a. M.

Bröckling, Ulrich (2007). *Das unternehmerische Selbst. Soziologie einer Subjektivierungsform*. Frankfurt a. M.

Brooks, Peter (1994). „Die melodramatische Imagination". In: *Und immer wieder geht die Sonne auf. Texte zum Melodramatischen im Film*. Hrsg. von Christian Cargnelli und Michael Palm. Wien: 35–63.

Brückner, Heidrun (1995). *Fürstliche Feste. Texte und Rituale der Tuḷu-Volksreligion an der Westküste Südindiens*. Wiesbaden.
Bruin, Hanne M. de (1999). *Kaṭṭaikkūttu. The Flexibility of a South Indian Theatre Tradition*. Groningen.
Bryant-Bertail, Sarah (2000). *Space and Time in Epic Theater. The Brechtian Legacy*. Rochester, NY.
Bryden, Mary (1998). *Samuel Beckett and Music*. Oxford.
Bubner, Rüdiger (1993). „Über das Symbolische in der Politik". In: *Deutsche Zeitschrift für Philosophie* 41: 119–126.
Bühler-Dietrich, Annette (2011). „Heldische Männer, Weibpersönlichkeiten, Androgynität und das Ereignis des Schauspielers. Die Schauspielkunst der zweiten Hälfte des 19. Jahrhunderts in der Kritik". In: *GeschlechterSpielRäume. Dramatik, Theater, Performance und Gender*. Hrsg. von Gaby Pailer und Franziska Schößler. Amsterdam und New York: 209–221.
Burckhardt, Claudia (1974). *Katastrophe und Zeit im klassischen Drama*. Münster.
Burckhardt, Jacob ([15]1926). *Die Kultur der Renaissance in Italien. Ein Versuch*. Leipzig.
Burdorf, Dieter (2001). *Poetik der Form. Eine Begriffs- und Problemgeschichte*. Stuttgart und Weimar.
Bürger, Peter (1974). *Theorie der Avantgarde*. Frankfurt a. M.
Burke, Peter (2009). *Ludwig XIV. Die Inszenierung des Sonnenkönigs*. Aus dem Engl. von Matthias Fienbork. Berlin.
Burke, Peter (2011). *Die europäische Renaissance. Zentren und Peripherien*. Aus dem Engl. von Klaus Kochmann. München.
Burkert, Walter (1990). *Wilder Ursprung. Opferritual und Mythos bei den Griechen*. Berlin.
Burmeister, Enno (2006). *Antike griechische und römische Theater*. Darmstadt.
Buschmeier, Matthias, und Kai Kauffmann (2010). *Einführung in die Literatur des Sturm und Drang und der Weimarer Klassik*. Darmstadt.
Busson, Alain (1986). *Le théâtre en France. Contexte socio-économique et choix esthétiques*. Paris.
Butler, Judith (1991). *Das Unbehagen der Geschlechter*. Aus dem Amerikan. von Kathrina Menke. Frankfurt a. M.
Butler, Judith (1997 [1993]). *Körper von Gewicht. Die diskursiven Grenzen des Geschlechts*. Aus dem Amerikan. von Karin Wördemann. Frankfurt a. M.
Butler, Judith (2001). *Antigones Verlangen. Verwandtschaft zwischen Leben und Tod*. Aus dem Amerikan. von Reiner Ansén. Frankfurt a. M.
Butler, Judith (2002 [1988]). „Performative Akte und Geschlechterkonstitution. Phänomenologie und feministische Theorie". Aus dem Amerikan. von Reiner Ansén. In: *Performanz. Zwischen Sprachphilosophie und Kulturwissenschaften*. Hrsg. von Uwe Wirth. Frankfurt a.M: 301–320.
Büttner, Stefan (2000). *Die Literaturtheorie bei Platon und ihre anthropologische Begründung*. Tübingen und Basel.
Büttner, Stefan (2006). *Antike Ästhetik. Eine Einführung in die Prinzipien des Schönen*. München.
Caduff, Marc, Stefanie Heine und Michael Steiner (Hrsg.) (2015). *Die Kunst der Rezeption*. Bielefeld.
Cahir, Linda Costanzo (2006). *Literature into Film. Theory and Practical Approaches*. Jefferson, NC.

Campbell, Joseph (1998 [1949]). *Der Heros in tausend Gestalten*. Aus dem Amerikan. von Karl Koehne. Frankfurt a. M.
Campbell, Lily Bess (1965 [1930]). *Shakespeare's Tragic Heroes. Slaves of Passion*. New York.
Canning, Charlotte M., und Thomas Postlewait (Hrsg.) (2010). *Representing the Past. Essays in Performance Historiography*. Iowa City.
Carballido, Emilio (1970). „Griselda Gambaro o Modos de Hacernos Pensar en la Manzana". In: *Revista Iberoamericana* 73: 629–634.
Carlson, Marvin (2009). *Theatre Is More Beautiful Than War. German Stage Directing in the Late Twentieth Century*. Iowa City.
Carp, Stefanie (2008). *Berlin – Zürich – Hamburg. Texte zu Theater und Gesellschaft*. Berlin.
Cassirer, Ernst (²1953 [1923]). *Philosophie der symbolischen Formen*. Darmstadt.
Castel, Robert, und Klaus Dörre (Hrsg.) (2009). *Prekarität, Abstieg, Ausgrenzung. Die soziale Frage am Beginn des 21. Jahrhunderts*. Frankfurt a. M. und New York.
Castells, Manuel (2001). *Das Informationszeitalter I. Der Aufstieg der Netzwerkgesellschaft*. Opladen.
Caves, Richard E. (2000). *Creative Industries. Contracts between Arts and Business*. Cambridge, MA und London.
Certeau, Michel de (1988). *Kunst des Handelns*. Aus dem Franz. von Ronald Voullié. Berlin.
Chapple, Freda, und Chiel Kattenbelt (2006). „Key Issues in Intermediality in Theatre and Performance". In: *Intermediality in Theatre and Performance*. Hrsg. von Freda Chapple und Chiel Kattenbelt. Amsterdam: 11–25.
Charle, Christophe (2012). *Theaterhauptstädte. Die Entstehung der Spektakelgesellschaft in Paris, Berlin, London und Wien*. Aus dem Franz. von Susanne Buchner-Sabathy. Berlin.
Charles, Daniel (1989). *Zeitspielräume. Performance, Musik, Ästhetik*. Aus dem Franz. von Peter Geble und Michaela Ott. Berlin.
Cheng, Anne Anlin (2001). *The Melancholy of Race. Psychoanalysis, Assimilation and Hidden Grief*. Oxford u. a.
Chevalier, Michel (1836). *Lettres sur L'Amérique du Nord*. Paris.
Chin, Frank (1991). „Come All Ye Asian American Writers of the Real and the Fake". In: *The Big AIIIEEEEE! An Anthology of Chinese American and Japanese American Literature*. Hrsg. von Jeffery Paul Chan, Frank Chin, Lawson Fusao Inada und Shawn Wong. New York u. a.: 1–93.
Claes, Oliver (1994). *Fremde. Vampire. Sexualität, Tod und Kunst bei Elfriede Jelinek und Adolf Muschg*. Bielefeld.
Clemen, Wolfgang (1985). *Shakespeares Monologe. Ein Zugang zu seiner dramatischen Kunst*. München.
Clemens, Gabriele B. (2013a). „Zensur, Zensoren und Kommunikationskontrolle als europäische Phänomene: Zwischenbilanz und Problemstellung". In: *Zensur im Vormärz. Pressefreiheit und Informationskontrolle in Europa*. Hrsg. von Gabriele B. Clemens. Ostfildern: 9–22.
Clemens, Gabriele B. (Hrsg.) (2013b). *Zensur im Vormärz. Pressefreiheit und Informationskontrolle in Europa*. Ostfildern.
Coenen, Hans Georg (1961). *Elemente der Racineschen Dialogtechnik*. Münster.
Coffi Gadeau, Germain (1965). „Kondé Yao". In: *Le Théâtre populaire en République de Côte d'Ivoire*. Hrsg. von Amon d'Aby, Bernard B. Dadié und G. Coffi Gadeau. Abidjan: 129–141.
Coleridge, Samuel Taylor (1840). *The Works of Samuel Taylor Coleridge. Prose and Verse*. London.
Colin, Nicole (2011a). *Deutsche Dramatik im französischen Theater nach 1945. Künstlerisches Selbstverständnis im Kulturtransfer*. Bielefeld.

Colin, Nicole (2011b). „Blick in die Welt: Der französische Verlag ‚L'Arche Editeur' und seine deutschen Dramatiker". In: *Die deutsche Bühne* 4/2011: 40–41.
Colin, Nicole (2014). „Fataler Reichtum. Geld, Spekulation und Untergang in Gerhart Hauptmanns *Fasching* und *Vor Sonnenaufgang*". In: *Der Deutschunterricht* 6/2014: 27–36.
Conesa, Gabriel (1983). *Le Dialogue moliéresque. Étude stylistique et dramaturgique*. Paris.
Copfermann, Emile (1969). *Le théâtre populaire, pourquoi?* Paris.
Copfermann, Emile (1976). *Vers un théâtre différent*. Paris.
Corneille, Pierre (1987 [1660]). „Les trois discours sur le poème dramatique". In: P. Corneille, *Œuvres complètes*. Bd. 3. Hrsg. von Georges Couton. Paris: 117–190.
Corneille, Pierre (1992 [1660]). „Drei Traktate über die dramatische Dichtung" [Auszug aus dem zweiten und dritten Traktat]. In: *Theater und Drama. Theoretische Konzepte von Corneille bis Dürrenmatt*. Hrsg. von Horst Turk. Tübingen: 3–16.
Cornelissen, Joep (2004). *Corporate Communication. Theory and Practice*. New York.
Coronil, Fernando (2008). „Elephants in the Americas? Latin American Postcolonial Studies and Global Decolonization". In: *Coloniality at Large. Latin America and the Postcolonial Debate*. Hrsg. von Mabel Moraña, Enrique Dussel und Carlos A. Jáuregui. Durham, NC und London: 396–416.
Corti, Lillian (1998). *The Myth of Medea and the Murder of Children*. Westport, CT.
Cossel, Friederike von (2011). *Entscheidungsfindung im Kulturbetrieb am Beispiel der Spielplangestaltung im Theater. Empirische Personal- und Organisationsforschung*. München und Mering.
Craig, Edward Gordon (2012 [1907]). „Der Schauspieler und die Übermarionette". In: *Marionetten und Übermarionetten*. Hrsg. von László F. Földényi. Berlin: 43–87.
Cramer, Thomas (^{3}2000). *Geschichte der deutschen Literatur im späten Mittelalter*. München.
Crommelin, Bernard van Wickevoort (2006). „Die Rolle des Theaters im politischen Leben Athens". In: *Die griechische Tragödie und ihre Aktualisierung in der Moderne*. Hrsg. von Gerhard Lohse und Solveig Malatrait. München und Leipzig: 13–44.
Crow, Brian, und Chris Banfield (1996). *An Introduction to Post-Colonial Theatre*. Cambridge.
Culler, Jonathan (2007). *The Literary in Theory*. Stanford.
Cunningham, Keith (2008). *The Soul of Screenwriting. On Writing, Dramatic Truth, and Knowing Yourself*. New York.
Dahlhaus, Carl (1996). *Richard Wagners Musikdramen*. Stuttgart.
Dahms, Sibylle (Hrsg.) (2001). *Tanz*. Kassel u. a.
Dahms, Sibylle (2010). *Der konservative Revolutionär. Jean Georges Noverre und die Ballettreform des 18. Jahrhunderts*. München.
Damm, Benjamin (2011). *Baal und das epische Theater*. München.
Dammann, Rolf (1984). *Der Musikbegriff im deutschen Barock*. Karlsruhe.
Dangel-Hofmann, Frohmut, und Nino Pirrotta (^{2}1996). „Intermedium". In: *Die Musik in Geschichte und Gegenwart*. Sachteil, Bd. 4. Neubearb. Ausg. Hrsg. von Ludwig Finscher. Kassel: Sp. 1011–1026.
Daniel, Ute (1995). *Hoftheater. Zur Geschichte des Theaters und der Höfe im 18. und 19. Jahrhundert*. Stuttgart.
Davidovici, Mireille (Hrsg.) (1993). *La création dramatique contemporaine en Ile-de-France* [= *Théâtre/Public* 110]. Gennevilliers.
Davis, Tracy C. (1991). *Actresses as Working Women. Their Social Identity in Victorian Culture*. London und New York.

De Grazia, Margreta, und Stanley Wells (Hrsg.) (2001). *The Cambridge Companion to Shakespeare*. Cambridge.
De Man, Paul (1979). *Allegories of Reading. Figural Language in Rousseau, Nietzsche, Rilke, and Proust*. New Haven, CT.
Debord, Guy (1978 [1967]). *Die Gesellschaft des Spektakels*. Aus dem Franz. von Jean-Jacques Raspaud. Hamburg.
Deck, Jan, und Angelika Sieburg (Hrsg.) (2008). *Paradoxien des Zuschauens. Die Rolle des Publikums im zeitgenössischen Theater*. Bielefeld.
Dehrmann, Mark-Georg, und Alexander Košenina (Hrsg.) (2009). *Ifflands Dramen. Ein Lexikon*. Hannover.
Deiters, Franz-Josef (2013). „Die Entweltlichung der Bühne. Zum Raumregime des Theaters der klassischen Episteme". In: *Raumlektüren. Der Spatial Turn und die Literatur der Moderne*. Hrsg. von Tim Mehigan und Allan Corkhill. Bielefeld: 39–54.
deLahunta, Scott (2000). „Dance Dramaturgy: Speculations and Reflections". In: *Dance Theatre Journal* 16.1: 20–25. http://sarma.be/docs/2869 (1. Juni 2018).
Deleuze, Gilles (1989 [1983]). *Kino 1. Das Bewegungs-Bild*. Aus dem Franz. von Ulrich Christians und Ulrike Bokelmann. Frankfurt a. M.
Deleuze, Gilles (1991 [1985]). *Kino 2. Das Zeit-Bild*. Aus dem Franz. von Klaus Englert. Frankfurt a. M.
Deleuze, Gilles (1993). *Unterhandlungen 1972–1990*. Aus dem Franz. von Gustav Roßler. Frankfurt a. M.
Deleuze, Gilles, und Félix Guattari (^{5}2002 [1992]). *Tausend Plateaus. Kapitalismus und Schizophrenie*. Aus dem Franz. von Gabriele Ricke und Ronald Voullié. Berlin.
Dembeck, Till (2010). „X oder U? Herders ,Interkulturalität'". In: *Zwischen Provokation und Usurpation. Interkulturalität als (un)vollendetes Projekt der Literatur- und Sprachwissenschaften*. Hrsg. von Dieter Heimböckel, Irmgard Honnef-Becker, Georg Mein und Heinz Sieburg. München: 103–128.
Dermutz, Klaus (2004). *Andrea Breth. Der Augenblick der Liebe*. Salzburg und Wien.
Dermutz, Klaus, und Peter Zadek (2007). *Nahaufnahme: Peter Zadek. Gespräche mit Klaus Dermutz*. Berlin.
Derrida, Jacques (1967a). *De la grammatologie*. Paris.
Derrida, Jacques (1967b). *L'écriture et la différence*. Paris.
Derrida, Jacques (1972 [1967]). *Die Schrift und die Differenz*. Aus dem Franz. von Rodolphe Gasché und Ulrich Köppen. Frankfurt a. M.
Derrida, Jacques (1974 [1967]). *Grammatologie*. Aus dem Franz. von Hans-Jörg Rheinberger und Hanns Zischler. Frankfurt a. M.
Derrida, Jacques (2003 [2001]). *Eine gewisse unmögliche Möglichkeit, vom Ereignis zu sprechen*. Aus dem Franz. von Susanne Lüdemann. Berlin.
Desmond, John M., und Peter Hawkes (2005). *Adaptation. Studying Film and Literature*. New York.
Destrée, Pierre (2009). „Die Komödie". In: *Aristoteles. Poetik*. Hrsg. von Otfried Höffe. Berlin: 69–86.
Detken, Anke (2009). *Im Nebenraum des Textes. Regiebemerkungen in Dramen des 18. Jahrhunderts*. Tübingen.
Detken, Anke, Thorsten Unger, Brigitte Schultze und Horst Turk (Hrsg.) (1998). *Theaterinstitution und Kulturtransfer II. Fremdkulturelles Repertoire am Gothaer Hoftheater und an anderen Bühnen*. Tübingen.

Deutscher Bühnenverein (2014a). „'Tschick' bricht Aufführungsrekorde auf deutschen Bühnen. Werkstatistik 2012/2013 des Bühnenvereins erschienen". Pressemitteilung zur Spielzeit 2012/13. Köln, 18. August 2014. http://www.buehnenverein.de/de/presse/pressemeldungen.html?det=402 (1. Juni 2018).
Deutscher Bühnenverein (2014b). „Normalvertrag Bühne". In: *Bühnen- und Musikrecht* [Loseblattsammlung]. Hrsg. vom Deutschen Bühnenverein und vom Bundesverband der Theater und Orchester. Bensheim.
Deutscher Bühnenverein (2016). *Theaterstatistik 2014/2015*. Köln.
Deutscher Bühnenverein (2017). *Theaterstatistik 2015/2016*. Köln.
Devésa, Jean-Michel (1996). *Sony Labou Tansi. Ecrivain de la honte et des rives magiques du Kongo*. Paris.
Devrient, Eduard (1967 [1848]). *Geschichte der deutschen Schauspielkunst*. 2 Bde. Hrsg. von Rolf Kabel und Christoph Trilse. München und Wien.
Diaconu, Mădălina (2013). *Phänomenologie der Sinne*. Stuttgart.
Diderot, Denis (1968 [1751]). „Brief über die Taubstummen". In: D. Diderot, *Ästhetische Schriften*. Bd. 1. Hrsg. von Friedrich Bassenge. Frankfurt a. M.: 27–97.
Diderot, Denis (2005 [1773]). „Das Paradox über den Schauspieler". In: *Seelen mit Methode. Schauspieltheorien vom Barock- bis zum postdramatischen Theater*. Hrsg. von Jens Roselt. Berlin: 137–147.
Dietrich, Margret (1965). „Der Mensch und der szenische Raum". In: *Maske und Kothurn* 11.3: 193–206.
Dietrich, Margret (Hrsg.) (1976). *Das Burgtheater und sein Publikum*. Bd. 1. Wien.
Diez, Georg (2002). *Gegenheimat. Das Theater des Martin Kušej*. Salzburg.
Dilthey, Wilhelm (1883). *Einleitung in die Geisteswissenschaften. Versuch einer Grundlegung für das Studium der Gesellschaft und ihrer Geschichte*. Leipzig.
Dobson, Michael, und Stanley Wells (Hrsg.) (2001). *The Oxford Companion to Shakespeare*. Oxford.
Dolby, William (1976). *A History of Chinese Drama*. London.
Dörner, Andreas (1995). *Politischer Mythos und symbolische Politik. Sinnstiftung durch symbolische Formen am Beispiel des Hermannsmythos*. Opladen.
Dörr, Evelyn (1998). *Rudolf von Laban. Leben und Werk des Künstlers (1879–1936)*. 2 Bde. Diss., Humboldt-Universität zu Berlin.
Dörr, Volker C., und Helmut J. Schneider (Hrsg.) (2006). *Die deutsche Tragödie. Neue Lektüren einer Gattung im europäischen Kontext*. Bielefeld.
Dörre, Klaus (2009). „Prekarität im Finanzmarkt-Kapitalismus". In: *Prekarität, Abstieg, Ausgrenzung. Die soziale Frage am Beginn des 21. Jahrhunderts*. Hrsg. von Robert Castel und Klaus Dörre. Frankfurt a. M. und New York: 35–64.
Dort, Bernard (1971). *Théâtre réel. Essais de critique 1967–1970*. Paris.
Dort, Bernard (1979). *Théâtre en jeu. Essais de critique 1970–1978*. Paris.
Dort, Bernard (1980). „Entre la nostalgie et l'utopie. Esquisse pour une histoire du théâtre français au XXe siècle". In: *Cahiers Théâtre Louvain* 43: 7–35.
Dosse, François (1999). *Geschichte des Strukturalismus*. Bd. 1: *Das Feld des Zeichens, 1945–1966*. Frankfurt a. M.
Dowd, Garin, Lesley Stevenson und Jeremy Strong (Hrsg.) (2006). *Genre Matters. Essays in Theory and Criticism*. Bristol und Portland, OR.
Dragún, Osvaldo (1987). „El teatro argentino en 1985". In: *Diógenes. Anuario Crítico del Teatro Latino-americano* 1: 19–37.

Drakakis, John (1991). „'Fashion it thus': *Julius Caesar* and the Politics of Theatrical Representation". In: *Shakespeare Survey* 44: 65–73.
Dreher, Thomas (2001). *Performance Art nach 1945. Aktionstheater und Intermedia.* München.
Dreßler, Roland (1993). *Von der Schaubühne zur Sittenschule. Das Theaterpublikum vor der vierten Wand.* Berlin.
Dreysse, Miriam, und Florian Malzacher (Hrsg.) (2007). *Experten des Alltags. Das Theater von Rimini Protokoll.* Berlin.
Dryden, John (1992 [1680]). „Extracts from the Preface to His Translation of Ovid's *Epistles* Published in 1680". In: *Translation/History/Culture. A Sourcebook.* Hrsg. von André Lefevere. London: 102–105.
Dujardin, Édouard (1924 [1887]). *Les Lauriers sont coupés.* Paris.
Dupré, Johanna (2010). *Spiele des (Un)Sichtbaren. Performativität und Politik der Wahrnehmung im argentinischen Gegenwartstheater.* Marburg.
Dupree, Mary Helen (2011). *The Mask and the Quill. Actress-Writers in Germany from Enlightenment to Romanticism.* Lanham, MD.
Durkheim, Émile (1994 [1912]). *Die elementaren Formen des religiösen Lebens.* Aus dem Franz. von Ludwig Schmidts. Frankfurt a. M.
Dürrenmatt, Friedrich (1955). *Theaterprobleme.* Zürich.
Düsing, Wolfgang (2004). „Deutsche Geschichte im Spiegel von Volker Brauns Nibelungendrama". In: *Tendenzen im Geschichtsdrama und Geschichtsroman des 20. Jahrhunderts.* Hrsg. von Maijan Bobincak, Wolfgang Düsing und Dietmar Goltschnigg. Zagreb: 331–342.
Eagleman, David (2012). *Inkognito. Die geheimen Eigenleben unseres Gehirns.* Aus dem Engl. von Jürgen Neubauer. Frankfurt a. M. und New York.
Ebert, Gerhard (1991). *Der Schauspieler. Geschichte eines Berufes. Ein Abriß.* Berlin.
Eckermann, Johann Peter (1984 [1828]). *Gespräche mit Goethe in den letzten Jahren seines Lebens.* Hrsg. von Regine Otto. München.
Eckersall, Peter (2006). *Theorizing the Angura Space. Avant-garde Performance and Politics in Japan, 1960–2000.* Leiden und Boston.
Eco, Umberto (1977). *Zeichen. Einführung in einen Begriff und seine Geschichte.* Aus dem Italien. von Günter Memmert. Frankfurt a. M.
Eco, Umberto (1995). *Die Grenzen der Interpretation.* Aus dem Ital. von Günter Memmert. München.
Edelman, Murray (^{2}1990 [1964/1971]). *Politik als Ritual. Die symbolische Funktion staatlicher Institutionen und politischen Handelns.* Aus dem Amerikan. von Holger Fliessbach. Frankfurt a. M. und New York.
Ehrlicher, Hanno (2012). *Einführung in die spanische Literatur und Kultur des Siglo de Oro.* Berlin.
Eibl, Karl (1977). „Bürgerliches Trauerspiel". In: *Aufklärung. Ein literaturwissenschaftliches Studienbuch.* Hrsg. von Hans-Friedrich Wessels. Königstein i.Ts.: 66–87.
Eiden, Evelyn (1986). *Figur – Begebenheit – Situation. Die Konstruktion dramatischer Handlung.* Pfaffenweiler.
Eikels, Kai van (2013). *Die Kunst des Kollektiven. Performance zwischen Theater, Politik und Sozio-Ökonomie.* München.
Eikhof, Doris R., und Axel Haunschild (2004). „Arbeitskraftunternehmer in der Kulturindustrie. Ein Forschungsbericht über die Arbeitswelt Theater". In: *Typisch Arbeitskraftunternehmer? Befunde der empirischen Arbeitsforschung.* Hrsg. von Hans J. Pongratz und G. Günter Voß. Berlin: 93–113.

Eikhof, Doris R., und Axel Haunschild (2006). „Lifestyle meets Market. Bohemian Entrepreneurs in Creative Industries". In: *Creativity and Innovation Management* 15.3: 234–241.
Eke, Norbert Otto (1999). *Heiner Müller*. Stuttgart.
Eke, Norbert Otto (2007). „Schreckbilder: Die Revolution als Aufstand der ‚schwarzen Männer'". In: *Das Unterhaltungsstück um 1800. Literaturhistorische Konfigurationen – Signaturen der Moderne. Zur Geschichte des Theaters als Reflexionsmedium von Gesellschaft, Politik und Ästhetik*. Hrsg. von Johannes Birgfeld und Claude D. Conter. Hannover: 3–29.
Elam, Keir (1980). *The Semiotics of Theatre and Drama*. London.
Elfert, Jennifer (2009). *Theaterfestivals. Geschichte und Kritik eines kulturellen Organisationsmodells*. Bielefeld.
Elfriede Jelinek-Forschungszentrum (o. J.). *Export – Jelinek – Neuwirth*. http://ach-stimme.com/?cat=3 (1. Juni 2018).
Elias, Norbert (1970). *Was ist Soziologie?* München.
Elias, Norbert (1976 [1939]). *Über den Prozeß der Zivilisation. Soziogenetische und psychogenetische Untersuchung*. 2 Bde. Frankfurt a. M.
Elias, Norbert (2002). *Die höfische Gesellschaft. Untersuchungen zur Soziologie des Königtums und der höfischen Aristokratie. Mit einer Einleitung: Soziologie und Geschichtswissenschaft*. Frankfurt a. M.
Elsaesser, Thomas (1994). „Tales of Sound and Fury. Anmerkungen zum Familienmelodram". In: *Und immer wieder geht die Sonne auf. Texte zum Melodramatischen im Film*. Hrsg. von Christian Cargnelli und Michael Palm. Wien: 93–128.
Elsaesser, Thomas (2008). „Melodrama. Genre, Gefühl oder Weltanschauung?" In: *Das Gefühl der Gefühle. Zum Kinomelodram*. Hrsg. von Margrit Fröhlich, Klaus Gronenborn und Karsten Visarius. Marburg: 11–34.
Elsaesser, Thomas (2009). *Hollywood heute. Geschichte, Gender und Nation im postklassischen Kino*. Berlin.
Elsaghe, Yahya (2008). „Der Antisemitismus und seine Fortschreibung in Max Frischs ‚Andorra. Stück in zwölf Bildern'. In: *Text + Kritik* 180: *Juden.Bilder*. Hrsg. von Heinz Ludwig Arnold. München: 6–17.
Elsaghe, Yahya (2014). *Max Frisch und das zweite Gebot. Relektüren von „Andorra" und „Homo faber"*. Bielefeld.
Emde, Ruth (1997). *Schauspielerinnen im Europa des 18. Jahrhunderts. Ihr Leben, ihre Schriften und ihr Publikum*. Amsterdam und Atlanta, GA.
Eming, Jutta (2008). „Sprache und Gewalt im spätmittelalterlichen Passionsspiel". In: *Blutige Worte. Internationales und interdisziplinäres Kolloquium zum Verhältnis von Sprache und Gewalt in Mittelalter und Früher Neuzeit*. Hrsg. von Jutta Eming und Claudia Jarzebowski. Göttingen: 31–51.
Eng, David L. (2001). *Racial Castration. Managing Masculinity in Asian America*. Durham, NC und London.
Engel, Antke (2002). *Wider die Eindeutigkeit. Sexualität und Geschlecht im Fokus queerer Politik der Repräsentation*. Frankfurt a. M. und New York.
Engel, Johann Jakob (1804 [1785–1786]). *Ideen zu einer Mimik*. 2 Bde. Berlin.
Engel, Johann Jakob (1964 [1774]). *Über Handlung, Gespräch und Erzählung*. Faksimiledruck der 1. Fassung von 1774 aus der „Neuen Bibliothek der schönen Wissenschaften und der freyen Künste". Stuttgart.
Engelbert, Manfred (1995). „Calderón de la Barca". In: *Das spanische Theater. Von den Anfängen bis zum Ausgang des 19. Jahrhunderts*. Hrsg. von Klaus Pörtl. Darmstadt: 240–279.

Engels, Friedrich (1984 [1885]). „Brief an Minna Kautsky, 26. November 1885". In: *Romanpoetik in Deutschland von Hegel bis Fontane*. Hrsg. von Hartmut Steinecke. Tübingen: 224–226.
Englhart, Andreas (2000). *Im Labyrinth des unendlichen Textes. Botho Strauß' Theaterstücke 1972–1996*. Tübingen.
Englhart, Andreas (2002). „Anmutung und Bewertung vor kognitiver Verarbeitung. Überlegungen zur stimmlichen Eigen-Art in der Wahrnehmung des Rezipienten". In: *Stimmen, Klänge, Töne. Synergien im szenischen Spiel*. Hrsg. von Hans-Peter Bayerdörfer. Tübingen: 109–126.
Englhart, Andreas (2005). „Menschen-Affen und Affen-Menschen. Artistik des Fremden im Theater der Nestroyzeit". In: *Andere Körper – Fremde Bewegungen. Theatrale und öffentliche Inszenierungen im 19. Jahrhundert*. Hrsg. von Claudia Jeschke und Helmut Zedelmaier. Münster: 211–236.
Englhart, Andreas (2010). *Einführung in das Werk Friedrich Schillers*. Darmstadt.
Englhart, Andreas (2013). *Das Theater der Gegenwart*. München.
Englhart, Andreas (2015). „Brecht als Regisseur und das Theater der Gegenwart". In: *Der Deutschunterricht* 6/2015: 52–60.
Englhart, Andreas (2018). *Das Theater des Anderen. Theorie und Mediengeschichte einer existenziellen Gestalt von 1800 bis heute*. Bielefeld.
Englhart, Andreas, und Artur Pełka (Hrsg.) (2014). *Junge Stücke. Theatertexte junger Autorinnen und Autoren im Gegenwartstheater*. Bielefeld.
Ensberg, Claus (Hrsg.) (2003–2008). *WortArt. Sprachbuch für Gymnasien in Bayern. 5–10*. Braunschweig.
Enzelberger, Genia, Monika Meister und Stefanie Schmitt (Hrsg.) (2012). *Auftritt Chor. Formationen des Chorischen im gegenwärtigen Theater* [= Maske und Kothurn 58.1]. Wien u. a.
Enzensberger, Christian (1977). *Literatur und Interesse. Eine politische Ästhetik mit zwei Beispielen aus der englischen Literatur*. München.
Eppler, Erhard (1992). Kavalleriepferde beim Hornsignal. Die Krise der Politik im Spiegel der Sprache. Frankfurt a. M.
Erken, Günther (1985). „Bis der Stoff aufgeht im Symbol". In: *Theater heute* 1/1985: 29–35.
Erken, Günther (Hrsg.) (1989). *Tankred Dorst*. Frankfurt a. M.
Erken, Günther (2003a). „Regietheater und Klassiker". In: G. Erken, *Theaterflimmern. Über die Kunst der Bühne*. Sankt Augustin: 309–327.
Erken, Günther (2003b). *Der künstlerische Produktionsprozeß / Theaterarbeit heute* [Skriptum]. München.
Erken, Günther (2014). *Theatergeschichte*. Stuttgart.
Erl, Andrea (2011). „Das Theater Mummpitz. Eine Schule des Sehens". In: *Wege ins Theater. Spielen, Zuschauen, Urteilen*. Hrsg. von Marion Bönnighausen und Gabriela Paule. Berlin: 167–176.
Ernestus, Muriel (2012). *Von politischem Theater und flexiblen Arbeitswelten: Überlegungen zu Theatertexten von Widmer, Richter und Pollesch*. Berlin.
Eschke, Gunther, und Rudolf Bohne (2010). *Bleiben Sie dran! Dramaturgie von TV-Serien*. Konstanz.
Eschkötter, Daniel (2013). „Sympathetische Montagen". In: *Das Melodram. Ein Medienbastard*. Hrsg. von Bettine Menke u. a. Berlin: 308–330.
Eskelinen, Markku (2012). *Cybertext Poetics. The Critical Landscape of New Media Literary Theory*. New York.

Esrig, David (Hrsg.) (1985). *Commedia dell'arte. Eine Bildgeschichte der Kunst des Spektakels*. Nördlingen.
Esslin, Martin (1987 [1964]). *Das Theater des Absurden. Von Beckett bis Pinter*. Erw. Neuausg. Reinbek bei Hamburg.
Ette, Wolfram (2011). *Kritik der Tragödie. Über dramatische Entschleunigung*. Weilerswist.
Ette, Wolfram (2014). „Freud und die Tragödie". In: *Tragedy and the Tragic in German Literature, Art, and Thought*. Hrsg. von Stephen D. Dowden und Thomas P. Quinn. Rochester, NY: 148–170.
Evreinov, Nikolaj (2017 [1915–1917]). *Theater für sich*. Aus dem Russ. von Regine Kühn. Hrsg. von Sylvia Sasse. Zürich und Berlin.
Fahle, Oliver (2005). *Bilder der Zweiten Moderne*. Weimar.
Faulstich, Werner (2004). *Medienwissenschaft*. Paderborn.
Faulstich, Werner (2006). *Mediengeschichte. Von 1700 bis ins 3. Jahrtausend*. Göttingen.
Fauser, Markus (Hrsg.) (2008). *Gotthold Ephraim Lessing. Neue Wege der Forschung*. Darmstadt.
Fechter, Paul (1956–1958). *Das europäische Drama. Geist und Kultur im Spiegel des Theaters*. 3 Bde. Mannheim.
Fertl, Evelyn (2005). *Von Musen, Miminnen und leichten Mädchen. Die Schauspielerin in der römischen Antike*. Wien.
Fiawoo, Ferdinand Kwasi (1973). *Tuinese. Fia yi dziehe. Two plays in Ewe and English*. Marburg a. d. Lahn.
Fick, Monika (^{4}2016 [2000]). *Lessing-Handbuch. Leben – Werk – Wirkung*. Stuttgart und Weimar.
Fiebach, Joachim (1975). *Von Craig bis Brecht. Studien zu Künstlertheorien in der ersten Hälfte des 20. Jahrhunderts*. Berlin.
Fiebach, Joachim (1979). *Kunstprozesse in Afrika. Literatur im Umbruch*. Berlin.
Fiebach, Joachim (1986). *Die Toten als die Macht der Lebenden. Zur Theorie und Geschichte von Theater in Afrika*. Berlin und Wilhelmshaven.
Fiebach, Joachim (1997). „Ebrahim Hussein's Dramaturgy: A Swahii Multiculturalist's Journey in Drama and Theatre". In: *Research in African Literatures* 28.4: 19–37.
Fiebach, Joachim (2003). „Identität der Kulturen und Identitäten. Der Dramatiker Ebrahim Hussein". In: *Szenarien von Theater (und) Wissenschaft. Festschrift für Erika Fischer-Lichte*. Hrsg. von Christel Weiler und Hans-Thies Lehmann. Berlin: 85–99.
Fiebach, Joachim (2007). *Inszenierte Wirklichkeit. Kapitel einer Kulturgeschichte des Theatralen*. Berlin.
Fiebach, Joachim (2015). *Welt Theater Geschichte. Eine Kulturgeschichte des Theatralen*. Berlin.
Fiederer, Margrit (2002). *Geld und Besitz im bürgerlichen Trauerspiel*. Würzburg.
Field, Syd (2007 [1979]). *Das Drehbuch. Die Grundlagen des Drehbuchschreibens*. Aus dem Amerik. von Kerstin Winter. Berlin.
Firges, Janine, und Juliane Vogel (2015). „*Gradatio*. Zur Darstellung des Gefühls im Theater des 18. Jahrhunderts". In: *Handbuch Literatur & Emotionen*. Hrsg. von Martin von Koppenfels und Cornelia Zumbusch. Berlin und Boston: 313–328.
Fischer, Christine (2007). *Instrumentierte Visionen weiblicher Macht. Maria Antonia Walpurgis' Werke als Bühne politischer Selbstinszenierung*. Kassel u. a.
Fischer-Lichte, Erika (1983). *Semiotik des Theaters. Eine Einführung. Bd. 1: Das System der theatralischen Zeichen*. Tübingen.

Fischer-Lichte, Erika (1990a). *Geschichte des Dramas. Epochen der Identität auf dem Theater von der Antike bis zur Gegenwart*. 2 Bde. Tübingen und Basel.
Fischer-Lichte, Erika (1990b). „Theatre, Own and Foreign. The Intercultural Trend in Contemporary Theatre". In: *The Dramatic Touch of Difference. Theatre, Own and Foreign*. Hrsg. von Erika Fischer-Lichte, Josephine Riley und Michael Gissenwehrer. Tübingen: 11–19.
Fischer-Lichte, Erika (1990c). „Die Zeichensprache des Theaters. Zum Problem theatralischer Bedeutungsgenerierung". In: *Theaterwissenschaft heute. Eine Einführung*. Hrsg. von Renate Möhrmann. Berlin: 233–259.
Fischer-Lichte, Erika (1991). „Vermittlung des Fremden oder produktive Rezeption? Zur Theorie der interkulturellen Inszenierung". In: *Begegnung mit dem ‚Fremden'. Grenzen – Traditionen – Vergleiche. Akten des VIII. Kongresses der Internationalen Vereinigung für Germanische Sprach- und Literaturwissenschaft (IVG), Tokio*. Hrsg. von Eijirō Iwasaki. Bd. 2: *Theorie der Alterität*. Hrsg. von Yoshinori Shichiji. München: 215–226.
Fischer-Lichte, Erika (1993). *Kurze Geschichte des deutschen Theaters*. Tübingen und Basel.
Fischer-Lichte, Erika (Hrsg.) (1995). *TheaterAvantgarde. Wahrnehmung – Körper – Sprache*. Tübingen und Basel.
Fischer-Lichte, Erika (1997). *Die Entdeckung des Zuschauers. Paradigmenwechsel auf dem Theater des 20. Jahrhunderts*. Tübingen und Basel.
Fischer-Lichte, Erika (1999a). *Das eigene und das fremde Theater*. Tübingen und Basel.
Fischer-Lichte, Erika (^{2}1999b). *Geschichte des Dramas*. 2 Bde. Überarb. und erw. Aufl. Tübingen und Basel.
Fischer-Lichte, Erika (2001). „Verkörperung / Embodiment. Zum Wandel einer alten theaterwissenschaftlichen in eine neue kulturwissenschaftliche Kategorie". In: *Verkörperung* [= *Theatralität* 2]. Hrsg. von Erika Fischer-Lichte, Christian Horn und Matthias Warstat. Tübingen und Basel: 11–25.
Fischer-Lichte, Erika (2004). *Ästhetik des Performativen*. Frankfurt a. M.
Fischer-Lichte, Erika (2005). „Politisches Theater". In: *Metzler Lexikon Theatertheorie*. Hrsg. von Erika Fischer-Lichte, Doris Kolesch und Matthias Warstat. Stuttgart: 242–245.
Fischer-Lichte, Erika (2007). „Massenspektakel der Zwischenkriegszeit als Krisensymptom". In: *Krisis! Krisenszenarien, Diagnosen und Diskursstrategien*. Hrsg. von Henning Grunwald und Manfred Pfister. Paderborn und München: 114–142.
Fischer-Lichte, Erika (2008). „Patterns of Continuity in German Theatre. Interculturalism, Performance and Cultural Mission". In: *A History of German Theatre*. Hrsg. von Simon Williams und Maik Hamburger. Cambridge u. a.: 360–377.
Fischer-Lichte, Erika (2010). *Theaterwissenschaft. Eine Einführung in die Grundlagen des Faches*. Tübingen und Basel.
Fischer-Lichte, Erika, und Jörg Schönert (Hrsg.) (1999). *Theater im Kulturwandel des 18. Jahrhunderts. Inszenierung und Wahrnehmung von Körper – Musik – Sprache*. Göttingen.
Fischer-Lichte, Erika, Kristiane Hasselmann und Markus Rautzenberg (Hrsg.) (2010). *Ausweitung der Kunstzone. Interart Studies. Neue Perspektiven der Kunstwissenschaften*. Bielefeld.
Fischer-Lichte, Erika, Torsten Jost und Saskya Iris Jain (Hrsg.) (2014). *The Politics of Interweaving Performance Cultures Beyond Postcolonialism*. New York u. a.
Flashar, Hellmut (1991). *Inszenierung der Antike. Das griechische Drama auf der Bühne der Neuzeit 1585–1990*. München.
Flashar, Hellmut (2000). *Sophokles. Dichter im demokratischen Athen*. München.

Flashar, Hellmut (2013). *Aristoteles. Lehrer des Abendlandes*. München.
Fleig, Anne (1999). *Handlungs-Spiel-Räume. Dramen von Autorinnen im ausgehenden 18. Jahrhundert*. Würzburg.
Flemming, Willi (1968). *Goethe und das Theater seiner Zeit*. Stuttgart u. a.
Fliedl, Konstanze (2005). „Käthe und die Erlkönigin. Schauspielerinnen bei Elfriede Jelinek". In: *Jahrbuch der Österreich-Bibliothek in St. Petersburg* 6: 8–22.
Floeck, Wilfried (Hrsg.) (1989). *Zeitgenössisches Theater in Deutschland und Frankreich*. Tübingen.
Floeck, Wilfried, und Karl Kohut (Hrsg.) (1993). *Das moderne Theater Lateinamerikas*. Frankfurt a. M.
Florida, Richard (2002). *The Rise of the Creative Class. And How It's Transforming Work, Leisure, Community, and Everyday Life*. New York.
Focke, Ann-Christin (2011). *Unterwerfung und Widerstreit. Strukturen einer neuen politischen Theaterästhetik*. München.
Föllinger, Sabine (2009). *Aischylos. Meister der griechischen Tragödie*. München.
Fortmann, Patrick (2014). „‚Geld, Geld. Wer kein Geld hat'. Ökonomien des Mangels und Dramatik der Knappheit im Vormärz (Raimund, Nestroy, Wiese, Büchner)". In: *Geld und Ökonomie im Vormärz*. Hrsg. von Jutta Nickel. Bielefeld: 95–112.
Foucault, Michel (1974 [1966]). *Die Ordnung der Dinge. Eine Archäologie der Humanwissenschaften*. Aus dem Franz. von Ulrich Köppen. Frankfurt a. M.
Foucault, Michel (1976 [1975]). *Überwachen und Strafen. Die Geburt des Gefängnisses*. Aus dem Franz. von Walter Seitter. Frankfurt a. M.
Foucault, Michel (2006 [1967]). „Von anderen Räumen (1967)". In: *Raumtheorie. Grundlagentexte aus Philosophie und Kulturwissenschaften*. Hrsg. von Jörg Dünne und Stephan Günzel. Frankfurt a. M.: 317–329.
Franco, Jean (1996). *Marcar diferencias, cruzar fronteras*. Santiago de Chile.
Frasca, Gonzalo (1999). „Ludology Meets Narratology. Similitude and Differences between (Video)Games and Narrative". Artikel auf der privaten Homepage von Gonzalo Frasca. http://www.ludology.org/articles/ludology.htm (1. Juni 2018).
Freeman, John Richardson (1993). „Performing Possession. Ritual and Consciousness in the Teyyam Complex of Northern Kerala". In: *Flags of Fame. Studies in South Asian Folk Culture*. Hrsg. von Heidrun Brückner, Lothar Lutze und Aditya Malik. Delhi: 109–138.
Frei, Nikolaus (2006). *Die Rückkehr der Helden. Deutsches Drama der Jahrhundertwende (1994–2001)*. Tübingen.
Freud, Sigmund (1925). „Notiz über den ‚Wunderblock'". In: *Internationale Zeitschrift für Psychoanalyse* 11.1: 1–5.
Freytag, Gustav (1887 [1863]). *Gesammelte Werke*. Bd. 14: *Die Technik des Dramas*. Leipzig.
Frey-Vor, Gerlinde (1996). *Langzeitserien im deutschen und britischen Fernsehen. „Lindenstraße" und „EastEnders" im interkulturellen Vergleich*. Berlin.
Frick, Werner (Hrsg.) (2003). *Die Tragödie. Eine Leitgattung der europäischen Literatur*. Göttingen.
Fritz, Bärbel, Brigitte Schultze und Horst Turk (Hrsg.) (1997). *Theaterinstitution und Kulturtransfer I. Fremdsprachiges Repertoire am Burgtheater und auf anderen europäischen Bühnen*. Tübingen.
Frommer, Harald (1995). *Lesen und Inszenieren. Produktiver Umgang mit dem Drama auf der Sekundarstufe*. Stuttgart.

Fugard, Athol, John Kani und Winstond Ntshona (1980). „Sizwe Bansi is Dead". In: A. Fugard, *Stücke. Hallo und Adieu, Da leben Leute, Buschmann und Lena, Aussage nach einer Verhaftung aufgrund des Gesetzes gegen Unsittlichkeit.* Aus dem Engl. von Reinhild Böhnke. Berlin: 204–249.
Fuhrmann, Manfred (1982). „Nachwort". In: Aristoteles, *Poetik.* Griechisch/Deutsch. Hrsg. von Manfred Fuhrmann. Stuttgart: 144–178.
Fuhrmann, Manfred (1992). *Die Dichtungstheorie der Antike. Aristoteles – Horaz – „Longin". Eine Einführung.* Darmstadt.
Fuhrmann, Manfred (2005). *Geschichte der römischen Literatur.* Stuttgart.
Fulda, Daniel (2005). *Schau-Spiele des Geldes. Die Komödie und die Entstehung der Marktgesellschaft von Shakespeare bis Lessing.* Tübingen.
Fulda, Daniel, und Thorsten Valk (Hrsg.) (2010). *Die Tragödie der Moderne. Gattungsgeschichte – Kulturtheorie – Epochendiagnose.* Berlin und New York.
Funke, Rainer (1984): *Beharrung und Umbruch 1830–1860. Karl Gutzkow auf dem Weg in die literarische Moderne.* Bern u. a.
Gabler, Hans Walter (1978). „Der Text". In: *Shakespeare-Handbuch. Die Zeit, der Mensch, das Werk.* Hrsg. von Ina Schabert. Stuttgart: 202–251.
Gabriel, Markus (Hrsg.) (2014). *Der Neue Realismus.* Frankfurt a. M.
Gambaro, Griselda (1967). *El Campo.* Buenos Aires.
Garber, Marjorie (1992). *Vested Interests. Cross-Dressing and Cultural Anxiety.* New York.
Gebauer, Gunter, und Christoph Wulf (1992). *Mimesis. Kultur – Kunst – Gesellschaft.* Reinbek bei Hamburg.
Geerdts, Hans Jürgen (1972). *Johann Wolfgang Goethe.* Leipzig.
Gehlen, Arnold (1940). *Der Mensch. Seine Natur und seine Stellung in der Welt.* Berlin.
Gehlen, Arnold (1956). *Urmensch und Spätkultur. Philosophische Ergebnisse und Aussagen.* Bonn.
Geilhorn, Barbara, Eike Grossmann, Hiroko Miura und Peter Eckersall (Hrsg.) (2012). *Enacting Culture. Japanese Theater in Historical and Modern Contexts.* München.
Geisenhanslüke, Achim (2002/2003). „‚Drum sind auch alle französischen Trauerspiele Parodien von sich selbst'. Racine und die Rezeption der klassischen französischen Tragödie bei Schiller und Goethe". In: *Komparatistik. Jahrbuch der Deutschen Gesellschaft für Allgemeine und Vergleichende Literaturwissenschaft* 2002/2003: 9–32.
Geißler, Rolf (1972). „Das Drama im Unterricht". In: *Taschenbuch des Deutschunterrichts. Grundfragen und Praxis der Sprach- und Literaturpädagogik.* Hrsg. von Erich Wolfrum. Esslingen: 362–376.
Geitner, Ursula (Hrsg.) (1988). *Schauspielerinnen. Der theatralische Eintritt der Frau in die Moderne.* Bielefeld.
Gelfert, Hans-Dieter (1995). *Die Tragödie. Theorie und Geschichte.* Göttingen.
Genast, Eduard (1905). *Aus Weimars klassischer und nachklassischer Zeit. Erinnerungen eines alten Schauspielers.* Hrsg. von Robert Kohlrausch. Stuttgart.
Gennep van, Arnold (1960 [1909]). *The Rites of Passage.* Aus dem Franz. von Monika B. Vizedom und Gabrielle L. Caffee. Chicago.
Georgelou, Konstantina, Efrosini Protopapa und Danae Theodoridou (Hrsg.) (2017). *The Practice of Dramaturgy. Working on Actions in Performance.* Amsterdam.
Gerhardi, Gerhard C. (1983). *Geld und Gesellschaft im Theater des Ancien Régime.* Heidelberg.
Germano, William (2012). „Opera as News: *Nixon in China* and the Contemporary Operatic Subject". In: *University of Toronto Quarterly* 81.4: 805–823.

Gerow, Edwin (1997). „Indian Aesthetics. A Philosophical Survey". In: *A Companion to World Philosophies*. Hrsg. von Eliot Deutsch und Ron Bontekoe. Oxford: 304–323.
Gerstinger, Heinz (1968). *Spanische Komödie. Lope de Vega und seine Zeitgenossen*. Velber.
Gerstle, C. Andrew (1986). *Circles of Fantasy. Convention in the Plays of Chikamatsu*. Cambridge, MA und London.
Ghosh, Manomohan (³1995). *The Nāṭyaśāstra. A Treatise on Ancient Indian Dramaturgy and Histrionics ascribed to Bharata-Muni*. 2 Bde. Überarb. Aufl. Calcutta.
Gier, Albert (1998). *Das Libretto. Theorie und Geschichte einer musikoliterarischen Gattung*. Darmstadt.
Gier, Albert (2003). „Sprachskepsis und Sprachverlust im zeitgenössischen Musiktheater". In: *Musiktheater heute. Internationales Symposion der Paul Sacher Stiftung, Basel 2001*. Hrsg. von Hermann Danuser und Matthias Kassel. Mainz: 63–83.
Gilbert, Helen, und Joanne Tompkins (1996). *Post-Colonial Drama. Theory, Practice, Politics*. London.
Gilcher-Holtey, Ingrid (2006). „Theater und Politik. Bertolt Brechts ‚Eingreifendes Denken'". In: *Zwischen den Fronten. Positionskämpfe europäischer Intellektueller im 20. Jahrhundert*. Hrsg. von Ingrid Gilcher-Holtey. Berlin: 117–152.
Gilcher-Holtey, Ingrid (2007). *Eingreifendes Denken. Die Wirkungschancen von Intellektuellen*. Weilerswist.
Gilcher-Holtey, Ingrid (Hrsg.) (2008). *1968. Vom Ereignis zum Mythos*. Frankfurt a. M.
Gilcher-Holtey, Ingrid, Dorothea Kraus und Franziska Schößler (Hrsg.) (2006). *Politisches Theater nach 1968. Regie, Dramatik und Organisation*. Frankfurt a. M.
Girard, René (1972). *La violence et le sacré*. Paris.
Giroud, Vincent (2014). „Oft-Told Tales". In: *The Oxford Handbook of Opera*. Hrsg. von Helen M. Greenwald. Oxford: 137–155.
Girshausen, Theo (1999): *Ursprungszeiten des Theaters. Das Theater der Antike*. Berlin.
Gissenwehrer, Michael (2008). *Chinas Propagandatheater 1942–1989*. München.
Glasenapp, Jörn, und Claudia Lillge (Hrsg.) (2008). *Die Filmkomödie der Gegenwart*. Paderborn.
Glaser, Horst Albert (1969). *Das bürgerliche Rührstück*. Stuttgart.
Gleichauf, Ingeborg (2003). *Was für ein Schauspiel! Deutschsprachige Dramatikerinnen des 20. Jahrhunderts und der Gegenwart*. Berlin.
Gleisner, Martin (1928). *Tanz für Alle. Von der Gymnastik zum Gemeinschaftstanz*. Leipzig.
Glück, Alfons (1984). „Militär und Justiz in Georg Büchners *Woyzeck*". In: *Georg Büchner Jahrbuch* 4: 227–247.
Glück, Alfons (1990). „Woyzeck. Ein Mensch als Objekt". In: *Georg Büchner. Interpretationen*. Stuttgart: 177–215.
Gnoli, Raniero (²1968). *The Aesthetic Experience According to Abhinavagupta*. Überarb. und erw. Aufl. Varanasi [Originaltext mit Übersetzung].
Gnüg, Hiltrud, und Renate Möhrmann (Hrsg.) (1985). *Frauen. Literatur. Geschichte. Schreibende Frauen von Mittelalter bis zur Gegenwart*. Stuttgart.
Göbel, Klaus (1977). „Drama und Theatralität. Zur Geschichte eines Versäumnisses in der Literaturdidaktik". In: *Das Drama in der Sekundarstufe*. Hrsg. von Klaus Göbel. Kronberg/Ts.: 1–21.
Göbel, Klaus (³1996). *Gotthold Ephraim Lessing. Emilia Galotti. Interpretation*. Überarb. und korrig. Aufl. München.
Göbel, Klaus (2000). „Drama – Deutschunterricht – Theater. Theaterdidaktik. 10 Thesen". In: *Der Deutschunterricht* 5/2000: 324–327.

Göbel-Uotila, Marketta (2005). *Medea. Ikone des Fremden und des Anderen in der europäischen Literatur des 20. Jahrhunderts. Am Beispiel von Hans Henny Jahnn, Jean Anouilh und Christa Wolf*. Hildesheim u. a.
Gödde, Günter (2009). „Therapeutik und Ästhetik – Verbindungen zwischen Breuers und Freuds kathartischer Therapie und der Katharsis-Konzeption von Jacob Bernays". In: *Grenzen der Katharsis in den modernen Künsten. Transformationen des aristotelischen Modells seit Bernays, Nietzsche und Freud*. Hrsg. von Martin Vöhler und Dirck Linck. Berlin u. a.: 63–91.
Goebbels, Heiner (1996). „Text als Landschaft. Libretto-Qualität, auch wenn nicht gesungen wird". In: *Neue Zeitschrift für Musik*: 157.2: 34–38. http://www.heinergoebbels.com/en/archive/texts/texts_by_heiner_goebbels/read/238 (1. Juni 2018).
Goebbels, Heiner (2012). *Ästhetik der Abwesenheit. Texte zum Theater*. Berlin.
Goerden, Elmar (1992). „Der Andere. Fragmente einer Bühnengeschichte Shylocks im deutschen und englischen Theater des 18. und 19. Jahrhunderts". In: *Theatralia Judaica. Emanzipation und Antisemitismus als Momente der Theatergeschichte. Von der Lessing-Zeit bis zur Shoah*. Hrsg. von Hans-Peter Bayerdörfer. Tübingen: 129–163.
Goethe, Johann Wolfgang (1887 [1824]). „Regeln für Schauspieler". In: *Goethes Werke. Sophien- oder Weimarer Ausgabe*. Bd. 40: *Theater und Schauspielkunst. Literatur. Beiträge zur Jenaischen Allgemeinen Literaturzeitung und Älteres 1787–1807*. Weimar: 139–168.
Goethe, Johann Wolfgang (1970 [1824]). „Regeln für Schauspieler". In: *Goethes Werke. Berliner Ausgabe*. Bd. 17: *Kunsttheoretische Schriften und Übersetzungen. Schriften zur Literatur 1: Aufsätze zu Schauspielkunst und Musik*. Hrsg. von Siegfried Seidel. Berlin und Weimar: 81–105.
Goethe, Johann Wolfgang (1972 [1827]). „Nachlese zu Aristoteles' *Poetik*". In: *Goethes Werke. Berliner Ausgabe*. Bd. 18: *Kunsttheoretische Schriften und Übersetzungen. Schriften zur Literatur 2: Aufsätze zur Weltliteratur*. Hrsg. von Siegfried Seidel u. a. Berlin und Weimar: 120–125.
Goethe, Johann Wolfgang (1986 [1777–1785]). *Wilhelm Meisters theatralische Sendung*. Hrsg. von Wulf Köpke. Stuttgart.
Goethe, Johann Wolfgang (1991 [1788]). „Frauenrollen auf dem Römischen Theater von Männern gespielt". In: *Texte zur Theorie des Theaters*. Hrsg. von Klaus Lazarowicz und Christopher Balme. Stuttgart: 167–170.
Goethe, Johann Wolfgang (1994 [1798]). „Über Wahrheit und Wahrscheinlichkeit der Kunstwerke". In: J. W. Goethe, *Werke. Hamburger Ausgabe*. Bd. 12: *Schriften zur Kunst*. Hrsg. von Erich Trunz u. a. München: 67–73.
Goethe, Johann Wolfgang (1998 [1808]). „Faust. Eine Tragödie". In: J. W. Goethe, *Werke. Jubiläumsausgabe*. Hrsg. von Albrecht Schöne u. a. Frankfurt a. M.: 7–404.
Goethe, Johann Wolfgang, und Friedrich Schiller (1986 [1797]). *Xenien*. Frankfurt a. M.
Goetschel, Pascale (2004). *Renouveau et décentralisation du théâtre (1945–1981)*. Paris.
Goffman, Erving (1969 [1956]). *Wir spielen alle Theater. Die Selbstdarstellung im Alltag*. Aus dem Amerikan. von Peter Weber-Schäfer. München.
Goffman, Erving (1977 [1974]). *Rahmen-Analyse. Ein Versuch über die Organisation von Alltagserfahrungen*. Aus dem Amerikan. von Hermann Vetter. Frankfurt a. M.
Goldberg, RoseLee (2001). *Performance Art. From Futurism to the Present*. London.
Gómez-Peña, Guillermo (1993). *Warrior for Gringostroika. Essays, Performance Texts, and Poetry*. Saint Paul, MN.
Gontard, Denis (1973). *La décentralisation théâtrale en France 1895–1952*. Paris.

Goodall, Jane R. (2002). *Performance and Evolution in the Age of Darwin. Out of the Natural Order*. London und New York.
Goodman, Lizbeth (Hrsg.) (1998). *The Routledge Reader in Gender and Performance*. London.
Gottschall, Karin, und Christiane Schnell (2000). „‚Alleindienstleister' in Kulturberufen – Zwischen neuer Selbständigkeit und alten Abhängigkeiten". In: *WSI Mitteilungen* 53.12: 804–810.
Gottsched, Johann Christoph (⁴1751 [1730]). *Versuch einer Critischen Dichtkunst vor die Deutschen*. Sehr vermehrte Aufl. Leipzig.
Gottsched, Johann Christoph (1962 [1730/1751]). *Versuch einer Critischen Dichtkunst*. Unveränderter photomechanischer Nachdruck der vierten, vermehrten Aufl. Darmstadt.
Gottsched, Johann Christoph (1970 [1735]). „Des Verfassers Bescheidene Antwort auf die vorhergehenden kritischen Gedanken über den sterbenden Cato". In: J. C. Gottsched, *Ausgewählte Werke*. Bd. 2: *Sämtliche Dramen*. Hg. von Joachim Birke. Berlin und New York: 132–153.
Gottsched, Johann Christoph (1972a [1729]). „Die Schauspiele und besonders die Tragödien sind aus einer wohlbestellten Republik nicht zu verbannen". In: *Schriften zur Literatur*. Hrsg. von Horst Steinmetz. Stuttgart: 3–11.
Gottsched, Johann Christoph (1972b [1730]). „Versuch einer Critischen Dichtkunst vor die Deutschen". In: *Schriften zur Literatur*. Hrsg. von Horst Steinmetz. Stuttgart: 12–196.
Gottsched, Johann Christoph (1973 [1730]). *Ausgewählte Werke. Band 6, 2. Versuch einer Critischen Dichtkunst. Anderer Besonderer Theil*. Hrsg. von Joachim Birke und Brigitte Birke. Berlin und New York.
Gottsched, Johann Christoph (1982 [1730]). *Versuch einer Critischen Dichtkunst vor die Deutschen*. Leipzig.
Graf, Ruedi (1992). *Das Theater im Literaturstaat. Literarisches Theater auf dem Weg zur Bildungsmacht*. Tübingen.
Graham, Ilse (1974). *Schiller's Drama. Talent and Integrity*. London.
Granovetter, Mark (1985). „Economic Action and Social Structure. The Problem of Embeddedness". In: *American Journal of Sociology* 91.3: 481–510.
Granville-Barker, Harley (1927/1930). *Prefaces to Shakespeare*. Bd. 1. London.
Greenblatt, Stephen (1980). *Renaissance Self-Fashioning. From More to Shakespeare*. Chicago.
Greenblatt, Stephen (1988). *Shakespearean Negotiations. The Circulation of Social Energy in Renaissance England*. Berkeley und Los Angeles.
Greenblatt, Stephen (1990 [1988]). *Verhandlungen mit Shakespeare. Innenansichten der englischen Renaissance*. Aus dem Amerikan. von Robin Cackett. Berlin.
Greenblatt, Stephen (1993 [1988]). *Verhandlungen mit Shakespeare. Innenansichten der englischen Renaissance*. Aus dem Amerikan. von Robin Cackett. Frankfurt a. M.
Greenblatt, Stephen (2013). *Die Wende. Wie die Renaissance begann*. München.
Greenblatt, Stephen (2015 [2004]). *Will in der Welt. Wie Shakespeare zu Shakespeare wurde*. Aus dem Engl. von Martin Pfeiffer. München.
Greenblatt, Stephen, Ines Županov, Reinhart Meyer-Kalkus, Heike Paul, Pál Nyíri und Frederike Pannewick (2009). *Cultural Mobility. A Manifesto*. Cambridge.
Greenwald, Helen M. (Hrsg.) (2014). *The Oxford Handbook of Opera*. Oxford.
Greiner, Bernhard (1992). *Die Komödie. Eine theatralische Sendung. Grundlagen und Interpretationen*. Tübingen.
Greiner, Bernhard (²2006 [1992]). *Die Komödie. Eine theatralische Sendung. Grundlagen und Interpretationen*. Tübingen.

Greiner, Bernhard (2012). *Die Tragödie. Eine Literaturgeschichte des aufrechten Ganges. Grundlagen und Interpretationen*. Stuttgart.
Greiner, Bernhard, Jörg Hasler, Hajo Kurzenberger und Lothar Pikulik (1982). *Einführung ins Drama. Handlung – Figur – Szene – Zuschauer*. Bd. 1: *Handlung*. München und Wien.
Greis, Jutta (1991). *Drama Liebe. Zur Entwicklungsgeschichte der modernen Liebe im Drama des 18. Jahrhunderts*. Stuttgart.
Greisenegger, Wolfgang (1978). *Die Realität im religiösen Theater des Mittelalters*. Wien.
Grewe, Andrea (1998). *Die französische Klassik. Literatur, Gesellschaft und Kultur des 17. Jahrhunderts*. Stuttgart.
Grimm, Jürgen (Hrsg.) (1989). *Französische Literaturgeschichte*. Stuttgart.
Grimm, Jürgen (^{2}2002). *Molière*. Überarb. und aktual. Aufl. Stuttgart.
Grimm, Jürgen (2005). *Französische Klassik*. Stuttgart und Weimar.
Grimm, Reinhold (1966). „Naturalismus und episches Theater". In: *Episches Theater*. Hrsg. von Reinhold Grimm. Köln und Berlin: 13–35.
Grimminger, Rolf (Hrsg.) (1980). *Hansers Sozialgeschichte der deutschen Literatur bis zur Gegenwart*. Bd. 3: *Deutsche Aufklärung bis zur Französischen Revolution, 1680–1789*. München.
Gromes, Hartwin (2009). „Elisabethanische Theaterpraxis". In: *Shakespeare revisited. Theatrale Verfahren der Vergegenwärtigung eines „Klassikers"*. Hrsg. von Ole Hruschka. Hildesheim u. a.: 11–28.
Großmann, Eike, und Mirjam Tröster (Hrsg.) (2013). *Gesellschaft, Theater & Kritik. Aktuelle Themen auf den Bühnen Japans, Chinas und Taiwans*. München.
Grotowski, Jerzy (1982 [1965]). „Für ein armes Theater". In: *Theater im 20. Jahrhundert. Programmschriften, Stilperioden, Reformmodelle*. Hrsg. von Manfred Brauneck. Reinbek bei Hamburg: 412–421.
Grotowski, Jerzy (2000). *Für ein armes Theater*. Berlin.
Guggenberg, Bernd (1994). „Das Verschwinden der Politik". In: *DIE ZEIT* vom 7. Oktober 1994. https://www.zeit.de/1994/41/das-verschwinden-der-politik (1. Juni 2018).
Gumbrecht, Hans Ulrich (2004). *Diesseits der Hermeneutik. Über die Produktion von Präsenz*. Frankfurt a. M.
Gumbrecht, Hans Ulrich (2012). *Präsenz*. Berlin.
Günther, Frank (1995). „Hamlet, Hobby oder Laßt ihn den Löwen auch noch spielen". In: William Shakespeare, *Hamlet*. Aus dem Engl. von Frank Günther. Mit einem Essay von Manfred Pfister. München: 308–318.
Günther, Frank (2008). „Shakespeares HexenFluchMagierSprachZauberkunst". In: *Shakespeare – eine Republik von Fehlern. Vorträge zum Shakespeare-Zyklus des Burgtheaters*. Hrsg. vom Wiener Burgtheater. Wien: 6–28.
Günther, Frank (2011). „Wie es Euch gefällt. Interview". In: *Süddeutsche Zeitung* vom 6./7. August 2011: 17.
Günther, Frank (2014). *Unser Shakespeare*. München.
Günzel, Stephan (2006). „Einleitung. Phänomenologie der Räumlichkeit". In: *Raumtheorie. Grundlagentexte aus Philosophie und Kulturwissenschaften*. Hrsg. von Jörg Dünne und Stephan Günzel. Frankfurt a. M.: 105–128.
Günzel, Stephan (Hrsg.) (2010). *Raum. Ein interdisziplinäres Handbuch*. Stuttgart.
Gupt, Somnath (2005). *The Parsi Theatre. Its Origins and Development*. Hrsg. von Kathryn Hansen. Calcutta und New Delhi.

Gurewitsch, Matthew (2011). „In the Beginning Was the Word. Aspects of the Libretto". In: *Parnassus. Poetry in Review* 32.1–2: 268–295. http://www.beyondcriticism.com/9763/in-the-beginning-was-the-word (1. Juni 2018).
Gurr, Andrew (1980). *The Shakespearean Stage 1574–1642*. Cambridge.
Gurr, Andrew (1996). *The Shakespearian Playing Companies*. Oxford.
Gurr, Andrew, und Mariko Ichikawa (2000). *Staging in Shakespeare's Theatres*. Oxford.
Gürtler, Christa (1987). „Der böse Blick der Elfriede Jelinek. Dürfen Frauen so schreiben?" In: *Frauenbilder, Frauenrollen, Frauenforschung*. Hrsg. von Christa Gürtler. Wien: 50–62.
Guthke, Karl S. (^{6}2006 [1972]). *Das deutsche bürgerliche Trauerspiel*. Vollst. überarb. und erw. Aufl. Stuttgart und Weimar.
Gutjahr, Ortrud (1993). „Gesellschaftsfähigkeit und gesellige Rolle der Schauspielerin im 18. Jahrhundert". In: *Gesellige Vernunft. Zur Kultur der literarischen Aufklärung*. Festschrift für Wolfram Mauser zum 65. Geburtstag. Hrsg. von Ortrud Gutjahr, Wilhelm Kühlmann und Wolf Wucherpfennig. Würzburg: 83–109.
Gutjahr, Ortrud (2002). „Alterität und Interkulturalität. Neuere deutsche Literatur". In: *Germanistik als Kulturwissenschaft. Eine Einführung in neue Theoriekonzepte*. Hrsg. von Claudia Benthien und Hans-Rudolf Velthen. Reinbek bei Hamburg: 345–369.
Gutjahr, Ortrud (2006). „Von der Nationalkultur zur Interkulturalität. Zur literarischen Semantisierung und Differenzbestimmung kollektiver Identitätskonstrukte". In: *Interkulturalität und Nationalkultur in der deutschsprachigen Literatur*. Hrsg. von Maja Razbojnikova-Frateva und Hans-Gerd Winter. Dresden: 91–121.
Gutjahr, Ortrud (Hrsg.) (2008). *Regietheater! Wie sich über Inszenierungen streiten lässt*. Würzburg.
Gutjahr, Ortrud (2010). „Interkulturalität als Forschungsparadigma der Literaturwissenschaft. Von den Theoriedebatten zur Analyse kultureller Tiefensemantiken". In: *Zwischen Provokation und Usurpation. Interkulturalität als (un)vollendetes Projekt der Literatur- und Sprachwissenschaften*. Hrsg. von Dieter Heimböckel, Irmgard Honnef-Becker, Georg Mein und Heinz Sieburg. München: 17–39.
Gutzkow, Karl (1832). *Briefe eines Narren an eine Närrin*. Hamburg.
Gysi, Birgid (2000). *Dario Fo. Theater, Politik, Kultur*. Berlin.
Haak, Carroll (2008). *Wirtschaftliche und soziale Risiken auf den Arbeitsmärkten von Künstlern*. Wiesbaden.
Haas, Birgit (2004). *Theater der Wende – Wendetheater*. Würzburg.
Haas, Birgit (2007). *Plädoyer für ein dramatisches Drama*. Wien.
Haas, Claude, und Andrea Polaschegg (Hrsg.) (2012). *Der Einsatz des Dramas. Dramenanfänge, Wissenschaftspoetik und Gattungspolitik*. Freiburg i.Br. u. a.
Haas, Roland, und Heiner Willenberg (1988). *Theater lesen, sehen, spielen. Ein Unterrichtsmodell am Beispiel von Georg Büchners „Woyzeck"*. Stuttgart.
Habermas, Jürgen (1962). *Strukturwandel der Öffentlichkeit. Untersuchungen zu einer Kategorie der bürgerlichen Gesellschaft*. Neuwied und Berlin.
Habicht, Werner (1982). „Die Shakespearebühne". In: *Shakespeare. Didaktisches Handbuch*. Bd. 1. Hrsg. von Rüdiger Ahrens. München: 181–198.
Hacks, Peter (1977). *Die Maßgaben der Kunst. Gesammelte Aufsätze*. Düsseldorf.
Hadamczik, Dieter, Jochen Schmidt und Werner Schulze-Reimpell (Hrsg.) (1978). *Was spielten die Theater? Bilanz der Spielpläne in der Bundesrepublik Deutschland 1947–1975*. Köln.
Hadamowsky, Franz (1988). *Wien – Theatergeschichte. Von den Anfängen bis zum Ende des Ersten Weltkriegs*. Wien.

Hahn, Alois (2002). „Absichtliche Unabsichtlichkeit". In: *Sozialer Sinn. Zeitschrift für hermeneutische Sozialforschung* 3: 37–57.
Haider-Pregler, Hilde (1980). *Des sittlichen Bürgers Abendschule. Bildungsanspruch und Bildungsauftrag des Berufstheaters im 18. Jahrhundert.* Wien.
Halberstam, Judith (1998). *Female Masculinity.* Durham, NC.
Halter, Martin (1998). „Warten uff de Godot. Feuerwehrmann der Utopie: Urs Widmer als Theaterautor". In: *Text + Kritik* 140: *Urs Widmer.* Hrsg. von Heinz Ludwig Arnold. München: 30–39.
Hamacher, Werner (2011). „Heterautonomien". In: *Zeitschrift für interkulturelle Germanistik* 2.1: 117–138.
Hamburger, Käte (1957). *Die Logik der Dichtung.* Stuttgart.
Hamburger, Käte (²1968 [1957]). *Die Logik der Dichtung.* Stark veränd. Aufl. Stuttgart.
Hammitzsch, Horst (1957). „Zum Begriff ‚Weg' im Rahmen der japanischen Künste". In: *NOAG* 82: 5–14.
Hansen, Ernst (1934). *Die Stellung der Affektrede in den Tragödien Senecas.* Diss., Univ. Berlin.
Hansen, Kathryn (1992). *Grounds for Play. The Nauṭaṅkī Theatre of North India.* Berkeley u. a.
Hansen, Pil, und Darcey Callison (Hrsg.) (2015). *Dance Dramaturgy. Modes of Agency, Awareness and Engagement.* Basingstoke.
Hantelmann, Dorothea von (2010). „Performativer Realismus? Zum Realismus nach Minimalismus und Konzeptkunst". In: *Realismus in den Künsten der Gegenwart.* Hrsg. von Dirck Linck, Michael Lüthy, Brigitte Obermayr und Martin Vöhler. Zürich: 85–106.
Hardt, Yvonne und Martin Stern (Hrsg.) (2011). *Choreographie und Institution. Zeitgenössischer Tanz zwischen Ästhetik, Produktion und Vermittlung.* Bielefeld.
Hargens, Wanja (2010). *Der Müll, die Stadt und der Tod. Rainer Werner Fassbinder und ein Stück deutscher Zeitgeschichte.* Berlin.
Härle, Gerhard, und Marcus Steinbrenner (2004). „Das literarische Gespräch im Unterricht und in der Ausbildung von Deutschlehrerinnen und -lehrern". In: *Kein endgültiges Wort. Die Wiederentdeckung des Gesprächs im Literaturunterricht.* Hrsg. von Gerhard Härle und Marcus Steinbrenner. Baltmannsweiler: 1–24.
Harrison, Jane Ellen (1912). *Themis. A Study of the Social Origins of Greek Religion.* Cambridge.
Hart Nibbrig, Christiaan L. (1981). *Rhetorik des Schweigens. Versuch über den Schatten literarischer Rede.* Frankfurt a. M.
Hartmann, Jens-Uwe (2004). „‚Himmel und Erde mit Einem Namen Begreifen'. Das indische Drama Shakuntala". *Große Texte alter Kulturen. Literarische Reise von Gizeh nach Rom.* Hrsg. von Martin Hose. Darmstadt: 111–129.
Hartmann, Tina (2017). *Grundlegung einer Librettologie. Musik- und Lesetext am Beispiel der ‚Alceste'-Opern vom Barock bis zu C. M. Wieland.* Berlin und Boston.
Hartnoll, Phyllis (Hrsg.) (³1967). *The Oxford Companion to the Theatre.* London u. a.
Hasche, Christa, Traute Schölling und Joachim Fiebach (1994). *Das Theater in der DDR. Chronik und Positionen.* Berlin.
Haselbach, Dieter (2009). „Theater als künstlerischer und als wirtschaftlicher Betrieb". In: *LiTheS* 2: 99–104. http://lithes.uni-graz.at/lithes/beitraege09_02/heft_2_haselbach.pdf (1. Juni 2018).
Hasler, Jörg (1982). „Szene". In: Norbert Greiner, Jörg Hasler, Hajo Kurzenberger und Lothar Pikulik, *Einführung ins Drama. Handlung, Figur, Szene, Zuschauer.* Bd. 2: *Figur, Szene, Zuschauer.* München u. a.: 71–205.

Haß, Ulrike (2005). „Chor". In: *Metzler Lexikon Theatertheorie*. Hrsg. von Erika Fischer-Lichte, Doris Kolesch und Matthias Warstat. Stuttgart und Weimar: 49–52.

Hassel, Ursula (2002). *Familie als Drama. Studien zu einer Thematik im bürgerlichen Trauerspiel, Wiener Volkstheater und kritischen Volksstück*. Bielefeld.

Häublein, Renata (2005). *Die Entdeckung Shakespeares auf der deutschen Bühne des 18. Jahrhunderts. Adaption und Wirkung der Vermittlung auf dem Theater*. Tübingen.

Hauenherm, Eckhard (2002). *Pragmalinguistische Aspekte des dramatischen Dialogs. Dialoganalytische Untersuchungen zu Gottscheds „Sterbender Cato", Lessings „Emilia Galotti" und Schillers „Die Räuber"*. Frankfurt a. M. u. a.

Haunschild, Axel (2004). *Flexible Beschäftigungsverhältnisse – Effizienz, institutionelle Voraussetzungen und organisationale Konsequenzen*. Habil.-Schrift, Universität Hamburg. https://www.uni-trier.de/fileadmin/fb4/prof/BWL/APO/Schriften/Haunschild_-_Flexible_Beschaeftigungsverhaeltnisse_-_2004.pdf (1. Juni 2018).

Haunschild, Axel (2009). „Ist Theaterspielen Arbeit?" In: *Ökonomie im Theater der Gegenwart. Ästhetik, Produktion, Institution*. Hrsg. von Franziska Schößler und Christine Bähr. Bielefeld: 141–156.

Haunschild, Axel (2014). „Um der Kunst willen? Arbeitsbedingungen in kreativen Industrien (und am Theater) aus arbeitswissenschaftlicher Perspektive". In: *dramaturgie. Magazin der Dramaturgischen Gesellschaft* 2: 27–32.

Hausen, Karin (1976). „Die Polarisierung der ‚Geschlechtscharaktere' – Eine Spiegelung der Dissoziation von Erwerbs- und Familienleben". In: *Sozialgeschichte der Familie in der Neuzeit Europas*. Hrsg. von Werner Conze. Stuttgart: 363–393.

Hausmann, Andrea (2005). *Theater-Marketing. Grundlagen. Methoden und Praxisbeispiele*. Stuttgart.

Hauthal, Janine (2009). *Metadrama und Theatralität. Gattungs- und Medienreflexion in zeitgenössischen englischen Theatertexten*. Trier.

Hebbel, Friedrich (1963–1967). *Werke*. 5 Bde. Hrsg. von Gerhard Fricke, Werner Keller und Karl Pörnbacher. München.

Hecht, Werner (1962). *Brechts Weg zum epischen Theater. Beitrag zur Entwicklung des epischen Theaters 1918 bis 1933*. Berlin.

Hecht, Werner (1997). *Brecht-Chronik*. Frankfurt a. M.

Hecker, Kristine (2000). „Die Frauen in den frühen Commedia dell'arte-Truppen". In: *Die Schauspielerin. Eine Kulturgeschichte*. Hrsg. von Renate Möhrmann. Frankfurt a. M. und Leipzig: 33–67.

Heeg, Günther (2000). *Das Phantasma der natürlichen Gestalt. Körper, Sprache und Bild im Theater des 18. Jahrhunderts*. Frankfurt a. M. und Basel.

Heeg, Günther, Micha Braun, Lars Krüger und Helmut Schäfer (Hrsg.) (2014). *Reenacting History. Theater und Geschichte*. Berlin.

Hegel, Georg Wilhelm Friedrich (1970a [1821]). In: G. W. F. Hegel, *Werke*. Bd. 7: *Grundlinien der Philosophie des Rechts oder Naturrecht und Staatswissenschaft im Grundrisse*. Hrsg. von Eva Moldenhauer und Karl Markus Michel. Frankfurt a. M.

Hegel, Georg Wilhelm Friedrich (1970b [1835–1838]). In: G. W. F. Hegel, *Werke*. Bd. 13: *Vorlesung über die Ästhetik I*. Hrsg. von Eva Moldenhauer und Karl Markus Michel. Frankfurt a. M.

Hegel, Georg Wilhelm Friedrich (1986 [1835–1838]). In: G. W. F. Hegel, *Werke*. Bd. 15: *Vorlesungen über die Ästhetik III*. Hrsg. von Eva Moldenhauer und Karl Markus Michel. Frankfurt a. M.

Hegel, Georg Wilhelm Friedrich (1988 [1807]). *Phänomenologie des Geistes*. Stuttgart.

Hegel, Georg Wilhelm Friedrich (1989 [1835–1838]). *Werke*. Bd. 13: *Vorlesungen über die Ästhetik I*. Hrsg. von Eva Moldenhauer und Karl Markus Michel. Frankfurt a. M.

Heidegger, Martin (1983). *Gesamtausgabe*. Bd. 29/30: *Die Grundbegriffe der Metaphysik: Welt – Endlichkeit – Einsamkeit*. Hrsg. von Friedrich-Wilhelm von Herrmann. Frankfurt a. M.

Heimböckel, Dieter (2010). *Kein neues Theater mit alter Theorie. Stationen der Dramentheorie von Aristoteles bis Heiner Müller*. Bielefeld.

Heimböckel, Dieter (^{2}2011 [2010]). *Kein neues Theater mit alter Theorie. Stationen der Dramentheorie von Aristoteles bis Heiner Müller*. Bielefeld.

Heimböckel, Dieter (2012). „Interkulturalität interdisziplinär denken. Ansätze zur Erweiterung ihrer Komplexität". In: *Verortungen der Interkulturalität. Die ‚Europäischen Kulturhauptstädte' Luxemburg und die Großregion (2007), das Ruhrgebiet (2010) und Istanbul*. Hrsg. von Thomas Ernst und Dieter Heimböckel. Bielefeld: 21–38.

Heimböckel, Dieter, und Manfred Weinberg (2014). „Interkulturalität als Projekt". In: *Zeitschrift für interkulturelle Germanistik* 5.2: 119–144.

Heimböckel, Dieter (2017): „Von der Verwandlung Europas und dem Theater der Verwandlung. Mit Faust als Metamorphotiker". In: *Vorstellung Europa – Performing Europe. Interdisziplinäre Perspektiven auf Europa im Theater der Gegenwart*. Hrsg. von Natalie Bloch, Dieter Heimböckel und Elisabeth Tropper. Berlin: 199–212.

Hein, Jürgen (1976). „Theaterkunde". In: *Taschenlexikon der Literatur- und Sprachdidaktik*. Hrsg. von Karl Stocker. Frankfurt a. M.: 492–495.

Hein, Jürgen (Hrsg.) (1986). *Parodien des Wiener Volkstheaters*. Stuttgart.

Hein, Jürgen (1990). *Johann Nestroy*. Stuttgart.

Hein, Jürgen (1997). *Das Wiener Volkstheater*. Darmstadt.

Heinz, Andrea (1999). *Quantitative Spielplanforschung. Neue Möglichkeiten der Theatergeschichtsschreibung am Beispiel des Hoftheaters zu Coburg und Gotha (1827–1918)*. Heidelberg.

Heldmann, Konrad (1974). *Untersuchungen zu den Tragödien Senecas*. Wiesbaden.

Helleis, Anna (2006). *Faszination Schauspielerin. Von der Antike bis Hollywood*. Wien.

Heminges, John, und Henry Condell (1623). „To the Great Variety of Readers". In: *Mr. William Shakespeare's Comedies, Histories, & Tragedies* [= First Folio]. Hrsg. von John Heminges und Henry Condell. London: A3.

Henke, Robert (2002). *Performance and Literature in the Commedia dell'Arte*. Cambridge.

Hensel, Georg (1999). *Spielplan. Schauspielführer von der Antike bis zur Gegenwart*. 2 Bde. Berlin.

Hentschel, Hans Jürgen (1974). *Die Gestalt des Vice und seine Redekonventionen im Wandel und Niedergang der Moralität. Ein Beitrag zur Dramaturgie des Moralitätentheaters*. Leipzig.

Hentschel, Ulrike (2005). „Das so genannte Reale. Realitätsspiele im Theater und in der Theaterpädagogik". In: *Performance. Positionen zur zeitgenössischen Kunst*. Hrsg. von Gabriele Klein und Wolfgang Sting. Bielefeld: 131–146.

Herder, Karoline (1984 [1802]). „Brief an Johann Wilhelm Ludwig Gleim (1. März 1802)". In: Johann Gottfried Herder, *Briefe. Gesamtausgabe*. Bd. 8. Hrsg. von Wilhelm Dobbek und Gunter Arnold. Weimar: 283.

Herget, Winfried, und Brigitte Schultze (Hrsg.) (1996). *Kurzformen des Dramas. Gattungspoetische, epochenspezifische und funktionale Horizonte*. Tübingen und Basel.

Herman, Vimala (1995). *Dramatic Discourse. Dialogue as Interaction in Plays*. New York.

Herrmann, Max (1981 [1920]). „Über die Aufgaben eines theaterwissenschaftlichen Instituts". In: *Theaterwissenschaft im deutschsprachigen Raum*. Hrsg. von Helmar Klier. Darmstadt: 15–24.
Herrmann, Max (2006 [1931]). „Das theatralische Raumerlebnis (1931)". In: *Raumtheorie. Grundlagentexte aus Philosophie und Kulturwissenschaften*. Hrsg. von Jörg Dünne und Stephan Günzel. Frankfurt a. M.: 501–514.
Herrmann, Wilhelm (1999). *Hoftheater – Volkstheater – Nationaltheater. Die Wanderbühnen im Mannheim des 18. Jahrhunderts und ihr Beitrag zur Gründung des Nationaltheaters*. Bern u. a.
Heßelmann, Peter (2002). *Gereinigtes Theater? Dramaturgie und Schaubühne im Spiel deutschsprachiger Theaterperiodika des 18. Jahrhunderts*. Frankfurt a. M.
Hess-Lüttich, Ernest W. B. (2003). „Interkulturelle Kommunikation". In: *Handbuch interkulturelle Germanistik*. Hrsg. von Alois Wierlacher und Andrea Bogner. Stuttgart und Weimar: 75–81.
Hettner, Hermann (1924). *Das moderne Drama. Ästhetische Untersuchungen*. Hrsg. von Paul Alfred Merbach. Berlin.
Hickethier, Knut (1991). *Die Fernsehserie und das Serielle des Fernsehens*. Lüneburg.
Hickethier, Knut (Mitarbeit von Peter Hoff) (1998). *Geschichte des deutschen Fernsehens*. Stuttgart und Weimar.
Hickethier, Knut (^{2}2010a). *Einführung in die Medienwissenschaft*. Stuttgart.
Hickethier, Knut (2010b). „‚Tatort' und ‚Lindenstraße' als Spiegel der Gesellschaft". In: *Aus Politik und Zeitgeschichte* 20/2010: 41–46.
Hickethier, Knut (^{5}2012). *Film- und Fernsehanalyse*. Stuttgart und Weimar.
Hidalgo, Roxana (2002). *Die Medea des Euripides. Zur Psychoanalyse weiblicher Aggression und Autonomie*. Gießen.
Himmelseher, Birgit (2010). *Das Weimarer Hoftheater unter Goethes Leitung. Kunstanspruch und Kulturpolitik im Konflikt*. Berlin und Boston.
Hinderer, Walter (1977). *Büchner-Kommentar zum dichterischen Werk*. München.
Hinderer, Walter (Hrsg.) (2006). *Friedrich Schiller und der Weg in die Moderne*. Würzburg.
Hintze, Joachim (1969). *Das Raumproblem im modernen deutschen Drama und Theater*. Marburg.
Hinz, Melanie (2014). *Das Theater der Prostitution. Über die Ökonomie des Begehrens im Theater um 1900 und der Gegenwart*. Bielefeld.
Hinz, Melanie, und Jens Roselt (Hrsg.) (2011). *Chaos und Konzept. Proben und Probieren im Theater*. Berlin.
Hirata, Eiichirō, und Hans-Thies Lehmann (Hrsg.) (2009). *Theater in Japan*. Berlin.
Hiß, Guido (1993). *Der theatralische Blick. Einführung in die Aufführungsanalyse*. Berlin.
Hiß, Guido (1999). „Die Rauheit des Körpers. Variationen über ein theaterwissenschaftliches Thema". In: *Der Körper im Bild. Schauspielen – Darstellen – Erscheinen*. Hrsg. von Heinz B. Heller u. a. Marburg: 47–60.
Hiß, Guido (2005). *Synthetische Visionen. Theater als Gesamtkunstwerk von 1800 bis 2000*. München.
Hitzler, Ronald (2002). „Inszenierung und Repräsentation. Bemerkungen zur Politikdarstellung in der Gegenwart". In: *Figurative Politik. Zur Performanz der Macht in der modernen Gesellschaft*. Hrsg. von Hans-Georg Soeffner und Dirk Tänzler. Opladen: 35–49.
Hitzler, Ronald, und Michaela Pfadenhauer (1998). „Konsequenzen der Entgrenzung des Politischen: Existentielle Strategien am Beispiel ‚Techno'". In: *Die Veröffentlichung des*

Privaten – die Privatisierung des Öffentlichen. Hrsg. von Kurt Imhof und Peter Schulz. Opladen: 165–179.
Hochholdinger-Reiterer, Beate (2014). *Kostümierung der Geschlechter. Schauspielkunst als Erfindung der Aufklärung*. Göttingen.
Hochradl, Karin (2010). *Olga Neuwirths und Elfriede Jelineks gemeinsames Musiktheaterschaffen. Ästhetik, Libretto, Analyse, Rezeption*. Bern u. a.
Hockenbrink, Tobias (2008). *Karneval statt Klassenkampf. Das Politische in Frank Castorfs Theater*. Marburg.
Hoegl, Clemens (1995). *Ökonomie der Oper. Grundlagen für das Musiktheater-Management*. Bonn.
Höfele, Andreas (1976). *Die szenische Dramaturgie Shakespeares. Dargestellt an ‚Titus Andronicus', ‚Romeo and Juliet' und ‚Macbeth'*. Heidelberg.
Höfele, Andreas (2003). „,Goebbels in reverse'? Re-education und Zensur im deutschen Theater nach 1945". In: *Zensur im modernen deutschen Kulturraum*. Hrsg. von Beate Müller. Tübingen: 97–113.
Hoff, Dagmar von (1989). *Dramen des Weiblichen. Deutsche Dramatikerinnen um 1800*. Opladen.
Höffe, Otfried (2009). „Tragischer Fehler, Menschlichkeit, tragische Lust". In: *Aristoteles. Poetik*. Hrsg. von Otfried Höffe. Berlin: 141–158.
Hoffmann, Anna R., und Benjamin Walter (2015). „Inter- und Transkulturalität in Drama und Theater". In: *Interkulturalität und Transkulturalität in Drama, Theater und Film. Literaturwissenschaftliche und -didaktische Perspektiven*. Hrsg. von Christian Dawidowski, Anna R. Hoffmann und Benjamin Walter. Frankfurt a. M. u. a.: 43–74.
Hoffmann, Gerhard (1978). *Raum, Situation, erzählte Wirklichkeit. Poetologische und historische Studien zum englischen und amerikanischen Roman*. Stuttgart.
Hofmann, Michael (2006). *Interkulturelle Literaturwissenschaft. Eine Einführung*. Paderborn.
Hofmann, Michael, und Iulia-Karin Patrut (2015). *Einführung in die interkulturelle Literatur*. Darmstadt.
Hofmannsthal, Hugo von (1910). *König Ödipus*. Berlin
Hofmannsthal, Hugo von (1950a [1893]). „Die Menschen in Ibsens Dramen". In: H. von Hofmannsthal, *Gesammelte Werke in Einzelausgaben. Prosa 1*. Hrsg. von Herbert Steiner. Frankfurt a. M.: 99–112.
Hofmannsthal, Hugo von (1950b [1893]). „Gabriele D'Annunzio (I)". In: H. von Hofmannsthal, *Gesammelte Werke in Einzelausgaben. Prosa 1*. Hrsg. von Herbert Steiner. Frankfurt a. M.: 170–183.
Hofmannsthal, Hugo von (1951 [1902]). „Ein Brief". In: H. von Hofmannsthal, *Gesammelte Werke in Einzelausgaben. Prosa 2*. Hrsg. von Herbert Steiner. Frankfurt a. M.: 7–22.
Hofmannsthal, Hugo von (1959 [1894/1934–1943]). „Aufzeichnungen und Tagebücher aus dem Nachlaß". In: H. von Hofmannsthal, *Gesammelte Werke in Einzelausgaben. Aufzeichnungen*. Hrsg. von Herbert Steiner. Frankfurt a. M.: 89–210.
Hofmannsthal, Hugo von (2000 [1903]). „Die Bühne als Traumbild". In: H. von Hofmannsthal, *Der Brief des Lord Chandos. Schriften zur Literatur, Kultur und Geschichte*. Hrsg. von Mathias Mayer. Stuttgart: 93–97.
Hofmannsthal, Hugo von (2001 [1904]). *Elektra. Tragödie in einem Aufzug*. Hrsg. von Andreas Thomasberger. Stuttgart.
Hogarth, William (1995 [1753]). *Analyse der Schönheit*. Aus dem Engl. von Jörg Heininger. Mit einem Nachw. von Peter Bexte. Dresden und Basel.

Hoghe, Raimund, und Ulli Weiss (1981). *Bandoneon – Für was kann Tango alles gut sein? Texte und Fotos zu einem Stück für Pina Bausch.* Darmstadt und Neuwied.
Holden, Anthony (1999). *William Shakespeare. His Life and Work.* London.
Holz, Arno (1891). *Die Kunst. Ihr Wesen und ihre Gesetze.* Berlin.
Holz, Arno (1962). „Aus ‚Evolution des Dramas'". In: A. Holz, *Werke.* Bd. 5: *Das Buch der Zeit. Dafnis. Kunsttheoretische Schriften.* Hrsg. von Wilhelm Emrich und Anita Holz. Neuwied: 47–61.
Holzberg, Niklas (1974). *Menander. Untersuchungen zur dramatischen Technik.* Nürnberg.
Holzberg, Niklas (2010). *Aristophanes. Sex und Spott und Politik.* München.
Homans, Jennifer (2010). *Apollo's Angels. A History of Ballet.* New York.
Honolka, Kurt (1962). *Der Musik gehorsame Tochter. Opern, Dichter, Operndichter.* Stuttgart.
Hörisch, Jochen (2001). *Der Sinn und die Sinne. Eine Geschichte der Medien.* Frankfurt a. M.
Horváth, Ödön von (1970). „Gebrauchsanweisung". In: *Materialien zu Ödön von Horváth.* Hrsg. von Traugott Krischke. Frankfurt a. M.: 51–56.
Hose, Martin (2008). *Euripides.* München.
Hösle, Johannes (1987). *Molière. Sein Leben, sein Werk, seine Zeit.* München.
Hösle, Vittorio (1984). *Die Vollendung der Tragödie im Spätwerk des Sophokles.* Stuttgart.
Howard, David (2004). *How to Build a Great Screenplay. A Master Class in Storytelling for Film.* New York.
Howard, Jane E. (1994). *The Stage and Social Struggle in Early Modern England.* London.
Höyng, Peter (2003). *Die Sterne, die Zensur und das Vaterland. Geschichte und Theater im späten 18. Jahrhundert.* Köln u. a.
Hruschka, Ole (2005). *Magie und Handwerk. Reden von Theaterpraktikern über die Schauspielkunst.* Hildesheim.
Huang, Weiruo (2008). „Das Puppenspiel im alten China und seine Wiederentdeckung in unserer Zeit. *Der Studiosus und der Henker* – ein formales Experiment". In: *In der Hand des Höllenfürsten sind wir alle Puppen. Grenzen und Möglichkeiten des chinesischen Figurentheaters der Gegenwart.* Hrsg. von Michael Gissenwehrer und Gerd Kaminski. München: 91–108.
Huber, Werner, Margarete Rubik und Julia Novak (Hrsg.) (2010). *Staging Interculturality. Papers given on the occasion of the 18th annual conference of the German Society for Contemporary Theatre and Drama in English in 2009.* Trier.
Hübler, Axel (1973). *Drama in der Vermittlung von Handlung, Sprache und Szene. Eine repräsentative Untersuchung an Theaterstücken der 50er und 60er Jahre.* Bonn.
Huizinga, Johan (^{24}2004 [1987]). *Homo Ludens. Vom Ursprung der Kultur im Spiel.* Reinbek bei Hamburg.
Hulfeld, Stefan (2007). *Theatergeschichtsschreibung als kulturelle Praxis. Wie Wissen über Theater entsteht.* Zürich.
Humphrey, Doris (^{17}1977 [1959]). *The Art of Making Dances.* New York.
Huschka, Sabine (2002). *Moderner Tanz. Konzepte – Stile – Utopien.* Reinbek bei Hamburg.
Huss, Bernhard (2009). „Die Katharsis, Jean Racine und das Problem einer ‚tragischen Reinigung' bei Hofe". In: *Philologie im Netz* 49/2009: 35–55.
Hussein, Ebrahim (1974). „Kinjeketile". In: *Stücke Afrikas.* Hrsg. von Joachim Fiebach. Berlin: 6–53.
Hussein, Ebrahim (1988). *Kwenye Ukingo wa Thim.* Nairobi.
Hutcheon, Linda (2006). *A Theory of Adaptation.* New York und London.

Hutcheon, Linda, und Michael Hutcheon (2010). „Prima la musica, poi le parole? Operatic Challenges to Word-Music Relations". In: *University of Toronto Quarterly* 79: 869–880.
Hutchison, Yvette (2004). „South African Theatre". In: *A History of Theatre in Africa*. Hrsg. von Martin Banham. Cambridge u. a.: 312–379.
Hüttinger, Daniela (2004). *Zum Begriff des Politischen bei den Griechen*. Würzburg.
Hüttl, Adolf (1998). *Goethes wirtschafts- und finanzpolitische Tätigkeit. Ein wenig bekannter Teil seines Lebens*. Hamburg.
Hüttler, Michael (2005). *Unternehmenstheater: Vom Theater der Unterdrückten zum Theater der Unternehmer? Eine theaterwissenschaftliche Betrachtung*. Stuttgart.
Huwiler, Elke (Hrsg.) (2015). *Das Theater des Spätmittelalters und der Frühen Neuzeit. Kulturelle Verhandlungen in einer Zeit des Wandels*. Heidelberg.
Huyssen, Andreas (1980). *Drama des Sturm und Drang. Kommentar zu einer Epoche*. München.
Hwang, David Henry (1988). „Afterword". In: D. H. Hwang, *M. Butterfly. With an Afterword by the Playwright*. New York u. a.: 94–100.
Ilg, Jens, und Thomas Bitterlich (Hrsg.) (2006). *Theatergeschichtsschreibung. Interviews mit Theaterhistorikern*. Marburg.
Illouz, Eva (2006). *Gefühle in Zeiten des Kapitalismus*. Aus dem Engl. von Martin Hartmann. Frankfurt a. M.
Infante, Manuela (2008). Cristo. http://www.escribirlaescena.uc.cl/textos.html?fid=61& format=raw&task=download. (3. August 2018).
Ingarden, Roman (⁴1972 [1931]). *Das literarische Kunstwerk*. Tübingen.
Iser, Wolfgang (1983). „Akte des Fingierens oder Was ist das Fiktive im fiktionalen Text?" In: *Funktionen des Fiktiven*. Hrsg. von Dieter Heinrich und Wolfgang Iser. München: 121–151.
Iser, Wolfgang (1991). *Das Fiktive und das Imaginäre. Perspektiven literarischer Anthropologie*. Frankfurt a. M.
Jacobs, Jürgen (1984). „Die Nöte des Hausvaters. Zum Bild der Familie im bürgerlichen Drama des 18. Jahrhunderts". In: *Wirkendes Wort* 34: 343–357.
Jacobs, Monty (Hrsg.) (1913). *Deutsche Schauspielkunst. Zeugnisse zur Bühnengeschichte klassischer Rollen. Mit 33 Bildertafeln*. Leipzig.
Jäger, Hans-Wolf (1980). „Wanderbühne, Hof- und Nationaltheater". In: *Deutsche Literatur. Eine Sozialgeschichte*. Hrsg. von Horst Albert Glaser. Bd. 4: *Zwischen Absolutismus und Aufklärung*. Hrsg. von Ralph-Rainer Wuthenow. Reinbek bei Hamburg: 261–276.
Jahn, Bernhard, und Claudia Maurer Zenck (Hrsg.) (2016). *Bühne und Bürgertum. Das Hamburger Stadttheater (1770–1850)*. Bern u. a.
Jakob, Hans-Joachim (2014). „Theaterperiodika und Kulturzeitschriften des 18. und frühen 19. Jahrhunderts als Quellen für die historische Theaterpublikumsforschung". In: *„Das böse Tier Theaterpublikum". Zuschauerinnen und Zuschauer in Theater- und Literaturjournalen des 18. und frühen 19. Jahrhunderts*. Hrsg. von Hermann Korte, Hans-Joachim Jakob und Bastian Dewenter. Heidelberg: 51–70.
Janning, Volker (2005). *Der Chor im neulateinischen Drama. Formen und Funktionen*. Münster.
Janz, Rolf-Peter (1976). „Schillers *Kabale und Liebe* als bürgerliches Trauerspiel". In: *Jahrbuch der deutschen Schillergesellschaft* 20: 208–228.
Janz, Rolf-Peter (1979). „‚Sie ist eine Schande ihres Geschlechts'. Die Figur der femme fatale bei Lessing". In: *Jahrbuch der deutschen Schillergesellschaft* 23: 207–221.
Jappe, Elisabeth (1993). *Performance – Ritual – Prozeß: Handbuch der Aktionskunst in Europa*. München.

Jelinek, Elfriede (1989). „Ich will kein Theater. Ich will ein anderes Theater. Gespräch mit Elfriede Jelinek". In: *Autorinnen. Herausforderungen an das Theater*. Hrsg. von Anke Roeder. Frankfurt a. M.: 141–160.
Jelinek, Elfriede (2004). „Krankheit oder Moderne Frauen. Wie ein Stück". In: E. Jelinek, *Theaterstücke*. Reinbek bei Hamburg: 191–265.
Jelinek, Elfriede (2015). *Das schweigende Mädchen / Ulrike Maria Stuart. Zwei Theaterstücke*. Reinbek bei Hamburg.
Jenkins, Henry (2006). *Convergence Culture. Where Old and New Media Collide*. New York und London.
Jennicke, Skadi (2011). *Theater als soziale Praxis. Ostdeutsches Theater nach dem Systemumbruch*. Berlin.
Jens, Walter (Hrsg.) (1971). *Die Bauformen der griechischen Tragödie*. München.
Jerenashvili, Tamara (2007). *Mörderin aus Leidenschaft. Medea-Figuren bei Euripides und Grillparzer*. Trier.
Jessen, Jens (2006). „Symbolische Politik". In: *Aus Politik und Zeitgeschichte* 20/2006: 3–6.
Jeßing, Benedikt (2015). *Dramenanalyse. Eine Einführung*. Berlin.
Jeyifo, Biodun (Hrsg.) (2002). *Modern African Drama*. New York und London.
Jeziorkowski, Klaus (1998). „Traum-Raum und Text-Höhle. Beobachtungen an dramatischen Szenen Heinrich von Kleists". In: *„Ist mir getroumet mîn leben?" Vom Träumen und vom Anderssein. Festschrift für Karl-Ernst Geith zum 65. Geburtstag*. Hrsg. von André Schnyder, Claudia Bartholemy-Teusch, Barbara Fleith und René Wetzel. Göppingen: 215–224.
Joch, Markus, und Norbert Christian Wolf (2005). „Feldtheorie als Provokation der Literaturwissenschaft". In: *Text und Feld. Bourdieu in der literaturwissenschaftlichen Praxis*. Hrsg. von Markus Joch und Norbert Christian Wolf. Tübingen: 1–24.
Johnston, Sarah Iles (1997). „Introduction". In: *Medea. Essays on Medea in Myth, Literature, Philosophy, and Art*. Hrsg. von James J. Clauss und Sarah Iles Johnston. Princeton: 3–18.
Juana Inés de la Cruz (1992 [1689]). „Loa para el Auto Sacramental de El Divino Narciso". In: *Teatro mexicano. Historia y dramaturgia. Bd. 7: Sor Juana Inés de la Cruz. Antología*. Eingel. und mit Anm. versehen von Dolores Bravo. Mexiko-Stadt: 117–122.
Jung, Peter (2007). *Erwin Piscator. Das politische Theater. Ein Kommentar*. Berlin.
Junghans, Ferdinand (1931). *Zeit im Drama*. Berlin.
Jurga, Martin (1996). „Zur narrativen Struktur von Fernsehen. Das Beispiel *Lindenstraße*". In: *Mündlichkeit und Schriftlichkeit im Fernsehen*. Hrsg. von Bernd Ulrich Biere und Rudolf Hoberg. Tübingen: 163–180.
Jurt, Joseph (1981). „Die Theorie des literarischen Feldes. Zu den literatursoziologischen Arbeiten Bourdieus und seiner Schule". In: *Romanistische Zeitschrift für Literaturgeschichte* 5.4: 454–479.
Jurt, Joseph (1992). „Autonomie ou hétéronomie. Le champ littéraire en France et en Allemagne". In: *Regards Sociologiques* 4: 3–16. http://www.regards-sociologiques.com/wp-content/uploads/2009/03/rs_04_1992_1_jurt.pdf (1. Juni 2018).
Jurt, Joseph (1995). *Das literarische Feld. Das Konzept Pierre Bourdieus in Theorie und Praxis*. Darmstadt.
Juul, Jesper (2011). *Half-Real. Video Games between Real Rules and Fictional Worlds*. Cambridge, MA.
Kafitz, Dieter (1982). *Grundzüge einer Geschichte des deutschen Dramas von Lessing bis zum Naturalismus*. Bd. 1. Königstein i.Ts.

Kafitz, Dieter (²1989 [1982]). *Grundzüge einer Geschichte des deutschen Dramas von Lessing bis zum Naturalismus*. Bd. 1. Königstein i.Ts.
Kamm, Jürgen (1996). *Der Diskurs des heroischen Dramas. Eine Untersuchung zur Ästhetik dialogischer Kommunikation in der englischen Restaurationszeit*. Trier.
Kammler, Clemens (2003). „Zeitgenössische Theaterstücke". In: *Praxis Deutsch* 181: 6–13.
Kamps, Philipp (2018). *Wahrnehmung – Ereignis – Materialität. Ein phänomenologischer Zugang für die Theaterdidaktik*. Bielefeld.
Kannicht, Richard (1976). „Handlung als Grundbegriff der aristotelischen Theorie des Dramas". In: *Poetica* 8: 326–336.
Kanzog, Klaus (1984). „Zensur, literarische". In: *Reallexikon der deutschen Literaturgeschichte*. Bd. 4: *Sl–Z*. Hrsg. von Klaus Kanzog und Achim Masser. Berlin und New York: 998–1049.
Kappelhoff, Hermann (2004). *Matrix der Gefühle. Das Kino, das Melodrama und das Theater der Empfindsamkeit*. Berlin.
Kappl, Brigitte (2006). *Die Poetik des Aristoteles in der Dichtungstheorie des Cinquecento*. Berlin und New York.
Kaprow, Allan (1966). *Assemblage, Environments and Happenings*. New York.
Kapusta, Danijela (2011). *Personentransformation. Zur Konstruktion und Dekonstruktion der Person im deutschen Theater der Jahrtausendwende*. München.
Karrer, Michael (Hrsg.) (2015). *Hermann Nitsch. Das Gesamtkunstwerk des Orgien Mysterien Theaters*. Köln.
Karschnia, Alexander, und Michael Wehren (2012). „Kommando Johann Fatzer". In: *Kommando Johann Fatzer* [= Mülheimer Fatzerbücher 1]. Hrsg. von Alexander Karschina und Michael Wehren. Berlin: 11–20.
Kattenbelt, Chiel (2008). „Multi-, Trans- und Intermedialität. Drei unterschiedliche Perspektiven auf die Beziehungen zwischen den Medien". In: *Theater und Medien. Grundlagen – Analysen – Perspektiven. Eine Bestandsaufnahme*. Hrsg. von Henri Schoenmakers, Stefan Bläske, Kay Kirchmann und Jens Ruchatz. Bielefeld: 125–132.
Kaufmann, Sebastian (2013). „Der ‚Wilde' und die Kunst. Ethno-Anthropologie und Ästhetik in Goethes Aufsatz ‚Von deutscher Baukunst' (1772) und Schillers philosophischen Schriften der 1790er Jahre". In: *Zeitschrift für interkulturelle Germanistik* 4.1: 29–57.
Kauppert, Michael, und Irene Leser (Hrsg.) (2014). *Hillarys Hand. Zur politischen Ikonographie der Gegenwart*. Bielefeld.
Kayser, Wolfgang (¹⁷1976 [1948]). *Das sprachliche Kunstwerk. Eine Einführung in die Literaturwissenschaft*. Bern und München.
Keene, Donald (1990). *Nō and Bunraku. Two Forms of Japanese Theatre*. New York.
Keller, Hildegard Elisabeth, und Ellinor Landmann (2005). „Osterspiele". In: *Theaterlexikon der Schweiz*. Bd. 2. Hrsg. von Andreas Kotte. Zürich: 1357–1360. http://tls.theaterwissenschaft.ch/wiki/Osterspiele (1. Juni 2018).
Kelleter, Frank (Hrsg.) (2012). *Populäre Serialität. Narration – Evolution – Distinktion. Zum seriellen Erzählen seit dem 19. Jahrhundert*. Bielefeld.
Kemser, Dag (2006). *Zeitstücke zur deutschen Wiedervereinigung*. Tübingen.
Kennedy, Andrew K. (1983). *Dramatic Dialogue. The Duologue of Personal Encounter*. Cambridge u. a.
Kepser, Matthis, und Ulf Abraham (⁴2016). *Literaturdidaktik Deutsch. Eine Einführung*. Völlig neu bearb. und erw. Aufl. Berlin.
Kerman, Joseph (1988 [1956]). *Opera as Drama*. Überarb. Neuaufl. Berkeley und Los Angeles.

Kerschenzew, Platon M. (1992 [1918/1922]). *Das schöpferische Theater*. Reprint der dt. Ausg. von 1922. Köln.
Kiel, Ewald (1992). *Dialog und Handlung im Drama. Untersuchungen zu Theorie und Praxis einer sprachwissenschaftlichen Analyse literarischer Texte*. Frankfurt a. M. u. a.
Kirchesch, Werner Wolfgang (1963). *Das Verhältnis von Handlung und Dramaturgie. Fragwürdige Theorien zum modernen Drama*. München.
Kirchner, Thomas (1985). *Raumerfahrung im geistlichen Spiel des Mittelalters*. Frankfurt a.M u. a.
Kirschenmann, Johannes, Christoph Richter und Kaspar H. Spinner (Hrsg.) (2009). *Reden über Kunst. Fachdidaktisches Forschungssymposium in Literatur, Kunst und Musik*. München.
Kitagawa, Chikako (2016). „Anmerkungen zum Nō-Theater. Die Ästhetik der Reduktion und des ,Raum-Lassens'".Wagnergenootschap Nederland, 8. Januar 2016. https://www.wagner-genootschap.nl/artikelen/139-chikako-kitagawa-anmerkungen-zum-noh-theater/file (22. Juni 2017).
Kittler, Friedrich (2001). „Illusion versus Simulation. Techniken des Theaters und der Maschine". In: *Maschinen, Medien, Performances. Theater an der Schnittstelle zu digitalen Welten*. Hrsg. von Martina Leeker. Berlin: 718–731.
Klaic, Dragan (2012). *Resetting the Stage. Public Theatre between the Market and Democracy*. Bristol und Chicago.
Klein, Thomas, und Christian Hißnauer (Hrsg.) (2012). *Klassiker der Fernsehserie*. Stuttgart.
Kleist, Heinrich von (2012 [1810]). „Über das Marionettentheater". In: *Marionetten und Übermarionetten*. Hrsg. von László F. Földényi. Berlin: 5–14.
Klier, Helmar (Hrsg.) (1981). *Theaterwissenschaft im deutschsprachigen Raum. Texte zum Selbstverständnis*. Darmstadt.
Klotz, Volker (1960). *Geschlossene und offene Form im Drama*. München.
Klotz, Volker (³1968 [1960]). *Geschlossene und offene Form im Drama*. München.
Klotz, Volker (⁴1969 [1960]). *Geschlossene und offene Form im Drama*. München.
Klotz, Volker (1976). *Dramaturgie des Publikums. Wie Bühne und Publikum aufeinander eingehen, insbesondere bei Raimund, Büchner, Wedekind, Horváth, Gatti und im politischen Agitationstheater*. München.
Klotz, Volker (¹¹1985 [1960]). *Geschlossene und offene Form im Drama*. München.
Klotz, Volker (1987). *Bürgerliches Lachtheater. Komödie – Posse – Schwank – Operette*. Reinbek bei Hamburg.
Klotz, Volker (²2010). *Radikaldramatik. Szenische Vor-Avantgarde. Von Holberg zu Nestroy, von Kleist zu Grabbe*. Erg. Aufl. Bielefeld.
Kluge, Friedrich (Begründer), und Elmar Seebold (Bearbeiter) (²⁵2011 [1883]). *Etymologisches Wörterbuch der deutschen Sprache*. 25., durchgesehene und erweiterte Aufl. Berlin und Boston.
Kluge, Gerhard (1988). „Schillers frühe Dramen". In: Friedrich Schiller, *Werke und Briefe in zwölf Bänden*. Bd. 2: *Die Räuber, Fiesko, Kabale und Liebe*. Hrsg. von Gerhard Kluge. Frankfurt a. M.: 871–880.
Knellessen, Friedrich W. (1970). *Agitation auf der Bühne. Das politische Theater der Weimarer Republik*. Emsdetten.
Knoche, Ulrich (1972 [1941]). „Senecas Atreus, ein Beispiel". In: *Senecas Tragödien*. Hrsg. von Eckard Lefèvre. Darmstadt: 476–489.
Knopf, Jan (1980). *Brecht-Handbuch. Theater: Eine Ästhetik der Widersprüche*. Stuttgart.
Knopf, Jan (Hrsg.) (1986). *Brechts „Die heilige Johanna der Schlachthöfe"*. Frankfurt a. M.

Knopf, Jan (Hrsg.) (2001). *Brecht-Handbuch in fünf Bänden*. Bd. 1: *Stücke*. Stuttgart und Weimar.
Knopf, Jan (2006). „Brecht im 21. Jahrhundert". In: *Aus Politik und Zeitgeschichte* 23–24/2006 (Themenheft: *Bertolt Brecht*): 6–12.
Knowles, Ric (2010). *Theatre & Interculturalism*. Basingstoke und New York.
Kohtes, Martin M. (1990). *Guerilla-Theater. Theorie und Praxis des politischen Straßentheaters in den USA (1965–1970)*. Tübingen.
Kolb, Frank (1981). *Agora und Theater, Volks- und Festversammlung*. Berlin.
Koller, Hermann (1954). *Die Mimesis in der Antike. Nachahmung, Darstellung, Ausdruck*. Bern.
Köllinger, Bernd (1983). *Tanztheater. Tom Schilling und die zeitgenössische Choreographie. Sieben Studien*. Berlin.
Komfort-Hein, Susanne (1995). *„Sie sei wer sie sei". Das bürgerliche Trauerspiel um Individualität*. Pfaffenweiler.
Kommerell, Max (³1960 [1940]). *Lessing und Aristoteles. Untersuchungen über die Theorie der Tragödie*. Frankfurt a. M.
Koneffke, Silke (1999). *Theater-Raum. Visionen und Projekte von Theaterleuten und Architekten zum anderen Aufführungsort 1900–1980*. Berlin.
König, Jan C. L. (2011). *Über die Wirkungsmacht der Rede. Strategien politischer Eloquenz in Literatur und Alltag*. Göttingen.
Koopmann, Helmut (1993). „Geld und Literatur im 18. Jahrhundert". In: *Wirtschaft in Wissenschaft und Literatur. Drei Perspektiven aus historischer und literaturwissenschaftlicher Sicht*. Hrsg. vom Rektor der Universität Augsburg. Augsburg: 31–54.
Korbel, Leonhard (2009). *Zeit und Raum im Computerspiel. Ein narratologischer Ansatz*. München.
Kord, Susanne (1992). *Ein Blick hinter die Kulissen. Deutschsprachige Dramatikerinnen im 18. und 19. Jahrhundert*. Stuttgart.
Kormann, Eva (2009). „Die Bühne als medialer Echoraum. Zu Elfriede Jelineks *Bambiland*". In: *Ökonomie im Theater der Gegenwart. Ästhetik, Produktion, Institution*. Hrsg. von Franziska Schößler und Christine Bähr. Bielefeld: 343–356.
Körner, Roswitha (1986). „Theaterzensur". In: *Theaterlexikon. Begriffe und Epochen, Bühnen und Ensembles*. Hrsg. von Manfred Brauneck und Gérard Schneilin. Reinbek bei Hamburg: 982–984.
Korte, Hermann (2012). „Historische Theaterpublikumsforschung. Eine Einführung am Paradigma des 18. Jahrhunderts". In: *„Das Theater glich einem Irrenhause". Das Publikum im Theater des 18. und 19. Jahrhunderts*. Hrsg. von Hermann Korte und Hans-Joachim Jakob. Heidelberg: 9–54.
Korte, Hermann, und Hans-Joachim Jakob (Hrsg.) (2012). *„Das Theater glich einem Irrenhause". Das Publikum im Theater des 18. und 19. Jahrhunderts*. Heidelberg.
Korte, Hermann, Hans-Joachim Jakob und Bastian Dewenter (Hrsg.) (2014). *„Das böse Tier Theaterpublikum". Zuschauerinnen und Zuschauer in Theater- und Literaturjournalen des 18. und frühen 19. Jahrhunderts*. Heidelberg.
Koselleck, Reinhart (1977). „Standortbindung und Zeitlichkeit. Ein Beitrag zur historiographischen Erschließung der geschichtlichen Welt". In: *Objektivität und Parteilichkeit in der Geschichtswissenschaft*. Hrsg. von Reinhart Koselleck, Wolfgang J. Mommsen und Jörn Rüsen. München: 17–46.
Košenina, Alexander (1995). *Anthropologie und Schauspielkunst. Studien zur ‚eloquentia corporis' im 18. Jahrhundert*. Tübingen.

Košenina, Alexander (2011). „Entstehung einer neuen Theaterhermeneutik aus Rollenanalysen und Schauspielerportraits im 18. Jahrhundert". In: *Aufführungsdiskurse im 18. Jahrhundert. Bühnenästhetik, Theaterkritik und Öffentlichkeit*. Hrsg. von Yoshio Tomishige und Soichiro Itoda. München: 41–74.

Kosiński, Dariusz (2011). *Polnisches Theater. Eine Geschichte in Szenen*. Aus dem Poln. von Andreas Volk. Berlin.

Kott, Jan (1989). *Shakespeare heute*. Aus dem Poln. von Peter Lachmann. Berlin.

Kotte, Andreas (2005). *Theaterwissenschaft*. Köln.

Kotte, Andreas (2013). *Theatergeschichte. Eine Einführung*. Köln u. a.

Kovács, András Bálint (2007). *Screening Modernism. European Art Cinema 1950–1980*. Chicago und London.

Kraft, Helga (1996). *Ein Haus aus Sprache. Dramatikerinnen und das andere Theater*. Stuttgart und Weimar.

Kramer, Kirsten, und Jörg Dünne (2009). „Einleitung. Theatralität und Räumlichkeit". In: *Theatralität und Räumlichkeit. Raumordnungen und Raumpraktiken im theatralen Mediendispositiv*. Hrsg. von Jörg Dünne, Sabine Friedrich und Kirsten Kramer. Würzburg: 15–32.

Kramer, Martin (1975). „Die Begründung eines neuen Dramas. ‚Hamburgische Dramaturgie'". In: *Lessing. Epoche – Werk – Wirkung*. Hrsg. von Wilfried Barner et al. München: 152–171.

Krämer, Peter (1998). „Post-classical Hollywood". In: *The Oxford Guide to Film Studies*. Hrsg. von John Hill und Pamela Church Gibson. Oxford: 289–309.

Krämer, Sybille (2008). *Medium, Bote, Übertragung. Kleine Metaphysik der Medialität*. Berlin.

Krammer, Stefan (2003). *„Redet nicht von Schweigen ...": Zu einer Semiotik des Schweigens im dramatischen Werk Thomas Bernhards*. Würzburg.

Kraus, Dorothea (2007). *Theater-Proteste. Zur Politisierung von Straße und Bühne in den 1960er Jahren*. Frankfurt a. M. und New York.

Krawehl, Stephanie (2008). *„Die Welt abstechen wie eine Sau". Sprachgewalt und Sprachentgrenzung in den Dramen Werner Schwabs*. Oberhausen.

Krebs, Katja (Hrsg.) (2013). *Translation and Adaptation in Theatre and Film*. London.

Kretz, Nicolette (2012). „Bausteine des Dramas (Figur, Handlung, Dialog)". In: *Handbuch Drama. Theorie, Analyse, Geschichte*. Hrsg. von Peter W. Marx. Stuttgart und Weimar: 105–121.

Kreuder, Friedemann (2010). *Spielräume der Identität in Theaterformen des 18. Jahrhunderts*. Tübingen.

Kreuder, Friedemann, und Sabine Sörgel (Hrsg.) (2008). *Theater seit den 1990er Jahren. Der europäische Autorenboom im kulturpolitischen Kontext*. Tübingen.

Krings, Katharina (2007). *„Horace" – Wie Corneille anhand der Figur Camille in einem Richelieu gewidmeten Theaterstück Staatskritik üben konnte*. München.

Kruger, Loren (2004). *Post-Imperial Brecht. Politics and Performance, East and South*. Cambridge.

Krüger, Sebastian (2001). „Medeas ‚Blutspur'. Der Medea-Mythos im Dienst kolonialistischen Denkens und Christa Wolfs Bruch mit dem Rezeptionsdogma". In: *„Worüber man (noch) nicht reden kann, davon kann die Kunst ein Lied singen". Texte und Lektüren. Beiträge zur Kunst-, Literatur- und Sprachkritik*. Hrsg. von Hans-Christian Stillmark und Brigitte Krüger. Frankfurt a. M. u. a.: 177–193.

Krützen, Michaela (2004). *Dramaturgie des Films. Wie Hollywood erzählt*. Frankfurt a. M.

Krützen, Michaela (2015). *Klassik, Moderne, Nachmoderne. Eine Filmgeschichte*. Frankfurt a. M.
Kuberg, Maria (2015). „‚Noch sind wir ein Wort, doch reifen wir zur Tat'. Zur Performativität des Chors in Theatertexten von Müller, Dorst und Jelinek". In: *Zeitschrift für Deutsche Philologie* 134.2: 251–272.
Kublitz, Maria (1989). „Maskierungen des weiblichen Sprechens – eine feministische Lesart der *Emilia Galotti*". In: *Diskussion Deutsch* 105: 4–18.
Kuhn, Anna Katharina (1981). *Der Dialog bei Frank Wedekind. Untersuchungen zum Szenengespräch der Dramen bis 1900*. Heidelberg.
Kühn, Ulrich (2001). *Sprech-Ton-Kunst: Musikalisches Sprechen und Formen des Melodrams im Schauspiel- und Musiktheater (1770–1933)*. Tübingen.
Kühr, Gerd (1995). „Im Zurückweichen vor zunehmendem Wahnsinn. Zur Stoffwahl im zeitgenössischen Musiktheater". In: *Vom Neuwerden des Alten. Über den Botschaftscharakter des musikalischen Theaters*. Hrsg. von Otto Kolleritsch. Wien und Graz: 188–200.
Kulessa, Rotraud von, und Meike Penkwitt (Hrsg.) (1999). *Cross-dressing und Maskerade* [= *Freiburger FrauenStudien. Zeitschrift für interdisziplinäre Frauenforschung* 5.8].
Kurz, Hanns, Beate Kehrl und Christoph Nix (Hrsg.) (²2015). *Praxishandbuch Theater- und Kulturveranstaltungsrecht*. München.
Kurzenberger, Hajo (2009). *Der kollektive Prozess des Theaters. Chorkörper – Probengemeinschaften – theatrale Kreativität*. Bielefeld.
Kurzenberger, Hajo (2011). „Multiperspektivität des Darstellens. Zum Paradigmenwechsel des Schauspielens". In: *Wirkungsmaschine Schauspieler. Vom Menschendarsteller zum multifunktionalen Spielemacher*. Hrsg. von Hajo Kurzenberger, Anton Rey und Stephan Müller. Berlin: 75–83.
Kurzenberger, Hajo, und Miriam Tscholl (Hrsg.) (2014). *Die Bürgerbühne. Das Dresdner Modell*. Berlin.
La Salvia, Adrian (2010). *Die Tragédie en musique im europäischen Kontext (1673–1800)*. Habil., Friedrich-Alexander-Universität Erlangen-Nürnberg.
Laban, Rudolf von (²1926a). *Gymnastik und Tanz*. Oldenburg.
Laban, Rudolf von (1926b). „Tanztheater und Tanztempel". In: *Die Schönheit* 22.1 [= *Rudolf von Laban 1. Viertes Rhythmusheft*]: 42–48.
Lachmann, Renate (1982). „Dialogizität und poetische Sprache". In: *Dialogizität*. Hrsg. von Renate Lachmann. München: 51–62.
Ladenthin, Volker (2007). „Literatur als Skandal". In: *Literatur als Skandal. Fälle – Funktionen – Folgen*. Hrsg. von Stefan Neuhaus und Johann Holzner. Göttingen: 19–28.
Lahire, Bernard (2006). *La condition littéraire. La double vie des écrivains*. Paris.
Lämmert, Eberhard (²1967 [1955]). *Bauformen des Erzählens*. Durchges. Aufl. Stuttgart.
Lamping, Dieter (Hrsg.) (2009). *Handbuch der literarischen Gattungen*. Stuttgart.
Langemeyer, Peter (2011) (Hrsg.). *Dramentheorie. Texte vom Barock bis zur Gegenwart*. Stuttgart.
Langhoff, Shermin, und Irene Bazinger (2012). „Wozu postmigrantisches Theater, Frau Langhoff?" In: *Frankfurter Allgemeine Zeitung* vom 14. Januar 2012. http://www.faz.net/aktuell/feuilleton/buehne-und-konzert/gespraech-mit-shermin-langhoff-wozu-postmigrantisches-theater-11605050.html (1. Juni 2018).
Lappe, Claus O. (1980). „‚Wer hat Gustchens Kind gezeugt?' Zeitstruktur und Rollenspiel in Lenz' *Hofmeister*". In: *Deutsche Vierteljahrsschrift für Literaturwissenschaft und Geistesgeschichte* 54.1: 14–46.

Laqueur, Thomas (1990). *Making Sex. Bodies and Gender from the Greeks to Freud*. Cambridge, MA.
Latacz, Joachim (1993). *Einführung in die griechische Tragödie*. Göttingen.
Latacz, Joachim (²2003 [1993]). *Einführung in die griechische Tragödie*. Göttingen.
Laube, Heinrich (1906). *Theaterkritiken und dramaturgische Aufsätze*. Gesammelt, ausgewählt und mit Einl. und Anmerkungen versehen von Alexander von Weilen. Berlin.
Laurel, Brenda (1986). *Toward the Design of a Computer-Based Interactive Fantasy System*. PhD Thesis, Ohio State University.
Laurel, Brenda (²2013 [1991]). *Computers as Theatre*. Boston u. a.
Laurentis, Teresa de (1987). *Technologies of Gender. Essays on Theory, Film, and Fiction*. Bloomington, IN.
Lausberg, Heinrich (1960). *Handbuch der literarischen Rhetorik. Eine Grundlegung der Literaturwissenschaft*. München.
Lazardzig, Jan, Viktoria Tkaczyk und Matthias Warstat (2012). *Theaterhistoriografie*. Stuttgart.
Lee, Jae-Min (2013). *Theorie und Praxis des Chors in der Moderne*. Frankfurt a. M. u. a.
Lee, Quentin (1993). „Between the Oriental and the Transvestite". In: *Found Object* 8: 45–59.
Lee, Sang-Kyong (1993). *West-östliche Begegnungen. Weltwirkung der fernöstlichen Theatertradition*. Darmstadt.
Lefèvre, Eckard (Hrsg.) (1973). *Die römische Komödie. Plautus und Terenz*. Darmstadt.
Lefèvre, Eckard (Hrsg.) (1978). *Das römische Drama*. Darmstadt.
Lefèvre, Eckard (1985). „Die philosophische Bedeutung der Seneca-Tragödie am Beispiel des ‚Thyestes'". In: *Aufstieg und Niedergang der römischen Welt*. Tl. 2. Bd. 32.2. Hrsg von Wolfgang Haase. Berlin und New York: 1263–1283.
Lefèvre, Eckard (1997). „Senecas Atreus – die Negation des stoischen Weisen?" In: *Griechisch-römische Komödie und Tragödie*. Bd. 2. Hrsg von Bernd Zimmermann. Stuttgart: 119–134.
Lefèvre, Eckard (2000). „La Medea di Seneca: negazione del ‚sapiente' stoico?" In: *Seneca e il suo tempo: atti del Convegno internazionale di Roma-Cassino, 11–14 novembre 1998*. Hrsg. von Piergiorgio Parroni. Rom: 395–416.
Lefèvre, Eckard (2001). *Die Unfähigkeit, sich zu erkennen. Sophokles' Tragödien*. Leiden u. a.
Leggatt, Alexander (2012). „Love and Faith in *Othello* and *Otello*". In: *University of Toronto Quarterly* 81.4: 836–849.
Lehmann, Hans-Thies (1986). „Theatralität". In: *Theaterlexikon*. Hrsg. von Manfred Brauneck und Gérard Schneilin. Reinbek bei Hamburg: Sp. 986–987.
Lehmann, Hans-Thies (1989). „Die Inszenierung: Probleme ihrer Analyse". In: *Zeitschrift für Semiotik* 11.1: 29–49.
Lehmann, Hans-Thies (1991). *Theater und Mythos. Die Konstitution des Subjekts im Diskurs der antiken Tragödie*. Stuttgart.
Lehmann, Hans-Thies (1997). „Zeitstrukturen/Zeitskulpturen. Zu einigen Theaterformen am Ende des 20. Jahrhunderts". In: *Theaterschrift* 12: 28–46.
Lehmann, Hans-Thies (1999). *Postdramatisches Theater*. Frankfurt a. M.
Lehmann, Hans-Thies (2002). „Wie politisch ist postdramatisches Theater?" In: *Das Politische Schreiben*. Berlin: 11–21.
Lehmann, Hans-Thies (³2005 [1999]). *Postdramatisches Theater*. Veränd. Aufl. Frankfurt a. M.
Lehmann, Hans-Thies (2008). „Vom Zuschauer". In: *Paradoxien des Zuschauens. Die Rolle des Publikums im zeitgenössischen Theater*. Hrsg. von Jan Deck und Angelika Sieburg. Bielefeld: 21–26.

Lehmann, Hans-Thies (⁵2011 [1999]). *Postdramatisches Theater*. Frankfurt a. M.
Lehmann, Hans-Thies (2013). *Tragödie und dramatisches Theater*. Berlin.
Lehmann, Hans-Thies (⁶2015 [1999]). *Postdramatisches Theater*. Frankfurt a. M.
Lehmann, Hans-Thies, Tatsuki Hayashi und Matthias Pees (Hrsg.) (2015). *Die Evakuierung des Theaters. Akira Takayamas Rettungsplan für die Rhein-Main-Region*. Berlin.
Lehmann, Johannes F. (2000). *Der Blick durch die Wand. Zur Geschichte des Theaterzuschauers und des Visuellen bei Diderot und Lessing*. Freiburg.
Lehmann, Johannes F. (2013). *Einführung in das Werk Heinrich von Kleists*. Darmstadt.
Lehnert, Gertrud (1994). *Maskeraden und Metamorphosen. Als Männer verkleidete Frauen in der Literatur*. Würzburg.
Leibniz, Gottfried Wilhelm (1971 [entst. 1704]). *Neue Abhandlungen über den menschlichen Verstand*. Hrsg., übers., eingel. und erl. von Ernst Cassirer. Unveränderter Nachdruck der 3. Aufl. 1915. Hamburg.
Leims, Thomas (1990). *Die Entstehung des Kabuki. Transkulturation Europa – Japan im 16. und 17. Jahrhundert*. Leiden u. a.
Leiter, Samuel L. (Hrsg.) (2001). *A Kabuki Reader. History and Performance*. Armonk, NY.
Lenz, Jakob Michael Reinhold (2014 [1774]). „Anmerkungen übers Theater". In: *Anmerkungen übers Theater. Shakespeare-Arbeiten und Shakespeare-Übersetzungen*. Studienausgabe. Hrsg. von Hans-Günther Schwarz. Stuttgart: 9–47.
Leo, Friedrich (²1912 [1895]). *Plautinische Forschungen zur Kritik und Geschichte der Komödie*. Berlin.
Leppin, Hartmut (1992). *Histrionen. Untersuchungen zur sozialen Stellung von Bühnenkünstlern im Westen des Römischen Reiches zur Zeit der Republik und des Principats*. Bonn.
Leskovec, Andrea (2011). *Einführung in die interkulturelle Literaturwissenschaft*. Darmstadt.
Lesky, Albin (1972). *Die tragische Dichtung der Hellenen*. 3., völlig neubearb. und erw. Aufl. Göttingen.
Lessing, Gotthold Ephraim (1756). „Vorrede". In: *Des Herrn Jacob Thomson sämtliche Trauerspiele*. Leipzig: 3–14.
Lessing, Gotthold Ephraim (1760). „Ein und achtzigster Brief (7. Februar 1760)". In: G. E. Lessing, *Briefe, die neueste Litteratur betreffend. 5. Theil*. Berlin: 81–96.
Lessing, Gotthold Ephraim (1769). *Hamburgische Dramaturgie*. Bd. 1. Hamburg und Bremen.
Lessing, Gotthold Ephraim (1918 [1767–1769]). *Hamburgische Dramaturgie*. Hrsg. von Julius Petersen. Berlin.
Lessing, Gotthold Ephraim (1966 [1767–1769]). *Ausgewählte Werke*. Teil 3: *Hamburgische Dramaturgie*. Mit einem Nachwort von Hans Joachim Schrimpf. München.
Lessing, Gotthold Ephraim (1973 [1767–1769]). „Hamburgische Dramaturgie". In: G. E. Lessing, *Werke*. Hrsg. von Herbert G. Göpfert. Bd. 4: *Dramaturgische Schriften*. München: 229–707.
Lessing, Gotthold Ephraim (1985 [1767–1769]). „Hamburgische Dramaturgie". In: G. E. Lessing, *Werke und Briefe in zwölf Bänden*. Bd. 6: *Minna von Barnhelm. Hamburgische Dramaturgie. Werke 1767–1769*. Hrsg. von Klaus Bohnen. Frankfurt a. M.: 276–698.
Lessing, Gotthold Ephraim (1985–2003). *Werke und Briefe in zwölf Bänden. Frankfurter Ausgabe*. Hrsg. von Wilfried Barner, Jürgen Stenzel, Conrad Wiedemann, Gunter E. Grimm, Klaus Bohnen, Arno Schilson und Helmuth Kiesel. Frankfurt a. M.
Lessing, Gotthold Ephraim (1987 [1759–1765]). *Briefe, die neueste Literatur betreffend*. Mit einer Dokumentation zur Entstehungs- und Wirkungsgeschichte. Textkrit. durchges., kommentiert und mit einem Nachw. vers. von Wolfgang Albrecht. Leipzig.

Lessing, Gotthold Ephraim (1990 [1766]). *Laokoon oder über die Grenzen der Malerei und Poesie. Mit beiläufigen Erläuterungen verschiedener Punkte der alten Kunstgeschichte*. Mit einem Nachw. von Ingrid Kreuzer. Stuttgart.

Lessing, Gotthold Ephraim (1997 [1759–1765]). „Briefe, die neueste Literatur betreffend". In: G. E. Lessing, *Werke und Briefe in zwölf Bänden*. Bd. 4: *Werke 1758–1759*. Hrsg. von Gunter E. Grimm. Frankfurt a. M.: 453–778.

Lessing, Gotthold Ephraim (2003 [1767–1769]). *Hamburgische Dramaturgie*. Stuttgart.

Lessing, Gotthold Ephraim, Moses Mendelssohn und Friedrich Nicolai (1972 [1756/1757]). *Briefwechsel über das Trauerspiel*. Hrsg. von Jochen Schulte-Sasse. München.

Lichtenstein, Sabine (Hrsg.) (2014). *"Music's Obedient Daughter". The Opera Libretto from Source to Score*. Amsterdam und New York.

Liebrand, Claudia (1999). „Prolegomena zu *cross-dressing* und Maskerade. Zu Konzepten Joan Rivieres, Judith Butlers und Marjorie Garbers – mit einem Seitenblick auf David Cronenbergs Film *M. Butterfly*". In: *Freiburger FrauenStudien. Zeitschrift für interdisziplinäre Frauenforschung* 5.1: *Cross-dressing und Maskerade*: 17–31.

Lillo, George (1993). „The London Merchant". In: *The Dramatic Works of George Lillo*. Hrsg. von James L. Steffensen. Oxford: 113–209.

Link, Franz H. (1977). *Dramaturgie der Zeit*. Freiburg i.Br.

Linke, Bernhard (2006). „Politik und Inszenierung in der Römischen Republik". In: *Aus Politik und Zeitgeschichte* 7/2006: 33–38.

Loacker, Bernadette (2010). *Kreativ prekär. Künstlerische Arbeit und Subjektivität im Postfordismus*. Bielefeld.

Lorenz, Konrad (1984 [1963]). *Das sogenannte Böse. Zur Naturgeschichte der Aggression*. München.

Lorenz, Matthias N. (2009). *Literatur und Zensur in der Demokratie. Die Bundesrepublik und die Freiheit der Kunst*. Stuttgart.

Lorenzano, Sandra (Hrsg.) (2005). *Aproximaciones a Sor Juana*. Mexiko-Stadt.

Lösener, Hans (2006). „Konzepte der Dramendidaktik". In: *Grundlagen der Deutschdidaktik*. Hrsg. von Günter Lange und Swantje Weinhold. Baltmannsweiler: 297–318.

Loster-Schneider, Gudrun, und Gaby Pailer (Hrsg.) (2006). *Lexikon deutschsprachiger Epik und Dramatik von Autorinnen (1730–1900)*. Tübingen.

Luhmann, Niklas (1984). *Soziale Systeme. Grundriß einer allgemeinen Theorie*. Frankfurt a. M.

Luhmann, Niklas (²1988 [1975]). *Macht*. Durchges. Aufl. Stuttgart.

Luhmann, Niklas (1995). *Soziologische Aufklärung 6. Die Soziologie und der Mensch*. Opladen.

Lukács, Georg (1981 [1911]). *Werke*. Bd. 15: *Entwicklungsgeschichte des modernen Dramas*. Hrsg. von Frank Benseler. Aus dem Ungar. von Dénes Zalán. Darmstadt und Neuwied.

Luserke, Matthias (1997). *Sturm und Drang. Autoren – Texte – Themen*. Stuttgart.

Luserke-Jaqui, Matthias (2002). *Medea. Studien zur Kulturgeschichte der Literatur*. Tübingen und Basel.

Lutgendorf, Philip (1991). *The Life of a Text. Performing the Ramcaritmanas of Tulsidas*. Berkeley.

Lütkehaus, Ludger (2009). „Der Medea-Komplex. Mutterliebe und Kindermord". *Mythische Wiederkehr. Der Ödipus- und Medea-Mythos im Wandel der Zeiten*. Hrsg. von Bernhard Zimmermann. Freiburg i.Br.: 121–133.

Das Luzerner Osterspiel. Gestützt auf die Textabschrift von M. Blakemore Evans und unter Verwendung seiner Vorarbeiten zu einer kritischen Edition nach den Handschriften. Hrsg. von Heinz Wyss. Bern.

Lyons, John D. (2009). *Kingdom of Disorder. The Theory of Tragedy in Classical France*. West Lafayette, IN.
Lyotard, Jean-François (1982). *Essays zu einer affirmativen Ästhetik*. Aus dem Franz. von Eberhard Kienle und Jutta Kranz. Berlin.
Maltby, Richard (1983). *Harmless Entertainment. Hollywood and the Ideology of Consensus*. Metuchen, NJ.
Mandel, Birgit (2015). „Entwicklungen der Kulturinstitutionen und des Kulturbetriebs in Deutschland und neue kulturpolitische Herausforderungen". In: *Handbuch Freizeitsoziologie*. Hrsg. von Renate Freericks und Dieter Brinkmann. Wiesbaden: 557–569.
Manske, Alexandra (2015). *Kapitalistische Geister in der Kultur- und Kreativwirtschaft. Kreative zwischen wirtschaftlichem Zwang und künstlerischem Drang*. Bielefeld.
Manuwald, Gesine (2016). *Römisches Theater. Von den Anfängen bis zur frühen Kaiserzeit*. Tübingen.
Marín, Adriana (2014). „Jovenes dramaturgos, una muestra del buen momentos del teatro Colombiano". In: *El Espectador Online* vom 27. Mai 2014. https://www.elespectador.com/cromos/cultura/el-renacer-del-teatro-colombiano-por-cuenta-de-un-grupo-selecto-de-directores-14311 (1. Juni 2018).
Marquard, Odo (1963). „Über einige Beziehungen zwischen Ästhetik und Therapeutik in der Philosophie des neunzehnten Jahrhunderts". In: *Literatur und Gesellschaft vom neunzehnten ins zwanzigste Jahrhundert*. Hrsg. von Hans Joachim Schrimpf. Bonn: 22–55.
Marranca, Bonnie, und Gautam Dasgupta (Hrsg.) (1991). *Interculturalism and Performance*. New York.
Marschall, Brigitte (2010). *Politisches Theater nach 1950*. Wien u. a.
Martersteig, Max (Hrsg.) (1890). *Die Protokolle des Mannheimer Nationaltheaters unter Dalberg aus den Jahren 1781 bis 1789*. Mannheim.
Martin, Ariane (2005). „Dramen vor Gericht. Juristen als angemaßte Theaterkritiker in Zensurprozessen des Kaiserreichs". In: *Begegnungen: Bühne und Berufe in der Kulturgeschichte des Theaters*. Hrsg. von Ariane Martin und Nikola Roßbach. Tübingen: 93–108.
Marx, Karl (1968 [1867]). *Das Kapital*. Bd. 1 [= MEW, Bd. 23]. Berlin.
Marx, Peter W. (2012a). „Dramentheorie". In: *Handbuch Drama. Theorie, Analyse, Geschichte*. Hrsg. von Peter W. Marx. Stuttgart und Weimar: 1–11.
Marx, Peter W. (2012b). „Drama und Performativität". In: *Handbuch Drama. Theorie, Analyse, Geschichte*. Hrsg. von Peter W. Marx. Stuttgart und Weimar: 162–166.
Marx, Peter W. (Hrsg.) (2012c). *Handbuch Drama. Theorie, Analyse, Geschichte*. Stuttgart 2012.
Mateas, Michael (2002). *Interactive Drama, Art and Artificial Intelligence*. PhD Thesis, Carnegie Mellon University, Pittsburgh, PA. http://homes.lmc.gatech.edu/~mateas/publications/CMU-CS-02-206.pdf (1. Juni 2018).
Matt, Peter von (1976). „Der Monolog". In: *Beiträge zur Poetik des Dramas*. Hrsg. von Werner Keller. Darmstadt: 71–90.
Mattenklott, Gert (1980). „Drama – Gottsched bis Lessing". In: *Deutsche Literatur. Eine Sozialgeschichte*. Hrsg. von Horst Albert Glaser. Bd. 4: *Zwischen Absolutismus und Aufklärung*. Hrsg. von Ralph-Rainer Wuthenow. Reinbek bei Hamburg: 277–298.
Matthiessen, Kjeld (2002). *Die Tragödien des Euripides*. München.
Matthiessen, Kjeld (2004). *Euripides und sein Jahrhundert*. München.
Matzat, Wolfgang (1982). *Dramenstruktur und Zuschauerrolle. Theater in der französischen Klassik*. München.

Matzke, Annemarie (2012). *Arbeit am Theater. Eine Diskursgeschichte der Probe*. Bielefeld.
Matzke, Mieke (2012). „Fangemeinschaften. Partizipation und Popkultur bei She She Pop". In: *Populärkultur im Gegenwartstheater*. Hrsg. von Martina Groß und Hans-Thies Lehmann. Berlin: 20–34.
Mauerer, Gerlinde (2002). *Medeas Erbe. Kindsmord und Mutterideal*. Wien.
Maurer-Schmoock, Sybille (1982). *Deutsches Theater im 18. Jahrhundert*. Tübingen.
McKee, Robert (1997). *Story. Substance, Structure, Style, and the Principles of Screenwriting*. New York.
McKenzie, Jon (2001). *Perform or Else. From Discipline to Performance*. London u. a.
McKinlay, Alan, und Chris Smith (Hrsg.) (2009). *Creative Labour. Working in the Creative Industries*. Basingstoke.
McLuhan, Marshall (1962). *The Gutenberg Galaxy*. London.
Mead, George Herbert (1934). *Mind, Self, and Society. From the Standpoint of a Social Behaviorist*. Hrsg. von Charles S. Morris. Chicago.
Mecklenburg, Norbert (2008a). „Interkulturalität oder Transkulturalität?" In: N. Mecklenburg, *Das Mädchen aus der Fremde. Germanistik als interkulturelle Literaturwissenschaft*. München: 90–98.
Mecklenburg, Norbert (2008b). „Interkulturelle Aspekte des Theaters". In: N. Mecklenburg, *Das Mädchen aus der Fremde. Germanistik als interkulturelle Literaturwissenschaft*. München: 294–303.
Mecklenburg, Norbert (2010). „Theater in interkultureller und transkultureller Sicht. Zehn Thesen". In: *Zbliżenia interkulturowe* 7: 38–43.
Mehnert, Henning (2003). *Commedia dell'arte. Struktur – Geschichte – Rezeption*. Stuttgart.
Meier, Christel, Heinz Meyer und Claudia Spanily (Hrsg.) (2004). *Das Theater des Mittelalters und der Frühen Neuzeit als Ort und Medium sozialer und symbolischer Kommunikation*. Münster.
Meier, Christian (1988). *Die politische Kunst der griechischen Tragödie*. München.
Meier, Christian (2004). *Athen. Ein Neubeginn der Weltgeschichte*. München.
Meinel, Katharina (2003). *Für Fürst und Vaterland. Begriff und Geschichte des Münchner Nationaltheaters im späten 18. Jahrhundert*. München.
Melchinger, Siegfried (1974a). *Das Theater der Tragödie. Aischylos, Sophokles, Euripides auf der Bühne ihrer Zeit*. München.
Melchinger, Siegfried (1974b). *Geschichte des politischen Theaters*. 2 Bde. Frankfurt a. M.
Meltzer, Heinz Mathias (1974). *Der Monolog in der Tragödie der frühen Stuart-Zeit*. Bern und Frankfurt a. M.
Menger, Pierre-Michel (1999). „Artistic Labor Markets and Careers". In: *Annual Review of Sociology* 25: 541–574.
Menke, Bettine (2007). „Wozu Schiller den Chor gebraucht..." In: *Tragödie, Trauerspiel, Spektakel*. Hrsg. von Bettine Menke und Christoph Menke. Berlin: 72–100.
Menke, Christoph (2005). *Die Gegenwart der Tragödie*. Frankfurt a. M.
Mersch, Dieter (2002). *Ereignis und Aura. Untersuchungen zu einer Ästhetik des Performativen*. Frankfurt a. M.
Merten, Kai (2014). *Intermediales Text-Theater. Die Bühne des Politischen und des Wissens vom Menschen bei Wordsworth und Scott*. Berlin und Boston.
Meteling, Arno, Isabell Otto und Gabriele Schabacher (Hrsg.) (2010). *„Previously On ..." Zur Ästhetik der Zeitlichkeit neuerer TV-Serien*. Paderborn.

Metscher, Thomas (1992). „Faust und die Ökonomie". In: *Aufsätze zu Goethes „Faust II"*. Hrsg. von Werner Keller. Darmstadt: 278–289.
Metscher, Thomas (2001). *Mimesis*. Bielefeld.
Meyer, Jochen (1998). *Theaterbautheorien zwischen Kunst und Wissenschaft. Die Diskussion über Theaterbau im deutschsprachigen Raum in der ersten Hälfte des 19. Jahrhunderts*. Zürich und Berlin.
Meyer, Michael (1982). *Theaterzensur in München 1900–1918. Geschichte und Entwicklung der polizeilichen Zensur und des Theaterzensurbeirates unter besonderer Berücksichtigung Frank Wedekinds*. München.
Meyer, Petra Maria (1997). „Theaterwissenschaft als Medienwissenschaft". In: *Forum Modernes Theater* 12.2: 115–131.
Meyer, Reinhart (2012). *Schriften zur Theater- und Kulturgeschichte des 18. Jahrhunderts*. Wien.
Meyer, Thomas (1992). *Die Inszenierung des Scheins. Voraussetzungen und Folgen symbolischer Politik. Essay-Montage*. Frankfurt a. M.
Meyer, Urs, Roberto Simanowski und Christoph Zeller (Hrsg.) (2006). *Transmedialität. Zur Ästhetik paraliterarischer Verfahren*. Göttingen.
Meyer-Kalkus, Reinhart (1986). *Wollust und Grausamkeit. Affektenlehre und Affektdarstellung in Lohensteins Dramatik am Beispiel von „Agrippina"*. Göttingen.
Michael, Friedrich, und Hans Daiber (1990). *Geschichte des deutschen Theaters*. Frankfurt a. M.
Michael, Wolfgang F. (1984). *Das deutsche Drama der Reformationszeit*. Bern u. a.
Michalzik, Peter (2009). *Die sind ja nackt! Keine Angst, die wollen nur spielen. Gebrauchsanweisung fürs Theater*. Köln.
Mielke, Christine (2006). *Zyklisch-serielle Narration. Erzähltes Erzählen von 1001 Nacht bis zur TV-Serie*. Berlin und Boston.
Mikos, Lothar (1994). *Es wird dein Leben! Familienserien im Fernsehen und im Alltag der Zuschauer*. Münster.
Miller, Norbert, und Karl Riha (1970). „Eugène Sue und die Wildnis der Städte". In: Eugène Sue, *Die Geheimnisse von Paris*. Aus dem Franz. übers. und bearb. von Bernhard Jolles. Mit einem Nachw. von Norbert Miller und Karl Riha. München: 671–691.
Millones, Luis (1999). *Dioses familiares. Festivales populares en el Perú contemporáneo*. Lima.
Milne, Drew (1992). „Theatre as Communicative Action. Augusto Boal's Theatre of the Oppressed". In: *Comparative Criticism* 14: 111–134.
Minier, Márta (2013). „Definitions, Dyads, Triads and Other Points of Connection in Translation and Adaptation Discourse". In: *Translation and Adaptation in Theatre and Film*. Hrsg. von Katja Krebs. London: 13–35.
Mittelstädt, Eckhard, und Alexander Pinto (Hrsg.) (2013). *Die Freien Darstellenden Künste in Deutschland: Diskurse – Entwicklungen – Perspektiven*. Bielefeld.
Mix, York-Gothart (2007). „Zensur". In: *Handbuch Literaturwissenschaft*. Bd. 1: *Gegenstände und Grundbegriffe*. Hrsg. von Thomas Anz. Stuttgart und Weimar: 492–501.
Möhrmann, Renate (Hrsg.) (1989a). *Die Schauspielerin. Zur Kulturgeschichte der weiblichen Bühnenkunst*. Frankfurt a. M.
Möhrmann, Renate (1989b). „Einleitung". In: *Die Schauspielerin. Zur Kulturgeschichte der weiblichen Bühnenkunst*. Hrsg. von Renate Möhrmann. Frankfurt a. M.: 7–23.
Möhrmann, Renate (Hrsg.) (2000). *Die Schauspielerin. Zur Kulturgeschichte der weiblichen Bühnenkunst*. Frankfurt a. M.

Mönch, Claudia (1993). *Abschrecken oder Mitleiden. Das deutsche bürgerliche Trauerspiel im 18. Jahrhundert. Versuch einer Typologie.* Tübingen.
Montfort, Nick (2005). *Twisty Little Passages. An Approach to Interactive Fiction.* Cambridge, MA.
Montrose, Louis Adrian (1996 [1983]). „,Shaping Fantasies'. Figurations of Gender and Power in Elizabethan Culture". In: *A Midsummer Night's Dream.* Hrsg. von Richard Dutton. Basingstoke: 101–138.
Moreno, Jakob (1918). „Die Gottheit als Autor". In: *Daimon. Eine Monatsschrift* 1: 3–21.
Moreno, Jakob (1919). „Die Gottheit als Komödiant". In: *Der neue Daimon* 3–4: 33–64.
Moreno, Jakob (1924). *Das Stegreiftheater.* Potsdam.
Moreno, Jakob (1925). *Rede vor dem Richter (Einladung zu einer Begegnung).* Potsdam.
Moritz, Peter (1997). „Dramaturgie des modernen Serienprodukts. ,Lindenstraße' als Ideologie". In: *Postmoderne Kultur? Soziologische und philosophische Perspektiven.* Hrsg. von Claudia Rademacher. Opladen: 170–180.
Morra, Irene (2010). „Outstaring the Sun. Contemporary Opera and the Literary Librettist". In: *Contemporary Music Review* 29.2: 121–135.
Moser, Heike (2012). „Many ,Kūṭiyāṭṭams'. Emotions and Rituals in Kerala's Sanskrit Theatre between Tradition and Modernity". In: *Emotions in Rituals and Performances. South Asian and European Perspectives on Rituals and Performativity.* Hrsg. von Axel Michaels und Christoph Wulf. New Delhi: 378–396.
Moser, Heike (2013). „Kūṭiyāṭṭam on the Move. From Temple Theatres to Festival Stages". In: *South Asian Festivals on the Move.* Hrsg. von Ute Hüsken und Axel Michaels. Wiesbaden: 245–273.
Moy, James S. (1990). „David Henry Hwang's *M. Butterfly* and Philip Kan Gotanda's *Yankee Dawg You Die*: Repositioning Chinese American Marginality on the American Stage". In: *Theatre Journal* 42.1: 48–56.
Mtwa, Percy (1986). „Bopha!" In: *Woza Afrika! An Anthology of South African Plays.* Hrsg. von Duma Ndlovu. New York: 119–157.
Mtwa, Percy, Mbongeni Ngema und Barney Simon (1986). „Woza Albert!" In: *Woza Afrika! An Anthology of South African Plays.* Hrsg. von Duma Ndlovu. New York: 1–53.
Mudford, Peter (2000). *Making Theatre. From Text to Performance.* London und New Brunswick, NJ.
Mukařovský, Jan (1967 [1948]). *Kapitel aus der Poetik.* Aus dem Tschech. von Walter Schamschula. Frankfurt a. M.
Müller, Adam (1966). *Adam Müllers Lebenszeugnisse.* 2 Bde. Hrsg. von Jakob Baxa. München u. a.
Müller, Beate (2003). „Über Zensur: Wort, Öffentlichkeit und Macht. Eine Einführung". In: *Zensur im modernen deutschen Kulturraum.* Hrsg. von Beate Müller. Tübingen: 1–30.
Müller, Harro (2002). „Geschichte, Allegorie, historisches Drama. Sieben Notizen zu Georg Büchner, Peter Weiss und Heiner Müller". In: *The Germanic Review: Literature, Culture, Theory* 77.2: 117–127.
Müller, Heiner (1992). *Krieg ohne Schlacht. Leben in zwei Diktaturen. Eine Autobiographie.* Köln.
Müller, Klaus-Detlef (2005). „Kaufmannsethos und Kaufmannsstand im deutschen Drama des 18. Jahrhunderts". In: *Begegnungen. Bühne und Berufe in der Kulturgeschichte des Theaters.* Hrsg. von Ariane Martin und Nikola Roßbach. Tübingen: 143–158.
Müller-Jentsch, Walther (^{2}2012). *Die Kunst in der Gesellschaft.* Durchges. Aufl. Wiesbaden.
Müller-Klug, Till (2001). *Nietzsches Theaterprojektionen.* Berlin.

Müller-Michaels, Harro (1971). *Dramatische Werke im Deutschunterricht*. Stuttgart.
Müller-Schöll, Nikolaus (2009). „Das undarstellbare Publikum. Vorläufige Anmerkungen für ein kommendes Theater". In: *Ungerufen. Tanz und Performance der Zukunft*. Hrsg. von Sigrid Gareis und Krassimira Kruschkova. Berlin: 82–90.
Müller-Seidel, Walter (2009). *Friedrich Schiller und die Politik. „Nicht das Große, sondern das Menschliche geschehe"*. München.
Müller-Zannoth, Ingrid (1977). *Der Dialog in Harold Pinters Dramen. Aspekte seiner kommunikativen Funktion*. Frankfurt a. M. und Bern.
Münchener Biennale – Internationales Festival für neues Musiktheater (Hrsg.) (2014). *Die Münchener Biennale 1988–2014*. Hamburg.
Munk, Erika (1970). „A Repressive Theatre". In: *The Drama Review* 14.2: 33–34.
Münker, Stefan, und Alexander Roesler (Hrsg.) (2008). *Was ist ein Medium?* Frankfurt a. M.
Murnane, Barry (2010). „Wirtschaft als Tragödie. Urs Widmer und Dea Loher". In: *Die Tragödie der Moderne. Gattungsgeschichte, Kulturtheorie, Epochendiagnose*. Hrsg. von Daniel Fulda und Thorsten Falk. Berlin und New York: 295–318.
Murray, Gilbert (1912): „Excursus on the Ritual Forms preserved in Greek Tragedy". In: Jane Ellen Harrison, *Themis. A Study of the Social Origins of Greek Religion*. Cambridge: 341–363.
Murray, Janet H. (1998). *Hamlet on the Holodeck. The Future of Narrative in Cyberspace*. Cambridge, MA.
Nagel, Ivan (1989). *Kortner, Zadek, Stein*. München und Wien.
Nägele, Rainer (1980). „Götz von Berlichingen". In: *Goethes Dramen. Neue Interpretationen*. Hrsg. von Walter Hinderer. Stuttgart: 65–77.
Nancy, Jean-Luc (1993). „Lob der Vermischung". In: *Lettre International* 21: 6–7.
Ndao, Cheik Aliou (1967). *L'Exil d'Albouri*. Paris.
Nehring, Elisabeth (2004). *Im Spannungsfeld der Moderne. Theatertheorien zwischen Sprachkrise und „Versinnlichung"*. Tübingen.
Neis, Edgar (1984). *Struktur und Thematik des klassischen und modernen Dramas*. Paderborn.
Neschke, Ada B. (1980). *Die „Poetik" des Aristoteles. Textstruktur und Textbedeutung*. 2 Bde. Bd. 1: *Interpretationen*. Frankfurt a. M.
Nesselhauf, Jonas, und Markus Schleich (Hrsg.) (2016). *Das andere Fernsehen?! Eine Bestandsaufnahme des „Quality Television"*. Bielefeld.
Nesselrath, Heinz-Günther (2003). „Die *Orestie* des Aischylos – ein erster Höhepunkt des europäischen Theaters". In: *Die Tragödie. Eine Leitgattung der europäischen Literatur*. Hrsg. von Werner Frick, Gesa von Essen und Fabian Lampart. Göttingen: 9–28.
Neuhaus, Stefan, Rolf Selbmann und Thorsten Unger (Hrsg.) (1999). *Ernst Toller und die Weimarer Republik. Ein Autor im Spannungsfeld von Literatur und Politik*. Würzburg.
Neupert, Richard (1995). *The End. Narration and Closure in the Cinema*. Detroit.
Neuwirth, Olga (1997). „Über die Faszination der Texte Elfriede Jelineks für eine/n Komponistin/en und über die Schwierigkeiten einer Realisierung von Partituren mit Texten Elfriede Jelineks". In: *Elfriede Jelinek. Die internationale Rezeption*. Hrsg. von Daniela Bartens und Paul Pechmann. Graz: 220–224.
Ngugi wa Thiong'o und Ngugi wa Mirii (1986). „I Will Marry When I Want". In: *Modern African Drama*. Hrsg. von Biodun Jeyifo. New York und London: 276–361.
Nibler, Christian (2015). *Achievement & Exploration. Dramaturgie der Grenzüberschreitung im Computerspiel*. Glückstadt.
Nieberle, Sigrid, und Claudia Nitschke (Hrsg.) (2014). *Gastlichkeit und Ökonomie. Wirtschaften im deutschen und englischen Drama des 18. Jahrhunderts*. Berlin und Boston.

Niefanger, Dirk (2005). *Geschichtsdrama der Frühen Neuzeit 1495–1773*. Tübingen.
Nies, Fritz, und Karlheinz Stierle (Hrsg.) (1985). *Französische Klassik. Theorie. Literatur. Malerei*. München.
Nietzsche, Friedrich (1977 [1888]). „Der Fall Wagner". In: F. Nietzsche, *Werke*. Bd. 2. Hrsg. von Karl Schlechta. München: 901–938.
Nietzsche, Friedrich (1980 [1872]). „Die Geburt der Tragödie". In: F. Nietzsche, *Sämtliche Werke. Kritische Studienausgabe in 15 Bänden*. Bd. 1: *Die Geburt der Tragödie. Unzeitgemäße Betrachtungen I–IV. Nachgelassene Schriften 1870–1873*. Hrsg. von Giorgio Colli und Mazzino Montinari. München: 9–156.
Nietzsche, Friedrich (2014 [1872]). *Die Geburt der Tragödie und ihr zugeordnete Schriften aus dem Nachlass*. Mit einer Einführung, einer Interpretation aller Schriften und ausführlichem Stellenkommentar zur „Geburt der Tragödie". Hrsg. von Bernhard Greiner. Stuttgart.
Nitschke, Claudia (2014). „Das natürliche System des Marktes: Lessings *Nathan der Weise* und Adam Smiths *Wealth of Nations*". In: *Gastlichkeit und Ökonomie. Wirtschaften im deutschen und englischen Drama des 18. Jahrhunderts*. Hrsg. von Sigrid Nieberle und Claudia Nitschke. Berlin und Boston: 177–202.
Nkosi, Lewis (1964). *Rhythm of Violence*. Oxford.
Nolle, Rolf Werner (1976). *Das Motiv der Verführung. Verführer und Verführte als dramatische Entwürfe moralischer Wertordnung in Trauerspielen von Gryphius, Lohenstein und Lessing*. Stuttgart.
Nölle, Volker (1997). *Heinrich von Kleist. Niederstiegs- und Aufstiegsszenarien*. Berlin.
Noverre, Jean-Georges (1769). *Briefe über die Tanzkunst und über die Ballette. Aus dem Französischen übersetzt*. Hamburg und Bremen.
Nowicki, Matthias (2000). *Theatermanagement. Ein dienstleistungsbasierter Ansatz*. Hamburg.
Oberlin, Heike (2015). „Das Schattentheater in Südindien. Kerala und Karnataka". In: *Die Welt des Schattentheaters. Von Asien bis Europa*. Ausst.-Kat., Linden-Museum Stuttgart. Hrsg. von Jasmin li Sabai Günther und Inés de Castro. München: 60–77.
Oehrlein, Josef (1986). *Der Schauspieler im spanischen Theater des Siglo de Oro (1600–1681)*. Frankfurt a. M.
Oelker, Petra (2004). *Die Neuberin. Die Lebensgeschichte der ersten großen Schauspielerin*. Reinbek bei Hamburg.
Oellers, Norbert (1975). „Spuren Ibsens in Gerhart Hauptmanns frühen Dramen". In: *Teilnahme und Spiegelung. Festschrift für Horst Rüdiger*. Hrsg. von Beda Allemann und Erwin Koppen. Berlin und New York: 397–414.
Olsen, Ralph (2009). „Von ästhetischen Theatererfahrungen sprechen – Haltungen von Schülerinnen und Schülern wahrnehmen". In: *Sprechen und Kommunizieren. Entwicklungsperspektiven, Diagnosemöglichkeiten und Lernszenarien in Deutschunterricht und Deutschdidaktik*. Hrsg. von Michael Krelle und Carmen Spiegel. Baltmannsweiler: 243–259.
Olsen, Ralph, und Jana Blöchle (2010). „Die ästhetische Erfahrung (des Theaterzuschauers). Ein didaktisches Stufenmodell". In: *karlsruher pädagogische beiträge* 75: 107–128.
Olsen, Ralph, und Gabriela Paule (Hrsg.) (2015). *Vielfalt im Theater. Deutschdidaktische Annäherungen*. Baltmannsweiler.
Opitz, Martin (1979 [1624]). *Gesammelte Werke. Kritische Ausgabe*. Bd. 2.1: *Buch von der Deutschen Poeterey*. Hrsg. von George Schulz-Behrend. Stuttgart.
Orkin, Martin (1991). *Drama and the South African State*. Manchester.

Ortiz, Fernando (1940). *Contrapunteo cubano del tabaco y el azúcar*. Havanna.
Ortolani, Benito (1995 [1990]). *The Japanese Theatre. From Shamanistic Ritual to Contemporary Pluralism*. Überarb. Ausg. Princeton.
Osofisan, Femi (1993). *Yungba-Yungba and the Dance Contest. A Parable for Our Times*. Ibadan.
Osterhammel, Jürgen (22016). *Die Verwandlung der Welt. Eine Geschichte des 19. Jahrhunderts*. München.
Ostermeier, Thomas (1999). „Theater im Zeitalter seiner Beschleunigung". In: *Theater der Zeit* 7/1999: 10–15.
Ostermeier, Thomas (2009). „Erkenntnisse über die Wirklichkeit des menschlichen Miteinanders. Plädoyer für ein realistisches Theater". In: *Kräfte messen. Das Körber Studio Junge Regie*. Bd. 6. Hrsg. von Kai-Michael Hartig. Hamburg: 48–51.
Ott, Karl-Heinz (2010). *Die vielen Abschiede der Mimesis*. Stuttgart.
Ott, Michaela (2010a). „Bildende und darstellende Künste". In: *Raum. Ein interdisziplinäres Handbuch*. Hrsg. von Stephan Günzel. Stuttgart: 60–76.
Ott, Michaela (2010b). *Affizierung. Zu einer ästhetisch-epistemischen Figur*. München.
Ottmann, Henning (Hrsg.) (2011). *Nietzsche-Handbuch. Leben – Werk – Wirkung*. Stuttgart und Weimar.
Ottmers, Martin (2007). „Drama". In: *Reallexikon der deutschen Literaturwissenschaft*. Neubearbeitung des Reallexikons der deutschen Literaturgeschichte. 3 Bde. Hrsg. von Klaus Weimar gemeinsam mit Harald Fricke, Klaus Grubmüller und Jan-Dirk Müller. Bd. 1. Berlin und New York: 392–396.
Otto, Ulla (1968). *Die literarische Zensur als Problem der Soziologie der Politik*. Stuttgart.
Oyono-Mbia, Guillaume (1969). „Interview". In: *Cultural Events in Africa* 55: o. S.
Oyono-Mbia, Guillaume (1974). „Heirat in Mvoutessi". In: *Stücke Afrikas*. Hrsg. von Joachim Fiebach. Berlin: 421–490.
Pailer, Gaby, und Franziska Schößler (2011). „GeschlechterSpielRäume. Einleitung". In: *GeschlechterSpielRäume. Dramatik, Theater, Performance und Gender*. Hrsg. von Gaby Pailer und Franziska Schößler. Amsterdam und New York: 7–20.
Panofsky, Erwin (1980). „Die Perspektive als ,symbolische Form'". In: E. Panofsky, *Aufsätze zu Grundfragen der Kunstwissenschaft*. Hrsg. von Hariolf Oberer und Egon Verheyen. Berlin: 99–167.
Panofsky, Erwin (1989 [1951]). *Gotische Architektur und Scholastik. Zur Analogie von Kunst, Philosophie und Theologie im Mittelalter*. Hrsg. von Thomas Frangenberg. Aus dem Amerikan. von Helga Willinghöfer. Köln.
Panofsky, Erwin (1992). *Studien zur Ikonologie. Humanistische Themen in der Kunst der Renaissance*. Ostfildern.
Pareto, Vilfredo (1955 [1916]). *Allgemeine Soziologie*. Ausgewählt, eingel. und aus dem Ital. übers. von Carl Brinkmann. Tübingen.
Pargner, Birgit (1999). *„... denn so lange ich lebe, lebt auch meine Phantasie". Charlotte Birch-Pfeiffer (1800–1868). Eine Frau beherrscht die Bühne*. Bielefeld.
Parker, Patricia (1996). *Shakespeare from the Margins. Language, Culture, Context*. Chicago und London.
Patrut, Iulia-Karin, und Franziska Schößler (Hrsg.) (2015). *Brechts Theater und seine Zukunft* [= *Der Deutschunterricht* 6/2015; Sonderheft]. Berlin.
Paul, Arno (1969). *Aggressive Tendenzen des Theaterpublikums. Eine strukturell-funktionale Untersuchung über den sog. Theaterskandal anhand der Sozialverhältnisse der Goethezeit*. München.

Paule, Gabriela (2005). „‚In einem tiefen, dunklen Wald ...' – Wahrnehmungsschulung im Bereich theatraler Zeichen". In: *Didaktik Deutsch* 19: 59–74.
Paule, Gabriela (2009). *Kultur des Zuschauens. Theaterdidaktik zwischen Textlektüre und Aufführungsrezeption*. München.
Paule, Gabriela (2011). „Über Theater reden. Äußerungskompetenzen theatererfahrender Jugendlicher". In: *Wege ins Theater. Spielen, Zuschauen, Urteilen*. Hrsg. von Marion Bönnighausen und Gabriela Paule. Berlin: 17–49.
Paule, Gabriela (2012). „Das Lesen dramatischer Texte: Eine mentale Inszenierung?" In: *Drama – Theater – Film*. Festschrift anlässlich der Verabschiedung von Rudolf Denk im Herbst 2010. Hrsg. von Joachim Pfeiffer und Thorsten Roelcke. Würzburg: 69–83.
Pavis, Patrice (1988). *Semiotik der Theaterrezeption*. Tübingen.
Pavis, Patrice (Hrsg.) (1996). *The Intercultural Performance Reader*. London und New York.
Pavis, Patrice (2005). „Wirkung". In: *Metzler Lexikon Theatertheorie*. Hrsg. von Erika Fischer-Lichte, Doris Kolesch und Matthias Warstat. Stuttgart und Weimar: 393–397.
Pavis, Patrice (2010). „Intercultural Theatre Today". In: *Forum Modernes Theater* 25.1: 5–15.
Payrhuber, Franz-Josef (1991). *Das Drama im Unterricht. Aspekte einer Didaktik des Dramas*. Rheinbreitbach.
Paz, Octavio (1994 [1982]). *Sor Juana oder Die Fallstricke des Glaubens*. Aus dem Span. von Maria Bamberg; Versübertr. von Fritz Vogelgsang. Frankfurt a. M.
Pees, Matthias (2004). „Die Küche der Kannibalen". In: *Theater heute* 8–9/2004: 12–13.
Pełka, Artur (2016). *Das Spektakel der Gewalt – die Gewalt des Spektakels. Angriff und Flucht in deutschsprachigen Theatertexten zwischen 9/11 und Flüchtlingsdrama*. Bielefeld.
Pełka, Artur, und Stefan Tigges (Hrsg.) (2011). *Das Drama nach dem Drama. Verwandlungen dramatischer Formen in Deutschland seit 1945*. Bielefeld.
Perceval, Luk (2009). „Theater ist Schreiben im Sand". In: *Lektionen 2: Regie*. Hrsg. von Nicole Gronemeyer und Bernd Stegemann. Berlin: 10–15.
Pérennec, Marie-Hélène (2004). „Analyse des interactions dans le dialogue théâtral. Étude d'une stratégie d'occupation de la position haute dans *Der Unbestechliche* de H. von Hofmannsthal". In: *Cahiers d'Études Germaniques* 47: *Dialogues*: 45–53.
Petersen, Christoph (2004). *Ritual und Theater. Meßallegorese, Osterfeier und Osterspiel im Mittelalter*. Berlin.
Petersen, Jürgen H. (2000). *Mimesis – Imitatio – Nachahmung. Eine Geschichte der europäischen Poetik*. Stuttgart.
Pewny, Katharina (2011). *Das Drama des Prekären. Über die Wiederkehr der Ethik in Theater und Performance*. Bielefeld.
Pewny, Katharina, Johan Callens und Jeroen Coppen (Hrsg.) (2014). *Dramaturgies in the New Millennium. Relationality, Performativity and Potentiality*. Tübingen.
Pfaff, Walter (2000). „Rituelle Realitäten I: Arbeit an Verfahren der Ritualisierung". In: *Aufbruch zu neuen Welten. Theatralität an der Jahrtausendwende*. Hrsg. von Michael Hüttler, Susanne Schwinghammer und Monika Wagner. Frankfurt a. M.: 213–227.
Pfister, Manfred (1977). *Das Drama. Theorie und Analyse*. München.
Pfister, Manfred (1985). „‚Eloquence is Action'. Shakespeare und die Sprechakttheorie. In: *Kodikas/Code. An International Journal of Semiotics* 8: 195–216.
Pfister, Manfred (1995). „Hamlet und kein Ende". In: William Shakespeare, *Hamlet*. Aus dem Engl. von Frank Günther. Mit einem Essay von Manfred Pfister. München: 364–395.
Pfister, Manfred (^{9}1997 [1977]). *Das Drama. Theorie und Analyse*. München.

Pfister, Manfred (¹¹2001 [1977]). *Das Drama. Theorie und Analyse.* Erw. und bibliogr. aktualisierter Nachdr. der durchges. und erg. Aufl. 1988. Stuttgart.
Pflüger, Maja Sibylle (1996). *Vom Dialog zur Dialogizität. Die Theaterästhetik von Elfriede Jelinek.* Tübingen und Basel.
Pfoser, Alfred, Kristina Pfoser-Schweig und Gerhard Renner (1993). *Schnitzlers ‚Reigen'. Zehn Dialoge und ihre Skandalgeschichte. Analysen und Dokumente.* 2 Bde. Frankfurt a. M.
Philipsen, Bart (2016). „C'est du Chinois. Theater für Experten des Nicht-Verstehens". In: *Theater und Ethnologie. Beiträge zu einer produktiven Beziehung.* Hrsg. von Natalie Bloch, Dieter Heimböckel und Elisabeth Tropper. Tübingen: 33–50.
Pikulik, Lothar (1966). *„Bürgerliches Trauerspiel" und Empfindsamkeit.* Köln.
Pikulik, Lothar (2004). *Der Dramatiker als Psychologe. Figur und Zuschauer in Schillers Dramen und Dramentheorie.* Paderborn.
Piscator, Erwin (1979 [1929]). *Das politische Theater.* Neubearb. von Felix Gasbarra. Mit einem Vorw. von Wolfgang Drews. Reinbek bei Hamburg.
Piscator, Erwin (1986). *Zeittheater. „Das Politische Theater" und weitere Schriften von 1915 bis 1966.* Reinbek bei Hamburg.
Pizzato, Mark (2011). *Inner Theatres of Good and Evil. The Mind's Staging of Gods, Angels and Devils.* Jefferson, NC.
Plachta, Bodo (2006). *Zensur.* Stuttgart.
Plastow, Jane (2013). „The Role of Theatre in the Breaking and Making of Two African Nations: Ethiopia and Eritrea, 1916–2011". In: *Performance, Politics, and Activism.* Hrsg. von Peter Lichtenfels und John Rouse. Basingstoke und New York: 56–70.
Platon (1988). *Sämtliche Dialoge.* Bd. 7: *Gesetze.* Hrsg. von Otto Apelt. Nachdr. der Ausgabe Leipzig 1923. Hamburg.
Plessner, Helmuth (1981a [1928]). *Gesammelte Schriften.* Bd. 4: *Die Stufen des Organischen und der Mensch. Einleitung in die philosophische Anthropologie.* Hrsg. von Günter Dux. Frankfurt a. M.
Plessner, Helmuth (1981b [1931]). *Gesammelte Schriften.* Bd. 5: *Macht und menschliche Natur. Ein Versuch zur Anthropologie der geschichtlichen Weltansicht.* Hrsg. von Günter Dux. Frankfurt a. M.
Plessner, Helmuth (1982 [1928]). „Zur Anthropologie des Schauspielers (1928)". In: H. Plessner, *Gesammelte Schriften.* Bd. 7: *Ausdruck und menschliche Natur.* Hrsg. von Günter Dux. Frankfurt a. M.: 399–434.
Plett, Heinrich F. (2004). *Rhetoric and Renaissance Culture.* Berlin und New York.
Poirson, Martial (Hrsg.) (2004). *Art et argent en France au temps des Premiers Modernes (XVIIe–XVIIIe siècles).* Oxford.
Politzer, Heinz (1970). „Kleists Trauerspiel vom Traum: *Prinz Friedrich von Homburg*". In: *Euphorion* 64: 200–220.
Pollesch, René, und Andreas Beck (2006/2007). „Die Möglichkeit, dass alles auch ganz anders sein könnte. Ein Gespräch mit René Pollesch zu Beginn der Proben". In: *Programmheft. Das purpurne Muttermal.* Hrsg. vom Akademietheater Wien. Wien: 8–26.
Pollesch, René, und Frank M. Raddatz (2007). „Die Probleme der Anderen. René Pollesch im Gespräch über Brecht, das Normale als Konstruktion und die Theoriefähigkeit des Alltags". In: *Theater der Zeit* 2/2007: 22–26.
Pollock, Sheldon (Hrsg.) (2016). *A Rasa Reader. Classical Indian Aesthetics.* New York.
Pongratz, Hans J., und G. Günter Voß (2003). *Arbeitskraftunternehmer. Erwerbsorientierungen in entgrenzten Arbeitsformen.* Berlin.

Poppenberg, Gerhard, Sebastian Neumeister, Hans-Jörg Neuschäfer und Manfred Tietz (2011). „Siglo de oro". In: *Spanische Literaturgeschichte*. Hrsg. von Hans-Jörg Neuschäfer. Stuttgart: 69–183.
Port, Ulrich (2001). „'Pathosformeln' 1906–1933: Zur Theatralität starker Affekte nach Aby Warburg". In: *Theatralität und die Krisen der Repräsentation*. Hrsg. von Erika Fischer-Lichte. Stuttgart und Weimar: 226–251.
Port, Ulrich (2005). *Pathosformeln. Die Tragödie und die Geschichte exaltierter Affekte (1755–1888)*. München.
Port, Ulrich (2008). „Mythos und Tabu. Über Medeas Mord an ihren Kindern". In: *Tabu. Interkulturalität und Gender*. Hrsg. von Claudia Benthien und Ortrud Gutjahr. München: 101–120.
Pörtl, Klaus (Hrsg.) (1985). *Das spanische Theater. Von den Anfängen bis zum Ausgang des 19. Jahrhunderts*. Darmstadt.
Poschmann, Gerda (1997). *Der nicht mehr dramatische Theatertext. Aktuelle Bühnenstücke und ihre dramatische Analyse*. Tübingen.
Poschmann, Henri (1983). *Georg Büchner. Dichtung der Revolution und Revolution der Dichtung*. Berlin und Weimar.
Postlewait, Thomas (1988). „The Criteria for Periodization in Theatre History". In: *Theatre Journal* 40.3: 299–318.
Poulton, M. Cody (2010). *A Beggar's Art. Scripting Modernity in Japanese Drama, 1900–1930*. Honolulu.
Priestland, David (2010). *The Red Flag. A History of Communism*. New York.
Primavesi, Patrick (2004). „Beute-Stadt, nach Brecht. Heterotopien des Theaters bei René Pollesch". In: *The Brecht Yearbook/Das Brecht Jahrbuch* 29: 367–376.
Primavesi, Patrick (2005). „Zeit". In: *Metzler Lexikon Theatertheorie*. Hrsg. von Erika Fischer-Lichte, Doris Kolesch und Matthias Warstat. Stuttgart und Weimar: 397–399.
Profitlich, Ulrich (Hrsg.) (1998). *Komödientheorie. Texte und Kommentare. Vom Barock bis zur Gegenwart*. Reinbek bei Hamburg.
Profitlich, Ulrich (Hrsg.) (1999). *Tragödientheorie. Texte und Kommentare. Vom Barock bis zur Gegenwart*. Reinbek bei Hamburg.
Prölß, Robert ([ca. 1880]). *Das Herzoglich Meiningen'sche Hoftheater und die Bühnenreform*. Erfurt.
Pross, Caroline (2009). „Land art. Formen der Inszenierung des kulturellen Raums zwischen Aufklärung und Romantik". In: *Theatralität und Räumlichkeit. Raumordnungen und Raumpraktiken im theatralen Mediendispositiv*. Hrsg. von Jörg Dünne, Sabine Friedrich und Kirsten Kramer. Würzburg: 87–103.
Proust, Serge (2006). *Le comédien désemparé. Autonomie artistique et interventions politiques dans le théâtre public*. Paris.
Prümm, Karl (1987/1988). „Intermedialität und Multimedialität". In: *TheaterZeitSchrift* 22: 95–103.
Prutti, Brigitte (1996). *Bild und Körper. Weibliche Präsenz und Geschlechterbeziehungen in Lessings Dramen: „Emilia Galotti" und „Minna von Barnhelm"*. Würzburg.
Przybilski, Martin, und Stefan Greil (Hrsg.) ([in Vorbereitung]). *Nürnberger Fastnachtspiele des 15. Jahrhunderts von Hans Folz und seinem Umkreis. Edition und Kommentar*. Berlin und Boston.
Przyborski, Aglaja, und Günther Haller (Hrsg.) (2014). *Das politische Bild. Situation Room: Ein Foto – vier Analysen*. Opladen u. a.

Pullen, Kirsten (2005). *Actresses and Whores. On Stage and in Society*. Cambridge.
Pütz, Peter (1970). *Die Zeit im Drama. Zur Technik dramatischer Spannung*. Göttingen.
Quinn, Shelley Fenno (2005). *Developing Zeami. The Noh Actor's Attunement in Practice*. Honolulu.
Raab, Jürgen (2001). *Soziologie des Geruchs. Über die soziale Konstruktion olfaktorischer Wahrnehmung*. Konstanz.
Raab, Jürgen (2010). „Die theatrale Präsentation der Macht. Über die Inszenierung politischen Handelns in den audiovisuellen Medien". In: *Theatermedien. Theater als Medium – Medien des Theaters*. Hrsg. von Ulrike Landfester und Caroline Pross. Bern u. a.: 165–188.
Raab, Jürgen (2012). „Einleitung zum Plenum: Transnationale Bildproduktion". In: *Transnationale Vergesellschaftungen. Verhandlungen des 35. Kongresses der Deutschen Gesellschaft für Soziologie in Frankfurt am Main 2010*. Hrsg. von Hans-Georg Soeffner. Wiesbaden: 295–296.
Raab, Jürgen (2014). „Bildpolitik. Zur Präsentation und Repräsentation politischer Weltbilder in symbolischen Formen und rituellen Ordnungen". In: *Hermeneutik als Lebenspraxis. Ein Vorschlag von Hans-Georg Soeffner*. Hrsg. von Ronald Hitzler. Weinheim und Basel: 346–363.
Raab, Jürgen, und Hans-Georg Soeffner (2007). „Pina Bauschs Inszenierung *Le Sacre du Printemps*. Eine Fallanalyse zur Soziologie symbolischer Formen und ritueller Ordnungen". In: *Methoden der Tanzwissenschaft. Modellanalysen zu Pina Bauschs „Le Sacre du Printemps"*. Hrsg. von Gabriele Brandstetter und Gabriele Klein. Bielefeld: 197–214.
Raab, Jürgen, und Dirk Tänzler (1999). „Charisma der Macht und charismatische Herrschaft. Zur medialen Präsentation Mussolinis und Hitlers". In: *Diesseitsreligion. Zur Deutung der Bedeutung moderner Kultur*. Hrsg. von Anne Honer, Ronald Kurt und Jo Reichertz. Konstanz: 59–77.
Raab, Jürgen, und Dirk Tänzler (2002). „Politik im/als Clip. Zur soziokulturellen Funktion politischer Werbespots". In: *Die Werbung der Gesellschaft. Kontexte und Texte. Produktionen und Rezeptionen. Entwicklungen und Perspektiven*. Hrsg. von Herbert Willems. Wiesbaden: 217–245.
Raab, Jürgen, Manfred Grunert und Sylvia Lustig (2001). „Der Körper als Darstellungsmittel. Die theatrale Inszenierung von Politik am Beispiel Benito Mussolinis". In: *Verkörperung* [= *Theatralität*, Bd. 2]. Hrsg. von Erika Fischer-Lichte, Christian Horn und Matthias Warstat. Tübingen und Basel: 171–198.
Racine, Jean (1999). *Œuvres complètes*. Bd. 1: *Théâtre – Poésie*. Hrsg. von Georges Forestier. Paris.
Raddatz, Frank M. (Hrsg.) (2007). *Brecht frisst Brecht. Neues Episches Theater im 21. Jahrhundert*. Berlin.
Raddatz, Frank M. (2015). „Die Archäologie des Körpers. Die interkulturelle Theaterarbeit des Theodoros Terzopoulos". In: *Theater International. Eine Vortragsreihe (II)*. Hrsg. von Natalie Bloch und Dieter Heimböckel. Bridel: 17–43.
Raddatz, Frank M. (2016). „Das mimetische Dilemma". In: *Lettre International* 114: 76–81.
Radke-Stegh, Marlis (1978). *Der Theatervorhang. Ursprung – Geschichte – Funktion*. Meisenheim am Glan.
Rajewsky, Irina O. (2002). *Intermedialität*. Tübingen und Basel.
Rama, Ángel (1996 [1984]). *The Lettered City*. Hrsg. und übers. von John Charles Chasteen. Durham, NC u. a.

Rancière, Jacques (2009). *Der emanzipierte Zuschauer*. Aus dem Franz. von Richard Steurer. Hrsg. von Peter Engelmann. Wien.
Rapp, Christof (2009). „Aristoteles über das Wesen und die Wirkung der Tragödie". In: *Aristoteles. Poetik*. Hrsg. von Otfried Höffe. Berlin: 87–104.
Rath, Eric C. (2006). *The Ethos of Noh. Actors and Their Art*. Cambridge, MA.
Rebentisch, Juliane (2003). *Ästhetik der Installation*. Frankfurt a. M.
Rebstock, Matthias, und David Roesner (Hrsg.) (2012). *Composed Theatre. Aesthetics, Practices, Processes*. Bristol und Chicago.
Reden-Esbeck, Friedrich Johann Freiherr von (1985 [1881]). *Caroline Neuber und ihre Zeitgenossen. Ein Beitrag zur deutschen Kultur- und Theatergeschichte*. Reprint der Ausg. Leipzig 1881. Leipzig.
Regelsberger, Andreas (2011). *Fragmente einer Poetologie von Puppe und Stimme. Ästhetisches Schrifttum aus dem Umfeld des Puppentheaters im edozeitlichen Japan*. München.
Regus, Christine (2009). *Interkulturelles Theater zu Beginn des 21. Jahrhunderts. Ästhetik – Politik – Postkolonialismus*. Bielefeld.
Reh, Albert M. (1985). „*Emilia Galotti* – ‚großes Exempel der dramatischen Algebra' oder ‚Algebra der Ambivalenz'?" In: *Lessing Yearbook* 17: 45–64.
Reiner, Hans, und Max-Paul Engelmeier (1971). „Apathie". In: *Historisches Wörterbuch der Philosophie*. Bd. 1. Hrsg. von Joachim Ritter u. a. Basel: 429–433.
Reininghaus, Frieder, und Katja Schneider (Hrsg.) (2004). *Experimentelles Musik- und Tanztheater*. Laaber.
Reitz, Bernhard (Hrsg.) (2016). *Das englische Drama und Theater von den Anfängen bis zur Postmoderne*. Trier.
Reitz, Bernhard, und Alyce von Rothkirch (Hrsg.) (2001). *Crossing Borders. Intercultural Drama and Theatre at the Turn of the Millennium*. Papers given on the occasion of the ninth annual conference of the German Society for Contemporary Theatre and Drama in English in 2000. Trier.
Renk, Herta-Elisabeth (1978). *Dramatische Texte im Unterricht. Vorschläge, Materialien und Kursmodelle für die Sekundarstufe I und II*. Stuttgart.
Renner, Rolf Günter (1985). *Peter Handke*. Stuttgart.
Ricard, Alain (1998). *Ebrahim Hussein. Théâtre swahili et nationalisme tanzanien*. Paris.
Richmond, Farley P., Darius L. Swann und Phillip B. Zarilli (Hrsg.) (1990). *Indian Theatre. Traditions of Performance*. Honolulu.
Richter, Falk (2004). *Das System. Materialien, Gespräche, Textfassungen zu „Unter Eis"*. Hrsg. von Anja Dürrschmidt. Berlin.
Richter, Virginia (2012). „Frühe Neuzeit – das englische Drama". In: *Handbuch Drama. Theorie, Analyse, Geschichte*. Hrsg. von Peter W. Marx. Stuttgart und Weimar: 215–223.
Ridder, Klaus (2009). „Fastnachtstheater. Städtische Ordnung und fastnächtliche Verkehrung". In: *Fastnachtspiele. Weltliches Schauspiel in literarischen und kulturellen Kontexten*. Hrsg. von Klaus Ridder. Tübingen: 65–83.
Ries, Wiebrecht (2012). *Nietzsche und seine ästhetische Philosophie des Lebens*. Tübingen.
Riesche, Barbara (2010). *Schöne Mohrinnen, edle Sklaven, schwarze Rächer. Schwarzendarstellung und Sklavereithematik im deutschen Unterhaltungstheater (1770–1814)*. Hannover.
Rimbaud, Arthur (1979 [1873]). *Eine Zeit in der Hölle. Licht-Spuren*. Aus dem Franz. von Hans Therre und Rainer G. Schmidt. München.

Rimer, J. Thomas (1984). „The Background of Zeami's Treatises". In: *On the Art of the Nō Drama. The Major Treatises of Zeami*. Aus dem Japan. von J. Thomas Rimer und Yamazaki Masakazu. Princeton: xvii–xxviii.
Rinke, Stefan (2010). *Geschichte Lateinamerikas. Von den frühesten Kulturen bis zur Gegenwart*. München.
Rischbieter, Henning (Hrsg.) (2000). *Theater im „Dritten Reich". Theaterpolitik, Spielplanstruktur, NS-Dramatik*. Seelze-Velber.
Rizk, Beatriz J. (1987). *El nuevo teatro latinoamericano. Una lectura histórica*. Minneapolis.
Roccatagliati, Alessandro (1995). „Librettos: Autonomous or Functional Texts?" In: *Opera Quarterly* 11.2: 81–95.
Rochow, Christian (1999). *Das bürgerliche Trauerspiel*. Stuttgart.
Rockstuhl, Daniela (2008). *Der disziplinierte Körper im deutschen Theater des 18. Jahrhunderts. Der Schauspieler im Prozess der Zivilisation*. Saarbrücken.
Rodatz, Christoph (2014). „Der Schnitt durch den Raum als Wahrnehmungskonstellation". In: *Bühne. Raumbildende Prozesse im Theater*. Hrsg. von Norbert Otto Eke, Ulrike Haß und Irina Kaldrack. Paderborn: 97–114.
Roeck, Bernd (2017). *Der Morgen der Welt. Geschichte der Renaissance*. München.
Roeder, Anke (Hrsg.) (1989). *Autorinnen. Herausforderungen an das Theater*. Frankfurt a. M.
Roelcke, Thorsten (1994). *Dramatische Kommunikation. Modell und Reflexion bei Dürrenmatt, Handke, Weiss*. Berlin und New York.
Roesner, David (2014). *Musicality in Theatre – Music as Model, Method and Metaphor in Theatre-Making*. Farnham.
Rogowski, Christian (2003–2006). „Erstickte Schreie. Geschlechtliche Differenz und koloniales Denken in Grillparzers Medea-Trilogie *Das goldene Vließ*". In: *Jahrbuch der Grillparzer-Gesellschaft* 21: 32–50.
Rohde, Erwin (1961 [1894]). *Psyche. Seelenkult und Unsterblichkeitsglaube der Griechen*. Zwei Bde. in einem Bd. Darmstadt.
Rohe, Karl (1987). „Politische Kultur und der kulturelle Aspekt von politischer Wirklichkeit. Konzeptionelle und typologische Überlegungen zu Gegenstand und Fragestellung politischer Kultur-Forschung". In: *Politische Kultur in Deutschland. Bilanz und Perspektiven der Forschung* [= *Politische Vierteljahresschrift*, Sonderh. 18]. Hrsg. von Dirk Berg-Schlosser und Jakob Schissler. Wiesbaden: 39–48.
Roloff, Volker, und Harald Wentzlaff-Eggebert (Hrsg.) (1988). *Das spanische Theater. Vom Mittelalter bis zur Gegenwart*. Düsseldorf.
Romanska, Magda (Hrsg.) (2015). *The Routledge Companion to Dramaturgy*. London und New York.
Rommel, Otto (1946). *Die großen Figuren der Alt-Wiener Volkskomödie. Hanswurst, Kasperl, Thaddädl, Staberl, Raimund und Nestroy*. Wien.
Rommel, Otto (1952). *Die Alt-Wiener Volkskomödie. Ihre Geschichte vom barocken Welt-Theater bis zum Tode Nestroys*. Wien.
Rony, Fatimah Tobing (2006). „The Photogenic Cannot Be Tamed. Margaret Mead and Gregory Bateson's *Trance and Dance in Bali*". In: *Discourse* 28.1: 5–27.
Röper, Henning (2001). *Handbuch Theatermanagement. Betriebsführung, Finanzen, Legitimation und Alternativmodelle*. Köln u. a.
Rorty, Richard (1967). *The Linguistic Turn. Recent Essays in Philosophical Method*. Chicago.
Roselt, Jens (2004). „Kreatives Zuschauen – Zur Phänomenologie von Erfahrungen im Theater". In: *Der Deutschunterricht* 2/2004: 46–56.

Roselt, Jens (2005a). „Dialog". In: *Metzler Lexikon Theatertheorie*. Hrsg. von Erika Fischer-Lichte, Doris Kolesch und Matthias Warstat. Stuttgart und Weimar: 67–72.
Roselt, Jens (2005b). „Figur". In: *Metzler Lexikon Theatertheorie*. Hrsg. von Erika Fischer-Lichte, Doris Kolesch und Matthias Warstat. Stuttgart und Weimar: 104–107.
Roselt, Jens (2005c). „Raum". In: *Metzler Lexikon Theatertheorie*. Hrsg. von Erika Fischer-Lichte, Doris Kolesch und Matthias Warstat. Stuttgart und Weimar: 260–267.
Roselt, Jens (Hrsg.) (2005d). *Seelen mit Methode. Schauspieltheorien vom Barock- bis zum postdramatischen Theater*. Berlin.
Roselt, Jens (2008). *Phänomenologie des Theaters*. München.
Roselt, Jens, und Ulf Otto (Hrsg.) (2012). *Theater als Zeitmaschine. Zur performativen Praxis des Reenactments. Theater- und kulturwissenschaftliche Perspektiven*. Bielefeld.
Roßbach, Nikola (2001). „*Das Geweb ist satanisch fein*". Friedrich Schillers „Kabale und Liebe" als Text der Gewalt. Würzburg.
Rössler, Patrick (1988). *Dallas und Schwarzwaldklinik. Eine Programmstudie über Seifenopern im deutschen Fernsehen*. München.
Rotermund, Erwin (1968). „Der Affekt als literarischer Gegenstand: Zur Theorie und Darstellung der Passiones im 17. Jahrhundert". In: *Die nicht mehr schönen Künste. Grenzphänomene des Ästhetischen*. Hrsg. von Hans Robert Jauß. München: 239–269.
Roth-Lange, Friedhelm (2004). „Theater lesen – Texte sehen und hören". In: *Der Deutschunterricht* 2/2004: 2–4.
Röttger, Kati (1992). *Kollektives Theater als Spiegel lateinamerikanischer Identität. La Candelaria und das neue kolumbianische Theater*. Frankfurt a. M.
Röttger, Kati (1998). „Geschlechterdifferenz und Theatralität. Erste Überlegungen zu einer überfälligen Verbindung". In: *Forum Modernes Theater* 13.2: 134–147.
Röttger, Kati (1999). „Die Macht der Maskerade". In: *Geschlechter/Performance-Pathos-Politik. Das postkoloniale Theater lateinamerikanischer Autorinnen*. Hrsg. von Heidrun Adler und Kati Röttger. Frankfurt a. M.: 165–187.
Röttger, Kati (2002). „Griselda Gambaro". In: *Theater in Argentinien*. Hrsg. von Karl Kohut und Osvaldo Pelletieri. Frankfurt a. M.: 172–191.
Röttger, Kati (2005). „Zwischen Repräsentation und Performanz. *Gender* in Theater und Theaterwissenschaft". In: *Genus. Geschlechterforschung / Gender Studies in den Kultur- und Sozialwissenschaften. Ein Handbuch*. Hrsg. von Hadumod Bußmann und Renate Hof. Stuttgart: 520–556.
Röttger, Kati (2008). „Intermedialität als Bedingung von Theater: methodische Überlegungen". In: *Theater und Medien. Grundlagen – Analysen – Perspektiven. Eine Bestandsaufnahme*. Hrsg. von Henri Schoenmakers, Stefan Bläske, Kay Kirchmann und Jens Ruchatz. Bielefeld: 117–124.
Röttger, Kati, und Alexander Jacob (Hrsg.) (2009). *Theater und Bild. Inszenierung des Sehens*. Bielefeld.
Rousset, Christophe (2014). „La musique à la dimension d'un océan. Propos de Christophe Rousset recueillies par Elizabeth Giuliani". In: *Rameau et la scène*. Hrsg. von Elizabeth Giuliani und Mathias Auclair. Paris: 36–41.
Rozik, Eli (2002). *The Roots of Theatre. Rethinking Ritual and Other Theories of Origin*. Iowa City.
Rüppel, Michael (1996). „,Was sagen Sie von Mme Bürger?' Elise Bürger (1769–1833) als Schauspielerin und das Theater zur Zeit der ,Weimarer Klassik'". In: *G. A. Bürger und J. W. L. Gleim*. Hrsg. von Hans-Joachim Kertscher. Tübingen: 224–238.

Ruppert, Rainer (1995). *Labor der Seele und der Emotionen. Funktionen des Theaters im 18. und frühen 19. Jahrhundert.* Berlin.
Ryan, Marie-Laure (1999). *Cyberspace Textuality. Computer Technology and Literary Theory.* Bloomington, IN.
Ryan, Marie-Laure (2009). „Narration in Various Media". In: *Handbook of Narratology.* Hrsg. von Peter Hühn, John Pier, Wolf Schmid und Jörg Schönert. Berlin: 263–281.
Sahagún, Bernardino de (1982 [1585]). *Florentine Codex.* Hrsg. und komm. von Arthur J. O. Anderson und Charles E. Dibble. Bd. 1–12. Santa Fe, NM.
Said, Edward W. (1978). *Orientalism.* New York.
Saint-Simon, Claude-Henri de (1968 [1824]). „Über die Gesellschaftsorganisation". In: *Der Frühsozialismus. Quellentexte.* Hrsg. von Thilo Ramm. Stuttgart: 88–122.
Sala DiFelice, Elena (1983). *Metastasio. Ideologia, drammaturgia, spettacolo.* Mailand.
Salen, Katie, und Eric Zimmerman (2003). *Rules of Play. Game Design Fundamentals.* Cambridge, MA.
Salen, Katie, und Eric Zimmerman (Hrsg.) (2005). *The Game Design Reader. A Rules of Play Anthology.* Cambridge, MA.
Salzman, Eric, und Thomas Desi (2008). *The New Music Theatre. Seeing the Voice, Hearing the Body.* Oxford.
Sarcinelli, Ulrich (1987). *Symbolische Politik. Zur Bedeutung symbolischen Handelns in der Wahlkampfkommunikation der Bundesrepublik Deutschland.* Opladen.
Sartre, Jean-Paul (1991). *Geschlossene Gesellschaft.* Aus dem Franz. von Traugott König. Reinbek bei Hamburg.
Saße, Günter (1988). *Die aufgeklärte Familie. Untersuchungen zur Genese, Funktion und Realitätsbezogenheit des familialen Wertsystems im Drama der Aufklärung.* Tübingen.
Saße, Günter (1996). *Die Ordnung der Gefühle. Das Drama der Liebesheirat im 18. Jahrhundert.* Darmstadt.
Saussure, Ferdinand de (^{2}1967 [1916]). *Grundfragen der allgemeinen Sprachwissenschaft.* Aus dem Franz. von Herman Lommel. Hrsg. von Charles Bally und Albert Sechehaye. Aufl. mit neuem Register und einem Nachw. von Peter von Polenz. Berlin.
Sauter, Willmar (^{2}2014). „Publikum". In: *Metzler Lexikon Theatertheorie.* Hrsg. von Erika Fischer-Lichte, Doris Kolesch und Matthias Warstat. Stuttgart und Weimar: 273–279.
Sax, William S. (1995). *The Gods at Play. Līlā in South Asia.* New York.
Schabert, Ina (Hrsg.) (2009). *Shakespeare-Handbuch. Die Zeit. Der Mensch. Das Werk. Die Nachwelt.* Stuttgart.
Schadewaldt, Wolfgang (1955). „Furcht und Mitleid? Zur Deutung des Aristotelischen Tragödiensatzes". In: *Hermes* 83: 129–171.
Schadewaldt, Wolfgang (^{2}1970 [1956]). „Der ‚König Ödipus' des Sophokles in neuer Deutung". In: W. Schadewaldt, *Hellas und Hesperien.* Bd. 1. Zürich und Stuttgart: 466–476.
Schadewaldt, Wolfgang (1991). *Tübinger Vorlesungen.* Bd. 4: *Die griechische Tragödie.* Frankfurt a. M.
Schau, Albrecht (1996). *Szenisches Interpretieren. Ein literaturdidaktisches Handbuch.* Stuttgart.
Schechner, Richard (1966). „Approaches to Theory/Criticism". In: *The Tulane Drama Review* 10.4: 20–53.
Schechner, Richard (1968). „6 Axioms for Environmental Theatre". In: *The Drama Review* 12.3: 41–64.

Schechner, Richard (1977). „Selective Inattention". *Essays on Performance Theory 1970–1976.* New York: 140–157.
Schechner, Richard (1983). *Performative Circumstances. From the Avant Garde to Ramlila.* Calcutta.
Schechner, Richard (1990 [1985]). *Theater-Anthropologie. Spiel und Ritual im Kulturvergleich.* Aus dem Amerikan. von Susanne Winnacker. Reinbek bei Hamburg.
Schechner, Richard (1998 [1985/1990]). „Ritual und Theater: Rekonstruktion von Verhalten". In: *Ritualtheorien. Ein einführendes Handbuch.* Hrsg. von Andréa Belliger und David J. Krieger. Opladen und Wiesbaden: 415–433.
Schechner, Richard (2002). *Performance Studies. An Introduction.* London und New York.
Schechner, Richard (^{2}2003). *Performance Theory.* London und New York.
Schechner, Richard (2013). *Performance Studies.* New York.
Scheibitz, Christina (1972). *Mensch und Mitmensch im Drama Anton Čechovs. Analyse der Dialogtechnik.* Göppingen.
Scheit, Gerhard (1997). „Neue Dramatiker in der DDR". In: *Deutsche Literatur zwischen 1945 und 1995. Eine Sozialgeschichte.* Hrsg. von Horst Albert Glaser. Bern u. a.: 425–442.
Scheller, Ingo (1996). „Szenische Interpretation". In: *Praxis Deutsch* 136: 22–32.
Scheller, Ingo (1998). *Szenisches Spiel. Handbuch für die pädagogische Praxis.* Berlin.
Schellow, Constanze (2013). „Zu zwei Diskurs-Choreographien zwischen Tanz/Theorie und Philosophie". In: *Heterotopien. Perspektiven der intermedialen Ästhetik.* Hrsg. von Nadja Elia-Borer, Constanze Schellow, Nina Schimmel und Bettina Wodianka. Bielefeld: 593–607.
Schemme, Wolfgang (2000). „Theater und Deutschunterricht. Zur Geschichte einer denkwürdigen Distanz". In: *Der Deutschunterricht* 5/2000: 343–353.
Scherer, Jacques S. (1967). „Le théâtre africain en Afrique noire francophon". In: *Le Théâtre Moderne II. Depuis le deuxième guerre mondiale.* Hrsg. von Jean Jaquot. Paris: 103–116.
Schiewe, Jürgen (2004). *Öffentlichkeit. Entstehung und Wandel in Deutschland.* Paderborn.
Schiller, Friedrich (1829). „Brief Schillers an Goethe aus Jena am 4. April 1797". In: *Briefwechsel zwischen Schiller und Goethe in den Jahren 1794 bis 1805. Dritter Theil vom Jahre 1797.* Stuttgart und Tübingen: 50–53.
Schiller, Friedrich (1977). *Werke. Nationalausgabe.* Bd. 29: *Briefwechsel. Schillers Briefe 1.11.1976–31.10.1798.* Hrsg. von Norbert Oellers und Frithjof Stock. Weimar.
Schiller, Friedrich (1984 [1793]). „Über das Pathetische". In: F. Schiller, *Sämtliche Werke.* Bd. 5: *Erzählungen. Theoretische Schriften.* Hrsg. von Gerhard Fricke und Herbert G. Göpfert. München: 512–537.
Schiller, Friedrich (2004a [1784]). „Was kann eine gute stehende Schaubühne eigentlich wirken?" In: F. Schiller, *Sämtliche Werke in 5 Bänden.* Bd. 5: *Erzählungen. Theoretische Schriften.* Hrsg. von Wolfgang Riedel. München: 818–831.
Schiller, Friedrich (2004b [1782]). „Über das gegenwärtige teutsche Theater". In: F. Schiller, *Sämtliche Werke in 5 Bänden.* Bd. 5: *Erzählungen. Theoretische Schriften.* Hrsg. von Wolfgang Riedel. München: 811–818.
Schiller, Friedrich (2004c [1803]). „Über den Gebrauch des Chors in der Tragödie". In: F. Schiller, *Sämtliche Werke in 5 Bänden.* Bd. 2: *Dramen.* Hrsg. von Peter-André Alt u. a. München: 815–823.
Schiller, Friedrich (2004d [1781]). „Die Räuber". In: F. Schiller, *Sämtliche Werke in 5 Bänden.* Bd. 1: *Gedichte, Dramen I.* Hrsg. von Peter-André Alt u. a. München: 481–638.

Schiller, Friedrich (2005a [1784]). „Kabale und Liebe". In: F. Schiller, *Sämtliche Werke in zehn Bänden. Berliner Ausgabe*. Bd. 2: *Semele; Die Räuber; Die Verschwörng des Fiesko zu Genua; Kabale und Liebe*. Hrsg. von Hans-Günther Thalheim, bearb. von Regine Otto. Berlin: 669–777.
Schiller, Friedrich (2005b [1792]). „Über die tragische Kunst". In: F. Schiller, *Sämtliche Werke in zehn Bänden. Berliner Ausgabe*. Bd. 8: *Philosophische Schriften*. Hrsg. von Hans-Günther Thalheim. Berlin: 143–164.
Schiller, Friedrich (2005c [1793]). „Über Anmut und Würde". In: F. Schiller, *Sämtliche Werke in zehn Bänden. Berliner Ausgabe*. Bd. 8: *Philosophische Schriften*. Hrsg. von Hans-Günther Thalheim. Berlin: 168–224.
Schiller, Friedrich (2005d [1795]). „Über die ästhetische Erziehung des Menschen in einer Reihe von Briefen". In: F. Schiller, *Sämtliche Werke*. Bd. 8: *Philosophische Schriften*. Hrsg. von Hans-Günther Thalheim. Berlin: 305–408.
Schivelbusch, Wolfgang (1983). *Lichtblicke. Zur Geschichte der künstlichen Helligkeit im 19. Jahrhundert*. München und Wien.
Schlegel, August Wilhelm (2018). *Kritische Ausgabe der Vorlesungen*. Bd. 4.1: Vorlesungen über dramatische Kunst und Literatur [1809–1811]. Herausgegeben und kommentiert von Stefan Knödler. Paderborn: Ferdinand Schöningh.
Schleich, Markus, und Jonas Nesselhauf (2016). *Fernsehserien. Geschichte, Theorie, Narration*. Tübingen.
Schlicher, Susanne (1987). *TanzTheater. Traditionen und Freiheiten. Pina Bausch, Gerhard Bohner, Reinhild Hoffmann, Hans Kresnik, Susanne Linke*. Reinbek bei Hamburg.
Schlögl, Rudolf (2004). „Vergesellschaftung unter Anwesenden. Zur kommunikativen Form des Politischen in der vormodernen Stadt". In: *Interaktion und Herrschaft. Die Politik der frühneuzeitlichen Stadt*. Hrsg. von Rudolf Schlögl. Konstanz: 9–60.
Schlunk, Jürgen Eckart (1970). *Die experimentelle Gestaltung der Zeit im amerikanischen Drama seit 1920*. Marburg.
Schlünzen, Wulf/Hüttenhofer, Karin (^{4}2010). *Beobachten, Feedback, Bewerten. Werkstatt Schultheater für die Sekundarstufen I und II. DS4*. Hamburg.
Schmid, Rainer (1975). *Raum, Zeit und Publikum des geistlichen Spiels*. München.
Schmidt, Dieter M. (1980). *Die Kunst des Dialogs in den Wakefield-Spielen*. Frankfurt a. M. u. a.
Schmidt, Johann N. (1986). *Ästhetik des Melodramas. Studien zu einem Genre des populären Theaters im England des 19. Jahrhunderts*. Heidelberg.
Schmidt, Thomas (2012). *Theatermanagement. Eine Einführung*. Wiesbaden.
Schmidt, Ulf (2014). „Auf dem Weg zum agilen Theater". http://postdramatiker.de/wp-content/uploads/2014/01/Manuskript-Agiles-Theater-Ulf-Schmidt-.pdf (1. Juni 2018).
Schmidt, Wolf Gerhard (2009). *Zwischen Antimoderne und Postmoderne. Das deutsche Drama und Theater der Nachkriegszeit im internationalen Kontext*. Stuttgart und Weimar.
Schmitt, Olivier (2000). „Yasmina Reza, auteur ‚made in France' à succès". In: *Le Monde* vom 10. November 2000.
Schneider, Franz (1978). „Presse, Pressefreiheit, Zensur". In: *Geschichtliche Grundbegriffe. Historisches Lexikon zur politisch-sozialen Sprache in Deutschland*. Bd. 4: *Mi–Pre*. Hrsg. von Otto Brunner, Werner Conze und Reinhart Koselleck. Stuttgart: 899–927.
Schneider, Wolfgang (Hrsg.) (2009). *Theater und Schule. Ein Handbuch zur kulturellen Bildung*. Bielefeld.
Schneider, Wolfgang (Hrsg.) (2011). *Theater und Migration. Herausforderungen für Kulturpolitik und Theaterpraxis*. Bielefeld.

Schneider-Mizony, Odile (2004). „Interjektionen und Interaktion im Theaterdialog". In: *Cahiers d'Études Germaniques* 47: *Dialogues*: 55–66.
Schneidewind, Petra (2000). *Entwicklung eines Theatermanagement-Informationssystems.* Frankfurt a. M. u. a.
Schneilin, Gérard (⁴2001). „Komödie". In: *Theaterlexikon. Begriffe und Epochen, Bühnen und Ensembles.* Hrsg. von Manfred Brauneck und Gérard Schneilin. Reinbek bei Hamburg: 546–550.
Schnell, Ralf (Hrsg.) (2000). *Metzler Lexikon Kultur der Gegenwart.* Stuttgart und Weimar.
Schnetz, Diemut (1967). *Der moderne Einakter. Eine poetologische Untersuchung.* Bern und München.
Schnusenberg, Christine C. (1981). *Das Verhältnis von Kirche und Theater. Dargestellt an ausgewählten Schriften der Kirchenväter und liturgischen Texten bis auf Amalarius von Metz (a. d. 775–852).* Bern u. a.
Schoell, Konrad (Hrsg.) (1991). *Literatur und Theater im gegenwärtigen Frankreich: Opposition und Konvergenz.* Tübingen.
Schoenmakers, Henri, Stefan Bläske, Kay Kirchmann und Jens Ruchatz (2008). „Einleitung: Theater und (andere) Medien. Themen und Positionen". In: *Theater und Medien: Grundlagen – Analysen – Perspektiven. Eine Bestandsaufnahme.* Hrsg. von Henri Schoenmakers, Stefan Bläske, Kay Kirchmann und Jens Ruchatz. Bielefeld: 13–28.
Scholz-Cionca, Stanca (1998). *Entstehung und Morphologie des klassischen Kyōgen im 17. Jahrhundert. Vom mittelalterlichen Theater der Außenseiter zum Kammerspiel des Shogunats.* München.
Scholz-Cionca, Stanca (2005). „Yūgen". In: *Historisches Wörterbuch der Philosophie.* Bd. 12. Hrsg. von Joachim Ritter, Karlfried Gründer und Gottfried Gabriel. Basel: 1116–1117.
Scholz-Cionca, Stanca, und Andreas Regelsberger (Hrsg.) (2011). *Japanese Theatre Transcultural. German and Italian Interwinings.* München.
Scholz-Cionca, Stanca, und Christopher Balme (Hrsg.) (2008). *Nō Theatre Transversal.* München.
Scholz-Cionca, Stanca, und Samuel L. Leiter (Hrsg.) (2001). *Japanese Theatre and the International Stage.* Leiden u. a.
Schöne, Albrecht (1994). *Faust. Kommentare* [= Johann Wolfgang Goethe, *Sämtliche Werke, Briefe. Tagebücher und Gespräche in 40 Bänden.* Abt. I., Bd. 7.2. Hrsg. von Albrecht Schöne]. Frankfurt a. M.
Schörle, Eckart (2007). *Die Verhöflichung des Lachens. Lachgeschichte im 18. Jahrhundert.* Bielefeld.
Schormann, Vanessa (2002). *Shakespeares Globe. Repliken, Rekonstruktionen und Bespielbarkeit.* Heidelberg.
Schößler, Franziska (2004). *Augen-Blicke. Erinnerung, Zeit und Geschichte in Dramen der neunziger Jahre.* Tübingen.
Schößler, Franziska (2006). „‚Sinn egal. Körper zwecklos'. Elfriede Jelineks Demontage des (männlichen) Theaterbetriebs". In: *Der Deutschunterricht* 4/2006: 46–55.
Schößler, Franziska (²2008a). *Einführung in das bürgerliche Trauerspiel und das soziale Drama.* Durchges. Aufl. Darmstadt.
Schößler, Franziska (2008b). *Einführung in die Gender Studies.* Berlin.
Schößler, Franziska (2009). „Der Zuschauer als Spekulant: Das Theater als Börse, Projekt und Kaufhaus". In: *Ökonomie im Theater der Gegenwart.* Hrsg. von Franziska Schößler und Christine Bähr, Bielefeld: 93–114.

Schößler, Franziska (2013). *Drama und Theater nach 1989. Prekär, interkulturell, intermedial.* Hannover.
Schößler, Franziska (2014a). „Der Streit um die Differenz – Theater als Interkultur". In: *Internationales Theater und Inter-Kulturen. Theatermacher sprechen über ihre Arbeit.* Hrsg. von Natalie Bloch. Hannover: 11–23.
Schößler, Franziska (2014b). „Mental Map des Globalen: Theatrale Grenzverhandlungen und Prekariat bei Christoph Schlingensief und Andrzej Stasiuk". In: *Theater International. Eine Vortragsreihe (I).* Hrsg. von Natalie Bloch und Dieter Heimböckel. Bridel: 19–44.
Schößler, Franziska (⁴2015). *Einführung in das bürgerliche Trauerspiel und das soziale Drama.* Überarb. und erw. Aufl. Darmstadt.
Schößler, Franziska (²2017). *Einführung in die Dramenanalyse.* Stuttgart und Weimar.
Schößler, Franziska, und Christine Bähr (2009a). „Die Entdeckung der ‚Wirklichkeit'. Ökonomie, Politik und Soziales im zeitgenössischen Theater". In: *Ökonomie im Theater der Gegenwart. Ästhetik, Produktion, Institution.* Hrsg. von Franziska Schößler und Christine Bähr. Bielefeld: 9–20.
Schößler, Franziska, und Christine Bähr (Hrsg.) (2009b). *Ökonomie im Theater der Gegenwart.* Bielefeld.
Schößler, Franziska, und Axel Haunschild (2011). „Genderspezifische Arbeitsbedingungen am deutschen Repertoiretheater. Eine empirische Studie". In: *GeschlechterSpielRäume. Dramatik, Theater, Performance und Gender.* Hrsg. von Gaby Pailer und Franziska Schößler. Amsterdam und New York: 255–269.
Schößler, Franziska, und Iulia-Karin Patrut (2015). „Die Zukunft des Brecht'schen Theaters. Politik nach 1989 und (Post-)Dramatik". In: *Der Deutschunterricht* 6/2015: 2–5.
Schouten, Sabine (2006). *Sinnliches Spüren. Wahrnehmung und Erzeugung von Atmosphären im Theater.* Berlin.
Schrödl, Jenny (2005). „Gender Performance". In: *Metzler Lexikon Theatertheorie.* Hrsg. von Erika Fischer-Lichte, Doris Kolesch und Matthias Warstat. Stuttgart und Weimar: 125–127.
Schrödl, Jenny (2014). „Gender Performances. Theaterwissenschaftliche Perspektiven und Problematiken". In: *etum* 1/1: 33–52.
Schroedter, Stephanie (2004). *Vom „Affect" zur „Action". Quellenstudien zur Poetik der Tanzkunst vom späten Ballet de Cour bis zum frühen Ballet en Action.* Würzburg.
Schröter, Felix, und Jan-Noël Thon (2013): „Simulierte Spielfiguren und/oder/als mediale Menschenbilder. Zur Medialität von Figurendarstellungen am Beispiel der Computerspielfigur". In: *Medialität und Menschenbild.* Hrsg. von Jens Eder, Joseph Imorde und Maike Sarah Reinerth. Berlin und Boston: 119–143.
Schröter, Jens (2012). „Die Fernsehserie, ihre Form und ihr Wissen". In: *tv diskurs* 62.4: 28–31.
Schuchardt, Beatrice, und Urs Urban (Hrsg.) (2014). *Handel, Handlung, Verhandlung. Theater und Ökonomie in der Frühen Neuzeit in Spanien.* Bielefeld.
Schuchmann, Hans (1927). *Studien zum Dialog im Drama Lessings und Schillers.* Darmstadt.
Schulz, Georg-Michael (1988). *Tugend, Gewalt und Tod. Das Trauerspiel der Aufklärung und die Dramaturgie des Pathetischen und des Erhabenen.* Tübingen.
Schulze, Joachim (1976). „Was macht das Drama dramatisch?" In: *Poetica* 8: 346–355.
Schulze, Ursula (2012). *Geistliche Spiele im Mittelalter und in der Frühen Neuzeit. Von der liturgischen Feier zum Schauspiel.* Berlin.
Schulze-Kummerfeld, Karoline (1915). *Lebenserinnerungen der Karoline Schulze-Kummerfeld.* Hrsg. von Emil Benezé. Berlin.
Schütte, Uwe (2010). *Heiner Müller.* Köln.

Schütz, Alfred (2003 [1955]). „Symbol, Wirklichkeit und Gesellschaft". In: A. Schütz, *Werkausgabe*. Bd. 5: *Theorie der Lebenswelt*. Teilbd. 2: *Die kommunikative Ordnung der Lebenswelt*. Hrsg. von Hubert Knoblauch, Ronald Kurt und Hans-Georg Soeffner. Konstanz: 119–197.
Schwartzenberg, Roger-Gérard (1980). *Politik als Showgeschäft. Moderne Strategien im Kampf um die Macht*. Aus dem Franz. von Alexander von Platen. Düsseldorf und Wien.
Schwellinger, Lucia (1998). *Die Entstehung des Butoh. Voraussetzungen und Techniken der Bewegungsgestaltung bei Hijikata Tatsumi und Ono Kazuo*. München.
Schwemmer, Oswald (2006). „Die Macht der Symbole". In: *Aus Politik und Zeitgeschichte* 20/2006: 6–10.
Scott, Virginia (2010). *Women on the Stage in Early Modern France, 1540–1750*. Cambridge/MA.
Sear, Frank (2006). *Roman Theatres. An Architectural Study*. Oxford.
Searle, John R. (1969). *Speech Acts. An Essay in the Philosophy of Language*. Cambridge.
Searle, John R. (1979). „The Logical Status of Fictional Discourse". In: J. R. Searle, *Expression and Meaning. Studies in the Theory of Speech Acts*. Cambridge: 58–75.
Seeck, Gustav Adolf (2001). *Die griechische Tragödie*. Stuttgart.
Seel, Martin (2000). *Ästhetik des Erscheinens*. München.
Seidensticker, Bernd (2009). „Die Grenzen der Katharsis". In: *Grenzen der Katharsis in den modernen Künsten. Transformationen des aristotelischen Modells seit Bernays, Nietzsche und Freud*. Hrsg. von Martin Vöhler und Dirck Linck. Berlin und New York: 3–20.
Seidensticker, Bernd (2010). *Das antike Theater*. München.
Sekyi, Kobina (1974). *The Blinkards*. Hrsg. und eingel. von J. Ayo Langley. London.
Seltmann, Friedrich (1993). *Schattenspiel in Karṇāṭaka. Süd-Indien*. 2 Bde. Stuttgart.
Senda, Akihiko (1997). *The Voyage of Contemporary Japanese Theatre*. Aus dem Japan. von J. Thomas Rimer. Honolulu.
Sennett, Richard (1983). *Verfall und Ende des öffentlichen Lebens: Die Tyrannei der Intimität*. Aus dem Amerikan. von Reinhard Kaiser Frankfurt a. M.
Seyfert, Robert (2011). *Das Leben der Institutionen. Zu einer allgemeinen Theorie der Institutionalisierung*. Weilerswist.
Shakespeare, William ([11]2015). *Hamlet*. Zweisprachige Ausgabe. Neu übers. und mit Anm. versehen von Frank Günther. Mit einem Essay und Literaturhinweisen von Manfred Pfister. München.
Shakespeare, William (2016 [1623]). „The Tragedy of Hamlet, Prince of Denmark". In: *The New Oxford Shakespeare. The Complete Works. Modern Critical Edition*. Hrsg. von Gary Taylor u. a. Oxford: 1993–2099.
Shih, Chung-Wen (1972). *Injustice to Tou O (Tou O Yüan). A Study and Translation*. Cambridge.
Shin, Na-Young (2010). „Medea-Mythos multimedial. Ästhetische Écriture, bewegte Zeichen und die Frage nach der Politisierbarkeit ästhetischer Formspiele". In: *Geschlechter-Szene. Repräsentationen von Gender in Literatur, Film, Performance und Theater*. Hrsg. von Franziska Bergmann, Antonia Eder und Irina Gradinari. Freiburg i.Br.: 84–105.
Siavash, Mariam Soufi (2011). „Wer ist ‚wir'? Theaterarbeit in der interkulturellen Gesellschaft". In: *Theater und Migration. Herausforderungen für Kulturpolitik und Theaterpraxis*. Hrsg. von Wolfgang Schneider. Bielefeld: 83–90.
Sidney, Philip (1963 [1595]). „An Apology of Poetry". In: *English Critical Texts. 16th Century to 20th Century*. Hrsg. von D. J. Enright und Ernst De Chickera. Oxford: 3–49.
Siegrist, Johannes (2015). *Arbeitswelt und stressbedingte Erkrankungen. Forschungsevidenz und präventive Maßnahmen*. München.

Sievers, W. David (1955). *Freud on Broadway. A History of Psychoanalysis and the American Drama*. New York.
Silberman, Marc (2006). „Die Tradition des politischen Theaters in Deutschland". In: *Aus Politik und Zeitgeschichte* 23–24/2006 (Themenheft: Bertolt Brecht): 13–22.
Simmel, Georg (1987 [1908]). „Zur Philosophie des Schauspielers". In: G. Simmel, *Das individuelle Gesetz. Philosophische Exkurse*. Neuausgabe mit einem Nachw. von Klaus Christian Köhnke. Hrsg. von Michael Landmann. Frankfurt a. M.: 75–95.
Simon, Ralf (2001). „Theorie der Komödie". In: *Theorie der Komödie – Poetik der Komödie*. Hrsg. von Ralf Simon. Bielefeld: 47–66.
Singer, Ben (2001). *Melodrama and Modernity. Early Sensational Cinema and Its Contexts*. New York.
Sloterdijk, Peter (2009). *Du mußt Dein Leben ändern. Über Anthropotechnik*. Frankfurt a. M.
Smith, Matthew Wilson (2007). *The Total Work of Art. From Bayreuth to Cyberspace*. New York.
Smith, Patrick J. (1975). *The Tenth Muse. A Historical Study of the Opera Libretto*. New York.
Soeffner, Hans-Georg (1994). „Populisten: Profiteure, Handelsagenten und Schausteller ihrer Gesellschaften". In: *Politikertypen in Europa*. Hrsg. von Helmuth Berking, Ronald Hitzler und Sighard Neckel. Frankfurt a. M.: 259–279.
Soeffner, Hans-Georg (2000). „Erzwungene Ästhetik. Repräsentation, Zeremoniell und Ritual in der Politik". In: H.-G. Soeffner, *Gesellschaft ohne Baldachin. Über die Labilität von Ordnungskonstruktionen*. Weilerswist: 280–309.
Soeffner, Hans-Georg (2005). „Stile des Lebens. Ästhetische Gegenentwürfe zur Alltagspragmatik". In: H.-G. Soeffner, *Zeitbilder. Versuche über Glück, Lebensstil, Gewalt und Schuld*. Frankfurt a. M. und New York: 17–48.
Soeffner, Hans-Georg, und Jürgen Raab (2008). „Politik im Film. Über die Präsentation der Macht und die Macht der Präsentation". In: *Gesellschaft im Film*. Hrsg. von Markus Schroer. Konstanz: 171–197.
Soeffner, Hans-Georg, und Dirk Tänzler (Hrsg.) (2002a). *Figurative Politik. Zur Performanz der Macht in der modernen Gesellschaft*. Opladen.
Soeffner, Hans-Georg, und Dirk Tänzler (2002b). „Medienwahlkämpfe – Hochzeiten ritueller Politikinszenierung". In: *Wahl-Kämpfe. Betrachtungen über ein demokratisches Ritual*. Hrsg. von Andreas Dörner und Ludgera Vogt. Frankfurt a. M.: 92–115.
Sokel, Walter Herbert (1970). „Brecht und der Expressionismus". In: *Die sogenannten Zwanziger Jahre*. Hrsg. von Reinhold Grimm und Jost Hermand. Berlin u. a.: 47–74.
Sørensen, Bengt Algot (1984). *Herrschaft und Zärtlichkeit. Der Patriarchalismus und das Drama im 18. Jahrhundert*. München.
Soyinka, Wole (1974). „Tanz der Wälder". In: *Stücke Afrikas*. Hrsg. von Joachim Fiebach. Berlin: 58–157.
Soyinka, Wole (1981). *Opera Wonyosi*. London.
Spivak, Gayatry Chakravorty (2000). „Translation as Culture". In: *Parallax* 6.1: 13–24.
Spregelburd, Rafael (2010). „Schultzundbielerundsteger". In: *Dramaturgia Entrelíneas. Reflejos y otras obras*. Hrsg. von Matías Feldman. Buenos Aires: 21–60.
Stackelberg, Jürgen von (2005). *Molière. Eine Einführung*. Stuttgart.
Staël, Madame de (1989 [1810]). *Über Deutschland*. Berlin.
Staffler, Armin (2009). *Augusto Boal. Einführung*. Essen.
Stanisavljevic, Marija (2015). „Gestörte Sehordnung. Ästhetische Dimensionen der Protestkommunikation". In: *Sozialer Sinn. Zeitschrift für hermeneutische Sozialforschung* 16.1: 27–48.

Stanislawski, Konstantin (2007). *Stanislawski Reader. Die Arbeit des Schauspielers an sich selbst und an der Rolle*. Hrsg. und ausgw. von Bernd Stegemann. Berlin.
States, Bert O. (1985). *Great Reckonings in Little Rooms. On the Phenomenology of Theater*. Berkeley.
Stefanek, Paul (1985). „Lesedrama? Überlegungen zur szenischen Transformation ‚bühnenfremder' Dramaturgie". In: *Das Drama und seine Inszenierung*. Hrsg. von Erika Fischer-Lichte. Tübingen: 133–145.
Stegemann, Bernd (2007). „Riminis Mimesis. Laudatio zum Mülheimer Theaterpreis". In: *Theater heute* 8–9/2007: 1.
Stegemann, Bernd (2009). *Lektionen 1. Dramaturgie*. Berlin.
Stegemann, Bernd (2013). *Kritik des Theaters*. Berlin.
Stegemann, Bernd (²2014). *Kritik des Theaters*. Berlin.
Stegemann, Bernd (2015). *Lob des Realismus*. Berlin.
Steidle, Wolf (1972 [1943/1944]). „Die Gestalt des Thyest". In: *Senecas Tragödien*. Hrsg. von Eckard Lefèvre. Darmstadt: 490–499.
Steinbeck, Dietrich (1970). *Einleitung in die Theorie und Systematik der Theaterwissenschaft*. Berlin.
Steinhagen, Harald (1977). *Wirklichkeit und Handeln im barocken Drama. Historischästhetische Studien zum Trauerspiel des Andreas Gryphius*. Tübingen.
Steinmann, Siegfried (1985). *Sprache, Handlung, Wirklichkeit im deutschen Gegenwartsdrama. Studien zu Thomas Bernhard, Botho Strauß und Bodo Kirchhoff*. Frankfurt a. M.
Steltz, Christian (2010). *Zwischen Leinwand und Bühne. Intermedialität im Drama der Gegenwart und die Vermittlung von Medienkompetenz*. Bielefeld.
Sten, María (1982). *Vida e muerte del teatro náhuatl*. Xalapa.
Stenzel, Hartmut (1995). *Die französische „Klassik". Literarische Modernisierung und absolutistischer Staat*. Darmstadt.
Stephan, Inge (2004). *Inszenierte Weiblichkeit. Codierung der Geschlechter in der Literatur des 18. Jahrhunderts*. Köln u. a.
Stephan, Inge (²2006a). „Literaturwissenschaft". In: *Gender Studien. Eine Einführung*. Aktual. Auflage. Hrsg. von Christina von Braun und Inge Stephan. Stuttgart und Weimar: 284–293.
Stephan, Inge (2006b). *Medea. Multimediale Karriere einer mythologischen Figur*. Köln u. a.
Stephens, Anthony (1999). „Antizipation als Strukturprinzip im Werk Kleists". In: A. Stephens, *Kleist – Sprache und Gewalt*. Freiburg i.Br.: 453–471.
Stephens, Anthony (2005). „‚Die Grenzen überschwärmen'. Zur Problematik der Zeit in Kleists *Penthesilea*". In: *Sitzungsberichte der Bayerischen Akademie der Wissenschaften. Philosophisch-historische Klasse* 5: 1–36.
Stewart, Janet (2003). „Raum und Raumwahrnehmung in den dramatischen Werken Schnitzlers". In: *Arthur Schnitzler im zwanzigsten Jahrhundert*. Hrsg. von Konstanze Fliedl. Wien: 105–119.
Stewart, Walter K. (1978). *Time Structure in Drama. Goethe's Sturm und Drang Plays*. Amsterdam.
Stierle, Karlheinz (1975). „Geschehen, Geschichte, Text der Geschichte". In: K. Stierle, *Text als Handlung. Perspektiven einer systematischen Literaturwissenschaft*. München: 49–55.
Stierle, Karlheinz (1976). „Über den Zusammenhang von Handlungstheorie und Handlungspoetik". In: *Poetica* 8: 321–326.
Stöckemann, Patricia (2001). *Etwas ganz Neues muß nun entstehen. Kurt Jooss und das Tanztheater*. München.

Stocker, Karl (1972). *Die dramatischen Formen in didaktischer Sicht*. Donauwörth.
Stöckmann, Ingo (2007). „Das innere Jenseits des Dialogs. Zur Poetik der Willensschwäche im intimen Drama um 1900 (Gerhart Hauptmann, Johannes Schlaf)". In: *Deutsche Vierteljahrsschrift für Literaturwissenschaft und Geistesgeschichte* 81.4: 584–617.
Stöckmann, Ingo (2011). *Naturalismus*. Stuttgart und Weimar.
Stollberg-Rilinger, Barbara (2005). „Herstellung und Darstellung politischer Einheit: Instrumentelle und symbolische Dimensionen politischer Repräsentation im 18. Jahrhundert". In: *Die Sinnlichkeit der Macht. Herrschaft und Repräsentation seit der Frühen Neuzeit*. Hrsg. von Jan Andres, Alexa Geisthövel und Matthias Schwengelbeck. Frankfurt a. M. und New York: 73–92.
Sträßner, Matthias (1980). *Analytisches Drama*. München.
Stricker, Achim (2008). *Text-Raum. Strategien nicht-dramatischer Theatertexte: Gertrude Stein, Heiner Müller, Werner Schwab, Rainald Goetz*. Heidelberg.
Stroud, Matthew D. (1993). „The Desiring Subject and the Promise of Salvation. A Lacanian Study of Sor Juana's *El divino Narciso*". In: *Hispania* 76.2: 204–212.
Suerbaum, Ulrich (1989). *Das elisabethanische Zeitalter*. Stuttgart.
Suerbaum, Ulrich (^{2}2001 [1996]). *Shakespeares Dramen*. Tübingen und Basel.
Suerbaum, Ulrich (^{3}2015). *Der Shakespeare-Führer*. Stuttgart.
Suerbaum, Werner (2002): „L. Livius Andronicus". In: *Die archaische Literatur. Von den Anfängen bis Sullas Tod* [= *Handbuch der lateinischen Literatur der Antike*, Bd. 1]. Hrsg. von Werner Suerbaum. München: 93–104.
Sulzer, Johann Georg (^{2}1778/1779 [1771–1774]). *Allgemeine Theorie der schönen Künste, in einzeln nach alphabetischer Ordnung der Kunstwörter auf einander folgenden, Artikeln abgehandelt*. 4 Bde. 2., verbesserte Aufl. Leipzig.
Sulzer, Johann Georg (^{2}1794). „Tragödie, Trauerspiel". In: J. G. Sulzer, *Allgemeine Theorie der Schönen Künste*. Theil IV. Neue, vermehrte zweite Aufl. Leipzig: 557–598.
Szarota, Elida Maria (1975). „Das Jesuitendrama als Vorläufer der modernen Massenmedien". In: *Daphnis* 4: 129–143.
Szondi, Peter (1956). *Theorie des modernen Dramas*. Frankfurt a. M.
Szondi, Peter (^{3}1959). *Theorie des modernen Dramas*. Frankfurt a. M.
Szondi, Peter (^{4}1963). *Theorie des modernen Dramas*. Frankfurt a. M.
Szondi, Peter (^{5}1965). *Theorie des modernen Dramas*. Frankfurt a. M.
Szondi, Peter (1973a). *Die Theorie des bürgerlichen Trauerspiels im 18. Jahrhundert. Der Kaufmann, der Hausvater und der Hofmeister*. Hrsg. von Gerd Mattenklott. Frankfurt a. M.
Szondi, Peter (1973b). „Tableau und coup de théâtre. Zur Sozialpsychologie des bürgerlichen Trauerspiels bei Diderot. Mit einem Exkurs über Lessing". In: *Lektüren und Lektionen. Versuche über Literatur, Literaturtheorie und Literatursoziologie*. Frankfurt a. M.: 13–43.
Szondi, Peter (^{14}1979). *Theorie des modernen Dramas*. Frankfurt a. M.
Taine, Hippolyte (1863). *Histoire de la littérature anglaise*. Paris.
Takemoto, Mikio (2008). „On the Principle of *jo-ha-kyū* in Contemporary *Nō* Theatre". In: *Nō Theatre Transversal*. Hrsg. von Stanca Scholz-Cionca und Christopher Balme. München: 69–74.
Tang, Xianzu (2000). *The Peony Pavilion*. Aus dem Chines. von Rongpei Wang. Changsha.
Tansi, Sony Labou (1989). *Qui a mangé Madame d'Avoine Bergotha?* Carnières.
Tänzler, Dirk (2003). „Zur Geschmacksdiktatur in der Mediendemokratie. Ein Traktat über politische Ästhetik". In: *Merkur* 57.11: 1025–1033.

Tänzler, Dirk (2005a). „Repräsentation als Performanz: Die symbolisch-rituellen Ursprünge des Politischen im *Leviathan* des Thomas Hobbes". In: *Die Sinnlichkeit der Macht. Herrschaft und Repräsentation seit der Frühen Neuzeit*. Hrsg. von Jan Andres, Alexa Geisthövel und Matthias Schwengelbeck. Frankfurt a. M.: 19–44.

Tänzler, Dirk (2005b). „Theatrokratie. Oder: Zur Geschmacksdiktatur in der Mediendemokratie". In: *Diskurse des Theatralen*. Hrsg. von Erika Fischer-Lichte, Christian Horn, Sandra Umathum und Matthias Warstat. Tübingen und Basel: 135–149.

Tänzler, Dirk (2007). „Politisches Charisma in der entzauberten Welt". In: *Macht und Herrschaft. Zur Revision zweier soziologischer Grundbegriffe*. Hrsg. von Peter Gostmann und Peter-Ulrich Merz-Benz. Wiesbaden: 107–137.

Tänzler, Dirk (2008). „Repräsentation. Brücke zwischen Phänomenologie und Soziologie des Politischen". In: *Phänomenologie und Soziologie. Theoretische Positionen, aktuelle Problemfelder und empirische Umsetzungen*. Hrsg. von Jürgen Raab, Michaela Pfadenhauer, Peter Stegmaier, Jochen Dreher und Bernt Schnettler. Wiesbaden: 273–282.

Tänzler, Dirk (2015). *Was sagt uns die Charlie-Hebdo-Karikatur ‚Je suis Charlie'?* In: GlobKult Magazin, 1. April 2015. http://www.globkult.de/kultur/medien/994-was-sagt-uns-die-charlie-hebdo-karikatur-je-suis-charlie (1. Juni 2018).

Tarot, Rolf (1980). „Schuldrama und Jesuitentheater". In: *Handbuch des deutschen Dramas*. Hrsg. von Walter Hinck. Düsseldorf: 35–47.

Tatari, Marita (2014). „Bühne des Dramas. Primäre Exposition und Raum ästhetischer Erfahrung". In: *Bühne. Raumbildende Prozesse im Theater*. Hrsg. von Norbert Otto Eke, Ulrike Haß und Irina Kaldrack. München: 85–96.

Taylor, Diana (1991). *Theatre of Crisis. Drama and Politics in Latin America*. Lexington, KY.

Taylor, Diana (2003). *The Archive and the Repertoire. Performing Cultural Memory in the Americas*. Durham, NC und London.

Taylor, Diana, und Sarah J. Townsend (2008a). „Preface". In: *Stages of Conflict. A Critical Anthology of Latin American Theatre and Performance*. Ann Arbor, MI: xi–xiii.

Taylor, Diana, und Sarah J. Townsend (Hrsg.) (2008b). *Stages of Conflict. A Critical Anthology of Latin American Theatre and Performance*. Ann Arbor, MI.

Taylor, Laurie K. (2008). „Baring the Child's Neck: A Queer Reading of Elfriede Jelinek's *Krankheit oder Moderne Frauen*". In: *queere (t)ex(t)perimente*. Hrsg. von Franziska Bergmann, Jennifer Moos und Claudia Münzing. Freiburg i.Br.: 127–142.

Temkine, Raymonde (1967). *L'entreprise théâtre*. Paris.

Temkine, Raymonde (1992). *Le théâtre en l'état*. Paris.

Ter-Nedden, Gisbert (1986). *Lessings Trauerspiele. Der Ursprung des modernen Dramas aus dem Geist der Kritik*. Stuttgart.

Thanouli, Eleftheria (2009). *Post-Classical Cinema. An International Poetics of Film Narration*. London.

Theater- und Mediengesellschaft Lateinamerika (Hrsg.) (1993–2000). *Moderne Dramatik Lateinamerikas*. 9 Bde. Frankfurt a. M.

Theele, Ivo (2014). „Losgelöst von Zeit und Raum – Das Hotel als heterotoper Warteraum in Ulrich Bechers Exil-Drama *Samba*". In: *Intermedialität und Alterität, Migration und Emigration. Tendenzen der deutschsprachigen Literatur*. Hrsg. von Olivia C. Díaz Pérez, Florian Gräfe und Rolf G. Renner. Tübingen: 289–299.

Theweleit, Klaus (1988). *Buch der Könige*. Bd. 1: *Orpheus und Eurydike*. Frankfurt a. M.

Thieme, Paul (1966). „Das indische Theater". In: *Fernöstliches Theater*. Hrsg. von Heinz Kindermann. Stuttgart: 21–120.

Thomas von Aquin (1886–1892). *Die katholische Wahrheit oder die theologische Summa des Thomas von Aquin*. 12 Bde. Dt. wiedergegeben durch Ceslaus Maria Schneider. Regensburg. http://www.unifr.ch/bkv/summa/inhalt1.htm (1. Juni 2018).
Thomson, Peter (^{2}1992). *Shakespeare's Theatre*. London.
Thon, Jan-Noël (2011). „Computerspiele und der *War on Terror*". In: *Lesarten des Terrorismus*. Hrsg. von Norbert Greiner und Felix Sprang. Trier: 227–241.
Thorau, Henry (Hrsg.) (1996). *Moderne Dramatik Lateinamerikas*. Berlin.
Thornhill, Arthur H. (1993). *Six Circles, One Dewdrop. The Religio-Aesthetic World of Komparu Zenchiku*. Princeton.
Thorun, Claudia (2006). *Sarah Bernhardt. Inszenierungen von Weiblichkeit im Fin de siècle*. Hildesheim u. a.
Throsby, David (2001). *Economics and Culture*. Cambridge.
Thurn, Nike (2012). „Ein ‚Reicher Jude' – und dessen Konstrukteure. Zur Darstellung von Juden und Antisemiten in Fassbinders *Der Müll, die Stadt und der Tod*". In: *Prekäre Obsession. Minoritäten im Werk von Rainer Werner Fassbinder*. Hrsg. von Nicole Colin, Franziska Schößler und Nike Thurn. Bielefeld: 269–293.
Tietz, Manfred (2006). „Das Theater im Siglo de Oro". In: *Spanische Literaturgeschichte*. Hrsg. von Hans-Jörg Neuschäfer. Stuttgart: 152–184.
Totzeva, Sophia (1995). *Das theatrale Potential des dramatischen Textes. Ein Beitrag zur Theorie von Drama und Dramenübersetzung*. Tübingen.
Trencsényi, Katalin, und Bernadette Cochrane (Hrsg.) (2014). *New Dramaturgy. International Perspectives on Theory and Practice*. London.
Triana, José (1969). „Die Nacht der Mörder" [1964]. Aus dem kuban. Span. von Yvonne Sturzenberger. In: *Spectaculum* 12: 183–222.
Turk, Horst (1975). *Dialektischer Dialog. Literaturwissenschaftliche Untersuchung zum Problem der Verständigung*. Göttingen.
Turk, Horst (Hrsg.) (1992). *Theater und Drama. Theoretische Konzepte von Corneille bis Dürrenmatt*. Tübingen.
Turner, Cathy, und Synne Behrndt (2008). *Dramaturgy and Performance*. New York.
Turner, Victor (1982). *From Ritual to Theatre. The Human Seriousness of Play*. New York.
Turner, Victor (1986). *The Anthropology of Performance*. New York.
Turner, Victor (1989 [1982]). *Vom Ritual zum Theater. Der Ernst des menschlichen Spiels*. Aus dem Engl. von Sylvia M. Schomburg-Scherff. Frankfurt a. M.
Turner, Victor (1995 [1982]). *Vom Ritual zum Theater. Der Ernst des menschlichen Spiels*. Aus dem Engl. von Sylvia M. Schomburg-Scherff. Frankfurt a. M.
Ubersfeld, Anne (1996). *Lire le théâtre 3: Le dialogue de théâtre*. Paris.
Uerlings, Herbert (2011). „Figuren des Fremden bei Christa Wolf und Heiner Müller. Am Beispiel Medeas". In: *Interkulturelle Begegnungen in Literatur, Film und Fernsehen. Ein deutschjapanischer Vergleich*. Hrsg. von Hilaria Gössmann, Renate Jaschke und Andreas Mrugalla. München: 59–76.
Unger, Thorsten (1993). *Handeln im Drama. Theorie und Praxis bei J. Chr. Gottsched und J. M. R. Lenz*. Göttingen.
Urbach, Reinhard (1973). *Die Wiener Komödie und ihr Publikum. Stranitzky und die Folgen*. Wien.
Van Cleve, John W. (1986). *The Merchant in German Literature of the Enlightenment*. Chapel Hill, NC und London.
Van Imschoot, Myriam (2003). „Anxious Dramaturgy". In: *Woman & Performance. A Journal of Feminist Theory* 13.2: 57–68.

Varney, Denise (2010). „,Right now Austria looks ridiculous'. *Please love Austria!* – Reforging the Interaction between Art and Politics". In: *Christoph Schlingensief. Art without Borders.* Hrsg. von Tara Forrest und Anna Teresa Scheer. Bristol und Chicago: 105–122.
Vasari, Giorgio (1967). *Le Vite de' più eccellenti pittori, scultori e architettori, nelle redazioni del 1550 e 1568.* Bd. 2.1. Bearb. von Rosanna Bettarini. Florenz.
Vass-Rhee, Freya (2015). „Distributed Dramaturgies: Navigating with Boundary Objects". In: *Dance Dramaturgy. Modes of Agency, Awareness and Engagement.* Hrsg. von Pil Hansen und Darcey Callison. Basingstoke: 87–105.
Vera, Dusya, und Mary Crossan (2004). „Strategic Leadership and Organizational Learning". In: *The Academy of Management Review* 29.2: 222–240.
Verdalle, Laure de (2006). *Le théâtre en transition. De la RDA aux nouveaux Länder.* Paris.
Villegas, Juan (1988). *Idelogía e discurso crítico sobre el teatro de España y América Latina.* Minneapolis.
Vinaver, Michel (1987). *Le compte rendu d'Avignon. Des milles maux dont souffre l'édition théâtrale et des trente-sept remèdes pour l'en soulager.* Arles.
Voegelin, Eric (1959 [1952]). *Die Neue Wissenschaft der Politik. Eine Einführung.* Aus dem Amerikan. von Ilse Gattenhof. München.
Vogel, Juliane (2002). *Die Furie und das Gesetz. Zur Dramaturgie der „großen Szene" in der Tragödie des 19. Jahrhunderts.* Freiburg i. Br.
Vogel, Juliane (2013). „Zurüstungen für den Medienverbund. Zur Selbstaufgabe der Dichtung im Melodram um 1800". In: *Das Melodram. Ein Medienbastard.* Hrsg. von Bettine Menke u. a. Berlin: 36–50.
Vogel, Juliane, und Christopher Wild (Hrsg.) (2014a). *Auftreten. Wege auf die Bühne.* Berlin.
Vogel, Juliane, und Christopher Wild (2014b). „Auftreten. Wege auf die Bühne". In: *Auftreten. Wege auf die Bühne.* Hrsg. von Juliane Vogel und Christopher Wild. Berlin: 7–21.
Vogl, Joseph (2004). *Kalkül und Leidenschaft. Poetik des ökonomischen Menschen.* Berlin und Zürich.
Vogler, Christopher (2010). *Die Odyssee des Drehbuchschreibers. Über die mythologischen Grundmuster des amerikanischen Erfolgskinos.* Aus dem Amerikan. von Frank Kuhnke. Frankfurt a. M.
Von Geldern, James (1993). *Bolshevik Festivals 1917–1920.* Berkeley.
Wagner, Geoffrey (1975). *The Novel and the Cinema.* Rutherford, NJ.
Wagner, Martin (2012). „Zeit, Geschichte und Ästhetik im Wallenstein-Prolog". In: *Orbis Litterarum* 67.5: 366–386.
Wagner, Richard (2012 [1852]). *Oper und Drama.* Hrsg. und komm. von Klaus Kropfinger. Hamburg.
Waidelich, Jürgen-Dieter (1991). *Theatermanagement/Theaterorganisation. Geschichte, Grundprobleme und Tendenzen.* 2 Tle. Hagen.
Wald, Christina (2007). *Hysteria, Trauma and Melancholia. Performative Maladies in Contemporary Anglophone Drama.* Basingstoke und New York.
Waldenfels, Bernhard (2004a). „Mimetische Differenz und pathische Impulse". In: *AufBrüche. Theaterarbeit zwischen Text und Situation.* Hrsg. von Patrick Primavesi und Olaf A. Schmitt. Berlin: 62–67.
Waldenfels, Bernhard (2004b). *Phänomenologie der Aufmerksamkeit.* Frankfurt a. M.
Waldenfels, Bernhard (2010). *Sinne und Künste im Wechselspiel. Modi ästhetischer Erfahrung.* Berlin.
Warder, A. K. (1972–2011). *Indian Kāvya literature.* 8 Bände. Delhi.

Winternitz, Moriz (1920 [Nachdruck: Stuttgart 1968]). „Dramatische Dichtung". Geschichte der indischen Litteratur. Dritter Band. Die Kunstdichtung. Die wissenschaftliche Literatur. Neuindische Literatur. Leipzig: 160–265.
Waldmann, Günter (1996). Produktiver Umgang mit dem Drama. Eine systematische Einführung in das produktive Verstehen traditioneller und moderner Dramenformen und das Schreiben in ihnen. Für Schule (Sekundarstufe I und II) und Hochschule. Baltmannsweiler.
Walton, Kendall L. (1990). Mimesis as Make-Believe. On the Foundations of the Representational Arts. Cambridge, MA und London.
Wangemann, Jutta (Hrsg.) (2006). Prärie. Ein Benutzerhandbuch. Berlin.
Warning, Rainer (1976). „Elemente einer Pragmasemiotik der Komödie". In: Das Komische. Hrsg. von Wolfgang Preisendanz und Rainer Warning. München: 279–333.
Warstat, Matthias (2009). „Katharsis heute. Gegenwartstheater und emotionaler Stil". In: Grenzen der Katharsis in den modernen Künsten. Transformationen des aristotelischen Modells seit Bernays, Nietzsche und Freud. Hrsg. von Martin Vöhler und Dirck Linck. Berlin und Boston: 349–365.
Warstat, Matthias (2012). „Reenactment und Ritualisierung. Formen der Wiederholung in politischen Bewegungen". In: Theater als Zeitmaschine. Zur performativen Praxis des Reenactments. Theater- und kulturwissenschaftliche Perspektiven. Hrsg. von Jens Roselt und Ulf Otto. Bielefeld: 213–228.
Wartemann, Geesche (2002). Theater der Erfahrung. Authentizität als Forderung und als Darstellungsform. Hildesheim.
Watzlawick, Paul, Janet H. Beavin und Don D. Jackson (1969). Menschliche Kommunikation. Formen, Störungen, Paradoxien. Bern.
Weber, Max (^{5}1976 [1921/1922]). Wirtschaft und Gesellschaft. Grundriß der verstehenden Soziologie. Rev. Aufl., Studienausg. Tübingen.
Weber, Max (1992 [1919]). „Politik als Beruf". In: M. Weber, Gesamtausgabe. Bd. 1.17. Hrsg. von Wolfgang J. Mommsen und Wolfgang Schluchter. Tübingen: 157–252.
Weber, Richard (1976). Proletarisches Theater und revolutionäre Arbeiterbewegung 1918–25. Köln.
Wegmann, Nikolaus (1988). Diskurse der Empfindsamkeit. Zur Geschichte eines Gefühls in der Literatur des 18. Jahrhunderts. Stuttgart.
Wei, Mei (2015). Zur Erneuerung der Kunoper. Renaissance der klassischen chinesischen Kunoper am Anfang des 21. Jahrhunderts. Göttingen.
Weidmann, Heiner (1994). „Ökonomie der ‚Großmuth'. Geldwirtschaft in Lessings Minna von Barnhelm und Nathan dem Weisen". In: Deutsche Vierteljahrsschrift für Literaturwissenschaft und Geistesgeschichte 68.3: 447–461.
Weigel, Sigrid (1992). „Passagen und Spuren des ‚Leib- und Bildraums' in Benjamins Schriften". In: Leib- und Bildraum. Lektüren nach Benjamin. Hrsg. von Sigrid Weigel. Köln u. a.: 49–64.
Weil, Henri (1991 [1847]). „Über die Wirkung der Tragödie nach Aristoteles". In: Die Aristotelische Katharsis. Dokumente ihrer Deutung im 19. und 20. Jahrhundert. Hrsg. von Matthias Luserke. Hildesheim u. a.: 69–79.
Weiler, Christel (^{2}2014). „Interkulturalität". In: Metzler Lexikon Theatertheorie. Hrsg. von Erika Fischer-Lichte, Doris Kolesch und Matthias Warstat. Aktual. und erw. Aufl. Stuttgart und Weimar: 167–170.
Weimann, Robert (1967). Shakespeare und die Tradition des Volkstheaters. Soziologie, Dramaturgie, Gestaltung. Berlin.

Weimann, Robert (1988). *Shakespeare und die Macht der Mimesis*. Berlin.
Weimann, Robert, und Douglas Bruster (2008). *Shakespeare and the Power of Performance. Stage and Page in the Elizabethan Theatre*. Cambridge.
Weinrich, Harald (1985). *Wege der Sprachkultur*. Stuttgart.
Weiss, Peter (1968). „Notizen zum dokumentarischen Theater". In: P. Weiss, *Dramen*. Bd. 2. Frankfurt a. M.: 464–472.
Weissberg, Liliane (Hrsg.) (1994). *Weiblichkeit als Maskerade*. Frankfurt a. M.
Weixler, Antonius (2015). „Zeit im Drama. Max Frischs *Die Chinesische Mauer* als ein Spiel mit Präzipitation, Gegenwärtigkeit und Simultaneität". In: *Zeiten erzählen. Ansätze – Aspekte – Analysen*. Hrsg. von Antonius Weixler und Lukas Werner. Berlin und Boston: 153–177.
Wellbery, David E. (1997). „*Der zerbrochne Krug*. Das Spiel der Geschlechterdifferenz". In: *Kleists Dramen*. Hrsg. von Walter Hinderer. Stuttgart: 11–32.
Wells, Stanley (Hrsg.) (1986). *The Cambridge Companion to Shakespeare Studies*. Cambridge.
Welsch, Wolfgang (2012). „Was ist eigentlich Transkulturalität?" In: *Kulturen in Bewegung. Beiträge zur Theorie und Praxis der Transkulturalität*. Hrsg. von Dorothee Kimmich und Schamma Schahadat. Bielefeld: 25–40.
Welsch, Wolfgang (2017): *Transkulturalität. Realität – Geschichte – Aufgabe*. Wien.
Werling, Susanne (1989). *Handlung im Drama. Versuch einer Neubestimmung des Handlungsbegriffs als Beitrag zur Dramenanalyse*. Frankfurt a. M. u. a.
Wermke, Jutta (1977). „Drama +/– Theater. Variationen zum Thema ‚Dramentext und Theateraufführung als Unterrichtsgegenstände' unter besonderer Berücksichtigung des Regiebuchs als Beitrag zur Lösung des ‚Klassikerproblems'". In: *Das Drama in der Sekundarstufe*. Hrsg. von Klaus Göbel. Kronberg/Ts.: 238–268.
West, Stephen H., und Wilt L. Idema (1982). *Chinese Theater 1100–1450. A Source Book*. Wiesbaden.
White, Hayden (1987). *The Content of the Form. Narrative Discourse and Historical Representation*. Baltimore u. a.
Wickert, Lena (2006). „‚Das muss schon Samt sein – das verbindet man mit Theater'. Das Theater und sein Publikum". In: *Medien im Alltag. Qualitative Studien zu Nutzungsmotiven und zur Bedeutung von Medienangeboten*. Hrsg. von Nathalie Huber und Michael Meyen. Münster und Berlin: 247–266.
Wickert, Nadine (2014). „*Der Stellvertreter*" *und seine Umsetzung in Theater und Film. Das Politische in Rolf Hochhuths Drama, Erwin Piscators Bühneninszenierung und Constantin Costa-Gavras' Film*. Hamburg.
Wickham, Glynne, Herbert Berry und William Ingram (Hrsg.) (2000). *English Professional Theatre, 1530–1660*. Cambridge u. a.
Wieland, Christoph Martin (1967 [1773]). „Der Geist Shakespeares". In: C. M. Wieland, *Werke in vier Bänden*. Bd. 4: *Schriften zu Literatur, Sprache, Theater, Philosophie, Religion und Politik*. Hrsg. von Hans Böhm. Berlin und Weimar: 31–35.
Wiener, Claudia (2006). *Stoische Doktrin in römischer Belletristik. Das Problem von Entscheidungsfreiheit und Determinismus in Senecas Tragödien und Lucans Pharsalia*. München.
Wiens, Birgit (2000). *„Grammatik" der Schauspielkunst. Die Inszenierung der Geschlechter in Goethes klassischem Theater*. Tübingen.
Wierlacher, Alois (1999). „Interkulturelle Germanistik". In: *Interkulturalität. Grundprobleme der Kulturbegegnung*. Hrsg. von Paul Drechsel. Trier: 145–172.

Wierlacher, Alois (2003). „Interkulturelle Germanistik. Zur ihrer Geschichte und Theorie. Mit einer Forschungsbibliographie". In: *Handbuch interkulturelle Germanistik*. Hrsg. von Alois Wierlacher und Andrea Bogner. Stuttgart und Weimar: 1–45.
Wierlacher, Alois, und Andrea Bogner (Hrsg.) (2003). *Handbuch interkulturelle Germanistik*. Stuttgart und Weimar.
Willems, Gottfried (1989). *Anschaulichkeit. Zu Theorie und Geschichte der Wort-Bild-Beziehungen und des literarischen Darstellungsstils*. Tübingen.
Willems, Herbert, und Martin Jurga (Hrsg.) (1998). *Inszenierungsgesellschaft. Ein einführendes Handbuch*. Opladen.
Willett, John (1982). *Erwin Piscator. Die Eröffnung des politischen Zeitalters auf dem Theater*. Aus dem Engl. von Peter Keller. Frankfurt a. M.
Williams, David (1991). *Peter Brook and the Mahabharata. Critical Perspectives*. London u. a.
Williams, Tennessee (1956). *Die Katze auf dem heißen Blechdach. Die tätowierte Rose*. Aus dem Amerikan. von Hans Sahl und Berthold Viertel. Frankfurt a. M.
Williamson, Margaret (1990). „A Woman's Place in Euripides' Medea". In: *Euripides, Women, and Sexuality*. Hrsg. von Anton Powell. London und New York: 16–31.
Willms, Weertje (2013). „Zwischen Überschwang und Repression. Zum Zusammenhang von Männlichkeit und Emotionen im bürgerlichen Trauerspiel und im sozialen Drama". In: *Literarische Männlichkeiten und Emotionen*. Hrsg. von Toni Tholen und Jennifer Clare. Heidelberg: 141–175.
Wilm, Marie-Christin (2009). „Die Grenzen tragischer Katharsis. Jacob Bernays' Grundzüge der verlorenen Abhandlung des Aristoteles (1857) im Kontext zeitgenössischer Tragödientheorie". In: *Grenzen der Katharsis in den modernen Künsten. Transformationen des aristotelischen Modells seit Bernays, Nietzsche und Freud*. Hrsg. von Martin Vöhler und Dirck Linck. Berlin und Boston: 21–62.
Wilm, Marie-Christin (2010). „Ultima Katharsis. Zur Transformation des Aristotelischen Tragödiensatzes nach 1800". In: *Die Tragödie der Moderne. Gattungsgeschichte – Kulturtheorie – Epochendiagnose*. Hrsg. von Daniel Fulda und Thorsten Valk. Berlin und Boston: 85–105.
Winkgens, Meinhard (1975). *Das Zeitproblem in Samuel Becketts Dramen*. Bern und Frankfurt a. M.
Wirth, Andrzej (1980). „Vom Dialog zum Diskurs. Versuch einer Synthese der nachbrechtschen Theaterkonzepte". In: *Theater heute* 1/1980: 16–19.
Wirth, Andrzej (1982). „Die Auflösung der dramatischen Figur oder ‚I am because my little dog knows me'". In: *Theater heute* 10/1982: 38–39.
Wirth, Andrzej (1987). „Realität auf dem Theater als ästhetische Utopie oder: Wandlungen des Theaters im Umfeld der Medien". In: *Gießener Universitätsblätter* 2: 83–91.
Woitas, Monika (2004). *Im Zeichen des Tanzes. Zum ästhetischen Diskurs der darstellenden Künste zwischen 1760 und 1830*. Herbolzheim.
Wolf, Christof (2000). „Das Jesuitentheater in Deutschland". In: *Ignatius von Loyola und die Pädagogik der Jesuiten. Ein Modell für Schule und Persönlichkeitsbildung*. Hrsg. von Rüdiger Funiok und Harald Schöndorf. Donauwörth: 172–199.
Wolf, Friedrich (1967 [1928]). „Kunst ist Waffe! Eine Feststellung". In: F. Wolf, *Gesammelte Werke in 16 Bänden*. Bd. 15: *Aufsätze 1919–1944*. Berlin und Weimar: 76–96.
Woodmansee, Martha, und Mark Osteen (Hrsg.) (1999). *The New Economic Criticism. Studies at the Intersection of Literature and Economics*. London und New York.
Woolf, Virginia (1981 [1929]). *Ein Zimmer für sich allein*. Frankfurt a. M.

Worbs, Michael (2009). „Katharsis in Wien um 1900". In: *Grenzen der Katharsis in den modernen Künsten. Transformationen des aristotelischen Modells seit Bernays, Nietzsche und Freud*. Hrsg. von Martin Vöhler und Dirck Linck. Berlin und Boston: 93–113.
Worthen, William B. (2010). *Drama. Between Poetry and Performance*. Chichester.
Wortmann, Thomas (Hrsg.) (2017). *Mannheimer Anfänge. Beiträge zu den Gründungsjahren des Nationaltheaters Mannheim 1777–1820*. Göttingen.
Wronewitz, Petra (Hrsg.) (1999). *Das Theater und das Urheberrecht. Versuche einer Aufklärung*. Gießen.
Wurst, Karin A. (Hrsg.) (1991). *Frauen und Drama im achtzehnten Jahrhundert*. Köln und Wien.
Würzbach, Natascha (2004). „Raumdarstellung". In: *Erzähltextanalyse und Gender Studies*. Hrsg. von Ansgar Nünning und Vera Nünning. Stuttgart: 49–68.
Zadek, Peter (2003). *Menschen, Löwen, Adler. Rebhühner. Theaterregie*. Köln.
Zayas de Lima, Perla (1997). „Das argentinische Theater und die Krise des dramatischen Textes". In: *Theater im Schutt der Systeme. Dokumentation einer Begegnung zwischen dem Cono Sur und Deutschland*. Hrsg. von Kati Röttger und Martin Roeder-Zerndt. Frankfurt a. M.: 105–110.
Zeller, Rosmarie (2005). „Tragödientheorie, Tragödienpraxis und Leidenschaften". In: *Passion, Affekt und Leidenschaft in der Frühen Neuzeit*. Bd. 2. Hrsg. von Johann Anselm Steiger. Wiesbaden: 691–704.
Zierl, Andreas (1994). *Affekte in der Tragödie. Orestie, Oidipus Tyrannos und die Poetik des Aristoteles*. Berlin.
Zimmer, Reinhold (1982). *Dramatischer Dialog und außersprachlicher Kontext. Dialogformen in deutschen Dramen des 17. bis 20. Jahrhunderts*. Göttingen.
Zimmermann, Bernhard (1998). *Die griechische Komödie*. Düsseldorf und Zürich.
Zimmermann, Bernhard (2000). *Europa und die griechische Tragödie. Vom kultischen Spiel zum Theater der Gegenwart*. Frankfurt a. M.
Zimmermann, Bernhard (2017). *Die griechische Tragödie*. Stuttgart.
Zimmermann, Olaf, und Theo Geißler (Hrsg.) (2015). *Save the Rights! Politik & Kultur – Dossier „Verwertungsgesellschaften"*. Berlin. http://kulturrat.de/wp-content/uploads/altdocs/dossiers/vg2.pdf (1. Juni 2018).
Zitzenbacher, Walter (1965). *Hanswurst und die Feenwelt. Von Stranitzky bis Raimund*. Wien.
Zumbusch, Cornelia (2011). *Die Immunität der Klassik*. Frankfurt a. M.
Zymner, Rüdiger (2003). *Gattungstheorie. Probleme und Positionen der Literaturwissenschaft*. Paderborn.
Zymner, Rüdiger (Hrsg.) (2010). *Handbuch Gattungstheorie*. Stuttgart und Weimar.
1, 2, 3,

Namens- und Sachregister

Namensregister

Aarseth, Espen 598
Abbate, Carolyn 536, 539, 543
Abe Kōbō 237
Abert, Anna Amalie 535, 547
Abhinavagupta 253
Abirached, Robert 421
Abraham, Ulf 512
Abs, Hermann Josef 446
Acconci, Vito 146
Acevedo Hernández, Antonio 223
Achternbusch, Herbert 156
Ackermann, Konrad Ernst 88
Adams, John 535
Addison, Joseph 87
Adenauer, Konrad 139
Adler, Heidrun 217, 220, 223
Adorno, Theodor W. 23, 137, 272, 274 f., 416
Aidoo, Ama Ata 215
Aischylos 11, 17, 39, 42 f., 46–48, 55, 110, 377, 387, 393, 468
Albee, Edward 135, 139, 148, 365
Alberti, Leon Battista 66
Albrecht, Heike 556
Alfons II. d'Este, Herzog von Ferrara 108
Allmann, Uwe 421
Alt, Peter-André 94, 201, 336, 503
Amlinger, Carolin 624
Ammann, Felizitas 546
Anderson, Laurie 146
Andrade, Oswald de 223 f.
Andrew, Dudley 541 f.
Angiolini, Gasparo 551
Anouilh, Jean 139
Antoine, André 127, 284, 429 f.
Anzengruber, Ludwig 120
Apollinaire, Guillaume 140 f.
Apollonia von Alexandria 60
Apollonios von Rhodos 117
Appia, Adolphe 3, 132, 286, 344, 604
Araujo, Antonio 226
Arendt, Hannah 144, 341
Arias, Lola 144, 157

Arion von Lesbos 44
Ariosto, Ludovico 67
Aristophanes 48, 199, 342, 384
Aristoteles 7, 11 f., 17, 19, 25, 32 f., 43, 45–50, 63–65, 79–81, 86 f., 89 f., 92–95, 106, 109, 118, 163–167, 169 f., 173, 175, 177 f., 188, 192, 195–199, 201, 203, 216, 270 f., 274, 281, 293 f., 300, 307 f., 313, 322–324, 326, 331, 333–335, 378, 392, 406, 438, 467 f., 480 f., 499, 502 f., 550, 593–595, 597, 600, 607, 635 f., 643
Arnold, Heinz Ludwig 444
Arrabal, Fernando 140
Artaud, Antonin 3, 16, 25, 39, 132, 141–143, 145, 176, 338, 380, 392, 398, 479, 505, 546, 555, 612 f.
Ashikaga Yoshimitsu 228
Ashley, Wayne 261
Asmuth, Bernhard 163–170, 172–174, 177
Aśvaghoṣa 255
Atahualpa, König des Inka-Reichs 221
Atzpodien, Uta 225
Augé, Marc 280
Augustinus 57, 438
Austin, John L. 3, 396, 491
Ayckbourn, Alan 409

Bachelard, Gaston 24, 281
Bachmann-Medick, Doris 20
Bachofen, Johann Jakob 607
Bachtin, Michail M. 177, 188, 280, 306
Backe, Hans-Joachim 592
Bacon, Francis 605
Badham, Richard 623
Badiou, Alain 417
Baecker, Dirk 15
Bähr, Christine 5 f., 183, 276, 353, 617, 623
Bahr, Hermann 336, 607
Baillon, Jacques 433
Bai Pu 244
Balestrini, Naseem Winnie 537
Balhar, Susanne 169

Balk, Claudia 370
Ball, Hugo 277
Balme, Christopher 12, 14, 175 f., 350 f., 376, 378–382, 412 f., 418, 421, 509, 548
Banfield, Chris 379
Banionis, Donatas 557
Bärfuss, Lukas 157, 408
Barish, Jonas 497
Bartel, Heike 359
Barth, Johannes 233
Barthes, Roland 23, 272, 412, 415, 637 f.
Barton, Brian 156
Basting, Barbara 545
Bateson, Gregory 394
Batteux, Charles 164, 171
Baudissin, Wolf Heinrich Graf von 78
Baudrillard, Jean 23
Bauer, Gerhard 191, 193
Bauer, Oswald Georg 134
Bauer, Wolfgang Maria 154
Bäuerle, Adolf 123
Bauersima, Igor 157
Baumol, William J. 627
Baur, Detlev 187
Bausch, Pina 150, 320, 554–556
Bayer, Udo 272
Bayerdörfer, Hans-Peter 5, 181, 190, 203, 307, 405, 439, 467
Bazinger, Irene 386, 405, 409
Beauchamp, Pierre 550
Beaumarchais, Pierre-Augustin Caron de 431, 542
Becher, Johannes R. 528
Beck, Andreas 366
Beck, Julian 143, 351, 613
Becker, Heinz 125
Becker-Cantarino, Barbara 473
Becket, Thomas 303
Beckett, Samuel 18, 136, 140, 170, 181, 285, 301, 315, 545
Behme, Günter 189
Behrens, Peter 290 f.
Behrndt, Synne 556
Beier, Karin 385
Beimdick, Walter 518 f.
Beise, Arnd 120, 342
Béjart, Madeleine 368

Belgrad, Jürgen 526
Bellisco, Manuel 556
Bellmann, Werner 128
Belting, Hans 57
Bemba, Sylvain 212
Bender, Joseph Carl von 103
Bender, Wolfgang F. 101
Bendix, Regina F. 579
Benedetto, André 348
Benedix, Roderich 119
Benjamin, Walter 274 f., 316 f., 347, 416, 487, 639 f., 645
Benl, Oscar 229
Benthien, Claudia 194, 356
Beolco, Angelo. Siehe Ruzzante
Berg, Alban 545
Berg, Günter 621
Berg, Markus 623
Berg, Sibylle 158, 364
Berger-Prößdorf, Tamara 137
Berghahn, Klaus L. 186, 188 f.
Berghaus, Ruth 148
Bergmann, Franziska 5, 26, 311 f., 365 f.
Bergson, Henri 16, 84, 93, 315
Berio, Luciano 548
Berker, Klaus 515
Berking, Helmuth 634
Berlusconi, Silvio 348
Berman, Sabina 226
Bernard, Claude 127
Bernays, Jacob 335, 607
Bernbrunn, Karl Andreas von. Siehe Carl, Carl
Bernhard, Thomas 148, 150
Bernhardt, Sarah 370
Bernsdorff, Hans 47
Bertram, Georg W. 417
Beutin, Wolfgang 9
Beuys, Joseph 145
Beyme, Klaus von 634
Bhabha, Homi K. 220
Bharucha, Rustom 265, 378
Bhāsa 256
Bhatti, Anil 274
Bhavabhūti 257
Bianconi, Lorenzo 540
Bicker, Björn 157
Bidermann, Jakob 68

Biehl-Missal, Brigitte 623
Bierbichler, Josef ‚Sepp' 479
Biermann, Armin 436
Biesenbach, Klaus 355
Binder, Katrin 263
Bin Laden, Osama 644
Binswanger, Hans Christoph 620
Birch-Pfeiffer, Charlotte 9, 12, 94f., 113f., 119, 406, 507
Birgfeld, Johannes 9, 94
Birkner, Nina 367
Birtwistle, Harrison 539
Bitterlich, Thomas 40
Blake, Andrew 540–542
Blanchet, Robert 583
Blanchot, Maurice 147
Blaschke, Bernd 619, 622
Blawid, Martin 360f.
Bleeker, Maaike 556
Blinn, Hansjürgen 89
Bloch, Natalie 26, 176, 194
Blöchle, Jana 526
Blum, Gerd 64
Blume, Horst-Dieter 341
Blumenberg, Hans 358
Boal, Augusto 220, 349f., 614f.
Bodenburg, Julia 19, 204, 276
Bodmer, Johann Jakob 270, 329
Boenisch, Peter M. 13, 307, 313
Boeser, Knut 134
Bogdal, Klaus-Michael 513
Bogner, Andrea 378
Bogusz, Tanja 16, 407, 420
Böhme, Fritz 553
Bohne, Rudolf 584
Bohner, Gerhard 554
Bohrer, Karl Heinz 416, 635
Böhtlingk, Otto von 252
Boileau, Nicolas 81
Boito, Arrigo 542f.
Bokassa, Jean-Bédel 213
Böll, Heinrich 142
Boltanski, Luc 623, 628
Bolter, Jay David 539
Bond, Edward 148
Bönnighausen, Marion 524f.
Borchmeyer, Dieter 198, 344, 535–538, 542

Bordwell, David 80, 559, 566
Borgards, Roland 95, 120
Bösch, David 156
Boscolo, Cristina 207
Bossinade, Johanna 366
Bourdieu, Pierre 16, 28, 341, 420f., 423f., 429, 433, 436, 624, 626
Bourne, Matthew 553
Bovenschen, Silvia 360, 367
Bowen, William G. 627
Boyd, Mari 237
Boyken, Thomas 360–362
Boyle, Nicholas 501
Bradley, Laura 441, 445
Brahm, Otto 127, 129, 284
Brandl-Risi, Bettina 307
Brandon, James R. 235
Brandstetter, Gabriele 555
Braun, Hans E. 72
Braun, Volker 152, 303
Brauneck, Manfred 9, 40, 195, 289, 317, 442
Bray, René 197
Brecht, Bertolt 11, 18–21, 24–26, 34, 45, 110, 114, 122, 126, 130f., 134–138, 142–149, 151, 153, 182, 190, 202f., 211–213, 216, 237, 275–277, 285, 287, 295, 301, 309f., 316f., 343, 345f., 350, 365, 373, 381, 385, 407, 417, 466, 487–489, 492, 499, 502, 505, 509, 527, 555, 621f., 645
Breitinger, Johann Jakob 270, 329
Brejzek, Thea 292
Bremer, Kai 287
Brenner, Eva 630
Breth, Andrea 405, 409
Breton, André 145, 609
Breuer, Dieter 435, 440f.
Breuer, Ingo 309f., 319
Breuer, Joseph 336, 604, 607f.
Brincken, Jörg von 33, 405
Brinker, Felix 589
Brinker-Gabler, Gisela 362
Broch, Hermann 619
Bröckling, Ulrich 623
Brockmann, Johann Franz 116
Brook, Peter 23, 143, 265, 348, 351, 381
Brooks, Peter 337
Bruckner, Ferdinand 131, 316

Brückner, Heidrun 261
Bruegel, Pieter, d.Ä. 563
Brühl, Karl Graf von 101, 116, 125
Bruin, Hanne M. de 263
Brunner, Katja 158
Bruster, Douglas 199
Bryant-Bertail, Sarah 285
Bryden, Mary 548
Bubis, Ignatz 446
Bubner, Rüdiger 634
Büchner, Georg 8, 18, 25, 40, 91f., 95, 119f., 128, 141, 151, 180, 193, 309, 335, 343, 382, 527, 545, 620
Buck, George 442
Buenaventura, Enrique 220, 225
Bühler, Karl 192
Bühler-Dietrich, Annette 367
Bukowski, Oliver 154
Bulgakow, Michail 419
Burckhardt, Claudia 314
Burckhardt, Jacob 62, 607
Burdorf, Dieter 203
Bürger, Peter 133
Burke, Peter 63f., 81
Burmeister, Enno 52
Burri, Emil 136
Buschmeier, Matthias 201
Busson, Alain 421
Butler, Judith 342, 350, 356–358, 364f., 413
Büttner, Stefan 271

Caccini, Giulio 539
Caduff, Marc 498
Cage, John 10f., 32, 39, 132, 145, 546, 548
Calderón de la Barca, Pedro 72f., 109, 117, 423
Callison, Darcey 556
Calvin, Johannes 64
Campbell, Joseph 7, 572
Campbell, Lily Bess 326
Camper, Peter 91
Camus, Albert 139f.
Canetti, Elias 316
Cao Yu 22, 250
Carballido, Emilio 225
Carl, Carl 115, 406
Carlson, Marvin 405

Carné, Marcel 121
Carp, Stefanie 409
Carter, Angela 536
Cassirer, Ernst 644
Castel, Robert 623
Castells, Manuel 634
Castelvetro, Lodovico 64, 281, 326
Castorf, Frank 153, 352, 418f., 488, 494
Castoriadis, Cornelius 16
Catani, Beatríz 226
Cato 87
Caves, Richard E. 626
Certeau, Michel de 16, 24, 280
Cervantes Saavedra, Miguel de 73, 423
Césaire, Aimé 382
Chaplin, Charles Spencer ‚Charlie' 134
Chapple, Freda 418
Charcot, Jean-Martin 604
Charle, Christophe 420f., 423–426, 428, 431
Charles, Daniel 351, 416
Charpentier, Marc-Antoine 539
Chaucer, Geoffrey 198
Cheng, Anne Anlin 366
Cherea 69
Chevalier, Michel 217
Chiapello, Ève 623, 628
Chikamatsu Monzaemon 231, 233
Childs, Lucinda 146
Chin, Frank 366
Chronegk, Ludwig 430
Cicero 325
Cinzio 326
Ciulli, Roberto 385f.
Claes, Oliver 366
Claudel, Paul 139
Clemen, Wolfgang 189
Clemens, Gabriele B. 439, 441
Clooney, George 569f.
Cochrane, Bernadette 556
Coenen, Hans Georg 189
Coffi Gadeau, Germain 207f.
Colbert, Jean-Baptiste 81
Coleridge, Samuel Taylor 596
Colin, Nicole 15, 28, 420f., 427, 432, 620
Comte, Auguste 127f., 284
Condell, Henry 77

Conesa, Gabriel 189
Conter, Claude D. 9, 94
Copfermann, Emile 421
Corneille, Pierre 17, 79, 81–83, 87, 109, 197, 282f., 328, 342
Cornelissen, Joep 623
Coronil, Fernando 220
Corti, Lillian 358
Cosimo I. de' Medici 62
Cossel, Friederike von 15f., 408, 422, 617, 630
Craig, Edward Gordon 3, 10, 133, 286, 344, 395, 604
Cramer, Thomas 61
Cranko, John 552
Crimp, Martin 155, 353
Crommelin, Bernard van Wickevoort 341
Cronenberg, David 366
Crossan, Mary 623
Crow, Brian 379
Culler, Jonathan 403
Cumberland, Richard 477
Cunningham, Keith 572
Cunningham, Merce 145, 554

Dahlhaus, Carl 344, 406
Dahms, Sibylle 552
Daiber, Hans 100
d'Alembert, Jean-Baptiste le Rond 98
Damm, Benjamin 346
Dammann, Rolf 327
Damon 269
Dangel-Hofmann, Frohmut 307
Daniel, Ute 99, 104, 117, 421f.
Danielpour, Richard 539
D'Annunzio, Gabriele 603
Dante Alighieri 144
Da Ponte, Lorenzo 542
Darwin, Charles 395
Dasgupta, Gautam 378
Dauberval, Jean 552
Davis, Ronnie 349
Davis, Tracy C. 367f.
Debord, Guy 646
Deck, Jan 498
Defilippis Novoa, Francisco 223
De Grazia, Margreta 470
Dehrmann, Mark-Georg 9

Deiters, Franz-Josef 290
DeJong, Constance 535
deLahunta, Scott 556
de la Parra, Marco Antonio 226
Deleuze, Gilles 16, 416, 561–564, 566, 573
De Man, Paul 400f.
Deng Xiaoping 214
de' Nobili, Francesco. Siehe Cherea
De Palma, Brian 394
Dermutz, Klaus 410
Derrida, Jacques 3, 273, 275, 296, 413, 416f.
Descartes, René 79, 90
Deschamps, François-Michel-Chrétien 87
Des Gilberts, Guillaume. Siehe Montdory
Desi, Thomas 545
Detken, Anke 279, 421f.
Devésa, Jean-Michel 210, 213
Devrient, Eduard 474, 476
Devrient, Ludwig 114
Diaconu, Mădălina 362
DiCaprio, Leonardo 557
Dick, Leo 546
Diderot, Denis 86, 91–95, 98, 174, 178, 201, 290, 307, 315, 474
Dietrich, Margret 116, 288
Diez, Georg 410
Dilthey, Wilhelm 125
Dingelstedt, Franz Freiherr von 116
Diomedes 177
Discépolo, Armando 223
Döblin, Alfred 580, 605
Dobson, Michael 470
Dolby, William 240, 242
Donatus 167
Dörner, Andreas 633
Dörr, Evelyn 553
Dörr, Volker C. 204
Dörre, Klaus 622f.
Dorst, Tankred 148, 154f.
Dort, Bernard 421
Dosse, François 147
Dostojewski, Fjodor 419
Dovizi da Bibbiena, Bernardo 68
Dowd, Garin 203
Dragún, Osvaldo 218
Drakakis, John 300
Dreher, Thomas 351

Dreßler, Roland 474, 502, 509
Dreysse, Miriam 354, 479
Dryden, John 103
Dubos, Jean-Baptiste 103
Düffel, John von 6, 31, 154
Dujardin, Édouard 606
Duncan, Isadora 32, 553
Dünne, Jörg 279, 287, 289
Dupré, Johanna 226
Dupree, Mary Helen 363, 367, 369
Duras, Marguerite 402
Durbridge, Francis 577
Dürer, Albrecht 270
Durkheim, Émile 642, 644
Dürrenmatt, Friedrich 141, 175, 285, 301
Duse, Eleonora 370
Düsing, Wolfgang 303

Eagleman, David 412
Ebert, Gerhard 472, 477
Eckermann, Johann Peter 110, 112
Eckersall, Peter 237 f.
Eco, Umberto 4, 414
Edelman, Murray 633 f.
Ehler, Ursula 155
Ehrlicher, Hanno 71 f., 74
Eibl, Karl 92
Eichmann, Adolf 144
Eikels, Kai van 292
Eikhof, Doris R. 628 f.
Einstein, Albert 302, 602
Ek, Mats 552
Eke, Norbert Otto 112, 347
Ekhof, Konrad 88 f., 102, 117, 474 f., 477
Elam, Keir 414
Elfert, Jennifer 15
Elias, Norbert 328, 423, 636
Eliot, T. S. 146, 303
Elisabeth I., Königin von England 74 f., 297, 299, 302, 304
Elizabeth of York, Königin von England 302
Elsaesser, Thomas 337, 559, 571
Emde, Ruth 86, 367, 369
Eming, Jutta 194
Eng, David L. 366
Engel, Antke 365

Engel, Johann Jakob 190, 329
Engelbert, Manfred 72
Engelmeier, Max-Paul 325
Engels, Friedrich 343
Englhart, Andreas 4 f., 14, 17, 27, 40, 45, 90, 95, 105, 123–125, 276, 350, 404–410, 416, 502
Ensberg, Claus 524
Enzelberger, Genia 187
Enzensberger, Christian 618
Enzensberger, Hans-Magnus 142, 148
Eppler, Erhard 633
Erken, Günther 9, 41, 45, 53, 55–58, 60, 65, 71, 101, 121, 155, 288 f., 404 f., 408
Erl, Andrea 520
Ernestus, Muriel 341
Erpulat, Nurkan 158, 386
Eschke, Gunther 584
Eschkötter, Daniel 337
Eskelinen, Markku 592
Esrig, David 70
Esslin, Martin 402
Ette, Wolfram 164, 204
Euripides 11, 17, 39, 42–44, 46–48, 55, 68, 82, 109 f., 117, 132, 146, 197, 377, 392–394, 397, 614
EXPORT, VALIE 145
Eysoldt, Gertrud 444, 608

Fabre, Jan 415, 488
Fahle, Oliver 566
Fallada, Hans 580
Fassbinder, Rainer Werner 144, 148, 386, 446, 580, 588
Faulkner, William 139
Faulstich, Werner 13, 418
Fauser, Markus 201
Fechter, Paul 195
Feldman, Morton 545
Fellini, Federico 156
Felsenstein, Walter 555
Ferraris, Maurizio 4, 23, 273
Fertl, Evelyn 367 f.
Feydeau, Georges 121
Fiawoo, Ferdinand Kwasi 208 f.
Fichte, Johann Gottlieb 115
Fick, Monika 94, 201

Fiebach, Joachim 9f., 21, 40, 79, 207, 211, 213, 216, 344, 379, 405, 506
Fiederer, Margrit 6, 618f.
Field, Syd 7, 566f.
Fielitz, Sonja 24
Firges, Janine 330
Fischer, Christine 536
Fischer, Samuel 127
Fischer-Lichte, Erika 9, 15, 176, 179f., 182, 185, 192f., 203, 286, 291f., 341, 344f., 372f., 379, 381f., 397, 413, 415, 421f., 429f., 439, 465, 474, 497, 506f., 509f., 637
Flashar, Hellmut 41, 469
Flaubert, Gustave 633
Fleig, Anne 12, 113, 363
Fleißer, Marieluise 120, 131, 145, 154, 621
Flemming, Willi 476f.
Fliedl, Konstanze 371
Floeck, Wilfried 220, 223, 421
Florida, Richard 630
Fo, Dario 348
Focke, Ann-Christin 341
Fokin, Michail M. 553
Folz, Hans 61
Fontane, Theodor 156
Forman, Simon 299
Fornés, María Irene 220
Forster, Georg 257
Forsythe, William 556
Fortmann, Patrick 617
Fosse, Jon 155
Foucault, Michel 24, 28, 85, 143, 147, 280, 296–298, 318, 364, 394, 436, 623, 638
Fox, Jonathan 614f.
Franco, Jean 220
Franz I., König von Frankreich 442
Franz Joseph I., Kaiser von Österreich 606
Frasca, Gonzalo 592, 598
Freeman, John Richardson 261
Frei, Nikolaus 3, 183
Freud, Sigmund 34, 130, 286, 336, 359, 398, 603–609
Frey-Vor, Gerlinde 585
Freyer, Achim 495
Freytag, Gustav 164, 167, 189–191, 312
Frick, Werner 196

Friedrich II., König von Preußen 308
Frisch, Max 141f., 285
Fritsch, Herbert 156
Fritz, Bärbel 421
Frommer, Harald 516–518
Fuchs, Georg 130, 176, 290f., 392
Fugard, Athol 212f.
Fuhrmann, Manfred 48, 271, 323, 468
Fulda, Daniel 6, 204, 617f.
Funke, Rainer 119
Furrer, Beat 548

Gabler, Hans Walter 470
Gabriel, Markus 4, 24, 273
Gaius Julius Caesar 109, 302
Gall, Franz Joseph 91
Gambaro, Griselda 225
Gao Ming 246
Gao Xingjian 251
Garber, Marjorie 365
Garbo, Greta 637f.
García, Rodrigo 342
Garrick, David 89
Gay, John 213, 618
Gebauer, Gunter 273f.
Geerdts, Hans Jürgen 622
Gehlen, Arnold 641f.
Geilhorn, Barbara 238
Geisenhanslüke, Achim 198
Geißendörfer, Hans W. 584
Geißler, Rolf 515
Geißler, Theo 431
Geitner, Ursula 367
Gellert, Christian Fürchtegott 96, 100
Genast, Eduard 111, 476
Genet, Jean 141, 181
Gennep, Arnold van 16, 391
Georgelou, Konstantina 556
Georg II., Herzog von Sachsen-Meiningen 125, 429
Gerhardi, Gerhard C. 618
Gerow, Edwin 253
Gerstenberg, Heinrich Wilhelm von 94
Gerstinger, Heinz 73
Gerstle, C. Andrew 231–233
Ghosh, Manomohan 252
Giehse, Therese 149

Gier, Albert 535, 537–539, 545f., 548
Gilbert, Helen 379
Gilcher-Holtey, Ingrid 341, 346, 621
Ginsberg, Allen 612
Gintersdorfer, Monika 385
Giraldi, Giovan Battista. Siehe Cinzio
Girard, René 274
Giraudoux, Jean 54, 309
Giroud, Vincent 540
Girshausen, Theo 40
Gissenwehrer, Michael 22, 241
Glaser, Horst Albert 94
Glass, Philip 146, 535, 539
Gleich, Josef Alois 123
Gleichauf, Ingeborg 363
Gleisner, Martin 553
Glück, Alfons 180, 620
Gluck, Christoph Willibald 539, 551
Gnoli, Raniero 253
Gnüg, Hiltrud 362
Göbel, Klaus 315, 515, 518f.
Göbel-Uotila, Marketta 359
Godard, Jean-Luc 147
Goebbels, Heiner 11, 132, 416, 419, 548, 622
Goerden, Elmar 173
Goethe, Johann Wolfgang von 14, 18, 39f., 66, 68, 74, 78, 89, 91, 95, 97, 100f., 105–113, 117f., 127, 132, 137, 179f., 182, 198, 257, 283, 290, 302f., 307, 309, 311, 313, 333f., 372, 377, 406, 472f., 475–477, 499, 527, 603, 607, 619f., 622
Goetschel, Pascale 421
Goetz, Rainald 25, 149, 152f., 319
Goffman, Erving 634, 638, 641
Goldberg, RoseLee 146, 350, 416
Goldoni, Carlo 69, 109, 117
Gómez-Peña, Guillermo 218
Gomperz, Theodor 607
Gontard, Denis 421
Gonzáles Dávila, Jesús 226
Goodall, Jane R. 395
Goodman, Alice 535
Goodman, Lizbeth 350
Gorbatschow, Michail 214
Gorki, Maxim 18, 22, 126, 149, 236, 386
Gottschall, Karin 627

Gottsched, Johann Christoph 18, 50, 87–89, 96–98, 122, 165, 168, 174, 188f., 201, 269, 271, 277, 294, 329, 332, 472f., 476, 499, 502f., 507, 551
Gottsched, Luise Adelgunde Victorie 12
Gozzi, Carlo 69, 109
Grabbe, Christian Dietrich 119, 284, 335
Graham, Ilse 619
Gramsci, Antonio 12
Granovetter, Mark 634
Granville-Barker, Harley 470
Grass, Günter 141f.
Greenblatt, Stephen 24, 40, 62, 76, 199, 298f., 343, 369
Greil, Stefan Hannes 61
Greiner, Bernhard 42, 45, 84, 166–168, 170f., 177, 196, 200
Greis, Jutta 201
Grewe, Andrea 79
Griffero, Ramón 226
Grillparzer, Franz 117, 164, 310
Grimm, Jacob 115
Grimm, Jürgen 79, 81, 84, 197
Grimm, Reinhold 202, 343
Grimm, Wilhelm 115
Grimminger, Rolf 85
Gromes, Hartwin 470
Gropius, Walter 290, 344, 509
Grosz, George 277
Großmann, Eike 238
Grotowski, Jerzy 3, 39, 132, 142f., 146, 351, 398, 466, 479
Grüber, Klaus Michael 47
Gründgens, Gustaf 139, 142, 461f.
Grüner, Karl Franz 472
Grusin, Richard 539
Gryphius, Andreas 68, 327
Guan Hanqing 244f.
Guattari, Félix 416
Guevara, Ernesto ‚Che' 349
Guggenberg, Bernd 634
Gumbrecht, Hans Ulrich 413, 415
Günzel, Stephan 281
Gupt, Somnath 264
Gurewitsch, Matthew 536, 539f.
Gurr, Andrew 75f., 471
Gürtler, Christa 183

Guthke, Karl S. 92, 95, 201
Gutjahr, Ortrud 367, 375, 377, 379, 404, 426
Gutzkow, Karl 119
Gysi, Birgid 348

Haak, Carroll 628
Haas, Birgit 3, 183, 351, 355
Haas, Claude 5
Haas, Roland 519
Habermas, Jürgen 85, 163, 405, 641
Habicht, Werner 470
Hacks, Peter 54, 139, 347, 622
Hadamczik, Dieter 408, 433
Hafner, Philipp 122
Hahn, Alois 638
Halbe, Max 128, 285
Halberstam, Judith 365
Hall, Edward 304
Haller, Günther 644
Halm, Friedrich 119
Halter, Martin 353
Hamacher, Werner 372
Hamburger, Käte 189, 464 f., 471
Hammitzsch, Horst 229
Handke, Peter 143, 147, 149 f., 154, 182, 190, 410, 510
Händl, Klaus 156
Hansen, Ernst 325
Hansen, Kathryn 263
Hansen, Pil 556
Hantelmann, Dorothea von 494
Harden, Maximilian 127
Hardt, Yvonne 16
Hargens, Wanja 446
Härle, Gerhard 525
Harrison, Jane Ellen 392, 394
Harrower, David 155
Harşa, nordindischer Großkönig 257
Hart, Heinrich 127
Hart, Julius 127
Hart Nibbrig, Christiaan L. 194
Hartmann, Matthias 419
Hartmann, Tina 537, 539, 544
Hartnoll, Phyllis 442
Hasche, Christa 421
Haselbach, Dieter 426
Hasenclever, Walter 131, 285

Hasenhut, Anton 122
Hasler, Jörg 470
Hassel, Ursula 360
Haß, Ulrike 43, 204
Häublein, Renata 89
Hauenherm, Eckhard 192
Haunschild, Axel 13, 34, 422, 627–630
Hauptmann, Elisabeth 136
Hauptmann, Gerhart 18, 22, 127 f., 130, 180, 202, 249, 281, 284 f., 310, 313, 370 f., 620
Hausen, Karin 360
Hauser, Harald 139
Hausmann, Andrea 422
Hauthal, Janine 13
Havel, Václav 141
Haydn, Joseph 539
Hebbel, Friedrich 95, 120, 164, 313, 343
Hecht, Werner 136
Hecker, Kristine 368
Heckmanns, Martin 157, 622
Heeg, Günther 9, 86, 367
Hegel, Georg Wilhelm Friedrich 118, 120, 164 f., 168, 188, 190 f., 481 f., 641
Hegemann, Helene 156
Heidegger, Martin 140, 150, 417
Heimböckel, Dieter 9, 26, 175, 177, 272, 378 f.
Hein, Christoph 152
Hein, Jürgen 343, 519
Heine, Wolfgang 444
Heinrich VI., König von England 305
Heinrich VII., König von England 302, 305
Heinz, Andrea 502, 507
Heldmann, Konrad 325
Helleis, Anna 367
Heminges, John 77
Henke, Robert 200
Hennings, Emmy 277
Hensel, Friederike Sophie 12
Hentschel, Hans Jürgen 173
Hentschel, Ulrike 278
Henze, Hans Werner 539, 545
Herbert, Henry 442
Herder, Johann Gottfried 74, 107, 114 f., 257, 375
Herder, Maria Karoline, geb. Flachsland 111

Herget, Winfried 202
Herman, Vimala 191
Hermanis, Alvis 157
Herodes 60
Herrmann, Max 287f., 414
Herrmann, Wilhelm 104
Hess-Lüttich, Ernest W. B. 374
Hesse, Hermann 604f.
Heßelmann, Peter 88
Hettner, Hermann 49
Hickethier, Knut 33, 418, 576, 581, 585, 590
Hidalgo, Roxana 358
Hijikata Tatsumi 238
Hildesheimer, Wolfgang 141
Hill, Gary 146
Hilling, Anja 157
Hillje, Jens 158, 386
Hilpert, Heinz 139
Himmelseher, Birgit 105
Hinderer, Walter 39, 120
Hintze, Joachim 285
Hinz, Melanie 367f., 422
Hirata Eiichirō 238
Hirata Oriza 238
Hirsch, Michael 548
Hiß, Guido 344, 406, 415, 465
Hitchcock, Alfred 557
Hitler, Adolf 144, 152, 346
Hitzler, Ronald 636, 646
Hobbes, Thomas 632f., 643
Hochholdinger-Reiterer, Beate 356, 367, 369f.
Hochhuth, Rolf 143f., 349
Hochradl, Karin 545f.
Hockenbrink, Tobias 352, 410
Hoegl, Clemens 625
Höfele, Andreas 77, 282, 310f., 445
Hoff, Dagmar von 363
Hoffmann, Anna R. 378
Hoffmann, E. T. A. 603
Hoffmann, Gerhard 280
Hoffmann, Reinhild 554
Hofmann, Michael 378
Hofmannsthal, Hugo von 19, 61, 286, 336, 546, 603–605, 607f.
Hogarth, William 88
Hoghe, Raimund 556

Holberg, Ludvig 117
Holden, Anthony 471
Holinshed, Raphael 304
Höll, Wolfram 158
Höllering, Anna 611
Holtei, Carl von 112, 114
Holz, Arno 128f., 284
Homans, Jennifer 550
Homer 41, 45, 156, 295
Honecker, Erich 152
Honolka, Kurt 544
Horaz 64, 79, 197, 269, 271
Hörisch, Jochen 412
Horváth, Ödön von 120, 131, 145, 182, 621
Houben, Heinrich Hubert 440
Howard, David 568
Howard, Jane E. 76
Höyng, Peter 441
Hruschka, Ole 479
Huang Weiruo 241
Huber, Werner 376
Hübler, Axel 168
Hübner, Lutz 158
Huelsenbeck, Richard 277
Hulfeld, Stefan 376
Humphrey, Doris 554
Huschka, Sabine 554
Huss, Bernhard 328
Hussein, Ebrahim 216
Hutcheon, Linda 541f.
Hutchison, Yvette 207, 213
Hüttinger, Daniela 342
Hüttl, Adolf 620
Hüttler, Michael 623
Huwiler, Elke 197
Huyssen, Andreas 179, 360f., 619
Hwang, David Henry 365f.

Ibsen, Henrik 20, 22, 127–129, 202, 236, 249, 281, 285, 400f., 492, 603
Ichikawa, Mariko 76
Ichikawa Sadanji II. 236
Idema, Wilt L. 240
Iffland, August Wilhelm 8, 91, 94f., 101, 104f., 109, 112, 114, 117, 119, 406, 477, 507
Ilg, Jens 40

Illouz, Eva 339
Immer, Nikolas 19
Immermann, Karl Leberecht 115
Infante, Manuela 226
Ingarden, Roman 185
Innozenz VIII., Papst 441
Inoue Hisashi 238
Ionesco, Eugène 136, 140, 181, 315
Iser, Wolfgang 273, 464f.

Jackob, Alexander 341
Jacobs, Jürgen 359
Jacobs, Monty 475
Jäger, Hans-Wolf 473
Jahn, Bernhard 104
Jahnn, Hans Henny 359
Jakob, Hans-Joachim 99, 497, 500
Jakob I., König von England 75
Jakobson, Roman 192
Janáček, Leoš 541
Jandl, Ernst 152
Janning, Volker 187
Janz, Rolf-Peter 359, 361
Jappe, Elisabeth 350
Jarry, Alfred 141, 214, 224
Jelinek, Elfriede 6, 15, 20, 25, 121, 149, 151–153, 157f., 176, 182, 187–189, 204, 318f., 339, 354, 359, 364–367, 371, 387, 408, 410, 478, 496, 499, 545f., 619, 622
Jenkins, Henry 599
Jennicke, Skadi 16
Jens, Walter 46
Jerenashvili, Tamara 359
Jeske, Wolfgang 621
Jessen, Jens 633
Jeßing, Benedikt 172–174
Jessner, Leopold 133, 291
Jewreinow, Nikolai 345
Jeziorkowski, Klaus 284
Johann Ohneland, König von England 304
Johannes Chrysostomus 57
Johnston, Sarah Iles 358
Johnstone, Keith 615, 623
Johst, Hanns 139, 285, 346
Jonas, Paul 127
Jones, William 22, 254
Jonson, Ben 74

Jooss, Kurt 549, 553f.
Joseph II., Kaiser des Heiligen Römischen Reiches 116
Joyce, James 605
Joyeuse, Anne, Duc de 550
Juana Inés de la Cruz 221–223
Jung, Carl Gustav 281
Jung, Peter 345
Junghans, Ferdinand 315
Jurga, Herbert 634
Jurga, Martin 585
Jurt, Joseph 420
Justinian I., Kaiser des Imperium Romanum 56
Juul, Jesper 592
Juvenal 52

Kaegi, Stefan 157
Kafitz, Dieter 188, 307
Kafka, Franz 152
Kagel, Mauricio 32, 546
Kaiser, Georg 131, 285
Kālidāsa 22, 254, 256
Kaminskij, Bernice 25
Kamm, Jürgen 186f., 191
Kammler, Clemens 513, 523
Kane, Sarah 155, 353, 364f.
Kani, John 212
Kannicht, Richard 163
Kant, Immanuel 116f., 270, 281
Kantor, Tadeusz 9
Kanzog, Klaus 440
Kapp, Friedrich 440
Kappelhoff, Hermann 337
Kappl, Brigitte 326
Kaprow, Allan 145f.
Kapusta, Danijela 3f., 6, 176, 183f., 405
Kara Jūrō 237
Karnad, Girish 23, 265, 382
Karrer, Michael 406
Karschnia, Alexander 622
Kastenmüller, Peter 157
Kater, Fritz 157
Kattenbelt, Chiel 14, 418
Kauffmann, Kai 201
Kaufmann, Sebastian 378
Kaulbach, Wilhelm von 125

Kauppert, Michael 644
Kawakami Otojirō 236
Kawamura Takeshi 238
Kawatake Mokuami 235
Kayser, Wolfgang 166, 169
Kean, Charles 125
Keene, Donald 231, 233 f.
Kehlmann, Daniel 158
Keller, Hildegard Elisabeth 58 f.
Kelleter, Frank 577
Kemser, Dag 5
Kennedy, Andrew K. 193
Kennedy, Susanne 417
Kepser, Matthis 512
Kerman, Joseph 541
Kerschenzew, Platon 344 f.
Khemiri, Jonas Hassen 386
Kiel, Ewald 185, 192
Kiesler, Friedrich 291
Kimmich, Dorothee 274
Kipphardt, Heinar 143 f., 349
Kirschenmann, Johannes 525
Kitagawa, Chikako 10
Kittler, Friedrich 14
Klaic, Dragan 625
Klaßen, Knut 385
Kleist, Heinrich von 10, 18, 25, 54, 91, 113–115, 117 f., 167, 179 f., 194, 200, 284, 313, 334, 377, 527, 545
Kleisthenes 41
Klier, Helmar 421
Klinger, Friedrich Maximilian 94
Klotz, Volker 5, 18, 167, 178 f., 181, 190 f., 194, 282 f., 308, 314, 334, 464, 504 f.
Kluck, Oliver 157, 408, 410
Kluge, Friedrich 163
Kluge, Gerhard 499
Knoche, Ulrich 325
Knopf, Jan 136 f., 202, 346
Knowles, Ric 372, 378 f.
Koch, Heinrich Georg 88
Kohtes, Martin M. 349
Kohut, Karl 220, 223
Kolb, Frank 341
Koller, Hermann 269, 273
Köllinger, Bernd 555
Komfort-Hein, Susanne 360

Kommerell, Max 165
Komparu Zenchiku 229
Koneffke, Silke 289–292
König, Jan C. L. 194
Koopmann, Helmut 619
Kopernikus, Nikolaus 63
Korbel, Leonhard 592
Kord, Susanne 12, 113, 363
Kormann, Eva 6
Körner, Roswitha 342, 441 f., 444, 446 f.
Korte, Hermann 99, 497, 500, 507 f.
Kortner, Fritz 136, 140, 142 f., 148
Koselleck, Reinhart 8
Košenina, Alexander 7, 9, 91, 192, 502
Kosiński, Dariusz 348
Kott, Jan 343
Kotte, Andreas 443 f., 509
Kotzebue, August von 8, 40, 91, 94–96, 109 f., 112–114, 119, 123, 406, 507
Kovács, András Bálint 559
Kraft, Helga 363
Kramer, Kirsten 279, 287, 289
Kramer, Martin 473
Krämer, Peter 559
Krämer, Sybille 416
Krammer, Stefan 194
Kraus, Dorothea 147, 348, 509
Krawehl, Stephanie 194
Krebs, Katja 541
Kresnik, Johann 554
Kretz, Nicolette 188
Kreuder, Friedemann 88, 353
Kricheldorf, Rebekka 364
Krings, Katharina 343
Kroesinger, Hans-Werner 144, 157
Kroetz, Franz Xaver 120, 144 f., 154, 621
Kṛṣṇamiśra 258
Krug, Manfred 582
Kruger, Loren 211
Krüger, Sebastian 359
Krützen, Michaela 6 f., 33, 80, 559, 571 f.
Kuberg, Maria 187
Kubilai Khan 243
Kuhn, Anna Katharina 189
Kühn, Ulrich 336
Kühr, Gerd 544
Kulessa, Rotraud von 365

Kulka, Georg 611
Kurz, Hanns 101
Kurzenberger, Hajo 6, 29, 187, 466, 478

Laban, Rudolf von 549, 553
Labiche, Eugène 121
LaBute, Neil 155
Lachenmann, Helmut 546
Lachmann, Renate 188
Ladenthin, Volker 438
Laetus, Julius Pomponius 66
Lahire, Bernard 420, 425
Lämmert, Eberhard 319
Lamping, Dieter 195
Landmann, Ellinor 58 f.
Langemeyer, Peter 196
Langhoff, Shermin 386
Lao She 250
Lappe, Claus O. 314
Laqueur, Thomas 350, 360
Lara, Jesús 221
Laroche, Johann 122
La Salvia, Adrian 536 f., 544
Latacz, Joachim 40–42, 44, 468 f.
Latour, Bruno 16
Laube, Heinrich 116, 119
Laucke, Dirk 157
Laurel, Brenda 593–595, 597
Laurentis, Teresa de 350
Lausberg, Heinrich 167
Lauwers, Jan 488
Lavater, Johann Caspar 91
Law, John 620
Lee, Jae-Min 187
Lee, Quentin 366
Lee, Sang-Kyong 236
Lee, Stewart 535
Lefèvre, Eckard 199, 325
Leggatt, Alexander 543
Lehmann, Hans-Thies 4, 16, 44, 132, 182 f., 187 f., 190, 203 f., 238, 277, 306 f., 318–320, 341, 352, 396, 416 f., 465, 468 f., 495, 506, 511, 547, 555, 630
Lehmann, Johannes F. 86, 200, 290
Lehnert, Gertrud 365, 369
Leibniz, Gottfried Wilhelm 330
Leims, Thomas 231, 234

Leiter, Samuel L. 235 f.
Lenz, Jakob Michael Reinhold 94 f., 107, 179 f., 193, 283 f., 314, 330 f., 499, 545, 620
Leo, Friedrich 167
Leonardo da Vinci 63, 270, 603, 609
Leopold, Silke 542
Lepage, Robert 320
Lesage, Alain-René 618
Leser, Irene 644
Leskovec, Andrea 378
Lesky, Albin 39
Lessing, Gotthold Ephraim 15, 18, 50, 86, 89 f., 92–97, 99 f., 103, 105, 109 f., 137, 163–165, 168, 174, 178, 188, 201, 271 f., 283, 290, 294, 307 f., 312, 314–316, 329 f., 332, 343, 360 f., 377, 406, 423, 473–475, 499, 502–504, 527, 551, 607, 618
Lévi-Strauss, Claude 147
Leyva, Humberto 226
Lichtenberg, Georg Christoph 91
Lichtenstein, Sabine 536
Liebermann, Rolf 544
Liebrand, Claudia 366
Ligeti, György 546
Lillo, George 95–97, 174, 178, 201, 618
Li Longyun 251
Link, Franz H. 279, 306, 308 f., 311
Linke, Bernhard 636
Linke, Susanne 554
Linné, Carl von 85
Littlewood, Joan 301
Littmann, Max 290 f.
Livius Andronicus 51, 372
Lloyd Webber, Andrew 536
Loacker, Bernadette 631
Lohenstein, Daniel Casper von 327 f.
Loher, Dea 155, 359, 364
Löhle, Philipp 157
Lorenz, Konrad 641
Lorenz, Matthias N. 441, 445
Lorenzano, Sandra 222
Lorraine, Marguerite de 550
Lortzing, Albert 536
Lösch, Volker 144, 157, 479
Lösener, Hans 518

Loster-Schneider, Gudrun 12, 362
Lotz, Wolfram 158
Lucke, Hans 139
Luco Cruchaga, Germán 223
Ludwig XIII., König von Frankreich 81
Ludwig XIV., König von Frankreich 17, 80–82, 84, 423, 549f.
Luhmann, Niklas 420, 491f., 635
Lukács, Georg 188f., 486
Lully, Jean-Baptiste 80, 536, 539, 550
Luserke [-Jaqui], Matthias 331, 358
Lutgendorf, Philip 262
Luther, Martin 64
Lütkehaus, Ludger 358
Luz, Thom 153
Lykurg 442
Lynch, David 588
Lyotard, Jean-François 132, 416, 555

Mach, Ernst 281
Machiavelli, Niccolò 68, 632
Maeterlinck, Maurice 130, 285
Maggi, Vincenzo 326
Makart, Hans 125
Malina, Judith 143, 351, 613
Mallarmé, Stéphane 319
Maltby, Richard 561
Malzacher, Florian 354, 479
Mandel, Birgit 625
Mankell, Henning 588
Mann, Heinrich 370
Mann, Klaus 461
Mann, Thomas 146, 156, 605
Manske, Alexandra 627
Manuwald, Gesine 52
Mao Zedong 250
Margarete von Anjou, Königin von England 305
María Luisa, Marquesa de la Laguna, Vizekönigin von Neuspanien 222
Maria Theresia, Erzherzogin von Österreich 122, 442
Marín, Adriana 226
Marín, Jorge Hugo 226
Marinelli, Karl von 122
Marivaux, Pierre de 79
Marlowe, Christopher 74f., 155, 423

Marmulla, Henning 28
Marquard, Odo 603
Marranca, Bonnie 378
Marschall, Brigitte 34, 202
Martersteig, Max 508
Marthaler, Christoph 25, 153, 277f., 319
Martin, Ariane 441
Marx, Karl 118, 136f., 156, 182, 633
Marx, Peter W. 376, 466
Masaccio 64
Mateas, Michael 593, 597f., 600f.
Matt, Peter von 189f.
Mattenklott, Gert 476
Matzat, Wolfgang 328
Matzke, Annemarie 407
Matzke, Mieke 15
Mauerer, Gerlinde 358f.
Maurer-Schmoock, Sybille 86, 101, 343
Maurer Zenck, Claudia 104
Mauss, Marcel 618
Mauthner, Fritz 605
Mayama Seika 235
Mayenburg, Marius von 156
Mazarin, Jules 81
Ma Zhiyuan 244
McCarthy, Joseph 135
McEwan, Ian 536
McKee, Robert 561
McKenzie, Jon 350, 392, 403
McKinlay, Alan 627
McLuhan, Herbert Marshall 63f.
Mead, George Herbert 635f., 638
Mead, Margaret 394
Mecklenburg, Norbert 5, 12, 372–374, 377–379, 381
Mehnert, Henning 69
Meier, Christel 197
Meier, Christian 41
Meinecke, Thomas 365
Meinel, Katharina 104
Meisl, Karl 123
Meltzer, Heinz Mathias 189, 191, 193
Menander 48, 53, 199
Meng (Hofnarr im Königreich Chu) 239f.
Meng Jinghui 251
Menger, Pierre-Michel 627
Menke, Bettine 187

Menke, Christoph 204
Mercier, Louis-Sébastien 330, 504
Mersch, Dieter 413
Merten, Kai 14
Metastasio, Pietro 536, 540
Metscher, Thomas 270, 620
Meyer, Jochen 289 f., 502
Meyer, Michael 441
Meyer, Petra Maria 414
Meyer, Reinhart 86
Meyer, Thomas 634
Meyer, Urs 418
Meyer-Kalkus, Reinhart 328
Meyerhold, Wsewolod 134, 291, 344, 502, 509
Meysel, Inge 580
Michael, Friedrich 100
Michael, Wolfgang F. 68
Michalzik, Peter 410
Michelangelo 603
Mickiewicz, Adam 347
Mielke, Christine 578
Mikos, Lothar 585
Miller, Arthur 135, 609 f.
Miller, Norbert 578
Millones, Luis 221
Milne, Drew 220
Ming Huang, Kaiser von China 244
Minier, Márta 541
Mishima Yukio 237
Mitchell, David 536
Mitchell, Katie 412, 415
Mittelstädt, Eckhard 630
Mix, York-Gothart 437
Mnouchkine, Ariane 61, 348, 351, 386
Möhrmann, Renate 340, 362, 367–370
Molière 17, 19, 48, 54, 69, 79–84, 87, 109, 117, 123, 169, 173, 189, 200, 209, 368, 373, 382, 402, 550, 618
Möller, Eberhard 138
Mönch, Claudia 95
Monk, Egon 580
Monk, Meredith 146
Montdory 83
Monteverdi, Claudio 539, 541
Montrose, Louis Adrian 299
Moore, Edward 97

Moreno, Jacob Levy 34, 610–612, 614
Moritz, Peter 585
Morra, Irene 536 f.
Morrison, Toni 536, 539
Moser, Heike. Siehe Oberlin, Heike
Moy, James S. 366
Mozart, Wolfgang Amadeus 109, 123, 536, 542
Mrożek, Sławomir 141
Mtwa, Percy 212 f.
Mudford, Peter 407
Mueller, Harald 148
Mukařovský, Jan 185 f.
Müller, Adam Heinrich 113
Müller, Beate 435, 437
Müller, Harro 309
Müller, Heiner 9, 16, 25, 149, 151, 153, 182, 190, 309, 318 f., 347, 402, 410, 488, 499, 622
Müller, Inge 151
Müller, Klaus-Detlef 618
Müller-Jentsch, Walther 627
Müller-Klug, Till 344
Müller-Michaels, Harro 514 f.
Müller-Schöll, Nikolaus 505
Müller-Seidel, Walter 343
Müller-Zannoth, Ingrid 189
Müllner, Adolf 9, 310
Munk, Erika 220
Münker, Stefan 418
Murnane, Barry 622
Murray, Gilbert 392–395, 397
Murray, Janet H. 593, 595–598

Nägele, Rainer 179
Nagel, Ivan 410, 479
Nancy, Jean-Luc 375
Napoleon I., Kaiser von Frankreich 115, 302
Ndao, Cheikh A. 209 f.
Neckel, Sighard 634
Nehring, Elisabeth 338
Neilson, Anthony 155
Neis, Edgar 167
Nemirowitsch-Dantschenko, Wladimir 127
Neschke, Ada B. 271
Nesselhauf, Jonas 577, 588
Nesselrath, Heinz-Günther 46

Nestroy, Johann 45, 48, 104, 115f., 123f., 145, 343, 443
Neuber, Friedrike Caroline 86–88, 101, 368f., 473, 507
Neuhaus, Stefan 346
Neumeier, John 552
Neumeyer, Harald 95, 120
Neupert, Richard 573
Neuwirth, Olga 545f.
Newton, Isaac 302
Ngema, Mbongeni 212f.
Ngugi wa Mirii 215
Ngugi wa Thiong'o 215
Nibler, Christian 592
Nieberle, Sigrid 280, 618
Niefanger, Dirk 309
Nielsen, Asta 577
Nietzsche, Friedrich 15f., 25, 34, 40, 44, 106, 110, 130–132, 143, 146, 150, 338, 344, 370f., 406, 416, 536, 605, 607, 633
Ninagawa Yukio 237
Nitschke, Claudia 280, 618
Nkosi, Lewis 209
Noda Hideki 238
Nolan, Christopher 557
Nolle, Rolf Werner 359f.
Nölle, Volker 179
Nono, Luigi 548
Novalis 114
Noverre, Jean-Georges 551f.
Nowicki, Matthias 422
Ntshona, Winston 212
Nunes, Antú Romero 419

Obama, Barack 644
Oberlin, Heike, geb. Moser 22, 258, 263
Ochoa, Verónica 226
Oehring, Helmut 548
Oelker, Petra 368
Oellers, Norbert 128
Offenbach, Jacques 539
Okada Toshiki 22, 238
Okamoto Kidō 235
Okuni 234
Olivier, Laurence 557
Olsen, Ralph 524–526
O'Neill, Eugene 135, 236, 609f.

Ōno Kazuo 238
Opitz, Martin 269, 294, 499
Orkin, Martin 207
Orloff, Ida 371
Ortheil, Hanns-Josef 529
Ortiz, Fernando 220
Ortolani, Benito 228, 233, 236
Osanai Kaoru 236
Osborne, John 155, 301
Osofisan, Femi 213
Osteen, Mark 616
Osterhammel, Jürgen 125
Ostermaier, Albert 154, 280
Ostermeier, Thomas 4, 155, 353, 415, 417, 492
Ott, Karl-Heinz 273
Ott, Michaela 282, 284, 289, 291
Ottmann, Henning 344
Ottmers, Martin 163
Otto, Ulf 9
Otto, Ulla 435, 440f.
Oyono-Mbia, Guillaume 209, 214

Paik, Nam June 145
Pailer, Gaby 5, 12, 356, 362
Palitzsch, Peter 148
Palladio, Andrea 53, 66
Palmetshofer, Ewald 157
Panicker, Kavalam Narayana 265
Panofsky, Erwin 62, 64, 66, 420
Pappenheim, Bertha 608
Paquet, Alfons 345
Paracelsus 620
Pareto, Vilfredo 642
Pargner, Birgit 9, 12, 94, 113
Parker, Paricia 299
Parker, Roger 536, 539, 543
Parks, Susan-Lori 400
Patrut, Iulia-Karin 23, 275, 378, 622
Paul, Arno 497, 500, 510
Paule, Gabriela 30, 513, 518, 520, 523, 525f.
Pavis, Patrice 378, 413, 438
Pavlovic, Tomo Mirko 385
Pavlovsky, Eduardo 225
Payrhuber, Franz-Josef 518
Paz, Octavio 222
Pees, Matthias 383
Peisistratos 40f.

Pełka, Artur 4, 14, 26, 354, 405, 410
Penkwitt, Meike 365
Perceval, Luk 409
Pérennec, Marie-Hélène 191
Peri, Jacopo 539
Petersen, Jürgen H. 271
Petipa, Marius 32, 552
Petras, Armin 412, 622
Pewny, Katharina 277f., 357, 556, 623
Peymann, Claus 143, 147f., 150f., 351, 415
Pfadenhauer, Michaela 646
Pfaff, Walter 317
Pfister, Manfred 5, 167–169, 171f., 175f., 185–189, 191–194, 282, 287, 306, 312, 316, 412, 464, 471
Pflüger, Maja Sibylle 176, 182f., 187–191, 366
Pfoser, Alfred 130
Philipsen, Bart 383
Philokles 42
Pikulik, Lothar 93, 475
Piloty, Karl Theodor von 125
Pinter, Harold 141, 148, 189
Pinto, Alexander 630
Pirandello, Luigi 114, 131, 182, 189
Pirrotta, Nino 307
Piscator, Erwin 20, 26, 114, 126, 130f., 134–136, 140, 142–144, 148, 202, 291, 316, 345, 349, 407, 419, 487, 502, 509
Pitt, Brad 570
Pius IV., Papst 441
Pius XII., Papst 144, 349
Pixérécourt, René Charles Guilbert de 112
Pizarro, Francisco 221
Pizzato, Mark 223
Plachta, Bodo 435, 441–443, 445
Planchon, Roger 402
Plastow, Jane 207
Platon 109, 175, 196, 269–271, 294, 323, 441, 467, 632f.
Plautus 17, 51–54, 63f., 66–70, 83, 88, 109, 199, 618
Plenzdorf, Ulrich 148
Plessner, Helmuth 423, 632, 636–639, 645
Plett, Heinrich F. 326
Poelzig, Hans 290
Pohl, Klaus 154

Poirson, Martial 617
Polaschegg, Andrea 5
Politzer, Heinz 179
Pollesch, René 15, 20, 25, 149, 153f., 176, 184, 320, 354, 365f., 386, 408–410, 412, 478, 496, 622
Pollock, Sheldon 254
Pompeius 52
Pomponius Laetus, Julius. Siehe Laetus, Julius Pomonius
Pongratz, Hans J. 623, 628
Pope, Alexander 103
Poppenberg, Gerhard 72
Port, Ulrich 5, 327, 329–335, 338, 359
Poschmann, Gerda 5, 151, 182f., 187f., 203, 466, 535, 545, 547
Poschmann, Henri 620
Postlewait, Thomas 8
Pottlitzer, Joanne 220
Poulton, M. Cody 236
Prehauser, Gottfried 122
Priestland, David 119
Primavesi, Patrick 310, 341
Profitlich, Ulrich 65, 196
Prölß, Robert 429
Pross, Caroline 289
Protopapa, Efrosini 556
Proust, Marcel 605
Proust, Serge 421, 429
Prümm, Karl 414
Prutti, Brigitte 360
Przybilski, Martin 61
Przyborski, Aglaja 644
Puccini, Giacomo 366
Pucher, Stefan 122
Pullen, Kirsten 367f.
Pütz, Peter 279, 284, 306f., 311, 313f.

Quinault, Philippe 536
Quinn, Shelley Fenno 229–231
Quintilian 325

Raab, Jürgen 35, 362, 634, 639f., 644
Racine, Jean 17, 79, 81–83, 87, 109, 189, 197, 312, 328
Raddatz, Frank M. 4, 384, 409, 417, 622
Radke-Stegh, Marlis 288

Raimund, Ferdinand 115, 123
Rājaśekhara 258
Rajewsky, Irina O. 418
Rakesh, Mohan 23, 265
Rama, Ángel 221
Rameau, Jean-Philippe 539, 550
Ramirez de Santillana, Juana Asbaje y. Siehe Juana Inés de la Cruz
Ramuz, Charles-Ferdinand 547
Rancière, Jacques 30, 341, 505
Rath, Eric C. 228 f.
Rau, Milo 115, 156, 277, 478
Raupach, Ernst 119
Rauschenberg, Robert 145
Ravenhill, Mark 155, 353, 365
Raznovich, Diana 226
Rebentisch, Juliane 319, 417
Rebstock, Matthias 547
Reden-Esbeck, Friedrich Johann Freiherr von 473
Regelsberger, Andreas 21, 231 f., 236
Regus, Christine 372, 376, 378–383
Reh, Albert M. 165
Rehberg, Hans 139
Reiner, Hans 325
Reinhardt, Max 61, 133, 136, 290 f., 392, 407, 604, 608
Reininghaus, Frieder 545
Reinshagen, Gerlind 148
Reitz, Bernhard 376
Rembrandt 573
Renk, Herta-Elisabeth 515
Renner, Rolf Günter 147
Resnais, Alain 147
Reusch, Franz Heinrich 440
Reusch, Hubert 444
Reza, Yasmina 158, 405, 408, 433
Ricard, Alain 216
Riccoboni, Antonio Francesco 29, 91, 474
Rice, Tim 536
Richard II., König von England 304
Richard III., König von England 77 f., 91, 305, 343
Richardson, Samuel 201
Richelieu, Armand-Jean du Plessis, duc de 81, 83, 197, 343
Richter, Falk 153, 156, 409, 622

Richter, Virginia 199
Ridder, Klaus 61
Riefenstahl, Leni 347
Riemenschneider, Hartmut 515
Ries, Wiebrecht 344
Riesche, Barbara 40, 112
Riha, Karl 578
Rihm, Wolfgang 546
Rimbaud, Arthur 19, 613
Rimer, J. Thomas 229
Rinke, Moritz 154, 622
Rinke, Stefan 217
Rischbieter, Henning 139, 347
Riviere, Joan 356
Rizk, Beatriz J. 225
Robortello, Francesco 326
Rochow, Christian 92
Rockstuhl, Daniela 89
Rodatz, Christoph 288
Roeck, Bernd 62 f.
Roeder, Anke 363
Roelcke, Thorsten 185
Roesler, Alexander 418
Roesner, David 32, 545, 547
Röggla, Kathrin 157, 184, 364, 622
Rogowski, Christian 359
Rohde, Erwin 607
Rohe, Karl 634
Roloff, Volker 71
Romains, Jules 609
Romanska, Magda 556
Ronen, Yael 122, 158, 387, 413
Rony, Fatimah Tobing 394
Röper, Henning 407, 410, 422
Rorty, Richard 147
Roselt, Jens 9, 185, 193 f., 289 f., 422, 465, 474, 509, 520
Rosenplüt, Hans 61
Roßbach, Nikola 194
Rössler, Patrick 582
Rotermund, Erwin 327 f.
Roth, Dieter 156
Roth-Lange, Friedhelm 522
Rothkirch, Alyce von 376
Röttger, Kati 14, 21, 219 f., 225, 341, 350, 357
Rousseau, Jean-Jacques 175, 257
Rousset, Christophe 550

Rozik, Eli 40
Rüppel, Michael 367
Ruppert, Rainer 474f.
Ruzzante 68
Ryan, Marie-Laure 552, 592, 598f.

Sachs, Hans 61
Sahagún, Bernardino de 221
Said, Edward 12, 377
Saint-Simon, Claude-Henri de 118
Sainte-Albine, Pierre Rémond de 29, 91, 474
Sakate Yōji 238
Sala DiFelice, Elena 536
Salen, Katie 592
Salvatore, Gaston 148
Salzman, Eric 545
Salzmann, Marianna 158
Sarcinelli, Ulrich 634
Sarkar, Badal 23, 265
Sartre, Jean-Paul 139f., 147, 285, 464
Saße, Günter 92, 94, 360
Satō Makoto 237
Saussure, Ferdinand de 272, 413
Sauter, Willmar 498, 500
Sax, William S. 262
Scaliger, Julius Caesar 167
Scamozzi, Vincenzo 66
Schabert, Ina 76, 470
Schadewaldt, Wolfgang 50, 322–324
Schau, Albrecht 517
Schechner, Richard 3f., 16, 25, 44, 47, 132, 146, 220, 261f., 317f., 350f., 380, 391–394, 398, 404, 506, 613f.
Scheibitz, Christina 189
Scheit, Gerhard 347
Scheller, Ingo 517
Schelling, Friedrich Wilhelm Joseph 270
Schellow, Constanze 555
Schemme, Wolfgang 518
Scherer, Jacques S. 211
Schiewe, Jürgen 405
Schikaneder, Emanuel 123
Schiller, Friedrich 8, 10, 14, 18, 39f., 45, 78f., 91, 94f., 99, 101, 103, 105–107, 109f., 113, 115, 117, 127, 132, 135, 137, 142, 144, 153, 157, 178f., 186, 198, 290, 294, 302, 307, 309, 313, 331, 333, 335, 343,
359–362, 382, 406, 473, 475f., 499, 502, 504, 507f., 527, 619, 622
Schilling, Tom 555
Schimmelpfennig, Roland 156f., 622
Schirach, Ferdinand von 158
Schivelbusch, Wolfgang 288, 290
Schlaf, Johannes 129
Schleef, Einar 153, 204, 320, 353, 479, 488, 494
Schlegel, August Wilhelm 78, 188, 190
Schlegel, Friedrich 165
Schlegel, Johann Elias 89, 99, 103, 502
Schleich, Markus 577, 588
Schlenther, Paul 127
Schlicher, Susanne 554f.
Schlingensief, Christoph 40, 58, 145, 153, 277, 292, 355, 415, 479, 510f.
Schlögl, Rudolf 636
Schlunk, Jürgen Eckart 279, 315f.
Schmalz, Ferdinand 158
Schmidt, Dieter M. 189
Schmidt, Gesine 157
Schmidt, Johann N. 336
Schmidt, Thomas 407, 410, 422
Schmidt, Ulf 625, 630
Schmidt, Wolf 577
Schmidt, Wolf Gerhard 139
Schmitt, Éric-Emmanuel 433
Schmitt, Olivier 433
Schneider, Franz 437, 441
Schneider, Helmut J. 204
Schneider, Katja 32, 545
Schneider, Martin 19
Schneider, Wolfgang 386, 525
Schneider-Mizony, Odile 187
Schneidewind, Petra 421
Schneilin, Gérard 177
Schnell, Christiane 627
Schnell, Ralf 374
Schnetz, Diemut 169
Schnitzler, Arthur 19, 130f., 280, 316, 336, 444f., 604–607
Schnusenberg, Christine C. 99
Schöberl, Marinus 157
Schoell, Konrad 421
Schoenmakers, Henri 13
Scholz-Cionca, Stanca 228f., 236

Schöne, Albrecht 620
Schönemann, Johann Friedrich 88
Schopenhauer, Arthur 132
Schörle, Eckart 88
Schormann, Vanessa 75
Schößler, Franziska 5f., 12f., 24, 34, 83, 92, 119, 128, 174, 177, 179–181, 183, 202, 275f., 284, 292, 317, 351, 353, 356, 360, 367, 371f., 378, 383, 422, 439, 442, 502, 511, 617, 620, 622, 629f.
Schouten, Sabine 412, 416
Schreyvogel, Joseph 117
Schröder, Friedrich Ludwig 89, 110f., 117, 477
Schrödl, Jenny 356f.
Schroedter, Stephanie 550
Schröter, Felix 596
Schubert, Heinz 580
Schuchardt, Beatrice 616f.
Schuchmann, Hans 190
Schultze, Brigitte 202
Schulz, Georg-Michael 332f.
Schulze, Joachim 168
Schulze, Ursula 57f., 60
Schulze-Kummerfeld, Karoline 101f.
Schumann, Peter 146
Schütz, Alfred 636
Schwab, Ulrich 446
Schwab, Werner 154, 319
Schwartzenberg, Roger-Gérard 633
Schwellinger, Lucia 238
Schwemmer, Oswald 634
Schwitters, Kurt 140
Scribe, Eugène 121
Searle, John R. 395f., 399, 491
Seebold, Elmar 163
Seel, Martin 416
Seidensticker, Bernd 42f.
Sekyi, Kobina 21, 207f.
Seltmann, Friedrich 263
Senda Akihiko 237f.
Senda Koreya 237
Seneca 17, 51f., 54f., 63f., 66, 68, 324–326, 335
Senkel, Günter 158, 386
Sennett, Richard 90
Seyfert, Robert 16

Shakespeare, William 4, 8, 12, 14, 17, 19, 22, 25, 54, 71, 74–79, 89, 93–96, 101, 109, 111, 114, 117, 125f., 155, 169, 173, 179, 189, 198f., 201, 224, 247, 264f., 282f., 297, 299–305, 309, 311, 326, 335, 343, 369, 373, 377, 384f., 400, 402, 405f., 408, 423, 442, 470–472, 477, 483, 501, 540, 542f., 618
Shaw, George Bernard 21f., 139, 208, 249, 402
Shih Chung-Wen 245
Shin, Na-Young 358
Shōgo Ōta 237
Siavash, Mariam Soufi 387
Sidney, Philip 294
Sieburg, Angelika 498
Siegrist, Johannes 631
Sievers, W. David 609
Silberman, Marc 346
Simmel, Georg 29, 280f., 464
Simon, Barney 212
Simon, Ralf 309
Singer, Ben 337
Sloterdijk, Peter 537, 638
Słowacki, Juliusz 146
Smith, Chris 627
Smith, Matthew Wilson 344, 406
Smith, Patrick J. 536f., 542, 546f.
Soderbergh, Steven 569f.
Soeffner, Hans-Georg 633–636, 639f., 642f.
Sokel, Walter Herbert 346
Solórzano, Carlos 220
Sonnenfels, Joseph Freiherr von 104
Sophokles 11, 17, 39, 42f., 46f., 50, 55, 66, 107, 109f., 129, 342, 392, 468, 481, 604, 608
Sørensen, Bengt Algot 360
Sörgel, Sabine 353
Soyinka, Wole 211–213, 373, 382
Specht, Kerstin 154
Speicher, Hannah 19
Sperr, Martin 120, 144, 621
Spivak, Gayatry Chakravorty 219
Spregelburd, Rafael 220, 226
Spyri, Johanna 546
Stackelberg, Jürgen von 200
Staël, Germaine de 105

Staffler, Armin 350
Stalin, Josef 134
Stanisavljevic, Marija 634
Stanislawski, Konstantin 18, 111, 126 f., 129, 150, 284, 407, 490 f.
States, Bert O. 416
Steele, Richard 97
Stefanek, Paul 501
Stegemann, Bernd 4, 6, 29, 176, 276, 355, 417, 483, 485, 490, 492, 495 f.
Steidle, Wolf 325
Stein, Gertrude 25, 319, 417, 546
Stein, Peter 143, 148–150, 351
Steinbeck, Dietrich 7 f.
Steinbrenner, Marcus 525
Stemann, Nicolas 122, 145, 153, 387, 415, 419, 493
Sten, María 217
Stenzel, Hartmut 197
Stephan, Inge 356–360
Stephens, Anthony 313
Stephens, Simon 156 f., 384
Stern, Martin 16
Sternheim, Carl 285
Stettenheim, Julius 127
Stewart, Janet 280
Stewart, Walter K. 279, 311
Stierle, Karlheinz 163, 166
Stöckemann, Patricia 553
Stocker, Karl 514 f.
Stockinger, Waltraut. Siehe EXPORT, VALIE
Stöckmann, Ingo 194, 202
Stockmann, Nis-Momme 158
Stoklos, Denise 220, 226
Stollberg-Rilinger, Barbara 636
Stoppard, Tom 302, 402
St-Pierre, Dave 412
Strachey, James 609
Stranitzky, Joseph Anton 122
Strasberg, Lee 490
Sträßner, Matthias 167 f.
Strauß, Botho 130, 143, 149, 152 f., 317
Strauss, Richard 608
Strawinsky, Igor 547
Streeruwitz, Marlene 364
Strehler, Giorgio 69, 351
Stricker, Achim 319

Strindberg, August 18, 20, 127, 129–131, 202, 216
Strittmatter, Erwin 347, 622
Stroud, Matthew D. 222
Stroux, Karl-Heinz 139
Stuart, Meg 556
Sturm, Dieter 149
Sudermann, Hermann 128, 285
Sudō Sadanori 236
Śūdraka 256
Sue, Eugène 578
Suerbaum, Ulrich 75 f., 198, 470 f.
Suerbaum, Werner 51
Sugiera, Małgorzata 27
Sugimura Haruka 237
Sulzer, Johann Georg 167, 329, 504
Sun Shuao 239 f.
Suzuki Tadashi 237
Syha, Ukrike 157
Szarota, Elida Maria 342
Szondi, Peter 18, 49, 90, 97, 105, 118, 189 f., 193, 202, 282, 306, 315, 406, 464, 484, 486, 603

Tabori, George 131, 148 f., 152, 359, 614
Tacitus 300
Taine, Hippolyte 128, 284
Takayama Akira 238
Takemoto Gidayū 231 f.
Takemoto Mikio 230
Takizawa Osamu 237
Taner, Haldun 373
Tang Xianzu 247
Tanino, Kurō 238
Tansi, Sony Labou 210 f., 213 f.
Tantanian, Alejandro 226
Tänzler, Dirk 35, 633–637, 639 f., 642 f.
Tardieu, Jean 140
Tarkowski, Andrei 557, 573
Tarot, Rolf 68
Tasso, Torquato 68, 75, 108
Tatari, Marita 282
Tawada Yōko 384
Taylor, Diana 217, 219, 221 f., 225, 397–399, 401
Taylor, Laurie K. 366
Telemann, Georg Philipp 539

Téllez, Gabriel. Siehe Tirso de Molina
Tellkamp, Uwe 156
Temkine, Raymonde 421
Tendulkar, Vijay 23, 265
Terayama Shūji 237
Terenz 17, 51–54, 63f., 67–69, 88, 109, 167, 199
Ter-Nedden, Gisbert 92f., 96
Tertullian 438
Thalheimer, Michael 494
Thanouli, Eleftheria 559
Theele, Ivo 280
Theodoridou, Danae 556
Thespis 41, 45
Theweleit, Klaus 602f.
Thieme, Paul 252, 255, 258
Thomas, Richard 535f.
Thomas von Aquin 57f.
Thomson, James 97
Thomson, Peter 75
Thon, Jan-Noël 592, 596
Thorau, Henry 224
Thornhill, Arthur H. 229
Thorun, Claudia 367
Throsby, David 626
Thurn, Nike 446
Tian Gebing 251
Tieck, Dorothea 78
Tieck, Ludwig 78, 114
Tietz, Manfred 71
Tigges, Stefan 4, 405
Tilney, Edmund 442
Tirso de Molina 73
Toller, Ernst 131, 148, 285, 346
Tolstoi, Leo 127, 156
Tompkins, Joanne 379
Tonger-Erk, Lily 5, 311f.
Totzeva, Sophia 403
Townsend, Sarah J. 217, 219, 221f.
Tränkle, Hans 6, 29
Trencsényi, Katalin 556
Triana, José 224
Trissino, Gian Giorgio 66
Tröster, Mirjam 238
Tschechow, Anton 18, 22, 111, 126, 128, 136, 150, 152, 155, 189, 216, 236
Tscholl, Miriam 478

Tsubouchi Shōyō 236
Tsuruya Namboku IV. 235
Tulsidās 262
Turk, Horst 194
Turnage, Mark-Anthony 536
Turner, Cathy 556
Turner, Victor 16, 39, 58, 261, 391–393, 398, 612
Turrini, Peter 148f., 154, 621

Ubersfeld, Anne 187, 191
Uerlings, Herbert 5, 359
Uji Kaganojō 232
Ulbricht, Walter 139
Uno Jukichi 237
Unseld, Siegfried 446
Urban, Urs 616f.
Usigli, Rodolfo 223

Valdez, Luis 349
Valk, Thorsten 204
Van Cleve, John W. 619
Van Imschoot, Myriam 556
Vargas, Getúlio 224
Vasari, Giorgio 62
Vass-Rhee, Freya 556
Vatková, Renata 134
Vega, Lope de 73, 117, 423
Veiel, Andres 157, 354
Velten, Catharina Elisabeth 369
Vera, Dusya 623
Verdalle, Laure de 421
Verdi, Giuseppe 542f.
Vergara, Felipe 226
Veronese, Daniel 226
Vettori, Piero 326
Villegas, Juan 218
Vinaver, Michel 432
Vinci, Leonardo da. Siehe Leonardo da Vinci
Vinci, Leonardo (Komponist) 540
Viśākhadatta 257
Visconti, Luchino 156
Vitruv 66
Voegelin, Eric 636
Vogel, Juliane 5, 311f., 330f., 334f., 359
Vogler, Christopher 572
Voltaire 79, 87, 109

Von Geldern, James 345
Voß, G. Günter 623, 628

Wagner, Geoffrey 541f.
Wagner, Heinrich Leopold 95, 314, 330f.
Wagner, Martin 309
Wagner, Richard 15, 24, 43, 116, 124, 132, 290, 344, 406, 536, 538, 541, 633
Waidelich, Jürgen-Dieter 421, 625
Walcott, Derek 382
Wald, Christina 364
Waldenfels, Bernhard 13, 412, 417
Waldmann, Günther 518
Waley, Arthur 381
Wallmann, Walter 446
Walpurgis, Maria Antonia 536
Walser, Martin 142f.
Walser, Theresia 154, 364, 405
Walter, Benjamin 378
Walton, Kendall L. 272
Wang Shifu 244
Warburg, Aby 5
Warning, Rainer 308
Warstat, Matthias 9, 338f.
Wartemann, Geesche 479
Watzlawick, Paul 491
Weaver, John 551
Weber, Max 163, 635, 639f.
Weber, Richard 346
Wedekind, Frank 131, 189, 313, 384
Wegmann, Nikolaus 329
Wehren, Michael 622
Wei Liangfu 247
Wei Mei 247
Weidig, Friedrich Ludwig 120
Weidmann, Heiner 618
Weigel, Sigrid 317
Weil, Henri 324
Weiler, Christel 372, 378
Weimann, Robert 199, 471
Weinberg, Manfred 379
Weininger, Otto 370f.
Weinrich, Harald 377
Weisenborn, Günther 131
Weiskern, Friedrich Wilhelm 122
Weiss, Peter 143f., 309, 349
Weiss, Ulli 556

Weissberg, Liliane 356
Weixler, Antonius 306f., 309
Wellbery, David E. 200
Weller, Jeremy 612
Wells, Stanley 470
Welsch, Wolfgang 20, 40, 375
Wentzlaff-Eggebert, Harald 71
Werling, Susanne 164
Wermke, Jutta 519
Werner, Zacharias 119
West, Stephen H. 240
White, Hayden 8
Wickert, Lena 500
Wickert, Nadine 349
Wickham, Glynne 442
Widmann, Jörg 537
Widmer, Urs 183, 353, 622
Wieland, Christoph Martin 78, 106f.
Wiener, Claudia 325
Wiens, Birgit 367, 477
Wierlacher, Alois 374f., 378
Wigman, Mary 32, 549, 553f.
Wild, Christopher 5, 311f.
Wilde, Oscar 130
Wilder, Thornton 135, 139, 315
Willems, Gottfried 277
Willems, Herbert 634
Willenberg, Heiner 519
Willett, John 345
Williams, David 265
Williams, Tennessee 135f., 139, 419, 609f.
Williamson, Margaret 359
Willms, Weertje 360f.
Wilm, Marie-Christin 332–334
Wilson, Robert 10, 151, 190, 318f., 488, 495
Winckelmann, Johann Joachim 106f., 607
Winkgens, Meinhard 279, 315
Wirth, Andrzej 154, 190, 352, 506
Wittgenstein, Ludwig 605
Wolf, Christa 359
Wolf, Christof 342
Wolf, Friedrich 285, 346
Wolff, Egon 225
Wolff, Pius Alexander 472
Wolff, Theodor 127
Wolter, Charlotte 335

Woodmansee, Martha 616
Woolf, Virginia 609
Worbs, Michael 336
Worthen, William B. 5, 399f., 403, 466
Wortmann, Thomas 30, 104
Wronewitz, Petra 425
Wu Wenguang 251
Wulf, Christoph 273f.
Wurst, Karin A. 363
Würzbach, Natascha 280

Xi Jinping 251

Yang Guifei 244
Yang Limin 251

Zadek, Peter 142f., 409f.
Zaimoglu, Feridun 158, 386

Zayas de Lima, Perla 226
Zeami Motokiyo 10, 21f., 228–231
Zeller, Felicia 157, 364
Zeller, Rosmarie 328
Zhang, König von Chu 239
Zheng Guangxu 244
Zhou Yan 241
Ziegler, Clara 370
Zierl, Andreas 322f.
Zimmer, Reinhold 192
Zimmerman, Eric 592
Zimmermann, Bernd Alois 545
Zimmermann, Bernhard 41–43, 199
Zimmermann, Olaf 431
Zola, Émile 127, 424
Zumbusch, Cornelia 201
Zwingli, Huldrych 64
Zymner, Rüdiger 195

Sachregister

Abbildungsästhetik 405
Abhinaya-Konzept 253
Abonnement, Abonnementpublikum 407, 581, 588
absolutes Drama 105, 107, 118, 281, 312, 314
absurdes Theater, absurdes Drama 14, 136, 140f., 150, 156, 181f., 225, 301, 315, 351, 402
Absurdität 141, 213f.
Adaption 8, 10, 48, 53, 69, 79, 135, 213, 233, 235, 337, 359, 366, 372, 381, 478, 535, 539–543, 545, 599, 614
Adjutanten-Spiel 241
Affekt, -erregung, -kontrolle, -mäßigung, -reinigung 5, 9, 16, 23, 25, 50, 55, 66, 74, 80–82, 93, 110f., 173, 188, 191f., 196, 198, 201, 203, 232, 254, 290, 321–339, 416, 438, 499, 502f., 538f., 551, 605, 607
Agitprop 346
Agon, agonal 22, 30, 41, 91, 117, 169, 213, 318, 393, 468, 593
Akrobatik 22, 57, 70, 115, 121, 200, 239, 241f., 245, 248, 583
Akt, Aufzug 7, 33, 48, 59, 67, 72, 107, 139, 167, 197f., 208f., 257, 283, 312, 314, 409, 472, 559, 566–571, 574, 586
Alexandriner 82, 87–89, 197
Allegorie, allegorisch 27, 68, 72, 74, 87, 222f., 327, 347, 400, 550
Alterität. Siehe Fremdheit
analytisches Drama 129, 167, 202
Antagonist/in, Gegenspieler/in 46, 107f., 169, 305, 327, 487
Anti-Apartheid-Theater 209, 212f.
anti-illusionistisch. Siehe Illusion
antikes Theater 11, 16f., 40–56, 57, 61f., 64–67, 138, 155, 250, 255, 289, 291, 341f., 367, 373, 441, 469, 501
antike Tragödie. Siehe Tragödie
Antisemitismus, antisemitische Klischees 61, 131, 173, 446, 606
Arbeitsbedingungen 12, 28, 34, 154, 354, 367, 420, 422f., 427, 431f., 616f., 624–631

Arbeitskraftunternehmer 34, 617, 622f., 628f.
Architektur 40, 43, 50, 52f., 62f., 65–67, 76f., 82, 87, 125, 195, 202, 279, 286–291, 319, 335, 344, 450, 502, 509, 553, 611
Arie 230, 327, 539, 542, 547
art but fair 631
Aufführungsanalyse 31, 414f., 518, 524, 532
Auftragsarbeit, Auftragswerk 211, 432f., 454, 458, 584
Auftritt 5, 69, 80, 211, 242, 245, 288, 306, 308, 310f., 327, 335, 362, 471, 492, 494, 550
Auftrittsfrequenz 306
Auftrittsverbot 368
Ausstattung 66f., 86f., 101, 125f., 234, 285, 408, 460
Authentizität 3, 14, 23, 77, 89, 125, 150, 153, 156, 174, 221, 269, 309, 331, 354, 362, 394, 398, 448, 475, 479, 485, 527, 637
Autorschaft 150, 296, 299, 362, 454, 527, 539, 616, 625
Avantgarde, Avantgarde-Theater 4, 18, 20, 22, 24, 27, 29, 50, 95, 116, 118, 126, 130, 133, 145f., 153, 156, 181, 203, 237, 251, 277, 285, 291, 308, 316–318, 320, 322, 338, 344, 380f., 395, 398, 404, 406f., 410, 416, 423, 425, 427, 429, 433, 502, 509, 612

Ballett 17, 32, 76, 80f., 104, 292, 327, 547, 549–552, 554
barockes Trauerspiel 68, 322, 327
Beiseitesprechen 187
Beleuchtung. Siehe Licht, Lichtgestaltung
Besetzung 29, 60, 100, 174, 385, 408, 411, 429, 459, 470f., 478, 628f.
Bhūta-Ritual 261
Bildbühnentheater. Siehe Guckkastenbühne
Biomechanik 134, 224, 291
Blankvers 117, 621
Bohème 629
Bollywood 22, 252, 264

Botenbericht, Bote (aus der Fremde) 46f., 80, 128, 168, 193, 203, 307, 393
Boulevard, -theater, -melodram 20, 120–122, 153, 181, 322, 337, 433, 500f., 578
Buchdruck 13, 63, 441, 448, 453
Bühne der Avantgarde. Siehe Avantgarde, Avantgarde-Theater
Bühnenanweisung. Siehe Regieanweisung
Bühnenbild, Bühnenbildner 29, 101, 129, 132, 279, 286, 295, 303, 319, 413, 449, 454, 460, 494, 511, 516, 547, 625, 627
Bühnenraum 67, 253, 286, 291, 409
bürgerliches Trauerspiel 18, 34, 50, 88, 92f., 95–98, 112, 120, 174, 178–180, 201, 280, 312, 314, 322, 329f., 357, 359–362, 405, 473, 507, 616, 619f.
Burgtheater 116, 119, 150, 371, 426, 443

Charakter, Charaktere 6, 50, 53f., 69, 76, 80, 83–85, 89–91, 93, 95, 97f., 106, 108, 119, 123, 169, 172–174, 179, 182, 187f., 190, 196, 229, 255, 258, 294, 297f., 301–303, 331, 338, 473, 475f., 489, 491, 591, 593, 595, 597–601
Chor, chorisches Sprechen 16f., 20, 29, 39, 42–48, 52, 55, 59, 66, 106, 110, 132, 135, 153, 157, 187, 198, 202–204, 208, 215, 230, 289f., 305, 307, 322, 342, 353, 387, 394, 411, 416, 467f., 478f., 538, 547, 608
chuanqi 246f.
Commedia dell'arte 48, 68–70, 83f., 87, 99, 123, 134, 177, 196, 199–201, 368, 373, 483, 490, 551
Computerspiele, Games 7, 31, 33, 399, 418, 526, 591–601
cross dressing 26, 357, 365, 369

DDR-Dramatik 139, 151, 445, 616f., 622
Dekoration. Siehe Ausstattung
Deutscher Bühnenverein 431, 433, 458, 624f., 630
Dialekt, Soziolekt 18, 111, 128, 240, 255, 384
Dialektik, dialektisch 4, 20, 30, 91, 93, 118f., 146, 151, 175, 191, 202, 272, 281, 285f., 346, 411, 417, 419, 480–488, 490, 492, 494–496, 603, 622

Dialog, dialogisch 3, 11, 16–19, 21, 27, 42–49, 54, 58, 61, 63, 70f., 77, 90–95, 105, 107, 111, 121, 128, 136, 140, 144, 147, 150, 153, 183, 185–194, 196, 203, 210f., 221, 226, 230, 242f., 258, 260, 262f., 306, 310, 319, 354, 380, 382, 385, 400, 402, 409, 468, 471, 478, 485, 514, 543, 581, 585–587, 597, 605, 610f.
Dialogizität 19f., 153, 187f., 352, 354
Didaktik 31, 222, 324, 326–328, 334, 347, 490, 502f., 512–526
Dionysien, Dionysostheater, dionysisch 3, 39–46, 51, 57, 61, 117, 130, 132, 146, 200, 269, 344, 392, 416, 468f., 603, 607
Diskurstheater 153, 176, 354, 478, 531
Dithyrambos 17, 42, 44f., 49, 132, 392
doctrine classique 79, 81f., 197
Dokumentartheater, Dokumentarstück, dokumentarisches Theater 4, 26, 120, 134, 136, 143f., 156f., 202, 278, 293, 301, 348f., 354, 386, 404, 475, 531, 623
drag 365
dramatis personae 145, 300
Dramaturgie 11, 14, 18f., 24, 29–33, 39, 41, 46f., 49, 52, 54, 56f., 59, 61, 65f., 68f., 77, 79–81, 89, 92, 95–97, 102, 109, 113, 122–124, 130, 132, 134f., 146, 149, 153, 156, 182, 203, 208, 211, 216, 224–226, 242, 250, 283f., 307–309, 314, 316, 318, 325, 335, 337, 345, 391, 393, 397, 406, 465, 480–496, 516, 539, 545f., 549, 576, 578, 581f., 584–589, 602, 632
  analytische Dramaturgie 31, 532
  Filmdramaturgie, filmische Dramaturgie 7, 31–33, 64, 73, 80, 95f., 284, 406, 557, 575, 578
  Mediendramaturgie 7, 95
  Mitleidsdramaturgie der 1970er Jahre 622
  Tanzdramaturgie 549, 552–556
Dramaturg/in 94f., 109, 115, 117, 119, 136, 154, 384, 406, 408, 451, 453f., 458, 480, 498, 504, 556, 625
Dramendidaktik. Siehe Didaktik
Dramenkanon. Siehe Kanon

Dramenproduktion 15, 28, 52, 55, 74 f., 112, 116, 123 f., 177, 180, 219, 250, 337, 357, 363, 420 f., 423 f., 428, 433, 438 f., 497–501, 503, 509
Dramentheorie 5, 9, 164, 173 f., 188–191, 196, 201, 204, 229, 232, 321, 323, 325 f., 328–330, 332 f., 335, 353, 470, 497, 503, 593, 597, 600
Drehbuch, Drehbuchlehre 18, 32, 527 f., 535, 581
Drei Einheiten. Siehe Einheit des Ortes/der Zeit/der Handlung

Einakter 72, 89, 202, 223, 234, 256, 552
Einfühlung 87, 93, 98, 137 f., 182, 329, 338, 343, 503, 509
Einheit des Ortes/der Zeit/der Handlung 21, 24, 65–67, 76, 79, 94 f., 165 f., 178, 201, 209 f., 230, 271, 279, 281–284, 315 f., 472, 594–596
Ekstase, ekstatisch 25, 34, 44, 286, 335 f., 467, 607 f., 610, 613
eleos. Siehe Jammer
elisabethanische Bühne 8, 71, 74–79, 95, 155, 198, 282, 299 f., 311, 342, 368, 471, 501
Emotion, emotional 25, 32, 77, 124, 135, 164, 178 f., 192, 203, 234, 247, 253 f., 321, 327, 329–332, 336–339, 345, 355, 361, 402, 475, 489, 499 f., 503, 539, 551–553, 557, 595–597, 599–601, 608, 631
Empfindsamkeit 92, 94 f., 201, 280, 329 f., 337, 360 f.
Engagement
  berufliches, ökonomisches Engagement 104, 453, 457, 629
  soziales, politisches Engagement 143 f., 155, 181, 213, 237–239, 301, 340, 343, 345, 353, 402
Ensemble, Ensemblebetrieb, Ensemblestruktur 5, 12, 28, 59, 99 f., 104, 106, 111, 116 f., 158, 174, 212, 310, 343, 385 f., 404 f., 407, 413, 425 f., 428–430, 448, 451, 458, 477, 497, 522, 538, 552 f., 555, 625, 627 f., 630
Ensemble-Netzwerk 631
En-suite-Betrieb 28, 427 f., 577

Entliterarisierung 338, 352
Epik, Epos 33, 45, 49, 117, 137, 148, 156, 175, 195, 210, 212, 235, 246, 252, 280, 295, 370, 378, 381, 410, 464, 467, 514, 531, 591
Epilog 568, 572
episches Drama 14, 22, 128, 133, 136 f., 139, 142, 210, 212, 246, 295
episches Theater 11, 21, 114, 122, 130, 134–138, 143, 202, 211, 275, 301, 316, 345 f., 373, 381, 407, 419, 487, 490, 494, 621
Episoden, episodisch 59, 137, 166, 216, 302, 305, 506, 582–584, 589, 591, 594 f.
Episteme 296 f., 330, 398
Erhabenheit. Siehe Pathetisch-Erhabenes
erregendes Moment 312
Erzähler 21, 57, 65, 210–213, 241 f., 246, 295, 307, 488 f., 543, 606
Exodos 45–47
Exposition 33, 79, 129, 191, 312, 566, 568 f., 586, 600
Extemporieren. Siehe Improvisation

Fabel 31, 87, 165, 168, 300, 312, 315, 318, 527
Fallhöhe 177
Familiendramatik, Familienschauspiel 25, 112, 128, 180, 202, 280, 307, 337, 577, 579 f., 584, 586, 589, 619
Farce 22, 61, 83, 214, 241, 373
Fastnachtspiel 61, 173
Feedbackschleife 397, 403, 409, 507
Feldtheorie, literarisches Feld 16, 28, 420 f., 424, 426, 428, 432, 436
feministisches Theater 350, 366
Femme fatale, femme fragile 93, 131, 370, 558
Festival 15, 22, 145, 149 f., 156, 219, 251, 261, 383, 432, 500, 630
Festspiel, Festspielhaus, Festspieltheater 41, 43, 52, 61, 132, 341, 344, 625
Figurenrede. Siehe Haupttext
Filmdramaturgie, filmische Dramaturgie. Siehe Framaturgie
Fotografie 14, 134, 153, 291, 345, 408, 450, 462 f., 516 f., 639, 643 f.

französischer Klassizismus. Siehe Klassizismus
Freie Szene, Freies Theater, Off-Theater 13, 15, 34, 136, 143, 145 f., 237, 292, 348, 407, 427, 501, 556, 612, 617, 625, 627, 630
Freilichtbühne, -spiele, -theater 67, 138, 215, 289, 347
Fremdheit 59, 150, 219, 285 f., 359, 377, 637
Furcht 50, 93, 201, 240, 254, 257, 328, 332, 334, 473
Furie 325 f., 335, 359
Furor, Raserei 82, 324–327, 334 f., 474, 494

Gattung, Gattungstheorie, gattungstheoretisch 4 f., 9 f., 18 f., 21, 27, 32, 49, 53, 68, 71, 78, 80, 91, 96, 107, 113 f., 116, 123, 131, 140, 174 f., 178–180, 188 f., 194–204, 228–230, 232–237, 243, 251, 269, 274, 277, 294 f., 300 f., 303 f., 306, 310, 321–323, 326–328, 330, 333, 336 f., 363, 367, 372, 376, 378, 391–393, 396, 402, 420, 424, 429, 464, 471, 497, 499 f., 514 f., 517, 520 f., 523, 527, 535–538, 540, 542, 547 f., 582, 602, 616
Gebrauchsdramatik 22, 112, 249, 251, 347
Gefühl, Gefühlskultur, Gefühlstopographie 22, 25, 55, 81 f., 106, 164, 181, 192, 196, 233, 247, 251, 253 f., 257, 321, 330, 334, 337, 339, 361, 409, 474, 480, 558, 600
Gegenspieler/in. Siehe Antagonist/in
Gegenwartsdramatik 5 f., 34, 120, 136, 142, 148 f., 183 f., 357, 365, 521, 523, 631
Gender, Gender Studies, genderorientierte Dramen- und Theaterforschung 5, 8 f., 11, 13, 23 f., 26, 48, 201, 299, 350, 356–371, 616, 629
Genre, Genreregel 3, 6, 8, 15, 19 f., 25, 27, 33, 93, 96, 125, 174, 177, 185, 189, 195–204, 217, 221–223, 231–234, 242, 308–312, 314, 336 f., 353, 362, 393, 402, 406, 501, 525, 550, 566, 569 f., 577, 580–582, 586, 588 f., 591, 599, 616 f., 619, 621
Gesang 10, 21, 29, 43–47, 55, 58, 60, 76, 208, 219, 221, 229 f., 240, 242–244, 246, 252 f., 262–265, 320, 371, 449, 537 f., 544, 546–548, 550, 555, 577, 627
Geschichtsdrama, Historiendrama, historisches Drama 25, 73, 144, 198, 233, 300–305, 308–310, 349
Geschlecht, Geschlechterordnung 12, 19, 26, 113, 173, 326, 350, 356–371, 459, 483, 500, 586 f., 621, 634
Geschlechtertausch 370
geschlossenes Drama 3, 5, 18, 21, 25, 33, 45, 49, 54, 79, 95, 99, 116, 128, 140, 153, 167, 178, 181, 191, 196 f., 207, 209 f., 280, 282, 308, 312–314, 467, 480, 550, 553
Gestik, Geste 21 f., 31 f., 77, 86, 88, 110 f., 124, 138, 141, 171, 207, 212, 229, 239, 252, 259, 265, 310, 316 f., 319 f., 338, 391, 412, 417, 488, 492 f., 551 f., 554, 573, 599, 604, 608, 632, 635 f.
Gewalt 21, 47, 60, 72, 106, 110, 124, 137, 141, 155, 157, 194, 217–219, 221, 224–226, 243, 250, 272, 278, 298, 324, 333, 338, 353, 610
Glückswechsel 170, 618
Groteske, grotesk 140 f., 152, 154, 214, 223 f., 581
Guckkastenbühne, Guckkastentheater 202, 207, 209 f., 277, 281, 290, 344 f., 382, 509, 604
Guerilla-Theater 349 f.

Habitus 71, 80, 87 f., 91, 96, 98, 122, 134, 137, 219, 284, 287 f., 317, 407, 619
Hamartia 50
Hamburger Entreprise 94, 100, 103, 406, 423, 503
Hanswurst 88, 102, 122, 173, 473, 507
Happening 27, 32, 34, 145 f., 203, 292, 354, 416, 546, 611 f.
Happy End 123, 252, 587, 590
Hauptfigur, Protagonist/in 9, 33, 43, 45 f., 73, 78, 83, 91, 112, 130, 137, 174, 183, 197, 208, 224, 230, 241, 243, 247, 257, 285, 294, 310, 325, 327 f., 330, 335–337, 360, 401, 429, 468, 471, 498, 511, 514, 539, 557 f., 560, 562–564, 568 f., 571, 573 f., 582 f., 585, 606 f., 610, 621

Haupthandlung 168, 595, 597
Haupttext, Figurenrede 185–187, 191, 194, 287, 491
Held/in, Heroe/Heroin, heroisch 3, 7, 20, 33, 49 f., 54, 73, 82, 85, 92 f., 97, 107, 128, 157, 178–183, 187, 196 f., 199, 203, 230, 255, 257, 261 f., 264, 303, 305, 308, 326, 328 f., 331, 333, 335, 338, 353, 358, 402, 417, 468 f., 473, 483, 503, 571–574, 640
Heterotopie, heterotopisch 24, 280, 372
Historiendrama, historisches Drama. Siehe Geschichtsdrama
Hofnarr. Siehe komische Figur
Hoftheater, höfisches Theater 17 f., 65–68, 72, 75 f., 79–82, 100, 102–105, 108 f., 111, 113, 116, 119, 124 f., 173, 180, 290, 328 f., 372, 422 f., 429, 431, 442, 472, 476, 500 f., 549 f., 624
Hörspiel 137, 409, 418, 514, 528
Hosenrolle 234, 365
hui-Theater 248
Hybridisierung, Hybridität, hybrid 12, 15, 20 f., 23, 26, 32, 183, 203, 217 f., 221, 547, 627
Hysterie 26, 135, 292, 315, 336, 608

Ich-Dramatik 130, 605 f.
Illusion, Illusionismus, illusionistisch 18, 29, 64, 86, 93, 109–111, 114, 123, 129, 131, 134, 137 f., 202, 208, 216, 272 f., 275, 277, 281, 284, 286, 289, 294, 311, 315, 318, 330, 338, 352, 382, 386, 402, 467, 471, 476, 478, 600 f., 637 f.
imaginärer Raum 24, 283
implizite Inszenierung 411, 518
Improvisation, Extemporieren, Stegreif 18, 45, 55, 69, 71, 87, 104 f., 115, 122, 124, 177, 200, 226 f., 240, 263, 278, 343, 393 f., 397, 422, 439, 442–444, 473, 476 f., 507, 509, 581, 601 f., 611, 614 f., 623
indirekte Regieanweisung. Siehe Regieanweisung, Regiebemerkung
Inklusion 434
innerer Monolog. Siehe Monolog, innerer
Intendant/in 91, 104 f., 114 f., 142, 155, 291, 446 f., 461, 630

interaktives Drama 33, 591–601
Interkulturalität, interkulturell 5 f., 12, 20, 23, 26 f., 372–387, 502, 512, 592
Intermedialität, intermedial 13–15, 32, 135, 203, 404, 418, 537 f., 544, 550
Internet 14, 399, 412, 418, 463, 510, 576 f., 581, 587, 594, 641, 645
Intersektionalität 26, 357, 359, 366
Intertext, Intertextualität, intertextuell 19, 87, 123, 153, 183, 297, 319, 354, 540, 616
Intervention, interventionistisch 26, 292, 340, 342, 349 f., 614 f.
Intrige, Intrigendrama 53, 67, 70 f., 73, 79, 83, 119, 169, 200, 244, 306, 308, 313, 580, 587
Ironie, ironisch 24, 114, 137, 153, 157, 213, 222, 277, 303, 346, 493, 580

Jambus 45, 48, 109, 621 f.
Jammer / eleos 50, 93, 192, 196, 201, 323 f., 468, 480, 499
Jesuitendrama, Jesuitentheater 64, 68, 98, 293, 342

Kabarett 346, 554
Kabuki-Theater 10 f., 22, 231, 233–236
Kanon, Kanonisierung, Dramenkanon 4, 6–10, 12, 23, 27, 39 f., 46, 54, 71, 78, 88, 95, 112, 117, 123 f., 137, 148, 176 f., 180, 183, 233, 235, 310, 356 f., 361–365, 380, 382, 384 f., 406, 421, 428, 432, 495, 498, 502, 513, 523, 526, 552
Karnevalisierung 177
Kasperle. Siehe komische Figur
Katastrophe 167, 238, 242, 250, 314, 354, 482
Katharsis, kathartisch 25, 34, 50, 93, 196, 225, 315, 323 f., 326, 328, 331–336, 338, 392, 468, 480, 482, 499, 607, 610, 612
Klage, Klagegesang 43, 322, 393, 468
Klassizismus, klassizistisch 45, 65, 76, 88, 94, 201, 296, 331
   französischer Klassizismus 178, 197, 282 f., 307, 310, 314, 473
Knabenschauspieler 76, 369
Kollektiv 31, 61, 77, 143, 147, 149, 212, 225 f., 238, 345, 383, 408, 413, 451, 468,

510, 522, 532, 539, 613, 615, 629, 631, 642
Kolonialisierung, Kolonialismus, Postkolonialismus 20f., 27, 63, 72, 207–209, 211, 213, 215f., 217–227, 274, 350, 373, 379–382, 385, 387
Komik, komisch 10, 45, 54, 67f., 70, 73, 77, 80, 84, 93, 98, 100, 115, 121, 123f., 132, 140, 171, 179, 199, 203, 213, 223, 240f., 245, 254, 308, 312, 468, 471, 483, 501, 506
Komiker 241
komische Figur 68f., 71, 73, 76, 83f., 88, 102, 115, 122f., 173, 177, 179, 198, 239f., 242f., 348, 473, 483, 611
Kommunikationssystem (äußeres, inneres) 46, 89, 94, 185, 193, 302, 319, 439
Komödie 6, 8, 11, 17, 21, 25, 34, 40–43, 45, 48f., 51, 53f., 64–69, 71, 76, 80, 83f., 89, 93, 96, 98, 100, 114, 120, 123, 126, 141, 152f., 169, 177, 179f., 196, 198–201, 207–209, 214, 244, 295, 308f., 342f., 369, 372f., 377, 384, 402, 483, 553, 616, 618f., 622
Komposition 94, 107, 151, 165, 167f., 296, 301, 337, 466, 554, 606
  musikalische Komposition 29, 449, 455f., 535–537, 541–543, 545–548
Konflikt 4, 22, 26, 30, 33f., 39, 41, 43f., 48, 50f., 53f., 56, 59, 67, 70f., 73f., 76, 80, 82f., 92–95, 102, 106, 113, 119f., 123f., 137, 140, 146, 151, 155, 166, 169f., 178–180, 190f., 194, 197, 202, 211, 214–217, 233, 239, 244, 287, 318, 328, 337, 361, 377, 393, 417, 468, 481f., 484, 487, 514, 538, 543, 581, 583–587, 589f., 593f., 603–606, 610, 612, 614, 619
Königsdrama 77f.
Körper, Körperlichkeit, Körperbewegung 3, 14, 20–22, 25, 29, 32, 55, 62f., 90, 99, 122, 124, 134, 143, 151, 163, 171, 176f., 179, 181, 183, 200, 203, 210, 212, 229, 237f., 242f., 252f., 261, 269, 274f., 278, 287, 317, 319f., 333f., 338, 352, 356, 362, 364f., 367, 369f., 382f., 397, 410, 416, 422, 465, 467–469, 474f., 478,

495, 497, 522, 552–555, 608, 612–615, 636–638
Körpergedächtnis 278
Körpersprache, Körperzeichen 60, 171, 174, 192, 203, 253, 329, 331, 356, 552, 636
Korporalität 4, 6, 27, 39, 57, 80, 87, 124, 134, 352, 404, 413, 416, 550
Kostüm, Kostümierung, Kostümbild 11, 26, 55, 60, 66, 70, 76, 82, 86, 101, 116, 125, 132, 185, 224, 233f., 239f., 242, 247, 253, 261, 265, 286, 295, 303, 309, 356, 369, 412, 425, 430, 460, 471, 625
Kreatives Schreiben 527, 529
Krise 5, 19, 49, 129, 137, 157, 189, 218f., 224–227, 243, 303, 353f., 404, 486, 600, 603, 605, 607, 609f., 614, 622, 630f., 638f.
Kulisse, Kulissensystem, Bühnentechnik 67, 76f., 126, 234, 286, 289, 309, 311, 430, 585
Kulturförderung, Kulturpolitik 81, 203, 209, 383, 432, 445, 554, 624, 630
Kulturindustrie 370, 425, 633
Kulturtransfer, Kulturmobilität 10, 40, 382, 403, 420f.
kunqu 247f.
Kunstautonomie 119, 133, 273, 286, 351, 406, 424f., 433
Kunstfreiheit 29, 351, 445f., 448, 460–462, 625
Künstlerarbeitsmarkt 627f.
kuratieren 146, 630
Kyōgen 10f., 48, 228f., 231, 234f.

Lachen 93, 108, 196, 199, 201, 203, 475, 506
Laien, Laientheater 60, 138, 157, 278, 354, 442, 478f., 496
Lehrstück 135, 149, 258, 276, 381
Leid, Leiden 10, 50, 93, 196, 245, 321–324, 327, 331, 333f., 338, 558, 571
Leidenschaft 10, 18, 25, 74, 82f., 87, 94, 97, 164, 197, 321, 324–328, 330–334, 474, 503, 609f.
Leistungsschutzrecht 29, 457, 460
Lesedrama 55, 408, 501, 539

Licht, Lichtgestaltung 82, 132 f., 284–286, 288, 408, 412, 430, 471, 494, 548, 604, 612, 625
lieu général 282
Liminalität 16, 262, 280, 311 f., 318, 391
literarisches Feld. Siehe Feldtheorie
Literaturdidaktik. Siehe Didaktik
Literaturtheater 237, 521, 604
Live Art 15, 350, 498
liveness 3 f., 13 f., 27, 352, 397, 404, 411, 413 f.
Living Theatre 34, 136, 143, 145 f., 348, 351, 612 f.
Loge, Logenprinzip 73, 287 f., 344
Lustspiel 18, 53, 89, 96 f., 119, 122, 200, 308, 313, 406, 507

Magie, Magier, magisch 58, 239 f., 273–275, 338, 470, 499, 607, 613, 620
Männlichkeit, Männlichkeitsentwürfe 12, 350, 356 f., 359, 361, 365, 369, 619
Maria, Marienfigur 58 f., 359
Marketing 422, 625
Märtyrerdrama 59 f., 93, 327
Masala-Filme 252, 264
Maske 10, 43 f., 55 f., 69–71, 83, 100, 172, 212, 265, 368, 469, 632, 636–638
Maskenbild 295, 303, 338, 408, 625
Mauerschau. Siehe Teichoskopie
Mimesis, Nachahmung 21, 23 f., 32 f., 44, 48 f., 56, 79, 81, 86, 89, 93, 96, 107, 109 f., 113, 125 f., 133 f., 137, 150, 163, 175, 195 f., 208, 228 f., 240, 269–278, 295, 316, 322 f., 329, 331, 338, 352, 399 f., 406, 413, 417, 473, 475, 480, 502, 550–552, 579, 591, 593 f., 600 f.
Mimik 22, 124, 171, 185, 252 f., 258, 265, 324, 412, 551 f., 599, 604, 632, 636
Mitleid 50, 87, 90, 93, 97, 157, 178, 201, 254, 290, 328, 332, 334, 473, 503, 620, 622
Mitleidsdramaturgie. Siehe Dramaturgie
Mitspieltheater 34, 612
Monolog, monologisch 20, 107, 150, 186 f., 189–191, 196, 263, 310, 386, 409, 471, 514, 610
  innerer Monolog 605 f.
Monodrama, Monologstück 228, 253

Montage 9, 18, 144, 248, 286, 315–317, 337, 339, 531, 554 f., 571, 602
Musical. Siehe Musiktheater
Musik, musikalisch 6, 10 f., 15, 17, 21–23, 29, 32, 42, 44 f., 57–59, 68, 76, 80, 121, 132 f., 146, 150, 153, 185, 195, 207 f., 210 f., 216, 223, 228–232, 234–236, 239 f., 247, 252–254, 263–265, 269, 273, 307, 327, 330, 336 f., 383, 411 f., 432, 449–451, 455 f., 460, 462, 468, 478, 494, 528, 550–552, 585, 612 f., 626 f., 633
Musiktheater 4, 7, 32, 39, 115, 123, 247, 250, 358, 404, 451, 458, 535, 538–540, 542, 545–548, 555
Mysterienspiele 21, 59 f., 219, 293, 342, 442
Mythologie, mythologisch 51, 71, 165, 263, 309 f., 347
Mythos, mythisch 15, 21, 41, 43 f., 47–50, 53, 55 f., 59, 107, 109, 115, 117, 149, 178, 188, 211, 219, 222, 239, 255, 262, 281, 285, 291, 293, 322, 325, 342, 358 f., 384, 395, 480 f., 535, 539, 572, 593, 600 f., 617, 630, 644

Nachahmung. Siehe Mimesis
Nachspiel. Siehe Epilog
nanxi 242
Narr. Siehe komische Figur
Narration, Narrativ 8 f., 33, 92, 117, 231, 309, 416, 492, 546, 552, 559, 591 f., 594, 599, 604
Nationaltheater 94, 100, 102–105, 116 f., 423, 501–503, 624
naturalistisches Drama 20, 25, 64, 67, 95, 108, 116, 120, 124, 126–130, 132–134, 180, 202, 216, 284 f., 307, 310, 343, 486, 617, 621
Nebenfigur 245, 377, 402, 583
Nebenhandlung 168, 377, 588 f., 595
Nebentext 128, 279, 285–287
Neuer Realismus 4, 23, 273, 278
New Historicism 23 f., 297–300, 616
Normalvertrag Bühne 453 f., 457, 462, 627 f.
Nō-Theater 10 f., 21 f., 48, 66, 228–232, 235, 381

Ödipus, ödipaler Konflikt 42, 46 f., 50, 66, 129, 358, 392, 603 f., 608
offenes Drama 4, 18, 23 f., 49, 128, 167, 179, 181, 198, 201, 211, 216, 283, 308 f., 314, 346
öffentlich subventioniertes Theater 28, 100, 103, 203, 426–429, 433, 458, 500 f., 624 f., 627, 630
öffentlicher Raum 26, 127, 292, 439, 505
Off-Theater, Off-Off-Broadway. Siehe Freie Szene, Freies Theater
Oper 15, 31, 87, 104, 109–111, 116, 125, 277, 322, 327, 335, 366, 405, 451, 455, 469, 476, 501, 535–548, 551, 608
Operette 322, 337, 451, 507, 542
Opferritual 393, 607
Orientalismusdiskurs 27, 124, 362, 366, 377, 381
Ort, Handlungsort 22, 53, 61, 65 f., 71, 77, 79, 82, 94, 128, 135, 140, 147, 155, 214, 225, 230, 280, 282–284, 289, 306, 311, 316, 471 f., 559, 568, 573, 576–579, 583
Osterspiel 17, 58–60

Pantomime, pantomimisch, stummes Spiel 32, 55, 65, 99, 101, 121, 171, 200, 212, 221, 252, 261, 307, 329, 450, 456, 551–553
Paratext 32, 232, 301, 552
Parkett 287, 502
Parodie, parodistisch 48, 55, 58, 122 f., 137, 365, 472
Parodos 43, 46 f., 52
Parsi-Theater 23, 264
Partizipation, Zuschauerpartizipation, partizipativ 30, 77, 439, 614
Passionsspiel 59
Pathetisch-Erhabenes 88, 328, 333 f., 472, 572
Pathos 25, 48, 50, 55, 66, 77, 88, 110, 120, 140, 173, 192, 199, 257, 307, 310, 321 f., 324 f., 327, 329–335, 338 f., 362, 393
Pathosformeln 327, 331, 333–335
Patriarchat, patriarchal 178, 222, 361, 366, 368
Pause 61, 141, 312, 471, 587
Peking-Oper 248, 250

Performance, Performance Art 4, 19, 21, 27, 30, 34, 39, 146, 152, 203, 207, 211, 277, 279, 319 f., 322, 338, 350, 354, 395, 398, 401, 403 f., 410, 415 f., 418, 465, 498, 502, 506, 510 f., 611 f., 623, 637
Performance Studies 220
performativer Akt, Performativität 3, 44, 355, 364 f., 398, 408, 422, 637
Peripetie 49 f., 79, 170, 314, 618
phobos. Siehe Schauder
Playback Theatre 602, 614 f.
Plot 8, 31, 70 f., 79, 257, 306, 314, 319, 336, 481, 540, 561, 565 f., 568 f., 574, 593, 598
Plurimedialität, plurimedial 13, 27, 31, 195, 356, 411 f., 414, 418, 464, 515, 538, 542, 544, 547
Polis 41, 43, 105, 341, 468, 501, 633
politisches Theater 16, 26, 35, 126, 135, 143, 151 f., 181, 202, 213, 236 f., 292, 340–355, 478, 632
Polylog, Polylogizität 20, 186–188, 194, 292
Posse 11, 55, 123, 125, 253, 343, 371
Postdramatik, postdramatisches Theater 4, 10, 20, 23, 25–27, 30, 39, 44, 106, 118, 122, 126, 130, 132, 146, 151 f., 154 f., 182–184, 187 f., 190, 203, 273, 277, 317–320, 322, 339, 352 f., 355, 366 f., 387, 394, 396, 404, 411, 415 f., 465, 468, 478, 486, 488, 490, 494–497, 506, 510, 524 f., 531, 535, 547, 555
postkoloniales Theater 350, 373, 382
Postkolonialismus. Siehe Kolonialismus
postmigrantisches Theater, postmigrantisches Drama 12, 158, 350, 386 f., 404
Präsenz 3, 14, 20, 28, 30, 39, 58, 66, 176, 200, 317, 319, 352, 359 f., 365, 402, 404, 415–417, 465, 467, 488, 497, 538, 567
Prätext 339, 385, 504
Prekarisierung, Prekariat, (ökonomisch) prekär 5, 13, 34, 80, 102, 276, 353, 433, 617, 620–624, 629–631
Prinzipal/in 86, 88, 99 f., 368 f., 472
Privattheater, privatwirtschaftliches Theater 15, 28, 76, 100, 102 f., 133, 198, 423, 426–429, 433, 443, 501 f., 625

Probe, Probenprozesse 30, 102, 106, 148, 154 f., 226 f., 287, 318, 408 f., 411, 422, 430, 462, 464, 470, 476 f., 480, 490–496, 516, 529, 555, 614, 617, 628, 630
Probebühne 408
Produktionsästhetik 23, 166, 195, 334, 498–500, 503, 527, 538
Produktionsprozess 13, 15 f., 28, 31, 75, 104, 110, 149, 383, 407–411, 413–415, 499, 555, 617, 624
Prolog 47, 97, 312, 321, 394, 476, 566, 568–570, 573, 608
Propaganda 156, 249–251, 346 f., 349, 633
Prostitution 56, 75, 127, 213, 215, 233 f., 243 f., 250, 368, 589
Protagonist. Siehe Hauptfigur
Prozession 42, 44, 60, 72, 222, 239 f., 423
Psychoanalyse, psychoanalytisch 25, 34, 45, 47, 130, 315, 321, 336 f., 356, 602–615
Psychodrama 34, 602, 610–612, 614 f.
Psychologisierung 20, 47, 77, 93, 123, 150, 181, 190, 339, 359, 608
Publikum, Zuschauer/in 13, 21, 24–26, 29–31, 47, 49 f., 52, 54, 59–61, 64 f., 68–70, 75–78, 82, 84, 86, 89, 92 f., 96 f., 101 f., 104, 108–114, 121 f., 127, 129, 131 f., 136–138, 143, 145 f., 166, 178 f., 182, 185, 193, 196, 198, 200, 202 f., 209 f., 213–215, 225, 228 f., 231–237, 245 f., 248, 253 f., 260, 262, 264, 272, 275–279, 282 f., 285, 287–291, 295, 300, 302–304, 307, 312 f., 317, 320–322, 324–329, 332 f., 337 f., 340 f., 343–347, 350 f., 353, 366, 369, 372 f., 383 f., 386, 393, 395–397, 403, 407–412, 414, 422, 424 f., 429, 436, 439, 444 f., 465, 468–471, 473, 477, 480, 482 f., 485, 487–489, 492–495, 497–511, 513, 515 f., 518–523, 538, 546, 548, 551, 565 f., 571, 574 f., 577–579, 581, 583–585, 587, 589, 594, 604, 608, 611–614, 621, 632 f., 637, 639 f.
Pygmalion 371

queer 365

Rachetragödie 92 f., 322, 326, 483
Rāmlīlā 262
Rampe 53, 77, 122, 288–291, 506
Raumentwürfe 24, 279, 282, 284 f., 287, 291
Rausch 291, 467, 485, 603
Reality-TV 337, 581
Reenactment 9, 156, 224, 345, 348, 478
Regelpoetik, Regeldramaturgie 18, 65, 78, 87, 97 f., 122, 197, 294, 405, 502, 507
Regieanweisung, Regiebemerkung 171, 222, 402, 430, 608
 indirekte Regieanweisung 279
Regie, Regisseur/in 13, 29, 31, 34, 42, 133, 145, 147 f., 150, 154, 237 f., 264, 286 f., 303, 341, 369–371, 382, 384, 403–411, 413, 425, 429 f., 448 f., 451, 454, 457–459, 461, 494, 497 f., 500, 504, 509, 516, 518, 526 f., 531 f., 593, 617, 623, 625, 627
Regiebuch 101, 307, 470, 516
Regietheater 4 f., 108, 111, 115, 133, 136, 142 f., 145, 148, 404 f., 407, 409 f., 418, 426, 494, 502
Renaissance 7 f., 17 f., 40, 51, 53–56, 61–71, 75, 88, 107 f., 173, 177, 270 f., 281, 289, 296, 368 f., 442, 483
Repertoire, Repertoiresystem, Repertoiretheater 27, 70, 88, 100, 109, 117, 230 f., 246, 248, 264 f., 340, 350, 369, 372, 397, 399, 401, 426–428, 498, 500–502, 507 f., 547 f., 577, 625
Replik 20, 117, 186–188, 310, 354
Repräsentation 16, 23, 28, 32, 35, 39, 52, 57, 65 f., 85, 95, 111, 118, 126, 147, 157, 178, 198, 218 f., 221, 226 f., 272, 333, 352, 354, 356, 360–362, 411, 417, 554, 591, 604, 632 f., 635–637, 643 f.
Requisit 60, 67, 76, 295, 470, 582, 632
Retheatralisierung 286, 338, 380 f., 509
Rezeption, Rezeptionsästhetik 14–16, 23, 34, 116, 166, 178, 195, 199, 202, 272, 302, 308, 372 f., 378, 380 f., 383, 397, 412 f., 417, 439, 464, 497–511, 513, 517–522, 524, 527, 537 f., 581, 584, 594 f.
Rezitation 11, 47, 54, 175, 231–233, 244, 252 f., 259, 265, 476, 547, 550, 642

Rhetorik 47, 65f., 68, 80–82, 94, 106, 110f., 139f., 185, 192, 229, 232, 321–326, 329, 359, 469, 473, 476, 485, 490, 503, 632f., 636
Rhythmus, rhythmisch 44, 49, 101, 107, 111, 117, 124, 130, 133f., 269, 273, 318, 338, 409, 416, 494, 546, 548, 551, 604
Ritual, Ritus 10, 16f., 27, 34f., 39–42, 44, 47, 58–60, 65, 72, 106, 132, 142, 152, 176, 195, 215, 219, 224, 230, 240, 252, 261, 263, 273, 275, 278, 317, 319, 336, 338, 341, 373, 381–383, 391–404, 510, 607, 612–614, 620, 632, 634, 636, 641–646
Rolle, Rollenfach 3, 10, 12, 21, 29, 55, 59–61, 67, 71f., 75, 81, 89, 93, 100–102, 111, 122, 138, 149, 163, 174, 229f., 233, 235, 241f., 245f., 248, 255, 258f., 262f., 365, 367, 369f., 387, 415, 459, 465–467, 469, 471f., 475–479, 483, 490, 516, 593f., 601, 612, 617, 623, 628f., 637
Rollentausch 612, 614
Romanbearbeitung 248, 478, 531
Rührstück 7, 18, 92, 96, 98, 112, 406, 507
Rundbühne 61, 290

Sanskrit-Stück, Sanskrit-Theater 22, 255, 258, 260f., 265, 381
Satire, satirisch 200, 213, 256, 264, 387, 618
Schattentheater 252, 263
Schauder / phobos 50, 93, 192, 196, 201, 322–324, 468, 480, 499
Schaukämpfe 239
Schauspieler/in 10, 12f., 20, 26, 29f., 42f., 46, 50–52, 57f., 65, 69, 74–76, 82, 86, 89, 91, 99–102, 106, 109–112, 121, 132–134, 138, 143, 149, 152, 154, 157, 172, 175, 183, 185, 187, 192, 200, 202, 212, 226, 229, 234–236, 241, 246, 248, 251, 261, 274–276, 287f., 290, 303, 329, 331, 335, 340, 344f., 350, 353f., 363, 367–371, 381, 385, 393f., 396f., 406, 408f., 413, 424f., 429–431, 442, 464–479, 487–494, 496f., 501, 506–509, 516, 608, 611, 613, 615, 617, 624, 626, 628, 630, 632, 637
Schauspielertheater 4, 235, 237, 404, 410

Schauspielstil 18, 29, 80, 85f., 88, 110f., 117, 126, 279, 335, 405, 464, 502
Schicksal, Schicksalsdrama, Schicksalstragödie 12, 25f., 43, 85, 92f., 97, 119, 128, 134, 140, 158, 164, 169f., 196, 198, 209, 243, 249, 303, 308, 310, 317, 468, 487, 608, 620
Schuld, Unschuld 50, 78, 112, 151, 178, 197f., 245, 257, 303, 349, 360, 483, 558, 571, 607
Schultheater, Schuldrama 64, 68, 98
Selbstzensur 28, 436–438, 443, 445f.
Semiotik, semiotisch 132, 185, 192, 203, 253, 265, 329, 356, 414, 465, 515, 523
sentimentalism. Siehe Empfindsamkeit
Serie, TV-Serie 3, 7, 13f., 18, 31, 33, 95f., 112, 406, 418, 493, 576–590, 639
serielles Erzählen 577f., 589
Simulation, Simulakrum 23, 272f., 276, 295, 301, 352, 415, 467, 516f., 599
Simultanbühne 18, 61, 65, 67, 147, 289, 316
Situation 29, 33, 47, 50, 54, 58, 73, 76, 80, 84, 98, 107f., 123, 130, 135, 140, 158, 168–171, 175f., 191, 202, 246, 260, 289, 308, 310, 336, 351, 356, 409, 414, 481–485, 487–489, 491–493, 496, 507, 522, 531, 538, 561, 564–566, 568, 591f., 595
Situationsdrama 169
Skandal, Skandalstück, Theaterskandal 30, 84, 95, 112, 126f., 130f., 133, 142, 144f., 150f., 235, 316, 343, 349, 354, 438, 443f., 498, 504, 510f.
Soap-Opera 153, 337, 576, 585f.
Social Media 463, 645
Société des Auteurs et Compositeurs Dramatiques 431f.
Solo 553
Song 122, 137, 202, 213, 264, 346
Sozialdramatik, soziales Drama 16, 34, 95, 120, 124, 128, 180f., 301, 351, 391, 612, 616, 619–621, 623
Sozialistischer Realismus 134, 139, 271f., 347, 528
Soziokultur, soziokulturell 34, 208, 214, 298, 602, 612, 624
Soziolekt. Siehe Dialekt

Spannung 30, 33, 166, 190, 229, 310, 312–314, 335, 369, 409, 417, 497, 506, 554, 576f., 584, 588, 592f., 595, 597, 599f., 610
Sparte 115, 152, 368, 426, 450, 525, 549, 630
Spektakel 22, 68, 79, 219, 239, 264, 344f., 347, 421, 431, 501, 542, 550, 597, 646
Spiel im Spiel 77, 257, 308
Spielort 53, 58, 67, 231, 237, 244, 289, 306, 579
Spielplan, Spielplangestaltung 4, 15, 28, 39, 48, 54, 68, 73f., 98, 100, 102, 109, 112, 119, 121, 124, 129, 131, 136, 139, 148, 154f., 364, 386, 405–408, 422, 427f., 430, 442, 447, 478, 498, 500f., 507, 547
Sprachfläche 151, 318, 366, 478
Sprachkritik, Sprachskepsis, Sprachreflexion 140, 154, 338, 470, 546, 605, 622
Sprachlosigkeit, Sprachohnmacht 141, 180, 190, 550
Sprechakt, Sprechakttheorie 191, 311f., 396, 401, 490–492, 641f.
sprechender Name 558
Sprecher/in, Sprecherinstanz 45, 183, 186–188, 193f., 258, 386, 468, 486, 506
Sprechstück 147, 154, 510
Stadttheater, Staatstheater 13, 16, 28, 121, 203, 423, 427, 431, 478, 500f., 617, 624f., 627, 630
Ständeklausel, Ständekonflikt, Ständeregel 18, 65, 80, 82, 92, 96f., 113, 174, 177f., 196f., 201, 362, 405
Stegreif. Siehe Improvisation
stehende Bühne 4, 99, 101, 103, 201, 405, 422f., 426f., 502
Stimme 20, 188, 200, 203, 253, 324, 356, 397, 469, 494f., 506, 544, 599
Stimmung, Stimmungslandschaft, Stimmungsraum 77, 253f., 258, 280, 313, 329, 476, 604
Straßentheater 134, 263, 292, 350
Strichfassung 29, 408, 442f., 452, 516
stummes Spiel. Siehe Pantomime
Sturm und Drang 89, 92, 94f., 106, 113, 117, 179f., 190, 201, 283, 307, 309, 322, 330f., 477

Subjekt, Subjektkultur 9, 30, 34, 85, 90f., 147, 168, 175–177, 179, 181, 183f., 193, 298, 317, 355, 391, 417, 484f., 488, 602, 605, 622
Subjektivität, bürgerliche 117, 121, 190
Subvention, subventioniert 28, 100, 103, 340, 347, 406f., 410, 422f., 426–428, 432f., 548, 617, 624, 630
Sukzessionsbühne, Sukzessionsprinzip 65, 289
Surrealismus 18, 40, 140, 142f., 145, 344, 546
symbolischer Raum 281, 283–285
Szene, szenisch 5, 17, 22, 30–33, 45, 55, 58–60, 62, 67, 76f., 128, 130, 135–138, 142, 153, 155f., 166, 171, 191, 199f., 202, 211, 214, 227, 243–247, 271, 282–285, 289, 305–308, 310–312, 314, 325f., 334–336, 349, 354, 359, 362, 368f., 394, 396, 399, 402, 409, 412, 414f., 439, 443f., 466, 468, 470–472, 478, 484, 493, 504, 506, 516–519, 527–532, 538, 540, 543–547, 550, 552, 561–565, 573f., 585, 591, 604, 610f., 614f., 637
Szenisches Schreiben 31, 154, 479

Tableau 117, 208, 288, 307, 315, 331, 335
Tantiemen 432
Tanz 4, 7, 10f., 21f., 25, 29, 31f., 44f., 47f., 55, 68, 76, 80–82, 88, 102, 106, 111, 121, 130, 134, 150, 195, 200, 203, 207f., 210f., 214, 216, 219, 222, 230, 234, 238–241, 247, 252–254, 261, 263f., 269, 273–275, 307, 336, 382, 393f., 404, 412, 418, 449, 468f., 608, 613, 627
Tanzdrama 32, 549, 553f.
Tanzdramaturgie. Siehe Dramaturgie
Tanztheater 32, 39, 115, 150, 263, 278, 525, 549, 553–555
Teatr Laboratorium 351
Teatro de Arena 349
Teichoskopie 80, 168, 193, 280, 283, 316
Telenovela 587, 645
Tempo 54, 287, 308, 310–314, 320, 476, 618
Textfläche 6, 339, 496, 531
Textträger 20, 182, 187
Textualität 5, 23f., 77, 153, 297, 466

Teyyam-Ritual 261
Theater, absurdes. Siehe absurdes Theater
Theater, elisabethanisches. Siehe elisabethanische Bühne
Theater, episches. Siehe episches Theater
Theaterdidaktik. Siehe Didaktik
Theaterkritik, Theaterkritiker/in 7, 31, 45, 50, 127, 355, 381, 386, 407 f., 446, 463, 497, 503, 518, 537, 548
Theatermanagement 421 f., 446, 556, 631
Theaterpädagogik 278, 512, 525, 615
Theaterskandal. Siehe Skandal
Theatersport. Siehe Improvisation
Theaterverlag 4, 116, 148, 156, 408, 432, 458
theatraler Spaziergang 280, 292
Theatralisierung 59, 345, 347, 370, 522, 612, 632
Theatralität 5 f., 11, 17, 35, 56–58, 77, 79–81, 117, 142 f., 218, 225 f., 343, 379, 406, 422, 465 f., 471, 498, 517, 520–522, 614 f., 632, 636, 642 f., 645 f.
Thingspiel 138, 289, 347
Totaltheater 344, 509
Tragik, tragisch, tragikaffin 29, 48–50, 56, 66, 68, 73, 78, 83, 85, 88, 98, 100, 109, 117, 132, 141, 157, 171, 177–179, 181, 183, 196, 198–200, 203, 223, 243, 251 f., 303, 309, 321–325, 328, 330–333, 392, 417, 471, 481–485, 610, 616, 618–621
Tragikomödie 71, 179, 198, 201, 314
tragische Kollision 29, 178, 481 f., 484 f.
Tragödie 3, 7 f., 11, 17, 20, 40, 65 f., 68, 71, 76, 79 f., 82 f., 87 f., 92 f., 97, 100, 106, 111, 118, 128, 132, 135, 166 f., 169, 174, 177–179, 192, 195–199, 201, 203 f., 282 f., 295, 299, 308, 312 f., 315, 321–324, 326, 328, 332–335, 338, 353 f., 359, 373, 402, 438, 467 f., 473, 482–484, 499, 503, 507, 553, 604, 607 f., 618 f.
    antike Tragödie 4, 11, 16 f., 39, 41–51, 53–55, 64, 66, 68, 80, 93, 128, 178, 196–198, 201, 203, 322–325, 335 f., 341, 357 f., 372, 377, 384, 387, 392–394, 397, 402, 405, 468 f., 472, 480 f., 604, 607 f., 620
tragödienfähig 49, 80, 405

Transsexualität, transsexuell 26, 357
Trauerspiel. Siehe barockes Trauerspiel bzw. bürgerliches Trauerspiel
Trauma, traumatisch 217, 221, 250, 278, 336, 608 f.
Traumdeutung 34, 130, 286, 602 f., 606
Travestie, Transvestit 26, 357, 365
Trivialdrama 92, 94, 96, 109, 112, 406
Typenkomödie 68, 93, 199
Typus 6, 26, 48, 53, 55, 68, 71, 77, 83 f., 93, 115, 126, 172–174, 187, 196, 199, 229, 326, 393, 616, 618, 622 f.

Übersetzung 12, 17, 20, 22, 64, 67, 78, 96 f., 121, 123, 132, 213, 220 f., 224, 236, 249, 257, 259 f., 269, 271, 273, 330, 372 f., 381, 385, 392, 403, 450 f., 453–455, 459, 480, 503, 538, 551, 603 f., 607
Unschuld. Siehe Schuld
unsichtbares Theater 113, 132, 350
Unterbrechung 24, 26, 121, 136 f., 186 f., 202 f., 275, 307 f., 311, 317 f., 341, 352, 355, 366, 487, 492, 586, 588, 614, 621
Unterhaltung, unterhaltend 9, 16 f., 22, 28, 33, 53, 55, 57–59, 65, 71, 75 f., 83, 89, 108 f., 112, 115, 120 f., 146, 180, 199, 232, 234, 239 f., 255, 343, 347, 364, 367, 407, 427 f., 442, 470, 485, 493, 497, 501 f., 507, 527, 577 f., 589 f., 614, 625, 645
Uraufführung 28, 428, 432, 445, 458 f., 469, 547
Urheberrecht, Urheberschutz 29, 101, 425 f., 429, 448–463

Verbürgerlichung des Theaters 501–504
Verfremdung, Verfremdungseffekt (V-Effekt) 24, 101, 110, 135–138, 216, 249, 275, 277, 310, 345–347, 352, 354, 356, 365, 381, 386, 416, 487–489, 492–494, 509, 621
Verinnerlichung 21, 157, 190, 229, 361, 413, 638
Verlachen 93, 199–201, 362, 618
Vers, Versform, Verstragödie 39, 45, 49 f., 78, 107, 109, 111, 117, 137, 255, 258, 263, 322, 335, 381, 402, 467, 476, 543, 621 f.
Verwechslungskomödie 53, 67

vierte Wand 86, 93, 111, 129, 284, 290, 343, 471, 487 f., 509 f.
Volksbühnenbewegung 134, 346, 624
Volksstück 120, 123, 131, 144, 154, 182, 351, 620 f.
Volkstheater 134, 145, 199, 223, 237, 291, 343, 373, 490, 501
Vorhang 53, 67, 73, 207–210, 216, 255, 288 f., 471, 586
Vyāyogas 256

Wahrnehmungskonvention 14, 26, 30, 297, 317, 344, 349 f., 352, 366–368, 498, 509–511, 522
Wahrscheinlichkeit 79, 82, 89, 95, 110, 165, 270, 294, 329 f., 467, 475, 551, 597 f.
Wanderbühne, Wandertruppen 69, 86, 99–101, 103 f., 173 f., 201, 263, 288, 422, 442, 473, 500 f., 507, 551, 624
Weiblichkeit, Weiblichkeitsrepräsentationen 12, 26, 350, 356, 358–362, 365, 367–370
Well-Made-Play 4, 7, 11, 20, 39, 121, 181, 406, 531
Wendepunkt 566–570, 600
Werktreue 5, 78, 139, 410 f., 429 f., 452, 459–463, 502, 509, 522
Wiener Volkstheater. Siehe Volkstheater
Wirklichkeit 3, 10, 24, 49, 56, 79, 81, 83, 92, 101, 105, 110 f., 114, 117, 119 f., 126 f., 133, 137, 140, 142–144, 147, 149, 153, 155 f., 164, 168, 175, 202 f., 226 f., 269–272, 276 f., 284, 286, 290, 294 f., 298, 302 f., 307, 345, 347, 350–352, 355, 382, 386, 402, 464, 472, 476, 479, 483, 521, 564 f., 571, 573 f., 588, 610, 612, 637, 642, 644 f.
Wirkungsästhetik 93, 97, 114, 119, 122, 131, 147, 196, 198, 229, 323, 325, 328 f., 332–335, 412, 415, 499 f.
Wirtschaftsdrama 156, 183, 353, 619, 622
Wortkulisse 61, 77, 193, 279, 282, 311, 471

Zeichen, Zeichensystem 3, 14, 23, 28, 32, 62, 86, 88, 90, 92, 111, 132, 138, 185, 192 f., 203, 271–275, 285, 287, 295, 319, 329, 356, 359, 396, 412–415, 417 f., 465, 469, 474, 488, 495 f., 516, 520, 522, 525, 546, 552, 554, 613, 643
Zeit 21, 27, 65 f., 77, 79, 94, 130, 135, 140, 146 f., 155, 178, 210, 225, 230, 279 f., 282–285, 288, 295, 306–320, 397, 471 f., 514, 538, 552, 559, 565 f., 571, 588, 595, 602
Zeitraffung 284, 306 f., 315, 538
Zensur 28, 45, 104, 124, 139, 342 f., 435–448, 460, 504, 606
Zieldrama 167
Zufall 19, 32, 146, 153, 308, 314, 483, 546, 560
Zuschauer/in. Siehe Publikum
Zuschauerpartizipation. Siehe Partizipation
Zuschauerraum 40, 43, 61, 65, 73, 75, 147, 187, 202, 288–291, 344, 397, 429, 508 f., 538, 614

Grundthemen der Literaturwissenschaft

Herausgegeben von Klaus Stierstorfer

Rainer Emig, Lucia Krämer (Hrsg.)
Grundthemen der Literaturwissenschaft: **Adaption**
ISBN 978-3-11-040781-5
e-ISBN (PDF) 978-3-11-041066-2
e-ISBN (EPUB) 978-3-11-041079-2

Michael Wetzel (Hrsg.)
Grundthemen der Literaturwissenschaft:
Autorschaft
ISBN 978-3-11-029692-1
e-ISBN (PDF) 978-3-11-029706-5
e-ISBN (EPUB) 978-3-11-038908-1

Andreas Englhart, Franziska Schößler (Hrsg.)
Grundthemen der Literaturwissenschaft: **Drama**
ISBN 978-3-11-037956-3
e-ISBN (PDF) 978-3-11-037959-4
e-ISBN (EPUB) 978-3-11-037963-1

Martin Huber, Wolf Schmid (Hrsg.)
Grundthemen der Literaturwissenschaft: **Erzählen**
ISBN 978-3-11-040118-9
e-ISBN (PDF) 978-3-11-041074-7
e-ISBN (EPUB) 978-3-11-041080-8

Lut Missinne, Ralf Schneider, Beatrix Theresa van Dam (Hrsg.)
Grundthemen der Literaturwissenschaft:
Fiktionalität
ISBN 978-3-11-046602-7
e-ISBN (PDF) 978-3-11-046657-7
e-ISBN (EPUB) 978-3-11-046633-1

Robert Matthias Erdbeer, Florian Kläger, Klaus Stierstorfer (Hrsg.)
Grundthemen der Literaturwissenschaft: **Form**
ISBN 978-3-11-036433-0
e-ISBN (PDF) 978-3-11-036438-5
e-ISBN (EPUB) 978-3-11-038578-6

Eric Achermann (Hrsg.)
Grundthemen der Literaturwissenschaft:
Interpretation
ISBN 978-3-11-040782-2
e-ISBN (PDF) 978-3-11-057771-6
e-ISBN (EPUB) 978-3-11-057585-9

Rolf Parr, Alexander Honold (Hrsg.)
Grundthemen der Literaturwissenschaft:
Lesen
ISBN 978-3-11-036467-5
e-ISBN (PDF) 978-3-11-036525-2
e-ISBN (EPUB) 978-3-11-039128-2

Norbert Otto Eke, Stefan Elit (Hrsg.)
Grundthemen der Literaturwissenschaft:
Literarische Institutionen
ISBN 978-3-11-036469-9
e-ISBN (PDF) 978-3-11-036530-6
e-ISBN (EPUB) 978-3-11-039129-9

Christiane Lütge (Hrsg.)
Grundthemen der Literaturwissenschaft:
Literaturdidaktik
ISBN 978-3-11-040120-2
e-ISBN (PDF) 978-3-11-041070-9
e-ISBN (EPUB) 978-3-11-041084-6

Rainer Grübel, Gun-Britt Kohler (Hrsg.)
Grundthemen der Literaturwissenschaft:
Literaturgeschichte
ISBN 978-3-11-035968-8
e-ISBN (PDF) 978-3-11-035975-6
e-ISBN (EPUB) 978-3-11-038687-5

Ralf Simon (Hrsg.)
Grundthemen der Literaturwissenschaft:
Poetik und Poetizität
ISBN 978-3-11-040780-8
e-ISBN (PDF) 978-3-11-041064-8
e-ISBN (EPUB) 978-3-11-041081-5

Vittoria Borsò, Schamma Schahadat (Hrsg.)
Grundthemen der Literaturwissenschaft:
Weltliteratur
ISBN 978-3-11-040119-6
e-ISBN (PDF) 978-3-11-041072-3
e-ISBN (EPUB) 978-3-11-041078-5

Alle Bände der Reihe sind auch als eBook erhältlich

www.ingramcontent.com/pod-product-compliance
Lightning Source LLC
Chambersburg PA
CBHW021217300426
44111CB00007B/339